Internationales Privatrecht

von
JAN KROPHOLLER

Auf der Grundlage des Werkes
von
PAUL HEINRICH NEUHAUS

Die Grundbegriffe des Internationalen Privatrechts

J.C.B. Mohr (Paul Siebeck) Tübingen 1990

CIP-Titelaufnahme der Deutschen Bibliothek

Kropholler, Jan:
Internationales Privatrecht: auf der Grundlage des Werkes
von Paul Heinrich Neuhaus: Die Grundbegriffe des Internationalen Privatrechts /
von Jan Kropholler. –
Tübingen: Mohr, 1990
　ISBN 3-16-645514-0

© J.C.B. Mohr (Paul Siebeck) Tübingen 1990

Das Werk einschließlich aller seiner Teile ist urheberrechtlich geschützt. Jede Verwertung außerhalb der engen Grenzen des Urheberrechtsgesetzes ist ohne Zustimmung des Verlages unzulässig. Das gilt insbesondere für Vervielfältigungen, Übersetzungen, Mikroverfilmungen und die Einspeicherung und Verarbeitung in elektronischen Systemen.

Satz und Druck: Gulde-Druck GmbH, Tübingen. Einband: Großbuchbinderei Heinrich Koch, Tübingen.

Printed in Germany.

Vorwort

Dieses Lehrbuch, das seinen Schwerpunkt im Internationalen Privatrecht hat, aber auch das Internationale Zivilverfahrensrecht einbezieht, soll dem vertiefenden Studium und der mit Auslandsfällen immer häufiger befaßten Praxis dienen. Es beschäftigt sich eingehend mit den Grundfragen des IPR, die für sein Verständnis unentbehrlich sind. Über den gegenwärtigen Rechtszustand informiert es in leicht lesbarer, systematischer Form und sucht so, die notwendigen Kenntnisse zu vermitteln und zum Weiterdenken anzuregen.

Dabei folgt die Darstellung einer bestimmten Linie: Zum einen beruht sie auf der Überzeugung, daß – trotz der neueren staatlichen Kodifikationen des IPR, wie sie etwa in Deutschland, Österreich und der Schweiz ergangen sind – eine nationale Abkapselung zu vermeiden und internationale Entscheidungsgleichheit anzustreben ist. Dies bedeutet heute vor allem Aufgeschlossenheit für die vielfachen Bemühungen um übernationale Vereinheitlichung des Internationalen Privat- und Verfahrensrechts, namentlich im europäischen Raum. Zum anderen trägt das Buch der Erkenntnis Rechnung, daß die Zeit vorüber ist, in der das IPR auf wenigen elementaren Regeln beruhte. Daraus ergibt sich eine Offenheit für differenziertere Lösungen.

Das Buch ist aus meiner langjährigen Beschäftigung mit dem IPR am Max-Planck-Institut für ausländisches und internationales Privatrecht und aus meiner Lehrtätigkeit an der Universität Hamburg hervorgegangen. Mein Dank gilt den Direktoren des Instituts, die mir die nötige Freiheit gewährt, meinen Assistenten, die das Manuskript bzw. die Fahnen kritisch durchgesehen, sowie meinen Institutskollegen, die mir in Einzelfragen mit sachkundigem Rat geholfen haben. Besonders herzlich danken möchte ich meinem verehrten Freund und ehemaligen Kollegen Paul Heinrich Neuhaus, der mir gestattet hat, auf seinem Werk „Die Grundbegriffe des Internationalen Privatrechts" (2. Auflage, 1976) aufzubauen. Das hat mir den Mut gegeben, die Aufgabe in Angriff zu nehmen, und hat mir die Arbeit erleichtert. Namentlich die Kapitel, die den Allgemeinen Teil des IPR betreffen, beruhen weitgehend auf seiner Darstellung, freilich mit vielfachen Änderungen; diese gehen teils auf die Weiterentwicklung des Rechtsgebietes zurück, teils auf den veränderten Charakter des Buches als Lehrbuch. Richtungsweisend blieb das Bekenntnis zu klaren Begriffen für das Internationale Privatrecht, das sich im Vorwort zur ersten Auflage der „Grundbegriffe" (1962) findet: „Der durchschnittliche Jurist, der nur gelegentlich mit dem Internationalen Privatrecht zu tun hat und daher einen geringeren Überblick über die möglichen Verästelungen der Probleme hat, und erst recht der Student als Anfänger brauchen rational faßbare und erlernbare Regeln, nach denen sie die Fälle zunächst einmal schulmäßig lösen können; die

Prüfung des erzielten Ergebnisses auf seine Billigkeit sowie die Entscheidung der von den Regeln nicht erfaßten Fragen sollen erst am Schlusse stehen."

Hamburg, 1. September 1989   Jan Kropholler

Inhalt

Schrifttum.. XIII
Abkürzungen... XV

I. Kapitel:
Grundlagen

§ 1	**Internationales Privatrecht (Gegenstand)**	1
	I. Begriff des internationalen Privatrechts..................	1
	II. Bedeutung und Eigenart	2
	III. Quellen..	3
	IV. Reichweite	5
	V. Name	5
	VI. Nachbargebiete.....................................	7
§ 2	**Geschichte**	9
	I. Antike und frühes Mittelalter.........................	9
	II. Statutentheorie.....................................	10
	III. Modernes IPR......................................	11
§ 3	**Fragestellung des IPR**	14
	I. Fragestellung vom Sachverhalt her	14
	II. Fragestellung vom Gesetz her (Eingriffsnormen)	16
§ 4	**Gerechtigkeit im IPR**.....................................	21
	I. Gerechtigkeitsgehalt.................................	21
	II. Prinzip der engsten Verbindung.......................	22
	III. Verwirklichung der Gerechtigkeit	25
	IV. Rechtssicherheit	27
§ 5	**Interessen und Wertungen**	28
	I. Interessen..	28
	II. Kollisionsrechtliche und materiellrechtliche Wertungen ..	30
	III. Wertordnung der Verfassung..........................	31
§ 6	**Entscheidungseinklang**	32
	I. Begründung	33
	II. Inhalt	34
	III. Verwirklichung......................................	36
§ 7	**Lex fori**...	38
	I. Heimwärtsstreben...................................	39
	II. Vorrang der lex fori	40
	III. Lex fori in foro proprio	43

Inhalt

§ 8	**Völkerrecht**	45
	I. Völkerrechtliche Anforderungen an das IPR	46
	II. Autonomie der kollisionsrechtlichen Begriffe	49
§ 9	**Kollisionsrechtliche Staatsverträge**	51
	I. Haager Konferenz für IPR	51
	II. Westeuropäische Vereinheitlichung des IPR	54
	III. Sonstige regionale Vereinheitlichung des IPR	56
	IV. Typen von Staatsverträgen	58
	V. Besonderheiten in der Rechtsanwendung	61
	VI. Bisherige Bilanz	63
§ 10	**Rechtsvergleichung**	64
	I. Bedeutung	64
	II. Rechtskreise	65
	III. Europa	67
	IV. Vereinigte Staaten	70
§ 11	**Materielles Sonderrecht**	75
	I. Internationales Einheitsrecht	76
	II. Nationales Sonderrecht	80

II. Kapitel:
Der Tatbestand der Kollisionsnorm

§ 12	**Kollisionsnormen**	82
	I. Begriff	82
	II. Struktur	83
	III. Einseitige Kollisionsnormen	85
	IV. Versteckte Kollisionsnormen	86
	V. Règles d'application immédiate (Sachnormen im IPR)	88
§ 13	**Typenbildung oder Individualisierung?**	90
§ 14	**Qualifikation**	93
	I. Begriff	93
	II. Bedeutung	95
§ 15	**Gegenstand der Qualifikation**	96
	I. Rechtsfragen	96
	II. Sachnormen	98
§ 16	**Qualifikationsstatut**	100
	I. Grundsatz der lex fori	100
	II. Modifikationen	101
§ 17	**Funktionelle oder teleologische Qualifikation**	105
	I. Begriff und Bedeutung	105
	II. Eingrenzung der berufenen Sachnormen	108

Inhalt

§ 18 Teilfrage – Erstfrage 110
    I.   Teilfrage 110
    II. Erstfrage 113

III. Kapitel:
Allgemeines zur Anknüpfung

§ 19 Anknüpfungsmomente 115
§ 20 Kombinationen von Anknüpfungsmomenten 117
    I.   Arten der Häufung von Anknüpfungsmomenten 118
    II. Alternative Anknüpfung (Günstigkeitsprinzip) 120
    III. Subsidiäre Anknüpfung (Anknüpfungsleiter) 122
    IV. Kumulative Anknüpfung 123
    V. Gekoppelte Anknüpfung 124
§ 21 Schutz wohlerworbener Rechte – Vertrauensschutz 126
    I.   Schutz wohlerworbener Rechte 126
    II. Vertrauensschutz 129
§ 22 Territorialität 131
    I.   Territorialität als Bestimmung des Anwendungsbereichs 131
    II. Territorialität als Wirkungsbeschränkung 133
    III. Verhältnis beider Arten von Territorialität 136
§ 23 Gesetzesumgehung (fraus legis) 137
    I.   Problem 137
    II. Lösungsmöglichkeiten 138

IV. Kapitel:
Sonderfragen der Anknüpfung

§ 24 Rück- und Weiterverweisung (Renvoi) 143
    I.   Das Problem des Renvoi 143
    II. Deutsches Recht (Art. 4 EGBGB) 147
    III. Staatsverträge 155
§ 25 Versteckte Rückverweisung 157
§ 26 Vorrang des Einzelstatuts vor dem Gesamtstatut 160
    I.   Inhalt und Berechtigung des Grundsatzes 160
    II. Die Normierung in Art. 3 III EGBGB 161
§ 27 Statutenwechsel 164
    I.   Arten 164
    II. Grundsätze 166
    III. Intertemporales IPR (Art. 220 EGBGB) 170

Inhalt

§ 28 Unwandelbarkeit 172
§ 29 Interlokales und innerdeutsches Privatrecht 174
    I. Name und Quellen 174
    II. Ausländischer Mehrrechtsstaat (Art. 4 III EGBGB) 176
    III. Innerdeutsches Kollisionsrecht 180
§ 30 Interpersonales Recht 183

V. Kapitel:
Die Anwendung fremden Rechts

§ 31 Eigenheiten der Anwendung fremden Rechts 187
    I. Wesen und Ziel der Anwendung fremden Rechts 187
    II. Die Prüfung der Rechtmäßigkeit fremden Rechts 189
    III. Ersatzrecht bei Nichtfeststellbarkeit fremden Rechts 190
§ 32 Vorfrage 195
    I. Begriff 195
    II. Problematik 196
    III. Anknüpfung der Erstfrage 198
    IV. Anknüpfung der Vorfrage 199
    V. Gestaltungswirkung von Statusentscheidungen 202
    VI. Staatsverträge 203
§ 33 Substitution 204
§ 34 Anpassung 207
    I. Begriff 207
    II. Notwendigkeit 207
    III. Arten von Normwidersprüchen 209
    IV. Lösung der Anpassungsprobleme 210
§ 35 Hinkende Rechtsverhältnisse 213
§ 36 Ordre public 216
    I. Negative und positive Funktion des ordre public 216
    II. Voraussetzungen der Vorbehaltsklausel (Art. 6 EGBGB) 217
    III. Konkretisierung der Vorbehaltsklausel 220
    IV. Grundrechte 222
    V. Wirkung der Vorbehaltsklausel 224
    VI. Staatsvertragliche Vorbehaltsklauseln 226
    VII. Ausländische Vorbehaltsklauseln 228
    VIII. Spezielle Vorbehaltsklauseln 229

Inhalt

VI. Kapitel:
Die wichtigsten Anknüpfungen

§ 37 Anknüpfung des Personalstatuts ... 231
    I. Begriff und Bedeutung ... 231
    II. Mehrstaater und Staatenlose (Art. 5 EGBGB) ... 235

§ 38 Staatsangehörigkeit ... 238
    I. Staatsangehörigkeitsprinzip ... 238
    II. Schwierigkeiten ... 240
    III. Versagen ... 241
    IV. Abnehmende Bedeutung ... 243

§ 39 Gewöhnlicher Aufenthalt ... 246
    I. Domizilprinzip ... 246
    II. Begriff des gewöhnlichen Aufenthalts ... 248
    III. Wachsende Bedeutung ... 257

§ 40 Parteiautonomie ... 258
    I. Begriff ... 258
    II. Bereich ... 260
    III. Rechtfertigung ... 260
    IV. Schranken ... 262

VII. Kapitel:
Die einzelnen Rechtsgebiete

§ 41 Recht der Rechtsgeschäfte ... 267
    I. Stellvertretung ... 267
    II. Verjährung und Verwirkung ... 272
    III. Form ... 273

§ 42 Recht der natürlichen Personen ... 280
    I. Rechts- und Geschäftsfähigkeit ... 280
    II. Entmündigung ... 283
    III. Todeserklärung ... 286

§ 43 Name ... 288
    I. Maßgeblichkeit des Personalstatuts (Art. 10 I EGBGB) ... 288
    II. Ehegatten ... 290
    III. Kinder ... 293

§ 44 Eheschließung ... 295
    I. Voraussetzungen der Eheschließung ... 295
    II. Form der Eheschließung ... 299
    III. Fehlerhafte Eheschließung ... 303
    IV. Verlöbnis ... 304

Inhalt

§ 45 **Ehewirkungen** 305
    I.   Allgemeine Ehewirkungen und Familienstatut 306
    II. Allgemeine Ehewirkungen und Rechtswahl 309
    III. Güterstand 312
    IV. Schutz Dritter 318

§ 46 **Ehescheidung** 319
    I.   Scheidungsvoraussetzungen 320
    II. Scheidungsfolgen 322
    III. Versorgungsausgleich 323
    IV. Verfahren 327
    V. Auflösung nichtehelicher Lebensgemeinschaften 333

§ 47 **Unterhalt** 334
    I.   Allgemeines 334
    II. Die Normierung im einzelnen 335
    III. Verfahren 341

§ 48 **Eheliche und nichteheliche Kindschaft** 342
    I.   Haager Minderjährigenschutzabkommen 342
    II. Die Kindesentführungsabkommen 348
    III. Eheliche Abstammung 352
    IV. Nichteheliche Abstammung und Ansprüche der Mutter 355
    V. Rechtsverhältnis zwischen den Eltern und ihrem Kind 356

§ 49 **Legitimation und Adoption** 357
    I.   Allgemeines 358
    II. Legitimation 359
    III. Adoption 361
    IV. Zustimmungserfordernisse 362
    V. Verfahren 364

§ 50 **Vormundschaft und Pflegschaft** 367
    I.   Staatsverträge 367
    II. Autonomes deutsches Kollisionsrecht (Art. 24 EGBGB) 368
    III. Verfahren 370

§ 51 **Erbrecht** 371
    I.   Heimatrecht 372
    II. Parteiautonomie 373
    III. Anwendungsbereich des Erbstatuts 375
    IV. Verfügungen von Todes wegen 378
    V. Verfahren 381

§ 52 **Vertragliche Schuldverhältnisse** 387
    I.   Einheitsrecht 387
    II. Parteiautonomie 392
    III. Objektive Anknüpfung 397
    IV. Warenkauf 403

Inhalt

  V. Verbraucher- und Arbeitsverträge 409
  VI. Veränderung und Erlöschen von Schuldverhältnissen 414
  VII. Inländische Eingriffsnormen 417
  VIII. Ausländische Eingriffsnormen 419
§ 53 Außervertragliche Schuldverhältnisse 425
  I. Allgemeines 425
  II. Geschäftsführung ohne Auftrag 426
  III. Ungerechtfertigte Bereicherung 428
  IV. Delikt 430
  V. Auflockerung 435
  VI. Einzelne Deliktstypen 439
  VIII. Unlauterer Wettbewerb und Immaterialgüterrechte 444
§ 54 Sachenrecht 447
  I. Lex rei sitae 447
  II. Parteiautonomie 449
  III. Statutenwechsel 450
  IV. Sachen auf dem Transport 454
  V. Transportmittel 455
§ 55 Gesellschaftsrecht 456
  I. Die Anknüpfung des Gesellschaftsstatuts 456
  II. Der Anwendungsbereich des Gesellschaftsstatuts 463
  III. Rest- und Spaltgesellschaften 464

VIII. Kapitel:

Verfahren

§ 56 Internationales Zivilverfahrensrecht 467
  I. Name 467
  II. Bedeutung 468
  III. Quellen 468
  IV. Anwendbares Verfahrensrecht 470
§ 57 Gerichtsbarkeit – Wesenseigene Zuständigkeit 472
  I. Gerichtsbarkeit 472
  II. Wesenseigene Zuständigkeit 477
§ 58 Internationale Zuständigkeit 480
  I. Begriff, Quellen, Bedeutung 480
  II. Grundlagen und Systematik der Zuständigkeitsregeln 484
  III. Zuständigkeitsvereinbarungen 495
  IV. Forum shopping 500
  V. Die internationale Zuständigkeit im Verfahren 501

Inhalt

§ 59 Fremdes Recht im Verfahren 504
    I. Anwendung, Ermittlung und Revisibilität fremden Rechts 504
    II. Konzentrierung internationalrechtlicher Verfahren 509
    III. Hilfen bei der Ermittlung fremden Rechts 510

§ 60 Anerkennung und Vollstreckung 514
    I. Anerkennung fremder Verfahren 514
    II. Anerkennungsfähige Entscheidungen 518
    III. Anerkennungsvoraussetzungen und -hindernisse 523
    IV. Wirkungen der Anerkennung 532
    V. Vollstreckung 536

Anhang: Referentenentwurf eines Gesetzes zur Ergänzung des IPR (außervertragliche Schuldverhältnisse und Sachen) vom 15.5.1984 ... 540
Gesetzesregister 543
Sachregister 562

Schrifttum
(abgekürzt zitiert)

von Bar	Internationales Privatrecht I: Allgemeine Lehren (1987)
Batiffol/Lagarde	Droit international privé[7] I (Paris 1981), II (1983)
Dicey/Morris	On the Conflict of Laws[11] I und II (London 1987)
Ferid	Internationales Privatrecht[3] (1986)
Firsching	Einführung in das internationale Privatrecht[3] (1987)
Geimer	Internationales Zivilprozeßrecht (1987)
Hdb. IZVR	Handbuch des Internationalen Zivilverfahrensrechts I (1982), III/1 und III/2 (1984)
Jayme/Hausmann	Internationales Privat- und Verfahrensrecht, Textausgabe[4] (1988)
Kegel	Internationales Privatrecht[6] (1987)
Keller/Siehr	Allgemeine Lehren des internationalen Privatrechts (Zürich 1986)
Koch/Magnus/Winkler von Mohrenfels	IPR und Rechtsvergleichung, Ein Übungsbuch zum Internationalen Privat- und Zivilverfahrensrecht und zur Rechtsvergleichung (1989)
Kropholler	Europäisches Zivilprozeßrecht, Kommentar zum EuGVÜ[2] (1987)
Lüderitz	Internationales Privatrecht (1988)
Melchior	Die Grundlagen des deutschen Internationalen Privatrechts (1932)
MünchKomm-*Bearbeiter*	Münchener Kommentar zum Bürgerlichen Gesetzbuch VII: EGBGB/IPR (1983)
Neuhaus	Die Grundbegriffe des Internationalen Privatrechts[2] (1976)
Palandt-Heldrich	Bürgerliches Gesetzbuch[48] (1989)
Raape	Internationales Privatrecht[5] (1961)
Raape/Sturm	Internationales Privatrecht[6] I: Allgemeine Lehren (1977)
Reithmann/Bearbeiter	Internationales Vertragsrecht[4] (1988)
Restatement[2]	American Law Institute, Restatement of the Law Second, Conflict of Laws 2d, I und II (1971)
Savigny	System des heutigen Römischen Rechts VIII (1849, auch Nachdruck Darmstadt 1956)
Schlosshauer-Selbach	Internationales Privatrecht, Eine Einführung in die Grundlagen und das System der Fallbearbeitung (1989)
Schnitzer	Handbuch des Internationalen Privatrechts[4] I (Basel 1957), II (1958)
Schütze	Deutsches Internationales Zivilprozeßrecht (1985)

Schrifttum

Schwimann	Grundriß des internationalen Privatrechts (Wien 1982)
Soergel-Bearbeiter	Bürgerliches Gesetzbuch[11] VIII: Einführungsgesetz (1983)
Staudinger-Bearbeiter	Staudingers Kommentar zum Bürgerlichen Gesetzbuch[12], EGBGB (1979 ff.)
Vorschläge...	Vorschläge und Gutachten zur Reform des deutschen internationalen Eherechts (1962), ... Kindschafts-, Vormundschafts- und Pflegschaftsrechts (1966), ... Erbrechts (1969), ... Personen- und Sachenrechts (1972), ... Personen-, Familien- und Erbrechts (1981), ... Privatrechts der außervertraglichen Schuldverhältnisse (1983)
Wengler	Internationales Privatrecht I und II, in: Reichsgerichtsräte-Kommentar, Das Bürgerliche Gesetzbuch[12] VI: IPR (1981)
M. Wolff	Das internationale Privatrecht Deutschlands[3] (1954)

Abkürzungen

A.	Atlantic Reporter
aaO	am angegebenen Ort
ABGB	Allgemeines Bürgerliches Gesetzbuch (Österreich)
ABl.EG	Amtsblatt der Europäischen Gemeinschaften
A.C.	Law Reports, Appeal Cases
AcP	Archiv für die civilistische Praxis
Actes et Doc.	Actes et Documents, Conférence de La Haye de d. i. p.
a. E.	am Ende
a. F.	alte Fassung
AG	Ausführungsgesetz
AGB	Allgemeine Geschäftsbedingungen
AGBG	Gesetz zur Regelung des Rechts der Allgemeinen Geschäftsbedingungen
AktG	Aktiengesetz
All E. R.	All England Law Reports
Alt.	Alternative
Am. J. Comp. L.	The American Journal of Comparative Law
Anh.	Anhang
Anm.	Anmerkung
Ann. dir. comp.	Annuario di diritto comparato e di studi legislativi
Ann. Inst. Dr. int.	Annuaire de l'Institut de Droit international
AO	Abgabenordnung
ArbGG	Arbeitsgerichtsgesetz
Arb. Int.	Arbitration International
Arch. giur.	Archivio giuridico
ArchöffR	Archiv für öffentliches Recht
ArchVR	Archiv des Völkerrechts
argent.	argentinisch
Art., Artt.	Artikel
AS	Amtliche Sammlung der Bundesgesetze und Verordnungen (Schweiz)
AUG	Auslandsunterhaltsgesetz
AusfG	Ausführungsgesetz
AuslG	Ausländergesetz
AVAG	Anerkennungs- und Vollstreckungsausführungsgesetz
AWD	Außenwirtschaftsdienst des Betriebs-Beraters
BAG	Bundesarbeitsgericht
BAGE	Entscheidungen des Bundesarbeitsgerichts
BAnz.	Bundesanzeiger
Basler jur. Mitt.	Basler juristische Mitteilungen
BayObLG	Bayerisches Oberstes Landesgericht

Abkürzungen

BayObLGZ	Entscheidungen des Bayerischen Obersten Landesgerichts in Zivilsachen
BBl.	Bundesblatt der Schweizerischen Eidgenossenschaft
BegrRegE	Begründung zum Regierungsentwurf
BerDGesVölkR	Berichte der Deutschen Gesellschaft für Völkerrecht
Bespr., bespr.	Besprechung, besprochen
BetrVerfG	Betriebsverfassungsgesetz
BeurkG	Beurkundungsgesetz
BFH	Bundesfinanzhof
BFHE	Sammlung der Entscheidungen und Gutachten des Bundesfinanzhofs
BGB	Bürgerliches Gesetzbuch
BGBl.	Bundesgesetzblatt
BGE	Entscheidungen des Schweizerischen Bundesgerichts
BGH	Bundesgerichtshof
BGHZ	Entscheidungen des Bundesgerichtshofes in Zivilsachen
BörsG	Börsengesetz
Boston U. L. Rev.	Boston University Law Review
bras.	brasilianisch
BR-Drucks.	Drucksachen des Deutschen Bundesrates
BSG	Bundessozialgericht
BSGE	Entscheidungen des Bundessozialgerichts
BStBl.	Bundessteuerblatt
BT-Drucks.	Drucksachen des Deutschen Bundestages
Bull. I. J. I.	Bulletin de l'Institut juridique international
BVerfG	Bundesverfassungsgericht
BVerfGE	Entscheidungen des Bundesverfassungsgerichts
BWNotZ	Zeitschrift für das Notariat in Baden-Württemberg
C. A.	Court of Appeal
Cah. dr. eur.	Cahiers de droit européen
Cal. L. Rev.	California Law Review
Can. B. Rev.	The Canadian Bar Review
Can. J. Fam. L.	Canadian Journal of Family Law
Cass.	Cour de Cassation
Cass. civ.	Cour de Cassation, Chambre civile
C. c.	Code civil, Codice civile, Código civil
Ch., ch.	Chancery, chapter
C. I. C.	Codex Iuris Canonici
CIEC	Commission Internationale de l'Etat Civil
CILSA	The Comparative and International Law Journal of Southern Africa
CIM	Convention internationale concernant le transport des marchandises par chemins de fer
Cir.	Circuit

Abkürzungen

CIV	Convention internationale concernant le transport des voyageurs et des bagages par chemins de fer
C. J.	Chief Justice
Clunet	Journal du droit international
CMR	Convention relative au contrat de transport international des marchandises par route
Colum. L. Rev.	Columbia Law Review
Com. Mark.L.Rev.	Common Market Law Review
Conn.	Connecticut
Cornell L. Rev.	Cornell Law Review
C. p. c.	Codice di procedura civile
D.	Dalloz, Recueil Dalloz/Sirey
DAVorm.	Der Amtsvormund
DB	Der Betrieb
ders.	derselbe
Die AG	Die Aktiengesellschaft
dies.	dieselbe
d. i. p.	derecho internacional privado, diritto internazionale privato, droit international privé
Dir. com. int.	Diritto del commercio internazionale
Dir. int.	Diritto internazionale
Disp. prel.	Disposizioni preliminari
Diss.	Dissertation
DJZ	Deutsche Juristenzeitung
D. L. R.	Dominion Law Reports
DNotZ	Deutsche Notar-Zeitschrift
Doc.	Documents, Conférence de La Haye de d. i. p.
DRpfleger	Der Deutsche Rechtspfleger
DRZ	Deutsche Rechts-Zeitschrift
D. S.	Recueil Dalloz/Sirey
DVO	Durchführungsverordnung
ebd.	ebendort
E. E. C.	European Economic Community
EG	Einführungsgesetz, Europäische Gemeinschaft
EGBGB	Einführungsgesetz zum Bürgerlichen Gesetzbuch
EGBGB-Entwurf	Referenten-Entwurf eines Gesetzes zur Ergänzung des IPR (15. 5. 1984)
EGGVG	Einführungsgesetz zum Gerichtsverfassungsgesetz
EGVVG	Einführungsgesetz zum Gesetz über den Versicherungsvertrag
EGZPO	Gesetz betreffend die Einführung der Zivilprozeßordnung
EheG	Ehegesetz
EheRG	Erstes Gesetz zur Reform des Ehe- und Familienrechts
Einl.	Einleitung

Abkürzungen

EJF	Entscheidungen aus dem Jugend- und Familienrecht
EKG	Einheitliches Kaufgesetz
EMRK	Europäische Konvention zum Schutze der Menschenrechte und Grundfreiheiten
EuR	Europarecht
EuGH	Europäischer Gerichtshof
EuGVÜ	Europäisches Übereinkommen über die gerichtliche Zuständigkeit und die Vollstreckung gerichtlicher Entscheidungen in Zivil- und Handelssachen
EuSchVÜ	Europäisches Übereinkommen über das auf vertragliche Schuldverhältnisse anzuwendende Recht
EWG	Europäische Wirtschaftsgemeinschaft
EWGV	Vertrag zur Gründung der Europäischen Wirtschaftsgemeinschaft
f., ff.	folgend(e)
F.	Federal Reporter
Fam. D.	Family Division, High Court of Justice
FamRÄndG	Familienrechtsänderungsgesetz
FamRZ	Zeitschrift für das gesamte Familienrecht
FGG	Gesetz über die Angelegenheiten der freiwilligen Gerichtsbarkeit
Flor. Int. L. J.	Florida International Law Journal
FlRG	Flaggenrechtsgesetz
FS	Festschrift
F. Supp.	Federal Supplement
G	Gesetz
GBl.	Gesetzblatt
GBO	Grundbuchordnung
Georgetown L. J.	The Georgetown Law Journal
German Yb. Int. L.	German Yearbook of International Law
GG	Grundgesetz für die Bundesrepublik Deutschland
GIW	Gesetz über internationale Wirtschaftsverträge
GmbHG	Gesetz betreffend die Gesellschaften mit beschränkter Haftung
GRUR Int.	Gewerblicher Rechtsschutz und Urheberrecht, Internationaler Teil
GVG	Gerichtsverfassungsgesetz
GWB	Gesetz gegen Wettbewerbsbeschränkungen
Harv. Int. L. J.	Harvard International Law Journal
Harv. L. Rev.	Harvard Law Review
Hdb.	Handbuch
HGB	Handelsgesetzbuch
h. M.	herrschende Meinung
Hrsg., hrsg.	Herausgeber, herausgegeben

Abkürzungen

HS	Halbsatz
HUntÜ	Haager Unterhaltsübereinkommen (2.10.1973)
I. C. J. Rep.	International Court of Justice, Reports of Judgments, Advisory Opinions and Orders
i. d. F.	in der Fassung
IGH	Internationaler Gerichtshof
ILR	Interlokales Recht
Int. Comp. L. Q.	The International and Comparative Law Quarterly
Int. Enc. Comp. L.	International Encyclopedia of Comparative Law
IntGesR	Internationales Gesellschaftsrecht
Int. Lawyer	The International Lawyer
IPG	Gutachten zum internationalen und ausländischen Privatrecht
IPR	Internationales Privatrecht, Internationalprivatrecht, Internationaal Privaatrecht
IPRax	Praxis des Internationalen Privat- und Verfahrensrechts
IPRNG	Gesetz zur Neuregelung des IPR
IPRspr.	Die deutsche Rechtsprechung auf dem Gebiete des Internationalen Privatrechts
i. S. d.	im Sinne des
i. V. m.	in Verbindung mit
IZPR	Internationales Zivilprozeßrecht
IzRspr.	Sammlung der deutschen Entscheidungen zum interzonalen Privatrecht
IZVR	Internationales Zivilverfahrensrecht
J.	Judge, Justice
J. Air L.	The Journal of Air Law and Commerce
JBl.	Juristische Blätter (Österreich)
JbOstR	Jahrbuch für Ostrecht
J. C. P.	Juris Classeur Périodique
Jher. Jb.	Jherings Jahrbücher
JN	Jurisdiktionsnorm
J. O.	Journal Officiel
JR	Juristische Rundschau
J. Soc. P. T. L.	The Journal of the Society of Public Teachers of Law
J. Trib.	Journal des Tribunaux (Belgien)
jug.	jugoslawisch
JuS	Juristische Schulung
JW	Juristische Wochenschrift
JWG	Gesetz für Jugendwohlfahrt
JZ	Juristenzeitung
Kap.	Kapitel
K. B.	Law Reports, King's Bench
KG	Kammergericht, Kommanditgesellschaft

Abkürzungen

Kobe L. Rev.	Kobe University Law Review
KonsularG	Gesetz über die Konsularbeamten, ihre Aufgaben und Befugnisse
La. L. Rev.	Louisiana Law Review
L. Contemp. Probl.	Law and Contemporary Problems
LG	Landgericht
lit., litt.	litera, literae
Lloyd's Marit. Com. L. Q.	Lloyd's Maritime and Commercial Law Quarterly
LNTS	League of Nations Treaty Series
L. Q. Rev.	The Law Quarterly Review
MDR	Monatsschrift für Deutsches Recht
m. E.	meines Erachtens
Mercer L. Rev.	Mercer Law Review
Mich. L. Rev.	Michigan Law Review
Mod. L. Rev.	The Modern Law Review
MPI	Max-Planck-Institut für ausländisches und internationales Privatrecht
M. R.	Master of the Rolls
MSA	Minderjährigenschutzabkommen
mschr.	maschinenschriftlich(e)
m. w. Nachw.	mit weiteren Nachweisen
N.	Fußnote
Nachw.	Nachweise(n)
NAG	(Schweizer) Bundesgesetz betreffend die zivilrechtlichen Verhältnisse der Niedergelassenen und Aufenthalter
NÄG	Namensänderungsgesetz
N. C. p. c.	Nouveau Code de procédure civil
N. E.	Northeastern Reporter
Ned. Jur.	Nederlandse Jurisprudentie
Ned. T. Int. R.	Nederlands Tijdschrift voor Internationaal Recht
n. F.	neue Fassung
N. H.	New Hamsphire
NiemZ	Niemeyers Zeitschrift für internationales Recht
N. I. L. R.	Netherlands International Law Review
NJ	Neue Justiz
NJW	Neue Juristische Wochenschrift
NJW-RR	NJW-Rechtsprechungs-Report
no.	numéro
Northw. J. Int. L. Bus.	Northwestern Journal of International Law & Business
N. Y.	New York
N. Y. U. L. Rev.	New York University Law Review

Abkürzungen

OER	Osteuropa-Recht
ÖJZ	Österreichische Juristen-Zeitung
öst.	österreichisch
ÖZÖffR	Österreichische Zeitschrift für öffentliches Recht
OG	Bundesgesetz über die Organisation der Bundesrechtspflege (Schweiz)
OGH	Oberster Gerichtshof
o. J.	ohne Jahr
OLG	Oberlandesgericht
OLGRspr.	Die Rechtsprechung der Oberlandesgerichte auf dem Gebiete des Zivilrechts
OLGZ	Entscheidungen der Oberlandesgerichte in Zivilsachen
Ont.	Ontario
OR	Obligationenrecht (Schweiz)
P.	Probate, Divorce and Admiralty (Law Reports)
PatG	Patentgesetz
Pers. Statuut	Het Personeel Statuut
P. I. L	Private International Law
P. L. D.	The All-Pakistan Legal Decisions
portug.	portugiesisch
Preuß. ALR	Preußisches Allgemeines Landrecht
PStG	Personenstandsgesetz
Q. B.	Law Reports, Queen's Bench
RabelsZ	Rabels Zeitschrift für ausländisches und internationales Privatrecht
Rec. des Cours	Recueil des Cours (Académie de Droit international)
Rép. dr. int.	Répertoire de droit international
Rev. belge dr. int.	Revue belge de droit international
Rev. crit.	Revue critique de droit international privé
Rev. dr. un.	Revue de droit uniforme
Rev. hell.	Revue hellénique de droit international
Rev. int. dr. comp.	Revue internationale de droit comparé
Rev. Soc. L.	Review of Socialist Law
RG	Reichsgericht
RGBl.	Reichsgesetzblatt
RGZ	Entscheidungen des Reichsgerichts in Zivilsachen
Riv. dir. eur.	Rivista di diritto europeo
Riv. dir. int. priv. proc.	Rivista di diritto internazionale privato e processuale
RIW	Recht der Internationalen Wirtschaft/Außenwirtschaftsdienst des Betriebs-Beraters
ROW	Recht in Ost und West
RuStAG	Reichs- und Staatsangehörigkeitsgesetz

Abkürzungen

R. W.	Rechtskundig Weekblad
Rz.	Randzahl
s.	siehe
S.	Recueil Sirey, Satz, Seite
SavZ/Rom.	Zeitschrift der Savigny-Stiftung für Rechtsgeschichte, Romanistische Abteilung
Sb.	Sbírka zákonu Československá socialistická republika
SchKG	Schuldbetreibungs- und Konkursgesetz
schweiz.	schweizerisch
Schw. Jb. Int. R.	Schweizerisches Jahrbuch für internationales Recht
SchwJZ	Schweizerische Juristen-Zeitung
sec.	section(s)
SGB	Sozialgesetzbuch
Slg.	Sammlung der Rechtsprechung des [Europäischen] Gerichtshofes
span.	spanisch
Stan. J. Int. L.	Stanford Journal of International Law
StAZ	Das Standesamt
str.	strittig
Toronto L. J.	Toronto Law Journal
Trb.	Tractatenblad van het Koninkrijk der Nederlanden
Trib. gr. inst.	Tribunal de grande instance
Tul. L. Rev.	Tulane Law Review
u. a.	unter anderem
U. C. Davis L. Rev.	University of California Davis Law Review
U. Chi. L. Rev.	The University of Chicago Law Review
Ü	Übereinkommen
UN	United Nations
UNESCO	United Nations Educational, Scientific, and Cultural Organization
ung.	ungarisch
UrheberG	Gesetz über Urheberrecht und verwandte Schutzrechte
U. S.	United States Supreme Court Reports
UWG	Gesetz gegen den unlauteren Wettbewerb
v.	versus
Vand. L. Rev.	Vanderbilt Law Review
vgl.	vergleiche
VerschG	Verschollenheitsgesetz
VersR	Versicherungsrecht
VO	Verordnung
Vorbem.	Vorbemerkung

Abkürzungen

WG	Wechselgesetz
WM	Wertpapier-Mitteilungen
W. P.	West Pakistan
W. P. N. R.	Weekblad voor privaatrecht, notariaat en registratie
WRP	Wettbewerb in Recht und Praxis
WuW	Wirtschaft und Wettbewerb
WZG	Warenzeichengesetz
ZaöRV	Zeitschrift für ausländisches öffentliches Recht und Völkerrecht
ZfA	Zeitschrift für Arbeitsrecht
ZfJ	Zentralblatt für Jugendrecht [und Jugendwohlfahrt]
ZfRV	Zeitschrift für Rechtsvergleichung (Wien)
ZGB	Zivilgesetzbuch
ZGR	Zeitschrift für Unternehmens- und Gesellschaftsrecht
ZHR	Zeitschrift für das gesamte Handelsrecht und Wirtschaftsrecht
ZIP	Zeitschrift für Wirtschaftsrecht und Insolvenzpraxis
ZPO	Zivilprozeßordnung
ZRP	Zeitschrift für Rechtspolitik
ZSR	Zeitschrift für schweizerisches Recht, Neue Folge
ZustG	Zustimmungsgesetz
ZVglRWiss.	Zeitschrift für vergleichende Rechtswissenschaft
ZZivilstandsW	Zeitschrift für Zivilstandswesen (Schweiz)
ZZP	Zeitschrift für Zivilprozeß

I. Kapitel: Grundlagen

§ 1 Internationales Privatrecht (Gegenstand)

I. Begriff des internationalen Privatrechts

Unter internationalem Privatrecht kann dreierlei verstanden werden:

1. Internationales Privatrecht *im Wortsinn* ist international geltendes Privatrecht, im günstigsten Falle Weltrecht, jedenfalls „mehrstaatliches" Privatrecht[1]. Es wird am besten als „internationales Einheitsrecht" bezeichnet und umfaßt z. B. das Einheitliche Wechsel- und Scheckrecht der Genfer Abkommen von 1930/31 oder das Einheitliche UN-Kaufrecht von 1980. (Näheres siehe unten § 11 I.)

2. Internationales Privatrecht *in einem weiten, ungenauen Sinne* ist alles Recht, das private Verhältnisse mit einem internationalen Element, mit einer „Außenbeziehung" betrifft, d. h. Recht für solche privatrechtlichen Sachverhalte, die über den räumlichen Geltungsbereich einer einzelnen nationalen (staatlichen) Rechtsordnung hinausreichen. Hierzu gehören etwa Vorschriften für Im- und Exportverträge oder für national gemischte Ehen.
Diese Normen können zugleich internationales Privatrecht im Wortsinn sein (so z. B. das genannte Einheitliche Kaufrecht). Sie können aber auch rein nationales Recht darstellen. (Näheres siehe unten § 11 II.)

3. Internationales Privatrecht *im engeren, technischen Sinne* (abgekürzt IPR) ist ein Teil des zu 2. umschriebenen Rechts: Es regelt die Sachverhalte mit internationalem Einschlag nicht unmittelbar, sondern dadurch, daß es auf eine der berührten Rechtsordnungen verweist (daher: Verweisungsrecht). Anders ausgedrückt, das IPR umgrenzt den Anwendungsbereich der einzelnen Rechtsordnungen (deshalb: Rechtsanwendungsrecht), und zwar sowohl der inländischen wie der fremden, soweit diese im Inland zum Zuge kommen. Es stellt damit sozusagen ein Recht über Rechten dar, jedenfalls in seiner Funktion, wenn auch im allgemeinen nicht seiner Herkunft und seinem Range nach[2].
Das letztgenannte IPR im engeren Sinne – auch Kollisionsrecht genannt – ist der Hauptgegenstand dieses Buches. Das IPR ist in Deutschland im EGBGB geregelt, und dort wird in Art. 3 I 1 auch eine gesetzliche Definition gegeben.

---

[1] Ein Ausdruck von *Martin Wolff* 4.
[2] Vgl. *Müller-Freienfels*, IPR in der Normenhierarchie: Festskrift Hellner (Stockholm 1984) 369 ff.

Danach bestimmt das IPR „bei Sachverhalten mit einer Verbindung zum Recht eines ausländischen Staates..., welche Rechtsordnungen anzuwenden sind".

II. Bedeutung und Eigenart

1. Die *Bedeutung* des IPR ist im Laufe des 20. Jahrhunderts um ein Vielfaches gestiegen. Im Handels- und Wirtschaftsrecht ist dies auf die weltweiten internationalen Wirtschaftsverflechtungen zurückzuführen, im Personen-, Familien- und Erbrecht zeitweise auf die Flüchtlingsströme und gegenwärtig vor allem auf die Millionenschar der Gastarbeiter[3].

2. Die *Eigenart* des IPR ergibt sich aus seiner Funktion als Recht „über" Rechtsordnungen. Darin liegt sein besonderer Reiz begründet, aber auch seine Problematik.

Zum einen hat das IPR im Gegensatz zu dem sonstigen innerstaatlichen (internen) Recht grundsätzlich mit mehreren Rechtsordnungen zu tun und lenkt auf diese Weise unseren Blick über die Grenzen der heimischen Rechtsordnung hinaus. Insoweit steht das IPR der Rechtsvergleichung nahe. Beide erfüllen heute eine erzieherische Aufgabe, wie sie früher vor allem der Rechtsphilosophie und der Rechtsgeschichte zukam: Die hier und jetzt positiv geltende heimische Rechtsordnung wird relativiert durch die Betrachtung anderer, inhaltlich abweichender Normen, seien diese von der Rechtsphilosophie theoretisch entworfen oder von der Rechtsgeschichte und der Rechtsvergleichung empirisch in anderen Zeiten und Räumen vorgefunden.

Außerdem bewegt sich das IPR weithin auf einer höheren Ebene der Abstraktion als die einzelnen materiellen Rechtsordnungen, die es gegeneinander abgrenzt. Insofern ist es dem Prozeßrecht vergleichbar, das den Streit um einen materiellrechtlichen Anspruch in einem formellen Verfahren ordnet, ohne dabei unmittelbar auf die sachliche Begründung dieses Anspruchs abzustellen. Diese hohe Abstraktheit des IPR übt auf viele eine Faszination aus. Aber sie führt auch in die Gefahr übermäßiger Kompliziertheit.

Die Höhe der Kompliziertheit erreicht das IPR dort, wo vor der Wahl des maßgebenden materiellen Rechts erst noch das anzuwendende Kollisionsrecht bestimmt werden muß, wo also gleichsam ein „Kollisionsrecht der zweiten Potenz" entsteht (siehe etwa unten § 24 Rück- und Weiterverweisung, § 29 Interlokales Privatrecht, § 32 Vorfrage)[4].

---

[3] Vgl. *Vischer,* Wo sollten die Schwerpunkte einer IPR-Reform liegen? (1982) 25. Heute sind die „Akteure des IPR" nicht mehr wie bis zum ersten Weltkrieg die Reichen oder gar Superreichen, die Weltenbummler und Künstler, sondern in erster Linie die Gastarbeiter.

[4] Ein Schema für die Fallbearbeitung, das die erste Orientierung erleichtert, gibt das

Man versteht daher jenes „bitterböse Wort eines gescheiten französischen Romanisten", das *Max Gutzwiller* einmal anführte[5]: „La théorie en Droit international privé...: c'est un combat de nègres, le soir, dans un tunnel." Ähnlich das vielzitierte Wort von *Prosser*[6] über das IPR als düsteres Moor voll schwankender Sumpfböden: „The realm of the conflict of laws is a dismal swamp filled with quaking quagmires, and inhabited by learned but eccentric professors who theorize about mysterious matters in a strange and incomprehensible jargon. The ordinary court, or lawyer, is quite lost when engulfed and entangled in it."

Dennoch – das IPR ist unentbehrlich, solange zwischen den Ländern, die am internationalen Rechtsverkehr teilnehmen, nicht volle Rechtseinheit besteht. Denn die Gerechtigkeit verbietet es, auf Vorgänge mit überwiegender Auslandsbeziehung immer nur inländisches Recht anzuwenden. (Näheres unten in § 4.)

III. Quellen

Das IPR ist in Deutschland und in vielen anderen kontinentaleuropäischen Staaten heute nicht mehr in gleichem Maße wie früher ein unkodifiziertes Gebiet, auf dem Wissenschaft und richterliche Rechtsfindung besonders gut gedeihen[7]. Vielmehr wird es durch die Gesetzgebung und zahlreiche Staatsverträge zunehmend abgedeckt[8].

1. Die *nationale deutsche Kodifikation*, die sich im EGBGB findet, galt mit wenigen Änderungen fast ein Jahrhundert lang in der Fassung von 1896[9]. Im Jahre 1986 verabschiedete der Gesetzgeber eine Neufassung, die am 1. September 1986 in Kraft trat[10]. Sie schließt Lücken im bisherigen EGBGB und verwirklicht die Gleichberechtigung von Mann und Frau im IPR. Dadurch ist wieder mehr Rechtssicherheit eingekehrt. Eine geradlinige Neuorientierung des deutschen IPR ist freilich ausgeblieben. Vielmehr bilden die reformierten Vorschriften des EGBGB zum Personen-, Familien- und Erbrecht ein Gemisch aus überkommenen Regeln und verschiedenen neuen Ansätzen.

Übungsbuch von *Koch/Magnus/Winkler von Mohrenfels* in § 1; vgl. auch *Schlosshauer-Selbach* Rz. 92 ff.; *Jayme*, IPRax 1985, 60 f.; *Reinhart*, JuS 1986, 891 ff.

[5] *Gutzwiller*, RabelsZ 11 (1937) 326.

[6] *Prosser*, Mich. L. Rev. 51 (1952/53) 971.

[7] Dennoch bleibt die Rechtsprechung von erheblicher Bedeutung: siehe *Jayme*, Richterliche Rechtsfortbildung im IPR: FS... Universität Heidelberg (1986) 567 ff.

[8] Die für Deutschland wesentlichen Texte bringt die Textausgabe *Jayme/Hausmann*.

[9] Zur Entstehungsgeschichte der Artt. 7–31 EGBGB a. F., die das deutsche Kollisionsrecht enthielten, siehe *Hartwieg/Korkisch*, Die geheimen Materialien zur Kodifikation des deutschen IPR 1881–1896 (1973).

[10] Gesetz zur Neuregelung des IPR (IPRNG) vom 25. 7. 1986 (BGBl. 1986 I 1142).

Die Vorarbeiten zum neuen EGBGB reichen bis in die fünfziger Jahre zurück. Der als wissenschaftliches Beratungsgremium des Bundesjustizministers tätige Deutsche Rat für IPR[11] erarbeitete verschiedene „Vorschläge und Gutachten" zur Reform des IPR[12]. Später erstellte *Kühne* im Auftrage des Bundesjustizministers auf der Grundlage der Vorschläge des Deutschen Rates einen Gesetzentwurf[13]. Unabhängig davon wurde im Max-Planck-Institut für ausländisches und internationales Privatrecht ein Gesetzentwurf von *Neuhaus/Kropholler* formuliert; andere Mitarbeiter des Instituts legten unter Federführung von *Dopffel* und *Siehr* Thesen zur Reform vor[14]. Diese Reformvorschläge, die verschiedene Alternativen zu der Gesetz gewordenen Neufassung des EGBGB aufzeigten, wurden freilich kaum berücksichtigt[15]. Die Neufassung beruht im wesentlichen auf dem Regierungsentwurf vom 20. 10. 1983[16], der im Rechtsausschuß des Bundestages nur in wenigen Punkten verändert wurde[17].

Das Gesetz zur Neuregelung des IPR ist grundsätzlich auf alle Vorgänge anzuwenden, die in die Zeit nach seinem Inkrafttreten (1. 9. 1986) fallen. Auf vor diesem Zeitpunkt abgeschlossene Vorgänge ist es nicht anwendbar; für sie bleibt das EGBGB a. F. maßgebend (Art. 220 I EGBGB; vgl. im einzelnen unten § 27 III).

2. *Kollisionsrechtliche Staatsverträge* bilden eine weitere wesentliche Rechtsquelle (näher zu ihnen unten § 9). Sie sind in der Regel unmittelbar anwendbares innerstaatliches Recht und gehen den Vorschriften des EGBGB vor (Art. 3 II 1 EGBGB). Bevor man eine Norm des EGBGB anwendet, muß man also jeweils prüfen, ob nicht ein internationales Übereinkommen einschlägig ist. Staatsverträge werden erfahrungsgemäß leicht übersehen.

In den Text des neuen EGBGB sind einige wichtige Übereinkommen (überwiegend wörtlich) eingearbeitet, so das Haager Unterhaltsübereinkommen von 1973 in Art. 18, das Haager Testamentsformübereinkommen von 1961 in Art. 26 und vor allem das EG-Schuldvertragsübereinkommen von 1980 in den

---

[11] Über seine Konstituierung siehe RabelsZ 18 (1953) 597.

[12] Letzte Fassung: Vorschläge und Gutachten zur Reform des deutschen internationalen Personen-, Familien- und Erbrechts (1981).

[13] *Kühne*, IPR-Gesetz-Entwurf (1980).

[14] RabelsZ 44 (1980) 325 ff. Alle Vorschläge und Gesetzentwürfe wurden auf einem Kolloquium im Institut diskutiert; siehe Reform des deutschen IPR, vorgelegt von *Dopffel/ Drobnig/Siehr* (1980).

[15] Siehe zu dem Entwurf von *Neuhaus/Kropholler* auch *Dessauer*, IPR, Ethik und Politik II (1986) 894: „nicht mehr nachvollziehbar, daß diesem ebenso moderaten wie praktikablen Reformvorschlag weder in der Reformdiskussion noch – und dies ist entscheidend – in dem Gesetzesentwurf der Bundesregierung die gebührende Beachtung zuteil geworden ist."

[16] BT-Drucks. 10/504 (Referent *Pirrung*). Kritisch dazu u. a. die Stellungnahme des Max-Planck-Instituts: RabelsZ 47 (1983) 595 ff.

[17] BT-Drucks. 10/5632. Näher zur parlamentarischen Entstehung des Gesetzes *Böhmer*, Das deutsche Gesetz zur Neuregelung des IPR von 1986: RabelsZ 50 (1986) 646 ff. Alle Materialien sowie ergänzende Hinweise bei *Pirrung*, Internationales Privat- und Verfahrensrecht nach dem Inkrafttreten der Neuregelung des IPR (1987).

Artikeln 27–37. Die gesamte Regelung des Schuldvertragsrechts im EGBGB stammt also aus einem Übereinkommen, das die EG-Staaten geschlossen haben. Die Einarbeitung dieser Konvention in den deutschen Gesetzestext bei gleichzeitigem Ausschluß ihrer unmittelbaren Anwendbarkeit[18] ist wegen der Textveränderungen in Hinblick auf die innerhalb der EG beabsichtigte strikte Rechtseinheit freilich nicht unbedenklich (näher unten § 52 I 2).

IV. Reichweite

Das Kollisionsrecht umfaßt logisch *alle* privatrechtlichen Sachverhalte, unabhängig von ihrem nationalen oder internationalen Charakter. Dies kommt bei den rein inlandsrechtlichen Fällen nur nicht zum Bewußtsein, da bei ihnen das Ergebnis, die Anwendung der materiellen lex fori, von vornherein feststeht[19]. Die gegenteilige Auffassung, daß der normale, eindeutig inlandsrechtliche Fall nicht erst der kollisionsrechtlichen Subsumtion unterliege, diese vielmehr nur in den problematischen Fällen geboten sei, scheitert an der Unmöglichkeit einer scharfen Grenzziehung zwischen „eindeutig" und „problematisch", d.h. zwischen ganz abgelegenen, offensichtlich unerheblichen Außenbeziehungen und möglicherweise erheblichen.

Z.B. wird der mitteleuropäische Jurist in einem *Erbrechtsfall* die Herkunft des Vaters des Erblassers aus einem fremden Lande oder die eigene Religionszugehörigkeit des Erblassers für offensichtlich unbeachtlich halten, während der erste Umstand nach englischem Kollisionsrecht die für den Mobiliarnachlaß entscheidende domicile-Anknüpfung begründen kann und der zweite nach orientalischen Anschauungen für das gesamte Erbstatut maßgebend ist.

Obwohl also den eigentlichen Stoff des IPR nur die Sachverhalte mit einer Außenbeziehung bilden, erfassen die Kollisionsnormen im Prinzip *alle* Fälle. Eine ausdrückliche Beschränkung auf „internationale" Sachverhalte kommt bei staatsvertraglichen Kollisionsnormen vor (vgl. Art. 1 I EuSchVÜ und – ihm folgend – Art. 3 I 1 EGBGB).

V. Name

1. Der über hundertjährige, hundertmal bekämpfte deutsche Name „*Internationales Privatrecht*" ist eine mißglückte Übersetzung von „private interna-

---
[18] Siehe Art. 1 II des deutschen Zustimmungsgesetzes vom 25.7. 1986 zu dem Übereinkommen (BGBl. 1986 II 809). Der Ausschluß der direkten Anwendbarkeit eines kollisionsrechtlichen Abkommens ist für Deutschland ein Novum.

[19] Zugespitzt sagt daher W. *Goldschmidt*, Zur ontologisch-logischen Erfassung des IPR: ÖZÖffR 4 (1952) 121 (122): „Man ersieht..., daß das nationale Privatrecht nur ein besonderer Anwendungsfall des IPR ist."

tional law"[20] (französisch „droit international privé" im Gegensatz zum „droit international public", dem Völkerrecht). Er ist immerhin insofern praktisch, als sich zu ihm bequem alle gewünschten Unter- und Parallelbegriffe bilden lassen, nämlich als Unterbegriffe: Internationales Personen-, Schuld-, Sachenrecht usw., als Parallelbegriffe: Internationales Verfahrens-, Verwaltungs-, Strafrecht, interlokales (interkantonales, interzonales, intersektorales), interpersonales (interkonfessionelles, intergentiles), intertemporales Recht u.a.m. Anderseits ist „Internationales Privatrecht" etwas schwerfällig, besonders in der adjektivischen Form „internationalprivatrechtlich" (nicht zu reden von den sprachlichen Mißgeburten „iprechtlich" und „IPR-lich").

In der Sache ist die Bezeichnung „IPR" irreführend, weil das IPR nicht notwendigerweise internationales (z.B. staatsvertragliches) Recht ist, sondern großenteils rein nationales, staatliches Recht.

Die übliche Erklärung, das IPR sei zwar nicht immer seiner Quelle und Natur nach, aber doch nach seinem Gegenstand internationales Recht, da es sich auf internationale Sachverhalte bezieht – diese Erklärung ist sprachlich unsauber; man bezeichnet ja z.B. auch eine Zeitschrift nicht deshalb schon als international, weil sie internationale Gegenstände behandelt. Die Bezeichnung „internationales Privatrecht" wird deshalb von jedem Uneingeweihten zunächst einmal im Sinne eines wirklich (seiner Quelle und Natur nach) internationalen Rechts mißverstanden[21].

Richtig ist der Name Internationales Privatrecht dagegen in seinem zweiten Bestandteil „Privatrecht". Alles Recht, das private Beziehungen regelt, ohne den Staat als Hoheitsträger einzubeziehen, ist Privatrecht, auch wenn es zugleich – wie das IPR – den Anwendungsbereich verschiedener Privatrechtsordnungen gegeneinander abgrenzt.

2. Von den *sonstigen Bezeichnungen* für das IPR im technischen Sinne ist keine als gleichwertig oder gar überlegen anzusehen. Jedoch sollte schon aus Gründen der Kontinuität und der oft wünschenswerten Abwechslung im Ausdruck jeder einmal eingebürgerte Name geduldet werden; im folgenden wird insbesondere die Bezeichnung „Kollisionsnorm" für eine Vorschrift des IPR oft verwendet. Nur muß man sich der Schwächen der einzelnen Bezeichnungen bewußt sein.

---

[20] Vgl. *Story*, Commentaries on the Conflict of Laws (Boston 1834) § 9: „This branch of public law may... be fitly denominated private international law." Die deutsche Form findet sich erstmals bei *Schaeffner*, Entwicklung des internationalen Privatrechts (Frankfurt a.M. 1841).

[21] Aus diesem Grunde schreibt man besser „Internationales Privatrecht" als terminus technicus mit großem Anfangsbuchstaben, dagegen nicht die parallelen Bezeichnungen „interlokal" usw., bei denen ein Mißverständnis nicht zu befürchten ist.

Des näheren ist zu ihnen folgendes zu sagen:

Die Namen „*Kollisionsrecht*" und „*Konfliktsrecht*" haben eine alte Tradition[22]. Aber sie sind nicht nur insofern ungeschickt, als sie den Laien an Schiffskollisionen bzw. Arbeitskonflikte denken lassen. Sie erwecken auch die falsche Vorstellung, daß jeder Sachverhalt, der mehrere Rechtsordnungen berührt, eine „Kollision" bzw. einen „Konflikt" dieser Rechtsordnungen verursache. Das träfe nur dann zu, wenn jede Rechtsordnung den Anspruch erhöbe, möglichst oft (oder möglichst selten) angewandt zu werden. Davon kann aber keine Rede sein. Und soweit tatsächlich Kollisionen drohen, ist es die vornehmste Aufgabe des IPR, sie zu vermeiden[23]; erst an zweiter Stelle steht die Entscheidung über eingetretene Kollisionen mit den Geltungsansprüchen fremder Vorschriften. Endlich sind die Ausdrücke „Kollisionsrecht" und „Konfliktsrecht" nicht charakteristisch für das Internationale *Privat*recht, sondern treffen auch die Bestimmungen über das jeweils anwendbare Verfahrens-, Verwaltungs-, Strafrecht usw.

Das letztgenannte Bedenken gilt ebenfalls für die Bezeichnungen „*Rechtsanwendungsrecht*"[24] und „*Verweisungsrecht*" (oder auch „*Zuweisungsrecht*"[25]), von denen die eine dem Inhalt des IPR entspricht, die andere sein charakteristisches Mittel angibt. Außerdem klingt das Wort „Rechtsanwendungsrecht" schwerfällig.

Ebenso unspezifisch für das Privatrecht ist der englische Name „*choice of law*", dessen wörtliche Übersetzung „Rechtswahl" übrigens im deutschen Sprachraum speziell für die freie Wahl des anzuwendenden Rechts durch die Beteiligten üblich ist (sog. Parteiautonomie), weniger für die Funktion des IPR im ganzen.

Die älteren Bezeichnungen „*Grenzrecht*" sowie „*zwischenstaatliches*" oder „*Zwischenprivatrecht*" sind bereits aus der Mode gekommen[26].

VI. Nachbargebiete

Als Zubehör des IPR im engeren Sinne werden unter dieser Bezeichnung vielfach (etwa in Frankreich) auch Staatsangehörigkeits-, Fremden- und Internationales Zivilverfahrensrecht behandelt.

1. Die Zurechnung des *Staatsangehörigkeitsrechts* zum IPR stammt aus einer Zeit, als es keinen allgemeinen Begriff der Staatsangehörigkeit gab, sondern je eine besondere Staatsangehörigkeit für Zwecke des Privatrechts – die naturgemäß zum IPR gehörte – und für das öffentliche Recht[27].

---

[22] In Deutschland dominiert der erste Ausdruck seit *Hertius*, Dissertatio de collisione legum (1688). Im anglo-amerikanischen Bereich spricht man unter dem Einfluß des Niederländers *Ulricus Huber*, De conflictu legum (1684), vom „[law of the] conflict of laws" oder einfach „conflicts law", neuerdings eingedeutscht zu „Konfliktsrecht".

[23] Vgl. den treffenden Titel des französischen „Loi prévenant [!] et réglant les conflits entre la loi française et la loi locale d'Alsace et Lorraine..." vom 24. 7. 1921 (J.O. 26. 7. 1921).

[24] Vgl. das „Rechtsanwendungsgesetz" der DDR vom 5. 12. 1975 (GBl. 1975 I 748).

[25] So *Wengler* I, 193 ff.

[26] Siehe zu den Nachteilen dieser und weiterer wenig gebräuchlicher Namen *Neuhaus* 7 f.

[27] Vgl. *Makarov*, Allgemeine Lehren des Staatsangehörigkeitsrechts^2 (1962) 103 ff.

Die Frage, ob eine Person einem bestimmten Staat angehört, entscheidet dieser Staat nach allgemeiner Ansicht selbst. Man kann also nicht die französische Staatsangehörigkeit nach deutschem Recht erwerben oder die deutsche nach französischem Recht. Keinem Staat sollen gegen seinen Willen Angehörige aufgedrängt oder entzogen werden. Auch privatrechtliche Vorfragen für den Erwerb oder Verlust einer Staatsangehörigkeit (wie Ehe, eheliche Abstammung, Legitimation) werden nach dem IPR des Staates beurteilt, um dessen Staatsangehörigkeit es sich handelt.

2. *Fremdenrecht* sind die Normen, die Fremde (Ausländer und Staatenlose, natürliche und juristische Personen) anders behandeln als Inländer. Das Fremdenrecht regelt – wie das IPR – Sachverhalte mit Auslandsbeziehung. Aber – anders als das IPR – enthält das Fremdenrecht keine Verweisungsnormen, sondern nur Sachnormen mit ausländischem Tatbestandselement.

Fremde sind den Inländern heute in Deutschland weitgehend gleichgestellt. Soweit fremdenrechtliche Normen bestehen, sind sie häufig durch das Bedürfnis motiviert, das Inland gegen Überfremdung zu schützen. In der Bundesrepublik ist das Fremdenrecht im wesentlichen durch das Ausländergesetz vom 28. 4. 1965 geregelt. Daneben gibt es auf vielen Rechtsgebieten einzelne fremdenrechtliche Bestimmungen, z. B. im Arbeitsrecht das Erfordernis einer Arbeitserlaubnis oder im Verfahren des gewerblichen Rechtsschutzes die Notwendigkeit der Bestellung eines Inlandsvertreters (vgl. z. B. § 25 PatG, § 35 WZG).

Fremdenrechtliche Vorschriften bestimmen ihren Anwendungsbereich in der Regel selbst. Sie sind immer anzuwenden, wenn das in ihnen enthaltene ausländische Tatbestandsmerkmal erfüllt ist. Somit sind sie unabhängig von den Normen des Kollisionsrechts. Eine Trennung von Fremdenrecht und IPR ist also systematisch gerechtfertigt.

3. Das *Internationale Zivilverfahrensrecht*, das durch das Nebeneinander nicht so sehr der verschiedenen nationalen (Verfahrens-)Rechtsordnungen, sondern der nationalen Gerichtsorganisationen bestimmt wird und das die Regeln des Verfahrensrechts für Auslandsfälle betrifft, steht dem IPR an praktischer Bedeutung kaum nach. Es wird daher im letzten Kapitel dieses Buches näher behandelt.

§ 2 Geschichte

Eine Periodisierung der Geschichte des IPR, wie sie im folgenden auf knappstem Raum unternommen wird, tut ihr unvermeidlich Gewalt an, weil dadurch die Kontinuität des Lebens sowie die Mannigfaltigkeit der zu jeder Zeit mit- und gegeneinander wirkenden Kräfte und Persönlichkeiten mißachtet werden[1]. Insbesondere ist es sehr heikel, Antworten früherer Autoren auf Fragen ermitteln zu wollen, die es in der jetzigen Formulierung damals noch nicht gab. Mit diesen Vorbehalten seien folgende Aussagen gewagt.

I. Antike und frühes Mittelalter

1. Die *Antike* hat kaum Kollisionsrecht im heutigen Sinne gekannt, allenfalls unsichere Ansätze von Abgrenzung des Anwendungsbereichs der eigenen Normen, interlokalem Recht, Fremdenrecht und prozessualem Sonderrecht[2]. Die Römer behalfen sich im wesentlichen mit dem ius gentium, d. h. jenem Teil ihres eigenen Rechts, den sie für Gemeingut aller Völker hielten. Die Anwendung des fremden Heimatrechts einer Prozeßpartei war zwar nicht ganz ausgeschlossen, aber es bestand kein Satz des Kollisionsrechts, der sie zwingend vorgeschrieben hätte. Im übrigen gab es damals auch noch nicht die Vorstellung von der Vollständigkeit der Rechtsordnung und daher kein „Verbot der Rechtsverweigerung"; die Gerichte mußten nicht über jede vorkommende Rechtsfrage entscheiden.

2. Im *frühen Mittelalter* galt in Europa – besonders im Frankenreich – überwiegend der sog. Grundsatz der persönlichen Rechte, wonach jeder gemäß seinem „Stammesrecht" zu beurteilen war. Ob die „professio iuris" – Bekenntnis der Stammes- und damit Rechtszugehörigkeit einer Person am Anfang einer Urkunde oder zu Beginn des Prozesses – immer den Tatsachen entsprach oder auf eine freie Rechtswahl hinauslaufen konnte, bleibe dahingestellt. Feste Regeln für die Behandlung von Sachverhalten, an denen Angehörige verschiedener Rechtsordnungen beteiligt waren, haben sich nicht herausgebildet. Das System verfiel mit der Vermischung der Bevölkerung und dem Vordringen rein territorial geltender Rechte.

---

[1] Eine ausführliche Darstellung der Geschichte bietet *Gutzwiller*, Geschichte des IPR (1977). Siehe auch *von Bar* I § 6; *Keller/Siehr* §§ 1–11.
[2] Näher *H.J. Wolff*, Das Problem der Konkurrenz von Rechtsordnungen in der Antike (1979); *Sturm*, Comment l'Antiquité réglait-elle ses conflits de lois?: Clunet 106 (1979) 259 ff.

II. Statutentheorie

Vom *hohen Mittelalter bis ins 19. Jahrhundert* hinein spricht man von der „Statutentheorie". Sie ging von den bestehenden materiellen Rechtsnormen aus und suchte zuerst für die statuta (lokalen Gesetze) der italienischen Stadtrepubliken, sodann für die französischen coutumes (regionalen Gewohnheitsrechte) und schließlich für die Gesetze der mehr oder weniger souveränen neuzeitlichen Territorialstaaten den jeweiligen Anwendungsbereich zu bestimmen. Es wurde unterschieden, ob das „Statut" Personen, Sachen oder Handlungen betraf. Grundsätzlich galten die „statuta personalia" für alle Bewohner des Territoriums, die „statuta realia" für die im Territorium belegenen unbeweglichen Sachen und die „statuta mixta" für Rechtshandlungen im Territorium. Indes war diese Dreiteilung grob und unsicher, die Betrachtung nur der eigenen Gesetze einseitig.

Innerhalb der Statutentheorie werden folgende Hauptschulen unterschieden.

1. Die italienischen und französischen *Glossatoren* (d.h. Interpreten des Corpus Iuris) entwickelten ihre Lehre vor allem im Anschluß an die erste Bestimmung des Codex Justinians[3], wonach alle Völker, „die unter unserer milden Herrschaft stehen", der katholischen Religion angehören sollen – also nur die Untertanen, nicht die Fremden! Hatte Magister *Aldricus* (um 1180) erklärt, der Richter habe jeweils dasjenige Gesetz anzuwenden, „quae potior et utilior videtur" (ohne daß er zwischen Inhalt und Nähe zum Sachverhalt unterschied), so heißt es in der Glossa ordinaria des *Accursius* (um 1250), wenn ein Bologneser in Modena verklagt werde, dürfe er nicht nach dem dortigen Recht beurteilt werden, „weil er diesem nicht untersteht".

2. Die Postglossatoren oder *Kommentatoren* des 14. und 15. Jahrhunderts verfeinerten die Lehren der Glossatoren auf dem bewährten scholastischen Weg der Unterscheidungen. Am berühmtesten von ihnen sind *Bartolus* (Professor in Bologna um 1350)[4] und sein Schüler *Baldus*. Mit den italienischen Juristen wetteifern die französischen von Toulouse bis Orleans.

3. Unter den *Franzosen des 16. Jahrhunderts* ragen *Dumoulin (Molinaeus)* und *d'Argentré* hervor. Der eine war ein Gegner des bodengebundenen Lehnsrechtes und deshalb Anwalt der Personalität der Gesetze. Ob er in seinen Ausführungen über Ehe- und sonstige Verträge das Prinzip der freien Rechts-

---

[3] Codex I,1: Cunctos populos.
[4] Vgl. *Gamillscheg*, Überlegungen zum Text und zur kollisionsrechtlichen Methode bei Bartolus: FS Wieacker (1978) 235.

wahl durch die Parteien (Parteiautonomie) erfunden hat, ist umstritten[5]. Der andere war ein später Verteidiger des Lehnsrechtes und neigte deshalb zur Einordnung aller für Grundstücke erheblichen Gesetze als Realstatuten (Territorialität des Rechts), womit er im Ergebnis den größeren Einfluß gewann.

4. Die *Niederländer nach 1650* waren vor allem auf die Wahrung der Souveränität ihres Landes bedacht und betrachteten daher die Anwendung fremden Rechts nur als Sache der „comitas", d. h. des freundlichen Entgegenkommens gegenüber dem Ausland. Ihr hervorragendster Vertreter ist *Ulricus Huber*, der auch in England und Nordamerika viel beachtet wurde.

5. In *Deutschland* fand die Statutentheorie einerseits vom 16. bis 18. Jahrhundert einige tüchtige Anhänger (darunter *Hert* oder *Hertius* um 1690), anderseits ihren Zerstörer in *Carl Georg Wächter* (1841/42): Er wies aufs gründlichste ihre Unzulänglichkeit nach, ohne positiv etwas anderes empfehlen zu können, als – mangels ausdrücklicher IPR-Normen – die lex fori anzuwenden, solange ihre Auslegung nichts anderes ergibt[6].

III. Modernes IPR

Erst *seit dem zweiten Drittel des 19. Jahrhunderts* entwickelt sich das moderne IPR.

1. Als seine *Begründer* gelten drei Autoren: der Amerikaner *Story* (Commentaries on the Conflict of Laws, 1834) mit einer ausführlichen Analyse der Rechtsprechung[7]; der Deutsche *Friedrich Carl von Savigny* (System des heutigen Römischen Rechts VIII, 1849), Urheber der „kopernikanischen Wende" in der Fragestellung, nämlich vom Gesetz zum Sachverhalt, zum „Rechtsverhältnis", für das er jeweils den „Sitz" bestimmen wollte[8]; schließlich der Italiener

---

[5] Verneinend *Gamillscheg*, Der Einfluß Dumoulins auf die Entwicklung des Kollisionsrechts (1955) 110 ff.; bejahend *Wicki*, Zur Dogmengeschichte der Parteiautonomie im IPR (Winterthur 1965) 17 f., bespr. durch *Dierk Müller*, RabelsZ 32 (1968) 557.

[6] *Wächter*, Über die Collision der Privatrechtsgesetze verschiedener Staaten: AcP 24 (1841) 230 ff.; 25 (1842) 1 ff., 161 ff., 361 ff. Später hat *Wächter*, Pandekten I (1880) 146 ff., sich mit *Savigny* auseinandergesetzt, der ein „eigentlich bloß legislatives Prinzip" ausgesprochen habe. Aber einerseits hat auch *Savigny* den Vorrang gesetzlicher Vorschriften für Kollisionsfälle anerkannt (25 f.), und anderseits bezieht sich *Wächter* selbst (subsidiär) auf die „Natur der Verhältnisse" (147). Der wahre Gegensatz ist der von absolutem „Territorialitätsprinzip" (aaO) – vgl. unten § 22, besonders II 1 – und „völkerrechtlicher Gemeinschaft" (*Savigny* 27).

[7] Siehe *Kegel*, Joseph Story: RabelsZ 43 (1979) 609.

[8] Näheres zur Fragestellung sogleich in § 3. Zu den Personen siehe *Kegel*, Story und

Mancini als erfolgreicher Verfechter des Nationalitätsprinzips (seit 1850) und als erster Befürworter kollisionsrechtlicher Staatsverträge[9]. *Savignys* Umkehrung der Fragestellung ermöglichte sachgerechte Differenzierungen und die Anerkennung der Gleichwertigkeit ausländischen Rechts.

Als Folge der *Savigny*schen Wende in der Fragestellung hat auch der Gebrauch des Wortes „*Statut*" sich geändert: Früher bezeichnete es das einzelne Gesetz (als Ausgangspunkt der kollisionsrechtlichen Betrachtung) – heute die jeweils maßgebende Rechtsordnung (also den Endpunkt dieser Betrachtung): Statut der Geschäftsfähigkeit ist das für die Geschäftsfähigkeit maßgebende Recht, Schuldstatut das für ein Schuldverhältnis, Sachstatut das für eine Frage des Sachenrechts, Erbstatut das für die Beerbung maßgebende Recht usw.

2. Das gemeinsame Kennzeichen des ganzen *19. Jahrhunderts* ist die Nationalisierung des IPR, das bis dahin – trotz der verschiedenen nationalen Schulen – im Prinzip als gemeines europäisches Recht gegolten hatte. Diese Nationalisierung entsprach dem Zuge der Zeit zum geschlossenen Einheitsstaat und begann mit den großen Kodifikationen (dem preußischen Allgemeinen Landrecht von 1794, dem Code civil von 1804 und dem österreichischen ABGB von 1811). Die konsequente Behandlung des IPR als Zweig des nationalen Rechts erfolgte jedoch erst gegen Ende des Jahrhunderts (nach der italienischen Kodifizierung des IPR in den sog. Preleggi zum Codice civile von 1865 und etwa zur Zeit der Vorbereitung des deutschen Einführungsgesetzes zum BGB von 1896) durch die positivistischen „Nationalisten" *(Kahn, Bartin)*. Zur Überbrückung der nationalen Gegensätze empfahl *Mancini* – wie gesagt – den Abschluß von Staatsverträgen (die erste Haager Konferenz für IPR fand 1893 statt; vgl. unten § 9 I). Einzelprobleme, die sich aus dem Nebeneinander verschiedener Kollisionsrechte ergeben, traten erst nach und nach ins Bewußtsein, so der Renvoi (durch den Fall *Forgo* 1878/82; vgl. unten § 24 I 1), das Qualifikationsproblem (entdeckt durch *Kahn* 1891 und *Bartin* 1897), die Vorfrage (*Melchior* 1932 und *Wengler* 1934).

Eine einprägsame Periodisierung des europäischen Kollisionsrechts bis zum frühen 19. Jahrhundert und eine Kennzeichnung der seitherigen Strömungen gibt *Niederer*, nämlich beidemal mit den Schlagworten Personalität, Universalität und Territorialität[10].

Savigny: FS Rechtswiss. Fakultät Köln (1988) 65; englische Fassung: Am.J.Comp.L. 37 (1989) 39. Den Einfluß *Storys* auf *Savigny* schildert *Kegel*, Wohnsitz und Belegenheit bei Story und Savigny: RabelsZ 52 (1988) 431. Zur heutigen Bedeutung *Savignys* siehe *Neuhaus*, Abschied von Savigny?: RabelsZ 46 (1982) 4.

[9] Siehe *Jayme*, Pasquale Stanislao Mancini (1980); ders., Mancini heute. Einige Betrachtungen: FS Zweigert (1981) 145; ders., Mancini (1817–1888) – Die Nation als Rechtsbegriff im IPR: JuS 1988, 933.

[10] *Niederer*, Einführung in die allgemeinen Lehren des IPR[3] (1961) 18–74; vgl. auch *Keller/Siehr* § 1 III 2.

Jedoch liegen diese Kriterien zugegebenermaßen auf verschiedenen Ebenen[11]: Personalität bezeichnet hier den Geltungs- oder den Anwendungsbereich des *materiellen Rechts*, Universalität die Geltung des *IPR*, Territorialität bald das eine, bald das andere.

3. Im 20. *Jahrhundert* setzte sich die Nationalisierung des IPR durch weitere nationale Kodifikationen fort. Seit Beginn der sechziger Jahre hat eine zweite Kodifikationswelle die Staaten West- und Osteuropas erfaßt (näher unten § 10 III). Daneben entwickelte sich aber ein neuer Internationalismus, insbesondere durch das Zustandekommen vieler Staatsverträge auf dem Gebiete des IPR und des Internationalen Zivilverfahrensrechts, aber auch durch die weltoffene Haltung der Wissenschaft. Nach dem Scheitern der Versuche von *Zitelmann* und *Frankenstein*, ein universales IPR aus völkerrechtlichen Prämissen bzw. den Prinzipien der Personalhoheit und der Territorialhoheit zu entwikkeln[12], bemühte man sich, auf dem Boden der nationalen IPR-Systeme zu einer „coordination des systèmes" zu gelangen[13], z.B. durch Ausbau des Renvoi, rechtsvergleichende Qualifikation, unselbständige Anknüpfung der Vorfrage und Eindämmung des ordre public. Darauf ist später im einzelnen zurückzukommen.

Namentliche Hervorhebung verdient unter den deutschen Wissenschaftlern *Ernst Rabel*, der seine im materiellen Recht erprobte Methode der Rechtsfindung durch Rechtsvergleichung – also Rechtsvergleichung nicht nur im Dienste der Gesetzgebung und der allgemeinen Rechtstheorie, wie es sie schon im 19. Jahrhundert gab, sondern im Dienste der Rechtsprechung – auch auf das IPR angewandt hat[14].

Seit der Mitte unseres Jahrhunderts ist eine verstärkte Abkehr von starren Kollisionsregeln kennzeichnend. Während man in den Vereinigten Staaten teilweise versucht, ganz ohne Regeln mit bloßen methodischen Ansätzen („approaches") auszukommen (näher unten § 10 IV), geht man in Europa den Weg einer ständigen Verfeinerung der Anknüpfungsregeln namentlich anhand des Prinzips der engsten Verbindung (unten § 4 II). Dabei erweist sich das moderne, neuerdings schon gern als „klassisch" bezeichnete kontinentaleuropäische IPR als elastisch genug, um noch manchen Wechsel der Zeit zu überstehen.

---

[11] AaO 72.

[12] *Zitelmann*, IPR I und II (1897; 1912); *Frankenstein*, IPR (Grenzrecht) I–IV (1926–1935).

[13] Diesen Gedanken der „coordination des systèmes" betont besonders *Batiffol*, Aspects philosophiques du d. i. p. (1956) nos. 46 ff.; vgl. auch *Batiffol/Lagarde* I no. 304.

[14] Vgl. unten § 16 II 2. Die von *Rabel* erstrebte Emanzipierung des Kollisionsrechts vom eigenen Sachrecht wird bisweilen als „dritte Schule" im IPR (neben „Internationalisten" und „Nationalisten") bezeichnet, indem sie für ein IPR eintritt, das national der Quelle nach und international in seiner Tendenz ist; so zuerst *Zweigert*, in: FS Raape (1948) 35 ff.; dagegen *Lewald*, NJW 1949, 644 ff.; zu ihm *Neuhaus*, RabelsZ 17 (1952) 505 N. 2.

§ 3 Fragestellung des IPR

Das Problem der Fragestellung ist grundlegend für das gesamte IPR. Es handelt sich darum, ob man bei der Aufstellung von Kollisionsnormen vom Tatbestand oder von der Rechtsfolge ausgeht, also vom Sachverhalt oder vom anzuwendenden Gesetz.

I. Fragestellung vom Sachverhalt her

Vom Sachverhalt her wird gefragt, welche Rechtsordnung für den jeweils vorliegenden Fall maßgebend sein soll. Mit anderen Worten: Welche Rechtsordnung – in der Regel eine und nur eine – soll die Rechtsfrage beantworten, die sich aus dem Sachverhalt ergibt (z. B. die Frage nach der Geschäftsfähigkeit eines bestimmten Menschen, nach der Formgültigkeit eines Vertrages, nach dem Bestehen oder Nichtbestehen eines dinglichen Rechtes)? Diese Fragestellung impliziert die grundsätzliche Gleichbehandlung in- und ausländischen Rechts.

Die Fragestellung vom Sachverhalt her herrscht im modernen Kollisionsrecht vor, seitdem dessen Aufgabe durch *F. C. von Savigny* dahin bestimmt worden ist, „daß bei jedem Rechtsverhältniß dasjenige Rechtsgebiet aufgesucht [d.h. das Recht desjenigen Staates für anwendbar erklärt] werde, welchem dieses Rechtsverhältniß seiner eigenthümlichen Natur nach angehört oder unterworfen ist (worin dasselbe seinen Sitz hat)"[1]. Zwar spricht *Savigny* im Titel seines IPR-Bandes (System des heutigen Römischen Rechts, Bd. VIII) und in der Überschrift jedes der beiden Kapitel von der „Herrschaft der Rechtsregeln über die Rechtsverhältnisse" anstatt umgekehrt von der Unterwerfung der Verhältnisse unter die Regeln, und im Text stellt er mehrfach beide Betrachtungsweisen als gleichwertig hin. Aber im praktischen Teil geht er meistens – gemäß der angeführten Formulierung seiner Aufgabe – von den jeweils in Rede stehenden Rechtsverhältnissen oder subjektiven Rechten aus (zu den Ausnahmen siehe unten II).

Vom Standpunkt der nationalen Souveränität ist die mit dieser Fragestellung verbundene grundsätzliche Gleichbehandlung in- und ausländischen Rechts schwer zu begreifen. Ist nicht die Anwendung inländischer Normen für den nationalen Richter eine Selbstverständlichkeit, die Anwendung fremden Rechts eine besonders zu begründende Ausnahme? Woher nimmt das inländische IPR die Legitimation, den Anwendungsbereich ausländischer Gesetze womöglich ohne Rücksicht auf deren eigenen Geltungswillen zu bestimmen und zugleich die Geltung des inländischen Rechtes zu relativieren?

---

[1] *Savigny* 28, 108, 118. Zur Formel vom „Sitz des Rechtsverhältnisses" vgl. unten § 4 II 1 a.

§ 3 Fragestellung des IPR § 3 I

Früher sprach man gern von einer völkerrechtlichen (also überstaatlichen) Funktion des IPR². Neuerdings wird die Auffassung des Privatrechts als „vorstaatliches" Recht für eine Folge der bürgerlichen Trennung von Staat und Gesellschaft im 19. Jahrhundert erklärt³. Aber das Bewußtsein des Spannungsverhältnisses zwischen allgemeiner Rechtsidee und einzelstaatlichen Ausprägungen ist doch wohl viel älter.

Tatsächlich beruht der Erfolg der *Savigny*schen Fragestellung in erster Linie auf ihrer Praktikabilität. Ein Aufbau der Kollisionsnormen vom Gesetz her ist demgegenüber häufig fragwürdig, da die Gesetze in sehr verschiedenem Maße einer sozusagen „autonomen" Bestimmung ihres Anwendungsbereichs vom Inhalt her fähig sind. Rein logisch mag man zwar sagen, daß zu jeder Norm wesensmäßig die Angabe ihrer „Destinatäre" gehöre, für die sie erlassen ist⁴. Damit erscheint die Bezeichnung des räumlich-persönlichen (ebenso wie des zeitlichen) Anwendungsbereichs einer Norm als bloßes Tatbestandsmerkmal. Aber praktisch ist dessen Fixierung – soweit eine ausdrückliche Regelung fehlt – oft sehr schwierig, wenn nicht geradezu unmöglich⁵. Insbesondere läßt sich den materiellen Normen der europäischen Zivilgesetzbücher im allgemeinen keine Einschränkung ihres räumlichen oder persönlichen Anwendungsbereichs entnehmen.

Man denke allein an § 1 BGB, der die Rechtsfähigkeit des Menschen mit der Vollendung der Geburt eintreten läßt, während der Code civil die Lebensfähigkeit des Kindes fordert: Was soll sich daraus für eine kollisionsrechtliche Interessenabwägung ergeben?

Ferner wird durch eine Betrachtung vom Gesetz her die wünschenswerte internationale Vereinheitlichung des IPR meistens erschwert. Denn die materiellrechtlichen Gesetze sind von Staat zu Staat verschieden, und jeder Staat wird bei der Schaffung gesetzesbezogener IPR-Normen naturgemäß von den eigenen Gesetzen in ihrer besonderen Prägung ausgehen. Dagegen kann die Betrachtung vom Sachverhalt her auch bei stärkster Individualisierung nicht die internationale Einheitlichkeit des Ergebnisses gefährden, da das konkrete Rechtsverhältnis – gleichgültig, nach welchem Gesetz es beurteilt wird – immer dasselbe ist.

---

² Vgl. schon *Savigny* 27: „Standpunkt... einer völkerrechtlichen Gemeinschaft der miteinander verkehrenden Nationen".

³ So zuerst *Klaus Vogel*, Der räumliche Anwendungsbereich der Verwaltungsrechtsnorm (1965; bespr. in FamRZ 1966, 327) 215 ff.

⁴ Das ist z. B. die Grundthese von *Sperduti*, Théorie du d. i. p.: Rec. des Cours 122 (1967 – III) 173, bespr. in ZfRV 11 (1970) 219.

⁵ Vgl. schon *Gerber*, System des Deutschen Privatrechts⁸ (1863) § 32 N. 5 (S. 74), gegen die Lehre von *Thöl*, Einleitung in das deutsche Privatrecht (1851), es sei zu untersuchen, welches Gesetz über diese bestimmte Rechtsfrage entscheiden *will:* „Diese Auffassung beruht jedoch auf der Voraussetzung, daß bei Erlassung aller oder doch der meisten Gesetze diese Frage ausdrücklich in's Auge gefaßt werde. In der Regel wird aber die Beantwortung dieser sowie der meisten anderen auf das Herrschaftsgebiet bezüglichen Fragen offen gelassen, in der Regel *will* also ein einzelnes Gesetz hierüber Nichts bestimmen" (Hervorhebungen von *Gerber*).

II. Fragestellung vom Gesetz her (Eingriffsnormen)

Vom Gesetz her nach seinem Anwendungsbereich zu fragen, ist dann sinnvoll, wenn das Gesetz auf spezielle Eigenheiten des Landes zugeschnitten ist oder aber nicht den Menschen und die sachgemäße Regelung seiner Verhältnisse im Visier hat und erst recht nicht die internationale Rechtseinheit, sondern ein bestimmtes rechtspolitisches Interesse des gesetzgebenden Staates.

Schon *Savigny* nennt als Ausnahmen von seinem Grundsatz der Gleichstellung einheimischen und fremden Rechtes „Gesetze von streng positiver, zwingender Natur, die eben wegen dieser Natur zu jener freien Behandlung... nicht geeignet sind"; und er fügt hinzu, die betreffende Klasse der Gesetze habe „ihren Grund und Zweck *außer* dem reinen, in seinem abstracten Dasein aufgefaßten Rechtsgebiet, so daß sie erlassen werden *nicht* lediglich um der Personen Willen, welche die Träger der Rechte sind"[6].

Nun wird heute oft gesagt, das „reine" Privatrecht im Sinne *Savignys* weiche einer allgemeinen Politisierung oder Sozialisierung des Privatrechts: dieses werde nicht mehr primär als Mittel des Ausgleichs privater Interessen, sondern als Mittel sozialer Gestaltung angesehen. Aber dieser Wandel ist doch nicht so stark, daß die Basis für die internationale Fungibilität, die Austauschbarkeit der nationalen Privatrechtsnormen und damit die Möglichkeit ihrer grundsätzlichen Gleichbehandlung entfallen wäre.

Die Fragestellung vom Gesetz her kann sich daher im wesentlichen auf Bereiche beschränken, die wir dem öffentlichen Recht zurechnen. Hier sei zum einen das *Sozialrecht* erwähnt, das in seinen Gesetzen deren internationalen Anwendungsbereich und damit die Gewährung von Sozialleistungen in Auslandsfällen selbst bestimmt[7]. Ebenso wie in rein innerstaatlichen Fällen treffen auch bei Auslandssachverhalten Sozialrecht und Privatrecht in vielen Bereichen (Familienrecht, Arbeitsrecht, Unfallrecht) aufeinander, und die sich daraus ergebenden kollisionsrechtlichen Fragen sind erst zum Teil geklärt[8]. Zum anderen sind die sog. *Eingriffsnormen* zu nennen, die im öffentlichen (staats- oder wirtschaftspolitischen) Interesse auf private Rechtsverhältnisse einwirken oder die sonstwie die persönliche Freiheit beschränken. Als Beispiel sind vor allem Leistungsverbote zu erwähnen (Devisenbestimmungen, Ein- und Ausfuhr- sowie Feindhandelsverbote), ferner Beschränkungen der Vertragsfreiheit (Preisstopp, Verbote von Goldklauseln, Kartellverbote). Auf die Eingriffsnormen sei im folgenden etwas näher eingegangen.

---

[6] *Savigny* 33, 35f. (Hervorhebungen im Original), ähnlich 307 (über Anerbengesetze).

[7] Siehe z. B. §§ 3–5 SGB IV. Unter Sozialrecht sind die Normen für Sozialrechtsverhältnisse und nicht etwa die über sozialschädliches Verhalten (wie Schmuggel) zu verstehen; anders, aber nicht repräsentativ *Kegel* § 23 IX.

[8] Grundlegend *Eichenhofer*, Internationales Sozialrecht und IPR (1987); bespr. durch *Martiny*, RabelsZ 52 (1988) 776.

§ 3 Fragestellung des IPR § 3 II

1. *Begrifflich* sind Eingriffsnormen mit den sog. „international zwingenden Bestimmungen" gleichzusetzen, die ohne Rücksicht auf das für den Vertrag maßgebende Recht den Sachverhalt zwingend regeln (vgl. Art. 34 EGBGB). Davon zu unterscheiden sind die bloß „innerstaatlich" oder „intern" zwingenden Normen (ius cogens), die grundsätzlich dem Vertragsstatut unterliegen, selbst wenn dieses durch Rechtswahl der Parteien bestimmt wird (vgl. aber Artt. 27 III, 29 I, 30 I EGBGB); man kann letztere auch „einfache" zwingende Normen nennen. Während die anzuwendenden vertragsrechtlichen Vorschriften einschließlich der intern zwingenden Normen durch Kollisionsregeln des EGBGB, die vom Sachverhalt ausgehen, bezeichnet werden, sind die Eingriffsnormen oder international zwingenden Normen von dieser Rechtsanwendungsregelung unabhängig.

2. Über den *Anwendungsbereich* der Eingriffsgesetze lassen sich leicht zwei Regeln aufstellen: Inländische Gesetze sind *nur* dann, aber auch *immer* dann anzuwenden, wenn sie – expressis verbis oder nach ihrem Sinn und Zweck – gelten wollen (vgl. Art. 34 EGBGB; dazu unten § 52 VII). Es kommt also auf ihren Anwendungs- oder Geltungswillen an. Ausländische Gesetze sind jedenfalls *nur*, aber *nicht immer* dann anzuwenden (vorsichtiger: zivilrechtlich zu „berücksichtigen"), wenn sie – wiederum nach ihrer ausdrücklichen Bestimmung oder nach Sinn und Zweck – gelten wollen. Dagegen ist zweifelhaft, ob und inwieweit ausländische Gesetze in dem angegebenen Rahmen ihres eigenen Geltungswillens tatsächlich anzuwenden sind.

Um eine unterschiedliche Behandlung von in- und ausländischen Normen zu vermeiden, könnte man aus jenen zwei Regeln das allgemeine Prinzip entwickeln, daß jede Eingriffsnorm den von ihr selbst beanspruchten Anwendungsbereich erhalten soll. Dem stehen jedoch mehrere Bedenken entgegen, denen verschiedenes Gewicht zukommt.

a) *Im praktischen Ansatz* bedeutet ein solches System für die Fälle, in denen nicht das inländische Recht angewandt sein will, den Verzicht auf den festen Ausgangspunkt einer inländischen Kollisionsnorm, die auf ein bestimmtes Recht verweist. Es wird vielmehr durch eine „offene Verweisung" dem Richter die Verpflichtung aufgebürdet, alle nur entfernt in Betracht kommenden Rechtsordnungen unter dem Gesichtspunkt zu prüfen, ob sich nicht etwa eine von ihnen aufgrund einer noch so ungewöhnlichen Anknüpfung für zuständig erklärt.

Zwar muß auch das Bestehen einer fremden *Staatsangehörigkeit* grundsätzlich durch Prüfung der Staatsangehörigkeitsgesetze aller in Betracht kommenden Länder ermittelt werden, da jeder Staat nur Erwerb und Verlust seiner eigenen Staatsangehörigkeit regeln kann (oben § 1 VI 1). Aber die Staatsangehörigkeit ist nicht wie das anzuwendende Recht für jedes einzelne Rechtsverhältnis neu zu bestimmen, und sie wird oft sogleich nach Entstehung der maßgebenden Anknüpfung durch ein Ausweispapier (Paß oder dergleichen) dokumentiert.

Immerhin ist diese Erschwerung der Rechtsfindung nicht sehr gewichtig, da in der Praxis meistens von vornherein außer dem inländischen nur ein bestimmtes ausländisches Recht zur Wahl steht.

b) *Im Ergebnis* erreicht das genannte System sein an sich durchaus mit Recht erstrebtes Ziel teils auf bedenkliche Weise, indem es anmaßenden Rechtsordnungen das Vordringen gestattet.

Teils erreicht es dieses Ziel überhaupt nicht, sondern führt zu negativen und positiven Kompetenzkonflikten. Wenn nämlich jedem Gesetz sein von ihm selbst geforderter Anwendungsbereich eingeräumt wird, so kann es geschehen, daß im Einzelfall entweder überhaupt kein Gesetz oder aber eine Mehrzahl inhaltlich nicht übereinstimmender Gesetze anwendbar ist. Mit *Martin Wolff* zu sprechen: es kann Normenmangel oder Normenhäufung eintreten[9]. In der Regel soll aber für einen privatrechtlichen Sachverhalt immer eine und nur eine Rechtsordnung anwendbar sein. Dies entspricht dem modernen Prinzip der Vollständigkeit der Rechtsordnung (im Gegensatz etwa zu dem römischen Denken in Legisaktionen, das nur eine begrenzte Anzahl einklagbarer Ansprüche kannte). Bei Normenmangel oder Normenhäufung muß daher zumeist das inländische IPR doch eine Lösung aus eigener Verantwortung geben – wenn nicht durch allgemeine Regeln, so durch Spruch des inländischen Richters von Fall zu Fall.

Anders ist es aber gerade bei den Eingriffsnormen, von denen wir hier sprechen. Solche Gesetze sind mit Steuern zu vergleichen. Vom einzelnen Sachverhalt her gesehen sind diese einerseits entbehrlich und führen andererseits auch bei gehäuftem Eingreifen meistens nicht zu unlösbaren Konflikten, wenngleich es „im Interesse der Staaten liegt, die Steuerzahler unter sich aufzuteilen, um zu vermeiden, daß diese wertvollen menschlichen Milchkühe entweder mißhandelt oder nicht ausgenutzt werden"[10]. Ebenso wäre eine internationale Abstimmung der Eingriffsnormen aufeinander wohl erwünscht, aber für den Einzelfall ist sie in der Regel nicht notwendig: Das Fehlen einer Eingriffsnorm schadet dem Rechtsverkehr nicht, und ein direkter Widerspruch zwischen mehreren Eingriffsnormen verschiedener berührter ausländischer Rechtsordnungen ist ein Ausnahmefall, der sich allgemeiner Regelung entzieht. Bei einem Konflikt mit einer inländischen Eingriffsnorm geht diese schon deshalb vor, weil der Richter zu ihrer Anwendung verpflichtet ist.

c) *Vom politischen Standpunkt* kann das inländische Recht nicht ohne weiteres die fremden Eingriffsnormen akzeptieren, wenn deren Zielsetzung der

---

[9] *M. Wolff* 58. Der Niederländer *Offerhaus* sagt dafür „Job en Croesus". Von „der übergroßen Zahl von Widersprüchen und Harmoniestörungen, die auf diese Weise entstehen können", spricht *Wengler*, in: FS M. Wolff (1952) 372.

[10] *Siesby*, Some Aspects of the Legislative Technique in the Conflict of Laws (mschr. Thesis, Harvard 1952) 21.

inländischen Rechtspolitik nicht entspricht. Selbst wenn man die zu a) und b) erhobenen Bedenken zurückstellen möchte, ist unter diesem Gesichtspunkt eine generelle Gleichstellung in- und ausländischer Eingriffsnormen nicht angängig. Immerhin ist aber der selbstgewählte Anwendungsbereich eine von mehreren Voraussetzungen, die vor einer kollisionsrechtlichen Berücksichtigung ausländischer Eingriffsgesetze im Inland geprüft werden müssen (Näheres unten in § 52 VIII 3).

d) *Insgesamt* erscheinen die beiden geschilderten Phänomene – der ungleiche Rang von inländischen und ausländischen Eingriffsnormen einerseits und die Möglichkeit des vollständigen Entfallens oder der gehäuften Anwendung solcher Normen anderseits – geradezu als *Charakteristika* des Wirtschaftskollisionsrechts, die es vom sonstigen IPR unterscheiden[11].

3. Die genaue *Abgrenzung* der Eingriffsnormen, deren Anwendungsbereich „vom Gesetz her" bestimmt wird, gegenüber den regelmäßig „vom Sachverhalt her" anzugehenden „reinen" Privatrechtsnormen ist bisweilen schwierig. Ohne Schwierigkeiten geht es nur dann ab, wenn das Eingriffsgesetz selbst klarstellt, daß es unabhängig vom Vertragsstatut angewandt sein will. Wenn dies dagegen lediglich aus dem Sinn und Zweck der Eingriffsnorm erschlossen werden soll, kann leicht Unsicherheit entstehen. Die Unterscheidung nach dem überwiegenden privaten oder öffentlichen Interesse, dem die Norm dient, bringt zwar den entscheidenden Gesichtspunkt zum Ausdruck, ermöglicht aber keine exakte Grenzziehung[12].

So kann eine Höchstgrenze für Vertragszinsen oder ein Freizeichnungsverbot im Transport- oder Versicherungsrecht ebensogut um der privaten Vertragsgerechtigkeit willen aufgestellt sein wie aus volkswirtschaftlichen Erwägungen. – Ein weiteres Beispiel zweifelhafter Einordnung als echtes Privatrecht oder als Eingriffsnormen bietet das deutsche *Konzernrecht* mit seinen Vorschriften zum Schutze der Aktionäre und der Gläubiger einer beherrschten Gesellschaft (§§ 293 ff. AktG). Regeln diese Normen vorwiegend den Status der Gesellschaft, oder handelt es sich um wirtschaftspolitisch gezielte Maßnahmen gegen eine übermäßige Unternehmenskonzentration? Je nachdem mag ein außerdeutsches Gericht ihre Anwendung auf eine deutsche Gesellschaft bejahen oder verneinen[13].

Ein gewisses Indiz für das überwiegende öffentliche Interesse an einer Norm bildet eine mit ihr verbundene Strafandrohung. Jedoch können auch rein soziale Vorschriften mit Strafsanktionen versehen sein und umgekehrt etwa wirtschaftspolitische Gesetze auf solche verzichten.

---

[11] Vgl. *Drobnig*, Das Profil des Wirtschaftskollisionsrechts: RabelsZ 52 (1988) 1 (7).
[12] *Bydlinsky*, ZfRV 2 (1961) 28.
[13] Siehe etwa *Immenga/Klocke*, Konzernkollisionsrecht: ZSR 92 (1973 – I) 27 (49 ff.); mit Recht bejahend *Staudinger-Großfeld* IntGesR Rz. 394 f.

Zu den Eingriffsnormen können auch *sozialpolitisch orientierte Schutznormen* (z. B. über Mieterschutz) gehören, wobei freilich diejenigen zugunsten des Verbrauchers und des Arbeitnehmers *im Zweifel* als bloßes einfaches zwingendes Recht zu betrachten sind. Dies zeigen Artt. 29 und 30 EGBGB, die den Schutz dieser Personen grundsätzlich dem Vertragsstatut überlassen[14]. Auch hier ist die zusätzliche Anwendung von Eingriffsnormen aber nicht stets ausgeschlossen, und ihre Abgrenzung zu einfachem zwingenden Recht kann Schwierigkeiten bereiten[15].

4. Auch die *dogmatische Erfassung* der Eingriffsnormen ist problematisch.

Schon materiellrechtlich ist umstritten, ob man von „Privatrecht mit öffentlich-rechtlichem Hintergrund"[16] sprechen soll oder von „öffentlichem Recht mit privatrechtlicher Wirkung"[17] oder – wohl am genauesten – von „privatrechtlicher Sanktion" einer „öffentlichrechtlichen Verbotsnorm"[18].

Im Rahmen des IPR bilden die Eingriffsnormen – jedenfalls vom Standpunkt der „klassischen", auf *Savigny* fußenden Lehre – einen Gegensatz zu den bloß ordnenden, der sachgerechten Regelung privatrechtlicher Lebensverhältnisse dienenden Vorschriften, für die sich die Fragestellung vom Sachverhalt her empfiehlt. Während die Sachverhalte sich mehr oder weniger typisieren lassen und daher mit einer beschränkten Zahl allgemein gehaltener Kollisionsnormen zu bewältigen sind, verlangen Eingriffsnormen – zumindest solange sie rechtspolitisch umstritten und nicht allgemein üblich sind – eine stärker individualisierende Behandlung je nach ihrem besonderen Zweck.

5. *Insgesamt* werden wir uns mit der *Zweipoligkeit des IPR* abfinden müssen, obwohl sie eine Quelle der Schwierigkeiten und der Verwirrung bedeutet. Es läuft hier ein Riß durch das moderne europäische IPR, der es in zwei verschieden strukturierte Teile spaltet: Im Kernbereich des IPR, im eigentlichen Privatrecht, geht die Fragestellung vom Sachverhalt her nach dem anwendbaren Recht. Im Bereich der Eingriffsnormen dagegen wird vom Gesetz her nach dessen Anwendungsbereich gefragt. Daß dieser Gegensatz durch das Verschwinden der einen oder der anderen Kategorie von Normen wegfällt, ist in absehbarer Zeit nicht zu erwarten[19]. Einerseits vermehren sich im Zuge der

---

[14] Zum Schutzgedanken dieser Kollisionsnormen näher unten § 52 V (insbesondere 2 a).

[15] Vgl. auch BegrRegE, BT-Drucks. 10/504, 83, wo die Möglichkeit der Berücksichtigung von Eingriffsnormen neben dem von Artt. 29 und 30 EGBGB bezeichneten Recht nur für den Fall anerkannt wird, daß keine Rechtswahl getroffen wurde. Das überzeugt nicht.

[16] So seinerzeit *Wengler*, Die Anknüpfung des zwingenden Schuldrechts im IPR: ZVglRWiss. 54 (1941) 168 (187 N. 2).

[17] *Stoll*, RabelsZ 24 (1959) 635.

[18] *Neumayer*, RabelsZ 25 (1960) 651.

[19] Die Ausführungen von *Joerges*, Die klassische Konzeption des IPR und das Recht des

"Sozialisierung des Privatrechts" zweifellos die Eingriffsnormen auf Kosten des „reinen" Privatrechts. Anderseits können Regelungen, die zunächst als Eingriffsnormen empfunden wurden, unter den Partnern des Weltverkehrs so gang und gäbe werden, daß sie schließlich als ebenso international fungibel gelten wie heute etwa Zinshöchstsätze und gesetzliche Kündigungsfristen. Jedenfalls ist die „politische" Fragestellung vom einzelnen Gesetz her im europäischen IPR die auf einzelne Rechtsgebiete, namentlich des Wirtschaftsrechts, beschränkte Ausnahme.

§ 4 Gerechtigkeit im IPR

I. Gerechtigkeitsgehalt

Als ein charakteristischer Teil der Rechtsordnung leistet das IPR seinen eigenen Beitrag zur Verwirklichung der Gerechtigkeit[1].

Wenngleich das IPR letzlich zu materiell befriedigenden Entscheidungen führen soll, ist sein Gerechtigkeitsgehalt mit dem des materiellen Rechts nicht von vornherein identisch. Anderseits ist das IPR nicht – wie man oft meint – „bloß formal" oder „wertneutral": „Es kommt nicht darauf an, daß man irgendeine äußere Ordnung hat, sondern die richtige Ordnung."[2] Kurz und ganz provisorisch gesagt, lautet der Kerngedanke des IPR: Inländisches Recht ist in der Regel auf inländische Rechtsverhältnisse zugeschnitten; auf Fälle mit überwiegender Auslandsbeziehung wird besser ausländisches Recht angewandt. Über die Abgrenzung der in- und ausländischen Sachverhalte und über das anwendbare Recht für gemischt inländisch-ausländische Sachverhalte entscheiden die (meist zu Regeln verdichteten) besonderen kollisionsrechtlichen Wertungen. Sie entstehen freilich nicht in einem abgesonderten Raum, sondern laufen häufig parallel zu Wertungen im eigenen materiellen Recht (Näheres im folgenden Paragraphen).

---

unlauteren Wettbewerbs: RabelsZ 36 (1972) 421, überzeugen nicht davon, daß dem Internationalen Recht des unlauteren Wettbewerbs, wenn es zu wirtschaftspolitisch bestimmten Lösungen tendiert, „exemplarische Bedeutung" (421, 437, 460, 489) für das gesamte IPR zukomme. Vgl. auch *Eckard Rehbinder*, Zur Politisierung des IPR: JZ 1973, 151, der „nur ein ergänzendes kollisionsrechtliches System für soziales, wirtschafts- und unternehmensordnendes Privatrecht" empfiehlt (156).

[1] Das Wort Gerechtigkeit wird hier für das inhaltliche Rechtsideal (im Gegensatz zur bloß formalen Rechtssicherheit) gebraucht.
[2] *Beitzke*, Grundgesetz und IPR (1961) 15.

Bisweilen wird das Bestehen eines internationalprivatrechtlichen Gerechtigkeitsgehalts bestritten und der allgemeine Gleichheitssatz als Kern des IPR bezeichnet[3]. Zwar mag man dem Gleichbehandlungsgebot entnehmen, daß inländisches Recht nicht unterschiedslos auf Sachverhalte mit In- und Auslandsberührung angewendet werden darf. Aber der Gleichheitssatz ist und bleibt nur ein formales Prinzip. Über die entscheidenden Fragen der inhaltlichen Ausgestaltung des IPR sagt er nichts Bestimmtes aus.

II. Prinzip der engsten Verbindung

Die im IPR im Vordergrund stehende Wahl des anwendbaren Rechts, die sog. Anknüpfung, kann – je nach Ausgestaltung der Anknüpfungsregel – auf verschiedenen Gerechtigkeitserwägungen beruhen.

1. Die *klassische Kollisionsnorm* will zunächst das „angemessene", das „passende" Recht bestimmen, das „am nächsten daran ist", den Fall zu regeln. Entscheidend ist dabei nicht, welches Gesetz im Einzelfall materiellrechtlich, also seinem Inhalt nach, die beste – gerechte und zweckmäßige – sachliche Lösung anbietet. Das IPR geht vielmehr von der Gleichwertigkeit der in Betracht kommenden Regelungen aus (vgl. oben § 3 I). Es handelt sich zunächst nur darum, welches Gesetz einem Falle durch sachliche oder persönliche (nicht räumliche) Verbindungen am nächsten steht und daher die Vermutung für sich hat, ihn am angemessensten zu regeln[4]. Gerecht und „fallangemessen" ist insoweit nicht eine bestimmte sachliche Lösung, sondern die Anwendung einer bestimmten Rechtsordnung.

a) Als *„Prinzip der engsten Verbindung"* läßt sich der angesprochene Gerechtigkeitsgehalt dieser Kollisionsnormen am besten kennzeichnen[5]. Das EGBGB nimmt mehrfach – teilweise im Anschluß an internationale Konventionen – auf die engste Verbindung zwischen dem Sachverhalt und dem anwend-

---

[3] *Wengler*, Das Gleichheitsprinzip im Kollisionsrecht, in: Eranion Maridakis (1964) 323; *ders.*, IPR § 7 N. 3; bespr. in RabelsZ 45 (1981) 627 (634) und RIW 1981, 359 (360). Ihm im Ansatz folgend *E. Lorenz*, Zur Struktur des IPR (1977) 60 ff.; bespr. in RabelsZ 41 (1977) 790 (793).

[4] Bei einer Suche nach der räumlich nächstgelegenen Rechtsordnung besteht die Gefahr, in dem Bestreben nach „Lokalisierung" die handgreiflichste, sichtbarste Beziehung als die maßgebende zu bezeichnen, z.B. dem Abschluß- oder Erfüllungsort eines Vertrages mehr Bedeutung beizulegen als inhaltlichen Elementen (dem rechtlichen Gepräge). Mit Recht ist gegenüber der Formel des Schweizer Bundesgerichts von der Maßgeblichkeit des Rechts des engsten räumlichen Zusammenhangs (zuerst in BGE 60 [1934] II 294, 301) kritisch darauf hingewiesen worden, daß der Bereich des Gesetzes „kein primär räumlicher, sondern ein sozialer ist"; *René Schmid*, SchwJZ 1957, 234, unter Bezugnahme auf ältere Literatur.

[5] „Principe de proximité" sagt *Lagarde*, Rec. des Cours 196 (1986–I) 9 ff., der den Siegeszug des Prinzips in Europa im einzelnen schildert.

§ 4 Gerechtigkeit im IPR § 4 II

baren Recht Bezug[6]. Das Schweizer IPR-Gesetz spricht vom „engsten Zusammenhang" (vgl. etwa Art. 117), das österreichische von der „stärksten Beziehung" (§ 1 öst. IPR-Gesetz).

In *England* ist schon seit *Westlake* „the most real connection" eingebürgert[7], in den *Vereinigten Staaten* besonders durch das Restatement Second (§§ 145 und 188) „the most significant relationship" – was freilich beides als die auffälligste Beziehung mißdeutet werden kann.

Am ausgeprägtesten ist das Prinzip der engsten Verbindung gegenwärtig im Internationalen Vertragsrecht (vgl. Art. 28 I 1, II und V EGBGB; dazu unten § 52 III). Es findet sich zunehmend aber auch im Bereich des Personalstatuts, indem die starre Anknüpfung an die Staatsangehörigkeit preisgegeben oder aufgelockert wird (vgl. unten § 38 III und IV; für Mehrstaater siehe Art. 5 I 1 EGBGB) oder indem auf den „gewöhnlichen Aufenthalt" abgestellt wird, der sich im Kollisionsrecht im Sinne des Prinzips der engsten Verbindung interpretieren läßt (vgl. unten § 39 II 3 b, 5 und 6).

Gegenüber der Formel *Savignys* vom „*Sitz des Rechtsverhältnisses*", der anhand der Natur des Rechtsverhältnisses a priori abstrakt festgelegt werden sollte (vgl. oben § 3 N. 1), bedeutet das Prinzip der engsten Verbindung einen Wandel, durch den die konkreten Umstände des Falles mehr ins Blickfeld geraten und differenzierte Lösungen ermöglicht werden. So wird beispielsweise im Vertragsrecht heute nicht mehr einfach an den Erfüllungsort der Obligation angeknüpft, sondern Art. 28 EGBGB sieht ein fein abgestuftes System kollisionsrechtlicher Erwägungen vor, wobei auf den Charakter des jeweiligen Vertrages Rücksicht zu nehmen ist.

b) Eine *Kurzformel*, die auf die engste Verbindung verweist, kann innerhalb einer IPR-Kodifikation *verschiedene Funktionen* erfüllen.

(1) Sie kann eine Anknüpfung *begründen*. So wurde in Österreich eine Kurzformel, die den Gerechtigkeitsgehalt des IPR verdeutlicht, dem IPR-Gesetz als *Leitlinie* vorangestellt[8]. Teilweise dient eine solche Formel auch als Haupt- oder Hilfsanknüpfung für einen besonderen Bereich des Kollisionsrechts[9].

(2) Sie kann eine Anknüpfung *korrigieren*. In diesen Fällen wird die Formel

---

[6] Siehe z. B. Artt. 4 III 2, 14 I Nr. 3 und 28 I 1. In der BegrRegE heißt es ausdrücklich, „daß die Regelungen des Entwurfs insgesamt vom Grundsatz der engsten Verbindung ausgehen"; BT-Drucks. 10/504, 35.

[7] *Westlake*, A Treatise on P. I. L.² (1880) § 212 (noch nicht in der ersten Auflage von 1858); heute in der englischen Rechtsprechung vorherrschend *Dicey/Morris* II 1191 ff. (zu Rule 180) m. Nachw.

[8] In § 1 I öst. IPR-Gesetz heißt es: „Sachverhalte mit Auslandsberührung sind in privatrechtlicher Hinsicht nach der Rechtsordnung zu beurteilen, zu der die stärkste Beziehung besteht."

[9] Als Hauptanknüpfung beispielsweise zur Bestimmung des Schuldvertragsstatuts in Art. 28 I EGBGB (mit näherer Konkretisierung in den folgenden Absätzen), als Hilfsanknüpfung

als sog. *Ausweichklausel* (auch *Ausnahmeklausel* genannt) in eine Kodifikation eingebracht, um die Gerichte darauf hinzuweisen, daß sie von den zu Regeln verdichteten Anknüpfungen abweichen dürfen, um das kollisionsrechtliche Ziel zu verwirklichen, die engste Verbindung über das anwendbare Recht entscheiden zu lassen[10].

Im einzelnen unterscheidet man zwischen *allgemeinen* und *speziellen* Ausweichklauseln. Das Schweizer IPR-Gesetz enthält in Art. 15 eine allgemeine Ausnahmeklausel, die auf alle kollisionsrechtlichen Verweisungen (mit Ausnahme der Rechtswahl) anwendbar ist[11]. Das deutsche EGBGB kennt demgegenüber nur spezielle Ausweichklauseln für einzelne Bereiche des Kollisionsrechts[12].

c) Der *Wert* dieser Leitlinien und Ausweichklauseln ist umstritten[13]. Teilweise wird geäußert, die Formeln seien inhaltlos und deshalb überflüssig[14], und viele fürchten um die Rechtssicherheit[15]. Indes vermag diese Kritik nicht in jedem Falle zu überzeugen. Denn dem Richter sollte ein gewisser Spielraum für eine Abweichung von den gesetzlichen Regelanknüpfungen verbleiben, wenn im Einzelfall schwerwiegende Gründe für die Abweichung sprechen, und es ist besser, wenn er diese Abweichung offen begründet und nicht mit „Tricks" (wie unredlicher Qualifikation) oder einem vorschnellen Rückzug auf den „ordre public" arbeitet. Die genannten Klauseln sind auch nicht inhaltlos, weil heute – wie sogleich zu zeigen ist – nicht mehr jede Kollisionsnorm an der engsten Verbindung ausgerichtet ist. Die Formeln haben also den Wert, den Richter auf den Weg des klassischen Kollisionsrechts zu führen und ihn zu einer systemgerechten Rechtsfortbildung anzuhalten.

2. *Andere Kollisionsnormen,* die sich im EGBGB und in anderen IPR-Gesetzen neuerer Zeit finden, verwirklichen nicht den Grundsatz der engsten Ver-

---

z.B. innerhalb der familienrechtlichen Anknüpfungsleiter des Art. 14 I EGBGB bei Versagen der vorrangigen Anknüpfungsmomente.

[10] Auch eine Leitlinie kann diese Funktion u. U. erfüllen; siehe für Österreich *Hoyer*, in: FS Ferid (1988) 189 (str.).

[11] Art. 15 I lautet: „Das Recht, auf das dieses Gesetz verweist, ist ausnahmsweise nicht anwendbar, wenn nach den gesamten Umständen offensichtlich ist, daß der Sachverhalt mit diesem Recht nur in geringem, mit einem anderen Recht jedoch in viel engerem Zusammenhang steht."

[12] Siehe z.B. im Schuldvertragsrecht Artt. 28 V und 30 II a.E.

[13] Siehe aus dem neueren Schrifttum: *Kreuzer*, Berichtigungsklauseln im IPR: FS Zajtay (1982) 295; *von Overbeck*, Rec. des Cours 176 (1982 – III) 186ff.; *Dubler*, Les clauses d'exception en d.i.p. (Genf 1983); *Campiglio*, L'esperiensa svizzera in tema di clausola d'eccezione…: Riv. dir. int. priv. proc. 21 (1985) 47; *Nadelmann*, Choice of Law Resolved by Rules or Presumptions with an Escape Clause: Am. J. Comp. L. 33 (1985) 297.

[14] *Kegel* § 6 I 4 b; *ders.*, AcP 178 (1978) 120: „Eine Windfahne als Wegweiser."

[15] Siehe die Diskussion in: Lausanner Kolloquium über den deutschen und den schweizerischen Gesetzentwurf zur Neuregelung des IPR (1984) 25 ff.

bindung und verweisen nicht nur auf eine einzige Rechtsordnung[16]. Vielmehr lassen sie eine „enge" Verbindung zwischen dem Sachverhalt und einer Rechtsordnung genügen. Tatsächlich ist oft international umstritten, welches Merkmal die „engste" Verbindung kennzeichnet (z. B. die Staatsangehörigkeit oder der gewöhnliche Aufenthalt einer Person?), und so läßt man, wenn weitere Gründe hinzukommen, in bestimmten Bereichen mehrere Merkmale gelten, sei es z. B. alternativ, subsidiär oder kumulativ (näher unten § 20), sei es nach Wahl der Partei. In allen diesen Fällen sind für die Anknüpfung zusätzliche Gerechtigkeitserwägungen jenseits der Suche nach einer engen Verbindung maßgebend. Namentlich die alternative Anknüpfung stellt – entgegen der Regel – bereits auf den Inhalt der zur Auswahl stehenden Rechtsordnungen ab, um ein bestimmtes materielles Ergebnis – wie die Formgültigkeit eines Rechtsgeschäfts – zu begünstigen (unten § 20 II). Hier fließen kollisionsrechtliche und materiellrechtliche Gerechtigkeit stärker als sonst ineinander.

3. Auch für die Zulassung der *Parteiautonomie*, kraft derer das anwendbare Recht in bestimmten Sachbereichen und in bestimmtem Umfang gewählt werden kann, gelten spezifische Gerechtigkeitserwägungen (dazu unten § 40 III 2). Berührungspunkte zum Prinzip der engsten Verbindung bestehen namentlich in den Sachgebieten, in denen die Parteien nur zwischen bestimmten, naheliegenden Rechtsordnungen wählen dürfen (unten § 40 IV 3).

III. Verwirklichung der Gerechtigkeit

Bei der Verwirklichung der Gerechtigkeit durch das IPR ist des weiteren nach den im vorigen Paragraphen erörterten zwei Fragestellungen zu unterscheiden.

Soweit das IPR *vom Gesetz her* nach dessen Anwendungsbereich fragt, ist offenbar der Zweck des Gesetzes das beherrschende Element. Nur am Rande kommt eine gewisse Rücksichtnahme auf das etwaige Hereinspielen anderer Rechtsordnungen in Betracht, z. B. wo eine Pflichtenkollision für die Betroffenen droht.

Soweit dagegen – wie es die Regel ist – *vom Sachverhalt her* nach dem anwendbaren Recht gefragt wird, das seinerseits die konkrete Lösung liefern soll, wird die inhaltliche Gerechtigkeit auf zwei Stufen verwirklicht.

1. Auf der ersten Stufe, nämlich der *Anknüpfung*, ist das materiellrechtliche Ergebnis – wie unter II gezeigt wurde – in der Regel noch nicht entscheidend.

---

[16] Zu dieser Zweiteilung der Kollisionsnormen im neueren IPR siehe *Patocchi*, Règles de rattachement localisatrices et règles de rattachement à caractère substantiel (Genf 1985) 241 ff.

2. Auf der zweiten, der Anknüpfung folgenden Stufe, nämlich der *Anwendung des fremden Rechts* muß der Richter aber in jedem Falle das materielle Ergebnis überprüfen und notfalls korrigieren. Einerseits sind im Wege der sog. „Anpassung" oder „Angleichung" die Spannungen auszugleichen, die durch die gleichzeitige Anwendung verschiedener Rechtsordnungen auf einzelne Teile oder Aspekte eines internationalen Sachverhalts entstehen können (siehe unten § 34). Zum anderen ist das gesamte Ergebnis an den Grundsätzen des inländischen ordre public, insbesondere den Grundrechten der Verfassung zu messen (siehe unten § 36). Hier kommen besonders deutlich nationale Wertungen ins Spiel.

3. *Insgesamt* sind beide Stufen der kollisionsrechtlichen Rechtsfindung nicht strikt zu trennen. Beide sollen letztlich zu dem Ziel führen, den internationalen Fall im Ergebnis befriedigend zu lösen. Insofern dient die internationalprivatrechtliche Gerechtigkeit stets der materiellprivatrechtlichen, zwischen beiden besteht keine Antinomie[17].

Bei einem methodischen, systemkonformen Vorgehen im Rahmen der klassischen Anknüpfungen wird man indes nicht schon im ersten Stadium, bei der Anknüpfung, ein Maximum von materieller Gerechtigkeit anstreben. Erweist sich das auf der ersten Stufe gefundene vorläufige Ergebnis als materiell allzu unbefriedigend, so bleibt die Möglichkeit einer Korrektur mit Hilfe der mehr vom internen materiellen Recht bestimmten Behelfe der zweiten Stufe. Die Verwurzelung des Richters im inländischen Recht bietet die Gewähr dafür, daß solche notwendigen Korrekturen nicht vergessen werden. Wenn man umgekehrt die Maßgeblichkeit der materiellen lex fori als Grundregel des IPR betrachtet, angebliche nationale Interessen an die Spitze stellt und damit die Korrekturen durch Anpassung, ordre public und Grundrechte sozusagen antizipiert, dann besteht die Gefahr, daß das ausländische Recht überhaupt aus dem Blickfeld entschwindet. Man wird auf diese Weise vielleicht im Inland plausibel scheinende Ergebnisse erzielen, aber dem ausländischen Element internationaler Sachverhalte nicht gerecht werden. Wir dürfen also den Knoten der international verknüpften Sachverhalte in der Regel nicht sogleich mit dem Schwerte inländischer materieller Werturteile durchhauen, sondern müssen ihn in beharrlicher Geduld aufzulösen versuchen.

---

[17] *E. Lorenz* (oben N. 3) 62. Zur Parallelität der kollisionsrechtlichen und materiellrechtlichen Werturteile siehe unten § 5 II.

IV. Rechtssicherheit

Das inhaltliche Ideal der Gerechtigkeit findet auch im IPR seinen Gegenpol in der formalen Rechtssicherheit. Die Rechtssicherheit verlangt vor allem eindeutige, klare Regeln sowie voraussehbare, berechenbare Entscheidungen[18]. Jedoch darf man nicht um der vermeintlichen Rechtssicherheit willen eine rein mechanische Regel wählen, die in vielen Fällen zu offensichtlich unbilligen Ergebnissen führt. Denn eben wegen dieser Ergebnisse hat sie keine Aussicht auf allgemeine Anerkennung und Durchsetzung und dient daher am Ende doch nicht der Rechtssicherheit[19].

Im deutschen wie im übrigen kontinentaleuropäischen IPR wird die Rechtssicherheit traditionell stark betont. Man geht von mehr oder weniger differenzierten Kollisionsregeln aus und sucht nicht ad hoc für jeden individuellen Fall die ihm angemessene Rechtsordnung. Darüber ist später noch zu sprechen (siehe unten § 13).

In jüngerer Zeit schlägt das Pendel etwas stärker zugunsten der Gerechtigkeit aus. Das zeigt sich namentlich in einer differenzierteren kollisionsrechtlichen Regelbildung und in einem Rückgang der starren Anknüpfung an die Staatsangehörigkeit zugunsten der flexibleren an den gewöhnlichen Aufenthalt (näher unten §§ 37–39). Die Individualgerechtigkeit wird außerdem durch die in weiterem Umfang zugelassene Parteiautonomie gefördert (unten § 40).

Für die Abwägung zwischen Gerechtigkeit und Rechtssicherheit, derer es im IPR – wie auf allen Rechtsgebieten – bedarf, ist im einzelnen zu differenzieren: Auf dem Gebiet des *Personen- und Familienrechts* handelt es sich überwiegend um zwingendes Recht und oft um absolute, gegen jedermann und weit in die Zukunft wirkende Rechtsverhältnisse, die einer festen, eindeutigen Regelung bedürfen. Anderseits ist das Personen- und Familienrecht besonders empfindlich gegen unbillige, durch rein mechanische Anknüpfungen bedingte Entscheidungen; das beweisen die vielfachen gesetzlichen Durchbrechungen des Staatsangehörigkeitsprinzips im EGBGB, die zahlreichen Kombinationen mehrerer Anknüpfungsmomente (vgl. unten § 20) und die häufigere Anwendung der Vorbehaltsklausel des ordre public. – Im Bereich des *Vermögensrechts* (einschließlich des Ehegüter- und Erbrechts) ist die Vorhersehbarkeit vorrangig, damit verläßlich disponiert werden kann; dies wird namentlich durch eine Zulassung der Parteiautonomie gefördert. Speziell für Schuld- und Handelsverträge schätzt man es besonders, wenn die

---

[18] Andere Teilaspekte der Rechtssicherheit, die uns im folgenden begegnen werden, sind: Durchsetzbarkeit (unten § 26 I); Ausschließung einer Gesetzesumgehung (unten § 23); internationale Entscheidungsgleichheit (unten § 6) sowie interne oder innere Entscheidungsgleichheit (unten § 18 Teilfrage und § 32 Vorfrage). Für eine zusammenfassende Darstellung dieser sog. formalen Maximen der Anknüpfung siehe *Neuhaus* 160 ff.

[19] Vgl. etwa Judge *Frank* in *Siegelmann v. Cunard White Star,* 221 F. 2d 189, 206 (2d Cir. 1955), unter Berufung auf *Cavers, Rheinstein* und *Goodrich*: „It is generally agreed that the decisions of conflict-of-laws cases by mechanized rules... cannot be defended on the ground that they promoted certainty and uniformity, since such results have not been thus achieved."

§ 5 I I. Kapitel: Grundlagen

Entscheidung berechenbar ist und Prozesse vermieden werden können. Kommt es zum Rechtsstreit, so ist der *Inhalt* der Entscheidung für die Beteiligten bisweilen weniger wichtig als die *Tatsache* der Entscheidung, d.h. als die eingetretene Befriedung und Rechtssicherheit. Doch finden sich natürlich auch hier Gerechtigkeitserwartungen der Parteien, und da die Frage des anwendbaren Rechts meistens nur in einem einzigen Prozeß zwischen den unmittelbaren Vertragsparteien von Bedeutung ist, besteht kein Anlaß, die richterliche Rechtsfindung durch starre Normen einzuschränken.

§ 5 Interessen und Wertungen

I. Interessen

Das IPR muß – wie andere Rechtsgebiete – die auf dem Spiele stehenden Interessen berücksichtigen[1]. Die Bestimmung der Interessen ist freilich wandelbar und oft subjektiv gefärbt. Gegenüber ihrer einseitigen Betonung sind deshalb zwei Vorbehalte angebracht. Erstens kann in der Regel nicht die besondere Interessenlage jedes Einzelfalles analysiert werden, sondern es können nur typische Interessen beachtet werden (siehe unten § 13 Typenbildung). Zweitens liegt es in der Natur jeder „Interessenjurisprudenz", daß sie leicht die handgreiflichen Einzelinteressen überbewertet und das allgemeine, langfristige Interesse an Gleichmäßigkeit und Stabilität der Rechtsübung, an Rechtssicherheit vernachlässigt.

1. Das *Interesse des Staates* richtet sich im Konfliktsfall meist auf die Anwendung seines *eigenen* Rechts. Dabei geht es bald um die allgemeine Bindung der Rechtsunterworfenen an diesen Staat (z.B. von Auswanderern durch das Staatsangehörigkeits- oder von Einwanderern durch das Wohnsitzprinzip), bald um deren Schutz vor den Nachteilen fremder Gesetze, bald um die Durchsetzung wirtschaftspolitischer Zwecke, insbesondere bei den sog. Eingriffsnormen (siehe oben § 3 II). Beispielsweise kann ein typisches Schuldnerland bestimmte Schuldverträge (besonders Darlehen) dem Wohnsitzland des Schuldners unterstellen, damit der eigene Geschäftsverkehr mit dem Ausland möglichst nach inländischem Recht beurteilt wird[2]. Ein entsprechendes

---

[1] Ganz im Vordergrund stehen die Interessen bei *Kegel* § 2 et passim. Kritisch zu seiner Dreiteilung in Partei-, Verkehrs- und Ordnungsinteressen, die weder logisch zwingend noch praktisch frei von Überschneidungen ist, bereits *Neuhaus*, RabelsZ 25 (1960) 377f.; eingehender MünchKomm-*Sonnenberger* IPR Einleitung Rz. 59ff. Siehe auch die Würdigung durch *Batiffol*, Les intérêts de d.i.p., in: IPR und Rechtsvergleichung im Ausgang des 20. Jahrhunderts, FS Kegel (1977) 11; ferner *Lüderitz*, Anknüpfung im Parteiinteresse (ebd.) 31; *Schurig*, Kollisionsnorm und Sachrecht (1981) 134ff., 184ff. et passim.

[2] Vgl. *Szászy* zu § 58 Nr. 1 des ungarischen Entwurfs zu einem Gesetz über das IPR von

Interesse des Staates, das eigene Recht *nicht* angewandt zu sehen, kommt praktisch kaum vor; denkbar wäre etwa, daß einzelne begünstigende Normen nur für Inländer oder benachteiligende Vorschriften nur für Ausländer gelten sollen.

Ferner kann das politische Interesse die Anwendung eines bestimmten unter mehreren in Betracht kommenden *fremden* Rechten fordern: bisweilen die Anwendung der Gesetze eines Staates, mit dem Gegenseitigkeit vereinbart ist, bisweilen desjenigen Staates, der an der Sache ein „international-typisches" Interesse hat[3], wie es unter entsprechenden Umständen auch der Forumstaat besitzt.

2. Unter den im Vordergrund stehenden spezifisch privatrechtlichen Zwecken und Interessen sind vor allem die persönlichen *Interessen der Beteiligten* zu nennen. Sie können übereinstimmen (z.B. bei der Rechtswahl für einen Vertrag) und können sich widersprechen; im letzteren Fall muß die Kollisionsnorm sich entweder für eine Seite entscheiden (z.B. für den Schenker gegenüber dem Beschenkten, für den Verletzten gegenüber dem Delinquenten), oder sie hat einen Ausgleich zu suchen (etwa bei der Gleichberechtigung von Mann und Frau). Vor allem soll das IPR berechtigte Erwartungen der Parteien nicht enttäuschen (vgl. unten § 21 II).

3. Jedoch sind auch *objektive Interessen* zu berücksichtigen wie Sicherheit und Bequemlichkeit des Geschäftsverkehrs, die gerade im internationalen Bereich besonders geschützt werden[4], oder die Einheit der Familie oder die Vermeidung einer rechtlichen Zersplitterung von Nachlässen.

4. *Insgesamt* ist eine sorgfältige Analyse der Interessen, zumal wenn sie durch rechtstatsächliche Untersuchungen gestützt und die Subjektivität damit gemildert wird, für die Rechtsbildung im IPR zweifellos von Nutzen. Namentlich für den Gesetzgeber kann sie eine Hilfe sein. Jedoch folgt auch aus der genauesten Herausarbeitung der kollidierenden Interessen noch nicht ohne weiteres die kollisionsrechtlich gerechte Lösung.

1947 in den (nicht veröffentlichten) Motiven auf S. 9: „Der Entwurf berücksichtigt außerdem die speziellen Umstände Ungarns, vornehmlich, daß Ungarn ein Schuldnerstaat ist und es sein hochwichtiges Interesse bildet, daß das Wohnsitzrecht des Schuldners bei der Beurteilung der Schuldverhältnisse mit internationalen Beziehungen in möglichst großem Maße angewandt werde." Anders dann aber doch das ung. IPR-Gesetz (GesetzesVO Nr. 13/1979) in §§ 25 und 29, wo die internationalisierungsfähige Anknüpfung an die charakteristische Leistung gewählt wurde (Text: StAZ 1980, 78).

[3] *Zweigert*, RabelsZ 14 (1942) 291.
[4] Siehe im deutschen IPR etwa Artt. 11 I, II, 12 und 16 EGBGB, Art. 91 II 1 WG, Art. 60 II 1 ScheckG.

II. Kollisionsrechtliche und materiellrechtliche Wertungen

Entscheidend sind die Wertungen[5]. Der Gesetzgeber kann sie im Rahmen der verfassungsrechtlichen Vorgaben nach eigenem Gutdünken treffen; der Rechtsanwender ist gehalten, sie nach Möglichkeit dem positiven Recht zu entnehmen und damit das subjektive Moment seiner Entscheidungsfindung in Grenzen zu halten. Im IPR gilt insoweit nichts anderes als im übrigen Zivilrecht.

Die kollisionsrechtlich relevanten Wertentscheidungen, auf die es etwa bei der Auslegung und Lückenfüllung des geschriebenen Rechts ankommt, erschließen sich in erster Linie aus den besonderen Normen des IPR, also namentlich aus der nationalen Kodifikation im EGBGB. Ferner können sie den von der Bundesrepublik Deutschland ratifizierten kollisionsrechtlichen Staatsverträgen entnommen werden. Den maßgebenden Wertrahmen setzen aber keineswegs nur die eigentlich kollisionsrechtlichen Quellen. Denn das IPR ist nicht nur an seine eigene Gesetzlichkeit gebunden, sondern an die Wertentscheidungen der nationalen Rechtsordnung als ganzer.

1. Die Wertentscheidungen des eigenen *materiellen Rechts* schlagen häufig auf das Kollisionsrecht durch. Das zeigt sich besonders plastisch bei Änderungen des materiellen Rechts, auf die das Kollisionsrecht dann seinerseits mit einem Wandel reagiert[6].

Kollisionsrechtliche und materiellrechtliche Werturteile sind zwar nicht identisch, aber sie stehen im allgemeinen im Verhältnis der Analogie oder Parallelität. Beispielsweise führt der Streit um die Grenzen der kollisionsrechtlichen Parteiautonomie auf das allgemeine Spannungsverhältnis von individueller Freiheit und staatlicher Autorität, wie es sich auch in der Eingrenzung der materiellrechtlichen Privatautonomie zeigt. Im Internationalen Familienrecht spiegelt sich die jeweilige Auffassung von Ehe, Familie und Kindschaft: ob Patriarchat oder Gleichberechtigung der Geschlechter gilt, ob die Einheit der Familie betont wird oder die Freiheit der einzelnen, ob Ehescheidungen erleichtert oder erschwert werden, ob Elternrecht oder Kindeswohl dominiert usw.

2. *Umgesetzt* werden die Werte nicht nach Art des materiellen Rechts, sondern auf eine besondere kollisionsrechtliche Weise. So bedeutet „Freiheit der Vertragschließenden" im IPR nicht die Befugnis, beliebige Abreden zu

---

[5] Vgl. allgemein zur Fortentwicklung der Interessenjurisprudenz zur Wertungsjurisprudenz im deutschen Zivilrecht etwa *Larenz*, Methodenlehre der Rechtswissenschaft[5] (1983) 117 ff.

[6] Näher *Siehr*, Wechselwirkungen zwischen Kollisionsrecht und Sachrecht: RabelsZ 37 (1973) 466 (478 ff.); *Schurig* (oben N. 1) 210 ff.

treffen, sondern nur die freie Bestimmung der maßgebenden Rechtsordnung. „Gleichberechtigung der Ehefrau" meint nicht ein unmittelbares Mitentscheidungsrecht, sondern die Mitberücksichtigung ihres Heimat- oder Wohnsitzrechtes. „Kindeswohl" heißt nicht Anspruch auf bestimmte Leistungen oder Maßnahmen, sondern Anwendung des Kindesrechts.

Auch *soziale Werte* haben zunehmend Eingang in das IPR gefunden[7]. Sie können spezifisch kollisionsrechtlich zur Entfaltung gebracht werden, etwa indem das Recht des Schutzbedürftigen (Unterhaltsberechtigten, Verbrauchers, Arbeitnehmers etc.) für anwendbar erklärt oder die freie Rechtswahl zu seinen Gunsten eingeschränkt wird (vgl. Artt. 18, 29, 30 EGBGB). Auch die Kombination mehrerer Anknüpfungsmomente (dazu unten § 20) kann einen sozialen Hintergrund haben, so beispielsweise die Korrektivanknüpfung zugunsten des Unterhaltsberechtigten in Art. 18 I 2 und II EGBGB und die Alternativanknüpfung zugunsten der Vaterschaftsfeststellung in Art. 20 I 3 EGBGB.

III. Wertordnung der Verfassung

Die Wertordnung der Verfassung, die sich vor allem in deren Grundrechtsteil findet, ist auch im IPR maßgebend. Das Bundesverfassungsgericht, das erstmals 1971 Gelegenheit hatte, zum IPR Stellung zu nehmen, erklärte sogleich grundsätzlich: „Als nationales, innerstaatliches Recht sind die Vorschriften des deutschen IPR in vollem Umfang an den Grundrechten zu messen."[8]

Eine wesentliche Rolle spielte in der Vergangenheit der Verfassungsbefehl der *Gleichberechtigung von Mann und Frau* (Art. 3 II GG). Er gebietet, im Internationalen Familienrecht nicht einseitig auf die Person des Ehemannes oder Vaters abzustellen. Dagegen verstieß das EGBGB von 1896. Auch in älteren *Staatsverträgen* findet sich bisweilen eine Kollisionsnorm, die wegen Verstoßes gegen Art. 3 II GG nicht mehr angewendet werden kann[9]; für eine nachsichtigere Behandlung von Grundrechtsverstößen in Staatsverträgen („favor conventionis"[10]) besteht kein Grund, weil auch Staatsverträge nur durch

---

[7] Ihren Mangel beklagte *Zweigert*, Zur Armut des IPR an sozialen Werten: RabelsZ 37 (1973) 435.

[8] Sog. Spanierentscheidung: BVerfG 4. 5. 1971, BVerfGE 31, 58 = RabelsZ 36 (1972) 145 (dazu zehn Aufsätze ebd. 2–140) = IPRspr. 1971 Nr. 39, unter C III 3 Abs. 1. In concreto ging es um das Grundrecht der Eheschließungsfreiheit, das im neuen Art. 13 II EGBGB direkt angesprochen wird. Siehe ferner BVerfG 22. 2. 1983, BVerfGE 63, 181 = IPRax 1983, 223, 208 Aufsatz *Henrich* = IPRspr. 1983 Nr. 56: Verfassungswidrigkeit von Art. 15 I und II 1. Halbsatz EGBGB a. F.

[9] So z. B. Art. 2 des Haager Ehewirkungsabkommens von 1905; das Abkommen wurde von der Bundesrepublik zum 23. 8. 1987 gekündigt; BGBl. 1986 II 505.

[10] Dafür *Jayme*, Staatsverträge zum IPR: BerDGesVölkR 16 (1975) 7 (29f., 34ff.).

§ 6   I. Kapitel: Grundlagen

Zustimmung des nationalen Gesetzgebers innerstaatliche Verbindlichkeit erlangen[11].

Die Geltung des Verfassungsgebots im deutschen IPR wurde lange bestritten oder ignoriert und von den Zivilgerichten nur zögernd beachtet[12]. Es bedurfte schließlich der Neufassung des EGBGB durch das IPRNG von 1986.

Gelegentlich wurde argumentiert, das IPR könne materiale Zwecke, wie die Gleichberechtigung, gar nicht fördern, weil der Inhalt der schließlich zur Anwendung kommenden Rechtsordnung bei der Anknüpfung meistens gar nicht in den Blick tritt. So hat man in der deutschen Diskussion über die Gleichberechtigung der Frau hervorgehoben, das vom EGBGB a.F. für maßgebend erklärte Heimatrecht des Mannes könne für die Frau günstiger sein als ihr eigenes[13]. Demgegenüber hat bereits *Makarov* dargelegt, daß die Entscheidung für das Personalstatut einer bestimmten Person, unabhängig von dessen konkretem Inhalt, einfach deshalb als Bevorzugung dieser Person erscheinen kann, weil das Personalstatut die unter Umständen von ihr selbst gewählte, ihr gewohnte und ihr am besten bekannte Rechtsordnung darstellt[14].

Auch wenn heute feststeht, daß die Wertordnung der Verfassung vorrangig zu beachten ist, gibt es naturgemäß kein anerkanntes System oder gar eine feste Rangordnung der im Kollisionsrecht zu beachtenden Werte.

§ 6 Entscheidungseinklang

Entscheidungseinklang – früher ungenau Gesetzesharmonie genannt[1] oder Entscheidungsharmonie, neuerdings auch Entscheidungsgleichheit oder Konfliktsminimum – ist das formale Ideal des IPR. Es handelt sich dabei um den „äußeren" oder internationalen Entscheidungseinklang im Gegensatz zum „inneren" Entscheidungseinklang (auch als materielle Harmonie bezeichnet), der zwischen mehreren Entscheidungen desselben Staates bestehen soll. Schon *Savigny* hat das gemeinte Ideal mit den Worten umrissen, daß „die Rechtsverhältnisse, in Fällen einer Collision der Gesetze, dieselbe Beurtheilung zu erwar-

---

[11] BGH 17.9.1986, NJW 1987, 583, 531 Aufsatz *Rauscher* = IPRax 1987, 114 = IPRspr. 1986 Nr. 58 m.w.Nachw.

[12] Siehe die Schilderung bei *Neuhaus* 46 ff.

[13] So zuerst *Dölle*, in: FS Kaufmann (1950) 40, vorsichtiger *ders.*, IPR² (1972) 57: „Die Frau kann u.U. ein Interesse daran haben, nicht dem Recht des Mannes unterworfen zu sein, sondern ihrem eigenen."

[14] *Makarov*, Die Gleichberechtigung der Frau und das IPR: RabelsZ 17 (1952) 382 (385).

[1] So zuerst wohl durch *Kahn*, Über Inhalt, Natur und Methode des IPR: Jher. Jb. 40 (1898) 1 (68, 76 ff.) = Abhandlungen zum IPR I (1928) 254 (310, 316 ff.). Dazu *M. Wolff* 9 N.3: „musikalisch wunderliches Bild (gemeint ist Einklang, nicht Mehrklang!)".

ten haben, ohne Unterschied, ob in diesem oder jenem Staate das Urtheil gesprochen werde"[2].

I. Begründung

Zur Begründung dieses Ideals ist vor allem zu sagen: Das Ergebnis eines Rechtsstreits soll nicht einfach vom Ort des Verfahrens abhängen. Zwar knüpfen manche Zuständigkeitsregeln an dieselben oder an ähnliche Umstände an wie die entsprechenden Kollisionsnormen. Ein Beispiel bietet etwa die Anknüpfung an den Begehungsort für Deliktsklagen (§ 32 ZPO). Aber daneben gibt es ausgesprochen „beziehungsarme", „exorbitante" Gerichtsstände – wie den Gerichtsstand des Vermögens im deutschen Recht (§ 23 ZPO; dazu unten § 58 II 1 b) und den der Klagezustellung im Gerichtssprengel in den angloamerikanischen Rechten. Ferner gilt der Grundsatz „actor sequitur forum rei" (§ 12 ZPO), der die Zuständigkeit von der Verteilung der Parteirollen abhängig macht und auch für die Beurteilung zurückliegender Sachverhalte auf den gegenwärtigen Gerichtsstand des Beklagten abhebt. Schließlich besteht die Möglichkeit der Wahl des Klägers zwischen mehreren zuständigen Gerichten. Die Geltung unterschiedlichen Kollisionsrechts in verschiedenen Gerichtsständen kann also dazu führen, daß je nach dem zufälligen oder gar vom Kläger berechnend gewählten Ort der Prozeßführung[3] verschiedenes materielles Recht zur Anwendung kommt und eine andere Entscheidung ergeht.

Das Ideal der Entscheidungsgleichheit unabhängig vom Lande der Prozeßführung gilt schon dann, wenn es sich um *gleichartige* Fälle handelt, damit die Parteien des einen Falles nicht anders behandelt werden als die des anderen. Es läßt sich rechtstheoretisch aus dem allgemeinen Gleichheitssatz ableiten.

Erst recht muß es beachtet werden, wenn *derselbe* (identische) Sachverhalt in verschiedenen Ländern zu beurteilen ist. Bei unterschiedlicher Beurteilung desselben Falles von Land zu Land leiden nämlich das Ansehen des Rechts und das Vertrauen auf seine internationale Unverbrüchlichkeit in besonderem Maße[4]. Darüber hinaus werden oft konkrete Erwartungen enttäuscht, ja es können geradezu Pflichtenkollisionen entstehen, wenn nämlich das eine Urteil

---

[2] *Savigny* 27; vgl. 129: „die wünschenswerthe und annäherungsweise zu erreichende Übereinstimmung der Entscheidungen von Collisionsfällen in verschiedenen Staaten." Seine Annahme „einer völkerrechtlichen Gemeinschaft" – für *Savigny* „Grundlage und letztes Ziel" seiner Lehre (117) – hat sich freilich nicht bestätigt. Vielmehr ist das „abschließende Hervorheben der Nationalität" (S. VI, Nachdruck S. VIII) seither auch im IPR zu beobachten.

[3] Zum sog. „forum shopping" vgl. unten § 58 IV.

[4] Auf den Einzelfall bezogen (nicht als Kritik an der Mannigfaltigkeit der objektiven Rechtsordnungen) ist das vielzitierte Wort von *Pascal* berechtigt (Pensées, éd. *Lafuma*, Paris 1951, no. 108): „Plaisante justice, qu'une rivière borne! Vérité au deçà des Pyrénées, erreur au delà."

gebietet, was das andere verbietet (z. B. die Erfüllung eines Vertrages trotz Moratoriums, die Herstellung der ehelichen Gemeinschaft bei einer nicht überall anerkannten Ehe, die Fortführung einer nach anderem Rechte erloschenen Vermögensverwaltung)[5]. Als besonders mißlich kann sich für die betroffenen Menschen die Begründung „hinkender", d. h. nicht in allen Ländern anerkannter Ehen oder Kindschaftsverhältnisse erweisen (siehe dazu unten § 35).

In diesem Zusammenhang ist freilich auf die international verbreitete Tendenz hinzuweisen, die Anerkennung ausländischer Entscheidungen und Rechtsakte unabhängig davon zu gewähren, auf welches materielle Recht sie im Einzelfall gegründet wurden (siehe unten § 60 III 1 b). Dadurch verlieren Verstöße gegen das Ideal der Entscheidungsgleichheit für die Betroffenen insofern an praktischer Bedeutung, als spätere Konflikte mit ausländischen Entscheidungen seltener werden.

Vorsicht ist geboten, wenn es zwar im Augenblick den Anschein hat, als könne der im Inland zu entscheidende Fall niemals Gegenstand einer widersprechenden ausländischen Entscheidung werden (z. B. weil die Parteien als politische Flüchtlinge keine Aussicht haben, in ihr Heimatland zurückzukehren), wenn jedoch keine Sicherheit bezüglich der künftigen Auswirkungen besteht. Politische Verhältnisse können sich rascher ändern, als man voraussah, und auch sonst hat schon manches Urteil wider Erwarten doch zu einem Konflikt mit einer ausländischen Rechtsordnung geführt, z. B. anläßlich eines Erbstreites oder eines Auslandsaufenthaltes oder einer späteren Eheschließung mit einem Ausländer.

II. Inhalt

1. Das Ideal der Entscheidungsgleichheit ist *kein inhaltlich eindeutiger Gesichtspunkt*. Es sagt z. B. nicht, ob die persönlichen Verhältnisse eines Menschen nach dem Recht des Staates beurteilt werden sollen, dessen Angehöriger er ist, oder nach dem Recht seines gewöhnlichen Aufenthalts, sondern es besagt nur, daß möglichst überall dasselbe Recht maßgeblich sein soll.

Man sollte dabei vor allem das Recht desjenigen Landes achten, in welchem eine konkurrierende Entscheidung über denselben Sachverhalt bereits ergangen oder zu erwarten ist. Das zweite Kriterium ist freilich recht unbestimmt, da oft nicht mit Sicherheit vorauszusehen ist, in welches Land die beteiligten Personen oder ihre Kinder später kommen mögen oder in welchem Lande sie Vermögen besitzen werden, das als Vollstreckungsobjekt dienen kann.

---

[5] Ausführlicher dazu *M. Wolff* 89.

2. Ferner darf der Entscheidungseinklang *nicht rein statisch* aufgefaßt werden, etwa im Sinne einer arithmetischen Ermittlung, welche Lösung nach dem gegenwärtigen Stand des Kollisionsrechts aller in Betracht kommenden Länder am häufigsten vorkommt oder sonstwie die wenigsten Konflikte veranlaßt; denn dann würde der Gedanke der Entscheidungsgleichheit weithin zu einer Erstarrung des Kollisionsrechts führen, zu einer Festlegung auf gewisse überkommene und in der Mehrzahl der Rechtsordnungen einmal anerkannte Regeln. Da indes auch das IPR sich der allgemeinen Rechtsentwicklung nicht verschließen kann und bisweilen neue Wege zu beschreiten hat, ist nicht zu vermeiden, daß zunächst einzelne Länder oder Ländergruppen eine bisher vorherrschende Lösung aufgeben und eine gewisse Disharmonie in Kauf nehmen[6]. Das Ideal der Entscheidungsgleichheit ist bei der Neubildung von Kollisionsnormen deshalb eher im Sinne eines möglichen künftigen Einklangs zu verstehen, also im Sinne des kategorischen Imperativs von *Kant*: „Handle so, daß die Maxime deines Willens jederzeit zugleich als Prinzip einer allgemeinen Gesetzgebung gelten könne!"[7]

Wenn etwa die Haftung für *unerlaubte Handlungen* bisher fast überall nach der lex loci delicti commissi beurteilt worden ist, so verbietet das Ideal der Entscheidungsgleichheit nicht die Aufstellung von neuen, differenzierten Regeln (vgl. unten § 53 V).

Dagegen würde eine bewußt einseitige, nur an den Interessen der eigenen Staatsbürger ausgerichtete Regelung, die von vornherein keine Aussicht auf verbreitete Annahme hat, gegen den Gedanken der Entscheidungsgleichheit verstoßen. In diesem Sinne hat das Institut de Droit international im Jahre 1952 den Grundsatz aufgestellt:

„Die Vorschriften des Internationalen Privatrechts sollen im allgemeinen Kriterien verwenden, die einer Internationalisierung fähig sind, nämlich der Aufnahme in internationale Konventionen, um nichtübereinstimmende Lösungen eines konkreten Falles in verschiedenen Ländern zu vermeiden."[8]

Freilich setzen unterschiedliche politische Zielsetzungen (z.B. in der Einwanderungspolitik) und Rechtstraditionen (z.B. in der Beurteilungsfreiheit des Richters) dem Ideal erfahrungsgemäß Grenzen.

---

[6] So bereits *Siegrist*, RabelsZ 24 (1959) 73; vgl. auch *Braga*, RabelsZ 23 (1958) 439.
[7] So die meistzitierte Fassung, Kritik der praktischen Vernunft (1787) § 7.
[8] Resolution von Siena unter Nr. 2, Ann. Inst. Dr. int. 44 II (1952) 423 = Institut de Droit international, Tableau général des résolutions (Basel 1957) Nr. 84, deutsche Übersetzung in RabelsZ 17 (1952) 519.

III. Verwirklichung

1. *Gesetzgeberisch* wird der Entscheidungseinklang am besten durch ein international vereinheitlichtes IPR verwirklicht[9]. Aber auch bei der Aufstellung nationaler Kollisionsnormen ist die internationale Entscheidungsgleichheit ein beachtenswertes Ziel. Nationale Gesetze oder Gesetzentwürfe, die in anderen Ländern mehr oder weniger wörtlich übernommen werden konnten, haben in der Vergangenheit einiges zur internationalen Vereinheitlichung des IPR beigetragen, z. B. die deutschen Entwürfe zum EGBGB aus dem 19. Jahrhundert, der österreichische Entwurf eines IPR-Gesetzes von 1913/14, die italienischen Kodifikationen von 1938/42, die Normen des ägyptischen Zivilgesetzbuches von 1948 und das tschechoslowakische IPR-Gesetz von 1963[10].

Anderseits ist nicht zu übersehen, daß gerade die nationalen Kodifikationen zu einer gewissen Rechtsabkapselung und zu einer bunten Vielfalt unterschiedlicher Regelungen innerhalb Europas geführt haben. Der Facettenreichtum wird gefördert durch die Tendenz zur Verfeinerung einfacher, bisher verbreiteter Kollisionsregeln (wie Maßgeblichkeit der lex loci delicti im Deliktsrecht oder der lex rei sitae im Sachenrecht), da die Spezialisten in jedem Land bemüht sind, originelle und noch bessere Lösungen zu ersinnen als die Kollegen im Nachbarstaat[11]. Dieses natürliche Bemühen um die beste Lösung und nicht das Streben nach Gemeinsamkeiten – etwa mit den fast gleichzeitig entstandenen Neukodifikationen in Österreich und der Schweiz (vgl. unten § 10 III 1 und 2) – kennzeichnet auch das deutsche Gesetz zur Neuregelung des IPR von 1986.

Die Suche nach neuen, sachgerechteren Lösungen in der staatlichen Gesetzgebung schließt den internationalen Entscheidungseinklang freilich nicht völlig aus; vielmehr ist sie innerhalb der einzelstaatlichen Gesetzgebung letztlich die einzige realistische Möglichkeit, ihn auf Dauer zumindest in beschränktem Umfang zu erhalten, weil auch das IPR der anderen Staaten sich weiterentwikkelt[12]. Das Ideal des internationalen Entscheidungseinklangs verlangt aber, die Kodifikationen von einseitig nationalen Regelungen freizuhalten, wenn sie

---

[9] Schon *Savigny* 30 hat auf die „besondere Förderung" der Entscheidungsgleichheit durch Staatsverträge hingewiesen, setzte aber mehr auf „die blos wissenschaftliche Vereinbarung" (114). Seine Erwartung, daß die wissenschaftliche Entwicklung des IPR „zuletzt zu einer völlig übereinstimmenden Behandlung... in allen Staaten führen wird" (114), hat sich nicht erfüllt. Näher zu den Staatsverträgen unten § 9.

[10] Vgl. *Neuhaus*, in: *Makarov*, Quellen des IPR³ (1978) 13 f. Zu dem beachtlichen Siegeszug des ägyptischen IPR, das von der Mehrzahl der Mitgliedstaaten der Arabischen Liga übernommen wurde, siehe *Krüger/Küppers*, IPRax 1986, 389.

[11] Das betont *Müller-Freienfels*, Übernationales Ziel und nationale Kodifikation internationalen Privatrechts heute: FS Vischer (Zürich 1983) 223 (232 f.).

[12] Ein höheres Maß an Übereinstimmung ließe sich – außer durch Staatsverträge – nur durch eine gesetzgeberische Zusammenarbeit der (westeuropäischen) Staaten erzielen; vgl.

nicht ausnahmsweise durch Besonderheiten in diesem Staate oder durch die Materie – wie im Wirtschaftskollisionsrecht (vgl. unten § 52 VII und VIII) – gerechtfertigt sind. So ist vor jeder Sonderanknüpfung mit Verweisung auf inländisches Recht zu überlegen, ob das geschützte inländische Interesse derart einmalig ist, daß eine allseitige Fassung der Ausnahme sich verbietet. Leider ist die deutsche Neukodifikation – ebenso wie die schweizerische[13] – von solchen Einseitigkeiten nicht frei (siehe unten § 36 VIII).

2. Bei der *Anwendung* inländischer Kollisionsnormen ist der Gedanke der Entscheidungsgleichheit ebenfalls bedeutsam, vor allem für das Verhältnis zu fremdem Kollisionsrecht, mit dem eine gewisse Koordinierung anzustreben ist[14]. Bezugspunkt ist oftmals nur diejenige fremde Rechtsordnung, die nach inländischem Kollisionsrecht an sich maßgebend ist (z. B. bei Renvoi und Vorfrage). Denn diese Rechtsordnung steht dem Sachverhalt nach inländischer Auffassung am nächsten. Jedoch gibt es auch die Rücksichtnahme auf eine an sich nicht zuständige Rechtsordnung (im Falle des Vorranges des Einzelstatuts; vgl. unten § 26). Freilich sind die Möglichkeiten des Rechtsanwenders beschränkt. Im allgemeinen läßt es sich nicht erreichen, von widersprechenden nationalen Kollisionsnormen aus zu widerspruchsfreien, völlig einheitlichen Ergebnissen zu gelangen.

Insbesondere ist der Gedanke eines universalen „Kollisionsrechts der Kollisionsrechte", eines Überkollisionsrechts oder Rechtsanwendungsrechts der zweiten Potenz[15], eine Illusion. Er bedeutet eine bloße Verschiebung des Problems der Vereinheitlichung des Kollisionsrechts auf eine höhere Stufe, ohne daß es dort leichter zu bewältigen wäre.

3. Schließlich kann die Entscheidungsgleichheit auch *im Rahmen des inländischen materiellen Rechts* angestrebt werden. Insbesondere bei der Anwendung generalklauselartiger Begriffe – wie Unbilligkeit oder Kindeswohl – bietet sich die Möglichkeit, die Beurteilung durch eine nach dem inländischen IPR eigentlich nicht anwendbare, aber durch den Sachverhalt berührte ausländische Rechtsordnung zu berücksichtigen. Die Grenzen, in denen dies möglich ist und in denen also ein Ergebnis erzielt werden kann, das zu einer Harmonisierung des anwendbaren inländischen Rechts mit dem durch das Kollisions-

---

Kropholler, Nationale IPR-Reform und internationale Rechtsvereinheitlichung: FS Müller-Freienfels (1986) 409 (412 ff.).

[13] Siehe *Neuhaus*, Der Schweizer IPR-Entwurf – ein internationales Modell?: RabelsZ 43 (1979) 277 (282 f.).

[14] Vgl. zur „coordination des systèmes" namentlich *Batiffol*, Aspects philosophiques du d.i.p. (1956) nos. 46 ff.

[15] Ein solches befürworten *Eckstein*, Die Frage des anzuwendenden Kollisionsrechts: RabelsZ 8 (1934) 121; *Gamillscheg*, Internationale Zuständigkeit und Entscheidungsharmonie im IPR: BerDGesVölkR 3 (1959) 29 (38–41); *Braga*, in: FS Schnorr von Carolsfeld (1973) 104 N. 12, und in: Multitudo legum – ius unum, FS Wengler II (1973) 203 N. 34.

recht verdrängten ausländischen Recht führt, setzt die Auslegungsfähigkeit des inländischen materiellen Rechts[16].

Besonders im Adoptionsrecht spielt der Entscheidungseinklang eine Rolle, wenn die Zulässigkeit der Adoption davon abhängt, daß diese dem Kindeswohl entspricht. Dann wird der Richter prüfen müssen, ob eine inländische Adoption, die im Heimat- oder Wohnsitzland eines der Beteiligten (z. B. eines leiblichen Elternteils) nicht anerkannt wird, im Ergebnis dem Kind nicht mehr schaden kann, als sie nutzt. Ferner kann ein Urteil gegen ausländisches Eingriffsrecht – obwohl dieses an sich von inländischen Gerichten nicht durchzusetzen ist – gegen die guten Sitten verstoßen (vgl. unten § 52 VIII 2 a).

Auch wenn das Ideal der Entscheidungsgleichheit – wie alle Ideale – niemals vollkommen zu erreichen sein wird, lohnt sich das Beschreiten der aufgezeigten Wege, um es wenigstens teilweise zu verwirklichen.

§ 7 Lex fori

Lex fori – Recht des Gerichtsstandes – nennen wir das eigene (Kollisions- oder Sach-)Recht der jeweils mit einem internationalen Sachverhalt befaßten Stelle, auch wenn statt eines Gerichts im Einzelfall eine sonstige Behörde oder Amtsperson (z. B. ein Notar) gemeint ist oder wenn die betreffende Stelle gar kein einheitliches eigenes Recht besitzt, sondern etwa als gemeinsames Obergericht für verschiedene Rechtsgebiete oder Rechtsgemeinschaften von Fall zu Fall von der einen oder der anderen Rechtsordnung auszugehen hat. Die Bestimmung der lex fori eines staatlichen Gerichts bereitet im allgemeinen keine Schwierigkeiten.

Für *internationale Handelsschiedsgerichte*, die nicht (wie die Außenhandels-Schiedsgerichte der kommunistischen Länder) von einem bestimmten Staate errichtet sind, ist die lex fori dagegen nicht immer einfach auszumachen[1]. Denn sie wenden nicht einfach die Gesetze ihres mehr oder weniger zufälligen Sitzes an. Nach Art. VII Abs. 1 des Europäischen Übereinkommens über die internationale Handelsschiedsgerichtsbarkeit von 1961, in dem die Frage des in der Hauptsache anzuwendenden Rechts erstmals einheitlich geregelt ist, gilt folgendes: Die Parteien können das maßgebende Recht

---

[16] Vgl. *Hessler*, Sachrechtliche Generalklausel und internationales Familienrecht (1985) 138 ff., 169 ff. Ob die dort – im Anschluß an *Ehrenzweig* – gewählte Deutung der Einbeziehung des ausländischen Rechts als „datum" eine zusätzliche methodische Klärung bringt, ist zweifelhaft.

[1] Vgl. zum Meinungsstand *von Hoffmann*, Internationale Handelsschiedsgerichtsbarkeit (1970) 110 ff.; *Gentinetta*, Die lex fori internationaler Handelsschiedsgerichte (1973) 114 ff., 192 ff.; *Schlosser*, Das Recht der internationalen privaten Schiedsgerichtsbarkeit I (1975) Rz. 607 ff.; *Lando*, The Law Applicable to the Merits of the Dispute: Arb. Int. 1986, 104.

vereinbaren. Haben sie dies nicht getan, „so hat das Schiedsgericht das Recht anzuwenden, auf das die Kollisionsnormen hinweisen, von denen auszugehen das Schiedsgericht jeweils für richtig erachtet". In beiden Fällen hat das Schiedsgericht die Bestimmungen des Vertrages und die Handelsbräuche zu berücksichtigen. Neben den Handelsbräuchen der einzelnen Wirtschaftszweige, von denen viele in internationalen Klauselwerken niedergelegt sind (näher unten § 11 I 2), dürfen internationale Schiedsgerichte auch die „allgemeinen Rechtsgrundsätze" (zu ihnen unten § 11 I 3) anwenden; letztere freilich nur, wenn die Parteien dies bestimmt oder wenn sie eine Billigkeitsentscheidung verlangt haben[2]. – Als lex fori *völkerrechtlich begründeter Gerichte* ist außer ihrem Statut bzw. dem jeweiligen Schiedsvertrag das Völkerrecht anzusehen.

I. Heimwärtsstreben

Als „Heimwärtsstreben" bezeichnet man in Deutschland seit *Nussbaum*[3] die – keineswegs auf Deutschland beschränkte – Tendenz mancher Autoren und Gesetze, vor allem aber vieler Gerichte, so oft wie möglich zur Anwendung ihres heimischen Rechts (der lex fori) zu gelangen[4]. „Die Klänge der heimathlichen Glocken werden... wohl stets besonderen Zauber ausüben", schrieb schon vor über hundert Jahren *Meili*[5]. Hier scheint der Gegenpol des Ideals der internationalen Entscheidungsgleichheit zu liegen.

Der Grund für das Heimwärtsstreben ist nur selten in einem juristischen Chauvinismus zu sehen, wie ihn wohl am schärfsten *Bartin* bekannt hat: „Le droit international privé n'est pour moi que la forme juridique de l'idée de patrie, dans les relations de Droit privé."[6] Schon eher mag der naive Glaube an die Überlegenheit des eigenen Rechts gegenüber ausländischen Regelungen eine Rolle spielen, zu dem man sich freilich selten offen bekennt[7]. Entscheidend für das Heimwärtsstreben der Rechtsprechung ist im allgemeinen eine begreifliche Unsicherheit in der Anwendung fremden Rechts. Treffend spricht *Martin Wolff* von einer überall zu beobachtenden „Neigung des gewissenhaften Richters (vom trägen ist hier nicht die Rede), möglichst zur Anwendung des eigenen

---

[2] Siehe *von Hoffmann*, IPRax 1984, 107.

[3] *Nussbaum*, Deutsches IPR (1932) 43.

[4] Nach *Werner Goldschmidt*, Derecho internacional privado (Buenos Aires 1970) 20, kann die argentinische Rechtsprechung zum IPR als eine Reihe endloser Variationen über ein einziges Thema aufgefaßt werden: die Anwendung ausländischen Rechts zu vermeiden.

[5] *Meili*, Die internationalen Unionen über das Recht der Weltverkehrsanstalten und des geistigen Eigentums (1889) 76.

[6] *Bartin*, Principes de d. i. p. I (1930) Schluß des Vorwortes.

[7] Vgl. aber OLG Hamburg 19. 2. 1932, IPRspr. 1932 Nr. 59 S. 128: „Die berechtigte Selbstschätzung eines jeden Staates, auch in bezug auf sein Recht, gestattet dem Richter in Zweifelsfällen, wo nicht überwiegende Gründe die Anwendung fremden Rechts verlangen, dem heimischen Recht den Vorzug zu geben."

materiellen Rechts zu kommen"⁸. Das Gros der deutschen Richter ist nach seiner Aus- und Fortbildung sowie nach der Ausstattung der Gerichtsbibliotheken mit der Anwendung ausländischen Rechts schlicht überfordert. Meist bemüht man sich redlich und behilft sich in schwierigen Fällen mit Rechtsauskünften wissenschaftlicher Institute (näher zur Problematik unten § 59 III). Teilweise wenden die Untergerichte aber auch einfach – ohne Rücksicht auf EGBGB und internationale Abkommen – deutsches Recht an, indem die Auslandsbeziehung des Sachverhalts entweder übersehen oder ignoriert wird.

Soweit sich die Gerichte der Mühe unterziehen, das IPR zu beachten, kommen sie dennoch meist zur Anwendung des inländischen materiellen Rechts. Zwar geht das Kollisionsrecht, soweit es vom Sachverhalt und nicht vom einzelnen Gesetz her konzipiert ist (vgl. oben § 3 I), im Grundsatz von der gleichberechtigten Anwendbarkeit in- und ausländischen Rechts aus, aber es gibt zahlreiche Möglichkeiten, zur lex fori zurückzufinden. Hierzu verhelfen namentlich die Ausnahmebestimmungen des EGBGB zugunsten des deutschen Rechts, verschiedene Figuren des Allgemeinen Teils des IPR (wie Rückverweisung, selbständige Anknüpfung der Vorfrage, Vorbehalt des ordre public) und bisweilen auch „Tricks", wie die besonders im anglo-amerikanischen Bereich beliebte prozessuale Qualifikation materieller Institute⁹.

Insgesamt wirft das verbreitete Heimwärtsstreben der Gerichte die Frage auf, ob es nicht angezeigt ist, den Grundsatz der gleichberechtigten Anwendbarkeit in- und ausländischen Rechts durch einen prinzipiellen Vorrang der materiellen lex fori abzulösen.

II. Vorrang der lex fori

Für einen Vorrang der materiellen lex fori läßt sich anführen, daß sie von den Gerichten in der Regel besser, schneller und billiger angewandt werden kann als ausländisches Recht. Das kommt auch den Rechtsuchenden zugute. Im einzelnen kann ein Vorrang der lex fori in mehrfachem Sinne gefordert werden[10]:

1. Am weitesten ginge der *Neubau eines IPR-Systems*, das offen die lex fori an die Spitze stellt. Das IPR würde dann nicht mehr vom Prinzip der engsten Verbindung (oben § 4 II 1) ausgehen, sondern vom Grundsatz der lex fori. Fremdes Recht würde in Fällen mit Auslandsberührung nur noch ausnahms-

---

[8] *M. Wolff* 76.

[9] Von „Zaubereien" und „Trickfertigkeit" der Internationalprivatrechtler spricht *Wiethölter*, BerDGesVölkR 7 (1967) 141.

[10] Zur besonderen Problematik der Eingriffsnormen siehe oben § 3 II und der „règles d'application immédiate" unten § 12 V.

weise angewendet, etwa wenn der Sachverhalt „wesentlich engere" Verbindungen zum Ausland aufweist als zum Inland[11]. Ein Vorrang der lex fori wird teilweise in den Vereinigten Staaten vertreten, insbesondere im Internationalen Deliktsrecht[12]. Je weniger überzeugend die herkömmlichen Regeln des IPR ausgestaltet sind und je mehr sich die Anwendbarkeit fremden Rechts mit all ihren Schwierigkeiten häuft, desto verlockender erscheint ein solches System.

Im einzelnen ist keineswegs denknotwendig, daß sich ein Umbau des IPR zugunsten der lex fori auf generalklauselartige Formulierungen stützt, welche die Rechtssicherheit gefährden und die Gerichte erneut überfordern müßten. Vielmehr ließe sich ein Vorrang der lex fori auch in festere Regeln fassen, etwa indem die lex fori schon beim Vorliegen eines von zwei Berührungspunkten zum Inland zum Zuge käme. So könnte im Familienrecht das eigene Recht bei inländischer Staatsangehörigkeit *oder* bei gewöhnlichem Aufenthalt im Inland berufen werden. Im Kaufvertragsrecht könnte – mangels Rechtswahl der Parteien – inländisches Recht für anwendbar erklärt werden, wenn entweder der Verkäufer oder der Käufer seinen gewöhnlichen Aufenthalt im Inland hat[13]. Nur für die verbleibenden Fallkonstellationen wäre durch weitere Regeln ausländisches Recht zu berufen. In jedem Fall aber würde die veränderte theoretische Grundlage eine Neukodifikation des IPR erfordern[14].

Der Nachteil des lex-fori-Ansatzes liegt in dem Bruch mit dem Ideal der internationalen Entscheidungsgleichheit und einer langen Tradition des IPR. Ob ein solcher Bruch eines Tages vollzogen werden muß, hängt entscheidend davon ab, ob andere, weniger einschneidende Möglichkeiten, die massenweise Anwendbarkeit ausländischen Rechts zu reduzieren, genutzt werden. Zu nennen ist in erster Linie der Abbau der starren Anknüpfung an die Staatsangehörigkeit, insbesondere durch stärkere Berücksichtigung des gewöhnlichen Aufenthalts (unten §§ 38 und 39), sowie eine Erweiterung des Anwendungsbereichs der Parteiautonomie (unten § 40).

---

[11] Zu der hier gewählten Formel „wesentlich engere Verbindungen" vgl. z.B. Art. 28 V EGBGB. Vgl. auch die vor Inkrafttreten des Art. 5 I EGBGB bestehende Rechtsprechung des BGH zu Mehrstaatern mit deutscher Staatsangehörigkeit unten § 37 II 1 a.

[12] Berühmt für seinen lex-fori-Ansatz, den er mit verschiedenen Einschränkungen vertrat, wurde *Ehrenzweig*; vgl. etwa sein P.I.L. (1967) 75–110; dazu *Siehr*, Ehrenzweigs lex-fori-Theorie und ihre Bedeutung für das amerikanische und deutsche Kollisionsrecht: RabelsZ 34 (1970) 585; ferner das Heidelberger Symposium: Albert A. Ehrenzweig und das IPR (1986). Zur lex fori als Grundregel des gegenwärtigen Internationalen Deliktsrechts in den USA siehe etwa *Juenger*, Am. J. Comp. L. 32 (1984) 43 f.

[13] Einer solchen Regel ist die deutsche Rechtsprechung in der Vergangenheit tatsächlich unausgesprochen sehr nahe gekommen; siehe *Kreuzer*, Das IPR des Warenkaufs in der deutschen Rechtsprechung (1964) 280 f.; *Lando*, Contracts: Int. Enc. Comp. L. III ch. 24 (1976) Nrn. 126, 238.

[14] Allen neueren europäischen IPR-Kodifikationen (zu ihnen unten § 10 III) ist eine grundsätzliche Bevorzugung der lex fori fremd; vgl. im einzelnen etwa *Vassilakakis*, Orientations méthodologiques dans les codifications récentes du d.i.p. en Europe (1987) 25 ff.

2. Ein bloß *fakultatives Kollisionsrecht* würde die Anwendung ausländischen Rechts davon abhängig machen, daß wenigstens eine am Verfahren beteiligte Partei sie verlangt. Der Richter hätte das Kollisionsrecht also nicht von Amts wegen zu beachten, sondern grundsätzlich das eigene Sachrecht anzuwenden. Ein solcher durch das Prozeßrecht ermöglichter Vorrang der lex fori, wie er sich teilweise im Ausland findet, wird vereinzelt auch für den deutschen Rechtskreis empfohlen und mit einem Interesse der Parteien an qualitativ hochwertiger Justiz begründet[15]. Überwiegend wird er abgelehnt[16]. Denn mehrere Gründe sprechen dagegen.

Der Vorschlag betont zu einseitig das verfahrensrechtliche Interesse an hochwertiger Justiz gegenüber der kollisionsrechtlichen Gerechtigkeit und der Entscheidungsgleichheit. Insbesondere unterläuft ein fakultatives Kollisionsrecht die wohlüberlegten Voraussetzungen und Grenzen der kollisionsrechtlichen Parteiautonomie. So ist eine Rechtswahl in Materien, in denen zwingendes Recht gilt oder in denen die Interessen Dritter auf dem Spiel stehen, entweder ganz ausgeschlossen, oder es sind ihr bestimmte Schranken gezogen (vgl. z. B. Artt. 29 I, 30 I EGBGB); außerdem muß die Wahl in einer bestimmten Form oder zumindest deutlich erklärt werden (vgl. z. B. Artt. 14 IV, 27 I 2 EGBGB). Will man die Parteiherrschaft in Hinblick auf die besondere Situation im Prozeß zugunsten der lex fori erweitern, so muß man – wie bei der Parteiautonomie – genau angeben, wo die Grenzen dieses Modells verlaufen sollen. In welchen Fällen – außer bei erkennbarer Absicht einer unzulässigen Gesetzesumgehung[17] – muß, etwa im Interesse der Durchsetzung zwingenden Rechts oder zum Schutze solcher Personen, die ohne ein teures Privatgutachten die möglichen Vorteile einer Anwendung ausländischen Rechts nicht zu übersehen vermögen, das Gericht doch von Amts wegen nach IPR entscheiden? Es dürfte schwerfallen, hier eine wesentlich andere Grenzziehung einsichtig zu machen, als sie für die Parteiautonomie besteht.

De lege lata findet sich in Deutschland derzeit keine Rechtsgrundlage für ein fakultatives Kollisionsrecht. Die Kollisionsnormen werden – wie es ihrem Wortlaut und Sinn entspricht – von den Gerichten unabhängig vom Prozeßverhalten der Parteien angewandt, und ausländisches Recht ermitteln die Gerichte in ständiger Rechtsprechung von Amts wegen (vgl. § 293 ZPO; dazu unten § 59 I 2). Im Gesetzgebungsverfahren für das neue EGBGB von 1986 wurde die Herabstufung des IPR zu einem bloß fakultativen Recht ausdrücklich verworfen[18].

---

[15] *Flessner*, Fakultatives Kollisionsrecht: RabelsZ 34 (1970) 547.
[16] Vgl. *von Overbeck*, La théorie des „règles de conflit facultatives" et l'autonomie de la volonté: FS Vischer (Zürich 1983) 257.
[17] *Flessner* aaO 575.
[18] BegrRegE, BT-Drucks. 10/504, 26.

3. Für vermögensrechtliche *Verfahren mit geringem Streitwert* wird die unmittelbare Anwendung der lex fori befürwortet, wenn die Schwierigkeiten und Kosten der Ermittlung ausländischen Rechts als nicht lohnend erscheinen[19]. Dem ist jedoch deshalb nicht zuzustimmen, weil es den Parteien freisteht, sich im Rahmen der Parteiautonomie auf die Anwendung inländischen Rechts zu einigen. Im übrigen ist der Eindruck, es gebe zweierlei Recht für Reiche und Arme, unbedingt zu vermeiden.

4. Für *Eilfälle und vorläufige Maßnahmen* wird ebenfalls öfter der Verzicht auf die Anwendung ausländischen Rechts empfohlen. Das ist aber nur dann berechtigt, wenn diese Anwendung im Einzelfall nicht ganz einfach ist. Insbesondere kann das ausländische Recht oft nicht in der gebotenen Eile ermittelt werden. Die lex fori ist hier also nicht aufgrund eines besonderen Prinzips anzuwenden, sondern notgedrungen als Ersatzrecht – nur daß das Vorliegen eines Notfalles im Hinblick auf die besonderen Umstände dieser Fälle rascher angenommen wird als in einem ordentlichen Prozeß. Die Pflicht des Richters, fremdes Recht von Amts wegen zu ermitteln (§ 293 ZPO), besteht grundsätzlich auch hier. Über Differenzierungen und einzelne Abweichungen ist später zu reden (unten § 31 III 3).

5. Nur wenn ausnahmsweise ein *Ersatzrecht* gefunden werden muß, etwa weil das an sich maßgebende fremde Recht nicht ermittelt werden kann oder gegen den ordre public verstößt, gebührt der lex fori grundsätzlich der Vorrang gegenüber anderen Hilfslösungen. Dafür spricht die Rechtssicherheit und die Praktikabilität (näher unten § 31 III 1 und § 36 V).

III. Lex fori in foro proprio

Eine Verlagerung des Kollisionsrechts in die Zuständigkeitsordnung ist besonders im englischen Rechtskreis beliebt, findet sich in gewissem Umfang aber auch in Kontinentaleuropa. Dabei wird in erster Linie bestimmt, welchen Staates Gerichte über einen Sachverhalt zu entscheiden haben; diese mögen dann jeweils ihr eigenes materielles Recht anwenden (lex fori in foro proprio). Der Vorteil dieser Lösung liegt darin, daß alle Schwierigkeiten der Anwendung ausländischen Rechts – von der Bestimmung der maßgebenden Rechtsordnung über die Ermittlung ihres Inhalts bis zur richterlichen Anwendung auf den konkreten Sachverhalt – entfallen, während die Prüfung der internationalen

---

[19] So etwa *Lando*, in: Die Anwendung ausländischen Rechts im IPR (1968) 131 f.; vgl. den Diskussionsbericht ebd. 186.

Zuständigkeit keine zusätzliche Belastung bedeutet, sondern ohnehin in jedem Rechtsstreit mit Auslandsberührung erfolgen muß.

1. Eine gewisse *Parallelität der Anknüpfungen* für die internationale Zuständigkeit und für das IPR war immer gegeben, auch wenn sich beide Materien teilweise unterschiedlich entwickelt haben[20]. So gelten für Angelegenheiten des persönlichen Status vielfach Gerichtsstand und Recht der Heimat oder des gewöhnlichen Aufenthalts[21], für Delikte häufig Gerichtsstand und Recht des Tatortes, für Rechte an Grundstücken durchweg Gerichtsstand und Recht der Belegenheit. Die Tendenz zu differenzierenden Anknüpfungen im IPR, die sich z.B. im Internationalen Deliktsrecht zeigt und der das Prozeßrecht meist nicht folgen kann, bringt freilich unvermeidlich eine Verminderung der Parallelität mit sich. Ohnehin ist die Parallelität nicht vollständig, und sie kann es nicht sein, weil die Gerichte zum Sachverhalt auf andere Weise in Beziehung treten als das Gesetz (näher unten § 58 II 2) und weil im Interesse der Rechtsschutzgewährung meist mehr als nur ein international zuständiges Gericht zur Verfügung gestellt werden muß.

2. Die *Berechtigung* einer Verlagerung des Kollisionsrechts in die Zuständigkeitsordnung hängt davon ab, ob die Zuständigkeit hinreichend begrenzt werden kann; denn niemand soll die Anwendung eines ihm günstigen Rechts erschleichen können, indem er das Verfahren in einem mehr oder weniger sachfremden Gerichtsstand anhängig macht. Im allgemeinen ist eine strikte Reduzierung der Zuständigkeiten nicht möglich, weil sie das berechtigte Interesse der Parteien an angemessenem Zugang zu den Gerichten verletzen müßte.

Freilich ist nach Materien zu differenzieren. Insbesondere im Bereich des Familienrechts ist eine Verlagerung des Kollisionsrechts in die Zuständigkeitsordnung nicht ausgeschlossen. Sie liegt vor allem nahe für Tätigkeiten in der Freiwilligen Gerichtsbarkeit, wo Verfahren und materielles Recht eng verwoben sind. Im einzelnen ist zwischen staatsvertraglich vereinbartem und autonom gesetztem Recht zu unterscheiden.

a) Im *staatsvertraglichen Kollisionsrecht* ist diese Art von Verweisungsrecht im Vordringen. Sie trifft dort auf günstige Voraussetzungen, weil man die Zuständigkeiten in einem gemeinsamen Text begrenzen und u.U. sogar eine Zusammenarbeit der Behörden und Gerichte verschiedener Staaten vereinbaren kann. Für die internationale Entscheidungsgleichheit wird die im Staatsvertrag verankerte Pflicht zur Anerkennung sorgen.

---

[20] Näher *Kropholler*, in: Hdb. IZVR I Kap. III Rz. 122 ff.
[21] Vgl. etwa die Parallelität bei Entmündigung (§ 648a ZPO, Art. 8 EGBGB) und Todeserklärung (§ 12 VerschG, Art. 9 EGBGB).

So regeln die Haager Abkommen über den Schutz Minderjähriger von 1961, über die Adoption von 1965 und über die Verwaltung von Nachlässen von 1973 zunächst die internationale Zuständigkeit und bestimmen dann als anwendbares Recht grundsätzlich die lex fori des zuständigen Gerichtes.

b) Auch im *autonom gesetzten Recht* mancher Staaten findet sich das System der Maßgeblichkeit der lex fori in foro proprio. Es kennzeichnet z. B. das *Schweizer IPR-Gesetz* in weiten Teilen des Familienrechts.

Das Schweizer Gesetz läßt der Regelung der eigenen internationalen Zuständigkeit des öfteren die Erklärung folgen, daß schweizerisches Recht anwendbar ist, so im Grundsatz für die Voraussetzungen der Eheschließung (Art. 44 I), für die Ehescheidung und Ehetrennung (Art. 61 I) und für die Voraussetzungen der Adoption (Art. 77 I). In anderen Teilen des Familienrechts wird ein ähnliches Ergebnis erzielt, indem das primäre Anknüpfungsmaterial für die Zuständigkeit auch für das anwendbare Recht gewählt wird, beispielsweise für die Ehewirkungen der Wohnsitz der Ehegatten (Artt. 46, 48 I) und für die Wirkungen des Kindesverhältnisses der gewöhnliche Aufenthalt des Kindes (Artt. 79 I, 82 I). Die weitreichende Parallelität zwischen Zuständigkeit und anwendbarem Recht ist möglich, weil die Schweiz für beide Bereiche primär auf den Wohnsitz bzw. gewöhnlichen Aufenthalt und nicht auf die Staatsangehörigkeit abstellt. Demzufolge wird die Schweizer Heimatzuständigkeit nur noch in Ausnahmefällen gewährt, meist unter der Voraussetzung, daß ein Verfahren am Wohnsitz „unmöglich oder unzumutbar ist" (vgl. etwa Artt. 47, 60, 67, 76). Erst diese Einschränkung der eigenen Zuständigkeit schafft die Basis dafür, daß die lex fori für anwendbar erklärt werden kann, ohne damit die kollisionsrechtliche Grundregel, jene Rechtsordnung zu berufen, mit der ein Sachverhalt den engsten Zusammenhang aufweist, allzu häufig zu verletzen[22].

Insgesamt ist jeweils abzuwägen, inwieweit eine Verlagerung des Kollisionsrechts in die Zuständigkeitsordnung die kollisionsrechtliche Gerechtigkeit und den Wunsch nach internationaler Entscheidungsgleichheit gefährdet. Ist eine solche Verlagerung ohne nennenswerten Schaden möglich, so bedeutet sie eine willkommene Erleichterung in der Behandlung auslandsrechtlicher Sachverhalte.

§ 8 Völkerrecht

Gegenstand des Völkerrechts sind die gegenseitigen Beziehungen der souveränen Staaten und der übrigen Völkerrechtssubjekte, insbesondere internationaler Organisationen. Dagegen erfaßt das allgemeine Völkerrecht nicht die Verhältnisse zwischen Privatpersonen und grundsätzlich auch nicht das

---

[22] Zu dieser Grundregel, die zu befolgen der Schweizer Gesetzgeber bestrebt war (Botschaft des Bundesrates, BBl. 1983 I 308), siehe oben § 4 II 1 a.

§ 8 I   I. Kapitel: Grundlagen

Internationale Privatrecht, das vornehmlich aus staatlichen Rechtsquellen fließt[1]. Falls inhaltlich bestimmte Sätze des Kollisionsrechts in aller Welt gelten (etwa die Maßgeblichkeit der lex rei sitae für Sachenrechte an Grundstükken, die wenigstens alternative Geltung der lex loci actus für die Form schuldrechtlicher Geschäfte, die grundsätzliche Zulässigkeit der Vereinbarung des maßgebenden Rechts für Verträge des internationalen Handelsverkehrs), so fehlt es zu ihrer Einordnung als Völkergewohnheitsrecht nach heute wohl allgemeiner Meinung an dem Bewußtsein einer Verpflichtung der Staaten, von diesen Regeln nicht zugunsten einer anderen Normierung abzuweichen.

Beachtung verdienen die immer wieder unternommenen Versuche, aus dem Völkerrecht gewisse Schranken für den Inhalt des IPR (und des Internationalen Zivilverfahrensrechts) abzuleiten.

I. Völkerrechtliche Anforderungen an das IPR

Der Völkerrechtler fragt, welcher Staat *berechtigt* ist, durch seine Rechtsordnung und seine Behörden die internationalen Rechtsverhältnisse zu regeln, der Zivilrechtler dagegen, welche Rechtsordnung am *geeignetsten* ist, den Sachverhalt zu regeln. Das allgemeine Völkerrecht sagt also nichts über die kollisionsrechtlich beste Lösung, sondern es liefert nur einen gewissen Kontrollrahmen für das staatliche Kollisionsrecht[2]. So dürfte es dem Völkerrecht widersprechen, wenn ein Staat auf alle Auslandssachverhalte immer nur sein eigenes Recht für anwendbar erklärt und wenn er die Berücksichtigung fremden Rechts willkürlich verweigert. Denn jeder Staat, der einen anderen anerkannt hat, muß auch dessen Rechtsordnung respektieren.

Entsprechend sieht man es im Bereich des Internationalen Zivilverfahrensrechts als völkerrechtlich unzulässig an, wenn ein Staat die Entscheidung aller privatrechtlichen Streitigkeiten mit Außenbeziehung für sich in Anspruch nimmt und die Gerichte eines ausländischen Staates nie für zuständig hält[3].

Die genannten völkerrechtlichen Sätze haben freilich weder im Kollisionsrecht noch im Verfahrensrecht wesentliche Bedeutung erlangt, weil es keinen

---

[1] Näher *Neuhaus*, Der Beitrag des Völkerrechts zum IPR: German Yb. Int. L. 21 (1978) 60. Zu den allgemeinen Rechtsgrundsätzen, insbesondere als Rechtsquelle für Verträge zwischen Privatunternehmen und Staaten, siehe unten § 11 I 3.

[2] Siehe hierzu und zu den Folgen einer etwaigen Völkerrechtsverletzung *Meessen*, Kollisionsrecht als Bestandteil des allgemeinen Völkerrechts – Völkerrechtliches Minimum und kollisionsrechtliches Optimum, in: Internationales Recht und Wirtschaftsordnung, FS Mann (1977) 227.

[3] Von manchen Autoren wird selbst diese äußerste Schranke nicht als Völkerrecht anerkannt; siehe zum Meinungsstand im einzelnen *Kropholler*, in: Hdb. IZVR I Kap. III Rz. 45; vgl. auch *Heini*, Jurisdiktion und Jurisdiktionsgrenzen im IPR: Schw. Jb. Int. R. 41 (1985) 93.

Staat gibt, der immer nur sein Recht für maßgebend oder seine Gerichte für zuständig erklärt.

1. Ob dem Völkergewohnheitsrecht auch *konkrete Einzelvorschriften* für den Inhalt der nationalen Kollisionsrechte (und Zuständigkeitsordnungen) entnommen werden können, ist umstritten. Die meisten bisherigen Versuche haben enttäuscht. Das gilt selbst für die folgende bloß formale Regel: Die Anwendung einer bestimmten Rechtsordnung ist völkerrechtlich geboten, wenn der Sachverhalt nur zu dieser Rechtsordnung Anknüpfungen aufweist, und die Anwendung der eigenen Rechtsordnung ist verboten, wenn der Sachverhalt keine einzige Anknüpfung zum Inland aufweist[4].

Die Regel ist noch zu weit. Das zeigt sich darin, daß manche Staaten – wie *Savigny* es als unvermeidlich ansah[5] – unangefochten auf deliktische und auf Unterhaltsansprüche grundsätzlich die lex fori angewendet haben, auch wenn im maßgebenden Zeitpunkt keine Inlandsbeziehung bestand, sondern erst seither die Zuständigkeit eines inländischen Gerichts begründet worden ist[6].

In neuerer Zeit wird vielfach ein völkerrechtliches Prinzip der „sinnvollen Anknüpfung" behauptet[7]. Danach ist es völkerrechtswidrig, in der Frage des maßgebenden Rechts oder der internationalen Zuständigkeit sinnwidrige Regeln aufzustellen, insbesondere an eine nicht sinnvolle Inlandsbeziehung anzuknüpfen. Diese Formulierung ist gewiß abstrakt und flexibel genug, um vernünftige, dem jeweiligen Sachgebiet adäquate Ergebnisse zu ermöglichen. Es fragt sich nur, ob das allgemeine Völkerrecht wirklich konkrete Antworten auf die Frage nach der nicht mehr sinnvollen Anknüpfung zu jedem Sachgebiet bereithält. Diese Frage ist gegenwärtig beispielsweise im Bereich der internationalen Zuständigkeit zu verneinen, so daß auch sog. exorbitante Zuständigkeiten nicht als völkerrechtswidrig ausgeschaltet werden können[8].

Besonders intensive Bemühungen um die wünschenswerte Konkretisierung völkerrechtlicher Schranken gibt es im Internationalen Wirtschaftsrecht[9], ins-

---

[4] So *Makarov*, Völkerrecht und IPR, in: Mélanges Streit I (Athen 1939) 535 (552f.); *ders.*, in: *Strupp/Schlochauer*, Wörterbuch des Völkerrechts II (1961) 129 (130).

[5] *Savigny* 278–280.

[6] Siehe für Delikte die Nachweise zum früheren englischen und amerikanischen Recht bei *Dicey/Morris* II 1361f. (zu Rule 204), für Alimente den lateinamerikanischen Código Bustamante von 1928 (Art. 68).

[7] Vgl. etwa bereits *F.A. Mann*, Rec. des Cours 111 (1964 – I) 1 (43ff.) = Studies in International Law (1973) 1 (34ff.).

[8] Näher *Kropholler*, in: Hdb. IZVR I Kap. III Rz. 46f., 336.

[9] Vgl. etwa *Meng*, Völkerrechtliche Zulässigkeit und Grenzen wirtschaftsverwaltungsrechtlicher Hoheitsakte mit Auslandswirkung: ZaöRV 44 (1984) 675; *Engel*, Die Bedeutung des Völkerrechts für die Anwendung in- und ausländischen Wirtschaftsrechts: RabelsZ 52 (1988) 271; *Veelken*, Interessenabwägung im Wirtschaftskollisionsrecht (1988) 114f.

§ 8 I I. Kapitel: Grundlagen

besondere im Kartellrecht[10]. Vor allem in den Vereinigten Staaten versucht man, einzelne Regeln des Wirtschaftskollisionsrechts auch völkerrechtlich zu begründen[11].

2. Der sog. *völkerrechtliche ordre public* besitzt für das IPR keine herausragende Bedeutung. Eine aus dem Völkerrecht folgende Pflicht, fremde Gesetze im Inland nicht anzuwenden bzw. fremde Entscheidungen nicht anzuerkennen, kann nämlich nur bei schwersten Völkerrechtsverstößen angenommen werden. Lediglich das zwingende Völkerrecht *(ius cogens)*, dessen Verletzung zur Nichtigkeit von Staatsverträgen führt[12], enthält auch eine Verpflichtung für die Gerichte und Behörden aller Staaten, den Auswirkungen eines Verstoßes im Inland keine Wirkung zu verleihen[13]. Diese Funktion fundamentaler völkerrechtlicher Grundsätze meint man heute überwiegend, wenn vom völkerrechtlichen ordre public die Rede ist[14]. Ein daraus folgendes Anwendungsverbot fremder Gesetze ist nach Art. 25 GG unmittelbar wirksam, ohne daß – wie für Art. 6 EGBGB – ein Inlandsbezug erforderlich wäre[15].

Indes ist die praktische Bedeutung dieses Vorbehalts für das Kollisionsrecht gering, weil das ius cogens, das seinen Vorrang aus allgemeiner Anerkennung herleitet[16], nur einen bei der Behandlung privatrechtlicher Auslandsfälle selten einschlägigen Mindeststandard setzt[17]. Alle Völkerrechtsverstöße können aber im Rahmen des *nationalen ordre public* zu beachten sein (dazu unten § 36 III 2).

---

[10] Siehe hierzu mit eingehender Diskussion der theoretischen Grundlegung *Meessen*, Völkerrechtliche Grundsätze des Internationalen Kartellrechts (1975); *ders.*, Zu den Grundlagen des internationalen Wirtschaftsrechts: ArchöffR 110 (1985) 398; *Immenga/Mestmäcker (-Rehbinder)*, GWB (1981) § 98 Abs. 2 Rz. 17 ff. Aus der deutschen Gerichtspraxis KG 1. 7. 1983, WuW 1984, 233, 700 Aufsatz *Kunig* = DB 1984, 231, 597 Aufsatz *Ebenroth* = WM 1984, 1195 = IPRspr. 1985 Nr. 124b.

[11] Vgl. §§ 402 ff. Restatement³, Foreign Relations Law of the United States (1987).

[12] Siehe Art. 53 der Wiener Konvention über das Recht der Verträge vom 23. 5. 1969; *Verdross/Simma*, Universelles Völkerrecht³ (1984) §§ 524 ff. m. w. Nachw.

[13] *Verdross/Simma* (vorige Note) § 529 a. E.; *Schütz*, Der internationale ordre public (1984) 21 ff.; weitergehend *Dahm*, Zum Problem der Anerkennung im Inland durchgeführter völkerrechtswidriger Enteignungen im Ausland: FS Kraus (1964) 67 (86); *Jaenicke*, Zur Frage des internationalen Ordre public: BerDGesVölkR 7 (1967) 77 (122).

[14] Siehe etwa *Jaenicke* (vorige Note) 84 ff., 122; *Meessen* (oben N. 2) 236; vgl. auch *Schütz* (vorige Note) 12 f. Anders *Pentzlin*, Der universelle ordre public im Wirtschaftsrecht als ein Ordnungsprinzip des innerstaatlichen Rechts (1985) 33 f.: Beschränkung des völkerrechtlichen ordre public auf die rein völkerrechtliche Bedeutung des ius cogens (Begrenzung völkerrechtlicher Vertragsfreiheit).

[15] *Schütz* (vorletzte Note) 24 f.; *Dahm* (vorletzte Note) 88 f.

[16] Dazu etwa *Jaenicke* (oben N. 13) 88 ff.

[17] *Schütz* (oben N. 13) 24, 44 ff.; *Meessen* (oben N. 2) 236; *Wiethölter*, Zur Frage des internationalen Ordre public: BerDGesVölkR 7 (1967) 172.

II. Autonomie der kollisionsrechtlichen Begriffe

Teilweise begegnen uns im IPR dieselben Begriffe wie im Völkerrecht. Indes sind die völkerrechtlichen Begriffsinhalte nicht ohne weiteres auf das IPR zu übertragen.

1. Wenn das IPR an den *„Staat"* der Belegenheit, des Handlungsortes usw. anknüpft, kommt es nicht auf den Anspruch an, als Staat im Sinne des Völkerrechts zu gelten, sondern es genügt, daß es sich um ein Gebiet mit einer einheitlichen Rechtsordnung handelt[18]. Ebensowenig ist die völkerrechtliche Anerkennung des ausländischen Staates und seiner Regierung durch den Forumstaat Voraussetzung für die Anwendung des ausländischen Rechts[19]. Denn die Anerkennung des Staates und seiner Regierung (wie die Aufnahme diplomatischer Beziehungen) wird primär von außenpolitischen Erwägungen bestimmt, besagt aber nichts über die Existenz einer tatsächlich wirksamen Rechtsordnung in diesem Staat.

2. Dementsprechend ist als das anzuwendende *„Recht"* eines Staates im Rahmen des IPR grundsätzlich alles in diesem Lande faktisch geltende, d.h. gegenüber den Normadressaten wirksam durchgesetzte Recht anzusehen. Auch das Recht eines nicht anerkannten Staates oder einer völkerrechtlich nicht anerkannten Bürgerkriegspartei, desgleichen Besatzungsrecht, für dessen Inhalt der besetzte Staat völkerrechtlich nicht haftet, gilt für das IPR als Recht, wenn sich die beteiligten Personen im maßgebenden Zeitpunkt tatsächlich nach ihm zu richten hatten[20]. Sogar völkerrechtswidrig gesetztes fremdes

---

[18] Treffend sagt das amerikanische Restatement² in seinem § 3: „As used in the Restatement of this Subject, the word ‚state' denotes a territorial unit with a distinct general body of law"; und der Comment bringt dazu als Beispiel (unter c am Ende): „The United Kingdom is a state in the political sense. In the sense here used, however, England, Scotland and Northern Ireland are separate states." Ebenso für das Schuldvertragsrecht Art. 35 II EGBGB (Art. 19 I EuSchVÜ).

[19] Siehe dazu ausführlich und differenzierend *Verhoeven*, Relations internationales de droit privé en l'absence de reconnaissance d'un Etat, d'un gouvernement ou d'une situation: Rec. des Cours 192 (1985 – III) 9 (108 ff.). Vgl. auch bereits KG 2.5.1932, IPRspr. 1932 Nr. 21: „Die völkerrechtliche Anerkennung der Sowjetrepublik ist für die Wirksamkeit einer nach den dortigen Formvorschriften geschlossenen Ehe bedeutungslos."

[20] Im gleichen Sinne Union Internationale des Magistrats, 1. Kommission 17.6.1972: Ned. T. Int. R. 19 (1972) 82f. Im Ergebnis ebenso, wenn auch unter allerlei Windungen, die englische Praxis. In *Carl Zeiss Stiftung* v. *Rayner & Keeler, Ltd. (No. 2)*, [1967] 1 A.C. 853, 900–907, wurden Akte der nicht anerkannten DDR in der Weise respektiert, daß sie der als Besatzungsmacht de iure anerkannten Sowjetunion zugerechnet wurden. Direkter erklärt Lord *Denning*, M.R., in *Hesperides Hotels* v. *Aegean Holidays, Ltd.*, [1978] 1 Q.B. 205, 218 (C.A.), unter Anführung widerstreitender Autoritäten, „that the courts of this country can recognise the laws or acts of a body which is in effective control of a territory even though it has not been recognised by Her Majesty's Government de jure or de facto". Siehe dazu *Leslie*,

Recht – z. B. Besatzungsrecht, für dessen Erlaß keine Kriegsnotwendigkeit bestand[21], oder autonom gesetztes, aber inhaltlich völkerrechtswidriges Recht – wird das Gericht in der Regel anzuwenden haben, wenn die Betroffenen sich diesem Recht nicht entziehen konnten[22]. Vorbehalten bleibt freilich immer der nationale ordre public des Forumstaates.

Das für das ausländische Recht Gesagte gilt für die Anerkennung ausländischer Urteile entsprechend. Denn die Verweigerung der völkerrechtlichen Anerkennung besagt nichts über das Funktionieren der Zivilrechtspflege in dem fremden Land[23].

3. Auch die *Staatsangehörigkeit* als kollisionsrechtliches Anknüpfungsmoment muß nicht immer mit dem entsprechenden völkerrechtlichen Begriff zusammenfallen. So darf der Zivilrichter in Kriegs- und sonstigen Übergangszeiten, ohne die Klärung der einschlägigen völkerrechtlichen Fragen abzuwarten, unter Umständen die offenbare Zugehörigkeit eines Menschen zu einem umstrittenen Gebiet für Zwecke des IPR einer Staatsangehörigkeit gleichstellen[24]. Sodann ist die vom Internationalen Gerichtshof im Fall *Nottebohm* aufgestellte Regel, daß die Verleihung der Staatsangehörigkeit eine „effektive Verbindung"[25] zu dem betreffenden Staat voraussetzt, im IPR nicht bedeutsam geworden[26].

Insgesamt ist der Beitrag des Völkergewohnheitsrechts zum IPR sicher geringer als der des vertraglichen Völkerrechts, dem wir uns im folgenden Paragraphen zuwenden.

Unrecognised Governments in the Conflict of Laws – Lord Denning's Contribution: CILSA 14 (1981) 165.

[21] Vgl. BGH 26. 9. 1966, IPRspr. 1966–67 Nr. 14 sub 2.

[22] Vgl. im einzelnen *Wengler* I 287 ff., der auch Fälle bildet, in denen der Richter die Anwendung des völkerrechtswidrig gesetzten Rechts ablehnen sollte.

[23] Treffende Ausführungen über den Unterschied von zivilprozessualer und völkerrechtlicher „Anerkennung" macht OLG Schleswig 22. 1. 1957, IPRspr. 1956–57 Nr. 202. Siehe ferner *Martiny*, in: Hdb. IZVR III/1 Rz. 535 f.

[24] Für Beispiele aus dem zweiten Weltkrieg und der Zeit danach siehe *Neuhaus*, Die Grundbegriffe des IPR (1962) 141 f. Vgl. ferner *Staudinger-Gamillscheg* [10/11] (1972) § 606 b ZPO Rz. 162.

[25] IGH 6. 4. 1955, I.C.J. Rep. 1955, 4 (23): „rattachement effectif" („genuine connection").

[26] Das Effektivitätsprinzip im IPR, das beispielsweise bei Mehrstaatern ohne deutsche Staatsangehörigkeit zum Zuge kommt (vgl. unten § 37 II 1 a), liegt auf einer anderen Ebene; siehe *Sonnenberger/Mangoldt*, Anerkennung der Staatsangehörigkeit und effektive Staatsangehörigkeit natürlicher Personen im Völkerrecht und im IPR: BerDGesVölkR 29 (1988); *Mansel*, Personalstatut, Staatsangehörigkeit und Effektivität (1988) 141 ff.

§ 9 Kollisionsrechtliche Staatsverträge

Die internationalen Abkommen, durch welche die beteiligten Staaten sich zur Einführung bestimmter einheitlicher Normen des IPR und des Internationalen Verfahrensrechts verpflichten, haben an Zahl und Bedeutung seit dem zweiten Weltkrieg besonders in Westeuropa derart zugenommen, daß sie auf manchen Rechtsgebieten häufiger zur Anwendung kommen als die entsprechenden nationalen Normen[1]. Im Einzelfall ist vor Anwendung einer nationalen („autonomen") Kollisionsnorm immer erst zu prüfen, ob nicht ein Staatsvertrag maßgebend ist. Der Staatsvertrag geht vor, auch wenn er älteren Datums ist als die einschlägige Vorschrift des EGBGB (Art. 3 II 1 EGBGB). Das läßt sich mit seiner Eigenschaft als Spezialregelung rechtfertigen[2]. Der Vorrang besteht deshalb auch außerhalb des Anwendungsbereichs von Art. 3 II EGBGB, also namentlich im Internationalen Zivilverfahrensrecht.

Am bedeutsamsten sind die von der Haager Konferenz für Internationales Privatrecht ausgearbeiteten Konventionen. Aber auch andere Organisationen haben einzelne Fragen des IPR und benachbarter Gebiete einer einheitlichen Regelung zugeführt, so der Völkerbund das Wechsel- und Scheckrecht und die Vereinten Nationen einzelne Fragen der Schiedsgerichtsbarkeit. Hinzu kommen – in Europa und in Lateinamerika – zahlreiche regional angelegte Staatsverträge.

Im folgenden wird ein erster Überblick gegeben. Auf die für die Bundesrepublik wichtigsten Verträge ist im VII. Kapitel bei der Darstellung der einzelnen Rechtsgebiete zurückzukommen[3].

I. Haager Konferenz für IPR

Die Vorgeschichte der Haager Konferenz reicht bis in die Mitte des 19. Jahrhunderts zurück. Zunächst hatte der Rechtslehrer und Staatsmann *Mancini* über die italienische Regierung zweimal (1874 und 1881) vergeblich versucht, eine internationale Konferenz über die Vereinheitlichung des IPR zustandezubringen. Später gelang es dann dem niederländischen Staatsrat *Asser*, die

---

[1] Einen umfassenden historischen Überblick bringt *Nadelmann*, Multilateral Conventions in the Conflicts Field: An Historical Sketch: Ned. T. Int. R. 19 (1972) 107. Abrißartig *ders.*, Conflicts Between Regional and International Work on Unification of Rules of Choice of Law: Harv. Int. L. J. 15 (1974) 213 (sowie – leicht abgewandelt – in Rev. dr. un. 1974 I 44). – Siehe ferner *von Bar* I § 3 II.
[2] Vgl. BegrRegE, BT-Drucks. 10/504, 36. Bei Kollisionen zwischen autonomem Recht und einem jüngeren Staatsvertrag folgt der Vorrang des Vertrages schon aus der Regel „lex posterior derogat legi priori".
[3] Texte und Angaben zum Ratifikationsstand bei *Jayme/Hausmann*.

§ 9 I I. Kapitel: Grundlagen

niederländische Regierung zur Einberufung von Staatenkonferenzen zu veranlassen[4].

Die ersten vier Tagungen fanden in den Jahren 1893, 1894, 1900 und 1904 in Den Haag unter Beteiligung von etwa 15 kontinentaleuropäischen Staaten statt, unter ihnen das Deutsche Reich[5]. Auf der vierten Session war Japan als erster außereuropäischer Staat vertreten[6]. In dieser ersten Blütezeit der Konferenz wurde zwar keine umfassende staatsvertragliche Regelung des IPR erreicht, wie sie *Asser* vorgeschwebt hatte, aber es wurden immerhin fünf Abkommen auf dem Gebiet des Familienrechts (Eheschließung, Ehewirkungen, Ehescheidung, Entmündigung und Vormundschaft) sowie ein Zivilprozeßabkommen erarbeitet und von einer beachtlichen Zahl der europäischen Mitgliedstaaten ratifiziert.

Heute hat die Bedeutung der frühen Haager Konventionen erheblich abgenommen. Teilweise wurden sie durch neuere Haager Übereinkommen überlagert, teilweise von den Vertragsstaaten aufgekündigt oder nach den Weltkriegen zwischen den Feindstaaten nicht wieder angewandt[7].

Nach dem ersten Weltkrieg folgte fast ein halbes Jahrhundert der Enttäuschung, bedingt durch die allgemeine Ernüchterung nach dem Kriege, durch *Assers* Engagement in der materiellen (Wechsel- und Scheck-)Rechtsvereinheitlichung und durch die Krise des Staatsangehörigkeitsprinzips (vgl. unten § 38), auf dem die ersten Haager Konventionen aufgebaut hatten. Die beiden einzigen in dieser Zeit abgehaltenen Sessionen der Jahre 1925 und 1928 verliefen erfolglos; die dort erarbeiteten Entwürfe auf den Gebiet des Erb-, Konkurs- und Prozeßrechts sind nie in Kraft getreten.

[4] „Dans un entretien devenu célèbre avec le nouveau premier ministre *van Tienhoven* en août 1891, dans le jardin de sa ville au Oude Scheveningsche Weg (tout près de l'actuel Palais de la Paix), il a proposé la convocation d'une conférence de droit international privé en Hollande. L'année suivante les invitations furent remises aux Gouvernements européens"; *Offerhaus*, Schw. Jb. Int. R. 16 (1959) 28f.

[5] Über jede Tagung unterrichten umfängliche Materialien, „Actes et Documents", in denen man die Abkommenstexte, die wichtigsten vorbereitenden Dokumente, die Diskussionsbeiträge der Tagungsteilnehmer sowie zu jedem Übereinkommen einen erläuternden Bericht aus der Feder eines von der Konferenz bestellten Berichterstatters findet. Außerdem ist in den „Actes et Documents" eine Bibliographie zur Haager Konferenz im allgemeinen sowie zu ihren einzelnen Tagungen und Konventionen enthalten. Eine eingehende Würdigung der Arbeiten der Konferenz bietet *van Hoogstraten*, Rec. des Cours 122 (1967 – III) 397ff.

[6] Dazu *Hans Arnold*, Japan und die Haager Konferenz für IPR: JZ 1971, 19. Japan hat aber erst in jüngerer Zeit eine Reihe von neueren Übereinkommen ratifiziert.

[7] Siehe zum Einfluß des Krieges auf Staatsverträge etwa *Soergel-Kegel* Vor Art. 7 Rz. 37ff. Auch wenn man der sog. Differenzierungstheorie folgt, wonach reine Rechtsanwendungsverträge nach einer kriegsbedingten Suspension weiterlaufen sollten, muß man heute zur Kenntnis nehmen, daß die Praxis sie insbesondere im Verhältnis zu den sozialistischen Staaten mangels einer Wiederanwendungserklärung nicht mehr anwendet, so daß sie durch desuetudo hinfällig geworden sind.

Erst nach dem zweiten Weltkrieg bekam die Konferenz wieder Auftrieb und erlebte mit ihren sog. „neuen" Haager Konventionen ihre zweite Blütezeit[8]. Bereits im Jahre 1951 wurde die 7. Tagung abgehalten und eine Satzung der Konferenz beschlossen, mit der ihre Mitglieder den ständigen Charakter der Institution unterstreichen wollten[9]. Die Konferenz erhielt einen universalen Charakter[10]. Ihr gehören jetzt über 30 Staaten an, unter ihnen neben einigen sozialistischen Ländern nun auch die wichtigsten Staaten des Common Law, nämlich Großbritannien[11], die Vereinigten Staaten[12], Kanada und Australien, sowie mehrere lateinamerikanische Staaten. Im Jahre 1980 wurde beschlossen, daß bei geeigneten Materien, wie dem Handelsrecht, künftig auch Nichtmitgliedstaaten an den Haager Arbeiten teilnehmen dürfen[13]. Diese Neuerung erfuhr ihre erste Bewährungsprobe bei der im Jahre 1985 durchgeführten Revision des Haager Kaufrechtsübereinkommens von 1955, zu der insbesondere zahlreiche sozialistische Staaten und Entwicklungsländer eingeladen waren.

Seit 1956 fand zunächst regelmäßig alle vier Jahre eine Tagung statt. Auf diesen Tagungen wurden im allgemeinen jeweils drei Konventionen über spezielle Rechtsgebiete des IPR und des Internationalen Verfahrensrechts fertiggestellt. Bei einer derartigen Produktivität verwundert es nicht, daß bei weitem nicht alle Übereinkommen erfolgreich waren und daß die Haager Konferenz sich allmählich schwertut, neue Themen zu finden, bei denen eine Kollisionsrechtsvereinheitlichung lohnend erscheint. Auf der 15. Tagung im Jahre 1984 und auf der 16. im Jahre 1988 wurde jeweils nur noch ein Abkommen erarbeitet – über den trust und über das Erbrecht. Bisweilen wird eine außerordentliche Tagung eingeschoben, so für die Revision des Kauf-IPR von 1955 im Jahre 1985. Auf der 17. Tagung soll ein neues Adoptionsabkommen geschaffen werden, und zwar im Jahre 1993 – genau hundert Jahre nach der ersten Tagung der Haager Konferenz.

Es entspricht einer Übung der Konferenz, die Abkommensentwürfe nicht sofort zur Unterzeichnung durch die Mitgliedstaaten aufzulegen, sondern zunächst das Interesse der Teilnehmerstaaten abzuwarten. Mit der ersten Unterzeichnung wird der Entwurf zum Abkommen und erhält sein Datum, so daß die

---

[8] Siehe den Bericht von *Droz*, Rec. des Cours 168 (1980 – III) 135 ff.; ferner *Pirrung*, Die Haager Konferenz für IPR: FS Ferid (1988) 339.
[9] Diese Satzung vom 31. 10. 1951 findet sich im BGBl. 1959 II 981.
[10] Vgl. *Jessurun d'Oliveira*, Universalisme ou régionalisme de la Conférence de La Haye: Rev. crit. 55 (1966) 347.
[11] *Van Hoogstraten*, The United Kingdom Joins an Uncommon Market: The Hague Conference on P.I.L.: Int. Comp. L. Q. 12 (1963) 148.
[12] Siehe *Nadelmann*, The United States Joins the Hague Conference on P.I.L.: L. Contemp. Probl. 30 (1965) 291 = Conflict of Laws: International and Interstate, Selected Essays (The Hague 1972) 99.
[13] Siehe die Schlußakte in Actes et Doc. 14 I (1982) 63.

§ 9 II   I. Kapitel: Grundlagen

Haager Konventionen meist ein späteres Datum als das der Session tragen, auf der sie erarbeitet wurden. Wie fast alle Abkommen zur Privatrechtsvereinheitlichung bedürfen auch die Haager Konventionen nach der Zeichnung noch der Ratifikation, um in Kraft zu treten. Schaut man auf den Ratifikationsstand der neuen Haager Konventionen[14], so zeigt sich, daß für die eigentlich kollisionsrechtlichen Übereinkommen der Schwerpunkt nach wie vor in Kontinentaleuropa liegt, während sich Staaten aus anderen Regionen – seien sie Mitgliedstaaten der Konferenz oder Drittstaaten – in größerem Umfang bislang nur an einzelnen das Verfahrensrecht oder die Form betreffenden Übereinkommen beteiligt haben[15].

Zu einer Revision der letztgenannten Übereinkommen werden – in Übereinstimmung mit der Wiener Vertragsrechtskonvention von 1969 – auch die beteiligten Drittstaaten eingeladen. Beispielsweise beteiligte sich die Sowjetunion an der Ausarbeitung des Übereinkommens über die Erleichterung des internationalen Zugangs zu den Gerichten von 1980, das im Verhältnis der Vertragsstaaten zueinander einen Teil des Haager Zivilprozeßübereinkommens von 1954 ersetzt.

Für die Bundesrepublik Deutschland liegen die praktisch wichtigsten neuen Haager Übereinkommen – außer im Zivilprozeßrecht – auf dem Gebiet des Unterhalts- und Kindschaftsrechts. Zu nennen sind das Unterhaltsübereinkommen von 1956 und das Unterhaltsvollstreckungsübereinkommen von 1958, beide neu gefaßt im Jahre 1973, das Minderjährigenschutzabkommen von 1961 und das Kindesentführungsabkommen von 1980, das ebenfalls ratifiziert werden soll. In anderen europäischen Staaten sind auch einige schuldrechtliche Konventionen bedeutsam geworden, insbesondere das Kaufrechtsübereinkommen von 1955 und die Straßenverkehrsunfallkonvention von 1971.

II. Westeuropäische Vereinheitlichung des IPR

Unter den regional auf Westeuropa zielenden Staatsverträgen auf dem Gebiet des IPR und des Internationalen Verfahrensrechts wurden die für Deutschland wichtigsten Übereinkommen im Rahmen der Europäischen Gemeinschaft, des Europarates und der Internationalen Kommission für das Zivilstandswesen geschaffen.

---

[14] Darüber berichtet jährlich detailliert die Revue critique und in Kurzform IPRax. Eine jährliche Übersicht über den Ratifikationsstand aller von der Bundesrepublik Deutschland angenommenen Staatsverträge bringt der Fundstellennachweis B, Beilage zum BGBl. II.

[15] Zu nennen sind etwa das Haager Zivilprozeßübereinkommen von 1954 sowie das Legalisations- und das Testamentsformübereinkommen von 1961.

1. Im Rahmen der *Europäischen Gemeinschaft* (EG) wurde zunächst das praktisch höchst bedeutsame EG-Gerichtsstands- und Vollstreckungsübereinkommen (EuGVÜ) von 1968 geschlossen (näher unten § 56 III 2 a). Später wurde dieses zivilprozessuale Übereinkommen ergänzt durch das kollisionsrechtliche EG-Schuldvertragsübereinkommen (EuSchVÜ) von 1980, das vom deutschen Gesetzgeber in Artt. 27–37 EGBGB eingearbeitet wurde (näher unten § 52 I 2). Im Vergleich zu anderen kollisionsrechtlichen Staatsverträgen ist das EG-Schuldvertragsübereinkommen deshalb besonders wichtig, weil es nicht nur einen speziellen Fragenkreis abdeckt, sondern die grundlegenden Kollisionsnormen für nahezu alle Vertragstypen (Ausnahmen: Art. 37 EGBGB) enthält.

2. Unter den Übereinkommen des *Europarats*, der die Vereinheitlichung des Kollisionsrechts grundsätzlich der Haager Konferenz überlassen hat, ragt das Übereinkommen betreffend Auskünfte über ausländisches Recht von 1968 heraus, das dem Richter, der auf eine Entscheidung fremdes Recht anwenden muß, seine Aufgabe erheblich erleichtern kann (siehe unten § 59 III 2 b). Künftig könnten in der Bundesrepublik auch das Europäische Sorgerechtsübereinkommen von 1980 (dazu unten § 48 II 2) und das Europäische Übereinkommen über die Staatenimmunität von 1972 (dazu unten § 57 I 3 d) bedeutsam werden.

3. Die *Internationale Kommission für das Zivilstandswesen* (Commission Internationale de l'Etat Civil, CIEC), der gegenwärtig 12 westeuropäische Staaten angehören, hat vor allem durch eine Reihe mehr technischer, personenstandsrechtlicher Abkommen praktische Bedeutung gewonnen[16]. In die „Höhen" des Internationalen Privat- und Verfahrensrechts hat sie sich nur selten erhoben[17]. Einige Übereinkommen überschreiten indes den personenstandsrechtlichen Bereich und wenden sich dem IPR zu; so die von der Bundesrepublik ratifizierte Konvention Nr. 7 zur Erleichterung der Eheschließung im Ausland von 1964 oder die beispielsweise in Österreich geltenden Übereinkommen Nr. 11 über die Anerkennung von Entscheidungen in Ehesachen von 1967 und Nr. 12 über die Legitimation durch nachfolgende Ehe von 1970. Die CIEC hat mit diesen Übereinkommen auf einem kleinen Teilgebiet die frühere Funktion der Haager Konferenz übernommen, als diese sich noch im wesentlichen auf Kontinentaleuropa beschränkte.

---

[16] Siehe zu dieser Organisation *Simitis*, Die Internationale Kommission für Zivilstandswesen (C.I.E.C.): RabelsZ 33 (1969) 30. Über die Arbeit der CIEC wird laufend in den Zeitschriften StAZ und ZZivilstandsW berichtet.
[17] So die Formulierung von *Schwind*, Multilaterale Abkommen und Empfehlungen auf dem Gebiet des IPR: ZfRV 22 (1981) 259 (262).

III. Sonstige regionale Vereinheitlichung des IPR

Auch in den skandinavischen Ländern und in Lateinamerika bemüht man sich seit langem um eine regionale Rechtsvereinheitlichung.

1. Die *nordischen Staaten*, die für ihre Rechtsvereinheitlichung im materiellen Recht ein besonderes Verfahren der gesetzgeberischen Zusammenarbeit pflegen[18], folgten im Internationalen Privat- und Verfahrensrecht aus Gründen der Rechtssicherheit der traditionellen Konventionstechnik. Die wichtigsten Konventionen entstanden zu Anfang der dreißiger Jahre. Zwei Übereinkommen betreffen das Internationale Privatrecht: eines von 1931 das Ehe-, Adoptions- und Vormundschaftsrecht (zuletzt geändert 1973), das andere von 1934 die Erbschaft und Nachlaßteilung. Hinzu kommen vier verfahrensrechtliche Abkommen: über die Beitreibung von Unterhaltsleistungen von 1931, abgelöst durch eine neuere Konvention von 1962, über die Anerkennung und Vollstreckung von Zivilurteilen von 1932, abgelöst durch ein Übereinkommen von 1977, über den Konkurs von 1933 sowie über die gegenseitige Rechtshilfe von 1974[19]. Da die nordischen Konventionen nur das Verhältnis der Vertragsstaaten untereinander betreffen, hindern sie die nordischen Länder nicht, sich an einer Vereinheitlichung mit räumlich weiterem Anwendungsbereich zu beteiligen.

2. In *Lateinamerika* erreichte die Vereinheitlichung des Internationalen Privat- und Verfahrensrechts durch Staatsverträge bislang drei verschiedene Höhepunkte. Gemeinsam ist allen Verträgen, daß sie nur im Verhältnis zwischen den Vertragsstaaten zueinander gelten und daß sie nur ein Teilstück aus umfassenderen Vereinheitlichungsbemühungen für Südamerika bzw. Panamerika bilden.

a) Die *Verträge von Montevideo* von 1889 bilden nach dem Vertrag von Lima, der praktisch keine Bedeutung erlangt hat, den ersten Markstein in der lateinamerikanischen Kodifikationsbewegung. Unter den acht Verträgen, die zwischen den La-Plata-Staaten Argentinien, Paraguay und Uruguay sowie Bolivien und Peru in Kraft traten, befinden sich drei über Internationales Privat-, Handels- und Prozeßrecht, denen auch Kolumbien später beitrat. Der kollisionsrechtliche Vertrag beruht auf dem Domizilprinzip, das von vielen südamerikanischen Staaten abgelehnt wird, die dementsprechend fernblieben.

Anläßlich des 50jährigen Jubiläums der Verträge wurden sie auf einem Kongreß in Montevideo revidiert. Die vier neuen Verträge über Internationa-

---

[18] Siehe *Kropholler*, Internationales Einheitsrecht (1975) 109 ff.

[19] Eingehend zu den älteren Konventionen *Philip*, The Scandinavian Conventions on P. I. L.: Rec. des Cours 96 (1959 – I) 241. Vgl. auch die Berichte in RabelsZ 7 (1933) 458 ff., 8 (1934) 627 ff. und 9 (1935) 266 ff., 513 ff.

les Privat-, Handels-, Schiffahrts- und Prozeßrecht von 1940 sind nur zwischen den drei La-Plata-Staaten in Kraft getreten.

b) Der *Código Bustamante* vom 13. 2. 1928 ist das bekannteste Ergebnis der Kollisionsrechtsvereinheitlichung in Lateinamerika[20]. Es ist weltweit der einzige Staatsvertrag, der – in 437 Artikeln – das Internationale Privat-, Handels-, Verfahrens- und Strafrecht fast vollständig regelt. Er wurde auf der sechsten panamerikanischen Konferenz in Havanna beschlossen und ist die Frucht der Bemühungen des kubanischen Rechtslehrers *Bustamante*, dessen Namen er offiziell trägt. Nahezu alle lateinamerikanischen Staaten mit Ausnahme der La-Plata-Staaten haben den Vertrag ratifiziert.

Dennoch ist die praktische Bedeutung des Código Bustamante für das IPR Lateinamerikas hinter den Erwartungen zurückgeblieben. Das liegt zum einen daran, daß er allein im Verhältnis der Vertragsstaaten zueinander gilt, zwischen denen kollisionsrechtliche Fälle nicht immer häufig sind. Außerdem haben viele Vertragsstaaten nur unter weitreichenden Vorbehalten ratifiziert. So dient der Código in manchen Staaten öfter als subsidiäre Rechtsquelle zur Ergänzung des lückenhaften nationalen IPR als innerhalb seines eigentlichen räumlichen Geltungsbereichs. Zum anderen leidet die Qualität der Kollisionsnormen an ihrem Kompromißcharakter. Insbesondere ist mißlich, daß der Código die Anknüpfung des Personalstatuts nicht einheitlich festlegt, sondern sie den einzelnen Vertragsstaaten überläßt (Art. 7). Dies hat dazu beigetragen, daß sich die internationalverfahrensrechtlichen Bestimmungen des Código als durchschlagender erwiesen haben als die kollisionsrechtlichen.

c) Die *neuen interamerikanischen Konventionen*, die seit 1975 unter den Auspizien der Organisation der Amerikanischen Staaten (OAS) auf Spezialkonferenzen für IPR erarbeitet werden, bilden den vorläufig letzten Höhepunkt der lateinamerikanischen Kollisionsrechtsvereinheitlichung. Nachdem der Traum, die umfassenden Vertragswerke von Montevideo und Havanna in einem Zuge zu verschmelzen und zu erneuern, sich als undurchführbar erwiesen hat, ist man – wie bei der Haager Konferenz für IPR – zu einer schrittweisen Vereinheitlichung übergegangen.

Die ersten vier interamerikanischen IPR-Spezialkonferenzen, die 1975 in Panama, 1979 in Montevideo, 1984 in La Paz und 1989 wiederum in Montevideo stattfanden, waren mit insgesamt 21 Vertragstexten ungewöhnlich produktiv[21]. Die Themen der Konventionen kommen dem Europäer größtenteils bekannt vor; denn sie erinnern ihn an entsprechende Übereinkommen, die in

---

[20] Über den Código Bustamante und die gesamte Geschichte der interamerikanischen Kodifikationen unterrichtet umfassend *Samtleben*, IPR in Lateinamerika (1979).
[21] Über die beiden ersten Konferenzen und ihre Ergebnisse berichtet eingehend *Samtleben*, RabelsZ 44 (1980) 257 ff.; vgl. ferner *Parra-Aranguren*, Rec. des Cours 164 (1979 – III) 55 ff.; *Villela*, Rev. crit. 73 (1984) 233 ff.

Europa geschlossen wurden. Dabei liegt der Schwerpunkt bislang im Internationalen Verfahrens- und Handelsrecht, aber auch Teile des Internationalen Familienrechts sind geregelt[22]. Originell ist die Konvention von Montevideo aus dem Jahre 1979 über Allgemeine Regeln des IPR[23]. Sie hat in Europa kein vergleichbares Vorbild oder Gegenstück. Ihre praktische Bedeutung dürfte freilich gering bleiben, da sie den Renvoi nicht regelt und viele Fragen offenläßt.

Die neuen Konventionen, welche die Verträge von Montevideo und den Código Bustamante nach und nach überlagern und ersetzen sollen, scheinen dieses Ziel erreichen zu können, auch wenn die Konventionenkonflikte oft nicht klar gelöst sind. Jedenfalls sind die meisten neuen Verträge bereits von mehreren lateinamerikanischen Staaten ratifiziert worden und in Kraft getreten. Einen Brückenschlag zu den Vereinigten Staaten von Amerika freilich, der schon dem Código Bustamante nicht gelungen war, kann man bei realistischer Sicht höchstens in Randgebieten erhoffen. Wie sollten die Vereinigten Staaten sich auch in größerem Umfang an einer internationalen Vereinheitlichung des Internationalen Privat- und Verfahrensrechts beteiligen, solange sie nicht einmal das Bedürfnis verspüren, diese Gebiete innerhalb ihrer eigenen Gliedstaaten einer einheitlichen Regelung zuzuführen?

IV. Typen von Staatsverträgen

Je nach ihrer Ausgestaltung ergeben sich verschiedene Typen von Staatsverträgen[24]. Im einzelnen findet man folgende Unterscheidungen.

1. Nach der *Zahl der Vertragspartner* sind bilaterale (zweiseitige) und multilaterale (mehrseitige) Verträge zu unterscheiden[25].

---

[22] Die Konventionen von Panama betreffen Wechselkollisionsrecht, Scheckkollisionsrecht, Internationale Handelsschiedsgerichtsbarkeit, Rechtshilfeersuchen, Beweiserhebung im Ausland und Anwaltsvollmachten fürs Ausland, die Konventionen von Montevideo (1979) Allgemeine Regeln des IPR, den Wohnsitz natürlicher Personen im IPR, Kollisionsrecht der Handelsgesellschaften, nochmals Scheckkollisionsrecht und Rechtshilfeersuchen, Nachweis ausländischen Rechts, Anerkennung ausländischer Urteile und Schiedssprüche sowie Vollstreckung sichernder Maßnahmen, die Konventionen von La Paz Adoption, juristische Personen, internationale Zuständigkeit und nochmals Beweiserhebung im Ausland, die Konventionen von Montevideo (1989) die Rückführung von Minderjährigen, die Unterhaltsverpflichtungen und den Gütertransport auf Straßen.

[23] Näheres zu dieser Konvention und den in den anderen Konventionen enthaltenen allgemeinen Regeln des IPR *Neuhaus*, ZfRV 23 (1982) 287 ff.; ferner *de Maekelt*, Rec. des Cours 177 (1982 – IV) 193 ff.

[24] Näher zur Typologie *Kropholler* (oben N. 18) 98–104.

[25] Im amtlichen Sprachgebrauch der Bundesrepublik Deutschland werden in jüngerer Zeit nur die ersteren als „Abkommen", die letzteren als „Übereinkommen" bezeichnet. Für den täglichen Gebrauch ist das zweite Wort jedoch – besonders in Zusammensetzungen – etwas schwerfällig, und bei der Zitierung älterer Verträge hält man sich besser an die eingebürgerten

§ 9 Kollisionsrechtliche Staatsverträge § 9 IV

„*Convention double*" bedeutet dagegen etwas anderes, nämlich ein Abkommen, das die internationale Zuständigkeit sowohl der inländischen Gerichte (für ihre eigene Tätigkeit) wie auch ausländischer Behörden (als Vorfrage für die Anerkennung ihrer Entscheidungen) normiert (unten § 58 I 3 b); und „*Convention triple*" meint einen Vertrag, der dazu noch das jeweils anwendbare Recht bestimmt.

Bilaterale Verträge herrschen in den sozialistischen Ländern vor, die einerseits untereinander durch ein vollständiges Netz solcher Verträge über IPR und Internationales Verfahrensrecht verbunden sind, andererseits auch mit einigen westlichen Ländern derartige Abkommen geschlossen haben. Die in diesen Rechtshilfeverträgen enthaltenen Kollisionsnormen betreffen meist den Bereich des Personen-, Familien- und Erbrechts[26]. Soweit die bilateralen Verträge in Einzelheiten divergieren, besteht freilich für den jeweiligen Gerichtsstaat die Möglichkeit eines Konflikts, falls ein Sachverhalt mit Beziehungen zu zwei verschiedenen Vertragsstaaten gegenüber dem einen Staat nach diesem und gegenüber dem anderen nach jenem Recht zu beurteilen ist.

Bei *multilateralen* Verträgen, wie sie in Westeuropa dominieren, scheint diese Gefahr geringer. Jedoch kann die Vielzahl von internationalen Gremien, die oft ohne gegenseitige Abstimmung Verträge über IPR produzieren, ebenfalls zu Konflikten führen oder zumindest den Richter verwirren[27]. Erhöht wird die Verwirrung durch die unterschiedliche Anwendbarkeit der Verträge gegenüber Nichtvertragsstaaten sowie (wenigstens in Deutschland) durch die alte Unsitte, das Inkrafttreten neuer Verträge und erst recht das Wirksamwerden bestehender gegenüber weiteren Vertragspartnern bisweilen erst verspätet bekanntzugeben[28].

Eine *Mischform* bilden multilaterale Verträge, die durch bilaterale Zusatzabkommen ergänzt werden, z.B. das Haager Anerkennungs- und Vollstreckungsabkommen von 1971, dessen Inhalt multilateral vereinbart ist, dessen Inkraftsetzung aber jeweils nur zweiseitig erfolgen soll[29].

Namen. Im amtlichen Sprachgebrauch wird ferner unterschieden zwischen „Vertrag" einerseits (für die von Staatsoberhäuptern geschlossenen Vereinbarungen) und „Abkommen" bzw. „Übereinkommen" anderseits (für die zwischen Regierungen geschlossenen). Als Oberbegriff wird „internationale Vereinbarungen" verwendet. Auch diese Differenzierung ist für den täglichen Gebrauch zu schwerfällig.

[26] Siehe zu den Rechtshilfeabkommen die Berichte von *Drobnig*, OER 6 (1960) 154 ff.; *Uschakow*, OER 7 (1961) 161 ff.; *Sósniak*, Rec. des Cours 144 (1975 – I) 1 ff.; *Majoros*, OER 27 (1981) 190 ff.

[27] Vgl. die Versuche einer theoretischen Klärung der Konventionenkonflikte durch *Majoros*, Les conventions internationales en matière de droit privé I (1976), II (1980), und durch *Volken*, Konventionskonflikte im IPR (1977); kritisch bespr. durch *von Overbeck*, Rev. crit. 66 (1977) 655, und *Siehr*, RabelsZ 43 (1979) 397. Siehe auch *Majoros*, Konflikte zwischen Staatsverträgen auf dem Gebiete des Privatrechts: RabelsZ 46 (1982) 84.

[28] Vgl. RabelsZ 33 (1969) 172.

[29] Dazu *Majoros*, Systeme der „Bilateralisation" von multilateralen Konventionen: ZfRV 14 (1973) 4.

2. Je nach der *Möglichkeit des Beitritts* werden geschlossene, offene und halboffene Abkommen unterschieden[30]. Den geschlossenen Abkommen können allenfalls bestimmte Staaten nachträglich beitreten (z. B. die Teilnehmer der Konferenz, auf der das Abkommen vereinbart worden ist, oder die Mitglieder gewisser internationaler Organisationen), offenen dagegen alle Staaten. Bei halboffenen Abkommen wird wiederum unterschieden, ob der Beitritt neuer Staaten von allen bisherigen Vertragsstaaten genehmigt werden muß oder nur gegenüber den genehmigenden Staaten wirksam oder umgekehrt nur gegenüber den ausdrücklich widersprechenden Staaten unwirksam ist.

3. Nach dem *Wirkungsbereich* unterscheidet man die sog. „lois uniformes" – besser: Verträge über allseitiges oder unbedingtes Einheitsrecht –, welche die bisherigen nationalen Kollisionsnormen auf dem betreffenden Gebiet schlechthin ersetzen und in allen Kollisionsfällen zur Anwendung kommen, und die auf Gegenseitigkeit gegründeten Staatsverträge, die nur bei einer bestimmten Beziehung des Sachverhalts zu einem der Vertragsstaaten anzuwenden sind[31]. Musterbeispiel eines Abkommens der ersten Art ist das EG-Schuldvertragsübereinkommen von 1980. Auch in den Abkommen der zweiten Art wird nicht immer eine Beziehung zu einem *anderen* Vertragsstaat gefordert, sondern zum Teil nur negativ bestimmt, daß keinesfalls das Recht eines vertragsfremden Staates angewandt werden muß[32]. Die auf Gegenseitigkeit basierenden Verträge haben zur Folge, daß derselbe Staat auf ein und demselben Gebiet mehrere Arten von Kollisionsnormen besitzt, nämlich solche, die im Verhältnis zu Vertragsstaaten, und solche, die im Verhältnis zu Drittstaaten anzuwenden sind. Dadurch wird das Kollisionsrecht leicht unübersichtlich, und die nationale Kollisionsnorm kann an Überzeugungskraft verlieren. In der inhaltlichen Ausgestaltung der IPR-Verträge hat sich deshalb ein Wandel vollzogen[33]: Nach den

---

[30] Da „es sich hierbei um eine Entscheidung handelt, die letztlich politischen Charakter hat", wird „über die Beitrittsklauseln so gut wie nie im Plenum der Haager Konferenz diskutiert, sondern hinter den Kulissen entschieden"; so *Winfried Kievel*, Bewährung und Reformbedürftigkeit des Haager Entmündigungsabkommens (Diss. Bonn 1973) 223.

[31] Für die Abkommen der ersten Art wählte die Haager Konferenz früher die Formel: „Les Etats (contractants) sont convenus d'introduire les dispositions... dans le droit national de leurs pays respectifs"; in den „neuen" Haager Abkommen, die in der Regel allseitiges Einheitsrecht enthalten, heißt es etwa: „L'application... est indépendante de toute condition de réciprocité. La Convention s'applique même si la loi applicable n'est pas celle d'un Etat contractant."

[32] So z. B. Art. 6 des Haager Unterhaltsabkommens von 1956; vgl. dazu *Dölle*, NJW 1967, 2250 (zustimmend BGH 5. 2. 1975, NJW 1975, 1068 = IPRspr. 1975 Nr. 83). Ähnlich Art. 9 II des Haager Ehescheidungsabkommens von 1902. Dieses kann daher sinngemäß – trotz seiner Anwendbarkeit auf alle „Klagen... in einem der Vertragsstaaten" (Art. 9 I) – nicht zu einem Zuständigkeitsausschluß zugunsten eines Nichtvertragsstaates führen; *Mosconi*, Riv. dir. int. priv. proc. 11 (1975) 5 ff.; vgl. BGE 40 (1914) I 418.

[33] Näher *Kropholler*, BerDGesVölkR 28 (1988) 110 ff.

§ 9 Kollisionsrechtliche Staatsverträge §9 V

neueren Haager Abkommen ist das von ihnen bezeichnete Recht auch dann anzuwenden, wenn es das Recht eines Nichtvertragsstaates ist.

V. Besonderheiten in der Rechtsanwendung

Gegenüber der Anwendung des autonomen nationalen Kollisionsrechts sind für staatsvertragliche Kollisionsnormen einige Besonderheiten zu beachten, die daraus herrühren, daß die Staatsverträge unter den Vertragsstaaten Rechtseinheit schaffen sollen.

1. Für die *Auslegung* gelten die besonderen methodischen Grundsätze des Einheitsrechts[34]. Der mit jedem Staatsvertrag erstrebten Einheitlichkeit der Normgeltung in den Vertragsstaaten entspricht der für die richterliche Tätigkeit aufgestellte „Grundsatz der Harmonie der Rechtsanwendung"[35], genauer: das Prinzip des internationalen Rechtsanwendungseinklanges oder der Rechtsanwendungsgleichheit. Da in der Regel kein inter- oder supranationales Gericht zur Wahrung der Rechtseinheit berufen ist, obliegt die Aufgabe vorwiegend den staatlichen Gerichten.

Der *Internationale Gerichtshof* im Haag, der bei Unterwerfung der Staaten unter seine Gerichtsbarkeit wegen Verletzung eines völkerrechtlichen Vertrages angerufen werden kann, hat sich seit 1945 nur einmal mit einem IPR-Abkommen befaßt, nämlich mit dem Haager Vormundschaftsabkommen von 1902 im Fall *Boll*[36], in dem es um die Zulässigkeit einer schwedischen Fürsorgeerziehung für ein niederländisches Kind ging. In diesem Verfahren wurde jedoch bezeichnenderweise mehr über den (politisch getönten) Vorbehalt des ordre public gesprochen als über den sachlichen Inhalt des Abkommens.

Im einzelnen ist zu den herkömmlichen Auslegungskriterien folgendes zu sagen:

a) Dem *Wortlaut* kommt für die Auslegung von Staatsverträgen „besondere Bedeutung" zu[37]. Denn eine grammatikalische Interpretation, die sich an den gewöhnlichen Wortsinn hält, bietet regelmäßig am ehesten die Gewähr, nationale Eigentümlichkeiten zu vermeiden und in den anderen Vertragsstaaten Gefolgschaft zu finden. Bei Unklarheiten ist ein Vergleich mit den authentischen fremdsprachigen Texten angezeigt.

---

[34] Vgl. dazu ausführlich *Kropholler* (oben N. 18) 235 ff., 258 ff.
[35] BGH 25. 6. 1969, BGHZ 52, 216 (220) = NJW 1969, 2083 (2084); vgl. auch 19. 3. 1976, NJW 1976 1583 Anm. *Kropholler* = WM 1976, 566 Anm. *Geimer* = IPRspr. 1976 Nr. 136.
[36] Niederlande gegen Schweden, Entscheidung vom 28. 11. 1958, I.C.J. Rep. 1958, 55.
[37] So auch der BGH (vorletzte Note).

b) Die *systematische Auslegung,* die auf den Bedeutungszusammenhang abstellt, in dem eine Norm steht, ist im internationalen Einheitsrecht im allgemeinen weniger bedeutsam als im autonomen nationalen Recht. Der rechtsvereinheitlichende Zweck der Konventionen gebietet es, den Wert der internationalen Rechtseinheit höher zu veranschlagen als den einer nahtlosen Einfügung in eine nationale Rechtsordnung. Deshalb läßt sich aus dem „Gesamtzusammenhang" des nationalen IPR für die Interpretation der IPR-Abkommen meist wenig gewinnen. Sinnvoller ist häufig eine systematische Interpretation im Hinblick auf andere Texte des Einheitsrechts, die von derselben Organisation erarbeitet worden sind. Ein systematischer Gesamtzusammenhang, der für die Interpretation nutzbar gemacht werden kann, besteht etwa zwischen den neueren kindschaftsrechtlichen Konventionen der Haager Konferenz oder zwischen dem EG-Gerichtsstands- und Vollstreckungsübereinkommen und dem EG-Schuldvertragsübereinkommen.

c) Eine *historische Auslegung,* die auf die Ermittlung des tatsächlichen Willens des Normgebers gerichtet ist, fördert die internationale Rechtsanwendungsgleichheit. Insbesondere ist Einheitlichkeit leichter zu erreichen, wenn sich die Gerichte gemeinsam am historischen Willen des Normgebers orientieren, als wenn über eine teleologische Interpretation – auf die freilich nicht verzichtet werden kann – eigene Wertungen der Gerichte einfließen. Angesichts der eingeschränkten Reichweite systematischer Interpretation im internationalen Einheitsrecht ist bei unklarem Wortlaut die Erforschung des historischen Willens oft sogar die einzige Möglichkeit, zu einem gesicherten Ergebnis zu gelangen. Freilich bestehen erhebliche Schranken: Materialien sind nicht zu jedem Staatsvertrag veröffentlicht[38], sie sind häufig wenig aufschlußreich, und sie veralten mit dem Wandel der Verhältnisse.

d) Die *rechtsvergleichende Auslegung* besteht vor allem darin, die ausländische Rechtsprechung und Doktrin zu dem in Rede stehenden Staatsvertrag zu berücksichtigen[39]. Ohne diesen Blick über die Grenzen ist die Bewahrung der gewünschten Rechtseinheit schwerlich möglich.

e) Die *teleologische Auslegung,* bei der die hinter der Normierung stehenden Grundsätze und Wertungen herauszuarbeiten sind, hat einen Vorrang zu beanspruchen. Denn auch das Einheitsrecht vermag, wenn es lebendig sein soll, den Einfluß richterlicher Gestaltungskraft nicht zu missen, so daß eine dynamische Interpretation und Weiterentwicklung des in Konventionen enthaltenen

---

[38] Wohl aber zu jedem Haager Übereinkommen (vgl. oben N. 5) und zu den beiden EG-Übereinkommen EuSchVÜ (vgl. § 52 N. 8) und EuGVÜ (vgl. unten § 56 N. 5).

[39] Für die neuen Haager Konventionen erleichtert dies die vom Asser-Institut herausgegebene Sammlung Les nouvelles Conventions de La Haye: leur application par les juges nationaux, Recueil des décisions, bibliographie et situation actuelle (1970 ff.); bespr. in RabelsZ 35 (1971) 583 und 50 (1986) 422.

IPR nicht ausgeschlossen werden darf. Eine teleologische Interpretation wird insbesondere dann den Ausschlag geben, wenn die anderen Auslegungskriterien nicht zu einem klaren Ergebnis führen. Im Rahmen der teleologischen Interpretation ist indes die Notwendigkeit einheitlicher Rechtsanwendung in allen Vertragsstaaten zu berücksichtigen. Der Richter muß sich deshalb bei jeder teleologischen Interpretation (oder Rechtsfortbildung) fragen, ob sie so überzeugend begründet werden kann, daß nicht nur die Gerichte des eigenen Landes, sondern auch die der ausländischen Partnerstaaten ihr folgen können.

2. Für die Ausfüllung der *kollisionsrechtlichen Grundbegriffe*, wie Qualifikation, Vorfrage, Renvoi und ordre public, verlangt das staatsvertragliche IPR ebenfalls besondere Erwägungen. Sie sollen im jeweiligen Sachzusammenhang angestellt werden.

VI. Bisherige Bilanz

Bedeuten die Staatsverträge im IPR und im internationalen Verfahrensrecht eine Rechtsverbesserung[40]? Die Meinungen sind geteilt. Die einen beklagen die stückweise Zerstörung der nationalen IPR-Kodifikation[41]; ferner die Verwirrung der Rechtslage, die durch ein Übermaß an Einheitsrecht entsteht, zumal wenn es aus verschiedenen Quellen fließt und jeweils in sich durch Perfektionismus im Detail, unklare Kompromisse und Vorbehalte zugunsten des autonomen Rechts[42] kompliziert ist. Die anderen betonen mehr den Wert der internationalen Entscheidungsgleichheit, die durch eine staatsvertragliche Regelung erreicht wird (vgl. oben § 6 III 1).

Es kommt bei der Bewertung eines jeden Staatsvertrages vor allem auf zweierlei an: (1) Besteht in diesem Sachbereich und für diesen Kreis von Staaten ein praktisches Bedürfnis für eine Rechtsvereinheitlichung? (2) Ist die einheitliche Regelung inhaltlich überzeugend? Je dringender das Bedürfnis nach einer einheitlichen Normierung ist, desto eher wird man Kompromisse eingehen und Mängel hinnehmen. Ein gewisses Maß inhaltlicher Qualitäten bleibt unverzichtbar. Bei akzeptablen Lösungen sollte man jedoch bereit sein, die eigene nationale Kodifikation auf einem internationalen Rechtsgebiet, wie dem IPR, zurückzunehmen.

In der Vergangenheit sind viele IPR-Abkommen am fehlenden Bedürfnis oder an mangelnder inhaltlicher Überzeugungskraft gescheitert, indem sie

---

[40] Eingehendere Gedanken zu diesem Thema in RabelsZ 45 (1981) 73 ff.
[41] So etwa *Pirrung* (oben N. 8) 356, der die Übernahme von Übereinkommen deshalb nur bei „eindeutigen Vorteilen" empfiehlt.
[42] Zur Problematik der Vorbehalte siehe *Peter Müller*, Die Vorbehalte in Übereinkommen zur Privatrechtsvereinheitlichung (1979).

nicht oder nur von wenigen Staaten ratifiziert wurden. Aber es sind auch Übereinkommen entstanden, bei denen die Vorteile die Nachteile eindeutig überwiegen und die heute in vielen Staaten angewandt werden. Unentbehrlich sind Staatsverträge auf dem Gebiet der praktisch-technischen Zusammenarbeit der Behörden, insbesondere wenn die Gerichte eines Staates, um wirkungsvoll tätig werden zu können, einen unmittelbaren Kontakt zu den Gerichten anderer Staaten benötigen. Es ist kein Zufall, daß die Haager Konferenz für IPR gerade auf dem Gebiet des Verfahrensrechts besonders erfolgreich war. Aber auch im eigentlichen Kollisionsrecht bringen Staatsverträge nicht selten eine Rechtsverbesserung. So macht das EG-Schuldvertragsübereinkommen von 1980 Rechtsstreitigkeiten vor staatlichen Gerichten im internationalen Handelsverkehr besser kalkulierbar und bietet einen sinnvollen Beitrag zum Zusammenwachsen Europas. Das Haager Kindschaftsrecht verbessert die Rechtsstellung des Kindes nicht nur durch eine Zusammenarbeit der Behörden beim Minderjährigenschutz und bei der Kindesentführung sowie eine erleichterte Anerkennung und Vollstreckung unterhalts- und sorgerechtlicher Entscheidungen, sondern auch durch eine sachgerechte Anknüpfung (an die Person des Kindes und an seinen gewöhnlichen Aufenthalt), zu der die deutsche Gesetzgebung oder Rechtsprechung allein schwerlich gefunden hätte. Der verbreitete Glaube, das eigene IPR lasse sich im nationalen Alleingang am besten fortentwickeln, ist schon oft enttäuscht worden.

In Zukunft gilt es also, die Vereinheitlichung des IPR beharrlich fortzuführen, sei es durch die Pflege des vorhandenen Einheitsrechts in Wissenschaft und Praxis, sei es durch den Abschluß neuer oder die Revision älterer Staatsverträge.

§ 10 Rechtsvergleichung

I. Bedeutung

Das IPR braucht wegen seines internationalen Gegenstandes die Rechtsvergleichung. Sie begegnet uns dort in zwei Formen: als Kollisionsrechts-Vergleichung und als Vergleichung materiellen Rechts[1].

---

[1] Vgl. *Makarov*, IPR und Rechtsvergleichung (1949) – kürzere Fassung in: *Rotondi*, Inchieste di diritto comparato II: Buts et méthodes du droit comparé (1973) 465 ff. –, besonders auch zur Geschichte der Rechtsvergleichung im IPR. Allgemein zum Thema IPR und Rechtsvergleichung die Berichte zum 10. Internationalen Kongreß für Rechtsvergleichung 1978 in Budapest; Generalbericht *Loussouarn*, in: General Reports to the 10th International Congress of Comparative Law (Budapest 1981) 127 ff.; ähnlich *ders.*, Rev. crit. 68 (1979) 307 ff.; deutscher Landesbericht *Kropholler*, ZVglRWiss. 77 (1978) 1 ff. Siehe ferner *von Mehren*, Rev. int. dr. comp. 29 (1977) 493 ff.; *Beitzke*, RabelsZ 48 (1984) 623 ff.; *Großfeld*, Macht und Ohnmacht der Rechtsvergleichung (1984) 45 ff.

1. Die *Vergleichung materiellen Rechts*, um diese Seite kurz vorwegzunehmen, hat für das IPR eine ähnliche Bedeutung wie die Rechtstatsachenforschung für das materielle Recht. Denn das IPR hat mit den einzelnen materiellen Rechtsordnungen, deren Anwendungsbereich es abgrenzen soll, sozusagen als seinem „Rohstoff" zu tun. Sowohl für die Aufstellung von Kollisionsnormen, insbesondere auf der Tatbestandsseite, wie für ihre Auslegung und ihre Anwendung im Einzelfall ist die Kenntnis ausländischen Rechts – und zwar gerade in seinen Abweichungen wie Übereinstimmungen gegenüber dem inländischen materiellen Recht, also die Rechtsvergleichung – nicht nur nützlich, sondern geradezu unentbehrlich. Näheres dazu ist bei den einzelnen Institutionen des IPR zu sagen[2]. Nur zur Methode sei hier allgemein bemerkt, daß der Richter im Einzelfall sich meistens mit einer bilateralen Rechtsvergleichung zwischen dem inländischen und einem bestimmten ausländischen Recht begnügen muß, während eine multilaterale oder gar universale Rechtsvergleichung die Aufgabe der Wissenschaft und des Gesetzgebers bleibt.

2. Die *Kollisionsrechts-Vergleichung*, also die Vergleichung verschiedener nationaler oder sonstiger Kollisionsrechts-Systeme ist ein Zweig der allgemeinen Rechtsvergleichung mit einigen Besonderheiten. Ihre Bedeutung entspricht im wesentlichen derjenigen jeder anderen Art von Rechtsvergleichung: (1) Sie dient dem besseren *Verständnis* der miteinander verglichenen Rechtsordnungen durch Hervorhebung ihrer Besonderheiten und ihrer versteckten Gemeinsamkeiten. (2) Sie unterrichtet über andere Lösungsmöglichkeiten für bestimmte Probleme sowie über das international herrschende Niveau der Lösungen und fördert so die *Fortentwicklung des eigenen Rechts* (ob diese nun durch richterliche Rechtsfindung oder durch Gesetzgebung erfolgt). (3) Sie bereitet die *Rechtsvereinheitlichung* vor und begleitet diese, indem sie zunächst die optimalen und am ehesten allgemein annehmbaren Lösungen aufzufinden ermöglicht und dann die gleichmäßige Anwendung des vereinheitlichten Rechts überwacht. (4) Sie befreit aus der geistigen Enge des nationalen Positivismus.

II. Rechtskreise

Die Einteilung der Rechtsordnungen in Rechtskreise – wie immer man sie sonst vornehmen und beurteilen mag[3] – ist für das IPR wenig ergiebig, zumal das nationale Kollisionsrecht vielfach von Staatsverträgen mit über die Rechts-

---

[2] Siehe unten § 16 Qualifikationsstatut, § 33 Substitution, § 34 Anpassung, § 36 Ordre public.
[3] Siehe zu den im folgenden erwähnten Rechtskreisen und zur Problematik der Einteilung *Zweigert/Kötz*, Einführung in die Rechtsvergleichung² I (1984) 72 ff. (86).

kreise hinausgreifendem Geltungsanspruch überlagert wird. Soweit staatliche IPR-Gesetze bestehen, können sie anderswo Anleihen gemacht haben als die materiellen Zivilrechte, die bei der Abgrenzung der Rechtskreise meistens im Vordergrund stehen[4]. Ohnehin ist der Einfluß der sog. „Mutterrechtsordnungen" auf andere Rechtsordnungen eher rückläufig, und gerade im IPR herrscht schon seit langem ein weltweiter Gedankenaustausch.

Im einzelnen sei zu den Rechtskreisen folgendes bemerkt.

1. Die Unterscheidung zwischen dem *deutschen und dem romanischen Rechtskreis* spielt im IPR Westeuropas keine entscheidende Rolle. Beispielsweise steht das deutsche IPR dem schweizerischen heute nicht näher als dem französischen.

2. Die für den *anglo-amerikanischen Rechtskreis* typischen Merkmale des Fehlens einer umfassenden Kodifikation und der Vorherrschaft des Richterrechts bestätigen sich im IPR. Doch finden sich diese Merkmale im IPR vieler anderer Staaten, so daß die Eigenart des anglo-amerikanischen Rechts mehr in der Methode und in der Art der richterlichen Entscheidungsfindung liegt. Indes bestehen innerhalb der Staaten des Common Law auch insoweit beträchtliche Unterschiede. Insbesondere hat sich das IPR Großbritanniens und der Vereinigten Staaten in den letzten Jahrzehnten stark auseinanderentwickelt (näher unten III 4 und IV).

3. Die im *nordischen Rechtskreis* herrschende Abneigung gegen eine Gesamtkodifikation des Zivilrechts zeigt sich auch im IPR. Es ist nur bruchstückhaft gesetzlich geregelt[5]. In Dänemark, Island und Norwegen geht man vom Wohnsitzprinzip aus, in Finnland und Schweden vom Staatsangehörigkeitsprinzip. Das Zusammengehörigkeitsgefühl der skandinavischen Staaten findet im IPR seinen Ausdruck in den auf einigen Gebieten geschlossenen nordischen Konventionen (oben § 9 III 1).

4. Das nationale IPR der *sozialistischen Länder*, die untereinander durch ein Netz bilateraler Verträge verbunden sind (oben § 9 IV 1), ist nicht durch eine auffällige inhaltliche Eigenständigkeit gegenüber dem IPR der westeuropäischen Staaten gekennzeichnet[6]. So weist das Rechtsanwendungsgesetz der DDR von 1975 mehr Ähnlichkeit mit dem Recht des deutschen EGBGB auf als

---

[4] Siehe die Einführung von *Neuhaus* zu *Makarov*, Quellen des IPR[3] (1978) 2. In diesem Werk finden sich die bis 1978 ergangenen nationalen IPR-Kodifikationen.

[5] Vgl. *Korkisch*, Der Anteil der nordischen Länder an den Fragen des IPR: RabelsZ 23 (1958) 599.

[6] Vgl. *Neuhaus*, Sozialistisches IPR?: RabelsZ 31 (1967) 543; ähnlich *Ehrenzweig*, Am. J. Comp. L. 13 (1964) 633 (Bespr. von *Szászy*, P.I.L. in the European People's Democracies);

mit den sowjetischen Teilkodifikationen von 1961/68[7]. Auch andere ostmitteleuropäische Staaten folgen weiterhin ihrer eigenen, teilweise noch von dem trefflichen österreichischen Entwurf von 1913/14 beeinflußten Rechtstradition[8].

5. Die *fernöstlichen Länder* bilden im IPR ebenfalls keinen in sich geschlossenen Rechtskreis. Das japanische Gesetz von 1898 betreffend die Anwendung der Gesetze hat sein Vorbild im deutschen EGBGB von 1896[9]. Das IPR des heutigen China wird zunehmend auf neue gesetzliche Grundlagen gestellt und zeigt in seinen allgemeinen Grundsätzen eine Neigung zum Wohnsitzrecht und zur lex fori[10].

6. Die *religiösen Rechte* haben eigenständig bestenfalls ein interpersonales Kollisionsrecht entwickelt (siehe unten § 30), aber kein räumliches; soweit sie ein solches benötigen, insbesondere im Bereich des internationalen Geschäftsverkehrs, haben sie europäisches IPR entweder direkt rezipiert oder nachgeahmt.

III. Europa

Viele europäische Staaten sind in den letzten Jahrzehnten auf dem Gebiet des IPR gesetzgeberisch ungewöhnlich aktiv gewesen[11].

1. *Österreich* besitzt seit 1978 ein IPR-Gesetz[12]. Es beruht auf einem Entwurf von *Schwind*[13] und reformiert das vorher zersplitterte österreichische IPR

---

ferner *Mavi/Gabor*, Harmonization of P.I.L. in the Soviet Union and Eastern Europe – A Comparative Law Survey: Rev. Soc. L. 10 (1984) 97 (101, 112 f.).

[7] Siehe zum Rechtsanwendungsgesetz *Mampel*, NJW 1976, 1521 ff.; *Espig*, NJ 1976, 360 ff.; *Juenger*, Am. J. Comp. L. 25 (1977) 332 ff. Eingehend *Lübchen/Posch*, Zivilrechtsverhältnisse mit Auslandsberührung² (Ost-Berlin 1978).

[8] Siehe *Korkisch*, Neue Tendenzen im IPR Osteuropas: JbOstR 21 (1980) 9 (10, 44).

[9] Vgl. *Kawakami*, Japan's P.I.L. in its Making, A Historical Review: Kobe L. Rev. 5 (1965) 1 (bespr. in RabelsZ 31 [1967] 768); *ders.*, Die Entwicklung des Internationalen Privat- und Prozeßrechts in Japan nach dem zweiten Weltkrieg: RabelsZ 33 (1969) 498.

[10] Siehe *Münzel*, Das IPR und IZPR der Volksrepublik China: IPRax 1988, 46 (48) mit Materialien (ebd. 58, 118 und IPRax 1989, 109).

[11] Vgl. den Sammelband Problemi di riforma del d.i.p. (1986); ferner *Schnitzer/Chatelain*, Die Kodifikationen des IPR: ZfRV 25 (1984) 276.

[12] IPR-Gesetz vom 15.6.1978, öst. BGBl. 1978 Nr. 304. Siehe dazu die Erläuterungen der Regierungsvorlage, 784 Beilagen zu den stenographischen Protokollen des Nationalrates, 14. Gesetzgebungsperiode 7 ff.

[13] Veröffentlicht in ZfRV 12 (1971) 161; bespr. in ZfRV 13 (1972) 81. Vgl. zur Entstehungs-

§ 10 III   I. Kapitel: Grundlagen

knapp und maßvoll[14]. Das Gesetz, das vom Staatsangehörigkeitsprinzip ausgeht (§ 9), stellt den „Grundsatz der stärksten Beziehung" an die Spitze (vgl. oben § 4 II 1 a) und bekennt sich damit zum „klassischen" IPR[15].

2. In der *Schweiz* gilt seit 1989 ein ausführliches IPR-Gesetz[16]. Die Vorarbeiten zu diesem Gesetz leistete eine vom Bundesrat eingesetzte Expertenkommission[17]. Das Gesetz umfaßt in seinen 200 Artikeln auch das Internationale Verfahrensrecht und geht vom Wohnsitzprinzip aus.

3. *Frankreich* hat bislang keine geschlossene IPR-Kodifikation, sondern nur innerhalb des Code civil verstreute Einzelregelungen aus verschiedenen Epochen, die von der französischen Rechtsprechung und Wissenschaft zu einem vollständigen kollisionsrechtlichen System ausgebaut wurden. Am berühmtesten ist die (im einzelnen unklare) Grundsatzbestimmung des Art. 3 C. c.[18] Sein Absatz 3 gilt als Urbild der Anknüpfung an die Staatsangehörigkeit[19]. Indes stellt das französische IPR heute vielfach auch auf den Wohnsitz ab (z. B. im Ehegüter- und Mobiliarerbrecht) oder auf den gewöhnlichen Aufenthalt (z. B. für Unterhaltsansprüche des Kindes)[20].

---

geschichte auch *Mänhardt*, Die Kodifikation des österreichischen IPR (1978) 25 ff. und die ebd. im Anhang abgedruckten Entwürfe.

[14] Siehe zum früheren Rechtszustand *Schwind*, Handbuch des Österreichischen IPR (1975).

[15] Siehe zum neuen Recht *Schwimann*, Grundriß des IPR (1982). Ferner die erläuterten Textausgaben von *Duchek/Schwind*, IPR (1979), und *Köhler/Gürtler*, IPR (1979). Ausführlichere Kommentierung in *Rummel-Schwimann*, Kommentar zum ABGB II (1984).

[16] IPR-Gesetz vom 18. 12. 1987, BBl. 1988 I 5. Text und Bibliographie: IPRax 1988, 376, 329 Aufsatz *von Overbeck*. Siehe dazu die Botschaft des Bundesrates, BBl. 1983 I 263 ff. Aus dem Schrifttum: *Schnyder*, Das neue IPR-Gesetz (1988); *Hangartner* (Hrsg.), Die allgemeinen Bestimmungen des Bundesgesetzes über das IPR (1988).

[17] Siehe Bundesgesetz über das IPR (IPR-Gesetz) – Gesetzesentwurf der Expertenkommission und Begleitbericht von *Vischer* und *Volken* (1978) und Bundesgesetz über das IPR (IPR-Gesetz) – Schlußbericht der Expertenkommission zum Gesetzesentwurf (1979). Dazu Freiburger Kolloquium über den schweizerischen Entwurf zu einem Bundesgesetz über das IPR (1979); Lausanner Kolloquium über den deutschen und den schweizerischen Gesetzesentwurf zur Neuregelung des IPR (1984) mit Literaturverzeichnis zu beiden Entwürfen.

[18] Art. 3. Les lois de police et de sûreté obligent tous ceux qui habitent le territoire. Les immeubles, même ceux possédés par des étrangers, sont régis par la loi française. Les lois concernant l'état et la capacité des personnes régissent les Français, même résidant en pays étranger.

[19] Ob historisch zu Recht, bleibe hier dahingestellt; immerhin erklärte noch *Foelix*, Traité du d.i.p.² (1847) no. 28 a. E.: „Les expressions de ‚lieu du domicile de l'individu' et de ‚territoire de sa nation' ou ‚patrie' peuvent être employées indifféremment."

[20] Für Einzelheiten siehe das führende französische Lehrbuch von *Batiffol/Lagarde*.

Verschiedene nach dem zweiten Weltkrieg entstandene Entwürfe zu einer umfassenden Kodifikation des französischen IPR hatten beim Gesetzgeber keinen Erfolg[21]. Einen beträchtlichen Zuwachs an geschriebenen Kollisionsnormen brachten aber die neuen Haager Übereinkommen, die von Frankreich in großer Zahl ratifiziert wurden.

Mit der Rezeption des Code civil in anderen Staaten gelangte dort im 19. Jahrhundert auch das französische IPR zur Geltung. Das merkt man heute noch stark etwa in Belgien und Luxemburg sowie in zahlreichen ehemaligen Kolonien. Insbesondere in den Staaten des frankophonen Afrika dominiert weiterhin das französische Vorbild. Auch soweit diese Staaten nach Erlangung der Unabhängigkeit eigene IPR-Vorschriften erlassen haben, ist der französische Einfluß noch spürbar.

4. In *England*, das traditionell dem Domizilprinzip folgt, fanden sich die Kollisionsregeln in der Vergangenheit fast ausschließlich im Common Law. In den letzten Jahrzehnten indes wuchs die Gesetzgebung für Teilbereiche des Internationalen Privat- und Verfahrensrechts, und darin wird in England der signifikanteste Wandel dieses Rechtsgebietes gesehen[22]. Der Grund für die Entwicklung zu geschriebenen Normen liegt in einem Bedürfnis nach mehr Rechtssicherheit und in der Mitwirkung Großbritanniens in internationalen Organisationen[23]. So wurden von den seit 1960 geschlossenen Haager Übereinkommen viele in das englische Recht eingeführt. Außerdem brachte die Mitgliedschaft in der EG den Engländern das EG-Gerichtsstands- und Vollstreckungsübereinkommen i.d.F. von 1978 und das EG-Schuldvertragsübereinkommen von 1980[24]. Damit ist das englische Konfliktsrecht dem kontinentaleuropäischen System ein Stück nähergerückt.

5. Insgesamt ist die *Kodifikationswelle*, die sich in West- und Osteuropa in den letzten Jahrzehnten ausgebreitet hat, die wichtigste neuere Entwicklung im europäischen IPR. Außer den deutschsprachigen Staaten Bundesrepublik Deutschland, DDR, Österreich und Schweiz haben folgende europäische Staaten in jüngerer Zeit einschlägige Gesetze erlassen: Tschechoslowakei (1963),

---

[21] Siehe zu dem nationalistischen Entwurf *Niboyet* von 1950 und den beiden von *Batiffol* inspirierten Entwürfen von 1959 und 1967 Rev. crit. 59 (1970) 832 ff. Dem bemerkenswerten Entwurf von 1967 bescheinigte der Vorsitzende der Reformkommission einen „gemäßigten Internationalismus", siehe *Foyer*, Clunet 98 (1971) 36; siehe zu dem Entwurf von 1967 auch *Reichelt*, ZfRV 12 (1971) 249 ff. (mit deutscher Übersetzung des Textes); zum Allgemeinen Teil *Makarov*, in: Multitudo legum ius unum, FS Wengler II (1973) 505 ff.

[22] Siehe *Dicey/Morris*, The Conflict of Laws[10] I (1980) IX. Ähnlich äußert sich das andere führende Werk zum englischen IPR *Cheshire/North*, P.I.L.[10] (1979) V f.

[23] *Nott*, The Impact of Statutes on the Conflict of Laws: Int. Comp. L. Q. 33 (1984) 437.

[24] Bemerkenswert ist in diesem Zusammenhang *Graveson*, The English Conflict of Laws and the E.E.C., in: Liber amicorum E. Cohn (1975) 61 (74): „The easiest, if not the only, path to law reform is through continental Europe."

Albanien (1964), Polen (1965), Portugal (1966), Spanien (1974), Ungarn (1979), Jugoslawien (1982) und die Türkei (1982)[25]. Die neuen Kodifikationen sind um so bemerkenswerter, als es in den meisten Staaten an einer ausführlichen Regelung vorher gefehlt hatte. In Ungarn, Jugoslawien, der Türkei und der Schweiz erfassen die Neuregelungen auch das Verfahrensrecht und verdienen deshalb zusätzliche Aufmerksamkeit.

a) Die in der Wissenschaft viel diskutierte Frage nach der *Erwünschtheit* einer Kodifikation[26] ist in den meisten Staaten also positiv beantwortet worden. Der gewichtigste Einwand gegen eine nationale Kodifikation, nämlich daß sie eine Abneigung gegen weitere Neuregelungen erzeugen und damit die künftige internationale Rechtsvereinheitlichung erschweren kann[27], wurde offenbar nicht als durchschlagend angesehen. Vor einer selbstzufriedenen Isolierung wird man sich freilich hüten müssen. Das neue deutsche EGBGB ist jedenfalls nicht so ausgereift und überzeugend, daß kein Raum bliebe für künftige Staatsverträge.

b) Die *Ergebnisse der Kodifikationen,* ihre Methoden und Lösungen sowie ihre Bewährung zu untersuchen, ist eine wichtige Zukunftsaufgabe der Rechtsvergleichung[28]. Jede Kodifikation bringt erfahrungsgemäß leicht eine Blickverengung auf das eigene positive Recht. Eine nationale Abkapselung aber ist im IPR noch weniger am Platze als in anderen Rechtsgebieten. Ihr muß mit rechtsvergleichenden Arbeiten entgegengewirkt werden.

In Deutschland liegt der Vergleich mit den IPR-Gesetzen der anderen europäischen Länder, namentlich denen der Nachbarstaaten Österreich und Schweiz besonders nahe, auf die in den folgenden Kapiteln wiederholt Bezug genommen wird. Aber auch die weitere Entwicklung des andersartigen IPR der Vereinigten Staaten müssen wir im Auge behalten.

IV. Vereinigte Staaten

Zwischen Europa und den Vereinigten Staaten, die kein für alle Bundesstaaten einheitliches Kollisionsrecht besitzen, hat sich in den letzten Jahrzehnten

---

[25] Nachweise zu diesen und weiteren Staaten bei *Staudinger-Sturm* Einl. zu Art. 7 ff. Rz. 272 ff.

[26] Siehe dazu *Neuhaus* 443 ff.; auch *Reese,* Statutes in Choice of Law: Am. J. Comp. L. 35 (1987) 395.

[27] Vgl. auch *Jessurun d'Oliveira,* Codification et unification du d.i.p. – problèmes de coexistence, in: Unification, Contributions in honour of Sauveplanne (1984) 117: Die in den Niederlanden besonders zahlreich geltenden Staatsverträge lassen keinen Raum mehr für eine nationale „Kodifikation".

[28] Einen Anfang machen *von Overbeck,* Rec. des Cours 176 (1982 – III) 9 ff.; *Rigaux,* Rev. crit. 74 (1985) 1 ff.; *Vassilakakis,* Orientations méthologiques dans les codifications récentes du d.i.p. en Europe (1987).

im IPR eine Kluft aufgetan, von der noch ungewiß ist, ob und wie sie in Zukunft wieder geschlossen werden kann. Der Gegensatz ist pointierter Ausdruck der traditionell unterschiedlichen Rechtsmethode: Während in Kontinentaleuropa die IPR-Gesetze und die systematische Erfassung von Kollisionsregeln im Vordergrund stehen, konzentriert man sich in den Vereinigten Staaten mehr auf das Abwägen der Argumente im konkreten Fall, die häufig sogleich dem materiellen Recht entnommen werden. Das Bemühen gilt also primär einer sachgerechten Fortentwicklung des Fallrechts. An einer Kodifikation des Kollisionsrechts durch die Gliedstaaten fehlt es.

1. Kein IPR-Gesetz bietet insbesondere das amerikanische *Restatement of the Law of Conflict of Laws*. Diese private Rechtsaufzeichnung des American Law Institute war in ihrer *ersten Fassung* (1934) ein Versuch (von *Beale*), den kollisionsrechtlich ahnungslosen, grundsätzlich auf Präjudizien eingeschworenen Gerichten ein wissenschaftlich erarbeitetes, geschlossenes System des Kollisionsrechts als angeblichen Extrakt der bisherigen Rechtsprechung und daher als bereits geltendes Recht zu suggerieren („self-fulfilling restatement"). Der fromme Betrug hatte geringen Erfolg, denn leider waren die vorgelegten Regeln, besonders im Internationalen Vertrags- und Deliktsrecht, zu primitiv und starr, so daß sie in der Praxis nicht befriedigten. Anstatt nun bessere – differenzierte und elastische – Regeln zu entwickeln (etwa nach europäischen Vorbildern, die man aber nicht zur Kenntnis nahm), lehnten viele Wissenschaftler und Richter allgemeine Anknüpfungsregeln überhaupt ab zugunsten einer bloßen Methode, das anwendbare Recht von Fall zu Fall je nach dem Inhalt der kollidierenden materiellen Rechte zu bestimmen[29]. Nur die bekanntesten methodischen Ansätze, die vor allem anhand deliktsrechtlicher Fälle entwickelt wurden, können hier kurz erwähnt werden[30].

2. Nach der Methode der *„governmental interest analysis"*, die auf *Currie* zurückgeht, soll der Richter im konkreten Fall untersuchen, welcher Staat ein Interesse an der Anwendung seiner Normen hat[31]. Sofern nur ein Staat interessiert ist („false conflict"), wird sein Recht angewandt. Haben zwei oder mehr Staaten ein Interesse an der Maßgeblichkeit ihres Rechts („true conflict") und läßt sich der Interessengegensatz nicht durch eine restriktive Interpretation

---

[29] Über europäische Vorbilder dieser Entwicklung (*Jitta* 1890, *Kollewijn* 1917, *Fränkel* 1930, *Hijmans* 1937) und ihre Anfänge in Amerika berichtet *De Nova*, Soluzione del conflitto di leggi e regolamento confacente del rapporto internazionale, in: Studi giuridici in memoria... Ciapessoni (= Studia Ghisleriana 1/1; 1948) 115.

[30] Nähere Darstellung etwa bei *Scoles/Hay*, Conflict of Laws (1982) 16 ff.; *Cramton/Currie/Kay*, Conflict of Laws⁴ (1987) 308 ff.; *Hohloch*, Das Deliktsstatut (1984) 126 ff.

[31] *Currie* hat als Feind genereller Kollisionsregeln geradezu gesagt: „We would be better off without conflict rules"; siehe *Currie*, Selected Essays on the Conflict of Laws (1963) und seine kurze Zusammenfassung in Colum. L. Rev. 63 (1963) 142 f.

des rechtspolitischen Anliegens des Forumstaates beseitigen, so ist das Recht des Forums anzuwenden.

Die Analyse der staatlichen Interessen setzt voraus, daß bei einer Kollision von Gesetzen verschiedener Staaten wirklich aus jeder materiellen Norm zu entnehmen ist, welchen Anwendungsbereich sie nach ihrem Zweck beansprucht. Das ist bei Kollisionen innerhalb der Vereinigten Staaten denkbar, weil dort der größte Teil des Privatrechts von mehr oder weniger einheitlichem Common Law gebildet wird und Kollisionen hauptsächlich zwischen „statutes" entstehen, die einen bestimmten rechtspolitischen Zweck verfolgen. Trotzdem haben sich in vielen amerikanischen Fällen erhebliche Zweifel und Meinungsverschiedenheiten ergeben, so daß die Voraussehbarkeit der Entscheidungen stark gelitten hat und manche von einem Chaos sprechen[32]. Erst recht muß bei internationalen Kollisionen zwischen verschiedenen Kodifikationen des reinen Privatrechts die Theorie der Gesetzesanalyse zu Schwierigkeiten führen, weil solche Gesetze weniger bestimmten politischen oder wirtschaftlichen Interessen dienen als vielmehr dem Ausgleich der privaten Interessen im Zeichen der Gerechtigkeit[33].

3. Die Anwendung des materiell *besseren Rechts* (better law approach) ist eine weitere Methode, bei der Wahl des maßgebenden Rechts vom Inhalt der konkurrierenden Gesetze auszugehen[34]. Als Maßstab für die Auswahl kommen sowohl vorbestimmte Ziele in Betracht (z. B. der „Schutz der Schwachen", die möglichst weitgehende Gültigerklärung von Rechtsgeschäften, die Freiheit von ehelichen Bindungen, das Wohl des Kindes) wie einfach die rechtsvergleichende Feststellung, welche Lösung die sachgerechtere, d. h. dem Ausgleich der auf dem Spiele stehenden Interessen besser dienende, oder schlechthin die „fortschrittlichere" ist. Insbesondere wurden veraltete Haftungsausschlüsse mitunter beiseite geschoben[35].

---

[32] Siehe etwa die inneramerikanische Kritik und die Forderung, zu gewissen Regeln zurückzukehren, bei *Juenger*, Conflict of Laws, A Critique of Interest Analysis: Am. J. Comp. L. 32 (1984) 1; *ders.*, Governmental Interests – Real and Spurious – in Multistate Disputes: U. C. Davis L. Rev. 21 (1987/88) 515; *Hill*, The Judicial Function in Choice of Law: Colum. L. Rev. 85 (1985) 1585. Verteidigend dagegen etwa *Posnak*, Choice of Law – Interest Analysis and Its „New Crits": Am. J. Comp. L. 36 (1988) 681 m. w. Nachw.

[33] Ähnlich schon *Kahn-Freund*, Rec. des Cours 124 (1968 – III) 60.

[34] Führend *Leflar*, der die Begünstigung des besseren Rechts aber nur als eine von fünf „choice-influencing considerations" behandelt; siehe etwa *Leflar*, Choice-Influencing Considerations in Conflicts Law: N. Y. U. L. Rev. 41 (1966) 267; *ders.*, Conflicts Law – More on Choice-Influencing Considerations: Cal. L. Rev. 54 (1966) 1584. Umfassende Darstellung bei *Mühl*, Die Lehre vom „besseren" und „günstigeren" Recht im IPR – Zugleich eine Untersuchung des „better-law approach" im amerikanischen Kollisionsrecht (1982).

[35] So das „guest statute" von Vermont durch Chief Justice *Kenison* aus New Hampshire in *Clark v. Clark*, 107 N.H. 351, 355, 222 A. 2d 205, 209 (1966). In dieser Leitentscheidung zum better law heißt es: „If the law of some other state is outmoded, an unrepealed remnant of

Wiederum läßt sich unter anderem einwenden, daß der amerikanische Richter im Konflikt zwischen den „statutes" mehrerer Gliedstaaten der Union die Vor- und Nachteile der verschiedenen Gesetze leichter überblickt als ein Richter in internationalen Konflikten.

4. Das *Restatement Second* (1971), das unter Führung von *Reese* entstand, mußte aus der Meinungsvielfalt in der Theorie das Maximum von praktikablen Regeln oder wenigstens Richtlinien herauszuholen versuchen. Die in sec. 6 vorangestellten „choice of law principles" sind das Ergebnis eines Kompromisses, der Raum dafür läßt, Kollisionsfälle überhaupt nicht nach Regeln, sondern aufgrund unterschiedlicher Methoden („approaches") zu lösen[36]. War das Erste Restatement zu starr, so mangelt es dem Zweiten – besonders im Schuldrecht – an klaren Konturen.

5. Die *gerichtliche Praxis* ist in die verschiedensten Lager gespalten[37]. Trotz der „Revolution" gegen das Erste Restatement wird dieses überraschenderweise noch immer in vielen Gliedstaaten zugrunde gelegt. Andere Gerichte berufen sich auf das Zweite Restatement, unter dessen Mantel freilich verschiedene methodische Ansätze möglich sind und auch benutzt werden. Zur „governmental interest analysis", dem „better law approach" und anderen modernen Theorien bekennen sich die Gerichte bislang nur in vereinzelten Gliedstaaten. Insgesamt werden von der Praxis etwa zehn verschiedene kollisionsrechtliche Ansätze bemüht. Es bleibt abzuwarten, ob die amerikanischen Gerichte im Schuldrecht wieder zu einer einheitlicheren Haltung und zu einer Befolgung bestimmter Regeln zurückfinden.

6. In *Europa* fand die amerikanische „Revolution" im IPR bislang keine Entsprechung[38].

a) Von der *Wissenschaft* wurde die Entwicklung jenseits des Atlantik zwar sorgfältig registriert[39], aber die Kritik überwog[40]. Nur vereinzelt und mit Ein-

---

a bygone age, ... we will try to see our way clear to apply our own law instead. If it is our own law that is obsolete or senseless (and it could be) we will try to apply the other state's law."

[36] Siehe dazu *Reese*, Choice of Law, Rules or Approach: Cornell L. Rev. 57 (1971/72) 315.
[37] Einen Überblick gibt *Kay*, Theory into Practice – Choice of Law in the Courts: Mercer L. Rev. 34 (1983) 521; ausführlich bespr. in RabelsZ 48 (1984) 791.
[38] Zu Unterschieden und Parallelen siehe das Kolloquium mit Beiträgen von *Vitta, Lando, Siehr, Hanotiau, Lowenfeld, Juenger* und *Reese* in Am. J. Comp. L. 30 (1982) 1 ff.
[39] Vgl. etwa *Hanotiau*, Le d.i.p. américain (1979); *Heller*, Realität und Interesse im amerikanischen IPR (Wien 1979).
[40] Ein Meinungsbild ergeben beispielsweise die Haager Vorlesungen von Gelehrten aus verschiedenen europäischen Ländern, etwa *Kegel*, Rec. des Cours 112 (1964 – II) 93 ff.; *Evrigenis*, 118 (1966 – II) 324 ff.; *De Nova* ebd. 591 ff.; *Lipstein*, 135 (1972 – I) 154 ff.; *Lalive*, 155 (1977 – II) 192 ff., 251 ff.; *Sauveplanne* 175 (1982 – II) 9 ff.; *Audit* 186 (1984 – III)

schränkungen wurde eine „governmental interest analysis" empfohlen[41] oder ein „better law approach" befürwortet[42]. Indes stießen diese Vorschläge auf den Einwand, sie seien mit der Struktur unseres IPR nicht zu vereinbaren[43].

b) Bei der *gesetzgeberischen Reform des EGBGB* durch das IPRNG von 1986 wurden alle auf amerikanischen Lehren fußenden Reformvorschläge ausdrücklich abgelehnt, und zwar aus folgenden drei Gründen[44]: (1) Die praktische Bewährung der von den amerikanischen Gerichten aufgenommenen Lehren, insbesondere der governmental interest-Methode und des better law approach, könne nicht als gesichert gelten. (2) Die methodischen Neuansätze hätten bislang zu keiner in sich geschlossenen Konzeption geführt, die Grundlage einer Neuregelung im Rahmen unseres Rechtssystems sein könnte. (3) Der Gesetzgeber könne Vorschriften nicht ausschließlich mit Blick auf die in einem Rechtsstreit gegebene Interessenlage abfassen, weil damit das Interesse der Beteiligten an Vorhersehbarkeit und Beständigkeit der Rechtsanwendung verkannt würde.

c) Eine *vorläufige Bewertung* muß die unterschiedliche Ausgangssituation in den Vereinigten Staaten und in Europa berücksichtigen. In den Vereinigten Staaten sind die Gerichte nicht durch eine Kodifikation des IPR gebunden, und sie haben meist nur die (leichtere) Aufgabe, „interstate conflicts" zwischen divergierenden „statutes" der amerikanischen Gliedstaaten zu lösen. Dagegen hat der deutsche Richter es mit echten Auslandsfällen zu tun, und er hat durch seine Bindung an das geschriebene (autonome oder staatsvertragliche) IPR meist gar nicht die Freiheit, diese Fälle nur mittels einer bloßen Methode kollisionsrechtlicher Rechtsfindung unter Abwägung der beteiligten materiellen Rechte zu entscheiden. Rechtssicherheit, Entscheidungseinklang und Regelbildung werden bei uns traditionell höher bewertet. Unsere Kollisionsregeln sind bereits bis zu einem gewissen Grade aufgelockert (und jedenfalls nicht so mechanisch wie die des Ersten Restatement); Möglichkeiten zu weiteren Ver-

---

229ff. m.w.Nachw. Schroff ablehnend *Kegel*, Vaterhaus und Traumhaus – Herkömmliches IPR und Hauptthesen der amerikanischen Reformer: FS Beitzke (1979) 551.

[41] Eine beschränkte Nutzbarmachung für das Wirtschaftskollisionsrecht erwägt *Schnyder*, ZSR 105 (1986 – I) 101 (115).

[42] So beispielsweise *Zweigert*, RabelsZ 37 (1973) 444, 446f.: Anwendung des besseren Rechts als subsidiäre Lösung, wenn im Einzelfall „eine Kollisionsregel für eine bestimmte Frage nicht besteht oder zu erheblichen Zweifeln Anlaß gibt". Aber der Wertungsmaßstab („fortschrittliches Rechtsdenken") ist nicht eindeutig, und wenn der Richter bei jedem „erheblichen Zweifel" auf eine kollisionsrechtliche Lösung verzichtet – ist dann eine Weiterentwicklung des IPR durch richterliche Bildung neuer oder durch Differenzierung alter Kollisionsnormen oder durch Klärung von Streitfragen überhaupt noch möglich?

[43] Vgl. zu den Vorschlägen und ihrer Kritik näher die Monographien von *E. Lorenz*, Zur Struktur des IPR (1977) 16ff., 97ff., und *Schurig*, Kollisionsnorm und Sachrecht (1981) 23ff., 306ff.

[44] BegrRegE, BT-Drucks. 10/504, 26.

feinerungen sind innerhalb des gesetzlich gezogenen Rahmens auch in Zukunft gegeben.

Der deutsche Richter wäre dagegen mit Sicherheit überfordert, wollte man von ihm verlangen, den angemessenen Anwendungsbereich ihm nicht vertrauter ausländischer materieller Regelungen durch richterliche Bewertung oder Interessenabwägung in jedem Einzelfall zu bestimmen. Solche Abwägungen sind – trotz allen guten Willens zur Objektivierung – unvermeidlicherweise subjektiv und führen leicht zur Bevorzugung der jeweiligen lex fori, weil der Richter Berechtigung und Vorzüge der zur Wahl stehenden fremden Regeln nicht hinreichend zu sehen vermag. Schließlich ist eine richterliche Abwägung der jeweils widerstreitenden Gesetze für den Durchschnitt der Fälle viel zu aufwendig, da sie die versuchsweise Anwendung mehrerer materieller Rechtsordnungen (welche sind in Betracht zu ziehen?) und dann noch die Bewertung der gefundenen Lösungen erfordert (siehe auch unten § 13 Typenbildung oder Individualisierung?).

Wenn die amerikanischen Theorien somit auch für die Masse der kollisionsrechtlichen Fälle, wie sie in Deutschland täglich zu entscheiden sind, keine wesentliche Hilfe bilden, so bleiben sie doch rechtsvergleichend besonders anregend. Denn sie zeigen, daß man internationale Fälle auch auf ganz anderem Wege als in Kontinentaleuropa rational zu lösen vermag. Zudem ist die Frage noch offen, inwieweit die geschilderten sachnormanalytischen Methoden in dem weniger erforschten Bereich des Wirtschaftskollisionsrechts (vgl. oben § 3 II) neue Perspektiven eröffnen[45].

§ 11 Materielles Sonderrecht

Eine im Vordringen befindliche Alternative oder Ergänzung zum IPR bildet das materielle Sonderrecht für internationale Sachverhalte.

Als *„Entscheidungsrecht"* regelt es die privatrechtlichen Sachverhalte mit einer Außenbeziehung unmittelbar, während das IPR als *„Verweisungsrecht"* die Verantwortung für Fälle mit überwiegender Auslandsbeziehung in erster Linie dem Ausland überläßt[1].

Entscheidungsrecht eignet sich vor allem für die sog. *„absolut internationalen"* Sachverhalte (die Mischfälle), die von vornherein zu mehreren Rechtsordnungen starke Beziehungen aufweisen[2]. Für sie ist die Verweisung an eine einzige Rechtsordnung

---

[45] Skeptisch *Veelken*, Interessenabwägung im Wirtschaftskollisionsrecht (1988) 46 ff., 152 f.

[1] Das Begriffspaar stammt von *Dölle*, 5. Beiheft zur DRZ (1948) 5 N. 10. Vgl. englisch „dispositive law" und „indicative law" schon bei *Taintor*, La. L. Rev. 1 (1938/39) 696.

[2] Die Unterscheidung zwischen „relativ internationalen" (d. h. nur für den Richter interna-

§ 11 I I. Kapitel: Grundlagen

offenbar problematisch: Die „Nationalisierung" eines solchen Sachverhalts, d.h. seine Gleichstellung mit einem rein nationalen (in- oder ausländischen) Verhältnis, wird seiner besonderen Eigenart oft nicht gerecht. In der Praxis läßt sich jedoch diese Gegenüberstellung von relativ und absolut internationalen Sachverhalten nicht scharf durchführen. Auch für absolut internationale Fälle ist die Verweisung auf das eine oder das andere rein interne Recht dann unvermeidlich, wenn ein materielles Sonderrecht weder existiert noch vom Richter ohne weiteres geschaffen werden kann; sie ist sogar de lege ferenda die bessere Lösung, wenn solches Sonderrecht mit Rücksicht auf die Mannigfaltigkeit der in Betracht kommenden Fälle unverhältnismäßig kompliziert werden müßte und wenn somit die Rechtssicherheit gefährdet würde[3].

Materielles Sonderrecht begegnet uns in zwei Formen, nämlich als internationales Einheitsrecht und als nationales Recht.

I. Internationales Einheitsrecht

Internationales Einheitsrecht bilden die Rechtssätze, die in wenigstens zwei Staaten gleichlautend gelten und ihrem Sinn und Zweck nach auch so gelten sollen[4]. Es kann einheitliches materielles Recht sein oder einheitliches Kollisionsrecht (oben § 9). Als mögliche Alternative zum IPR interessiert uns hier das materielle Einheitsrecht.

1. Durch *Staatsverträge* ist materielles Einheitsrecht vor allem für die Materien des internationalen Geschäftsverkehrs geschaffen worden (im Kaufrecht, Wechsel- und Scheckrecht, See-, Luft-, Eisenbahn- und Straßenverkehrsrecht, gewerblichen Rechtsschutz, Niederlassungsrecht), ferner im Arbeitsrecht, aber auch in solchen Bereichen des bürgerlichen Rechts, die als „typisch national bedingt" und „bodenständig" angesehen werden, wie das Familienrecht[5].

Zum Teil erfaßt die Rechtsvereinheitlichung nur spezifisch internationale Sachverhalte (so das Wiener Kaufrecht, das nur für „internationale" Käufe gilt; näher unten § 52 IV 2), zum Teil aber auch rein innerstaatliche Vorgänge (so z.B. das Einheitliche Wechsel- und Scheckrecht). Bestimmend ist für das Bemühen um Rechtsvereinheitlichung bald das Interesse an der Rechtssicherheit, die

---

tionalen) Sachverhalten, die sich im wesentlichen innerhalb des Rahmens einer einzigen fremden materiellen Rechtsordnung halten und nur zufällig im Inland oder in einem Drittland zur Erörterung kommen, und „absolut internationalen" Sachverhalten findet sich bereits bei *Jitta*, La méthode du d.i.p. (La Haye 1890) 206 ff.; ähnlich in Deutschland etwa *Steindorff*, Sachnormen im IPR (1958).

[3] Näher zum Verhältnis von Entscheidungsrecht und Verweisungsrecht *Neuhaus* § 3.

[4] Ausführlich dazu *Kropholler*, Internationales Einheitsrecht (1975); siehe auch *von Bar* I § 2 II.

[5] Zur Vereinheitlichung des Familienrechts siehe etwa *Neuhaus*, Ehe und Kindschaft in rechtsvergleichender Sicht (1979) 3 ff.

§ 11 Materielles Sonderrecht § 11 I

durch Ausschaltung der (oft schwierigen) Entscheidung zwischen divergierenden nationalen Rechten gefördert wird (so typisch beim Wechsel- und Scheckrecht), bald das übereinstimmende rechtspolitische Interesse der beteiligten Staaten, gewisse Rechtsgrundsätze nicht nur im Anwendungsbereich des eigenen Rechtes verwirklicht zu sehen (etwa für internationale Transporte).

Staatsvertragliches materielles Einheitsrecht tendiert zwar dahin, das IPR auszuschalten, jedoch gelingt dies erfahrungsgemäß nicht ohne einen gewissen Rest. Zum einen muß in einem internationalen Fall der Anwendungsbereich des Einheitsrechts gegenüber dem Wirkungskreis der berührten nationalen Rechtsordnungen abgegrenzt werden. Zum anderen muß für die Lösung derjenigen Rechtsfragen, die mit dem einheitlichen Sachrecht zusammenhängen, in ihm aber nicht beantwortet werden, ergänzend autonomes staatliches Recht berufen werden. Es werden also anwendungsbestimmende und anwendungsergänzende Normen benötigt[6].

a) Die *Anwendungsbestimmung* geschieht bisweilen durch zusätzliche Kollisionsregeln[7], im Einheitsrecht für internationale Sachverhalte aber in der Regel durch spezielle Abgrenzungsnormen, die festlegen, welche internationalen Fälle erfaßt sind (siehe die Beispiele in § 52 I 1). Derartige Abgrenzungsnormen enthalten meist versteckt die Aussage, daß in den genannten internationalen Fällen die Konventionsregelung ohne Vorschaltung autonomen oder vereinheitlichten Kollisionsrechts zum Zuge kommen soll[8]. Die Vorschriften erfüllen damit eine kollisionsrechtliche Funktion und sollten dementsprechend ausgestaltet sein. Sie gehen den allgemeinen Kollisionsnormen als Spezialvorschriften vor. (Näheres zum Begriff der Kollisionsnorm sogleich in § 12 I.)

b) *Ergänzende Kollisionsnormen* sind für materielles Einheitsrecht, das internationale Sachverhalte betrifft, wegen seiner beschränkten sachlichen Reichweite unentbehrlich. Sie werden für die Lücken im Einheitsrecht benötigt, gleichgültig ob diese planmäßig (wie bei ausdrücklich offen gelassenen Nebenfragen) oder planwidrig entstanden sind. Von einer planwidrigen Lücke im Einheitsrecht oder fehlgeschlagener Rechtsvereinheitlichung kann man sprechen, wenn die Auslegung eines einheitlichen Gesetzes oder die Ausfüllung einer nicht beabsichtigten Lücke seines Textes in konstanter Rechtsprechung verschiedener beteiligter Länder uneinheitlich erfolgt. Dann sind die mehreren Auslegungen wie verschiedene nationale Gesetze nach den Regeln des IPR zu behandeln[9]. Auf solche Weise kann man wenigstens noch zu

---

[6] Eingehend zum folgenden *Kropholler* (vorletzte Note) 183 ff.
[7] Vgl. z. B. neben dem Genfer Einheitlichen Wechsel- und Scheckrecht die entsprechenden Kollisionsabkommen von 1930/31 (RGBl. 1933 II 444 bzw. 594).
[8] Anders Art. 1 I des Wiener Kaufrechts von 1980 (vgl. unten § 52 IV 2 b), der das Kollisionsrecht in die Abgrenzungsnorm einbezieht.
[9] So auch der BGH und der französische Kassationshof anläßlich einer unterschiedlichen

§ 11 I I. Kapitel: Grundlagen

internationaler Entscheidungsgleichheit für den Einzelfall gelangen, indem derselbe Sachverhalt überall nach derselben Version des Einheitsrechts beurteilt wird. Dies gilt besonders dann, wenn neben materiellem Einheitsrecht ein einheitliches IPR zur Verfügung steht, wie neben dem Genfer Einheitlichen Wechsel- und Scheckrecht die entsprechenden Kollisionsabkommen. Unentwegte Anhänger der materiellen Rechtsvereinheitlichung lehnen jedoch diesen Ausweg ab und bestehen darauf, daß eine einheitliche Auslegung erzielt werden müsse[10].

2. Im Wege der *Kodifizierung durch außerstaatliche Organe* entsteht einheitliches Sachrecht besonders auf dem Gebiet des internationalen Handels, nämlich in Form von Allgemeinen Geschäftsbedingungen und von Regeln über Konnossements- oder sonstige Klauseln (z. B. „York-Antwerp Rules" der International Law Association, „Incoterms" der Internationalen Handelskammer). Dabei ist freilich jeweils zu unterscheiden, ob diese Regeln von den staatlichen Gerichten nur infolge (ausdrücklicher oder stillschweigender) Vereinbarung der Vertragsparteien anzuwenden sind oder aufgrund einer nationalen Norm wie § 346 HGB, der auf „die im Handelsverkehr geltenden Gewohnheiten und Gebräuche" verweist, oder schließlich als wirklich autonomes Welthandelsrecht, das grundsätzlich aus sich selbst gilt, aber durch nationale Gesetze oder durch Parteiabreden verdrängt werden kann. Im Einzelfall kann allerdings unklar sein, welche dieser Möglichkeiten eine Norm meint, die sich auf Handelsbräuche bezieht[11].

Alle diese Regeln werden hauptsächlich durch die Rechtsprechung privater Schiedsgerichte präzisiert[12]. Leider bleiben deren Entscheidungen zum größten Teil unveröffentlicht. (Ändern wird sich daran wenig, solange die Beliebtheit der Schiedsgerichte zum großen Teil gerade auf ihrer Diskretion beruht.) Daher sind Kontinuität und wissenschaftliche Aufarbeitung der Praxis, die für jede höhere Rechtskultur unentbehrlich sind, bei dem außerstaatlichen Welthandelsrecht nicht gesichert.

3. Durch *internationalen Gerichtsgebrauch* und *Feststellung allgemeiner Rechtsgrundsätze* werden zwar im allgemeinen keine ganz neuen Rechtsinsti-

---

höchstrichterlichen Interpretation von Art. 31 IV WG in Deutschland und Frankreich; BGH 29. 10. 1962, NJW 1963, 252 = IPRspr. 1962 – 63 Nr. 44; Cass. 4. 3. 1963 *(Hocke)*, J.C.P. 1963 II. 13376 Anm. *Lescot* = Clunet 91 (1964) 806 Anm. *Goldman* = Rev. crit. 53 (1964) 264.

[10] Kritisch dazu *Kropholler* (oben N. 4) 204 ff.; *F. A. Mann*, in: FS Vischer (1983) 207 ff.

[11] In ihrer Bedeutung undeutlich ist etwa die Verweisung des Europäischen Übereinkommens über die internationale Handelsschiedsgerichtsbarkeit von 1961 in Art. VII Abs. 1 Satz 3 auf die „Handelsbräuche" und die Verweisung des Wiener Kaufrechts von 1980 in Art. 9 II auf die „Gebräuche".

[12] Siehe *Bucher*, Transnationales Recht im IPR, in: *Schwind* (Hrsg.), Aktuelle Fragen zum Europarecht aus der Sicht in- und ausländischer Gelehrter (Wien 1986) 11.

tute geschaffen; aber diese Erscheinungen erlauben es, sich von den einzelnen nationalen Rechtsordnungen formell zu lösen. Die wichtigsten Träger einer solchen Entwicklung sind internationale Gerichte – z.B. der Internationale Gerichtshof im Haag, die Gemischten Schiedsgerichte des Versailler Vertrages und ähnliche Einrichtungen nach dem zweiten Weltkrieg sowie gegenwärtig etwa der Gerichtshof der Europäischen Gemeinschaften[13] –, ferner angesehene Schiedsgerichte oder auch Einzelschiedsrichter[14] sowie besonders die rechtsvergleichende Wissenschaft. Was *Voltaire* über Gott gesagt hat: „Wenn es ihn nicht gäbe, man müßte ihn erfinden", das gilt auch für diese Art übernationalen Rechts.

Insbesondere Verträge, die Staaten oder sonstige Völkerrechtssubjekte mit ausländischen Privatunternehmen über Entwicklungs- oder Investitionsvorhaben schließen, werden gern den allgemeinen Rechtsgrundsätzen und einem Schiedsgericht unterstellt[15]. Die Rechtsordnung des staatlichen Vertragspartners ist nicht neutral, und es besteht die Gefahr, daß sie nachträglich zu Lasten des Privatunternehmens geändert wird. Eine (zumindest hilfsweise) Verweisung auf die allgemeinen Rechtsgrundsätze kann als willkommener Ausweg erscheinen.

Der Einwand mangelnder Bestimmtheit und fehlender Systematik dieser Rechtsmasse[16] schlägt nicht unbedingt durch, zumal die allgemeinen Rechtsgrundsätze als Rechtsquelle des Völkerrechts anerkannt sind (vgl. Art. 38 des Statuts des IGH). Freilich kann die bestehende Unsicherheit für die Parteien ein entscheidender Grund sein, der Verankerung des Vertrages in einem nationalen Recht doch den Vorzug zu geben. Das gilt auch gegenüber der in der Schiedsgerichtsbarkeit möglichen Verweisung auf eine vom nationalen Recht unabhängige sog. *lex mercatoria*[17]. Die rechtstheoretische Eingrenzung dieser Erscheinungen ist umstritten und zweifelhaft[18].

Sicher bedarf die Rechtsgewinnung außerhalb einer bestimmten nationalen Rechtsordnung weiterer methodischer Aufhellung, um die Rationalität der

---

[13] Siehe zu den supra- und internationalen Gerichten im einzelnen *Herrmann*, in: Hdb. IZVR I Kap. I.

[14] Siehe oben § 7 vor I. Aus dem Schrifttum etwa *Kahn*, Les principes généraux du droit devant les arbitres du commerce international: Clunet 116 (1989) 305.

[15] Siehe etwa den Schiedsspruch von *Dupuy* in Sachen *Texaco* und *Calasiatic* gegen *Libyen* 19.1. 1977, Clunet 104 (1977) 350 (353 ff.); dazu *Lalive* ebd. 319 (333 ff.); *ders.*, Rec. des Cours 181 (1983 – III) 9 (99 ff.); auch *Jutta Stoll*, Vereinbarungen zwischen Staat und ausländischem Investor (1982).

[16] Die vorsichtige Bezeichnung der allgemeinen Rechtsgrundsätze als „Rechtsmasse" (anstatt „Rechtsordnung" oder „Rechtssystem") findet sich bei *Böckstiegel*, Der Staat als Vertragspartner ausländischer Privatunternehmen (1971) 144.

[17] Siehe etwa *Delaume*, Comparative Analysis as a Basis of Law in State Contracts – The Myth of the Lex Mercatoria: Tul. L. Rev. 63 (1988/89) 575.

[18] Zum Meinungsstand siehe MünchKomm-*Martiny* Vor Art. 12 Rz. 20 f.; *Reithmann/ Martiny* Rz. 36 ff.

Ergebnisse zu erhöhen. Vor allem müssen die Grenzen einer Wahl der allgemeinen Rechtsgrundsätze oder der lex mercatoria genauer erforscht werden, damit Mißbräuche ausgeschlossen bleiben. Jedenfalls können *staatliche* Gerichte nicht außerhalb ihres Kollisionsrechts entscheiden, so daß eine Verweisung auf die allgemeinen Rechtsgrundsätze oder die lex mercatoria an die Grenzen der Parteiautonomie gebunden bleibt[19].

II. Nationales Sonderrecht

Nationales Sonderrecht für Auslandsfälle entsteht auf mannigfache Weise: im Wege des Gesetzesrechts durch Einfügung einzelner Sondernormen in das allgemeine Recht (z. B. über die Verlängerung von Fristen, wenn ein Beteiligter im Ausland wohnt, wie in §§ 1944 III, 1954 III BGB); durch Schaffung von Sondergesetzen oder gar eines ganzen Gesetzbuchs für den internationalen Wirtschaftsverkehr[20]; im Wege des Richterrechts etwa durch Ausfüllung einer Generalklausel (wie Verstoß gegen die guten Sitten), indem auf die Auffassungen des Auslandes Rücksicht genommen wird[21]; durch die Figuren der „Anpassung" oder „Substitution" (siehe unten § 34 und § 33) oder allgemein durch besondere Auslegung oder Fortbildung des internen Rechts für den Sachverhalt mit Außenbeziehung[22]; ferner wird – bei etwa gleich starken Beziehungen zu zwei Rechtsordnungen mit unterschiedlichem Inhalt – bisweilen die richterliche Bildung eines Mischrechts aus beiden Sachrechten empfohlen[23].

So gibt es zum einen mehrere mutige (besonders französische) Entscheidungen, die gewisse nationale Beschränkungen für vertragliche Goldklauseln, für Schiedsabreden oder für Gerichtsstandsvereinbarungen als im internationalen Rechtsverkehr nicht anwendbar erklärt haben, zum andern bisher kaum praktizierte Vorschläge, man solle im Konflikt zwischen mehreren nationalen Rechtsordnungen, die einen Anspruch schlecht-

---

[19] Vgl. *Lagarde*, Approche critique de la lex mercatoria: Etudes Goldman (Paris 1982) 125 (144 ff.).

[20] Vgl. z. B. tschechoslowakisches Gesetzbuch des internationalen Handels vom 4. 12. 1963 (Sb. Nr. 101); Gesetz der DDR über internationale Wirtschaftsverträge vom 5. 2. 1976 (GBl. I 61).

[21] Siehe z. B. im Rahmen des § 1 UWG BGH 24. 7. 1957, JZ 1958, 241 (243) Anm. *Steindorff* = IPRspr. 1956–57 Nr. 170 S. 541. Zum Familienrecht *Hessler*, Sachrechtliche Generalklausel und internationales Familienrecht (1985); dazu Besprechungsaufsatz *E. Lorenz*, FamRZ 1987, 645 ff.

[22] Siehe zu dem einer weiteren wissenschaftlichen Durchdringung harrenden „Auslandssachverhalt" die Auflistung von Material bei *Soergel-Kegel* Vor Art. 7 Rz. 112; ferner *Ferid*, Im Ausland erfüllte Tatbestandsmerkmale inländischer Sachnormen: GRUR Int. 1973, 472; *Jessurun d'Oliveira*, Krypto-IPR: ZfRV 27 (1986) 246.

[23] Vgl. *von Mehren*, Special Substantive Rules for Multistate Problems – Their Role and Significance in Contemporary Choice of Law Methodology: Harv. L. Rev. 88 (1974/75) 347 (359, 365 ff.).

§ 11 Materielles Sonderrecht § 11 II

hin bejahen oder verneinen, je nach der Stärke der Beziehungen zu diesen Rechtsordnungen eine mittlere Summe zusprechen[24]. Die erste Lösung kann als „teleologische Reduktion" (aus Sinn- und Zweckerwägungen begründete Einschränkung) der betreffenden materiellen Normen gutgeheißen werden, ist aber nur selten zu verwenden. Dagegen wird die zweite Lösung wegen ihrer offensichtlichen Unsicherheitsfaktoren zumindest bei kontinentaleuropäischen Richtern vorläufig schwer Anklang finden.

Nationales Sonderrecht kann die Bedeutung des Kollisionsrechts zwar schmälern, macht es aber nicht überflüssig. Denn es ergibt sich nicht nur das neue Problem der gegenständlichen Reichweite, d.h. der Abgrenzung dieses Sonderrechts vom allgemeinen Privatrecht, sondern es bleibt auch die Frage nach dem anwendbaren nationalen Recht bestehen. Wenn die Rechtsordnung, auf die verwiesen wird, für den betreffenden Fall materielles Sonderrecht vorsieht, greifen Verweisungs- und Entscheidungsrecht also ineinander.

---

[24] In diesem Sinne bereits *Fränkel*, Der Irrgarten des IPR: RabelsZ 4 (1930) 239. Aus jüngerer Zeit siehe *Langen*, Transnationales Recht (1981) 203 ff. mit dem Beispiel unterschiedlicher Verjährungsfristen.

II. Kapitel: Der Tatbestand der Kollisionsnorm

§ 12 Kollisionsnormen

I. Begriff

Die Bezeichnung „Kollisionsnormen" verwenden wir mit dem herrschenden Sprachgebrauch nicht nur für solche Normen, die eine wirkliche Kollision, einen Konflikt zwischen mehreren in casu sich für anwendbar erklärenden Rechtsordnungen voraussetzen. (Eine Kollisionsnorm in diesem engeren Sinne wäre etwa Art. 3 III EGBGB über den Vorrang der lex rei sitae vor dem sonst berufenen Familien- oder Erbrecht.) Vielmehr gebrauchen wir das Wort als Synonym für Rechtsanwendungs-, Verweisungs- oder Anknüpfungsregeln und ebenso „Kollisionsrecht" als Synonym für Rechtsanwendungs- und Verweisungsrecht. Dazu gehören in einem weiteren Sinne auch die bloßen Hilfs- oder Ergänzungsnormen des Kollisionsrechts (unselbständige Kollisionsnormen). Diese können entweder für grundsätzlich alle selbständigen Kollisionsnormen gelten (so die allgemeine Vorbehaltsklausel zugunsten des ordre public in Art. 6 EGBGB) oder sich auf eine gewisse Gruppe selbständiger Kollisionsnormen beziehen (wie der genannte Art. 3 III EGBGB auf die familien- und erbrechtlichen Vorschriften) oder gar nur auf einzelne von ihnen (so z.B. die einschränkenden Vorschriften der Artt. 12 Satz 2 und 11 V EGBGB, nach denen Artt. 12 Satz 1 bzw. 11 I auf bestimmte Rechtsgeschäfte keine Anwendung finden).

Erst recht beschränken wir das Wort „Kollisionsnorm" (règle de conflit) nicht auf die lückenlose, vollständige Normierung einer Frage[1]; dafür mag man das Wort „Regelung" verwenden.

Als Kollisionsnorm bezeichnen wir also jede kollisionsrechtliche Vorschrift. Das Gegenstück sind die materiellrechtlichen oder materiellen Normen, auch „Sachnormen", „Normen des Sachrechts" oder „Sachvorschriften" (so Art. 3 I 2 EGBGB) genannt.

Hier gewinnt das Wort „*materiell*", das sonst als Gegensatz zu „formell" (die Form betreffend) oder zu „prozessual" gebraucht wird, eine dritte, weiteste Bedeutung: Gegenüber dem Kollisionsrecht sind auch Form- und Prozeßvorschriften „materielles" Recht. Anderseits spricht man auch von „materiellem Kollisionsrecht" im Gegensatz zu Kollisionsnormen für die Form von Rechtsgeschäften oder zu prozessualen Kollisionsnormen (insbes. Zuständigkeits- und Anerkennungsregeln). – Der Franzose nennt das

---
[1] So *Trammer*, RabelsZ 22 (1957) 401, 404 und in: Law and International Trade, FS Schmitthoff (Frankfurt a. M. 1973) 367.

materielle Recht „droit interne" im Gegensatz zum „droit international", der Engländer spricht von „substantive" oder „municipal" oder „domestic law". (Das domestic law ist also nicht identisch mit unserem „heimischen", d. h. inländischen Recht im Gegensatz zum ausländischen.) Dagegen meint der Italiener mit „norme interne di diritto internazionale privato" die inländischen Kollisionsnormen. – Welche der verschiedenen üblichen Bezeichnungen weniger mißverständlich ist als eine andere, darüber kann man streiten.

Auf der Grenze zwischen Kollisions- und Sachnormen liegen die Bestimmungen über den Anwendungsbereich des materiellen Sonderrechts für internationale Sachverhalte (oben § 11): Diese Bestimmungen gehören zum Sachrecht, soweit sie das Sonderrecht vom allgemeinen nationalen Recht abgrenzen (dann sprechen wir von ausländischen Tatbestandsmerkmalen), dagegen zum Kollisionsrecht, wenn sie die Anwendung des nach allgemeinem IPR maßgebenden Rechts ausschließen. Oft erfüllen sie beide Funktionen zugleich; so insbesondere die anwendungsbestimmenden Abgrenzungsnormen des staatsvertraglichen materiellen Einheitsrechts (oben § 11 I 1 a).

II. Struktur

Der Aufbau der selbständigen Kollisionsnormen gleicht derjenigen anderer selbständiger Rechtsnormen. Wie diese verknüpfen sie eine oder mehrere bestimmte Voraussetzungen (die durch den Tatbestand der Norm umschrieben werden) mit einer rechtlichen Wirkung (der Rechtsfolge). Dies geschieht entweder nach dem bekannten Schema „Wenn (der konkrete Sachverhalt den gesetzlichen Tatbestand verwirklicht), dann (tritt die im Gesetz bezeichnete Rechtsfolge ein)"[2] – oder umgekehrt in der Form, daß für eine bestimmte Rechtsfolge die Voraussetzungen festgelegt werden.

1. Der *Tatbestand* der Kollisionsnorm umfaßt meist einen ganzen Komplex von Gegenständen, umschrieben durch den sog. Rahmen-, System-, Sammel-, oder Verweisungsbegriff, auch Anknüpfungs- oder Verweisungsgegenstand genannt (z. B. „die Geschäftsfähigkeit" in Art. 7 EGBGB, „die Formgültigkeit eines Rechtsgeschäfts" in Art. 11, „die Voraussetzungen der Eheschließung" in Art. 13).
Die Bildung des Tatbestandes sollte nicht rein deduktiv nach nationalen Rechtsbegriffen erfolgen, sondern aufgrund konkreter Rechtsvergleichung[3],

---

[2] Vgl. etwa *Larenz*, Methodenlehre der Rechtswissenschaft[5] (1983) 245: Jeder Rechtssatz besagt: „Immer dann, wenn ein konkreter Sachverhalt S den Tatbestand T verwirklicht, gilt für diesen Sachverhalt die Rechtsfolge R."
[3] Vgl. schon *Rabel*, Das Problem der Qualifikation: RabelsZ 5 (1931) 241 (258): „Ein gesunder und zukunftsreicher Zug geht dahin, auf induktivem Wege für jeden juristischen Typus die ihm entsprechenden Kollisionsnormen zu finden."

§ 12 II   II. Kapitel: Der Tatbestand der Kollisionsnorm

am besten nach Sachverhalten oder der Funktion der Rechtsregeln. Mit anderen Worten: an die Stelle einseitig national geprägter „Systembegriffe" sollen beim Aufbau der IPR- (wie der Zuständigkeits-)Normen möglichst Sachbegriffe oder Funktionsbegriffe[4] treten.

Einen kollisionsrechtlichen Funktionsbegriff verwendet beispielsweise § 45 öst. IPR-Gesetz, der von „abhängigen Rechtsgeschäften" spricht und damit einen Ausdruck gebraucht, der dem materiellen Recht als „terminus legalis" fremd ist[5]. Besonders nahe liegt die Wahl von weitmaschigen Funktionsbegriffen in kollisionsrechtlichen Staatsverträgen, wie im Haager Minderjährigenschutzabkommen, das „Schutzmaßnahmen" zu seinem Gegenstand erklärt und damit auf die Funktion der Maßnahmen abstellt. Während die Verfasser staatlicher IPR-Gesetze oft aus dem Fundus ihres nationalen Begriffssystems schöpfen, geraten bei der Abfassung von Staatsverträgen in der Regel die Rechtseinrichtungen verschiedener Rechtssysteme ins Blickfeld, und sie können nicht selten durch die Wahl eines Funktionsbegriffes am sachgerechtesten eingefangen werden.

2. Die *Rechtsfolge* der Kollisionsnorm ist unbestritten nicht unmittelbar materiellrechtlicher Art (wie etwa eine Zahlungspflicht oder ein Kündigungsrecht), sondern sie besteht in der Maßgeblichkeit einer bestimmten Rechtsordnung.

Des näheren wird diese maßgebliche Rechtsordnung bisweilen konkret bezeichnet („deutsches Recht", „dieses Gesetz"). Meist wird sie nur generell umschrieben unter Bezugnahme auf ein Element des Sachverhalts, das sog. Anknüpfungsmerkmal oder -moment, auch Anknüpfungsgrund oder -tatsache genannt[6] (etwa „das Recht des Staates, dem eine Person angehört" – welcher Staat dies ist, muß dann von Fall zu Fall festgestellt werden). Da das Anknüpfungsmoment zur näheren Bestimmung der Rechtsfolge der Kollisionsnorm dient, gehört es jedenfalls zur Rechtsfolgenseite der Kollisionsnorm. Es kann aber auch bereits in die Formulierung der Tatbestandsseite einbezogen werden[7].

Bei Einbeziehung des Anknüpfungsmoments Staatsangehörigkeit in den Tatbestand der Kollisionsnorm würde man z. B. Art. 13 I EGBGB so lesen: Wenn die Voraussetzungen der Eheschließung in Rede stehen und wenn die Verlobten Angehörige verschiede-

---

[4] Der Ausdruck „Funktionsbegriff" – siehe bereits *Kropholler*, Das Haager Abkommen über den Schutz Minderjähriger (1966) 56 – hat sich durchgesetzt.

[5] Vgl. *Schwind*, Systembegriff und Funktionsbegriff, in: Europäisches Rechtsdenken in Geschichte und Gegenwart, FS Coing II (1982) 483 (487): der funktionelle Gedanke der einheitlichen Beurteilung des Zusammengehörigen zwingt dazu, diese „abhängigen Rechtsverhältnisse" der Anknüpfung des Hauptvertrages unterzuordnen.

[6] Der Ausdruck „Anknüpfungsbegriff" wird besser vermieden, weil darunter auch der entscheidende Teil des Tatbestandes, der meist begrifflich gefaßte „Anknüpfungsgegenstand", verstanden werden kann.

[7] So z.B. *Kegel* § 6 III. Siehe dazu die Kritik bei *Fikentscher*, Methoden des Rechts III (1976) 775 ff.

ner Staaten sind (Tatbestand), dann sollen die Eheschließungsvoraussetzungen Anwendung finden, die der Heimatstaat eines jeden Verlobten aufstellt (Rechtsfolge). Damit wird freilich eine entscheidende Aussage der Kollisionsnorm in den Tatbestand vorgezogen, nämlich ob auf die Staatsangehörigkeit, den gewöhnlichen Aufenthalt oder ein sonstiges Merkmal abzustellen ist.

Die bloß generelle Umschreibung der Rechtsfolge ist nicht spezifisch für die Kollisionsnormen. Auch in den Normen des materiellen Rechts ist die Rechtsfolge bald genau bezeichnet („Der überlebende Ehegatte erbt die Hälfte des Nachlasses"), bald durch Bezugnahme auf ein Element des Sachverhalts umschrieben („Kinder erben zu gleichen Teilen", also je nach ihrer Zahl).

III. Einseitige Kollisionsnormen

1. Der *Begriff* „einseitige" Kollisionsnormen (auch: Abgrenzungsnormen) meint Normen, die auf der Rechtsfolgenseite nur von der Anwendung einer einzigen Rechtsordnung (durchweg der inländischen) sprechen, im Unterschied zu „allseitigen", nach denen ebenso wie die inländische auch diese oder jene ausländische Rechtsordnung zum Zuge kommen kann. (Die vielfach als synonym für „allseitig" gebrauchten Worte „zweiseitig" oder „mehrseitig" wollen manche den Kollisionsnormen in Staatsverträgen vorbehalten, die wirklich nur für zwei oder sonst eine beschränkte Zahl von Rechtsordnungen gelten[8].) Das EGBGB von 1896 enthielt vorwiegend einseitige Kollisionsnormen, die freilich von Wissenschaft und Praxis im allgemeinen zu allseitigen erweitert wurden[9]. Die Neufassung von 1986 ist demgegenüber grundsätzlich zu allseitigen Kollisionsnormen übergegangen.

Als *„negativ einseitige"* Kollisionsnormen möchten wir diejenigen bezeichnen, die nur die Anwendung des inländischen Rechts ausschließen, aber nicht im entsprechenden Fall die Anwendung einer ausländischen Rechtsordnung beschränken. Dies kann in der Weise geschehen, daß die Anwendung eines bestimmten Gesetzes auf Fremde entgegen den allgemeinen kollisionsrechtlichen Grundsätzen untersagt wird („Dieses Gesetz gilt nicht für Ausländer, auch wenn diese im übrigen dem inländischen Recht unterstehen").

2. Von einem *„System einseitiger Kollisionsnormen"* kann man dort sprechen, wo die Kollisionsnormen nicht nur – wie vor 1986 im EGBGB – überwiegend einseitig formuliert sind, aber in der Anwendung zu allseitigen erweitert werden können, sondern wo der Anwendungsbereich auch ausländischen

---

[8] Vgl. etwa *Drobnig*, OER 6 (1960) 165; *Neuhaus* 101.
[9] Vgl. *Behn*, Die Entstehungsgeschichte der einseitigen Kollisionsnormen des EGBGB unter besonderer Berücksichtigung der Haltung des badischen Redaktors Albert Gebhard und ihre Behandlung durch die Rechtsprechung in rechtsvergleichender Sicht (1980); bespr. in RabelsZ 44 (1980) 592.

Rechts nach dessen eigenen Kollisionsnormen bestimmt wird[10]. Wir haben dieses System oben (§ 3 II) nach Abwägung des Pro und Contra nur für die sog. Eingriffsnormen empfohlen, bei denen positive und negative Kompetenzkonflikte (Normenfülle und Normenmangel) weniger gefährlich sind. Für andere Bereiche müßte es in einem System einseitiger Kollisionsnormen noch besondere Zusatzregeln (Kollisions- oder Konfliktsnormen in dem oben zu I bezeichneten engeren Sinne) geben[11]; diese laufen entweder auf eine Bevorzugung des inländischen materiellen Rechts hinaus (zu Lasten des internationalen Entscheidungseinklangs) oder auf eine analoge Anwendung der inländischen einseitigen Kollisionsnormen als ultima ratio.

Man mag ein solches System maßvoller und realistischer finden als das entgegengesetzte, besonders vom geltenden italienischen und griechischen IPR vertretene System der ausschließlichen Anwendung eigener allseitiger Kollisionsnormen ohne jede Rücksicht auf fremdes IPR. Den Vorzug vor beiden Methoden verdient die Verbindung allseitiger, vom Sachverhalt her konzipierter Kollisionsnormen mit einer gewissen Rücksichtnahme auf fremdes Kollisionsrecht.

IV. Versteckte Kollisionsnormen

Neben den ausdrücklichen gibt es versteckte Kollisionsnormen, die in anderen Normen enthalten sind („versteckt" nicht im Sinne bewußter Verheimlichung, sondern nur im Sinne der objektiven Verborgenheit).

1. Vor allem können sie in *Zuständigkeitsnormen* verborgen sein. Schon im Jahre 1903 hat Th. *Niemeyer* gesagt, in den Vereinigten Staaten seien die Voraussetzungen der Zuständigkeit für Ehescheidungen „derart geregelt, daß in ihnen der Schwerpunkt für die Kollisionsfragen liegt und sich materielle Kollisionsnormen geradezu dahinter verstecken"[12] (vgl. unten § 25 Versteckte Rückverweisung).

2. Ferner kann in einer *Sachnorm* die zugehörige Kollisionsnorm versteckt sein. Man spricht von Sachnormen mit eigener Bestimmung ihres räumlich-persönlichen Anwendungsbereichs oder kürzer von selbstbegrenzten („autoli-

---

[10] Ältere Vertreter dieses Systems bei *Wiethölter*, Einseitige Kollisionsnormen als Grundlage des IPR (1956) 4–42. Aus jüngerer Zeit vgl. etwa *Quadri*, Lezioni di d. i. p.^{5} (1969) 238 ff.; *Gothot*, Rev. crit. 60 (1971) 1 ff., 209 ff., 415 ff.

[11] Hauptsächlich wegen dieser Teilung des IPR, welche die einheitliche interessenjuristische Bearbeitung hemme, wird das System einseitiger Kollisionsnormen verworfen von *Wiethölter* (vorige Note) 121.

[12] *Theodor Niemeyer*, NiemZ 13 (1903) 448.

mitierten") oder selbstbeschränkten Sachnormen[13]. Zum Beispiel enthält § 244 BGB – Fremdwährungsschulden können mangels ausdrücklicher anderer Abrede im Inland in deutscher Währung erfüllt werden – unausgesprochen die Kollisionsnorm, daß diese Vorschrift ohne Rücksicht auf das Schuldstatut gelten will[14]. Oder wenn ein Gesetz sagt, daß eine an sich unabdingbare Vorschrift bei Fehlen einer bestimmten Inlandsbeziehung nicht verbindlich sein soll (wie § 92 c HGB betr. die Handelsvertreter), so kann darin eine Kollisionsnorm des Sinnes versteckt liegen, daß bei Vorhandensein der betreffenden Inlandsbeziehung unbedingt das ausländische Recht zur Anwendung kommen soll, also unter Ausschluß der Wahl eines anderen Rechts durch die Parteien[15].

Ob in einer inländischen Sachnorm mit einem ausländischen Tatbestandselement eine spezielle Kollisionsnorm versteckt ist, die den sonstigen Kollisionsnormen vorgeht, oder ob es sich um eine reine Sachnorm handelt, welche die von einer allgemeinen Kollisionsnorm bestimmte Anwendung des inländischen Rechts voraussetzt, ist aus dem Wortlaut sowie aus dem Sinn und Zweck der Norm zu erschließen[16].

So sind die §§ 1944 III, 1954 III BGB (Ausschlagungs- und Anfechtungsfrist bei Auslandswohnsitz des Erblassers oder -aufenthalt des Erben) so aufzufassen, daß sie allein bei deutschem Erbstatut gelten. Ähnlich ist § 2251 BGB (Seetestament an Bord eines deutschen Schiffes außerhalb eines inländischen Hafens) sinngemäß nur nach Maßgabe des Art. 26 EGBGB über die Form letztwilliger Verfügungen anzuwenden, also nicht für Ausländer in fremden Territorialgewässern. Man kann in solchen Fällen von bedingtem Sonderrecht für internationale Sachverhalte sprechen im Gegensatz zu unbedingtem Sonderrecht.

3. Schließlich kann eine Kollisionsnorm in einer anderen *IPR-Norm* versteckt sein, insbesondere eine allgemeine Kollisionsnorm in einer speziellen (Ausnahme-)Vorschrift. Wenn z.B. Art. 38 EGBGB bestimmt: „Aus einer im Auslande begangenen unerlaubten Handlung können gegen einen Deutschen

---

[13] Weniger treffend die Bezeichnung von *Kegel*, Die selbstgerechte Sachnorm, in: Gedächtnisschrift Ehrenzweig (1976) 51 (bespr. durch *von Overbeck*, RabelsZ 43 [1979] 389).
[14] Gegen diese h.M. spricht nicht die dispositive Natur des § 244 BGB (anders *Birk*, AWD 1973, 433): Die Geltung der inländischen Währung weicht nur dem ausdrücklichen Willen der Parteien, aber nicht ohne weiteres einem fremden Vertragsstatut. – Erweiterung der einseitigen Kollisionsnorm zur allseitigen hieße hier nicht etwa Geltung der jeweiligen Zahlungsort-Währung (so anscheinend *F.A. Mann*, Kollisionsnorm und Sachnorm mit abgrenzendem Tatbestandsmerkmal, in: Funktionswandel des Privatrechts, FS L. Raiser [1973] 499, 504), sondern Geltung des jeweiligen Rechts des Zahlungsortes.
[15] Das Vorliegen einer solchen Norm wurde für § 92 c HGB bejaht von *Makarov*, Grundriß des IPR (1970) 16; dagegen zu Recht ablehnend BGH 30. 1. 1961, NJW 1961, 1061 = IPRspr. 1960–61 Nr. 39 b.
[16] *Siehr*, Normen mit eigener Bestimmung ihres räumlich-persönlichen Anwendungsbereichs im Kollisionsrecht der Bundesrepublik Deutschland: RabelsZ 46 (1982) 357 (374): keine Vermutung zugunsten einer versteckten Kollisionsnorm (gegen *Neuhaus* 99).

nicht weitergehende Ansprüche geltend gemacht werden, als nach den deutschen Gesetzen begründet sind", so ist damit indirekt gesagt, daß im allgemeinen die Ansprüche aus einer unerlaubten Handlung nach dem Recht des Begehungsortes zu beurteilen sind.

V. Règles d'application immédiate (Sachnormen im IPR)

Neben Kollisions- und Sachnormen gibt es kein Tertium. Freilich ist die Abgrenzung zwischen beiden Arten von Normen mitunter schwierig[17]. Das wurde bereits an den Sachnormen mit ausländischem Tatbestandselement deutlich, die eine versteckte Kollisionsnorm enthalten können und dann also einen materiellrechtlichen und einen kollisionsrechtlichen Bestandteil aufweisen (oben IV 2). Auch wenn von materiellem IPR oder von Sachnormen im IPR gesprochen wird[18] oder von „règles d'application immédiate"[19] („unmittelbar anwendbaren Regeln"), geht es in der Sache um materielle Normen mit einer eigenen (ausdrücklichen oder stillschweigenden) einseitigen Kollisionsnorm. Diese Normen schließen die Anwendung von Kollisionsrecht nicht schlechthin aus, sondern ersetzen nur die regulären Kollisionsnormen durch spezielle[20]. Es sind „gesetzesbezogene" Kollisionsnormen[21]. Sie ändern nichts an dem Grundsatz, daß die Anwendung jeder materiellen oder Sachnorm von einer entsprechenden Rechtsanwendungs- oder Kollisionsnorm abhängt, auch wenn man sich in vielen Fällen dessen nicht bewußt ist.

Diese speziellen Kollisionsnormen gleichen auch darin den allgemeinen, daß sie sich nicht nur auf eine einzelne Bestimmung beziehen können, wie im Falle der selbstbegrenzten einzelnen Sachnorm (oben IV 2), sondern auch auf ein

---

[17] Dazu *Siesby*, Some Aspects of the Legislative Technique in the Conflict of Laws (mschr. Thesis, Harvard 1952) 14 N. 12. Er vergleicht die Internationalisten etwas respektlos mit den Hunden des russischen Biologen Pawlow, die auf bestimmte Töne abgerichtet und bei zu geringen Intervallen der Töne ganz unruhig wurden: „Lawyers dealing with typical substantive rules or typical conflict rules are usually quite happy and confident. Confronted with rules which can not be classified in either of these groups the lawyers seem to get rather disturbed."

[18] Siehe etwa *Hubert Bauer*, Les traités et les règles de d. i. p. matériel: Rev. crit. 55 (1966) 537 (538 m. Nachw. in N. 2); bespr. in RabelsZ 31 (1967) 769.

[19] So *Francescakis*, La théorie du renvoi et les conflits des systèmes (1958; bespr. in RabelsZ 24 [1959] 587) 11–16 und seither öfter, besonders Conflits de lois (Principes généraux), in: Rép. dr. int. I (1968) 470ff. (bespr. in RabelsZ 33 [1969] 194) nos. 69ff.

[20] Vgl. *Maury*, Rev. crit. 48 (1959) 603: „les dites règles d'application immédiate nous apparaissent comme des règles de rattachement particulières... unilatérales." – Von einer „unwritten (,built-in') conflict rule referring to the lex fori, a special rule derogating from the general rule" spricht *Verheul*, Ned. T. Int. R. 18 (1971) 347.

[21] *Kropholler*, RabelsZ 33 (1969) 99; den Ausdruck übernehmen z. B. *Jayme*, StAZ 1971, 69; *Bucher*, Grundfragen der Anknüpfungsgerechtigkeit im IPR (1975) 70; *Coester*, ZVglRWiss. 82 (1983) 10.

ganzes Sachgebiet. So gilt das in § 98 II 1 des deutschen Kartellgesetzes (GWB) verankerte Auswirkungsprinzip – wenn auch mit Variationen für die verschiedenen wettbewerbsrechtlichen Bereiche – für alle Normen dieses Gesetzes (vgl. unten § 52 VII 2 b). Es ist sogar eine Aufgabe der Wissenschaft, aus den Einzelfällen der „application immédiate" allgemeine Regeln herauszuschälen: Wir möchten wissen, für welche Art von Sachnormen üblicherweise besondere Anwendungsregeln gelten, und auch, welche Inlandsbeziehungen bei verschiedenen Typen jener Sachnormen bestehen müssen, damit ihre Anwendung gerechtfertigt ist. Damit nähern sich diese Regeln weiter den üblichen Kollisionsnormen an.

Schließlich können die einseitigen Regeln über den Anwendungsbereich – ebenso wie früher die meisten einseitigen Kollisionsnormen des EGBGB a.F. – u.U. als allseitige Normen ausgelegt werden. So kann aus dem erwähnten § 98 II GWB gefolgert werden, daß in Deutschland ein anwendungswilliges ausländisches Kartellgesetz grundsätzlich anzuwenden oder zumindest zu berücksichtigen ist, wenn eine wettbewerbsbeschränkende Abrede sich in dem betreffenden fremden Land auswirken würde[22].

Ob im *Einzelfall* der Schritt von der einseitigen Anwendung inländischer zur Anwendung (oder Berücksichtigung) ausländischer Normen getan wird, hängt vom Grad der Entwicklung zur Internationalität in der einzelnen Rechtsdisziplin ab: Im reinen Privatrecht ist der Schritt zur gleichberechtigten Anwendung ausländischen Rechts mit Ausnahme einzelner Vorbehaltsmaterien längst vollzogen; für das Devisen-, Steuerrecht und Verkehrsstrafrecht wird er durch verschiedene Staatsverträge angestrebt. Die Technik einseitiger Kollisionsnormen schließt den Schritt zur Anwendung fremden Rechts jedenfalls ebensowenig aus, wie umgekehrt die Technik der allseitigen Kollisionsnormen eine generelle Verweisung auf die lex fori (z.B. für Verfahrensfragen) verhindert.

Insgesamt ist festzuhalten, daß es „unmittelbar anwendbare Regeln" als eine völlig außerhalb des Kollisionsrechts liegende Kategorie von Rechtsnormen nicht gibt[23]. Die Problematik der bevorzugten Anwendung inländischer „lois d'application immédiate" und der Berücksichtigung ausländischer „lois d'application immédiate" wird heute in der Regel unter dem Stichwort „Eingriffsnormen" erörtert (Näheres dazu oben § 3 II und unten § 52 VII und VIII).

---

[22] Die Frage ist umstritten. Bejahend etwa *Martinek*, Das internationale Privatkartellrecht (1987); grundsätzlich für eine allseitige Anwendung des Auswirkungsprinzips auch *Immenga/Mestmäcker(-Rehbinder)*, GWB (1981) § 98 Abs. 2 Rz. 277; den Zusammenhang mit der übergreifenden Problematik der Berücksichtigung ausländischer Eingriffsnormen (dazu unten § 57 VIII) betont zu Recht *Basedow*, Entwicklungslinien des internationalen Kartellrechts: NJW 1989, 627 (632f.). In der Praxis wird ausländisches Kartellrecht bislang fast nie angewandt.

[23] Deutlich in diesem Sinne auch *Schurig*, Lois d'application immédiate und Sonderanknüpfung zwingenden Rechts: Erkenntnisfortschritt oder Mystifikation?, in: *Holl/Klinke* (Hrsg.), IPR – Internationales Wirtschaftsrecht (1985) 55 (74).

§ 13 I   II. Kapitel: Der Tatbestand der Kollisionsnorm

Keine Schwierigkeiten bereiten die „règles de droit international privé matériel", von denen beispielsweise bei Ausarbeitung des Haager Adoptionsabkommens von 1965 die Rede war[24]. Es handelt sich um Sachnormen, die in ein hauptsächlich dem IPR gewidmetes Abkommen aufgenommen werden. Auch in die Kollisionsnormen des EGBGB haben sich gelegentlich Sachnormen verirrt (vgl. etwa Artt. 10 III 3 und 18 VII) oder bestimmte materiellrechtliche Voraussetzungen (vgl. etwa Artt. 17 III 2 a.E., 19 III, 23 Satz 2). In systematischer Sicht bilden diese Normen im EGBGB einen Fremdkörper, und ihr praktischer Nutzen ist oft zweifelhaft.

§ 13 Typenbildung oder Individualisierung?

I. Die *Fragestellung,* ob im IPR eine Typenbildung erfolgen soll oder möglichst für jeden individuellen Fall die ihm angemessene Rechtsordnung („the proper law") bestimmt werden soll, setzt voraus, daß es keinesfalls eine unterschiedslose Einheitslösung für alle Kollisionsfälle gibt[1].

Der Versuch, einen einheitlichen Grundsatz für die Entscheidung aller vorkommenden Kollisionsfragen aufzufinden, erschien schon *Savigny* als bedenklich, „weil ja die einzelnen Rechtsverhältnisse von so sehr verschiedener Natur sind, daß sie schwerlich auf eine gemeinsame durchgreifende Regel... zurückgeführt werden können"[2]. Vielmehr konkretisierte er bekanntlich (vgl. oben § 4 II 1a) die Aufgabe des IPR dahin, „für jede Klasse der Rechtsverhältnisse ein bestimmtes Rechtsgebiet, dem es angehört, also gleichsam einen Sitz des Rechtsverhältnisses, aufzusuchen"[3].

Auf dem *Savigny*schen Grundsatz der Bildung von „Klassen" oder Typen der „Rechtsverhältnisse" – unter Festlegung besonderer Anknüpfungsmerkmale für jeden Typus – beruht der größte Teil des modernen Kollisionsrechts. Sollte man aber nicht statt dessen für jedes einzelne Rechtsverhältnis, jeden konkreten Sachverhalt nach seinem individuellen „Sitz" suchen, also nach der Rechtsordnung, zu welcher jeweils nach den Umständen des Einzelfalls die engste Verbindung besteht?

---

[24] Actes et Doc. 10 II (1965) 97f.
[1] Anders im Staatsangehörigkeitsrecht, wo es schlechthin eine einzige (allseitige) Kollisionsnorm gibt: Erwerb und Verlust einer Staatsangehörigkeit richten sich stets nach dem Recht des betreffenden Staates. Siehe oben § 1 VI 1.
[2] *Savigny* 121.
[3] AaO 118. Mit Recht kommt daher *Coing,* Rechtsverhältnis und Rechtsinstitution im allgemeinen und internationalen Privatrecht bei Savigny, in: Eranion Maridakis III (1964) 19, zu dem Schluß (28): „*Savignys* internationalprivatrechtliche Theorie ist im Grunde viel weniger eine Theorie vom Sitz der Rechtsverhältnisse als eine Theorie der Analyse der einzelnen konkreten Rechtsverhältnisse auf Rechtsinstitute oder Klassen von Rechtsverhältnissen."

§ 13 Typenbildung oder Individualisierung? § 13 II

In diesem Sinne hat z. B. die englische Rechtsprechung seit langem im Internationalen Vertragsrecht den Widerstreit der Anknüpfungen an den Abschlußort, den Erfüllungsort und (bei See-Frachtverträgen) an die Flagge relativiert durch die Formel vom „proper law of the contract", das von Fall zu Fall unter Berücksichtigung der besonderen Umstände zu bestimmen sei[4]. Ebenso ist in Amerika für Verträge eine Theorie des „Schwerpunktes" oder der „Mehrheit der Anknüpfungen" (center of gravity bzw. grouping of contacts) entwickelt worden, nach welcher nicht der Wille der Parteien und nicht der Abschluß- oder Erfüllungsort maßgebend sein soll, sondern der Ort, „der die kennzeichnendste Beziehung zu der streitigen Angelegenheit hat", unter Abkehr von „starren allgemeinen Regeln"[5]. Ähnliche Vorstellungen finden sich im englischen und amerikanischen Deliktsrecht[6]. Auch in Kontinentaleuropa ist diese Auffassung vereinzelt mit der Begründung verfochten worden, die Schwierigkeiten des IPR seien „so verwickelt und so umfassend, daß es ganz unmöglich ist, im voraus allgemeine Regeln über die Entscheidung derselben aufstellen zu wollen"[7].

II. Die *Entscheidung* zwischen Typenbildung und Individualisierung muß zugunsten der letzteren die Tatsache berücksichtigen, daß gerade im IPR die Mannigfaltigkeit der Fälle sich einer streng typisierenden Normierung entzieht. Überdies wird aus dem vielfältigen Material verhältnismäßig wenig publiziert, so daß in Wissenschaft und Gesetzgebung schon infolge mangelnder Anschauung der Wirklichkeit die Gefahr rein begrifflich gewonnener oder traditionell erstarrter, nicht wirklich sachgemäßer Anknüpfungsregeln gegeben ist. Bezeichnenderweise ist die individualisierende englische und amerikanische Rechtsprechung auf dem Gebiet des Vertragsrechts als Reaktion gegen rein mechanische Anknüpfungen (an den Abschluß- oder den Erfüllungsort) entstanden, die auf die verschiedenen Vertragsarten keine Rücksicht nahmen, und auch die amerikanische „Revolution" im Deliktsrecht wurde durch eine zu starre Anknüpfung (an den Tatort) ausgelöst. Schließlich ist allgemein die Gerechtigkeit bisher vielleicht zu sehr darin gesehen worden, daß „Gleiches gleich behandelt" wird (vgl. oben § 4 I).

Anderseits dürfen wir nicht übersehen, daß wenigstens im Zivilrecht – im Strafrecht mag es anders sein – oftmals nicht nur ein gleicher (ganz ähnlicher), sondern derselbe (identische) Fall, z. B. die Frage nach der Volljährigkeit eines bestimmten Menschen oder nach seiner Beerbung, von verschiedenen Stellen beurteilt werden muß und daß dann die Gleichmäßigkeit der Behandlung, d. h. die nationale und internationale Entscheidungsgleichheit, wichtiger sein kann als das Streben des Richters nach Fallgerechtigkeit, das auch bei größter Red-

---

[4] Vgl. etwa die ausdrückliche Bezugnahme auf die Gesamtheit der Umstände (für einen Chartervertrag) in The Assunzione, [1954] P. 150, 170, 180 (C. A.).
[5] Grundlegend das Urteil von Judge *Fuld* in Auten v. Auten, 124 N. E. 2 d 99 (N. Y. 1955).
[6] Siehe zum englischen Recht namentlich *Morris*, The Proper Law of a Tort: Harv. L. Rev. 64 (1950/51) 81, bespr. in RabelsZ 16 (1951) 651; zum amerikanischen Recht siehe oben § 10 IV.
[7] So der Däne *Georg Cohn*, Existenzialismus und Rechtswissenschaft (Basel 1955) 119.

lichkeit und Sachkenntnis subjektive Elemente enthält. Rechtssicherheit heißt nicht allein Schutz vor Willkür, sondern auch vor *gutgemeinter* Subjektivität in der Bewertung; ja, der Richter soll selbst ihren Anschein vermeiden. Dies ist der Grund seiner Anlehnung an die erkennbaren Wertungen des Gesetzes oder der Präjudizien auch dort, wo eine strenge Bindung nicht besteht, und deshalb soll er „bewährter Lehre und Überlieferung" folgen (Art. 1 III Schweizer ZGB). Gerade im IPR würden bei einer stark individualisierenden Rechtsprechung sehr leicht „Heimwärtsstreben" (oben § 7 I) und materiellrechtliche Erwägungen die Entscheidungsgleichheit beeinträchtigen.

Außerdem verbietet die Prozeßökonomie, daß jedem Einzelfall so viel Aufmerksamkeit zugewandt wird, wie die Abwägung aller jeweils in Betracht kommenden Umstände sie verlangt; die Masse der zivilrechtlichen Fälle – anders mag es wiederum im Strafrecht oder gar im Völkerrecht mit seinen causes célèbres sein – muß nach einfachen Regeln entschieden werden können, ohne daß der einzelne Richter, Beamte usw. die oft verwickelten Erwägungen des Gesetzgebers jedesmal nachvollzieht[8]. Hinzu kommt das Interesse an der Voraussehbarkeit der Entscheidungen, die u. a. zur Vermeidung von Prozessen führt und so dem Rechtsfrieden dient.

Daher gehört in gewissem Maße zum Privatrecht, einschließlich des IPR, eine Generalisierung auf Kosten der punktuellen Fallgerechtigkeit: Man muß durch Bildung fester Regeln auf den typischen Fall abstellen, dagegen im atypischen Ausnahmefall dem Einzelnen das Ertragen einer gewissen Unbilligkeit um der allgemeinen Ordnung willen zumuten[9] und nur als Notventil eine Ausweichklausel vorsehen (dazu oben § 4 II 1 b). Viel gewonnen ist bereits dadurch, daß etliche der früheren groben Klassifizierungen – etwa der Schuldverhältnisse in vertragliche und außervertragliche (oder vertragliche, deliktische und gesetzliche) Obligationen – durch eine Differenzierung innerhalb dieser Gruppen verfeinert wurden. Daran ist weiter zu arbeiten.

---

[8] Vgl. auch *meine* Stellungnahme zum Deliktsstatut, JZ 1971, 694: „Viele Gerichte wären einfach überfordert, wenn sie die kollisionsrechtliche Gerechtigkeit durch ein unökonomisches Abwägen der Umstände jedes *Einzelfalles* verwirklichen sollten... Dem Erfordernis der Anwendung verfeinerter *Regeln* im IPR müssen sie sich jedoch stellen."

[9] „Perfection is not for this world", sagt *Reese*, Choice of Law – Rules or Approach?: Cornell L. Rev. 57 (1971/72) 315 (322).

§ 14 Qualifikation

I. Begriff

1. Der *Ausdruck* Qualifikation stammt von *Bartin*[1], der zusammen mit *Kahn*[2] „Entdecker" des Qualifikationsproblems war[3]. Entsprechend dem französischen Sprachgebrauch meint der Begriff die Feststellung der Qualität, Beschaffenheit oder Eigenschaft eines Gegenstandes (die wir eher „Qualifizierung" nennen oder im naturwissenschaftlichen Sprachgebrauch „Bestimmung der Art"). Die anglo-amerikanischen Juristen sprechen treffend von „classification" oder „characterization" (während „qualification" bei ihnen meistens eine Einschränkung bezeichnet). Gemeint ist also soviel wie Kennzeichnung, Beurteilung, Einordnung oder Subsumtion.

Im IPR versteht man unter Qualifikation die Subsumtion unter den Tatbestand einer (geschriebenen oder gewohnheitsrechtlich geltenden) Kollisionsnorm. Hierbei kommt es auf den „Charakter" des zu subsumierenden Gegenstandes an. Schlicht gesagt geht es um die Frage des sachlichen Anwendungsbereichs der Kollisionsnormen.

2. Das *spezifische Problem* der Qualifikation ergibt sich daraus, daß das IPR alle in den verschiedenen staatlichen Sachrechten widergespiegelten Sachverhalte erfassen und dabei doch handhabbar und übersichtlich bleiben muß. Der durch diese Aufgabe bedingte hohe Abstraktionsgrad des IPR erfordert die Verwendung weiter Sammelbegriffe in den Kollisionsnormen, wie z.B. „Geschäftsfähigkeit" (Art. 7 EGBGB), „Form von Rechtsgeschäften" (Art. 11), „Voraussetzungen der Eheschließung" (Art. 13). Entsprechend größere Schwierigkeiten als im Sachrecht bereitet die Subsumtion.

3. Die Subsumtion unter einen Rechtssatz bedeutet im Zweifelsfall zugleich eine *Auslegung* dieses Rechtssatzes, insbesondere seine Abgrenzung gegenüber einem anderen. Stellt sich beispielsweise die Frage, ob die Testierfähigkeit unter Art. 7 EGBGB fällt, der die Geschäftsfähigkeit behandelt, oder unter Art. 26 V über Verfügungen von Todes wegen, so erfordert die Qualifikation der Testierfähigkeit zugleich eine Auslegung des Art. 7 und seine Abgrenzung gegen Art. 26 V[4].

---

[1] Clunet 24 (1897) 225ff., 466ff., 720ff.
[2] Jher. Jb. 30 (1891) 107–143.
[3] Siehe zu ihnen und zur weiteren Entwicklung ihrer Lehre bis 1945 *Helmut Weber*, Die Theorie der Qualifikation (1986).
[4] Wenn *Rabel*, The Conflict of Laws I (1945) 44 (= 2. Aufl. [1958] 50), die Parole „from characterization to interpretation" ausgab, so wollte er damit wohl nicht diesen Zusammenhang leugnen, sondern nur von einer rein logischen Einordnung abraten zugunsten einer mehr

§ 14 I II. Kapitel: Der Tatbestand der Kollisionsnorm

Jedoch sind Qualifikation und Auslegung – *sprachlich* betrachtet – deshalb nicht synonym[5]; sie sind vielmehr korrelative Begriffe wie Subsumtion und Auslegung. Es ist also ein falscher Sprachgebrauch, von der Qualifikation einer Kollisionsnorm oder ihrer Bestandteile zu sprechen, wie wir ja auch nicht von der Subsumtion einer Regel oder eines sonstigen Obersatzes sprechen, sondern nur von ihrer Auslegung (durch die Subsumtion eines Sachverhalts oder anderen Untersatzes). Doppelt falsch ist die – leider verbreitete – Bezeichnung Qualifikation für die Auslegung der Anknüpfungsmomente wie „Wohnsitz", „Handlungsort" usw., weil diese Auslegung gar nicht im Zuge der Subsumierung (also durch Unterlegung eines Untersatzes) „von unten her", sondern umgekehrt durch Entfaltung oder Konkretisierung des gesetzlichen Begriffes „von oben her" erfolgt.

4. Als *Qualifikation zweiten Grades (sekundäre Qualifikation)* – im Unterschied zu der hier behandelten Qualifikation ersten Grades (primäre Qualifikation) – bezeichnet ein Teil der Theorie die Subsumtion unter die vom Kollisionsrecht des Forums berufene Rechtsordnung.

Im einzelnen kann damit dreierlei gemeint sein: Subsumtion unter das Kollisionsrecht der fremden Rechtsordnung, insbesondere zwecks Feststellung, ob eine Rück- oder Weiterverweisung vorliegt (siehe unten § 24); Subsumtion unter die materiellrechtlichen System- oder Rahmenbegriffe der anzuwendenden Rechtsordnung (Personenrecht, Schuldrecht, Sachenrecht usw.) zur Abgrenzung, welche einzelnen Normen dieser Rechtsordnung zur Anwendung berufen sind[6]; schließlich Subsumtion unter die einzelnen Sachnormen der betreffenden Rechtsordnung im Zuge der Anwendung dieses Rechts (siehe unten § 32 Vorfrage und § 33 Substitution). In allen drei Fällen ist es denkbar, daß die sekundäre Qualifikation zu einem Ergebnis führt, das von der primären Qualifikation abweicht, wenn nämlich das anwendbare Recht einen gleichlautenden Begriff mit anderem Inhalt verwendet als das Kollisionsrecht des Forums (etwa die Abgrenzung von persönlichen und güterrechtlichen Ehewirkungen anders zieht als dieses). Ein logischer Widerspruch ist darin grundsätzlich nicht zu sehen, da es sich ja um verschiedene Stadien der Beurteilung desselben Falles handelt, wie auch innerstaatlich z. B. die Handlungsfähigkeit einer juristischen Person für Zwecke des Verfahrensrechts und für Zwecke des materiellen Rechts nicht gleich behandelt werden muß.

---

teleologischen Betrachtung. Die Unterscheidung von *Raape/Sturm* I 258f., 275ff. zwischen Abgrenzung und Qualifikation – je nachdem, ob mehr die Auslegung der Kollisionsnorm oder die Subsumtion der einzelnen Sachnorm im Vordergrund steht – verdunkelt die Zusammengehörigkeit beider Aspekte.

[5] *Bartin*, der den Ausdruck „Qualifikation" in die IPR-Literatur eingeführt hat, sagt in Rec. des Cours 31 (1930 – I) 601 beiläufig: „... définition ou qualification, c'est la même chose" – aber nicht: „... la même notion"!

[6] Nur diese Auswahl der anwendbaren Normen bezeichnet der portugiesische Código civil von 1966 (Art. 15) als Qualifikation; vgl. dazu die Kritik in RabelsZ 35 (1971) 391f. Umfassend zur Qualifikationstheorie in Portugal *Grundmann*, Qualifikation gegen die Sachnorm (1985) 49ff. – Zu der besonders in Österreich vertretenen „Stufenqualifikation" siehe unten § 17 II a. E.

II. Bedeutung

Die praktische Bedeutung der Qualifikation ist umstritten. Aber da die Auslegung vielfach eine Fortbildung des Rechts durch Lückenfüllung bedeutet, ist die Methode der Subsumtion und damit der Auslegung in einem so lückenhaft geregelten Rechtsgebiet wie dem IPR sehr wichtig. Die wissenschaftliche Erörterung des Problems der Qualifikation hat sich an der speziellen Frage entzündet, ob eine international einheitliche Auslegung gleichlautender Kollisionsnormen verschiedener Staaten möglich ist. Auch innerhalb der einzelnen Kollisionsrechte kann jedoch die Qualifikation zweifelhaft sein, wie das obige Beispiel der Testierfähigkeit zeigt. Im Grenzfalle berührt sich die Qualifikation mit der richterlichen Schöpfung einer neuen Kollisionsnorm – z.B. wenn die Haftung des falsus procurator als deliktische nach dem Recht des Begehungsortes, als vertragliche oder vorvertragliche (aus culpa in contrahendo) nach dem Recht des Vertrages[7] oder aber als gesetzliche Anscheinshaftung nach dem Vollmachtsstatut beurteilt wird (vgl. unten § 41 I 3). Auch der Gesetzgeber macht vielfach den Inhalt einer Kollisionsnorm davon abhängig, wie die zu regelnde Frage rechtlich einzuordnen ist[8]. Im übrigen vermeidet man durch eine vernünftige Qualifikation unbrauchbare Ergebnisse, die nachträglich durch Anpassung (unten § 34) oder gar mit Hilfe der Vorbehaltsklausel des ordre public (unten § 36) korrigiert werden müßten.

Freilich wäre es übertrieben, schlechthin alle offenen Anknüpfungsfragen im Wege der Subsumtion unter eine der vorhandenen Anknüpfungsregeln beantworten zu wollen[9]. Auch scheint es unrichtig, mit Hilfe der Qualifikation die Anwendung allzu fremdartigen ausländischen Rechts (wie z.B. des Rechts der Polygamie) ohne Anrufung der Vorbehaltsklausel des ordre public schon daran scheitern zu lassen, daß man seine Einordnung in die Begriffe des nationalen Kollisionsrechts für unmöglich erklärt[10].

Auf die Bedeutung der kollisionsrechtlichen Qualifikation für die zivilrechtliche Dogmatik sei nur am Rande hingewiesen. Erst im kollisionsrechtlichen

---

[7] Freilich ist nicht jede Haftung aus culpa in contrahendo dem Vertragsstatut zu unterwerfen; siehe zu den Möglichkeiten einer Differenzierung *Reithmann/Martiny* Rz. 191 m.w.Nachw.

[8] Vgl. schon die Motive zum 1. Vorentwurf zum BGB von *Gebhard*, veröff. bei *Niemeyer*, Zur Vorgeschichte des IPR im Deutschen BGB, Die Gebhardschen Materialien (1915) 219f.: zur Frage welchem Recht der Unterhaltsanspruch eines unehelichen Kindes gegen den möglichen Erzeuger unterstehen sollte.

[9] Diese Übertreibung meinte anscheinend *Neuner*, Der Sinn der internationalprivatrechtlichen Norm, Eine Kritik der Qualifikationstheorie (Brünn 1932), mit dem Schlagwort „die Qualifikationstheorie" (besonders 131).

[10] So etwa *Francescakis*, La théorie du renvoi et les conflits des systèmes (1958) 21ff. nos. 17f., und in: Mélanges Maury I (1960) 122; danach bedeutet die Qualifikation „une opération d'internationalisation", die Zulassung zu den „institutions du commerce international".

Grenzfall zeigt sich bisweilen das Wesen eines Rechtsinstituts[11], und mitunter enthüllt sich bei der Qualifikation auch die Unklarheit einer Konzeption[12].

§ 15 Gegenstand der Qualifikation

Welches ist der Gegenstand der Qualifikation, d. h. was bildet den Sachverhalt, der als „Untersatz" dem Tatbestand einer Kollisionsnorm als dem „Obersatz" subsumiert wird: ein Rechtsverhältnis, ein Lebensverhältnis, eine materiellrechtliche Norm oder eine Rechtsfrage?

I. Rechtsfragen

1. Nach *Savigny* herrschen die Rechtsregeln über „*Rechtsverhältnisse*"[1]. Demgegenüber ist oftmals betont worden, daß erst die anwendbare Rechtsordnung ein Lebensverhältnis zum Rechtsverhältnis stempelt, was zumindest für die Grenzfälle von rechtlichem und bloß gesellschaftlichem Verhalten zutrifft.

2. Als eigentlichen Gegenstand der Kollisionsnorm und somit der Qualifikation hat man daher das „*Lebensverhältnis*" (die soziale Beziehung) bezeichnet und demgemäß erklärt, die Kollisionsnorm habe denselben Gegenstand wie die Sachnorm (nur bestimme sie die materielle Rechtsfolge nicht direkt, sondern indirekt durch Bezeichnung der maßgebenden Rechtsordnung). Zweifellos ist

---

[11] Vgl. etwa *Beitzke*, AcP 157 (1958) 262; *Jahr*, Internationalprivatrechtliche Beiträge zur allgemeinen Zivilrechtswissenschaft, in: Rechtsvergleichung und Rechtsvereinheitlichung, FS... Heidelberg (1967) 179. Ähnlich *Fridman*, Where Is a Tort Committed?: Toronto L. J. 24 (1974) 247 (278): Die Frage nach dem kollisionsrechtlichen Anknüpfungsmoment „Tatort" gibt Anlaß, über ein wesentliches Moment des Deliktsrechts nachzudenken. – Anderseits wies schon *K. Neumeyer* (nach *Schnorr von Carolsfeld*, Internationalrechtliche Fragestellungen zur Dogmatik des deutschen Zivilprozeßrechts: FS Lent [1957] 245 [270]) seine Schüler „immer wieder darauf hin..., daß die Bewährung einer dogmatischen Konstruktion im internationalrechtlichen Sektor zwar keinen völligen Beweis, wohl aber einen entscheidenden Hinweis auf deren Richtigkeit bedeute"; ähnlich *Stoll*, in: FS Bötticher (1969) 365: „Das Kollisionsrecht ist geradezu der Prüfstein für die prozeßrechtliche oder materiellrechtliche Natur eines Rechtsinstituts."

[12] So beim Streit über die güter- oder erbrechtliche Qualifikation des Zugewinnausgleichs nach § 1371 BGB i.d.F. des Gleichberechtigungsgesetzes vom 18. 6. 1957 – dazu unten § 45 III 1 – und beim vorzeitigen Erbausgleich nach § 1934 d BGB i. d. F. des Nichtehelichengesetzes vom 19. 8. 1969; dazu unten § 51 III 4 b. Beide Gesetze haben sich die kollisionsrechtliche Probe auf ihre Neuerungen erspart, indem sie keine Kollisionsnormen aufstellten.

[1] *Savigny* 1 ff.

§ 15 Gegenstand der Qualifikation § 15 I

das Lebensverhältnis der „Urstoff"[2] der Kollisionsnorm wie der Sachnorm. Aber die Sachnorm kann unmittelbar an eine Tatsache, z.B. an die Geburt eines Menschen, die verschiedensten Rechtsfolgen knüpfen. Die Kollisionsnorm dagegen knüpft nie an die Tatsache als solche die Anwendbarkeit einer bestimmten Rechtsordnung, vielmehr muß wenigstens von einer bestimmten Art materieller Rechtsfolgen die Rede sein.

So gilt im deutschen autonomen Kollisionsrecht des EGBGB *bei der Geburt eines Kindes* für dessen Rechtsfähigkeit: das Heimatrecht des Kindes (Art. 7 I); für die rückwirkende Bestätigung der Erbfähigkeit des nasciturus: das Heimatrecht des Erblassers (Art. 25 I); für den Status des Kindes als eines ehelichen oder nichtehelichen: grundsätzlich das bei der Geburt maßgebende Ehewirkungsstatut (Art. 19 I 1); für die Beziehungen des nichtehelichen Kindes zu seinen Eltern: das Aufenthaltsrecht des Kindes (Art. 20 II); für die Unterhaltsbeziehungen: das Aufenthaltsrecht des Berechtigten (Art. 18 I 1); für die Möglichkeit, nach der Geburt adoptiert zu werden: das Heimatrecht des Adoptanten (Art. 22); für die Ansprüche der Mutter auf Urlaub nach der Entbindung: das Recht des regelmäßigen Beschäftigungsortes (h.M.); für ihren Anspruch auf private Versicherungsleistungen: das jeweilige Vertragsstatut (h.M.); für die Fortsetzbarkeit der ehelichen Gütergemeinschaft beim Tode des Ehemannes nach Geburt des ersten Kindes: das gemeinsame Heimatrecht zur Zeit der Eheschließung (Art. 15 I i.V.m. Art. 14 I Nr. 1); für den Fortfall des Ehehindernisses der Wartezeit und für die Notwendigkeit eines Auseinandersetzungszeugnisses bei einer künftigen Eheschließung der Mutter: ihr jeweiliges Heimatrecht (Art. 13); usw.

3. Gegeben ist in der Regel bereits mehr als das bloße „Lebensverhältnis", nämlich die *Rechtsfrage*, die mit Hilfe von Sachnormen beantwortet werden soll (und insofern gewissermaßen ein Spiegelbild dieser Normen darstellt). Näherhin wird bald nach den Rechtsfolgen aus einer bestimmten Tatsache (z.B. aus der Geburt eines Kindes) gefragt, bald umgekehrt nach den tatsächlichen Voraussetzungen einer bestimmten Rechtsfolge (z.B. einer gültigen Ehe oder einer Ehescheidung), manchmal auch ganz konkret, ob eine bestimmte Tatsache eine bestimmte Rechtsfolge hat (z.B. ob die Nichterfüllung eines Vertrages zum Schadenersatz verpflichtet).

Der seit *Zitelmann* übliche Ausdruck „Wirkungsstatut" für das jeweils anwendbare Recht ist daher zu eng, weil mitunter gar nicht eine Wirkung, sondern Voraussetzungen (z.B. einer Ehescheidung) bestimmt werden[3]. Der lateinische Ausdruck „lex causae" – im Gegensatz zur lex fori, dem eigenen Recht des Gerichtes – ist gerade in seiner Farblosigkeit richtiger, wenn man causa einfach als „Rechtsfall" auffaßt und nicht etwa darunter den Rechtsgrund im Gegensatz zur Form oder zum Vollzugsgeschäft versteht.

---

[2] *Rabel*, Das Problem der Qualifikation: RabelsZ 5 (1931) 241 (244).
[3] Vgl. *Raape/Sturm* I 102 N. 15.

Grundsätzlich ist es demnach die jeweilige Rechtsfrage, die unter eine Kollisionsnorm subsumiert oder qualifiziert wird[4] – mag auch in concreto nur ein einzelnes Element zweifelhaft sein, etwa ein Anspruch oder der Charakter eines Gegenstandes als unbewegliches oder bewegliches Vermögen. Und eine typisierte Rechtsfrage bildet das wesentliche Tatbestandselement der regulären Kollisionsnorm. Auf das Grundschema „Wenn..., dann..." (oben § 12 II) gebracht, lautet somit die ideale Kollisionsnorm: „Wenn die und die Rechtsfrage zu beantworten ist, dann ist jene Rechtsordnung maßgebend."

Bisweilen kann sich die Rechtsfrage bereits aus einer Zusammenschau von Lebensverhältnis und Kollisionsnorm ergeben. Nicht selten erschließt sie sich freilich erst aus den Sachnormen. Die Qualifikation erfordert dann ein Hin- und Herwandern des Blickes vom Sachverhalt zur Kollisionsnorm und zu den in Betracht kommenden Sachnormen.

II. Sachnormen

Die Sachnorm, welche ein Lebensverhältnis und eine Rechtsfolge miteinander verknüpft, sollte man nicht generell zum Gegenstand des Tatbestandes der Kollisionsnorm und damit der Qualifikation erklären. Denn meist steht bei der Fragestellung vom Sachverhalt her (oben § 3 I) gar nicht von vornherein eine bestimmte Sachnorm in Rede, vielmehr soll erst die Anwendung des Kollisionsrechts ergeben, welche Sachnormen jeweils heranzuziehen sind. Bisweilen fehlt sogar eine Norm überhaupt, weil es den geltend gemachten Anspruch in den beteiligten Rechtsordnungen nicht gibt[5].

Zu einer Sachnormqualifikation kommt es freilich in einem späteren Stadium des Qualifikationsvorganges, wenn nämlich das maßgebende Recht gefunden ist, aber noch geklärt werden muß, welche Gruppe von Sachnormen aus dieser Rechtsordnung berufen ist (dazu unten § 17 II).

1. Wenn *im Einzelfall* eine bestimmte ausländische Sachnorm im Vordergrund steht – etwa ein Verbot gemeinschaftlicher Testamente –, so sind Sinn und Zweck dieser Norm im ausländischen Recht zu ermitteln, und es ist auf dieser Grundlage zu entscheiden, ob die Norm von der inländischen Verweisung nach deren Sinn und Zweck erfaßt wird. Dabei ist zu beachten, daß scheinbar ähnliche Sachnormen verschiedener Rechtsordnungen je nach

---

[4] In diesem Sinne auch etwa *Ancel*, L'objet de la qualification: Clunet 107 (1980) 227 (236); *Dörner*, Qualifikation im IPR – ein Buch mit sieben Siegeln?: StAZ 1988, 345 (349).

[5] So *Gamillscheg*, Überlegungen zur Methode der Qualifikation: FS Michaelis (1972) 79 (84).

ihrem Sinnzusammenhang und ihrer Funktion sehr wohl verschieden begründet sein können. In diesen Fällen ist eine Doppel- oder Mehrfachqualifikation am Platze[6].

Z.B. kann ein Verbot der Gesellschaft zwischen Ehegatten bald als persönliche Ehewirkung auftreten (etwa im Interesse der Stellung des Mannes als Familienvorstand), bald als güterrechtliche Wirkung (im Interesse sauberer Güterrechtsverhältnisse)[7]. Man kann hier von einer *Doppelqualifizierung* des Verbotes einer Ehegattengesellschaft sprechen und demgemäß zwei verschiedene Rechtsordnungen befragen. Möglich ist sogar eine *Mehrfachqualifikation*, etwa wenn bei der Prüfung mehrerer Anspruchsgrundlagen der verschiedene rechtliche Zusammenhang der Ansprüche im materiellen Recht beachtet werden muß. So kann die Prozeßkostenvorschußpflicht unter Ehegatten aus dem anzuwendenden Prozeßrecht folgen, aber auch aus dem Ehewirkungs-, dem Ehegüter- oder dem Unterhaltsstatut[8]. Folglich darf die Frage nach dem Bestehen des Anspruchs erst nach einer dreifachen Qualifikation mit jeweils negativem Ergebnis verneint werden.

2. Bei den *Eingriffsnormen*, die eine Fragestellung des Kollisionsrechts „vom Gesetz her" rechtfertigen (oben § 3 II), ist stets eine Qualifikation von Normen erforderlich. Entscheidend ist dabei nicht einfach die Formulierung der Kollisionsnorm, sondern ihr Sinn.

Wenn also eine Kollisionsnorm – insbesondere eine einseitige – vom Gesetz auszugehen scheint, ist zunächst zu prüfen, ob sie nicht ihrem Sinne nach *umformuliert* werden kann in eine reguläre, in welcher statt des Gesetzes der Sachverhalt im Vordergrund steht. Zum Beispiel kann Art. 3 III Code civil, welcher lautet: „Les lois concernant l'état et la capacité des personnes régissent les Français...", umgegossen werden in die Regel „L'état et la capacité des Français... sont régis par la loi nationale." Eine derartige Umformulierung ist aber dann nicht möglich, wenn es wirklich in erster Linie um die Gesetze und nicht um gewisse Sachverhalte geht. Angenommen, eine Kollisionsnorm lautet: „Staats- oder wirtschaftspolitisch begründete Leistungsverbote finden unabhängig vom vereinbarten Vertragsstatut (nur) dann Anwendung, wenn eine Erfüllungshandlung ganz oder zum Teil im Verbotsland erfolgen sollte."[9] Hier würde eine andere Formulierung – etwa „Die Erlaubtheit einer Erfüllungshandlung beurteilt sich unabhän-

---

[6] Dazu *Heyn*, Die „Doppel-" und „Mehrfachqualifikation" im IPR (1986) 43 ff.

[7] Vgl. einerseits *Ferid/Sonnenberger*, Das Französische Zivilrecht[2] III (1987) 151 (4 B 194), andererseits *Selb*, Martin Wolff und die Lehre von der Qualifikation nach der lex causae im IPR: AcP 157 (1958) 341 (346).

[8] Nach *Kallenborn*, Die Prozeßkostenvorschußpflicht unter Ehegatten im internationalen und ausländischen Privatrecht (1968) 135 ff. (zustimmend bespr. durch *Schlosser*, RabelsZ 35 [1971] 585), ist diese Pflicht wegen ihres engen funktionellen Zusammenhangs mit dem Armenrecht (Prozeßkostenhilfe) in der Regel ebenfalls nach der lex fori zu beurteilen (zustimmend auch OLG Stuttgart 19. 12. 1973, IPRspr. 1973 Nr. 45): Ehewirkungs- und Ehegüterstatut sollen sekundär befragt werden. Nach der Neufassung des EGBGB von 1986 kommt statt dessen auch Art. 18 EGBGB (Prozeßkostenvorschuß als Ausfluß der Unterhaltspflicht) in Betracht; siehe etwa *Palandt-Heldrich* Art. 18 Anm. 4b.

[9] Vgl. *Zweigert*, RabelsZ 14 (1942) 295.

gig vom vereinbarten Vertragsstatut nach dem Recht des Staates, in dem die Handlung erfolgen soll" – einen ganz anderen, weiteren Sinn haben, nämlich auch die Vereinbarkeit mit einem Verbot unmoralischer Verträge oder mit bloßen Schutzbestimmungen zugunsten des Schuldners umfassen.

3. Auch das in *Staatsverträgen* niedergelegte IPR, das in der Regel auf breiter rechtsvergleichender Basis unter Berücksichtigung auch des materiellen Rechts zustande kommt, nimmt des öfteren auf Sachnormen Bezug, die damit zum Gegenstand der Qualifikation werden. Besonders in „geschlossenen" Konventionen (vgl. oben § 9 IV 2) kann sich die kollisionsrechtliche Regelung an einem überschaubaren Kreis materieller Institutionen der potentiellen Vertragsstaaten ausrichten. Eine Qualifikation von Sachnormen kann aber auch in „offenen" oder „halboffenen" Konventionen angezeigt sein.

So bilden für das Haager Minderjährigenschutzabkommen von 1961, das gemäß Art. 21 „halboffen" ist, Sachnormen den Gegenstand der Qualifikation, da nur anhand der anzuwendenden Normen zu bestimmen ist, ob die darin vorgesehenen Akte als „Maßnahmen zum Schutz der Person und des Vermögens des Minderjährigen" im Sinne der Konvention anzusehen sind oder ob ein „ex-lege-Gewaltverhältnis" (nach Art. 3) vorliegt. Im Haager Testamentsformübereinkommen von 1961, das nach seinem Art. 16 I „offen" ist, sind jedenfalls insoweit Rechtsnormen Qualifikationsgegenstand, als sein Art. 5 „Vorschriften" bestimmten Inhalts ausdrücklich der Form zurechnet.

In allen diesen Fällen muß man feststellen, welche konkreten Normen in Betracht kommen, und dann ist jede von ihnen zu qualifizieren, d. h. daraufhin zu prüfen, ob sie dem gemeinten Typ entspricht.

§ 16 Qualifikationsstatut

Qualifikationsstatut ist die Rechtsordnung, die für die Qualifikation maßgebend ist.

I. Grundsatz der lex fori

Grundsätzlich ist der Maßstab für die Qualifikation allein derjenigen Rechtsordnung zu entnehmen, unter deren Kollisionsnormen eine Rechtsfrage oder Norm subsumiert werden soll. Denn jede Rechtsordnung hat in erster Linie selbst über ihre Auslegung zu befinden. Ob z. B. die Testierfähigkeit zur Geschäftsfähigkeit im Sinne des deutschen Art. 7 EGBGB gehört, ist eine Frage des deutschen Rechts. Soweit also ein Gericht sein eigenes Kollisionsrecht anwendet, erfolgt die Qualifikation grundsätzlich nach der lex fori, freilich nicht unbedingt nach den *materiellrechtlichen* Begriffen der lex fori (siehe sogleich unter II 2).

Soweit ein Gericht dagegen ausnahmsweise fremdes Kollisionsrecht anwendet (etwa bei der Feststellung einer Rückverweisung, siehe unten § 24), hat die Qualifikation nach dem betreffenden fremden Recht zu erfolgen.

II. Modifikationen

Diese eigentlich selbstverständliche Rechtslage wird durch drei scheinbare Ausnahmen modifiziert:

1. Eine Rechtsordnung kann die Konkretisierung des von ihr verwendeten Begriffs ausdrücklich oder stillschweigend einer anderen Rechtsordnung überlassen (*"Begriffsverweisung"*)[1]. Bisweilen steht diese zweite Rechtsordnung von vornherein fest. Möglich ist aber auch eine Verweisung an die Rechtsordnung, „die es angeht", also eine „offene Verweisung" (vgl. oben § 3 II 2 a). Das zeigt das Recht der Staatsangehörigkeit: Über Erwerb und Verlust jeder fremden Staatsangehörigkeit entscheidet unbestritten das Recht des betreffenden Staates (oben § 1 VI 1). Ebenso wird in denjenigen Kollisionsrechten, welche bewegliches und unbewegliches Vermögen unterscheiden, die Zuordnung einer Sache oder eines Rechtes zum unbeweglichen Vermögen (ihre Qualifikation als unbewegliches Vermögen) in der Regel dem Recht des Landes überlassen, das die Sache oder das Recht seinem Rechtsgebiet zuschreibt[2].

Ob etwa Maschinen, wenn sie Zubehör eines Grundstücks sind, oder eine Hypothek samt Hypothekenbrief oder die Anteile an einer Grundstücksgesellschaft als unbewegliches Vermögen gelten, hängt davon ab, ob das Recht des betreffenden Grundstücks oder eines der beteiligten Grundstücke sie als unbeweglich bezeichnet[3]. Bei dieser Formel ist zwar ein Konflikt hinsichtlich der Belegenheit gelegentlich möglich, da mehrere Rechtsordnungen denselben Gegenstand in ihrem Gebiete lokalisieren können (man denke an ein Bauwerk, das auf der Grenze errichtet ist). Aber ein Qualifikationskonflikt ist ausgeschlossen, da als beweglich eben nur gilt, was von keiner Seite als unbewegliches Vermögen beansprucht wird[4]. Hier dient also die Qualifikation nach dem Recht, welches den Gegenstand für sich in Anspruch nimmt, der internationalen Entscheidungsgleichheit.

---

[1] *Schnitzer* I 99.
[2] Kein hinreichender Anlaß, eine solche Verweisung hinsichtlich der Qualifikation anzunehmen, besteht in der auf eine Rechtswahl bezogenen deutschen Kollisionsnorm des Art. 15 II Nr. 3; siehe unten § 45 III 3 c.
[3] Siehe etwa *Clarence Smith*, Classification by the Site in the Conflict of Laws: Mod. L. Rev. 26 (1963) 16 (29 – für farm horses).
[4] *Smith* aaO 33: Ein Gegenstand ist beweglich, wenn „the law of no relevant site regards it as annexed to that site".

Jedoch darf man aus der Sonderregel für Immobilien keinen allgemeinen Grundsatz machen. Zwar ist es kein Verstoß gegen die Logik, keine petitio principii, die endgültige Entscheidung über die Berechtigung einer Qualifikation (als unbeweglich, als güterrechtlich, als erbrechtlich usw.) derjenigen Rechtsordnung zu überlassen, die gegebenenfalls zur Anwendung berufen ist *(Qualifikation nach der lex causae)*. Auch die Bejahung oder Verneinung einer bestimmten Staatsangehörigkeit nach dem Recht des betreffenden Staates wird ja allgemein akzeptiert. (Beidemal handelt es sich sozusagen um eine bedingte Zuweisung, eine Offerte.) Ferner ist das Argument *Martin Wolffs* zugunsten der allgemeinen Qualifikation nach der lex causae gewiß sehr nobel: „Sie enthält sich einer unbeholfenen eigenen Kennzeichnung auslandsrechtlicher Gebilde. Indem sie sich der ausländischen Einordnung unterwirft, verhindert sie, daß ausländisches Recht dem Geiste dieses Rechts zuwider angewendet wird."[5] Aber diese Auffassung würde in der Konsequenz dazu führen, daß jede Rechtsordnung ihren Anwendungsbereich selbst bestimmen müßte – also zu dem oben abgelehnten System einseitiger Kollisionsnormen (vgl. § 12 III 2). Insbesondere dürften die entstehenden positiven und negativen Kompetenzkonflikte nicht durch allgemeine Kollisionsnormen des Forums, sondern nur von Fall zu Fall durch richterliche Anpassung (siehe dazu unten § 34) bereinigt werden. Das hieße jedoch, einen großen Teil der Regelung internationaler Sachverhalte auf Kosten der Rechtssicherheit einer generellen Normierung entziehen. Oder man müßte, wie zwischen unbeweglich und beweglich, zwischen allen wichtigen Tatbestandsmerkmalen der Kollisionsnormen eine Rangfolge festlegen. Aber welches Rangverhältnis soll etwa zwischen persönlichen Ehewirkungen und Ehegüterrecht gelten (die hinsichtlich der Verfügungsfähigkeit eines Ehegatten konkurrieren können) oder zwischen Vertrag, Delikt und familienrechtlichem Verhältnis (die beim Verlöbnisbruch in Betracht kommen)? Die Qualifikation nach der lex causae würde vielfach auf eine Qualifikation nach mehreren, einander widersprechenden Rechtsnormen hinauskommen.

Geht man davon aus, daß Ansprüche nach ausländischem öffentlichen Recht im Inland nicht klagbar sind (siehe unten § 22 II 2), so würde eine Qualifikation nach der lex causae[6] beispielsweise dazu führen, daß die Zahlung von Mitgliedsbeiträgen oder Umlagen einer ausländischen Zwangsvereinigung in Deutschland eingeklagt werden kann, wenn nur das ausländische Recht die

---

[5] *M. Wolff* 54. Ohne seine gewichtige Parteinahme wäre das Urteil von *Niederer*, Die Frage der Qualifikation als Grundproblem des IPR (Zürich 1940) 27, wohl zutreffend: „Die Theorie der Qualifikation nach dem Wirkungsstatut hält sich... vor allem darum am Leben, weil jeder Vertreter der lex-fori-Theorie gerne... [jene Theorie] als Gegensatz zu seiner eigenen Lösung zitiert, um die lex-fori-Theorie damit gewissermaßen antithetisch hervorheben zu können."

[6] Diese vertreten etwa *Beitzke*, AcP 151 (1950/51) 272, sowie *Gamillscheg*, Internationales Arbeitsrecht (1959) 58.

Ansprüche als privatrechtliche bezeichnet, während umgekehrt Ansprüche aus dem Recht eines totalitären Staates, der alle Gesetze für öffentliches Recht erklärt, stets unerzwingbar wären.

2. Die Begriffe des Kollisionsrechtes stimmen nicht notwendig mit den materiellrechtlichen Begriffen derselben Rechtsordnung überein *(Autonomie des IPR)*. Wie das Prozeßrecht, das Strafrecht, das Steuerrecht die grundsätzliche Selbständigkeit ihrer Begriffe gegenüber dem bürgerlichen Recht durchgesetzt haben, ebenso kann auch das Kollisionsrecht eine gewisse Autonomie der Begriffsbildung (im Rahmen der gesamten Rechtsordnung) beanspruchen, auch wenn IPR und materielles Recht eng zusammenhängen (oben § 5 II). So wird zur „Form" der Eheschließung im deutschen Kollisionsrecht – abweichend vom materiellrechtlichen Begriff der Form – nicht nur die Art und Weise der Erklärung und Beurkundung des Ehekonsenses gerechnet, sondern auch das vorangehende Aufgebot. Die kollisionsrechtlichen Rahmenbegriffe *müssen* sogar über die entsprechenden materiellrechtlichen Begriffe hinausgehen, weil sie nicht nur inländische, sondern auch ausländische Rechtserscheinungen erfassen sollen.

Als „*Ehe*" im Sinne der Artt. 13 ff. EGBGB kann nicht nur die nach deutschem Recht, also in der Regel durch Konsenserklärung vor einem deutschen Standesbeamten geschlossene Ehe gelten, sondern es müssen ebenfalls die im Ausland, womöglich vor oder von einem Religionsdiener oder in sonstiger Form oder überhaupt formlos geschlossenen gesetzlichen Verbindungen gemeint sein, auch wenn sie leichter als nach deutschem Recht aufgelöst werden können oder nicht einmal monogam sind.

Es ist das große Verdienst *Rabels*, in seinem berühmten Aufsatz über das Problem der Qualifikation die Unterscheidung von materiellrechtlichen und kollisionsrechtlichen Begriffen klar ausgesprochen zu haben: „Nicht die Sachnormen, sondern die Kollisionsnormen des Richters bestimmen die Qualifikation"; „der Schnitt zwischen der [materiellen] lex fori und dem Kollisionsrecht ist unabweislich."[7] Für manche Kollisionsnormen gibt es überhaupt keine einzelne materielle Rechtsordnung, auf welche die Auslegung sich ausschließlich stützen könnte; man denke an staatsvertraglich vereinbarte Kollisionsnormen, aber auch an zentrales Kollisionsrecht in einem Staate mit mehreren gleichberechtigten Teilrechtsordnungen, z. B. das Schweizer NAG von 1891 bis zum Erlaß des ZGB von 1907 oder die polnischen Gesetze von 1926 über die internationalen und über die interlokalen Privatrechtsverhältnisse bis zur Rechtsvereinheitlichung in Polen nach dem zweiten Weltkrieg.

Praktisch entwickeln sich die Rahmenbegriffe des IPR schrittweise im Wege der Rechtsprechung, und zwar in der Regel immerhin von den entsprechenden

---

[7] *Rabel*, Das Problem der Qualifikation: RabelsZ 5 (1931) 241 (249, 287).

Begriffen des inländischen bürgerlichen Rechts aus[8]; wir können sagen, daß sie sich um einen nationalen Begriffskern „herumkristallisieren"[9]. Und wenn sie sich in ihrer Entwicklung durch ausländisches Rechtsgut anreichern, so bleibt doch die Entscheidung, was noch unter den Begriff des nationalen Kollisionsrechts fallen soll und was nicht, grundsätzlich Sache des inländischen Rechts.

Seltene Ausnahmen sind nationale Kollisionsnormen, die ausdrücklich auch ein ausländisches, im Inland nicht bekanntes Rechtsinstitut berücksichtigen.

So erwähnt Art. 16 des griechischen ZGB neben der Ehescheidung auch die im griechischen Recht unbekannte Trennung von Tisch und Bett, damit der griechische Richter bei Bedarf nach ausländischem Recht zu entscheiden oder über die Anerkennung einer ausländischen Trennung zu urteilen vermag. – Das tunesische Dekret vom 12. 7. 1956/24. 6. 1957 nennt in seinem kollisionsrechtlichen Art. 4 eine Reihe von Instituten, die es im internen tunesischen Recht nicht gibt (z. B. Güterstand und Richtigstellung der legitimen Abstammung)[10]. – Das deutsche EGBGB bezieht in seine Regelung der Geschäftsfähigkeit den Satz „Heirat macht mündig" ein, der sich in manchen ausländischen Rechten, nicht aber im deutschen Recht findet (Art. 7 I 2 EGBGB).

3. Die grundsätzliche Zugehörigkeit der kollisionsrechtlichen Rahmenbegriffe zum nationalen Recht schließt nicht aus, daß diese Begriffe – wie das gesamte Kollisionsrecht – von einer allmählichen *internationalen Vereinheitlichung* erfaßt werden.

Das kann durch ausdrückliche Rechtsetzung, insbesondere durch Staatsverträge geschehen. Wollte jeder Vertragsstaat die in einer Konvention enthaltenen Verweisungsbegriffe nach seiner lex fori auslegen, so wären Interpretationsdivergenzen unvermeidlich und die vereinheitlichten Kollisionsnormen alsbald wieder gespalten. Dem Sinn und Zweck eines Staatsvertrages über einheitliches Kollisionsrecht wird nur eine von den nationalen Rechtsordnungen losgelöste, autonome und rechtsvergleichende Qualifikation gerecht.

Aber auch auf dem stilleren Wege der wissenschaftlichen und richterlichen Auslegung und Fortbildung der eigenen Kollisionsnormen ist eine gewisse

---

[8] Die deutsche Rechtsprechung beruft sich seit langem auf den Grundsatz, daß eine im inländischen materiellen Recht vorgenommene Einordnung auch für den Anwendungsbereich der inländischen Kollisionsnormen von Bedeutung ist. Vgl. z. B. BGH 12. 7. 1965, BGHZ 44, 121, 124 = IPRspr. 1964–65 Nr. 95 b S. 311 m. w. Nachw.; 2. 3. 1979, BGHZ 73, 370, 373 = IPRspr. 1979 Nr. 3 b S. 18; 7. 11. 1979, BGHZ 75, 241, 249 = IPRspr. 1979 Nr. 75 S. 259 f. Indes läßt der BGH mit Recht häufig auch andere Erwägungen entscheiden, insbesondere wenn unbekannte Rechtsinstitute kollisionsrechtlich einzuordnen sind; siehe unten § 17 bei N. 4.

[9] *Wengler*, ZVglRWiss. 55 (1942/44) 326.

[10] *Jambu-Merlin*, Le droit privé en Tunisie (1960) 183, 268. Historisch erklärt sich diese Regelung daraus, daß vom Erlaß des Dekrets bis zu seiner zweiten Änderung durch Dekret vom 27. 9. 1957 das französische Recht, das die betreffenden Institute enthält, als Personalstatut der nicht-islamischen und nicht-jüdischen Tunesier galt (Art. 1 II des Dekrets vom 12. 7. 1956); vgl. *Jambu-Merlin* aaO 180 f.

Entnationalisierung möglich. „Rechtsvergleichung als universale Interpretationsmethode"[11] ist ja auch für das materielle Recht als Mittel der organischen Rechtsangleichung oder -vereinheitlichung erkannt worden; erst recht kann sie im Kollisionsrecht diese Rolle spielen. Das Kollisionsrecht benötigt ohnehin zur Entfaltung seiner Rahmenbegriffe die Anschauung ausländischen Rechts, also die Rechtsvergleichung (oben § 10 I 1). Warum sollte nicht – trotz verschiedener nationaler „Kristallisationskerne" – im Ergebnis die Berücksichtigung derselben Rechtsinstitute in allen Kollisionsrechten zu international einheitlichen Rahmenbegriffen führen?

Rabel hat diesen Gedanken in die apodiktischen Worte gekleidet: „Eine allgemein brauchbare Rechtsvergleichung erreicht... [internationale] Einheitlichkeit der Qualifikation."[12] Mit der Ungeduld des Genies, das den zweiten Schritt fast gleichzeitig mit dem ersten tut, hat er an den Gedanken der Emanzipation des Kollisionsrechts vom materiellen Recht sogleich den zweiten, noch kühneren angeschlossen und gesagt: „Erlösen wir die Kollisionsrechte aus den Fesseln der [materiellen] lex fori, so werden sie sich dank der Rechtsvergleichung einander anpassen."[13] Er hat sich damit den Vorwurf zugezogen, seine Theorie verlasse den sicheren Boden des nationalen Rechts. Aber es geht ja nicht um eine Abkehr vom positiven Kollisionsrecht, sondern um eine Lückenfüllung aus der Natur der Sache. Auch wenn man daran festhält, daß das IPR nicht nur an seine eigene Gesetzlichkeit gebunden ist, sondern zugleich an die Wertentscheidungen der nationalen Rechtsordnung als ganzer, bleibt doch ein weites Feld nicht spezifisch nationaler Begriffsbildung, für welche eine rechtsvergleichende Qualifikation gestattet und geboten ist.

Letztlich verliert der Streit um das Qualifikationsstatut an Bedeutung, wenn die früher vorwiegende rechtskonstruktive Qualifikation durch eine teleologische oder funktionelle Qualifikation ersetzt wird.

§ 17 Funktionelle oder teleologische Qualifikation

I. Begriff und Bedeutung

Bei einer funktionellen oder teleologischen Qualifikation wird die Funktion oder der Zweck des in der Kollisionsnorm gewählten Verweisungsbegriffs mit der Funktion oder dem Zweck des in Rede stehenden materiellen Rechtsinstituts verglichen. Diese Methode wurde bereits in dem Fall zugrunde gelegt, daß

---

[11] *Zweigert*, RabelsZ 15 (1949/50) 5 ff.
[12] *Rabel* (oben N. 7) 267.
[13] *Rabel* aaO 287.

§ 17 I   II. Kapitel: Der Tatbestand der Kollisionsnorm

eine bestimmte ausländische Sachnorm bei der Qualifikation im Vordergrund steht (oben § 15 II 1). Sie erscheint aber auch sonst vorteilhaft. Da die Lebensverhältnisse und die daraus resultierenden Probleme in der modernen Welt weit mehr übereinstimmen als die rechtskonstruktiven Formen ihrer Bewältigung, kann eine funktionelle oder teleologische Qualifikation sich leichter über die Grenzen der einzelnen Rechtsordnung erheben als eine konstruktive[1]. Der funktionellen Qualifikation kommt es entgegen, wenn im Tatbestand der Kollisionsnorm nicht ein aus der lex fori übernommener „Systembegriff", sondern ein rechtsvergleichend gewonnener „Funktionsbegriff" verwendet wird (vgl. oben § 12 II 1).

Ob man den Gegensatz zur rechtskonstruktiven Qualifikation (in Übereinstimmung mit einem Prinzip der Rechtsvergleichung[2]) als *funktionelle* Qualifikation bezeichnet oder ob man (in Anlehnung an den Sprachgebrauch der allgemeinen Methodenlehre[3]) von *teleologischer* Qualifikation spricht, macht keinen wesentlichen Unterschied. Die beiden Bezeichnungen erscheinen austauschbar.

Anders als eine streng auf die materiellrechtliche lex fori ausgerichtete Qualifikation ermöglicht eine funktionelle Qualifikation die kollisionsrechtliche Einordnung auch solcher Rechtsinstitute, die dem eigenen Sachrecht unbekannt sind. Die funktionelle Qualifikation wird deshalb auch vom BGH praktiziert, der mit Recht betont, daß die im IPR verwendeten Rechtsbegriffe oft weit ausgelegt werden müssen, um ausländischen Regelungen gerecht werden zu können[4].

Eine mit leichten Abwandlungen häufig wiederkehrende Standardformulierung des BGH lautet: „Die dem deutschen Richter obliegende Aufgabe ist es, die Vorschrift des ausländischen Rechts nach ihrem Sinn und Zweck zu erfassen, ihre Bedeutung vom Standpunkt des ausländischen Rechts zu würdigen und sie mit Einrichtungen der deutschen Rechtsordnung zu vergleichen. Auf der so gewonnenen Grundlage ist sie den aus

---

[1] Vgl. schon *Lewald*, Règles générales des conflits de lois: Rec. des Cours 69 (1939 – III) 1 (auch als Buch: Basel 1941), 81 (bzw. 80): „Le caractère technico-juridique attribué à l'institution en cause par le droit étranger est indifférent, pourvu que cette institution corresponde, quant à sa fonction juridique, à celle envisagée par la règle de conflit."

[2] Vgl. zur „Funktionalität" als methodischem Grundprinzip der Rechtsvergleichung *Zweigert/Kötz*, Einführung in die Rechtsvergleichung² I (1984) § 3 II.

[3] Vgl. zur teleologischen Auslegung etwa *Larenz*, Methodenlehre der Rechtswissenschaft⁵ (1983) 319 ff.

[4] Wegweisend und mit einer entgegenstehenden Rechtsprechung des RG brechend BGH 22.3. 1967, BGHZ 47, 324 (336) = IPRspr. 1966–67 Nr. 90 S. 298: Die ausländische Trennung von Tisch und Bett steht „nach ihrer sozialen Funktion" der Auflösung der Ehe dem Bande nach nahe und ist deshalb der Kollisionsnorm über die Ehescheidung zuzuordnen. – Zu den verschiedenen Möglichkeiten der kollisionsrechtlichen Einordnung der Morgengabe des islamischen Rechts – als Frage der Ehewirkungen, des Ehegüterrechts, des Unterhalts oder des Erbrechts – siehe BGH 28. 1. 1987, NJW 1987, 2161 = IPRax 1988, 109, 95 Aufsatz *Hessler* = IPRspr. 1987 Nr. 48 (offen gelassen).

§ 17 Funktionelle oder teleologische Qualifikation § 17 I

den Begriffen und Abgrenzungen der deutschen Rechtsordnung aufgebauten Merkmalen der deutschen Kollisionsnorm zuzuordnen."[5]

Insbesondere für die Abgrenzung von prozessualen und materiellrechtlichen Fragen bietet sich anstelle der meist national gefärbten rechtskonstruktiven Qualifikation mitunter eine solche nach dem funktionellen Zusammenhang an.

So sollte man einerseits die Frage nach einer Schadenersatzpflicht für Prozeßhandlungen und nach der Tragung der Prozeßkosten[6], selbst wenn man sie an sich als materiellrechtlich ansieht, hinsichtlich der Rechtsanwendung zum Prozeßrecht schlagen. Andererseits sind die Fragen, die mit bestimmten Instituten des materiellen Rechts verbunden sind, als dessen Zubehör zu behandeln, so in der Regel Klagbarkeit und Zulässigkeit von Unterlassungsklagen, Klagausschlußfristen, Verjährung und Beweislast[7]. Die deutschen Lohnpfändungsgrenzen (§§ 850 ff. ZPO) werden in Deutschland als Verfahrensrecht auch bei der Pfändung wegen fremdrechtlicher Ansprüche angewandt; in anderen Ländern, die keine entsprechenden Regeln besitzen, können sie aber als materiellrechtliche Begrenzung insbesondere deutscher Unterhaltsansprüche qualifiziert werden[8]. – Insgesamt erfolgt die Abgrenzung in Zweifelsfällen im Interesse sachgerechter Ergebnisse vielfach zugunsten des materiellen Rechts. Soweit angemessene Ergebnisse – methodisch sauber – nicht mit Hilfe einer entsprechenden Qualifikation zu erreichen sind, etwa weil beide beteiligten Rechte eine Frage eindeutig verfahrensrechtlich einordnen, muß der Grundsatz von der Maßgeblichkeit der lex fori für das anwendbare Verfahrensrecht offen durch einen möglichst klar umrissenen Kreis von Ausnahmen aufgelockert werden (vgl. unten § 56 IV).

Ohne funktionelle Qualifikation führt die verschiedene rechtliche Ausgestaltung von Lösungen derselben Sachprobleme in einzelnen Rechtsordnungen leicht zur Subsumtion unter verschiedene Kollisionsnormen und damit – wie in einem System einseitiger Kollisionsnormen – zu positiven und negativen Kompetenzkonflikten (Normenhäufung und Normenmangel, vgl. oben § 3 II 2 b).

Wenn indes die Möglichkeit verschiedener Funktionen einer Rechtsfolge oder eines Rechtsinstituts anzuerkennen ist – wie in den oben § 15 II 1 gebrachten Beispielen –, ist eine Qualifikation mehrerer Rechtsfragen (Doppel- oder Mehrfachqualifikation) unumgänglich. Die möglicherweise entstehende Normenhäufung ist nicht durch eine abweichende Qualifikationsmethode zu vermeiden, sondern mit anderen Mitteln zu bewältigen, etwa nach den Regeln der Anspruchskonkurrenz, durch Aufstellung einer Rangfolge der Anknüpfungen oder durch Anpassung.

---

[5] BGH 9.12.1958, BGHZ 29, 137, 139 = IPRspr. 1958–59 Nr. 112 S. 390 f.; seither etwa 12.1.1967, NJW 1967, 1177 = IPRspr. 1966–67 Nr. 19 S. 66 sowie 22.3.1967 (vorige Note) 332 bzw. 295.

[6] ZPO §§ 89 I 3, 302 IV 3, 600 II, 717 II 1 und 945 bzw. §§ 91 ff. Zum Prozeßkostenvorschuß unter Ehegatten siehe oben § 15 II 1.

[7] Vgl. hierzu *Coester-Waltjen*, Internationales Beweisrecht (1983).

[8] Vgl. (für die Niederlande) *Jessurun d'Oliveira*, FamRZ 1969, 632–635.

Schließlich gestattet es die am Sinn und Zweck der Kollisionsnorm und der materiellen Rechtseinrichtung orientierte teleologische Qualifikation, die Rechtsfolge der Subsumtion mit zu berücksichtigen und ein billiges Ergebnis anzustreben. Damit soll nicht gesagt sein, daß der *materielle Inhalt* der im Einzelfall konkurrierenden Rechtsordnungen dafür maßgebend sein soll, welche von ihnen zur Anwendung kommt. Aber welche *Anknüpfung* bei dieser oder jener Qualifikation gilt – ob Ortsrecht oder Personalstatut zur Anwendung kommt, ob Eltern- oder Kindesrecht –, kann wichtiger sein als die „Natur" eines Rechtsinstitutes.

Vgl. die genannten Beispiele funktioneller Qualifikation, in denen bereits mitberücksichtigt ist, welche Anknüpfung im einen oder im anderen Fall zum Zuge kommt. Ein weiteres Beispiel bietet die islamische Legitimanerkennung eines Kindes, die entgegen ihrer formellen Natur als bloße Feststellung der (angeblichen) ehelichen Abstammung nicht gemäß Art. 19 I EGBGB nach dem Abstammungsstatut zur Zeit der *Geburt* des Kindes, sondern wie die Legitimation nach dem Heimatrecht des Legitimierenden zur Zeit der *Anerkennung* beurteilt wird (vgl. unten § 49 II 2).

Natürlich hat auch diese Methode ihre Grenzen; z. B. kann man nicht jede beliebige Rechtsfolge einfach deshalb als prozessual qualifizieren, weil man ohne Bemühung des ordre public zur Anwendung der lex fori gelangen möchte (vgl. unten § 36 II 4 a. E.).

II. Eingrenzung der berufenen Sachnormen

Die letzte im Rahmen der Qualifikation zu behandelnde Frage geht dahin, welche Gruppe von Normen der maßgebenden Rechtsordnung durch die Kollisionsnormen zur Anwendung berufen wird: alle Normen, die den fraglichen Sachverhalt erfassen, oder nur diejenigen, welche die gestellte Rechtsfrage beantworten und dadurch mittelbar unter den Tatbestand der Kollisionsnorm fallen, oder ein noch engerer Kreis. Wenn z. B. ein Erbe von seiner Ehefrau als Miterbin zur Auskunft über einen Nachlaßgegenstand aufgefordert wird – kann dann auch eine eherechtliche Bestimmung des Erbstatuts über die gegenseitige Unterstützung von Ehegatten durch Rat und Tat herangezogen werden oder eine allgemeine Regel über Auskunftspflichten unter Mitberechtigten oder nur eine erbrechtliche Vorschrift?

Die Antwort lautet, daß der dem Sammelbegriff unserer Kollisionsnorm kongruente Ausschnitt der bezeichneten Rechtsordnung berufen ist. Die Verweisung beschränkt sich auf jenen Teil des materiellen Rechts, der dem Verweisungsbegriff der inländischen Kollisionsnorm funktionell adäquat ist („kanalisierte Verweisung")[9]. Weder darf eine Norm angewandt werden, die den

---

[9] *Schwimann*, ÖJZ 1980, 10.

Sachverhalt nur unter einem anderen rechtlichen Gesichtspunkt betrifft (im Beispiel: die eherechtliche), noch ist etwa im Wege einer weiteren Qualifikation eine Norm deshalb auszuschließen, weil sie im System der betreffenden Rechtsordnung an einer anderen Stelle steht als in unserem System (im Beispiel: die allgemeine Regel für Mitberechtigte). Es ist also auf der Grundlage des betreffenden Sachrechts Funktion und Zweck des materiellen Rechtssatzes zu klären und mit Funktion und Zweck unserer Kollisionsnorm zu vergleichen. Bei einer Übereinstimmung ist der betreffende Rechtssatz anwendbar.

Die besonders in Österreich vertretene Theorie der *„Stufenqualifikation"* dagegen gelangt, wenn nach primärer Qualifikation ausländisches Sachrecht zur Anwendung berufen ist, zu einer Qualifikation zweiten Grades (oben § 14 I 4). Durch diese weitere Qualifikation soll der „nackte Sachverhalt"[10] unabhängig von den Systembegriffen und Zwecken der lex fori nach den Maßstäben des fremden Rechts ganz neu eingeordnet werden[11]. Für eine solche „offene Verweisung" wird der Grundsatz in Anspruch genommen, daß jede Rechtsordnung den Inhalt der von ihr verwendeten Begriffe allein bestimme, jedoch zu Unrecht. Denn hier geht es nicht um die Anwendung fremden Sachrechts nach abgeschlossener Qualifikation und Verweisung, sondern um ein erneutes Aufrollen der Qualifikationsfrage selbst, für deren Beantwortung Funktion und Zweck der eigenen Kollisionsnorm letztlich entscheidend sein müssen[12].

Auch einem fremden Kollisionsrecht ist der Vorbehalt einer solchen weiteren Qualifikation nicht zu unterstellen. Wenn z. B. das englische IPR bei der Eheschließung eines Minderjährigen die Zustimmung der Erziehungsberechtigten als Formfrage ansieht und daher der lex loci celebrationis überläßt[13], kommt es für die Annahme einer Rückverweisung in Deutschland nicht darauf an, daß das deutsche Recht diese Zustimmung nicht als *Formerfordernis* der Eheschließung kennt.

Es bleibt also festzuhalten, daß die Auswahl der berufenen Sachnormen keinen gänzlich neuen, vom Gehalt der eigenen Kollisionsnorm losgelösten Qualifikationsvorgang darstellt. Vielmehr bildet sie einen wesentlichen Teil der funktionellen oder teleologischen Qualifikation.

---

[10] *Mänhardt*, Das internationale Personen- und Familienrecht Österreichs (1971) 22.
[11] Grundlegend *Scheucher*, Einige Bemerkungen zum Qualifikationsproblem: ZfRV 2 (1961) 228, im Anschluß an eine Bemerkung von *Schnitzer* I 102. Sogar drei Stufen sieht vor *Betti*, Grundprobleme des IPR, in: Ius et Lex, FS Gutzwiller (Basel 1959) 233 (243 ff.).
[12] In diesem Sinne auch die Kritik von *Schurig*, Kollisionsnorm und Sachrecht (1981) 216 ff., und *Schwimann* 25 ff.
[13] *Dicey/Morris* II 602 ff. zu Rule 70.

§ 18 Teilfrage – Erstfrage

I. Teilfrage

Als Teilfrage kann man im Kollisionsrecht die Frage nach der Beurteilung wesentlicher Bestandteile einer Rechtsfigur bezeichnen[1], seien diese Bestandteile nun für das betreffende Institut spezifisch (z. B. die Deliktsfähigkeit für die unerlaubte Handlung), oder seien sie für mehrere Rechtsfragen gemeinsam geregelt (z. B. die Geschäftsfähigkeit für obligatorische und dingliche Rechtsgeschäfte).

Man kann den Begriff der Teilfrage aber auch weiter fassen und statt von einer einzelnen Institution von einem größeren Rechtskomplex ausgehen, so daß als Teilfrage z. B. die Testierfähigkeit oder die Beschränkung der Erbenhaftung innerhalb des umfassenden Rechtsgebietes Erbrecht erscheint oder die Zulässigkeit der Auslandsscheidung im Eherecht. Schließlich kann man – wie bei anderen Fragen des Kollisionsrechts – statt von der Rechtsordnung vom konkreten Lebensverhältnis ausgehen und einen Einzelaspekt eines internationalen Sachverhalts als Teilfrage bezeichnen, z. B. das Verhältnis eines Kindes zu seiner Mutter innerhalb des Gesamtkomplexes seiner familienrechtlichen Situation.

Verwandt ist der im internationalen Schrifttum anzutreffende Ausdruck *dépeçage*[2]. Meist denkt man dabei an den Fall, daß die Beurteilung eines Vertrages, der Berührungspunkte zu mehreren Rechtsordnungen aufweist, in Einzelfragen aufgespalten und auf diese Weise mehreren Rechtsordnungen zugewiesen wird[3].

1. Das *Problem* der Aufspaltung liegt darin, daß Teilfragen in der Regel nicht aus dem Ganzen, zu dem sie gehören, herausgelöst werden können, ohne daß die Gefahr ungereimter Ergebnisse entsteht[4]. Die Bestandteile einer Rechtsfigur und auch eines größeren Rechtskomplexes, ja des gesamten Privatrechts sind vielfach so aufeinander abgestimmt, daß im Einzelfalle nicht ohne weiteres dieses oder jenes Stück durch die entsprechende Regelung einer anderen Rechtsordnung ersetzt werden kann. Form und Inhalt, Voraussetzungen und Wirkungen eines Rechtsgeschäfts, aber auch einzelne Wirkungen untereinander und sogar die verschiedenen Teile einer Privatrechtsordnung –

---

[1] So *Serick*, Die Sonderanknüpfungen von Teilfragen im IPR: RabelsZ 18 (1953) 633.

[2] Vgl. *Jayme*, Betrachtungen zur „dépeçage" im IPR: FS Kegel (1987) 253.

[3] Vgl. MünchKomm-*Spellenberg* Vor Art. 11 Rz. 10 ff.

[4] Gleichgültig ist dabei, ob die Abspaltung durch Aufstellung einer gesonderten Kollisionsnorm geschieht (wie durch Art. 7 EGBGB für die Geschäftsfähigkeit, durch Art. 11 für die Form der Rechtsgeschäfte) oder in einer einzigen Kollisionsnorm durch getrennte Anknüpfung (z. B. in Art. 13 I für die Ehefähigkeit usw. jedes Verlobten). *Niederer*, Einführung in die allgemeinen Lehren des IPR³ (1961) 208, spricht im ersten Fall von exogener, im zweiten Fall von endogener Spaltung.

z. B. Vertrags- und Deliktsrecht, Schuld- und Sachenrecht – stehen oft in einem inneren Sinnzusammenhang, der leicht verlorengehen kann, wenn Fragmente verschiedener Rechtsordnungen auf denselben Fall angewandt werden. Insbesondere ist zu warnen vor der Entleerung eines Begriffs durch Abspaltung wesentlicher Einzelheiten[5].

Auch besteht die Gefahr der Zerstörung des Sinnzusammenhangs *gegenseitiger Rechtsverhältnisse*, wenn z. B. in der Ehe eines Sowjetrussen mit einer Französin wohl die Frau nach ihrem Recht dem Manne gegenüber, aber nicht der Mann nach seinem Heimatrecht der Frau gegenüber zum Zusammenleben verpflichtet ist oder das in Deutschland errichtete gemeinschaftliche Testament eines Franzosen und seiner deutschen Frau nicht den Mann, aber die Frau bindet oder wenn unter Geschwistern verschiedener Staatsangehörigkeit die Schwester zwar den Bruder, aber der Bruder nicht seine Schwester zu unterhalten hat oder dergl. Anderseits ist eine Doppelbeanspruchung zu befürchten, falls beispielsweise Schuldverhältnis und zugehöriges Sicherungsrecht nach verschiedenen Rechtsordnungen beurteilt werden und nach dem einen Statut etwa der ursprüngliche Gläubiger, nach dem anderen ein Rechtsnachfolger den Schuldner belangt.

2. Zu *unterscheiden* von der Teilfragenbildung ist die *Differenzierung* der kollisionsrechtlichen Fragestellung für *verschiedene Lebensverhältnisse*, die nur rechtsbegrifflich miteinander verwandt sind. So bemüht man sich seit Beginn des Jahrhunderts, bei der Bestimmung des Vertragsstatuts nach Vertragstypen zu differenzieren[6]; und seit den fünfziger Jahren geht die Diskussion um eine entsprechende Auflockerung des Deliktsstatuts unter Berücksichtigung besonderer Typen von unerlaubten Handlungen und besonderer Gegebenheiten des Einzelfalls (vgl. unten § 53 V und VI).

Problematisch wird die Abgrenzung zwischen berechtigter Differenzierung und unerwünschter Bildung von Teilfragen allerdings dort, wo eine Reihe von Lebensverhältnissen untereinander in lockerer Verbindung stehen, besonders im Bereich des Familien- und Erbrechts. Denn die Schließung einer Ehe, ihre persönlichen und güterrechtlichen Wirkungen, die Abstammung der Kinder, die Beziehungen der Eltern zu ihren Kindern, Ehescheidung und Erbfolge – sie alle hängen irgendwie miteinander zusammen, und doch kann man nicht

---

[5] Dogmatisch sonderbar, aber praktisch meist erträglich ist die dem amerikanischen Kollisionsrecht geläufige Figur der „divisible divorce", d. h. Anerkennung gewisser nachbarstaatlicher Ehescheidungen zwar hinsichtlich des „Status" (Zulässigkeit einer Wiederheirat), aber nicht hinsichtlich einzelner Wirkungen (z. B. der Unterhaltspflicht gegenüber Ehegatten); siehe etwa *Vanderbilt v. Vanderbilt*, 354 U. S. 416 (1957).

[6] Vgl. *Makarov*, Die Resolution des „Institut de Droit international" über das internationale Obligationenrecht von 1908 und deren Einfluß auf die nationalen Kodifikationen des Kollisionsrechts: FS Lewald (Basel 1953) 299; zum heutigen Art. 28 EGBGB vgl. unten § 52 III.

sämtliche persönlichen und familiären Rechtsverhältnisse des Menschen von der Wiege bis zur Bahre oder gar die gesamten Rechtsverhältnisse einer ganzen Familie immer demselben Recht unterstellen[7]. Daran ändert auch die Forderung nach dem Schutz wohlerworbener Rechte nichts. Wieweit es möglich ist, wenigstens von der *Existenz* eines für unsere Rechtsordnung gültig zustandegekommenen Rechtsverhältnisses bei der Beantwortung aller getrennt anzuknüpfenden Fragen auszugehen, ist später zu prüfen (siehe § 32 Vorfrage).

3. Ein *allgemeines Verbot* der Sonderanknüpfung von Teilfragen oder auch nur ein Gebot, die gesetzlichen Vorschriften über solche Anknüpfungen möglichst eng auszulegen, ist *nicht einmal de lege ferenda* zu rechtfertigen. Auch der Hinweis, daß mit der Zahl der Einzelanknüpfungen das Risiko der Entscheidungsdisharmonie zunehme, schlägt nicht durch; hier wie anderswo darf das Ideal des Entscheidungseinklangs nicht zur Simplifizierung führen. Die altbewährten Sonderanknüpfungen für die allgemeine Geschäftsfähigkeit (die sich nicht nach dem oft selbstgewählten Statut des jeweiligen Rechtsgeschäftes, sondern in erster Linie nach der Person des Handelnden richtet: Art. 7 EGBGB) und für die Form der Rechtsgeschäfte (Art. 11 EGBGB) zeigen deutlich, daß die einheitliche Beurteilung eines Rechts- oder Lebensverhältnisses nach einem und nur einem Recht nicht immer der oberste Gesichtspunkt sein kann; vielmehr ist die gesonderte Beurteilung einer Teilfrage nach der ihr angemessenen Rechtsordnung in bestimmten Bereichen wohl berechtigt. So rechtfertigt sich die Sonderanknüpfung der Geschäftsfähigkeit aus dem Schutzgedanken, die der Form aus dem favor negotii, der einen Ausgleich für die besonderen Schwierigkeiten des internationalen Rechtsverkehrs darstellt (näher unten § 41 III 1).

Ein weiteres Beispiel für die berechtigte Abspaltung einer Teilfrage auch ohne ausdrückliche Gesetzesvorschrift bildet die gesonderte Anknüpfung der staats- oder wirtschaftspolitisch begründeten Leistungsverbote und ähnlicher Eingriffsnormen für Schuldverhältnisse (siehe oben § 3 II). Deren Gleichstellung mit dem gewöhnlichen Schuldrecht hat sich in der Praxis immer wieder als verfehlt erwiesen, so daß es zu häufiger Anwendung der Vorbehaltsklausel des ordre public kam, bis die Wissenschaft die Notwendigkeit einer eigenen Anknüpfung herausgestellt hat.

Jedoch ist Zurückhaltung gegenüber der Sonderanknüpfung von Teilfragen am Platz, und man muß in jedem Fall prüfen, ob nicht durch punktuelle Verfeinerung ein größerer Zusammenhang unnötig zerstört wird[8]. Diese Sorge ist weniger notwendig in Ländern, wo die verschiedenen in Betracht kommenden Rechtsordnungen auf dem Boden desselben gemeinen Rechts stehen und

---

[7] Vgl. *Schwind*, Von der Zersplitterung des Privatrechts durch das IPR und ihrer Bekämpfung: RabelsZ 23 (1958) 449 (454–456).
[8] Vgl. auch *Wengler* I 70; bespr. in RabelsZ 45 (1981) 627 (635 f.).

daher Spannungen durch Systemdivergenzen, wie sie sich bei der Kombination verschiedener europäischer Rechtsordnungen leicht ergeben, kaum zu befürchten sind[9].

4. Wo das Kollisionsrecht ein einheitliches Lebensverhältnis in mehrere Teilfragen zerlegt, muß das Kollisionsrecht auch für die *richtige Zusammenfügung* der Antworten sorgen.

Wenn etwa für die Teilnahme eines Minderjährigen am Rechtsverkehr seine eigenen Handlungen nach dem Statut der Geschäftsfähigkeit beurteilt werden, dagegen die Handlungen seiner Eltern oder Adoptiveltern nach dem Eltern-Kind-Statut bzw. Adoptionsstatut und die Handlungen eines Vormunds nach dem Vormundschaftsstatut, so muß das Kollisionsrecht bestimmen, in welcher Reihenfolge diese drei Statute zum Zuge kommen sollen, damit nicht etwa drei verschiedene Personen namens desselben Minderjährigen auftreten können. Oder wenn die Novation eines Schuldverhältnisses kollisionsrechtlich aufgeteilt wird in die Aufhebung des bisherigen und die Begründung eines neuen Schuldverhältnisses, so muß das Kollisionsrecht die Verbindung zwischen den beiden Statuten herstellen, indem es anordnet, daß die Aufhebung des alten Schuldverhältnisses nicht ohne die Begründung des neuen erfolgt und umgekehrt.

II. Erstfrage

Im Gegensatz zu den logisch nebeneinander stehenden Teilfragen ist die von *Melchior* als „Teil der Hauptfrage"[10], von *Jochem*[11] treffend als „Erstfrage" bezeichnete Erscheinung eine präjudizielle Frage, und zwar eine solche, die sich bei der kollisionsrechtlichen Anknüpfung stellt. Die Erstfrage betrifft ein im Tatbestand der Kollisionsnorm vorausgesetztes Rechtsverhältnis. Sie wird deshalb auch kollisionsrechtliche Vorfrage genannt.

So setzen die Fragen nach den persönlichen Rechtsbeziehungen von Ehegatten (Art. 14 EGBGB), nach dem Ehegüterrecht (Art. 15) oder nach Scheidung der Ehe (Art. 17) das Bestehen einer Ehe voraus. Ferner wird bei den Fragen nach der Rechtsstellung eines ehelichen oder eines nichtehelichen Kindes (Artt. 19ff. EGBGB) die Feststellung der Ehelichkeit (durch Abstammung, Legitimation oder Adoption) bzw. ihres Mangels vorausgesetzt. Weitere Beispiele solcher präjudizieller Fragen bieten[12] bei der condictio indebiti das Nichtbestehen der bezahlten Schuld, bei Schadenersatz- oder Unterlassungsansprüchen wegen unerlaubter Handlung die Innehabung des an-

---

[9] Vgl. etwa die große Zahl getrennt anzuknüpfender Teilfragen („dépeçage", „issue-splitting") im Delikts- und Vertragsrecht des amerikanischen Restatement², §§ 156–164 bzw. 198–207.
[10] *Melchior* 259.
[11] *Jochem*, FamRZ 1964, 393 f.
[12] Diese Beispiele bringt *Melchior* 259 f.

geblich verletzten Rechts durch den Kläger. Schließlich setzt die Beerbung den Tod bzw. die Todes- oder Verschollenheitserklärung voraus.

Die Erstfragen werden oft vermengt mit den von *Melchior* und *Wengler* so genannten Vorfragen (vgl. unten 32 I), die erst *nach* vollzogener kollisionsrechtlicher Anknüpfung der Hauptfrage bei der Anwendung des für diese maßgebenden Rechts auftauchen. Insbesondere im Ausland und in der deutschen Rechtsprechung werden im allgemeinen alle präjudiziellen Fragen als Vorfragen (incidental questions, questions préliminaires) bezeichnet. In der Tat besteht für eine Unterscheidung kein zwingendes Bedürfnis, wenn beide Arten präjudizieller Fragen kollisionsrechtlich grundsätzlich gleich behandelt werden. Darauf ist später näher einzugehen (unten § 32 Vorfrage).

III. Kapitel: Allgemeines zur Anknüpfung

§ 19 Anknüpfungsmomente

I. *Zweck der kollisionsrechtlichen Anknüpfung* ist es, die für die Beantwortung der jeweils gestellten Rechtsfrage maßgebliche Rechtsordnung zu bestimmen. Angeknüpft wird immer – wenn wir vom Wortsinn ausgehen – etwas Neues (der neue Faden) an etwas Bestehendes, Vorhandenes. So wird im Kollisionsrecht die Maßgeblichkeit einer Rechtsordnung an ein Element des konkreten Sachverhalts angeknüpft, an das Anknüpfungsmoment (den Anknüpfungspunkt).

Es ist also sprachlich weniger gut, von der Anknüpfung an eine Rechtsordnung zu reden: nicht an das Heimatrecht wird angeknüpft, sondern an die Heimat (die Staatsangehörigkeit), nicht an das Ortsrecht, sondern an den Ort usw. Der Wunsch nach Abwechslung und Kürze im Ausdruck rechtfertigt keine Sprachwidrigkeiten. (Aus demselben Grunde geht es auch nicht an, die maßgebende Rechtsordnung, welche durch die Anknüpfung bestimmt wird, als „verwiesene" Rechtsordnung zu bezeichnen: nicht die Rechtsordnung wird verwiesen, sondern der Richter wird auf oder an sie verwiesen.)

II. Im einzelnen enthält jedes Anknüpfungsmoment *drei Elemente:* ein Subjekt (Person, Sache, subjektives Recht oder Ereignis), ein Attribut dieses Subjekts (z.B. Staatsangehörigkeit, Wohnsitz, gewöhnlicher Aufenthalt oder Wille der Person; Lage- oder Registerort der Sache; Ort des Ereignisses) sowie einen Zeitpunkt (der nicht immer ausdrücklich genannt ist)[1].

1. Das maßgebende *Subjekt* kann jeweils – wenn es eine Person ist – entweder nach seiner Rolle in dem zu beurteilenden Sachverhalt bestimmt werden (als Urheber einer Willenserklärung, als Vertragspartner, Schädiger oder Geschädigter, Eigentümer, Vater, Mutter, Kind, Erbe) oder nach seiner Prozeßrolle (als Kläger oder Beklagter); in Betracht kommt auch eine Behörde (insbesondere das Gericht) oder eine Amtsperson. Als Sache kann nicht nur die res litigiosa Anknüpfungssubjekt sein, sondern z.B. auch ein Schiff (etwa als Tatort). Dient ein Ereignis als Anknüpfungssubjekt, so kann dies die Abgabe einer Erklärung sein, die Erfüllung einer Verpflichtung, eine unerlaubte Handlung oder auch eine Prozeßhandlung.

2. Das *Attribut* stellt in der Regel die Beziehung zwischen dem Subjekt und einer bestimmten Rechtsordnung her. Diese Beziehung kann auf eine Rechtsordnung als solche führen (z.B. die Rechtswahl der Parteien, die „lex fori" des zuständigen Gerichts) oder zunächst auf einen Staat (so die Staatsangehörigkeit einer Person, die Staatszugehörigkeit oder Flagge eines Schiffes, die Währung einer Forderung, die Einwirkung eines Verfahrens auf einen nationalen Markt) oder auch nur auf einen bestimmten Ort (z.B.

---

[1] Frei nach *Trammer,* in: Law and International Trade, FS Schmitthoff (Frankfurt a.M. 1973) 368f., der das Attribut als „base" und das Subjekt als „complément" bezeichnet.

Wohnsitz, gewöhnlicher Aufenthalt, Belegenheit, Ort der Registerführung bzw. registrierter Heimatort eines Fahrzeugs, Handlungsort).

3. Über das *zeitliche Element* der Anknüpfung siehe unten § 27 Statutenwechsel.

III. Bei der *Anwendung* erweisen sich alle Anknüpfungen, die auf einen Staat als ganzen führen, dann als mehrdeutig und daher ergänzungsbedürftig, wenn dieser Staat mehrere territoriale oder personale Teilrechtsordnungen besitzt (unten § 29 Interlokales Privatrecht, § 30 Interpersonales Recht); dasselbe gilt für streng örtliche Anknüpfungen in dem Falle, daß an dem betreffenden Ort mehrere rein personale Rechtsordnungen nebeneinander gelten. Davon abgesehen kann ein Anknüpfungsmoment im Einzelfall mehrfach verwirklicht sein (mehrfacher Wohnsitz oder Handlungsort, mehrfache Staatsangehörigkeit, mehrfache Währung einer Obligation). Anderseits kann das Anknüpfungsmoment fehlen (besonders bei verschiedener Staatsangehörigkeit von Ehegatten oder Staatenlosigkeit der Anknüpfungsperson), oder es kann nicht eindeutig festzustellen sein (z. B. der Standort eines Schiffes oder Flugzeugs in einem bestimmten Augenblick). In all diesen Fällen bedarf es einer Hilfsanknüpfung – sei es eine spezielle (für eine einzelne Norm, z. B. in Art. 14 I Nr. 2 EGBGB Anknüpfung an den gemeinsamen gewöhnlichen Aufenthalt, falls die Ehegatten keine gemeinsame Staatsangehörigkeit besitzen), sei es eine generelle (z. B. Art. 5 II EGBGB für alle Fälle der Staatenlosigkeit einer Anknüpfungsperson) –, außer wenn bei mehrfacher Verwirklichung der Anknüpfung mehrere Rechtsordnungen anwendbar sein sollen (vgl. unten § 20 IV: Kumulative Anknüpfung).

Nicht selten wirft die Feststellung des Anknüpfungsmoments eine neue kollisionsrechtliche Frage auf, weil der betreffende Begriff von Land zu Land verschieden ausgelegt wird (z. B. „Wohnsitz") oder gar ein anderes Rechtsverhältnis voraussetzt (so der Begriff „Ehegatte" das Bestehen einer gültigen Ehe). Grundsätzlich gilt hier wie bei der Qualifikation, daß die Begriffe einer Kollisionsnorm vom Standpunkt desjenigen Rechts ausgelegt werden müssen, dem die Kollisionsnorm angehört[2].

Eine Ausnahme besteht, wie schon gesagt, für die Staatsangehörigkeit, die in der Regel nach dem Rechte desjenigen Staates beurteilt wird, dessen Staatsangehörigkeit in Betracht kommt (siehe oben § 1 VI 1, jedoch auch unten § 38 II 2). Dagegen wird für den Wohnsitz das Recht des Landes, in welchem ein Wohnsitz liegen soll oder kann – die sog. lex territorii –, heute nur selten berücksichtigt. Vielmehr erfolgt die Feststellung allgemein nach der lex fori, genauer: im Sinne derjenigen Rechtsordnung, welche die Anknüpfung verwendet. Dieser Unterschied zur Staatsangehörigkeit ist berechtigt, seit der Wohn-

---

[2] Vorfragen, die eine ausländische Kollisionsnorm aufwirft, sind indes – ebenso wie vom ausländischen Sachrecht gestellte Vorfragen (dazu unten § 32 IV) – grundsätzlich nach dem IPR des Forums zu beantworten.

sitz nicht mehr wie die Staatsangehörigkeit ein materielles Rechtsverhältnis bezeichnet (Untertanenverhältnis oder Wohnberechtigung), sondern allein noch als Anknüpfungsmoment dient. Nur Staatsverträge, welche bei Anknüpfung an den Wohnsitz keinen eigenen Wohnsitzbegriff kennen und dennoch die internationale Entscheidungsgleichheit sichern wollen, sind auf die lex territorii angewiesen[3].

Das Anknüpfungsmoment führt in einen *circulus vitiosus* (circulus inextricabilis), wenn es die maßgebende Rechtsordnung für ein Rechtsverhältnis bezeichnen soll, durch das es selbst bedingt ist, wenn z.B. die Staatsangehörigkeit oder der Wohnsitz eines Kindes als Anknüpfungsmoment für das Bestehen eines Kindschaftsverhältnisses oder für die Zuteilung der elterlichen Gewalt (Personensorge) verwendet wird und dabei die Staatsangehörigkeit bzw. der Wohnsitz von dem Vorliegen eines Kindesverhältnisses oder von der elterlichen Gewalt (oder deren Betätigung) abhängt[4]. In Fällen eines solchen Zirkels muß ein fester Ausgangspunkt geschaffen werden durch eine materiellrechtliche Vermutung (etwa zugunsten der Ehelichkeit oder gegen das Bestehen einer nichtehelichen Vaterschaft).

§ 20 Kombinationen von Anknüpfungsmomenten

Unter der Überschrift „Kombinationen von Anknüpfungsmomenten"[1] seien alle Fälle zusammengefaßt, in denen eine Kollisionsnorm nicht nur ein einziges, sondern mehrere Anknüpfungsmomente verwendet. Bisweilen wird auch das Stichwort „Kumulation" gebraucht, bei dem jedoch meist nur an den besonderen Fall der kumulativen Anwendung mehrerer Rechtsordnungen gedacht wird (dazu unten IV).

---

[3] Siehe etwa Art. 1 III des Haager Testamentsformübereinkommens (Art. 26 I 2 EGBGB): „Ob der Erblasser an einem bestimmten Ort einen Wohnsitz hatte, regelt das an diesem Ort geltende Recht." Daß danach unter Umständen mehrere, in verschiedenen Ländern belegene Wohnsitze des Erblassers zu beachten sind, entspricht dem Grundzug dieser Normierung, verschiedene mögliche Anknüpfungen alternativ zuzulassen (siehe unten § 51 IV 3). Ähnlich Art. 52 I und II EuGVÜ zum Wohnsitz als Voraussetzung der Zuständigkeit.
[4] So § 21 RechtsanwendungsG der DDR vom 5.12.1975: „Die Abstammung eines Kindes sowie die Feststellung und Anfechtung der Vaterschaft bestimmen sich nach dem Recht des Staates, dessen Staatsbürgerschaft das Kind mit der Geburt erworben hat"; dazu § 4 StaatsbürgerschaftsG vom 20.2.1967: „Die Staatsbürgerschaft der DDR wird erworben durch a) Abstammung..." Wie nun, wenn die Mutter z.B. eine Französin ist, die die Mutterschaft nicht anerkannt hat – nach welchem Recht bestimmt sich die Abstammung?
[1] Vgl. *H.G. Ficker*, in: FS Nipperdey I (1965) 297 (304 ff.): „Kombination oder Verknüpfung von Anknüpfungen."

I. Arten der Häufung von Anknüpfungsmomenten

Alle Arten der Beachtung mehrerer Rechtsordnungen haben den Vorzug, daß sie die einseitige „Nationalisierung" internationaler Sachverhalte vermeiden. Vielmehr gestatten sie, widersprechende Gesichtspunkte bei der Anknüpfung zu berücksichtigen, so daß keine der in Betracht kommenden Rechtsordnungen zurückgesetzt wird. Auf diese Weise kann nicht nur der Gleichberechtigung der Geschlechter im Internationalen Familienrecht Genüge getan werden; manchmal wird auch verhindert, daß ein Rechtsverhältnis von der einen Rechtsordnung als gültig und von der anderen (wegen Nichtberücksichtigung ihrer Vorschriften) als ungültig angesehen wird – es sei denn, daß die eine Rechtsordnung gerade ihre alleinige Anwendung verlangt. Daher kommen diese Anknüpfungen besonders dann in Betracht, wenn typischerweise annähernd gleich starke Verknüpfungen des Sachverhalts mit zwei oder mehr Rechtsordnungen vorliegen. Je nach der Ausgestaltung im einzelnen ergeben sich aber auch verschiedene Bedenken und Schwierigkeiten.

Die Verwendung mehrerer Anknüpfungsmomente in einer Kollisionsnorm kann auf zwei ganz verschiedene Arten erfolgen:

1. Möglich ist die Häufung einmal in *einengendem* Sinne: Eine bestimmte Rechtsordnung soll nur dann zur Anwendung kommen, wenn mehrere Umstände gleichzeitig auf sie hinweisen, z.B. Staatsangehörigkeit *und* Wohnsitz im Inland (so das dänische Recht für die Wechselfähigkeit[2]), die Staatsangehörigkeit *beider* Ehegatten (so das deutsche IPR für die Ehewirkungen gemäß Art. 14 I Nr. 1 EGBGB) oder der inländische gewöhnliche Aufenthalt von Vater, Mutter *und* Kind (so das französische Recht für die Wirkungen der „possession d'état" eines ehelichen Kindes[3]). Man spricht hier auch von „kombinierten Anknüpfungen"[4]. Natürlich ergeben solche Normen keine Regelung für alle denkbaren Fälle; sie sind daher nur dann brauchbar, wenn ein Fehlschlagen der Anknüpfung (Normenmangel) in Kauf genommen werden kann, d.h. wenn diese Anknüpfungen entweder sich auf Eingriffsnormen (z.B. Devisenvorschriften) beziehen, die ja ohne Schaden für das in Rede stehende Lebensverhältnis wegbleiben können (siehe oben § 3 II 2 b), oder durch andere Kollisionsnormen ergänzt werden[5].

---

[2] Art. 79 des dänischen Wechselgesetzes in Verbindung mit dem allgemeinen Wohnsitzprinzip des dänischen IPR.

[3] Art. 311–15 C.c.

[4] Z.B. *Braga*, RabelsZ 23 (1958) 436.

[5] So in den genannten Beispielen: Primär maßgebend ist für die filiation nach Art. 311–14 C.c. das Personalstatut der Mutter, der deutsche Art. 14 I EGBGB nennt Hilfsanknüpfungen für den Fall des Fehlens einer gemeinsamen Staatsangehörigkeit der Ehegatten, und im dänischen Beispiel bestimmt sich die Wechselfähigkeit grundsätzlich für Ausländer nach Heimatrecht, für Inländer im Ausland nach Wohnsitzrecht.

§ 20 Kombinationen von Anknüpfungsmomenten § 20 I

Besonders verlockend ist die Anwendung jeweils der Rechtsordnung, auf welche „die relativ meisten der in Betracht kommenden Umstände" hinweisen (sog. „grouping of contacts"). Aber damit wird die Voraussehbarkeit der Entscheidungen zerstört, falls nicht feste Regeln über Auswahl und Bewertung der „in Betracht kommenden Umstände" aufgestellt werden.

2. Öfter erfolgt die Häufung der Anknüpfungsmomente in dem *erweiternden* Sinne, daß nicht nur eine, sondern mehrere Rechtsordnungen angewandt werden sollen oder können, und zwar (1) getrennt, (2) fakultativ, (3) korrigierend, (4) alternativ, (5) subsidiär, (6) kumulativ oder (7) gekoppelt.

a) Eine *getrennte* Anwendung mehrerer Rechtsordnungen auf dasselbe Rechtsverhältnis (auch Spaltung oder Zerlegung genannt) erfolgt dann, wenn das Rechtsverhältnis in mehrere Einzel- oder Teilfragen aufgeteilt wird, die jeweils einer besonderen Rechtsordnung unterstellt werden. Da hier schon der Tatbestand der Kollisionsnorm gespalten ist, wurde dieser Typ bereits oben behandelt (siehe § 18).

b) Bei der *fakultativen* Anwendbarkeit mehrerer Rechtsordnungen wird es den Beteiligten freigestellt, welcher Rechtsordnung sie sich bedienen wollen, falls die mehreren Anknüpfungsmomente in concreto auf verschiedene Rechtsnormen verweisen. Beispielsweise können ausländische Ehegatten bei der Eheschließung im Inland für ihren Ehenamen statt des sonst maßgebenden Heimatrechts das deutsche Recht wählen, wenn einer von ihnen seinen gewöhnlichen Aufenthalt im Inland hat (Art. 10 II Nr. 2 EGBGB); der Erblasser kann nach Art. 25 II EGBGB die Rechtsnachfolge von Todes wegen für im Inland belegene Grundstücke statt seinem Heimatrecht wahlweise dem Recht des inländischen Lageortes unterstellen. Hierbei handelt es sich um eine beschränkte Parteiautonomie (siehe dazu unten § 40 Parteiautonomie).

c) Bei der *korrigierenden* Anwendung einer oder mehrerer Rechtsordnungen wird das von der primär berufenen Rechtsordnung erzielte materiellrechtliche Ergebnis durch eine subsidiäre weitere Anknüpfung verändert. In der Regel wird der deutsche Richter durch eine Korrektivanknüpfung des EGBGB auf das deutsche Recht verwiesen, so auf das deutsche Eheschließungsrecht, wenn der Grundsatz der Eheschließungsfreiheit dies fordert (Art. 13 II EGBGB), auf die Verkehrsschutzvorschriften des deutschen Eherechts, „soweit diese Vorschriften für gutgläubige Dritte günstiger sind als das fremde Recht" (Art. 16 II EGBGB), oder auf das deutsche Scheidungsrecht, soweit die Ehe des deutschen Antragstellers nach dem an sich maßgebenden ausländischen Ehewirkungsstatut nicht geschieden werden kann (Art. 17 I 2 EGBGB). Hier handelt es sich um sog. spezielle Vorbehaltsklauseln zugunsten des inländischen Rechts (näher unten § 36 VIII).

Jedoch sollten nicht alle korrigierenden Anknüpfungen zum Kreis der speziellen Vorbehaltsklauseln gerechnet werden, da die Korrektivanknüpfung auch zugunsten eines ausländischen Rechts vorgeschrieben werden kann. So ist infolge einer in Art. 18 I 2 EGBGB enthaltenen korrigierenden Anknüpfung auf einen Unterhaltsanspruch das gemeinsame Heimatrecht von Berechtigtem und Verpflichtetem anzuwenden, wenn der Berechtigte nach dem primär maßgebenden Recht seines gewöhnlichen Aufenthalts keinen Unterhalt erhalten kann. Andere Normen, wie Art. 18 II oder Art. 23 Satz 2 EGBGB, sprechen zwar eine korrigierende Verweisung auf das deutsche Recht aus, können aber dahingehend verallgemeinert werden, daß auch bei entsprechenden ausländischen Verfahren die lex fori maßgebend sein soll (näher unten § 36 VIII).

II. Alternative Anknüpfung (Günstigkeitsprinzip)

1. Der *Begriff* der alternativen Anknüpfung wird bislang nicht einheitlich verwendet[6]. Man sollte ihn auf solche Mehrfachverknüpfungen beschränken, bei denen der Richter anhand einer materiellrechtlichen Ergebnisvorgabe zwischen genau bezeichneten Rechtsordnungen, die gleichrangig zur Auswahl gestellt sind, zu wählen hat. Damit ist eine Trennungslinie gezogen zur fakultativen Anknüpfung, bei der die Auswahl der Partei obliegt, und der Korrektivanknüpfung, bei der ein Regel-Ausnahme-Verhältnis zwischen den Anknüpfungen besteht.

Regelmäßig liegt der *Sinn* alternativer Anknüpfungen in der Begünstigung bestimmter materieller Ergebnisse. Meist soll der Bestand eines Rechtsverhältnisses oder aber die Begründung eines Status oder Anspruchs begünstigt werden (validierende, status- und anspruchsbegründende Funktion[7]).

Man spricht deshalb gerade im Zusammenhang mit alternativen Anknüpfungen vom *Günstigkeitsprinzip* oder vom *favor* (negotii, matrimonii, legitimitatis usw.). Eine materiellrechtliche Begünstigung wird zwar mitunter auch durch andere rechtstechnische Mittel des Kollisionsrechts erreicht, etwa durch eine Korrektivanknüpfung, wie in Art. 16 II oder in Art. 18 I 2 und II EGBGB. Mit der Alternativanknüpfung ist der Gedanke der Begünstigung aber in besonders typischer Weise verbunden.

2. Der *Bereich*, in dem alternative Anknüpfungen verwendet werden, hat sich in jüngerer Zeit ausgedehnt, und zwar sowohl im autonomen nationalen Recht vieler Staaten als auch im staatsvertraglichen Kollisionsrecht[8].

---

[6] Siehe *Baum*, Alternativanknüpfungen (1985) 50 ff.

[7] Vgl. *Baum* (vorige Note) 89 ff.

[8] Siehe *Bucher*, Sur les règles de rattachement a caractère substantiel: Liber amicorum Schnitzer (1979) 37.

Ein favor negotii ist seit langem für die *Form* bekannt[9]. So läßt Art. 11 I EGBGB die Beobachtung der Gesetze, die für den Inhalt des Geschäftes maßgebend sind, oder der Gesetze des Vornahmeortes genügen. In Art. 26 I EGBGB, der dem Art. 1 des Haager Testamentsformübereinkommens von 1961 nachgebildet ist, wird sogar eine Vielzahl von Anknüpfungsmomenten aufgereiht, um einen möglichst vollständigen favor testamenti zu erreichen.

Im *Deliktsrecht* wird in Deutschland seit über hundert Jahren alternativ das Recht des Handlungs- oder das des Erfolgsortes berufen, je nachdem, welches Recht für den Verletzten günstiger ist[10].

In den letzten Jahrzehnten haben sich alternative Anknüpfungen im *Familienrecht* ausgebreitet. Vor allem die Ehelichkeit, die Vaterschaftsfeststellung und die Legitimation werden oft begünstigt[11].

3. *Berechtigt* ist die alternative Anknüpfung, wenn sie auf einer spezifisch internationalrechtlichen Erwägung beruht. So kann das IPR den besonderen Schwierigkeiten des Rechtsverkehrs abzuhelfen suchen. Beispielsweise schafft der favor negotii für die Form der Rechtsgeschäfte einen Ausgleich für die besonderen Schwierigkeiten der Erfüllung von Formvorschriften im Ausland.

Vertretbar erscheint die alternative Anknüpfung auch dann, wenn sie international herrschende materiellrechtliche Tendenzen auf das IPR überträgt. So entspricht die alternative Anknüpfung zugunsten der ehelichen Abstammung eines Kindes (vgl. Art. 19 I 2 EGBGB) einer verbreiteten Tendenz, die Legitimität von Kindern zu fördern[12]; man kann diese Alternativität akzeptieren[13], wenngleich mit ihr nur an den Symptomen kuriert wird, indem die Folgen der im Prinzip beibehaltenen Unterscheidung von „legitimen" und „illegitimen" Kindern möglichst selten spürbar werden sollen[14].

Dagegen gibt es beispielsweise keine hinreichend überzeugenden Gründe, den Verletzten bei jeder Art von Delikt, bei dem Handlungs- und Erfolgsort in verschiedenen Staaten liegen, durch eine Alternativanknüpfung zu begünstigen (vgl. unten § 53 III 1 d).

Bloße *Praktikabilitätserwägungen* sprechen in der Regel weder entscheidend für noch gegen eine alternative Anknüpfung. Denn einerseits kann die Arbeit des Richters durch eine alternative Anknüpfung erschwert werden, weil er unter Umständen mehrere Rechtsordnungen prüfen muß, um das anwend-

---

[9] Umfassend zum favor *Marsch*, Der Favor Negotii im deutschen IPR (1976); bespr. in RabelsZ 41 (1977) 802.
[10] Siehe bereits RG 20. 11. 1888, RGZ 23, 305.
[11] Siehe etwa Artt. 19 I 2, 20 I 3 und 21 I 2 EGBGB. Besonders weitgehend Art. 311–16 C. c., der eine Legitimation durch nachfolgende Ehe nach vier Rechtsordnungen gewährt. Das Legitimationsabkommen der CIEC vom 10. 9. 1970 (Text: StAZ 1971, 284) läßt eine Legitimation nach dem Heimatrecht des Vaters oder der Mutter zu.
[12] Vgl. etwa *Reese*, The Influence of Substantive Policies on Choice of Law: FS Vischer (1983) 287 (288 f.).
[13] Ablehnend allerdings *Neuhaus* 179.
[14] Zur Fragwürdigkeit dieser Unterscheidung siehe *Kropholler*, AcP 185 (1985) 244 ff.

bare Recht zu finden; anderseits wird oft auch die Anwendung inländischen Rechts in Betracht kommen und das erstrebte Ergebnis gewähren, so daß die Prüfung ausländischen Rechts ganz entfallen kann.

Bedenklich ist die Begünstigung des materiellen Ergebnisses vor allem dann, wenn sie nur auf verallgemeinerten rein inländischen Zielvorstellungen beruht, denen abweichende Zielvorstellungen in anderen Rechtsordnungen gegenüberstehen, die in einem Auslandsfall nicht von vornherein zurücktreten sollten. Hier scheint das klassische IPR-System, das gegenüber dem unterschiedlichen materiellen Inhalt der verschiedenen nationalen Rechtsordnungen grundsätzlich Neutralität wahrt und die Rechtsordnung mit der engsten Verbindung zum Sachverhalt urteilen läßt (vgl. oben § 4 II), im allgemeinen überlegen. Denn die so berufene Rechtsordnung kann im Einzelfall gute Gründe für ihre materiellrechtliche Regelung haben, die das Kollisionsrecht nicht schon auf der Stufe der Anknüpfung verwerfen sollte. Wo das in erster Linie anwendbare ausländische Recht zu einem unerträglichen Ergebnis führt, kann es immer noch mit der Vorbehaltsklausel des ordre public (Art. 6 EGBGB) ausgeschaltet werden. Damit sind flexible, dem Einzelfall angemessene Ergebnisse erreichbar, und es kann im Laufe der Jahrzehnte auch gewandelten Verhältnissen und Wertungen Rechnung getragen werden.

III. Subsidiäre Anknüpfung (Anknüpfungsleiter)

Die subsidiäre Anwendung einer zweiten oder auch dritten Rechtsordnung erfolgt aufgrund einer Ersatzanknüpfung, wenn die Hauptanknüpfung bzw. die vorangehende Ersatzanknüpfung versagt. Beispielsweise knüpft Art. 5 II EGBGB bei einer staatenlosen Person statt an die Staatsangehörigkeit an „ihren gewöhnlichen Aufenthalt oder, mangels eines solchen, ihren Aufenthalt" an.

Namentlich um der Gleichberechtigung von Mann und Frau auch kollisionsrechtlich Rechnung zu tragen, stellen manche IPR-Gesetze ganze „Leitern" oder „Kaskaden" von Ersatzanknüpfungen auf[15]. So enthält Art. 14 I EGBGB eine Anknüpfungsleiter mit fünf Sprossen, die deshalb besonders wichtig ist, weil sie nicht nur für die allgemeinen Ehewirkungen, sondern als sog. Familienstatut (siehe unten § 45 I 2) auch für den Güterstand (Art. 15 I EGBGB) und die Scheidung (Art. 17 I EGBGB) sowie Teile des Kindschaftsrechts (Artt. 19 I 1, II 1, 21 I 1, 22 Satz 2 EGBGB) gilt. Auf dieser Leiter steigt man herab von der gemeinsamen Staatsangehörigkeit der Ehegatten bzw. der letzten gemeinsamen, von einem Ehegatten beibehaltenen Staatsangehörigkeit zum gemeinsa-

---

[15] Das im französischen Schrifttum bevorzugte Bild der Kaskade gibt besser das „Gefälle" subsidiärer Anknüpfungen wieder. Indes hat sich in Deutschland der Ausdruck Anknüpfungsleiter durchgesetzt.

men gewöhnlichen Aufenthalt bzw. dem letzten gemeinsamen, von einem Ehegatten bewahrten gewöhnlichen Aufenthalt, und man endet bei dem Recht des Staates, mit dem die Ehegatten „auf andere Weise gemeinsam am engsten verbunden sind" – einer Generalklausel, die dem schlichten Rückgriff auf die lex fori überlegen ist.

Rechtspolitisch wird man sich von Fall zu Fall fragen müssen, ob eine komplizierte Anknüpfungsleiter notwendig ist. In gewissem Maße sind Ersatzanknüpfungen unvermeidlich, da es keine vollkommene Anknüpfung gibt.

IV. Kumulative Anknüpfung

Die kumulative (häufende) Anwendbarkeit mehrerer Rechtsordnungen auf dieselbe Rechtsfrage bedeutet in der Regel, daß die Rechtsfolge nur dann eintritt, wenn sie nach allen beteiligten Rechtsordnungen begründet ist. Es setzt sich also diejenige Rechtsordnung durch, welche den Eintritt einer Rechtsfolge ablehnt oder die geringere Wirkung anordnet. Diese im Kollisionsfall obsiegende Rechtsordnung die „schwächere" zu nennen und demgemäß die Kumulation – wie die Koppelung (unten V) – als „Grundsatz des schwächeren Rechts" zu bezeichnen[16], scheint wenig glücklich; besser spricht man vom „strengeren" Recht, das sich durchsetzt. Rechtspolitisch ist eine Kumulation oft fragwürdig.

Eine Kumulation wird z.B. in Art. 38 EGBGB für deliktische Ansprüche vorgeschrieben (es können gegen einen Deutschen „nicht weitergehende Ansprüche geltend gemacht werden, als nach den deutschen Gesetzen begründet sind") – eine nicht zu rechtfertigende Begünstigung deutscher Staatsangehöriger. Gemäß Art. 17 III 1 EGBGB richtet sich der Versorgungsausgleich für Ehegatten verschiedener Staatsangehörigkeit nach dem Recht ihres gemeinsamen gewöhnlichen Aufenthaltes; der Versorgungsausgleich ist aber nur durchzuführen, wenn eines der Heimatrechte der Ehegatten ihn kennt. Diese auf die Existenz des Instituts „Versorgungsausgleich" beschränkte Kumulation soll Rechtsfolgen aus der Anwendung des Aufenthaltsrechts vermeiden, die nach den Heimatrechten beider Ehegatten nicht zu erwarten wären[17]. Da nur wenige Staaten den Versorgungsausgleich kennen, schränkt die Kumulation seine Durchführung trotz gemeinsamen gewöhnlichen Aufenthalts der Eheleute in Deutschland erheblich ein – eine rechtspolitisch zweifelhafte gesetzgeberische Entscheidung (vgl. unten § 46 III 1a).

Die Kumulation soll im allgemeinen eine Schutzfunktion erfüllen. Teils handelt es sich um den Schutz vor Ansprüchen, die in rechtsvergleichender Sicht ungewöhnlich sind (so in Art. 17 III 1 EGBGB für den Versorgungsausgleich und in Art. 18 III EGBGB für Unterhaltsansprüche zwischen Verwandten in der Seitenlinie), teils geht es um den Schutz bestimmter Personen, etwa der deutschen Staatsangehörigen (so in Art. 38 EGBGB), oder des Kindes (so in

---

[16] So *Kegel* § 20 II et passim.
[17] BegrRegE, BT-Drucks. 10/504, 62.

Art. 23 EGBGB für die Zustimmung zu einer Statusänderung); während die Statusänderung, wie Legitimation oder Annahme als Kind, sich grundsätzlich nach dem Heimatrecht der Eltern bzw. des Annehmenden richtet (Artt. 21, 22 EGBGB), wird also für die Zustimmungserfordernisse kumulativ das Heimatrecht des Kindes berufen – „im Interesse einer gebührenden Berücksichtigung der (vor einer Statusänderung) bestehenden Beziehungen"[18]. In allen diesen Fällen verfährt das Gesetz nach dem Motto: „Doppelt genäht hält besser."

Eine Kumulation ist in der Regel nur bei solchen Rechtsfragen möglich, die mit Ja oder Nein beantwortet werden können. Besteht eine gegenseitige Pflicht der Ehegatten zusammenzuleben: ja oder nein? Erwirbt die Ehefrau den Namen des Mannes: ja oder nein? Aber die Frage „Welchen Namen erhält das Kind?" ist nicht mit Ja oder Nein zu beantworten und daher nicht durch kumulative Anwendung zweier Rechtsordnungen zu entscheiden.

Nun läßt sich jede Rechtsfrage so umformulieren, daß sie doch mit Ja oder Nein beantwortet werden kann. Wer das Recht in eine Summe von Befehlen (Ge- oder Verboten) und Gestattungen auflöst, welche die entsprechenden Pflichten und subjektiven Rechte erzeugen, wird stets mit Ja oder Nein zu beantwortende Fragen nach dem Bestehen solcher Pflichten oder Rechte stellen können. An die Stelle der Frage nach dem Familiennamen des Kindes treten dann etwa zwei getrennte Fragen: Führt das Kind den Namen des Vaters: ja oder nein? Führt es den Namen der Mutter: ja oder nein? Dabei ist jedoch zu bedenken, daß manche Lebensverhältnisse nach der Auffassung aller beteiligten Rechtsordnungen einer positiven Regelung bedürfen und mit der bloß negativen Feststellung, daß mangels inhaltlicher Übereinstimmung dieser Rechtsordnungen keine Rechtsfolge eintritt, nicht abzutun sind. Wenn das nichteheliche Kind nach dem Heimatrecht des Vaters den Namen der Mutter und nach dem Heimatrecht der Mutter den Namen des Vaters führt, geht es nicht an, im Wege der Kumulation der Voraussetzungen ihm beide Namen abzusprechen.

Außerdem ist eine Kumulation bei denjenigen Fragen möglich, auf die mit einem Mehr oder Weniger geantwortet werden kann, z. B. nach der Höhe eines Anspruchs. Es kommt, wenn die Kumulation den Anspruch begrenzen will, der geringere Anspruch zur Anwendung. Aber schon bei einer Kombination zweier quantitativer Größen – z. B. hoher Unterhalt für kurze Zeit oder geringer für längere Zeit – geht die Rechnung nicht mehr ohne weiteres auf, und die Kumulation führt in Schwierigkeiten.

V. Gekoppelte Anknüpfung

Von gekoppelter (oder distributiver[19]) Anwendung mehrerer Rechtsordnungen sprechen wir, wenn mehrere Voraussetzungen ein und derselben

---

[18] BegrRegE, BT-Drucks. 10/504, 72 f.
[19] So z. B. *Graulich*, Ann. dir. comp. 33 (1958) 7; *ders.*, Principes de d. i. p. (Paris 1961) 108.

Rechtsfolge nach verschiedenen Rechtsordnungen beurteilt werden. Das Musterbeispiel bildet Art. 13 I EGBGB: „Die Voraussetzungen der Eheschließung unterliegen für jeden Verlobten dem Recht des Staates, dem er angehört." Der Unterschied zu der soeben (unter IV) erwähnten Kumulation zeigt sich „in den Fällen..., in denen die in Frage stehenden Rechtsordnungen keine positiven, sondern negative Voraussetzungen für den Eintritt einer Rechtsfolge aufstellen. Während die Kumulation in diesen Fällen den Eintritt einer Rechtsfolge außerordentlich erschweren würde, weil jeder einzelne Umstand von zwei Rechtsordnungen beanstandet werden kann, trifft dies für die Koppelung nicht zu."[20]

Wenn z.B. die Braut nach dem Heimatrecht des Mannes noch nicht ehefähig ist, wohl aber nach ihrem eigenen Heimatrecht, so kann nach Art. 13 I EGBGB die Ehe geschlossen werden, während im Falle der Kumulation ein Ehehindernis vorläge. Allerdings ist zu beachten, daß es auch sog. zweiseitige Ehehindernisse (oder Doppelverbote) gibt, z.B. in England das Hindernis des mangelnden Ehealters: es genügt nicht, daß der englische Nupturient selbst ehefähig ist, sondern auch der ausländische Partner muß das nach englischem Recht erforderliche Alter erreicht haben[21]. Ihrer Natur nach („notwendig") zweiseitig sind alle Ehehindernisse der Verwandtschaft, während etwa das Ehehindernis des vorangegangenen Ehebruchs einseitig formuliert sein kann als Verbot nur für den früher verheirateten Teil[22]. Bei den zweiseitigen Ehehindernissen kommt die Koppelung im Ergebnis der negativen Kumulation fast gleich. Sie bedeutet eine Erschwerung der Eheschließung.

Die Koppelung ist im Falle des Art. 13 I EGBGB durch die materiellrechtliche Regelung vorgezeichnet, daß nämlich die Eheschließung auf der Abgabe zweier gültiger Erklärungen beruht. Ebenso ist bei allen schuldrechtlichen Verträgen die Geschäftsfähigkeit jedes Partners nach seinem eigenen Recht zu prüfen. Eine Unbilligkeit ist darin nicht zu sehen.

Mit der gekoppelten Anknüpfung nicht zu verwechseln ist die sog. *akzessorische Anknüpfung*, d.h. die Wahl einer identischen oder sehr ähnlichen Anknüpfung zur Wahrung des Zusammenhangs der Rechtsfragen. Sie findet sich beispielsweise im Deliktsrecht, wenn durch die unerlaubte Handlung zugleich ein zwischen Schädiger und Geschädigtem bereits bestehendes Rechtsverhältnis verletzt wird und die unerlaubte Handlung nach dem für dieses Rechtsverhältnis maßgebenden Recht beurteilt wird (vgl. unten § 53 V 3).

---

[20] *Siegrist*, RabelsZ 24 (1959) 82.
[21] Siehe *Pugh* v. *Pugh*, [1951] P. 482: Die Ehe eines in England domizilierten Engländers, der in Österreich eine 15jährige Ungarin geheiratet hatte, wurde entgegen dem österreichischen und dem ungarischen Gesetz nach dem englischen Recht für nichtig erklärt.
[22] Andere zweifelhafte Fälle bei *Scholl*, Ehehindernisse und Eheverbote im IPR der Bundesrepublik Deutschland: StAZ 1974, 169.

§ 21 Schutz wohlerworbener Rechte – Vertrauensschutz

I. Schutz wohlerworbener Rechte

Der Begriff der wohlerworbenen Rechte (droits acquis, vested rights) spielt im IPR eine dreifache Rolle: einmal als Begründung für die Anwendung ausländischen Rechts überhaupt, zum andern für die Auswahl der jeweils anzuwendenden Rechtsordnung, schließlich im Rahmen der allgemeinen Vorbehaltsklausel.

1. Als *Erklärung für die Anwendung ausländischen Rechts* wurde dieser Begriff in der ersten Hälfte dieses Jahrhunderts besonders in England *(Dicey)* und in den Vereinigten Staaten *(Beale)* herangezogen (vested rights theory). Dort herrschte lange Zeit die Sorge, die Anwendung fremden Rechts könne mit der eigenen Souveränität nicht in Einklang stehen. Man suchte deshalb eine gedankliche Brücke, um den Gerichten die Berücksichtigung fremden Rechts annehmbar zu machen, und fand sie in der Erklärung, der Richter habe die nach ausländischem Recht erworbenen subjektiven Rechte anzuerkennen (oder gar: die inländische Rechtsordnung verleihe dem Inhaber eines im Ausland erworbenen Rechts ein dem fremden Recht nachgebildetes inländisches Recht[1]).

2. Als *Anknüpfungsmaxime* sagt der Grundsatz, daß möglichst diejenige Rechtsordnung gewählt werden soll, welche zur Anerkennung der nach einem ausländischen Recht erworbenen subjektiven Rechte führt.

a) Gegen die Anerkennung von *„wohlerworbenen"* Rechten hat bereits *Savigny* den entscheidenden Einwand mit den Worten formuliert: „Dieser Grundsatz führt auf einen bloßen Zirkel. Denn welche Rechte wohlerworben sind, können wir nur erfahren, wenn wir zuvor wissen, nach welchem örtlichen Rechte wir den vollzogenen Erwerb zu beurtheilen haben."[2] Wollte man jedes subjektive Recht, das nach irgendeiner Rechtsordnung besteht, als „wohlerworben" betrachten und es demgemäß anerkennen, so liefe das auf das System einseitiger Kollisionsnormen hinaus: anwendbar wäre jede Rechtsordnung, die sich selbst für zuständig erklärt (vgl. dazu oben § 12 III 2).

Auch wenn wir einige Einschränkungen machen – nämlich daß die betreffen-

---

[1] So die in den Vereinigten Staaten zeitweise vertretene „local law theory"; führend Judge *Learned Hand* in *Guiness v. Miller,* 291 F. 769, 770 (S.D.N.Y. 1923); *Cook,* The Logical and Legal Bases of the Conflict of Laws (1942) 20 f. – Näher zum Wesen der Anwendung fremden Rechts unten § 31 I 1.

[2] *Savigny* 132. Vgl. *Horwitt v. Horwitt,* 90 F. Supp. 528, 530 (D. Conn. 1950): „It is of no great help to say that the rights cannot be changed because they are ‚vested', for by ‚vested' we mean essentially that we will not allow them to be changed."

de Rechtsordnung sich nicht ganz willkürlich für zuständig erklären darf und daß ihre Anwendung nicht dem Geltungswillen des inländischen Rechts widersprechen soll –, so bleiben doch Widersprüche zu dem herrschenden System allseitiger Kollisionsnormen. Denn der Richter müßte anstatt von der inländischen Kollisionsnorm von der Prüfung aller in Betracht kommenden ausländischen Rechtsordnungen ausgehen, um zu ermitteln, ob eine von ihnen ein subjektives Recht geschaffen hat. Selbst wenn vorausgesetzt wird, daß die betreffende fremde Rechtsordnung im Augenblick des Rechtserwerbs tatsächlich angewandt worden ist (so daß man nicht lange nach ihr suchen muß) und daß seinerzeit gar keine Beziehung zum Inland bestanden hat[3], so müßte der inländische Richter beim Widerstreit (positiven Konflikt) zweier ausländischer Rechte ohne Rücksicht auf das eigene Kollisionsrecht für diejenige Rechtsordnung Partei nehmen, nach welcher ein subjektives Recht entstanden ist.

Angenommen z. B., eine minderjährige Niederländerin hat entgegen den Vorschriften ihres Heimatrechts in Schottland nach dreiwöchigem Aufenthalt gemäß dortigem Recht ohne elterliche Zustimmung geheiratet[4]. Dann müßte nach dem Grundsatz der wohlerworbenen Rechte der deutsche Richter zugunsten des schottischen Rechts gegen das niederländische Heimatrecht entscheiden. Warum das?

Zumindest müßte man Fälle der Gesetzesumgehung ausschließen, weil bei ihnen der Gedanke des Vertrauensschutzes entfällt. Unter demselben Gesichtspunkt könnte man daran denken, nur bewußt erworbene Rechte zu schützen. Beides führt aber zu schwierigen Abgrenzungs- und Beweisfragen, die eine gleichmäßige, objektive Anwendung des Grundsatzes in Frage stellen.

Einzelne Autoren haben daher den Grundsatz noch weiter eingeschränkt und eine Abweichung vom inländischen Kollisionsrecht nur für den Fall gefordert, daß zur Zeit der Entstehung des betreffenden Sachverhalts alle oder wenigstens die Mehrzahl der vernünftigerweise in Betracht kommenden Rechtsordnungen ein anderes Recht für maßgebend erklärten, als es das inländische Kollisionsrecht tut[5]. Aber in diesem Fall wird man regelmäßig mit Hilfe

---

[3] *Francescakis*, La théorie du renvoi et les conflits des systèmes (1958; bespr. in RabelsZ 24 [1959] 587) 189ff., 262.

[4] Vgl. zu diesen früher häufigen sog. Gretna-Green-Ehen etwa *Knickenberg*, StAZ 1960, 45ff.; *Erdsiek*, NJW 1960, 2232f. Heute sind sie nach einer Änderung des schottischen Rechts nicht mehr möglich; siehe *Staudinger-von Bar* Art. 13 Rz. 80.

[5] *Meijers*, Het vraagstuk der herverwijzing: W.P.N.R. 69 (1938) 77ff., 89ff., 101ff., 113ff. (115) = Verzamelde privaatrechtelijke opstellen II (1955) 366 (395) = La question du renvoi: Bull. I. J. I. 38 (1938) 191 (225f.); *Francescakis*, Rev. crit. 43 (1954) 568ff.; *Makarov*, Rev. crit. 44 (1955) 439ff. Näheres RabelsZ 21 (1956) 730f. sowie bei *Francescakis* (vorletzte Note) 192ff.; vgl. auch *Joppe*, Overgangsrecht in het internationaal privaatrecht en het fait accompli (1987), bespr. durch *Basedow*, RabelsZ 52 (1988) 387. – Ein gesetzliches Beispiel bildet Art. 21 II des (nicht in Kraft getretenen) einheitlichen IPR der Benelux-Staaten (Vertrag vom 3. 7. 1969, Anlage); er verweist auf das IPR „des pays que ce rapport juridique concernait essentiellement".

einer systemgerechten Konstruktion zum gleichen Ergebnis gelangen, nämlich mit der akzeptierten Weiterverweisung (siehe unten § 24 II 5)[6].

b) Zum andern ist die Theorie der wohlerworbenen Rechte wegen ihrer *Beschränkung auf subjektive Rechte* bedenklich. Oft ist es schwer, eine scharfe Grenze zu ziehen zwischen subjektivem Recht (einschließlich aufschiebend oder auflösend bedingtem Recht) und bloßer Anwartschaft, Erwartung oder sonst einem „Reflex objektiven Rechts". Außerdem ist nicht einzusehen, weshalb etwa im Widerstreit zwischen Gläubiger- und Schuldnerinteresse das Verlangen des Gläubigers nach einer fremden Leistung den Vorzug haben soll gegenüber dem Verlangen des Schuldners nach Freiheit oder warum in Konflikten zwischen Individuum und Gemeinschaft der Anspruch des Individuums, der öfter die Gestalt eines subjektiven Rechts annimmt als das Interesse der Gesamtheit, dementsprechend öfter vorgehen sollte. Schließlich gibt es Privatrechtsverhältnisse, bei denen überhaupt kein subjektives Recht in Erscheinung tritt oder die fremde Rechtsordnung gerade zur Abwehr eines nach inländischem Recht begründeten subjektiven Rechts angerufen wird, z.B. bei Formfehlern und anderen Mängeln eines Rechtsgeschäfts, insbesondere bei Fehlen oder Beschränkung der allgemeinen oder besonderen Geschäftsfähigkeit (Handlungsfähigkeit, Testierfähigkeit, Wechselfähigkeit). Eine Auflösung aller Rechtsverhältnisse in eine Summe subjektiver Rechte würde oftmals Zusammengehöriges auseinanderreißen (besonders bei Dauer- und anderen komplexen Rechtsverhältnissen) und nicht der Billigkeit entsprechen.

3. Im Rahmen der *allgemeinen Vorbehaltsklausel* (siehe unten § 36 Ordre public) kann der Schutz wohlerworbener Rechte gesichert werden, ohne daß es dazu einer besonderen Regel bedarf. Zu denken ist vor allem an die Ablehnung fremder rückwirkender Gesetze. (Ob auch eine inländische materielle Norm aus Billigkeitsgründen zurückgesetzt werden kann, ist eine Frage der internen allgemeinen Rechtslehre.)

4. *Insgesamt* erscheint die Theorie der wohlerworbenen Rechte unklar und einseitig. Auch wenn man von dem speziellen Erfordernis eines subjektiven Rechts absieht und somit einen allgemeinen Grundsatz des „abgeschlossenen Sachverhalts" entwickelt[7], entfallen nicht die zuerst (unter 2a) genannten Bedenken gegen die Durchbrechung des normalen Kollisionsrechts. Einen „Grundsatz" des Schutzes wohlerworbener Rechte oder abgeschlossener

---

[6] Anderseits muß in einem Lande, in welchem die Beachtung der Rück- oder Weiterverweisung gesetzlich verboten ist, diese neue Theorie als Umgehung des Renvoi-Verbots angesehen werden. So sagt *Quadri,* Dir. int. 13 (1959) I 112, die These von *Francescakis* (vorige Note) könne als eine wahre Mine unter Normen wie Art. 30 Disp. prel. C. c. betrachtet werden.

[7] Dies tun die in der vorletzten Note genannten Autoren.

Sachverhalte, den man gegen die positiven Kollisionsregeln ausspielen könnte, kennt das geltende deutsche IPR nicht, und es besteht auch kein Bedürfnis nach einer entsprechenden Ausnahmeregel, weil sich dieser Schutz mit Hilfe des üblichen Kollisionsrechts hinreichend verwirklichen läßt. Der berechtigte Kern aller dieser Theorien ist der Gedanke des Vertrauensschutzes, der sowohl als Argument in der Rechtsanwendung wie auch rechtspolitisch bei der Schaffung neuer (gesetzlicher oder richterlicher) Kollisionsregeln Beachtung verdient.

II. Vertrauensschutz

Vertrauensschutz, Voraussehbarkeit oder Berechenbarkeit der Entscheidung (diese drei Ausdrücke kommen teilweise auf dasselbe hinaus) bedeutet im Kollisionsrecht vor allem folgendes: Die maßgebende Rechtsordnung soll nicht erst durch den Richter bestimmt werden, sondern schon vorher feststehen aufgrund von Kriterien, mit denen die Parteien rechnen durften oder mußten. Am besten ist auf die Umstände abzustellen, die den Beteiligten schon bei Vornahme der streitigen Rechtsgeschäfte usw. bekannt waren. (In diesem Sinne spricht man besonders von „Vertrauensschutz", ohne daß es auf das tatsächliche größere oder geringere Vertrauen der Parteien – das schwer beweisbar ist – ankommen kann.) Zumindest sollen die Parteien vor Erhebung einer Klage bzw. vor streitiger Einlassung auf den Prozeß ihre Chancen abschätzen können. (Daran denkt man bei dem Wort „Berechenbarkeit".)

1. Für den *Einzelnen* geht es hier vor allem darum, Dispositionen auf lange Sicht treffen zu können. Dabei darf man freilich die Kenntnis der Laien vom positiven IPR oder auch nur von seiner Fragestellung nicht überschätzen; man wird vielmehr davon ausgehen müssen, daß die meisten Menschen bestenfalls das materielle Recht der ihnen zunächstliegenden Rechtsordnung (d.h. ihres Heimatstaates oder ihres gewöhnlichen Aufenthaltes) kennen und daß sie nicht daran denken, es könnte eine andere Rechtsordnung mit anderen als den ihnen bekannten Bestimmungen Anwendung finden.

2. Vom Standpunkt der *Allgemeinheit* scheint die Voraussehbarkeit der Entscheidung weniger wichtig. Die Allgemeinheit, der Staat, nimmt an dem einzelnen Privatrechtsverhältnis meistens erst dann Interesse, wenn es zur Entscheidung vor Gericht kommt; insofern scheint es früh genug, wenn nunmehr das maßgebende Recht klargestellt wird. Aber die Gewißheit der Parteien, nach welcher Rechtsordnung sie sich in ihrem Verhalten zu richten haben (und zwar gerade dann, wenn ein Prozeß vermieden werden soll), ist zugleich eine wichtige Voraussetzung der allgemeinen Autorität des Rechts in Handel und Wandel und damit des Rechtsfriedens.

In der verbreiteten Auffassung der Rechtssicherheit als bloße Berechenbarkeit eines künftigen Urteils und ihrer entsprechenden Geringwertung steckt immer noch ein Stück des römischen aktionenrechtlichen Denkens, welches das Recht nur im Prozeß sieht, während es für heutige, wenigstens kontinentaleuropäische Vorstellungen unabhängig vom Prozeß zu wissen gilt, was Rechtens ist. Im innerstaatlichen Verkehr mag für dieses Wissen die allgemeine Rechtsvorstellung eine so große Rolle spielen, daß das Gesetz sich zum Teil geradezu auf Treu und Glauben oder die Verkehrssitte beziehen kann. Aber im Bereich des IPR ist mit Rücksicht auf seine weitgehende Unbekanntheit die wünschenswerte Klarheit für die Parteien öfter als sonst nur durch eine feste Normierung zu schaffen.

Besonders wichtig ist die Voraussehbarkeit dort, wo sich für die Beteiligten aus dem Widerspruch mehrerer in Betracht kommender Rechtsordnungen eine Pflichtenkollision ergeben könnte, wo also die eine Rechtsordnung befiehlt, was die andere verbietet (vgl. oben § 6 I). Aber selbst in den Fällen, in denen eine richterliche Rechtsgestaltung von dem vorherigen Verhalten der Parteien unabhängig ist, sollten diese die Verfahrenschancen übersehen können.

Jedoch darf man nicht um der vermeintlichen Rechtssicherheit willen eine rein mechanische Anknüpfung wählen, die in vielen Fällen zu offensichtlich unbilligen Ergebnissen führt. Denn eben wegen dieser Ergebnisse hat sie keine Aussicht auf allgemeine Anerkennung und Durchsetzung und dient daher am Ende doch nicht der Rechtssicherheit[8].

3. Speziell der *Vertrauensschutz* kann aber auch in einem anderen Sinn als dem voraussehbarer oder berechenbarer Kollisionsregeln Bedeutung erlangen, indem nämlich das IPR im nachhinein ein tatsächlich wirksam gewordenes Vertrauen in die Maßgeblichkeit einer bestimmten Rechtsordnung berücksichtigt. Mitunter „leben" die Parteien ein Rechtsverhältnis, etwa eine Ehe, im Vertrauen darauf, daß es nach einer der berührten Rechtsordnungen, die sich selbst für anwendbar erklärt, gültig besteht[9]. Diesem Vertrauen kann in Ausnahmefällen trotz scheinbar entgegenstehender inländischer Kollisionsnormen Rechnung getragen werden, sofern dem Richter ein gewisser Bewertungsspielraum bleibt, wie im Falle eines Statutenwechsels (unten § 27 II 3 c) oder bei der Beurteilung des Rechtsverhältnisses als Vorfrage (unten § 32 IV 2 a).

---

[8] Vgl. Judge *Frank* in *Siegelman v. Cunard White Star*, 221 F. 2d 189, 206 (2d Cir. 1955), unter Berufung auf *Cavers, Rheinstein* und *Goodrich*: „It is generally agreed that the decisions of conflict-of-laws cases by mechanized rules... cannot be defended on the ground that they promoted certainty and uniformity, since such results have not been thus achieved."

[9] Vgl. auch *Jobard-Bachelier*, L'apparence en d. i. p. – Essai sur le rôle des représentations individuelles en d. i. p. (1984).

§ 22 Territorialität

Das „Prinzip der Territorialität" – oft als Schlagwort gebraucht, wo eine klare Begründung für die gewählte Anknüpfung fehlt – umschließt zwei ganz verschiedene und jeweils in sich der Differenzierung bedürftige Bedeutungen des Wortes Territorialität: einmal Territorialität als (räumliche) Bestimmung des Anwendungsbereichs im Gegensatz zu Personalität, zum andern Territorialität als (wiederum räumliche) Beschränkung der tatsächlichen Wirkung (d.h. der Durchsetzbarkeit) im Gegensatz zu Universalität. Die zweite wird auch prozessuale Territorialität oder territorialité judiciaire genannt, weil sie die Anwendung der betreffenden Normen vor fremden Gerichten beschränkt, die erste hingegen materielle Territorialität oder territorialité juridique, weil es hier um die materielle Maßgeblichkeit geht.

„Extraterritorialität" (nicht zu verwechseln mit der völkerrechtlichen Exterritorialität oder Gerichtsfreiheit, siehe unten § 57 I 2) und „extraterritorial" werden für Personalität und Universalität dort gebraucht, wo die Überschreitung der Grenzen des Ursprungslandes besonders hervorgehoben werden soll.

I. Territorialität als Bestimmung des Anwendungsbereichs

Territorialität als räumliche Bestimmtheit des Anwendungsbereichs (im Gegensatz zu Personalität) kommt sowohl einzelnen Normen wie ganzen Rechtsordnungen zu.

1. Eine *Norm* ist territorial, wenn die zugehörige kollisionsrechtliche Anknüpfung ein räumliches Element aufweist und demgemäß der Anwendungsbereich der Norm, d.h. die Gesamtheit der Fälle, in denen sie als lex causae maßgebend sein soll, räumlich (örtlich) bestimmt ist. Dies trifft beispielsweise für eine sachenrechtliche Vorschrift zu, die nur als lex rei sitae Anwendung findet, oder für eine Formvorschrift, die nur als lex loci actus angewandt wird.

Bisweilen ergibt sich die räumliche Beschränkung bereits aus einem Tatbestandsmerkmal der Sachnorm[1], desgleichen besteht sie von vornherein bei gewerblichen Schutzrechten, die (ausdrücklich oder stillschweigend) nur für das Inland verliehen werden. Man kann hier von Selbstbeschränkung sprechen[2].

Welche räumliche Anknüpfung im Einzelfall gemeint ist – welches Anknüpfungssubjekt, welches räumliche Attribut und welcher Zeitpunkt (vgl. oben

---
[1] Vgl. etwa § 2251 BGB; dazu oben § 12 IV 2 a.E.
[2] So *Weigel*, Gerichtsbarkeit, internationale Zuständigkeit und Territorialitäts-Prinzip im deutschen gewerblichen Rechtsschutz (1973) 109.

§ 22 I III. Kapitel: Allgemeines zur Anknüpfung

§ 19 II) –, sagt das Wort „territorial" freilich nicht. (Ebenso läßt der Gegenbegriff des „personalen" Gesetzes die einzelnen Elemente der Anknüpfung unbestimmt.) Neben den rein territorialen Anknüpfungen an den Lage- oder Bestimmungsort einer Sache oder an den Ort einer Handlung einerseits und den rein persönlichen Anknüpfungen an die Zugehörigkeit einer Person zu einem Staat, einer Rasse usw. anderseits gibt es auch gemischte Anknüpfungen, insbesondere an den Herkunfts-, Wohn- oder Aufenthaltsort einer Person; sie werden je nachdem, welcher Anknüpfung sie gegenüberstehen, bald als territoriale und bald als personale bezeichnet.

Auf dieser Unklarheit beruhte ein großer Teil des Wirrwarrs in der sog. Statutentheorie (oben § 2 II). Z.B. ist ein Gesetz, das ausschließlich für die im Territorium befindlichen Angehörigen dieses Territoriums gelten soll, also nicht für die Inländer im Ausland und nicht für die Ausländer im Inland, weder mit dem Ausdruck „territorial" noch mit „personal" deutlich zu charakterisieren. Dasselbe gilt für ein Gesetz, das alle genannten Gruppen erfassen soll[3]. Schließlich gibt es Anknüpfungen, die weder territorial noch personal sind, etwa die vereinbarte Währung eines Vertrages oder sein Zusammenhang mit einem anderen Vertrag, die Zugehörigkeit einer Sache zu einem ausländischen Grundstück oder Betrieb.

In jedem Fall bedeutet das Wort Territorialität nur die Feststellung oder Postulierung einer räumlichen Verknüpfung, aber weder deren Begründung noch ihre deutliche Abgrenzung.

2. Eine *Rechtsordnung* ist territorial, wenn die zugehörige Gerichtsorganisation und demgemäß ihr Geltungsbereich – der Bereich ihrer Verbindlichkeit als lex fori – territorial bestimmt ist. Dies gilt insbesondere für das Recht der modernen Staaten im Gegensatz etwa zu den Stammesrechten des frühen Mittelalters oder zu religiösen Rechtsordnungen (Näheres unten § 30 I). Auch hier gibt es Mischformen, also Rechtsordnungen, welche nur für eine bestimmte Personengruppe in einem bestimmten Territorium gelten.

Zwischen Territorialität von Rechtsordnungen und von Normen besteht kein strenger Zusammenhang. Vielmehr fallen Geltungs- und Anwendungsbereich der Gesetze vielfach auseinander – sonst käme es viel seltener zur Anwendung fremden Rechts. So findet nach dem EGBGB deutsches Personen-, Familien- und Erbrecht trotz der grundsätzlichen Territorialität des deutschen Rechts weitgehend personal auf Deutsche im Ausland und nicht auf Ausländer in Deutschland Anwendung; umgekehrt findet sich die territoriale Anknüpfung an den Ort einer Handlung auch in primär personalen Rechtsordnungen.

---

[3] Insofern ist es kein Widerspruch, wenn (nach *Kahn*, Abhandlungen zum IPR I [1928] 242 ff.) den lois d'ordre public *Bouhier* (1742) personale und *Mancini* territoriale Wirkung zuschrieb.

Die vorstehende Verwendung der Worte „Anwendungsbereich" (*auf* den das Gesetz angewandt wird) und „Geltungsbereich" (*in* dem es anzuwenden ist) entspricht einem Sprachgebrauch in der Bundesrepublik Deutschland, in deren Gesetzen oft vom „Geltungsbereich des Grundgesetzes" oder dem „Geltungsbereich dieses Gesetzes" in einem räumlichen Sinne die Rede ist. Allerdings läßt sich die Unterscheidung von Anwendung und Geltung aus sprachlichen Gründen nicht konsequent durchführen, da z. B. für den Willen oder Anspruch eines Gesetzes, in bestimmten Fällen angewandt zu werden, die Bezeichnung „Anwendungswille" nicht in Betracht kommt, sondern nur „Geltungswille" oder „Geltungsanspruch". Auch sonst wird „gelten" oft der Einfachheit halber anstatt „angewandt werden" gebraucht[4]. – Gleichheit von Anwendungs- und Geltungsbereich besteht bei strikter Territorialität einer Norm.

II. Territorialität als Wirkungsbeschränkung

Territorialität als räumlich beschränkte Wirkung (im Gegensatz zu Universalität) bezieht sich nicht auf den Geltungs- oder Anwendungsbereich, sondern auf den Bereich der tatsächlichen Wirkung (Durchsetzbarkeit) einer Norm, eines Rechtsaktes oder eines Rechtsverhältnisses, d. h. auf die Anerkennung außerhalb ihres Ursprungslandes. Dabei müssen wir wiederum unterscheiden:

1. *Absolute Territorialität* bedeutet: Im inländischen Verfahren wird nur inländisches Recht angewandt, eine ausländische Rechtserscheinung wird als solche grundsätzlich ignoriert. Diese primitive Auffassung wird in unserer Zeit besonders noch für hochpolitische Gesetze vertreten; z. B. war sie in den dreißiger Jahren für die damals noch neuen und vielfach als anstößig empfundenen Devisenvorschriften üblich, und sie ist es jetzt noch für entschädigungslose Enteignungen. Aber auch im Bereich des reinen Zivilrechts kann z. B. die exzessive Anwendung der Vorbehaltsklausel des ordre public (im Ausland oder im Inland) zur Entstehung „hinkender Rechtsverhältnisse" führen, die nicht über die Grenzen hin anerkannt werden (vgl. unten § 35 Hinkende Rechtsverhältnisse).

2. *Relative Territorialität*: Dem ausländischen Recht wird nur für das betreffende Land unmittelbare Wirkung zuerkannt, für das Inland eventuell eine mittelbare Wirkung. In diese Kategorie fällt vor allem die vielberufene Territorialität des öffentlichen Rechts als Grund seiner beschränkten Anwendung außerhalb des Ursprungslandes. Nicht der Anwendungsbereich des öffentlichen Rechts ist notwendig territorial (so kann die Militärdienstpflicht eines Staates sich auch auf solche Bürger erstrecken, die sich in einem anderen Staat

---
[4] Anderseits spricht Art. 144 II GG davon, daß „die Anwendung dieses Grundgesetzes in einem der ... Länder Beschränkungen unterliegt" – offenbar, um die Bedeutung der alliierten Vorbehalte (bezüglich der Geltung in Berlin) abzuschwächen.

aufhalten, sie kann also personal gemeint sein), noch besteht eine absolute Territorialität der Wirkung (z. B. werden ausländische Staatsangehörigkeitsgesetze ohne weiteres im Inland angewandt, ebenso ausländische Verkehrsvorschriften bei der zivilrechtlichen Beurteilung eines im Ausland erfolgten Unfalls[5] usw.). Vielmehr ist nur die unmittelbare Wirkung, d.h. die Möglichkeit der Durchsetzung mit hoheitlichem Zwang (einschließlich der gerichtlichen Einklagung), auf das Gebiet des betreffenden Staates beschränkt – soweit nicht besondere Staatsverträge bestehen –, während privatrechtliche „Reflexwirkungen"[6] auch im Inland festgestellt und geltend gemacht werden können[7]. Voraussetzung ist nur, daß die öffentlichrechtliche Vorschrift nicht den ordre public des Urteilsstaates verletzt (dies tut z. B. eine Maßnahme des Wirtschaftskrieges, wenn der Urteilsstaat selbst der Betroffene oder mit dem betroffenen Staate verbündet oder auch neutral ist) und daß sie nicht mehr als einen angemessenen Anwendungsbereich beansprucht. Welcher Anwendungsbereich aber jeweils angemessen ist, insbesondere wieweit personale oder territoriale Anknüpfungsmomente zu verwenden sind, läßt sich für das öffentliche Recht ebensowenig in einem einzigen Satze sagen wie für das Privatrecht.

Solche relative Territorialität kommt z. B. Enteignungsmaßnahmen zu: Diese können zwar keine Gegenstände erfassen, die sich zur Zeit der Enteignung außerhalb des enteignenden Staates befinden (falls nicht der Belegenheitsstaat ausnahmsweise zustimmt); aber bei nachträglicher Verbringung einer im enteignenden Lande erfaßten Sache in ein anderes Land verlieren sie nicht ihre Wirkung. Ebenso kann die Nichtigkeit eines durch öffentlichrechtliche Maßnahmen (z. B. durch Embargovorschriften) verbotenen Rechtsgeschäftes unter Umständen auch im Ausland geltend gemacht werden. Dasselbe gilt für sonstige zivilrechtliche Wirkungen öffentlichen Rechts, etwa für die befreiende Wirkung der durch ein Devisengesetz vorgeschriebenen Zahlung an eine Clearingstelle oder an eine andere öffentliche Kasse statt an den privaten Gläubiger im Ausland oder auch für die gegenseitigen Ansprüche aus einem Zwangsmietvertrag.

Ein anderes Beispiel relativer Territorialität bietet der Schutz geistigen und gewerblichen Eigentums. Dieser Schutz wirkt an sich – soweit nicht ein internationales Abkommen etwas anderes bestimmt – nur für das betreffende Land, auch wenn eine entsprechende Selbstbeschränkung (vgl. oben I 1) nicht vorliegt; ein ausländisches Schutzrecht kann daher im Inland nicht verletzt werden[8]. Aber aufgrund der Verletzung eines

---

[5] Dieses Beispiel bringt *Schnitzer* I 192.

[6] *Walter Lewald*, in: Beiträge zum bürgerlichen Recht (= Deutsche Landesreferate zum III. Internationalen Kongreß für Rechtsvergleichung, 1950) 127 (bzw. 435), präzisiert durch *Drobnig*, RabelsZ 18 (1953) 659 ff.

[7] Vgl. Art. 13 S. 2 schweiz. IPR-Gesetz: „Die Anwendbarkeit einer Bestimmung des ausländischen Rechts ist nicht allein dadurch ausgeschlossen, daß ihr ein öffentlichrechtlicher Charakter zugeschrieben wird." Ähnlich eine Resolution des Institut de Droit international, Ann. Inst. Dr. int. 56 (1975) 550ff. Siehe zur Problematik auch *Johannes Schulze*, Das öffentliche Recht im IPR (1972); *Lipstein*, Öffentliches Recht und IPR, in: *Holl/Klinke* (Hrsg.), IPR – Internationales Wirtschaftsrecht (1985) 39 ff.

[8] Vgl. unten § 53 VII 2; zur rechtspolitischen Diskussion um das Territorialitätsprinzip im

ausländischen Schutzrechts in dem betreffenden Land kann auch im Inland auf Schadenersatz geklagt werden.

3. *Relative Universalität:* Das ausländische Rechtsverhältnis wird einem entsprechenden inländischen Rechtsverhältnis gleichgestellt – sei es durch besonderen Akt, sei es automatisch – und hat daher im Inland dieselben Rechtswirkungen wie dieses.

Hier sind beispielsweise die durch das Madrider Markenabkommen von 1891 geschützten Handelsmarken zu nennen, die nach ihrer Entstehung in einem Vertragsland (und ihrer internationalen Registrierung) auch in jedem anderen Vertragsland mit den Wirkungen eines dort entstandenen Rechts anerkannt werden. Ferner wird die Rechtsfähigkeit ausländischer juristischer Personen bisweilen nur in dem Umfang anerkannt, in welchem eine entsprechende inländische Vereinigung oder Stiftung die Rechtsfähigkeit besitzen kann. Aus dem Bereich des Internationalen Zivilprozeßrechts gehören in diese Kategorie der relativen Universalität die anerkannten ausländischen Verfahren bzw. Urteile, soweit sie nicht nach dem Recht des Urteilslandes, sondern nur im Rahmen der Vorschriften des Anerkennungslandes die Einrede der Rechtshängigkeit begründen, Wirkungen entfalten usw. (Näheres unten § 60 I 2 b und IV.)

In allen genannten Fällen erfolgt sozusagen an der Landesgrenze eine Transformierung der Akzidentalien eines Aktes oder Rechtsverhältnisses, während die Substanz bestehen bleibt.

Damit vergleichbar sind jene Rechtsinstitute, die nur deliktsrechtlichen Schutz genießen: Das Rechtsinstitut als solches mag universal anerkannt werden, aber sein Schutz ergibt sich aus dem jeweiligen Deliktsstatut.

4. *Absolute Universalität:* Das ausländische Rechtsverhältnis hat im Inland dieselben Rechtswirkungen wie in seinem Ursprungsland. Dies ist im modernen IPR der Regelfall (z. B. für personenrechtliche Verhältnisse, für Verträge sowie für Gestaltungsurteile) und kommt dem Ideal der internationalen Rechtsgemeinschaft am nächsten.

Im Grunde beruht der Gegensatz von Territorialität und Universalität auf dem Unterschied von verliehenen, d. h. durch die einzelne Rechtsordnung erst geschaffenen oder wesentlich ausgestalteten, und „natürlichen", von der Rechtsordnung bloß bestätigten und in Einzelheiten festgelegten Rechten und Rechtsverhältnissen. Erstere werden naturgemäß öfter territorial beschränkt, während letztere zur Universalität tendieren. Der radikale Positivismus wird zwar alle Rechte – einschließlich der auf Anerkennung einer ausländischen Rechtslage beruhenden – nur als verliehene und daher streng territoriale Rechte aufzufassen versuchen. Doch kann auch er nicht umhin, die natürliche Einheit vorstaatlicher Lebensverhältnisse zu beachten und etwa die „hinkende

---

Recht des geistigen und gewerblichen Eigentums siehe die Beiträge in RabelsZ 40 (1976) 191 ff. und 41 (1977) 479 ff.

Ehe", die in einem Staate als gültig anerkannt wird und im andern nicht, als etwas Unerwünschtes anzusehen (vgl. unten § 35 Hinkende Rechtsverhältnisse). Dagegen ist die territoriale Begrenzung staatlicher Eingriffe (etwa einer Enteignung) eher verständlich.

Im einzelnen ist freilich die Ausbildung der dargestellten Klassen und die Zugehörigkeit dieses oder jenes Rechtsinstituts zu einer von ihnen *historisch bedingt*, und die Qualifizierung eines Rechts kann mit der Zeit durchaus wechseln.

Auch für den Wirkungsbereich der Rechtsverhältnisse enthält das Wort „Territorialität" jedenfalls nur die Bezeichnung einer Rechtslage und weder ihre Begründung noch ihre Präzisierung, ob absolute oder relative Territorialität gemeint ist.

III. Verhältnis beider Arten von Territorialität

Das Verhältnis der beiden Arten von Territorialität ist im Idealfall das der Kongruenz, also der Übereinstimmung, insbesondere des selbstgewählten Anwendungsbereichs mit dem anerkannten Wirkungsbereich außerhalb des Ursprungslandes: Der Personalität entspricht die absolute (oder wenigstens relative) Universalität, der materiellen Territorialität die relative prozessuale Territorialität (während die absolute prozessuale Territorialität schlechthin verkehrsfeindlich ist). Eine Divergenz kann einerseits dadurch entstehen, daß eine Rechtsordnung den ihr eingeräumten ausländischen Wirkungsbereich nicht ausfüllt (wenn z.B. für Engländer, die in Deutschland ohne private Erben gestorben sind, das deutsche IPR einem englischen Staatserbrecht universale Wirkung zuzuerkennen bereit ist, das englische Heimfallrecht aber nur die territoriale Anwendung auf Nachlässe in England beansprucht). Hier muß die resultierende Lücke entweder mit Hilfe der Rückverweisung (unten § 24) oder durch Berufung eines anderen Rechts (meist der lex fori; vgl. unten § 31 III) ausgefüllt werden. Häufiger ist der umgekehrte Fall gegeben, daß die beanspruchte extraterritoriale Anwendung (etwa von Enteignungsmaßnahmen) im Ausland nicht anerkannt wird. Dann wird der Geltungsanspruch einfach wirkungslos bleiben (ein außerhalb des enteignenden Staates liegendes Grundstück wird nicht berührt); ferner kann im Wege des Kompromisses immerhin eine geringere als die beanspruchte Wirkung anerkannt werden (z.B. eine Enteignung als Leistungshindernis für den Enteigneten); schließlich kann der Konflikt auf dem Rücken einer Privatperson ausgetragen werden (wenn etwa der Schuldner einer enteigneten Forderung im Enteignungsland zur Zahlung an den neuen Gläubiger und im Ausland zur Zahlung an den alten Gläubiger gezwungen wird). Letzteres sollte freilich vermieden werden.

§ 23 Gesetzesumgehung (fraus legis)

Als Feind der sachlich angemessenen Anknüpfung erscheint die Gesetzesumgehung oder fraus legis. Vor allem im romanischen Rechtskreis ist man zum Kampf angetreten, um die Rechtsordnung vor Umgehungen zu schützen[1].

I. Problem

Das Problem der Gesetzesumgehung stellt sich im IPR bei jedem Versuch, die Anknüpfung im Einzelfall um eines privaten Vorteils willen zu beeinflussen, damit das an sich anwendbare Gesetz durch ein günstigeres ersetzt wird. Bald sollen unerwünschte Rechtsfolgen eines gegebenen oder künftigen Sachverhalts umgangen, bald erwünschte Rechtsfolgen ohne das Vorliegen entsprechender tatsächlicher Voraussetzungen erschlichen werden. Dies kann in vier verschiedenen Formen geschehen (die sich gegenseitig nicht ausschließen): a) durch Mißbrauch einer formell zulässigen Rechtswahl (dazu unten § 40 IV 1 und 3); b) durch Ausnützung des Formalismus mancher Systembegriffe des IPR, indem z.B. die Parteien ihren Geschäften je nach Bedarf ein kauf-, kredit-, patent- oder gesellschaftsrechtliches Gewand verleihen[2]; c) durch Manipulierung der Anknüpfungstatsachen, besonders der „mobilen" Anknüpfungsmomente wie Handlungs- und Aufenthaltsort, aber auch Wohnsitz und Staatsangehörigkeit (seltener: Lageort beweglichen Vermögens); d) durch Begründung der Entscheidungszuständigkeit eines fremden Staates, der von einem anderen Kollisionsrecht ausgeht.

In dem letzten Falle – um diesen vorwegzunehmen – ist bisweilen eine Wirkung im Ausgangsstaat gar nicht beabsichtigt, z.B. bei Heirat oder Scheidung in einem fremden Staat ohne anschließende Rückkehr in die Heimat oder bei Vermögensanlage in einem Staat, der die Ausschaltung des an sich maßgebenden Ehegüter- und Erbrechts zuläßt[3]. Mitunter genügt den Parteien auch ein *halber* Erfolg, z.B. die im Ausland erlangte Schließung einer im Heimatland

---

[1] Leitentscheidung zur „fraude à la loi" im Kollisionsrecht Cass. civ. 18.3.1878, S. 1878.1.193 *(Princesse Bauffremont)*: Die durch einen Staatsangehörigkeitswechsel erwirkte Scheidung im Ausland wurde nicht anerkannt. Weitere Einzelheiten zum französischen Recht bei *Batiffol/Lagarde* I nos. 370 ff. Rechtsvergleichend *Schurig*, Die Gesetzesumgehung im Privatrecht: FS Ferid (1988) 375.

[2] Vgl. den Abschnitt „The Rules of Conflict of Laws – a Football in Private Hands" bei *Kronstein*, Crisis of „Conflict of Laws": Georgetown L.J. 37 (1948/49) 483 (487 ff.), ohne die Zwischenüberschrift abgedruckt bei *Kronstein*, Recht und wirtschaftliche Macht (1962) 289 (293 ff.), bespr. in RabelsZ 15 (1949–50) 358.

[3] Vgl. *Wyatt v. Fulrath*, 211 N.E. 2d 637, 639 (N.Y. 1965), wo „as a matter of public policy" die völlige Unterstellung nach New York verbrachten Vermögens unter das dortige Recht anerkannt wird.

zwar anfechtbaren, aber formell gültigen Ehe, deren Anfechtung sie nicht ernstlich befürchten; auch in diesem Falle liegt keine fehlgeschlagene (sog. unechte) Umgehung vor.

In den Umgehungsfällen der zu b) und c) genannten Art kann man von einer versteckten oder indirekten Rechtswahl durch fraudulöses Handeln sprechen. Ob man in diesen Fällen die normalerweise anwendbare *Kollisionsnorm* oder ob man die fragliche *materielle* Norm als umgangen ansieht, ist praktisch unerheblich. Korrekt müßte es wohl heißen: umgangen wird die Rechtsfolge der Kollisionsnorm, d. h. die Anwendbarkeit der betreffenden materiellen Norm.

Mitunter wird eine bestimmte Geschäftsart oder ein Anknüpfungsmoment nur *vorgetäuscht*. Z. B. wird ein Kartellvertrag als Liefervertrag frisiert, wenn nur für Verträge dieser Art die Rechtswahl frei ist. Oder für eine Urkunde wird durch falsche Ortsangabe ein ausländischer Errichtungsort vorgetäuscht, weil in dem betreffenden Land bequemere Formvorschriften gelten als am Ort der tatsächlichen Errichtung[4]. Oder es wird ein dauernder Aufenthalt im Gebiet eines günstigeren Eheschließungs- oder Scheidungsrechtes vorgegeben, damit dieses zur Anwendung kommt. Dann genügt die Aufdeckung des wahren Sachverhalts, und die beabsichtigte Gesetzesumgehung ist vereitelt. Daher wollen hier manche gar nicht von einer fraus legis sprechen. (Ob freilich ein bereits erschlichener Staatsakt wieder rückgängig gemacht bzw. im Ausland als nicht geschehen behandelt werden kann, läßt sich nicht generell sagen.)

II. Lösungsmöglichkeiten

Die Bekämpfung der Gesetzesumgehung setzt vor allem einen entsprechenden Willen der amtlichen Stellen voraus. Bisweilen wird nämlich eine Gesetzesumgehung amtlich geduldet oder offen gutgeheißen, weil sie als einzige Abhilfe gegen ein allgemein als unbillig empfundenes Gesetz gilt, zumal wenn es sich um ein ausländisches Gesetz handelt. Desgleichen wird eine besonders kostspielige Umgehungsform, deren unsozialen Charakter man bedauern mag, die aber wegen der Seltenheit ihrer Benutzung weniger gefährlich ist als eine allgemein zugängliche Art, oft stillschweigend akzeptiert. Ferner kann die Hinnahme eines fait accompli das kleinere Übel sein, z. B. bei Entführung eines Kindes durch einen nicht sorgeberechtigten Elternteil, wenn die zwangsweise Rückführung des Kindes nach längerer Zeit dieses seelisch schwer schädigen würde. Schließlich ist der Gedanke der Rechtssicherheit nicht außer acht zu lassen.

---

[4] Den Ausdruck „Scheingeschäft" sollte man in diesem Zusammenhang nicht gebrauchen, da das Geschäft als ganzes durchaus ernst gemeint ist und nur ein einzelnes Moment (nämlich das für die Anknüpfung bestimmende) vorgetäuscht wird.

Die Bedeutung der Duldung oder gar Gutheißung einer Gesetzesumgehung wird gelegentlich unterschätzt.

Ein aktuelles Beispiel amtlich geduldeter Gesetzesumgehung bildet das sog. „*Ausflaggen*" von Schiffen, etwa in Form einer Übereignung an eine Tochtergesellschaft, die zur Umgehung arbeits-, sozial- und steuerrechtlicher Vorschriften oder bestimmter Sicherheitsstandards in einem Lande mit „billiger Flagge" gegründet wird und von der die Muttergesellschaft das Schiff dann chartert. Es gilt dies als kleineres Übel gegenüber der Konkurrenzunfähigkeit[5].

Will man die Gesetzesumgehung wirkungsvoll bekämpfen, so reichen dazu Strafbestimmungen – wo solche überhaupt in Betracht kommen – nicht immer aus; denn eine mäßige Kriminal- oder Ordnungsstrafe wird von manchem in Kauf genommen, wenn er nur sein Ziel erreicht, z.B. eine Scheidung oder Eheschließung. Die ebenfalls als Sanktion vorgeschlagene Aufbürdung auch aller lästigen Konsequenzen eines fraudulösen Aktes ist oft bei der Gesetzesumgehung bereits einkalkuliert[6]. Und die Nichtigerklärung des Umgehungsgeschäftes[7] versagt gegenüber rein tatsächlichen Umgehungshandlungen wie der Verlegung des Handlungsortes ins Ausland. Man muß vielmehr, um der Gesetzesumgehung zu begegnen, sie einfach unwirksam machen, d.h. das umgangene ungünstige Gesetz dennoch anwenden und das erschlichene günstige Gesetz nicht anwenden, als wenn die fraudulöse Erklärung oder Handlung nicht vorläge. Dafür gibt es theoretisch drei Möglichkeiten.

1. Die „fraus legis" kann als *besonderer Tatbestand* (des Kollisionsrechts wie des übrigen Rechts) normiert werden[8]. Zu diesem Tatbestand gehört jedoch – wenn man nicht vom normalen Gebrauch des Wortes „Umgehung" durch eine ungewöhnlich weitgehende Definition abweichen will – eine Umgehungs- oder Erschleichungs*absicht*. Eine derartige Absicht ist oft schwer zu

---

[5] Siehe zur Problematik *Drobnig/Basedow/Wolfrum*, Recht der Flagge und „billige Flaggen" – Neuere Entwicklungen im IPR und Völkerrecht: BerDGesVölkR (erscheint demnächst).

[6] Ein Beispiel solcher indirekter Bestrafung bietet die englische Entscheidung *Re Emery's Investments Trusts*, [1959] Ch. 410: Ein Ehemann kann sich nicht darauf berufen, daß die Eintragung von Wertpapieren auf den alleinigen Namen seiner Frau nur zur Umgehung einer ausländischen Steuer erfolgt sei.

[7] Vgl. etwa Art. 1208 C.c. argent.: „Die Verträge, die in der Republik zur Verletzung der Rechte und Gesetze einer fremden Nation geschlossen sind, haben keinerlei Wirkung."

[8] Vgl. Art. 13 III des liechtensteinischen Sachenrechts: „Ortsveränderungen, welche in der offenbaren Absicht der Gesetzesumgehung vorgenommen wurden, sind nicht zu berücksichtigen." Allgemein sagt Art. 21 portug. C.c.: „Bei Anwendung der Konfliktnormen sind unerheblich die faktischen oder rechtlichen Situationen, welche mit der fraudulösen Absicht geschaffen worden sind, die Anwendbarkeit desjenigen Gesetzes zu vermeiden, das unter anderen Umständen zuständig wäre." Vgl. auch Art. 5 jug. IPR-Gesetz: der Absicht, das jugoslawische Recht zu umgehen, wird durch Nichtanwendung des erschlichenen ausländischen Rechts begegnet.

beweisen; denn wie ein englischer Richter schon vor Jahrhunderten sagte: „Die Gedanken eines Menschen sollen nicht zum Gegenstand eines Beweises gemacht werden, denn der Teufel kennt nicht die Gedanken des Menschen."[9] Für eine fraudulöse Absicht kann man auch keine weitgehenden Vermutungen aufstellen, weil „quisquis bonus praesumitur". Darüber hinaus ist die Absicht nicht als generelles Kriterium geeignet; denn einerseits ist nicht die Gewitztheit als solche zu bestrafen[10], und anderseits empfiehlt es sich oft, nicht nur die planmäßige, sondern auch die zufällige Vereitelung der Gesetzeszwecke zu verhindern. Diese Lösung befriedigt also nicht.

2. Die *Vorbehaltsklausel des ordre public* (Art. 6 EGBGB, vgl. unten § 36) ermöglicht die Nichtanwendung eines ausländischen Gesetzes unabhängig von der Absicht der Beteiligten, wenn die „Anwendung zu einem Ergebnis führt, das mit wesentlichen Grundsätzen des deutschen Rechts offensichtlich unvereinbar ist". Das setzt eine gewisse Wichtigkeit der Sache voraus[11]. Meist wird die Vorbehaltsklausel gegen die Anwendung eines ausländischen Gesetzes im Hinblick auf dessen *Inhalt* angerufen, sie mag freilich auch den Fall treffen, daß die Anwendung nur wegen besonderer Umstände als anstößig erscheint[12]. Voraussetzung ist aber jedenfalls, daß ein ausländisches Gesetz in Rede steht; die traditionelle Vorbehaltsklausel betrifft nicht den Fall, daß jemand die Anwendung inländischen Rechts erschleichen will. Auch die Bekämpfung einer solchen Erschleichung ist indes normalerweise erwünscht aus Gründen der Billigkeit, der Entscheidungsgleichheit mit dem Staat, dessen Recht umgangen werden soll und der diese Umgehung in der Regel nicht duldet, sowie aus Gründen der Selbstachtung des Staates, damit das Inland nicht in den Ruf eines „Paradieses" für die Umgehung fremder Gesetze kommt. (Der letzte Gesichtspunkt ist in Deutschland z.B. gegenüber manchen Scheidungsklagen und Adoptionsbegehren von Ausländern erörtert worden.) – Auch diese Lösung ist also unzulänglich.

3. Eine *teleologische Rechtsanwendung*, die sich am Zweck einer Kollisionsregel orientiert, kann auf eine besondere Rechtsfigur der fraus legis und auf den ordre public (und damit auf die Durchbrechung des regulären kollisionsrechtli-

---

[9] *Brian*, C.J., in Y.B. 17 Edw. 4, Pasch., fo. 2, pl. 2 (1477), zitiert u.a. bei *Megarry*, Miscellany-at-Law, A Diversion for Lawyers and Others[4] (London 1969) 242.

[10] Mit Recht sagt *Schnitzer* I 257: Es ist „nicht ohne weiteres verwerflich, wenn die Parteien ihrerseits Gestaltungsmöglichkeiten finden, an die das Gesetz nicht gedacht hat". Welchen Anteil an der Entwicklung z.B. des römischen Rechts haben die nachgeformten Rechtsgeschäfte! (Vgl. *Rabel*, SavZ/Rom. 27 [1906] 290ff.)

[11] So mit Recht *Verplaetse*, Reappraisal of the Concept of Evasion of Law in the Private International Law: Rev. hell. 11 (1958) 264 (277).

[12] Für eine Lösung über die Vorbehaltsklausel grundsätzlich z.B. MünchKomm-*Kreuzer* IPR Einleitung Rz. 470.

chen Systems, d.h. auf eine formelle Abweichung von den einzelnen Kollisionsnormen) verzichten und dem Willen des Gesetzes zum Siege verhelfen, ohne daß eine grundsätzliche Unterscheidung zwischen Absicht und Zufall oder zwischen in- und ausländischem Recht getroffen werden müßte. Hier führt das Problem der Gesetzesumgehung auf die allgemeine Frage der Gesetzesanwendung in Fällen ungewöhnlicher Tatbestandsverwirklichung. Entscheidend ist danach, ob die Kollisionsnorm auch für einen solchen Fall gelten will. Nur wenn dies verneint werden muß, ist gegen die Manipulation anzugehen. Die deutsche Rechtsprechung hat selten korrigierend eingegriffen, weil die deutschen Kollisionsnormen in der Regel nicht unmittelbar auf die engste Verbindung abstellen oder eine richterliche Abwägung verlangen, in deren Rahmen ein fraudulös herbeigeführtes Anknüpfungsmoment ohne weiteres ausgeschaltet werden könnte; vielmehr baut der deutsche Gesetzgeber häufig auf feste Anknüpfungspunkte (wie Staatsangehörigkeit oder Vornahmeort) und räumt damit der Rechtssicherheit erkennbar einen so hohen Rang ein, daß nach der Art der Verwirklichung dieser Anknüpfungspunkte im allgemeinen nicht gefragt werden darf[13].

Für die kollisionsrechtliche Behandlung der Gläubigeranfechtung außerhalb des Konkurses ist der Richter vom Gesetzgeber nicht auf einen bestimmten Anknüpfungspunkt festgelegt; hier kann das Recht des Erwerbsaktes, das die Rechtsprechung mit Rücksicht auf die Verkehrssicherheit und den Vertrauensschutz sonst mit heranzieht, dann außer Betracht bleiben, wenn im Einzelfall kein echtes Verkehrsgeschäft vorliegt und schützenswerte Interessen des Erwerbers wegen fraudulösen Verhaltens zu verneinen sind[14]. – Dagegen wird es für unerheblich erachtet, ob ein Staatsangehörigkeitswechsel des ursprünglich italienischen Mannes nur deshalb erwirkt wurde, um die Möglichkeit einer deutschen Scheidung herbeizuführen[15]. Auch die Regel „locus regit actum", die für die Formgültigkeit den bloßen Aufenthalt genügen läßt, ohne daß das Gesetz nach dessen Dauer oder Zweck fragt, wurde von den deutschen Gerichten bislang nicht angetastet, um fraudulöse Manipulationen zu bekämpfen[16]. Dies erscheint angesichts des in Art. 11 I EGBGB hoch veranschlagten Wertes der Rechtssicherheit als wohlüberlegte Zurückhaltung[17].

Im deutschen Recht, in dem die Gesetzesumgehung kein eigenes Rechtsinstitut ist, wird der Tatsache einer ungewöhnlichen, zweckgerichteten Verwirkli-

---

[13] Strikt gegen jede Berücksichtigung der fraus legis bei den zuletzt genannten Kollisionsnormen *von Bar* I Rz. 578.
[14] BGH 5.11.1980, BGHZ 78, 318 = IPRax 1981, 130, 116 Aufsatz *Großfeld* = IPRspr. 1980 Nr. 41; dazu *Hanisch*, IPR der Gläubigeranfechtung: ZIP 1981, 569.
[15] BGH 4.6.1971, NJW 1971, 2124, 2125 = IPRspr. 1971 Nr. 56 S. 189.
[16] Vgl. OLG Frankfurt 26.5.1967, NJW 1967, 1426 = OLGZ 1967, 374 = IPRspr. 1966–67 Nr. 71: Formgültigkeit einer nach Dänemark verlegten Eheschließung einer geschiedenen Deutschen mit einem Spanier.
[17] Zu möglichen Einschränkungen der Regel bei Gefährdung wesentlicher materialer Rechtswerte siehe *Kropholler*, ZHR 140 (1976) 399.

chung eines festen Anknüpfungsmoments im allgemeinen also keine entscheidende Bedeutung beigemessen. Problematische Fälle müssen in der Regel mit den üblichen methodischen Mitteln der Rechtsanwendung bewältigt werden. Voraussetzung dieser Lösung ist allerdings ein klares Urteil über den Zweck der jeweiligen Kollisionsnorm sowie die Bereitschaft, bei Verfolgung dieses Zweckes sich notfalls über den nächstliegenden Wortsinn des Gesetzes hinwegzusetzen, sei es durch ausdehnende bzw. restriktive Auslegung, sei es durch Analogie bzw. teleologische Reduktion[18]. Wo diese Voraussetzungen fehlen, kann man zur Abwehr einer konkreten Gesetzesumgehung nach deutschem Recht allenfalls noch auf die allgemeinen Schranken des ordre public zurückgreifen.

---

[18] Dafür im deutschen materiellen Recht z.B. *Rudolf Westerhoff*, Gesetzesumgehung und Gesetzeserschleichung (Diss. Hamburg 1966) 205f.; *Teichmann*, Die Gesetzesumgehung (1962) 105; grundsätzlich auch *Schurig* (oben N. 1) 403f., 408 mit dem Zusatz, die Umgehungsabsicht könne die sonst üblichen Grenzen der Analogie erweitern.

# IV. Kapitel: Sonderfragen der Anknüpfung

§ 24 Rück- und Weiterverweisung (Renvoi)

Von Rückverweisung (im weiteren Sinne) oder Renvoi spricht man, wenn die nach einer Kollisionsnorm maßgebende fremde Rechtsordnung nicht angewandt sein will (wenn sie die Verweisung des ersten Rechts nicht akzeptiert), sondern ihrerseits ein anderes Recht als maßgebend bezeichnet, sei es das Ausgangsrecht (Rückverweisung im engeren Sinne, renvoi au premier degré), sei es das Recht eines dritten Staates (Weiterverweisung, renvoi au second degré). Im letzteren Fall kann das Kollisionsrecht des dritten Staates wiederum, anstatt die (Weiter-)Verweisung anzunehmen, auf das zweite Recht zurück- oder auf ein anderes Recht weiterverweisen, sei es ein viertes Recht (Weiterverweisung zweiten Grades) oder auch das Ausgangsrecht, aus dessen Sicht dann im Ergebnis wiederum eine Rückverweisung im engeren Sinne vorliegt (Zirkelverweisung, mittelbare Rückverweisung).

Von doppelter Rückverweisung (double renvoi) spricht man, wenn außer der Rückverweisung des fremden Rechts auch noch dessen Anerkennung der Rückverweisung beachtet wird, so daß man doch wieder zur Anwendung des fremden materiellen Rechts gelangt.

Das Recht, auf welches zurückverwiesen wird, als „rückverwiesenes Recht" zu bezeichnen, ist sprachlich nicht weniger falsch und noch mißverständlicher als die Bezeichnung „verwiesenes Recht" für das Recht, auf welches eine Kollisionsnorm verweist (vgl. oben § 19 I).

I. Das Problem des Renvoi

Die Beachtung eines Renvoi ist keineswegs allen Rechtsordnungen geläufig[1]. In manchen Staaten wird der Renvoi grundsätzlich abgelehnt, so in Griechenland (Art. 32 ZGB 1940), Italien (Art. 30 Disp. prel. C. c.), den skandinavischen Ländern und überwiegend auch in den USA. Teilweise anerkannt wird er im englischen Recht, wo der Richter bei einer Verweisung auf das ausländische Recht in einzelnen Bereichen so zu entscheiden hat, wie der ausländische Richter entscheiden würde (sog. foreign-court-Theorie). Die meisten kontinentaleuropäischen Staaten (einschließlich der sozialistischen) lassen die Rückverweisung und oft auch die Weiterverweisung mit im einzelnen unterschiedlichen Einschränkungen und Differenzierungen zu, so § 5 öst. IPR-Gesetz und –

---
[1] Einen eingehenden rechtsvergleichenden Überblick gibt *von Overbeck*, Rec. des Cours 176 (1982 – III) 133 ff.

§ 24 I IV. Kapitel: Sonderfragen der Anknüpfung

in erheblich geringerem Maße – Art. 14 II schweiz. IPR-Gesetz. Auch das deutsche EGBGB ist (gemäßigt) renvoifreundlich. Das brachte früher Art. 27 EGBGB a. F. zum Ausdruck[2]. Die Neuregelung von 1986 in Art. 4 I EGBGB hat an der Grundeinstellung des deutschen Rechts nichts geändert. Es besteht derzeit jedenfalls in den Staaten, die – wie die Bundesrepublik Deutschland – zumindest teilweise noch dem Staatsangehörigkeitsprinzip folgen, auch kein Anlaß, die Beachtung des Renvoi schlechthin abzulehnen.

Die Frage lautet für die meisten Staaten heute nicht mehr, ob ein Renvoi prinzipiell – also in allen Fällen – zu beachten oder nicht zu beachten sei, sondern nur, in welchem Umfang und in welchen Fällen ihm Folge geleistet werden soll[3].

Die radikale Theorie der „Gesamtverweisung", wonach jede Kollisionsnorm auf eine Rechtsordnung in ihrer Gesamtheit unter Einschluß der Kollisionsnormen dieser Rechtsordnung verweist, also die Rück- und Weiterverweisung in allen Fällen zu beachten ist, ist undurchführbar. Nach dieser Theorie müßte die Bezugnahme auf inländisches Recht eine sinnlose Bezugnahme der Kollisionsnorm auf sich selbst bedeuten, während im Falle der Verweisung auf fremdes Recht, falls weder dieses selbst noch ein von ihm (oder von einer dritten Rechtsordnung) bezeichnetes Recht die Verweisung annimmt, das Hin und Her bzw. der Kreislauf zwischen den verschiedenen Kollisionsnormen kein Ende nähme. Auch die sauberste Auflösung dieses circulus inextricabilis – nämlich keine Kollisionsnorm zweimal anzuwenden und daher die Verweisung auf inländisches Recht sowie jede „akzeptierte" Verweisung und jede unmittelbare oder mittelbare Rückverweisung als eine Verweisung auf das interne Recht der betreffenden Rechtsordnung zu behandeln – widerspricht dem Prinzip der Gesamtverweisung.

Der Ausdruck „*Gesamtverweisung*" dient gegenwärtig ohne Rücksicht auf jene radikale Theorie zur Bezeichnung einer Verweisung, die im Einzelfall das fremde Kollisionsrecht einschließt, auch Kollisionsnorm- oder bedingte Verweisung genannt im Gegen-

---

[2] Die Renvoiregel des Art. 27 EGBGB a. F. – Anerkennung der Rückverweisung im engeren Sinne bei fünf einzeln bezeichneten Verweisungen auf das Heimatrecht – beruhte nach den Materialien auf einem Kompromiß zwischen Auswärtigem Amt und Reichs-Justizamt (als Anhänger und Gegner des Renvoi) mit der ausdrücklichen Vereinbarung, daß die Frage im übrigen der Wissenschaft und Praxis überlassen bleiben sollte; siehe *Hartwieg*, Der Renvoi im deutschen Internationalen Vertragsrecht (1967) 85 ff.; bespr. in RabelsZ 33 (1969) 162 f.; *Hartwieg/Korkisch*, Die geheimen Materialien zur Kodifikation des deutschen IPR (1973) 53 et passim.

[3] Bezeichnend ist der Verlauf der Beratungen im Institut de Droit international. Während eine Resolution im Jahre 1900 noch die Ablehnung des Renvoi empfahl (Ann. Inst. Dr. int. 18 [1900] 145, 179), konnte man sich später auf eine entsprechende Empfehlung von *Maridakis* (Ann. Inst. Dr. int. 47 II [1957] 53, 49 II [1961] 277, 50 I [1963] 497, 509) nicht mehr einigen, und die Renvoi-Kommission wurde aufgelöst, ohne ein Ergebnis erzielt zu haben; siehe *Makarov*, RabelsZ 31 (1967) 547.

satz zur Sachnorm- oder unbedingten Verweisung. Der Ausdruck „Sachnormverweisung" ist insofern irreführend, als bei der Verweisung auf das Recht eines Staates mit mehreren Teilrechtsordnungen dessen internes Kollisionsrecht – interlokales, interpersonales Recht – zum Zuge kommen kann. Die neueren Haager Abkommen reden daher statt von materieller Norm einfach von „innerstaatlichem Recht" (loi interne). Das EGBGB ist diesem Sprachgebrauch nicht gefolgt, sondern spricht in Art. 3 I 2 von Verweisungen auf „Sachvorschriften", weil man den Ausdruck „innerstaatliches Recht" als Bezeichnung für die Sachnormen nicht für genügend deutlich hielt und weil der Ausdruck in Art. 3 II in einem anderen, weiteren Sinne verwendet wird[4].

Die Befolgung der Rückverweisung bedeutet formal keine Preisgabe des eigenen Kollisionsrechts zugunsten fremder Kollisionsnormen, vielmehr ist der Befehl, in gewissen (und nur in diesen) Fällen eine fremde Kollisionsnorm zu beachten, ein Teil des inländischen Kollisionsrechts. Freilich fällt dieser Befehl, einer fremden Kollisionsnorm zu folgen, um so schwerer, je mehr die inländische Kollisionsnorm von positiven Vorstellungen über eine sachgerechte Anknüpfung getragen ist (z. B. über die Bedeutung örtlicher Verhältnisse für eine Rechtsbeziehung oder über den Zusammenhang einer Rechtsfrage mit einer anderen) und je differenzierter sie ausgestaltet ist, je weniger sie also nur auf Erwägungen der Rechtssicherheit, fortgeschleppter Tradition oder schierer Verlegenheit beruht.

Für eine (beschränkte) Berücksichtigung des Renvoi sprechen vor allem Praktikabilitätserwägungen sowie – in bestimmten Konstellationen – das Ideal der internationalen Entscheidungsgleichheit. Soweit die internationale Entscheidungsgleichheit gefördert wird, hat das Rechtsinstitut am meisten Überzeugungskraft.

1. Die Anerkennung der Rückverweisung im engeren Sinne erfolgte wohl in allen Ländern zuerst aus *Praktikabilitätserwägungen* der Rechtsprechung (unter Opposition der Theorie).

In dem berühmten Ausgangsfall *Forgo*[5] diente die Rückverweisung den französischen Gerichten dazu, die Intestaterbfolge nach einem Bayern, der in Frankreich ein Vermögen erworben hatte und dort kinderlos gestorben war, nicht einfach gemäß französischem IPR dem bayerischen Erbrecht zu unterstellen (nach welchem die bayerischen Seitenverwandten seiner unehelichen Mutter geerbt hätten), sondern gemäß bayerischem IPR dem französischen Recht (und damit den Nachlaß dem französischen Fiskus zufallen zu lassen).

Es siegte das Interesse der Gerichte an der *Anwendung inländischen Rechts* – sozusagen die Reaktion eines praktischen Nationalismus gegen einen verfrühten Rechtsuniversalismus –, und auch heute noch sparen sich die Gerichte mit

---
[4] BegrRegE, BT-Drucks. 10/504, 35.
[5] Cass. 24. 6. 1878 und 22. 2. 1882, D. 1879. 1. 56 bzw. 1882. 1. 301.

Hilfe des Renvoi gern die zumeist schwierige und problematische Anwendung fremden Rechts. Hierfür läßt sich anführen, daß eine solche Anwendung weniger sinnvoll erscheint, wenn das fremde Recht selbst nicht angewandt werden will.

Hinzu kommt als ein weiteres, untergeordnetes Argument für die Beachtung der Rückverweisung noch ein anderer praktischer Gesichtspunkt: Ausländische Vorschriften, die ohne eine bestimmte Berührung des Falles mit dem betreffenden Lande nicht angewandt werden wollen, sind bisweilen bei Fehlen dieser Beziehung für eine Anwendung geradezu ungeeignet infolge ihrer Verquickung mit den zugehörigen Verfahrens- und öffentlichrechtlichen Vorschriften, von denen sie ohne Verstümmelung nicht getrennt werden können.

2. Zwar überbrückt die Anerkennung des Renvoi die Gegensätze der Kollisionsnormen nicht immer, doch führt sie wenigstens in einigen Fällen zu der wünschenswerten internationalen *Entscheidungsgleichheit*. Dies gilt vor allem dann, wenn eine *Weiterverweisung* unmittelbar oder mittelbar auf ein Recht führt, das diese Verweisung akzeptiert.

Im Falle der *Rückverweisung*, wenn etwa das Heimatrecht auf das Wohnsitzrecht und das Wohnsitzrecht auf das Heimatrecht verweist, ist Entscheidungsgleichheit nur dadurch zu erzielen, daß die beiden beteiligten Rechtsordnungen sich zur Rückverweisung verschieden verhalten. Wenn also eine Seite die Rückverweisung anerkennt, muß die andere sie ignorieren (oder einen double renvoi akzeptieren). Das ist paradox und daher für reine Theoretiker anstößig[6]; aber es ist doch wohl das kleinere Übel gegenüber der „konsequenten" Disharmonie der Entscheidungen.

Ein beinahe ideales Mittel, immer eine andere Stellung zur Rückverweisung einzunehmen als die Gegenseite, ist die von englischen Gerichten entwickelte (aber nur selten angewandte) foreign-court-Theorie, nach welcher der Richter dasselbe materielle Recht anzuwenden hat wie ein Gericht des Landes, auf dessen Recht seine Kollisionsnorm verweist. Jedoch ist diese Lösung nicht universal brauchbar: Das System ist nur deswegen durchführbar, weil kein Land mit abweichenden Anknüpfungen denselben Standpunkt einnimmt[7], denn andernfalls bliebe, wie *Meijers* sehr elegant gesagt hat, bei dieser „$(x + 1)$maligen" Rückverweisung die Zahl x der vom Gegenüber beachteten Rückverweisungen – ob null, eins oder zwei – ewig unbestimmt[8]. Bei der

---

[6] Vgl. etwa *Lorenzen*, Selected Articles on the Conflict of Laws (1947) 127: „I cannot approve a doctrine which is workable only if the other country rejects it."

[7] *M. Wolff* 76.

[8] *Meijers* (oben § 21 N. 5) W.P.N.R. 91 = Opstellen II 379 = Bull. 206. – Vgl. *Siesby*, Some Aspects of the Legislative Technique in the Conflict of Laws (mschr. Thesis, Harvard 1952) 37: The „situation would be similar to that of a young couple in a restaurant each of whom has declared to accept the other's choice of wine. At least one of them must abandon this noble attitude before any wine can be chosen."

Reform des EGBGB im Jahre 1986 hat man sich wegen der mangelnden Internationalisierungsfähigkeit eines solchen Systems und wegen der Gefahr, mit ihm in einen endlosen Zirkel zu geraten, gegen seine Übernahme in das deutsche Recht entschieden[9].

Die Rechtsvergleichung zeigt, daß im Personen-, Familien- und Erbrecht die Entscheidungsgleichheit faktisch häufig dadurch erreicht wird, daß die Rechtsordnungen, die dem Staatsangehörigkeitsprinzip folgen, eine Rückverweisung annehmen, während Staaten mit Wohnsitzprinzip sie meist unbeachtet lassen[10]. Die *Haager Konvention* vom 15. 6. 1955 zur Regelung der Konflikte zwischen dem Heimatrecht und dem Recht des Wohnsitzes wollte ebenfalls zugunsten des Wohnsitzrechtes entscheiden, indem sie die Verweisung des Heimatrechts auf das Domizilrecht stets für beachtlich erklärte, die Verweisung des Domizilrechts auf das Heimatrecht dagegen nur dann, wenn dieses auch selbst angewandt sein wollte. Das Übereinkommen ist aber mangels einer ausreichenden Anzahl von Ratifikationen nie in Kraft getreten[11]. Eine Revision der Konvention ist vorerst nicht beabsichtigt[12].

II. Deutsches Recht (Art. 4 EGBGB)

Die Normierung des Renvoi in Art. 4 EGBGB stellt für das deutsche IPR die maßgebenden Grundsätze klar, läßt aber noch einige Zweifelsfragen offen.

1. Der *Grundsatz der Gesamtverweisung* folgt deutlich aus Art. 4 I 1 EGBGB. Danach ist bei einer Verweisung auf das Recht eines anderen Staates grundsätzlich auch dessen IPR anzuwenden. Damit ist nicht nur die Rückverweisung, sondern auch die Weiterverweisung anerkannt[13].

Die Verweisung des ausländischen Kollisionsrechts kann ihre Ursache nicht nur darin haben, daß es einen anderen Anknüpfungsbegriff verwendet (etwa Domizil statt Staatsangehörigkeit), sondern auch darin, daß es einen Verweisungsbegriff aufspaltet und beispielsweise die Erbfolge in das bewegliche Vermögen dem Domizilrecht, in das unbewegliche Vermögen der lex rei sitae unterstellt. Ferner kann es auf eine andere Person Bezug nehmen, etwa im Kindschaftsrecht auf das Kind statt auf die

---

[9] Siehe BegrRegE, BT-Drucks. 10/504, 39. Der dort abgelehnte Vorschlag des Deutschen Rates für IPR hatte gelautet: „Ist das Recht eines ausländischen Staates anzuwenden, dann ist so zu entscheiden, wie der ausländische Richter entscheiden würde"; Vorschläge... (1981) 15; im Sinne dieses Vorschlags auch *Kegel* § 10 III 3.
[10] Siehe *von Overbeck*, Rec. des Cours 176 (1982 – III) 161.
[11] Zur deutschen Stellungnahme von 1951 siehe *Neuhaus* 279 f.
[12] Vgl. Actes et Doc. 14 I (1982) 179 f.
[13] Manche ausländischen Gesetze berücksichtigen dagegen nur die Rückverweisung, so z. B. § 3 RechtsanwendungsG der DDR von 1975 und Art. 12 Nr. 2 span. C. c.

Eltern, oder einen anderen Zeitpunkt für maßgebend erklären, etwa im Ehegüterrecht das jeweilige Ehewirkungsstatut berufen und nicht das im Zeitpunkt der Eheschließung maßgebende Statut (vgl. unten § 28 IV).

Es gibt auch einen Renvoi *kraft abweichender Qualifikation*, wenn das fremde IPR eine Rechtsfrage kollisionsrechtlich anders einordnet als das inländische IPR[14]. In solchen Fällen haben wir grundsätzlich ebenso vorzugehen, wie wenn das fremde Kollisionsrecht eine Sondernorm aufgestellt hätte. Dies muß aber nicht immer auch für die prozessuale Qualifikation gelten[15], die zu einem Renvoi auf die lex fori führt, da über das Verfahren überall die lex fori herrscht. Denn die Abspaltung vom anwendbaren materiellen Recht und die Zuweisung an die jeweilige lex fori bedeutet einen Verzicht auf Entscheidungsharmonie, da ein und derselbe Fall je nach dem gewählten Forum anders entschieden werden kann. Eine Befolgung dieser Einordnung kann aber zumindest für einzelne Bereiche, wie etwa für Aufrechnung und Verjährung, dem Sinn unserer Verweisung (vgl. Art. 4 I 1) widersprechen, da wir uns mit der materiellrechtlichen Qualifikation im Interesse der Entscheidungsharmonie dafür entschieden haben, in diesen Bereichen ggf. ausländisches Recht anzuwenden. – Ist auf einem Rechtsgebiet die Rück- und Weiterverweisung überhaupt ausgeschlossen, so kommt auch die Prüfung eines Renvoi kraft abweichender Qualifikation nicht in Betracht, so beispielsweise für die Aufrechnung und Verjährung im Schuldvertragsrecht (vgl. Artt. 35 I, 32 I Nr. 4 EGBGB).

Schließlich begegnet uns ein Renvoi *durch im Ausland geltende Staatsverträge*, da diese zunehmend unterschiedslos auf die Rechtsordnungen von Vertrags- und Nichtvertragsstaaten verweisen. Die Folge dieses Renvoi ist, daß auch Nichtvertragsstaaten in den Sog des vereinheitlichten Rechts geraten, obwohl sie dem Vertragswerk nicht beigetreten sind[16].

2. Eine *Einschränkung* erfährt der Grundsatz der Gesamtverweisung dort, wo das EGBGB nicht auf „das Recht" eines anderen Staates verweist, sondern auf *„Sachvorschriften"*, wie in Artt. 12 und 18. Verweisungen auf „Sachvorschriften" beziehen sich – wie Art. 3 I 2 EGBGB klarstellt – auf die Rechtsnormen der maßgebenden Rechtsordnung unter Ausschluß derjenigen des IPR. Sachvorschriften sind auch gemeint, wenn auf sachrechtliche Erfordernisse des maßgebenden Rechts verwiesen wird, wie auf die „Formerfordernisse" in Artt. 11 und 26 EGBGB[17] oder auf das Zustimmungserfordernis in Art. 23 Satz 1 EGBGB (vgl. unten § 49 IV 2).

Im übrigen kann der Grundsatz der Gesamtverweisung für einzelne An-

---

[14] Siehe etwa das Beispiel des Verlöbnisbruchs unten § 44 IV 3. – Es gibt sogar eine Rückverweisung *bezüglich* der Qualifikation, etwa wenn das englische Kollisionsrecht die Immobilien der lex rei sitae unterstellt und es dabei dem Kollisionsrecht jedes Landes überläßt, welche Gegenstände dieses als „unbeweglich" für das eigene Recht beansprucht; vgl. oben § 16 II 1. Siehe auch *Jayme*, Zur Qualifikationsverweisung im IPR: ZfRV 17 (1976) 93.

[15] Anders *Neuhaus* 282.

[16] *Jayme*, Rückverweisung durch im Ausland geltende Staatsverträge: FS Beitzke (1979) 541 (545); siehe zu praktischen Beispielen *ders.*, IPRax 1981, 17 f.

[17] BegrRegE, BT-Drucks. 10/504, 35 und 38. Für Artt. 11 und 26 EGBGB entspricht diese Auslegung den in diese Vorschriften inkorporierten staatsvertraglichen Regelungen (Art. 9 I EuSchVÜ bzw. Art. 1 Haager Testamentsformübereinkommen); vgl. auch unten § 41 III 4.

knüpfungsmomente wie die Parteiautonomie ausgeschlossen sein (Art. 4 II EGBGB), aber auch für ganze Rechtsgebiete, wie für das Schuldvertragsrecht durch Art. 35 I EGBGB (dazu näher unter 6 und 7).

3. Weitere *Ausnahmen* vom Grundsatz der Gesamtverweisung ermöglicht Art. 4 I 1 EGBGB durch eine Bezugnahme auf den „*Sinn der Verweisung*"[18]. Das bringt die notwendige Flexibilität in die Renvoi-Regelung, freilich mit einer gänzlich unstrukturierten Formel. Sie muß durch Herausbildung einzelner Fallgruppen erst Struktur gewinnen.

a) Umstritten ist, ob die Beachtung des Renvoi dem Sinn der deutschen Verweisung widerspricht, wenn das deutsche IPR unmittelbar auf die „*engste Verbindung*" abstellt. Es kann widersinnig erscheinen, den Richter zunächst zu einer mühevollen Suche nach der engsten Verbindung zu verpflichten und in der Folge eine Rück- oder Weiterverweisung auf ein Recht zu akzeptieren, mit dem die Parteien notwendigerweise weniger eng verbunden sind[19].

Die Frage wird vor allem für die subsidiäre Bezugnahme auf die engste Verbindung innerhalb der familienrechtlichen Anknüpfungsleiter gemäß Art. 14 I Nr. 3 EGBGB erörtert. Hier besteht freilich die Besonderheit, daß die engste Verbindung erst an letzter Stelle innerhalb einer Kollisionsnorm berufen wird, die sonst für den Renvoi offen ist. Es wäre merkwürdig, ausgerechnet bei der letzten Sprosse einer Anknüpfungsleiter, von der aus andere Rechtsordnungen von vornherein die lex fori berufen, auf der Anwendbarkeit eines fremden Rechts zu beharren, das selbst gar nicht angewendet werden will. Es ist deshalb konsequent, in dieser Kollisionsnorm auch die Anknüpfung an die engste Verbindung für renvoifreundlich zu erklären[20]. Die Fälle, in denen die ausländische Kollisionsnorm, ohne gegen das Gleichberechtigungsgebot zu verstoßen (siehe dann Art. 6 EGBGB), zu einer anderen Rechtsordnung führt als die inländische, werden im Rahmen des Art. 14 I Nr. 3 ohnehin selten sein.

Wenn interlokalrechtlich zur Konkretisierung einer renvoifreundlichen Staatsangehörigkeitsanknüpfung gemäß Art. 4 III 2 EGBGB auf die engste Verbindung abzustellen ist, so schließt dies selbstverständlich die Berücksichtigung eines Renvoi der berufenen Teilrechtsordnung nicht aus (vgl. auch unten § 29 II 1 b).

b) Dem Sinn der inländischen Verweisung widerspricht die Beachtung des Renvoi jedenfalls im Personen-, Familien- und Erbrecht nicht schon dann,

---

[18] Dazu *Kartzke*, Renvoi und Sinn der Verweisung: IPRax 1988, 8; *Kühne*, Der Anwendungsbereich des Renvoi im Lichte der Entwicklung des IPR: FS Ferid (1988) 251; *Rauscher*, Sachnormverweisungen aus dem Sinn der Verweisung: NJW 1988, 2151; *Ebenroth/Eyles*, Der Renvoi nach der Novellierung des deutschen IPR: IPRax 1989, 1 (11f.).

[19] So z. B. *Henrich*, in: Lausanner Kolloquium über den deutschen und den schweizerischen Gesetzentwurf zur Neuregelung des IPR (1984) 108; *Palandt-Heldrich* Art. 4 Anm. 2 b.

[20] Ebenso etwa *von Bar* I Rz. 622 sowie die oben (vorletzte Note) angeführten Autoren.

wenn die ausländische Kollisionsnorm *andere Wertungen* enthält als die inländische, also etwa ein anderes Anknüpfungsmoment, eine andere Person oder einen anderen Zeitpunkt für maßgebend erklärt. Derartige Abweichungen des fremden Kollisionsrechts werden durch die grundsätzliche Anerkennung des Renvoi in Kauf genommen; denn sonst käme der Renvoi nie mehr zum Zuge.

Wenn die Anwendung des fremden IPR freilich zu einem Ergebnis führt, das mit wesentlichen Grundsätzen des deutschen Rechts, insbesondere den Grundrechten, offensichtlich unvereinbar ist, hat sie unter den Voraussetzungen des Art. 6 EGBGB *(ordre public)* zu unterbleiben. Dies kann beispielsweise der Fall sein, wenn die deutsche Kollisionsnorm zur Wahrung des *Gleichberechtigungsgrundsatzes* bei verschiedener Staatsangehörigkeit der Ehegatten auf den ausländischen gewöhnlichen Aufenthalt zurückgreift, das Aufenthaltsrecht aber eine gleichberechtigungswidrige Rück- oder Weiterverweisung auf das Heimatrecht des Mannes enthält.

c) Dem Sinn *alternativer Verweisungen* kann die Beachtung des Renvoi widersprechen, weil diese Verweisungen ein bestimmtes materielles Ergebnis begünstigen wollen (vgl. oben § 20 II). Die Gesetzgebungsmaterialien erwähnen, daß der Sinn einer alternativen Anknüpfung dann verfehlt würde, wenn trotz Berührung zu verschiedenen Staaten nur ein einziges innerstaatliches Recht anzuwenden wäre, weil alle in Betracht kommenden Rechte auf ein und dieselbe Rechtsordnung (weiter)verweisen[21]. Über diesen speziellen Fall hinausgehend darf man allgemein sagen, daß eine Rück- oder Weiterverweisung bei einer alternativen Anknüpfung nur „in favorem" zu beachten ist, nicht aber wenn sie die bezweckte Begünstigung vereiteln würde[22]. Mit anderen Worten: Wenn das durch die Alternativanknüpfung vorgegebene Ergebnis durch das fremde materielle Recht erreicht wird, hat es dabei sein Bewenden; wenn es dagegen nicht erreicht wird, ist ein Renvoi des fremden Kollisionsrechts zu beachten. Diese Interpretation des Art. 4 I 1 EGBGB führt zu den sinngerechten Ergebnissen, die Satz 1 ermöglichen will, indem der Renvoi nicht zu einem starren, keinen Ausnahmen zugänglichen Prinzip erklärt wird. Der für die Beachtung eines Renvoi sprechende Gedanke der internationalen Entscheidungsgleichheit muß hier zurücktreten[23]. Demzufolge ist beispielsweise das Kind von Eltern verschiedener Staatsangehörigkeit gemäß Art. 19 I 2 EGBGB ehelich, wenn das materielle Heimatrecht eines der Ehegatten dies vorsieht,

---

[21] Bericht des Rechtsausschusses, BT-Drucks. 10/5632, 39.

[22] In diesem Sinne auch *von Overbeck*, Rec. des Cours 176 (1982 – III) 148–150; *Keller/Siehr* 477; *Palandt-Heldrich* Art. 4 Anm. 2b m.w. Nachw. Ähnlich Art. 19 Nr. 1 port. C. c.: Rück- und Weiterverweisung „greifen nicht Platz, wenn sich aus ihrer Anwendung die Ungültigkeit oder Unwirksamkeit eines Rechtsgeschäfts ergibt, welches nach der in Art. 16 festgelegten Regel [Verweisung auf das fremde Sachrecht] gültig oder wirksam wäre, oder die Illegitimität eines Status, der sonst legitim wäre".

[23] Anders *Kegel* § 10 V.

aber auch wenn das Kollisionsrecht eines der Heimatstaaten auf eine Rechtsordnung verweist, die das Kind für ehelich erklärt. Im Ergebnis ist bei alternativen Anknüpfungen ein Renvoi also nur in Ausnahmefällen zu prüfen.

d) Bei *akzessorischen Anknüpfungen* ist nach deren Sinn und Bedeutung zu differenzieren. Bezweckt die Akzessorietät die einheitliche materiellrechtliche Beurteilung eines Rechtskomplexes nach ein und derselben Rechtsordnung, wie bei der akzessorischen Anknüpfung des Deliktsstatuts an das Vertragsstatut (vgl. unten § 53 V 3), so gilt das Renvoiverbot für die (vertragliche) Hauptanknüpfung auch für die (deliktische) akzessorische Anknüpfung, da die erstrebte Einheit sonst durch einen Renvoi zerrissen werden könnte.

Ist der Zweck der Akzessorietät dagegen nicht eine unbedingte materiellrechtliche Einheit, sondern dient sie vor allem als gesetzestechnisches Kürzel, durch das eine Wiederholung derselben Anknüpfungsleiter vermieden werden soll, wie bei der Bezugnahme auf Art. 14 I EGBGB in verschiedenen anderen familienrechtlichen Kollisionsnormen (sog. Familienstatut; vgl. unten § 45 I 2 sowie § 46 I 1 und 3), so ist die Akzessorietät nicht renvoi-fest. Der Renvoi ist demgemäß für die akzessorische Anknüpfung gesondert zu prüfen, so daß in unserem Beispiel nicht etwa für alle Rechtsfragen die ausländische Ehewirkungskollisionsnorm heranzuziehen ist, sondern im Rahmen des Art. 15 I EGBGB die güterrechtliche und im Rahmen des Art. 17 I 1 EGBGB die scheidungsrechtliche. Der Gedanke des einheitlichen Familienstatuts wird im deutschen IPR nämlich nicht strikt durchgeführt (vgl. z. B. die unterschiedlichen Anknüpfungszeitpunkte in Artt. 14 I und 15 I oder die Gewährung einer Rechtswahl in Artt. 14 II und 15 II); er besitzt somit kein solches Gewicht, daß er auch ins ausländische Kollisionsrecht, das ein Familienstatut nicht kennt, hinüberwirkt.

Der für eine von den Parteien vorgenommene Rechtswahl des Ehewirkungsstatuts in Art. 4 II EGBGB festgelegte Ausschluß des Renvoi dagegen sollte im Interesse der Vorhersehbarkeit und des Vertrauensschutzes auch auf die praktisch im Vordergrund stehenden güterrechtlichen und scheidungsrechtlichen Folgen dieser Rechtswahl (vgl. unten § 45 II 2) erstreckt werden[24].

4. Liegt eine *Rückverweisung* auf deutsches Recht vor, so sind gemäß Art. 4 I 2 EGBGB in jedem Falle die deutschen Sachvorschriften anzuwenden. Die Handhabung dieser Vorschrift ist einfach; denn sie unterscheidet nicht danach, ob das fremde Kollisionsrecht auf die inländischen Sachvorschriften verweist oder ob es eine Gesamtverweisung ausspricht. Fragt man indes nach Berechtigung und Wirkung der deutschen Rückverweisungsregelung, so ist ohne diese Unterscheidung nicht auszukommen.

---

[24] Zum Renvoi innerhalb des Familienstatuts ebenso etwa *Kartzke*, IPRax 1988, 10f. Teilweise abweichend *Kühne*, in: FS Ferid (1988) 262ff.; *Rauscher*, NJW 1988, 2154; *Ebenroth/Eyles*, IPRax 1989, 12.

a) Die Anerkennung einer Rückverweisung auf *deutsche Sachvorschriften*, die dann gegeben ist, wenn das fremde Recht einen Renvoi nicht zuläßt, erscheint jedenfalls berechtigt. Denn hier treffen die beiden Hauptargumente für die Beachtung eines Renvoi zu: Praktikabilität und internationale Entscheidungsgleichheit (siehe oben I 1 und 2). Geht es beispielsweise um die Beerbung eines Dänen mit letztem Wohnsitz in Hamburg, so wendet der deutsche Richter gemäß Artt. 25 I, 4 I 2 EGBGB kraft Rückverweisung das deutsche Wohnsitzrecht an; aber auch für einen dänischen Richter ist dieses Recht maßgebend, da das dänische IPR eine Rückverweisung nicht akzeptiert und somit eine Verweisung auf die Sachvorschriften des Wohnsitzstaates enthält.

b) Spricht das fremde Kollisionsrecht eine *Gesamtverweisung* auf das deutsche Recht aus, verweist es also auf das deutsche Recht unter Einschluß des deutschen Kollisionsrechts zurück, so ist die in Art. 4 I 2 EGBGB vorgeschriebene Anwendung der deutschen Sachvorschriften problematischer. Denn die internationale Entscheidungsgleichheit wird nicht erreicht[25]. Wenn beispielsweise das französische Internationale Erbrecht eine Gesamtverweisung auf das Recht am letzten Wohnsitz des Erblassers enthält, beurteilt der deutsche Richter die Erbfolge nach einem in Hamburg verstorbenen Erblasser gemäß Artt. 25 I, 4 I 2 EGBGB nach deutschem Wohnsitzrecht, während der französische Richter wegen der Rückverweisung durch Art. 25 I EGBGB das französische Heimatrecht anwenden würde. In beiden Staaten wird also im Ergebnis die lex fori angewandt.

Für das Abbrechen der Verweisungskette im Inland werden überwiegend praktische Gründe genannt[26]: „Den Gerichten wird es so ermöglicht, die oftmals nur unter unverhältnismäßigen Schwierigkeiten zu entscheidende Frage offenzulassen, ob es sich bei der Rückverweisung des fremden Rechts um eine Sachnorm- oder um eine Kollisionsnorm-Rückverweisung handelt. Zudem ist die Anerkennung der doppelten Rückverweisung nur unter der Voraussetzung durchführbar, daß das fremde Recht nicht ebenso verfährt. Tut es dies doch, wie z. B. die englische Praxis nach der sog. foreign-court-Doktrin, so geriete man in einen endlosen Zirkel." In der Tat führt die Rückverweisung ohne ein Abbrechen in ein logisches Spiegelkabinett oder – wie man auch gesagt hat – zu juristischem Tennis mit endlosem Ballwechsel. Vor allem aber erscheint die schwierige und mit Nachteilen behaftete Anwendung ausländischer Sach-

---

[25] Deshalb wurde in der Wissenschaft vorgeschlagen, diesen Fall der Rückverweisung nicht zu kodifizieren und seine Behandlung der Praxis zu überlassen; siehe *Neuhaus/Kropholler*, RabelsZ 44 (1980) 334; zustimmend *von Overbeck*, in: Lausanner Kolloquium... (oben N. 19) 38 ff. – Gesetz geworden ist eine Regelung, die nur die Anerkennung einer Rückverweisung auf die inländischen Sachvorschriften vorschreibt, beispielsweise in Portugal (Art. 18 Nr. 1 C.c.); aber die meisten ausländischen Rechte entscheiden ebenso wie das deutsche Gesetz.

[26] BegrRegE, BT-Drucks. 10/504, 39.

rechts dann nicht genügend sinnvoll, wenn das ausländische Recht selbst gar nicht unbedingt angewandt sein will. Dies gilt jedenfalls für solche inländischen Verweisungen, die – wie die Anknüpfung an die Staatsangehörigkeit – keinen ausgeprägten Gerechtigkeitsgehalt besitzen.

5. Die *Weiterverweisung*, also die Verweisung auf das Recht eines dritten Staates, die Art. 4 I 1 EGBGB ebenfalls für beachtlich erklärt, bereitet dann keine Schwierigkeiten und führt zu internationaler Entscheidungsgleichheit, wenn das fremde IPR auf die Sachvorschriften des dritten Staates verweist, wenn das IPR des dritten Staates die Verweisung annimmt, also das eigene Sachrecht beruft, oder auf das deutsche Recht verweist, so daß wir die Verweisung gemäß Art. 4 I 2 EGBGB annehmen können.

Zweifelhaft ist die Lösung, wenn auf das Recht eines vierten oder weiteren Staates verwiesen oder auf das Recht des zweiten Staates zurückverwiesen wird. Im Gegensatz zu § 5 II öst. IPR-Gesetz sind diese Fälle im EGBGB nicht ausdrücklich geregelt[27]. In den Materialien zu Art. 4 I EGBGB heißt es[28]: „Grundsätzlich sind unter dem vom deutschen Recht berufenen fremden IPR im Sinn des Satzes 1 auch dessen allgemeine Regeln über die Rück- und Weiterverweisung zu verstehen. Dies muß aber nicht ausnahmslos zu befriedigenden Ergebnissen führen und wird deshalb nicht ausdrücklich angeordnet. Insbesondere soll darauf verzichtet werden, zwingend festzulegen, wo eine Verweisungskette außerhalb des deutschen Rechts abgebrochen werden soll. Dies erscheint mit Rücksicht auf die Seltenheit entsprechender Fälle vertretbar. Nach dem in Satz 2 ausgedrückten Grundsatz führt jedoch jede Rückverweisung fremden Rechts auf deutsches, also auch nach einer Weiterverweisung, zur Anwendung deutscher Sachvorschriften."

Die offen gebliebenen Fälle sollten unter dem Gesichtspunkt der Praktikabilität entschieden werden. Verweist das Recht des dritten Staates nicht auf das deutsche Recht zurück, so daß Art. 4 I 2 EGBGB zum Zuge kommt, und nimmt es die Weiterverweisung des zweiten Staates auch nicht an oder spricht nur eine Sachnormverweisung aus, so empfiehlt sich, bei der Weiterverweisung des zweiten Staates stehen zu bleiben und die kollisionsrechtliche Prüfung – wie in Art. 4 I 2 EGBGB – hier abzubrechen. Die Prüfung weiterer Anknüpfungs- oder Renvoi-Regeln fremder Rechtsordnungen erscheint als ein zu hoher Preis für die Hoffnung auf internationale Entscheidungsgleichheit; ohnehin ist Sicherheit über das Ergebnis – angesichts des regelmäßigen Fehlens von Gesetzgebung, oft aber auch von Rechtsprechung und Literatur über die Behandlung mehrfacher Verweisungen – meistens nicht zu erzielen.

---

[27] Das öst. IPR-Gesetz bestimmt: „Im Fall der Weiterverweisung sind unter Beachtung weiterer Verweisungen die Sachnormen der Rechtsordnung maßgebend, die ihrerseits nicht mehr verweist bzw. auf die erstmals zurückverwiesen wird."
[28] BegrRegE, BT-Drucks. 10/504, 38.

6. Für die *Rechtswahl* schließt Art. 4 II EGBGB die Rück- und Weiterverweisung aus. Der Grund für diese Regelung liegt darin, daß Parteien, die ein Recht wählen, in aller Regel das materielle Recht meinen. Hätten sie die Möglichkeit, eine Rechtsordnung mitsamt dem Kollisionsrecht zu wählen, so könnten sich aus der Rechtswahl Folgen ergeben, die von den Parteien in personen- und familienrechtlichen Sachen schwer zu übersehen sind. Außerdem gestattet das EGBGB im Personen- und Familienrecht keine unbeschränkt freie Rechtswahl, sondern nur die Wahl unter bestimmten Rechtsordnungen, und es muß vermieden werden, daß die Zahl der wählbaren Rechte mittels des Kollisionsrechts eines wählbaren Rechts nach Belieben erweitert wird[29]. In Art. 4 II wird die Wahl von Kollisionsnormen deshalb schlechthin für unzulässig erklärt.

Bedeutsam ist Art. 4 II etwa für die Wahl eines Rechts im Rahmen des Art. 10 (Name) oder des Art. 15 (Ehegüterrecht). Dagegen gilt Art. 4 II EGBGB nicht im Schuldvertragsrecht. Dort ist der auf dem EG-Schuldvertragsübereinkommen beruhende Art. 35 EGBGB vorrangige Spezialvorschrift. Diese schließt im Unterschied zu Art. 4 II die Wahl eines bestimmten IPR nicht kategorisch aus, und hierfür besteht im Schuldvertragsrecht auch kein hinreichender Grund. Nur müssen die Parteien ihre außergewöhnliche Wahl (von Kollisionsnormen) deutlich machen, da aufgrund von Art. 35 EGBGB sonst anzunehmen ist, daß sie die Sachvorschriften gewählt haben.

7. Die Bedeutung der Rück- und Weiterverweisung ist auf den *einzelnen Rechtsgebieten* unterschiedlich stark. Für manche Materien ist Art. 4 EGBGB durch Spezialvorschriften ausgeschlossen.

a) Im *Personen-, Familien- und Erbrecht* ist der Renvoi am wichtigsten. Hier gilt Art. 4 EGBGB uneingeschränkt, und namentlich die Anknüpfung an die Staatsangehörigkeit wird durch die Anerkennung eines Renvoi auf das deutsche Wohnsitz-, Aufenthalts- oder Belegenheitsrecht häufig zurückgenommen.

b) Im *Schuldvertragsrecht* ist der Ausschluß der Rück- und Weiterverweisung durch Art. 15 EuSchVÜ, dem Art. 35 EGBGB nachgebildet ist, zwar westeuropäisches Einheitsrecht, in rechtsvergleichender Sicht aber keineswegs selbstverständlich[30]. In Staatsverträgen entspricht der Ausschluß des Renvoi freilich einer verbreiteten Übung. Auch sind die für den Ausschluß des Renvoi angeführten sachlichen Gründe durchaus überzeugend[31]: Wenn die Parteien

---

[29] *Stoll*, IPRax 1984, 3.
[30] Insbesondere enthält das Recht einiger sozialistischer Staaten keine Einschränkung der allgemeinen Rückverweisungsvorschrift; siehe z. B. § 3 RechtsanwendungsG der DDR. Auch die Renvoi-Bestimmung des § 5 öst. IPR-Gesetz erstreckt sich grundsätzlich auf das Schuldvertragsrecht.
[31] Siehe Bericht *Giuliano/Lagarde* zu Art. 15 EuSchVÜ, BT-Drucks. 10/503, 69 f.

das auf ihren Vertrag anzuwendende Recht vereinbart haben, so ist es in der Regel ihre Absicht, daß das gewählte Recht in seinen materiellen Bestimmungen anwendbar ist. Ihre Wahl schließt damit jede Rück- und Weiterverweisung auf ein anderes Recht aus[32]. Haben die Parteien das anzuwendende Recht nicht gewählt, so untersteht der Vertrag gemäß Art. 28 I 1 EGBGB dem Recht, mit dem er die engsten Verbindungen aufweist, und diese engsten Verbindungen werden in Art. 28 im einzelnen konkretisiert. Es erschiene wenig konsequent, wenn der Richter trotz der in Art. 28 enthaltenen feinstufigen Anknüpfung den Vertrag im Wege der Rück- oder Weiterverweisung dem Recht eines anderen Staates unterwürfe, nur weil die Kollisionsnorm des Staates, in dem der Vertrag gemäß Art. 28 lokalisiert wurde, andere, möglicherweise gröbere Anknüpfungsmerkmale enthält.

c) Für das *Deliktsrecht* und das *Sachenrecht* ist die Grundregel des Art. 4 EGBGB vom Gesetzgeber nicht eingeschränkt worden, so daß ein Renvoi wohl grundsätzlich zu beachten ist.

Das ist im Deliktsrecht problematisch; denn hier spricht die verfeinerte, aufgelockerte objektive Anknüpfung ebenso gegen den Renvoi wie im Vertragsrecht. Im Falle der Rechtswahl (Art. 4 II EGBGB) und im Falle einer akzessorischen Anknüpfung des Deliktsstatuts an das renvoifeindliche Vertragsstatut (vgl. oben 3 d) muß ein Renvoi jedenfalls unbeachtlich bleiben. Rechtspolitisch vorzugswürdig wäre es, den Renvoi im gesamten Schuldrecht auszuschließen.

Im Sachenrecht kommt eine Rück- oder Weiterverweisung wegen der weltweiten Anerkennung des Grundsatzes der lex rei sitae nur selten vor. Ihre Beachtung wird überwiegend bejaht, zumal der Entscheidungsgleichheit, die durch eine Anerkennung des Renvoi jedenfalls in einigen Fällen erreicht wird, im internationalen Sachenrecht besonderes Gewicht zukommt[33].

III. Staatsverträge

Kollisionsnormen in Staatsverträgen sind in der Regel renvoifeindlich. Vereinzelte anderslautende Klauseln in älteren Verträgen[34] sind als Kom-

---

[32] Zur Möglichkeit, durch Parteiabrede ausnahmsweise auf das vom Internationalen Privatrecht einer Rechtsordnung berufene Recht zu verweisen, siehe oben unter 6.
[33] Siehe etwa *Staudinger-Stoll* IntSachenR Rz. 69; *Werner Bauer*, Renvoi im internationalen Schuld- und Sachenrecht (1985) 257ff. – Der im Anhang abgedruckte EGBGB-Entwurf (Art. 42 II) will den Renvoi für außervertragliche Schuldverhältnisse und für das Sachenrecht ausschließen; jedoch dürfte das letzte Wort darüber noch nicht gesprochen sein.
[34] Haager Eheschließungsabkommen von 1902, Art. 1 betr. Ehefähigkeit; Genfer Ab-

§ 24 III   IV. Kapitel: Sonderfragen der Anknüpfung

promißlösungen zu verstehen und nicht zur Nachahmung geeignet. Die Haager IPR-Abkommen verweisen seit der 7. Tagung von 1951 ausdrücklich auf die jeweilige „loi interne" (das „innerstaatliche Recht")[35].

1. Soweit einheitliche Kollisionsnormen das Recht eines *Vertragsstaates* für maßgebend erklären, ist der Ausschluß des Renvoi ohne weiteres einleuchtend. Denn die einheitlichen Kollisionsnormen sollen das autonome IPR der Vertragsstaaten gerade verdrängen, so daß dieses auch im Rahmen eines Renvoi grundsätzlich nicht zu beachten ist[36]. Das Ideal der internationalen Entscheidungsharmonie, das im autonomen IPR für die Berücksichtigung des Renvoi spricht, ist unter den Vertragsstaaten durch die Vereinheitlichung der Kollisionsnormen bereits erreicht.

2. Soweit kollisionsrechtliche Konventionen auf das Recht von *Nichtvertragsstaaten* verweisen, wird die übliche Ablehnung des Renvoi problematischer; denn eine Zulassung des Renvoi würde den Entscheidungseinklang mit den Drittstaaten und eine verstärkte Anwendung der lex fori begünstigen[37]. Aber die überwiegenden Argumente sprechen auch hier im allgemeinen gegen die Beachtung des Renvoi: Zunächst einmal erschwert er die Voraussehbarkeit der Entscheidung, weil das Vorliegen eines Renvoi im Einzelfall oft zweifelhaft ist[38]. Außerdem gefährdet der Renvoi den Entscheidungseinklang unter den Vertragsstaaten, weil diese eine verschiedene Haltung zu den einzelnen Renvoi-Fällen (Rückverweisung im engeren Sinn, Weiterverweisung, Zirkelverweisung etc.) einnehmen können[39]; insbesondere ist zu beachten, daß etwa ein Renvoi des Nichtvertragsstaates A auf das Recht des Vertragsstaates B für diesen selbst eine einfache Rückverweisung darstellt, dagegen für den Vertragsstaat C eine Weiterverweisung. Allerdings ist bisweilen fraglich, ob der Entscheidungseinklang mit den in casu ganz unbeteiligten anderen Vertragsstaaten so wichtig ist wie die Harmonie mit dem Drittstaat, auf dessen Recht die Konventionsnorm in der Regel gerade wegen einer engen Beziehung des

---

kommen über das internationale Wechsel- bzw. Scheckprivatrecht von 1930/31, jeweils Art. 2 I 2 betr. Wechsel- bzw. Scheckfähigkeit.
  35 Zum Begriff oben bei N. 4.
  36 So bereits *Lewald*, Haager Konventionen zum IPR, in: *Strupp*, Wörterbuch des Völkerrechts und der Diplomatie I (1924) 454–481 (457).
  37 Im Interesse der Entscheidungsharmonie mit Drittstaaten läßt das Haager Erbrechtsübereinkommen vom 1. 8. 1989 in Art. 4 eine Ausnahme vom Renvoi-Verbot seines Art. 17 in dem Fall zu, daß das vom Übereinkommen berufene Recht eines Nichtvertragsstaats auf das Recht eines anderen Nichtvertragsstaats weiterverweist, der diese Verweisung annimmt.
  38 Vgl. bereits *Nussbaum*, Deutsches IPR (1932) 58: Die Vertragsstaaten hätten „statt einer klaren Rechtslage, praktisch gesprochen, die Rechnung mit einer Unbekannten".
  39 So schon *Melchior* 240.

Sachverhalts zu diesem Staat verweist. Schließlich kann der ausgeprägte Gerechtigkeitsgehalt verfeinerter einheitlicher Kollisionsregeln gegen die Zulassung des Renvoi sprechen, weil es nicht überzeugend wäre, eine gemeinsame moderne Lösung zugunsten des möglicherweise veralteten IPR eines einzelnen Staates preiszugeben. Das gilt besonders im Schuldrecht, während in Materien des Personalstatuts wegen der starken Ordnungsinteressen und des sonst unversöhnlichen Gegensatzes zwischen Staatsangehörigkeits- und Domizilprinzip eine Rücksichtnahme auf das IPR der Drittstaaten öfter angezeigt ist.

§ 25 Versteckte Rückverweisung

I. Die *Eigenart* der sog. versteckten Rückverweisung besteht darin, daß sich diese Rückverweisung aus einer „versteckten Kollisionsnorm" ergibt (vgl. zu diesem Begriff oben § 12 IV), insbesondere aus einer Zuständigkeitsnorm[1]. Wenn etwa ausländische Gerichte für bestimmte Materien zwar stets die lex fori anwenden, aber ihre Zuständigkeit davon abhängig machen, daß die Parteien im Gerichtsbezirk domiziliert sind, so bedeutet das im Ergebnis die Anwendung der *lex domicilii*[2]. Liegt in einem solchen Falle der Wohnsitz nicht in dem fremden Staate, sondern im Inland, so werden die fremden Gerichte mangels Zuständigkeit gar nicht entscheiden. Wir können also nicht – wie im Falle der ausdrücklichen Rückverweisung – erklären, daß ein ausländisches Gericht in diesem Falle unser Recht anwenden würde. Aber wir können sagen, daß die Anwendung unseres Rechts in diesem Fall dem *Sinne* des fremden Kollisionsrechts entspricht. Dies muß zur Feststellung einer Rückverweisung genügen[3]. Tatsächlich hat die deutsche Rechtsprechung z. B. in Verfahren über die Scheidung von Engländern, die in Deutschland ihren Wohnsitz hatten, fast ausnahmslos das deutsche Recht angewandt[4].

II. Die Begründung einer Rückverweisung *auf die lex fori*, bei der es sich in aller Regel um eine versteckte Rückverweisung handeln wird, bereitet einige Schwierigkeiten.

---

[1] Vgl. zum folgenden auch *Hanisch*, Die „versteckte" Rückverweisung im internationalen Familienrecht: NJW 1966, 2085.

[2] Vgl. das *Niemeyer*-Zitat oben § 12 IV 1.

[3] Vgl. schon *Melchior* 228: „Da in diesen [Unzuständigkeits-]Fällen nicht festgestellt werden kann, welches Recht der fremde Richter in denselben Fällen anwenden würde, kann man nur prüfen, welches Recht der deutsche Richter anzuwenden hat, um den allgemeinen Grundsätzen des fremden Rechts möglichst gerecht zu werden."

[4] Vgl. *Staudinger-von Bar* Art. 17 Rz. 35.

Eine *ausdrückliche* Verweisung auf die jeweilige lex fori kommt öfter in Staatsverträgen vor. Diese werden jedoch in der Regel nicht als *fremdes* Kollisionsrecht, sondern von den beteiligten Ländern unmittelbar als eigenes Kollisionsrecht angewandt; sie führen dann zu keiner Rückverweisung. Wo aber nationale Kollisionsnormen auf die lex fori verweisen – allgemein für das Verfahren[5], vereinzelt auch sonst[6] –, können sie als einseitige Kollisionsnormen ausgelegt werden, welche nur bei inländischer Zuständigkeit die Anwendung des inländischen Rechts vorschreiben; denn kein Land wird ernstlich von ausländischen Gerichten fordern wollen, daß sie gerade ihr eigenes und nicht etwa sein oder ein drittes Recht anwenden.

Eine *versteckte* Rückverweisung auf die lex fori, so daß die Anwendung der lex fori dem Sinn und Grundgedanken des fremden Rechts entspricht, setzt zweierlei voraus.

1. Zum einen muß feststehen, daß die Gerichte des betreffenden Landes im Falle ihrer Zuständigkeit das *eigene Recht* einfach *als lex fori* anwenden und nicht z. B. als lex domicilii. Es darf also nicht bereits in den Zuständigkeitsnormen dieses Landes eine andere Kollisionsnorm versteckt sein. Praktisch heißt das: Die internationale Zuständigkeit der Gerichte dieses Landes darf für Fälle der in Rede stehenden Art nicht nur von einem einzigen Kriterium abhängen, das zugleich als kollisionsrechtliches Anknüpfungsmoment zu werten ist (etwa Wohnsitz oder Staatsangehörigkeit, Belegenheit der Sache oder Handlungsort); vielmehr müssen entweder mehrere Momente die Zuständigkeit alternativ begründen (z. B. der Wohnsitz neben der Staatsangehörigkeit), oder das Anknüpfungsmoment muß prozessual bestimmt sein (etwa Wohnsitz des jeweiligen Beklagten, Zustellung der Klage im Inland).

2. Zum andern muß in dem betreffenden Lande auch *eine gleichartige fremde Praxis* anerkannt werden. Zwar hat kein Land ausländischen Gerichten direkt vorzuschreiben, welches Recht sie anwenden sollen; jedoch kann ein Staat mittelbar zur kollisionsrechtlichen Praxis anderer Länder Stellung nehmen, indem er die Anerkennung einer ausländischen Entscheidung davon abhängig macht, daß diese Entscheidung einer bestimmten Kollisionsnorm entspricht, sei es einer ausdrücklichen (so nach § 328 I Nr. 3 ZPO a. F.[7]), sei es einer versteckten (indem er etwa nur Entscheidungen des Heimatlandes anerkennt).

---

[5] So bedeutet Art. 27 Disp. prel. C. c. (La competenza e la forma del processo sono regolate dalla legge del luogo in cui il processo si svolge) „nur die gesetzliche Bestätigung eines längst anerkannten Grundsatzes"; so *Riezler*, Internationales Zivilprozeßrecht und prozessuales Fremdenrecht (1949) 93.

[6] Siehe etwa §§ 18 Satz 2, 27 II, 33 des thailändischen IPR-Gesetzes von 1938 für die Wirkungen des Verlöbnisses, die Scheidungsgründe und die Entziehung der elterlichen Gewalt.

[7] Vor dem IPRNG von 1986 lautete § 328 I ZPO: „Die Anerkennung des Urteils eines ausländischen Gerichts ist ausgeschlossen: ...3. wenn in dem Urteil zum Nachteil einer deutschen Partei von den Vorschriften... [bestimmter Artikel des EGBGB] abgewichen ist."

3. Die Erfüllung der ersten Bedingung reicht für sich allein nicht hin, damit wir eine Rückverweisung auf unsere lex fori feststellen; denn sie kann auf einer bewußten Bevorzugung des eigenen Rechts beruhen, etwa im Sinne einer speziellen Vorbehaltsklausel. Ebensowenig genügt, daß die nach unserem Kollisionsrecht maßgebende fremde Rechtsordnung mit der Anwendung der lex fori durch unsere Gerichte einverstanden ist. Die bloße Duldung der Anwendung dieses oder jenes Rechts bedeutet noch keine Verweisung, zumal viele Staaten die Anerkennung fremder Entscheidungen überhaupt nicht davon abhängig machen, welches materielle Recht angewandt worden ist; selbst die Mißachtung ausdrücklicher Kollisionsnormen eines Staates durch ein fremdes Urteil hat meistens nicht die Verweigerung der Anerkennung dieses Urteils zur Folge. Wenn aber beide Bedingungen gleichzeitig erfüllt sind – der fremde Staat also die Anwendung der lex fori bei sich selbst praktiziert und bei uns nicht ablehnt –, darf man wohl den Schluß ziehen, die Anwendung unserer lex fori entspreche dem Sinn und Grundgedanken der fremden Rechtsordnung.

Dabei schadet es nicht, wenn in dem fremden Lande gemäß der erwähnten Praxis vieler Staaten nicht nur die nach der jeweiligen lex fori ergangenen, sondern *alle* Urteile und sonstigen Entscheidungen der als zuständig erachteten Länder anerkannt werden. Denn darin liegt nicht eine Durchbrechung der im Inland praktizierten Regel, daß primär die lex fori maßgebend ist, sondern nur eine Erweiterung: das zuständige Gericht mag anstatt des eigenen materiellen Rechts nach seinem Ermessen auch ein anderes anwenden. Anderseits muß das Vorliegen einer Rückverweisung auch nicht deshalb verneint werden, weil im konkreten Fall die Anerkennung der inländischen Entscheidung im „rückverweisenden" Land voraussichtlich aus anderen Gründen versagt wird als mangels hinreichender Beziehungen des Sachverhalts zum Inland.

III. Die Annahme einer versteckten Rückverweisung auf die lex fori scheitert auch nicht daran, daß dem Inland in prozessualer und materiellrechtlicher Hinsicht *nur eine fakultative Zuständigkeit* eingeräumt wird. Die Annahme der Rückverweisung bringt dann zwar die Gefahr widersprechender Entscheidungen mit sich: Über denselben Sachverhalt kann in unserem Land nach unserer, in dem fremden Land nach der dortigen lex fori entschieden werden, und die Beteiligten haben so die Möglichkeit, sich den günstigeren Gerichtsstand auszusuchen. Aber wir müssen hier nicht „päpstlicher als der Papst" sein. Wenn die nach unserer Auffassung maßgebende Rechtsordnung die Entscheidung über den Einzelfall der jeweiligen lex fori überläßt und durch ihre Regeln über die Anerkennung ausländischer Entscheidungen den Parteien die Wahl zwischen mehreren Gerichtsständen erlaubt, so dürfen wir uns damit abfinden[8].

---

[8] So im Ergebnis auch die deutsche Praxis; vgl. etwa KG 3.1.1966, IPRspr. 1965–66 Nr. 94; BayObLG 23.4.1971, BayObLGZ 1971, 157 = IPRspr. 1971 Nr. 164.

IV. Besonders gewagt ist die in der Annahme einer versteckten Rückverweisung liegende Interpretation des fremden Rechts, wenn sie ein diesem Recht *unbekanntes Rechtsinstitut*, wie den Versorgungsausgleich, betrifft. Teilweise wird die Möglichkeit einer versteckten Rückverweisung dann gänzlich abgelehnt[9]. Indes wird man genau prüfen müssen, wie ein Richter des ausländischen Staates die Rechtserscheinung voraussichtlich einordnen würde und ob die Annahme einer Rückverweisung dem Sinn des fremden Rechts noch entspricht.

V. Eine *Alternative* zur Konstruktion einer versteckten Rückverweisung wird von manchen darin gesehen, bei Desinteresse des ausländischen Staates, das durch Verneinung seiner Zuständigkeit und Fehlen einer allseitigen Kollisionsregel zum Ausdruck kommt, einfach das inländische Sachrecht anzuwenden[10] oder auf eine Ersatzanknüpfung (gewöhnlicher Aufenthalt statt Staatsangehörigkeit) auszuweichen[11]. Auf diese Weise vermeidet man zwar die Schwierigkeit, aus dem ausländischen Recht eine versteckte Rückverweisung abzuleiten. Aber das Abrücken von der primär maßgeblichen inländischen Kollisionsnorm läßt sich schwer rechtfertigen, und der Entscheidungseinklang mit dem von dieser Kollisionsnorm berufenen fremden Recht wird ohne erkennbaren Gewinn gefährdet. Es erscheint deshalb weiterhin als empfehlenswert, auf denjenigen Gebieten, auf denen einer Rückverweisung überhaupt zu folgen ist, auch eine versteckte Rückverweisung zu beachten.

§ 26 Vorrang des Einzelstatuts vor dem Gesamtstatut

I. Inhalt und Berechtigung des Grundsatzes

Wenn man im Falle der Rückverweisung von einem „negativen Kompetenzkonflikt" zweier Rechtsordnungen sprechen kann, die beide nach ihrem Kollisionsrecht nicht anwendbar sind, so besteht ein positiver Kompetenzkonflikt bei der sog. „Näherberechtigung", der „Selbstbeschränkung" gegenüber der „stärkeren Rechtsordnung", meist als Vorrang des Einzel- oder Sachstatuts vor dem Gesamtstatut bezeichnet: Die reguläre inländische Kollisionsnorm, welche etwa auf das Heimatrecht einer Person verweist, wird durchbrochen, weil eine andere als die von ihr bezeichnete Rechtsordnung für einen bestimmten

---

[9] Siehe z.B. OLG Oldenburg 10.1.1984, FamRZ 1985, 715 = IPRspr. 1984 Nr. 57. Vgl. demgegenüber unten § 46 III 1.
[10] So *Schwimann*, „Versteckte Rückverweisung" und Art. 27 EGBGB: NJW 1976, 1000 (1003f.); vgl. auch *ders.*, in: FS Bosch (1976) 909ff.
[11] So MünchKomm-*Sonnenberger* Art. 27 Rz. 39f.

Gegenstand ebenfalls Anwendung beansprucht. Beidemal – beim negativen und beim positiven Konflikt – wird die reguläre Verweisung nur bedingt ausgesprochen und auf eine fremde, von unserem Recht abweichende Kollisionsnorm Rücksicht genommen: Im Falle der Rückverweisung wird die Kollisionsnorm derjenigen Rechtsordnung mitberücksichtigt, die nach unserem IPR materiell maßgebend sein sollte – dagegen beim Vorrang des Einzelstatuts das Kollisionsrecht eines dritten Landes, in dem der Gegenstand belegen ist. Die Situation ist hier also ähnlich wie bei dem vielfach postulierten Schutz wohlerworbener Rechte (vgl. oben § 21 I 2 a) oder – allgemeiner gesagt – bei dem System einseitiger Kollisionsnormen (vgl. oben § 12 III 2): Auch dort werden fremde Rechtsordnungen danach gefragt, ob sie nach ihren eigenen Kollisionsnormen angewandt sein wollen. Der Unterschied liegt jedoch darin, daß hier nur eine bestimmte Rechtsordnung zusätzlich beachtet wird, also keine „offene Verweisung" auf jede beliebige Rechtsordnung erfolgt.

Die rechtspolitische *Berechtigung* eines Vorrangs des Einzelstatuts (Belegenheitsstatuts) ist zweifelhaft. Zwar läßt sich für diesen Grundsatz die Vermeidung undurchsetzbarer Rechtslagen und die Nähe der lex rei sitae zu dem in Rede stehenden einzelnen Gegenstand anführen, aber anderseits führt der Vorrang des Einzelstatuts zu einem Einbruch in die Einheit der Sachnormen des Gesamtstatuts, die das eigene Kollisionsrecht mit gutem Grund geschlossen zur Anwendung bringen will. Es wird deshalb auch umgekehrt ein Vorrang des Gesamtstatuts vor dem Einzelstatut empfohlen[1].

II. Die Normierung in Art. 3 III EGBGB

Das deutsche Recht normiert einen Vorrang des Einzelstatuts (Belegenheitsstatuts) vor dem Gesamtstatut in Art. 3 III EGBGB. Diese Vorschrift übernimmt – mit einigen redaktionellen Verbesserungen – den Art. 28 EGBGB a.F. in das revidierte EGBGB von 1986, obwohl sich die Wissenschaft überwiegend für eine ersatzlose Streichung der Bestimmung ausgesprochen hatte[2].

Der Vorrang der stärkeren Rechtsordnung ist aber jedenfalls kein unbeschränkt geltendes allgemeines Prinzip des deutschen IPR. Vielmehr müssen die Voraussetzungen des Art. 3 III EGBGB, die teilweise unklar sind, jeweils sorgfältig geprüft werden, wobei die Rechtsprechung des Bundesgerichtshofs zu Art. 28 EGBGB a.F. Hilfen bietet[3]. Im einzelnen ist das Folgende zu sagen:

---

[1] So die Hauptthese von *Reichelt*, Gesamtstatut und Einzelstatut im IPR (1985) 110.
[2] Siehe Vorschläge... (1981) 66; *Kühne*, IPR-Gesetz-Entwurf (1980) 206 f.; Stellungnahme des MPI, RabelsZ 47 (1983) 605 f.
[3] Siehe BegrRegE, BT-Drucks. 10/504, 37: „Wegen der für die Praxis im wesentlichen

1. Der *Anwendungsbereich* des Art. 3 III EGBGB umfaßt alle Fälle, in denen ein *familien- oder erbrechtliches* Gesamtstatut einem Einzelstatut gegenübertritt. Das praktisch wichtigste Anwendungsfeld der Vorschrift liegt im Erbrecht, aber auch das Ehegüterrechtsstatut sowie das Vermögensstatut eines Kindes oder eines unter Vormundschaft gestellten Erwachsenen muß dem Einzelstatut weichen. Der Vorrang des Einzelstatuts gilt auch dann, wenn das Gesamtstatut durch Rück- oder Weiterverweisung ermittelt wird.

2. Was unter *„besonderen Vorschriften"* zu verstehen ist, sagt nicht das Gesetz, sondern die Rechtsprechung.

a) Es sind zum einen *Sachnormen*, die sich auf sog. gebundene Güter oder Sondervermögen wie Familienfideikommisse, Stammgüter, Rentengüter, Anerbengüter oder Erbhöfe beziehen und diese Gegenstände einer besonderen Regelung (beispielsweise in der Vererbung) unterstellen[4]. Das ist unstreitig. Auch *deutsche* Sachnormen über Sondervermögen gehen einem ausländischen Gesamtstatut vor[5].

b) Besondere Vorschriften sind zum andern *Kollisionsnormen*, welche alle oder gewisse Rechtsverhältnisse in bezug auf bestimmte Gegenstände (meist Grundstücke) einem anderen Statut unterwerfen, als es für gleichartige Rechtsverhältnisse in bezug auf sonstiges Vermögen gilt, sei es nur im Erbrecht (Nachlaßspaltung, so z. B. in Frankreich), sei es auch hinsichtlich des Ehegüterrechts oder der Verwaltung von Kindes- oder Mündelvermögen (so nach Common Law). Eine Beschränkung auf jene Fälle, in denen die lex rei sitae mit ihrer Sonderregelung politische oder wirtschaftspolitische Ziele verfolgt[6], ist abzulehnen[7]; sie ist schon deshalb untunlich, weil die Ziele einer Rechtsnorm im Laufe der Zeit wechseln können, ohne daß dies immer klar festzustellen ist.

Die Vorschrift des Art. 3 III EGBGB greift insbesondere dann ein, wenn der Gebietsstaat die Erbfolge in Grundstücke im Unterschied zur übrigen Erbfolge der (eigenen) lex rei sitae unterstellt[8]. Kein Fall des Art. 3 III EGBGB ist es dagegen, wenn der Gebietsstaat nicht nur für Grundstücke, sondern ganz

---

durch die Rechtsprechung des Bundesgerichtshofs herausgearbeiteten Auslegungsansätze soll der Wortlaut nicht ohne zwingenden Grund geändert werden."

[4] BGH 5. 4. 1968, BGHZ 50, 63 = IPRspr. 1968–69 Nr. 158.

[5] So für die Höfeordnung der ehem. Britischen Zone mit ihrer vom allgemeinen Recht abweichenden Erbregelung BGH 14. 7. 1965, MDR 1965, 818 = IPRspr. 1964–65 Nr. 171.

[6] So *Kegel* § 12 II 2 b cc.

[7] BGH 5. 4. 1968, BGHZ 50, 63 = IPRspr. 1968–69 Nr. 158. Auf diese Rechtsprechung bezieht sich die Begründung zum Regierungsentwurf ausdrücklich: BT-Drucks. 10/504, 36; der Gesetzgeber hat diese Judikatur durch Beibehaltung der Worte „besondere Vorschriften" konkludent gebilligt; siehe oben N. 3.

[8] So in bezug auf Österreich, wo sich die Rechtslage inzwischen freilich geändert hat, bereits BGH 2. 5. 1966, BGHZ 45, 351 = IPRspr. 1966–67 Nr. 3.

allgemein ein anderes Vermögensstatut, etwa das Wohnsitzrecht beruft (so wenn die Erbfolge nach einem Deutschen mit Grundbesitz und Wohnsitz in Dänemark vom deutschen Richter zu beurteilen ist). Denn dann steht Gesamtstatut gegen Gesamtstatut (und nicht gegen Einzelstatut). Hier hält unser Gesamtstatut stand.

Gerade dieser Vergleich zeigt aber auch die Problematik eines Vorranges des Einzelstatuts. Denn die Gründe der Sachnähe und der Vermeidung undurchsetzbarer Rechtslagen, die für diesen Vorrang angeführt werden, sind dann ebenfalls gegeben, werden jetzt aber nicht als entscheidend bewertet.

3. Die „*Gegenstände*", von denen Art. 3 III EGBGB spricht, sind zwar in der Regel Grundstücke, es können aber auch sonstige Vermögenswerte sein, also etwa bewegliche Sachen, Rechte, Forderungen oder Gesellschaftsanteile. Im einzelnen ist den „besonderen Vorschriften", d.h. der lex rei sitae zu entnehmen, welche „Gegenstände" betroffen sind. Dagegen entscheiden wir selbst über den Ort der Belegenheit[9].

4. Die *Rechtsfolge*, die Art. 3 III EGBGB nicht positiv ausdrückt, lautet: In bezug auf die betroffenen Gegenstände gilt das Einzelstatut (Belegenheitsstatut). Das führt – wie bei einem partiellen Renvoi – zu einer Spaltung des Vermögens des Erblassers, der Ehegatten oder des Kindes. Es ist also zweierlei Erbrecht, Güterrecht oder Kindschaftsrecht anzuwenden.

Für den praktisch besonders häufigen Fall einer Nachlaßspaltung hat der Bundesgerichtshof dies in der Weise erläutert, „daß hinsichtlich des abgespaltenen Nachlaßteils das besondere Erbstatut für alle erbrechtlichen Fragen im weiteren Sinne gilt. Zu diesen Fragen gehören nicht nur etwa Testierfähigkeit und Testamentsform, sondern auch Sittenverstoß und Willensmängel, sowie insbesondere, ob die gewählte Art der Verfügung von Todes wegen überhaupt zulässig ist."[10]

Wie immer ist auch im Rahmen des Art. 3 III EGBGB die Anwendung eines ausländischen Gesetzes ausgeschlossen, wenn sie gegen den ordre public verstieße (Art. 6 EGBGB)[11].

---

[9] KG 21. 12. 1935, JW 1936, 2465 = IPRspr. 1935–44 Nr. 227; LG Hamburg 28. 11. 1972, IPRspr. 1972 Nr. 127.

[10] BGH 5. 4. 1968, BGHZ 50, 63 (69f.) = IPRspr. 1968–69 Nr. 158 S. 395f.

[11] Die gegenteilige Behauptung des BGH (vorige Note), daß der ordre public „wegen des Rangrücktritts der deutschen Rechtsordnung in Art. 28 EGBGB [a. F.] nicht zum Zuge kommt", war offenbar ein Lapsus.

§ 27 Statutenwechsel

Statutenwechsel ist im weiteren Sinne jeder Wechsel der materiell maßgebenden Rechtsordnung.

I. Arten

Ein Statutenwechsel kann folgende Ursachen haben:

1. Der Sachverhalt kommt vor die *Gerichte eines anderen Landes*, in welchem andere Kollisionsnormen gelten (Zuständigkeitswechsel; der für diesen Fall auch gebrauchte Name „Kollisionsnormenwechsel" bleibt besser dem Fall 2 vorbehalten). Dann hat das nunmehr zuständige Gericht grundsätzlich von seinem eigenen Kollisionsrecht auszugehen[1].

2. Das *Kollisionsrecht* des Gerichts ändert sich (z.B. durch Übergang vom Wohnsitz- zum Staatsangehörigkeitsprinzip oder umgekehrt), sei es direkt durch eine Reform des inländischen Kollisionsrechts oder indirekt als Folge einer Änderung des inländischen materiellen Rechts, sei es aufgrund eines Staatsvertrages oder aus sonstigem Anlaß. Auf diese Fälle finden mangels besonderer Vorschriften – wie sie in einem IPR-Reformgesetz oder einem Staatsvertrag enthalten sein können – die Regeln des normalen intertemporalen Rechts entsprechende Anwendung. Freilich setzt die Eigenart des IPR gegenüber dem materiellen Recht der Analogie gewisse Grenzen[2].

Bei der Reform des deutschen EGBGB im Jahre 1986 wurde in Art. 220 EGBGB eine besondere intertemporale Vorschrift für das IPR geschaffen, die unten (unter III) näher erläutert wird. Auch diese kollisionsrechtliche Übergangsvorschrift ist freilich nicht als abschließende Regelung gedacht; vielmehr soll ein ergänzender Rückgriff auf die Übergangsgrundsätze für das materielle Recht, die in den Artt. 153ff. EGBGB Ausdruck gefunden haben, möglich bleiben[3].

3. Die *Anknüpfungstatsachen* ändern sich (z.B. die Lage einer beweglichen Sache, der Wohnsitz einer beteiligten Person), und dadurch wird bei Anwendung der gleichen Kollisionsnormen eine andere Rechtsordnung maßgebend.

---

[1] Gegen die Anwendung fremden Kollisionsrechts zum „Schutz wohlerworbener Rechte" vgl. oben § 21 I.
[2] Das zeigt aufgrund einer Analyse der kontinentaleuropäischen und brasilianischen Rechtsprechung *Giardina*, Successione di norme di conflitto (1970) 99ff. Danach wird neues Kollisionsrecht öfter als neues Sachrecht angewandt, besonders auf nur teilweise zurückliegende Sachverhalte (220f.).
[3] BegrRegE, BT-Drucks. 10/504, 85.

Für diesen Fall – auch „*conflit mobile*" genannt – hat Zitelmann das Wort „Statutenwechsel" geprägt, und er soll im Mittelpunkt der folgenden Erörterungen stehen.

Die Bezeichnungen „Eingangsstatutenwechsel" und „Ausgangsstatutenwechsel" für die Fälle, in denen auf diese Weise inländisches Recht nachträglich anwendbar bzw. unanwendbar wird[4], besagen nicht das Gemeinte, desgleichen nicht „indifferenter Statutenwechsel"[5] für den Übergang von einem fremden Statut zum andern.

4. Durch *Wechsel der politischen Zugehörigkeit* eines Gebietes (Souveränitätswechsel) erhält die betreffende Rechtsordnung einen anderen Charakter: Ausländisches Recht wird inländisches oder umgekehrt, das Recht eines Gesamtstaates wird zum Recht eines selbständigen Gebietes usw. Die Spaltung einer einheitlichen Rechtsordnung bereitet namentlich bei „unwandelbaren" Anknüpfungen Schwierigkeiten (vgl. unten § 28 I).

Hervorgehoben sei hier der Fall, daß ein Staat mit mehreren regionalen Rechtsordnungen (Mehrrechtsstaat) das gesamte Territorium einer dieser Teilrechtsordnungen an einen oder mehrere andere Staaten verliert (wie Deutschland im Jahre 1945 die erst seit 1938 angegliederten Gebiete des ABGB sämtlich verloren hat durch die Wiedererrichtung Österreichs, der Tschechoslowakei und Jugoslawiens). Können dann die Bewohner der betreffenden Gebiete – einschließlich der im Ausland lebenden früheren Bewohner – trotz Beibehaltung der Staatsangehörigkeit des abtretenden Staates nach dem Staatsangehörigkeitsprinzip weiter unter derselben Rechtsordnung leben? Oder fallen sie automatisch unter das im abtretenden Staat vorherrschende Recht, weil sie sonst unter einem „ausländischen" Recht leben würden? Hier zeigt sich, daß das Staatsangehörigkeitsprinzip den besonderen Problemen der Mehrrechtsstaaten nicht gerecht wird, da es die konkrete Gebietszugehörigkeit nicht gebührend berücksichtigt (vgl. auch unten § 38 II 3).

5. Dem Statutenwechsel ähnlich ist der Fall, daß eine *inhaltliche Änderung* des materiell maßgeblichen Rechts (z. B. bei Inkrafttreten eines neuen Zivilgesetzbuches) erfolgt. Dann sind grundsätzlich die intertemporalen Grundsätze dieses Rechts zu beachten.

Die französische Gegenüberstellung von conflit international transitoire (für den hier erörterten Fall) und conflit transitoire international (für den oben zu 2 genannten Fall) wäre zu verdeutschen „intertemporale internationale Kollision – internationale intertemporale Kollision"; besser verzichtet man auf diese zwar sehr feine, aber wenig anschauliche Gegenüberstellung[6].

---

[4] So BayObLG 13. 1. 1961, BayObLGZ 1961, 4 = IPRspr. 1960–61 Nr. 143, unter C II 1 c im Anschluß an ein Gutachten von *Ferid; ders.*, IPR Rz. 1–50 ff.
[5] *Firsching* § 14.
[6] Anschaulicher sprechen *Batiffol/Lagarde* I no. 314 bzw. 334 von „droit transitoire des regles de conflit de lois" und „champ d'application de la loi étrangère dans le temps".

II. Grundsätze

Auf alle Schwierigkeiten, die durch die verschiedenen Arten des Statutenwechsels ausgelöst werden können, kann hier nicht eingegangen werden[7]. Das Hauptproblem ist die Rückwirkung eines Statutenwechsels. Dabei müssen wir drei Typen der betroffenen Sachverhalte unterscheiden: abgeschlossene, offene (schwebende oder „flüssige") und gemischte Sachverhalte.

1. *Abgeschlossene* Sachverhalte kommen nach dem Statutenwechsel nur noch incidenter zur Sprache – z.B. eine durch den Tod aufgelöste Ehe nach dem Tode beider Ehegatten oder ein abgewickelter Erbfall (über nicht abgewickelte siehe unten 3). Hier taucht die Frage der Rückwirkung nur ausnahmsweise auf, und sie ist grundsätzlich zu verneinen[8]. Außer dem Falle des Zuständigkeitswechsels (oben I 1) sei die Möglichkeit erwähnt, daß bei einer Änderung des materiellen Rechts (oben I 5) die maßgebende Rechtsordnung den Sachverhalt entgegen einer international üblichen Vermutung neu beurteilt. Die Anwendung einer Rückwirkungsklausel der letztgenannten Art wird man in extremen Fällen unter Berufung auf den ordre public ablehnen können. Als Regel aber ist anzunehmen, daß Kollisionsnormen grundsätzlich auf *geltendes* fremdes Recht verweisen und daß daher – auch für die Beurteilung zurückliegender Sachverhalte – älteres Recht nur aufgrund der jetzt geltenden intertemporalen Normen der maßgebenden Rechtsordnung angewandt werden kann.

Für diese Regel spricht zunächst die theoretische Erwägung, daß völlig außer Kraft gesetzte, in ihrem Ursprungslande nicht mehr anwendbare Vorschriften ebenso wie eine überholte Rechtsprechung nicht mehr Recht sind. Hinzu kommen zwei praktische Gesichtspunkte:

a) Das abgeschaffte, im Ursprungsland auch nicht mehr auf ältere Fälle angewandte Recht ist tot und versteinert, es entbehrt der immer neuen Auslegung und Anpassung durch eine eigene (und nicht nur durch ausländische) lebendige Rechtsprechung. Daran ändert auch nichts die schön klingende Erklärung, das abgeschaffte Recht lebe in den Menschen fort, die unter diesem Recht aufgewachsen sind und vor seiner Aufhebung das betreffende Land verlassen haben. Denn solches Fortleben in der Erinnerung und vielleicht auch

---

[7] Vgl. dazu etwa die Resolution des Institut de Droit international, Ann. 59 II (1982) 52ff., 246 ff.; *Joppe*, Overgangsrecht in het internationaal privaatrecht en het fait accompli (1987).

[8] So – der allgemeinen Meinung folgend – ausdrücklich § 7 öst. IPR-Gesetz: „Die nachträgliche Änderung der für die Anknüpfung an eine bestimmte Rechtsordnung maßgebenden Voraussetzungen hat auf bereits vollendete Tatbestände keinen Einfluß." Vgl. auch BGH 16. 10. 1974, BGHZ 63, 107(111) = IPRspr. 1974 Nr. 60 S. 166: „abgeschlossene Tatbestände, für die das Recht maßgebend bleiben soll, das zur Zeit der Verwirklichung des Tatbestandes galt."

im Handeln von Privatpersonen ist kein Ersatz für die Anwendung, verbindliche Auslegung und Fortbildung durch zuständige Gerichte.

b) Außerdem müssen wir dem fremden Gesetzgeber das Recht zur Bereinigung einer unklaren Rechtslage zugestehen sowie zur nachträglichen Selbstkorrektur durch rückwirkende Gesetze, das auch der deutsche Gesetzgeber in Anspruch nimmt[9]. Die Wirksamkeit einer solchen Selbstkorrektur des Gesetzgebers beim Zusammentreffen mit einem Wegfall der ursprünglichen Anknüpfungstatsache davon abhängig zu machen, daß wenigstens eine andere, eine „Nachschub"-Anknüpfung zu dieser Rechtsordnung besteht[10], erscheint de lege lata unberechtigt und wegen der Unbestimmtheit dieses Begriffes auch de lege ferenda bedenklich. – Im Falle des Souveränitätswechsels (oben I 4) trägt grundsätzlich der neue Staat die Verantwortung für das Recht des übernommenen Gebietes.

2. Den Gegenpol zu den abgeschlossenen Rechtsverhältnissen bilden die im Zeitpunkt des Statutenwechsels noch ganz *offenen*, jederzeit wandelbaren Rechtsverhältnisse, die ohne große Bedenken – wenn sie nur nicht allzu plötzlich geändert werden – einer neuen Ordnung unterstellt werden können, insbesondere *Dauerrechtsverhältnisse*, in denen Rechte und Pflichten immer neu entstehen und korrespondieren (z. B. die persönlichen Rechtsbeziehungen zwischen Ehegatten oder zwischen Eltern und Kindern). Hier ist der Statutenwechsel kaum etwas anderes als irgendeine Rechtsänderung, die im Laufe einer Reihe gleichartiger, rechtlich selbständiger Vorgänge eintritt. Bisweilen ergeben sich technische Anpassungsprobleme, z. B. beim Übergang von einem Sachstatut zu einem andern; im innerstaatlichen Recht werden diese bei Einführung eines neuen Gesetzes im allgemeinen durch Überleitungsbestimmungen geregelt, die jedoch beim internationalen Statutenwechsel nur dann analog zu verwerten sind, wenn das frühere Recht dieses Landes ein gleiches oder ähnliches Rechtsinstitut kannte. Findet ein Rechtsverhältnis in dem neuen Statut kein Gegenstück, so muß notgedrungen das fremde Ursprungsrecht maßgebend bleiben – immer vorbehaltlich des ordre public des neuen Statuts und vielleicht mit einer gewissen Anpassung (zu dieser siehe unten § 34).

Z. B. wird die Polygamie eines Orientalen, der als Staatenloser oder Flüchtling unter deutsches Personalstatut tritt (eine Einbürgerung ist für ihn mangels kultureller Assimilation wohl ausgeschlossen!), ihre unterhalts-, vermögens- und erbrechtlichen Wirkungen behalten können, nicht aber ihre rein persönlichen.

---

[9] Siehe z. B. das Gesetz über die Anerkennung freier Ehen rassisch und politisch Verfolgter vom 23. 6. 1950 (BGBl. 226).
[10] *Wengler*, RabelsZ 23 (1958) 560 ff.

3. Die eigentlich problematischen Fälle des Statutenwechsels sind jene *gemischten* Rechtsverhältnisse, bei denen ein im wesentlichen zurückliegender Sachverhalt in die Gegenwart fortwirkt oder (umgekehrt ausgedrückt) das gegenwärtige Rechtsverhältnis seine rechtlichen Grundlagen ganz in der Vergangenheit hat. Sie begegnen uns vor allem im Sachenrecht (vgl. unten § 54 III).

a) Als *Grundregel* gilt hier – wie im einfachen intertemporalen Recht –, daß alle zurückliegenden Sachverhalte einschließlich ihrer bisherigen Wirkungen dem früheren Statut unterworfen bleiben, dagegen die künftigen Wirkungen sich nach dem neuen Statut richten. Dieser Grundsatz wird gemeinhin mit dem verwirrenden Namen der „uneigentlichen Rückwirkung" bezeichnet; besser spricht man im Anschluß an *Roubier* von „sofortiger Wirkung" (oder Wirkung ex nunc)[11].

Im Einzelfalle kann diese Regel zu *Abgrenzungsschwierigkeiten* führen, wenn aus einem zurückliegenden Sachverhalt erst später rechtliche Wirkungen entstehen sollen.

Soll z. B. die Gültigkeit eines Testaments nach dem zur Zeit der Errichtung oder nach dem zur Zeit des Erbfalls geltenden Recht beurteilt werden? Art. 26 V 1 EGBGB stellt auf den Zeitpunkt der Errichtung ab.

b) Als *positivrechtliche Ausnahme* wird zur Vermeidung solcher Abgrenzungsprobleme und im Interesse einer einheitlichen Behandlung zusammengehöriger Rechtsfragen bisweilen für ein komplexes Rechtsverhältnis ein fester Anknüpfungszeitpunkt festgelegt.

So ist im EGBGB als maßgebend fixiert: für die Ehescheidung der Zeitpunkt des Eintritts der Rechtshängigkeit (Art. 17 I 1 EGBGB); für Voraussetzungen und Wirkungen der Legitimation und Adoption der Zeitpunkt ihres Wirksamwerdens (Artt. 21 II, 22); für die Erbfolge – mag die Abwicklung des Erbfalls sich im Einzelfall noch solange hinziehen – der Zeitpunkt des Todes des Erblassers (Art. 25 I).

Auch sonst kann die Grundregel der sofortigen oder ex-nunc-Wirkung vom positiven Recht in beiden Richtungen durchbrochen werden. Einerseits kann der Gesetzgeber auch zurückliegende Sachverhalte einer Neubewertung unterwerfen, wenn er die bisherige Regelung als sehr unbillig empfindet (echte Rückwirkung). Anderseits wird öfter die Fortgeltung des alten Statuts für

---

[11] Mit dem Begriff des „effet immédiat" hat *Roubier*, Les conflits de lois dans le temps (1929/1933, 2. Aufl. unter dem Titel „Le droit transitoire" 1960), die in der französischen Lehre und Rechtsprechung zu Art. 2 C.c. (La loi ne dispose que pour l'avenir; elle n'a point d'effet rétroactif) bis dahin herrschende, vom subjektiven Recht ausgehende Zweiteilung in „droits acquis", für welche stets das alte Gesetz fortgelten sollte, und bloße „expectatives", die dem neuen Gesetz unterstellt wurden, ersetzt durch die hier zugrunde gelegte objektive Dreiteilung: rétroactivité – effet immédiat – survie de la loi ancienne.

einmal begründete Rechtsverhältnisse festgelegt[12], insbesondere die sog. „Unwandelbarkeit" (siehe § 28).

c) *Ohne gesetzliche Grundlage* kann ausnahmsweise eine Neubewertung zurückliegender Sachverhalte zum Schutz eines seither begründeten Vertrauens der Beteiligten angemessen sein, wenn mit einem Wechsel der Anknüpfungstatsachen (oben I 3) ein Zuständigkeitswechsel (oben I 1) verbunden ist. Haben z. B. eingewanderte „Eheleute" im neuen Heimatstaat eine nochmalige Eheschließung oder Ehescheidung deshalb unterlassen, weil eine nach dem alten Heimatrecht ungültige oder geschiedene Ehe bzw. eine unwirksame Ehescheidung nunmehr als voll wirksam angesehen wurde, so sollte diese Auffassung des neuen Heimat- und Wohnsitzstaates auch anderswo mit Wirkung von der Einwanderung oder Einbürgerung an respektiert werden, und zwar auch dann, wenn die Beteiligten oder einer von ihnen inzwischen weitergewandert sind und jetzt ein drittes oder wieder das erste Personalstatut besitzen.

Im einzelnen können hier aus der Rechtsprechung drei Gruppen von Fällen genannt werden: solche, in denen die Formgültigkeit einer Ehe in Rede stand[13], solche, bei denen es um eine Entscheidung zur materiellen Ehegültigkeit ging[14], und Ehescheidungsfälle[15]. Nach deutschem IPR ist die Heilung eines Formmangels einer Ehe zwar grundsätzlich nur bei Auslandseheschließungen möglich (Art. 13 I EGBGB), dagegen im allgemeinen nicht bei Inlandseheschließungen (Art. 13 III EGBGB); denn sonst müßte – entgegen Art. 13 III 1 EGBGB – eine Inlandsehe auch dann formwirksam sein, wenn sie schon im

---

[12] Z.B. der Fortbestand der einmal erworbenen Volljährigkeit oder Testierfähigkeit: Artt. 7 II bzw. 26 V 2 EGBGB.

[13] *Prince de Wrède c. dame Maldauer*, Cass. civ. 9. 5. 1900, S. 1901. I. 185 = Clunet 27 (1900) 613: Anerkennung der zweiten Ehe einer früheren Österreicherin trotz gültiger Schließung der ersten Ehe in Österreich, weil nach Erwerb der russischen Staatsangehörigkeit durch das Ehepaar und nach Übertritt des Mannes zur Orthodoxie ein russisches Gericht die erste Ehe mangels nachträglicher orthodoxer Trauung annulliert hatte. Speziell zum deutschen Sozialversicherungsrecht, in dem meist durch erweiternde Auslegung seiner Normen ein billiges Ergebnis erzielt werden kann, siehe unten § 32 N. 4.

[14] RG 16. 5. 1931, RGZ 132, 416 = IPRspr. 1931 Nr. 59: keine Nichtigerklärung der Ehe eines protestantischen Österreichers mit einer jüdischen Russin trotz Nichtigkeit nach beiden Heimatrechten, weil die Eheleute Italiener geworden waren und Italien die Ehe anerkannte.

[15] *Schwebel* v. *Ungar*, 42 D. L. R. 2d 622 (Ont. C. A. 1963) = Rev. crit. 54 (1965) 321 mit Anm. *Wengler*, bestätigt durch 48 D. L. R. 2d 644 (S. C. 1964): Anerkennung der zweiten Ehe einer Israelin – obwohl die rabbinische Scheidung ihrer ersten Ehe sowohl nach dem damaligen ungarischen Heimatrecht der Ehegatten wie nach dem italienischen Ortsrecht nichtig war –, weil Israel die Scheidung anerkenne. KG 27. 1. 1986, IPRax 1987, 33, 19 Aufsatz *Siehr* = IPRspr. 1986 Nr. 51: keine Nichtigerklärung der Ehe einer Deutschen, die in den Niederlanden einen dort geschiedenen Niederländer geheiratet, die Ehe dort geführt und die niederländische Staatsangehörigkeit erworben hatte, auch wenn das niederländische Scheidungsurteil in Deutschland nicht anerkannt worden ist.

Zeitpunkt der Heirat der Form des Heimatrechts entspricht[16]. In Ausnahmefällen kann aber auch hier der Gesichtspunkt des Vertrauensschutzes (oben § 21 II 3) zu einem anderen Ergebnis führen.

Die *rechtliche Konstruktion* ist freilich zweifelhaft, denn es gibt kein besonderes „Statut der nachträglichen automatischen Heilung" von Rechtsakten oder gar des „gegenwärtigen Familienstandes" (als ledig, verwitwet usw.). Es ist vorgeschlagen worden, hier nicht vom eigenen Kollisionsrecht des Forums auszugehen, das auf das alte Heimatrecht verweist, sondern aufgrund eines „principe supérieur de droit international privé" von dem Kollisionsrecht des zweiten Staates[17]. Aber besser ist es, vom Kollisionsrecht des Forums auszugehen und die Fälle möglichst systemimmanent zu lösen: durch unselbständige Anknüpfung der Vorfrage (vgl. unten § 32 IV 2 a), mit Hilfe der Vorbehaltsklausel des ordre public oder durch teleologische Reduktion der Kollisionsnorm des Forums, eventuell verbunden mit der rechtsfortbildenden Schaffung einer zusätzlichen Kollisionsnorm[18]. Dabei kommt es darauf an, für die durch einen Statutenwechsel gekennzeichneten Ausnahmefälle, die vom Sinn der Regelanknüpfung nicht mehr erfaßt werden, diejenige Rechtsordnung zu finden, deren Anwendung den Zwecken des eigenen Kollisionsrechts am ehesten entspricht[19]. Entscheidendes materiales Element für eine rechtsfortbildende Korrektur der Kollisionsnorm des Forums ist häufig, daß eine vom Standpunkt des alten Heimatrechts gebotene Handlung nach dem neuen, für das Verhalten der Beteiligten offenbar maßgebenden Recht unmöglich oder wenigstens entbehrlich war[20].

III. Intertemporales IPR (Art. 220 EGBGB)

Das deutsche Recht folgt in der Übergangsvorschrift des Art. 220 EGBGB, die das Inkrafttreten des Gesetzes zur Neuregelung des IPR am 1. 9. 1986 betrifft, den Grundsätzen, daß abgeschlossene Sachverhalte von einer Änderung des IPR nicht rückwirkend erfaßt werden (Art. 220 I), während die jederzeit wandelbaren Wirkungen familienrechtlicher Rechtsverhältnisse ex nunc

---

[16] Vgl. *Bayer/Knörzer/Wandt*, FamRZ 1983, 773 f.; MünchKomm-*Schwimann* Art. 13 Rz. 95 f.

[17] *Rigaux*, Rec. des Cours 117 (1966 – I) 429.

[18] Zustimmend MünchKomm-*Sonnenberger* IPR Einleitung Rz. 408, 410.

[19] So auch die Resolution des Institut de Droit international von 1981, Ann. 59 II (1982) 248 Nr. 2 b: „by applying that law, from amongst those under consideration, the application of which corresponds most closely to the objectives of the forum's system of choice of law."

[20] Vgl. zum Vertrauensschutz oben § 21 II 3; ferner *Siehr*, Heilung durch Statutenwechsel: Gedächtnisschrift Ehrenzweig (1976) 129. Er empfiehlt für die Heilung von Eheschließungsmängeln die Kriterien: vollständiger Bruch mit der „invalidierenden" Rechtsordnung und tatsächliches Zusammenleben als Eheleute unter der „heilenden" Rechtsordnung (164).

dem neuen Kollisionsrecht unterworfen werden (Art. 220 II). Eingehende Sonderregeln bestehen für das Ehegüterrecht gemäß Art. 220 III (vgl. dazu unten § 45 III 4) und für das Namensrecht in Art. 220 IV und V (dazu unten § 43 II und III).

1. Vor dem 1. 9. 1986 *abgeschlossene Vorgänge* unterliegen gemäß Art. 220 I EGBGB weiterhin dem bis zu diesem Zeitpunkt geltenden IPR. Da die Übergangsregelung das IPR betrifft, ist der Begriff des „abgeschlossenen Vorgangs" grundsätzlich kollisionsrechtlich (anhand der Vorschriften des neuen EGBGB) auszulegen und nicht materiellrechtlich[21]. „Abgeschlossen" sind deshalb alle Vorgänge, für die das EGBGB „unwandelbar" (dazu sogleich in § 28) auf einen vor dem Stichtag liegenden Zeitpunkt abstellt[22].

Das EGBGB a. F. entscheidet also beispielsweise über die Wirksamkeit einer vor dem 1. 9. 1986 liegenden Eheschließung, über die Abstammung eines vor diesem Tag geborenen nichtehelichen Kindes, über das Zustandekommen und die Statuswirkungen einer vorher erfolgten Adoption oder über die Erbfolge nach einem früher verstorbenen Erblasser. Auch das Vertragsstatut eines vor dem 1. 9. 1986 abgeschlossenen Schuldvertrages ist grundsätzlich nach den bis dahin geltenden Kollisionsregeln zu ermitteln; eine Ausnahme wird für nach diesem Stichtag eintretende Wirkungen eines Dauerschuldverhältnisses, insbesondere eines Arbeitsvertrages, empfohlen[23].

2. Die *Wirkungen familienrechtlicher Rechtsverhältnisse* werden gemäß Art. 220 II EGBGB von dem genannten Stichtag an nach den Vorschriften des EGBGB n. F. beurteilt. Während die auf einen bestimmten Zeitpunkt festgelegte *Begründung* der familienrechtlichen Verhältnisse nicht rückwirkend nach anderen Kollisionsnormen und damit u. U. nach einem anderen Statut beurteilt werden soll, bemessen sich die fortlaufenden *Wirkungen* solcher Verhältnisse vom 1. 9. 1986 an ex nunc nach dem neuen IPR.

Beispielsweise unterliegen die allgemeinen Ehewirkungen oder die Eltern-Kind-Beziehungen zwischen Adoptivkind und Adoptiveltern seit dem 1. 9. 1986 dem EGBGB n. F. Dasselbe gilt für seither fällig gewordene Unterhaltsansprüche.

---

[21] Str.; siehe *Palandt-Heldrich* Art. 220 Anm. 2 a m. Nachw.
[22] Vgl. BegrRegE, BT-Drucks. 10/504, 85; BGH 1. 4. 1987, NJW 1988, 636 (637) = IPRax 1988, 173, 153 Aufsatz *Hepting* = IPRspr. 1987 Nr. 59: abgeschlossener Vorgang, „weil sich damit der Anknüpfungstatbestand der Kollisionsnorm abschließend verwirklicht hat".
[23] Siehe etwa *Däubler*, RIW 1987, 256; *Reithmann/Martiny* Rz. 135; *Sonnenberger*, Intertemporales Privatrecht fürs IPR: FS Ferid (1988) 447 (457).

§ 28 Unwandelbarkeit

I. "Unwandelbarkeit" eines Statuts *bedeutet* die alleinige Berücksichtigung der in einem bestimmten Zeitpunkt bestehenden Anknüpfungstatsachen ohne Rücksicht auf deren etwaige spätere Änderung. Sie ist die selbstverständliche, meist gar nicht erwähnte Regel für die Beurteilung punktueller Ereignisse wie Eintritt der Volljährigkeit, Vornahme eines Rechtsgeschäftes, Begehung einer unerlaubten Handlung. Ausnahmsweise gilt sie – und an diese Fälle denkt man bei dem Wort "Unwandelbarkeit" meistens – auch für Dauerrechtsverhältnisse, so nach Art. 15 I EGBGB für die güterrechtlichen Beziehungen der Ehegatten und nach Art. 22 für das Adoptionsverhältnis. Die Unwandelbarkeit schließt einen Statutenwechsel also grundsätzlich aus.

Der *maßgebende Zeitpunkt* der "unwandelbaren" Anknüpfung verschiebt sich gegenüber der gesetzlichen Normierung, wenn durch *Spaltung einer bis dahin einheitlichen Rechtsordnung* erst nachträglich ein Kollisionsproblem entstanden ist (sei es durch Gebietsabtretung, sei es durch Teilung eines Staates wie die Auflösung der österreichischen Monarchie 1918–1920, die Zonentrennung und Entstehung von zwei Staaten in Deutschland, Korea und Vietnam nach dem zweiten Weltkrieg, die Teilung Irlands 1922, Indiens 1948 und Pakistans 1972). Die normale Anknüpfung an den Augenblick der Geburt, der Eheschließung, des Vertragsschlusses usw. paßt hier nicht. Denn die Nichtbeachtung von späteren Änderungen der Anknüpfungstatsachen hat ja einzig den Zweck, einen Statutenwechsel zu vermeiden. Dieser Zweck entfällt aber, wenn und solange eine einheitliche Rechtsordnung besteht und daher eine Änderung der Anknüpfungstatsachen, die sich innerhalb des einheitlichen Rechtsgebietes vollzieht, gar keinen Wechsel der maßgebenden Rechtsordnung nach sich ziehen kann. Erst vom Augenblick der rechtlichen Spaltung des bisher einheitlichen Rechtsgebietes an hat es Sinn, nach der Zugehörigkeit zum einen oder andern Teilgebiet zu fragen. Man wird daher in der Regel an die Verhältnisse anknüpfen, die in diesem Zeitpunkt bestehen[1]. (Allerdings kann die Fixierung dieses Zeitpunktes bei der schleichenden, durch die Rechtsprechung und sonstige Praxis eingeleiteten Spaltung schwierig sein, z.B. in den genannten Fällen der Zonentrennung.) Auf Verhältnisse vor der Spaltung ist nur dann zurückzugreifen, wenn durch die Festlegung einer längeren oder sonstwie qualifizierten Zugehörigkeit zu einem Teilgebiet etwaige Zweifel und Mißbräuche ausgeschaltet werden sollen oder wenn es sich um Personen handelt, die schon vor der Spaltung die unmittelbare Beziehung zu dem Lande verloren haben.

---

[1] So wird im Verhältnis zwischen *Indien und Pakistan* selbst das "domicile of origin" entgegen seinem Namen nicht nach den Verhältnissen zur Zeit der Geburt bestimmt, sondern nach der Option bei der Teilung Indiens: *Palmer* v. *Palmer*, P.L.D. 1958 Lahore 699, 704 ("After the partition of the country, the domicile was split"); *Carman* v. *Carman*, P.L.D. 1960 (W.P.) Lahore 381. – Nach der Teilung *Irlands* wurde gelegentlich einem geborenen Iren, der im kritischen Zeitpunkt im Ausland gelebt hatte, vom Gericht ein Wahlrecht eingeräumt: *In re Egan*, [1928] N.I. 159.

II. Als *gesetzgeberische Motive* der Unwandelbarkeit eines Statuts kommen hauptsächlich drei in Betracht: Bald soll (1) aus Gründen der äußeren Rechtssicherheit und Praktikabilität ein abrupter, nicht durch Überleitungsvorschriften geregelter Übergang von einem Statut zu einem anderen vermieden werden (so in Art. 15 I EGBGB für das Ehegüterrecht[2]). Bald sollen (2) aus Billigkeits- oder Zweckmäßigkeitserwägungen wohlerworbene Rechtspositionen geschützt werden (so in Art. 7 II EGBGB die einmal erworbene Volljährigkeit) oder auch endgültige Vereinbarungen der Beteiligten durch eine stabile Rechtsgrundlage gefördert werden (z.B. begünstigt die Unwandelbarkeit des Güterstatuts in Art. 15 I EGBGB den Abschluß von Eheverträgen). Endlich kann (3) die Unwandelbarkeit eines Statuts dazu dienen, eine Gesetzesumgehung durch arglistigen Wechsel der Anknüpfungstatsachen (Wechsel des Wohnsitzes, der Staatsangehörigkeit usw.) von vornherein unmöglich zu machen.

III. Bei einer *rechtspolitischen Bewertung* ist in Rechnung zu stellen, daß unsere schnellebige, vielfachen Wandel mit sich bringende Zeit für den Gedanken der Unwandelbarkeit rechtlicher Regelungen wenig günstig ist. Die Unwandelbarkeit erscheint in einer solchen Zeit namentlich im Ehegüterrecht als unangemessen starr. Wenn beispielsweise beide Ehegatten die Verbindung zu ihrem alten Heimatstaat ganz aufgegeben haben, befremdet es, sie güterrechtlich auf Lebenszeit an dessen Rechtsordnung zu binden. Noch schwerer verständlich ist die Unwandelbarkeit bei flüchtigeren Anknüpfungsmomenten, wie dem gewöhnlichen Aufenthalt oder dem Eheschließungsort, die in einer späteren Lebensphase u.U. in keiner Weise mehr nachwirken[3].

Die Möglichkeit einer abweichenden Rechtswahl ist als Korrektiv nicht ausreichend, weil die Eheleute daran erfahrungsgemäß meist nicht denken. Aus diesen Gründen hat sich die Wissenschaft bei der Reform des EGBGB überwiegend gegen die Unwandelbarkeit des Güterrechtsstatuts ausgesprochen[4] – freilich ohne Erfolg.

IV. Mit dem *Wegfall* einer Unwandelbarkeit, die vom inländischen Kollisionsrecht vorgeschrieben ist, muß man sich in den Fällen der *Rück- und Weiterverweisung* abfinden, wenn das fremde Kollisionsrecht sie nicht kennt.
Dasselbe gilt, falls das fremde *intertemporale Recht* keine Unwandelbarkeit vorsieht. Zwar wird besonders für das Ehegüterrecht nach einem Staatsangehörigkeitswechsel die unveränderte Anwendung des früheren Heimatrechts

---

[2] Vgl. BegrRegE, BT-Drucks. 10/504, 58.
[3] Vgl. etwa *Schurig*, Das Verhältnis von Staatsangehörigkeitsprinzip und Unwandelbarkeit im gegenwärtigen und künftigen deutschen internationalen Ehegüterrecht: JZ 1985, 559 (562f.).
[4] Siehe Vorschläge ... (1981) 5f., 146ff.; ferner die Äußerungen von Mitarbeitern des MPI, RabelsZ 44 (1980) 330, 358 sowie 47 (1983) 630.

gemäß seinem letzten Stand vor dem Statutenwechsel vertreten (sog. Versteinerungstheorie). Aber was oben (§ 27 II 1) gegen die Anwendung von überholtem Recht auf abgeschlossene Sachverhalte gesagt wurde, trifft in verstärktem Maße auf die Beurteilung fortdauernder Lebensverhältnisse zu, deren Recht normalerweise durch Rechtsprechung und Gesetzgebung weiterentwickelt wird. Gerade auf dem Gebiet des Ehegüterrechts vollzieht sich seit einigen Jahrzehnten allenthalben eine Wendung zur Gleichberechtigung der Frau. Man kann nicht eine Ehefrau, deren Mann während der Ehe die Staatsangehörigkeit gewechselt hat – sei es auch gemeinsam mit ihr –, deshalb von den Vorteilen aller gesetzlichen Reformen sowohl des alten wie des neuen Heimatrechts ausschließen[5]. Dabei besteht zwischen Änderung des Gesetzestextes und bloßen Wandlungen der Rechtsprechung, die man schon deshalb berücksichtigen wird, weil sie zeitlich meist nicht scharf abzugrenzen sind, großenteils nur ein formeller Unterschied, zumal wenn die Gesetzgebung einen Wandel der Rechtsprechung kodifiziert oder eine offene Streitfrage entscheidet. Es entspricht also weithin sowohl der Billigkeit wie der Rechtssicherheit, wenn die Unwandelbarkeit eines Statuts dem fremden intertemporalen Recht zu weichen hat.

§ 29 Interlokales und innerdeutsches Privatrecht

Interlokales Privatrecht wird benötigt, wenn in einem Staat mehrere territoriale Teilrechtsordnungen nebeneinander gelten, wie es in vielen Staaten Europas und des anglo-amerikanischen Rechtskreises der Fall ist oder bis nach dem zweiten Weltkrieg war (Mehrrechtsstaaten, auch „Staaten mit komplexen Rechtssystemen" genannt; ihre Bürger sind „Mehrrechtsstaater"). Das interlokale Recht bestimmt, welche dieser Teilrechtsordnungen anwendbar ist, und erfüllt damit innerhalb eines einzelnen Staates dieselbe Aufgabe wie das IPR für die Rechtsordnungen mehrerer Staaten.

I. Name und Quellen

1. Der *Name* „interlokales Recht" erinnert an die Zeiten, da in Italien, Frankreich und Deutschland vielfach von Ort zu Ort verschiedenes Recht galt.

---

[5] Ähnlich *Silberberg*, RabelsZ 36 (1972) 540. Vgl. Hof Amsterdam 21. 6. 1971, Ned. Jur. 1972, 673 (dazu *Czapski*, StAZ 1973, 77 ff.): Auch für Vermögen deutscher Ehegatten, die in den Niederlanden leben und dort 1935 eingebürgert sind, gilt als gesetzlicher Güterstand seit 1958 die deutsche Zugewinngemeinschaft. Siehe zum Meinungsstand in Deutschland etwa *Palandt-Heldrich* Art. 15 Anm. 1 b.

§ 29 Interlokales und innerdeutsches Privatrecht § 29 I

Andere Bezeichnungen – wie interprovinziales, interkantonales, interzonales Recht – sind zu sehr auf die politischen Verhältnisse einzelner Staaten zugeschnitten, um international brauchbar zu sein. Selbst der von vielen als völlig farblos empfundene Ausdruck „interregional" erscheint etwa einem Italiener deshalb als zu speziell, weil „regione" im italienischen Staatsrecht ein Terminus technicus ist, während andere das Wort „Region" auf Gruppen benachbarter Staaten wie die nordischen oder die südamerikanischen Länder beziehen (und demgemäß von „regionaler Rechtsvereinheitlichung" sprechen). Auch „Territorium" hat in manchen Bundesstaaten (z.B. Kanada und Australien) eine besondere Bedeutung; überdies enthält der sprachlich unschöne Ausdruck „interterritoriales Recht" keine deutliche Unterscheidung vom inter*nationalen* Kollisionsrecht. Wir bleiben also notgedrungen bei dem Ausdruck „interlokales Recht"[1].

2. Eine *positive Regelung* hat das interlokale Recht durch ein eigenes Gesetz für die Bereiche des Personen-, Familien- und Erbrechts in *Jugoslawien* im Jahre 1979 erfahren, also noch vor dem jugoslawischen IPR-Gesetz aus dem Jahre 1982[2]. Die beiden Gesetze verwenden nur teilweise dieselben Anknüpfungen; insbesondere übernimmt das IPR-Gesetz in der Regel nicht die interlokalrechtliche Wohnsitzanknüpfung, sondern läßt in erster Linie die Staatsangehörigkeit entscheiden.

In den übrigen Staaten *Ostmitteleuropas*, die nach dem ersten Weltkrieg das in den verschiedenen einverleibten Gebietsteilen geltende Privatrecht übernommen hatten, ist auf dem Gebiet des Privatrechts inzwischen weitgehend Rechtseinheit eingekehrt, so daß das interlokale Privatrecht im wesentlichen gegenstandslos geworden ist; das gilt namentlich für Polen, das sich im Jahre 1926 neben einem IPR-Gesetz auch ein „Gesetz über das für die innerstaatlichen Privatrechtsverhältnisse geltende Recht" gegeben hatte, in dem größtenteils an dieselben Personen, Orte usw. angeknüpft wurde[3]; ferner für Rumänien und die Tschechoslowakei, wo vor Erlangung der privatrechtlichen Rechtseinheit die Normen des IPR auf interlokale Konflikte analog angewandt wurden. – Für die *Sowjetunion* enthalten Art. 18 der Grundlagen der Zivilgesetzgebung von 1961 und Art. 8 der Grundlagen der Gesetzgebung über die Ehe und Familie von 1968 interlokalrechtliche Regeln[4].

---

[1] – trotz *Kollewijn*, Clunet 88 (1961) 878f., der die Bezeichnung „interlokal" den Konflikten wirklich örtlicher Rechte (z.B. in Indonesien oder auf Neuguinea) vorbehalten wollte im Gegensatz zu den „regionalen" Konflikten zwischen den Rechten der verschiedenen Reichsteile der Niederlande (Mutterland, Surinam usw.).

[2] Nachweise zum jugoslawischen interlokalen Recht bei *Staudinger-Sturm* Einl. zu Art. 7ff. Rz. 345.

[3] Bei der Neufassung des polnischen IPR-Gesetzes im Jahre 1965 wurde das interlokale Recht mangels Bedürfnisses nicht mehr entsprechend geändert.

[4] Siehe dazu *J.P. Waehler*, FamRZ 1968, 563f. und 1980, 425.

Praktisch bedeutsam ist interlokales Privatrecht auch für *Spanien*, dessen einzelne Gebiete teilweise ein besonderes bzw. „forales" Zivilrecht haben. Gemäß Art. 16 C.c. werden die Normen des IPR analog als interlokales Recht angewandt, soweit nicht einzelne Spezialvorschriften bestehen[5]; insbesondere wird anstelle der Staatsangehörigkeit interlokal an die Gebietszugehörigkeit („vecindad civil") angeknüpft.

In der *Schweiz* galt früher die interkantonale Regelung im Bundesgesetz betreffend die zivilrechtlichen Verhältnisse der Niedergelassenen und Aufenthalter (NAG) von 1891 auch für das IPR (Art. 32). Das neue Schweizer IPR-Gesetz von 1987 hat das NAG ersatzlos aufgehoben, nachdem infolge der Zivilrechtsvereinheitlichung durch das ZGB von 1907 kein Bedürfnis für eine derartige interkantonale Regelung mehr bestand.

Im Konfliktsrecht der *Vereinigten Staaten* ist das „interstate law" faktisch dominierend, und seine Regeln werden auf die internationalen Fälle übertragen. Die modernen Bestrebungen, Kollisionsfälle vom Gesetz her durch Bestimmung des Anwendungsbereichs der im Einzelfall in Rede stehenden „statutes" zu lösen (vgl. oben § 10 IV), stellen einen typisch interlokalrechtlichen Ansatz dar, der durch das Bestehen eines gemeinsamen rechtlichen Hintergrundes ermöglicht wird[6]. Eine gewisse Unterscheidung zwischen interlokalem und internationalem Recht findet sich im Bereich der Anerkennung fremder Entscheidungen[7].

Insgesamt entwickelt sich das interlokale Recht in der Regel parallel zum IPR, und es wird – anders als in den Vereinigten Staaten – meist nur als Anhängsel des internationalen Kollisionsrechts erörtert.

II. Ausländischer Mehrrechtsstaat (Art. 4 III EGBGB)

Wenn das eigene IPR auf das Recht eines fremden Staates mit mehreren territorialen Rechtsordnungen führt, können – abhängig von der Art der inländischen Verweisung und der Ausgestaltung des fremden internationalen und interlokalen Privatrechts – verschiedene kollisionsrechtliche Fragen entstehen,

---

[5] Zu einem Reformentwurf siehe *Rau*, IPRax 1986, 254 ff.

[6] Vgl. *Siehr*, Am. J. Comp. L. 30 (1982) 63. Er zieht eine Parallele zur Statutentheorie des Mittelalters und einigen interlokalen deutschen Entscheidungen kurz nach der Spaltung Deutschlands am Anfang der fünfziger Jahre.

[7] Hauptsächlich beruht sie auf der sog. „Full-Faith-and-Credit Clause" in Art. IV Abs. 1 Satz 1 der Verfassung, welche die Einzelstaaten zur Anerkennung nachbarstaatlicher Akte und Verfahren verpflichtet, während im internationalen Verkehr eine entsprechende Anerkennung nur aus comitas gentium (comity) gewährt wird. Kritisch zur Trennung von „intranational" und „international conflict of laws" etwa *Cheatham/Maier*, Private International Law and Its Sources: Vand. L. Rev. 22 (1968/69) 27 (99–102). Siehe auch Restatement[2] § 10, Comments c, d sowie Reporter's Note. Speziell zur Anerkennung siehe die Kritik bei *Scoles/Hay*, Conflict of Laws (1982) 922 ff. – Zum deutschen interlokalen Anerkennungsrecht vgl. unten § 60 II 7.

die von der einschlägigen deutschen Norm des Art. 4 III EGBGB nur zum Teil beantwortet werden[8].

1. Für die *Konkretisierung der personellen Anknüpfung an die Staatsangehörigkeit* enthält Art. 4 III im Anschluß an entsprechende Vorschriften in verschiedenen Haager Übereinkommen die folgenden Grundsätze[9].

a) Besitzt der ausländische Mehrrechtsstaat ein *einheitliches interlokales Privatrecht*, wie etwa Jugoslawien oder Spanien, so bestimmt gemäß Art. 4 III 1 dieses interlokale Recht, welche Teilrechtsordnung anzuwenden ist. Voraussetzung für die Anwendung des fremden interlokalen Rechts ist freilich, daß das ausländische einheitliche IPR, das bei einheitlichem interlokalen Recht regelmäßig besteht, unsere Verweisung annimmt und nicht etwa einen zu beachtenden Renvoi ausspricht.

Wenn beispielsweise ein jugoslawischer Gastarbeiter, welcher der Republik Serbien angehörte, in Deutschland stirbt, ist zunächst festzustellen, daß das jugoslawische IPR-Gesetz von 1982 (Art. 30 I) unsere von Art. 25 I EGBGB ausgesprochene Gesamtverweisung (Art. 4 I 1 EGBGB) auf das jugoslawische Heimatrecht akzeptiert. Sodann kommt Art. 4 III 1 EGBGB zum Zuge: Das jugoslawische Gesetz zur Lösung interlokaler Gesetzeskollisionen von 1979 stellt mangels eines jugoslawischen Wohnsitzes im Todeszeitpunkt auf die Republikangehörigkeit ab (Art. 34 II), so daß serbisches Erbrecht anzuwenden ist. – Bei einem Spanier, dessen Beerbung Art. 9 Nr. 8 C. c. – wie Art. 25 I EGBGB – dem spanischen Recht unterstellt, wäre gemäß Artt. 16 Nr. 1 (1), 14 f. C. c. die sog. „vecindad" entscheidend, d.h. die Zugehörigkeit zum Gebiet des Gemeinen Rechts (derecho común) oder zum Gebiet eines partikularen Rechts, die weder mit der politischen Gebietszugehörigkeit noch mit dem Wohnsitz identisch ist und auch bei Übersiedlung ins Ausland erhalten bleibt.

b) Besitzt der ausländische Mehrrechtsstaat *kein einheitliches interlokales Privatrecht*, wie etwa die Vereinigten Staaten, Kanada oder Australien, so müssen wir die maßgebende Teilrechtsordnung im allgemeinen selbständig bestimmen. Gemäß Art. 4 III 2 EGBGB ist diejenige Teilrechtsordnung anzuwenden, mit welcher der Sachverhalt (meist: die Person) am engsten verbunden ist. In der Regel wird die engste Verbindung im Bereich des Personalstatuts durch den gewöhnlichen Aufenthalt indiziert[10]; es gelten hier ähnliche Grundsätze wie für Mehrstaater[11].

---

[8] Grundlegend dazu *Stoll*, Kollisionsrechtliche Fragen bei räumlicher Spaltung des anwendbaren Rechts: FS Keller (Zürich 1989) 511.

[9] Vgl. BegrRegE, BT-Drucks. 10/504, 39: „verallgemeinert... somit nur einen bereits auf Teilgebieten geltenden Grundsatz über den Anwendungsbereich dieser Übereinkommen hinaus."

[10] BegrRegE, BT-Drucks. 10/504, 40.

[11] Vgl. Art. 5 I 1 EGBGB; namentlich kommt der letzte gewöhnliche Aufenthalt oder eine sonstige Beziehung zu dem betreffenden Teilgebiet in Betracht; vgl. unten § 37 II 1 a.

Weist eine renvoifreundliche Anknüpfung, etwa an die Staatsangehörigkeit, auf einen Mehrrechtsstaat und ist die maßgebliche Teilrechtsordnung dieses Staates gemäß Art. 4 III 2 zu bestimmen, so schließt das damit erforderliche Aufsuchen der engsten Verbindung die Beachtlichkeit eines Renvoi gemäß Art. 4 I 1 nicht aus (vgl. oben § 24 II 3 a).

Wenn gemäß Art. 4 III 2 EGBGB also etwa das Recht eines amerikanischen Gliedstaates berufen ist, dieser Gliedstaat aber für den internationalen und interlokalen Rechtsverkehr das „Domizil" für maßgebend erklärt (und diesen Begriff abweichend von unserem „gewöhnlichen Aufenthalt" definiert; vgl. unten § 37 I 2 a und § 39), sollte diese Verweisung befolgt werden, gleichgültig ob sie (kollisionsrechtlich) auf einen anderen Staat oder (interlokalrechtlich) auf einen anderen Gliedstaat führt.

c) Stellt das IPR des Forums auf die *gemeinsame Staatsangehörigkeit* der Ehegatten ab, wie etwa das deutsche Recht in Art. 14 I Nr. 1 EGBGB, und sind die Ehegatten demselben Mehrrechtsstaat, aber verschiedenen Teilrechtsordnungen verbunden, so kann die Entscheidung für eine der beiden Teilrechtsordnungen Schwierigkeiten bereiten.

Die Schwierigkeiten entstehen nicht, wenn das fremde IPR, sei es insgesamt einheitlich oder jedenfalls in den beiden Teilrechtsordnungen übereinstimmend, eine zu beachtende Rück- oder Weiterverweisung auf ein anderes Recht ausspricht. Ist dies jedoch nicht der Fall, muß man den Konflikt auflösen.

Primär berufen ist gemäß Art. 4 III 1 EGBGB wiederum das interlokale Privatrecht des fremden Mehrrechtsstaates. Gibt es kein einheitliches interlokales Privatrecht oder führt es im konkreten Fall nicht weiter[12], so ist gemäß Art. 4 III 2 EGBGB die Teilrechtsordnung zu ermitteln, zu der die engste Verbindung besteht. Wie aber, wenn die Beziehungen der Ehegatten zu dem jeweiligen Teilrechtsgebiet gleichmäßig stark oder schwach sind? Hier ist notfalls – wenn die Teilrechtsordnungen in den entscheidungserheblichen materiellrechtlichen Fragen nicht übereinstimmen – mit einer Ersatzanknüpfung zu helfen. Wenn die Bevorzugung einer Teilrechtsordnung aufgrund des Kriteriums der „engsten Verbindung" sich nicht rational begründen läßt, empfiehlt sich insbesondere bei Bereitstehen einer Anknüpfungsleiter (wie in Art. 14 I EGBGB), auf die nächste Sprosse zu steigen und demgemäß die Anknüpfung an die gemeinsame Staatsangehörigkeit durch die an den gemeinsamen gewöhnlichen Aufenthalt zu ersetzen (vgl. Art. 14 I Nr. 2). Die Alternative, auf das Recht der Hauptstadt zurückzugreifen, also etwa auf das in Washington oder Belgrad maßgebende Recht, erscheint wegen der fehlenden Verbindung der Ehegatten zu diesem Recht meist weniger angemessen.

---

[12] Wenn das fremde interlokale Recht z.B. den Ort der Klageerhebung in dem ausländischen Mehrrechtsstaat für maßgeblich erklärt, wird man daraus die interlokale Verweisung allenfalls dann herleiten können, wenn der Kläger nur in einem der beiden Rechtsgebiete hätte klagen können; weitergehend *Hay*, IPRax 1988, 265 ff.

2. Für die *territorialen Anknüpfungsmomente* (gewöhnlicher Aufenthalt oder Wohnsitz einer Person, Sitz einer Gesellschaft, Lage einer Sache, Ort einer Handlung usw.) ergibt sich die Konkretisierung, die zur Ermittlung der maßgebenden Teilrechtsordnung erforderlich ist, regelmäßig von selbst. Denn die räumliche Anknüpfung führt bereits auf einen bestimmten Ort und damit zu einem bestimmten Teilrechtsgebiet. Die Annahme, auch örtliche Anknüpfungsmomente verwiesen stets nur auf das Recht eines Staates[13], erscheint gekünstelt; sie findet im EGBGB auch keine ausreichende Stütze.

Im EGBGB sind die Formulierungen, mit denen eine räumliche Anknüpfung auf das „Recht des Staates" verweist (vgl. z.B. Artt. 5 II, 11, 14 I Nr. 2 EGBGB), mit jenen austauschbar, in denen von dem „Recht des Ortes" die Rede ist (vgl. z.B. Art. 26 I Nr. 2; Art. 15 II Nr. 3: „Recht des Lageorts"). So bedeutet es für die Maßgeblichkeit der lex loci actus in Formfragen offensichtlich keinen Unterschied, ob auf die „Gesetze des Ortes" (so Art. 11 I 2 EGBGB a.F.), auf das „Recht des Staates" (so Art. 11 I EGBGB n.F.) oder auf das „Recht des Ortes" (so Art. 26 I Nr. 2 EGBGB) verwiesen wird.

Namentlich Art. 4 III 1 EGBGB geht in seiner Formulierung („ohne die maßgebende zu bezeichnen") erkennbar davon aus, daß territoriale Anknüpfungsmomente in einem Mehrrechtsstaat unmittelbar auf die maßgebende Teilrechtsordnung führen[14]. Anders als bei der Staatsangehörigkeitsanknüpfung braucht der inländische Richter bei territorialen Anknüpfungen das fremde interlokale Privatrecht (Art. 4 III 1) oder das Kriterium der engsten Verbindung (Art. 4 III 2) nicht, um zu einer Teilrechtsordnung des Mehrrechtsstaates zu gelangen. Die unmittelbare Bezeichnung der Teilrechtsordnung durch ein territoriales Anknüpfungsmoment schließt (sofern es sich nicht um eine Sachnormverweisung handelt) aber keineswegs aus, das in diesem Teilrechtsgebiet geltende Kollisionsrecht oder interlokale Privatrecht und dessen Renvoi (auf einen anderen Staat oder auf ein anderes Teilrechtsgebiet) zu beachten; denn in Art. 4 III EGBGB sind territoriale Anknüpfungen nicht geregelt, und es ist auf die Grundsätze des Art. 4 I zurückzugreifen[15].

Heiratet beispielsweise ein Spanier in Barcelona eine Deutsche und wird die Ehe zunächst in Barcelona geführt, so ist, wenn die Eheleute sich nach einigen Jahren in Deutschland niederlassen und sich hier die Frage nach dem Güterstand stellt, folgender-

---

[13] So etwa *von Bar* I Rz. 281.
[14] Vgl. BegrRegE, BT-Drucks. 10/504, 40: „Die Vorschrift gilt nur, wenn die deutschen Kollisionsnormen die maßgebende Teilrechtsordnung nicht selbst bestimmen (‚ohne... zu bezeichnen'). Diese Voraussetzung ist bei der Anknüpfung an die Staatsangehörigkeit gegeben. Bei anderen Anknüpfungen, etwa an den gewöhnlichen Aufenthalt oder den Lageort von Vermögensgegenständen, wird die anwendbare Teilrechtsordnung unmittelbar berufen. Für eine Anwendung von Satz 1 ist dann kein Raum."
[15] Treffend *Stoll* (oben N. 8) 519. Im Ergebnis ebenso etwa *Rauscher*, Die Ausschaltung fremden interlokalen Rechtes durch Art. 4 III Satz 1 EGBGB: IPRax 1987, 206 (208 f.); *von Bar* (vorletzte Note).

maßen vorzugehen: Artt. 15 I, 14 I Nr. 2 EGBGB verweisen auf das Recht des gewöhnlichen Aufenthalts zur Zeit der Eheschließung und somit auf das in Barcelona geltende katalanische Sonderrecht. Das spanische IPR nimmt die Verweisung an, da es bei verschiedener Staatsangehörigkeit der Ehegatten das Heimatrecht des Ehemannes zur Zeit der Eheschließung beruft (Art. 9 Nrn. 3 und 2 C.c.). Wir beachten gemäß Art. 4 I EGBGB im Interesse der internationalen Entscheidungsgleichheit aber nicht nur das IPR, sondern auch das interlokale Privatrecht Spaniens. Dieses läßt die Gebietszugehörigkeit („vecindad") des Ehemannes entscheiden (Art. 16 Nr. 1 C.c.). Hat der Ehemann eine gemeinspanische, nicht aber die katalanische Gebietszugehörigkeit, so ist das gemeinspanische Ehegüterrecht des Código civil maßgebend (Art. 4 I EGBGB).

III. Innerdeutsches Kollisionsrecht

Innerhalb Deutschlands wurde interlokales Recht zunächst durch die Annexionen während des Dritten Reiches bedeutsam, dann durch die Spaltung Deutschlands. Man sprach nach dem Kriege zunächst von interzonalem Privatrecht[16], später meist von interlokalem Privatrecht. Indes fehlt es im deutsch-deutschen Verhältnis an dem für das interlokale Privatrecht typischen, von beiden Teilrechtsordnungen akzeptierten gesamtstaatlichen Überbau. Deshalb werden in der Bundesrepublik Deutschland zunehmend die auf das besondere Verhältnis zwischen den beiden deutschen Staaten gemünzten Ausdrücke „innerdeutsches Privatrecht" (auch „interdeutsches Privatrecht") oder – genauer – „innerdeutsches Kollisionsrecht" verwendet.

1. *Aus der Sicht der DDR* ist für ein besonderes innerdeutsches Kollisionsrecht kein Raum. Denn es bestehen zwei deutsche Staaten, und die DDR kennt seit dem Jahre 1967 eine eigene Staatsbürgerschaft[17]. Seither wird das IPR der DDR wie im Verhältnis zu anderen Staaten so auch im Verhältnis zur Bundesrepublik Deutschland unmittelbar angewendet, indem als Anknüpfungspunkte für das Personalstatut die Staatsbürgerschaft der DDR und eine „Staatsangehörigkeit der Bundesrepublik" benutzt werden[18].

2. *Aus der Sicht der Bundesrepublik* stellt sich die Lage anders dar. Zwar wird nach Abschluß des Grundlagenvertrages von 1972[19] die Staatlichkeit der

---

[16] Siehe etwa die für die Jahre 1945–1967 von *Drobnig* herausgegebene „Sammlung der deutschen Entscheidungen zum interzonalen Privatrecht" (IzRspr.). Seit 1973 werden die einschlägigen Entscheidungen von Gerichten der Bundesrepublik Deutschland in der von *mir* bearbeiteten IPRspr. abgedruckt.

[17] Gesetz über die Staatsbürgerschaft der Deutschen Demokratischen Republik vom 20. 2. 1967, GBl. I 3.

[18] *Drobnig*, Der „Grundvertrag" und die innerdeutschen Zivilrechtsbeziehungen: RabelsZ 37 (1973) 485 (488 f.).

[19] BGBl. 1973 II 423.

DDR nicht mehr in Frage gestellt[20]. Aber die DDR ist völkerrechtlich nicht anerkannt und wird nicht als Ausland gesehen. Im Staatsangehörigkeitsrecht hält die Bundesrepublik an dem Grundsatz einer gemeinsamen Staatsangehörigkeit für alle Deutschen fest. Eine besondere Staatsangehörigkeit der Bundesrepublik Deutschland gibt es nicht, und die Staatsbürgerschaft der DDR wird nicht als eine fremde „anerkannt", sondern ihrem Erwerb wird für die Rechtsordnung der Bundesrepublik Deutschland in den Grenzen des ordre public die Rechtswirkung des Erwerbs der deutschen Staatsangehörigkeit im Sinne des Art. 116 I GG beigemessen.[21]

a) Trotz dieser Gegebenheiten wird von einem *Teil des Schrifttums* in der Bundesrepublik die Ansicht vertreten, ein besonderes innerdeutsches Kollisionsrecht habe keine Daseinsberechtigung mehr[22]. Die Regeln des EGBGB sind nach dieser Meinung im Verhältnis zur DDR grundsätzlich unmittelbar anwendbar einschließlich des Anknüpfungsmerkmals der Staatsangehörigkeit. Im einzelnen soll folgendes gelten: Da die Bewohner der Bundesrepublik Deutschland regelmäßig nur die (gesamt-)deutsche Staatsangehörigkeit besitzen, unterstehen sie in der Regel dem Recht der Bundesrepublik. Dagegen seien die Bewohner der DDR zusätzlich dortige Staatsbürger, also faktisch Doppelstaater, so daß für sie die effektive Staatsangehörigkeit über das anwendbare Recht entscheide. Diese Auffassung kann sich darauf stützen, daß die fehlende staats- und völkerrechtliche Anerkennung nicht daran hindert, die DDR-Staatsbürgerschaft kollisionsrechtlich zur Kenntnis zu nehmen (vgl. oben § 8 II 3). Eine andere Frage ist, ob für die Zivilgerichte ein hinreichender praktischer Anlaß besteht, in diesem politisch brisanten Bereich vorzupreschen, zumal aus der diffizilen staatsangehörigkeitsrechtlichen Lage – wenn man sie für entscheidend hält – eine Ungleichheit in der zivilrechtlichen Behandlung folgen kann.

Sollen wir etwa für einen Frankfurter, der endgültig nach Leipzig zieht, weiterhin westdeutsches Recht für maßgebend erklären, bis er sich drüben einbürgern läßt, während ein Leipziger, der nach Frankfurt zieht und dort bleiben will, sofort sein Statut wechselt[23]?

---

[20] Vgl. BVerfG 31. 7. 1973, BVerfGE 36, 1 (20 ff.).
[21] BVerfG 21. 10. 1987, BVerfGE 77, 137 = NJW 1988, 1313, 1302 Aufsatz *Gussek* = ROW 1988, 193, 145 Aufsatz *Wengler*.
[22] Führend *Heldrich*, Innerdeutsches Kollisionsrecht und Staatsangehörigkeitsfrage: NJW 1978, 2169; *ders.*, Innerdeutsches Kollisionsrecht: ZfRV 19 (1978) 292. Siehe ferner etwa *Knoke*, Deutsches interlokales Privat- und Privatverfahrensrecht nach dem Grundvertrag (1980) 48 ff. (kritisch bespr. durch *Wengler*, NJW 1981, 903, und *Drobnig*, RabelsZ 46 [1982] 466). Weitere Nachw. zum Streitstand bei *Palandt-Heldrich* Anh. zu Art. 3.
[23] Beispiel von *Soergel-Kegel* Vor Art. 7 Rz. 189.

b) Die höchstrichterliche *Rechtsprechung* lehnt die geschilderte unmittelbare Anwendung des IPR bislang ab[24]. Vielmehr sollen die Regeln des Kollisionsrechts grundsätzlich nur entsprechend angewendet werden, wobei an die Stelle der Anknüpfung an die Staatsangehörigkeit im allgemeinen die an den gewöhnlichen Aufenthalt tritt[25]. Mit dieser Anknüpfung können im allgemeinen auch angemessene Ergebnisse erzielt werden, wenn man den gewöhnlichen Aufenthalt hier – wie sonst im IPR – als Ausdruck des Prinzips der engsten Verbindung versteht (vgl. unten § 39 II 3 b und 5). Ist die entsprechende Anwendung einer Kollisionsnorm ausnahmsweise nicht sachgerecht, weil sie den Besonderheiten des Verhältnisses zwischen beiden deutschen Staaten und der Lage der Bevölkerung im geteilten Deutschland nicht hinreichend Rechnung trägt, so müssen durch Richterrecht eigenständige Regeln des innerdeutschen Kollisionsrechts gefunden werden[26].

c) Bei der *Neufassung des EGBGB* von 1986 wurde das innerdeutsche Kollisionsrecht bewußt ausgeklammert, um der Praxis nicht den Weg zu verbauen, die bisher gefundenen Lösungen weiterzuentwickeln[27]. Bei der Erfüllung dieser Aufgabe muß das kollisionsrechtliche Prinzip der engsten Verbindung (vgl. oben § 4 II) die Leitlinie bilden. Der in Art. 4 III 2 EGBGB aufgestellte interlokalrechtliche Grundsatz, daß diejenige Rechtsordnung anzuwenden ist, mit welcher der Sachverhalt am engsten verbunden ist, paßt nicht nur bei der Verweisung auf einen fremden Mehrrechtsstaat ohne einheitliches Kollisionsrecht, sondern auch für das geteilte Deutschland. Die engste Verbindung kommt interlokal für den Bereich des Personalstatuts in der Regel durch den gewöhnlichen Aufenthalt in einem der Teilgebiete zum Ausdruck, hilfsweise durch den letzten gewöhnlichen Aufenthalt, den einfachen Aufenthalt oder eine sonstige Beziehung[28]. Die bisherige Rechtsprechung zum innerdeutschen Kollisionsrecht ist anhand des so konkretisierten Grundsatzes der engsten Verbindung weiterzuentwickeln.

---

[24] BGH 22. 9. 1982, BGHZ 85, 16 (22) = ROW 1983, 81 (83) mit zust. Anm. *Drobnig* = IPRspr. 1982 Nr. 71 S. 170.

[25] BGH 21. 6. 1963, BGHZ 40, 32 = IzRspr. 1962–63 Nr. 7; 16. 5. 1984, BGHZ 91, 186 = IPRax 1985, 37, 18 Aufsatz *von Bar* = ROW 1985, 50 Anm. *Drobnig* = IPRspr. 1984 Nr. 63.

[26] Diese Notwendigkeit wurde vor der Neufassung des EGBGB im Jahre 1986 beispielsweise für das Scheidungsfolgenstatut bejaht; siehe die beiden soeben angeführten Entscheidungen des BGH vom 22. 9. 1982 und 16. 5. 1984. Nach der Neufassung wird der Bedarf an solchen Sonderregeln zwar zurückgehen, aber möglicherweise nicht ganz entfallen. Beispielsweise mag es innerdeutsch bei der vom BGH bejahten Wandelbarkeit des Scheidungsfolgenstatuts bleiben.

[27] So BegrRegE, BT-Drucks. 10/504, 30.

[28] Siehe das zu ausländischen Mehrrechtsstaaten (oben II 1 b) Gesagte. Für das innerdeutsche Kollisionsrecht im Ergebnis ähnlich *Kegel* § 13 II 8, für dessen starre Anknüpfungsleiter freilich eine gesetzliche Grundlage und ein Bedürfnis fehlen.

Im einzelnen: Der Leipziger, der endgültig nach Frankfurt zieht, unterliegt in den Fragen, in denen unser IPR auf die Staatsangehörigkeit abstellt, grundsätzlich dem westdeutschen Recht. Umgekehrt wird für den Frankfurter, der endgültig nach Leipzig zieht, auf das Recht der DDR verwiesen, das freilich auf westdeutsches Recht zurückverweisen kann. Auch für Auslandsdeutsche entscheidet die engste Verbindung des Sachverhalts zu einem der beiden deutschen Staaten, und es ist nicht etwa stets das Recht der Bundesrepublik Deutschland anzuwenden[29]. Verzieht der Leipziger also nach Kairo, so ist sein „Heimatrecht" das Recht der DDR, weil er dort seinen letzten gewöhnlichen Aufenthalt hatte.

Soviel zum heutigen Stand des innerdeutschen Kollisionsrechts. Die weiteren Wandlungen des Kollisionsrechts zwischen den beiden deutschen Staaten werden entscheidend von der allgemeinen politischen Entwicklung abhängen.

§ 30 Interpersonales Recht

I. Den *Ausdruck* interpersonales (intergentiles, interkonfessionelles oder interreligiöses) Recht gebraucht man, wenn in einem Lande für Angehörige verschiedener Personengruppen (Rassen, Stämme, Stände oder Konfessionen) unterschiedliche Sachnormen gelten und deren Anwendungsbereiche durch besondere Regeln abgegrenzt werden. Heute ist interpersonales Recht vor allem noch in der Gestalt interreligiösen Rechts bedeutsam[1].

Unterschiedliche Rechte je nach der *Abstammung* galten lange Zeit im Römischen und im Frankenreich und gelten heute noch in früheren und jetzigen Kolonialgebieten. Besonderes Privatrecht für die Angehörigen eines *sozialen Standes* – früher vielfach für Adel, Geistlichkeit, Bürger und Bauern üblich – gibt es heute in Europa wohl nur noch für Mitglieder regierender Häuser. – *Religiöses* Recht, das meist nur auf die Angehörigen der betreffenden Religionsgemeinschaften anwendbar ist, gilt mit bürgerlicher Wirkung vor allem in den islamischen und südostasiatischen Ländern sowie in Israel, und zwar im wesentlichen für das Personen-, Familien- und Erbrecht (während das Recht des Geschäftsverkehrs auch dort überall unter starkem europäischem Einfluß steht), außerdem in vielen christlichen Ländern für Teile des Eherechts, etwa indem eine kirchliche Eheschließung statt einer staatlichen möglich ist.

Die personalen Rechtsordnungen können auch über den Bereich eines Staates hinausgreifen (so die meisten religiösen Rechte). Sie können ferner ihrerseits wieder personale oder territoriale Teilrechtsordnungen besitzen; z.B. gliedert sich das kanonische Recht der katholischen Kirche personal in das Recht der lateinischen Kirche und der orientali-

---

[29] Anders z.B. *Raape/Sturm* I 382f.
[1] Siehe dazu umfassend *Klaus Wähler*, Interreligiöses Kollisionsrecht im Bereich privatrechtlicher Rechtsbeziehungen (1978); bespr. in RabelsZ 43 (1979) 776.

schen (unierten) Kirchen, territorial in das Recht der einzelnen Bistümer und Missionsbezirke[2].

Das Verhältnis von personalem Recht und Gerichtsbarkeit ist sehr unterschiedlich: Manchen personalen Rechtsordnungen entspricht ein eigenes, staatlich voll anerkanntes Gerichtssystem (so weitgehend im Orient); andere werden von den allgemeinen staatlichen Gerichten angewandt (so z. B. in Ägypten); teilweise besteht eine vom Staat nur partiell anerkannte besondere Gerichtsbarkeit.

II. *Historisch* ist das „System der persönlichen Rechte" (wie man besonders das im Frankenreich seinerzeit bestehende Nebeneinander rein personaler Rechte zu nennen pflegt) zweifellos älter als die Territorialität der Rechtsordnungen; denn von Natur aus bezieht sich das Recht auf Menschen und nicht auf ein Territorium. Aber trotz vieler historischer Beispiele der Personalität hat sich daraus wohl niemals ein umfassendes, konsequentes Kollisionsrecht entwickelt.

Das wohl einzige streng auf der Gleichberechtigung personaler Rechtsordnungen aufgebaute Kollisionsrecht, nämlich das intergentile Recht Niederländisch-Indiens, das auf dem Nebeneinander besonderer Rechtsordnungen für Europäer, „asiatische Ausländer" (Chinesen) und Eingeborene beruhte (für letztere galt das in sich vielfach zersplitterte sog. Adatrecht), war eine künstliche Schöpfung der Kolonialverwaltung und der Wissenschaft[3]. Im Zeichen der Selbständigkeit und nationalen Einheit Indonesiens wird es schrittweise durch Schaffung von Einheitsrecht verdrängt.

Meistens ist man in ganz einfache Lösungen ausgewichen, etwa in den grundsätzlichen Vorrang einer beteiligten Rechtsordnung (so im conflit colonial) oder in die Entscheidung nach dem Recht des jeweiligen Beklagten. Insbesondere hat *Mancinis* Gedanke einer Personalisierung der modernen Territorialrechte durch das Staatsangehörigkeitsprinzip nur beschränkten Erfolg gehabt. Gerade weil das Recht wesensmäßig Ordnung zwischen Menschen ist, zeigt sich für Beziehungen, an denen Angehörige verschiedener Rechtsgemeinschaften beteiligt sind, immer wieder die Tendenz zu einer „neutralen", also unpersönlichen Anknüpfung, insbes. zur Anknüpfung an einen Ort oder ein Territorium.

---

[2] Vgl. etwa *Neuhaus*, Zum Kollisionsrecht des C. I. C.: RabelsZ 30 (1966) 40 (47 ff.).
[3] Siehe etwa *Kollewijn*, Intergentiel Recht (Den Haag und Bandung 1955) 193–213; *Lemaire*, Kwesties bij de studie van het intergentiel recht (1956; italienische Übersetzung in Dir. int. 15 [1961] I 103–122), bespr. von *Kollewijn* in Ned. T. Int. R. 4 (1957) 199 ff.; *Gouwgioksiong*, Law Reform in Indonesia: RabelsZ 26 (1961) 535 (538–543); *ders.*, Interpersonal Law in Indonesia: RabelsZ 29 (1965) 545 ff., wo er *Kollewijn*, den ersten Inhaber eines besonderen Lehrstuhls für intergentiles Recht in Batavia (seit 1924), als den „Vater des intergentilen Rechts" bezeichnet (546).

Die daraus erwachsene Auffassung von der Territorialität der Rechtsordnungen hat sich im europäischen IPR schließlich so durchgesetzt, daß es z.B. im deutschen IPR zwar die rein territoriale Verweisung auf das Recht eines Ortes gibt (Artt. 11 I, 26 I Nr. 2 EGBGB), dagegen nicht die rein personale Verweisung auf das Recht einer Person ohne ausdrückliche Zwischenschaltung des Staates, dem diese Person angehört oder in dem sie ihren Wohnsitz oder Aufenthalt hat. Hier wird als selbstverständlich vorausgesetzt, daß jeder Ort zu einem bestimmten Rechtsgebiet gehört, aber nicht jeder Mensch ohne weiteres zu einer bestimmten Rechtsgemeinschaft.

III. Die *Zukunft* der personalen Rechtsordnungen ist ungewiß. Die alten Stammesrechte scheinen auch im unabhängigen Afrika und Asien keine großen Chancen zu haben, da der Zug der Zeit dort offenbar vom Tribalismus zum einheitlichen Territorialstaat geht. Von den islamischen Staaten haben einige inzwischen nicht nur ein einheitliches staatliches Kollisionsrecht, sondern auch ein staatliches Familienrecht, das zwar auf islamischen Anschauungen beruht, dem aber alle eigenen Staatsbürger unterworfen sind, gleichgültig welcher Religionsgemeinschaft sie im einzelnen angehören[4]. Eine allgemeine Renaissance der religiösen Rechte ist wenig wahrscheinlich, vielmehr neigt die Mehrzahl der neueren religiösen Bewegungen eher zu einer Entrechtlichung der Religion.

Indes haben wir einstweilen noch damit zu rechnen, daß territoriale und personale Anknüpfungen nebeneinander bestehen und daß daher das Kollisionsrecht bisweilen auch eine personale Rechtsordnung bezeichnen muß. Unsere Anknüpfung bedarf dann einer zusätzlichen Konkretisierung.

IV. Zur *Konkretisierung* der Anknüpfung ist folgendes zu sagen:

Während in einem Staat mit mehreren territorialen Teilrechtsordnungen die Anknüpfung an einen bestimmten Ort eindeutig ist und die Anknüpfung an eine Person (oder an mehrere Personen oder Orte) unklar sein kann, ist es in einem Staat mit mehreren personalen Rechtsordnungen umgekehrt: Hier ist die Anknüpfung an die Staatsangehörigkeit, den Wohnsitz oder Aufenthalt einer bestimmten Person ohne weiteres auf das Recht der engeren Gemeinschaft zu beziehen, der die Person angehört; dagegen ist die bloße Bezugnahme auf das Recht eines Ortes in diesen Staaten mehrdeutig, wenn keine der personalen Rechtsordnungen als bevorzugtes „Ortsrecht" gilt. Die Konkretisierung der Anknüpfungen erfolgt im letzten Falle durch ein „Umschalten" von dem rein örtlichen zu einem personalen Element.

Für die Umschaltung gelten dieselben Rechtssätze wie bei Berufung einer Rechtsordnung mit mehreren territorialen Teilrechten (vgl. oben § 29 II). Primär ist nach einschlägigen Regeln in dem betreffenden fremden Staate zu

---

[4] Vgl. zur Entwicklung in den sog. Maghreb-Staaten (Algerien, Marokko, Tunesien) *Kotzur,* Kollisionsrechtliche Probleme christlich-islamischer Ehen (1988).

suchen (Art. 4 III 1 EGBGB). So fand sich in Niederländisch-Indien die Regel, daß Grundstücke nur dann dem Eingeborenenrecht unterstanden, wenn sie niemals der Niederländisch-Ostindischen Kompanie gehört hatten und nicht vom Staate auf einen europäischen Eigentümer übertragen worden waren[5]. Aber meistens kennen die Staaten mit mehreren personalen Rechtsordnungen auch in ihrem IPR für die fraglichen Materien keine lokalen Anknüpfungen und haben daher kein Bedürfnis nach solchen Umschaltungsregeln. Dann hat der fremde Richter, den eine lokale Anknüpfung seines IPR auf das Recht dieses Staates verweist, die Umschaltung selbst vorzunehmen, indem er die engste Verbindung des Sachverhalts zu einer Teilrechtsordnung aufspürt (Art. 4 III 2 EGBGB). Beispielsweise kann als Ortsrecht eines öffentlich beurkundeten Rechtsgeschäfts oder einer Trauung das von der Urkundsperson bzw. von dem Trauenden befolgte Recht angesehen werden.

Mit diesen Bemerkungen zum interpersonalen Recht verlassen wir die „Sonderfragen der Anknüpfung" und wenden uns im nächsten Kapitel den Fragen zu, die mit der Anwendung fremden Rechts zusammenhängen.

---

[5] *Kollewijn* (vorletzte Note) 200; vgl. *Gouwgioksiong* (vorletzte Note) 538.

V. Kapitel: Die Anwendung fremden Rechts

§ 31 Eigenheiten der Anwendung fremden Rechts

I. Wesen und Ziel der Anwendung fremden Rechts

1. Ihrem *Wesen* nach ist die Anwendung fremden Rechts – entgegen allen gekünstelten Theorien – wirklich Anwendung *fremden* Rechts, nicht etwa Anwendung eigenen Rechts in bloßer Nachahmung eines fremden (also nicht Anwendung einer von Fall zu Fall geschaffenen inländischen Parallelnorm) und auch nicht eine Art der Rezeption (wie ein fremdes Gesetzbuch rezipiert wird oder das beibehaltene Recht eines annektierten Gebietes). Anderseits handelt es sich um die Anwendung von fremdem *Recht* und nicht die bloße Berücksichtigung einer Tatsache (wie eines Vertrages oder eines Handelsbrauchs). Zwar entfaltet ein ausländischer Rechtsetzungsakt als solcher keine verbindliche Wirkung über den Hoheitsbereich des betreffenden Staates hinaus; vielmehr bedarf es für die Anwendung fremden Rechts eines entsprechenden Befehls der inländischen Rechtsordnung. Aber nicht der staatliche Befehl macht das Wesen des Rechts aus – sonst gäbe es kein außerstaatliches Völker-, Kirchen-, Welthandelsrecht –, sondern die Ordnungsfunktion, d. h. seine Bestimmung zur gerechten Regelung menschlichen Zusammenlebens. Die Eigenart der Anwendung fremden Rechts zeigt sich vor allem darin, daß die fremden Normen – wohl unbestritten – auch im Inland aus dem Zusammenhang und Geist der fremden Rechtsordnung ausgelegt werden müssen[1]; eine bloße Tatsache (wie eine private Willenserklärung) und eine wirklich rezipierte – also nunmehr inländische – Rechtsnorm sind dagegen nach den Maßstäben des inländischen Rechts zu werten. Ferner kommt ein inländisches Verfahren zur Überprüfung der Verfassungsmäßigkeit von Gesetzen, d. h. zur Feststellung der inländischen Rechtserzeugungs- und Gültigkeitserfordernisse, für ausländische Rechtsnormen nicht in Betracht (siehe auch unten II).

2. Das *Ziel* der Anwendung fremden Rechts muß es sein, es ebenso wie ein Richter des betreffenden Landes anzuwenden, soweit das bei der Verschiedenheit des Gerichtsverfassungs- und Prozeßrechts und überhaupt von einem

---

[1] Vgl. BGH 16. 6. 1969, WM 1969, 1140 = IPRspr. 1968–69 Nr. 3 unter II 1: „Die jeweils anwendbare Rechtsordnung bildet ein einheitliches Ganzes, so daß selbst die Anwendung wörtlich übereinstimmender, in verschiedenen Ländern geltender Vorschriften nach ihrem Zusammenhang mit den anderen Sachnormen der jeweiligen Rechtsordnung zu unterschiedlichen Ergebnissen führen kann."

anderen Lande her möglich ist[2]. Damit erhält der inländische Richter in der Regel mehr Freiheit, als die Metapher ausdrückt, bei der Anwendung eigenen Rechts sei er Architekt, bei der Anwendung fremden Rechts Fotograf[3].

Vor allem darf der Richter sich nicht mit der reinen Wortinterpretation eines Gesetzes begnügen oder bei Mehrdeutigkeit eines Textes die ihm vernünftiger scheinende Auslegung wählen, falls er damit der feststehenden Praxis des betreffenden Landes widerspricht[4]. Bei Bedarf muß er auch die „frightening task" anpacken, zu einer umstrittenen Frage Stellung zu nehmen[5]. Meist wird er den Streitstand weniger umfassend feststellen können als bei Maßgeblichkeit inländischen Rechts. Aber auch wenn eine einzelne Frage nicht mit letzter Sicherheit beantwortet werden kann, etwa weil eine ausländische höchstrichterliche Entscheidung nicht vorliegt oder nicht bekannt ist, sollte der Richter sie im Geiste des ausländischen Rechts mit Hilfe des ihm zugänglichen Materials zu entscheiden suchen[6]. Damit wird er dem Auftrag des Kollisionsrechts besser gerecht als durch einen Rückgriff auf die lex fori als Ersatzrecht (näher unten III).

Ist die Praxis des fremden Staates geteilt – z.B. zwischen Gerichten und Verwaltungsbehörden, zwischen den für vermögensrechtliche Fragen zuständigen weltlichen und den in Statussachen zuständigen religiösen Gerichten, zwischen verschiedenen Obergerichten oder gar zwischen mehreren Abteilungen desselben Gerichts –, so wird der inländische Richter im Interesse des Entscheidungseinklangs fragen, welche ausländische Instanz für seinen konkreten Fall am ehesten zuständig wäre, und wird – mangels anderer durchschlagender Gesichtspunkte – deren Praxis folgen.

Selbst vor einer Fortentwicklung des fremden Rechts im Wege richterlicher Rechtsschöpfung darf das Gericht nicht zurückschrecken, wenn das fremde Recht eine aus seinem Sinnzusammenhang zu schließende Lücke aufweist oder wenn die bisherige Regelung eindeutig überholt ist. Grundsätzlich sollte der

---

[2] Näher zur Bedeutung der genannten Umstände etwa *Neuhaus*, RabelsZ 20 (1955) 236, 240f., 245.

[3] Kritisch zu diesem Bild *Goldschmidts* auch *Kegel* § 15 III.

[4] Ein „berühmtes" Beispiel falscher Anwendung fremden Rechts bietet Cour Douai 27. 1. 1925, Clunet 52 (1925) 398: „Beiwohnen" in § 1717 a.F. BGB müsse nach Sinn und Zusammenhang der Vorschrift mehr als einmaligen Geschlechtsverkehr bedeuten.

[5] Von „the frightening task of settling a question as yet unsettled by the lex causae" spricht *Furmston*, Mod. L. Rev. 22 (1959) 317 unter Hinweis auf „Wynn-Parry J.'s struggle with Spanish notions on renvoi in *Re Duke of Wellington* [1947] Ch. 706" (lies: 506) – vgl. dazu den Abdruck des Urteils in RabelsZ 15 (1949–50) 149ff., besonders 154–159, und die Anmerkung von *W. Goldschmidt* ebd. 342ff.

[6] Bedenklich BGH 23. 12. 1981, FamRZ 1982, 263 (265) = IPRspr. 1981 Nr. 2 S.7: Wenn der deutsche Richter nicht in der Lage sei, „eine im ausländischen Recht umstrittene, in der Rechtsprechung noch nicht entschiedene Frage sicher(!) zu beurteilen", sei das ausländische Recht nicht feststellbar und ein Ersatzrecht anzuwenden. Kritisch hierzu *Wengler*, Der deutsche Richter vor unaufklärbarem und unbestimmtem ausländischen Recht: JR 1983, 221.

Richter sich dabei an die methodischen Regeln halten, die in dem fremden Land beachtet werden. Eine Freiheit der Rechtsfindung oder -anwendung, die nach inländischen Begriffen als Willkür erscheint – selbst wenn das ausländische Recht sie ausdrücklich vorsieht, etwa eine Entscheidung nach „revolutionärem Bewußtsein" –, ist dem Richter im Rechtsstaat freilich versagt. Im Zweifel wird er das fremde Recht – eben weil es ein fremdes ist – ohnehin zurückhaltend handhaben.

II. Die Prüfung der Rechtmäßigkeit fremden Rechts

Die Rechtmäßigkeit ausländischer Normen ist in unterschiedlichem Maße zu beachten.

1. Die *Verfassungsmäßigkeit* eines fremden Gesetzes – d.h. die Übereinstimmung mit der ausländischen Verfassung[7] – hat der Richter insoweit zu prüfen, als ein Gericht des betreffenden Landes dies tun würde. Kennt das Land keine gerichtliche Prüfung der Verfassungsmäßigkeit, so darf also auch der inländische Richter die Anwendung eines Gesetzes dieses Staates nicht wegen Verfassungswidrigkeit verweigern. Kann die Verfassungswidrigkeit dort von jedem beliebigen Gericht incidenter festgestellt werden, dann auch von einem hiesigen Gericht[8]. Eine solche Feststellung hat im Prinzip Vorrang vor der Feststellung eines etwaigen Verstoßes gegen die inländische Verfassung (gegen den inländischen ordre public). Ist schließlich die Feststellung der Verfassungswidrigkeit in jenem Lande einem besonderen Gericht vorbehalten, so sind dessen Entscheidungen bei uns zu respektieren; bis zu einer solchen Entscheidung – die freilich mangels Antragsberechtigung ausländischer Stellen nicht durch Aktenvorlage herbeigeführt werden kann – ist nach herrschender Meinung jedes Gesetz als gültig zu behandeln[9].

2. Unerheblich ist nach richtiger Ansicht die *völkerrechtliche Legitimität* der Regierung, welche ein Gesetz erlassen hat (insbesondere die Tatsache ihrer Anerkennung oder Nichtanerkennung durch den Staat, dem das erkennende Gericht angehört), oder das Bestehen diplomatischer Beziehungen zu ihr oder

---

[7] Zur Vereinbarkeit mit der Verfassung des Urteilsstaates siehe unten § 36 IV.
[8] Anders *Kahn-Freund*, Constitutional Review of Foreign Law?, in: Internationales Recht und Wirtschaftsordnung, FS Mann (1977) 207 (211ff.): Soweit ein Grundrechtsverstoß in Rede stehe, könne ein fremder Richter diese „politisch" getönte Überprüfung überhaupt nicht vornehmen.
[9] So BayObLG 21.2.1969, NJW 1969, 988 = IPRspr. 1968–69 Nr. 106 S. 247f. mit Literatur, sowie OLG Hamm 29.11.1969, FamRZ 1970, 95 = IPRspr. 1968–69 Nr. 113 S. 266, ferner Union Internationale des Magistrats, 1ère Commission, 17.6.1972 (rapporteur: *Rigaux*), Ned. T. Int. R. 19 (1972) 81 (83f.).

die Tatsache, daß es sich um Besatzungsrecht handelt; wesentlich ist nur, daß das Regime eine gewisse Stabilität gezeigt hat (siehe oben § 8 II).

3. Eine dem Inhalt nach *völkerrechtswidrige* Norm, die in dem Ursprungsland in faktischer Geltung steht, ist im Inland jedenfalls dann nicht anzuwenden, wenn sie gegen zwingendes Völkerrecht (ius cogens) verstößt (völkerrechtlicher ordre public, dazu oben § 8 I 2). Aber auch sonstige Völkerrechtsverstöße können über den nationalen ordre public zur Nichtanwendbarkeit führen (siehe unten § 36 III 2).

III. Ersatzrecht bei Nichtfeststellbarkeit fremden Rechts

Im Prozeß ist fremdes Recht grundsätzlich von Amts wegen zu ermitteln, wie sich aus § 293 ZPO ergibt. Einzelheiten gehören in das Internationale Zivilverfahrensrecht (unten § 59 I).

Wenn das maßgebende ausländische Sachrecht im Einzelfall einmal nicht ermittelt werden kann, ergibt sich das Bedürfnis nach einem „Ersatzrecht", also nach Anwendung einer anderen als der zunächst maßgeblichen Rechtsordnung.

Die Frage nach einem Ersatzrecht kann immer dann entstehen, wenn einschlägige positive Normen der an sich maßgebenden Rechtsordnung von unseren Gerichten nicht angewendet werden können; so auch, wenn das maßgebende Recht durch die Vorbehaltsklausel des ordre public ausgeschaltet ist (siehe unten § 36 V) oder wenn es die Existenz des Rechtsverhältnisses, das es regeln soll, nicht anerkennt (z. B. bei einer „hinkenden Ehe"; siehe unten § 35 IV 2). Dagegen braucht man kein Ersatzrecht, wenn das ausländische IPR nicht ermittelt und das Vorliegen eines Renvoi deshalb nicht mit Sicherheit beurteilt werden kann; es bleibt dann bei der von unserem IPR ausgesprochenen Verweisung und also bei der Anwendung ausländischen Sachrechts[10].

Ist das anwendbare materielle Recht nicht feststellbar, so führt eine negative Entscheidung – indem man den Klageanspruch zurückweist oder sonstwie den Eintritt einer Rechtsfolge ablehnt – in der Regel nicht zu einem annehmbaren Ergebnis. Denn viele Rechtsfragen müssen auf die eine oder andere Weise positiv beantwortet werden (so z. B. die Frage nach dem Namen eines Kindes, vgl. oben § 20 IV), und eine Beweislast hinsichtlich ausländischer Rechtssätze besteht nach deutschem Recht grundsätzlich nicht (vgl. aber unten 3 c). Soweit freilich Ansprüche aus einem ausländischen wirtschaftspolitischen Gesetz – etwa auf dem Gebiet des Enteignungs- oder Kartellrechts – geltend gemacht werden, kann der Nachweis dieses Gesetzes wegen seiner ausgeprägt nationalen Tönung in der Regel nicht durch die Heranziehung eines anderen Rechts ersetzt werden.

---

[10] Ebenso etwa *M. Wolff* 77; *Jayme*, AcP 188 (1988) 440; anders *von Bar* I Rz. 624.

Allgemein ist vor einem vorschnellen Rückzug von dem an sich berufenen Recht auf ein Ersatzrecht zu warnen. Der Auslandsbeziehung des Falles entspricht es besser, das fremde Recht anzuwenden, so gut es geht, als bei jeder Schwierigkeit und Unsicherheit in der Rechtsfindung auf ein Ersatzrecht auszuweichen. Der Richter hat nicht nur feststehende ausländische Rechtssätze anzuwenden, sondern er muß das ausländische Recht in Zweifelsfällen auch mit den ihm verfügbaren Mitteln auslegen oder fortbilden (siehe oben I 2).

1. *Grundsätzlich* – so der BGH – ist die *lex fori* als Ersatzrecht berufen[11]. Die Aufstellung dieses Grundsatzes durch die Rechtsprechung dient der Rechtssicherheit und der Vorhersehbarkeit der Entscheidung durch die Parteien. Nahezu alle ausländischen Rechte entscheiden ebenso.

Die kollisionsrechtliche Gerechtigkeit ist nicht unvertretbar beeinträchtigt, sofern starke Inlandsbeziehungen bestehen. Das läßt sich besonders dann sagen, wenn die Inlandsbeziehung in dem fraglichen Bereich Gegenstand einer Hilfsanknüpfung ist (vgl. unten 2 b) oder wenn sie zumindest Gegenstand eines Anknüpfungsmomentes sein könnte, so im Personen-, Familien- und Erbrecht bei gewöhnlichem Aufenthalt im Inland[12].

Die internationale Entscheidungsgleichheit kann zwar, muß aber nicht gefährdet sein. Da es nach den meisten Rechtsordnungen für die Anerkennung einer Entscheidung nicht darauf ankommt, welches Recht in der Sache angewandt wurde, wird die Anerkennung – etwa in dem Staat, dessen Recht an sich maßgebend war – in der Regel nur scheitern, wenn das Ergebnis der Anwendung inländischen Rechts gegen den ordre public des fremden Staates verstößt. Die Gefährdung der Entscheidungsgleichheit ist um so höher, je enger die Verbindungen des Sachverhalts zum Ausland und je lockerer sie also zum Inland sind (siehe unten § 36 II 2).

Bei nur schwachen Inlandsbeziehungen ist in Hinblick auf die Ideale der kollisionsrechtlichen Gerechtigkeit und der internationalen Entscheidungsgleichheit also an Ausnahmen vom Grundsatz der lex fori zu denken.

2. *Ausnahmsweise* ist – nach der Rechtsprechung des BGH – ein anderes Ersatzrecht heranzuziehen, wenn „die Anwendung des inländischen Rechts äußerst unbefriedigend wäre". Das kann zu bejahen sein, wenn der Sachverhalt keine oder nur eine vergleichsweise unbedeutende Verbindung zum Inland aufweist[13]; ferner etwa, wenn das inländische Sachrecht eine in rechtsver-

---

[11] BGH 16. 10. 1977, BGHZ 69, 387 = IPRspr. 1977 Nr. 98 b; ferner 23. 12. 1981 (oben N. 6). Kritisch *Heldrich*, Heimwärtsstreben auf neuen Wegen, in: Konflikt und Ordnung, FS Ferid (1978) 209.

[12] Auch der BGH betont die Bedeutung der Inlandsbeziehung. In beiden genannten Entscheidungen (vorige Note) bestand ein gewöhnlicher Aufenthalt im Inland.

[13] Hier ist insbesondere an die Fälle zu denken, in denen das deutsche Kollisionsrecht eine

gleichender Sicht „ausgefallene" Lösung anbietet, wie den Versorgungsausgleich oder den schuldrechtlichen Pflichtteilsanspruch; oder wenn es – bei nur teilweiser Nichtfeststellbarkeit des fremden Rechts – mit dem ermittelten Bestand fremder Normen nicht zusammenpaßt. In solchen Fällen gibt es verschiedene Ausweichmöglichkeiten.

a) Zu nennen ist zum einen die Anwendung des *wahrscheinlich geltenden oder nächstverwandten Rechts*[14]. Sie hat den Vorzug, sich von der kollisionsrechtlichen Verweisung am wenigsten zu entfernen, ist aber wegen ihres spekulativen Elements gefährlich. Immerhin erscheint es bisweilen als das geringste Übel, von dem Recht eines Staates auf das eines anderen zu schließen, welcher derselben Rechtsfamilie angehört[15]. Auch zwischen verwandten religiösen Rechten liegt ein solcher Schluß mitunter nahe[16]. Dagegen wird es zunehmend bedenklicher, das Recht eines sich emanzipierenden Entwicklungslandes aus der europäischen Mutterrechtsordnung abzuleiten.

An die Anwendung eines *subsidiären gemeinen Rechts* kann bei bestimmten Rechtsordnungen ebenfalls gedacht werden. Als solches galt in früheren Jahrhunderten weithin das römische Recht und gilt heute noch im anglo-amerikanischen Rechtskreis das Common Law sowie im Verhältnis der spanischen Foralrechte zueinander das derecho común. Aber vielfach gibt es nichts dergleichen, und wenn es vorhanden ist, braucht es mit dem zu ersetzenden speziellen Rechtssatz keineswegs übereinzustimmen.

b) Eine Alternative bietet der Rückgriff auf eine *Hilfsanknüpfung des eigenen Kollisionsrechts*[17]. Auf diese Weise wird in Portugal das Ersatzrecht sogar im Regelfalle ermittelt (Art. 23 II C. c.). In Deutschland erscheint eine Hilfsanknüpfung angängig, wenn die Anwendung des wahrscheinlich geltenden oder nächstverwandten Rechts nicht möglich oder nicht befriedigend ist. Gegenüber der verstümmelten Anwendung des in erster Linie berufenen Rechts bietet der Rückzug auf eine Hilfsanknüpfung – ebenso wie die Anwendung der lex fori –

Hilfsanknüpfung bereitstellt, die in casu nicht auf das deutsche, sondern auf ein ausländisches Recht führt; siehe sogleich unter b.

[14] Siehe BGH 16. 10. 1977 (oben N. 11) m. Nachw. Die Grenze zwischen „wahrscheinlich geltendem Recht" als Ersatzrecht und Auslegung oder Fortbildung des primär maßgebenden Rechts, die vorrangig in Betracht kommt, ist mitunter fließend.

[15] Beispielsweise von einem amerikanischen Gliedstaat auf einen anderen; siehe LG Hamburg 24. 3. 1976, IPRspr. 1976 Nr. 160. Kein Beispiel bietet dagegen die gelegentlich genannte Entscheidung RG 11. 4. 1940, RGZ 163, 367, wo für den Inhalt belgischen Rechts die französische Rechtsprechung und Literatur zitiert wird: Das Gericht ging nicht von der Ähnlichkeit belgischen und französischen Rechts aus, sondern (irrtümlich) von ihrer Einheit. Heute ist belgisches Recht (außer im Eilverfahren) immer ermittelbar.

[16] Als Beispiel siehe BayObLG 19. 3. 1970, BayObLGZ 1970, 77 = IPRspr. 1970 Nr. 65 S. 210–212: jakobitisches Familienrecht wird aus dem Recht anderer orientalischer Kirchen erschlossen.

[17] Siehe hierzu *Klaus Müller*, Zur Nichtfeststellbarkeit des kollisionsrechtlich berufenen ausländischen Rechts: NJW 1981, 481.

den Vorteil erhöhter Rechtssicherheit und Praktikabilität. Sie eröffnet die Möglichkeit einer Entscheidungsgleichheit mit jenen Staaten, welche dieselbe Anknüpfung kennen. Aber auch gegenüber dem Rückgriff auf die lex fori ist es in der Regel vorzugswürdig, sich einer bereitstehenden Hilfsanknüpfung zu bedienen, weil die Verbindungen zu der so bezeichneten Rechtsordnung nach den Wertungen unseres Kollisionsrechts enger sind als zum Recht des Forums, dessen Anwendung deshalb als willkürlich und äußerst unbefriedigend erscheinen könnte.

Im Personen-, Familien- und Erbrecht wird meist ein Ersatz für die Anknüpfung an die Staatsangehörigkeit benötigt. Besteht für ein Rechtsgebiet eine Anknüpfungsleiter, wie im Familienrecht (Art. 14 I EGBGB), so muß man auf ihre nächste Sprosse steigen. Ist keine Leiter aufgestellt, wie im Erbrecht (Art. 25 EGBGB), so kann wie bei Staatenlosen entschieden werden (Art. 5 II EGBGB). Dagegen ist eine Hilfsanknüpfung nicht möglich, wo das geltende IPR eine solche nicht bereitstellt, wie z. B. beim objektiven Schuldvertragsstatut (Art. 28 EGBGB).

c) *Weitere Lösungen*, die bisweilen empfohlen werden, dürften kaum einmal in Betracht kommen.

Die Anwendung durch Rechtsvergleichung gewonnener *allgemeiner Rechtsgrundsätze* (oben § 11 I 3) ist außerordentlich unsicher. Soweit nicht die Entnahme eines gleichlautenden Rechtssatzes aus nahe verwandten Rechtsordnungen gemeint ist (siehe oben a), sondern die Wahl der „besten" Lösung innerhalb einer Rechtsfamilie[18], dürfte hierzu nur ein hochqualifiziertes Gericht, etwa ein mit rechtsvergleichend erfahrenen Fachleuten besetztes Schiedsgericht, in der Lage sein. Der staatliche Richter fühlt sich zu solchen Entscheidungen im allgemeinen nicht berufen.

Der subsidiäre Rückgriff auf *internationales Einheitsrecht*, das in Staatsverträgen oder supranationalen Rechtsetzungsakten der EG enthalten, im konkreten Fall jedoch an sich nicht anwendbar ist, trägt zwar dem Wunsch nach Normenbestimmtheit Rechnung[19]. Aber wenn die sachlichen oder räumlichen Anwendungsvoraussetzungen des Einheitsrechts nun einmal nicht gegeben sind, darf der Richter die dahinter stehende ablehnende rechtspolitische Entscheidung der Staaten in aller Regel nicht überspielen.

3. Speziell im *Eilverfahren*, in dem das ausländische Recht zwar grundsätzlich ebenfalls von Amts wegen ermittelt werden muß, kommt es besonders oft zu einem Rückgriff auf ein Ersatzrecht, insbesondere auf die lex fori. Je eilbedürftiger nämlich eine Entscheidung ist, desto schneller muß das Gericht seine Bemühungen um die Ermittlung des fremden Rechts abbrechen, ja es muß

---

[18] Dafür in gewissem Umfang *Kötz*, Allgemeine Rechtsgrundsätze als Ersatzrecht: RabelsZ 34 (1970) 663 (674 mit N. 37).
[19] Siehe *Kreuzer*, Einheitsrecht als Ersatzrecht: NJW 1983, 1943 (1947).

in Fällen besonderer Eilbedürftigkeit unter Umständen sofort nach inländischem Recht entscheiden, wenn das fremde Recht nicht sogleich feststellbar ist[20]. Im einzelnen ist in Deutschland zu differenzieren:

a) *Vorläufige Maßregeln im Bereich von Vormundschaft und Pflegschaft* sind kraft gesetzlicher Anordnung stets sofort nach der lex fori zu treffen (Art. 24 III EGBGB). Eine Anwendung und Ermittlung ausländischen Rechts ist hier im Interesse der Vereinfachung von vornherein ausgeschlossen. Der Gesetzgeber hat diese radikale Lösung jedoch bewußt nicht verallgemeinert[21].

Im Rahmen des Haager Minderjährigenschutzabkommens von 1961 sind Eilmaßnahmen (Art. 9) und nicht eilbedürftige Schutzmaßnahmen nach der lex fori zu treffen (Artt. 2 und 4).

b) Für *einstweilige Anordnungen in Ehesachen* (§ 620 ZPO) ist die lex fori nur dann anzuwenden, wenn das für die allgemeinen Wirkungen der Ehe bzw. die Kindschaft maßgebende Recht (Artt. 14, 19 I EGBGB) innerhalb der zur Verfügung stehenden Zeit nicht ermittelt werden kann.

Die Rechtsprechung der Oberlandesgerichte ist freilich gespalten. Teilweise wird eine absolute Maßgeblichkeit der lex fori angenommen, die das EGBGB – wie soeben erwähnt – aber nur für vorläufige Maßregeln im Rahmen von Vormundschaft und Pflegschaft kennt. Nicht stichhaltig ist die für die sofortige Anwendung der lex fori gegebene Begründung, eine Unterscheidung danach, ob und wie schnell das Gericht nach dem Stand seiner Erfahrungen und Hilfsmittel das fremde Recht ermitteln könne, sei mit dem Grundsatz nicht zu vereinbaren, daß gleiche Fälle gleich zu behandeln sind[22]. Der Gleichheitssatz schreibt keine Einheitlichkeit auf unterstem Niveau vor, sondern läßt sinnvolle Differenzierungen durchaus zu. Wenn die Ermittlung des ausländischen Rechts ohne unangemessene Verzögerung des Verfahrens möglich ist, wäre es unzweckmäßig, nach inländischem Recht eine vorläufige Regelung zu treffen, die nach dem maßgebenden fremden Recht möglicherweise unzulässig ist und später schon aus diesem Grunde wieder aufhoben werden muß.

c) Für *einstweilige Verfügungen* (§ 935 ZPO) wird die Pflicht des Gerichts, das ausländische Recht von Amts wegen zu ermitteln, unter Betonung der Mitwirkungspflicht der Parteien (vgl. § 293 ZPO) in der Praxis erheblich eingeschränkt. Die Gerichte benutzen wegen der Eilbedürftigkeit nur präsente Erkenntnisquellen. Im übrigen muß die Partei, die günstige Schlüsse aus dem maßgebenden fremden Recht herleitet, es darlegen und glaubhaft machen (vgl.

---

[20] So auch das österreichische Recht. Siehe die erläuternde Regierungsvorlage zu § 4 II IPR-Gesetz, der lautet: „Kann das fremde Recht trotz eingehendem Bemühen innerhalb angemessener Frist nicht ermittelt werden, so ist das österreichische Recht anzuwenden."

[21] Siehe BegrRegE, BT-Drucks. 10/504, 74: Danach will das Gesetz es aber auch bei sonstigen Eilfällen nicht ausschließen, aus Gründen der Praktikabilität vorläufig die lex fori heranzuziehen, „wenn sonst effektiver Rechtsschutz nicht geleistet werden könnte". Dieser Nachsatz ist zu beachten.

[22] So aber OLG Köln 20. 2. 1973, MDR 1973, 674 = IPRspr. 1973 Nr. 149.

§ 920 II ZPO). Sonst wird im allgemeinen gegen sie entschieden und nicht auf ein Ersatzrecht, wie die lex fori, zurückgegriffen[23].

Was diese von den sonstigen Grundsätzen abweichende Praxis rechtfertigt, ist noch wenig geklärt. Ein Grund dürfte darin liegen, daß für die Durchsetzung der vermögens- und wirtschaftsrechtlichen Ansprüche, die üblicherweise mit Arrest oder einstweiliger Verfügung gesichert werden, im Rahmen der in § 293 ZPO vorgesehenen Aufgabenverteilung zwischen Gericht und Parteien billigerweise mehr vom (oft potenten) Antragsteller und seinem Anwalt erwartet werden darf als etwa bei den für einzelne Familienmitglieder existentiellen einstweiligen Anordnungen in Ehesachen (§ 620 ZPO), die das Gericht ggf. auch aufgrund der lex fori erläßt. Zudem fehlt es bei beantragten einstweiligen Verfügungen offenbar des öfteren an einer engen Inlandsbeziehung des Sachverhalts, so daß eine ersatzweise Anwendung der lex fori unbefriedigender sein kann als eine Zurückweisung des Antrags.

Auch die Lehre vom Ersatzrecht zeigt, daß im IPR nicht mehr mit wenigen Grundsätzen auszukommen ist, sondern daß mit differenzierten Regeln gearbeitet werden muß.

§ 32 Vorfrage

I. Begriff

Eine präjudizielle Frage, im IPR als „Vorfrage" (incidental question, question préliminaire) bekannt, kann sich auf zweifache Weise stellen.

Sie kann sich zum einen *bei* der inländischen kollisionsrechtlichen Anknüpfung ergeben. Sie betrifft dann ein im *Tatbestand der Kollisionsnorm* vorausgesetztes Rechtsverhältnis. So setzen die Fragen nach den Ehewirkungen oder nach Scheidung der Ehe das Bestehen einer Ehe voraus, und eine Legitimation kommt nur in Betracht, wenn zuvor die nichteheliche Abstammung eines Kindes festgestellt wurde. Diese von der eigenen Kollisionsnorm aufgeworfenen Fragen werden in der deutschsprachigen Literatur häufig *Erstfragen* (bisweilen auch „kollisionsrechtliche" Vorfragen) genannt (vgl. oben § 18 II).

Eine präjudizielle Frage kann sich zum anderen erst *nach* vollzogener kollisionsrechtlicher Anknüpfung der Hauptfrage, nämlich bei der *Anwendung* des für diese maßgebenden *materiellen Rechts* stellen. (Daß das fremde *Kollisionsrecht* eine Vorfrage aufwirft, indem es eine dem inländischen Kollisionsrecht

---

[23] Vgl. OLG Bremen 21. 8. 1959, ArchVR 9 (1961/62) 318 (348f.) = IPRspr. 1958–59 Nr. 7A S. 753f.; OLG Frankfurt 7. 11. 1968, NJW 1969, 991, 1539 Anm. *Franz* = IPRspr. 1968–69 Nr. 171; OLG Hamm 11. 11. 1969, AWD 1970, 31 = IPRspr. 1968–69 Nr. 173: ausdrückliche Ablehnung der lex fori als Ersatzrecht; OLG Stuttgart 23. 9. 1977, WRP 1977, 822 = IPRspr. 1977 Nr. 107.

unbekannte Distinktion trifft, ist zwar theoretisch ebenfalls denkbar, praktisch aber sehr selten.) So kann eine in- oder ausländische Sachnorm statt rein deskriptiver Tatbestandsmerkmale einen Rechtsbegriff verwenden, der Gegenstand einer eigenen Kollisionsnorm ist, indem sie z.B. als Voraussetzung der Eheschließung die „Volljährigkeit" des Mannes fordert. Für diese vom materiellen Recht aufgeworfene Frage haben *Melchior* und *Wengler* den Begriff der *Vorfrage* geprägt[1] (selbständige, gesondert anzuknüpfende Vorfrage). Sie ist nur gegenüber der materiellrechtlichen Hauptfrage eine Vorfrage, gegenüber deren Anknüpfung ist sie eine spätere Frage („subsequent question"). Man kann diese Vorfrage auch als „materiellrechtliche" Vorfrage bezeichnen.

II. Problematik

Das Problem der Vorfrage liegt darin, zu bestimmen, welcher Rechtsordnung die für die Vorfrage heranzuziehende Kollisionsnorm zu entnehmen ist: Gilt insoweit das eigene Recht des mit der Sache befaßten Gerichts, Standesbeamten usw. (also die lex fori – sog. *selbständige Anknüpfung*) oder das für die Hauptfrage maßgebende Recht (die lex causae – sog. *unselbständige Anknüpfung*)[2]?

Das beschriebene Problem der Vorfrage wird nicht sehr oft aktuell, da es drei Voraussetzungen hat, die selten zusammentreffen: Erstens muß auf die Hauptfrage ausländisches Recht anwendbar sein (denn sonst fallen lex fori und lex causae zusammen). Zweitens muß das ausländische Kollisionsrecht im Ergebnis zur Anwendung einer anderen Rechtsordnung führen als die entsprechende Kollisionsnorm des Forums. Drittens müssen die materiellen Rechtsnormen der beiden in Betracht kommenden Rechtsordnungen auch inhaltlich voneinander abweichen.

Kein Vorfragenproblem entsteht auch dann, wenn der vom maßgebenden materiellen Recht verwandte Rechtsbegriff ohne weiteres im Sinne der betreffenden Rechtsordnung verstanden werden kann, ohne daß eine weitere Kollisionsnorm herangezogen werden müßte. Beispielsweise kann man eine im Deliktsstatut geforderte „Deliktsfähigkeit" diesem Statut entnehmen, und es ist keine weitere Kollisionsnorm (etwa über die Geschäftsfähigkeit) zu befragen (siehe zur Problematik der sog. Teilfragen oben § 18 I). Die Grenzziehung ist bisweilen zweifelhaft. So kann die Kaufmannseigenschaft, welche die lex causae für bestimmte Rechte und Pflichten eines Vertragspartners voraussetzt, nach dem Zusammenhang und Zweck der Sachnorm ebenfalls der lex causae zu entnehmen sein. Bei anderen Sachnormen, insbesondere solchen, die allge-

---

[1] *Melchior* 245 ff.; *Wengler*, RabelsZ 8 (1934) 148 ff.
[2] Als Bezeichnung für die selbständige Anknüpfung der Vorfrage empfiehlt *Ferid* Rz. 4–51 f. „Eigen-Anknüpfung", für die unselbständige dagegen „Fremd-Anknüpfung".

meine Kaufmannspflichten (wie Buchführung) betreffen, erscheint es dagegen sinnvoll, die Kaufmannseigenschaft getrennt anzuknüpfen, sie also als Vorfrage zu sehen[3].

Mitunter kann der Richter dem Vorfragenproblem dadurch ausweichen, daß er die ausländische Ausgangsnorm, welche eine Vorfrage aufzuwerfen scheint, weit auslegt und z.B. als „Witwe" nicht nur die objektiv gültig verheiratete Ehefrau des Verstorbenen, sondern auch die Partnerin einer Putativehe gelten läßt (vgl. auch unten § 33 Substitution).

Eine ähnliche Lösung bietet sich an, wenn sich im deutschen Sozialversicherungsrecht die Frage stellt, ob ein „hinkendes Rechtsverhältnis" (siehe unten § 35) Rentenansprüche begründen kann[4]. Allgemein läßt sich hierzu festhalten, daß zivilrechtliche Vorfragen, die durch deutsche *öffentlichrechtliche Vorschriften* aufgeworfen werden, nicht immer nach den Regeln des IPR über die Vorfrage zu beantworten sind; vielmehr kann auch – je nach dem Zweck der öffentlichrechtlichen Norm – die Anerkennung einer im Ausland bestehenden Rechtslage genügen (z.B. eine dort als gültig betrachtete Ehe), oder es kann einfach der materiellrechtliche Begriff der inländischen lex fori gemeint sein[5].

Umstritten ist, ob in bestimmten Rechtsbereichen auch eine *alternative Anknüpfung* der Vorfrage zulässig ist. Von ihr spricht man, wenn eine Vorfrage, je nach der günstigeren Wirkung für ein bestimmtes Ergebnis, entweder selbständig oder unselbständig angeknüpft wird. Diese Methode darf ausnahmsweise befolgt werden, wenn bestimmte Ergebnisse materiellrechtlich und kollisionsrechtlich (durch Alternativanknüpfungen) begünstigt werden. Ein Beispiel bietet der Trend, zwischen ehelichen und nichtehelichen Kindern nicht mehr zu unterscheiden oder wenigstens möglichst viele Kinder als ehelich zu behandeln; der letztgenannten Tendenz folgt das deutsche IPR durch Alternativanknüpfungen in Artt. 19 I 2 und 21 I 2 EGBGB. Man wird deshalb hier ausnahmsweise auch die Vorfrage (Erstfrage) nach dem Bestehen einer Ehe alternativ anknüpfen dürfen[6].

---

[3] Diese Vorfrage wird nach wohl überwiegender Meinung grundsätzlich selbständig angeknüpft und nach dem Recht der gewerblichen Niederlassung bestimmt; näher zum Streitstand MünchKomm-*Ebenroth* Nach Art. 10 Rz. 20ff.; *van Venrooy*, Die Anknüpfung der Kaufmannseigenschaft im deutschen IPR (1985).

[4] Bejahend (aufgrund von Art. 6 I GG) für die Witwenrente BVerfG 30. 11. 1982, BVerfGE 62, 323 = JZ 1983, 257, 230 Anm. *Müller-Freienfels* = IPRax 1984, 88, 68 Aufsatz *Wengler*, der statt einer Auslegung des deutschen Rechts eine „alternative Zuweisung" der Vorfrage nach dem Bestehen der Ehe an das anwendungswillige ausländische Recht bevorzugt. Siehe zu der Entscheidung ferner *Müller-Freienfels*, Sozialversicherungs-, Familien- und Internationalprivatrecht und das Bundesverfassungsgericht (1984); *Behn*, Das Bundesverfassungsgericht und die Hinterbliebenenrente bei „hinkender Ehe": NJW 1984, 1014; *Winkler von Mohrenfels*, Kollisionsrechtliche Vorfrage und materielles Recht: RabelsZ 51 (1987) 20.

[5] Siehe *Samtleben*, Zur kollisionsrechtlichen „Vorfrage" im öffentlichen Recht: RabelsZ 52 (1988) 466 (496).

[6] So eine im Vordringen befindliche Meinung; siehe *Staudinger-Henrich* Art. 21 Rz. 48ff.

III. Anknüpfung der Erstfrage

Erstfragen sind grundsätzlich nach Maßgabe desselben Kollisionsrechts zu entscheiden, das für die Anknüpfung der Hauptfrage gilt. Die selbständige Anknüpfung nach der lex fori ist hier im Grundsatz schwer zu bestreiten. Sie folgt rechtskonstruktiv daraus, daß diese Vorfragen bereits durch das Kollisionsrecht des Forums aufgeworfen werden und also schon zu beantworten sind, bevor die lex causae für die Hauptfrage gewonnen ist. Die selbständige Anknüpfung ist auch aus Sachgründen berechtigt; denn die Verwendung von Rechtsbegriffen im Tatbestand einer Kollisionsnorm ist kein Zufall[7]. Es ist sachlich einleuchtend, daß wir das Vorliegen der notwendigen Voraussetzungen für ein Eingreifen unserer Kollisionsnormen selbst bestimmen.

Zwar mag es zunächst als bloße Sache der Formulierung erscheinen, ob eine Erstfrage vorliegt oder nicht. Fragt man z. B. nach dem Erbrecht „des überlebenden Ehegatten", so wird das Bestehen einer Ehe vorausgesetzt, desgleichen bei der Frage nach der Legitimierung eines Kindes „durch nachfolgende Ehe" (Art. 21 I EGBGB); die Existenz der Ehe ist also Erstfrage. Fragt man dagegen pauschal nach der „Rechtsnachfolge von Todes wegen" (Art. 25 I), so bleibt es dem materiell maßgeblichen Erbrecht überlassen, ob es dem Bestehen einer Ehe Bedeutung beilegen will (Vorfrage). Anderseits könnte entgegen dem EGBGB z. B. das Verhältnis eines Kindes zu seiner Mutter ohne vorherige Prüfung seines Status als eheliches oder nichteheliches Kind stets einheitlich angeknüpft werden, die Ehelichkeit könnte also Vorfrage anstatt Erstfrage sein.

Bei näherem Zusehen handelt es sich hier aber doch um Sachfragen: Welche Elemente einer Rechtsfigur sind so wichtig und eigenständig, daß sie schon bei der kollisionsrechtlichen Anknüpfung geklärt sein müssen? Im einzelnen sind zwei Gruppen von Erstfragen zu unterscheiden. Die *gewöhnliche* Erstfrage wird aus einem einheitlichen Tatbestand herausgelöst und aus logischen oder praktischen Gründen vorweg angeknüpft und entschieden, z. B. bei Ehewirkungen und Ehescheidungen die Frage nach der Existenz einer Ehe, bei der condictio indebiti das Nichtbestehen der Schuld. Dagegen wird die *differenzierende* Erstfrage deshalb eingeführt, damit zwei verwandte Tatbestandstypen voneinander unterschieden und jeweils anders angeknüpft werden können, z. B. die Rechtsverhältnisse ehelicher und nichtehelicher Kinder (Artt. 19 II bzw. 20 II EGBGB) oder die Abstammung der Kinder verheirateter und nicht verheirateter Mütter (Art. 19 I erfaßt nur die erste Gruppe), Legitimation durch Eheschließung und auf andere Weise (Art. 21 I und II).

Zu beantworten ist sowohl die gewöhnliche wie die differenzierende Erstfrage nach dem eigenen Kollisionsrecht. Aber in der Regel ist eine andere Kolli-

---

[7] Anders *Raape/Sturm* I 290.

sionsnorm einzuschalten (so für das Bestehen der Ehe in allen genannten Fällen Art. 13 EGBGB, für die Ehelichkeit eines Kindes Art. 19 I über die eheliche Abstammung oder Artt. 21, 22 über Legitimation und Adoption); ausnahmsweise kommt dieselbe Kollisionsnorm zweimal zum Zuge (z.B. bei der Klage aus Eigentum, wenn dessen Erwerb zweifelhaft ist).

IV. Anknüpfung der Vorfrage

Die Anknüpfung der durch das ausländische (materielle) Recht aufgeworfenen Vorfragen ist umstritten. Die „Entdecker" des Vorfragenproblems *Melchior* und *Wengler* befürworten eine unselbständige Anknüpfung, also einen Rückgriff auf die Kollisionsnormen der lex causae. Diese bereits vor mehr als fünfzig Jahren begründete Lehre hat zwar im in- und ausländischen Schrifttum einige Anhänger gefunden[8]. Sie hat sich aber bis heute weder in Deutschland noch im Ausland durchsetzen können. Die überwiegende Meinung knüpft Vorfragen grundsätzlich selbständig an[9].

Keine der beiden möglichen Positionen ist logisch zwingend. Beide lassen sich nicht auf allen Sachgebieten und in allen Fallkonstellationen durchhalten. Manche Autoren vermeiden deshalb jede Festlegung und wollen die Abwägung weitgehend dem Richter im Einzelfall überlassen[10]. Indes fördert es nicht nur die Rechtssicherheit und die Ökonomie der Entscheidungsfindung, sondern entspricht auch der Tradition kontinentaleuropäischen Rechtsdenkens, die Anerkennung eines Grundsatzes anzustreben, auch wenn eine präzise, abschließende Umschreibung der Ausnahmen nicht möglich ist.

1. Für einen Grundsatz der *unselbständigen Anknüpfung* der Vorfrage läßt sich folgendes anführen: Wenn einmal eine bestimmte Rechtsordnung zur Anwendung berufen wird, ist es konsequent, diesem Recht auch die Entscheidung darüber zu überlassen, welchen Inhalt es den in seinen Sachnormen verwendeten Rechtsbegriffen gibt. Für diese unselbständige Anknüpfung spricht ferner der Gedanke der *internationalen Entscheidungsgleichheit*, da bei Entscheidung des Falles in dem betreffenden Lande natürlich dessen Gerichte ihre eigenen Kollisionsnormen anwenden würden. Mit anderen Worten: Wenn unser Gesetz einmal die Anwendung fremden Rechts vorschreibt, sollten wir dieses nach Möglichkeit ebenso anwenden wie der fremde Richter und nicht bei der nächsten Gelegenheit wieder auf unser

---

[8] Siehe z.B. MünchKomm-*Sonnenberger* IPR Einleitung Rz. 318, 321; zum Streitstand im Ausland *Batiffol/Lagarde* I no. 312–1.

[9] Siehe z.B. *Kegel* § 9 II 1 mit Nachw. aus der deutschen Rechtsprechung. Für eine *ausnahmslos* selbständige Anknüpfung *von Bar* I Rz. 618.

[10] So etwa *Keller/Siehr* § 39 III 3.

eigenes (Kollisions-)Recht zurückspringen. Auch fremde *Kollisions*normen werden ja so ausgelegt, wie sie in dem betreffenden Lande verstanden werden (siehe oben § 16 I, § 19 III).

Will man im Grundsatz dieser Argumentation folgen, so sind doch jedenfalls *Ausnahmen* von der unselbständigen Anknüpfung anzuerkennen, vor allem um unerträgliche Widersprüche zwischen dem Recht, dem die Vorfrage *an sich* (also gemäß dem Kollisionsrecht des Forums) untersteht, und dem Statut der Hauptfrage auszuräumen. Zu denken ist an die Fälle, in denen die scharfe Trennung, die das Kollisionsrecht zwischen nahe verwandten Rechtsfragen vorsieht – die sog. Zersplitterung des Privatrechts –, unhaltbar wird.

Das gilt z. B. für die Trennung zwischen Eheschließung und Erbrecht. So sinnvoll es in der Regel sein mag, die Eheschließung an sich dem Personalstatut jedes Verlobten bzw. dem Ortsrecht zu unterstellen, dagegen die Erbfolge dem Personalstatut des Erblassers zur Zeit seines Todes, so geht es doch nicht an, dem Partner einer nach dem Eheschließungsstatut des Forums gültigen Ehe jedes Erbrecht gegenüber seinem Ehegatten deshalb abzusprechen, weil nach dem Kollisionsrecht des Erbstatuts die Ehe ungültig wäre. Hier kann nur durch eine selbständige Anknüpfung der Vorfrage geholfen werden. Dasselbe trifft für das Erbrecht der Kinder aus einer solchen Verbindung zu.

2. Zugunsten des Grundsatzes einer *selbständigen Anknüpfung* der Vorfrage nach dem Kollisionsrecht des Forums läßt sich folgendes sagen: Es liegt im Interesse der widerspruchsfreien Einheit der inländischen Rechtsordnung – also der *internen Entscheidungsgleichheit* oder „materiellen Harmonie" –, die Vorfrage ebenso zu beantworten, wie sie als Hauptfrage in einem inländischen Verfahren zu beantworten wäre. Die Gerichte eines Landes sollen ein und dieselbe Rechtsfrage (z. B. die Gültigkeit einer Ehe) gleichmäßig beantworten und nicht als Hauptfrage gemäß dem Kollisionsrecht des Forums so und als Vorfrage gemäß dem Kollisionsrecht der lex causae anders. Nach der Überzeugung der überwiegenden Meinung verdient die interne Entscheidungsgleichheit im allgemeinen den Vorzug vor der internationalen. Zu dieser Beurteilung trägt im Personen-, Familien- und Erbrecht auch das nicht selten ungerechte Staatsangehörigkeitsprinzip bei; denn unter seiner Herrschaft steht die Vorfrage der lex fori (meist dem Wohnsitzrecht) oft näher als der mittels der Staatsangehörigkeitsanknüpfung gefundenen (ineffektiven) lex causae, und die interne Entscheidungsgleichheit ist dann wichtiger als die externe. Auch macht der Ausgangspunkt einer selbständigen Anknüpfung die Rechtsanwendung in der Regel einfacher und überschaubarer[11]. Aus diesen Gründen erscheint es gerechtfertigt, den Grundsatz anzuerkennen, daß Vorfragen – ebenso wie Erstfragen – selbständig anzuknüpfen sind[12].

[11] Vgl. *Schurig*, Die Struktur des kollisionsrechtlichen Vorfragenproblems: FS Kegel (1987) 549 (585 ff.).
[12] Anders *Neuhaus* 345 ff.

§ 32 Vorfrage §32 IV

a) Eine *Ausnahme* vom Grundsatz der selbständigen Anknüpfung ist insbesondere dann am Platze, wenn im konkreten Fall die *Auslandsbeziehung des Sachverhalts* die Inlandsbeziehung *deutlich überwiegt*. In einem solchen Fall kann die Sorge um die Wahrung der internen Harmonie ohne Schaden zurücktreten gegenüber dem Ziel der internationalen Entscheidungsgleichheit mit dem Staat, dessen Recht über die Hauptfrage entscheidet[13].

Wenn z. B. Ausländer in Deutschland nur in religiöser Form geheiratet haben und dann in ihr Heimatland zurückgekehrt sind, in dem diese Eheschließung anerkannt wird, so sollte ein deutsches Gericht, das später über die Erbfolge zu entscheiden hat, die Vorfrage der gültigen Eheschließung nicht nach dem deutschen Kollisionsrecht, sondern nach dem des Heimatstaates beurteilen, der auch über die Erbfolge befindet (Art. 25 I EGBGB). Denn zum deutschen Eheschließungsort besteht keine hinreichende Verknüpfung mehr, und der Schwerpunkt des Sachverhalts liegt eindeutig im ausländischen Heimatstaat, so daß es angemessen erscheint, die Entscheidungsgleichheit mit diesem Staat in den Vordergrund zu stellen[14].

Auch der Gesichtspunkt des *Vertrauensschutzes* (vgl. oben § 21 II 3) sollte in besonders gelagerten Fällen eine unselbständige Anknüpfung der Vorfrage rechtfertigen können.

b) Ausnahmen vom Grundsatz der selbständigen Anknüpfung können sich ferner aus den *Eigenheiten bestimmter Sachgebiete* ergeben. So werden die privatrechtlichen Vorfragen eines fremden *Staatsangehörigkeitsrechts*, das für Erwerb und Verlust der Staatsangehörigkeit auf privat- oder familienrechtliche Tatbestände wie Abstammung, Eheschließung usw. abstellt, allgemein unter Einschaltung des betreffenden IPR behandelt (vgl. oben § 1 VI 1). Im *Namensrecht* kann nur durch eine unselbständige Anknüpfung der Vorfrage erreicht werden, daß der Namensträger überall den Namen führt, der sich aus seinem Heimatrecht ergibt (Übereinstimmung mit den Ausweispapieren!)[15]. Dagegen beurteilt der BGH die Ehelichkeit oder Nichtehelichkeit eines Kindes, von der sein Familienname abhängt, ausnahmsweise in selbständiger Anknüpfung nach Art. 18 EGBGB a. F. (Art. 19 I EGBGB n. F.) mit der Begründung, daß eine geteilte, nur für einzelne Rechtsbeziehungen geltende Vaterschaft dem deutschen Recht fremd ist[16]. Ob diese Ausnahme angesichts des Ziels von Art. 10, mit dem Heimatrecht (und dem Paß) des Betroffenen in Einklang zu bleiben, aufrechterhalten werden kann und ob sie gar auf ähnliche Statusfragen (wie

---
[13] In diesem Sinne auch *Ferid* Rz. 4–62 ff.
[14] *Böhmer*, Heilung formfehlerhafter Ehen durch Statutenwechsel?: FS Firsching (1985) 41; siehe zum Statutenwechsel auch oben § 27 II 3 c.
[15] Vgl. BGH 15.2.1984, BGHZ 90, 129 (140) = IPRax 1986, 35, 21 krit. Aufsatz *Klinkhardt* = IPRspr. 1984 Nr. 96; BayObLG 7.5.1986, BayObLGZ 1986, 155 = IPRax 1987, 182, 164 Aufsatz *Wengler* = IPRspr. 1986 Nr. 9.
[16] BGH 9.7.1986, NJW 1986, 3022 = IPRax 1987, 22, 1 Aufsatz *Sturm* = IPRspr. 1986 Nr. 11.

Legitimation und Adoption als namensrechtliche Vorfragen[17]) ausgedehnt werden kann, ist zweifelhaft.

V. Gestaltungswirkung von Statusentscheidungen

Häufig ist als Vorfrage die Verbindlichkeit einer gerichtlichen rechtsgestaltenden Entscheidung oder eines behördlichen Aktes zu beurteilen. Insbesondere kann die Ehefähigkeit einer Person davon abhängen, ob die Scheidung ihrer ersten Ehe anerkannt wird. In einem solchen Fall treten an die Stelle der inländischen bzw. ausländischen Kollisionsnormen die Regeln über die Anerkennung von Entscheidungen.

Befolgt man hier eine unselbständige Anknüpfung der Vorfrage, so muß man sich – wie bei ipso iure eintretenden Änderungen eines Rechtsverhältnisses – grundsätzlich auf den Standpunkt derjenigen Rechtsordnung stellen, die für die Hauptfrage materiellrechtlich maßgebend ist. Der inländische Richter müßte daher bei Maßgeblichkeit eines fremden Rechts richterliche oder behördliche Akte des eigenen, des fremden oder eines dritten Staates in demselben Maße beachten bzw. ignorieren wie der fremde Richter. Die Wirkung eines Statusurteils würde also durch kollisionsrechtliche Überlegungen mitbestimmt[18]. Der dadurch mögliche Widerspruch zu einer Entscheidung der eigenen Gerichte oder zu einer an sich anzuerkennenden Entscheidung eines fremden Staates erscheint indes als nicht tragbar[19].

Überwiegend wird die Gestaltungswirkung von Statusentscheidungen deshalb unabhängig von kollisionsrechtlichen Überlegungen allein nach dem im Inland geltenden Verfahrensrecht beurteilt. Eine *inländische* Statusentscheidung entfaltet demnach auch dann ihre Wirkung, wenn das für die Hauptfrage maßgebende Recht sie nicht anerkennt. Dasselbe gilt für eine *ausländische* Statusentscheidung, wenn sie nach Internationalem Zivilverfahrensrecht im Inland anzuerkennen ist.

Für *Ehescheidungsurteile* ist dies ausdrücklich normiert (Art. 13 II Nr. 3 EGBGB)[20]. Hat ein deutsches Gericht die Scheidung ausgesprochen oder wird eine ausländische Ehescheidung im Inland anerkannt, so kann die geschiedene Person in Deutschland

---

[17] Vgl. zu dieser Problematik *Staudinger-Henrich* Art. 21 Rz. 58, Art. 22 Rz. 51 ff.

[18] In diesem Sinne *Wengler*, JZ 1964, 622, der von „kollisionsrechtlicher Relativität der Rechtskraft" spricht; kritisch dazu *von Overbeck*, Gedächtnisschrift Jäggi (Fribourg 1977) 273 ff. Für eine „Relativität der Gestaltungswirkung" auch *Hausmann*, Die kollisionsrechtlichen Schranken der Gestaltungskraft von Scheidungsurteilen (1980); bespr. in RabelsZ 44 (1980) 597; mit Recht kritisch *Martiny*, in: Hdb. IZVR III/1 Rz. 388 ff.

[19] Anders *Neuhaus* 349 f.

[20] Ebenso z. B. § 17 II öst. IPR-Gesetz; Art. 43 III schweiz. IPR-Gesetz; Art. 11 des Haager Übereinkommens über die Anerkennung von Ehescheidungen und Ehetrennungen vom 1. 6. 1970.

wieder heiraten, auch wenn das Scheidungsurteil in dem Staat, der über die Ehefähigkeit entscheidet, nicht anerkannt wird.

VI. Staatsverträge

Die selbständige Anknüpfung von Vorfragen, also die Einschaltung des unvereinheitlichten autonomen Kollisionsrechts des Forums, gefährdet die durch den Abschluß eines Staatsvertrages erstrebte internationale Entscheidungsgleichheit zwischen den Vertragsstaaten[21]. Es gibt zwei Auswege.

1. Die präjudiziellen Fragen können legislatorisch *in die einheitliche Regelung des Staatsvertrages aufgenommen werden*. Dies kann zum einen durch Einbeziehung in die Hauptfrage geschehen. Beispielsweise wird das Haager Unterhaltsabkommen von 1973 vielfach so verstanden, daß nicht nur die Hauptfrage der Unterhaltspflicht, sondern im Rahmen der Unterhaltsfestsetzung auch die Frage der Abstammung des unterhaltsbedürftigen Kindes dem Recht seines gewöhnlichen Aufenthalts unterliegt (vgl. unten § 47 II 5 b). Zum anderen kann eine Konvention für wichtige Vorfragen zusätzliche einheitliche Kollisionsnormen aufstellen. So überläßt das Haager Minderjährigenschutzabkommen von 1961 die Definition des Minderjährigen nicht dem autonomen Kollisionsrecht, sondern stellt in Art. 12 für die Zwecke des Abkommens eine zusätzliche Kollisionsnorm bereit.

2. Die Vorfrage kann *unselbständig angeknüpft* werden. Dann ist der internationale Entscheidungseinklang im Einzelfall ebenfalls gesichert, weil in allen Vertragsstaaten übereinstimmend das Kollisionsrecht des Staates angewendet wird, auf dessen Sachnormen das einheitliche IPR für die Hauptfrage verweist. Einigen Übereinkommen kann im Wege der Auslegung entnommen werden, daß bestimmte Vorfragen im Interesse eines solchen Entscheidungseinklanges unselbständig anzuknüpfen sind.

So sind in Art. 2 I litt. a und b des CIEC-Übereinkommens über die Legitimation durch nachfolgende Ehe von 1970 Vorbehalte vorgesehen, nach denen ein Staat die Legitimation nicht anerkennen muß, wenn die Ehe nach seinem Recht (einschließlich der Regeln seines IPR) nicht zustande gekommen ist. Daraus ist im Umkehrschluß zu folgern, daß die Vorfrage nach der Gültigkeit der Ehe in der Regel – wenn von diesen Vorbehalten kein Gebrauch gemacht wird – unselbständig anzuknüpfen und nach dem in Art. 1 alternativ berufenen Heimatrecht des Vaters oder der Mutter zu beurteilen ist[22].

---

[21] Vgl. auch *Wienke*, Zur Anknüpfung der Vorfrage bei internationalprivatrechtlichen Staatsverträgen (1977).
[22] *Böhmer*, StAZ 1971, 273.

Wenn sich aus der Interpretation eines Abkommens keine speziellen Anhaltspunkte für die unselbständige Anknüpfung einer Vorfrage ergeben, bleibt nur die allgemeine Erwägung, daß im staatsvertraglichen Kollisionsrecht die internationale Entscheidungsharmonie mit den anderen Vertragsstaaten besonderes Gewicht besitzt. Ob diese Erkenntnis freilich ausreicht, um die im autonomen Kollisionsrecht herrschende Abneigung gegen einen Grundsatz der unselbständigen Anknüpfung von Vorfragen zu überwinden, ist eine offene Frage. Wenn die kollisionsrechtliche Rechtseinheit zwischen den Vertragsstaaten sich auf eine unselbständige Anknüpfung der Vorfragen erstrecken soll, empfiehlt es sich jedenfalls, dies in dem Staatsvertrag zum Ausdruck zu bringen. Sofern dies nicht geschehen ist, sprechen die besseren Gründe m. E. – hier wie im autonomen Kollisionsrecht – für den Grundsatz der selbständigen Anknüpfung von Vorfragen[23].

§ 33 Substitution

I. *Abzugrenzen* von der Anpassung und von der Vorfrage ist die von *Hans Lewald*[1] so genannte Substitution einer ausländischen Rechtserscheinung für die vom materiellen Recht an sich gemeinte inländische[2].

1. Während bei der *Anpassung* ein Normwiderspruch zwischen zwei Rechtsordnungen beseitigt werden muß, indem entweder das eigene Kollisionsrecht oder aber das eine oder andere Sachrecht modifiziert wird (vgl. unten § 34), ist der Lösungsweg für die Zusammenfügung zweier Rechtsordnungen bei der Substitution einfacher: Die zur Entscheidung berufene (meist inländische) Sachnorm steht fest, aber ein Tatbestandsmerkmal dieser Sachnorm ist in einem fremden Staat verwirklicht. Es ergibt sich dadurch eine Frage der Auslegung der anzuwendenden Sachnorm, nämlich ob die fremde Rechtserscheinung der an sich gemeinten inländischen substituiert werden darf.

2. Auch die *Vorfrage* wird durch einen Rechtsbegriff im materiellen Recht aufgeworfen (vgl. oben § 32 I). Aber bei der Substitution geht es nicht um die erneute Einschaltung einer Kollisionsnorm, sondern nur um materiellrechtliche Auslegung.

---

[23] Bei *Kropholler*, Internationales Einheitsrecht (1975) 339f., war diese Frage unentschieden geblieben.

[1] *Lewald*, Rec. des Cours 69 (1939 – III) 130 no. 55.

[2] Siehe zur Substitution und ihrer Abgrenzung *Hug*, Die Substitution im IPR (1983).

II. Zwei *Fragenkomplexe* sind bei einer Substitution regelmäßig zu prüfen:

1. Die *erste Frage* ist, ob die anzuwendende Sachnorm nach ihrem Sinn und Zweck eine Substitution fremder Erscheinungen etwa gänzlich ausschließt. Diese Frage ist nur in Ausnahmefällen, bei Vorliegen besonderer Gründe, zu bejahen.

Wenn z. B. nach § 129 BGB die *öffentliche Beglaubigung* durch einen „Notar" erfolgt, genügt dafür nach allgemeiner Meinung auch ein französischer notaire oder ein amerikanischer notary public. – Nach § 925 I 2 BGB ist zur Entgegennahme der *Auflassung eines Grundstücks* u. a. „jeder Notar" zuständig – auch ein ausländischer? Hier antwortet die herrschende Meinung aus historischen und sachlichen Gründen ausnahmsweise verneinend[3].

2. Die *zweite Frage* ist, unter welchen Voraussetzungen die Sachnorm eine Substitution zuläßt. Insoweit ist nach allgemeiner Meinung die *Gleichwertigkeit* der fremden Institution das entscheidende Kriterium[4]. Die französische Rechtsprechung redet von der „équivalence" der ausländischen Erscheinung[5]. In dubio wird man bei der Bejahung der Äquivalenz nicht ängstlich verfahren dürfen, da man der Vielgestaltigkeit der Rechtsordnungen sonst nicht gerecht wird. Es ist weder eine Identität der Bezeichnung noch des Rechtsinhalts zu verlangen. Eine Übereinstimmung der wesentlichen Merkmale genügt.

Sehr umstritten ist die Berufung eines ausländischen „Notars" zur notariellen Beurkundung[6]. Die Prüfungs- und Belehrungspflicht des deutschen Notars (§ 17 BeurkG), die der ausländische Notar bei deutschem Geschäftsstatut in der Regel nicht erfüllen kann, scheint dagegen zu sprechen. Aber ihre Erfüllung ist kein Gültigkeitserfordernis, und das Gesetz verneint sie ausdrücklich in dem umgekehrten Falle, daß ein deutscher Notar ein Geschäft mit ausländischem Statut beurkundet. Vor allem besteht ein praktisches Bedürfnis nach Anerkennung der ausländischen Beurkundung als gleichwertig, wenn die Ortsform nicht genügt oder eine solche nicht vorhanden ist. Im Interesse der Rechtssicherheit und der internationalen Freizügigkeit des Rechtsverkehrs wird dem deutschen Notar im allgemeinen jeder juristisch vorgebildete („lateinische") Notar gleichzustellen sein[7]; dagegen nicht ein amerikanischer notary public, da er keine Beurkundungsfunktion ausübt.

---

[3] Vgl. *Weber,* NJW 1955, 1784; KG 27. 5. 1986, OLGZ 1986, 319 = MDR 1987, 56 = IPRspr. 1986 Nr. 26 mit zahlreichen Nachw.

[4] Der deutsche Gesetzgeber verlangt in § 47 III FGG eine „Ähnlichkeit" und in § 34 I SGB I eine „Entsprechung".

[5] Cass. 4. 11. 1958, Rev. crit. 48 (1959) 303 (310), bei Bewertung eines spanischen Verfahrens vom Standpunkt des belgischen Rechts.

[6] Siehe etwa *Palandt-Heldrich* Art. 11 Anm. 2 c.

[7] BGH 16. 2. 1981, BGHZ 80, 76 = IPRspr. 1981 Nr. 10 b, definiert: „Gleichwertigkeit ist gegeben, wenn die ausländische Urkundsperson nach Vorbildung und Stellung im Rechtsleben eine der Tätigkeit des deutschen Notars entsprechende Funktion ausübt und für die Errichtung der Urkunde ein Verfahrensrecht zu beachten hat, das den tragenden Grundsätzen des deutschen Beurkundungsrechts entspricht."

Ein weiteres Beispiel: Wenn nach § 209 BGB die Verjährung durch Erhebung einer „Klage" oder durch die „Zustellung eines Mahnbescheids im Mahnverfahren" unterbrochen wird – kann das auch eine im Ausland erhobene Klage sein oder die Einleitung eines ausländischen summarischen Verfahrens? Nach herrschender Meinung ja, jedoch nur bei voraussichtlicher Anerkennung der ausländischen Entscheidung im Inland[8].

Das Kriterium der Gleichwertigkeit bezieht sich im allgemeinen nicht nur auf die Voraussetzungen einer Rechtserscheinung, sondern auch auf ihre Wirkungen. Meist ist es – wie bei der Qualifikation (oben § 17) – angezeigt, nicht so sehr auf die rechtskonstruktive, sondern auf die *funktionelle* Gleichwertigkeit abzustellen.

III. Im einzelnen lassen sich drei *Formen* der Substitution unterscheiden[9]: Die *reguläre* erfolgt bei voller Kongruenz der ausländischen und der gemeinten inländischen Rechtserscheinung. Eine *überbrückende* Substitution greift Platz, wenn die fremde Rechtserscheinung nicht ganz, aber im wesentlichen der gemeinten entspricht (so das deutsche Erbscheinsverfahren annähernd der Verlassenschaftsabhandlung nach ABGB[10]). Eine *umdeutende* Substitution tritt ein, wenn eine inkongruente fremde Erscheinung wenigstens zum Teil verwertet wird (z. B. wenn die Bestellung eines fremdartigen dinglichen Rechtes als entsprechende obligatorische Erklärung behandelt wird oder eine unzulässige Willenserklärung als Wissenserklärung).

IV. Als *Ergebnis fehlender Substituierbarkeit* einer ausländischen Erscheinung ergibt sich, wenn der Rechtsvorgang im Inland nicht tatbestandsgerecht nachgeholt werden kann, daß die Rechtsfolge der Sachnorm, um deren Auslegung es geht, nicht eintritt.

Bisweilen kann, wenn die Subsumtion einer fremden Rechtserscheinung unter den Wortlaut des Gesetzes ganz ausgeschlossen ist, durch eine *analoge Anwendung* des Gesetzes derselbe Erfolg erzielt werden. Freilich wird dies selten sein. Denn wenn sich ein ausländischer Rechtsvorgang mangels Äquivalenz nicht substituieren läßt, fehlt es auch meist an der Rechtsähnlichkeit, die eine Analogie rechtfertigt.

---

[8] Siehe etwa *Martiny*, in: Hdb. IZVR III/1 Rz. 432; differenzierend *Schack*, RIW 1981, 301 ff. Zum Sonderfall der Verjährungsunterbrechung durch Streitverkündung (vgl. § 209 II Nr. 4 BGB) in einem ausländischen Prozeß siehe *Taupitz*, ZZP 102 (1989) 288 ff.

[9] Im Anschluß an *Jochen Schröder*, Die Anpassung von Kollisions- und Sachnormen (1961) 107–110, welcher von kongruenter, überbrückender und zergliedernder Einarbeitung spricht.

[10] Vgl. BayObLG 8. 5. 1967, IPRspr. 1966–67 Nr. 178 S. 582: In der Legitimationswirkung des Erbscheins, die zur Übertragung von Rechten bei Verfügung eines Nichtberechtigten führen kann (§§ 2366 f. BGB), „liegt eine gewisse Annäherung an die Übertragungswirkung der Einantwortung".

§ 34 Anpassung

I. Begriff

Das Wort „Anpassung" – französisch „adaptation" – steht für die modifizierte Anwendung einer Rechtsordnung in einem internationalrechtlichen Fall. Die Bezeichnung „Anpassung" macht deutlicher als das häufig synonym gebrauchte Wort „Angleichung", daß nicht etwa eine Rechtsordnung oder Norm als solche einer anderen „angeglichen", also ihr gleich oder ähnlich gemacht werden soll (wie bei der Rechtsangleichung), sondern nur ihre Anwendung im Einzelfall eine andere Gestalt annimmt[1]. Manche sprechen von „Anpassung" auch bei der Einordnung (Subsumtion) fremder Rechtserscheinungen unter den Tatbestand einer Kollisionsnorm (Qualifikation, oben § 14) oder einer Sachnorm (Substitution, oben § 33) oder dann, wenn die unveränderte Anwendung der an sich maßgeblichen Rechtsordnung nicht dem internationalen Charakter des betreffenden Sachverhalts gerecht würde (z. B. weil eine gesetzliche Erklärungsfrist zu kurz ist für Auslandsfälle). Aber der typische Fall der Anpassung ist die Überbrückung von Normwidersprüchen bei Zusammentreffen mehrerer Rechtsordnungen.

Hier läßt sich unterscheiden, ob für ein einheitliches Lebensverhältnis nacheinander oder nebeneinander verschiedene Rechtsordnungen maßgebend sein sollen[2]:

1. Ein *Nacheinander* ergibt sich in den Fällen des *Statutenwechsels*, der vor allem auf einer Änderung des Kollisionsrechts oder der Anknüpfungstatsachen beruhen kann (näher oben § 27 I).

2. Ein *Nebeneinander* mehrerer Rechtsordnungen kann dadurch auftreten, daß eine *einheitliche* Rechtsfrage oder zwei *äußerlich getrennte*, aber im Grunde zusammenhängende Rechtsfragen von verschiedenen Kollisionsnormen erfaßt werden (z.B. die Frage nach der Versorgung der Witwe von dem güterrechtlichen Art. 15 EGBGB und vom erbrechtlichen Art. 25 EGBGB) oder jedenfalls vom Kollisionsrecht verschiedenen Rechtsordnungen zugewiesen werden (z.B. die gegenseitigen Erbrechte von Verwandten verschiedener Staatsangehörigkeit).

II. Notwendigkeit

1. Die Notwendigkeit einer Anpassung als *besonderes methodisches Mittel* zur Vermeidung von Normwidersprüchen ist die unausbleibliche Folge der von

---

[1] Bisweilen wird – verkürzend – von Anpassung der Kollisions- oder der Sachnormen geredet.
[2] Vgl. hierzu *Jochen Schröder*, Die Anpassung von Kollisions- und Sachnormen (1961; bespr. in RabelsZ 26 [1961] 753) 110 ff.

§ 34 II   V. Kapitel: Die Anwendung fremden Rechts

Werner Goldschmidt[3] so genannten „analytischen" Methode des IPR, welche einen Rechtsfall unter sachlichen und zeitlichen Gesichtspunkten zerlegt und die einzelnen Rechtsfragen verschiedenen Rechtsordnungen unterstellt, so daß nachher eine „Synthese" hinzukommen muß. Diese Synthese liegt notwendigerweise in den Händen des jeweiligen Richters – so bedauerlich das vom Standpunkt der Voraussehbarkeit der Entscheidungen sein mag –, „da der Gesetzgeber... niemals vorauszusehen vermag, zu welchen Ungereimtheiten die Aneinanderfügung verschiedener Rechtsordnungsfragmente Anlaß geben kann"[4]. Der Richter ist durch das Gebot, einen sinnvollen Zusammenhang zwischen den anzuwendenden Normen herzustellen und eine widerspruchsfreie Entscheidung zu erlassen, zur Beseitigung des Normwiderspruchs legitimiert[5].

Da die Anpassung nicht Normen als solche korrigiert, sondern nur das Ergebnis ihrer Anwendung im Einzelfall, ist eine *hypothetische Ungleichbehandlung* hinzunehmen, z.B. wenn unter Geschwistern, die nicht die gleiche Staatsangehörigkeit besitzen und in verschiedenen Staaten leben, ein Unterhalts- oder Pflichtteilsrecht geltend gemacht wird, das im umgekehrten Fall nicht bestünde.

Ferner ist das Institut der Anpassung weder dazu entwickelt worden noch geeignet, Unterschiede der sozialen Wirklichkeit auszugleichen[6]. Wenn z.B. das in Indien für Hindus geltende Recht keine Legitimation durch nachfolgende Eheschließung kennt, weil nach Hindubrauch die Partner einer formell geschlossenen Ehe sich vor der Hochzeit kaum oder gar nicht sehen, so ist es kein Problem der internationalprivatrechtlichen Anpassung zweier anwendbarer Rechtsordnungen, dem vorübergehend im Ausland weilenden und dort heiratenden indischen Hindu die Legitimation eines vorehelichen Kindes zu ermöglichen. Das ist ein internes Problem des indischen Rechts, allenfalls (wenn dieses versagt) des ausländischen ordre public.

Wengler hat die Tätigkeit des Richters im IPR, wenn er die verschiedenen Aspekte eines Sachverhalts nach verschiedenen Rechtsordnungen zu beurteilen hat, sehr anschaulich mit der Montage eines Automobils aus Bestandteilen verschiedener Marken verglichen[7]. Bei einer solchen Montage können sich sowohl Schwierigkeiten an den Verbindungsstellen der verschiedenen Bestandteile ergeben als auch – wenn gewisse Einzelteile verschieden angeordnet werden, wenn etwa die Heizung nach dem einen System zum Motor, nach dem anderen zur elektrischen Anlage gehört – Doppelleistungen oder Ausfälle. Je weiter im IPR die „Analyse" getrieben wird, also die Auflösung des Einzelfalles

---
[3] *W. Goldschmidt*, in: FS M. Wolff (1952) 208 ff.
[4] *W. Goldschmidt* aaO 212.
[5] Vgl. zum Postulat einer „Einheit der Rechtsordnung" und zur Bindung des Richters an das Gesetz *Schröder* (oben N. 2) 32 f., 60 f. m. w. Nachw.
[6] Dieser Absatz folgt einem Gutachten des MPI vom 16. 1. 1975 (G 93/74).
[7] *Wengler*, Rev. crit. 43 (1954) 682 f.

in verschiedene Rechtsfragen und damit die Zersplitterung in der Bereitstellung des Normenmaterials, desto schwieriger ist nachher die „Synthese".

Am weitesten geht die Analyse nach dem System der einseitigen Kollisionsnormen (vgl. oben § 12 III 2; im Bilde gesprochen: jede Fabrik bestimmt nach ihrem Ermessen, was sie liefern will), etwas weniger weit bei Qualifikation nach der lex causae (oben § 16 II 1; die Aufträge werden zentral verteilt, aber jede Firma entscheidet selbst, was zu ihrem Auftrag gehört). Aber auch wer diese Quellen der Disharmonie ausschaltet und die kollisionsrechtliche Fragestellung konsequent dem Kollisionsrecht des Forums zuweist, wird gewisse Schwierigkeiten nicht vermeiden können, und zwar um so weniger, je verschiedener die juristischen Konstruktionen der beteiligten Rechtsordnungen sind.

2. Von der herkömmlichen, methodisch gleichsam „normalen" *Auslegung und Lückenfüllung* im materiellen Recht und im Kollisionsrecht ist die Anpassung als besonderes methodisches Mittel zur Beseitigung von Normwidersprüchen abzugrenzen. Zwar treten bestimmte Auslegungsfragen und Lücken ebenfalls nur zutage, wenn unterschiedliche materiellrechtliche Regelungen zweier Rechtsordnungen in einem Auslandsfall aufeinanderstoßen. Solange jedoch aus der Teleologie eines einzelnen Rechtssystems heraus mit Auslegung oder Lückenfüllung geholfen werden kann, besteht für eine Anpassung, also eine von der Regel abweichende, sich der besonderen Normensituation „anpassende" Rechtsanwendung im Einzelfall kein Anlaß. Denn bei Ausschöpfung der üblichen Rechtsfindungsmethoden bleibt gar kein „Normwiderspruch".

III. Arten von Normwidersprüchen

Hinsichtlich der Feststellung eines Normwiderspruchs läßt sich zwischen offenen und versteckten (erst bei wertender Betrachtung zu erkennenden) Normwidersprüchen unterscheiden[8]. Nach der Art der Schwierigkeiten kann eingeteilt werden in: Probleme des Normenmangels, der Normenhäufung (von diesen beiden war schon oben § 3 II 2 b kurz die Rede) sowie der qualitativen Normendiskrepanz.

1. *Normenmangel,* d.h. Unanwendbarkeit der einschlägigen Normen aller in Betracht kommenden Rechtsordnungen, besteht beispielsweise hinsichtlich der Versorgung einer Witwe, wenn das Ehegüterstatut (Art. 15 EGBGB) ihr nur einen erbrechtlichen Anspruch gewährt, das (etwa durch späteren Staatsangehörigkeitswechsel) davon verschiedene Erbstatut des Mannes (Art. 25 EGBGB) nur einen güterrechtlichen. Soll die Frau dann gar nichts erhalten?

---

[8] Beispiele bei *Kegel* § 8 II, der von „Seinswidersprüchen" („so kann es nicht sein") und von „Sollenswidersprüchen" („so soll es nicht sein") spricht.

2. *Normenhäufung* im Sinne gleichzeitiger Anwendbarkeit von inhaltlich konkurrierenden Normen aus mehreren Rechtsordnungen kann sich z. B. dann ergeben, wenn das Güterstatut der Witwe anstelle einer umfangreicheren erbrechtlichen Beteiligung einen erhöhten güterrechtlichen Ausgleich gibt, während das maßgebliche Erbstatut ihr einen erhöhten Erbteil zuspricht. Soll die Frau dann doppelt versorgt werden und mehr erhalten, als jede der beiden beteiligten Rechtsordnungen gewähren würde?

3. Eine qualitative *Normendiskrepanz* zeigt sich etwa zwischen Erb- und Sachstatut, wenn nach dem Heimat- oder Wohnsitzrecht des Erblassers einer der Beteiligten ein Recht an einer beweglichen oder unbeweglichen Sache erhält, das mit der lex rei sitae nicht vereinbar ist, z. B. ein englisches trust-Recht an einem spanischen Grundstück. (Die Vermeidung solcher Konflikte durch Berufung der lex rei sitae auch als Erbstatut würde bei Zerstreuung des Nachlasses über mehrere Länder zu anderen, vielfach größeren Schwierigkeiten führen.) Aber soll der Erbe hier leer ausgehen?

IV. Lösung der Anpassungsprobleme

Für die Lösung der Anpassungsprobleme gibt es keine festen Regeln. Immerhin können einzelne Lösungstechniken beschrieben und – in beschränktem Maße – für die einzelnen Arten der Normwidersprüche als typisch bezeichnet werden.

1. Die *Lösungstechnik* besteht entweder in einer modifizierten Anwendung des Kollisionsrechts oder des Sachrechts.

Im einzelnen sind drei Techniken zur Auflösung von Normwidersprüchen hervorzuheben: (1) Die Bevorzugung einer der konkurrierenden Regelungen, sei es aus materiellrechtlichen, kollisionsrechtlichen oder faktischen Erwägungen; im Ergebnis bedeutet das eine Ignorierung der jeweils anderen kollisionsrechtlichen Verweisung. (2) Die Erstreckung des Anwendungsbereichs einer Kollisionsnorm auf eine sonst offenbleibende Frage. (3) Die modifizierte Anwendung des Sachrechts, z. B. Einschränkung, Ergänzung oder Umbildung einer Regelung. Manchmal folgt die Lösung aus einer dieser drei Techniken, manchmal aus ihrem Zusammenspiel.

Als weitere, praktisch weniger bedeutsame Möglichkeiten seien genannt: die Ersetzung beider sich widerstreitender Rechtsordnungen durch eine dritte, z. B. die lex fori; völlige Neuregelung durch den Richter.

2. Die *Lösungsfindung* beruht auf einer Wertentscheidung. Ein subjektives, dezisionistisches Moment ist dabei nicht zu leugnen. Es ist aber – hier wie sonst bei der richterlichen Rechtsfindung – möglichst einzuschränken. Das gebieten die Bindung des Richters an das Gesetz sowie die Erfordernisse der Rechtssicherheit. Es ist deshalb anzustreben, die Lösung nach Möglichkeit einer der

beiden widerstreitenden Rechtsordnungen zu entnehmen und nicht auf ein drittes Recht auszuweichen oder gar eine völlig neue Lösung zu konstruieren. Die Abweichungen vom Kollisionsrecht und vom materiellen Recht sind möglichst gering zu halten. Im einzelnen ist zu unterscheiden:

a) *Normenmangel* ist im allgemeinen dadurch auszuräumen, daß einer der beiden in Betracht kommenden Rechtsordnungen die Lösung entnommen wird; denn der Normenmangel entsteht in der Regel nicht dadurch, daß die beiden widerstreitenden Rechtsordnungen eine für den konkreten Fall adäquate Regelung überhaupt nicht bereithalten, sondern dadurch, daß diese Regelungen in einem von der anzuwendenden Kollisionsnorm nicht berufenen Teil der Rechtsordnung angesiedelt sind. Deshalb wird in casu die Verweisung einer der beiden Kollisionsnormen ausnahmsweise auf die offene Frage erstreckt.

Bei der Lösung des (oben III 1) geschilderten Konflikts zwischen Güterrecht und Erbrecht wird das subjektive Moment der Entscheidung besonders deutlich. Das Beispiel wird in der Wissenschaft seit Beginn des Jahrhunderts diskutiert[9], und es werden die verschiedensten Techniken empfohlen. Als materiellrechtliche Lösung wird etwa vorgeschlagen, zu ermitteln, wieviel das Erbstatut der Ehefrau zugewendet hätte, wenn es die Frage nicht güterrechtlich, sondern erbrechtlich geregelt hätte[10]; oder es wird empfohlen, der Ehefrau den Mittelwert dessen zu gewähren, was sie erhielte, wenn Güterstand und Erbfolge einheitlich von dem einen oder anderen Recht beherrscht würden[11]; schließlich wird erwogen, der Ehefrau wenigstens so viel zufließen zu lassen, wie sie nach jedem der beiden Rechte erhalten würde[12]. Aber die erstgenannten materiellrechtlichen Lösungen entfernen sich ohne Not so weit von beiden maßgebenden Rechtsordnungen, daß sie als willkürlich erscheinen können. Eher vertretbar, aber im Ergebnis auch nicht ganz befriedigend, ist eine Beschränkung des Anteils der Frau auf das Minimum, das sie nach beiden Rechtsordnungen erhielte. Einfacher und überzeugender dürfte es sein, den kollisionsrechtlichen Weg zu beschreiten. So läßt sich entweder die erbrechtliche Verweisung ausnahmsweise auf den güterrechtlichen Anspruch erstrecken, weil der güterrechtliche Anspruch hier die Funktion übernimmt, die bei uns die Norm über das Erbrecht des Ehegatten ausübt[13]; oder man beurteilt das Erbrecht der Ehefrau ausnahmsweise nach dem Güterstatut[14].

b) *Normenhäufung* ist ebenfalls vielfach durch die kollisionsrechtliche Lösung zu beseitigen, einer der beiden Sachregelungen den Vorzug zu geben.

---

[9] Siehe bereits *Neubecker*, Der Ehe- und Erbvertrag im internationalen Verkehr (1914) 281f.
[10] *Vischer*, Die rechtsvergleichenden Tatbestände im IPR (Basel 1953) 127.
[11] *Von Overbeck*, Ned. T. Int. R. 9 (1962) 368f. (Sonderheft für Kollewijn und Offerhaus).
[12] Vgl. *Staudinger-von Bar* Art. 15 Rz. 109ff.; *Palandt-Heldrich* Art. 15 Anm. 4c.
[13] In diesem Sinne etwa *Keller/Siehr* § 35 III 2; weiter differenzierend *Kegel* § 8 III 2.
[14] Das entspricht einem anläßlich der deutschen IPR-Reform von 1986 erarbeiteten Gesetzgebungsvorschlag; siehe unten § 51 III 4a.

In unserem Beispiel (oben III 2) kann die Überversorgung der Witwe dadurch vermieden werden, daß entweder nur das Güter- oder nur das Erbstatut ihre Rechtsposition insgesamt umschreibt. Jedoch kann die Ersetzung der Abwicklung nach dem einen Statut durch die nach dem anderen leicht Schwierigkeiten bereiten, so daß sich eine materiellrechtliche Korrektur als schonender anbietet. Danach kommt etwa eine Kürzung der Erbquote um den überschießenden güterrechtlichen Ausgleich in Betracht[15] oder ein materiellrechtlicher Satz des Inhalts, daß die Frau höchstens das erhält, was sie nach der einen oder der anderen beteiligten Rechtsordnung bekommen würde[16].

c) Bei qualitativen *Normendiskrepanzen* stehen oft mehr technische Anpassungsprobleme im Vordergrund als Wertentscheidungen über den Vorrang der einen oder anderen Rechtsordnung. Der Ausgleich ist dann eher durch eine entsprechende Korrektur im materiellen Recht zu suchen.

Im Beispiel des trust-Rechts an einem spanischen Grundstück (oben III 3) ist klar, daß man den Erben nicht etwa leer ausgehen lassen darf, nur weil die spanische lex rei sitae ein trust-Recht nicht kennt. Eine Anpassung der materiellen lex rei sitae an ein ihr unbekanntes Sachenrecht scheidet nach der herrschenden Meinung wegen des numerus clausus der dinglichen Rechte aus; man befürwortet deshalb, gewisse Abweichungen vom englischen Erbstatut in Kauf zu nehmen und dem Erben eine dem unbekannten trust-Recht ähnliche Position einzuräumen (Volleigentum mit einer dem englischen Recht entsprechenden Verfügungsbeschränkung)[17].

d) *Insgesamt* sind also bei Normenhäufung und Normenmangel oft kollisionsrechtliche Lösungen angezeigt, während man bei qualitativen Normendiskrepanzen regelmäßig im materiellen Recht helfen wird. Aber sichere Regeln gibt es nicht. In der Mehrzahl der Fälle dürften kollisionsrechtliche Korrekturen vorzuziehen sein; denn sie sind meist einfacher durchzuführen, und der Rückgriff auf eine von zwei vorhandenen Regelungen ist methodisch häufig besser zu begründen als die Bildung neuer materieller Lösungen, zumal die Störung (Anwendung von Teilen verschiedener Rechtsordnungen) durch das IPR verursacht wurde[18].

---

[15] Siehe mit eingehender Würdigung der verschiedenen Lösungsmöglichkeiten *Clausnitzer*, IPRax 1987, 104 f.
[16] So etwa *Keller/Siehr* § 35 III 2 sowie die oben N. 12 Genannten.
[17] Siehe *In re Duke of Wellington, Glentanar* v. *Wellington*, [1947] Ch. 506 (523 f.) = RabelsZ 15 (1949–50) 149 (159 f.); englisches Erbstatut galt kraft Rückverweisung.
[18] Letzteres betont *Kegel*, in: FS Lewald (Basel 1953) 285.

§ 35 Hinkende Rechtsverhältnisse

I. Als „hinkende Ehe" *bezeichnete* man früher im kanonischen Recht eine fehlerhafte Ehe, an welche der eine Teil gebunden war (z.B. weil er sie bösgläubig geschlossen hatte), während es seinem Partner freistand, eine andere Ehe einzugehen[1]. Im IPR ergibt sich die gleiche Situation, wenn das Personalstatut des einen Ehegatten die Ehe als gültig geschlossen und fortbestehend ansieht, das Recht des anderen Teils aber von der Ungültigkeit oder Auflösung der Ehe ausgeht und daher eine Wiederheirat gestattet. Allgemein spricht man heute von hinkenden Ehen und sonstigen hinkenden Rechtsverhältnissen (z.B. Ehelichkeit, Adoption) oder auch Rechtsakten (Scheidung, Testament), wenn die betreffende Rechtserscheinung von einem Recht als gültig und von einem anderen als ungültig angesehen wird.

Der Grund für das Entstehen hinkender Rechtsverhältnisse liegt bald in einer Verschiedenheit des Kollisionsrechts von Land zu Land (der eine Staat wendet diese, der andere dagegen jene Rechtsordnung auf denselben Sachverhalt an), bald in einer Verschiedenheit der Regeln des internationalen Verfahrensrechts, insbesondere der Regeln über die Anerkennung ausländischer Urteile oder Maßnahmen der Freiwilligen Gerichtsbarkeit.

II. Die *grundsätzliche Bewertung* der hinkenden Rechtsverhältnisse hängt von der pluralistischen oder monistischen Auffassung des Rechts ab. Wer davon ausgeht, „daß das Rechtsverhältnis als solches in jeder Rechtsordnung, die... durch ihre Kollisionsnormen [dieses Rechtsverhältnis] einem in- oder ausländischen Rechtssatz zuweist, seine gesonderte Existenz führt", schärfer gesagt, daß sich in den verschiedenen Staaten eine „Mehrheit von Rechtsverhältnissen [nämlich in jedem Staat ein anderes] auf ein und dasselbe reale soziale Verhältnis zwischen Menschen bezieht"[2], kann an dem Bestehen hinkender Rechtsverhältnisse nichts Anomales finden. Der übliche Sprachgebrauch nimmt jedoch an, daß z.B. die Ehe unabhängig von dieser oder jener positiven Rechtsordnung ein Rechtsverhältnis und nicht nur ein „soziales Verhältnis" darstellt. Demgemäß erwartet man als das Normale, daß die Existenz einer Ehe überall gleich beurteilt wird[3]. Entsprechendes gilt für andere auf universale Geltung angelegte Rechtsverhältnisse.

Für die betroffenen Menschen erweist sich ein hinkendes Ehe- oder Kindschaftsverhältnis oft als mißlich. Zwar wird gern das Wort eines hohen franzö-

---

[1] Siehe etwa *Freisen*, Geschichte des canonischen Eherechts (1888) 275, 304.
[2] So *Wengler*, RabelsZ 16 (1951) 23f.
[3] Treffend zur Wiederheirat nach vorangegangener Scheidung in einem anderen Staat Justice *Jackson* (dissenting) in *Estin v. Estin*, 334 U.S. 541 (1948): „If there is one thing that the people are entitled to expect from their lawmakers, it is rules of law that will enable individuals to tell whether they are married and, if so, to whom."

sischen Richters zitiert: „Es leben tatsächlich unzählige Leute ganz gemütlich in hinkenden Familienrechtsverhältnissen."[4] Aber es kann sich der „Fluch der bösen Tat", nämlich die Mißachtung des Ideals der internationalen Entscheidungsgleichheit (vgl. oben § 6 I a a. E.), nicht nur auf die am gegenwärtigen Verfahren Beteiligten auswirken, sondern über mehrere Generationen auf die Staatsangehörigkeit, den Namen, das Sorge-, Unterhalts- oder Erbrecht oder auf andere Fragen.

III. Die *Vermeidung* hinkender Rechtsverhältnisse hat zwei verschiedene Aspekte. *Vor* der Schaffung eines Rechtsverhältnisses *im Inland*, das voraussichtlich in einem andern Lande nicht anerkannt wird, muß man sich fragen, ob die Durchsetzung eigener Rechtsanschauungen den Konflikt mit der anderen Rechtsordnung wert ist, so wenn ein Ehe-, Legitimations- oder Adoptionshindernis des Heimatrechts einer der beteiligten Personen ignoriert wird[5]. Im allgemeinen wird die Antwort einerseits davon abhängen, wie wichtig die ausschließliche Anwendung des eigenen Rechts erscheint (ob etwa ein unverzichtbarer Rechtsgrundsatz auf dem Spiele steht oder nur eine Vergünstigung, die dem Betreffenden bei Nichtanerkennung im Ausland doch wenig nützt); zum andern kommt es auf die Nähe des fremden Staates zum Sachverhalt an (ob er näher beteiligt ist als die eigene Rechtsordnung oder nicht). *Nach* der Entstehung eines Rechtsverhältnisses *im Ausland* ist zu erwägen, ob man sich mit der vollendeten Tatsache abfinden soll oder ob man eines Grundsatzes wegen (insbesondere um einer Gesetzesumgehung nicht nachzugeben) den Konflikt in Kauf nehmen will.

IV. In der *praktischen Behandlung* der einmal bestehenden hinkenden Rechtsverhältnisse wird man sich um einen Ausgleich zwischen in- und ausländischem Standpunkt bemühen. Spannungen entstehen insbesondere dann, wenn Erstfragen, also Vorfragen, die schon im Tatbestand einer inländischen Kollisionsnorm vorausgesetzt werden, wie Gültigkeit einer Ehe, Ehelichkeit, Entmündigung oder Todeserklärung, im Inland anders beantwortet werden als in der für die Hauptfrage maßgebenden Rechtsordnung. Dazu folgendes:

1. Geht es um ein Rechtsverhältnis, das *für die inländische Rechtsordnung nicht existiert*, so müßten eigentlich alle entsprechenden Rechtsfolgen abgelehnt werden: ohne Ehe keine Ehewirkungen und keine Scheidung, ohne Ehelichkeit keine Rechte eines ehelichen, sondern nur die eines nichtehelichen Kindes, ohne

---

[4] *Georges Holleaux*, FamRZ 1963, 637.
[5] Siehe etwa die Nachweise bei *Jayme*, StAZ 1972, 227 und 247 ff., zum Ehe- bzw. Legitimationsrecht, wo die voreilige Anwendung inländischer Normen immer wieder zu Konflikten führt, die bei Berücksichtigung ausländischen Rechts mit geringem Aufwand hätten vermieden werden können.

Todesfeststellung keine Beerbung. Jedoch wird man im Interesse der Parteien, die zwischen den Rechtsordnungen stehen, unter Umständen einen Ausweg suchen, um ihrer Konfliktslage nach Möglichkeit gerecht zu werden.

Bisweilen besteht z. B. die Ehe eines Ausländers mit einer Deutschen zwar nach seinem Heimatrecht, aber nicht für die deutsche Rechtsordnung, weil diese Ehe etwa in Deutschland ohne Mitwirkung eines deutschen Standesbeamten vor einem Konsul des fremden Staates oder vor einem Priester geschlossen ist oder weil sie in Deutschland aus einem vom Heimatstaat nicht anerkannten Grunde rechtskräftig geschieden worden ist. Wenn nun der Ausländer auch mit Wirkung für seine Heimat von dem Eheband frei werden will, er dort aber aus praktischen Gründen oder mangels eines Gerichtsstandes nicht auf Scheidung klagen kann und daher in Deutschland eine Scheidung nach seinem Heimatrecht beantragt, so wird der deutsche Richter diesem Antrag nicht unmittelbar stattgeben können; denn er kann nur eine für ihn existierende Ehe scheiden. Aber vielleicht kann das deutsche Gericht – wenn dem Ausländer damit gedient ist – ein Feststellungsurteil erlassen, daß die Voraussetzungen einer Scheidung nach dem Heimatrecht gegeben sind und die Ehe nach deutschem Recht nicht bzw. nicht mehr besteht.

2. Wie jedoch, wenn das Rechtsverhältnis, auf das sich die Erstfrage bezieht, zwar für das inländische Recht, aber *nicht für die fremde Rechtsordnung existiert,* nach der sich gemäß inländischem Kollisionsrecht die in Frage stehenden Wirkungen beurteilen sollen?

Was kann uns z. B. das spanische Recht über die Wirkungen einer Ehe oder über die Möglichkeit einer Scheidung sagen, wenn diese Ehe für das spanische Recht gar nicht besteht? Was sollen wir dem niederländischen Recht über die Wirkungen eines in Deutschland errichteten und daher für uns nach Art. 11 I EGBGB gültigen privatschriftlichen Testaments entnehmen, das für das niederländische Recht absolut nichtig ist?

Konsequenterweise können wir auch hier die einmal beantwortete Erstfrage nicht noch einmal stellen, dürfen also nicht etwa das ausländische Recht so anwenden, wie ein ausländischer Richter es im konkreten Fall wegen Nichtigkeit des fraglichen Rechtsverhältnisses anwenden würde. Vielmehr haben wir das ausländische Recht nur auf seine Antwort zu der von uns gestellten Rechtsfrage, sozusagen auf seine abstrakte Antwort zu prüfen. Es geht mit anderen Worten um eine „fiktive" Anwendung des ausländischen Rechts: eine Anwendung so, wie dieses Recht bei Anerkennung des umstrittenen Rechtsverhältnisses entscheiden würde.

Diese Lösung werden wir z. B. für die Wirkungen eines „hinkenden" Testaments wählen, damit wenigstens die Fragen der Testierfähigkeit, des Pflichtteils- oder Noterbrechts, der Erbenhaftung usw. im Einklang mit dem Erbstatut entschieden werden.

Entscheidend ist jeweils, ob eine solche „fiktive" Anwendung des ausländischen Rechts noch sinnvoll erscheint, weil die in Rede stehende Rechtsfrage engere Verbindungen zu dem ausländischen Recht aufweist als zur lex fori.

Beispielsweise wird überwiegend befürwortet, das von Artt. 14 und 15 EGBGB bezeichnete ausländische Ehewirkungs- und Güterrechtsstatut auf eine nach inländischer Auffassung bestehende Ehe anzuwenden, die nach dem betreffenden ausländischen Recht als gar nicht oder nicht mehr existent betrachtet wird[6]. Dagegen erfolgt die Scheidung einer solchen Ehe aus Gerechtigkeits- und Praktikabilitätserwägungen nach einem Ersatzrecht, meist nach deutschem Recht[7]; denn andernfalls könnte man beispielsweise zu dem unerträglichen Ergebnis gelangen, daß die in Deutschland standesamtlich geschlossene Ehe eines Ausländers, die in seinem Heimatland ungültig und nach deutschem Recht durch Scheidung lösbar ist, vor einem deutschen Gericht einerseits gültig und zugleich gemäß dem Heimatrecht – prinzipiell oder wenigstens im konkreten Fall – unscheidbar ist. Während es also nicht sinnvoll ist, die Voraussetzungen der Scheidung einem fremden Recht zu entnehmen, für das die Ehe nicht (mehr) besteht, kann für die Regelung der Scheidungsfolgen (Versorgungsausgleich) der Rückgriff auf das ausländische Recht wieder angemessen sein[8].

§ 36 Ordre public

Die Berufung auf den ordre public – die „öffentliche Ordnung", wie die Haager Abkommen und das deutsche Recht in Art. 6 EGBGB sagen, englisch die „public policy" – bildet ebenso wie die Anpassung ein Korrektiv gegenüber den möglichen Nachteilen der Anwendung fremden Rechts. Aber während die Anpassung einen Normenwiderspruch zu beheben sucht, der nicht nur mit dem inländischen Recht, sondern auch zwischen ausländischen Rechten entstehen kann, will der ordre public grundsätzlich inländischen *Wertvorstellungen* zum Durchbruch verhelfen. Das Wort „Ordnung" hat hier also eine viel stärkere Bedeutung, als wenn wir im Deutschen etwa von bloßen „Ordnungsvorschriften" sprechen, deren Verletzung nur eine „Ordnungswidrigkeit" bedeutet.

I. Negative und positive Funktion des ordre public

Die Funktion des in Art. 6 EGBGB (früher Art. 30 EGBGB a. F.) normierten ordre public besteht in der Ausschließung an sich anwendbarer fremder Nor-

---

[6] Siehe z.B. OLG Hamm 20.10.1981, FamRZ 1982, 166 abl. Anm. *Rau* = IPRspr. 1981 Nr. 49.

[7] Vgl. z.B. OLG Stuttgart 20.5.1980, FamRZ 1980, 783 zust. Anm. *Neuhaus* = IPRspr. 1980 Nr. 78. Zur Bestimmung des Ersatzrechts, für die sich hier ein Rückgriff auf die Anknüpfungsleiter des Art. 14 I EGBGB anbietet, siehe oben § 31 III 2 b; ferner *Galster*, Zur Scheidung im Inland wirksamer, hinkender Ehen nach der Reform des IPR: StAZ 1988, 160.

[8] Siehe etwa OLG Stuttgart (vorige Note); *Staudinger-von Bar* Art. 17 Rz. 52.

men, wenn ihre Anwendung als unerträglich empfunden wird. Man spricht in diesem Zusammenhang von der *„negativen Funktion"* des ordre public.

Ihr wurde namentlich in älterer Zeit die sog. *„positive Funktion"* des ordre public gegenübergestellt, die darin liegt, einzelne Vorschriften des inländischen Rechts bevorzugt zur Geltung zu bringen. Es handelt sich dabei in der Regel um solche Normen, die einen öffentlichrechtlichen Charakter haben oder die besondere sozial- oder wirtschaftspolitische Ziele verfolgen.

Die positive Funktion des ordre public geht auf Art. 6 Code civil zurück: „On ne peut déroger, par des conventions particulières, aux lois qui intéressent l'ordre public et les bonnes mœurs." Im Gegensatz zu den „lois de police et de sûreté", die nach Art. 3 I C. c. „obligent tous ceux qui habitent le territoire", wurde den „lois d'ordre public" eine absolute Geltung zugemessen[1]. Das gilt jedoch nur für die Gesetze des „ordre public international", d.h. die international zwingenden Normen im Unterschied zum „ordre public interne", dem innerstaatlich zwingenden Recht (ius cogens).

Heute wird das Problem, den genauen Anwendungsbereich einzelner Rechtsinstitute oder Normen zu bestimmen, die nicht unter die allgemeinen Kollisionsregeln passen (insbesondere von Eingriffsnormen), nicht mehr unter dem Stichwort „ordre public" behandelt, sondern man redet von Sonderanknüpfung, von „versteckten", erst durch die Rechtsprechung zu formulierenden einseitigen Kollisionsnormen oder von „lois d'application immédiate" (oben § 12 V). Die Anwendbarkeit der Eingriffsnormen des Forums ist in Art. 34 EGBGB getrennt vom ordre public geregelt, und die genannten Fragen sind unter Heranziehung dieser speziellen Vorschriften zu lösen (vgl. unten § 52 VII).

Im folgenden soll nicht weiter von der sog. positiven Funktion des ordre public, sondern von der „Vorbehaltsklausel" des ordre public im Sinne des Art. 6 EGBGB die Rede sein.

II. Voraussetzungen der Vorbehaltsklausel (Art. 6 EGBGB)

1. Die Vorbehaltsklausel des ordre public richtet sich nicht gegen die betreffende Norm als solche (wie etwa eine verfassungsrechtliche Normenkontrolle), sondern nur gegen ihre *Anwendung* im konkreten Fall. Meist steht eine materiellrechtliche Regel in Rede, bisweilen aber auch eine kollisionsrechtliche, so wenn ein Renvoi durch eine gleichberechtigungswidrige Kollisionsnorm des fremden Rechts ausgesprochen wird (dazu oben § 24 II 3 b). Es kommt auf das *Ergebnis* an, das im Einzelfall mit der Anwendung des fremden Rechts erzielt wird. Das hebt Art. 6 EGBGB in seinem Wortlaut bewußt hervor[2].

---

[1] So etwa *André Weiss*, Traité théorique et pratique de d. i. p.² III (1912) 95 ff. (auch zum folgenden Satz). Vgl. im übrigen zur französischen Terminologie *Batiffol/Lagarde* I no. 251 m. w. Nachw.

[2] Siehe BegrRegE, BT-Drucks. 10/504, 43.

2. Voraussetzung ist eine gewisse *Inlandsbeziehung* des Falles. Ohne das Erfordernis einer Inlandsbeziehung würde die Nichtanwendung des ausländischen Rechts zu einer abstrakten Beurteilung seines Inhalts werden, und es würde eventuell den Beteiligten ein rein theoretisches, in der Praxis kaum zu realisierendes Urteil gegeben. Es genügt nicht eine beliebige Beziehung zum Inland, vielmehr muß es eine solche sein, die einerseits nicht als Anknüpfungsmoment der regulären Kollisionsnorm formuliert ist und daher nicht ohnehin zur Anwendung inländischen Rechts führt, anderseits aber den Kern der jeweiligen Rechtsfrage berührt und deshalb einem Anknüpfungsmoment entsprechen könnte. (Handelt es sich etwa um den Schutz des inländischen Rechtsverkehrs, so genügt als Inlandsbeziehung nicht die inländische Staatsangehörigkeit eines Beteiligten, sondern es kommt auf die Vornahme des Geschäftes im Inland an.) Unter diesem Aspekt hatte *Kahn* recht, wenn ihm der ordre public als „der noch unerkannte und der noch unfertige Teil des internationalen Privatrechts" erschien, dessen Ersetzung durch konkrete Kollisionsnormen er forderte[3]. Freilich setzt das Eingreifen des ordre public einen Grad der Ablehnung des mit der fremden Norm zu erzielenden Ergebnisses voraus, der meist nicht exakt in eine allgemeine Regel zu fassen ist.

Man spricht geradezu von der *Relativität des ordre public:* Je stärker die Inlandsbeziehung des Falles, desto weniger werden fremdartige Ergebnisse hingenommen, und je geringer diese Beziehung (besonders bei bloßen Vorfragen!), desto befremdlicher muß das Ergebnis der Anwendung eines ausländischen Rechtssatzes sein, damit die Vorbehaltsklausel eingreift. Insbesondere werden wir eher eine im Ausland begründete Rechtslage als vollendete Tatsache anerkennen (z. B. eine Scheidung durch private Erklärung, zumal wenn es in dem betreffenden Lande keine andere Form der Scheidung gab) und eventuell sogar einem fremdartigen Rechtsverhältnis gewisse Rechtsfolgen für das Inland zuerkennen (z. B. Unterhalts- oder erbrechtliche Ansprüche für eine Nebenfrau), als daß wir bei der Begründung eines uns stoßenden Rechtsverhältnisses selbst mitwirken.

3. Auch für das erwünschte *Ausmaß* einer Anwendung des ordre public kann man keine exakten Regeln geben. Sicherlich ist die Vorbehaltsklausel unentbehrlich als Notventil. Jedoch muß man sich hüten, allzu rasch von ihr Gebrauch zu machen. Das EGBGB formuliert die Vorbehaltsklausel – im Anschluß an staatsvertragliche Übereinkommen (vgl. unten VI) – bewußt eng in dem Sinn, daß die Anwendung der fraglichen Norm „offensichtlich unvereinbar" mit der öffentlichen Ordnung sein muß[4].

---

[3] *Kahn*, Die Lehre vom ordre public (Prohibitivgesetze): Jher.Jb. 39 (1898) 4 (108ff.) = Abhandlungen zum IPR I (1928) 163 (251ff.).
[4] BegrRegE, BT-Drucks. 10/504, 43.

Es geht beispielsweise nicht an, heute eine Norm für unanwendbar zu erklären, die gestern noch im Inland als Recht galt, bzw. eine neuere Errungenschaft der Gesetzgebung zum internationalen Mindestmaß auch für Auslandsfälle zu erheben[5]. Höchst bedenklich ist die Benutzung des ordre public als Waffe im inländischen rechtspolitischen Streit, wenn etwa ein oberstes Gericht die Anwendung eines Satzes der lex fori offenbar gerade deshalb mit Hilfe der Vorbehaltsklausel gegen das abweichende Recht eines Nachbarlandes durchsetzt, um den Wert dieses Satzes gegenüber einer starken Opposition im eigenen Lande hervorzuheben[6].

4. Die *Handhabung* des ordre public ist – im Gegensatz zu anderen Figuren des IPR – von verlockender Einfachheit[7]. Es ist jedoch keinesfalls zulässig, die genaue Feststellung, welches Recht an sich anwendbar wäre (z. B. in einem zweifelhaften Rückverweisungsfall) oder welches der Inhalt dieses Rechts ist, mit der Begründung dahingestellt sein zu lassen, daß im Falle einer Abweichung vom inländischen Recht ja doch die Vorbehaltsklausel Platz greife. Dies würde auf die Dauer zu einer weitgehenden Auflösung des IPR zugunsten bloßer Gefühlsentscheidungen führen und kann deshalb auch nicht mit dem Gedanken der Prozeßökonomie gerechtfertigt werden. Außerdem ist zu bedenken, daß eine Entscheidung, die auf den ordre public anstatt auf die normale Kollisionsnorm gestützt ist, im Ausland öfter nicht anerkannt und nicht vollstreckt wird. Die voreilige Berufung auf den ordre public ist daher nicht nur der internationalen Rechtssicherheit abträglich, sondern kann auch der im Prozeß obsiegenden Partei schaden. Politischer Bekennermut des Richters unter Ablehnung jedes „juristischen Formalismus" wäre hier fehl am Platze.

Anderseits darf nicht aus Furcht vor dem Odium des ordre public als des „Störenfrieds" (nämlich der internationalen Entscheidungsgleichheit) eine für richtig gehaltene Bevorzugung inländischen Rechts nur scheinbar vermieden werden durch Verdrehung der regulären Kollisionsnormen oder durch unredliche Qualifikation[8]. Dann ist die offene Berufung auf den ordre public das kleinere Übel.

---

[5] Mit Recht zurückhaltend BGH 30.1. 1961, NJW 1961, 1061 = IPRspr. 1960–61 Nr. 39b, zu dem erst 1953 geschaffenen § 89b HGB; vgl. auch BGH 20. 6. 1979, BGHZ 75, 32 (43 f.) = IPRspr. 1979 Nr. 83 S. 292 f., zu der 1961 verlängerten Ehelichkeitsanfechtungsfrist.

[6] So aber anscheinend BGH 21. 11. 1958, BGHZ 28, 375 = IPRspr. 1958–59 Nr. 110 (zum sog. Kranzgeld des § 1300 BGB), inzwischen obiter widerrufen durch BGH 24. 4. 1974, BGHZ 62, 282 (283) = IPRspr. 1974 Nr. 78.

[7] Vgl. *Paulsen/Sovern*, Colum. L. Rev. 56 (1956) 987–989: Die Berufung auf „public policy" ist bequemer, als eine durchdachte Begründung, anonymer als „I decide" und dabei noch eindrücklicher als „our law". – Über das „Heimwärtsstreben" mit Hilfe des ordre public siehe auch oben § 7 I.

[8] Ein krasses Beispiel der letzteren Art bietet *Kilberg v. Northeast Airlines, Inc.*, 9 N.Y. 2d 34, 41–42, 172 N.E. 2d 526, 529 (1961): Um nicht nur durch Berufung auf eine „strong public policy" zur Anwendung der lex fori zu kommen, erklärte das Gericht eine Haftungsbeschränkung bei Luftunfällen als „procedural". Diese Qualifikation wurde jedoch zurückgenommen in *Davenport v. Webb*, 183 N.E. 2d 902, 904 (N.Y. 1962).

III. Konkretisierung der Vorbehaltsklausel

Inhaltlich sind die Grundsätze des ordre public schwer festzulegen. Insbesondere ist mit dem bloßen Gleichheitssatz wenig anzufangen; denn er sagt nicht, wann wir einen international gemischten Fall, der nach den normalen Kollisionsregeln wie ein rein ausländischer zu behandeln wäre, einem Inlandsfall gleichstellen sollen. Es handelt sich vielmehr vor allem um einen gewissen nationalen Bestand von Fundamentalsätzen, die sich insbesondere in den Grundrechten der Verfassung finden (Art. 6 Satz 2 EGBGB) und die den einzelnen nationalen Normen oft unausgesprochen zugrunde liegen, so z. B. das Prinzip der persönlichen Freiheit, das insbesondere übermäßigen vertraglichen oder statutarischen Bindungen entgegensteht, oder der Schutz der Ehe, welcher Scheidungsverträge und ein Verlöbnis bei bestehender Ehe verbietet.

1. Eine *genaue Formulierung* des ordre public scheitert schon an seiner erwähnten Relativität. Die gesetzliche Zweiteilung durch Art. 30 EGBGB a. F. in „gute Sitten" und „Zweck eines deutschen Gesetzes" war mißglückt[9]. Das neue EGBGB redet in Art. 6 kurz und bündig von „wesentlichen Grundsätzen des deutschen Rechts"[10]. Auch für das deutsche Internationale Verfahrensrecht wurde diese Umschreibung gewählt (vgl. §§ 328 I Nr. 4, 1041 I Nr. 2, 1044 II Nr. 2 ZPO, § 16a Nr. 4 FGG). Das Schweizer IPR-Gesetz (Art. 17) macht gar nicht erst den Versuch einer Umschreibung.

Am Ende muß der ordre public die umfassende Generalklausel bleiben, die in immer neuen Einzelregeln konkretisiert werden mag, aber letztlich – gerade in den unvoraussehbar mannigfaltigen und wechselnden Konstellationen des internationalen Rechtsverkehrs – als Grundlage elastischen Richterrechts eine gewisse Unbestimmtheit zu bewahren hat.

2. Art. 6 bezieht sich ausdrücklich und bewußt nur auf die *deutsche* öffentliche Ordnung[11]. Das schließt die Berücksichtigung *international* herrschender Auffassungen aber nicht aus.

a) Verstoßen ausländische Akte oder Gesetze gegen *allgemeines Völkerrecht*, ohne daß dieses bereits ihre Nichtigkeit anordnet, so kann ihre Unbeachtlichkeit im Inland aus der Vorbehaltsklausel folgen, weil Art. 25 GG das Völkergewohnheitsrecht jedenfalls als Wertmaßstab zum Bestandteil der innerstaatlichen Ordnung macht[12]. In diesem Fall ist wegen der Völkerrechtsfreundlichkeit des Grundgesetzes zu erwägen, ob an den für Art. 6 EGBGB

---

[9] Näher *Neuhaus* 369f.
[10] Ähnlich § 6 öst. IPR-Gesetz: „Grundwertungen der österreichischen Rechtsordnung".
[11] Siehe BegrRegE, BT-Drucks. 10/504, 43.
[12] Vgl. etwa LG Hamburg 22. 1. 1973, AWD 1973, 163 = IPRspr. 1973 Nr. 112 (chilenischer Kupferstreit).

erforderlichen Inlandsbezug geringere Anforderungen als bei Verletzung rein nationaler Grundsätze zu stellen sind[13]. Ein derartiges, auf Völkerrechtsverstößen beruhendes Eingreifen der nationalen Vorbehaltsklausel kann als *völkerrechtsbezogener ordre public* bezeichnet werden[14].

b) Ferner können *internationale Standards* ohne Völkerrechtsrang im Rahmen des Art. 6 EGBGB Berücksichtigung finden[15]. So kann bisweilen auf international anerkannte Menschenrechte (unten IV 2) oder auf einen Bestand gemeinsamer Rechtsgrundsätze zurückgegriffen werden[16]. Bisweilen ergeben sich Maßstäbe aus der Rechtsvergleichung oder aus internationalem Einheitsrecht, wie rechtsvereinheitlichenden Abkommen oder internationalen Verhaltenskodizes[17]. An den so gewonnenen internationalen Standards kann sowohl der fragliche ausländische als auch der inländische Rechtssatz gemessen werden; letzteres insbesondere um zu ermitteln, ob es sich um einen „wesentlichen" Grundsatz des inländischen Rechts handelt. Freilich kommt den internationalen Standards im Rahmen des Art. 6 EGBGB nur eine Indizwirkung zu: Ein Eingreifen des ordre public liegt nahe, wenn der ausländische Rechtssatz dem Standard nicht entspricht, während der inländische sich mit dem Standard deckt[18]. Die Heranziehung internationaler Standards hat gegenüber der bloßen Berufung auf nationale Grundsätze den Vorzug, die Überzeugungskraft der Entscheidung zu erhöhen. Das gilt in besonderem Maße für eine Berufung auf *europäisches Gemeingut*, das mit zunehmender Integration der EG-Mitgliedstaaten gegenüber den nationalen Wertungen an Gewicht gewinnen sollte[19].

---

[13] In diesem Sinne *Schütz*, Der internationale ordre public (1984) 130. Weitergehend *F. A. Mann*, Nochmals zu völkerrechtswidrigen Enteignungen vor deutschen Gerichten: FS Duden (1977) 287 (300 ff.), der eine Pflicht zur Nichtbeachtung völkerrechtswidriger Enteignungen direkt aus Art. 25 GG folgert; anders zu Recht *Meessen*, Die Verstaatlichung des Kupferbergbaus in Chile vor deutschen Gerichten: AWD 1973, 177 (179).

[14] *Schütz* (vorige Note) 129; anders der *völkerrechtliche* ordre public, bei dem eine Verpflichtung zur Nichtanwendung fremden Rechts aus dem Völkerrecht als Rechtsquelle folgt (oben § 8 I 2).

[15] Siehe dazu mit Beispielen aus der deutschen Rechtsprechung *Jayme*, Methoden der Konkretisierung des ordre public im IPR (1989) 49 ff.

[16] Vgl. bereits BGH 15. 11. 1956, BGHZ 22, 162 (163) = IPRspr. 1956–57 Nr. 3, und 30. 6. 1961, BGHZ 35, 329 (337) = IPRspr. 1960–61 Nr. 155 S. 515: „Ansichten, die anderweit innerhalb des durch gemeinsame sittliche Anschauungen verbundenen Kulturkreises vertreten werden", bzw. die „gemeinsame Ansicht der durch gleiche sittliche Anschauungen verbundenen Kulturstaaten".

[17] Weitergehende Auswirkungen internationaler Verhaltenskodizes auf die Vorbehaltsklausel befürwortet *Horn*, Die Entwicklung des internationalen Wirtschaftsrechts durch Verhaltensrichtlinien, Neue Elemente eines internationalen ordre public: RabelsZ 44 (1980) 423 (448 ff.).

[18] So *Jayme* (oben N. 15) 45, 65.

[19] In diesem Sinne bereits *von Brunn*, Der europäische ordre public: NJW 1962, 985; vgl. auch *Reichelt*, „Europäischer" ordre public im autonomen Kollisionsrecht?: ZfRV 16 (1975) 217 (225).

c) Die Anreicherung der nationalen Vorbehaltsklausel um völkerrechtliche und andere internationale Elemente wird mitunter als *internationaler ordre public* bezeichnet, ein Ausdruck, der freilich nicht einheitlich verwendet und deshalb in unserem Zusammenhang besser vermieden wird[20].

IV. Grundrechte

1. Ein besonders wichtiger *Bestandteil der deutschen öffentlichen Ordnung* sind die Grundrechte, die Art. 6 Satz 2 EGBGB gesondert erwähnt. Jede Grundrechtsverletzung, die sich im Einzelfall durch die Anwendung fremden Rechts ergibt, gilt danach als „offensichtlicher" Verstoß gegen wesentliche Grundsätze des deutschen Rechts[21].

Von der hier erörterten Frage der Grundrechtsverletzungen, die aus der Anwendung fremden Rechts folgen, ist die andere Frage zu trennen, ob eine Kollisionsnorm des Forums – sei sie autonom oder staatsvertraglich gesetzt – gegen die Verfassung verstößt. Die letztgenannte Frage stellt sich unabhängig vom ordre public; sie ist oben in § 5 III erörtert.

Der deutschen öffentlichen Ordnung widerspricht nicht jede Rechtsanwendung, die bei einem reinen Inlandsfall grundrechtswidrig wäre[22]. Vielmehr ist – wie auch das BVerfG hervorhebt[23] – bei Sachverhalten mit Auslandsberührung eine differenzierende Anwendung der Grundrechte angebracht. Das Gericht verweist darauf, daß der Verfassungsgeber selbst bei der Ausprägung einzelner Grundrechte zwischen Deutschen und Nichtdeutschen unterschieden hat. Unabhängig davon kann ein Grundrecht wesensgemäß eine bestimmte Beziehung zur Lebensordnung im Geltungsbereich der Verfassung voraussetzen, so daß eine uneingeschränkte Durchsetzung in ganz oder überwiegend auslandsbezogenen Sachverhalten den Sinn des Grundrechtsschutzes verfehlen würde. Wieweit dies der Fall ist, läßt sich nicht allgemein bestimmen. „Vielmehr ist jeweils durch Auslegung der entsprechenden Verfassungsnorm festzustellen, ob sie nach Wortlaut, Sinn und Zweck für jede denkbare Anwendung hoheitlicher Gewalt innerhalb der Bundesrepublik gelten will oder ob sie bei Sachverhalten

---

[20] Siehe zu den verschiedenen Begriffsverständnissen etwa *Schütz* (oben N. 13) 9 ff.

[21] Dies stellt die von Art. 6 Satz 1 EGBGB unabhängige Voraussetzung für die Nichtanwendung fremden Rechts in Satz 2 sicher; BegrRegE, BT-Drucks. 10/504, 44. Die Normierung folgt damit dem vom BVerfG in seiner Spanierentscheidung aufgestellten Gebot, daß „nicht zwischen tragbaren und untragbaren Grundrechtsverstößen unterschieden werden" darf; siehe BVerfG 4. 5. 1971, BVerfGE 31, 58 (86) = IPRspr. 1971 Nr. 39 S. 119 unter C VI 2.

[22] Darauf weist die BegrRegE (vorige Note) ausdrücklich hin.

[23] BVerfG 4. 5. 1971, BVerfGE 31, 58 (77) = IPRspr. 1971 Nr. 39 S. 113 unter C III 3 a. E.

mit mehr oder weniger intensiver Auslandsbeziehung eine Differenzierung zuläßt oder verlangt."[24]

Die allgemeine Selbstbeschränkung des inländischen Rechts gegenüber dem Ausland – weil Fälle mit überwiegender Auslandsbeziehung billigerweise nicht einfach mit den Maßstäben der inländischen Rechtsordnung zu messen sind – gilt also auch für das Verfassungsrecht[25]. Über die nähere Begründung mag man streiten: Man kann historisch argumentieren, daß z. B. die Väter des Grundgesetzes etwa bei Proklamierung der Gleichberechtigung von Mann und Frau (Art. 3 II) oder bei der Gewährleistung des Eigentums (Art. 14) nur an Deutschland und nicht an irgendwelche islamischen oder exotischen Länder gedacht haben. Oder man kann aus dem Wortlaut des Grundgesetzes selbst herleiten, daß dieses sich nicht als alleinige Quelle allen Rechtes betrachtet (Art. 1 II). Jedenfalls bedeutet die *Abweichung* des nach IPR anwendbaren fremden Rechts von einer inländischen Grundrechtsnorm nicht stets eine Grundrechts*verletzung*. Es kommt vielmehr darauf an, ob die Grundrechtsnorm im Einzelfalle Anwendung heischt. Dies zu bestimmen und rational zu begründen, gehört gewiß zu den praktisch besonders schwierigen Aufgaben der Rechtsanwendung.

2. Die Grundrechte oder vergleichbare Menschenrechte können sich nicht nur aus dem deutschen Grundgesetz und den Verfassungen der deutschen Bundesländer ergeben, sondern auch aus den menschenrechtlichen *internationalen Übereinkommen*, wie der EMRK[26]. Die dort verankerten Rechte gehören ebenfalls zum ordre public[27]. Im übrigen sind, da die EMRK in Deutschland unmittelbar anwendbares Recht darstellt, konventionswidrige Ergebnisse unabhängig von den besonderen Anwendungsvoraussetzungen der Vorbehaltsklausel, wie etwa einem „Inlandsbezug", zu vermeiden[28]. Praktisch wird ein Verstoß gegen den deutschen ordre public und die deutsche Verfassung freilich meist leichter festzustellen sein als ein Verstoß gegen ein Menschenrecht der EMRK, zumal die Zivilgerichte bislang keine Möglichkeit haben, die Frage dem Europäischen Gerichtshof für Menschenrechte in Straßburg vorzulegen.

---

[24] BVerfG (vorige Note).
[25] Schon nach BVerfG 30. 6. 1964, BVerfGE 18, 112 (117f., 120f.), ist nicht jede Entscheidung des Grundgesetzes (in casu: die Abschaffung der Todesstrafe) unbedingt durchzusetzen und „damit eine rechtsstaatlich-sittliche Superiorität... in Anspruch zu nehmen"; insbes. gegenüber völkerrechtlichen Verträgen eine absolute Geltung für die eigene Rechtsordnung zu beanspruchen, „stünde nicht in Einklang mit der völkerrechtsfreundlichen Grundhaltung des Grundgesetzes, die vor allem Achtung vor fremden Rechtsordnungen und Rechtsanschauungen fordert."
[26] Siehe *Matscher*, IPR und IZVR vor den Organen der EMRK: FS Neumayer (1985) 459.
[27] So ausdrücklich BegrRegE, BT-Drucks. 10/504, 44.
[28] Vgl. *Engel*, Ausstrahlungen der Europäischen Menschenrechtskonvention auf das Kollisionsrecht: RabelsZ 53 (1989) 3 (49).

3. Ein eigenes „*Kollisionsrecht für die Verfassung*"[29], d. h. eine allein aus „Wortlaut, Sinn und Zweck" der einzelnen Verfassungsnormen, also „aus der Verfassung selbst zu entwickelnde Bestimmung der Reichweite der Grundrechte"[30], wird durch die Erwähnung der Grundrechte in Art. 6 EGBGB nicht ausgeschlossen. Vielmehr bleibt es möglich, „daß in den Grundrechten eine Schranke gesehen wird, die unmittelbar die Anwendung des durch eine Kollisionsnorm berufenen Rechts begrenzt"[31], ohne daß auf den ordre public zurückgegriffen würde. Solche Kollisionsnormen für die Verfassung entsprechen der oben (II 1) erwähnten Konkretisierung des ordre public in Einzelregeln – und können wie diese immer nur Ansätze bieten[32]. Auch besteht bei einem unmittelbaren Rückgriff auf die Grundrechte die Gefahr, daß für die Eingrenzung brauchbare kollisionsrechtliche Gedanken vergessen werden, nämlich die Relativität des ordre public und das Gebot seiner sparsamen Verwendung im Interesse sowohl der Rechtssicherheit, insbesondere der internationalen Entscheidungsgleichheit, als auch der Gerechtigkeit gegenüber ausländischen, uns nicht ohne weiteres verständlichen Verhältnissen. Der gerichtlichen Praxis ist daher zu empfehlen, auf dem bisher eingeschlagenen Wege, den der Gesetzgeber in Art. 6 Satz 2 EGBGB beschrieben hat, fortzuschreiten und die Anwendung ausländischen Rechts im Regelfall nicht unmittelbar, sondern im Rahmen der Vorbehaltsklausel an den Grundrechten zu messen[33].

V. Wirkung der Vorbehaltsklausel

Das Eingreifen des ordre public kann unterschiedliche Rechtsfolgen auslösen. Die Wirkung besteht in der Regel zunächst einmal in der Nichtanwendung einer fremden Norm.

Bisweilen kann es dabei sein Bewenden haben, wenn etwa eine bloße Eingriffsnorm öffentlichrechtlicher Art in Rede steht (z. B. ein Außenhandelsverbot, eine Devisenvorschrift) oder eine privatrechtliche Beschränkung (eine Konkurrenzklausel, ein Haftungsausschluß) oder eine Änderung des bis dahin bestehenden Rechtszustandes, die ohne weiteres weggedacht werden kann (Begründung, Änderung oder Auflösung eines Rechtsverhältnisses). Hier wird

---

[29] So *Bernstein*, NJW 1965, 2273 ff.; in der Sache ähnlich *Wengler*, JZ 1965, 101 ff. Kritisch *Sandrock*, in: FS Mann (1977) 267 ff.

[30] BVerfG 4. 5. 1971 (oben N. 23).

[31] BVerfG 4. 5. 1971, BVerfGE 31, 58 (86) = IPRspr. 1971 Nr. 39 S. 119 unter C VI 2.

[32] Ein Beispiel, das die Problematik deutlich macht, bietet *Jochem*, Das Erbrecht des nichtehelichen Kindes nach deutschem Recht bei Sachverhalten mit Auslandsberührung, Zugleich ein Beitrag zum Verfassungskollisionsrecht des Art. 6 V GG (1972), bespr. in RabelsZ 37 (1973) 821.

[33] Vgl. etwa BGH 20. 12. 1972, BGHZ 60, 68 (78 f.) = IPRspr. 1972 Nr. 59 b S. 158 f.; 28. 4. 1988, BGHZ 104, 240 (243 f.).

die fremde Norm also einfach nicht angewandt, im übrigen bleibt der Sachverhalt seinem festgestellten Statut unterworfen.

In anderen Fällen soll die Nichtanwendung ausländischen Rechts gerade Raum schaffen für die Anwendung solchen inländischen Rechts, von dem in unerträglicher Weise abgewichen wird oder das unbedingt angewandt sein will. Auch dann ist die Wirkung des ordre public (bzw. der Sonderanknüpfung; vgl. oben I) eindeutig: Das inländische Recht setzt sich durch.

Es gibt jedoch noch eine dritte Gruppe von Fällen, in denen die Wirkung des ordre public nicht ohne weiteres klar ist. So wenn – ohne daß ein inländischer Rechtssatz sich durchsetzen will – an die Stelle der abgelehnten Norm notwendig eine andere Bestimmung treten muß (z.B. an die Stelle der Unverjährbarkeit eines Anspruchs eine konkrete Verjährungsvorschrift, an die Stelle eines allzu kargen Unterhaltssatzes ein höherer) oder wenn das von uns zugelassene Rechtsverhältnis näherer inhaltlicher Ausgestaltung bedarf (etwa eine „hinkende Ehe", siehe oben § 35 IV 2). In diesen Fällen stehen wir vor einer ähnlichen Situation wie bei der Nichtfeststellbarkeit ausländischen Rechts (siehe oben § 31 III vor 1). Ebenso wie dort ist zunächst zu prüfen, ob das ausländische Recht in modifizierter Form angewandt werden kann, ob also die durch den ordre public gerissene Lücke aus dem ausländischen Recht selbst geschlossen werden kann. Dabei kann der Richter entweder auf einen anderen Rechtssatz des ausländischen Rechts zurückgreifen, oder er kann das ausländische Sachrecht fallbezogen abwandeln.

Beispielsweise kann die Vereinbarung eines Erfolgshonorars im Einzelfall schlechthin gegen den ordre public verstoßen, und es ist dann zu prüfen, welche Gebühren dem Rechtsanwalt nach dem ausländischen Gebührenrecht zustehen, wenn nicht von einer Honorarvereinbarung auszugehen ist[34]. In anderen Fällen erscheint der ordre public nur verletzt, wenn der Streitanteil eine gewisse Höhe überschreitet, so daß dem Rechtsanwalt der Teil zugesprochen werden kann, der „noch vertretbar" erscheint[35].

Wenn eine modifizierte Anwendung des ausländischen Rechts nicht möglich oder nicht befriedigend ist, muß auf ein *Ersatzrecht* zurückgegriffen werden. Ersatzrecht ist auch hier im Grundsatz (aber nicht ausnahmslos) die lex fori[36]. Es sind – notfalls mit einer gewissen Anpassung an das im übrigen maßgebende

---

[34] So BGH 9.1.1969, IPRspr. 1968–69 Nr. 245 S. 638, für einen zur Vertretung in Entschädigungssachen berechtigten früheren deutschen Rechtsanwalt (in BGHZ 51, 290 insoweit nicht abgedruckt).

[35] So BGH 28.10.1965, BGHZ 44, 183 (190) = IPRspr. 1964–65 Nr. 49 S. 172f., für die Geltendmachung von Rentenansprüchen aus unerlaubter Handlung durch einen amerikanischen Rechtsanwalt.

[36] Siehe oben § 31 III 1 und 2. Ausdrücklich für die lex fori als Ersatzrecht § 6 Satz 2 öst. IPR-Gesetz. Der deutsche Gesetzgeber, der mit Recht vom „Grundsatz möglichst weitgehender Schonung des fremden Rechts" ausgeht, hat auf eine Normierung bewußt verzichtet, „um der Praxis flexible und differenzierte Lösungen offenzuhalten"; BegrRegE, BT-Drucks. 10/504, 44. Kritisch zur lex fori als Ersatzrecht *Schwung*, RabelsZ 49 (1985) 407ff.

ausländische Recht – jene Bestimmungen des eigenen Sachrechts anzuwenden, die dem ausgeschalteten fremden Rechtssatz am nächsten kommen. Bei der Abwägung zwischen einer modifizierten Anwendung des ausländischen Rechts und einer Heranziehung eines Ersatzrechts muß auch der Inhalt der beteiligten Rechtsordnungen berücksichtigt werden.

Wenn z.B. die Unverjährbarkeit gewisser Forderungen nach Schweizer Recht (Art. 149 V SchKG) gegen den deutschen ordre public verstößt, so mag es wegen der vom deutschen IPR ausgesprochenen Verweisung angemessener erscheinen, die maximale Verjährungsfrist des Schweizer Rechts anzuwenden als diejenige der deutschen lex fori[37]. Aber im Hinblick auf die konkrete Länge dieser Fristen – 10 Jahre in der Schweiz (Art. 127 OR) und 30 Jahre in Deutschland (§ 195 BGB) – verdient hier doch wohl die deutsche Frist und damit die Heranziehung der lex fori als Ersatzrecht den Vorzug, weil sie dem ausgeschalteten Rechtssatz näher kommt. Eine Abwandlung des Schweizer Rechts durch den Richter, der die Frist etwa auf die nach deutscher Auffassung eben noch vertretbare Länge von 50 Jahren festsetzen könnte[38], erscheint (anders als die richterliche Herabsetzung eines Erfolgshonorars) wegen des formellen Charakters des Verjährungsrechts im Hinblick auf die Rechtssicherheit nicht tragbar.

VI. Staatsvertragliche Vorbehaltsklauseln

In Staatsverträgen wird der Vorbehalt des ordre public heute meist ausdrücklich vereinbart. Zwar kann der ordre public hier zerstörerisch wirken, weil er die zwischen den Vertragsstaaten geschaffene Rechtssicherheit und Entscheidungsgleichheit auf unvorhersehbare Weise zu sprengen vermag. Die Ergebnisse, die in den einzelnen Vertragsstaaten erzielt werden, wenn die Vorbehaltsklausel eingesetzt wird, lassen sich nämlich erfahrungsgemäß nicht voraussehen. Dennoch ist es in der Regel nicht möglich, die Vorbehaltsklausel aus dem Konventionsrecht gänzlich zu verbannen, weil die Staaten verständlicherweise nicht bereit sind, auf einen Notausstieg zu verzichten.

Anders mag es sein, wenn die Vertragsstaaten das anzuwendende materielle Recht überschauen und künftigen Änderungen Vertrauen entgegenbringen können; so bei zweiseitigen oder mehrseitigen Abkommen mit geschlossenem Mitgliederkreis. Beispielsweise haben die skandinavischen IPR-Konventionen (oben § 9 III 1) im allgemeinen auf eine Vorbehaltsklausel bewußt verzichtet.

Wenn ein kollisionsrechtliches Übereinkommen über den ordre public schweigt – wie die Haager Abkommen von 1902 und 1905 über Ehewirkungen, Ehescheidung, Vormundschaft und Entmündigung –, muß im Wege der Ausle-

---

[37] Vgl. RG 19.12.1922, RGZ 106, 82 (85f.).
[38] Dafür *Kegel* § 16 IX, der als Lösung generell die schöpferische Abwandlung des ausländischen Rechts durch den Richter empfiehlt.

gung ermittelt werden, ob und in welchem Umfang eine Berufung auf den ordre public zulässig ist[39].

Will man beim Abschluß eines Staatsvertrages einen Kompromiß wählen, so ist die Ausschaltung der Vorbehaltsklausel für bestimmte, genau erwogene Gegenstände (Negativkatalog) sinnvoller als ihre Beschränkung auf einzelne Punkte. Denn im letzteren Fall können sich unangenehme Überraschungen nicht nur aus offenen Abkommen ergeben, denen jeder Staat beitreten kann, sondern auch aus solchen zweiseitigen oder sonstwie begrenzten (geschlossenen) Abkommen, die allein zur Anwendung des Rechts eines vorher bekannten Vertragspartners verpflichten, nämlich durch neue Gesetze oder durch eine neue Praxis eines Vertragsstaates[40]. Hingegen bedeutet es sachlich keinen Unterschied, ob die Vorbehaltsklausel sich gegen die Anwendung des nach der Konvention maßgebenden materiellen Rechts oder gegen die Anwendung einer Konventionsnorm richtet[41].

Die in einem Staatsvertrag enthaltene Vorbehaltsklausel ist im Interesse des Entscheidungseinklangs eng auszulegen[42]. Dieser Grundsatz wird im Haager IPR seit der Unterhaltskonvention von 1956 stereotyp durch die Formel „manifestement incompatible avec l'ordre public" („mit der öffentlichen Ordnung offensichtlich unvereinbar") zum Ausdruck gebracht[43]. Auch andere Organisationen – etwa die CIEC und die Europäischen Gemeinschaften – haben sich dieser Wendung in ihren Konventionen bedient[44]. Die Formel ist von vielen

---

[39] Vgl. zum Meinungsstand etwa *Jayme*, NJW 1965, 17.

[40] So brachte die Beschränkung der Vorbehaltsklausel auf bestimmte Fälle im Haager Eheschließungsabkommen von 1902 (Artt. 2, 3) nach Erlaß des nationalsozialistischen Blutschutzgesetzes von 1935 und angesichts der Weigerung ungarischer Behörden nach 1956, minderjährigen Flüchtlingen die Ehegenehmigung zu erteilen, die übrigen Mitgliedstaaten in einen heiklen Konflikt zwischen Vertragstreue und Menschlichkeit. Vgl. zur Kündigung des Abkommens durch Frankreich *Makarov*, Die Haager internationalprivatrechtlichen Abkommen und die Vorbehaltsklausel, in: Ius et lex, Festgabe Gutzwiller (Basel 1959) 303 (304ff., 311f.).

[41] Die letztere Formel findet sich z.B. im Haager Minderjährigenschutzabkommen von 1961 (Art. 16) und im Adoptionsabkommen von 1965 (Art. 15) im Gegensatz zu den meisten anderen Haager Abkommen – wohl deshalb, weil gerade diese beiden Abkommen nicht nur die Anwendung fremden Rechts, sondern auch die Anerkennung von Zuständigkeiten und Entscheidungen sowie die Zusammenarbeit mit ausländischen Behörden vorschreiben.

[42] Vgl. bereits *Lewald*, La réglementation de l'ordre public sur le terrain des traités diplomatiques: Rev. crit. 23 (1928) 149 (166f.). Zum Haager Vormundschaftsabkommen von 1902 auch das Einzelvotum von *Lauterpacht* in dem letztlich allerdings ohne Bezugnahme auf den ordre public vom IGH entschiedenen Fall *Boll*, J.C.P. Rep. 1958, 55 (93).

[43] Vgl. dazu den Bericht des zur Schaffung des Unterhaltsabkommens von 1956 eingesetzten Spezialausschusses aus der Feder von *de Winter*, Doc. 8 (1957) 130f. Vorher wurde die Formulierung bereits im Jahre 1925 in den Vorentwurf der (nie in Kraft getretenen) Erbrechtskonvention vom 28. 1. 1928 (Art. 3) auf Vorschlag des niederländischen Delegierten *Suyling* aufgenommen: Actes 5 (1926) 261f., 274f.

[44] So enthalten das „manifestement" in bewußter Anlehnung an die Haager Konventionen z.B. Art. 1 der CIEC-Konvention über die Anerkennung von Entscheidungen in Ehesachen von 1967 (dazu *Simitis*, RabelsZ 33 [1969] 52f.) sowie Art. 16 EuSchVÜ.

Gerichten mit Recht als Mahnung aufgefaßt worden, die Anwendung des ordre public im einheitlichen Kollisionsrecht soweit wie möglich einzuschränken. Das deutsche Kollisionsrecht hat die Einschränkung in Art. 6 EGBGB übernommen, weil eine zurückhaltende Handhabung des ordre public auch im autonomen Kollisionsrecht erwünscht ist (siehe oben II 3).

VII. Ausländische Vorbehaltsklauseln

Ausländische Vorbehaltsklauseln oder allgemein ein ausländischer ordre public gelten vielfach als absolut unbeachtlich. Das ist richtig, soweit das IPR des betreffenden Staates überhaupt unmaßgeblich ist. Wo wir jedoch durch unser eigenes IPR zur Anwendung ausländischen Kollisionsrechts verpflichtet werden (insbesondere zur Beachtung einer Rück- oder Weiterverweisung), da sollte es in der Regel nichts ausmachen, mit welcher Begründung das fremde Kollisionsrecht eine bestimmte Entscheidung trifft: ob aufgrund einer regulären Kollisionsnorm, aufgrund einer noch „unerkannten" und daher mit dem ordre public umschriebenen Kollisionsnorm (vgl. *Kahns* Worte oben bei N. 3) oder wirklich wegen Unvereinbarkeit des nach der regulären Kollisionsnorm jenes Staates anwendbaren Rechtssatzes mit seinen Rechtsgrundsätzen. Die Rücksichtnahme auf fremdes Kollisionsrecht dient dem Entscheidungseinklang, und sie kann sinnlos sein, wenn wir statt des wirklichen ausländischen Kollisionsrechts ein fiktives, von der Vorbehaltsklausel „gereinigtes" anwenden.

Im Einzelfall kann allerdings der fremde ordre public für den inländischen Richter allzu schwer bestimmbar sein (zumal ein Inlandsprozeß als solcher das Ausland weniger berührt als ein entsprechender Prozeß in jenem Lande[45]). Außerdem kann die Berücksichtigung des fremden ordre public gegen den inländischen verstoßen, insbesondere wenn der fremde Staat aus rein politischen Gründen das Recht unseres oder eines uns befreundeten Landes nicht anwenden will. Im übrigen bleibt die Wirkung der inländischen Vorbehaltsklausel gegenüber dem zum ausländischen ordre public gehörigen *materiellen* Recht unberührt[46].

---

[45] Diesen Gesichtspunkt betont (etwas zu stark) *M.A. Jagmetti*, Die Anwendung fremden Kollisionsrechtes durch den inländischen Richter (Zürich 1961) 236f., 245.

[46] Treffend BGE 68 (1942) II 203 (210): „Steht eine Bestimmung des ausländischen Rechtes, die aus Gründen des dortigen ordre public Geltung beansprucht, ihrerseits mit dem schweizerischen ordre public in Widerspruch, so ist ihre Berücksichtigung ausgeschlossen."

VIII. Spezielle Vorbehaltsklauseln

Die allgemeine Vorbehaltsklausel des ordre public wird ergänzt (aber nicht vollständig verdrängt) durch die sog. speziellen Vorbehaltsklauseln des EGBGB, welche in Einzelfällen die bevorzugte Anwendung deutschen Rechts vorschreiben. Sie sind nur zum Teil wirklich Konkretisierungen der allgemeinen Vorbehaltsklausel zur Sicherung von „wesentlichen Grundsätzen des deutschen Rechts" (z.B. Art. 13 II – Sicherung der Eheschließungsfreiheit; Art. 13 III 1 – Grundsatz der obligatorischen Zivilehe; Art. 17 II – Scheidung nur durch Urteil). Teilweise sind es einfach Schutzklauseln zugunsten Deutscher (so Art. 17 I 2 für die Ehescheidung und Art. 38 für die deliktische Haftung) oder zugunsten des deutschen Rechtsverkehrs (wie Art. 16). Weitere Bevorzugungen des deutschen Rechts stützen sich auf den inländischen (gewöhnlichen) Aufenthalt (so Art. 10 II Nr. 2, IV Nr. 1 und V Nr. 2 für die Namensbestimmung), auf das Vorhandensein von inländischem Vermögen (so Art. 17 III 2 Nr. 1 für den Versorgungsausgleich) oder – ganz unbestimmt – auf ein „berechtigtes Interesse" (so Art. 9 Satz 2 für die Todeserklärung eines Ausländers).

Keine speziellen Vorbehaltsklauseln sind solche Korrekturen der Hauptanknüpfung, die allseitig formuliert sind und die also auch zugunsten eines ausländischen Rechts zum Zuge kommen, wie die Einschränkung der Parteiautonomie bei Verbraucher- und Arbeitsverträgen zugunsten der zwingenden Vorschriften des abbedungenen Rechts (Artt. 29 I, 30 I). Nicht zu den speziellen Vorbehaltsklauseln sollte man wohl auch solche Normen zählen, die zwar nur das deutsche Recht berufen, aber die jeweilige lex fori meinen und die also verallgemeinerungsfähig sind. Das trifft beispielsweise auf Art. 18 II EGBGB zu, der eine ungenaue Transformation des auf die lex fori verweisenden Art. 6 des Haager Unterhaltsübereinkommens von 1973 darstellt; ferner auf Art. 23 Satz 2 EGBGB, der nicht das deutsche Recht, sondern das Kind begünstigen will, wenn die Erfordernisse des Heimatrechts nicht oder nur unter unverhältnismäßigen Schwierigkeiten erfüllt werden können[47].

Die zahlreichen speziellen Vorbehaltsklauseln, die sich namentlich im Personen- und Familienrecht (Artt. 9f., 13ff. EGBGB) finden, zeugen teils von dem zweifelhaften Wert der Grundsätze, auf denen die Vorschriften des EGBGB aufbauen, insbesondere des Staatsangehörigkeitsprinzips, teils handelt es sich um eine Überschätzung nationaler Wertungen und Interessen. Jeder Gesetzgeber, der solche Exklusivnormen (also Normen, die nur die Anwendung inländischen Rechts begünstigen sollen) in das staatliche IPR einbaut, sollte sich fragen, ob sein Land wirklich ein im Unterschied zu anderen Staaten so beson-

---

[47] BegrRegE, BT-Drucks. 10/504, 73. Zutreffend *Kegel* § 2 III a.E.: Die Regel kann allseitig angewandt werden, z.B. kann im Interesse des Kindes französisches Recht für die Zustimmungen gelten, wenn ein Vater seinem nichtehelichen kolumbianischen Kind in Frankreich seinen Namen erteilt.

deres Interesse an der Anwendung eigenen Rechts hat, daß die Formulierung einer allseitigen Kollisionsnorm ausgeschlossen ist. Durch spezielle Vorbehaltsklauseln fällt der Schatten nationaler Einseitigkeit auf ein IPR-Gesetz. Dem Gewinn an Rechtssicherheit, den spezielle ordre-public-Klauseln bringen können, steht ein gravierender Verlust an Geschmeidigkeit bei einem Wandel der Anschauungen gegenüber. In aller Regel ist es deshalb besser, auf Exklusivnormen zugunsten des eigenen Rechts zu verzichten und sich mit der allgemeinen Vorbehaltsklausel zu begnügen.

VI. Kapitel: Die wichtigsten Anknüpfungen

§ 37 Anknüpfung des Personalstatuts

I. Begriff und Bedeutung

1. Der *Begriff „Personalstatut"* bezeichnet nach dem heutigen deutschen Sprachgebrauch (dessen Entstehung oben § 2 III 1 a. E. angedeutet ist) diejenige Rechtsordnung, welche für alle persönlichen Rechtsverhältnisse eines Menschen oder auch einer juristischen Person oder einer Personengesamtheit maßgebend ist. Das Wort ist scharf zu trennen von der englischen Bezeichnung „personal status", die den persönlichen Status oder Stand umschreibt, d. h. eine Stellung in der Rechtsgemeinschaft, sei es der Personenstand als Verheirateter oder Lediger, als eheliches, nichteheliches oder legitimiertes Kind, sei es die Stellung als Staatsbürger oder Ausländer, als Geschäftsfähiger oder in der Geschäftsfähigkeit Beschränkter, als Gemeinschuldner, als Hochverräter, der die bürgerlichen Ehrenrechte verwirkt hat, als Vormund oder auch die Stellung als juristische Person. Der schillernde französische Ausdruck „statut personnel" schließlich bezeichnet bald das Personalstatut im deutschen Sinn (auch „loi personnelle" genannt), bald wie das englische Wort „status" die persönliche Rechtsstellung („état et capacité"), bald die Gesamtheit der Sachgebiete, die dem Personalstatut unterstehen (also einen Anknüpfungs*gegenstand*)[1].

Die Abgrenzung, welche Fragen nach dem Personalstatut beurteilt werden (dem „statut personnel" angehören), ist in den einzelnen Kollisionsrechten verschieden.

In *Deutschland* gehören dazu traditionell die Fragen des Personen-, Familien- und Erbrechts, jedoch hat das EGBGB i.d.F. von 1986 den Gedanken des einheitlichen Personalstatuts einer Person, dem grundsätzlich alle ihre persönlichen Rechtsverhältnisse unterstehen, durch vielfach differierende Anknüpfungen in den einzelnen Teilbereichen weit zurückgedrängt, und der mit „Personalstatut" überschriebene Art. 5 EGBGB bezieht sich lediglich auf den Sonderfall der Anknüpfung bei Mehrstaatern und Staaten-

---

[1] Diesen letzten Sprachgebrauch zeigt z.B. das deutsch-persische Niederlassungsabkommen von 1929, für dessen Auslegung nach Art. 10 I der französische Wortlaut maßgebend ist: Im Schlußprotokoll heißt es zu Art. 8 III, „daß das Personen-, Familien- und Erbrecht, das heißt das Personalstatut, die folgenden Angelegenheiten umfaßt: Ehe..." usw.
Falsch ist die amtliche deutsche Übersetzung von Art. 12 I der Genfer Flüchtlingskonvention von 1951: „Das Personalstatut jedes Flüchtlings bestimmt sich nach dem Recht...", wo es auf englisch heißt: „The personal status of a refugee shall be governed by the law..." und auf französisch: „Le statut personnel de tout réfugié sera régi..." Ausführlich hierzu *Makarov,* Personalstatut und persönlicher Status, in: Rechtsvergleichung und Rechtsvereinheitlichung, FS... Heidelberg (1967) 115.

§ 37 I VI. Kapitel: Die wichtigsten Anknüpfungen

losen. – Größeres Gewicht auf eine einheitliche Bestimmung des Personalstatuts legt das IPR-Gesetz *Österreichs*, das in zahlreichen Verweisungsnormen des Personen-, Familien- und Erbrechts das „Personalstatut" für maßgebend erklärt und diesen Begriff in der Hilfsnorm des § 9 näher umschreibt. – Ein besonders weit reichender Begriff des Personalstatuts gilt in *Italien*, das im Codice civile von 1865 (in Fortführung der alten Maxime „mobilia ossibus inhaerent", diesem Relikt aus der Zeit des Überwiegens von „fahrender Habe" und Bargeld gegenüber Warenlager und Bankdepot) auch das Mobiliarsachenrecht dem Personalstatut unterstellte (Disp. prel. Art. 7 I) und die Schenkung, die vertraglichen Schuldverhältnisse sowie die Form der Rechtsgeschäfte wenigstens alternativ nach dem (gemeinsamen) Heimatrecht der handelnden Personen beurteilt (Artt. 24–26 Disp. prel. C. c. von 1942). – Wohl die geringste Bedeutung hat das Personalstatut in den *Ländern des Common Law*. Hier ist sein Anwendungsbereich in dreifacher Hinsicht eingeschränkt: durch die unbedingte Geltung der lex rei sitae für Immobilien – auch bezüglich der Geschäftsfähigkeit sowie im Familien- und Erbrecht –; durch die Maßgeblichkeit der lex loci actus für die sonstige Geschäftsfähigkeit (umstritten) und weithin für die Erfordernisse der Eheschließung; endlich durch die lex fori, besonders im Ehescheidungs- und Adoptionsrecht.

Wenn in den letzten Jahrzehnten auf dem europäischen Kontinent der Bereich des Personalstatuts geschrumpft ist[2], so liegt dabei zum Teil einfach ein Wechsel in der Anknüpfung des Personalstatuts von der Staatsangehörigkeit zum gewöhnlichen Aufenthalt vor, der sich sozusagen vom Rande her vollzieht (besonders in Unterhaltsfragen und für gerichtliche Maßnahmen, so nach den neueren Haager Abkommen), während im Zentrum, bei der gesetzlichen Regelung von „état et capacité", das alte Prinzip noch weitgehend fortbesteht. Zum Teil handelt es sich aber auch um eine Zerstückelung des Personalstatuts, indem die Besonderheiten seiner einzelnen Teilbereiche stärker gewürdigt werden, so daß eine übergreifende einheitliche Anknüpfung nicht mehr erreichbar scheint[3].

2. Welches die beste *Anknüpfung* für das Personalstatut ist (oder: welches der zentrale Anknüpfungspunkt im Personen-, Familien- und Erbrecht sein soll), diese Frage bildet seit mehr als hundert Jahren die bekannteste Streitfrage des IPR, nämlich seitdem in einer Reihe von Staaten neben dem *Domizil*, das lange Zeit gleichbedeutend war mit dem Bürgerrecht und auch die Grundlage der Rechts- (und Gerichts-)Unterworfenheit darstellte, ein besonderer Begriff der *Staatsangehörigkeit* entstanden ist[4].

[2] Siehe bereits *Batiffol*, Une évolution possible de la conception du statut personnel..., in: XXth Century Comparative and Conflicts Law, Legal Essays in honor of Hessel E. Yntema (1961) 295.

[3] Siehe *Christian Rochat*, La dislocation du statut personnel (Diss. Lausanne 1986).

[4] Zu den Auseinandersetzungen um die Mitte des vorigen Jahrhunderts – besonders im deutschen Rechtskreis – siehe die Nachweise in RabelsZ 35 (1971) 392 f. – Zum Personalstatut der juristischen Person siehe unten § 55 I.

§ 37 Anknüpfung des Personalstatuts § 37 I

a) Die *Termini* „Domizil" und „Wohnsitz" werden hier wie üblich synonym gebraucht, obwohl es manchmal naheliegt, das deutsche Wort für den deutschen oder die mit ihm verwandten kontinentaleuropäischen Begriffe zu verwenden, dagegen das Fremdwort den stark abweichenden englischen und amerikanischen vorzubehalten.

Die beiden letzteren haben im Gegensatz zum deutschen Wohnsitzbegriff gemeinsam, daß es weder ein doppeltes Domizil noch Domizillosigkeit gibt und daß man ein Domizil nicht an einem einzelnen Ort, sondern in einem Rechtsgebiet als ganzem besitzt. Im übrigen bestehen zwischen dem englischen und dem amerikanischen Begriff erhebliche Unterschiede. (Wenn es auf diese ankommt, kann wiederum durch die Schreibweise und Aussprache unterschieden werden, da in England die Form „domicile" überwiegt, dagegen in den Vereinigten Staaten „domicil".) Der englische Domizilbegriff ist ähnlich starr wie die Staatsangehörigkeit: Jeder Mensch hat ein „domicile of origin", das nur selten durch ein „domicile of choice" ersetzt wird, weil an dessen Begründung strenge Anforderungen gestellt werden („intention of permanent or indefinite residence"), und das bei Aufgabe eines „domicile of choice" mangels Begründung eines neuen Wahldomizils wieder auflebt[5]. Letztere Konstruktion ist dem amerikanischen Recht fremd, das die Begründung eines Wohnsitzes unter leichteren Voraussetzungen zuläßt (namentlich indem neben der tatsächlichen Anwesenheit schon der Wille, für eine bestimmte Zeit zu verweilen, als ausreichend erachtet wird) und dessen Domizilbegriff im übrigen von Gliedstaat zu Gliedstaat variieren kann[6].

In neuerer Zeit bevorzugt man, weil der Wohnsitzbegriff von Land zu Land stark divergiert und daher zur Erreichung internationaler Entscheidungsgleichheit im IPR wenig geeignet ist, auf der Haager Konferenz ebenso wie etwa im deutschen EGBGB den weniger vorbelasteten Begriff *„gewöhnlicher Aufenthalt"* (näher unten § 39 I). Wenn vom Domizilprinzip gesprochen wird, ist daher auch die Anknüpfung an den gewöhnlichen Aufenthalt gemeint.

b) Eine der Staatsangehörigkeit verwandte Anknüpfung, nämlich an die *Volkszugehörigkeit* im nationalpolitischen Sinne, wurde von *Mancini* in die italienische Kodifikation von 1865 eingeführt, nämlich mit dem Wort „nazione", das jedoch in der Praxis alsbald im Sinne der Staatsangehörigkeit ausgelegt wurde[7].

Im „Dritten Reich" wurde eine Anknüpfung an die (deutsche) Volkszugehörigkeit – obwohl sie „die folgerichtige Durchführung des Satzes der Volksgemeinschaft gewesen wäre"[8] – ausdrücklich abgelehnt, teils unter Berufung auf den Buchstaben des Geset-

---

[5] Siehe im einzelnen etwa *Dicey/Morris* I 116 ff.
[6] Siehe etwa *Scoles/Hay*, Conflict of Laws (1982) 158 ff. (180 f.); den Versuch einer einheitlichen Umschreibung unternimmt das Restatement[2] in § 11 (domicil) und § 12 (home).
[7] *Fusinato*, Il principio della scuola italiana nel d.i.p.: Arch. giur. 33 (1884) 521 (549) = Estratto (1885) 31.
[8] Vgl. etwa *Reu*, Anwendung fremden Rechts (1938) 13.

zes⁹, teils mit der grundsätzlichen Erklärung, Deutschland habe „nicht die Absicht, fremden Staaten und Völkern seine Auffassung von Volk, Recht und Staat aufzudrängen"¹⁰, teils „aus realen, außenpolitischen und historischen Gegebenheiten heraus", d. h. zur Vermeidung von Konflikten mit dem ohnehin kritischen Ausland¹¹. Selbst die Gesetzgebung für die im zweiten Weltkrieg besetzten Gebiete vermied es in der Regel, an die Volkszugehörigkeit anzuknüpfen¹².

Im geltenden deutschen Recht stellt Art. 116 I GG den deutschen Staatsangehörigen die volksdeutschen Flüchtlinge oder Vertriebenen gleich. Diese Regelung, die in erster Linie die staatsbürgerlichen Rechte und Pflichten der Volksdeutschen betrifft, überträgt Art. 9 II Nr. 5 FamRÄndG von 1961 – in rückwirkender authentischer Interpretation¹³ – auf das IPR und das Internationale Verfahrensrecht.

Soweit nach unserem Kollisionsrecht für einen deutschen Staatsangehörigen deutsches Recht zum Zuge kommt, gilt dies also auch für einen Deutschen im Sinne des Art. 116 I GG, selbst wenn er nicht staatenlos ist, sondern einem fremden Staat angehört.

c) *Summarisch* gesagt, enthalten die Anknüpfung an die Staatsangehörigkeit und die an den Wohnsitz nur Annäherungswerte, Indizien für die eigentlich gemeinte Zugehörigkeit zu einer Rechtsordnung, ohne dieses wirkliche Prinzip der Anknüpfung klar zu erfassen¹⁴. Dabei wechseln die Argumente zugunsten des einen und des anderen Prinzips mit der Zeit und zum Teil auch von Land zu Land. So wird das Domizilprinzip bald aus der Gebietshoheit bzw. aus dem Bestreben nach Assimilierung von Einwanderern gerechtfertigt, bald mit dem Hinweis auf die tatsächlichen Lebensverhältnisse oder auf die Bedürfnisse des Verkehrs. Und das Staatsangehörigkeitsprinzip, das im vorigen Jahrhundert unter der Fahne des subjektiven Rechts auf Beachtung der Nationalität vordringen konnte, wird heute u. a. mit dem Hinweis auf die politischen Flüchtlinge bekämpft, die ihre alte Staatsangehörigkeit oft wie eine lästige Fessel mitschleppen, da insbesondere autoritäre Staaten ihre Personalhoheit auf möglichst viele Menschen erstrecken und niemanden aus dieser Bindung entlassen wollen.

Im einzelnen wird auf die widerstreitenden Anknüpfungen in den nächsten

---

⁹ RG 13. 1. 1936, RGZ 150, 61 (62 f.).
¹⁰ *Horst Müller*, DJZ 1936, 1068 N. 4, vgl. auch 1070.
¹¹ *Reu*, in: Mélanges Streit II (Athen 1940; nur in Sonderdrucken erschienen) 303; ähnlich *ders.*, Anwendung fremden Rechts (1938) 13.
¹² Siehe *Külper*, Die Gesetzgebung zum deutschen IPR im „Dritten Reich" (1976) 252 ff., 259 ff. und die dort in N. 1091 erwähnten Ausnahmen.
¹³ Vgl. *Dierk Müller*, RabelsZ 30 (1966) 58 f.
¹⁴ Vgl. *Rheinstein*, U. Chi. L. Rev. 26 (1958/59) 186, wo er sinngemäß sagt: Im IPR wird immer wieder aus konkreten Erfahrungen eine allgemeine These abgeleitet und dann aufgrund anderer Fälle eine Gegenthese aufgestellt – bis man merkt, daß beide je für einen begrenzten Bereich passen!

beiden Paragraphen eingegangen. Im folgenden seien noch einige Bemerkungen zu dem in Art. 5 EGBGB geregelten Personalstatut der Mehrstaater und Staatenlosen angeschlossen.

II. Mehrstaater und Staatenlose (Art. 5 EGBGB)

1. Besondere Schwierigkeiten bereiten für die Anknüpfung die *„Doppelstaater"* oder *„Mehrstaater"*, also die Personen mit doppelter (oder gar dreifacher) Staatsangehörigkeit, deren Zahl – trotz internationaler Bemühungen um eine Verringerung – aus vier Gründen nicht gering ist[15]: Nebeneinander von ius soli und ius sanguinis; Kinder aus gemischten Ehen; zusätzlicher Staatsangehörigkeitserwerb der Ehefrau durch Heirat; Staatsangehörigkeitsgesetze, die den Erwerb einer fremden Staatsangehörigkeit ohne Verlust der bisherigen gestatten.

a) Das *autonome deutsche IPR* unterscheidet in Art. 5 I EGBGB danach, ob es sich um eine mehrfache fremde Staatsangehörigkeit handelt oder ob eine die deutsche ist.

Bei mehrfacher *fremder* Staatsangehörigkeit ist gemäß Art. 5 I 1 das Recht desjenigen Heimatstaates anzuwenden, mit dem die Person am engsten verbunden ist, insbesondere durch ihren gewöhnlichen Aufenthalt oder durch den Verlauf ihres Lebens. Es entscheidet also die sog. „effektive" Staatsangehörigkeit.

Bei gewöhnlichem Aufenthalt in einem *Heimatstaat* ist diese Staatsangehörigkeit in aller Regel die effektive. Nur in Ausnahmefällen wird die Verbindung zu einem anderen Heimatstaat nach dem „Verlauf des Lebens" überwiegen – ein Kriterium, das nicht nur die bisherige, sondern auch die für die Zukunft geplante Entwicklung erfassen soll[16]. Anhaltspunkte bieten etwa die Ausübung des Wahlrechts, die Erfüllung der Wehrpflicht sowie vor allem das Bestehen persönlicher, beruflicher oder sonstiger Bindungen. Bei gewöhnlichem Aufenthalt in einem *Drittstaat* kommt es ausschließlich auf die Umstände des Lebensverlaufs an, wobei der letzte gewöhnliche Aufenthalt in einem Heimatstaat oft den Ausschlag geben wird.

Ist eine der beteiligten Staatsangehörigkeiten die *inländische*, so soll nach Art. 5 I 2 stets diese gelten und die daneben bestehende fremde Staatsangehörigkeit einfach ignoriert werden. Dies ist eine sehr bequeme Lösung, die freilich auch in den meisten ausländischen Staaten befolgt wird[17]. Sie führt zwar in der Mehrzahl der Fälle zum gleichen Ergebnis wie die Beachtung der effektiven

---

[15] Näher *Mansel*, Personalstatut, Staatsangehörigkeit und Effektivität (1988) 85 ff.
[16] BegrRegE, BT-Drucks. 10/504, 41.
[17] Anders aber Art. 23 II schweiz. IPR-Gesetz, wo für das IPR stets – auch wenn eine Staatsangehörigkeit die inländische ist – auf die engste Verbindung abgestellt wird.

Staatsangehörigkeit, da es im Lande der weniger effektiven Staatsangehörigkeit selten zu einem Verfahren kommt; aber es bleiben doch viele Fälle übrig, in denen sich aus dem unbedingten Vorrang der inländischen Staatsangehörigkeit Unbilligkeiten und internationale Entscheidungsungleichheit ergeben.

Vor der Einführung des Art. 5 I EGBGB durch das IPRNG von 1986 hatte die deutsche Rechtsprechung sich nach langem Zögern dafür ausgesprochen, die effektive ausländische Staatsangehörigkeit entscheiden zu lassen, wenn die Beziehung des Mehrstaaters zu seinem ausländischen Heimatstaat wesentlich enger war als die zum Inland[18]. Die Regelung des EGBGB kehrte dagegen „aus Gründen der größeren Rechtsklarheit und Praktikabilität" zu dem auch im Ausland noch herrschenden Vorrang der inländischen Staatsangehörigkeit zurück, wobei insbesondere auf „die standesamtliche Praxis", die sich eindeutige Regeln wünscht, Rücksicht genommen wurde[19]. Berechtigt mag ein solcher Vorrang im Bereich des öffentlichen Rechts sein. Im IPR indes verstößt eine einseitige Bevorzugung der inländischen Staatsangehörigkeit gegen das Gerechtigkeitsgebot, diejenige Rechtsordnung entscheiden zu lassen, zu der die engste Verbindung besteht (vgl. oben § 4 II). Die gesetzliche Regelung bedeutet hier deshalb einen Rückschritt[20].

Bei bestimmten Wahlmöglichkeiten für Mehrstaater schließt das EGBGB die Maßgeblichkeit des Art. 5 I ausdrücklich aus, nämlich für die Namenswahl gemäß Art. 10 II Nr. 1 und V Nr. 1 und für die Wahl des Ehewirkungsstatuts gemäß Art. 14 II. Ein Ausschluß des Art. 5 I muß wegen der identischen Interessenlage und wegen des Zusammenhangs mit den genannten Vorschriften auch für die Namenswahl gemäß Art. 10 VI und die Wahl des Ehegüterstatuts gemäß Art. 15 II angenommen werden; dagegen gilt er mangels einer entsprechenden gesetzlichen Anordnung nicht für alle alternativen Anknüpfungen des EGBGB[21]. In den genannten Sonderfällen der Artt. 10, 14 und 15 kann also auch das nicht effektive oder nicht deutsche Heimatrecht gewählt werden. Dadurch wird die Härte des Art. 5 I 2 freilich nur unzureichend gemildert.

b) Im *staatsvertraglichen IPR* gibt es einen zusätzlichen Grund, die bei Mehrstaatern entstehenden Schwierigkeiten der Anknüpfung in den Verweisungsnormen durch Bevorzugung der effektiven und nicht der inländischen Staatsangehörigkeit zu lösen; denn nur durch Ermittlung der effektiven Staats-

---

[18] BGH 20. 6. 1979, BGHZ 75, 32 = NJW 1979, 1776, 2468 zust. Anm. *Kropholler* = FamRZ 1979, 696, 1006 zust. Anm. *Heldrich* = IPRspr. 1979 Nr. 83. Entscheidende Vorarbeit leistete *Ferid*, Zur kollisionsrechtlichen Behandlung von Inländern mit zugleich ausländischer Staatsangehörigkeit: RabelsZ 23 (1958) 498.
[19] Siehe BegrRegE, BT-Drucks. 10/504, 40 f. Indes sollte das IPR im Bereich des Personalstatuts nicht so sehr an den Belangen der Standesbeamten ausgerichtet sein als an denen der betroffenen Menschen.
[20] Vgl. zur Kritik *Mansel* (oben N. 15) 203 ff.; *Sonnenberger*, Anerkennung der Staatsangehörigkeit und effektive Staatsangehörigkeit natürlicher Personen im Völkerrecht und im IPR: BerDGesVölkR 29 (1988) 19 ff.
[21] *Mansel* (oben N. 15) 343 ff.; anders *Palandt-Heldrich* Art. 5 Anm. 2 c.

angehörigkeit ist der im einheitlichen IPR erstrebte Entscheidungseinklang zu erreichen. Es liegt deshalb nahe, im staatsvertraglichen IPR, in dem Art. 5 I 2 nicht unbedingt bindet, die bisherige Rechtsprechung[22] grundsätzlich fortzusetzen[23]. Indes ist nicht gewährleistet, daß auch in den anderen Vertragsstaaten in diesem Sinne entschieden wird[24]. Da auch im ausländischen IPR meist die inländische Staatsangehörigkeit bevorzugt wird, sollten Staatsverträge, wenn sie eine einheitliche Rechtsanwendung auch in diesem Bereich sicherstellen wollen, den Grundsatz der engsten Verbindung oder eine entsprechende Konkretisierung ausdrücklich festlegen[25].

Ausnahmsweise kann aus dem Sinn einer Anknüpfung an die Staatsangehörigkeit folgen, daß beide Staatsangehörigkeiten gleichrangig zu berücksichtigen sind. So entspricht es dem Sinn von Art. 1 des Haager Testamentsformübereinkommens von 1961, die Gültigkeit von Testamenten durch alternative Anknüpfungen zu begünstigen, ein Testament gemäß Art. 1 I lit. b als formwirksam anzuerkennen, wenn die Formvorschriften eines (von mehreren) Heimatrechten eingehalten sind. Diese zum Testamentsformübereinkommen allgemein vertretene Auffassung wird im Gesetzestext der nachgebildeten deutschen Vorschrift (Art. 26 I Nr. 1 EGBGB deutlich zum Ausdruck gebracht („ungeachtet des Art. 5 I"). – Die gleiche Auslegung (Gleichrangigkeit beider Staatsangehörigkeiten) erscheint trotz fehlender Anhaltspunkte im Gesetzestext wegen der den Unterhaltsberechtigten begünstigenden Tendenz der Vorschrift auch für Art. 5 des Haager Unterhaltsabkommens von 1973 (Art. 18 I 2 EGBGB) vertretbar.

c) Im *Internationalen Verfahrensrecht* ist Art. 5 I EGBGB nicht anwendbar. Die Vorschrift wurde bewußt nur für das IPR formuliert[26]. Im Verfahrensrecht ist vielmehr grundsätzlich jede Staatsangehörigkeit gleichwertig, ohne daß es auf eine Effektivitätsprüfung ankommt[27]. Insbesondere ist eine Heimatzuständigkeit in jedem der Heimatstaaten gegeben; das erklärt sich aus dem Schutzcharakter dieser Zuständigkeit, der nicht davon berührt wird, daß in der Sache möglicherweise ausländisches Recht anzuwenden ist.

---

[22] Vgl. oben N. 18.
[23] Siehe im einzelnen *Mansel* (oben N. 15) 393 ff.
[24] In Frankreich zeigt sich ein Ansatz in Cass. 22. 7. 1987 *(Dujaque)*, Rev. crit. 77 (1988) 85, 29 Aufsatz *Lagarde*.
[25] Ein Beispiel liefert Art. 8 des französisch-portugiesischen Minderjährigenschutzabkommens vom 20. 7. 1983 (J.O. 14. 10. 1984 S. 3222 = Rev. crit. 73 [1984] 723): „Lorsque le mineur possède concurremment la nationalité française au regard de la loi française et portugaise au regard de la loi portugaise, les autorités judiciaires appliquent la loi de l'Etat où le mineur a sa résidence habituelle et dont il est ressortissant."
[26] Siehe BegrRegE, BT-Drucks. 10/504, 41.
[27] So ausdrücklich der Gesetzesvorschlag des MPI, RabelsZ 47 (1983) 609. Siehe ferner *Mansel* (oben N. 15) 365 ff., der auch auf mögliche Abweichungen in Staatsverträgen (z. B. Art. 4 MSA) hinweist (403 ff.).

2. Für *Staatenlose, Personen mit ungeklärter Staatsangehörigkeit, Flüchtlinge und Asylberechtigte*, deren Beziehungen zu ihrem Heimatstaat aus schwerwiegenden Gründen abgebrochen sind, gilt das Recht des gewöhnlichen Aufenthaltes. Für Staatenlose und Personen mit definitiv ungeklärter Staatsangehörigkeit kommt eine Anknüpfung an die gegenwärtige Staatsangehörigkeit naturgemäß nicht in Betracht[28]. Für Flüchtlinge und Asylberechtigte, die sich von ihrem Heimatstaat losgesagt haben, aus ihrer Staatsangehörigkeit aber (noch) nicht entlassen wurden, wäre sie offenkundig ungerecht.

Rechtsgrundlage für die Anknüpfung an den gewöhnlichen Aufenthalt sind in der Regel Staatsverträge[29]. Für die verbleibenden Lücken ordnet das autonome deutsche Recht dieselbe Anknüpfung an[30].

Wenn Art. 12 I der Genfer Flüchtlingskonvention von 1951 und ebenso Art. 12 I der New Yorker Staatenlosenkonvention von 1954 die persönlichen Rechtsverhältnisse der Flüchtlinge bzw. Staatenlosen dem Recht ihres „Wohnsitzes" unterstellen, ohne diesen Begriff irgendwie zu definieren, so ist damit jedem Vertragsstaat freie Hand gegeben, den Wohnsitzbegriff nach seinem Ermessen auszulegen. Es liegt im Interesse einer einheitlichen Anwendung der Abkommen, nicht einen nationalen Wohnsitzbegriff, sondern den internationalen Begriff des gewöhnlichen Aufenthalts zu verwenden. Diese internationalisierungsfähige Auslegung wird in Deutschland überwiegend vertreten[31].

§ 38 Staatsangehörigkeit

I. Staatsangehörigkeitsprinzip

1. Der *Name* „Staatsangehörigkeitsprinzip" bezeichnet wie sein Gegenstück „Domizilprinzip" nicht immer ein Prinzip im strengen Sinne, sondern oft die bloße Tatsache, daß die persönlichen Verhältnisse eines Menschen dem Recht des Staates unterstehen, welchem er (oder eine andere Person) angehört oder in einem bestimmten Zeitpunkt angehört hat. Im gleichen Sinne spricht man vielfach auch vom „Heimatprinzip", und das Recht des betreffenden Staates wird als „Heimatrecht" bezeichnet. Das Staatsangehörigkeitsprinzip ist vor allem in Kontinentaleuropa weit verbreitet.

---

[28] Die Anknüpfung an die frühere Staatsangehörigkeit (Art. 29 EGBGB a. F.) wurde im Hinblick auf die staatenlos gewordenen russischen Emigranten und andere Opfer der Wirren nach dem ersten Weltkrieg bereits im Jahre 1938 aufgegeben.

[29] Siehe namentlich die Genfer Flüchtlingskonvention von 1951 und die New Yorker Staatenlosenkonvention von 1954.

[30] Siehe Art. 5 II EGBGB und die in den Kommentaren angeführten Sondergesetze. Zur Möglichkeit des Fehlens eines gewöhnlichen Aufenthalts siehe unten § 39 II 6 b.

[31] Vgl. nur BegrRegE, BT-Drucks. 10/504, 41.

2. Als *Begründung* für das Staatsangehörigkeitsprinzip wird bisweilen angeführt, daß personen- und familienrechtliche Verhältnisse (wie Volljährigkeit, Eheschließung, Abstammung oder Legitimation) die wichtigsten Voraussetzungen für Erwerb und Verlust der Staatsangehörigkeit seien und daß sie deshalb dem Recht des betreffenden Staates unterliegen müßten. Dieser Argumentation ist vor allem prinzipiell zu widersprechen, da sie das Internationale Personen- und Familienrecht zu einer bloßen Dienerin der Staatsangehörigkeit macht; das Staatsangehörigkeitsrecht mag bei Bedarf für seine privatrechtlichen Vorfragen eigene Kollisionsnormen aufstellen. Außerdem ist die angegebene Begründung weithin falsch, da viele Voraussetzungen des Erwerbs oder des Verlustes der Staatsangehörigkeit nach einem *fremden* Heimatrecht beurteilt werden, nämlich dem bisherigen des Erwerbers oder dem einer anderen ausländischen Person.

Nahe lag das Staatsangehörigkeitsprinzip, solange die europäischen Mächte allgemein ihre im Ausland lebenden Bürger – besonders in weniger entwickelten Ländern – nicht der einheimischen Gerichtsbarkeit überlassen wollten und deshalb durch ihre diplomatischen oder konsularischen Vertreter standesamtliche, familien- und erbrechtliche Befugnisse ausübten. Diese Erscheinung ist offenbar im Rückgang begriffen. Innerhalb des heutigen zusammenwachsenden Westeuropa mit der erhöhten Mobilität seiner Bewohner stellt das Staatsangehörigkeitsprinzip eher einen integrationsfeindlichen Fremdkörper dar.

Für das Maß der Heimatverbundenheit und erst recht für die im IPR entscheidende Verbindung zu einer Zivilrechtsordnung bedeutet die Staatsangehörigkeit nur einen Annäherungswert, ein Indiz[1]. Dieses Indiz kann indes falsch sein; denn es steht den Menschen nicht frei, jederzeit die gewünschte Staatsangehörigkeit zu erwerben, und die Gründe für Erwerb und Verlust einer Staatsangehörigkeit sind von Land zu Land und von Fall zu Fall so verschieden, daß die tatsächliche Beziehung des Staatsangehörigen zu der betreffenden Rechtsordnung im Einzelfall völlig ungewiß ist: Bald entscheidet über die Staatsangehörigkeit die Eingliederung in eine Familie durch Abstammung, Adoption oder Eheschließung, bald ein räumliches Moment (wie Geburts- oder Aufenthaltsort); dabei wird der eigene Wille des Betroffenen in sehr unterschiedlichem Maße beachtet. In jedem Falle wird die Staatsangehörigkeit nach öffentlichrechtlichen Maßstäben aufgrund bestimmter politischer Vorgaben erworben

---

[1] Die Annahme, das politische Band der Zugehörigkeit zu einem Staate stelle wirklich die Grundlage der persönlichen und familiären Rechtsverhältnisse dar, wäre nationalstaatliche Romantik, die schon durch die vielfachen Abweichungen der Grenzen von Staats- und Zivilrechts-Gebieten (besonders nach Gebietsabtretungen und Neubildung von Staaten) widerlegt wird. Ähnlich bereits *Kollewijn*, Ontaarding van het nationaliteitsbeginsel in het moderne internationaal privaatrecht (Weltevreden 1929, italienische Übersetzung in Dir. int. 13 [1959] I 508 ff.). Er bezeichnet als „pure nationalistiese romantiek" den Gedanken an eine Übereinstimmung von national geprägtem Recht und Rechtsbewußtsein (3 bzw. 509).

und verloren, und es entscheidet also nicht die tatsächliche Verbindung des Betreffenden zu einer Rechtsordnung, obwohl dieses Moment für das Kollisionsrecht von ausschlaggebender Bedeutung sein sollte. Eine starre Anknüpfung an die Staatsangehörigkeit widerspricht somit dem kollisionsrechtlichen Prinzip der engsten Verbindung (oben § 4 II 1 a). Sie kann unter dem Gesichtspunkt kollisionsrechtlicher Gerechtigkeit zu untragbaren Ergebnissen führen.

Daß man sich mit einem derartig unvollkommenen Annäherungswert zufrieden gibt, beruht vor allem auf Erwägungen der Rechtssicherheit. Die Staatsangehörigkeit ist im allgemeinen leichter und mit größerer Sicherheit feststellbar als der Wohnsitz oder der gewöhnliche Aufenthalt und als Anknüpfungspunkt stabiler und weniger der Manipulation der Beteiligten unterworfen[2]. Außerdem hat die Anknüpfung an die Staatsangehörigkeit im Vergleich zu der an „Wohnsitz" oder „Domizil" den Vorteil der internationalen Einheitlichkeit. Denn es ist heute allgemein anerkannt, daß der Besitz oder Nichtbesitz einer Staatsangehörigkeit grundsätzlich nach dem Recht desjenigen Staates zu beurteilen ist, dessen Staatsangehörigkeit in Rede steht, so daß über das Vorhandensein einer bestimmten Staatsangehörigkeit im allgemeinen Entscheidungsgleichheit herrscht. (Zu den seltenen Ausnahmen sogleich.)

II. Schwierigkeiten

Mehrere Faktoren schränken den Wert der Staatsangehörigkeit als sicheres und international einheitlich gehandhabtes Anknüpfungskriterium ein. Außer den Divergenzen bei der Beurteilung von Mehrstaatern (dazu oben § 37 II 1) seien folgende Punkte genannt:

1. Zunächst stößt die *Feststellung* der Staatsangehörigkeit mitunter auf Schwierigkeiten, sei es infolge Verworrenheit der objektiven Rechtsquellen (besonders im Zusammenhang mit Entstehung und Untergang von Staaten, mit Gebietsveränderungen und Vertreibungen), sei es infolge Ungeklärtheit der persönlichen Verhältnisse, von denen der Erwerb oder Verlust einer Staatsangehörigkeit abhängt, nämlich Abstammung, Gültigkeit einer Ehe, Freiwilligkeit des Erwerbs einer anderen Staatsangehörigkeit usw. Manchmal kann man sich mit der Vermutung des Fortbestandes der für einen früheren Zeitpunkt festgestellten Staatsangehörigkeit helfen, aber bisweilen bleibt die Staatsangehörigkeit völlig ungeklärt.

---

[2] Dies sind wesentliche Gründe für die (eingeschränkte) Beibehaltung des Staatsangehörigkeitsprinzips im EGBGB nach der Reform von 1986; vgl. BegrRegE, BT-Drucks. 10/504, 31.

2. Sodann muß der Begriff der Staatsangehörigkeit unter Umständen für die Zwecke des IPR abgewandelt, also *funktionell* interpretiert oder durch ein anderes Merkmal ersetzt werden. Es entstehen mithin Abweichungen von den staats- und völkerrechtlichen Regeln. Beispielsweise kann das IPR – im Gegensatz zum Völkerrecht – die ineffektive inländische Staatsangehörigkeit eines Doppelstaaters vorgehen lassen (vgl. Art. 5 I 2 EGBGB), es kann bei Massenausbürgerungen, denen das allgemeine Völkerrecht Grenzen setzt[3], vor der Wahl stehen, ob es für seine Zwecke einen Fortbestand der Staatsangehörigkeit fingiert oder zum Aufenthaltsprinzip übergeht (vgl. Art. 5 II EGBGB), und es muß auch bei einem Souveränitätswechsel unter Umständen eigene Wertungen treffen. Selbst auf den staatsrechtlichen Begriff der deutschen Staatsangehörigkeit ist nicht immer Verlaß, sondern im innerdeutschen Kollisionsrecht ist in der Regel auf das Anknüpfungsmerkmal des gewöhnlichen Aufenthalts auszuweichen (vgl. oben § 29 III 2).

3. Schließlich reicht die Entscheidung über die Staatsangehörigkeit nicht immer zur genauen *Bestimmung der maßgebenden Rechtsordnung* aus. Vor allem gilt das, wenn der betreffende Staat mehrere (regional oder personal abgegrenzte) Zivilrechtsordnungen nebeneinander besitzt[4] (Näheres oben §§ 29 f.).

III. Versagen

Zu den genannten Unklarheiten des Staatsangehörigkeitsprinzips kommen die Fälle, in denen es überhaupt versagt oder zu offenbar unbilligen Ergebnissen führt. Hier sind – außer den Staatenlosen und Flüchtlingen (zu ihnen oben § 37 II 2) – folgende Personengruppen zu nennen:

1. Für *Eheleute mit verschiedener Staatsangehörigkeit* – deren es im Zeichen der Emanzipation der Frau eine immer größere Zahl gibt – kommt die Staatsangehörigkeit als Anknüpfungsmerkmal angesichts des Gleichberechtigungsgebotes nicht in Betracht. Dem trägt Art. 14 I Nr. 2 EGBGB Rechnung[5]. Ebenso wie für Eheleute versagt das Staatsangehörigkeitsprinzip bei *Eltern* mit

---

[3] Siehe etwa *Donner*, The Regulation of Nationality in International Law (1983) 119–125.
[4] In diesen Fällen wollte schon *Mancini* anstelle der Staatsangehörigkeit den tatsächlichen Wohnsitz maßgebend sein lassen; siehe *Nadelmann*, Am. J. Comp. L. 17 (1969) 424 = Dir. int. 23 (1969) I 133. Das ist de lege lata – wenn einmal das Staatsangehörigkeitsprinzip gilt – sehr kühn, weil damit dieses Prinzip u.a. gegenüber allen Staaten mit Sonderrecht für ethnische oder religiöse Minderheiten entfiele (Griechenland, Israel, alle islamischen Länder!) – am Ende auch gegenüber Spanien wegen der Foralrechte sowie Frankreich wegen des droit local von Elsaß-Lothringen?
[5] Die Anknüpfung an eine frühere gemeinsame Staatsangehörigkeit, die Art. 14 I Nr. 1

verschiedener Staatsangehörigkeit, sofern man im Kindschaftsrecht – wie teilweise das EGBGB – statt auf das Kind auf die Eltern abstellen will.

2. Für *Personen mit rein formeller Staatsangehörigkeit* ist diese als Anknüpfungsmerkmal ungeeignet[6]. Das hat sich vor allem bei Flüchtlingen aus totalitären Staaten gezeigt, die oft aus ihrer alten Staatsangehörigkeit nicht entlassen werden, obwohl sie mit dem neuen Regime ihrer Heimat und mit dessen Gesetzen nichts zu tun haben wollen. Auch viele sonstige Ausländer behalten ihre alte Staatsangehörigkeit formell noch jahrelang bei, zumindest bis zum Erwerb der Staatsangehörigkeit ihrer neuen Heimat, während sie von vornherein willens oder wenigstens bereit sind, nach deren Gesetzen zu leben. Bisweilen könnte hier durch eine beschleunigte Einbürgerung geholfen werden; aber auf solche Weise die Staatsangehörigkeit zur Dienerin des Privatrechts zu machen, wäre ebenso falsch wie die oben (zu I 2) abgelehnte umgekehrte Rangordnung. In den Niederlanden wird der beachtenswerte Weg beschritten, die Effektivität der Staatsangehörigkeit nicht nur bei Doppelstaatern zu prüfen, sondern eine Staatsangehörigkeit, die sich nach dem Vortrag der betroffenen Partei als offensichtlich „ineffektiv" und lediglich nominell bestehend darstellt, für das IPR auch sonst unberücksichtigt zu lassen; diese Praxis entspricht dem Gedanken, daß ein Anknüpfungsmoment im IPR auf die Rechtsordnung führen sollte, mit der die Rechtsfrage am engsten verbunden ist[7]. Für das deutsche IPR wird vereinzelt eine entsprechende teleologische Reduktion der an die Staatsangehörigkeit anknüpfenden Kollisionsnorm empfohlen[8]. Freilich fehlt für den Bereich des Personalstatuts im EGBGB eine Ausweichklausel (vgl. oben § 4 II 1 b), die dieses Ergebnis absichern würde.

3. Selbst bei *„normalen" Ausländern*, die ihre Staatsangehörigkeit beizubehalten wünschen, kann die Anwendung der privatrechtlichen Gesetze ihrer Heimat als unberechtigt empfunden werden, so wenn die betreffenden Personen über einen längeren Zeitraum im Inland gelebt haben und auf absehbare Zeit nicht in ihr Heimatland zurückkehren wollen, so daß sie faktisch ihrer gegenwärtigen Umwelt stärker verbunden sind als ihrem Heimatstaat. Insbesondere muß man sich fragen, ob die Maßgeblichkeit des Heimatrechts für die etwa 4,5 Millionen in der Bundesrepublik Deutschland weilen-

---

EGBGB vorrangig anordnet, ist freilich unbillig, weil sie nur für einen Ehegatten in die Gegenwart, für den anderen aber in die Vergangenheit führt; vgl. auch unten § 45 I 3 b.

[6] Unrichtig BegrRegE, BT-Drucks. 10/504, 31: „Die Staatsangehörigkeit stellt immer eine enge Beziehung zwischen einer Person und ihrem Heimatrecht dar."

[7] Siehe im einzelnen *Boele-Woelki*, Die Effektivitätsprüfung der Staatsangehörigkeit im niederländischen internationalen Familienrecht (1983); bespr. in RabelsZ 48 (1984) 785.

[8] Siehe *Mansel*, Personalstatut, Staatsangehörigkeit und Effektivität (1988) 471 ff. (488).

den Ausländer unterschiedslos gerechtfertigt ist, wenn man in Rechnung stellt, daß mehr als die Hälfte dieser Ausländer bereits länger als zehn Jahre hier lebt.

IV. Abnehmende Bedeutung

Im 20. Jahrhundert zeigt sich ein schrittweiser Rückgang des *Staatsangehörigkeitsprinzips*. Während um die Jahrhundertwende dieses Prinzip in Kontinentaleuropa absolut vorherrschte, hat es seit dem Ende des ersten Weltkrieges nicht nur grundsätzlich durch die Überwindung des extremen Nationalismus an Durchschlagskraft verloren, sondern ist auch praktisch in der Gesetzgebung und Rechtsprechung verschiedener Länder zurückgedrängt worden[9].

1. In *Deutschland* hat das Staatsangehörigkeitsprinzip bei der Reform des EGBGB durch das IPRNG von 1986 das Prädikat „bewährt" erhalten[10], freilich ohne daß die fällige Grundsatzdiskussion um dieses Prinzip vorher geführt worden wäre[11]. Es wurde mit Stillschweigen übergangen, daß das Festhalten am Staatsangehörigkeitsprinzip immer wieder vor die mißliche Wahl geführt hat zwischen einem unangemessenen Ergebnis oder einem Umgehungsmanöver, d.h. einer Durchbrechung des kollisionsrechtlichen Systems an anderer Stelle. Bestenfalls gelingen diese Manöver und lassen dann das IPR als formalistisch oder gar rabulistisch erscheinen[12]. Oder aber sie werden durchschaut und erwecken dann den bedenklichen Eindruck, als müsse das kollisionsrechtliche System einmal mehr „vom sozialen und menschlichen Gesichtspunkt aus" zugunsten der lex fori durchbrochen werden[13].

---

[9] Vgl. etwa die Nachweise bei *Braga*, Staatsangehörigkeits- oder Wohnsitzprinzip?: RabelsZ 18 (1953) 227, 228, und die Beispiele für „Korrekturen der reinen Staatsangehörigkeitsanknüpfung" bei *Ficker*, in: FS Nipperdey I (1965) 297 (304–314).

[10] BegrRegE, BT-Drucks. 10/504: „Das Staatsangehörigkeitsprinzip hat sich in Deutschland grundsätzlich bewährt."

[11] Eine im Deutschen Rat für IPR früher bestehende Abteilung mit dem Arbeitsgebiet „Staatsangehörigkeits- oder Domizilprinzip?" (vgl. *Neuhaus*, FamRZ 1962, 415) hat sich aufgelöst, ohne Ergebnisse vorzulegen. Vgl. zur Kritik des Staatsangehörigkeitsprinzips im Hinblick auf die Refom *Neuhaus/Kropholler*, RabelsZ 44 (1980) 335; *Grasmann*, Zur Dringlichkeit der gesetzlichen Reform des deutschen IPR und Gesichtspunkte für deren stärkere Orientierung am Domizilprinzip (Umweltrecht): FS Neumayer (1985) 249.

[12] Von „Zaubereien" und „Trickfertigkeit" der Internationalprivatrechtler spricht *Wiethölter*, BerDGesVölkR 7 (1967) 141.

[13] Vgl. die Schweizer Entscheidung *Dal Bosco* vom 3. 6. 1971, BGE 97 I 389 = RabelsZ 36 (1972) 358 mit Anm. *Neuhaus*, wo mit der zitierten Begründung (unter Nr. 12 Abs. 3) die Beachtung des Heimatrechts abgelehnt wurde. – Auch die Spanierentscheidung des BVerfG vom 4. 5. 1971 (BVerfGE 31, 58 = IPRspr. 1971 Nr. 39) war vermutlich – obwohl die Begründung das nicht ausspricht – dadurch bedingt, daß der Spanier schon seit 1962 in Deutschland lebte; vgl. RabelsZ 36 (1972) 138.

Faktisch hat das IPRNG von 1986 die Konsequenzen zumindest teilweise gezogen und das Staatsangehörigkeitsprinzip auf vielfache Weise zurückgenommen. So wird im Zuge der Gleichberechtigung bei verschiedener Staatsangehörigkeit der Ehegatten im Eherecht nicht mehr das Heimatrecht des Mannes berufen, sondern das Recht des gemeinsamen gewöhnlichen Aufenthalts (Art. 14 I Nr. 2 EGBGB)[14]. Im Unterhaltsrecht und teilweise im Kindschaftsrecht wird im Interesse des Berechtigten bzw. des Kindes an dessen gewöhnlichen Aufenthalt angeknüpft (vgl. z.B. Artt. 18 I 1, 19 II 2, 20 II). Eine weitere Abschwächung des Staatsangehörigkeitsprinzips bewirkt die (beschränkte) Zulassung der Parteiautonomie im Personen-, Familien- und Erbrecht (vgl. etwa Artt. 10, 14 III, 15 II, 25 II), die Verwendung alternativer Anknüpfungen (wie in Artt. 19 I 4 und 20 I 3), die hilfsweise Heranziehung des deutschen Rechts (wie in Artt. 13 II, 17 III 2 und 23 Satz 2) sowie der kollisionsrechtliche Verkehrsschutz (Artt. 12 und 16). Hinzukommen die Korrektive des Allgemeinen Teils, wie Vorrang des Belegenheitsstatuts (Art. 3 III), Beachtung eines Renvoi auf das Wohnsitzrecht (Art. 4 I) und ordre public (Art. 6).

2. Im *internationalen Bereich* hat das *Institut de Droit international* in seiner Brüsseler Resolution von 1948[15] entgegen seiner traditionellen Anhänglichkeit an das Staatsangehörigkeitsprinzip in einer klaren „révolution"[16] für die Ehescheidung den Anknüpfungspunkt der Staatsangehörigkeit weitgehend preisgegeben zugunsten des gewöhnlichen Aufenthalts[17]. Die Kairoer Resolution von 1987 zum Dualismus von Staatsangehörigkeits- und Wohnsitzprinzip befürwortet Kompromisse, indem sie dasjenige Anknüpfungsmerkmal bevorzugt, das den beteiligten Personen gemeinsam ist (z.B. den Wohnsitz bei verschiedener Staatsangehörigkeit) und den Parteien außerdem für die Bereiche ehelicher Güterstand, Erbfolge und allgemeine Ehewirkungen die Rechtswahl zwischen Heimat- und Wohnsitzrecht gestattet[18]. Vor allem hat die *Haager Konferenz für IPR*, die früher völlig auf dem Staatsangehörigkeitsprinzip aufbaute, seit ihrer 7. Tagung im Jahre 1951 in allen neuen Konventionen die Anknüpfung an die Staatsangehörigkeit mehr oder weniger eingeschränkt zugunsten des Wohnsitzes oder gewöhnlichen Aufenthalts. Hervorgehoben sei nur die Begründung zu dem Abkommen über das auf die Unterhaltsverpflich-

---

[14] Ebenso z.B. § 18 I Nr. 2 öst. IPR-Gesetz; dagegen lassen manche sozialistische Staaten hier die lex fori entscheiden, z.B. §§ 19, 20 RechtsanwendungsG der DDR.

[15] Ann. Inst. Dr. int. 42 (1948) 281 f. = Tableau général des résolutions (Basel 1957) Nr. 133.

[16] *Makarov* ebd. 264.

[17] Zur Begründung wurden in der Präambel der Resolution angeführt „la multiplication des personnes dont la nationalité ou le domicile est incertain, la rupture de l'unité de nationalité des époux, les mariages de guerre, les déchéances de nationalité pour des motifs politiques et autres causes analogues".

[18] RabelsZ 52 (1988) 366 ff.; Bericht *Rigaux* ebd. 352 ff.

tungen gegenüber Kindern anwendbare Recht von 1956, in der es beschwichtigend heißt, das Recht der résidence habituelle sei nicht als Familienstatut, sondern als Kollisionsregel sui generis aus Gründen sozialer und humanitärer Art gewählt worden[19]: Welche eindrucksvollere Kritik des Staatsangehörigkeitsprinzips im Internationalen Familienrecht kann es geben, als daß es für den Unterhaltsanspruch des Kindes gegen seine Eltern, der nach dem Recht wohl aller beteiligten Länder ein familienrechtlicher Anspruch ist, nicht zu sozial und humanitär vertretbaren Lösungen führe!

Dagegen haben das Europäische Niederlassungsabkommen von 1955 sowie auch der EWG-Vertrag von 1957 hier keine Bedeutung. Wenn das erstgenannte Abkommen des Europarats in Art. 4 den Staatsangehörigen jedes Vertragsstaates im Gebiet der anderen Vertragsstaaten die gleiche Behandlung wie den Inländern „im Genuß und in der Ausübung sämtlicher bürgerlicher Rechte" zusichert, so richtet sich das nur gegen eine fremdenrechtliche Schlechterstellung (etwa durch Erwerbsbeschränkungen), jedoch nicht gegen die Anwendung des Heimatrechts von Ausländern[20]. Der EWG-Vertrag aber, der in Art. 7 I „jede Diskriminierung aus Gründen der Staatsangehörigkeit" verbietet, betrifft überwiegend das Wirtschaftsleben und daher kaum die Fragen des Personalstatuts, die typisch zur Privatsphäre gehören[21]. Wo Fragen des Personalstatuts ausnahmsweise wirtschaftliche Relevanz besitzen (denkbar etwa bei der Geschäftsfähigkeit, im Ehegüterrecht und im Erbrecht), wäre ein Abgehen vom Staatsangehörigkeitsprinzip keine juristisch gebotene, sondern eher eine politische Entscheidung aus der Dynamik der Europäischen Gemeinschaft[22]. In der Differenzierung nach der Staatsangehörigkeit liegt nämlich keine Diskriminierung i.S.d. Art. 7 I EWGV, da die kollisionsrechtliche Differenzierung nicht willkürlich ist[23].

3. *Insgesamt* ist die Entwicklung, die von dem zu starren Staatsangehörigkeitsprinzip wegführt, in Kontinentaleuropa noch keineswegs abgeschlossen. Speziell in Deutschland, dessen Bevölkerung einen hohen, ständig steigenden Ausländeranteil (von gegenwärtig etwa 8%) aufweist, führt das Staatsangehö-

---

[19] Doc. 8 (1957) 127.
[20] *Makarov*, Der Gleichbehandlungsgrundsatz und das IPR, in: Eranion Maridakis III (1964) 231 (233–239); *Elke Suhr*, Das Recht des Personalstatuts im Zeichen der europäischen Integration (Diss. Hamburg 1967, bespr. in RabelsZ 32 [1968] 555) 24–29.
[21] Vgl. *Makarov* (vorige Note) 235 ff.; *Beitzke*, Probleme der Privatrechtsangleichung in der EWG: ZfRV 5 (1964) 81 (89); *Suhr* (vorige Note) 19–23; *Zweigert*, Einige Auswirkungen des Gemeinsamen Marktes auf das IPR der Mitgliedstaaten, in: Probleme des europäischen Rechts, FS Hallstein (1966) 555 (557 f.).
[22] Anders *Drobnig*, Verstößt das Staatsangehörigkeitsprinzip gegen das Diskriminierungsverbot des EWG-Vertrages?: RabelsZ 34 (1970) 636 (649 f.). Diese Ansicht hat sich – wie die meisten Versuche, aus dem EWG-Vertrag direkte Auswirkungen auf das nationale IPR abzuleiten – bislang nicht durchsetzen können; siehe *Jayme/Kohler*, Zum Stand des internationalen Privat- und Verfahrensrechts in der EG: IPRax 1985, 65; zum Gesellschaftsrecht siehe unten § 55 I 5.
[23] Siehe *Beitzke* (vorletzte Note); *von Bar* I Rz. 168; *Groeben/Boeckh/Thiesing/Ehlermann (-Bleckmann)*, Kommentar zum EWG-Vertrag³ I (1983) Art. 7 Rz. 14.

§ 39 I VI. Kapitel: Die wichtigsten Anknüpfungen

rigkeitsprinzip zu einer massenhaften Anwendbarkeit ausländischen Rechts, die nicht sachgerecht ist und die Gerichte überfordert[24].

Es erscheint deshalb notwendig, die in den folgenden beiden Paragraphen erörterten Anknüpfungen (an den gewöhnlichen Aufenthalt und an die Parteiautonomie), die sich im Vordringen befinden, künftig verstärkt in Betracht zu ziehen.

§ 39 Gewöhnlicher Aufenthalt

I. Domizilprinzip

Vor- und Nachteile des Domizilprinzips, das hier zunächst im Sinne einer Anknüpfung des Personalstatuts an Domizil, Wohnsitz oder gewöhnlichen Aufenthalt verstanden sei (vgl. oben § 37 I 2 a), sind nicht leicht abzuwägen.

Insbesondere trifft es nicht zu, daß die Domizilanknüpfung im Verhältnis einander besonders nahestehender Staaten bevorzugt werde: Der lateinamerikanische Código Bustamante überläßt die Entscheidung zwischen Staatsangehörigkeit und Wohnsitz als Anknüpfungsmoment für das Personalstatut den einzelnen Staaten (Art. 7), und auch die zahlreichen zweiseitigen IPR-Abkommen zwischen den sozialistischen Staaten (oben § 9 IV 1) beruhen zum größeren Teil auf dem Staatsangehörigkeitsprinzip.

1. Der handgreiflichste Unterschied des Wohnsitzes bzw. des gewöhnlichen Aufenthalts von der Staatsangehörigkeit liegt in seinem *beschränkten räumlichen Substrat*. Während die Staatsangehörigkeit den Menschen mit einem ganzen Staatsgebiet verknüpft, bezieht sich der Wohnsitz zunächst nur auf eine bestimmte Wohnung und kann daher in Staaten mit mehreren Teilrechtsordnungen zur Verbindung mit jedem kleinsten Rechtsterritorium oder „Gesetzessprengel"[1] benutzt werden.

Anderseits kann eben das streng räumliche Element der Begriffe Wohnsitz oder gewöhnlicher Aufenthalt leicht zu einer allzu sinnfälligen Auffassung vom „Mittelpunkt der Lebensverhältnisse" führen, zu einer Überschätzung der geographischen auf Kosten der ideellen Beziehungen eines Menschen zu einer Rechtsordnung.

2. Ein unbestreitbarer Vorzug des Domizilprinzips besteht darin, daß es öfter *zur Anwendung der lex fori führt,* weil der Wohnsitz oder der gewöhnliche Aufenthalt häufiger als die Staatsangehörigkeit mit dem Gerichtsstand

---
[24] Näher *Neuhaus/Kropholler*, FamRZ 1980, 753 f.
[1] *Savigny* 97: „Gesetzsprengel".

übereinstimmt. Auf diese Weise werden u. a. die großen praktischen Schwierigkeiten der Anwendung ausländischen Rechts vermieden[2].

3. Dagegen wird dem Domizilprinzip mit Recht vorgeworfen, daß es die *Gesetzesumgehung* (vgl. oben § 23) erleichtert. Wer irgendeine lästige Bestimmung des zwingenden Personen-, Familien- oder Erbrechts – etwa ein Ehehindernis, eine Erschwerung der Scheidung, eine Pflichtteilsvorschrift – zu umgehen wünscht, braucht unter dem Domizilprinzip sich nur in einem Lande mit großzügigeren Bestimmungen niederzulassen, was in der Regel (wenn auch nicht immer) leichter und rascher zu bewerkstelligen ist als ein Wechsel der Staatsangehörigkeit. Überhaupt wird die Wohnsitzanknüpfung (im kontinentalen Sinne) vielfach als zu flüchtig angesehen, um das Personalstatut zu regieren, und alle in Europa unternommenen Versuche, sie allein durch das Erfordernis einer bestimmten Zeitdauer zu verfestigen, tragen Züge der Willkür[3].

4. Der größte Nachteil einer Verwendung speziell der Begriffe „Wohnsitz" oder „Domizil" als Anknüpfungsmomente im IPR liegt in ihrer *unterschiedlichen Ausprägung* von Land zu Land. Zwar stimmen im Kern die meisten Rechtsordnungen darin überein, daß zum selbständigen Erwerb eines Wohnsitzes „factum" und „animus" gehören, d. h. der tatsächliche Aufenthalt am betreffenden Ort und der Wille, dort für lange Zeit – wenngleich mit möglichen Unterbrechungen – zu bleiben. Aber alles weitere ist verschieden[4].

Keine Einigkeit besteht insbesondere über folgende Fragen: ob der Aufenthalt mit einer festen Niederlassung verbunden sein muß oder ob das Umherziehen innerhalb eines bestimmten Bereiches genügt; was für ein Bezirk als Wohnsitz gilt (eine politische Gemeinde, ein Gerichtssprengel, ein Rechtsterritorium als ganzes); wie stark und auf welchen Zeitraum gerichtet der animus manendi sein muß und ob dieser Wille bei einer gewissen Dauer des Aufenthalts (unwiderlegbar?) vermutet wird; welcher Wille zur Aufgabe eines Wohnsitzes erforderlich ist. Hinzu kommen noch eine Reihe gesetzlicher

---

[2] Umgekehrt formuliert den gleichen Gedanken *Kühne*, ZVglRWiss. 73 (1972/73) 102, nämlich als „Zweifel, ob der internationalprivatrechtliche Gerechtigkeitsgehalt der lex patriae im Vergleich zur lex domicilii einen solchen Aufwand [die vielfache Anwendung fremden Rechts] rechtfertigt".

[3] Nach dem polnischen Gesetz über das interlokale Recht von 1926 (Art. 2) war eine Wohnsitzänderung ursprünglich erst nach einem Jahr zu beachten, seit der Novelle vom 8. 10. 1945, die unter dem Eindruck der großen Binnenwanderung von Ost nach West erging, nach einem Monat. Die nordischen Staaten stellen in ihrem Abkommen von 1931 für die Eheschließung auf einen zweijährigen Wohnsitz ab, in ihrem Abkommen von 1934 für die Erbfolge auf einen fünfjährigen Wohnsitz (jeweils Art. 1). *Frankenstein*, Projet d'un Code Européen de d. i. p. (Leiden 1950), fordert für den Erwerb eines „domicile statutaire" einen ständigen Aufenthalt im Heimatstaat von einem Jahr bzw. im Ausland von drei Jahren (Artt. 58–60).

[4] Zu dem bei der Prüfung eines Renvoi wichtigen (unterschiedlichen) Domizilbegriff des englischen und amerikanischen Rechts siehe oben § 37 I 2 a.

§ 39 II VI. Kapitel: Die wichtigsten Anknüpfungen

Beschränkungen und Fiktionen, die sich besonders darauf beziehen, ob man einen neuen Wohnsitz begründen kann, ohne den bisherigen aufzugeben, und umgekehrt den bisherigen aufgeben kann, ohne einen neuen zu begründen (ob man mehrere Wohnsitze bzw. keinen haben kann); ob es für bestimmte Zwecke (wie Handelsgeschäfte) einen besonderen Wohnsitz gibt[5]; wieweit Beamte und Soldaten einerseits, beschränkt geschäftsfähige Personen anderseits in der Wahl ihres Wohnsitzes frei sind und – wenn nicht – ob sie einen gesetzlich fixierten Wohnsitz haben (einen unabänderlichen oder veränderlichen) oder ob jemand anders ihren Wohnsitz bestimmen kann und wer dies ist.

All diese Regelungen machen nicht nur für jede einzelne Rechtsordnung den Versuch einer geschlossenen Definition des Wohnsitzbegriffs unmöglich; sie weichen auch von Land zu Land so sehr voneinander ab, daß eine internationale Rechtsvereinheitlichung und demgemäß eine Entscheidungsgleichheit bei Verwendung der Wohnsitzanknüpfung als aussichtslos erscheint.

In den letzten Jahrzehnten hat man daher vielfach als Ersatz für den Wohnsitzbegriff den gesetzlich kaum vorbelasteten Begriff des „gewöhnlichen Aufenthalts" gewählt.

II. Begriff des gewöhnlichen Aufenthalts

Der Ausdruck „gewöhnlicher Aufenthalt" wird in der Gesetzgebung bereits seit langem verwendet[6]. Dabei wird freilich die Feststellung des gewöhnlichen Aufenthalts – im Gegensatz zu der des Wohnsitzes und der Staatsangehörigkeit – im allgemeinen nicht klar geregelt. Auch das EGBGB hat auf eine Festlegung verzichtet, um eine einheitliche Auslegung des Begriffs, soweit er in bestimmten Bereichen des staatsvertraglichen und des autonomen IPR übereinstimmend verwendet wird, nicht zu gefährden[7].

Demgegenüber sucht Art. 20 schweiz. IPR-Gesetz, den gewöhnlichen Aufenthalt zu definieren und ihn vom Wohnsitz abzugrenzen. Gemäß Art. 20 I lit. a hat eine natürliche Person ihren Wohnsitz in dem Staat, in dem sie sich mit der Absicht dauernden Verblei-

---

[5] Diese Frage ist von der vorangehenden (nach der Zulässigkeit eines mehrfachen Wohnsitzes) verschieden! Vgl. Restatement[2] § 11 II: „Every person has a domicil at all times and, at least for the same purpose[!], no person has more than one domicil at a time."

[6] Die älteste mir bekannte gesetzliche Verwendung des Ausdrucks enthält § 211 der Allgemeinen bürgerlichen Processordnung für das Königreich Hannover vom 4.12.1847 (Neudruck 1971): „Der allgemeine Gerichtsstand wird durch den Wohnsitz oder durch den gewöhnlichen Aufenthaltsort des Beklagten begründet." Später bestimmte § 10 des norddeutschen Gesetzes über den Unterstützungswohnsitz vom 6.6.1870 (BGBl. 360): „Wer innerhalb eines Ortsarmenverbandes nach zurückgelegtem vier und zwanzigsten Lebensjahre [dem Volljährigkeitsalter des Preuß. ALR] zwei Jahre lang ununterbrochen seinen gewöhnlichen Aufenthalt gehabt hat, erwirbt dadurch in demselben den Unterstützungswohnsitz." Vgl. § 25 I 1 Preuß. PStG 1874, § 42 I 1 PStG 1875 und § 1320 II BGB a. F.

[7] Siehe BegrRegE, BT-Drucks. 10/504, 41.

bens aufhält, während sie ihren gewöhnlichen Aufenthalt gemäß lit. b dort hat, wo sie während längerer Zeit lebt, selbst wenn diese Zeit von vornherein befristet ist. Beim gewöhnlichen Aufenthalt soll es stärker als beim Wohnsitz auf den äußeren Anschein ankommen, wogegen das Willensmoment in den Hintergrund treten soll[8]. Indes sind diese Aussagen nur für das Schweizer IPR-Gesetz als Wille des dortigen Gesetzgebers zu akzeptieren. Allgemeingültigkeit können sie nicht beanspruchen.

1. Auf *internationaler Ebene* hat der Begriff im IPR vor allem durch die Übereinkommen der Haager Konferenz Bedeutung erlangt.

a) Die *Haager Konferenz* hat die Wendung „résidence habituelle" zuerst in ihr Zivilprozeßübereinkommen von 1896 aufgenommen[9]. Später hat sie den Begriff auch für die Festlegung des Personalstatuts benutzt. Auf der Tagung im Jahre 1928 wurde die Anknüpfung an den gewöhnlichen Aufenthalt für Staatenlose deshalb vorgeschlagen, „weil damit ein klar faßbarer tatsächlicher Vorgang bezeichnet wird, während die Wahl des Wortes ‚Wohnsitz' einen Rechtsbegriff eingeführt hätte, der in den einzelnen beteiligten Rechtsgebieten in verschiedenartigem Sinne gebraucht wird"[10]. In Wirklichkeit ist auch der gewöhnliche Aufenthalt nicht etwas rein Tatsächliches – das wäre nur der physische Aufenthalt –; denn das Wort „gewöhnlich" führt ein mehrdeutiges Element ein, das von der Rechtsprechung verschieden aufgefaßt werden kann. Der Vorzug gegenüber dem Begriff des Wohnsitzes liegt vielmehr darin, daß der gewöhnliche Aufenthalt nicht bereits durch die nationalen Rechtsordnungen in unterschiedlichem und z. T. recht kompliziertem Sinne festgelegt ist, sondern einer international einheitlichen und realistischen Auslegung zugänglich ist[11].

Nach dem zweiten Weltkrieg wurde der gewöhnliche Aufenthalt in vielen Konventionen als Anknüpfungsmerkmal verwendet, aber nie definiert.

b) Der *Europarat* hat dagegen in einer Empfehlung zur Vereinheitlichung der Rechtsbegriffe „Wohnsitz" und „Aufenthalt" aus dem Jahre 1972 auch den „gewöhnlichen Aufenthalt" näher umschrieben[12]. Von dieser Entschlie-

---

[8] So die Botschaft zum IPR-Gesetz, BBl. 1983 I 319.
[9] Das Abkommen vom 14.11.1896 (RGBl. 1899, 285) verwendet den Begriff in Art. 15 I (Das Armutszeugnis muß von den Behörden der „résidence habituelle" ausgestellt sein), und zwar unter ausdrücklicher Bezugnahme der Materialien auf die deutsch-französische Übereinkunft wegen Bewilligung des Armenrechts vom 20.2.1880 (RGBl. 1881, 81) Art. 2 I: gewöhnlicher Aufenthaltsort – résidence habituelle; siehe Actes 2 (1894) 108.
[10] *Volkmar*, JW 1928, 858. Vgl. Actes 6 (1928) 110, 131, 141, 158.
[11] Dieser Vorteil wird durch das Protokoll zum (fremdenrechtlichen) Europäischen Niederlassungsabkommen von 1955 partiell preisgegeben, indem es bestimmt: „La résidence habituelle s'appréciera selon les règles applicables dans le pays dont l'intéressé est ressortissant."
[12] Resolution des Ministerrats 72 (1) vom 18.1.1972; auf deutsch veröffentlicht und mit einer Einleitung versehen von *Loewe*, ÖJZ 1974, 144 ff. In Österreich wurden die wesentlichen Elemente der Resolution in § 66 II JN wörtlich übernommen, der einen allgemeinen

ßung sollte man im Interesse einer einheitlichen europäischen Auslegung des Ausdrucks ausgehen, sofern die Eigenheiten des jeweiligen Gesetzgebungsakts keine Abweichungen verlangen. Freilich klärt die Empfehlung nur einen kleinen Teil der Probleme, die der Begriff des gewöhnlichen Aufenthalts aufwirft.

Im einzelnen besagen die einschlägigen Nrn. 7–11 der Resolution des Europarats folgendes: „Nr. 7: Der Aufenthalt einer Person bestimmt sich ausschließlich nach tatsächlichen Umständen; er hängt nicht von einer Aufenthaltserlaubnis ab. – Nr. 8: Eine Person hat einen Aufenthalt in einem Land, in dem eine bestimmte Rechtsordnung gilt, oder an einem Ort, der in einem solchen Land liegt, wenn sie dort während eines gewissen Zeitraums wohnt. Die Anwesenheit muß nicht notwendigerweise ununterbrochen andauern. – Nr. 9: Für die Frage, ob ein Aufenthalt als gewöhnlicher Aufenthalt anzusehen ist, sind die Dauer und die Beständigkeit des Aufenthalts sowie andere Umstände persönlicher oder beruflicher Art zu berücksichtigen, die dauerhafte Beziehungen zwischen einer Person und ihrem Aufenthalt anzeigen. – Nr. 10: Die freiwillige Begründung eines Aufenthalts und die Absicht des Betreffenden, diesen Aufenthalt beizubehalten, sind keine Voraussetzungen für das Bestehen eines Aufenthalts oder eines gewöhnlichen Aufenthalts. Die Absichten der Person können aber bei der Bestimmung, ob sie einen Aufenthalt hat und welcher Art dieser Aufenthalt ist, berücksichtigt werden. – Nr. 11: Der Aufenthalt oder der gewöhnliche Aufenthalt einer Person hängt nicht von dem einer anderen Person ab."

2. Im *deutschen IPR* wird bisweilen auf eine aus dem Steuerrecht stammende Umschreibung verwiesen. Danach hat jemand seinen gewöhnlichen Aufenthalt „dort, wo er sich unter Umständen aufhält, die erkennen lassen, daß er an diesem Ort oder in diesem Gebiet nicht nur vorübergehend verweilt"[13]. In der deutschen kollisionsrechtlichen Rechtsprechung findet sich des öfteren die von der Lehre entwickelte Formulierung, als gewöhnlicher Aufenthalt sei „der Ort oder das Land anzusehen, in dem der Schwerpunkt der [familiären oder beruflichen] Bindungen der betreffenden Person, ihr Daseinsmittelpunkt, liege"[14]. Diese Umschreibungen sind zutreffend. Sie enthalten aber naturgemäß keine Definition, unter die ohne weiteres subsumiert werden könnte, sondern geben nur Annäherungsformeln, die ihrerseits der Auslegung bedürftig sind.

3. Aufgrund der allgemeinen *Auslegungskriterien* ist namentlich nach dem Wortsinn und dem Zweck der Anknüpfung zu fragen.

a) Der *Wortsinn* des Ausdrucks „*Aufenthalt*" verlangt eine – wenigstens zeitweilige – physische Anwesenheit. Nicht genügt die bloße Absicht, sich an

---

Gerichtsstand (außer am Wohnsitz) auch am gewöhnlichen Aufenthalt des Beklagten begründet.

[13] So u. a. § 9 Satz 1 AO; auch § 30 III 2 SGB I; vorher bereits § 14 SteueranpassungsG 1934 (RGBl. I 925).

[14] BGH 5. 2. 1975, NJW 1975, 1068 = IPRspr. 1975 Nr. 83.

einem Ort dauernd niederzulassen, und auch nicht der Antritt der Reise dorthin, solange das Ziel nicht erreicht ist (denn eine Reise kann freiwillig oder unfreiwillig unterbrochen werden oder zu einem anderen Ziele führen).

Eine Ausnahme vom Erfordernis der physischen Anwesenheit ist für *Neugeborene* zuzulassen. Ein zufällig im Lande A geborenes nichteheliches Kind kann seinen gewöhnlichen Aufenthalt im Lande B haben, obwohl es selbst noch nie dort war; denn es kann sinnvoll sein, die objektiven Bindungen der Mutter an das Land B, das bald auch zum Daseinsmittelpunkt des Kindes werden wird, sogleich auf das Kind zu erstrecken.

Das mehrdeutige Beiwort „*gewöhnlich*" bezeichnet nicht einen objektiv ordentlichen, normalen Aufenthalt im Gegensatz etwa zu einem un- oder außergewöhnlichen; vielmehr geht es um den Ort, an welchem die betreffende Person sich gewöhnlich, in der Regel aufhält, mag dieser Aufenthalt nach objektiven Maßstäben noch so ungewöhnlich sein (z.B. abgelegen und unwohnlich). Ein Moment der Dauer gehört dazu. Aber im Gegensatz zu den angeblich synonymen Ausdrücken „dauernder Aufenthalt" und „ständiger Aufenthalt" weist die Bezeichnung „gewöhnlicher Aufenthalt" bereits auf die Möglichkeit von Unterbrechungen hin. Es genügt ein regelmäßiger Aufenthalt[15]. Auch eine innere Gewöhnung ist nicht erforderlich.

Der gewöhnliche Aufenthalt ist vom *(einfachen, schlichten) Aufenthalt* zu unterscheiden. Eine Person, die vorübergehend im Ausland arbeitet, also im Ausland ihren Aufenthalt hat, behält ihren gewöhnlichen Aufenthalt im Inland.

b) Der *Zweck* der Wahl des Ausdrucks „gewöhnlicher Aufenthalt" muß letztlich über seine Auslegung entscheiden. Allgemein wird man es als Sinn einer Anknüpfung an den gewöhnlichen Aufenthalt im IPR bezeichnen können, die betroffenen Rechtsfragen mit dem Recht der sozialen Umwelt einer Person zu verknüpfen. Mit anderen Worten: Das Anknüpfungsmoment steht im Dienste des kollisionsrechtlichen Prinzips der engsten Verbindung (oben § 4 II 1 a).

4. Die *Begründung eines gewöhnlichen Aufenthalts* ist danach grundsätzlich auf zweierlei Weise möglich.

a) Erstens: Durch die *tatsächliche Dauer* des Aufenthalts und die dadurch faktisch entstandenen Bindungen. Die Zeitdauer darf im Unterschied zum einfachen Aufenthalt nicht nur gering sein. Eine feste Frist gibt es nicht, doch wird für Minderjährige als Faustregel häufig ein Zeitraum von sechs Monaten genannt[16]. Sollten jemals Fristen festgelegt werden, empfiehlt es sich, zur

---

[15] Vgl. *Cruse* v. *Chittum,* [1974] 2 All E.R. 940 (Fam.D.), wohl die erste einschlägige englische Entscheidung (Held: ... „The word ‚habitually [resident]' denoted a regular physical presence which had to endure for some time").

[16] Vgl. etwa *Palandt-Heldrich* Art. 5 Anm. 4 a m. Nachw.

Vermeidung von Willkür an den Ablauf der Frist nur die widerlegliche Vermutung für das Bestehen eines gewöhnlichen Aufenthalts zu knüpfen.

Nicht erforderlich ist bei langem Verweilen der Wille, den Aufenthaltsort zum Mittelpunkt oder Schwerpunkt der Lebensverhältnisse zu machen[17]. Selbst wenn der Aufenthalt *gegen* den Willen der betreffenden Person (bzw. dessen, der ihren Aufenthalt bestimmt) sich länger hinzieht, kann der Aufenthalt durch Zeitablauf (rückwirkend) zu einem gewöhnlichen werden. Freilich sollte jedenfalls dann, wenn der gewöhnliche Aufenthalt zur Bestimmung des Personalstatuts dient, eine gewisse Integration in die neue Umwelt gefordert werden (näher unten 5).

b) Zweitens: Durch die *voraussichtliche Dauer* des Aufenthalts und die zu erwartende Integration kann ebenfalls ein gewöhnlicher Aufenthalt entstehen. Ergibt sich aus den Umständen, daß ein Aufenthalt auf eine längere Zeitspanne angelegt ist und künftig anstelle des bisherigen Daseinsmittelpunkt sein soll, so wird der neue gewöhnliche Aufenthalt auch ohne Ablauf einer entsprechenden Zeitspanne begründet[18]. Wer an einem Ort vermutlich jahrelang bleiben wird, kann dort eben mit Rücksicht auf diesen Umstand schon bei seinem Eintreffen einen gewöhnlichen Aufenthalt erwerben, auch wenn er kurz danach stirbt oder infolge nicht vorausgesehener Ereignisse für dauernd an seinen früheren Aufenthaltsort zurückkehrt oder anderswohin übersiedelt. In diesem verobjektivierten Rahmen ist der Wille in Form des animus manendi bedeutsam.

5. Gewisse *Differenzierungen* in der Begriffsbestimmung nach dem *Zweck* der Anknüpfung erscheinen angebracht. Zwar sollte man schon aus Gründen der Rechtssicherheit davon absehen, den Begriff *von Fall zu Fall* je nach den involvierten Interessen verschieden auszulegen[19]. Aber eine vorsichtige Differenzierung nach *Rechtsgebieten* und nach der vom „gewöhnlichen Aufenthalt" dort erfüllten Funktion ist für die sachgerechte Lösung von Grenzfällen nicht zu entbehren[20]. Gewiß ist der Begriffskern, zu dem vor allem die – zumindest zeitweilige – physische Anwesenheit zählt (vgl. oben 3 a), unverrückbar, aber in den Randzonen des unbestimmten Rechtsbegriffs bleibt genügend Raum, um die Besonderheiten des jeweiligen Regelungszusammenhanges zu berücksichtigen.

---

[17] BGH 5. 2. 1975 (oben N. 14).
[18] BGH 29. 10. 1980, BGHZ 78, 293 = IPRspr. 1980 Nr. 94 S. 281.
[19] Im Geiste des englischen Fallrechts verteidigte Lord *Denning* bei der Oberhaus-Diskussion über eine Reform des englischen Domizilrechts die vielfach angefochtenen Entscheidungen *Winans* v. *Att.-General*, [1904] A.C. 287, und *Ramsay* v. *Liverpool Royal Infirmary*, [1930] A.C. 588; vgl. die Wiedergabe bei *Henrich*, Der Domizilbegriff im englischen IPR: RabelsZ 25 (1960) 457 (478 f.); dazu *M. Mann*, Int. Comp. L. Q. 8 (1959) 462: „decided on good sense, domicile being read in relation to the actual problem in each case".
[20] Siehe auch *Schwind*, Der „gewöhnliche Aufenthalt" im IPR: FS Ferid (1988) 423 (431): „kein absoluter, sondern ein funktionaler Begriff".

So ist es sinnvoll, an den erforderlichen Grad der Verbundenheit mit dem Aufenthaltsort strengere Maßstäbe anzulegen, wenn der gewöhnliche Aufenthalt als Anknüpfungsmoment für das *Personalstatut* verwendet wird, als wenn er etwa zur Begründung einer konkurrierenden Zuständigkeit im Internationalen Verfahrensrecht dient. Während man im Verfahrensrecht, um die Gewährung von Rechtsschutz nicht zu erschweren, eine losere Bindung ausreichen lassen mag, ist für das Personalstatut der Schwerpunkt der Lebensbeziehungen genauer zu ermitteln. Wo die Dauer des Verweilens an einem neuen Aufenthaltsort ungewiß ist oder gar objektive Umstände auf eine Befristung des Aufenthalts und andauernde feste Verbindung mit dem früheren Wohnsitzland hinweisen, ist eine nicht zu streng wörtliche, sondern mehr teleologisch auf Ermittlung der engsten Verbindung gerichtete Auslegung angebracht. Mit anderen Worten: Es ist dann eine gewisse Integration in die neue Umwelt zu fordern; bei einem Erwachsenen erfolgt diese in der Regel langsamer als bei einem Kind.

Ist ein nach außen manifestierter und beachtlicher Wille, im neuen Aufenthaltsstaat zu bleiben (vgl. oben 4b), nicht vorhanden, so sollte für eine Bestimmung des Personalstatuts mittels des gewöhnlichen Aufenthalts in Zweifelsfällen also nicht allein die Verweildauer entscheiden (vgl. oben 4a). Vielmehr müssen die objektiv feststellbaren sozialen Beziehungen berücksichtigt werden. Ein gewöhnlicher Aufenthalt ist danach auch bei jahrelangem überwiegendem Aufenthalt in einem Lande nicht gegeben, wenn eine Integration nicht erfolgt ist, die äußeren Umstände vielmehr eine Aufrechterhaltung der sozialen Beziehungen zur alten Heimat anzeigen[21]. Eine derartige, das Integrationsmoment einbeziehende Interpretation des gewöhnlichen Aufenthalts ist in der deutschen Rechtsprechung auch bereits anzutreffen[22].

Bei einer stärkeren Berücksichtigung des Integrationsfaktors und einer Differenzierung nach Rechtsgebieten lassen sich die Schreckbeispiele entkräften, die gegen eine Anknüpfung des Personalstatuts an den gewöhnlichen Aufenthalt gern angeführt werden: Der ins Ausland entsandte deutsche Journalist, Firmenangehörige oder diplomatische Vertreter, der in Afrika weilende Entwicklungshelfer oder der seinen Lebensabend überwiegend in Spanien verbringende deutsche Pensionär kann für die Anknüpfung des Personalstatuts seinen gewöhnlichen Aufenthalt nämlich trotz mehrjähriger Abwesen-

---

[21] Vgl. dazu auch *de Winter*, De maatschappelijke woonplaats (1962) 14f.; *ders.*, Nationality or Domicile: Rec. des Cours 128 (1969–III) 347 (430 und 436). Er empfiehlt die Bezeichnung „sozialer Wohnsitz". Indes ist der Ausdruck „gewöhnlicher Aufenthalt" als besondere Anknüpfung neben Staatsangehörigkeit und Domizil nun einmal eingebürgert, und es erscheint einfacher, ihn zweckentsprechend zu interpretieren, als einen anderen, notwendig ebenfalls unvollkommenen Begriff neu einzuführen.

[22] Vgl. etwa BGH 5. 2. 1975 (oben N. 14); danach schadet nicht einmal ein jährlich neunmonatiger Auslandsaufenthalt eines Kindes in einem Internat, wenn dieser nur als vorübergehende Notlösung gedacht ist. Vgl. auch BGH 29. 10. 1980 (oben N. 18), wo mit Recht auf die „soziale Einbindung" in die Lebensverhältnisse am neuen Aufenthaltsort abgestellt wird.

heit in Deutschland behalten. – Ebenso haben etwa zwei aus New York entsandte Firmenangehörige – ein Engländer und seine amerikanische Ehefrau –, wenn sie in Deutschland zwei Jahre beim Aufbau einer Zweigniederlassung mitwirken und dann in die Hauptgeschäftsstelle nach New York, wo sie seit Jahren gelebt haben, zurückkehren sollen, entgegen einer verbreiteten Meinung ihren gewöhnlichen Aufenthalt im Sinne des Art. 14 I Nr. 2 EGBGB nicht in Deutschland, sondern weiterhin in New York. Sie können zwar in Deutschland ein Ehescheidungsverfahren durchführen, weil die geplante zweijährige Anwesenheit in Deutschland zur Annahme eines gewöhnlichen Aufenthalts im Sinne des Zuständigkeitsrechts genügt (vgl. § 606 a I Nr. 2 ZPO); aber kollisionsrechtlich verweist Art. 17 I 1 i. V. m. Art. 14 I Nr. 2 EGBGB in diesem Fall m. E. nicht auf deutsches, sondern auf New Yorker Recht, da man die Herstellung einer hinreichend engen Verbindung zum deutschen Recht in Fragen des Personalstatuts kaum wird annehmen können.

6. Der Zweck des Anknüpfungsmomentes „gewöhnlicher Aufenthalt" kann zur Klärung verschiedener weiterer *Zweifelsfragen* dienen.

a) In der Frage, ob ein Mensch einen *mehrfachen* oder jahreszeitlich *wechselnden gewöhnlichen Aufenthalt* haben kann, ist (wie soeben unter 5) zu unterscheiden:

(1) Als Anknüpfung für das *Personalstatut* oder zur Bestimmung einer *ausschließlichen Zuständigkeit* soll der gewöhnliche Aufenthalt dasselbe bedeuten wie ursprünglich der Wohnsitz, nämlich den Schwerpunkt der persönlichen Lebensverhältnisse, der als solcher eine gewisse Stabilität aufweist und zur Vermeidung von Doppelanknüpfungen am besten nur an einem einzigen Orte angenommen wird. Insbesondere ist beim Auseinanderfallen von familiärem und beruflichem Lebensmittelpunkt der erste unbedingt vorzuziehen, selbst wenn jemand an dem letzten Orte mehr Zeit verbringt[23], aber auch für ledige und getrennt lebende Personen und für ältere Ehepaare mit wechselndem Aufenthalt wird man stets einen Hauptsitz, z. B. im Land der Staatsangehörigkeit, feststellen können[24].

(2) Anders überall dort, wo der gewöhnliche Aufenthalt als *zusätzliche Anknüpfung* gleichrangig neben dem Wohnsitz oder der Staatsangehörigkeit (oder neben dem gewöhnlichen Aufenthalt einer anderen Person) verwendet wird, um die Anwendung von Eingriffsnormen zu begründen oder einen nicht notwendig ausschließlichen Gerichtsstand zu schaffen. Da ist meist eine losere Bindung ausreichend und unter Umständen auch ein mehrfacher oder alternierender gewöhnlicher Aufenthalt möglich.

---

[23] Ähnlich die deutsche Steuerrechtsprechung; siehe etwa BFH 25. 5. 1988, DB 1988, 2441 = BStBl. 1988 II 944 = BFHE 154 Nr. 7; vgl. auch *Hartmann*, Der gewöhnliche Aufenthalt im Steuerrecht: DB 1974, 2427 (2428).

[24] Mit Recht sagt *Stoll*, RabelsZ 22 (1957) 190: „Daß auch bei Berücksichtigung aller Umstände des Einzelfalles die Beziehungen zu zwei oder gar mehreren Rechtsgebieten gleich nahe erscheinen können, ist graue Theorie. Im Leben kommt so etwas nicht vor."

b) In der Annahme, daß ein Mensch *überhaupt keinen gewöhnlichen Aufenthalt* hat, ist Zurückhaltung geboten. In aller Regel wird sich auch bei ständig umherziehenden Personen (Durchwanderer, internationale Artisten) ein Daseinsschwerpunkt feststellen lassen. Das deutsche Recht fingiert aber nicht für jeden Menschen das Bestehen eines gewöhnlichen Aufenthalts; vielmehr erklärt es „mangels eines solchen" den schlichten Aufenthalt für maßgebend (vgl. etwa Artt. 5 II, 8 EGBGB; § 648 a I Nr. 2 ZPO). Von dieser Ausweichmöglichkeit sollte nur äußerst zurückhaltend Gebrauch gemacht werden, um Anknüpfungen oder Zuständigkeiten aufgrund flüchtiger Beziehungen zu vermeiden.

c) Ebenfalls vom Zweck der Anknüpfung her ist die umstrittene Frage zu beantworten, ob ein gewöhnlicher Aufenthalt *freiwillig* sein muß oder ob auch der erzwungene Aufenthalt eines Straf- oder Kriegsgefangenen, in einem Konzentrations- oder Arbeitslager, infolge Verschleppung, Entführung oder Ausweisung zu einer Veränderung des gewöhnlichen Aufenthalts führen kann.

Die Verbringung eines Menschen an einen Ort nur zum Zwecke der Tötung oder unter sonstigen Umständen, die jede Teilnahme am Rechtsverkehr dieses Ortes ausschließen, mag eine öffentlichrechtliche Zuständigkeit oder einen Entschädigungsanspruch in dem betreffenden Gebiet begründen, aber nicht einen Wechsel des Personalstatuts. Es wäre absurd, etwa die Beerbung eines Staatenlosen davon abhängig zu machen, in welchem Teilgebiet Polens das Vernichtungslager Treblinka oder das Konzentrationslager Auschwitz gelegen hat (ob im kongreßpolnischen, österreichischen oder preußischen Rechtsgebiet) oder welches Recht dort während der deutschen Besetzung tatsächlich galt; vielmehr muß in diesen Fällen das Recht des letzten freien Aufenthalts gelten. Auch wer z. B. als Strafgefangener mit seinem früheren Aufenthaltsort noch durch Angehörige oder einen anderen Vertreter seiner persönlichen Interessen oder gar durch Urlaubsbesuche oder durch einen sonstwie offenkundigen animus illuc revertendi fest verbunden ist, behält dort für Zwecke des Privatrechts seinen gewöhnlichen Aufenthalt. Wer dagegen zum früheren Aufenthaltsort keine Verbindungen mehr hat und sie voraussichtlich auch nicht wieder aufnehmen wird, mag unter Umständen dem Recht seines erzwungenen Aufenthalts unterstehen. Unerheblich ist m. E. jedenfalls die Rechtmäßigkeit oder Unrechtmäßigkeit der Verbringung an den Zwangsaufenthalt sowie das Vorliegen eines Strafurteils, das in Analogie zu § 894 ZPO (Verurteilung zur Abgabe einer Willenserklärung) als Ersatz für den animus manendi aufgefaßt werden könnte[25]. Auch die (oben II 1 b wiedergegebene) Entschließung des Europarats geht davon aus (in Nr. 10), daß ein gewöhnlicher Aufenthalt nicht in jedem Falle die Freiwilligkeit seiner Begründung voraussetzt.

d) Einen „abgeleiteten" oder sonstigen *gesetzlichen gewöhnlichen Aufenthalt* für Minderjährige oder andere abhängige Personen anzunehmen, hieße die formellen Beschränkungen und Fiktionen wieder einführen, die durch den Begriff des gewöhnlichen Aufenthalts gerade vermieden werden sollen. Die Nr. 11 der Resolution des Europarats (oben II 1 b) sagt deshalb deutlich, daß der

---

[25] Zu dem letzten Gedanken siehe RabelsZ 22 (1957) 191 N. 18.

gewöhnliche Aufenthalt einer Person nicht von dem einer anderen Person abhängt. Insbesondere kann das unrechtmäßig entführte Kind einen gewöhnlichen Aufenthalt (z. B. im Sinne des Minderjährigenschutzabkommens) an dem Orte erwerben, an den es verbracht worden ist, wenn es dort einigermaßen normale Kontakte zur Umwelt hat (z. B. dort zur Schule geht)[26]; eine prinzipielle Ignorierung illegal geschaffener Tatsachen könnte leicht zum Nachteil des Kindes ausschlagen (vgl. oben § 23 II).

Nebenbei wird durch den Verzicht auf ein abgeleitetes Personalstatut des Kindes der oben (§ 19 III a. E.) erwähnte circulus vitiosus vermieden, und damit entfällt auch das Hauptbedenken gegen die im Interesse des Kindes liegende einheitliche Beurteilung seiner Angelegenheiten nach seinem eigenen Personalstatut.

7. In Übereinstimmung mit dem soeben Gesagten erklärt die *Sondervorschrift des Art. 5 III EGBGB* eine unfreiwillige Änderung des gewöhnlichen Aufenthalts (und des einfachen Aufenthalts) bei einem nicht voll Geschäftsfähigen nicht schlechthin für unbeachtlich. Vielmehr soll sie nur unbeachtlich sein, solange der nicht voll Geschäftsfähige keine dauerhafte Bindung an die neue soziale Umwelt hergestellt hat. Diese Einschränkung wollte der Gesetzgeber im Gesetzestext mit dem Wort „allein" zum Ausdruck bringen[27]. Dies ist freilich nicht deutlich gelungen.

Über die mangelnde Geschäftsfähigkeit einer Person entscheidet das gemäß Art. 7 EGBGB anwendbare Recht. Die „Unfreiwilligkeit" der Aufenthaltsänderung richtet sich nach dem Willen des zur Aufenthaltsbestimmung berufenen gesetzlichen Vertreters. Wer dies ist, sagt bei Minderjährigen das Recht, das für das Eltern-Kind-Verhältnis maßgebend ist (vgl. unten § 48 V); kommt es insoweit auf den gewöhnlichen Aufenthalt des Kindes an, wie insbesondere gemäß Artt. 19 II 2, 20 II EGBGB, so ist für die Bestimmung des gesetzlichen Vertreters auf den Aufenthalt des Kindes vor der Änderung abzustellen. Eine unfreiwillige Änderung des Aufenthalts liegt insbesondere dann vor, wenn beide Eltern gemeinsam zur Aufenthaltsbestimmung berufen sind und nur ein Elternteil gegen den Willen des anderen den Aufenthalt des Kindes ändert.

Die Vorschrift ist selten erheblich, da sie im Rahmen des Minderjährigenschutzabkommens und anderer Übereinkommen wegen des Vorrangs der völkerrechtlichen Vereinbarungen (Art. 3 II EGBGB) nicht anwendbar ist.

---

[26] So zum Minderjährigenschutzabkommen auch BGH 29.10. 1980 (oben N. 18). Zur Normierung des Art. 5 III EGBGB siehe sogleich unter 7; näher zur Kindesentführung unten § 48 II.

[27] BegrRegE, BT-Drucks. 10/504, 42. Dort finden sich auch die im folgenden wiedergegebenen knappen Erläuterungen.

III. Wachsende Bedeutung

1. In den *vergangenen Jahrzehnten* ist die Bedeutung des gewöhnlichen Aufenthalts für das deutsche IPR, ausgehend von einer entsprechenden Entwicklung der Haager Konventionen, ganz erheblich gewachsen. Während das EGBGB von 1896 den Begriff noch gar nicht verwandte, wurde er 1938 zunächst als alleiniges Anknüpfungsmoment für das Personalstatut der Staatenlosen in Art. 29 EGBGB a. F. eingeführt, womit dem (oben II 1 a) erwähnten Vorschlag der Haager Konferenz entsprochen wurde. Es folgte in den Jahren 1961 und 1971 die deutsche Ratifikation der Haager Übereinkommen über den Kindesunterhalt von 1956 und über den Minderjährigenschutz von 1961, die beide primär auf den gewöhnlichen Aufenthalt abstellen. Damit wurde der gewöhnliche Aufenthalt zu einem entscheidenden Anknüpfungskriterium des deutschen Internationalen Kindschaftsrechts.

Das IPRNG von 1986 hat diese Entwicklung noch erheblich verstärkt und die vordem beherrschende Anknüpfung an die Staatsangehörigkeit im Bereich des Personalstatuts deutlich zurückgedrängt. Die neue Kollisionsnorm des EGBGB über den Unterhalt (Art. 18) übernimmt das Haager Unterhaltsabkommen von 1973 in das autonome deutsche IPR und damit den Grundsatz, daß das Recht am jeweiligen gewöhnlichen Aufenthalt des Berechtigten für alle Unterhaltspflichten (nicht nur diejenigen gegenüber Kindern) maßgebend ist. Im Kindschaftsrecht sind die Ehelichkeitsanfechtung und die Vaterschaftsfeststellung nach dem Recht des gewöhnlichen Aufenthalts des Kindes möglich (Artt. 19 I 4, 20 I 3), für das Rechtsverhältnis zu den Eltern gilt dieses Recht bei ehelichen Kindern dann, wenn eine Ehe nicht (mehr) besteht, und bei nichtehelichen Kindern ausnahmslos (Artt. 19 II 2, 20 II), und schließlich können bei Gefährdung des Kindeswohls Schutzmaßnahmen stets auch nach dem Aufenthaltsrecht des Kindes getroffen werden (Art. 19 III). Die Neuregelung von 1986 hat außerdem den bisher mitunter verwandten Wohnsitzbegriff durch den gewöhnlichen Aufenthalt ersetzt, so bei der Entmündigung (Art. 8) und beim Schutz Dritter im Güterrecht (Art. 16 I), und es hat im Recht des Namens und der persönlichen und güterrechtlichen Ehewirkungen unter bestimmten Voraussetzungen die Wahl des Aufenthaltsrechts durch die Parteien zugelassen (vgl. Artt. 10, 14 II, III, 15 II Nr. 2). Vor allem aber ist im EGBGB nunmehr verankert, daß bei verschiedener Staatsangehörigkeit der Ehegatten das sog. Familienstatut (vgl. unten § 45 I 2) sich nach dem Recht des gewöhnlichen Aufenthalts bemißt (Art. 14 I Nr. 2).

Insgesamt ist festzustellen, daß der gewöhnliche Aufenthalt – neben der Staatsangehörigkeit – zur zweiten tragenden Säule des deutschen IPR im Bereich des Personalstatuts geworden ist.

2. In *Zukunft* dürfte die Bedeutung des gewöhnlichen Aufenthalts im deutschen IPR weiter steigen. Das ist schon deshalb zu erwarten, weil sich die Haager Konferenz für IPR dieser Anknüpfung zunehmend bedient, sie in das Recht unserer Nachbarländer Eingang findet und sich die Bundesrepublik Deutschland von der internationalen Rechtsentwicklung nicht abkoppeln darf. Für eine allmähliche Umpolung des Personalstatuts von der Staatsangehörigkeit auf den gewöhnlichen Aufenthalt spricht überdies, daß der hohe Ausländeranteil an der Bevölkerung die Einhaltung des Staatsangehörigkeitsprinzips praktisch undurchführbar macht und daß es angemessen erscheint, einen Teil der Ausländer, die sich nicht selten schon in der zweiten oder dritten Generation in der Bundesrepublik aufhalten, in das deutsche Rechtsleben zu integrieren. Die Anknüpfung an den gewöhnlichen Aufenthalt kann hier eine sachgerechte Lösung bieten, gerade wegen der Flexibilität des Begriffes, die es ermöglicht, die tatsächliche soziale Eingliederung einer Person in ihre Umwelt zu berücksichtigen. Mit dem Nachteil dieser Anknüpfung – ihrer begrifflichen Unbestimmtheit – ist die gerichtliche Praxis bislang ohne größere Schwierigkeiten fertig geworden. Soweit unbillige Ergebnisse einer Anknüpfung an den gewöhnlichen Aufenthalt sich nicht bereits durch eine teleologische Interpretation dieses Begriffs im Sinne des Prinzips der engsten Verbindung vermeiden lassen, kann eine Ausweichklausel (vgl. oben § 4 II 1 a) helfen, nach der ausnahmsweise das Recht eines anderen Staates berufen wird, wenn zu ihm engere Verbindungen bestehen.

§ 40 Parteiautonomie

I. Begriff

Der Terminus „Autonomie" bezeichnet in Deutschland seit alters das Recht gewisser Körperschaften und hochadeliger Familien, sich selbst Gesetze zu geben. In der ersten Hälfte des 19. Jahrhunderts wurde der Begriff ausgedehnt auf die Freiheit aller Rechtsgenossen, den Inhalt eines Rechtsgeschäftes (besonders eines Vertrages) entweder direkt durch Festlegung im einzelnen oder indirekt durch Wahl der maßgebenden Rechtsordnung zu bestimmen[1]. In diesem Doppelsinn von materiellrechtlicher und kollisionsrechtlicher Bestimmungsfreiheit verwendet der französische Sprachgebrauch noch heute den Ausdruck „autonomie de la volonté"[2].

---

[1] Vgl. etwa *Wächter*, AcP 25 (1842) 35.
[2] Dieser von dem deutschen Emigranten *Foelix*, Traité du d. i. p.² (1847) no. 94 – trotz des Widerspruchs von *Savigny* 112 f. – vermittelte Sprachgebrauch wird in Frankreich begünstigt

Im heutigen Deutschland wird überwiegend unterschieden: Man bezeichnet die privatrechtliche Autonomie im alten Sinn und die materielle Vertrags- und Testierfreiheit als *„Privatautonomie"*, dagegen die kollisionsrechtliche Freiheit der Rechtswahl (Verweisungsfreiheit) als *„Parteiautonomie"*. Der zweite Name wird oft auch für eine Zwischenform verwendet, die besser *„materiellrechtliche Verweisung"* heißt; durch sie werden im Rahmen der zwingenden Vorschriften des eigentlich anwendbaren Rechts gewisse Normen einer anderen Rechtsordnung zum Vertrags- oder sonstigen Geschäftsinhalt gemacht, und zwar nicht durch wörtliche Wiedergabe, sondern mittels summarischer Bezugnahme (italienisch: recezione negoziale). Während die kollisionsrechtliche Parteiautonomie grundsätzlich auch von den zwingenden Vorschriften des Rechts befreit, das ohne die Vereinbarung gelten würde[3], entbindet die materielle Gestaltungsfreiheit nur von den dispositiven Vorschriften. Hierin zeigt sich der Unterschied zwischen der kollisionsrechtlichen Verweisung auf eine fremde Rechtsordnung als ganze und der bloß materiellrechtlichen Verweisung auf einzelne Bestimmungen einer fremden Rechtsordnung im Rahmen der Vertragsfreiheit.

Im *Englischen* nennt man die kollisionsrechtliche (wie die materiellrechtliche) Gestaltungsfreiheit „party autonomy". Die Bezeichnung „choice of law" hat eine andere Bedeutung. Sie bezieht sich zwar allein auf das Kollisionsrecht, umfaßt aber nicht nur die Rechtswahl durch die Parteien, sondern auch diejenige durch den Richter oder den Gesetzgeber, also den gesamten Bereich der Frage nach dem anwendbaren materiellen Recht im Gegensatz zur „jurisdiction", der internationalen Zuständigkeit im prozessualen Sinne.

Die Feinheiten der Terminologie sind historisch zufällig, aber man muß sie beachten, um Mißverständnisse zu vermeiden.

Im übrigen ist zu unterscheiden zwischen der *direkten Rechtswahl* durch (ausdrückliche oder stillschweigende) Bestimmung der anwendbaren Rechtsordnung und der *indirekten Rechtswahl* durch freie Entscheidung zwischen zwei Anknüpfungsmomenten (z.B. zwischen zwei möglichen Handlungsorten), wenn von dieser Entscheidung die Maßgeblichkeit der einen oder der anderen Rechtsordnung abhängt.

Die direkte Rechtswahl bezieht sich nach dem Parteiwillen in aller Regel auf das *materielle* Recht eines Staates. In Art. 4 II EGBGB wird die Wahl von Kollisionsnormen schlichtweg für unzulässig erklärt und ein Renvoi damit ausgeschlossen (näher oben § 24 II 6).

---

durch Art. 1134 I C. c.: „Les conventions légalement formées tiennent lieu de loi à ceux qui les ont faites."

[3] Zu den Ausnahmen siehe unten IV 1–3 und § 52 II 4.

II. Bereich

Der klassische Anwendungsbereich der Parteiautonomie liegt im Schuldvertragsrecht, wo die materiellrechtliche Gestaltungsfreiheit ebenfalls besonders ausgeprägt ist[4]. Die Parteiautonomie wird indes – meist mit stärkeren Einschränkungen (vgl. unten IV) – auch für andere Rechtsgebiete zugelassen. Im EGBGB findet sie sich außer im Schuldvertragsrecht (Art. 27 I 1) im Namensrecht (Art. 10), im Eherecht (vgl. Artt. 14 II, III, 15 III) und – für den schmalen Bereich des inländischen unbeweglichen Vermögens – auch im Erbrecht (Art. 25 II)[5]. Ferner ist sie im Deliktsrecht anzutreffen, wo die Möglichkeit jedenfalls einer nachträglichen Einigung der Parteien auf das anwendbare Recht anerkannt ist, sie wird im Sachenrecht in bestimmten Grenzen empfohlen und im Gesellschaftsrecht durch die (in Deutschland freilich überwiegend abgelehnte) Gründungstheorie zum primären Anknüpfungsmerkmal erhoben. Das wird im Besonderen Teil (VII. Kapitel) näher ausgeführt. Hier sei nur auf die Tendenz hingewiesen, auch außerhalb des Schuldvertragsrechts mehr Parteiautonomie zu wagen[6].

Soweit die Parteiautonomie ausgeschlossen bleibt, darf sie auch nicht etwa *zugunsten des inländischen Rechts* geltend gemacht werden. Der Richter kann also nicht die Unbequemlichkeit, etwa in Ehescheidungs- oder Adoptionssachen ausländisches Recht anzuwenden, dadurch vermeiden, daß er aufgrund eines wirklichen oder konstruierten Parteiwillens inländisches Recht mit der Erklärung anwendet, die Parteien hätten sich diesem „unterworfen"[7].

III. Rechtfertigung

1. Die *äußere* (positivrechtliche) Legitimation der freien Rechtswahl ist allein im geltenden staatlichen Recht zu finden: Nur das maßgebende Kollisionsrecht des Forums kann die Wahl der anzuwendenden Sachnormen dem

---

[4] Siehe zum Schuldvertragsrecht etwa *Giuliano*, La loi d'autonomie – le principe et sa justification théorique: Riv. dir. int. priv. proc. 15 (1979) 217.

[5] Siehe zur rechtspolitischen Diskussion etwa *Reinhart*, Zur Parteiautonomie im künftigen deutschen IPR auf den Gebieten des Familien- und Erbrechts: ZVglRWiss. 80 (1981) 150; *Sturm*, Parteiautonomie als bestimmender Faktor im internationalen Familien- und Erbrecht, in: Recht und Rechtserkenntnis, FS Ernst Wolf (1985) 637. – Erläuternd *Kühne*, Die außerschuldvertragliche Parteiautonomie im neuen IPR: IPRax 1987, 69.

[6] Dies trifft nicht nur für das deutsche IPR zu, sondern es gilt auch in rechtsvergleichender Sicht; vgl. etwa *Siehr*, Die Parteiautonomie im IPR: FS Keller (Zürich 1989) 485.

[7] Die Notwendigkeit dieser Klarstellung betont aufgrund praktischer Erfahrungen *Ferid*, StAZ 1952, 215 sowie 1953, 280f. – Überhaupt ist gegenüber der Verwendung des Wortes „Unterwerfung" eine gewisse Vorsicht geboten, etwa auch bei *Savigny*, vgl. *Neuhaus*, RabelsZ 15 (1949/50) 374f.

Ermessen der Beteiligten anheimstellen, nicht aber umgekehrt die Freiheit der einzelnen als erster Ausgangspunkt für die Bestimmung der maßgebenden Rechtsordnung dienen. Das Kollisionsrecht selbst ist also der „archimedische Punkt", von dem aus die Geltung des inländischen materiellen Rechts aus den Angeln gehoben werden kann.

Die Frage, welches im Einzelfall das maßgebende Kollisionsrecht ist, kann vor internationalen (Schieds-)Gerichten zweifelhaft sein (vgl. oben § 7 vor I). Jedoch kommt es darauf meistens nicht an, da in der Regel alle in Betracht zu ziehenden Kollisionsrechte dem bestehenden internationalen Gewohnheitsrecht folgen, die Parteiautonomie im Vertragsrecht zuzulassen. Eben deshalb bekennen sich internationale (Schieds-)Gerichte mangels anderer allgemein anerkannter Regeln über das Vertragsstatut gerne zur Parteiautonomie.

Die Möglichkeit, fremdes Recht als maßgebend zu erklären, besteht nicht nur für die rechtlichen Wirkungen von Rechtsgeschäften, sondern auch für deren Gültigkeit einschließlich der *Gültigkeit der Erklärung über das maßgebende Recht* (vgl. Artt. 27 IV, 31 EGBGB). Die Prüfung dieser Erklärung (sei es ein einseitiger Akt, sei es ein Verweisungsvertrag) nach dem gewählten Recht bedeutet keine petitio principii[8]. Vielmehr ist die Erklärung das Tatbestandsmerkmal, an welches das Kollisionsrecht die Maßgeblichkeit der gewählten materiellen Rechtsordnung anknüpft[9], und zwar zunächst die Erklärung als Faktum – der Anschein, der erweckt wurde[10] – für die Prüfung ihrer rechtsgeschäftlichen Gültigkeit und dann die gültige Erklärung für die Prüfung des ganzen Rechtsgeschäftes. Nur die Deutung von Schweigen als Zustimmung zur Rechtswahl eines anderen darf zur Vermeidung von Überraschungen nicht einfach nach dem angeblich gewählten Recht erfolgen, sondern es kann nach den Umständen angezeigt sein, auf das Recht des gewöhnlichen Aufenthalts oder Sitzes des Schweigenden abzustellen (vgl. Art. 31 II EGBGB).

2. Die *innere* (rechtspolitische) Berechtigung der freien Rechtswahl liegt zum Teil in dem alten Grundsatz „in dubio libertas": Wenn der Gesetzgeber sich nicht entschließen kann, den Beteiligten ein bestimmtes Statut aufzuzwingen (durch Festlegung einer nicht manipulierbaren Anknüpfung) oder überhaupt eine Anknüpfung vorzuschreiben, gibt er ihnen die Freiheit der indirekten bzw. der direkten Rechtswahl. Trotzdem ist die Zulassung der Parteiautonomie in der Regel mehr als eine bloße „Verlegenheitslösung".

---

[8] Zu Unrecht nannte Judge *Learned Hand* in *E. Gerli & Co. v. Cunard S.S. Co.*, 48 F. 2d 115, 117 (2d Cir. 1931), die Bestimmung des für die Wirksamkeit einer Vereinbarung maßgebenden Rechts durch die Parteien einen Versuch, sich an den eigenen Schuhbändern hochzuziehen (to pull on one's bootstraps).

[9] In diesem Sinne schon die 1. BGB-Kommission (1887) Protokoll 11 508 = *Hartwieg/Korkisch*, Die geheimen Materialien zur Kodifikation des deutschen IPR (1973) 95: „Der Wille der Parteien bilde nur die Voraussetzung, an welche diese Anerkennung [der Geltung des gewählten Rechtes] sich anknüpfe."

[10] Siehe bereits *Raape* 468; zustimmend BGH 29.11.1961, IPRspr. 1960–61 Nr. 40 S. 137, aufgrund eines Gutachtens des MPI.

Häufig besteht ein gewisser Zusammenhang zwischen materiellrechtlicher und kollisionsrechtlicher Freiheit. Die materiellrechtlichen Wertungen schlagen – hier wie sonst (vgl. oben § 5 II) – in gewissem Umfang auf das Kollisionsrecht durch: Wo materiellrechtliche Privatautonomie besteht, ist in der Regel auch gegen eine kollisionsrechtliche Parteiautonomie nichts einzuwenden, und wo im materiellen Recht Grenzen gezogen sind, müssen die für eine Begrenzung sprechenden Interessen auch im Kollisionsrecht mit dessen spezifischen Mitteln berücksichtigt werden.

Wenn die kollisionsrechtliche Freiheit über die materiellrechtliche teilweise hinausreicht, indem zwingende Bestimmungen in der Regel sozusagen mitgezogen und teilweise auch Bereiche mit überwiegendem ius cogens erfaßt werden, so sind hierfür praktische und sachliche Erwägungen ausschlaggebend. Die Parteien sind zur Bestimmung der anwendbaren Rechtsordnung oft am besten befähigt. Denn sie brauchen nicht – wie das Gesetz oder wie internationale Abkommen – generelle Normen für eine unbestimmte Zahl im einzelnen nicht voraussehbarer Fälle aufzustellen, sondern sie können den besonderen Umständen des jeweiligen Sachverhalts Rechnung tragen; das ermöglicht sachgerechte Lösungen für den Einzelfall[11]. Außerdem können die Parteien sogleich unter mehreren objektiv in Betracht kommenden Rechtsordnungen die maßgebende eindeutig bestimmen und damit die Voraussehbarkeit fördern, während der Richter immer erst später zum Zuge kommt, wenn bereits Unsicherheit entstanden ist.

Es ist also nicht berechtigt, aus dem allgemeinen Rückgang der materiellen Privatautonomie zugunsten staatlicher Regelung zu folgern, daß jede Erweiterung der Parteiautonomie anachronistisch sei. Auch der Parteiautonomie sind aber, um Mißbräuchen und Benachteiligungen Dritter oder der Allgemeinheit vorzubeugen, verschiedene Schranken zu setzen. Die Vorbehaltsklausel des ordre public allein reicht nicht aus.

IV. Schranken

Die Schranken der Parteiautonomie müssen den besonderen Gegebenheiten und Gefahren der einzelnen Rechtsgebiete entsprechen. Die Eigenart eines Rechtsgebiets, vorwiegend von materiellrechtlich zwingenden Regeln geprägt zu sein, steht der grundsätzlichen Zulässigkeit der Parteiautonomie zwar nicht im Wege, beeinflußt aber ihre Ausgestaltung im einzelnen[12]. Deshalb verlaufen

---

[11] Die Begründung zum Regierungsentwurf des IPRNG von 1986 (BT-Drucks. 10/504, 51) nennt als entscheidenden Grund für die weitgehende Zulassung der Parteiautonomie die Unmöglichkeit, „die Vielfalt der zu berücksichtigenden Interessen bei der verallgemeinernden gesetzgeberischen Festlegung angemessen zu beachten".

[12] So auch BegrRegE, BT-Drucks. 10/504, 51.

die Grenzen beispielsweise im Vertragsrecht anders als im Eherecht oder im Erbrecht. Die folgenden Grenzen sind die bedeutsamsten:

1. Vor allem im Schuldvertrags- und im Arbeitsrecht besteht die Gefahr, daß die Vereinbarung der Parteien nicht auf eine gemeinsame Überzeugung gegründet wird, welches Recht am besten entscheide, sondern daß *der stärkere Vertragspartner* die Wahlfreiheit ausnutzt, um einseitig seine Interessen durchzusetzen. Die Parteiautonomie verliert ihren Sinn – ebenso wie die materiellrechtliche Vertragsfreiheit –, wenn sie zur Herrschaft des Stärkeren über den Schwachen wird. Besonders gegenüber der formularmäßigen Festlegung des maßgeblichen Rechts bei Massenverträgen ist daher dieselbe Zurückhaltung geboten wie gegenüber einseitigen materiellrechtlichen Klauseln Allgemeiner Geschäftsbedingungen: Sowohl die wirksame Aufnahme derartiger Klauseln in den Vertragswillen beider Parteien ist genau zu prüfen wie ihre inhaltliche Zulässigkeit[13]. Außerdem kann das Kollisionsrecht für bestimmte Arten von Verträgen, bei denen typischerweise eine ungleiche Verhandlungsstärke (bargaining power) der Parteien besteht, Schranken errichten, etwa indem der Schutz der zwingenden Bestimmungen des objektiv ermittelten Vertragsstatuts vorbehalten bleibt[14].

2. Die *Interessen Dritter* müssen gewahrt werden. Sie können beispielsweise darauf gerichtet sein, daß die getroffene Rechtswahl nach außen manifestiert wird[15], daß die ihrem Schutz dienenden Regeln des objektiv ermittelten Statuts durch die Rechtswahl nicht berührt werden[16] oder daß (unabhängig von der Rechtswahl) für bestimmte Fragen besondere Kollisionsregeln gelten[17].

Dem *Allgemeininteresse* dient im Schuldvertragsrecht die Sonderanknüpfung der Eingriffsnormen (z.B. Devisenbestimmungen, Ein- und Ausfuhrverbote; vgl. oben § 3 II)[18]. Diese Normen nur dem Vertragsstatut zu entneh-

---

[13] Ein krasses Beispiel berichtet *Siesby*, What Law Governs Shipowner's Liability for Passenger's Injury?: Arkiv for Sjørett 3 (1956–59) 196 (224 N. 14a): Ein amerikanisches Schiffsbillett enthielt im Jahre 1946 die Vertragsklausel: „Im Falle einer Gesetzeskollision genießen Schiff und Verfrachter den Schutz des ihnen günstigsten Gesetzes."

[14] So für Verbraucher- und Arbeitsverträge Artt. 29 I und 30 I EGBGB; siehe unten § 52 V.

[15] So bei einem vom Prinzipal gewählten Vollmachtsstatut, wo teilweise sogar eine ausdrückliche Annahme der Rechtswahl durch den Dritten verlangt wird; siehe unten § 41 I 2 e.

[16] Vgl. für Pflichtteilsrechte Artt. 6 Satz 2, 12 II des Haager Erbrechtsübereinkommens vom 1. 8. 1989.

[17] Siehe z.B. die Sondernormen für den Schutz Dritter im Ehegüterrecht: Art. 16 EGBGB, Art. 57 Schweizer IPR-Gesetz.

[18] Siehe bereits *Vischer*, in: Festgabe Gerwig (Basel 1960) 190: „Je weniger die Wahlfreiheit der Parteien beschränkt wird, desto größer ist das Bedürfnis, als notwendiges Kor-

men und somit die Parteien selbst wählen zu lassen, welchen Eingriffsnormen sie unterworfen sein wollen, wäre absurd.

3. Auf manchen Rechtsgebieten besteht kein Anlaß, den Parteien die Wahl zwischen *allen* Rechtsordnungen der Welt zu überlassen, sondern sie wird auf bestimmte *typisch naheliegende Rechtsordnungen* begrenzt.

a) *Nahezu unbeschränkt* gilt die Wahlfreiheit im *Schuldvertragsrecht*. Denn hier haben die Parteien unter Umständen, besonders wenn alle typischen Anknüpfungen nur auf ihre beiden Heimatländer verweisen, ein berechtigtes Interesse daran, ihre Beziehungen gerade einer „neutralen" Rechtsordnung zu unterstellen oder auch demjenigen Recht, das ihnen nach seiner inhaltlichen Ausgestaltung am meisten zusagt[19]. Nur bei einer willkürlichen Rechtswahl, insbesondere in reinen Inlandsfällen ohne räumliche, sachliche oder persönliche Verknüpfungen mit dem Ausland, mag die Wahl einer fremden Rechtsordnung verwehrt werden[20]. Der Art. 27 III EGBGB gestattet die Rechtswahl zwar auch für diesen Fall, schränkt sie jedoch insoweit ein, als die zwingenden Rechtsvorschriften des Staates, in dem alle Teile des Sachverhalts belegen sind, von der Rechtswahl nicht berührt werden und deshalb ohne Rücksicht auf den entgegenstehenden Parteiwillen weiterhin angewandt werden müssen. Die kollisionsrechtlich gemeinte Verweisung wird hier nur als materiellrechtliche anerkannt.

b) Im Bereich des *Personalstatuts* wird die Wahlfreiheit – soweit man sie überhaupt zuläßt – im allgemeinen erheblich *beschränkt*[21]. Das entspricht dem stärkeren öffentlichen Interesse auf diesen Gebieten. So kann sich die Wahl-

---

rektiv die obligatorische Berücksichtigung der zwingenden Normen dritter Staaten zu fördern."

[19] Vgl. etwa *Gamillscheg*, Rechtswahl, Schwerpunkt und mutmaßlicher Parteiwille im internationalen Vertragsrecht: AcP 157 (1958/59) 303 (312 f.). Als Beispiele nennt er die Wahl eines bestimmten Rechts, „weil es besonders gut ausgebildet ist, weil es den internationalen Markt in dieser Geschäftsart beherrscht, weil es den Parteien von früheren Geschäften her bekannt ist, weil es das Recht ist, dem ein anderer Vertrag untersteht, an den dieser rechtlich oder auch nur wirtschaftlich (Rückgriffsansprüche!) angelehnt ist, weil es ein ‚neutrales Recht' ist, dessen Anwendung keiner der Parteien gegenüber der anderen einen unbilligen Vorteil gewährt, usw." Ähnlich die Aufzählung in BGE 91 (1965) II 44 (51 f.).

[20] Indirekt so das Haager Kaufvertragsübereinkommen von 1955, indem es die Parteiautonomie zwar unbeschränkt zuläßt (Art. 2), aber seinen Anwendungsbereich auf internationale Verträge beschränkt (Art. 1 I) und dazu ausdrücklich bestimmt (in Art. 1 IV): „La seule déclaration des parties, relative à l'application d'une loi ou à la compétence d'un juge ou d'un arbitre, ne suffit pas à donner à la vente le caractère international". Kritisch gegenüber allen Beschränkungsversuchen *Keller/Siehr* 381 f.

[21] Untypisch das österreichische Recht, das die Wahlfreiheit im Ehegüterrecht nicht auf bestimmte Rechtsordnungen fixiert (§ 19 IPR-Gesetz), während es sie im Erbrecht gar nicht vorsieht.

möglichkeit auf die naheliegendsten Rechtsordnungen, also Heimatrecht oder Wohnsitz- bzw. Aufenthaltsrecht beschränken[22]. Die Parteien können auf diese Weise selbst zwischen Staatsangehörigkeits- und Wohnsitzprinzip entscheiden und zu einem Ausgleich zwischen den widerstreitenden Prinzipien beitragen. Außerdem vermag die beschränkte Parteiautonomie die Härte zweifelhafter objektiver Anknüpfungen etwas zu mildern. So kann durch eine Rechtswahl gemäß Art. 14 II der in Art. 5 I 2 festgelegte unbedingte Vorrang der inländischen Staatsangehörigkeit, durch eine Wahl gemäß Art. 15 II die in Art. 15 I statuierte Unwandelbarkeit des Ehegüterstatuts vermieden werden.

Sofern das Heimatrecht gewählt werden darf und es sich um einen *Staat mit mehreren Teilrechtsordnungen* handelt (vgl. oben § 29 II), widerspräche es dem Sinn der Beschränkung der Parteiautonomie, die Wahl jeder dieser Teilrechtsordnungen zuzulassen und dem Angehörigen eines Mehrrechtsstaates damit eine „Rechtswahlpalette" anzubieten, die dem Angehörigen eines Staates mit einheitlicher Rechtsordnung nicht zur Verfügung steht. Vielmehr darf sich die Rechtswahl grundsätzlich nur auf die gemäß Art. 4 EGBGB maßgebende Teilrechtsordnung beziehen, wobei freilich – wenn enge Beziehungen zu mehreren Teilrechtsordnungen gegeben sind – die gewählte Teilrechtsordnung eben aufgrund der Bekräftigung durch die Rechtswahl als diejenige gelten darf, zu der die engste Verbindung i. S. d. Art. 4 III 2 EGBGB besteht[23].

4. Ferner kann die *Erklärung* der Rechtswahl an bestimmte Voraussetzungen gebunden sein. Insbesondere können Formerfordernisse bestehen, um die Rechtsklarheit und bestimmte materielle Ziele, wie den Schutz der Parteien vor Übereilung, zu gewährleisten. Auch hier sind die Anforderungen im Schuldrecht geringer als im Bereich des Personalstatuts[24]. So ist im vertraglichen und außervertraglichen Schuldrecht eine stillschweigende Rechtswahl möglich. Wird sie dem Prozeßverhalten entnommen, so ist zu unterscheiden, ob die Parteien, die sich auf die lex fori berufen, damit wirklich das anwendbare Recht wählen wollen oder ob sie nur von der (irrigen) Rechtsansicht ausgehen, die lex fori sei anwendbar[25]. Im letzteren Fall fehlt es für die Annahme einer

---

[22] Siehe in Deutschland z. B. die güterrechtliche Norm des Art. 15 II EGBGB; ähnlich in der Schweiz für das Güter- und Erbrecht Artt. 52 II bzw. 90 II Schweizer IPR-Gesetz.

[23] *Stoll*, Kollisionsrechtliche Fragen bei räumlicher Spaltung des anwendbaren Rechts: FS Keller (Zürich 1989) 511 (526f.).

[24] So wird im Vertragsrecht verlangt (Art. 27 I 2 EGBGB), daß sich die Rechtswahl „mit hinreichender Sicherheit aus den Bestimmungen des Vertrages oder aus den Umständen des Falles" ergibt. Für Güterverträge ist notarielle Beurkundung oder Einhaltung der Formerfordernisse nach dem gewählten Recht oder am Ort der Rechtswahl erforderlich (Art. 15 III i. V. m. Art. 14 IV EGBGB), im Erbrecht kann das anwendbare Recht nur in der Form einer Verfügung von Todes wegen gewählt werden (Art. 25 II EGBGB). Zu den Einzelheiten siehe die Behandlung des jeweiligen Rechtsgebietes im folgenden Kapitel.

[25] Siehe zum Schuldvertragsrecht, wo Art. 27 I 2 EGBGB „hinreichende Sicherheit" über das Vorliegen einer Rechtswahl fordert, unten § 52 II 1; ferner etwa *Reithmann/Martiny* Rz. 44, 52 f. m. w. Nachw.; zum Deliktsrecht MünchKomm-*Kreuzer* Art. 12 Rz. 60; Palandt-

Rechtswahl am realen Parteiwillen, und jede Partei kann ihre Aussage einseitig korrigieren. Bei Zweifeln über die Bedeutung des Prozeßverhaltens der Parteien hat das Gericht im Rahmen seiner Aufklärungspflicht (vgl. § 139 ZPO) auf eindeutige Erklärungen hinzuwirken.

5. Schließlich stößt die Parteiautonomie auf eine ihr immanente Grenze, wenn die Parteien von ihr *keinen (gültigen) Gebrauch* machen. Selbst ein gesetzlicher Zwang, etwa bei der Eheschließung das Güterstatut zu wählen, ließe eine objektive Anknüpfung nicht entbehrlich werden für die Fälle, in denen die Eheleute im Ausland geheiratet haben oder ihre Erklärung ungültig ist.

Heldrich Art. 38 Anm. 2 b hh. Umfassend *Buchta*, Die nachträgliche Bestimmung des Schuldstatuts durch Prozeßverhalten im deutschen, österreichischen und schweizerischen IPR (1986).

VII. Kapitel: Die einzelnen Rechtsgebiete

§ 41 Recht der Rechtsgeschäfte

Geschriebene Kollisionsregeln bestehen in Deutschland für die Form (Art. 11 EGBGB) sowie für das Zustandekommen und die Wirksamkeit von Verträgen (Art. 31 EGBGB; dazu unten § 52 I 3 a). Dagegen ist das IPR der Stellvertretung und der Verjährung unkodifiziert geblieben.

Speziell für die *Stellvertretung* und für die *Verjährung* beim *internationalen Warenkauf* wurden universal angelegte Übereinkommen mit materiellem Einheitsrecht geschaffen, die das übliche Spiel der Kollisionsnormen ersetzen sollen. Aber weder das im Rahmen von Unidroit erarbeitete Stellvertretungsabkommen von 1983[1] noch das UN-Verjährungsübereinkommen von 1974/80[2] ist für die Bundesrepublik Deutschland bislang in Kraft getreten.

I. Stellvertretung

Die Anknüpfung der Vollmacht ist im deutschen – wie im ausländischen – IPR umstritten[3]. Das verwundert nicht, da eine gesetzliche Festlegung fehlt und eine Vielzahl von Anknüpfungsmöglichkeiten zur Auswahl steht[4]. Während die deutsche Rechtsprechung grundsätzlich vom sog. Recht des Wirkungslandes ausgeht, nämlich dem Recht des Landes, in dem die Vollmacht ihre Wirkung entfalten soll[5], empfiehlt das Schrifttum vereinzelt eine Koppelung an das

---

[1] Text und Materialien in Rev. dr. un. 1983 I–II; erläuternder Bericht *Evans*, Rev. dr. un. 1984 – I 72; siehe zu dem Übereinkommen auch *Stöcker*, WM 1983, 778 ff.; *Badr*, Rec. des Cours 184 (1984 – I) 9 (102 ff.).

[2] Text des ursprünglichen Übereinkommens von 1974 in RabelsZ 39 (1975) 342; dazu *Landfermann* ebd. 253 ff. Das Übereinkommen wurde im Zusammenhang mit dem Wiener Kaufrechtsübereinkommen von 1980 (dazu unten § 52 IV 2) reformiert; siehe das Protokoll im Annex II zum Wiener Kaufrechtsabkommen; dazu etwa *Schlechtriem*, Einheitliches UN-Kaufrecht (1981) 109, Text ebd. 162 ff. Das Verjährungsübereinkommen ist seit dem 1.8. 1988 für einige Staaten in Kraft getreten.

[3] Rechtsvergleichende Übersicht bei *Spellenberg*, Geschäftsstatut und Vollmacht im IPR (1979) 21 ff.; *Steding*, Die Anknüpfung der Vollmacht im IPR: ZVglRWiss. 86 (1987) 25 (32 ff.).

[4] Siehe bereits *Rabel*, RabelsZ 3 (1929) 812. Er nannte acht Möglichkeiten: (1) Recht des Grundverhältnisses, (2) Sitzrecht des Prinzipals, (3) Recht am Ort der Vollmachtserteilung, (4) Sitzrecht des Vertreters, (5) Recht am Abschlußort des Hauptvertrages, (6) Sitzrecht des Dritten, (7) Recht des Wirkungslandes der Vollmacht und (8) Recht des Hauptvertrages.

[5] Siehe etwa BGH 9. 12. 1964, BGHZ 43, 21 = IPRspr. 1964–65 Nr. 33; 16. 4. 1975, BGHZ 64, 183 = IPRspr. 1975 Nr. 118; 13. 5. 1982, NJW 1982, 2733 = IPRspr. 1982 Nr. 139.

Hauptgeschäft[6] oder die Maßgeblichkeit der Niederlassung des Prinzipals[7] und betont damit die Position des Geschäftspartners bzw. des Vertretenen. Die Lösung der Rechtsprechung erscheint indes als ein angemessener Kompromiß zwischen den Interessen des Prinzipals und des Partners des Hauptgeschäfts.

Im einzelnen gilt folgendes:

1. Die *selbständige Anknüpfung des Vollmachtsstatuts* bedeutet Trennung vom Grundverhältnis wie vom Hauptgeschäft.

a) Die *Unterscheidung zwischen Vollmacht und Grundverhältnis* (oft Auftrag), also zwischen dem Außenverhältnis zum Dritten und dem Innenverhältnis zum Vollmachtgeber wird – wie im deutschen materiellen Recht – auch im IPR durchgeführt. Während das Innenverhältnis vom Vertragsstatut beherrscht wird (vgl. unten § 52), gelten für das Außenverhältnis (die Vollmacht) besondere Kollisionsregeln; denn hier sind andere Interessen zu berücksichtigen.

b) Die kollisionsrechtliche *Unterscheidung zwischen Vollmacht und Hauptgeschäft*, das der Vertreter mit dem Dritten abschließt, findet ihre Entsprechung ebenfalls im materiellen Recht, wo die Bevollmächtigung gegenüber dem Hauptgeschäft ein eigenständiges Rechtsgeschäft darstellt. Kollisionsrechtlich kann die Vollmacht ihren eigenen Schwerpunkt haben, z.B. im deutschen Recht, wenn ein deutscher Vertreter in Deutschland mit einem deutschen Käufer kontrahiert, mag auch der Hauptvertrag dem englischen Recht unterstellt worden sein[8]. Eine Rechtswahl der Parteien für das Hauptgeschäft bezieht sich auf die Gegebenheiten dieses Geschäfts und nicht auf die Vollmachterteilung, und das gleiche gilt für eine objektive Anknüpfung des Hauptgeschäfts, bei der die charakteristische Leistung eines Vertragspartners entscheidet (Art. 28 II). Es ist deshalb folgerichtig, daß Art. 37 Nr. 3 die Frage der Vertretungsmacht vom Anwendungsbereich des Vertragsstatuts ausdrücklich ausnimmt. Die isolierte Anknüpfung des Vollmachtsstatuts entspricht im übrigen einem anzuerkennenden Interesse des Prinzipals, für den es z.B. wichtig sein kann, daß die Vertretungsmacht seines Bevollmächtigten bei allen Geschäften nach demselben Recht beurteilt wird.

Nur bei wenigen Geschäftstypen mit ausgeprägtem Schwerpunkt gilt die Ausnahme, daß sich die Vollmacht nach dem Geschäftsstatut richtet (vgl. unten 2d).

---

[6] So insbesondere *Spellenberg* (oben N. 3) 271.

[7] So (mit Einschränkungen) etwa *Kegel* § 17 V 2 a; *Ebenroth*, Kollisionsrechtliche Anknüpfung kaufmännischer Vollmachten: JZ 1983, 821.

[8] So der Fall BGH 13. 7. 1954, NJW 1954, 1561 = IPRspr. 1954–55 Nr. 16; siehe zum Sachverhalt *von Caemmerer*, RabelsZ 24 (1959) 218.

c) Das *Haager Stellvertretungsabkommen vom 14. 3. 1978*, das bislang nur von Frankreich und Portugal ratifiziert wurde und noch nicht in Kraft getreten ist, trennt die Vollmacht ebenfalls vom Grundverhältnis und vom Hauptgeschäft[9]. Die Weichenstellung des deutschen IPR findet hier also eine Bestätigung.

Das Übereinkommen regelt Innen- und Außenverhältnis. Für das *Innenverhältnis* zwischen Vertreter und Vertretenem gilt das gewählte Recht (Art. 5). Mangels einer Rechtswahl durch die Parteien soll das Recht des Staates angewandt werden, in dem der *Vertreter* seine geschäftliche Niederlassung (hilfsweise seinen gewöhnlichen Aufenthalt) hat; die geschäftliche Niederlassung (hilfsweise der gewöhnliche Aufenthalt) des *Vertretenen* entscheidet nur, wenn der Vertreter hauptsächlich in diesem Staat tätig werden soll (Art. 6). – Für das *Außenverhältnis* zwischen Vertretenem und Drittem gilt das Recht an der *Niederlassung des Vertreters* (Art. 11 I). Jedoch wird gemäß Art. 11 II das Recht am *Tätigkeitsort des Vertreters* berufen, wenn der Vertretene oder der Dritte dort seine Niederlassung (bzw. seinen gewöhnlichen Aufenthalt) hat, wenn der Vertreter an einer Börse oder auf einer Versteigerung handelt oder wenn der Vertreter gar keine Niederlassung hat. Gemäß Art. 15 beherrscht das zwischen Vertretenem und Drittem geltende Recht auch das *Verhältnis zwischen Vertreter und Drittem*, insbesondere also die Haftung des Vertreters ohne Vertretungsmacht.

Die Lösungen des Übereinkommens erscheinen vertretbar, und seine Ratifikation durch die Bundesrepublik Deutschland würde die Rechtssicherheit fördern. Ungeachtet der Passivität des deutschen Gesetzgebers können einzelne Regeln des Abkommens bei der Fortbildung des deutschen IPR berücksichtigt werden (vgl. sogleich 2 und 3).

2. Es ist der *Gedanke des Verkehrsschutzes*, der die deutsche Rechtsprechung und das überwiegende Schrifttum zur *Maßgeblichkeit des Wirkungs- oder Gebrauchsortes* führt. Der Verhandlungspartner des Vertreters soll Umfang und Wirksamkeit der Vollmacht leicht prüfen und feststellen können; er soll sich deshalb an das am Gebrauchsort geltende Recht halten dürfen[10]. Die Belange des Geschäftsherrn müssen insoweit hinter die Interessen des Dritten zurücktreten[11].

Im einzelnen wird der Wirkungs- oder Gebrauchsort freilich *unterschiedlich definiert*.

a) Schon die *Grundregel* wird verschieden umschrieben. Der BGH spricht meist vom Recht des Landes, in dem die Vollmacht ihre Wirkung entfalten „soll" (vgl. oben N. 5), bisweilen aber auch von dem Ort, an dem die Vollmacht

---

[9] Text in RabelsZ 43 (1979) 176; dazu *Müller-Freienfels* ebd. 80 ff. = Stellvertretungsregeln in Einheit und Vielfalt (1982) 359 ff.; siehe ferner *Lagarde*, Rev. crit. 67 (1978) 31 ff.; *Hay/Müller-Freienfels*, Am. J. Comp. L. 27 (1979) 1 ff.
[10] BGH 9. 12. 1964, BGHZ 43, 21 = IPRspr. 1964–65 Nr. 33 S. 128.
[11] BGH 13. 7. 1954, NJW 1954, 1561 = IPRspr. 1954–55 Nr. 16.

zur Wirksamkeit gelangt „ist"[12]. Sofern es auf den Unterschied ankommt, die Vollmacht also in einem anderen Land gebraucht wurde als vorgesehen, muß m. E. wegen des Verkehrsinteresses der tatsächliche Gebrauchsort entscheiden. Nur wenn der Dritte den bestimmungswidrigen Gebrauch der Vollmacht kannte oder kennen mußte, ist er nicht schutzwürdig (vgl. Art. 12 Satz 1 EGBGB).

Bei *Distanzgeschäften*, also wenn der Vertreter durch Brief, Telegramm oder dergleichen abgeschlossen hat, ist als Gebrauchsort der Absende- und nicht der Zugangsort anzusehen. Es gilt also in der Regel das Recht an der geschäftlichen Niederlassung (hilfsweise am gewöhnlichen Aufenthalt) des Vertreters (so ausdrücklich Art. 13 des Haager Stellvertretungsabkommens).

b) Für *Vertreter mit geschäftlicher Niederlassung* ist das am *Ort der Niederlassung* geltende Recht Vollmachtsstatut[13]. Wird der Vertreter außerhalb des Staates tätig, in dem sich seine Niederlassung befindet, gilt wegen des Verkehrsschutzes das Recht des hauptsächlichen Tätigkeitsortes, sofern die Niederlassung für den Dritten nicht erkennbar war (vgl. Art. 126 II Schweizer IPR-Gesetz). Dagegen bleibt es beispielsweise beim Recht der Niederlassung, wenn ein Generalvertreter mit fester Niederlassung für mehrere Länder bestellt ist und der Dritte das Handeln von dieser Niederlassung aus „kannte oder kennen mußte" (vgl. Art. 12 Satz 1 EGBGB).

c) Steht der Vertreter in einem *Arbeitsverhältnis zum Vertretenen* und besitzt er keine eigene Geschäftsniederlassung, so empfiehlt es sich, den Ort seiner Niederlassung am Sitz des Prinzipals zu fingieren (so ausdrücklich Art. 12 Haager Stellvertretungsabkommen und Art. 126 III Schweizer IPR-Gesetz). Diese für einen angestellten Vertreter ohne eigene Niederlassung naheliegende Anknüpfung darf wegen der zu berücksichtigenden Verkehrsinteressen freilich nur befolgt werden, wenn für den Dritten erkennbar ist, daß sich der berufliche Schwerpunkt des Vertreters am Sitz des Vertretenen befindet[14].

d) Ausnahmsweise kommt es auf den *Gegenstand der Vollmacht* an, wenn die vom Bevollmächtigten auszuführende Rechtshandlung einen markanten Schwerpunkt aufweist. So wird die Vollmacht zur Verfügung über *Grundstücke* oder zur Verwaltung eines Grundstücks nach der lex rei sitae beurteilt[15], die Vollmacht für Geschäfte an *Börsen* oder auf *Versteigerungen* nach dem dort

---

[12] Siehe etwa die in der vorigen Note genannte Entscheidung, wo beide Wendungen unterschiedslos nebeneinander verwandt werden.

[13] Siehe etwa für ständige Vertreter BGH 9. 12. 1964 (oben N. 10) und für nichtständige Vertreter BGH 13. 7. 1954 (oben N. 11).

[14] Ebenso Botschaft des Bundesrates vom 10. 11. 1982 zum Schweizer IPR-Gesetz, BBl. 1983 I 419 Nr. 282.4.

[15] RG 18. 10. 1935, RGZ 149, 93 = IPRspr. 1935–44 Nr. 153; BGH 30. 7. 1954, JZ 1955, 702 = IPRspr. 1954–55 Nr. 1.

geltenden Recht[16], und die *Prozeßvollmacht* unterliegt dem Recht des Prozeßortes[17].

e) Die *Parteiautonomie* spielt neben den genannten festen Anknüpfungspunkten im deutschen IPR lediglich eine untergeordnete Rolle. Auf die Beachtlichkeit einer durch den Geschäftsherrn getroffenen Rechtswahl kommt es nämlich nur dann entscheidend an, wenn von der objektiven Anknüpfung (Gebrauchsort, Niederlassung des Vertreters usw.) abgewichen werden soll. Dies ist meist nicht der Fall und auch nur in den Grenzen zulässig, die zum Schutz des Dritten erforderlich sind. So kann der Vertretene nach Art. 14 des Haager Stellvertretungsabkommens das Vollmachtsstatut nur dann wirksam festlegen, wenn er dies schriftlich tut und der Dritte ausdrücklich zustimmt[18].

3. Die *Reichweite des Vollmachtsstatuts* erstreckt sich auf Erteilung und Bestand der Vollmacht, auf ihren Inhalt und Umfang, ihre Auslegung sowie auf ihre Dauer und Beendigung[19]. Die Form wird – wie bei allen Rechtsgeschäften – getrennt angeknüpft (vgl. unten III), und es gilt gemäß Art. 11 I EGBGB alternativ entweder das Vollmachtsstatut oder das Ortsrecht, also das am Ort der Vollmachtserteilung maßgebende Recht. Das Geschäftsstatut entscheidet darüber, ob bei dem in Rede stehenden Geschäft eine Stellvertretung überhaupt zulässig ist.

Duldungs- und Anscheinsvollmacht unterliegen ebenfalls dem Vollmachtsstatut[20]. Denn es besteht kein Anlaß, eine stillschweigend bzw. konkludent erklärte oder eine kraft Rechtsscheins zurechenbare Vollmacht anders anzuknüpfen, zumal der für diese Vollmachtsarten kennzeichnende Verkehrsschutz die Anknüpfungsregeln des Stellvertretungsrechts ohnehin beherrscht.

Schließlich untersteht auch die Haftung des *Vertreters ohne Vertretungsmacht* dem Vollmachtsstatut. Denn es handelt sich um eine verschuldensunabhängige Vertrauenshaftung, die im Verkehrsinteresse begründet wird und für

---

[16] Vgl. Art. 11 II lit. c des Haager Stellvertretungsabkommens.
[17] Siehe etwa BGH 5. 2. 1958, MDR 1958, 319 = IPRspr. 1958–59 Nr. 38.
[18] Für das deutsche Recht im wesentlichen zustimmend *Lüderitz*, Prinzipien im internationalen Vertretungsrecht, in: Europäisches Rechtsdenken in Geschichte und Gegenwart, FS Coing (1982) 305 (319); siehe zum Meinungsstand im deutschen Recht *Reithmann/Hausmann* Rz. 931 f.
[19] Vgl. im einzelnen etwa *Reithmann/Hausmann* Rz. 944 ff.; *Soergel-Lüderitz* Vor Art. 7 Rz. 303.
[20] Näher *Kropholler*, NJW 1965, 1641. Der BGH hat die Anscheinsvollmacht in einer Entscheidung nach dem Recht des Ortes beurteilt, an dem der Rechtsschein entstanden ist und sich ausgewirkt hat; BGH 9. 12. 1964, BGHZ 43, 21 = IPRspr. 1964–65 Nr. 33. In einer späteren Entscheidung (17. 1. 1968, MDR 1968, 486 = IPRspr. 1968–69 Nr. 19 b) hat der Senat ohne weitere Begründung die folgerichtige Auffassung, daß auch die Anscheinsvollmacht dem Vollmachtsstatut zuzurechnen ist, unter Anführung des ersten Urteils(!) gutgeheißen.

die deshalb das Vollmachtsstatut ebenso passend erscheint wie für die Anscheinsvollmacht[21]. Außerdem können so die zusammenhängenden Fragen, ob der Prinzipal kraft Anscheinsvollmacht oder der falsus procurator als Vertreter ohne Vertretungsmacht haftet, nach einer Rechtsordnung behandelt werden. Dem Gesagten entspricht Art. 15 des Haager Stellvertretungsabkommens[22]. Das österreichische und das Schweizer IPR entscheiden ebenfalls in diesem Sinne[23], und zwar auch für die Genehmigungsmöglichkeit des Geschäftsherrn[24].

4. Ein *Renvoi* wird für die Vollmacht von der gerichtlichen Praxis nicht geprüft[25]. Für die Nichtbeachtung eines Renvoi spricht in der Tat einiges, vor allem der enge Zusammenhang mit dem Vertragsrecht, in dem der Renvoi ausgeschlossen ist (Art. 35 I EGBGB). Die hierfür im Vertragsrecht genannten Gründe lassen sich auch im Vertretungsrecht anführen, nämlich daß nicht an die Staatsangehörigkeit angeknüpft wird[26] und daß die verfeinerten Kollisionsregeln nicht durch mehr oder weniger zufällige Rückverweisungen gefährdet werden sollen[27]. Außerdem erscheint es sinnvoll, den Verkehrsschutz, der die Bestimmung des Vollmachtsstatuts beherrscht, auf die am Ort geltenden Sachvorschriften (unter Ausschluß des IPR) zu beziehen – ebenso wie dies Art. 12 Satz 1 EGBGB für den Verkehrsschutz bei Geschäftsunfähigkeit vorsieht. Die Beachtung eines Renvoi widerspricht also wohl dem Sinn der Verweisung (Art. 4 I 1 EGBGB).

II. Verjährung und Verwirkung

1. Die *Verjährung* ist nach europäischer Auffassung ein Institut des Zivilrechts, und sie wird deshalb dem Recht entnommen, das den geltend gemachten Anspruch beherrscht. Das ist für Schuldverträge ausdrücklich normiert (Art. 32 I Nr. 4 EGBGB), aber auch für andere Rechtsgebiete allgemein anerkannt.

Sofern ein ausländisches Recht, etwa das Recht eines Gliedstaates der Verei-

---

[21] Siehe etwa *Kropholler*, NJW 1965, 1646; *Steding*, ZVglRWiss. 86 (1987) 47. Vgl. zur Einordnung auch oben § 14 II.

[22] Siehe *Müller-Freienfels*, RabelsZ 43 (1979) 112.

[23] Siehe etwa OGH 9. 7. 1986, ZfRV 28 (1987) 205; Art. 126 IV Schweizer IPR-Gesetz.

[24] Anders (Statut des Hauptgeschäfts) in Deutschland noch BGH 22. 6. 1965, WM 1965, 868 = IPRspr. 1964–65 Nr. 34.

[25] Auch das Schrifttum nimmt selten Stellung; vgl. aber *Soergel-Lüderitz* Vor Art. 7 Rz. 312: für Beachtung eines Renvoi.

[26] Vgl. BegrRegE, BT-Drucks. 10/504, 38.

[27] In diesem Sinne der Bericht *Giuliano/Lagarde* zu Art. 15 EuSchVÜ, auf den Art. 35 EGBGB zurückgeht, BT-Drucks. 10/503, 69 f.

nigten Staaten, die Verjährung dem Prozeßrecht zuordnet[28], vermag dies nichts zu ändern; ein Renvoi kraft abweichender Qualifikation kommt hier nicht in Betracht[29].

2. Die *Verwirkung* ist ebenfalls grundsätzlich nach dem Recht zu beurteilen, das für den Anspruch maßgebend ist[30]. Denn die Verwirkung bezieht sich – wie die Verjährung – auf den jeweiligen Anspruch, dem sie entgegengehalten werden kann.

III. Form

Die gesonderte Anknüpfung der Form von Rechtsgeschäften bildet das praktisch wichtigste Beispiel der Abspaltung einer Teilfrage (dazu oben § 18 I). Die alte Regel „locus regit actum" – also die Maßgeblichkeit des Ortsrechts – gilt für die Geschäftsform fast überall in der Welt wenigstens alternativ neben dem sog. Geschäftsrecht.

Im deutschen IPR enthält Art. 11 EGBGB eine entsprechende Regelung. In seinen Absätzen 1 bis 4 inkorporiert Art. 11 den Art. 9 des EG-Schuldvertragsübereinkommens, so daß gemäß Art. 36 EGBGB das Gebot einheitlicher Auslegung gilt. Abweichungen von Art. 11 sind für die Form der Eheschließung in Art. 13 III (dazu unten § 44 II) und für Verbraucherverträge in Art. 29 III niedergelegt. Speziell die Form letztwilliger Verfügungen regelt das Haager Testamentsformübereinkommen von 1961 bzw. Art. 26 EGBGB (dazu unten § 51 IV 3).

1. Ihre *Rechtfertigung* findet die *Sonderanknüpfung* der Form im Gedanken der Verkehrserleichterung: Soweit die Mitwirkung einer Behörde oder einer Amtsperson in Betracht kommt, wird diese in der Regel nur nach den Vorschriften ihres eigenen, des Ortsrechts, tätig werden; aber auch im übrigen soll der Handelnde sich nach dem Ortsgebrauch richten dürfen, da er die Formvorschriften der lex causae oft schwer ermitteln kann. Bei dem natürlichen Zusammenhang zwischen Form und Inhalt bedeutet der Verzicht auf die Form der lex causae eine erhebliche Konzession, besonders wenn das Ortsrecht nicht einfach

---

[28] Siehe zu Ansätzen einer Auflockerung der starren prozeßrechtlichen Qualifikation in den USA *Hay*, IPRax 1989, 197 ff.

[29] Näher oben § 24 II 1. Ein Renvoi kraft abweichender Qualifikation wurde ohne Begründung verneint von BGH 9. 6. 1960, NJW 1960, 1720 = IPRspr. 1960–61 Nr. 23 S. 99; kritisch dazu *Müller-Freienfels*, in: Xenion Zepos II (1973) 501–503.

[30] Siehe für Schuldverträge Art. 32 I Nr. 4 EGBGB; auch OLG Frankfurt 24. 6. 1981, RIW 1982, 914 = IPRspr. 1981 Nr. 20. Für eine „Berücksichtigung" des „Umweltrechts" der Parteien *Will*, Verwirkung im IPR: RabelsZ 42 (1978) 211 (219 ff.).

andere, sondern geringere Formerfordernisse aufstellt. Diese Lockerung des „rigor iuris" erfolgt sozusagen als Ausgleich für die besonderen Schwierigkeiten und Tücken des internationalen Rechtsverkehrs, damit die Zahl der ungültigen Rechtsgeschäfte nicht zu groß wird. Es kommt nicht darauf an, ob die Sonderanknüpfung auch dem Willen der inhaltlich maßgebenden Rechtsordnung entspricht. Die Entscheidungsdisharmonie mit einer lex causae, die ausschließliche Anwendung beansprucht und die Ortsform also nicht genügen lassen will, wird im Interesse der Verkehrserleichterung in Kauf genommen.

2. Die *Abgrenzung von Form und Inhalt* bereitet oft Schwierigkeiten. Um der inländischen Rechtssicherheit wie der internationalen Entscheidungsgleichheit willen ist zunächst vom normalen Gebrauch des Wortes „Form" auszugehen. Korrekturen gemäß der Funktion oder dem Sinn der kollisionsrechtlichen Anknüpfung der Form sind freilich unvermeidlich (unten 3).

Negativ läßt sich zur Abgrenzung von Form und Inhalt wohl folgendes sagen:

a) Jedenfalls hat die Abgrenzung nicht im Wege eines *gegenseitigen Abwägens* beider Begriffe zu erfolgen. Denn der Begriff des Inhalts ist nicht positiv zu definieren, sondern nur subtraktiv von der Form her: Ebenso wie als bewegliches Vermögen nur und alles gilt, was nicht unbewegliches Vermögen ist (vgl. oben § 16 II 1), wie als Vormundschaft nur gilt, was nicht Elternrecht ist[31], so hat im Verhältnis von Inhalt und Form eines Rechtsgeschäftes der Begriff der Form den logischen Vorrang, sozusagen die Kompetenzkompetenz.

b) Nicht zur „Form eines Rechtsgeschäftes" gehört die Frage, *ob überhaupt ein Rechtsgeschäft* erforderlich ist bzw. genügt oder ob ein Hoheitsakt benötigt wird. Zwar mag es als bloße Formalität ohne ernstlichen sachlichen Unterschied erscheinen, ob eine Adoption durch gerichtlich bestätigten Vertrag oder direkt durch Gerichtsbeschluß erfolgt, ob eine Ehetrennung oder -scheidung durch Erklärung vor dem Standesbeamten, der sie nur registriert, oder durch gerichtliches Urteil bewirkt wird, das vielleicht auf gemeinsamen Antrag ergehen *muß*, ob eine juristische Person durch Vertrag und Eintragung entsteht oder durch Verleihung einer Urkunde. Aber Formfragen im Sinne der Regel locus regit actum sind das schon deshalb nicht, weil die Person des Erklärenden jeweils verschieden ist.

c) Die Qualifikation einer Norm als Formvorschrift wird nicht durch ein materiellrechtliches *Motiv des Gesetzgebers* ausgeschlossen. Denn die meisten Formvorschriften haben ein materielles Motiv, ausgenommen Vorschriften, die bloß der Klarstellung oder der Sicherung des späteren Beweises dienen.

---

[31] Vgl. etwa *Knöpfel*, FamRZ 1959, 484f. (zum Haager Vormundschaftsabkommen von 1902; dort allerdings umstritten, siehe *Kollewijn*, Clunet 88 [1961] 874).

Insbesondere sind der Schutz der freien Willensbildung des Erklärenden vor unlauterer Beeinflussung und der Schutz vor Übereilung typische Motive für Formvorschriften, desgleichen die Verhinderung verbotener Rechtsgeschäfte[32]. Die Anordnung ausdrücklicher, schriftlicher, eigenhändig geschriebener, öffentlicher oder höchstpersönlicher Erklärung erfolgt meistens aus dem einen oder dem anderen dieser Gründe[33].

3. Durch *funktionelle Qualifikation* (oben § 17) gebotene Korrekturen der begrifflichen Grenzziehung erfolgen nach den bisherigen Erfahrungen eher zugunsten als zu Lasten des Bereiches der Form. Einige Beispiele mögen das verdeutlichen.

a) Wenn ein materieller Vorgang als *Äquivalent* einer vorgeschriebenen Form gilt, so ist er – entgegen dem gewöhnlichen Sprachgebrauch – kollisionsrechtlich als Form zu qualifizieren; so z.B. im französischen Recht die Übergabe bei der Handschenkung[34] oder nach anglo-amerikanischem Common Law die consideration beim Versprechen[35].

b) Auch die *Voraussetzungen für die Zulässigkeit* einer bestimmten Form gehören an sich nicht zur Form, sind aber nach dem Sinn der Regel locus regit actum dem Formstatut zu entnehmen – also gegebenenfalls dem Ortsrecht –, z.B. die Zulässigkeit der mündlichen Bürgschaftserklärung nur für Kaufleute (§§ 766 BGB, 350 HGB) oder eines handschriftlichen Testaments nur für Volljährige (§ 2247 IV BGB).

c) Die *religiöse Eheschließung*, die in einigen Ländern (insbesondere Spanien und Griechenland) zum materiellen Recht gezählt wird, gilt im deutschen IPR als Sache der Form, weil die Mitwirkung des Priesters funktionell der Mitwirkung des Standesbeamten gleichkommt (vgl. unten § 44 II).

---

[32] Vgl. die Aufzählung von *Karl Heldrich*, Die Form des Vertrages: AcP 147 (1941) 89 (91 ff.), der folgende Zwecke von Formvorschriften unterscheidet: 1. Abschlußklarheit, 2. Inhaltsklarheit, 3. Beweissicherung, 4. Übereilungsschutz, 5. Erkennbarkeit für Dritte, 6. fachmännische Beratung, 7. Überwachung im Sinne des Gemeinschaftsinteresses, 8. Erschwerung des Vertragsschlusses im Interesse der Gemeinschaft. (Die Nummern 1, 2 und 5 sind im obigen Text mit „Klarstellung" zusammengefaßt.) Bei *H.-F. Thomas*, Formlose Ehen (1973) 123 ff., werden daraus Schutzfunktionen (für Nrn. 4 und 6), Klarstellungsfunktionen (für Nrn. 1 und 2), Beweisfunktionen (Nr. 3), Publizitätsfunktion (Nr. 5) und Kontrollfunktion (Nrn. 7 und 8); hinzu kommt bei ihm die mehr historische Solennitätsfunktion.
[33] Vgl. BGH 19.12.1958, BGHZ 29, 137 (141 f.) = IPRspr. 1958–59 Nr. 112 S. 392, zur Eheschließung: „Die Sicherung des Beweises, der Hinweis auf die Bedeutung der abzugebenden Erklärung und die Verhinderung übereilter und verbotener Rechtsgeschäfte sind... Sinn und Zweck aller Formvorschriften."
[34] Vgl. *Ferid/Sonnenberger*, Das Französische Zivilrecht[2] II (1986) 193 Rz. 2 H 124.
[35] Vgl. etwa *Zweigert/Kötz*, Einführung in die Rechtsvergleichung[2] II (1984) 83 ff.

4. Der *Renvoi* ist im Rahmen des Art. 11 EGBGB ausgeschlossen. Die in Art. 11 ausgesprochene Verweisung auf die „Formerfordernisse" bestimmter Rechte ist als Verweisung auf Sachvorschriften im Sinne des Art. 3 I 2 EGBGB zu verstehen[36]. Sofern allerdings für die Ermittlung des Geschäftsrechts ein Renvoi zu beachten ist (nicht also bei Schuldverträgen, Art. 35 I EGBGB), wirkt dieser auch für die Form.

5. Der *Grundsatz der Alternativität* in Art. 11 I bedeutet, daß das Geschäftsrecht und das Ortsrecht gleichrangig berufen sind. Ein Rechtsgeschäft ist also grundsätzlich formgültig, wenn es den Formerfordernissen wenigstens eines dieser beiden Rechte genügt.

a) *Geschäftsrecht* ist das Recht, das auf den Gegenstand des Rechtsverhältnisses anzuwenden ist, also z. B. das nach Artt. 27 oder 28 ermittelte Vertragsstatut.

Bei einzelnen Rechtsverhältnissen kommen zwei Rechtsordnungen kumulativ zur Anwendung, so bei einer Eheschließung im Ausland gemäß Art. 13 I die Heimatrechte beider Verlobten. In diesem Fall bilden die beiden Rechtsordnungen zusammen das Geschäftsrecht, und es genügt also nicht die Formgültigkeit nach nur einer von ihnen. Freilich reicht auch hier die Beachtung der Formvorschriften des Ortsrechts.

b) *Ortsrecht* ist das Recht des Staates, in dem das Rechtsgeschäft vorgenommen wird. Die Bestimmung des Vornahmeortes ist bei Erklärungen unter Abwesenden (genauer gesagt: bei Erklärungen über eine Rechtsgrenze hinaus) problematisch.

Für *einseitige Erklärungen* kommen als Vornahmeort sowohl der Aufenthaltsort des Erklärenden, also der Abgabeort, wie der Empfangsort in Betracht. Die Beachtung des Abgabeortes entspricht vor allem dem Sinn der alternativen Geltung von „locus regit actum": Dem Erklärenden soll die Benutzung der für ihn nächstliegenden Form gestattet sein. Anderseits liegt bei einem Rechtsgeschäft, das gegenüber einer Behörde oder sonstigen Amtsperson vorzunehmen ist, der Gedanke an deren Sitz nahe, damit das Recht der Behörde als Ortsrecht angewandt werden kann; sonst wird leicht durch eine prozessuale Qualifikation des betreffenden Rechtsgeschäftes das Behördenrecht zum allein maßgeblichen gemacht und das Geschäftsstatut überhaupt ausgeschaltet.

Wenn z. B. ein Deutscher mit Wohnsitz in der Schweiz stirbt und sein Nachlaß dort nach deutschem Recht abgewickelt wird, sollte eine Erbausschlagung, die von außerhalb der Schweiz an das Nachlaßgericht gelangt, sowohl in deutscher Form (d. h. mit öffentli-

---

[36] BegrRegE, BT-Drucks. 10/504, 48.

cher Unterschriftsbeglaubigung: §§ 1945 I, 129 BGB) als auch nach Schweizer Art (in einfacher Schriftform: Art. 570 I ZGB) gültig sein können[37].

Vielleicht sollte man allgemein im Sinne des favor negotii, der den Art. 11 I und II EGBGB beherrscht, die Form des Empfangsortes neben der des Abgabeortes genügen lassen.

Bei *Verträgen* zwischen Personen, die sich in verschiedenen Staaten befinden, ist zur Bestimmung des Vornahmeortes nicht jede der beiden Willenserklärungen gesondert zu betrachten, sondern Art. 11 II bestimmt das Formstatut einheitlich für den gesamten Vertrag. Das hat seinen Grund darin, daß zahlreiche Formvorschriften den Vertrag als Ganzes erfassen wollen und nicht nur die eine oder andere Erklärung[38]. Im Interesse der Verkehrserleichterung sieht Art. 11 II auch hier eine Alternativität vor, nämlich zwischen den Rechten der beiden Staaten, in denen sich die Vertragsparteien im Zeitpunkt des Vertragsabschlusses befanden.

Bei Vertragsschluß durch einen *Vertreter* ist Vornahmeort gemäß Art. 11 III der Aufenthaltsort des Vertreters und nicht etwa der des Vertretenen.

In allen Fällen genügt ein *vorübergehender Aufenthalt* am Vornahmeort, und nach dem Grund des Aufenthalts wird im Interesse der Rechtssicherheit nicht gefragt. Das Ortsrecht ist also im allgemeinen nicht wegen einer *Gesetzesumgehung* auszuschalten, wenn der Auslandsaufenthalt dazu dient, in den Genuß der leichteren oder kostengünstigeren Ortsform zu gelangen[39].

Dagegen scheint die Möglichkeit, das Geschäft wirksam in der Ortsform vorzunehmen, zu entfallen, wenn das Ortsrecht ein solches Geschäft überhaupt *nicht kennt* und deshalb auch keine Formvorschrift dafür bereithält. Es genügt freilich, wenn im Ortsrecht ein vergleichbares Geschäft geregelt ist, das in den wesentlichen geschäftstypischen Merkmalen übereinstimmt[40]. Auch muß es jedenfalls ausreichen, wenn die Parteien die strengste der im Ortsrecht vorgesehenen Formen eingehalten haben[41].

c) Bei *Verletzung aller Formen*, die gemäß Art. 11 gestattet sind, greift im Sinne des Günstigkeitsprinzips, das der Alternativität zugrunde liegt, die mildere Sanktion ein. Es ist also beispielsweise statt des einen Rechts, das eine völlige Nichtigkeit eintreten läßt, das andere anzuwenden, das nur eine partielle Nichtigkeit, eine abgeschwächte Geltung oder eine Heilungsmöglichkeit vorsieht.

---

[37] Vgl. zum Meinungsstand die bei *Palandt-Edenhofer* § 1945 BGB Anm. 3 b genannte Literatur.
[38] Bericht *Giuliano/Lagarde* zu Art. 9 EuSchVÜ, BT-Drucks. 10/503, 63.
[39] Vgl. oben § 23 II 3. Anders, wenn durch falsche Ortsangabe ein ausländischer Errichtungsort nur vorgetäuscht wurde; siehe oben § 23 I.
[40] BegrRegE, BT-Drucks. 10/504, 49.
[41] Vgl. *Bernstein*, ZHR 140 (1976) 420 f.

6. Für *Grundstücksverträge* und *sachenrechtliche Rechtsgeschäfte* bestehen nach Art. 11 IV und V EGBGB *Ausnahmen vom Grundsatz der Alternativität*. Für diese Geschäfte bestimmt in den vom Gesetz gezogenen Grenzen ausschließlich die lex rei sitae die Formerfordernisse.

a) Für *obligatorische Verträge über Grundstücke* und über Nutzungsrechte an Grundstücken gelten gemäß Art. 11 IV die zwingenden Formvorschriften des Belegenheitsstaates, wenn diese ohne Rücksicht auf den Abschlußort und das Geschäftsrecht Anwendung fordern. Die Vorschrift, die Art. 9 VI EuSchVÜ in das EGBGB übernimmt, bezieht sich entsprechend ihrer Herkunft nur auf schuldrechtliche und nicht auf dingliche Verträge[42]. Für einseitige Rechtsgeschäfte gilt sie nicht[43].

Ob die Formvorschriften des Belegenheitsstaates unbedingte Anwendbarkeit beanspruchen, ist nach dem Recht des Belegenheitsstaates zu beurteilen. Das deutsche Recht erhebt diesen Anspruch für schuldrechtliche Verträge über inländische Grundstücke nicht[44]. Auch für ausländische Grundstücke verbleibt es bei der in Art. 11 I festgelegten Alternativität, sofern die ausländische lex rei sitae nicht ausschließlich angewandt sein will.

Die Regeln für den *Verkauf ausländischer Grundstücke*, die von der deutschen Rechtsprechung auf der Grundlage der Alternativität (Art. 11 I EGBGB a.F.) entwickelt wurden, haben, solange nicht ausnahmsweise Art. 11 IV eingreift, weiterhin Bedeutung. Danach gilt: Haben die Parteien die Anwendung deutschen Rechts auf den Kaufvertrag vereinbart, so ist als Geschäftsrecht auch die Formvorschrift des § 313 BGB berufen[45]. Bei Nichtbeachtung dieser Form tritt Heilung der Formnichtigkeit in entsprechender Anwendung des § 313 Satz 2 ein, wenn das Eigentum gemäß der ausländischen lex rei sitae übergegangen ist, wozu nicht unbedingt eine „Grundbucheintragung" gehören muß[46].

b) Für *sachenrechtliche Rechtsgeschäfte* erklärt Art. 11 V EGBGB ausschließlich die Form des Geschäftsrechts für maßgebend, in der Regel also die lex rei sitae. Damit wurde die Regelung des Art. 11 II EGBGB a.F. ohne nähere Prüfung in die Neufassung von 1986 übernommen[47].

Für dingliche *Grundstücksgeschäfte* ist die Normierung sinnvoll, und sie

---

[42] So ausdrücklich auch BegrRegE, BT-Drucks. 10/504, 49.
[43] Eine Erstreckung auf diese befürwortet *Ferid* Rz. 5–122.1.
[44] BegrRegE, BT-Drucks. 10/504, 49.
[45] BGH 4.7.1969, BGHZ 52, 239 = NJW 1969, 1760, 2237 Anm. *Wengler* und 1970, 378 Anm. *Samtleben* = IPRspr. 1968–69 Nr. 24; 6.12.1970, BGHZ 53, 189 = IPRspr. 1970 Nr. 10.
[46] BGH 9.3.1979, BGHZ 73, 392 = IPRspr. 1979 Nr. 7.
[47] Die Begründung zum Regierungsentwurf stellt eine solche Prüfung für den Zeitpunkt einer Kodifikation des Internationalen Sachenrechts in Aussicht; siehe BT-Drucks. 10/504, 49.

beruht auf einem seit dem 19. Jahrhundert herrschenden Konsens[48]. Die Bedeutung dieser Geschäfte für die Allgemeinheit im Belegenheitsland, die in der häufig notwendigen behördlichen Mitwirkung im Lagestaat ihren Ausdruck findet, läßt es folgerichtig erscheinen, die Formvorschriften dieses Staates für allein maßgebend zu erklären.

Die Übereignung eines deutschen Grundstücks richtet sich also immer nach § 925 BGB. Die Vorschrift wird in gefestigter Rechtsprechung so ausgelegt, daß die Auflassung nicht vor einem ausländischen Notar erklärt werden kann (vgl. oben § 33 II 1).

Auf *Mobilien* ist Art. 11 V zwar ebenfalls anwendbar, ein zwingender Grund für die ausnahmslose Maßgeblichkeit des Geschäftsrechts ist aber nicht zu erkennen.

7. Für *gesellschaftsrechtliche Akte* will Art. 11 EGBGB keine Festlegung treffen, sondern die Entwicklung offenhalten[49]. Hier wird teils für eine uneingeschränkte Anwendung des Grundsatzes der Alternativität (Art. 11 I) eingetreten[50], teils für eine analoge Anwendung des Art. 11 V (Art. 11 II a. F.)[51]. Der letztgenannten Ansicht ist für solche Rechtsgeschäfte zuzustimmen, welche die Verfassung einer Gesellschaft oder juristischen Person betreffen und zu deren Wirksamkeit die Eintragung in ein Register vorgeschrieben ist, also z. B. für die Gründung oder Satzungsänderung einer GmbH, aber nicht für die Übertragung eines GmbH-Anteils[52]. Denn nur Verfassungsakte von Gesellschaften berühren in ähnlicher Weise wie die von Art. 11 V erfaßten Grundstücksgeschäfte das Allgemeininteresse, und die konstitutive Wirkung der Eintragung bildet hierfür das erforderliche sichere äußere Indiz[53]. Die Satzungsänderung einer deutschen GmbH unterliegt deshalb den deutschen Formvorschriften (vgl. §§ 53 II, 54 III GmbHG), und die Beurkundung durch einen ausländischen Notar genügt nur, wenn sie der deutschen Beurkundung substituiert werden kann (vgl. oben § 33 II 2).

---

[48] Näher *Kropholler*, ZHR 140 (1976) 400f.
[49] BegrRegE, BT-Drucks. 10/504, 49.
[50] So z. B. – freilich unter unzutreffender Berufung auf den „Willen des Gesetzgebers" – OLG Düsseldorf 25. 1. 1989, NJW 1989, 2200.
[51] Vgl. zum Meinungsstand etwa MünchKomm-*Spellenberg* Art. 11 Rz. 19.
[52] Ebenso de lege ferenda ein im Deutschen Rat für IPR angenommener Vorschlag; siehe Vorschläge... (1972) 4, 118f.
[53] Vgl. *Kropholler*, ZHR 140 (1976) 402f.; siehe auch den Gesetzesvorschlag von *Neuhaus/Kropholler*, RabelsZ 44 (1980) 329, sowie die Stellungnahme des MPI, RabelsZ 47 (1983) 620f.

§ 42 Recht der natürlichen Personen

Die deutsche IPR-Kodifikation des Rechts der natürlichen Personen bildet Variationen auf das Thema: Wie läßt sich die problematische Anknüpfung an die Staatsangehörigkeit (oben § 38) so abschwächen, daß die Ergebnisse erträglich bleiben? Wie kann insbesondere trotz ausländischer Staatsangehörigkeit des Betroffenen eine Inlandsbeziehung die Anwendbarkeit deutschen Rechts rechtfertigen? Diesen Anliegen dienen verschiedene Sonderregeln in Artt. 7–12 EGBGB; sie werden ergänzt durch die einschlägigen Normen des Allgemeinen Teils, wie Rückverweisung (Art. 4 I), Vorrang der deutschen Staatsangehörigkeit bei Doppelstaatern (Art. 5 I 2) oder ordre public (Art. 6).

I. Rechts- und Geschäftsfähigkeit

Die Rechts- und die Geschäftsfähigkeit einer natürlichen Person (nicht einer juristischen) beurteilen sich gemäß Art. 7 I 1 EGBGB grundsätzlich nach ihrem Heimatrecht. Die besonderen Rechts- und Geschäftsfähigkeiten für bestimmte Sachbereiche, z. B. Ehemündigkeit, Testier- oder Deliktsfähigkeit, werden dagegen nicht gesondert angeknüpft; sie bleiben in das sog. Wirkungsstatut eingebettet. Das Wirkungsstatut entscheidet auch darüber, ob für ein Rechtsgeschäft oder für eine Rechtshandlung – wie die Aneignung – (volle) Geschäftsfähigkeit erforderlich ist.

Für die Wechselfähigkeit ist nach der Sondervorschrift des Art. 91 I 1 WG das Heimatrecht maßgebend. Die Prozeßfähigkeit richtet sich als prozessuales Gegenstück zur Geschäftsfähigkeit grundsätzlich ebenfalls nach der Staatsangehörigkeit[1]. Gemäß § 55 ZPO gilt ein Ausländer, dem nach seinem Heimatrecht die Prozeßfähigkeit fehlt, aber im Verkehrsinteresse auch dann als prozeßfähig, wenn ihm die Prozeßfähigkeit nach dem Recht des Prozeßgerichts zusteht (vgl. auch § 56 IV 5).

1. Der *Anwendungsbereich* des Art. 7 I 1 EGBGB umfaßt die *Voraussetzungen* der vollen oder beschränkten Geschäftsfähigkeit, insbesondere die Alterserfordernisse. Auch die Wirkungen geistiger Gebrechen oder einer Entmündigung auf die Geschäftsfähigkeit bemessen sich nach Art. 7 I 1. Ferner zählt die in einigen ausländischen Rechten vorgesehene Erweiterung der Geschäftsfähigkeit durch Eheschließung („Heirat macht mündig") gemäß Art. 7 I 2 zum Fähigkeits- und nicht zum Ehewirkungsstatut, wodurch ein bekanntes Qualifikationsproblem eine gesetzliche Lösung erfahren hat.

Die *Folgen* eines Mangels der von Art. 7 erfaßten allgemeinen Geschäftsfä-

---
[1] Grundlegend *Pagenstecher*, ZZP 64 (1951) 276–284.

higkeit sind ebenfalls dem Heimatrecht (und nicht dem Geschäftsstatut) zu entnehmen[2]. Es entscheidet, ob das Rechtsgeschäft nichtig, schwebend unwirksam oder anfechtbar ist und wer genehmigen oder anfechten kann. Wer gesetzlicher Vertreter ist, bestimmt sich dagegen nicht nach Art. 7, sondern nach dem Vertretungsstatut, insbesondere dem Eltern-Kind-Statut (Art. 3 MSA, Art. 19 II bzw. 20 II EGBGB). Das Vertretungsstatut sagt auch, ob der gesetzliche Vertreter allein handeln kann oder ob er auf die Mitwirkung einer anderen Person oder Behörde angewiesen ist, also etwa eine vormundschaftsgerichtliche Genehmigung benötigt. Die Rückabwicklung eines nicht wirksam zustandegekommenen Geschäfts regelt das Geschäftsstatut.

2. Ein *Statutenwechsel* kann zum Erwerb der Rechts- oder Geschäftsfähigkeit führen, nicht aber zu ihrem Verlust (Art. 7 II EGBGB). Wer einmal eine der in Art. 7 I angesprochenen Fähigkeiten erlangt hat, soll durch einen Wechsel der Staatsangehörigkeit in dieser Rechtsstellung nicht beeinträchtigt werden. Das ist ein allgemeiner Rechtsgedanke des deutschen IPR, der in Art. 7 II nur deshalb einseitig („Erwerb oder Verlust der Rechtsstellung als Deutscher") formuliert wurde, um den „Eindruck eines Eingriffs in fremde Rechtsordnungen" zu vermeiden[3] – eine unnötige Sorge, da allseitige Kollisionsnormen ohnehin keinen Eingriff in fremde Rechtsordnungen darstellen. Die einseitige Gesetzesformulierung sollte die sachgerechte allseitige Anwendung des Grundsatzes „semel major, semper major" jedenfalls nicht hindern. Es bleibt aus unserer Sicht also beispielsweise nicht nur ein achtzehnjähriger Deutscher volljährig, der unter Verlust der deutschen die Staatsangehörigkeit Österreichs erwirbt, wo die Altersgrenze bei 19 Jahren liegt, sondern etwa auch ein achtzehnjähriger Franzose, der Österreicher wird. Dasselbe gilt, wenn ein achtzehnjähriger Staatenloser seinen gewöhnlichen Aufenthalt aus Frankreich nach Österreich verlegt (vgl. Art. 5 II).
Eine dem Art. 7 II entsprechende Regel für die *Testierfähigkeit* enthält Art. 26 V 2.

3. Dem *Verkehrsschutz* dient die Einschränkung des Staatsangehörigkeitsprinzips in Art. 12 Satz 1 EGBGB. Die Bestimmung, die selten praktische Bedeutung erlangen dürfte und die wegen der Schwächung des Schutzes nicht voll geschäftsfähiger Personen auch rechtspolitisch fragwürdig ist, übernimmt im wesentlichen den Art. 11 des EG-Schuldvertragsübereinkommens.

a) Bei *Verträgen* zwischen Anwesenden (also nicht bei Distanzverträgen) wird nach Art. 12 Satz 1 EGBGB das Vertrauen auf die Rechts- und Geschäftsfähigkeit nach dem Recht des Abschlußortes geschützt. Eine natürliche Person,

---
[2] Str.; siehe *Staudinger-Beitzke* Art. 7 Rz. 47.
[3] BegrRegE, BT-Drucks. 10/504, 45.

§ 42 I   VII. Kapitel: Die einzelnen Rechtsgebiete

die nach diesem Recht geschäftsfähig wäre, kann sich nur dann auf ihre aus einem anderen Recht abgeleitete Geschäftsunfähigkeit berufen, wenn der Vertragspartner diese bei Vertragsabschluß kannte oder kennen mußte. Der Wortlaut impliziert, daß die Beweislast bei der geschäftsunfähigen Person liegt. Sie muß nachweisen, daß der Vertragspartner ihre Geschäftsunfähigkeit kannte oder durch eigenes Verschulden nicht kannte[4]. Ein achtzehnjähriger Österreicher, der in Deutschland einen Vertrag schließt und sich später darauf beruft, daß die Volljährigkeit in Österreich erst mit 19 Jahren eintritt, muß also beweisen, daß sein Vertragspartner dies wußte oder hätte wissen müssen. Der gute Glaube des Vertragspartners wird allein durch die Kenntnis der Ausländereigenschaft nicht in jedem Falle ausgeschlossen; vielmehr kommt es auf die Umstände des Einzelfalles an.

b) Die Vorschrift des Art. 12 kann zum Schutz von Anwesenden analog auf *einseitige Rechtsgeschäfte* angewandt werden. Daß Art. 12 nur von Verträgen spricht, hat seinen Grund allein in der Übernahme der Formulierung des EG-Schuldvertragsübereinkommens.

c) Der Art. 12 nennt nicht nur – wie Art. 7 – die Rechts- und Geschäftsfähigkeit, sondern auch die *Handlungsfähigkeit*. Die Bedeutung des Ausdrucks in Art. 12 ist noch ungeklärt. Die Wendung „Rechts-, Geschäfts- und Handlungsunfähigkeit" ist die Übersetzung des nicht klar konturierten französischen Begriffs „incapacité" in Art. 11 EuSchVÜ[5].

d) Der in Art. 12 Satz 1 EGBGB normierte Verkehrsschutz kommt auch für einen Mangel der *gesetzlichen Vertretungsmacht* der Eltern, des Vormunds oder Pflegers in Betracht. Dies wird bisweilen aus der Verwendung des Wortes „Handlungsfähigkeit" herausgelesen[6]. Jedenfalls kann Art. 12 u. U. entsprechend angewendet werden. Dafür spricht zum einen die Entstehungsgeschichte der Vorschrift[7], zum anderen ihr Sinn, den Vertragspartner bei einem Geschäft unter Anwesenden vor Überraschungen zu schützen, die sich hinsichtlich ihrer „Handlungsfähigkeit" aus einem fremden Recht ergeben können. Freilich ist, bevor eine Analogie für bestimmte Fallgruppen befürwortet wird, sorgfältig abzuwägen, ob dies den Schutz des Vertretenen nicht über Gebühr beeinträchtigt.

---

[4] Bericht *Giuliano/Lagarde*, BT-Drucks. 10/503, 66.
[5] Siehe im einzelnen die Kritik von *Ferid* Rz. 5–38, 2 f.
[6] So *Palandt-Heldrich* Art. 12 Anm. 2 d.
[7] Der Regierungsentwurf enthielt noch folgenden Abs. 2: „Absatz 1 gilt bei einem Mangel der Vertretungsmacht eines Elternteils, Vormunds oder Pflegers entsprechend." Dieser Absatz wurde im Rechtsausschuß mit der Begründung gestrichen: „Eine derartige Sachbehandlung wird im Wege der Analogie auch ohne einen besonderen Abs. 2 möglich, die Ausgestaltung im einzelnen aber flexibler sein"; BT-Drucks. 10/5632, 40 f.

e) Für *eherechtliche Beschränkungen* hinsichtlich des Abschlusses bestimmter Rechtsgeschäfte ergibt sich ein Schutz Dritter aus Art. 16 EGBGB.

f) *Ausgeschlossen* ist der Verkehrsschutz gemäß Art. 12 Satz 2 bei *familien- und erbrechtlichen Geschäften*, wie Ehe- oder Erbverträgen. Denn diese sind typischerweise keine Verkehrsgeschäfte. Dasselbe gilt für Verfügungen (nicht Verpflichtungsgeschäfte) über ein in einem anderen Staat als dem Handlungsort belegenes *Grundstück*; hier legt regelmäßig bereits die Maßgeblichkeit einer ausländischen Rechtsordnung für die Verfügung Erkundigungen nahe, so daß der Geschäftsgegner weniger schutzwürdig ist. In allen diesen Fällen bleibt es bei der Regel des Art. 7, daß sich die Geschäftsfähigkeit nach dem Heimatrecht des Handelnden bemißt.

II. Entmündigung

Für die Entmündigung, welche die Geschäftsfähigkeit aufhebt oder beschränkt, stellt das in Deutschland geltende IPR grundsätzlich – wie für die Geschäftsfähigkeit allgemein – auf das Heimatrecht ab. Das ist indes nur die theoretische Konzeption des Gesetzes und nicht die Wirklichkeit. In der Praxis dominiert das Aufenthaltsrecht und (vor allem) die Aufenthaltszuständigkeit.

1. Als vorrangig zu beachtendes Abkommen (vgl. Art. 3 II 1 EGBGB) ist das *Haager Entmündigungsabkommen* vom 17. 7. 1905 zu nennen. Es gilt freilich nur noch im Verhältnis zu Italien. Gemäß seinem Art. 14 I findet es außerdem nur Anwendung auf die Entmündigung von solchen Angehörigen eines Vertragsstaats, die ihren gewöhnlichen Aufenthalt in einem Vertragsstaat haben. Lediglich vorläufige Maßregeln können über *alle* Angehörigen der Vertragsstaaten gemäß Art. 3 getroffen werden (Art. 14 II).

Für die Entmündigung und die Anordnung der Vormundschaft sind nach Art. 2 grundsätzlich die Heimatbehörden zuständig, und sie wenden das Heimatrecht an (Art. 1). Die Behörde am gewöhnlichen Aufenthaltsort des zu Entmündigenden soll der Heimatbehörde den entsprechenden Sachverhalt mitteilen (Art. 4). Die Aufenthaltsbehörde darf nur dann selbst über die Entmündigung befinden, wenn die Heimatbehörde erklärt hat, daß sie nicht einschreiten will, oder wenn sie nicht innerhalb von sechs Monaten geantwortet hat (Art. 6). In diesem Falle ist dem Entmündigungsantrag zu entsprechen, wenn Antragsberechtigung und Entmündigungsgründe zugleich nach dem Heimatrecht und dem Aufenthaltsrecht gegeben sind (Art. 7). Die Wirkungen der Entmündigung, insbesondere auf die Geschäftsfähigkeit, und die Verwaltung hinsichtlich der Person und des Vermögens (Vormundschaft) richten sich dann nach dem Aufenthaltsrecht (Art. 8).

Das Abkommen war wenig erfolgreich, weil die Annahme eines wirksamen Schutzes durch die ferne Heimatbehörde meist unrealistisch ist, zumal das

Übereinkommen keinen unmittelbaren direkten Behördenverkehr zwischen Aufenthalts- und Heimatbehörde vorsieht (vgl. Art. 5).

2. Das *deutsche IPR* geht von dem aus Art. 7 I EGBGB abgeleiteten Grundsatz aus, daß für die Entmündigung als Institut aus dem Bereich der Geschäftsfähigkeit das *Heimatrecht* des Betroffenen gilt. Ausdrücklich normiert ist in Art. 8 EGBGB nur die praktisch im Vordergrund stehende Ausnahme: Ein Ausländer, der seinen *gewöhnlichen Aufenthalt* (oder, mangels jeglichen gewöhnlichen Aufenthalts, seinen schlichten Aufenthalt, vgl. oben § 39 II 3 a und 6 b) im Inland hat, kann nach deutschem Recht entmündigt werden. Der Begriff „Entmündigung" umfaßt sowohl die Voraussetzungen als auch die Folgen dieses Rechtsinstituts. Der *Verkehrsschutz* bemißt sich nach Art. 12 (vgl. oben I 3).

Das Wort „kann" in Art. 8 räumt dem Richter bei Ausländern mit inländischem gewöhnlichen Aufenthalt eine beschränkte Wahlfreiheit hinsichtlich des anwendbaren Rechts ein. In der Regel wird er schon aus Gründen der Beschleunigung und der sicheren Rechtsanwendung, aber auch im Interesse des einheimischen Rechtsverkehrs nach dem inländischen Aufenthaltsrecht entmündigen, und er muß dies sogar, wenn die Voraussetzungen für eine Entmündigung nach deutschem Recht erfüllt sind, nach dem ausländischen Heimatrecht dagegen nicht. Der Richter ist durch Art. 8 aber nicht gehalten, in *jedem* Falle das inländische Recht zugrundezulegen, sondern er kann auch gemäß Art. 7 nach dem ausländischen Heimatrecht des Betroffenen entmündigen, wenn dies – etwa um die internationale Entscheidungsgleichheit zu wahren – geboten erscheint. Das entspricht dem Wortlaut des Art. 8 („kann") und seiner Entstehungsgeschichte[8]. Der inländische Richter muß sogar nach dem Heimatrecht entmündigen, wenn dieses Recht eine Entmündigung vorschreibt, das deutsche Aufenthaltsrecht dagegen nicht.

Das *Antragsrecht* ist wegen des berührten öffentlichen Interesses (vgl. § 646 II ZPO) zum Verfahren und nicht zum materiellen Recht zu rechnen. Es richtet sich in Deutschland also stets nach deutschem Recht[9].

Im Fall einer Entmündigung nach Art. 8 kann gemäß Art. 24 I 2 eine *Vormundschaft* nach deutschem Recht angeordnet werden. Statt der Entmündigung und der Bestellung eines Vormundes ist gemäß Art. 24 I 2 auch der geringere Eingriff möglich, nach § 1910 BGB einen *Gebrechlichkeitspfleger* zu bestellen.

3. Die *internationale Zuständigkeit* der deutschen Gerichte ist in § 648 a ZPO parallel zur Normierung des anwendbaren Rechts ausgestaltet. Danach

---

[8] Siehe BegrRegE, BT-Drucks. 10/504, 45 mit der Verweisung auf Vorschläge... (1981) 2, 20 (Begründung).

[9] Str.; vgl. *Staudinger-Beitzke* Art. 8 Rz. 33.

sind die deutschen Gerichte (nicht ausschließlich) zuständig, wenn der zu Entmündigende entweder Deutscher ist oder seinen gewöhnlichen Aufenthalt im Inland hat. Ein im Ausland lebender *Deutscher* kann in Deutschland also nach deutschem Recht entmündigt werden (§ 648 a I 1 Nr. 1 ZPO, Art. 7 EGBGB). Ein in Deutschland lebender *Ausländer* kann im Inland ebenfalls nach deutschem Recht entmündigt werden (§ 648 a I 1 Nr. 2 ZPO, Art. 8 EGBGB), aber auch nach seinem Heimatrecht (Art. 7 EGBGB). Die internationale Zuständigkeit am gewöhnlichen Aufenthalt ist praktisch wichtiger als die Heimatzuständigkeit, weil im Aufenthaltsstaat der Lebensmittelpunkt des Betroffenen liegt; dort lassen sich die tatsächlichen Voraussetzungen der Entmündigung am besten ermitteln, und dort ist der Rechtsverkehr in der Regel am stärksten berührt.

Nach § 648 a II ZPO kann die Entmündigung im Inland unterbleiben, wenn in einem anderen Staat, dessen Gerichte aus deutscher Sicht ebenfalls zuständig sind, ein Verfahren eingeleitet ist. Es handelt sich um eine Ermessensentscheidung, bei der die Sachnähe des Gerichts, die Interessen der Beteiligten, der Schutz des inländischen Rechtsverkehrs und das Ziel internationaler Entscheidungsgleichheit zu berücksichtigen sind. Das inländische Verfahren kann nicht nur bei einem Ausländer hinter ein entsprechendes Verfahren in seinem Heimatstaat zurücktreten, wenn die ausländische Entmündigung bei uns voraussichtlich anerkannt werden kann, sondern auch bei einem Deutschen zugunsten eines Verfahrens an seinem ausländischen gewöhnlichen Aufenthaltsort.

4. Die *Anerkennung* einer ausländischen Entmündigung richtet sich nach § 16 a FGG; denn es handelt sich bei der Entmündigung ihrer Funktion nach um einen Akt der Freiwilligen Gerichtsbarkeit, für den das Gegenseitigkeitserfordernis des § 328 I Nr. 5 ZPO nicht paßt[10]. Demgegenüber ist unerheblich, daß die Entmündigung in Deutschland in der ZPO geregelt ist, und es kommt auch nicht darauf an, ob die ausländische Entscheidung durch Urteil oder durch Beschluß ergangen ist[11]; denn dies sind Äußerlichkeiten. Die anzuerkennende ausländische Entmündigung entfaltet im Inland die Wirkungen, die nach dem Recht eintreten, das die ausländische Behörde angewandt hat.

Eine anzuerkennende Entmündigung kann in Deutschland – wie andere Akte der Freiwilligen Gerichtsbarkeit – mit Wirkung ex nunc *aufgehoben* oder

---

[10] Siehe auch BGH 11. 4. 1979, FamRZ 1979, 577, 580 = IPRspr. 1979 Nr. 231 S. 748: „Die Verbürgung der Gegenseitigkeit... ist für die Anerkennung von Entscheidungen, die ihrem Wesen nach der freiwilligen Gerichtsbarkeit zuzurechnen sind, nach allgemein anerkannter Rechtsauffassung nicht erforderlich." Nurmehr im Rahmen von § 16 a Nr. 4 FGG (ordre public) berücksichtigungsfähig sind nach dem IPRNG vom 25. 7. 1986 die besonderen Anforderungen an die ausländische Entmündigung eines Deutschen in BGH 7. 12. 1955, BGHZ 19, 240 = JZ 1956, 535 Anm. *Neuhaus* = IPRspr. 1954–55 Nr. 5.

[11] Str.; wie hier z. B. *Martiny*, in: Hdb. IZVR III/1 Rz. 511, 512 m. Nachw. in N. 1566.

in ihren Wirkungen *geändert* werden, wenn hierfür nach dem in der Sache anwendbaren Recht ein Grund vorliegt[12].

III. Todeserklärung

Besteht nach jahrelangem Ausbleiben von Lebenszeichen oder nach einem lebensgefährlichen Ereignis Ungewißheit darüber, ob die Rechtsfähigkeit eines Menschen durch Tod erloschen ist, so stellen die Rechtsordnungen verschiedene Lösungen bereit. Nach dem deutschen System, dem andere Rechte folgen, können die Beteiligten eine gerichtliche Todeserklärung erwirken, die für alle Rechtsverhältnisse die Vermutung begründet, daß der Verschollene zu dem im Beschluß festgestellten Zeitpunkt gestorben ist (vgl. § 9 I 1 VerschG). In den romanischen Rechten gibt es eine „Verschollenheitserklärung", deren Wirkungen für die einzelnen Rechtsverhältnisse (Ehe, Erbrecht) verschieden geregelt ist. Das Common Law kennt eine generelle gerichtliche Todesfeststellung nicht; hier finden sich einfache Lebens- oder Todesvermutungen, deren Voraussetzungen in jedem Verfahren bewiesen werden müssen.

1. Das *deutsche IPR* erfaßt in Art. 9 EGBGB alle diese funktionell gleichen Rechtsinstitute. Im Gesetz ausdrücklich genannt werden die Todeserklärung (vgl. §§ 13 ff. VerschG), die Feststellung des Todes und des Todeszeitpunkts (vgl. §§ 39 ff. VerschG) sowie Lebens- und Todesvermutungen. Wie für die Rechtsfähigkeit (vgl. Art. 7 I 1 EGBGB) ist grundsätzlich das *Heimatrecht* maßgeblich. Gemäß Art. 9 Satz 1 gilt das Recht des Staates, dem der Verschollene angehörte, als es die letzten Lebenszeichen von ihm gab.

Der Art. 9 EGBGB stellt *einheitlich* auf das Personalstatut des Betroffenen ab, unabhängig davon, für welches Rechtsverhältnis (Ehe, Elternrecht, Erbrecht) eine Todeserklärung oder Todesvermutung bedeutsam wird. Das Gesetz folgt also grundsätzlich nicht der Lösung, die Verschollenheitsfrage dem jeweiligen Wirkungsstatut zu unterwerfen und damit von Fall zu Fall kollisionsrechtlich unterschiedlich zu behandeln. Nur solche Vermutungen, die nicht allgemeiner Natur sind, sondern sich auf ein einzelnes Rechtsgebiet beschränken, etwa spezifisch erbrechtliche Kommorientenvermutungen, unterliegen dem Wirkungsstatut, etwa dem Erbstatut[13].

Gemäß Art. 9 Satz 2 kann ein Ausländer ausnahmsweise nach *deutschem Recht* für tot erklärt werden, „wenn hierfür ein berechtigtes Interesse besteht". Es handelt sich um eine spezielle Vorbehaltsklausel zugunsten des deutschen

---

[12] Vgl. zur Zuständigkeit §§ 676 III, 648a, 648 III ZPO.

[13] Siehe *Kühne*, IPR-Gesetz-Entwurf (1980) 72; *Staudinger-Beitzke* Vorbem. 15–17 zu Art. 7 EGBGB. Zu Kommorientenvermutungen im Erbrecht bei unterschiedlicher Staatsangehörigkeit der Verstorbenen siehe im einzelnen *Jayme/Haack*, ZVglRWiss. 84 (1985) 80–96.

Rechts (vgl. oben § 36 VIII), deren Eingreifen eine Inlandsberührung voraussetzt. Bei der Konkretisierung des Begriffs „berechtigtes Interesse" hilft die kasuistische Aufzählung in § 12 II–IV VerschG a. F., die vor dem IPRNG von 1986 galt und die der Gesetzgeber im Interesse erhöhter Flexibilität in der generalklauselartigen Formel des Art. 9 Satz 2 hat aufgehen lassen[14]. Relevante Faktoren sind danach etwa: inländischem Recht unterliegende Rechtsverhältnisse, inländisches Vermögen, gewöhnlicher Aufenthalt des Ehegatten im Inland oder vormalige deutsche Staatsangehörigkeit des Verschollenen.

Insgesamt richtet sich die Todeserklärung eines *Deutschen* stets nach seinem deutschen Heimatrecht. Die Todeserklärung eines *Ausländers* folgt grundsätzlich ebenfalls dem Heimatrecht, das freilich eine Rückverweisung aussprechen kann, die dann zu beachten ist (Art. 4 I). Die Anwendung deutschen Rechts gemäß Art. 9 Satz 2 muß auf Ausnahmefälle beschränkt bleiben. Für eine Abweichung von dem in Art. 9 Satz 1 ausgesprochenen Grundsatz besteht nämlich kein Anlaß, wenn im gegebenen Fall eine Anwendung des materiellen Heimatrechts bei Zugrundelegung der deutschen Verfahrensvorschriften möglich ist[15].

2. Die *internationale Zuständigkeit* der deutschen Gerichte für Todeserklärungen ist nach § 12 I VerschG gegeben, wenn der Verschollene oder der Verstorbene, als es die letzten Lebenszeichen von ihm gab, *Deutscher* war oder seinen *gewöhnlichen Aufenthalt* im Inland hatte. Die Zuständigkeit der deutschen Gerichte ist nicht ausschließlich (§ 12 III VerschG).

Eine zusätzliche, nicht ausschließliche Zuständigkeit begründet § 12 II VerschG für die deutschen Gerichte, wenn ein „*berechtigtes Interesse*" an einer Todeserklärung durch sie besteht. Die Formulierung folgt dem Wortlaut des Art. 9 Satz 2 EGBGB, und für ihre Konkretisierung gelten die dort angestellten Erwägungen entsprechend. Freilich ist ein Teil der Fälle, für die Art. 9 Satz 2 EGBGB in Betracht kommt, zuständigkeitsrechtlich bereits durch § 12 I Nr. 2 VerschG (gewöhnlicher Aufenthalt im Inland) abgedeckt, und die internationale Zuständigkeit des deutschen Gerichts sollte dann im Interesse der erhöhten Anerkennungsfähigkeit der Entscheidung auch tatsächlich auf § 12 I Nr. 2 VerschG gestützt werden.

3. Die *Anerkennung* einer ausländischen Todeserklärung richtet sich nach § 16 a FGG, wenn sie einer deutschen funktionell entspricht, wenn also nicht nur in einem streitigen Verfahren inzident eine Todesvermutung zugrunde gelegt wird (dann: § 328 ZPO). Entscheidend ist, ob das fremde Verfahren

---

[14] BegrRegE, BT-Drucks. 10/504, 46.

[15] Das ist im allgemeinen sogar bei der „Verschollenheitserklärung" der romanischen Rechte zu bejahen, weil sie nur ein Minus im Vergleich zur deutschen Todeserklärung darstellt; *Kegel* § 17 I 1 f bb.

seinem Wesen und seiner Funktion nach zur Freiwilligen Gerichtsbarkeit zu rechnen ist. Die äußere Form der Entscheidung durch Urteil oder Beschluß ist demgegenüber nicht erheblich (vgl. oben II 4).

§ 43 Name

Das IPR des Namens ist so kompliziert geregelt, daß seine Darstellung einen eigenen Paragraphen erfordert. Wenn Komplizierung Fortschritt bedeutet, dann gehört die Regelung des deutschen Internationalen Namensrechts zu den fortschrittlichsten der Welt[1]. Während die Namensfragen in den Rechtsordnungen vieler Staaten wenig Aufmerksamkeit finden und weitgehend dem gesellschaftlichen Verkehr überlassen bleiben, hat man in Deutschland eine penible Normierung geschaffen, die es den Standesbeamten ermöglichen soll, ihre Bücher makellos in Ordnung zu halten[2].

Sedes materiae ist der (durch Art. 220 IV und V ergänzte) Art. 10 EGBGB. Die Vorschrift erfaßt die Namensführung insgesamt (auch Vornamen und etwaige Zwischennamen) mit Ausnahme des *Namensschutzes*, der zum Internationalen Deliktsrecht gehört[3].

I. Maßgeblichkeit des Personalstatuts (Art. 10 I EGBGB)

1. Der Name hat drei *Funktionen*. Er dient der Identifizierung (Paßwesen), er ist Symbol der Persönlichkeit (Persönlichkeitsrecht), und er kennzeichnet die Familienzugehörigkeit. Wer die letztgenannte Funktion betont, wird im IPR für den Erwerb und die Änderung des Namens durch einen familienrechtlichen Vorgang (z. B. Heirat, Adoption) das für diesen Vorgang maßgebende Recht für anwendbar erklären wollen[4]. Der deutsche Gesetzgeber hat anders entschieden. Dies konnte er mit gutem Grund, weil eine Kenntlichmachung der Familienzugehörigkeit durch den Namen auf Kosten seiner beiden anderen Funktionen (Identifizierung und Symbol der Persönlichkeit) auch im materiellen Recht nicht mehr konsequent erfolgt.

---

[1] So *Henrich*, Die Namensführung von Ehegatten nach dem IPR-Gesetz oder: Was deutsche Gründlichkeit vermag: IPRax 1986, 333 (336). Siehe zu der Neuregelung auch *Reichard*, Die Namensführung nach Inkrafttreten des neuen IPR-Gesetzes: StAZ 1986, 242.

[2] Kritisch zu diesem Streben *Kegel*, in: IPR – Internationales Wirtschaftsrecht, Hrsg. *Holl/Klinke* (1985) 22. Drastisch *ders.*, DRpfleger 1987, 5: „Die Deutschen haben einen Namens-Tick."

[3] Str.; wie hier BegrRegE, BT-Drucks. 10/504, 46; siehe im einzelnen die Kommentare.

[4] Dafür z. B. Vorschläge... (1981) 25; *Kühne*, IPR-Gesetz-Entwurf (1980) 73 ff.

Der Name einer Person untersteht gemäß Art. 10 I EGBGB grundsätzlich dem *Recht der betreffenden Person* (so auch § 13 I öst. IPR-Gesetz: Heimatrecht; im Ansatz auch Art. 37 I schweiz. IPR-Gesetz: Wohnsitzrecht). Das entspricht der Natur des Namens als Persönlichkeitsrecht. Dadurch daß nach Art. 10 I die Staatsangehörigkeit entscheidet, ergibt sich im Ansatz außerdem ein Gleichlauf mit dem öffentlichrechtlichen Namensrecht. Es erleichtert die Arbeit der Standesbeamten und hält das Recht von Widersprüchen frei, wenn ein Ausländer in die inländischen Personenstandsurkunden regelmäßig unter dem Namen eingetragen werden kann, der sich aus den von seiner Heimatbehörde ausgestellten Personalurkunden (z. B. dem Reisepaß) ergibt.

Dementsprechend sollten für den Namen bedeutsame familienrechtliche *Vorfragen* grundsätzlich unselbständig angeknüpft, also nach dem IPR des von Art. 10 berufenen Rechts beurteilt werden (vgl. oben § 32 IV 2 b).

Ein *Renvoi* ist – wie bei anderen Verweisungen auf das Heimatrecht – zu beachten (Art. 4 I).

2. Weitreichende *Rechtswahlmöglichkeiten*, insbesondere zugunsten von Ehegatten (Art. 10 II, III), schränken den Grundsatz der Maßgeblichkeit des Personalstatuts (Art. 10 I) erheblich ein. Ein *Renvoi* kommt nicht in Betracht, soweit das deutsche Kollisionsrecht ein Wahlrecht einräumt (Art. 4 II). Denkbar ist aber, daß wir gemäß Art. 10 I i. V. m. Art. 4 I 1 ein kollisionsrechtliches Wahlrecht anerkennen, das von dem gemeinsamen ausländischen Heimatrecht der Ehegatten gewährt wird.

Die Rechtswahl im Namensrecht hat offenkundige Vorzüge[5]. Durch sie kann den Wünschen der betreffenden Person in einem gewissen Umfang Rechnung getragen und eine behördliche Bevormundung vermieden werden. Personen mit gewöhnlichem Aufenthalt außerhalb ihres Heimatstaates können sich durch die Rechtswahl ihrer sozialen Umwelt anpassen, und Mitglieder einer Familie mit unterschiedlicher Staatsangehörigkeit haben auf diese Weise die Möglichkeit, ihre Namen in Übereinstimmung zu bringen.

Die Abwahl des eigenen Heimatrechts birgt aber auch Gefahren, insbesondere wenn der Heimatstaat die Rechtswahl nicht anerkennt und der Name im Reisepaß deshalb anders lautet. Daraus können sich Schwierigkeiten mit den Behörden, dem Arbeitgeber und anderen Stellen ergeben[6]. Die Eheleute soll-

---

[5] Siehe die Thesen aus dem MPI zur Reform des IPR, RabelsZ 44 (1980) 355 f.

[6] *Otto*, Pers. Statuut 1984, 81, berichtet über den spanischen Gastarbeiter Diaz Conejo, der auf Wunsch seiner deutschen Frau den Ehenamen Müller gewählt hatte und der anläßlich einer Terroristenfahndung in polizeilichen Gewahrsam genommen wurde, weil sein Führerschein auf den Namen Müller, sein Reisepaß – mangels Anerkennung der Namenswahl durch die spanischen Behörden – aber weiterhin auf den Namen Diaz Conejo lautete.

ten sich deshalb über die Folgen einer geplanten Rechtswahl genauestens unterrichten[7].

3. Der *Adel* richtet sich als Bestandteil des Namens ebenfalls nach dem Personalstatut (Art. 10 I). Die durch den Heimatstaat ausgesprochene Abschaffung des Adels bleibt in ihrer Wirkung nicht – wie eine Enteignung – auf das Gebiet des Heimatstaates beschränkt, sondern ist nach Maßgabe des Heimatrechts grundsätzlich anzuerkennen[8].

4. Ein *Statutenwechsel* ist möglich: Das *jeweilige* Heimatrecht entscheidet über Erwerb, Änderung oder Verlust des Namens. Der einmal erworbene Name ist jedoch im Ordnungsinteresse an Namensklarheit – trotz der wandelbaren Anknüpfung in Art. 10 I – unter dem neuen Statut grundsätzlich als fortbestehend anzusehen[9].

5. Für *behördliche Namensänderungen* sind in der Regel die Heimatbehörden zuständig, die nach ihrem eigenen Recht verfahren (in Deutschland nach dem NÄG).

II. Ehegatten

Die Frage, welcher Name in der Ehe zu führen ist, unterliegt gemäß Art. 10 I EGBGB grundsätzlich ebenfalls dem Heimatrecht. Spanische Ehegatten führen danach z. B. getrennte Familiennamen, auch wenn sie in Deutschland leben. Deutsche Ehegatten haben auch im Ausland einen gemeinsamen Familiennamen als Ehenamen (§ 1355 I BGB).

Die kollisionsrechtliche Regelung schließt freilich nicht aus, daß Eheleute im *gesellschaftlichen* Umgang, also außerhalb des Rechtsverkehrs, ihre Namensführung den Gebräuchen des Aufenthaltslandes anpassen und etwa den durch Geburt erworbenen Namen weiterführen.

Für Ehegatten sieht das deutsche IPR außerdem verschiedene *Wahlmöglichkeiten* vor. Dabei übernimmt es die personenstandsrechtliche Unterscheidung, ob die Ehe im Inland oder im Ausland geschlossen wurde[10].

---

[7] Da entsprechende Unterrichtungsmöglichkeiten nicht bereitgestellt werden, sieht *Ferid* Rz. 5–42,7 in den mehrfachen Wahlmöglichkeiten für die Beteiligten oft ein „Danaergeschenk".

[8] H.M.; siehe etwa BayObLG 16. 6. 1971, BayObLGZ 1971, 204 = StAZ 1972, 12 = IPRspr. 1971 Nr. 7. Deutschen, die ihren Adelstitel vor ihrer Einbürgerung verloren haben, hilft § 3a NÄG.

[9] Allg. Meinung; ihr folgt zu Art. 10 I ausdrücklich BegrRegE, BT-Drucks. 10/504, 47.

[10] Kritisch dazu die Stellungnahme des MPI, RabelsZ 47 (1983) 613.

1. Bei *Eheschließung im Inland* gewährt Art. 10 II für den nach der Eheschließung zu führenden Namen zwei Wahlmöglichkeiten. Sie bestehen nur im Zeitpunkt der Eheschließung (nicht später), und die Wahl muß durch eine gemeinsame Erklärung der Ehegatten gegenüber dem Standesbeamten ausgeübt werden. Der gewählte Name muß nicht notwendig ein gemeinsamer sein; vielmehr können die Ehegatten sich auch für eine unterschiedliche Namensführung entscheiden, wenn eines der wählbaren Rechte dies vorsieht.

a) In *gemischtnationalen Ehen* können die Ehegatten gemäß Art. 10 II Nr. 1 den Ehenamen nach dem Recht eines Staates wählen, dem einer der Ehegatten angehört. Bei Mehrstaatern kann jedes der mehreren Heimatrechte gewählt werden; der in Art. 5 I normierte Vorrang eines Heimatrechts ist hier unbeachtlich. Die Vorschrift will das Anpassungsbedürfnis befriedigen, das entsteht, wenn die Heimatrechte hinsichtlich des Ehenamens nicht übereinstimmen.

b) In *allen Ausländerehen*, seien sie gemischtnational oder nicht, kann gemäß Art. 10 II Nr. 2 der Ehename nach deutschem Recht gewählt werden, wenn einer der Ehegatten seinen gewöhnlichen Aufenthalt im Inland hat. Diese Wahlmöglichkeit will der Umweltbezogenheit des Namens Rechnung tragen. Ihre Ausübung kann sinnvoll sein, wenn die Ehe in Deutschland geführt werden soll.

c) Für *gemischtnationale Ehen*, an denen ein *Deutscher* beteiligt ist, eröffnet Art. 220 IV dem deutschen Ehegatten eine zusätzliche Möglichkeit: Unterliegt die Namensführung des ausländischen Ehegatten einem Recht, das eine Bestimmung des Ehenamens im Sinn des § 1355 II 1 BGB nicht kennt, so kann der deutsche Ehegatte durch einseitige Erklärung gegenüber dem Standesbeamten den Familiennamen des anderen Ehegatten zu seinem Ehenamen bestimmen, wenn dadurch ein gemeinsamer Familienname zustande kommt. Die Vorschrift will verhindern, daß ein gemeinsamer Familienname deshalb nicht entstehen kann, weil der ausländische Ehegatte das deutsche Namensrecht nicht wählen kann oder will. Sie gilt nicht, wenn der ausländische Ehegatte zugleich die deutsche Staatsangehörigkeit besitzt (Art. 5 I 2). Es handelt sich um eine namensrechtliche Sachnorm für Auslandsfälle und nicht um eine Norm des IPR oder des intertemporalen Rechts. Die Vorschrift steht deshalb in Art. 220 nicht am richtigen Ort.

2. Bei *Eheschließung im Ausland* sind die Wahlmöglichkeiten im EGBGB wenig klar und übersichtlich geregelt.

a) In welchem Umfang eine *gemeinsame Wahl bei der Eheschließung* zulässig ist, sagt das EGBGB nicht. Man wird sie gemäß Art. 10 I i. V. m. Art. 4 I 1 EGBGB jedenfalls insoweit anerkennen müssen, als das Heimatrecht beider

Ehegatten eine kollisionsrechtliche Rechtswahl übereinstimmend zuläßt. Selbstverständlich können die Eheleute ein materiellrechtliches Wahlrecht (nach Art des § 1355 II 1 BGB) auch bei einer Eheschließung im Ausland ausüben, wenn das Heimatrecht beider Ehegatten es vorsieht.

In Art. 10 III 1 wird für gemischtnationale Ehen, an der ein deutscher Partner beteiligt ist, die Möglichkeit einer gemeinsamen Erklärung über die Namensführung in der Ehe vorausgesetzt. Im übrigen wird vertreten, bei Heirat im Ausland alle Wahlmöglichkeiten des Art. 10 II analog zu gewähren, weil kein Grund bestehe, den Ehegatten bei Heirat im Ausland eine Rechtswahl zu verwehren, die ihnen bei Heirat im Inland offensteht[11]. Danach wäre die Namenswahl zu beachten, wenn sie dem Heimatrecht eines Ehegatten entspricht (Art. 10 II Nr. 1 analog) oder dem Recht des Eheschließungsortes, wenn einer der Ehegatten dort seinen gewöhnlichen Aufenthalt hat (Art. 10 II Nr. 2 analog).

b) *Nach der Eheschließung* läßt Art. 10 IV eine *gemeinsame Erklärung* über den Ehenamen entsprechend § 1355 II 1 BGB durch solche Ehegatten zu, die noch keinen gemeinsamen Familiennamen führen und von denen mindestens einer nicht Deutscher ist. Dies allerdings nur in zwei Fällen: Wenn einer von ihnen im Zeitpunkt der Erklärung seinen gewöhnlichen Aufenthalt im Inland hat (Nr. 1) oder wenn deutsches Recht für die allgemeinen Wirkungen der Ehe gemäß Art. 14 maßgebend wird (Nr. 2). Für deutsche Ehegatten, die im Ausland geheiratet haben, sieht § 13 a II EheG die Nachholung der in § 1355 II 1 BGB vorgesehenen Erklärung vor. Sinn dieser Erklärungsrechte ist es, den Ehegatten bei Eintritt einer stärkeren Inlandsbeziehung – in aller Regel vermittelt durch einen inländischen gewöhnlichen Aufenthalt wenigstens eines Ehegatten – die Führung des im Inland üblichen gemeinsamen Familiennamens zu ermöglichen.

Die Erklärung ist gemäß Art. 10 IV 2 i. V. m. Abs. 3 Satz 2 abzugeben, wenn die Eintragung des Familiennamens in ein deutsches Personenstandsbuch erforderlich wird, etwa bei der Geburt eines Kindes, spätestens jedoch vor Ablauf eines Jahres nach Rückkehr in das Inland. Der Ausdruck „Rückkehr" ist ungenau; denn ein früherer Aufenthalt im Inland wird nicht vorausgesetzt. Im Falle des Abs. 4 Nr. 1 beginnt die Jahresfrist erst zu laufen, nachdem ein gewöhnlicher Aufenthalt im Inland begründet ist. Dies kann schon am Tag des Eintreffens im Inland geschehen, sofern ein „animus manendi" gegeben ist (siehe oben § 39 II 4 b).

c) Gemäß Art. 10 III kann in *gemischtnationalen Ehen*, an denen ein Deutscher beteiligt ist, *der deutsche Ehegatte* – mangels einer gemeinsamen Erklärung der Ehegatten über ihre Namensführung – einseitig erklären, daß er

---

[11] So *Henrich*, IPRax 1986, 335.

seinen Familiennamen nach dem ausländischen Heimatrecht des anderen Ehegatten führen will. Die Vorschrift gilt nicht, wenn der ausländische Partner zugleich die deutsche Staatsangehörigkeit besitzt (Art. 5 I 2). Für die Erklärung sind die soeben (unter b) geschilderten Fristen zu beachten. Gibt der deutsche Ehegatte keine Erklärung ab, so behält er gemäß Abs. 3 Satz 3 den Familiennamen, den er zur Zeit der Eheschließung geführt hat.

d) Unter den Voraussetzungen des Art. 220 IV EGBGB kann der *deutsche Ehegatte*, der eine Erklärung gemäß Art. 10 III nicht abgegeben hat, später immer noch den Familiennamen des anderen Ehegatten durch öffentlich beglaubigte Erklärung gegenüber dem Standesbeamten zu seinem Ehenamen bestimmen, wenn dadurch ein gemeinsamer Familienname zustande kommt. Der Wunsch des deutschen, mit einem Ausländer verheirateten Ehegatten, einen gemeinsamen Familiennamen zu führen, wird von der deutschen Rechtsordnung also nach Möglichkeit respektiert. Das Erklärungsrecht setzt nicht gewöhnlichen Aufenthalt auch nur eines Ehegatten im Inland voraus[12].

3. Nach *Scheidung der Ehe* gelten – mangels abweichender gesetzlicher Normierung – die Regeln des Art. 10 weiter. Damit ist im Grundsatz für die Namensführung eines jeden Ehegatten sein Heimatrecht anzuwenden (Art. 10 I). Hat sich während der Ehe der Name aufgrund einer ausgeübten Wahlmöglichkeit nach einem anderen Recht bestimmt, so ist es sinnvoll, dieses Recht auch über die Scheidung der Ehe hinaus maßgebend sein zu lassen. Man wird einem geschiedenen Ehegatten jedoch das Recht geben müssen, nach der Scheidung wieder den Namen zu führen, den sein Heimatrecht vorsieht, auch wenn er sich während der Ehe einem anderen Recht unterstellt hatte[13].

III. Kinder

1. Im *Grundsatz* beurteilt sich der Familienname eines Kindes nach seinem Heimatrecht (Art. 10 I; dazu näher oben I 1). Dieser Grundsatz gilt sowohl für eheliche als auch für nichteheliche Kinder.

Unterscheidet das materielle Heimatrecht des Kindes in der Namensfrage zwischen *ehelichen und nichtehelichen Kindern* – wie beispielsweise das BGB –, so bedeutet dies nicht, daß das materielle Heimatrecht des Kindes gemäß Art. 10 I auch berufen wäre, über den Status des Kindes als „ehelich" oder „nichtehelich" zu befinden. Es handelt sich vielmehr um eine Vorfrage, die unter Einschaltung der für sie bestehenden Kollisionsnorm beantwortet wird[14].

---
[12] BegrRegE, BT-Drucks. 10/504, 86.
[13] *Henrich*, IPRax 1986, 336.
[14] Vgl. BGH 9. 7. 1986, NJW 1986, 3022 = IPRax 1987, 22, 1 Aufsatz *Sturm* = IPRspr.

2. Verschiedene *Sonderregeln* lassen die Namensbestimmung nach einer anderen Rechtsordnung als dem Heimatrecht des Kindes zu (Art. 10 V und VI, Art. 220 V). Sie führen durch die Einräumung von Wahlbefugnissen meist zu dem Ziel, daß das Kind den gewünschten Namen führen kann[15]. Dabei unterscheiden sie zwischen ehelichen und nichtehelichen Kindern. Diese im deutschen EGBGB aufgeworfene kollisionsrechtliche *Vorfrage* (Erstfrage) *nach der Ehelichkeit des Kindes* ist immer nach Maßgabe des Art. 19 I zu beantworten.

3. Für *eheliche Kinder* sieht das deutsche Recht in Art. 10 V und Art. 220 V verschiedene Erklärungsmöglichkeiten vor. Sie sind durch den gesetzlichen Vertreter (vgl. Art. 3 MSA, Art. 19 II EGBGB) gegenüber dem Standesbeamten abzugeben.

a) *Gemäß Art. 10 V* werden bei *Ausländerehen*, also für ausländische Kinder, vor der Beurkundung der Geburt folgende Rechte zur Wahl gestellt: das Recht eines Staates, dem ein Elternteil angehört (Nr. 1), und das deutsche Recht, wenn ein Elternteil seinen gewöhnlichen Aufenthalt im Inland hat (Nr. 2). Die Wahlmöglichkeit entspricht derjenigen, die Ehegatten gemäß Art. 10 II für ihren Ehenamen bei der Eheschließung haben (siehe oben II 1).

Ist ein Elternteil *Deutscher* und besitzt das Kind infolgedessen auch die deutsche Staatsangehörigkeit, so ist die Befugnis zur Rechtswahl gemäß Art. 10 V nicht gegeben[16]. Das Kind erwirbt den Ehenamen seiner Eltern (Art. 10 I EGBGB, § 1616 BGB). Wenn die Eltern keinen gemeinsamen Ehenamen führen, besteht das Wahlrecht gemäß Art. 220 V.

b) *Gemäß Art. 220 V* können *Eltern ohne gemeinsamen Ehenamen* als gesetzliche Vertreter bestimmen, welchen Familiennamen, den ein Elternteil führt, das Kind erhalten soll. Die Staatsangehörigkeit der Eltern ist gleichgültig. Die Erklärung ist vor der Beurkundung der Geburt abzugeben. Ist das Kind nicht im Inland geboren und seine Geburt nicht nach § 41 PStG beurkundet worden, so kann die Bestimmung nach Maßgabe des Art. 220 V 2 nachgeholt werden. Wenn der gesetzliche Vertreter keine Wahl trifft, erhält das Kind gemäß Art. 220 V 3 den Familiennamen des Vaters. All dies sind keine Kollisionsnormen, sondern Sachnormen für Auslandsfälle, die sich ins EGBGB verirrt haben. Sie gelten nur bei Anwendbarkeit deutschen Rechts[17].

1986 Nr. 11: Anwendung der *deutschen* Kollisionsnorm; siehe zur Problematik oben § 32 IV 2 b.

[15] Siehe im einzelnen *Henrich*, Anknüpfungsprobleme im Kindesnamensrecht: StAZ 1989, 159.

[16] Verfassungsrechtliche Bedenken gegen diesen Ausschluß erhebt *Grasmann*, StAZ 1989, 126 ff.

[17] Siehe *Henrich*, StAZ 1989, 161.

4. *Nichteheliche Kinder* können gemäß Art. 10 VI den Namen außer nach ihrem Heimatrecht auch nach dem Recht des Staates erhalten, dem ein Elternteil oder ein den Namen Erteilender angehört. Die Vorschrift erfaßt nicht nur die Einbenennung durch den Ehemann der Mutter oder durch den Vater (vgl. im deutschen Recht § 1618 BGB), sondern auch die Fälle eines gesetzlichen Namenserwerbs, etwa als Folge einer Vaterschaftsanerkennung oder einer Legitimation[18].

Die Interessen des Kindes daran, daß ihm durch Namenserteilung kein unerwünschter Name aufgedrängt wird, werden kollisionsrechtlich durch Art. 23 EGBGB geschützt: Die Erforderlichkeit und die Erteilung der Zustimmung des Kindes und einer Person, zu der das Kind in einem familienrechtlichen Verhältnis steht, unterliegen zusätzlich dem Heimatrecht des Kindes (näher dazu unten § 49 IV).

Nicht deutlich ist nach dem Gesetzestext, was die Worte „kann erhalten" in Art. 10 VI bedeuten. Gemeint ist offenbar eine Wahlbefugnis für den Namen; es genügt, wenn eine der alternativ zur Wahl gestellten Rechtsordnungen den Namen zuläßt[19]. Wahlbefugt ist analog Art. 10 V und 220 V der gesetzliche Vertreter des Kindes (vgl. Art. 3 MSA, Art. 20 II EGBGB).

§ 44 Eheschließung

Das EGBGB enthält Kollisionsnormen lediglich für die Eheschließung, nicht für das *Verlöbnis*, das die Gerichte in Auslandsfällen auch nur selten beschäftigt (zu ihm näher unten IV).

I. Voraussetzungen der Eheschließung

1. Im *Grundsatz* unterliegen die materiellen Voraussetzungen der Eheschließung für jeden Verlobten dem Recht des Staates, dem er (unmittelbar vor der Eheschließung) angehört. Das folgt für das autonome deutsche IPR aus Art. 13 I EGBGB.

Auch das *Haager Eheschließungsabkommen* vom 12.6.1902, das vorrangig zu beachten ist (Art. 3 II 1 EGBGB), geht in seinem Art. 1 von diesem Grundsatz aus[1]. Das Abkommen gilt gegenwärtig nur noch im Verhältnis zu Italien und findet gemäß seinem Art. 8 allein auf solche Ehen Anwendung, die in einem Vertragsstaat zwischen Personen geschlossen sind, von denen mindestens eine Angehöriger eines Vertragsstaates ist.

---

[18] BegrRegE, BT-Drucks. 10/504, 47.
[19] *Mansel*, StAZ 1986, 315.
[1] RGBl. 1904, 221.

§ 44 I VII. Kapitel: Die einzelnen Rechtsgebiete

Das neue *Haager Übereinkommen über die Eheschließung und die Anerkennung der Gültigkeit von Ehen* vom 14. 3. 1978[2] ist bislang nur von Australien ratifiziert worden. Es unterscheidet zwischen Voraussetzungen einer Inlandsheirat (Artt. 1–6) und Anerkennung einer Auslandsheirat (Artt. 7–15). Grundsätzlich gilt für die Inlandsheirat das Sach- oder Kollisionsrecht des Heiratsstaates, und eine Auslandsheirat ist anzuerkennen, wenn sie nach dem Recht des Heiratsstaates wirksam geschlossen worden ist. Das Übereinkommen überläßt die Entscheidung also weitgehend dem Heiratsstaat. Die inländischen Vorstellungen sollen nur durchgesetzt werden, wenn im Inland geheiratet wurde; ist die Ehe jedoch im Ausland geschlossen und nach dortigem Recht wirksam, so sollen im Interesse des Vertrauensschutzes und der internationalen Entscheidungsgleichheit abweichende inländische Auffassungen grundsätzlich zurücktreten[3].

Zu den materiellen Voraussetzungen der Eheschließung gehören die beiden Komplexe *Willensbildung* und *Ehehindernisse*. Zur Willensbildung zählen Ehemündigkeit (soweit auch Geschäftsfähigkeit verlangt wird, richtet sich diese nach Art. 7 EGBGB), Erforderlichkeit der Einwilligung Dritter und die Folgen von Willensmängeln.

In Art. 13 I wird eine *gekoppelte*, nicht eine kumulative Anwendung zweier Rechtsordnungen vorgeschrieben (vgl. oben § 20 V). Die den Mann betreffenden Ehevoraussetzungen werden nach seinem Recht, die für die Frau nach ihrem Recht beurteilt. So richtet sich die Ehemündigkeit des Mannes ausschließlich nach seinem Personalstatut und die der Frau nach ihrem.

Bei den *Ehehindernissen* ist freilich zwischen einseitigen und zweiseitigen zu unterscheiden. Das Heimatrecht kann Eheschließungsvoraussetzungen entweder nur für den eigenen Staatsbürger normieren (einseitiges Hindernis) oder aber für beide Partner (zweiseitiges Hindernis). Ob ein Hindernis einseitig oder zweiseitig ist, entscheidet die Auslegung der in Rede stehenden materiellen Norm. Im deutschen Recht wird beispielsweise das Hindernis der Wartezeit (§ 8 I EheG) überwiegend als einseitig aufgefaßt. Das *Verbot der Doppelehe* (§ 5 EheG) gilt dagegen als zweiseitig; es kann die Vorfragen aufwerfen, ob eine frühere Ehe gültig geschlossen[4] und ob sie – etwa durch Scheidung – wirksam aufgelöst wurde[5]. Bei den häufigen zweiseitigen Ehehindernissen kommt die in Art. 13 I vorgeschriebene distributive Anwendung zweier Rechte im Ergebnis einer Kumulation praktisch gleich (siehe oben § 20 V).

---

[2] Text: StAZ 1977, 202; Schw. Jb. Int. R. 34 (1978) 456. Schrifttum: *Böhmer*, StAZ 1977, 185 ff.; *Batiffol*, Rev. crit. 66 (1977) 451, 467 ff.; *Lalive*, Schw. Jb. Int. R. 34 (1978) 31 ff.

[3] Kritisch *Kegel* § 20 IV 5 b; dagegen begrüßt diesen Ansatz die Stellungnahme des MPI, RabelsZ 47 (1983) 624 f.

[4] Dazu BGH 7. 4. 1976, NJW 1976, 1590 = FamRZ 1976, 336 = IPRspr. 1976 Nr. 151 S. 437: selbständige Beurteilung der Vorfrage gemäß Art. 13 EGBGB.

[5] Die früher umstrittene Frage, ob es hierbei auf die Sicht des Heimatstaats oder auf unsere eigene Beurteilung ankommt, ist jetzt durch Art. 13 II Nr. 3 im letzteren Sinn gesetzlich gelöst; dazu sogleich unter 3.

Das Heimatrecht, das ein Ehehindernis aufstellt, sagt auch, ob und mit welcher Wirkung davon *Befreiung* erteilt werden kann. Zuständig sind grundsätzlich die Gerichte oder Behörden des Staates, dem der gehinderte Verlobte angehört oder in dem er seinen gewöhnlichen Aufenthalt hat (str.; siehe §§ 43, 35 a FGG). Die Einschaltung der Heimatbehörde empfiehlt sich, wenn nur so eine hinkende Ehe vermieden werden kann.

2. Der *maßgebende Zeitpunkt* für das Vorliegen der Eheschließungsvoraussetzungen ist die Eheschließung, genauer: der einer Eheschließung unmittelbar vorangehende Zeitpunkt. Durch eine nachträgliche Änderung des Personalstatuts können Eheschließungsmängel also grundsätzlich nicht geheilt werden. Jedoch sind Ausnahmen unter dem Gesichtspunkt des Vertrauensschutzes denkbar (siehe oben § 27 II 3 c).

3. *Ausnahmsweise* kann gemäß Art. 13 II *deutsches Recht* zur Anwendung gelangen. Die Vorschrift enthält eine *spezielle Vorbehaltsklausel* (oben § 36 VIII) zur Sicherung der *Eheschließungsfreiheit*[6]. Die allgemeine Vorbehaltsklausel des ordre public (Art. 6) wird dadurch in den meisten (aber nicht in allen) Fällen verdrängt[7].

Die Bedingungen der Nrn. 1–3 müssen kumulativ erfüllt sein. Nr. 1 fordert als Inlandsbezug, daß ein Verlobter seinen gewöhnlichen Aufenthalt in Deutschland hat oder Deutscher ist. Nr. 3 nennt den Kern der Normierung: Verstoß gegen das Grundrecht der Eheschließungsfreiheit; er kann beispielsweise in einem überzogenen, aus weit entfernter Verwandtschaft abgeleiteten Ehehindernis liegen. In Halbsatz 2 werden mehrere Sonderfälle einer Beeinträchtigung der Eheschließungsfreiheit genannt, unter ihnen der wichtigste, daß ein deutsches Gericht durch rechtskräftiges Urteil eine Ehe geschieden oder sonstwie in ihrem Bestand beseitigt hat; einem deutschen Urteil wird ein ausländisches, im Inland gemäß Art. 7 § 1 FamRÄndG, § 328 ZPO anerkanntes Urteil gleichgestellt. Eine zweite Gruppe von Fällen, die Nr. 3 HS 2 erwähnt, betrifft den Widerspruch zwischen fremdem Heimatrecht und einer deutschen oder im Inland anerkannten Todeserklärung[8] des früheren Ehegatten des Ver-

---

[6] Die Vorschrift verallgemeinert die Erwägungen des BVerfG (BVerfGE 31, 58) zum Sonderfall der im spanischen Heimatrecht eines Verlobten nicht anerkannten Inlandsscheidung; BegrRegE, BT-Drucks. 10/504, 53. Freilich ist die Vorschrift überflüssig, da es Scheidungsverbote in ausländischen Rechten kaum mehr gibt; vgl. *Schwimann*, Der rätselhafte Art. 13 Abs. 2 n. F. EGBGB: StAZ 1988, 35.

[7] Anders *Ferid* Rz. 8–78, 3: Art. 13 II greife nur ein, wenn das ausländische Ehehindernis nicht bereits wegen Verstoßes gegen den ordre public ausgeschaltet sei. – Hiergegen spricht, daß eine besondere Vorbehaltsklausel als Spezialvorschrift vorrangig anzuwenden ist.

[8] Ihr ist nach dem Willen des Gesetzgebers auch ohne ausdrückliche Erwähnung die

§ 44 I VII. Kapitel: Die einzelnen Rechtsgebiete

lobten. Vom inländischen Standpunkt wird dann vermutet, daß die Ehe durch Tod aufgelöst ist.

Eine wesentliche Einschränkung enthält im Interesse der internationalen Entscheidungsgleichheit die Nr. 2. Das Erfordernis, daß die Verlobten alle zumutbaren Schritte zur Behebung von Ehehindernissen unternommen haben müssen, vermeidet das Entstehen hinkender Ehen durch vorschnelle Anwendung des deutschen Rechts. Sieht das Heimatrecht etwa ein förmliches Anerkennungsverfahren für Ehescheidungen seiner Staatsangehörigen im Ausland vor oder läßt es die Befreiung von Ehehindernissen zu, so kommt ein Rückgriff auf deutsches Recht gemäß Art. 13 II grundsätzlich erst in Betracht, nachdem die Verlobten sich um die Erfüllung dieser Erfordernisse bemüht haben. Nur wenn solche Bemühungen wegen der Praxis des Heimatstaates von vornherein als aussichtslos erscheinen, sind sie den Verlobten als unzumutbar zu ersparen[9]. Das Erfordernis der Zumutbarkeit trägt freilich eine beträchtliche Unsicherheit in die Rechtsanwendung.

4. Nach § 10 EheG sollen Ausländer ein *Ehefähigkeitszeugnis* der inneren Behörde ihres Heimatstaates beibringen, daß der Eheschließung nach dem Heimatrecht kein Ehehindernis entgegensteht. Diese verfahrensrechtliche Vorschrift, die durch § 5 a PStG ergänzt wird, soll dem Standesbeamten die von Art. 13 I vorgeschriebene Anwendung ausländischen Rechts erleichtern und Eheschließungen verhindern, die im Heimatstaat eines der Verlobten möglicherweise nicht anerkannt werden. Wird § 10 EheG nicht beachtet, so berührt dies die Wirksamkeit der Eheschließung nicht. Zu einzelnen Auslegungsfragen, etwa wie im Falle einer Rückverweisung oder bei Doppelstaatern zu verfahren ist, nimmt die Dienstanweisung für die Standesbeamten Stellung[10].

„*Ausländer*" im Sinne des § 10 EheG sind nach der Legaldefinition des § 15 der 1. DVO EheG Personen, die die deutsche Staatsangehörigkeit nicht besitzen. Staatenlose mit gewöhnlichem Aufenthalt im Ausland müssen also ein Zeugnis ihres Aufenthaltsstaates beibringen. Auf Staatenlose mit gewöhnlichem Aufenthalt im Inland sollte man § 10 EheG seinem Sinn entsprechend nicht anwenden.

Gemäß § 10 II EheG kann der Präsident des Oberlandesgerichts, in dessen Bezirk die Ehe geschlossen werden soll, von der Beibringung des Ehefähigkeitszeugnisses *Befreiung* erteilen. Die Befreiung kommt in Betracht für Staatenlose und Angehörige solcher Staaten, deren innere Behörden keine Ehefähigkeitszeugnisse ausstellen (§ 10 II 2 EheG). Dies ist häufig der Fall, und der

---

gerichtliche Feststellung des Todeszeitpunktes mit Rücksicht auf die identische Interessenlage gleichzusetzen, BegrRegE, BT-Drucks. 10/504, 53.

[9] BegrRegE, BT-Drucks. 10/504, 53.

[10] BAnz. Nr. 68a vom 11. 4. 1985; abgedruckt und jeweils aktualisiert bei *Schleicher/Quester/Bornhofen*, Dienstanweisung für die Standesbeamten und ihre Aufsichtsbehörden (1987ff.).

OLG-Präsident übernimmt dann die Funktion der Heimatbehörde, indem er prüft, ob für den Verlobten Ehehindernisse bestehen. Ist dies zu verneinen, so besteht Anspruch auf unverzügliche Befreiung[11]. Gemäß § 10 II 3 EheG ist die Befreiung „in besonderen Fällen" aber auch Angehörigen solcher Staaten zu erteilen, deren Behörden Ehefähigkeitszeugnisse ausstellen. Hierher zählen etwa die Fälle, in denen das Heimatrecht ein nach deutscher Auffassung stoßendes Ehehindernis enthält. Insbesondere hat der Präsident des Oberlandesgerichts darüber zu befinden, ob die Erfordernisse des Art. 13 II EGBGB erfüllt sind. Seine Entscheidung ist ein Justizverwaltungsakt, über dessen Rechtmäßigkeit auf Antrag das OLG entscheidet (§ 23 EGGVG).

II. Form der Eheschließung

Für die Form der Eheschließung gelten andere Kollisionsnormen als für die materiellen Voraussetzungen. Was zur Form und was zum Inhalt zu zählen ist, muß im Wege funktioneller Qualifikation (oben § 17) bestimmt werden. So ist die Art und Weise der Erklärung des Ehekonsenses – vor einem Standesbeamten oder vor einem Priester – eine Sache der Form. Denn selbst wenn aus kirchlicher Sicht der priesterliche Segen über das Brautpaar als mitbegründend für die Ehe angesehen wird, sozusagen als drittes Element der Eheschließung neben den beiden Konserserklärungen, ist die Mitwirkung des Priesters in Deutschland dennoch „funktionell" als Frage der Form zu qualifizieren, weil sie praktisch unserer standesamtlichen Form der Eheschließung gleichkommt[12]. Zur Eheschließungsform zählt im Kollisionsrecht traditionell auch das Aufgebot (vgl. oben § 16 II 2).

Nach deutschem IPR ist zu unterscheiden, ob die Eheschließung im Inland oder im Ausland erfolgte.

1. Bei *Heirat im Inland* greift die Sonderregelung des Art. 13 III EGBGB ein.

a) Im *Grundsatz* kann eine Ehe im Inland nur in der hier vorgeschriebenen Form geschlossen werden (Art. 13 III 1). Die Regel des Art. 11 I, nach der ein Rechtsgeschäft auch dann formgültig ist, wenn es den Formerfordernissen des in der Sache anwendbaren Rechts genügt, kommt bei Heirat im Inland nicht zur Anwendung. Zur Formgültigkeit einer Inlandsehe ist also die Eheschließung vor dem Standesbeamten notwendig, auch wenn nach dem ausländischen Personalstatut beider Verlobten eine andere Eheschließungsform zulässig oder geboten ist (z.B. kirchliche oder konsularische Eheschließung). Die

---
[11] BGH 12.5.1971, BGHZ 56, 180, 184 = IPRspr. 1971 Nr. 40 S. 121 f.
[12] Grundlegend RG 6.4.1916, RGZ 88, 191 (193).

Vorschrift bildet die kollisionsrechtliche Ausformung des innerstaatlichen Prinzips der obligatorischen Zivilehe.

Die *rechtspolitische Berechtigung* der Durchsetzung dieses Grundsatzes bei im Inland geschlossenen Ausländerehen ist umstritten. In der Wissenschaft wurde überwiegend seine Abschaffung und eine Rückkehr zu der Grundnorm des Art. 11 I gefordert[13]; denn der Zwang zur Inlandsform hat in der Vergangenheit bisweilen zu „hinkenden" Ehen geführt (vgl. oben § 35). Demgegenüber spricht für die Lösung des EGBGB, die sich z. B. auch in § 16 I öst. IPR-Gesetz findet, das öffentliche Interesse an Rechtsklarheit und Rechtssicherheit über die Personenstandsverhältnisse der im Inland lebenden Personen[14]. Auch ist die Gefahr, daß durch den Zwang zur Inlandsform hinkende Ehen geschlossen werden, praktisch geringer geworden, nachdem Griechenland und Spanien, die ihren Staatsangehörigen früher die religiöse Eheschließung vorschrieben, die fakultative Zivilehe eingeführt haben.

b) Eine eng umgrenzte *Durchbrechung des Grundsatzes* „Inlandsehe – Inlandsform" enthält Art. 13 III 2 (früher § 15 a I EheG): Ist kein Verlobter Deutscher, so kann die Ehe vor einer von der Regierung des Heimatstaats eines der Verlobten ordnungsgemäß ermächtigten Person (z. B. Konsul, Truppenoffizier, Geistlicher) geschlossen werden, und zwar in der Form, die das Recht dieses Staates vorschreibt. Während für konsularische oder diplomatische Vertreter und Truppenoffiziere eine allgemeine gesetzliche Ermächtigung zur Eheschließung durch den Heimatstaat genügt[15], ist für Geistliche bislang in der Regel eine persönliche Benennung erforderlich; die allgemeine gesetzliche Anerkennung der kirchlichen Eheschließung durch den Heimatstaat bedeutet nämlich noch nicht, daß der Geistliche auch zu Trauungen im Ausland ermächtigt ist und daß der Heimatstaat die Gewähr für eine seinen Gesetzen entsprechende formgerechte Eheschließung übernimmt[16]. Ein gesetzlicher oder sonstiger staatlicher Akt, durch den der fremde Staat bestimmte Priester zu Auslandseheschließungen ermächtigt und damit die Gewähr für die Gültigkeit ihrer Trauungen übernimmt, wäre indes als „ordnungsgemäße Ermächtigung" anzuerkennen[17]. Fehlt die Ermächtigung, so ist die Ehe in Deutschland eine Nichtehe.

Nicht erforderlich ist, daß beide Verlobte die gleiche Staatsangehörigkeit besitzen, sofern nur ein Verlobter dem Staat angehört, der die Ermächtigung

---

[13] Siehe Reform des deutschen IPR, hrsg. von *Dopffel/Drobnig/Siehr* (1980) 174; Stellungnahme des MPI, RabelsZ 47 (1983) 622.

[14] *Kühne*, IPR-Gesetz-Entwurf (1980) 213 (§ 37 Nr. 2), wollte die Auslandsform zwar zulassen, dem Interesse daran, daß im Inland geschlossene Ehen aus dem inländischen Personenstandsbuch ersichtlich sind, aber dadurch Rechnung tragen, daß die Eheschließung zu ihrer Gültigkeit im Inland der Eintragung beim Standesamt 1 in Berlin (West) bedarf; ablehnend BegrRegE, BT-Drucks. 10/504, 53.

[15] OLG Hamm 14. 11. 1985, FamRZ 1986, 678 Anm. *Bosch* = IPRspr. 1985 Nr. 60.

[16] BGH 22. 1. 1965, BGHZ 43, 213 = IPRspr. 1964–65 Nr. 81 b.

[17] Siehe *Hepting*, Die „ordnungsgemäße Ermächtigung" in Art. 13 Abs. 3 Satz 2 EGBGB n. F.: StAZ 1987, 154 (157 f.).

ausgesprochen hat. Art. 13 III 2 setzt aber voraus, daß kein Verlobter Deutscher oder auch nur deutscher Doppelstaater ist (arg. Art. 5 I 2). Wenn also beispielsweise in der ägyptischen Botschaft in Bonn Eheschließungen zwischen deutschen und ägyptischen Staatsangehörigen vorgenommen werden, sind diese Ehen zwar in Ägypten gültig, in der Bundesrepublik Deutschland jedoch ungültig[18].

Den *Beweis* einer gemäß Art. 13 III 2 gültig geschlossenen Ehe erbringt gemäß Halbsatz 2 eine beglaubigte Abschrift der Eintragung in das konsularische Standesregister des Entsendestaates, während eine beglaubigte Abschrift aus dem Kirchenbuch nicht genügt[19].

2. Bei *Heirat im Ausland* gilt die allgemeine Formvorschrift des Art. 11 I. Für den deutschen Rechtsbereich ist eine in einem anderen Staat geschlossene Ehe also formgültig, wenn die Form entweder dem Geschäftsrecht (Heimatrecht beider Verlobten) oder den Vorschriften des Ortes der Eheschließung entsprochen hat. Bei Einhaltung der Ortsform fragen wir nicht danach, ob das ausländische Heimatrecht eines Verlobten die Ortsform ebenfalls genügen läßt.

Auch Deutsche können im Ausland in der jeweiligen Ortsform heiraten, und häufig steht ihnen dort nur die Ortsform offen. Beispielsweise ist eine kirchliche Eheschließung Deutscher formgültig, wenn das Recht des Eheschließungsortes die kirchliche Trauung zumindest fakultativ gestattet. Selbst wenn zwei Deutsche nur deshalb im Ausland nach dortigem Recht in religiöser Form heiraten, weil sie die Zivilehe vermeiden wollen, ist das unbedenklich und keine Gesetzesumgehung. Denn mit der Regel „locus regit actum" erkennen wir an, daß jedes Land bestimmt, in welcher Form auf seinem Gebiete die Ehe geschlossen werden darf.

Auch wenn das ausländische Ortsrecht gar keine Form verlangt und sich mit der bloßen Konsensabgabe ohne Zuziehung eines Trauungsorgans begnügt – so das Recht einiger Gliedstaaten der Vereinigten Staaten von Amerika bei der sog. *Common-Law-Ehe*[20] – ist die Ehe für uns formgültig. Befinden sich die Nupturienten bei der Konsensabgabe in verschiedenen Staaten, so liegt es im Sinne des favor negotii, die Ehe als wirksam zu betrachten, wenn einer der beiden Staaten die formlose Eheschließung zuläßt (vgl. Art. 11 II).

In der Form ihres Heimatrechts können Deutsche in manchen Staaten (vor allem im Vorderen und Mittleren Orient) vor dem deutschen *Konsularbeamten*

---

[18] Siehe Recht 1984, 103.
[19] *Ferid* Rz. 8–43 weist darauf hin, daß die Beibringung eines Standesregisterauszuges im Sinne des Art. 13 III 2 (z. B. um Kindergeld zu erhalten) oft wesentlich mühsamer ist als die Erlangung eines Personenstandsauszugs bei deutschen Standesämtern – ein Nachteil der Eheschließung vor einer besonders ermächtigten Trauungsperson.
[20] Siehe *H.-F. Thomas*, Formlose Ehen (1973) 150.

§ 44 II VII. Kapitel: Die einzelnen Rechtsgebiete

heiraten. Einschlägig ist § 8 KonsularG[21]. Danach sind die Konsularbeamten in einigen besonders bezeichneten Konsularbezirken befugt, Eheschließungen vorzunehmen und zu beurkunden, sofern mindestens einer der Verlobten Deutscher und keiner von ihnen Angehöriger des Empfangsstaates ist. Sie gelten dabei als Standesbeamte im Sinne der deutschen Vorschriften.

3. Auch eine *Eheschließung durch Stellvertreter* ist wirksam, wenn sie in einem Land erfolgt, das diese Art der Eheschließung kennt, oder wenn das Personalstatut beider Nupturienten sie zuläßt (Art. 11 I EGBGB). Man nennt eine solche Ehe *Handschuhehe*, ein Name, der vom Handschuh als Symbol der Vollmacht abgeleitet ist. In der Regel handelt es sich um eine Vertretung in der formellen Erklärung des Willens und in der Anwesenheit vor dem Trauungsorgan, also um eine Vertretung nicht in einer Sachvoraussetzung der Ehe (im Ehewillen), sondern in der Form.

Der Ort einer Eheschließung durch Stellvertreter, die vor einem Standesbeamten, Religionsdiener oder einer sonstigen Amtsperson erfolgt, wird schon in Hinblick auf diese Amtsperson ausschließlich an deren Aufenthaltsort lokalisiert. Eine Handschuhehe wird also dort eingegangen, wo der Bevollmächtigte die Erklärung überbringt und demgemäß die zur ehelichen Bindung führenden Erklärungen zusammentreffen[22]. Wo die Vollmachtsurkunde unterzeichnet wurde, ist nicht entscheidend. Insbesondere hindert die spezielle Vorbehaltsklausel des Art. 13 III 1 (Inlandsform für Inlandsehen) einen in Deutschland befindlichen Verlobten nicht, hier die Vollmacht für eine ausländische Eheschließung durch einen Stellvertreter auszustellen; denn die genannte Vorschrift will nur innerhalb Deutschlands die Autorität der standesamtlichen Eheschließung gegenüber der kirchlichen, konsularischen oder gar privaten Heirat sichern und nicht etwa die Eheschließung vor einem Standesbeamten oder Priester im Ausland erschweren.

Einige islamische Länder kennen bei der Eheschließung sogar eine Stellvertretung im Willen, die dem Vertreter die Auswahl des Ehepartners ermöglicht. Die Handschuhehe durch einen solchen Stellvertreter betrifft auch die materiellen Voraussetzungen der Eheschließung, so daß Art. 13 I zur Anwendung gelangt. Das Vertretungsverbot des deutschen Rechts ist als zweiseitiges Ehehindernis aufzufassen. Stellvertretung im Willen unter deutscher Beteiligung führt deshalb auch dann zu einer Nichtehe, wenn nicht der deutsche Partner, sondern der andere sich hat vertreten lassen[23].

---

[21] BGBl. 1974 I 2317.
[22] Vgl. Art. 11 III; ferner vor Erlaß dieser Bestimmung BGH 19. 12. 1958, BGHZ 29, 237 = IPRspr. 1958–59 Nr. 112, vorbereitet durch *Neuhaus*, RabelsZ 15 (1949/50) 580 ff. Ferner KG 28. 10. 1957, FamRZ 1958, 324 = IPRspr. 1956–57 Nr. 99; OLG Bremen 31. 10. 1974, FamRZ 1975, 209 = IPRspr. 1974 Nr. 51; dazu *Dieckmann*, StAZ 1976, 33 ff. Siehe auch *Neuhaus*, RabelsZ 25 (1960) 185 (Bespr. von *Dieckmann*, Die Handschuhehe deutscher Staatsangehöriger nach deutschem IPR, 1959).
[23] Siehe *Staudinger-von Bar* Art. 13 Rz. 343 m. Nachw.

III. Fehlerhafte Eheschließung

Für die Folgen von Fehlern bei der Eheschließung ist wiederum zu unterscheiden, ob eine materielle Voraussetzung gefehlt hat oder ob die Form nicht eingehalten worden ist.

1. Die *Folgen eines materiellen Mangels* bestimmt das nach Art. 13 I EGBGB berufene Recht. Das verletzte Recht entscheidet, um welche Art der Fehlerhaftigkeit der Ehe es sich handelt (z. B. Nichtehe, nichtige oder aufhebbare bzw. anfechtbare Ehe) und wer zur Erhebung der Klage berechtigt ist[24]. Sind beide Heimatrechte verletzt und ordnen sie verschiedene Wirkungen für den Bestand der Ehe an, so setzt sich das ärgere Recht durch (z. B. Nichtehe geht vor nichtige Ehe etc.).

2. Die *Folgen eines Formmangels* regelt ebenfalls die verletzte Rechtsordnung. Bei einer Heirat im Inland, für die nach Art. 13 III nur die deutsche Form zulässig ist, entscheidet deutsches Recht auch allein über die Konsequenzen eines Formfehlers. Bei einer Heirat im Ausland, für die gemäß Art. 11 I das Personalstatut beider Ehegatten und das Ortsrecht alternativ gilt, setzt sich das mildere Recht durch[25]. Das entspricht dem Günstigkeitsprinzip, das dem Art. 11 zugrunde liegt.

3. Die *Wirkungen einer vernichteten Ehe* mag man im Bereich der persönlichen und güterrechtlichen Beziehungen der Ehegatten wegen des engen Zusammenhanges ebenfalls dem gemäß Art. 13 ermittelten Nichtigkeitsstatut unterstellen. Für die entfernteren Fragen der Folgen für den Namen, den Unterhalt (vgl. dort die Sonderregelung in Art. 18 IV 2) und die Rechtsstellung der Kinder gelten jedoch grundsätzlich die für diese Fragen bestehenden besonderen Kollisionsnormen (Artt. 10, 18, 19)[26].

4. *Härten*, die aus der Annahme einer fehlerhaften Ehe in Auslandsfällen entstehen können, lassen sich – namentlich mit Blick auf den notwendigen Vertrauensschutz – bisweilen vermeiden; insbesondere kann eine *Heilung* von Eheschließungsmängeln in Betracht kommen (siehe oben § 27 II 3 c). Mitunter vermag auch eine *weite Auslegung* der in Rede stehenden materiellen Norm zu helfen, etwa indem im deutschen Sozialversicherungsrecht als „Witwen" auch Hinterbliebene aus „hinkenden" Ehen anerkannt werden (siehe oben § 32 II).

---

[24] RG 22. 4. 1932, RGZ 136, 142 (143) = IPRspr. 1932 Nr. 146.
[25] Siehe im einzelnen *Staudinger-von Bar* Art. 13 Rz. 352.
[26] Str.; siehe zum Streitstand etwa *Staudinger-von Bar* Art. 13 Rz. 197 ff.

IV. Verlöbnis

Auf das Verlöbnis können die eherechtlichen Kollisionsnormen entsprechend angewendet werden. Ein Renvoi ist gemäß Art. 4 I zu befolgen.

1. Die materiellen *Voraussetzungen des Verlöbnisses* bestimmen sich analog Art. 13 I für jeden Partner nach seinem Heimatrecht. Die Verlobung ist also nur wirksam, wenn beide Heimatrechte sie gestatten.

2. Für die *Form* gilt Art. 11 I. Für eine entsprechende Anwendung des Art. 13 III besteht kein Anlaß, zumal das Verlöbnis nach deutschem Recht formfrei ist.

3. Die Anknüpfung des *Verlöbnisbruchs* war bislang umstritten[27]. Nach der Neuregelung des IPR im Jahre 1986 liegt es nahe, Art. 14 über die Ehewirkungen analog anzuwenden. Die Vorschrift nimmt im Internationalen Familienrecht eine zentrale Stellung ein (siehe sogleich § 45 I 2), und sie gilt gemäß Art. 17 I 1 namentlich für die dem Verlöbnisbruch vergleichbare Scheidung. Die dort – mangels einer gemeinsamen Staatsangehörigkeit – vorgesehene Anknüpfung an den gemeinsamen gewöhnlichen Aufenthalt (Art. 14 I Nr. 2) ist auch sachgerecht, weil das Recht der Umwelt, in der die Verlobten leben, durchaus geeignet ist, die Folgen eines Verlöbnisbruchs zu regeln.

Wenn das berufene ausländische Recht einen Anspruch, der funktionell einem solchen aus §§ 1298 ff. BGB entspricht, nicht als Verlöbnisfolge gewährt, sondern aus einem anderen Rechtsgrund (etwa aus Delikt, wie in einigen romanischen Rechten), beeinflußt dies unsere kollisionsrechtliche Zuordnung zum Verlöbnisrecht gemäß der Lehre von der funktionellen Qualifikation nicht. Liegt in der abweichenden Qualifikation eine Rückverweisung, so ist diese zu beachten[28]. In besonders krassen Fällen des Verlöbnisbruchs, in denen auch nach deutscher Auffassung ein Anspruch aus unerlaubter Handlung in Betracht kommt (vgl. §§ 825, 826 BGB), sollte der deliktsrechtliche Anspruch mittels akzessorischer Anknüpfung (dazu unten § 53 V 3) ebenfalls dem Verlöbnisstatut entnommen werden.

---

[27] Siehe zu der ungewöhnlichen Meinungsvielfalt etwa *Staudinger-von Bar* Anh. zu Art. 13 Rz. 12 ff. Überwiegend wurde – mangels eines gemeinsamen Heimatrechts der Verlobten – auf das Recht des Verpflichteten abgestellt, also im Regelfall auf das Heimatrecht des Mannes; anders *Neuhaus* 191 f.: Heimatrecht der Frau.

[28] Str.; siehe allgemein oben § 24 II 1. Speziell zu der hier erörterten Frage ebenso IPG 1970 Nr. 3 S. 29 (Hamburg); anders *Staudinger-von Bar* Anh. zu Art. 13 Rz. 19.

§ 45 Ehewirkungen

Die Frage nach dem auf die Wirkungen der Ehe anwendbaren Recht ist mangels staatsvertraglicher Bindungen regelmäßig nach den nationalen *deutschen* Kollisionsnormen zu beantworten. Diese unterscheiden zwischen allgemeinen Ehewirkungen (Art. 14 EGBGB) und güterrechtlichen Wirkungen (Art. 15 EGBGB). Die *Erstfrage* nach dem Bestehen einer Ehe beurteilt sich jeweils nach Art. 13 EGBGB (siehe oben § 32 III). Ist danach eine Ehe gültig geschlossen, während das Ehewirkungsstatut (Artt. 14, 15) die Ehe als ungültig betrachtet, so ist das Ehewirkungsstatut gleichsam „fiktiv" anzuwenden (siehe oben § 35 IV 2).

Die einschlägigen *Staatsverträge* der Haager Konferenz sind für die Bundesrepublik Deutschland nicht in Kraft.

Das *Haager Ehewirkungsabkommen* vom 17. 7. 1905, das sowohl die persönlichen Ehewirkungen als auch das Güterrecht umfaßt, hat die Bundesrepublik Deutschland mit Wirkung zum 23. 8. 1987 gekündigt[1]. Es knüpfte für die persönlichen Ehewirkungen an die gemeinsame Staatsangehörigkeit an (Art. 1 I), für den gesetzlichen Güterstand und die inhaltliche Gültigkeit eines Ehevertrages an die Staatsangehörigkeit des Mannes (Artt. 2 I und 5 I). Diese güterrechtliche Regelung verstieß gegen das Gleichberechtigungsgebot (Art. 3 II GG), und schon deshalb war es sinnvoll, das Abkommen zu kündigen.

Das neue *Haager Ehegüterrechtsübereinkommen* vom 14. 3. 1978 wurde bislang nur von Frankreich und Luxemburg ratifiziert und ist noch nicht in Kraft getreten[2]. Es will allseitig gelten, also auch wenn die Ehegatten einem Nichtvertragsstaat angehören oder wenn auf das Recht eines Nichtvertragsstaates verwiesen wird (Art. 2). Das Übereinkommen stellt die Parteiautonomie an die Spitze (Art. 3); sie ist in ähnlichem Umfang zugelassen wie in Art. 15 II EGBGB. Wurde keine Rechtswahl getroffen, gilt – anders als in Art. 15 I EGBGB – grundsätzlich das materielle Recht des ersten gemeinsamen gewöhnlichen Aufenthalts der Ehegatten nach der Eheschließung (Art. 4 I). Jedoch gibt es von diesem Grundsatz zahlreiche Ausnahmen und eine Vorbehaltsmöglichkeit (Art. 5), um auch die Länder des Staatsangehörigkeitsprinzips zu gewinnen. Die Folge ist ein unübersichtlicher Kompromiß, der weder in den Staaten des Domizil- noch des Staatsangehörigkeitsprinzips sonderlichen Anklang finden kann. Ähnlich verwickelt ist das Übereinkommen in der Frage eines Statutenwechsels; im Grundsatz soll Unwandelbarkeit gelten, aber die Durchbrechungen sind wichtig (Art. 7).

---

[1] RGBl. 1912, 453; Kündigung BGBl. 1986 II 505.
[2] Text: RabelsZ 41 (1977) 554. Schrifttum: *Batiffol*, Rev. crit. 66 (1977) 451 (453 ff.); *Beitzke*, RabelsZ 41 (1977) 457 ff.; *Loussouarn*, Clunet 106 (1979) 5 ff.; *Watté*, J. Trib. 101 (1982) 661 ff.

I. Allgemeine Ehewirkungen und Familienstatut

In Art. 14 I EGBGB ist die wichtigste Bestimmung des deutschen Internationalen Familienrechts enthalten. Die Vorschrift regelt zwar unmittelbar nur, welches Recht auf die allgemeinen Wirkungen der Ehe anzuwenden ist. Sie hat aber – wie unter 2 gezeigt wird – auch in vielen anderen Bereichen des Familienrechts Bedeutung, weil das EGBGB in mehreren Bestimmungen auf Art. 14 I Bezug nimmt.

1. Der unmittelbare *Anwendungsbereich* des Art. 14 I erfaßt die Sachbereiche, welche die persönlichen Rechtsbeziehungen der Ehegatten zueinander sowie ihr Verhältnis zu Dritten betreffen (vgl. im BGB §§ 1353–1362). Dazu gehören die Pflicht zur ehelichen Lebensgemeinschaft und ihr Gegenstück, das Recht zum Getrenntleben[3], die Haushaltsführung, die Mitarbeit im Geschäft des anderen Ehegatten, die Berechtigung beider Ehegatten zu eigener Erwerbstätigkeit, die Schlüsselgewalt, der Haftungsmaßstab und die Eigentumsvermutungen[4]. Auch persönliche Nachwirkungen aus einer geschiedenen Ehe, wie Auskunftsansprüche, fallen unter Art. 14[5]. Bei Ansprüchen auf Zuteilung von Hausrat und Ehewohnung bei bestehender Ehe wird es sich meist um Art. 18 unterliegende Unterhaltsansprüche handeln[6]. Auch ausländische Rechtseinrichtungen, die dem deutschen Recht unbekannt sind, können zu den allgemeinen Ehewirkungen zählen, wie das Verbot bestimmter Rechtsgeschäfte (Schenkung) unter Ehegatten in einigen romanischen Rechtsordnungen[7]. Die in manchen Rechten als Ehewirkung vorgesehene Legalhypothek am Grundbesitz des anderen Ehegatten wird für deutschen Grundbesitz freilich nicht anerkannt, weil sie als unverträglich mit dem deutschen sachenrechtlichen System gilt.

Nicht unter Art. 14 fallen der Ehename, das Ehegüterrecht und der Ehegattenunterhalt. Für diese Fragen gelten die besonderen Kollisionsnormen für den Namen (Art. 10), das Güterrecht (Art. 15) und für den Unterhalt (Art. 18).

2. Als *Familienstatut* wird das von Art. 14 I berufene Recht bezeichnet, weil es nicht nur die allgemeinen Ehewirkungen beherrscht, sondern auch andere familienrechtliche Verhältnisse. Es gilt im Bereich des Eherechts zusätzlich für

---

[3] BGH 28. 1. 1976, NJW 1976, 1028 = IPRspr. 1976 Nr. 34.

[4] BegrRegE, BT-Drucks. 10/504, 54. Zu beachten ist die Verkehrsschutzbestimmung des Art. 16.

[5] Vgl. BGH 8. 2. 1984, NJW 1984, 2040 = IPRspr. 1984 Nr. 48.

[6] Str.; siehe OLG Hamm 15. 11. 1988, FamRZ 1989, 621 m. Nachw. Zur Zuteilung nach erfolgter Ehescheidung siehe unten § 46 II 2. Bei Eilmaßnahmen ist nur dann die lex fori anzuwenden, wenn das eigentlich maßgebende Recht nicht in angemessener Zeit ermittelt werden kann; siehe oben § 31 III 3 b.

[7] Das Verbot kann nach seinem Zweck auch güterrechtlich zu qualifizieren sein; siehe zum Verbot von Gesellschaftsverträgen unter Ehegatten oben § 15 II 1.

§ 45 Ehewirkungen   § 45 I

den Güterstand (Art. 15 I) und für die Scheidung (Art. 17 I 1), wobei freilich jeweils der Anknüpfungszeitpunkt unterschiedlich festgelegt ist. Die Regelung des Art. 14 I greift außerdem in den Bereich des Kindschaftsrechts hinüber; auf Art. 14 I wird verwiesen für die eheliche Abstammung (Art. 19 I 1), das Rechtsverhältnis zwischen Eltern und ehelichen Kindern (Art. 19 II 1), die Legitimation durch nachfolgende Ehe (Art. 21 I 1) und die Adoption durch einen oder beide Ehegatten (Art. 22 Satz 2).

Die einheitliche Anknüpfung soll dem Gedanken der Familieneinheit bei vollständigen Familien Rechnung tragen. Indes ist der dafür gezahlte Preis hoch. Denn die Erstreckung des Ehewirkungsstatuts auf das Kindschaftsrecht verhindert eine Anknüpfung an das Kind als Hauptperson, um deren Wohl es im Kindschaftsrecht geht, und sie zementiert die mißliche Unterscheidung zwischen ehelichen und nichtehelichen Kindern.

3. Die in Art. 14 I aufgestellte *familienrechtliche Anknüpfungsleiter* – wie man sie nennen sollte[8] – hat drei markante Sprossen: zuerst kommt die Anknüpfung an die Staatsangehörigkeit, dann die an den gewöhnlichen Aufenthalt und schließlich die sonstige engste Verbindung. Entscheidend sind immer *beide* Ehegatten. Denn nur die Anknüpfung an Gemeinsames entspricht dem Gleichberechtigungsgebot (Art. 3 II GG). Weil es auf den ersten Stufen fehlen kann, braucht man eine ganze Leiter von Anknüpfungen.

Die Anknüpfungen an die *Staatsangehörigkeit* und an den *gewöhnlichen Aufenthalt* sind die beiden Säulen, auf denen das deutsche Internationale Familienrecht ruht, und sie tragen – mit all ihren Vor- und Nachteilen (siehe oben §§ 38 und 39) – auch das Familienstatut.

a) Bei *Doppelstaatern* muß die effektive Staatsangehörigkeit (Art. 5 I 1) gemeinsam sein. Eine durch die Eheschließung hinzuerworbene Staatsangehörigkeit ist in der Regel nicht sogleich die effektive. Für Doppelstaater mit deutscher Staatsangehörigkeit soll nach dem Willen des Gesetzgebers keine Effektivitätsprüfung stattfinden, sondern die Rechtsstellung als Deutscher vorgehen (Art. 5 I 2). Ist beispielsweise ein Deutscher mit einer deutsch-ausländischen Doppelstaaterin verheiratet und lebt mit ihr in ihrem ausländischen Heimatstaat, so ist gemäß Art. 5 I 2 das deutsche Recht maßgebend, obwohl die Ehefrau durch den gewöhnlichen Aufenthalt engere Verbindungen zu ihrem ausländischen als zu ihrem deutschen Heimatrecht hat. Rechtspolitisch überzeugender wäre hier die Annahme eines verschiedenen Personalstatuts der

---

[8] Siehe zum Begriff der Leiter oben § 20 III. Der bisweilen verwendete Ausdruck *Kegelsche Leiter* ist weniger treffend, nachdem *Kegel* zwar die Bildung einer Leiter vorgeschlagen hat, die Gesetz gewordene Fassung aber nicht billigt; siehe *Kegel* § 20 V 1 a.

§ 45 I   VII. Kapitel: Die einzelnen Rechtsgebiete

Ehegatten und die Anwendung des gemeinsamen Aufenthaltsrechts gemäß Art. 14 I Nr. 2; aber de lege lata scheint dieser Weg versperrt[9].

b) *Verliert ein Ehegatte die gemeinsame Staatsangehörigkeit*, während der andere sie beibehält, so bleibt es nach Art. 14 I Nr. 1 bei der bisherigen Anknüpfung. Hier wird um der Kontinuität willen der Blick rückwärts gerichtet, und das überzeugt nicht bei einem Statut, das im übrigen wandelbar gestaltet wurde (siehe sogleich unter 4). Warum soll beispielsweise das Familienstatut für Spanier, die seit langem in Deutschland leben und hier bleiben wollen, auch dann noch das spanische Recht sein, wenn ein Ehegatte bereits die Konsequenzen gezogen und die deutsche Staatsangehörigkeit erworben hat?

c) Die an letzter Stelle (in Art. 14 I Nr. 3) genannte sonstige gemeinsame *engste Verbindung* mit dem Recht eines Staates bildet einen Auffangtatbestand, der den Richter veranlassen soll, geleitet durch den Gerechtigkeitsgehalt des IPR, relevante Faktoren aufzuspüren[10]. Der Gesetzgeber hat davon abgesehen, solche Faktoren beispielhaft im Gesetz aufzuführen, aber in der Gesetzesbegründung die folgenden sechs Momente genannt[11]: (1) gemeinsame *soziale Bindung* an einen Staat durch Herkunft (im weiteren Sinne), Kultur, Sprache oder berufliche Tätigkeit; (2) gemeinsamer *einfacher Aufenthalt*, der freilich nicht nur ganz vorübergehend sein darf; (3) *letzter* gemeinsamer *gewöhnlicher Aufenthalt*, wenn keiner der Ehegatten sich mehr dort befindet, einer aber diesem Staat angehört; (4) *beabsichtigte* Begründung einer *gemeinsamen Staatsangehörigkeit*[12]; (5) *beabsichtigte* Begründung eines (ersten) *gemeinsamen gewöhnlichen Aufenthalts*; (6) *Ort der Eheschließung*, sofern diese Verbindung durch die Staatsangehörigkeit, den gewöhnlichen Aufenthalt eines Ehegatten oder sonstige Momente verstärkt wird, also nicht als rein zufällig erscheint. – Freilich ist die Aufzählung nicht abschließend, und der den Ehegatten gemeinsame Schwerpunkt kann sich im Einzelfall auch aus einem anderen Faktor oder aus einer Kombination mehrerer Faktoren ergeben.

Ein *Renvoi* sollte – wie in den anderen Fällen des Art. 14 I – auch bei der subsidiären Anknüpfung an die engste Verbindung beachtet werden (näher oben § 24 II 3 a).

---

[9] Anders *Siehr*, in: FS Ferid (1988) 443.
[10] Siehe zum Prinzip der engsten Verbindung oben § 4 II.
[11] Bericht des Rechtsausschusses, BT-Drucks. 10/5632, 41.
[12] Nicht relevant ist ein durch die Eheschließung bewirkter Erwerb der Staatsangehörigkeit des anderen Ehegatten, wenn die bisherige Staatsangehörigkeit die effektive bleibt; auch eine frühere gemeinsame Staatsangehörigkeit beider Ehegatten ist unerheblich, wenn keiner der Ehegatten diesem Staat mehr angehört, weil sich dann beide vollständig von diesem Staat gelöst haben; Bericht des Rechtsausschusses, BT-Drucks. 10/5632, 41.

4. Das Ehewirkungsstatut ist *wandelbar*. Es ist also das *jeweilige* Heimat- oder Aufenthaltsrecht zugrunde zu legen. Das IPR berücksichtigt mit Recht einen Wechsel in den maßgeblichen Anknüpfungsmomenten, der sich im Laufe einer langen Ehe vollziehen kann.

II. Allgemeine Ehewirkungen und Rechtswahl

Die Ehegatten können das Ehewirkungsstatut in den von Art. 14 II–IV gezogenen, äußerst engen Grenzen wählen. Ein Renvoi ist dann ausgeschlossen (Art. 4 II EGBGB; Näheres zu allgemeinen Fragen der Parteiautonomie siehe oben § 40). Zur Wahl steht im Rahmen des Art. 14 jeweils nur ein Heimatrecht der Ehegatten, nicht das Recht des gewöhnlichen Aufenthaltes. Ausländische Ehegatten gleicher Staatsangehörigkeit können also nicht das Recht ihres gemeinsamen gewöhnlichen Aufenthalts wählen, auch wenn sie eine Rückkehr in die Heimat nicht in Betracht ziehen. Die Maßgeblichkeit des gemeinsamen Heimatrechts wird ihnen durch Art. 14 I Nr. 1 zwingend vorgeschrieben.

1. Der richtige *Zeitpunkt* für eine Rechtswahl ist gekommen, wenn die in Art. 14 dafür geforderten Voraussetzungen eingetreten sind oder ihr Eintritt abzusehen ist. Eine Rechtswahl kann also auch schon vor der Eheschließung oder vor dem geplanten Erwerb einer anderen Staatsangehörigkeit getroffen werden[13]. Sie wirkt dann freilich erst mit dem Eintritt der Zulässigkeitsvoraussetzungen. Eine nachträgliche Rechtswahl kann sich empfehlen, um auf diesem Weg das Scheidungsstatut (und damit auch das Statut des Versorgungsausgleichs und des Unterhalts) zu ändern.

2. Die Rechtswahl *erstreckt sich* unmittelbar nur auf die allgemeinen Ehewirkungen, mittelbar aber auch auf die Scheidung und ihre Folgen (Art. 17 I 1 und II 1) sowie – wenn sie vor der Eheschließung getroffen wird – auf den Güterstand (Art. 15 I). Es empfiehlt sich, die Wahl für den Güterstand in der Urkunde gesondert zu treffen, um die Chancen ihrer Anerkennung im Ausland zu erhöhen. Denn weil die Wahl des Ehewirkungsstatuts in ausländischen Rechtsordnungen weit seltener zugelassen wird als die Wahl des Güterrechtsstatuts, können die Ehegatten Schwierigkeiten haben, ausländische Behörden oder Gerichte davon zu überzeugen, daß in der Wahl des Ehewirkungsstatuts die Wahl des Güterrechtsstatuts mitenthalten ist und wenigstens diese Rechtswahl anerkannt werden sollte[14].

Dagegen hat die Rechtswahl keine Auswirkungen im Kindschaftsrecht, da

---
[13] BegrRegE, BT-Drucks. 10/504, 56.
[14] *Henrich*, Das internationale Eherecht nach der Reform: FamRZ 1986, 841 (847).

§ 45 II   VII. Kapitel: Die einzelnen Rechtsgebiete

dort jeweils nur auf das gemäß Art. 14 I ermittelte Familienstatut Bezug genommen wird (Artt. 19 I, II, 21 I, 22 Satz 2). Damit wird vermieden, daß die Rechtswahl in einem ganz anderen Bereich Folgen zeitigt, die von den Parteien kaum zu übersehen wären.

3. Das Gesetz sieht *zwei Wahlmöglichkeiten* vor.

a) Gemäß Art. 14 II kann, wenn ein Ehegatte *Mehrstaater* ist, das *gemeinsame Heimatrecht* gewählt werden, und zwar insbesondere in den Fällen, in denen es nicht bereits nach Art. 14 I Nr. 1 gesetzliches Ehewirkungsstatut geworden ist. Nach der Regelung des Art. 5 I i. V. m. Art. 14 I Nr. 1 bestimmt eine gemeinsame ausländische Staatsangehörigkeit dann nicht das Ehewirkungsstatut, wenn ein Ehegatte noch einem anderen ausländischen Staat angehört, mit dem er enger verbunden ist (Art. 5 I 1), oder wenn er auch Deutscher ist (Art. 5 I 2). Die Vorschrift des Art. 14 II will im Einzelfall unangemessene Folgen aus der Mehrstaaterregel des Art. 5 I vermeiden helfen, indem die Parteien gerade das Recht wählen können, das nach Art. 5 I zurückstehen müßte („ungeachtet des Art. 5 I").

Der wichtigste Anwendungsfall des Art. 14 II ist der, daß die Frau durch die Eheschließung die ausländische Staatsangehörigkeit des Mannes hinzuerwirbt. Wenn die Frau sich dem Recht dieses ausländischen Staates wirklich mehr verbunden fühlt als dem Recht des Staates, in dem beide Ehegatten ihren gewöhnlichen Aufenthalt haben (Art. 14 I Nr. 2), mögen die Ehegatten dieses gemeinsame Heimatrecht wählen.

b) Gemäß Art. 14 III kann, wenn die Ehegatten *verschiedenen Staaten* angehören und ein gemeinsames Heimatrecht gemäß Art. 14 I Nr. 1 nie bestanden hat, unter bestimmten Voraussetzungen das *Heimatrecht eines Ehegatten* gewählt werden[15]. Die in Abs. 3 Nrn. 1 und 2 genannten Voraussetzungen laufen letztlich darauf hinaus, eine Wahl dann zuzulassen, wenn die gesetzliche Anknüpfung gemäß Art. 14 I für die Eheleute unbillig oder unsicher ist.

Die Nr. 1 setzt voraus, daß die Ehegatten zwar keine gemeinsame Staatsangehörigkeit, aber wenigstens einen gemeinsamen gewöhnlichen Aufenthalt besitzen. Dann wird die Abwahl des gemäß Art. 14 I Nr. 2 maßgeblichen Aufenthaltsrechts für den Fall gestattet, daß der gemeinsame Aufenthalt nicht durch die Staatsangehörigkeit wenigstens eines Ehegatten verstärkt wird. Wenn nämlich kein Ehegatte dem gemeinsamen Aufenthaltsstaat angehört, besteht die Möglichkeit, daß dessen Rechtsordnung beiden Ehegatten fremd ist. Sie dürfen deshalb auf eines ihrer Heimatrechte ausweichen. Das kann bei-

---

[15] Ist ein Ehegatte Doppelstaater, so ist zweifelhaft, ob man – wie in Art. 14 II – ungeachtet des Art. 5 I jedes seiner beiden Heimatrechte als wählbar betrachten darf; vgl. etwa *Wegmann*, Rechtswahlmöglichkeiten im internationalen Familienrecht: NJW 1987, 1740 (1741); *Kühne*, IPRax 1987, 71.

spielsweise naheliegen, wenn zwei Europäer ihren gewöhnlichen Aufenthalt in einem Entwicklungsland haben.

Die Nr. 2 betrifft den (seltenen) Fall, daß die Ehegatten nicht nur kein gemeinsames Heimatrecht, sondern auch keinen gemeinsamen gewöhnlichen Aufenthalt haben. Dann kann es sinnvoll sein, die schwache Anknüpfung an den letzten gemeinsamen gewöhnlichen Aufenthalt (Art. 14 I Nr. 2) oder die unsichere des Art. 14 I Nr. 3 durch die Wahl eines Heimatrechts zu ersetzen.

Gemäß Art. 14 III 2 *enden* die Wirkungen der Rechtswahl in beiden Fällen kraft Gesetzes, wenn die Ehegatten eine gemeinsame Staatsangehörigkeit erlangen. Es tritt dann ex nunc die Regelanknüpfung des Art. 14 I Nr. 1 ein[16]. Das sollte freilich dann nicht gelten, wenn die erworbene gemeinsame Staatsangehörigkeit diejenige des Staates ist, dessen Recht die Parteien nach Abs. 3 gewählt haben; denn ein gemäß Art. 14 I Nr. 1 i.V.m. Art. 4 I zu beachtender Renvoi wäre hier nicht sachgerecht[17]. Die Parteien können ihre Rechtswahl auch selbst befristen.

4. Eine *Aufhebung der Rechtswahl* ist (in der Form des Abs. 4) jederzeit möglich. Der Regierungsentwurf, der die Aufhebung der Rechtswahl von speziellen Voraussetzungen abhängig machte[18], ist nicht Gesetz geworden, weil kein hinreichender rechtspolitischer Grund besteht, die Parteien gegen ihren Willen an einer einmal erklärten Rechtswahl festzuhalten[19].

5. Für die *Form der Rechtswahl* verlangt Art. 14 IV 1 bei Abgabe der Erklärungen *im Inland* aus Gründen der Rechtsklarheit und in Hinblick auf die notwendige Beratung der Ehegatten notarielle Beurkundung. Dies ähnelt der Form für Eheverträge im materiellen deutschen Recht (§ 1410 BGB). In einem notariell beurkundeten Ehevertrag muß die Rechtswahl nicht ausdrücklich ausgesprochen sein, sondern sie kann sich auch konkludent aus dem Vertrag ergeben. Freilich empfiehlt sich im Interesse der Klarheit immer eine ausdrückliche Rechtswahl. Ist die Form der notariellen Beurkundung nicht eingehalten, so ist die Rechtswahlvereinbarung nichtig.

Wenn die Rechtswahl *im Ausland* vorgenommen wird, genügt es gemäß

---

[16] Ist ein Ehegatte Doppelstaater und die erlangte gemeinsame Staatsangehörigkeit nicht die effektive, so daß Abs. 1 Nr. 1 nicht eingreift, sondern nur Abs. 2, besteht kein hinreichender Grund, die Rechtswahl gemäß Abs. 3 Satz 2 enden zu lassen. Siehe auch BegrRegE, BT-Drucks. 10/504, 57: „Die Parteien sollen selbst entscheiden können, ob sie an der Wahl... festhalten wollen, wenn keine vorrangige Anknüpfung nach Abs. 1 Nr. 1 zutrifft." Anders *Palandt-Heldrich* Art. 14 Anm. 3 d.

[17] *Kühne,* IPRax 1987, 72.

[18] Siehe Art. 14 IV des Entwurfs und dazu BegrRegE, BT-Drucks. 10/504, 57.

[19] Siehe Stellungnahme des MPI, RabelsZ 47 (1983) 629. Die Streichung der Vorschrift des Regierungsentwurfs ist also nicht so zu deuten, daß eine Rechtswahl immer endgültig sein soll; *Wegmann,* NJW 1987, 1741 f.; *Kühne,* IPRax 1987, 72; anders *Ferid* Rz. 8–87, 10.

Art. 14 IV 2, wenn die Formerfordernisse für einen Ehevertrag nach dem gewählten Recht oder am Ort der Rechtswahl erfüllt sind. Um einen Zirkelschluß zu vermeiden, ist als das „gewählte Recht" das von den Ehegatten ohne Rücksicht auf eine Form vereinbarte Recht anzusehen[20]. Möglich bleibt stets auch die Beurkundung durch einen Konsularbeamten der deutschen Auslandsvertretung gemäß § 10 KonsularG. Auf die Form des Ehevertrages, also eines güterrechtlichen Vertrages, wird in Art. 14 IV 2 nicht nur deshalb verwiesen, weil die Rechtswahl gemäß Art. 15 I auch im Güterrecht wirken kann, sondern vor allem deshalb, weil Verträge über allgemeine Ehewirkungen häufig gar nicht vorgesehen sind.

III. Güterstand

Die deutsche Kollisionsnorm zur Bestimmung des Güterstandes (Art. 15) ähnelt der Vorschrift über die allgemeinen Ehewirkungen (Art. 14), modifiziert sie aber in wesentlichen Punkten. In Art. 15 I wird grundsätzlich auf das Ehewirkungsstatut verwiesen, freilich unwandelbar in seiner Gestalt zur Zeit der Eheschließung. Gemäß Art. 15 II bestehen auch für das Güterrecht Rechtswahlmöglichkeiten, und dies sogar in erheblich weiterem Umfang als für die allgemeinen Ehewirkungen.

Aus Art. 15 folgt der Grundsatz der *Einheit des Güterstatuts*. Er besagt, daß sich das Güterrecht nach einem einzigen Recht richtet, unabhängig davon, wo sich die einzelnen Vermögensgegenstände, insbesondere Grundstücke befinden. Freilich kann dieser Grundsatz auf zweifache Weise durchbrochen werden: zum einen durch den Renvoi (Art. 4 I), wenn das von Art. 15 I berufene Recht für Grundstücke auf das Recht des Lageortes verweist, und zum anderen durch den Vorrang des Belegenheitsstatuts gemäß Art. 3 III. Nur wenn die Ehegatten ein Güterstatut gewählt haben, kann seine Einheit durch fremdes Kollisionsrecht nicht angetastet werden (Art. 4 II). Die Parteien können auch nur ein Güterstatut insgesamt wählen und es nicht aus Teilen verschiedener Rechtsordnungen zusammensetzen. Eine Ausnahme gilt freilich für eine Wahl hinsichtlich des unbeweglichen Vermögens nach Art. 15 I Nr. 3; sie führt in aller Regel zu einer Spaltung des Güterstatuts.

1. Der *Anwendungsbereich* des Art. 15 bezieht sich auf „die güterrechtlichen Wirkungen der Ehe", also auf die Sonderordnung des Vermögens von Mann und Frau aufgrund der Ehe und auf die Abwicklung dieser Sonderordnung[21]. Das gesetzliche wie das vertragliche Güterrecht sind gleichermaßen erfaßt.

---

[20] BegrRegE, BT-Drucks. 10/504, 57.
[21] Vgl. BegrRegE, BT-Drucks. 10/504, 57.

Im einzelnen ist nach Art. 15 zu beurteilen: das Entstehen des Güterstandes, die Zusammensetzung der Gütermassen, Verwaltungs- und Nutzungsrechte, Schuldenhaftung, Verfügungs- und Erwerbsbeschränkungen sowie die Beendigung des Güterstandes. Umstritten ist, ob der erbrechtliche Zugewinnausgleich nach § 1371 I BGB allein güterrechtlich zu qualifizieren ist oder zugleich erbrechtlich, so daß er nur durchzuführen ist, wenn auch die Erbfolge sich nach deutschem Recht bemißt[22]. Die in § 1931 IV BGB vorgesehene Erhöhung des gesetzlichen Erbteils bei Ehegatten, die in (auch ausländischer) Gütertrennung gelebt haben, ist erbrechtlich zu qualifizieren, da es nicht um die Frage geht, was aus güterrechtlicher Sicht in den Nachlaß fällt, sondern darum, wie dieser zu verteilen ist[23].

2. Die *Grundnorm* des Art. 15 I verweist auf das Ehewirkungsstatut zur Zeit der Eheschließung. Dieses wird in der Regel durch die gemeinsame Staatsangehörigkeit bestimmt (Art. 14 I Nr. 1), mangels einer solchen durch den gemeinsamen gewöhnlichen Aufenthalt bei der Eheschließung (Art. 14 I Nr. 2). Es genügt, daß der gemeinsame gewöhnliche Aufenthalt im Zusammenhang mit der Eheschließung begründet wird. Dagegen kommen die vergangenheitsbezogenen Anknüpfungen an die letzte gemeinsame Staatsangehörigkeit und an den letzten gemeinsamen gewöhnlichen Aufenthalt während der Ehe wegen der Maßgeblichkeit des Zeitpunkts der Eheschließung nicht in Betracht. Liegt bei der Eheschließung eine nach Art. 14 zulässige Wahl des Ehewirkungsstatuts vor, so erstreckt sie sich gemäß Art. 15 I auf den Güterstand (siehe oben II 2). Eine Rückverweisung ist dann wegen Art. 4 II nicht zu beachten (vgl. oben § 24 II 3 d).

a) Die in Art. 15 I festgelegte *Unwandelbarkeit* des Güterstatuts ist rechtspolitisch von fragwürdigem Wert (siehe oben § 28 II und III). Sie ist im Falle eines Renvoi zu durchbrechen, wenn das fremde Kollisionsrecht Wandelbarkeit vorsieht (oben § 28 IV). Außerdem können die Parteien durch eine auch nach der Eheschließung jederzeit mögliche Rechtswahl gemäß Art. 15 II die Härten der Unwandelbarkeit vermeiden. Das Gesetz will die Ehegatten nicht gegen ihren gemeinsamen Willen an der Rechtslage im Zeitpunkt der Eheschließung festhalten. Indes sind die Ehegatten meist zu wenig informiert, um die Möglichkeit einer Korrektur durch Rechtswahl zu nutzen.

b) Eine *Ausnahme* von der Unwandelbarkeit enthält das Gesetz vom 4. 8. 1969[24] über den ehelichen Güterstand von *Vertriebenen und Flüchtlingen*, das nach Art. 15 IV unberührt bleibt. Für volksdeutsche Flüchtlinge (Art. 116 I GG)

---
[22] Für letzteres im Grundsatz MünchKomm-*Siehr* Art. 15 Rz. 101; anders z. B. *Soergel-Kegel* Art. 15 Rz. 11 m. w. Nachw.
[23] Siehe etwa *Staudinger-von Bar* Art. 15 Rz. 107.
[24] BGBl. 1969 I 1067.

und DDR-Flüchtlinge, die in einem gesetzlichen (also nicht ehevertraglich vereinbarten) Güterstand gelebt haben und die beide ihren gewöhnlichen Aufenthalt in der Bundesrepublik Deutschland genommen haben, leitet dieses Gesetz – den Erwartungen der Ehegatten entsprechend – in den geltenden deutschen Güterstand der Zugewinngemeinschaft über. Bei anderen, von dem Gesetz nicht erfaßten Flüchtlingen bleibt es nach herrschender und de lege lata zutreffender Auffassung bei der Unwandelbarkeit des Güterstatuts[25].

c) Die Unwandelbarkeit bedeutet keine *Versteinerung des materiellen Güterrechts* auf dem letzten Stand, in dem das ursprüngliche Anknüpfungsmoment noch verwirklicht war. Das intertemporale Recht ist zu beachten; denn sonst gelangt man zur Anwendung von überholtem Güterrecht (siehe oben § 28 IV).

3. Gemäß Art. 15 II stehen den Ehegatten weitgehende *Rechtswahlmöglichkeiten* offen[26]. Damit wird ihnen die Möglichkeit gegeben, die ihren Lebens- und Vermögensverhältnissen angemessene Güterrechtsordnung selbst zu bestimmen. Die Voraussetzungen der Rechtswahl müssen wie bei Art. 14 (vgl. oben II 1) im Zeitpunkt des beabsichtigten Eintritts der Wirkungen vorliegen, regelmäßig also bei der Vornahme der Rechtswahl. Jedoch ist eine vorgezogene (etwa vor der Eheschließung erfolgende) Rechtswahl, deren Wirkung dann erst später eintritt, zulässig[27]. Die Rechtswahl kann auch jederzeit während der Ehe erfolgen. Sie wirkt dann ex nunc; freilich können die Parteien innerhalb des Güterstandes der gewählten Rechtsordnung im Rahmen der dort gezogenen Grenzen auch eine Rückwirkung vorsehen[28].

Bei jeder Rechtswahl ist zu beachten, daß sie nicht in allen ausländischen Staaten anerkannt werden wird. Divergierende Beurteilungen der Güterrechtsverhältnisse in verschiedenen Staaten sind also trotz Rechtswahl möglich.

Im einzelnen sind den Ehegatten folgende Möglichkeiten zur Wahl gestellt:

a) Nach Nr. 1 das Recht des Staates, dem einer von ihnen *angehört*. Diese Wahl kann sich empfehlen, wenn Ehegatten verschiedener Staatsangehörigkeit ihren ersten gewöhnlichen Aufenthalt in einem Staat haben, in dem sie nicht immer bleiben wollen. Die Wahl eines Heimatrechts kommt aber auch dann in Betracht, wenn dieses Recht den Ehegatten aus anderen individuellen Gründen für ihre Vermögensverhältnisse angemessener erscheint als das Recht des gemeinsamen gewöhnlichen Aufenthalts.

---

[25] Siehe etwa *Staudinger-von Bar* Art. 15 Rz. 52; anders *Kegel* § 20 VI 1 d.

[26] Allgemein zur Rechtswahl im Ehegüterrecht *Stojanovic*, Die Parteiautonomie und der internationale Entscheidungseinklang (Zürich 1983).

[27] BegrRegE, BT-Drucks. 10/504, 58.

[28] Siehe z. B. *Lichtenberger*, DNotZ 1986, 661: Bei Wahl des italienischen Rechts können die Parteien bestimmen, ob die Errungenschaftsgemeinschaft auch das bisherige Vermögen erfassen soll.

Ist ein Ehegatte *Doppelstaater*, so dürfte – wie bei Artt. 10 II Nr. 1 und 14 II – Art. 5 I nicht zu beachten sein; es kann also jedes der Heimatrechte gewählt werden (vgl. oben § 37 II 1 a).

b) Nach Nr. 2 kann das Recht des Staates gewählt werden, in dem ein Ehegatte seinen *gewöhnlichen Aufenthalt* hat. Es ist nicht vorausgesetzt, daß die Ehegatten ihren gewöhnlichen Aufenthalt in verschiedenen Staaten haben[29]. Ein spanisches Ehepaar kann also nicht nur dann das deutsche Güterrecht wählen, wenn die Ehefrau in der Heimat geblieben ist, sondern auch, wenn beide Ehegatten ihren gewöhnlichen Aufenthalt in Deutschland haben. Selbstverständlich können auch deutsche Ehegatten das Güterrecht eines ausländischen Staates wählen, wenn dort wenigstens ein Ehepartner seinen gewöhnlichen Aufenthalt hat.

c) Nach Nr. 3 kann für *unbewegliches Vermögen* das Recht des *Lageorts* gewählt werden. Die Einführung dieser Wahlmöglichkeit sollte vor allem einen Weg öffnen, um die praktische Rechtsanwendung beim Erwerb *deutscher* Grundstücke durch ausländische Ehegatten zu erleichtern[30]. Das Wahlrecht kann aber auch für ausländische Grundstücke ausgeübt werden; dies kann dann sinnvoll sein, wenn der Lagestaat, in dem die Rechte ggf. durchgesetzt werden müssen, die Rechtswahl im Ergebnis billigt, sei es, daß er sie anerkennt, sei es, daß er für Grundstücke ohnehin auf die lex rei sitae abstellt.

Ein Vorzug der Rechtswahl besteht auch darin, daß sie Zweifel ausräumen kann, ob ein Fall des Art. 3 III vorliegt, und daß Übereinstimmung mit dem Erbstatut herbeigeführt werden kann (vgl. Art. 25 II). Einen Nachteil bedeutet die Spaltung des Güterstatuts, die Anpassungsprobleme aufwerfen kann, so wenn die deutsche Zugewinngemeinschaft nur für das in Deutschland belegene Grundvermögen gilt[31].

Der Begriff des „unbeweglichen Vermögens" ist grundsätzlich dem deutschen Recht zu entnehmen. Das ist bei Belegenheit in Deutschland eindeutig, und es trifft deshalb auch für die erbrechtliche Parallelvorschrift des Art. 25 II zu, die sich nur auf inländisches unbewegliches Vermögen bezieht. Aber selbst wenn das unbewegliche Vermögen im Ausland belegen ist, besteht kein hinreichender Anlaß, die englische Auffassung zu übernehmen, die es dem Lagerecht überläßt zu bestimmen, welche Gegenstände als „unbeweglich" gelten (vgl. oben § 16 II 1).

---

[29] BegrRegE, BT-Drucks. 10/504, 58: Wählbar ist die Rechtsordnung des Staates des gewöhnlichen Aufenthalts „mindestens" eines Ehegatten.
[30] Bericht des Rechtsausschusses, BT-Drucks. 10/5632, 42.
[31] Siehe etwa *Henrich*, FamRZ 1986, 847. *Langenfeld*, BWNotZ 1986, 153, empfiehlt deshalb, deutsches Güterrecht in der Form der Gütertrennung zu wählen; wenn gemeinsamer Erwerb beabsichtigt ist, mag die Wahl der Gütertrennung mit dem Erwerb von hälftigem Miteigentum gekoppelt werden.

Nach deutscher Auffassung umfaßt das unbewegliche Vermögen Grundstücke sowie deren Bestandteile. Das Erbbaurecht und das Wohnungseigentum sind den Grundstücken gleichgestellt. Auch dingliche Rechte an Grundstücken, wie Hypotheken, sind zum unbeweglichen Vermögen zu zählen. Nicht unbeweglich ist dagegen der Erbanteil an einem Nachlaß, zu dem ein Grundstück gehört, oder der Anteil an einer Gesellschaft, die Grundbesitz hat[32].

Unklar ist, ob die Rechtswahl das gesamte in einem Staat belegene unbewegliche Vermögen erfassen muß oder ob sie sich auch auf einzelne von mehreren Grundstücken beziehen kann, wenn dies hinreichend deutlich gemacht wird; letzteres dürfte zu bejahen sein[33]. Dagegen kann nicht für jedes dem deutschen Belegenheitsrecht unterstellte Grundstück ein anderer deutscher Güterstand (Gütertrennung, Zugewinngemeinschaft, Gütergemeinschaft) gewählt werden; denn auch deutsche Ehegatten können nicht für jedes deutsche Grundstück einen anderen Güterstand vereinbaren.

d) Die Ehegatten können ihre Rechtswahl jederzeit *aufheben* oder *ändern*[34]. Nur so sind die erforderlichen Anpassungen an gewandelte Verhältnisse möglich. Die Rechtswahl wird nicht etwa kraft Gesetzes hinfällig, wenn ihre Voraussetzungen später entfallen. Vielmehr müssen die Eheleute selbst tätig werden.

Sie können nach Maßgabe des Art. 15 II ein anderes Recht wählen. Sie können sich aber auch mit der Aufhebung des gewählten Güterrechtsstatuts begnügen; dann gilt für die Zukunft der gesetzliche Güterstand, der sich gemäß Art. 15 I nach den Verhältnissen bei der Eheschließung (und nicht bei der Aufhebung der Rechtswahl) beurteilt[35].

Das neue Recht – sei es ein anderes vereinbartes, sei es das gesetzliche Güterstatut – gilt jedenfalls für das später erworbene Vermögen. Ob und in welchem Umfang das beim Statutenwechsel vorhandene Vermögen dem neuen Güterstand untersteht, bestimmt, wenn die Ehegatten die Frage nicht selbst geregelt haben, ebenfalls das neue Recht. Soweit eine Abwicklung des bisherigen Güterstandes erforderlich ist, erfolgt diese nach dem alten Güterrechtsstatut[36].

e) Für die *Form* der Rechtswahl und ihre Aufhebung oder Änderung gilt gemäß Art. 15 III der Art. 14 IV entsprechend (siehe oben II 5).

---

[32] Ebenso z. B. *Lichtenberger*, DNotZ 1986, 659.
[33] Vgl. etwa *Palandt-Heldrich* Art. 15 Anm. 3b m. w. Nachw.; eingehend *Lichtenberger*, Zu einigen Problemen des Internationalen Familien- und Erbrechts: FS Ferid (1988) 269 (275 ff.).
[34] BegrRegE, BT-Drucks. 10/504, 58.
[35] *Lichtenberger*, DNotZ 1986, 660.
[36] *Wegmann*, NJW 1987, 1743 f.; anders wohl BegrRegE, BT-Drucks. 10/504, 58.

§ 45 Ehewirkungen § 45 III

4. Eine gesonderte *intertemporale Regelung* für das Internationale Güterrecht trifft Art. 220 III EGBGB[37].

a) Bei *Heirat vor dem 1. 4. 1953* gilt der aus Art. 15 EGBGB a.F. entnommene Grundsatz weiter, daß sich das Güterrecht nach dem Heimatrecht des Ehemannes zur Zeit der Eheschließung richtet. Diese Kollisionsnorm verstieß zwar gegen das Gleichberechtigungsgebot des Art. 3 II GG; sie trat nach Art. 117 I GG aber erst am 1. 4. 1953 außer Kraft. Für die vorher geschlossenen Ehen bleibt es wegen der Unwandelbarkeit des Güterstatuts und aus Gründen der Rechtssicherheit grundsätzlich bei der alten Kollisionsregel; die Ehegatten können jedoch eine Rechtswahl nach Art. 15 II EGBGB n.F. treffen (Art. 220 III 6).

b) Bei *Heirat nach dem 31. 3. 1953 und vor dem 9. 4. 1983* stellt Art. 220 III 1–4 eine verwickelte Übergangsregelung auf. Der im Gesetz verwandte Stichtag 8. 4. 1983 wurde gewählt, weil an diesem Tag der Beschluß des BVerfG der Öffentlichkeit bekannt geworden ist, mit dem das Gericht wesentliche Teile des Art. 15 EGBGB a.F. wegen Verstoßes gegen Art. 3 II GG für nichtig erklärte[38]. Damit war die Nichtigkeit der Anknüpfung an das Heimatrecht des Ehemannes auch für die letzten Zweifler klargestellt.

Für die Bestimmung der güterrechtlichen Wirkungen der vor dem 9. 4. 1983 geschlossenen Ehen unterscheidet Art. 220 III zwei Zeiträume. Für die Zeit bis zum 8. 4. 1983 enthält Abs. 3 Satz 1 eine eigene Anknüpfungsleiter, die den verfassungswidrigen Art. 15 EGBGB a.F. ersetzt[39]. Für die Zeit nach dem 8. 4. 1983 ist gemäß Abs. 3 Satz 2 der Art. 15 EGBGB n.F. anzuwenden. Dies interpretiert der BGH – in freier, aber sachgemäßer Deutung des Gesetzeswortlauts – so, daß sich der Stichtag (8. 4. 1983) nicht auf den Vermögenserwerb, sondern auf „den zu beurteilenden güterrechtsrelevanten Vorgang" (Scheidung, Tod) bezieht[40]. Es kommt also bei Scheidung oder Tod nach dem 8. 4. 1983 nicht zu einer wenig praktikablen güterrechtlichen Aufspaltung in zwei Vermögensmassen, nämlich in das vor dem 9. 4. und das nach dem 8. 4. 1983 vorhandene oder erworbene Vermögen; vielmehr ist gemäß Art. 220 III 2

---

[37] Die Vorschrift ist auf die Übergangsfragen, die sich aus der Verfassungswidrigkeit des Art. 2 I des Haager Ehewirkungsabkommens von 1905 ergeben, entsprechend anzuwenden; BGH 17. 9. 1986, NJW 1987, 583, 531 Aufsatz *Rauscher* = IPRax 1987, 114, 93 Aufsatz *Henrich* = RIW 1987, 875, 834 Aufsatz *Puttfarken* = IPRspr. 1986 Nr. 58; 8. 4. 1987, NJW 1988, 638 = IPRax 1988, 100, 88 Aufsatz *Schurig* = IPRspr. 1987 Nr. 47b.
[38] BVerfG 22. 2. 1983, BVerfGE 63, 181 = IPRspr. 1983 Nr. 56; näher zur Bedeutung dieser Entscheidung für die Übergangsregelung BegrRegE, BT-Drucks. 10/504, 106 f.
[39] Teilweise wird die Verfassungsmäßigkeit des Art. 220 III 1 ebenfalls bezweifelt; Nachweise bei *Palandt-Heldrich* Art. 15 Anm. 1 d bb.
[40] Vgl. die in N. 37 genannten Entscheidungen.

für die güterrechtlichen Wirkungen während der gesamten Ehezeit grundsätzlich Art. 15 EGBGB n. F. rückwirkend maßgeblich[41].

Freilich ist die Anwendung des Art. 15 EGBGB n. F. in zweifacher Weise zu modifizieren. Zum einen gilt für eine Rechtswahl, die vor dem 9. 4. 1983 getroffen wurde, nicht Art. 15 II und III, sondern der weniger strenge Art. 220 III 1 Nr. 2. Danach ist mangels einer gemeinsamen Staatsangehörigkeit der Ehegatten bei der Eheschließung vorrangig das Recht anzuwenden, „dem die Ehegatten sich unterstellt haben oder von dessen Anwendung sie ausgegangen sind". Diese Respektierung einer formfreien und ggf. nur schlüssigen Rechtswahl – es genügt, daß beide Ehegatten erkennbar von der Maßgeblichkeit eines bestimmten Rechts „ausgegangen" sind[42] – wirkt in die Zeit nach dem 8. 4. 1983 herüber; eine vorher nur schlüssig getroffene Rechtswahl behält also ihre Wirksamkeit[43]. Zum zweiten findet Art. 15 EGBGB n. F. gemäß Art. 220 III 3 in Ehen, für die bis zum 8. 4. 1983 Art. 220 III 1 Nr. 3 (Maßgeblichkeit des Heimatrechts des Mannes zur Zeit der Eheschließung) anzuwenden wäre, nur mit der Modifikation Anwendung, daß an die Stelle des Zeitpunkts der Eheschließung in Art. 15 I der 9. 4. 1983 tritt.

c) Bei *Heirat nach dem 8. 4. 1983* ist Art. 15 EGBGB n. F. uneingeschränkt anzuwenden (Art. 220 III 5). Insbesondere kommt für diese Ehen eine Rechtswahl nur in der qualifizierten Form des Art. 15 III in Betracht.

IV. Schutz Dritter

Zum Schutz des inländischen Rechtsverkehrs sieht Art. 16 EGBGB vor, daß einzelne Verkehrsschutzvorschriften des BGB anzuwenden sind, obwohl die Ehewirkungen im übrigen ausländischem Recht unterliegen.

1. Ein *fremder Güterstand*, sei er gesetzlich oder vertraglich, wirkt gemäß Art. 16 I, sofern wenigstens ein Ehegatte im Inland seinen gewöhnlichen Aufenthalt hat oder hier ein Gewerbe betreibt, nur nach Maßgabe des § 1412 BGB. Danach können die Ehegatten Dritten gegenüber Einwendungen gegen ein Rechtsgeschäft aus dem fremden Güterstand nur herleiten, wenn der Güterstand im Güterrechtsregister des zuständigen Amtsgerichts eingetragen oder dem Dritten bekannt war. Zuständig ist gemäß § 1558 I BGB jedes Amtsgericht, in dessen Bezirk auch nur einer der Ehegatten seinen gewöhnlichen Aufenthalt hat. Wird im Inland nur ein Gewerbe betrieben, so ist die Eintragung beim dortigen Amtsgericht vorzunehmen.

---

[41] Diese Rückwirkung ist nicht verfassungswidrig, weil ein schutzwürdiges Vertrauen in den verfassungswidrigen Art. 15 EGBGB a. F. nach dem 31. 3. 1953 wegen Art. 117 I GG nicht anzuerkennen ist; BVerfG 21. 6. 1988, NJW 1989, 1081 = Bericht IPRax 1988, 366.

[42] Dies kann sich beispielsweise aus einem Grundbucheintrag, einem Testament oder einem sonstigen Rechtsakt ergeben.

[43] BGH (oben N. 37).

2. Gemäß Art. 16 II gilt die *deutsche Regelung* der *Schlüsselgewalt* (§ 1357 BGB) für im Inland vorgenommene Rechtsgeschäfte, die der *Eigentumsvermutungen* (§ 1362 BGB) für im Inland befindliche Sachen und die der *selbständigen Führung eines Erwerbsgeschäfts* (§§ 1431, 1456 BGB) für ein im Inland betriebenes Geschäft, soweit diese Vorschriften für gutgläubige Dritte günstiger sind als das gemäß Art. 14 bzw. 15 berufene fremde Recht. Dritte sind gutgläubig, wenn sie die Maßgeblichkeit des fremden Rechts weder kennen noch grob fahrlässig nicht kennen[44]. Welches Recht für den gutgläubigen Dritten günstiger ist, hat der Richter von Amts wegen zu ermitteln. Dabei kommt es nicht darauf an, welche Regelung abstrakt günstiger ist; erforderlich ist vielmehr ein Abstellen auf den Einzelfall, ein konkreter Vergleich in Hinblick auf das Begehren des Dritten[45].

Die kasuistische und einseitig auf deutsche Verkehrsschutzbestimmungen bezogene Regelung des Art. 16 schließt eine *Analogie* in ungeregelt gebliebenen Fällen nicht aus. So kann zum Schutz des inländischen Verkehrs eine Beschränkung des Ehegatten hinsichtlich des Abschlusses bestimmter Geschäfte, etwa einer Bürgschaft, entsprechend Art. 16 II zugunsten gutgläubiger Dritter außer Betracht bleiben; zum Schutz des ausländischen Verkehrs können dort geltende Verkehrsschutzbestimmungen bei Vorliegen eines Auslandsbezugs, der dem in Art. 16 II geforderten Inlandsbezug entspricht, in Analogie zu Art. 16 II ebenfalls berücksichtigt werden[46].

§ 46 Ehescheidung

Das Kollisionsrecht der Ehescheidung (Voraussetzungen und Folgen) findet sich in Art. 17 EGBGB[1]. Der *Begriff der Scheidung* ist weit aufzufassen. Unter Art. 17 EGBGB fallen auch andere Arten der Eheauflösung ex nunc, z.B. die Lockerung des Ehebandes durch Trennung von Tisch und Bett[2]. Dagegen

---

[44] BegrRegE, BT-Drucks. 10/504, 59.

[45] Vgl. *Baum*, Alternativanknüpfungen (1985) 191.

[46] Siehe BegrRegE, BT-Drucks. 10/504, 59, wo die Voraussetzung für eine Analogie (unscharf) damit umschrieben wird, daß „der jeweilige fremde Staat seinen Verkehr ähnlich schützt wie Absatz 2".

[1] Siehe im einzelnen *Lüderitz*, Die Ehescheidung nach dem Gesetz zur Neuregelung des IPR: IPRax 1987, 74; *Dopffel*, Die Voraussetzungen der Ehescheidung im neuen Internationalen Privat- und Verfahrensrecht: FamRZ 1987, 1209; *Piltz*, Internationales Ehescheidungsrecht (1988).

[2] Zur Trennung von Tisch und Bett grundlegend BGH 22. 3. 1967, BGHZ 47, 324 (336) = IPRspr. 1966–67 Nr. 90 S. 298 (vgl. dazu oben § 17 I). Der Gesetzgeber hielt eine ausdrückliche Erwähnung der Trennung von Tisch und Bett im Gesetzestext für überflüssig; BegrRegE, BT-Drucks. 10/504, 60.

§ 46 I VII. Kapitel: Die einzelnen Rechtsgebiete

entscheidet das von Art. 13 berufene Recht über die Folgen von Fehlern bei der Eheschließung, die zur Nichtigkeit, Aufhebbarkeit oder Anfechtbarkeit der Ehe führen können (siehe oben § 44 III).

I. Scheidungsvoraussetzungen

1. Im *Grundsatz* ist auf die Scheidung gemäß Art. 17 I 1 dasselbe Recht anwendbar, das für die allgemeinen Ehewirkungen gemäß Art. 14 maßgebend ist. Es gilt also nacheinander das (letzte) gemeinsame Heimatrecht, das (letzte) gemeinsame Aufenthaltsrecht und hilfsweise das Recht, mit dem die Ehegatten sonst gemeinsam am engsten verbunden sind (siehe im einzelnen § 45 I 3). Eine Wahl des Ehewirkungsstatuts gemäß Art. 14 II–IV (dazu oben § 45 II) wirkt auch für die Scheidung.

Die übereinstimmende Anknüpfung der allgemeinen Ehewirkungen und der Ehescheidung wird damit begründet, daß die Pflichten der Ehegatten während der Ehe und die Folgen ihrer Verletzung inhaltlich aufeinander bezogen sind. Diesem Zusammenhang soll kollisionsrechtlich durch die akzessorische Anknüpfung des Scheidungsstatuts Rechnung getragen werden[3].

Indes hat sich im materiellen Scheidungsrecht vieler Staaten ein Wandel vom Verschuldens- zum Zerrüttungsprinzip vollzogen. Es kommt für die Scheidung also häufig gar nicht mehr auf die Verletzung von Pflichten an, die das Ehewirkungsstatut enthält. Deshalb sollte man die übereinstimmende Anknüpfung jedenfalls nicht als eine strikte Koppelung auffassen, die auch durch den Renvoi nicht gelöst werden könnte (siehe dazu unter 3). Vielmehr ist die Verweisung des Art. 17 I 1 auf die allgemeinen Ehewirkungen am besten als Kürzel zu verstehen, durch das die Wiederholung der familienrechtlichen Anknüpfungsleiter vermieden wird, deren Sprossen dem Gesetzgeber auch für die Ehescheidung angemessen schienen.

2. Der in Art. 17 I 1 festgelegte *Anknüpfungszeitpunkt* zeigt die zeitlichen Grenzen der Akzessorietät des Scheidungsstatuts. Während nämlich das Statut der allgemeinen Ehewirkungen wandelbar ist, solange die Ehe besteht, stellt Art. 17 I 1 auf den Zeitpunkt des Eintritts der Rechtshängigkeit des Scheidungsantrags ab. Maßgebend ist für deutsche Verfahren der Zeitpunkt der Zustellung der Antragsschrift (§§ 622, 253 I ZPO). Das Scheidungsstatut liegt also nach Rechtshängigkeit des Scheidungsverfahrens unwandelbar fest. Die Parteien sollen dann keinen Einfluß mehr darauf haben, welches Recht Anwendung findet[4]. Mit dieser Durchbrechung der sonst geltenden Regel, daß es auf den

---

[3] BegrRegE, BT-Drucks. 10/504, 60; kritisch *Dopffel*, FamRZ 1987, 1211.

[4] BegrRegE, BT-Drucks. 10/504, 60.

Zeitpunkt der letzten mündlichen Verhandlung ankommt, wird zwar die Gefahr von Manipulationen verringert, aber es werden auch sinnvolle Statutenwechsel verhindert, da beispielsweise eine Einbürgerung nach Erhebung der Scheidungsklage oder die Abwahl einer beziehungsarmen Rechtsordnung nicht mehr berücksichtigt werden kann[5].

3. Ein *Renvoi* ist gemäß Art. 4 I zu beachten. Dabei kommt es auf die ausländische Kollisionsnorm über die Ehescheidung, nicht auf die über die Ehewirkungen an[6].

4. Die *Erstfrage* nach dem Bestehen der Ehe ist selbständig anzuknüpfen und also nach Art. 13 zu beurteilen (siehe oben § 32 III). Ist danach von einer bestehenden Ehe auszugehen, während das ausländische Ehescheidungsstatut die Ehe als nicht oder nicht mehr bestehend ansieht, hat die Anwendung des ausländischen Ehescheidungsrechts keinen Sinn, und es ist deutsches Scheidungsrecht als Ersatzrecht heranzuziehen (siehe oben § 35 IV 2).

5. *Ausnahmsweise* unterliegt die Scheidung nach Art. 17 I 2 dem *deutschen Recht*. Voraussetzung ist, daß die Ehe nach dem Ehewirkungsstatut nicht geschieden werden kann und daß der Ehegatte, der die Scheidung begehrt, Deutscher ist oder dies bei der Eheschließung war. Die deutsche Staatsangehörigkeit muß – entgegen dem Gesetzeswortlaut – nicht spätestens im Zeitpunkt der Rechtshängigkeit vorliegen, sondern ihr Erwerb ist bis zur letzten mündlichen Verhandlung zu berücksichtigen; denn andernfalls würde der Scheidungsantrag nur mit dem Erfolg abgewiesen, daß er sogleich wieder eingebracht werden kann[7]. In Art. 17 I 2 wird nicht verlangt, daß das Ehewirkungsstatut eine Ehescheidung generell ablehnt, sondern es genügt, daß die Ehe nach diesem Recht im konkreten Fall nicht geschieden werden kann, z. B. weil es ein Verschulden oder eine längere Trennungsfrist fordert oder weil die Scheidung nur vom Antragsgegner verlangt werden könnte[8]. Die Undurchführbarkeit der vom Antragsteller begehrten Scheidung nach dem Ehewirkungsstatut muß aber festgestellt werden. Das deutsche Recht gilt nur subsidiär und nicht etwa alternativ.

Rechtspolitisch ist die Ausnahmeregelung von zweifelhaftem Wert. Zum

---

[5] Vgl. Stellungnahme des MPI, RabelsZ 47 (1983) 636.
[6] Siehe oben 1 sowie § 24 II 3 d; ferner etwa *Henrich*, FamRZ 1986, 849 f.; *Dopffel*, FamRZ 1987, 1212.
[7] *Lüderitz*, IPRax 1987, 76.
[8] So zu dem vergleichbaren § 20 II öst. IPR-Gesetz OGH 28. 1. 1986, ZfRV 28 (1987) 195, 188 krit. Aufsatz *Verschraegen*: Immer wenn die geltend gemachten Scheidungsgründe nach dem durch das Ehewirkungsstatut bestimmten Recht die Scheidung ausschließen, soll das Ersatzstatut gemäß § 20 II öst. IPR-Gesetz eintreten.

einen fragt sich, ob angesichts der Liberalität der meisten Scheidungsgesetze für eine scheidungsfreundliche Sonderregelung, die zu Lasten der Entscheidungsgleichheit mit dem Ausland geht, noch ein hinreichendes Bedürfnis besteht. Zum andern bringt das Abstellen auf die Parteirolle zufällige, die Berücksichtigung einer bereits verlorenen Staatsangehörigkeit wirklichkeitsferne und die Beschränkung auf deutsche Staatsangehörige einseitige Ergebnisse. In Anbetracht dieser vielfachen Mängel empfiehlt es sich nicht, das letztgenannte Manko der Einseitigkeit durch eine analoge Anwendung der Vorschrift auf Ausländer zu revidieren[9]. Vielmehr kann dem Bestreben eines Ausländers nach Wiedererlangung der Eheschließungsfreiheit bei einer hinreichenden Inlandsbeziehung, die nicht bereits nach Art. 17 I 1 zur Anwendung deutschen Rechts führt, in geeigneten Fällen durch Anwendung der allgemeinen Vorbehaltsklausel (Art. 6) Rechnung getragen werden.

II. Scheidungsfolgen

Das Scheidungsstatut gilt grundsätzlich auch für die Scheidungsfolgen, gleichgültig ob es nach Art. 17 I 1 oder nach Art. 17 I 2 bestimmt wurde. Das folgt eindeutig aus der Entstehungsgeschichte der Vorschrift[10] und ist auch mit ihrem Wortlaut („die Scheidung") vereinbar. Anzuwenden ist also das Ehewirkungsstatut nach Maßgabe von Art. 17 I 1 oder – wenn die Ehe gemäß Art. 17 I 2 nach deutschem Recht geschieden wurde – das deutsche Scheidungsfolgenrecht. Freilich sind von diesen Grundsätzen zahlreiche wichtige Scheidungsfolgen ausgenommen, für die Sonderregeln gelten (siehe unter 3).

1. Das Scheidungsstatut regelt die *Hauptfolge*, nämlich ob die *Ehe aufgelöst* ist oder ob das Eheband nur gelockert wurde, etwa durch eine Trennung von Tisch und Bett. Die Möglichkeit der Wiederheirat bemißt sich aber nach Art. 13.

Über die Bedeutung eines *Verschuldens* für die Ehescheidung und ihre Folgen entscheidet ebenfalls das Scheidungsstatut, da es sich um eine materiellrechtliche Frage handelt. Davon zu trennen ist die verfahrensrechtliche Frage, ob das deutsche Scheidungsurteil einen *Schuldausspruch* enthalten muß, wenn die Ehe nach ausländischem Recht aus Verschulden geschieden wurde. Diese Frage ist nach der lex fori zu bejahen (§ 313 I Nr. 6 ZPO: Begründungspflicht)[11].

---

[9] Eine allseitige Regelung enthält § 20 II öst. IPR-Gesetz: „Kann nach diesem Recht die Ehe auf Grund der geltend gemachten Tatsachen nicht geschieden werden…, so ist die Scheidung nach dem Personalstatut des klagenden Ehegatten im Zeitpunkt der Ehescheidung zu beurteilen."

[10] BegrRegE, BT-Drucks. 10/504, 60.

[11] BGH 1.4.1987, FamRZ 1987, 793, erkennt mit Recht an, daß ein Ausspruch der

2. Auch einige *Nebenfolgen* regelt das Scheidungsstatut, während für die meisten von ihnen besondere Kollisionsnormen gelten. Beispielsweise sind dem gemäß Art. 17 I ermittelten Recht spezifisch scheidungsrechtliche Widerrufsregeln für *Schenkungen* unter Ehegatten zu entnehmen[12]. Vor allem richtet sich die wichtige Nebenfolge des *Unterhalts* kraft ausdrücklicher Anordnung in Art. 18 IV 1 nach dem Scheidungsstatut (näher unten § 47 II 4). Dieser Norm wird man wegen des engen Zusammenhanges auch die *Zuteilung der Ehewohnung und des Hausrats* nach der Scheidung zuordnen dürfen, sofern sie nicht im Rahmen einer güterrechtlichen Auseinandersetzung erfolgt[13].

3. *Ausgenommen* von der Maßgeblichkeit des Scheidungsstatuts sind die folgenden Bereiche:

a) Der *Name* unterliegt für jeden Ehegatten auch nach der Scheidung gemäß Art. 10 I seinem Heimatrecht (vgl. oben § 43 II 3).

b) Die *güterrechtliche* Abwicklung der Ehe richtet sich nach dem von Art. 15 berufenen Recht.

c) Die *elterliche Sorge* über eheliche Kinder wird in der Regel aufgrund des vorrangigen (Art. 3 II 1 EGBGB) Haager Minderjährigenschutzabkommens verteilt, sonst gemäß Art. 19 II 2 EGBGB, der das Rechtsverhältnis zwischen Eltern und Kindern bei nicht mehr bestehender Ehe betrifft.

d) Der *Versorgungsausgleich* ist in Art. 17 III – teilweise im Anschluß an das Scheidungsstatut – gesondert geregelt. Hierauf ist im folgenden näher einzugehen.

III. Versorgungsausgleich

Für den Versorgungsausgleich enthält Art. 17 III eine verwickelte Sonderregelung. Um sie wurde im Gesetzgebungsverfahren bis zuletzt gerungen[14]. Herausgekommen ist ein unausgereiftes, prinzipienloses Gemisch von Anknüpfungspunkten, das mit einer materiellrechtlichen Korrekturmöglichkeit

---

Verantwortlichkeit, wenn ihn das ausländische Sachrecht fordert und ihm Bedeutung für die Folgen der Ehescheidung oder Ehetrennung beimißt, zweckmäßigerweise in den *Tenor* und nicht nur in die Gründe der Entscheidung aufzunehmen ist.

[12] Dazu im einzelnen *Kühne*, FamRZ 1969, 378 ff.

[13] Siehe *Henrich*, Die gerichtliche Zuweisung der Ehewohnung an einen Ehegatten in Fällen mit Auslandsberührung: FS Ferid (1988) 147 (158 ff.).

[14] Die Gesetzesformulierung beruht auf einem Vorschlag des Rechtsausschusses des Bundestages, BT-Drucks. 10/5632, 42 f.

§ 46 III   VII. Kapitel: Die einzelnen Rechtsgebiete

durch die „Billigkeit" endet – ein Dokument gesetzgeberischer Hilflosigkeit. Das Gesetz unterscheidet zwischen dem Versorgungsausgleich aufgrund des Scheidungsstatuts, begrenzt durch das Heimatrecht der Ehegatten (Art. 17 III 1) und dem (subsidiären) Versorgungsausgleich aufgrund deutschen Rechts, der durchgeführt werden kann, wenn eine inländische Versorgungsanwartschaft besteht oder wenn die allgemeinen Ehewirkungen wenigstens während eines Teils der Ehezeit einem Recht unterlagen, das den Versorgungsausgleich kennt (Art. 17 III 2).

1. Im *Grundsatz* gilt gemäß Art. 17 III 1 HS 1 das *Scheidungsstatut*, das für den Versorgungsausgleich immer nach Abs. 1 Satz 1 (und nie nach Abs. 1 Satz 2) bestimmt werden soll. Eine *Rückverweisung* ist möglich, auch wenn das ausländische Recht den Versorgungsausgleich nicht kennt (vgl. oben § 25 IV), und sie ist – wie in Abs. 1 Satz 1 – gemäß Art. 4 I zu beachten[15].

Die Begründung für die grundsätzliche Anwendung des Scheidungsstatuts ergibt sich daraus, daß der Versorgungsausgleich die Scheidung voraussetzt und auf diese beschränkt ist, also seinem Charakter nach eine eigenständige Scheidungsfolge darstellt[16]. Das Gesetz übernimmt damit die von der früheren Rechtsprechung vorgenommene Qualifikation des Versorgungsausgleichs als Scheidungsfolge[17].

a) Die Maßgeblichkeit des Scheidungsstatuts ist gemäß Art. 17 III 1 HS 2 dadurch *eingeschränkt*, daß der Versorgungsausgleich auch dem Heimatrecht wenigstens eines der Ehegatten bekannt sein muß. Bei Mehrstaatern entscheidet das von Art. 5 I bezeichnete Heimatrecht, bei Staatenlosen gemäß Art. 5 II das Recht am gewöhnlichen Aufenthalt. Die Einschränkung will Rechtsfolgen aus der Anwendung des Aufenthaltsrechts (gemäß Art. 17 I 1 i. V. m. Art. 14 I Nr. 2) vermeiden, die nach den Heimatrechten beider Ehegatten nicht zu erwarten wären[18]. Indes erscheint dieser Vertrauensschutz auf Kosten der sachnahen Anknüpfung an den gemeinsamen gewöhnlichen Aufenthalt kaum gerechtfertigt, und er kann gemäß Art. 17 III 2 auch wieder entfallen. Außerdem erschwert die zusätzliche Prüfung des

---

[15] *Lüderitz*, IPRax 1987, 80; siehe zur Problematik auch *Staudinger-von Bar* Art. 17 Rz. 128 f.

[16] BegrRegE, BT-Drucks. 10/504, 61.

[17] Grundlegend BGH 7. 11. 1979, BGHZ 75, 241 = NJW 1980, 47 Anm. *Kropholler* = IPRspr. 1979 Nr. 75. Die Anwendung der Kollisionsnormen über Ehewirkungen und Ehegüterrecht oder des Internationalen Sozialversicherungsrechts wurde in dieser Entscheidung abgelehnt.

[18] BegrRegE, BT-Drucks. 10/504, 62.

Heimatrechts die Rechtsanwendung[19]. Die Kumulation ist also – hier wie meist – von rechtspolitisch zweifelhaftem Wert (vgl. oben § 20 IV).

Ein *Renvoi* ist in HS 2 nach dem „Sinn der Verweisung" (Art. 4 I 1), das Vertrauen auf das Heimatrecht zu schützen, nicht zu beachten[20].

Ob das Heimatrecht die Institution des Versorgungsausgleichs „*kennt*", ist durch einen Vergleich mit dem deutschen Sachrecht festzustellen. Übereinstimmung in der rechtstechnischen Ausgestaltung ist nicht zu verlangen. Es genügt funktionelle Gleichwertigkeit. Kennzeichnend ist, daß einem Ehegatten unabhängig von Bedürfnis und Leistungsfähigkeit anläßlich der Scheidung eine Teilhabe an der Altersversorgung des anderen gewährt wird, sei es durch Übertragung von Rentenanwartschaften, sei es durch deren Begründung oder eine entsprechende Verpflichtung. Dementsprechend wird überwiegend angenommen, daß verschiedene amerikanische Gliedstaaten und kanadische Provinzen den Versorgungsausgleich „kennen", während er den meisten ausländischen Staaten nicht einmal ansatzweise bekannt ist[21].

b) *Insgesamt* kommt wegen der geringen Verbreitung des Versorgungsausgleichs in ausländischen Rechten seine Durchführung gemäß Art. 17 III 1 vor allem bei *deutschem Scheidungsstatut* und bei Ehen mit wenigstens *einem deutschen Partner* in Betracht.

2. *Hilfsweise* kann gemäß Art. 17 III 2 der Versorgungsausgleich auf Antrag eines Ehegatten auch dann nach *deutschem Recht* vorgenommen werden, wenn ein *ausländisches Scheidungsstatut* gilt. Diese regelwidrige Durchführung des Versorgungsausgleichs nach deutschem Recht soll – in den Grenzen der Billigkeit – vor allem dann möglich sein, wenn der andere Ehegatte in der Ehezeit eine inländische Versorgungsanwartschaft erworben hat (Nr. 1).

a) Die *Subsidiarität* ist in Satz 2 durch das Erfordernis ausgedrückt, daß ein Versorgungsausgleich gemäß Satz 1 nicht stattfinden kann. Dies liest man zunächst so, daß Satz 2 nur anzuwenden ist, wenn ein Versorgungsausgleich gemäß Satz 1 gar nicht stattfindet, und für diese Lesart spricht – wie in Art. 18 I 2 (vgl. unten § 47 II 2 b) – die Einfachheit der Rechtsanwendung. Es ist deshalb zweifelhaft, ob Satz 2 über seinen Wortlaut hinausgehend auch angewendet werden sollte, „soweit" ein Versorgungsausgleich gemäß Satz 1 nicht

---

[19] Anders BegrRegE, BT-Drucks. 10/504, 62: „Damit werden zugleich die Aufgaben der Praxis in Fällen des Versorgungsausgleichs erleichtert."
[20] Ebenso *Samtleben*, IPRax 1987, 98; *Kartzke*, IPRax 1988, 12 f.; anders *Lüderitz*, IPRax 1987, 80.
[21] Rechtsvergleichende Hinweise in *Zacher* (Hrsg.), Der Versorgungsausgleich im internationalen Vergleich und in der zwischenstaatlichen Praxis (1985); zum Recht der Vereinigten Staaten, Frankreichs und Österreichs siehe auch *Adam*, Internationaler Versorgungsausgleich (1985).

stattfindet, so daß auch eine Ergänzung von Ansprüchen möglich wäre, die hinter dem deutschen Recht zurückbleiben[22].

b) Die *Nr. 1* (Bestehen inländischer Versorgungsanwartschaft) hat einen sozialrechtlichen Hintergrund. Nachdem im deutschen Sozialversicherungsrecht die Geschiedenen-Witwenrente in Hinblick auf die Einführung des Versorgungsausgleichs abgeschafft wurde, sorgt die Nr. 1 dafür, daß auch bei ausländischem Scheidungsstatut ein Versorgungsausgleich gewährt werden kann und der Geschiedene also nicht völlig leer ausgeht[23].

c) Die *Nr. 2* (vorübergehendes ausgleichsfreundliches Ehewirkungsstatut) ist wenig einleuchtend. Denn bei einer vorübergehenden Anwendbarkeit *deutschen* Ehewirkungsrechts (gemäß Art. 14 I Nr. 2) sind in der Regel auch die Voraussetzungen der Nr. 1 erfüllt, und die Nr. 2 ist deshalb überflüssig. War dagegen ein ausgleichsfreundliches *ausländisches* Ehewirkungsstatut maßgebend, so ist nicht einzusehen, weshalb der Versorgungsausgleich sich nach *deutschem* Recht richten soll.

d) Die *Billigkeitsklausel* am Ende des Satzes 2 schränkt die Gewährung des Versorgungsausgleichs wieder ein. Die negative Formulierung („nicht widerspricht") verdeutlicht, daß die Billigkeitskorrektur nur in Ausnahmefällen durchgreifen soll. Maßgebend sind in erster Linie (aber nicht nur) die wirtschaftlichen Verhältnisse. Gedacht ist beispielsweise an den Fall, daß der Ehegatte mit der inländischen und daher leicht greifbaren Alterssicherung Ansprüche ausgleichen müßte, während der andere Ehegatte nicht herangezogen werden kann, weil er seiner Alterssicherung dienende Vermögenswerte im Ausland besitzt, die für einen Versorgungsausgleich nicht in Betracht kommen oder nicht zu ermitteln sind[24].

Die Begrenzung einer Kollisionsnorm durch die „Billigkeit" ist für ein kontinentaleuropäisches IPR-Gesetz nicht nur ungewöhnlich, sondern auch unrühmlich, weil sie Unsicherheit statt Sicherheit bringt. Sie ist außerdem überflüssig, weil nach dem deutschen materiellen Recht, das Art. 17 III 2 beruft, der Versorgungsausgleich bei „grober Unbilligkeit" ohnehin ausgeschlossen ist (§ 1587c Nr. 1 BGB). Die internationalen Elemente des Eheverlaufs, auf die Art. 17 III 2 Bezug nimmt, hätten auch ohne diese gesetzliche Erwähnung im Rahmen der Anwendung des § 1587c Nr. 1 BGB berücksichtigt werden können[25].

---

[22] Dafür *Lüderitz*, IPRax 1987, 79.
[23] Vgl. BegrRegE, BT-Drucks. 10/504, 62.
[24] Bericht des Rechtsausschusses, BT-Drucks. 10/5632, 42; kein Kriterium ist, wer die Zerrüttung der Ehe verursacht hat.
[25] Näher zum Verhältnis der beiden Billigkeitsklauseln zueinander *E. Lorenz*, FamRZ 1987, 650 ff.

3. Die *sachrechtliche Frage*, wie ein Versorgungsausgleich durchzuführen ist, wenn *ausländische Anwartschaften* bestehen, bereitet erhebliche Schwierigkeiten[26]. Es ist von folgenden Grundsätzen auszugehen:

a) Die *Aufteilung* von Anwartschaften, die bei einem ausländischen Versorgungsträger entstanden sind, ist dem deutschen Gericht verwehrt. Ein Splitting oder Quasisplitting nach § 1587 b I und II BGB würde einen unzulässigen Eingriff in ausländisches öffentliches Recht bedeuten. Dagegen ist ein schuldrechtlicher Ausgleich möglich, sofern das auf den Versorgungsausgleich anzuwendende Recht ihn vorsieht.

b) Die *Einbeziehung* ausländischer Anwartschaften in einen nach deutschem Recht durchzuführenden Versorgungsausgleich ist grundsätzlich geboten (auch im Falle des Art. 17 III 2 Nr. 1)[27]. In Betracht kommt regelmäßig ein schuldrechtlicher Ausgleich.

4. Hinsichtlich des *Verfahrens* kann sich bei *Auslandsscheidungen* die Besonderheit ergeben, daß das ausländische Gericht über den Versorgungsausgleich nicht entschieden hat. Wird die ausländische Ehescheidung hier anerkannt, so kann die Durchführung des Versorgungsausgleichs vor einem inländischen Gericht unter den Voraussetzungen des Art. 17 III nachgeholt werden[28].

IV. Verfahren

Die wichtigsten verfahrensrechtlichen Sonderregeln, die bei Ehescheidungen in Auslandsfällen beachtet werden müssen, seien kurz erwähnt.

1. Die *internationale Zuständigkeit* in Ehesachen ist in der Sondervorschrift des § 606 a ZPO geregelt[29]. Die deutschen Gerichte sind danach u. a. dann international zuständig, wenn ein Ehegatte Deutscher ist oder bei der Eheschließung war (§ 606 a I Nr. 1 ZPO). Letzteres ist eine übertriebene Fürsorge für Personen, die ihre deutsche Staatsangehörigkeit bewußt aufgegeben haben. Die deutsche internationale Zuständigkeit ist ferner begründet, wenn beide Ehegatten ihren gewöhnlichen Aufenthalt im Inland haben (Nr. 2). Der gewöhnliche Aufenthalt nur eines Ehegatten im Inland genügt nach Nr. 4 grund-

---

[26] Siehe dazu außer den oben N. 21 Genannten *Nolte-Schwarting*, Der Versorgungsausgleich in Fällen mit Auslandsberührung (1984) 185 ff.; *Rahm/Paetzold*, Hdb. des Familiengerichtsverfahrens² (1985 ff.) VIII Rz. 608 ff.
[27] Differenzierend *Piltz* (oben N. 1) 96 f.
[28] Vgl. BGH 26. 1. 1983, NJW 1983, 1269 (1270) = IPRspr. 1983 Nr. 165 S. 429.
[29] Dazu *Spellenberg*, Die Neuregelung der internationalen Zuständigkeit in Ehesachen: IPRax 1988, 1.

sätzlich ebenfalls, es sei denn, daß die zu fällende Entscheidung „offensichtlich" nach dem Recht keines der Staaten anerkannt würde, denen einer der Ehegatten angehört. Im Interesse der Entscheidungsgleichheit mit dem Heimatstaat (Vermeidung hinkender Scheidungen und damit hinkender neuer Ehen) soll das deutsche Gericht diese (besonders weitreichende) Zuständigkeit verneinen, wenn schon ohne intensive Nachforschungen davon auszugehen ist, daß keiner der Heimatstaaten die Scheidung anerkennen würde[30]. Das ist beispielsweise der Fall, wenn das Gericht anhand der ihm zugänglichen Erkenntnisquellen feststellt, daß der gemeinsame Heimatstaat der Eheleute eine ausschließliche Zuständigkeit beansprucht oder daß er eine am gewöhnlichen Aufenthalt des Klägers (Klägergerichtsstand) ergangene Entscheidung nicht anerkennt[31].

Nach dem *Verbundprinzip* erstreckt sich die Zuständigkeit in der Hauptsache auch auf die sog. *Folgesachen* (§§ 623, 621 I ZPO). Diese Verbindung wird allerdings durchbrochen, soweit in einem Staatsvertrag, wie dem Haager Minderjährigenschutzabkommen, abweichende Zuständigkeiten festgelegt sind[32].

2. Für die Ehescheidung im Inland besteht ein *Scheidungsmonopol der Gerichte* (Art. 17 II). Auch wenn, etwa bei einer Ausländerehe, ausländisches Scheidungsrecht maßgebend ist und dieses eine rechtsgeschäftliche Scheidung (Verstoßung, Übergabe des Scheidebriefes und dergl.) oder eine Eheauflösung durch andere Stellen (etwa kirchliche Gerichte) zuläßt, kann die Ehe im Inland nur durch ein Gericht geschieden werden. Die Nichtanerkennung von *Privatscheidungen*, die im Inland vollzogen werden, liegt im Interesse der Rechtsklarheit, und das Erfordernis eines Richterspruchs über die Ehescheidung dient auch dem Schutz der Kinder.

Im einzelnen ist bei der Lokalisierung einer privaten Scheidung durch einseitigen Akt zu unterscheiden, ob sie nach islamischem oder nach jüdischem Recht erfolgt. Der islamische „talaq" wird durch die bloße Erklärung ohne Rücksicht auf deren Zugang wirksam und ist demgemäß allein am Erklärungsort anzusiedeln[33]. Nach jüdischem Recht dagegen bilden Übergabe und Annahme des Scheidebriefes den eigentlichen (konstitutiven) Scheidungsakt, und es ist daher allein auf deren Ort abzustellen[34];

---

[30] Bericht des Rechtsausschusses, BT-Drucks. 10/5632, 47.

[31] Vgl. etwa OLG Hamm 30. 1. 1987, Bericht IPRax 1987, 250 = IPRspr. 1987 Nr. 133 (Italien).

[32] Näher *Jayme*, Fragen der internationalen Verbundszuständigkeit: IPRax 1984, 121 ff.

[33] So im Ergebnis auch BayObLG 30. 8. 1984, NJW 1985, 2095 = FamRZ 1985, 75 = IPRspr. 1984 Nr. 187; OLG Düsseldorf 24. 1. 1986, Bericht IPRax 1986, 305 = IPRspr. 1986 Nr. 186 b.

[34] Richtig OLG Düsseldorf 17. 5. 1974, FamRZ 1974, 528 Anm. *Beitzke* = IPRspr. 1974 Nr. 182 b., während *Kleinrahm/Partikel*, Die Anerkennung ausländischer Entscheidungen in Ehesachen² (1970) 148, bereits dann von einer Inlandsscheidung sprechen, „wenn ein Teil des gesamten Scheidungsvorganges im Inland geschieht".

vorbereitende Rechtshandlungen wie die Abfassung des Scheidebriefs sind hier ebensowenig entscheidend wie bei einer gerichtlichen Scheidung der Ort, von dem aus die Klage eingeleitet wird.

Im Ausland vorgenommene Privatscheidungen sind im Inland nach Maßgabe des IPR anerkennungsfähig (siehe unten 4).

3. Die *Anerkennung* ausländischer Ehescheidungen richtet sich in ihren Voraussetzungen nach § 328 ZPO, das Anerkennungsverfahren ist in Art. 7 FamRÄndG festgelegt[35].

a) Die *Anerkennungsvoraussetzungen* sind in der Regel dem *autonomen* deutschen Recht (§ 328 ZPO) zu entnehmen. Auf das Anerkennungsrecht der vom IPR berufenen lex causae kommt es nicht an (vgl. unten § 60 IV 3 e). Einschlägige multilaterale Staatsverträge, so das CIEC-Übereinkommen über die Anerkennung von Entscheidungen in Ehesachen von 1967[36] und das Haager Übereinkommen über die Anerkennung von Ehescheidungen und Ehetrennungen von 1970[37], wurden von der Bundesrepublik Deutschland nicht ratifiziert. Im Verhältnis zu einzelnen Staaten ist eine Anerkennung auch aufgrund der bestehenden bilateralen Anerkennungs- und Vollstreckungsverträge möglich, soweit sie sich auf Ehesachen erstrecken[38].

Für die Anerkennungsvoraussetzung der *internationalen Zuständigkeit* (§ 328 I Nr. 1 ZPO) ist § 606a ZPO zu beachten. Grundsätzlich ist die Zuständigkeit des fremden Gerichts aufgrund einer spiegelbildlichen Anwendung dieser deutschen Zuständigkeitsnorm zu überprüfen (näher unten § 60 III 2). In § 606a I 2 ZPO wird ausdrücklich klargestellt, daß die deutschen Zuständigkeiten nicht ausschließlich sind. Gemäß § 606a II ZPO wird die ausländische Zuständigkeit zum Zwecke der Urteilsanerkennung in zweifacher Hinsicht sogar großzügiger beurteilt als die deutsche: (1) Im Falle des § 606a I Nr. 4 ZPO erfolgt keine Prüfung der Anerkennung nach dem Recht eines Heimatstaates, weil der Zweck dieses Erfordernisses, hinkende Entscheidungen zu verhindern, ohnehin nicht mehr zu erreichen ist, nachdem die Scheidung bereits ausgesprochen ist. (2) Wenn die Heimatstaaten der Ehegatten die Ehescheidung anerkennen, wird auf die Kontrolle der internationalen Zuständigkeit sogar ganz verzichtet, weil kein Anlaß besteht, hier strenger zu sein als die für

---

[35] Eingehend *Krzywon*, Die Anerkennung ausländischer Entscheidungen in Ehesachen: StAZ 1989, 93.
[36] Text: öst. BGBl. 1978 Nr. 43; StAZ 1967, 320; dazu *Böhmer*, StAZ 1967, 313 ff.
[37] Text bei *Jayme/Hausmann*; siehe im einzelnen *Martiny*, in: Hdb.IZVR III/2 Kap. II Rz. 386 ff.
[38] Siehe zu den Verträgen mit Belgien, Griechenland, Großbritannien, Italien, der Schweiz und Tunesien *Staudinger-Gamillscheg*[10/11] (1973) § 328 Rz. 677 ff.; auch *Waehler*, in: Hdb.IZVR III/2 Kap. III Rz. 61 ff.; siehe auch den deutsch-spanischen Vertrag von 1983 (BGBl. 1987 II 35).

§ 46 IV   VII. Kapitel: Die einzelnen Rechtsgebiete

eine solche Prüfung in erster Linie zuständigen Heimatstaaten[39]. An der Voraussetzung der Anerkennung durch beide Heimatstaaten fehlt es freilich, wenn ein Ehegatte Deutscher ist; wurde eine solche Ehe in einem Drittstaat geschieden, so ist die internationale Zuständigkeit der dortigen Gerichte anhand von § 606 a ZPO nachzuprüfen[40]. Insgesamt ist der undeutlich formulierte § 606 a II ZPO seinem Sinn entsprechend folgendermaßen zu lesen: „Der Anerkennung einer ausländischen Entscheidung steht Abs. 1 S. 1 Nr. 4 HS 2 und, wenn die Entscheidung von den (ausländischen) Staaten anerkannt wird, denen die Ehegatten angehören, Nummern 1 bis 4 nicht entgegen."[41]

Eine weitere Besonderheit hinsichtlich der Anerkennungsvoraussetzungen in Ehesachen ergibt sich aus Art. 7 § 1 I 2 FamRÄndG: Das *Gegenseitigkeitserfordernis* des § 328 I Nr. 5 ZPO entfällt.

Die Anerkennungsvoraussetzungen sind grundsätzlich *von Amts wegen* zu prüfen (vgl. unten § 60 III 1 d).

b) Ein eigenständiges *Anerkennungsverfahren* für ausländische Entscheidungen in Ehesachen schreibt Art. 7 FamRÄndG vor. Nach Art. 7 § 1 I 1 werden solche Entscheidungen in der Bundesrepublik Deutschland nur anerkannt, wenn die Landesjustizverwaltung festgestellt hat, daß die Voraussetzungen für die Anerkennung vorliegen. Anders als bei ausländischen Entscheidungen auf sonstigen Rechtsgebieten muß also eine förmliche Feststellung der Anerkennung erfolgen, die der Landesjustizverwaltung vorbehalten ist; in der nächsten Instanz entscheidet das Oberlandesgericht (Art. 7 § 1 IV–VI FamRÄndG). Bis zu einem Anerkennungsbescheid der Justizverwaltung hat eine ausländische Entscheidung im Inland keine Wirkung[42]. Die Anerkennung wirkt dann auf den Zeitpunkt der formellen Rechtskraft des Scheidungsurteils zurück[43].

Sowohl der positive als auch der negative Feststellungsbescheid (vgl. zu letzterem Art. 7 § 1 VII FamRÄndG) entfalten eine *Bindungswirkung* gegenüber jedermann, insbesondere für alle Gerichte und Verwaltungsbehörden (Art. 7 § 1 VIII FamRÄndG). Wird beispielsweise die Feststellung beantragt, daß die Voraussetzungen für die Anerkennung einer ausländischen Ehescheidung nicht vorliegen und ergeht dementsprechend ein negativer Feststellungs-

---

[39] BegrRegE, BT-Drucks. 10/504, 90.

[40] Vgl. *Krzywon*, StAZ 1989, 98 f.

[41] In diesem Sinne auch *Mansel*, StAZ 1986, 317 f.

[42] Für Entscheidungen von DDR-Gerichten soll Art. 7 § 1 FamRÄndG nicht gelten. Formelle Begründung: die DDR ist nicht „Ausland"; sachliche Begründung: das förmliche Anerkennungsverfahren wird im Verhältnis der beiden deutschen Staaten als unpassend empfunden. DDR-Entscheidungen sollen vielmehr grundsätzlich wirksam sein, solange nicht ihre Unwirksamkeit für die Bundesrepublik durch ein Feststellungsurteil bewiesen ist; siehe BGH 30. 11. 1960, BGHZ 34, 134 = IzRspr. 1960–61 Nr. 178a; 22. 9. 1982, BGHZ 85, 16 = IPRspr. 1982 Nr. 71; kritisch *Kegel* § 22 VII 3. Vgl. auch die ähnliche Problematik der Vollstreckbarkeit von DDR-Entscheidungen unten § 60 V 1.

[43] BGH 28. 6. 1961, FamRZ 1961, 427 = JZ 1962, 446 = IPRspr. 1960–61 Nr. 197.

bescheid, so steht damit bindend fest, daß die Ehescheidung im Inland nicht wirksam ist, die Ehe also noch besteht. Das gleiche muß gelten, wenn die Landesjustizverwaltung einen positiven Feststellungsantrag nicht nur aus Verfahrensgründen (z.B. wegen fehlender Antragsbefugnis oder örtlicher Unzuständigkeit), sondern aus Sachgründen (Fehlen einer Anerkennungsvoraussetzung gemäß § 328 ZPO) zurückweist[44].

Die Bindung der Gerichte an die Entscheidung der Landesjustizverwaltung bedeutet, daß die Anerkennung ausländischer Ehescheidungen der *gerichtlichen Beurteilung entzogen* ist. Das gilt nicht nur für eine entsprechende Feststellungsklage, sondern auch dann, wenn die Anerkennung einer im Ausland erfolgten Ehescheidung als bloße Vorfrage auftritt (Verbot einer Inzidentanerkennung). So unterliegen die Neben- und Folgeentscheidungen eines Ehescheidungsurteils, wie Sorgerechtsentscheidungen, zwar selbst nicht dem behördlichen Anerkennungsverfahren; sie stehen mit der Entscheidung in der Hauptsache aber in so engem Zusammenhang, daß sie grundsätzlich ohne förmliche Anerkennung der Scheidung selbst nicht anerkannt werden können[45].

Nur *Entscheidungen der Gerichte des gemeinsamen Heimatstaates* sind gemäß Art. 7 § 1 I 3 FamRÄndG vom Feststellungsmonopol der Landesjustizverwaltung ausgenommen. Denn die Anerkennung solcher Entscheidungen ist in der Regel unbedenklich. Sie bedarf keines förmlichen Verfahrens und kann von den deutschen Gerichten und Behörden inzident ausgesprochen werden.

Der *Sinn* des förmlichen Feststellungsverfahrens in Ehesachen liegt vor allem darin, in diesen für den Einzelnen besonders schwerwiegenden Angelegenheiten widersprechende Entscheidungen zu vermeiden und eine rasche, von erfahrenen Spezialisten getroffene Entscheidung herbeizuführen. Die gegen das Verwaltungsverfahren bisweilen erhobenen verfassungsrechtlichen Bedenken, es handele sich um einen unzulässigen Eingriff in die rechtsprechende Gewalt (Art. 92 GG) und um einen Verstoß gegen das Rechtsstaatsprinzip[46], werden von der Rechtsprechung nicht geteilt, und die Regelung wird als „in der Praxis bewährt" bezeichnet[47].

4. Die Anerkennung einer *Privatscheidung* erfolgt, da es sich um die Anerkennung eines Rechtsgeschäfts und nicht einer gerichtlichen Entscheidung

---

[44] BayObLG 25.9. 1973, BayObLGZ 1973, 251 = NJW 1974, 1628 Anm. *Geimer* = IPRspr. 1973 Nr. 157.

[45] Siehe hierzu und zu möglichen Ausnahmen von diesem Grundsatz etwa *Martiny*, in: Hdb.IZVR III/1 Rz. 1667ff.

[46] Siehe *Neuhaus* 440.

[47] BGH 14.10. 1981, BGHZ 82, 34 = IPRax 1983, 37, 22 Aufsatz *Kegel* = IPRspr. 1981 Nr. 192 S. 466.

handelt, nach den Regeln des IPR (Art. 17) und nicht nach § 328 ZPO; jedoch sind die Vorschriften über die Anerkennungsfeststellung (Art. 7 FamRÄndG) entsprechend anzuwenden. Im einzelnen gilt folgendes:

a) Die *Anerkennungsvoraussetzungen* bestimmt das *Scheidungsstatut*. Ist gemäß Art. 17 EGBGB deutsches Recht für die Scheidung maßgebend, so kann eine Privatscheidung wegen § 1564 S. 1 BGB nicht anerkannt werden. Außerdem ist gemäß Art. 17 II EGBGB eine im Inland vollzogene Privatscheidung selbst bei Maßgeblichkeit ausländischen Scheidungsrechts unwirksam (näher oben 2). Dagegen bestehen keine Bedenken, eine im Ausland vollzogene Privatscheidung, die den Erfordernissen des von Art. 17 berufenen ausländischen Scheidungsstatuts entspricht, grundsätzlich anzuerkennen. Bei hinreichender Inlandsbeziehung kann jedoch ein Verstoß gegen den deutschen ordre public vorliegen, so wenn die im Heimatstaat des ausländischen Ehemannes gegen ihren Willen verstoßene Ehefrau die deutsche Staatsangehörigkeit besitzt[48].

b) Das *Anerkennungsverfahren* vor der Landesjustizverwaltung setzt nach dem Wortlaut des Art. 7 § 1 I 1 FamRÄndG eine „Entscheidung" voraus, die „im Ausland" ergangen ist. Nach seinem Zweck, eine rasche, von erfahrenen Spezialisten getroffene und allgemein verbindliche Entscheidung herbeizuführen, muß das Anerkennungsverfahren aber ohne Rücksicht auf den Wortlaut des Gesetzes auch für Privatscheidungen gelten. Hier ist ein argumentum a minore ad maius am Platze: Wenn bereits gerichtliche Entscheidungen (des Auslands) nicht von untergeordneten Behörden und Gerichten zu prüfen sind, dann erst recht nicht die noch heikler zu beurteilenden außergerichtlichen Scheidungen.

In der Praxis ist dies bislang für den Fall anerkannt, daß die Privatscheidung unter Mitwirkung einer ausländischen Behörde vorgenommen wurde, gleichgültig ob die behördliche Mitwirkung konstitutive oder nur klarstellende Bedeutung hatte und ob die Privatscheidung im Ausland oder im Inland vorgenommen wurde[49]. Indes sollte man die Notwendigkeit des Feststellungsverfahrens für *alle* Privatscheidungen anerkennen. Denn es ist jedenfalls bei nur deklaratorisch wirkenden Akten der ausländischen Behörde ohnehin nicht angängig, diese Akte unter den Begriff „Entscheidung" i. S. d. Art. 7 § 1 I 1 FamRÄndG zu subsumieren. Vielmehr ist bei der Privatscheidung das wesentliche eheauflösende Moment stets das Privatrechtsgeschäft. Es geht in der Sache also darum, die Privatscheidung entsprechend dem Sinn und Zweck des

---

[48] Näher zur Problematik *Martiny*, in: Hdb.IZVR III/1 Rz. 1069 m. Nachw.
[49] BGH 14. 10. 1981 (vorletzte Note).

Art. 7 FamRÄndG der gerichtlichen Scheidung gleichzustellen und die Vorschrift analog anzuwenden[50].

Bei einer im *gemeinsamen Heimatstaat* vorgenommenen Privatscheidung ist wegen des geringen Inlandsbezuges entsprechend der in Art. 7 § 1 I 3 FamRÄndG getroffenen Regelung das Feststellungsverfahren vor der Landesjustizverwaltung nicht zwingend erforderlich[51].

V. Auflösung nichtehelicher Lebensgemeinschaften

Für die Auflösung nichtehelicher Lebensgemeinschaften enthält das EGBGB keine ausdrückliche Norm. Auch die deutsche Rechtsprechung hat noch keine Kollisionsregeln herausgebildet[52]. Im Schrifttum befürworten manche die Befragung der verschiedenen schuldrechtlichen Kollisionsregeln (Vertrag, Gesellschaft, Bereicherung, Delikt)[53]. Andere empfehlen, die nichteheliche Lebensgemeinschaft im IPR familienrechtlich einzuordnen[54].

Letzterer Auffassung ist grundsätzlich zu folgen, weil es um die Auflösung eines eheähnlichen Verhältnisses geht, wofür die familienrechtlichen Anknüpfungsregeln eher passen als die schuldrechtlichen. Nach der Einführung eines sog. Familienstatuts in das deutsche IPR (siehe oben § 45 I 2) liegt es nahe, dieses Statut in der Gestalt, in der es gemäß Art. 17 I 1 für die Scheidung gilt, auch auf die Auflösung nichtehelicher Lebensgemeinschaften anzuwenden. Es ist demnach analog Art. 14 I Nr. 1 das bei Auflösung der Gemeinschaft bestehende gemeinsame Heimatrecht maßgebend, hilfsweise das Recht des gemeinsamen gewöhnlichen Aufenthalts (entsprechend Art. 14 I Nr. 2). Für etwaige Unterhaltsansprüche gilt Art. 18, wobei eine analoge Anwendung des Art. 18 IV erwogen werden kann, um zu einem einheitlichen Auflösungsstatut zu gelangen.

---

[50] Siehe für diese im Vordringen befindliche Meinung auch *Martiny*, in: Hdb.IZVR III/1 Rz. 1753.

[51] Str.; ebenso BSG 30. 11. 1966, BSGE 26, 1 = FamRZ 1967, 216 Anm. *Bosch* = IPRspr. 1966–67 Nr. 258; ferner *Martiny*, in: Hdb.IZVR III/1 Rz. 1758.

[52] Für Frankreich siehe Trib. gr. inst. Paris 21. 11. 1983, Rev. crit. 73 (1984) 628 krit. Anm. *Lagarde*: Anwendung französischen Rechts auf die Auflösung der in Frankreich gelebten eheähnlichen Gemeinschaft von Portugiesen.

[53] Vgl. z.B. *Henrich*, Kollisionsrechtliche Probleme bei der Auflösung eheähnlicher Gemeinschaften: FS Beitzke (1979) 507; *ders.*, FamRZ 1986, 842f.; ihm folgend *Palandt-Heldrich* Art. 17 Anm. 5 a.

[54] Vgl. etwa (mit beachtlichen Einwänden gegen die schuldrechtliche Lösung) *Striewe*, Ausländisches und Internationales Privatrecht der nichtehelichen Lebensgemeinschaft (1986) 385 ff.; *Staudinger-von Bar* Anh. zu Art. 13 Rz. 31 f.; *Kegel* § 20 III.

§ 47 Unterhalt

I. Allgemeines

1. Der Unterhalt ist als *eigener Regelungsgegenstand* in das EGBGB erst durch die Neuregelung von 1986 gekommen. Vorher beruhte das EGBGB auf der Konzeption, daß der Unterhaltsanspruch von der jeweils einschlägigen allgemeinen familienrechtlichen Kollisionsnorm mit umfaßt wird, also beispielsweise der Unterhaltsanspruch des Ehegatten vom Ehewirkungsstatut (nach einer Scheidung vom Scheidungsfolgenstatut) und der Anspruch des ehelichen Kindes vom Eltern-Kind-Statut; nur für die Unterhaltspflicht des Vaters eines nichtehelichen Kindes bestand eine gesonderte Kollisionsnorm (Art. 21 EGBGB a. F.). Das ist jetzt anders. In Art. 18 EGBGB sind für den Unterhalt eigenständige Kollisionsregeln aufgestellt, die grundsätzlich sämtliche Unterhaltspflichten erfassen; lediglich für die Unterhaltspflichten zwischen geschiedenen Ehegatten ist gemäß Art. 18 IV weiterhin das Scheidungsfolgenstatut berufen.

2. *Kennzeichen* des Internationalen Unterhaltsrechts ist das *soziale Anliegen*, die Rechtsstellung des Bedürftigen zu stärken. Zum einen kann sich der Unterhaltsberechtigte auf das Recht *seiner* Umwelt stützen, und es wird nicht etwa auf das Recht des Verpflichteten abgestellt (vgl. Art. 18 I 1). Zum anderen stehen zwei Korrektivanknüpfungen (oben § 20 I 2 c) bereit, wenn der Unterhaltsberechtigte nach dem sonst anwendbaren Recht vom Verpflichteten keinen Unterhalt erhalten kann (vgl. Art. 18 I 2 und II). Das IPR ist hier also reich an sozialen Werten (vgl. oben § 5 II 2).

3. Zunächst war es die *Haager Konferenz für IPR*, die sich des Unterhaltsrechts annahm, um die soziale Lage von Unterhaltsbedürftigen in Auslandsfällen zu verbessern.

a) Das *Haager Unterhaltsübereinkommen von 1956* regelt die besonders vordringlichen Unterhaltsansprüche des Kindes, setzt aber voraus, daß das Kind seinen gewöhnlichen Aufenthalt in einem Vertragsstaat hat (Artt. 6, 1 I); auf die Staatsangehörigkeit kommt es nicht an. Das Übereinkommen gilt für die Bundesrepublik Deutschland heute nur noch im Verhältnis zu Belgien, Liechtenstein und Österreich.

b) Das *Haager Unterhaltsübereinkommen von 1973* (HUntÜ) erweitert den Anwendungsbereich des Haager Einheitsrechts. Es erfaßt nicht nur die Unterhaltspflichten gegenüber Kindern, sondern auch die gegenüber Erwachsenen. Gemäß seinem Art. 3 ist es allseitig anzuwenden, also unabhängig davon, ob die Berechtigten ihren gewöhnlichen Aufenthalt in einem Vertragsstaat haben und ob sie Angehörige eines Vertragsstaates sind. Das Übereinkommen gilt derzeit in zehn westlichen Staaten[1], und es ersetzt in den Beziehungen zwischen diesen Staaten das Unterhaltsübereinkommen von 1956.

4. Die *Bedeutung der deutschen Normierung* des Art. 18 EGBGB ist demgegenüber gering. Denn mit dieser Norm wird das Haager Unterhaltsübereinkommen von 1973 lediglich vollinhaltlich in das EGBGB eingestellt. Da das Abkommen – wie soeben gezeigt wurde – ohne Rücksicht auf ein Gegenseitigkeitserfordernis allseitig gestaltet und in der Bundesrepublik für unmittelbar anwendbar erklärt wurde, kann man Art. 18 EGBGB für überflüssig oder gar schädlich (weil die internationale Rechtsquelle verdeckend) halten[2]. Andere sprechen der Norm immerhin den Wert zu, die Übersichtlichkeit zu erhöhen und die Rechtsanwendung zu vereinfachen, weil sie den Gerichten den Rückgriff auf die inhaltlich abgedeckten Haager Unterhaltsübereinkommen erspare[3].

Zur Rechtsanwendung ist folgendes zu bemerken. Die unmittelbare Anwendung des Abkommens ist in jedem Falle korrekt; aber auch wer statt dessen auf Art. 18 EGBGB zurückgreift, begeht keinen Fehler, solange er die staatsvertragliche Herkunft der Vorschrift und die daraus folgende Möglichkeit einer besonderen Auslegung beachtet.

5. Der in Staatsverträgen übliche *Ausschluß des Renvoi* (oben § 24 III) ist in dem Übereinkommen durch die Verweisung auf das „innerstaatliche Recht" (Art. 4 HUntÜ) zum Ausdruck gebracht, in Art. 18 I EGBGB durch das Wort „Sachvorschriften" (siehe Art. 3 I 2 EGBGB). Etwas anderes gilt nur für den Unterhalt nach einer Ehescheidung, da Art. 18 IV EGBGB das auf die Scheidung tatsächlich angewandte Recht für maßgebend erklärt (näher unten II 4).

II. Die Normierung im einzelnen

1. *Grundregel* ist gemäß Art. 18 I 1 EGBGB (Art. 4 I HUntÜ) die Maßgeblichkeit des Sachrechts am *gewöhnlichen Aufenthalt des Berechtigten*. Dabei ist unter „Berechtigter" die Person zu verstehen, die Unterhalt verlangt, und unter „Verpflichteter" die Person, von der Unterhalt begehrt wird[4].

Die Hauptanknüpfung an den gewöhnlichen Aufenthalt des Berechtigten

---
[1] Vertragsstaaten sind außer der Bundesrepublik Deutschland: Frankreich, Italien, Japan, Luxemburg, die Niederlande, Portugal, die Schweiz, Spanien und die Türkei.
[2] In diesem Sinne etwa die Stellungnahme des MPI, RabelsZ 47 (1983) 640f.; *Mansel*, StAZ 1986, 316.
[3] So etwa *Palandt-Heldrich* Art. 18 Anm. 1a.
[4] Bericht *Verwilghen*, BT-Drucks. 10/258, 60 Nr. 137.

wahrt den Einklang mit der Umwelt, in welcher der Berechtigte lebt. Da es im Unterhaltsrecht um seinen Schutz geht, steht er im Mittelpunkt dieses Rechtsgebietes und bietet sich als Anknüpfungsperson an. Das Recht seiner Umwelt soll entscheiden; denn aus ihr ergibt sich das Unterhaltsbedürfnis, und in ihr wird er seinen Unterhalt verwenden. Die Anknüpfung verfolgt außerdem das Ziel, die Unterhaltsansprüche aller Bedürftigen, die in dem gleichen Land leben, nach dem gleichen Recht zu beurteilen. Schließlich fällt der Bedürftige in der Regel auch der Fürsorge des Aufenthaltsstaates zur Last, wenn ein Unterhaltsanspruch verneint wird.

Bei einem *Aufenthaltswechsel* des Berechtigten ist vom Zeitpunkt des Wechsels an das Sachrecht am neuen gewöhnlichen Aufenthalt anzuwenden. Das sagt Art. 4 II HUntÜ ausdrücklich, und Art. 18 I 1 EGBGB bringt es durch die Verweisung auf den „jeweiligen" gewöhnlichen Aufenthalt zum Ausdruck. Ein unwandelbares Unterhaltsstatut wäre mit der Grundregel, das Recht des Landes entscheiden zu lassen, in dem der Unterhaltsbedarf tatsächlich entsteht, nicht vereinbar. Eine gerichtlich festgestellte Unterhaltsverpflichtung bleibt freilich so lange wirksam, bis sie auf Antrag des Berechtigten oder des Verpflichteten durch eine neue Entscheidung abgeändert wird.

2. Mehrere *Ausnahmen* durchbrechen die Grundregel von der Maßgeblichkeit des Rechts am gewöhnlichen Aufenthalt des Berechtigten.

a) Bei *gemeinsamer deutscher Staatsangehörigkeit* von Berechtigtem und Verpflichtetem und deutschem gewöhnlichen Aufenthalt des Verpflichteten ist die Inlandsbeziehung so stark, daß deutsches Recht angewandt werden soll (Art. 18 V EGBGB). Die Sonderregel beruht auf einer in Art. 15 HUntÜ eingeräumten Vorbehaltsmöglichkeit, die von der Bundesrepublik Deutschland – wie von den meisten anderen Vertragsstaaten des Übereinkommens – genutzt worden ist. Im Interesse der Vereinfachung der Rechtsanwendung wird man die Rechtsstellung als Deutscher stets vorgehen lassen (vgl. Art. 5 I 2 EGBGB), auch wenn es sich um die ineffektive Staatsangehörigkeit eines Mehrstaaters handelt[5].

b) *Versagt* das Aufenthaltsrecht des Berechtigten im konkreten Fall den Unterhaltsanspruch, so ist gemäß Art. 18 I 2 EGBGB (Art. 5 HUntÜ) ersatzweise das *gemeinsame Heimatrecht* anzuwenden[6]. Diese Korrektivanknüpfung (dazu oben § 20 I 2 c) dient der Begünstigung des Berechtigten. Sie greift, um die Rechtsanwendung nicht zu schwierig zu gestalten, aber nur dann ein, wenn

---

[5] Siehe zu dem entsprechenden Art. 2 HUntÜ 1956 *Staudinger-Kropholler* Vorbem. 160 zu Art. 18 EGBGB. Das für das staatsvertragliche IPR besonders adäquate Effektivitätsprinzip (vgl. oben § 37 II 1 b) ist hier nicht verankert (str.).

[6] Zur Bestimmung des gemeinsamen Heimatrechts von Mehrstaatern in diesem Fall siehe oben § 37 II 1 b a. E.

das primär berufene Aufenthaltsrecht des Berechtigten diesem gar keine Unterhaltsforderung gegen die in Anspruch genommene Person gewährt, nicht jedoch, wenn das Aufenthaltsrecht lediglich geringere Ansprüche vorsieht[7].

c) Die materielle *lex fori* ist gemäß Art. 6 HUntÜ hilfsweise berufen, wenn der Berechtigte im konkreten Fall auch nach dem gemeinsamen Heimatrecht keinen Unterhalt erhält oder wenn ein gemeinsames Heimatrecht nicht besteht. Dasselbe meint Art. 18 II EGBGB, der (verkürzend) statt vom Sachrecht des angerufenen Gerichts vom „deutschen Recht" spricht. Mit dieser zweiten korrigierenden Anknüpfungsmöglichkeit endet die kollisionsrechtliche Begünstigung des Berechtigten.

3. Für *Unterhaltspflichten zwischen Verwandten in der Seitenlinie oder Verschwägerten* findet sich neben den geschilderten anspruchsbegünstigenden Korrektivanknüpfungen[8] eine anspruchsbegrenzende Kumulation. Nach Art. 18 III EGBGB (Art. 7 HUntÜ) kann die in Anspruch genommene Person bei diesen speziellen Unterhaltspflichten dem Anspruch des Berechtigten entgegenhalten, daß nach ihrem gemeinsamen Heimatrecht oder, mangels eines solchen, nach dem Aufenthaltsrecht des Verpflichteten keine Unterhaltspflicht besteht. Es handelt sich – wie Wortlaut und Entstehungsgeschichte[9] der Vorschrift deutlich machen – um eine Einrede, die der Verpflichtete vorbringen muß, und nicht etwa um eine von Amts wegen durchzuführende Kumulation. Die Einschränkung der Ansprüche ist darauf zurückzuführen, daß die genannten Unterhaltspflichten vielen Rechtsordnungen (so auch der deutschen) unbekannt sind. Die Gerichte der Vertragsstaaten des Haager Unterhaltsübereinkommens von 1973 sollen daher nur unter engen Voraussetzungen verpflichtet sein, derartige Ansprüche in Auslandsfällen zuzusprechen.

4. Für *Unterhaltspflichten zwischen geschiedenen Ehegatten* ist das auf die Ehescheidung angewandte Recht maßgebend; Entsprechendes gilt im Fall einer Ehetrennung, Nichtigerklärung oder Aufhebung einer Ehe und für die Änderung der Unterhaltsentscheidung (Art. 18 IV EGBGB; Art. 8 HUntÜ). Bei einer im Ausland ausgesprochenen Scheidung, die im Inland anerkannt worden ist, kommt es für den Unterhaltsanspruch nach Wortlaut und Entstehungsgeschichte des Haager Unterhaltsabkommens auf das tatsächlich angewandte Scheidungsstatut an und nicht auf das Recht, das aus deutscher Sicht auf die Scheidung hätte angewandt werden müssen[10]; wurde die Ehe in Deutschland ge-

---

[7] KG 23.7. 1987, FamRZ 1988, 167 = IPRax 1988, 234, 220 Aufsatz *von Bar* = IPRspr. 1987 Nr. 70.
[8] Vgl. Bericht *Verwilghen*, BT-Drucks. 10/258, 62f. Nr. 149: Sonderregelung, welche die Anwendung der in Artt. 4–6 HUntÜ enthaltenen Anknüpfungsregeln voraussetzt.
[9] Vgl. Bericht *Verwilghen* (vorige Note) 63 Nr. 151.
[10] Vgl. Bericht *Verwilghen* (vorletzte Note) 64f. Nr. 159: ggf. muß das über den Unterhalts-

schieden, ist ebenfalls nicht nachzuprüfen, ob auf die Scheidung das richtige Recht angewandt wurde[11]. Eine andere Interpretation würde die von der Haager Konvention erstrebte übereinstimmende Rechtsanwendung in den Vertragsstaaten gefährden.

Die Sonderregelung für den Unterhalt des Ehegatten nach Ehescheidung oder Ehetrennung bedeutet einen Bruch mit der sonst durchgehaltenen Konzeption, die Unterhaltspflichten kollisionsrechtlich eigenständig zu regeln. Die Ausnahme wird damit gerechtfertigt, daß der Unterhaltsanspruch nach Scheidung Entschädigungscharakter haben und also mit den Scheidungsgründen eng zusammenhängen kann[12]. Indes ist diese Begründung schon deshalb wenig überzeugend, weil die Scheidungsfolgen und mit ihnen auch die Unterhaltspflichten sich im materiellen Recht vieler Staaten weitgehend von den Scheidungsgründen gelöst haben. Außerdem kann die Koppelung mit dem Scheidungsstatut dazu führen, daß der Unterhalt während der Ehe nach einem anderen Statut geschuldet wird als nach der Scheidung und daß der Anspruch des Ehegatten einem anderen Recht untersteht als der Anspruch der Kinder. Schließlich liegt eine mißliche Folge der Verknüpfung mit dem Scheidungsstatut darin, daß dieses unwandelbar auf den Zeitpunkt der Rechtshängigkeit des Scheidungsantrags abstellt; das im Scheidungsurteil angewandte Recht bleibt demnach maßgebend, selbst wenn der Berechtigte inzwischen in einem anderen Staat lebt. De lege ferenda erscheint eine Abkoppelung vom Scheidungsstatut deshalb vorzugswürdig[13].

5. Der *Anwendungsbereich des Unterhaltsstatuts* ist zur Vermeidung von Qualifikationsschwierigkeiten im Haager Unterhaltsabkommen sowie in Art. 18 VI EGBGB näher festgelegt.

a) Die *Art der erfaßten Unterhaltspflichten* umschreibt Art. 1 HUntÜ damit, daß sie sich aus Beziehungen der Familie, Verwandtschaft, Ehe oder Schwägerschaft ergeben müssen, wobei die Unterhaltspflicht gegenüber einem nichtehelichen Kind ausdrücklich einbezogen wird. Unterhaltspflichten aufgrund deliktischer Schadenszufügung sind also beispielsweise ausgeschlossen, während

---

anspruch entscheidende Gericht nachforschen, welches Recht das Scheidungsgericht angewandt hat; vgl. auch etwa *Henrich*, FamRZ 1986, 851; *Herzfelder*, Les obligations alimentaires en d.i.p. conventionnel (1985) 36 Nr. 26. Der Hinweis auf Art. 17 I EGBGB in der Begründung des Regierungsentwurfs zu Art. 18 IV EGBGB (BT-Drucks. 10/504, 64) ist insofern ungenau. Abweichend *Ferid* Rz. 8−385,20, dessen Argumente aus dem früheren deutschen IPR angesichts des Vorrangs des Haager Unterhaltsübereinkommens nicht durchschlagen dürften.

[11] BGH 1. 4. 1987, FamRZ 1987, 682 = IPRspr. 1987 Nr. 66.
[12] Bericht *Verwilghen*, BT-Drucks. 10/258, 63 f. Nr. 153.
[13] In diesem Sinne auch eine Entschließung des Institut de Droit international von 1985; siehe Ann. Inst. Dr. int. 61 II (1986) 302 Nr. 5.

die Unterhaltspflicht als Vorfrage eines deliktischen Anspruchs nach Art des § 844 II BGB erfaßt ist. Vertragliche Unterhaltsansprüche, die anstelle gesetzlicher familienrechtlicher Ansprüche gewährt werden, unterliegen mangels abweichender Parteivereinbarung ebenfalls dem Abkommen und also dem Unterhaltsstatut.

Für die Reichweite des Art. 18 EGBGB gilt das Gesagte grundsätzlich entsprechend. Die Übernahme des Art. 1 HUntÜ in das EGBGB wurde offenbar lediglich als überflüssig betrachtet[14]. Eine vom Abkommen abweichende inhaltliche Aussage war damit nicht bezweckt.

b) Gemäß Art. 18 VI Nr. 1 EGBGB (Art. 10 Nr. 1 HUntÜ) bestimmt das Unterhaltsstatut insbesondere, *ob, in welchem Ausmaß und von wem* Unterhalt verlangt werden kann. Familienrechtliche Vorfragen, wie die Gültigkeit der Eheschließung, Ehelichkeitsanfechtung oder Adoption, sind – hier wie sonst im staatsvertraglichen IPR (vgl. oben § 32 VI) – mangels einer anderslautenden staatsvertraglichen Regelung grundsätzlich selbständig anzuknüpfen.

Besondere Erwägungen gelten für die *Vorfrage der Abstammung* (Vaterschaftsfeststellung). Das Haager Unterhaltsübereinkommen wird vielfach so interpretiert, daß im Rahmen der Unterhaltsfestsetzung das hierfür berufene Aufenthaltsrecht zugleich auf die Frage der Abstammung anzuwenden ist; da Art. 18 EGBGB dem Abkommen nachgebildet ist, wird man ihn im gleichen Sinne wie das Abkommen auslegen müssen[15]. Den erwünschten Gleichlauf der Vaterschaftsfeststellung mit dem Unterhaltsstatut ermöglicht Art. 20 I 3 EGBGB, der auch eine Vaterschaftsfeststellung nach dem Recht des Staates vorsieht, in dem das Kind, also der Unterhaltsberechtigte, seinen gewöhnlichen Aufenthalt hat. Man sollte das Haager Unterhaltsübereinkommen und Art. 18 EGBGB aber nicht so verstehen, daß *ausschließlich* das Unterhaltsstatut über die Abstammung entscheiden darf. Vielmehr liegt es im Sinne der von diesen Normen erstrebten Verbesserung der Rechtsstellung des Berechtigten, die nach einem anderen Statut getroffene gleichwertige Feststellung oder Anerkennung der Vaterschaft ebenfalls genügen zu lassen. Es ist deshalb möglich und sinnvoll, die Vaterschaftsfeststellung – auch wenn es um Unterhaltsansprüche geht – grundsätzlich nach Art. 20 I EGBGB zu beurteilen, wobei man aus den alternativen Anknüpfungen des Abstammungsstatuts in der Regel diejenige auswählen wird, die zu einem Gleichlauf mit dem Unterhaltsstatut führt.

c) Nach Art. 18 VI Nr. 2 EGBGB (Art. 10 Nr. 2 HUntÜ) regelt das Unterhaltsstatut die *Klageberechtigung* und etwaige *Klagefristen*, die für das materielle Recht von Bedeutung sind, wie Verjährungs- und Ausschlußfristen. Die Regelung ist Ausdruck der funktionellen Methode im Kollisionsrecht (vgl. oben

---

[14] Siehe BegrRegE, BT-Drucks. 10/504, 63: „braucht... nicht übernommen zu werden".
[15] Vgl. näher *Staudinger-Kropholler* Art. 20 Rz. 64 ff.

§ 17): Das Unterhaltsabkommen will ausschließen, daß diese Fragen zum Verfahrensrecht gezählt und der lex fori unterstellt werden; der Zweck des Abkommens, alle Unterhaltsklagen von Berechtigten, die den gleichen gewöhnlichen Aufenthalt haben, möglichst einheitlich zu entscheiden, soll nicht durch eine Anwendung der lex fori gefährdet werden.

Zur Klageberechtigung zählt auch die *gesetzliche Vertretung eines Kindes im Verfahren*[16]. Nach dem Zweck des Haager Abkommens, die Durchsetzung von Unterhaltsansprüchen zu erleichtern, schließt die Maßgeblichkeit des Unterhaltsstatuts aber nicht aus, daß die Klage von dem nach sonstigen Kollisionsnormen (Haager Minderjährigenschutzabkommen bzw. Artt. 19 II, 20 II EGBGB) als berufen zu betrachtenden gesetzlichen Vertreter erhoben wird[17]. Klageberechtigt ist also, wer diese Befugnis entweder nach dem Unterhaltsstatut oder nach dem sonst maßgebenden Vertretungsstatut besitzt.

6. Der *Erstattungsanspruch einer öffentlichen Einrichtung*, die für den säumigen Unterhaltsschuldner Vorleistungen erbracht hat, richtet sich nach dem Recht des Staates, dem die vorleistende Einrichtung untersteht (Art. 9 HUntÜ)[18]. Indem solche Einrichtungen (z. B. Unterhaltsvorschußkassen, Jugend- oder Sozialbehörden) ihre Erstattungsansprüche in Auslandsfällen ebenfalls nach der für sie auch sonst maßgeblichen eigenen Rechtsordnung geltend machen können, wird ihre Bereitschaft gefördert, Unterhaltsersatzleistungen schnell zu erbringen.

Dagegen richtet sich das *Ausmaß der Erstattung* nach dem Unterhaltsstatut (Art. 18 VI Nr. 3 EGBGB; Art. 10 Nr. 3 HUntÜ). Auf einen kraft Gesetzes auf die öffentliche Einrichtung übergegangenen Anspruch des früheren Gläubigers gegen den Unterhaltsschuldner ist also weiterhin das vor dem Anspruchsübergang maßgebende Recht anzuwenden. Die Rechtsposition des Unterhaltsschuldners soll durch die Vorleistung des öffentlichen Fürsorgeträgers nicht verändert werden. Dies entspricht einem allgemeinen Grundsatz des Zessionsrechts, der auch im IPR zum Tragen kommt (vgl. unten § 52 VI 1 und 2).

7. Mit einer in die IPR-Regelung eingebauten zwingenden *Sachnorm* (vgl. oben § 12 V a. E.) schließt die Normierung des Art. 18 EGBGB. Nach Art. 18 VII EGBGB (Art. 11 II HUntÜ) sind bei der *Bemessung des Unterhaltsbetrages* die Bedürfnisse des Berechtigten und die wirtschaftlichen Verhältnisse des Verpflichteten zu berücksichtigen, selbst wenn das anzuwendende Recht etwas anderes bestimmt. Da das anzuwendende Recht diesen Gesichtspunk-

---

[16] Vgl. BGH 15. 1. 1986, FamRZ 1986, 345 = IPRax 1986, 382, 362 Aufsatz *Böhmer*.

[17] Vgl. bereits zum Haager Unterhaltsübereinkommen von 1956 *von Schack*, ZfJ 1966, 245 (247); *Böhmer/Siehr*, Das gesamte Familienrecht³ II (1979 ff.) Nr. 7.4 Art. 1 Rz. 127.

[18] In Art. 18 VI Nr. 3 EGBGB wird dies nur in einem Nebensatz zum Ausdruck gebracht.

ten aber in aller Regel bereits in irgendeiner Form Rechnung trägt, ist die praktische Bedeutung der in das IPR eingestellten Sachnorm gering.

III. Verfahren

Im Internationalen Verfahrensrecht setzt sich die Tendenz des IPR fort, den sozial schwachen Unterhaltsberechtigten zu begünstigen. Die Geltendmachung und Durchsetzung von Unterhaltsansprüchen in Auslandsfällen soll möglichst erleichtert werden.

1. Innerhalb der *internationalen Zuständigkeit*, die im Regelfall am Wohnsitz des Beklagten besteht (vgl. §§ 12, 13 ZPO), wird in Unterhaltssachen auch ein *Klägergerichtsstand* eröffnet. Gemäß § 23a ZPO ist für Unterhaltsklagen gegen eine Person, die im Inland keinen Gerichtsstand hat, nämlich auch das Gericht zuständig, bei dem der Kläger im Inland seinen allgemeinen Gerichtsstand hat (näher unten § 58 II 1 b). Eine ähnlich ausgestaltete Zuständigkeit sieht Art. 5 Nr. 2 EuGVÜ vor.

2. Die *Durchsetzung* von Unterhaltsansprüchen im Ausland wird durch verschiedene Übereinkommen und Sonderregelungen erleichtert[19]: Die beiden kollisionsrechtlichen Haager Übereinkommen werden ergänzt durch zwei verfahrensrechtliche Konventionen über die Anerkennung und Vollstreckung von Unterhaltsentscheidungen; das frühere Übereinkommen von 1958 erfaßt nur Entscheidungen über die Unterhaltspflicht gegenüber Kindern, das spätere von 1973 auch solche über die Unterhaltspflicht gegenüber Erwachsenen. Ferner besteht ein UN-Übereinkommen über die Geltendmachung von Unterhaltsansprüchen im Ausland von 1956, das namentlich durch die Einrichtung sog. Übermittlungs- und Empfangsstellen helfen will. Schließlich sei das deutsche Auslandsunterhaltsgesetz (AUG) von 1986[20] erwähnt, das in Anlehnung an das UN-Übereinkommen von 1956 die Voraussetzungen dafür schafft, daß Unterhaltsansprüche vor allem im Verhältnis zu den Staaten des anglo-amerikanischen Rechtskreises besser durchgesetzt werden können.

---

[19] Siehe zu ihnen im einzelnen *Staudinger-Kropholler* Vorbem. 43 ff. zu Art. 20.
[20] Gesetz zur Geltendmachung von Unterhaltsansprüchen im Verkehr mit ausländischen Staaten vom 19. 12. 1986 (BGBl. 1986 I 2563).

§ 48 Eheliche und nichteheliche Kindschaft

Das autonome deutsche Kollisionsrecht enthält in Artt. 19 und 20 EGBGB getrennte Kollisionsregeln für die eheliche und die nichteheliche Kindschaft. Im Gegensatz zum Kindschaftsrecht der Haager Konventionen und zu manchen ausländischen Rechten wird also die mißliche Unterscheidung zwischen ehelichen und nichtehelichen Kindern beibehalten. Auch wird nicht durchgehend an das Kind – die Hauptperson im Kindschaftsrecht – angeknüpft. Freilich ist das autonome deutsche Kollisionsrecht der Kindschaftswirkungen durch das inhaltlich modernere Haager Minderjährigenschutzabkommen weitgehend verdrängt.

I. Haager Minderjährigenschutzabkommen

Das gemäß Art. 3 II 1 EGBGB vorrangig anzuwendende Haager Minderjährigenschutzabkommen vom 5. 10. 1961 regelt die internationale Zuständigkeit und das anwendbare Recht für alle Schutzmaßnahmen über Minderjährige, die ihren gewöhnlichen Aufenthalt in einem Vertragsstaat haben. Außerdem sieht es vor, daß ein nach dem Heimatrecht des Kindes kraft Gesetzes bestehendes Gewaltverhältnis, namentlich ein ex lege entstandenes Sorgerecht beider Eltern oder eines Elternteils, in allen Vertragsstaaten anerkannt wird (Art. 3). Durch die staatsvertragliche Regelung von Schutzmaßnahmen und ex-lege-Gewaltverhältnissen ist das Eltern-Kind-Verhältnis, das sonst den Artt. 19 und 20 EGBGB unterstehen würde, weitgehend abgedeckt.

Vertragsstaaten des Übereinkommens sind derzeit außer der Bundesrepublik Deutschland: Frankreich, Luxemburg, Niederlande, Österreich, Portugal, die Schweiz, Spanien und die Türkei. Da das Abkommen stets anzuwenden ist, wenn ein Minderjähriger im Sinne des Abkommens (Art. 12) seinen gewöhnlichen Aufenthalt in einem Vertragsstaat hat (Art. 13 I), wobei es auf die Staatsangehörigkeit des Minderjährigen nicht ankommt, gilt das Abkommen insbesondere für alle Minderjährigen mit gewöhnlichem Aufenthalt in der Bundesrepublik Deutschland. Von der Möglichkeit, die Anwendung des Abkommens durch einen Vorbehalt gemäß Art. 13 III auf solche Minderjährige zu beschränken, die einem der Vertragsstaaten angehören, hat die Bundesrepublik Deutschland keinen Gebrauch gemacht.

Das Abkommen geht von dem Grundsatz aus, daß die für zuständig erklärten Behörden, namentlich die Behörden am gewöhnlichen Aufenthaltsort und im Heimatland des Minderjährigen, auf die von ihnen getroffenen Schutzmaßnahmen ihr eigenes materielles Recht anwenden. Im einzelnen gilt folgendes[1].

---

[1] Eingehende Erläuterungen des Abkommens bei *Staudinger-Kropholler* Vorbem. 252 ff. zu Art. 18 sowie in den übrigen Kommentaren; siehe ferner *Kropholler*, Das Haager Abkom-

1. *Schutzmaßnahmen* im Sinne des Abkommens sind – neben der Vormundschaft und Pflegschaft sowie den öffentlichrechtlichen Maßnahmen aufgrund des JWG – alle Regelungen und Eingriffe im Rahmen des ehelichen und nichtehelichen Kindschaftsverhältnisses, wie der Entzug der elterlichen Sorge oder ihre Verteilung nach einer Ehescheidung. Ob es sich um endgültige Maßnahmen oder einstweilige Anordnungen handelt, macht keinen Unterschied.

An Regelungen und Eingriffen im Rahmen des ehelichen und nichtehelichen Kindschaftsverhältnisses sind aus dem BGB im einzelnen zu nennen: Regelung von Meinungsverschiedenheiten der Eltern (§ 1628), Entziehung der Vertretungsmacht (§ 1629 II 3), Entscheidungen bei Streit zwischen Eltern und Pfleger (§ 1630 II), Übertragung von Teilen des Sorgerechts auf die Pflegeperson (§ 1630 III 1), Unterstützung der Eltern bei der Ausübung der Personensorge (§ 1631 III), Entscheidungen im Rahmen der Berufswahl (§ 1631 a II), Entscheidungen über die Herausgabe und den Umgang des Kindes (§ 1632 III), Anordnung über den Verbleib des Pflegekindes (§ 1632 IV), Entscheidungen über das Umgangsrecht und über die Auskunftserteilung (§§ 1634 II und III 2, 1711 II und III), Regelungen im Rahmen der Vermögenssorge (§ 1640 III), Maßnahmen bei Gefährdung der Person oder des Vermögens des Kindes (§§ 1666–1667), Verteilung der elterlichen Sorge nach Scheidung und bei Getrenntleben (§§ 1671, 1672), Regelungen bei Ruhen oder Entziehung des Sorgerechts (§§ 1674–1680), Übertragung der elterlichen Sorge beim Tod eines Elternteils (§ 1681 I 2), Bestellung eines Beistandes (§ 1685 I), Eingreifen des Vormundschaftsgerichts bei Verhinderung der Eltern (§ 1693) sowie die Änderung oder Aufhebung von Maßnahmen (§ 1696). – Keine selbständigen Schutzmaßnahmen, sondern bloße Durchführungsmaßnahmen sind vormundschaftsgerichtliche Genehmigungen[2].

2. Ein sog. *ex-lege-Gewaltverhältnis* aufgrund des Heimatrechts des Kindes ist nach Art. 3 MSA in allen Vertragsstaaten anzuerkennen.

a) Der *Begriff* „Gewaltverhältnis, das kraft Gesetzes besteht", ist – ebenso wie der Begriff der Schutzmaßnahme – eine autonome Schöpfung des Übereinkommens. Das Übereinkommen wollte diese Gewaltverhältnisse einbeziehen, weil sie den Schutz Minderjähriger ebenso betreffen wie Maßnahmen.

Ein kraft Gesetzes bestehendes Gewaltverhältnis *unterscheidet sich* von einem durch behördliche Maßnahmen begründeten Schutzverhältnis dadurch, daß es ohne staatlichen Akt unmittelbar aus der gesetzlichen Ordnung des Heimatstaates hervorgeht. Es liegt also kein ex-lege-Gewaltverhält-

---
men über den Schutz Minderjähriger[2] (1977); *Oberloskamp*, Haager Minderjährigenschutzabkommen – Erläuterungen für die Praxis (1983); *Rainer Allinger*, Das Haager Minderjährigenschutzabkommen: Probleme, Tendenzen und Perspektiven fünfzehn Jahre nach der Ratifikation durch die Bundesrepublik Deutschland (Diss. Tübingen 1987).

[2] Str.; näher zu ihrer Behandlung *Staudinger-Kropholler* Vorbem. 302 ff. zu Art. 18; *Oberloskamp* (vorige Note) Art. 1 Rz. 102 ff.

nis vor, wenn jemandem die Gewalt über einen Minderjährigen durch behördliche Maßnahme übertragen worden ist, z.B. einem Elternteil bei der Scheidung durch das Gericht.

Unerheblich ist, ob das Gewaltverhältnis als elterliche Sorge oder als Vormundschaft erscheint, ob es sich auf eheliche oder nichteheliche Kinder bezieht und ob es umfassend oder nur partiell (z.B. auf die Personensorge beschränkt) Platz greift. Diese Abgrenzungsfragen, die u.U. Schwierigkeiten bereiten könnten, vermeidet die Konvention.

Als *typische Beispiele* von ex-lege-Verhältnissen gelten heute allgemein: die gemeinsame elterliche Sorge beider Eltern; die in den meisten Rechtsordnungen ipso iure bestehende elterliche Sorge oder Vormundschaft des überlebenden Elternteils; im Nichtehelichenrecht eine kraft Gesetzes eintretende elterliche Sorge der Mutter (vgl. § 1705 BGB) sowie die Amtspflegschaft des Jugendamtes (§ 1709 BGB).

b) Auch für minderjährige *Angehörige von Nichtvertragsstaaten* sind Gewaltverhältnisse, die nach ihrem Heimatrecht kraft Gesetzes bestehen, nach ganz herrschender Meinung anzuerkennen. Die Vorschrift des Art. 3 MSA spricht – ohne irgendeine Beschränkung – von dem „Recht des Staates, dem der Minderjährige angehört", und Art. 13 II MSA, der die Zuständigkeiten des Heimatstaates nur den Vertragsstaaten zuerkennt, bezieht sich seinem klaren Wortlaut nach nur auf *Behörden*zuständigkeiten und nicht auf Gewaltverhältnisse, die kraft Gesetzes ohne behördliche Anordnung einer Maßnahme bestehen. Die uneingeschränkte Anwendung des Art. 3 ist auch sinnvoll. Zum einen ist die Kontinuität des Minderjährigenschutzes, die Art. 3 sichern will, auch für Angehörige von Nichtvertragsstaaten wichtig. Zum andern müßte sonst das Bestehen eines ex-lege-Verhältnisses anhand der Regeln des autonomen IPR geprüft werden; dadurch aber würde die Rechtseinheit beschnitten, eine kaum zu rechtfertigende unterschiedliche Anknüpfung für Angehörige verschiedener Staaten begründet und die Rechtsanwendung erschwert.

Die Bedeutung des Art. 3 ist lediglich für die Staaten eingeschränkt, die – wie Österreich – den Vorbehalt des Art. 13 III erklärt haben und die deshalb alle Vorschriften der Konvention nur auf solche Minderjährige anwenden, die einem Vertragsstaat angehören. Für die deutschen Gerichte gilt diese Einschränkung nicht.

c) Ein *Renvoi* ist im Rahmen des Art. 3 MSA – wie auch sonst innerhalb des Abkommens – nicht zu beachten. Die Konvention bringt das unmißverständlich durch die Verweisung auf das „innerstaatliche Recht" („loi interne") zum Ausdruck (vgl. oben § 24 III). Der Ausschluß des Renvoi erscheint letztlich auch sachgerecht, selbst soweit Art. 3 auf das Recht von Nichtvertragsstaaten verweist[3]; denn eine Zulassung der Rück- und Weiterverwei-

---
[3] Vgl. allgemein oben § 24 III 2. Anders – entgegen der ganz h.M. – *Ferid* Rz. 8–239.

sung würde den Entscheidungseinklang unter den Vertragsstaaten gefährden und außerdem die Rechtsanwendung erschweren, die das Abkommen gerade vereinfachen will.

d) Für *Mehrstaater, Staatenlose und Flüchtlinge* gelten die oben (§ 37 II) entwickelten Regeln.

e) *Bedeutung* hat Art. 3 MSA zum einen im Rahmen der Zuständigkeitsordnung des Abkommens (dazu sogleich unter 3), zum anderen aber auch für das Kollisionsrecht.

Die kollisionsrechtliche Bedeutung der Vorschrift liegt zunächst darin, daß die *Vorfrage* nach einem kraft Gesetzes eingetretenen Gewaltverhältnis, die bei der Anordnung einer Schutzmaßnahme auftauchen kann, in allen Vertragsstaaten einheitlich nach dem Heimatrecht des Kindes beantwortet wird. In der Vorfragenfunktion erschöpft sich indes die kollisionsrechtliche Bedeutung der Bestimmung nicht. Eine Beschränkung auf diese Funktion entspräche weder dem Wortlaut noch dem Sinn des Übereinkommens[4]. Schon gesetzestechnisch bildet die in Art. 3 vorgeschriebene Anerkennung von gesetzlichen Gewaltverhältnissen eine selbständige Vorschrift des Abkommens und nicht nur einen Vorbehalt für die Anordnung von Maßnahmen. Vor allem will das Abkommen ausdrücklich das Kollisionsrecht auf dem umfassenden „Gebiet des Schutzes von Minderjährigen" vereinheitlichen (vgl. Titel und Präambel). Ein solches Minderjährigenschutzsystem muß aber sinnvollerweise behördliche Maßnahmen als subsidiäres Mittel ansehen und primär die Beachtung bereits unmittelbar kraft Gesetzes bestehender Schutzverhältnisse zum Gegenstand haben. Die Vorschrift ist demgemäß nicht nur zu beachten, wenn die Voraussetzungen einer Schutzmaßnahme zu prüfen sind, sondern auch in jeder anderen Situation. Es würde zu widersprüchlichen Ergebnissen führen, wenn man das Bestehen eines ex-lege-Verhältnisses bei Anordnung einer Schutzmaßnahme anerkennen, in anderen Zusammenhängen (z.B. bei der abstrakten Frage nach der Vertretungsmacht) aber ignorieren würde. Die Frage des Bestehens eines ex-lege-Verhältnisses ist also – ebenso wie die Anordnung von Maßnahmen – *unmittelbarer Regelungsgegenstand* des Abkommens[5].

3. Die *internationale Zuständigkeit* zum Erlaß von Schutzmaßnahmen legt das Minderjährigenschutzabkommen mehrstufig fest. Gemäß Art. 1 MSA sind grundsätzlich die Gerichte des Staates zuständig, in dem der Minderjährige seinen *gewöhnlichen Aufenthalt* hat; denn sie können die familiären und

---

[4] Grundlegend *Schwimann*, JBl. 1976, 238.
[5] Str.; siehe etwa *Staudinger-Kropholler* Art. 20 Rz. 31 m. Nachw.; *Kropholler*, IPRax 1988, 285 ff. Anders z.B. *Heldrich*, in: FS Ferid (1988) 131 ff.; *Dörner*, JR 1988, 265 ff.; *Palandt-Heldrich* Anh. zu Art. 24 EGBGB Anm. 1 b zu Art. 3 MSA m. w. Nachw.

§ 48 I   VII. Kapitel: Die einzelnen Rechtsgebiete

sozialen Verhältnisse des Minderjährigen am besten und schnellsten ermitteln und daher am ehesten die geeigneten Maßnahmen treffen und überwachen.

Der Fall des *Aufenthaltswechsels* ist in Art. 5 MSA gesondert normiert – freilich unvollständig; ungeregelt sind insbesondere die Fragen der perpetuatio fori und der Kindesentführung.

Durch Art. 4 I MSA erhalten die *Heimatbehörden* eine konkurrierende Zuständigkeit, wenn sie der Auffassung sind, daß das Wohl des Minderjährigen ihr Tätigwerden erfordert. Diese Zuständigkeit ist – ebenso wie die anderen Zuständigkeiten – den Behörden von Vertragsstaaten vorbehalten (Art. 13 II). Die Heimatbehörden machen von ihrem „Evokationsrecht" freilich nur selten Gebrauch.

Gemäß Art. 8 MSA schließen die Artt. 3 (ex-lege-Verhältnisse), 4 und 5 III (Heimatzuständigkeit) nicht aus, daß die Behörden des Staates, in dem der Minderjährige seinen gewöhnlichen Aufenthalt hat, Maßnahmen zum Schutz des Minderjährigen treffen, soweit er in seiner Person oder in seinem Vermögen *ernstlich gefährdet* ist. Ob die Aufenthaltsbehörden nur unter den Voraussetzungen des Art. 8 (oder schon aufgrund von Art. 1) für Eingriffe in ex-lege-Verhältnisse zuständig sind, ist umstritten; die Bedeutung der Erwähnung des Art. 3 in Artt. 1 und 8 ist nämlich unklar.

In dieser Frage stehen sich drei Theorien gegenüber. Nach der *Schrankentheorie* stellt das Bestehen eines ex-lege-Verhältnisses grundsätzlich eine Schranke für die primäre Aufenthaltszuständigkeit nach Art. 1 dar. Eingriffe in ex-lege-Verhältnisse sind den Aufenthaltsbehörden danach nur über Art. 8 möglich; das Gewaltverhältnis unterstützende oder ergänzende Maßnahmen werden aber teilweise zugelassen. – Nach der *Heimatrechtstheorie* sind die Aufenthaltsbehörden gemäß Art. 1 für alle Maßnahmen zuständig, die das Heimatrecht des Kindes selbst vorsieht; denn insoweit enthalte Art. 3 keine Zuständigkeitsschranke. – Nach der *Anerkennungstheorie* bedeutet der Vorbehalt des Art. 3 in Art. 1 grundsätzlich keine Schranke für die Aufenthaltszuständigkeit, sondern nur, daß bei einer gemäß Art. 1 zu treffenden Maßnahme das ex-lege-Verhältnis zu beachten, also anzuerkennen ist. Die Aufenthaltszuständigkeit gemäß Art. 1 fehlt danach nur für solche Maßnahmen, durch die das ex-lege-Verhältnis ignoriert oder ohne Vorliegen eines im Aufenthaltsrecht vorgesehenen Grundes aufgehoben würde; die Aufenthaltsbehörde darf z. B. nicht einen Vormund für ein nichteheliches Kind einsetzen, solange nach Heimatrecht die elterliche Sorge der Mutter besteht und nach Aufenthaltsrecht (Art. 2) kein Anlaß zu ihrem Entzug vorliegt. – Bei einer eingehenden Abwägung aller für die verschiedenen Theorien sprechenden Argumente erscheint die Anerkennungstheorie vorzugswürdig[6]. Sie ist wegen des Bedürfnisses, im Aufenthaltsstaat nach Aufenthaltsrecht in ex-lege-Verhältnisse eingreifen zu können, auch am praktikabelsten.

---

[6] Siehe *Staudinger-Kropholler* Vorbem. 350 ff. zu Art. 18. Der BGH hat sich zunächst auf die Schrankentheorie berufen (BGH 20. 12. 1972, BGHZ 60, 68 = IPRspr. 1972 Nr. 59 b), später auf die Heimatrechtstheorie (BGH 11. 4. 1984, NJW 1984, 2761 = IPRax 1985, 40, 23 Aufsatz *Jayme* = IPRspr. 1984 Nr. 81), dabei jedoch die Möglichkeit, mit der Anerkennungstheorie zu arbeiten, nicht ausgeschlossen.

§ 48 Eheliche und nichteheliche Kindschaft § 48 I

Die Konvention kennt neben den genannten Zuständigkeiten nach Artt. 1, 4 und 8 noch mehrere *besondere Zuständigkeiten*, nämlich eine Eilzuständigkeit (Art. 9), eine Scheidungszuständigkeit (Art. 15) und eine Auftragszuständigkeit (Art. 6). Die Scheidungszuständigkeit ist für die Bundesrepublik mangels Erklärung eines entsprechenden Vorbehalts allerdings nicht unmittelbar bedeutsam.

4. Das *Kollisionsrecht* der Konvention mutet gegenüber der Vielfalt der Zuständigkeitsbestimmungen einfach an. Das auf Schutzmaßnahmen anwendbare Recht folgt im allgemeinen der Zuständigkeit (Gleichlauf). Jede Behörde trifft also die im eigenen internen Recht vorgesehenen Maßnahmen. Das ist für die Aufenthaltszuständigkeit in Art. 2 und für die Heimatzuständigkeit in Art. 4 I und II ausdrücklich und ohne Ausnahme festgelegt. Für die Gefährdungszuständigkeit nach Art. 8 hat das gleiche zu gelten, und Eilmaßnahmen nach Art. 9 werden in der Regel ebenfalls nach der lex fori getroffen. Eine Einbruchstelle für ausländisches Recht enthält lediglich die Vorschrift des Art. 3 über ex-lege-Verhältnisse, und hier liegt auch der Schwachpunkt der Konvention, die für ex-lege-Verhältnisse besser ebenfalls auf den gewöhnlichen Aufenthalt des Kindes abgestellt hätte.

Die unterschiedliche Anknüpfung für Schutzmaßnahmen (gemäß Art. 2 an den gewöhnlichen Aufenthalt) und für ex-lege-Verhältnisse (gemäß Art. 3 an das Heimatrecht) kann zu einem unerwünschten Normenmangel führen, der nur durch Anpassung zu beseitigen ist.

Wenn z. B. für ein in Deutschland lebendes türkisches nichteheliches Kind das nach Artt. 1, 2 maßgebende deutsche Recht nur ein gesetzliches und das nach Art. 3 maßgebende türkische Recht nur ein gerichtlich bestelltes Sorgerecht der Mutter vorsieht, kann man entweder die Regelung des Abkommens modifizierend anwenden und ausnahmsweise das gesetzliche Gewaltverhältnis des deutschen Aufenthaltsrechts (§ 1705 BGB) einschieben, oder man kann der Mutter in umgestaltender Anwendung der deutschen Sachnorm des § 1705 BGB durch eine Maßnahme gemäß Artt. 1, 2 MSA die elterliche Sorge übertragen. M. E. ist die erste Lösung vorzuziehen, weil es dem Geist des Abkommens entspricht, ausländische Kinder mit gewöhnlichem Aufenthalt im Inland den inländischen im Zweifel völlig gleichzustellen[7].

5. Eine intensive *Behördenzusammenarbeit* mit dem Ausland soll nach der Intention des Übereinkommens die Wirksamkeit des Minderjährigenschutzes fördern. Das Übereinkommen enthält in Artt. 10 und 11 zwei Bestimmungen, die nur den internationalen Behördenverkehr betreffen.

Art. 10 empfiehlt einen vorherigen Meinungsaustausch, Art. 11 enthält eine Verpflichtung zu unverzüglicher nachträglicher Benachrichtigung. Jede Behörde kann ihre

---
[7] Siehe zum Streitstand *Staudinger-Kropholler* Art. 20 Rz. 74.

Mitteilungen in der eigenen Amtssprache abfassen. Die allgemeine Konsultationsempfehlung des Art. 10 tritt neben die Mitteilungspflichten der Artt. 4 I und 5 II. Will der Heimatstaat oder ein neuer Aufenthaltsstaat Maßnahmen treffen, so hat er nach den genannten Normen stets zuvor die bisher zuständigen Behörden von seinem Vorhaben zu unterrichten. Hiervon gibt es keine Ausnahme (vorbehaltlich der Not- oder Eilzuständigkeit nach Artt. 8 und 9). Die vorgeschriebene Unterrichtung soll „nach Möglichkeit" gemäß Art. 10 zu einem Meinungsaustausch erweitert werden. Ohne diesen Behördenverkehr kann vor allem das Evokationsrecht des Heimatstaates gemäß Art. 4 meist nicht sinnvoll ausgeübt werden.

Der Erfolg dieser Bestimmungen ist bislang gering. Das liegt zum einen daran, daß die Konvention nur den Verkehr zwischen Behörden von *Vertragsstaaten* vorschreiben und näher ausgestalten kann; die Zahl der Vertragsstaaten ist aber recht beschränkt geblieben. Zum anderen hat man die Fähigkeiten der Behörden zum Aufbau der notwendigen Kontakte offenbar überschätzt, als man es unterließ, ihnen das notwendige *technische Rüstzeug* (etwa in Gestalt mehrsprachiger Formulare) für einen unmittelbaren formlosen Behördenverkehr an die Hand zu geben[8].

6. Eine grundsätzliche Verpflichtung der Vertragsstaaten zur *Anerkennung* der getroffenen Schutzmaßnahmen, also etwa von Sorgerechtsentscheidungen, enthält Art. 7 MSA. Die *Vollstreckung* der Maßnahmen klammert das Übereinkommen dagegen von seinem Anwendungsbereich aus.

II. Die Kindesentführungsabkommen

Zu dramatischen Auseinandersetzungen, über die auch in der Tagespresse bisweilen berichtet wird, kann es kommen, wenn ein nicht oder nicht allein sorgeberechtigter Elternteil (meist im Zusammenhang mit einer Ehescheidung) sein Kind ins Ausland entführt, um dort eine ihm günstige Sorgerechtsregelung zu erhalten. Entweder wird das Kind unrechtmäßig ins Ausland mitgenommen (meist in das Heimatland des entführenden Partners), oder es wird nach Ablauf der vorgesehenen Besuchszeit nicht zurückgebracht (sog. „passive Entführung")[9].

Die richtige Antwort ist in der Regel eine schnelle Rückführung des Kindes in die vertraute Umgebung des bisherigen Aufenthaltsstaates. Darüber besteht weithin Einigkeit. Jedes Rückführungsvorhaben ist freilich ein „Kampf gegen

---

[8] Vgl. zu der bislang unbefriedigenden Behördenzusammenarbeit in der Praxis *Allinger* (oben N. 1) 212 ff.

[9] Vgl. zur Problematik der Kindesentführungen etwa die Beiträge in *Mosconi/Rinoldi* (Hrsg.), La sottrazione internazionale di minori da parte di un genitore (1988).

die Uhr"[10]. Je länger es nämlich dem entführenden Elternteil gelingt, das Kind im neuen Land zu behalten und seine Integration zu bewirken, desto geringer werden erfahrungsgemäß die Chancen, daß eine Rückführung angeordnet wird.

Allerdings fehlt es bislang in vielen Staaten an dem geeigneten rechtlichen Instrumentarium für eine sofortige Rückführung. Auch mangelt es den Gerichten bisweilen an der für eine sachgerechte Behandlung erforderlichen internationalen Gesinnung. Insbesondere ist die meist unausgesprochene, aber deutlich erkennbare Meinung vieler Gerichte, ein Kind sei nirgends so gut aufgehoben wie im Staat des Forums, gerade in Entführungsfällen wenig adäquat. An eine Entführung in das Inland dürfen nämlich keine anderen Maßstäbe angelegt werden als an eine Entführung ins Ausland. In beiden Fällen sollte in der Sache, also über das Sorgerecht und das Kindeswohl, grundsätzlich in dem Staat entschieden werden, aus dem das Kind entführt wurde, und die Behörden der anderen Staaten sollten sich auf eine rasche Rückführung des Kindes beschränken.

In den *Vereinigten Staaten* wurde mit dem Uniform Child Custody Jurisdiction Act, der nicht nur im Verhältnis der Gliedstaaten zueinander, sondern auch im internationalen Rechtsverkehr anzuwenden ist, eine spezielle Rechtsgrundlage geschaffen, damit Entführungsfälle angemessen entschieden werden können. Hauptansatzpunkt ist in diesem Gesetz die Festlegung der Zuständigkeit, die grundsätzlich auf die Behörde des Staates fixiert wird, in dem das Kind während der letzten sechs Monate gelebt hat, so daß abweichende Entscheidungen am neuen Aufenthaltsort in der Regel nicht ergehen können; Pflichten zur behördlichen Zusammenarbeit und zur erleichterten Anerkennung und Vollstreckung runden die Normierung ab[11].

In *Europa* gab es zunächst keine vergleichbare Regelung. Insbesondere nimmt sich das EGBGB – auch in seiner Neufassung von 1986 – der Kindesentführung ebensowenig gesondert an wie das Haager Minderjährigenschutzabkommen. Die in diesem Abkommen vorgesehene internationale Behördenzusammenarbeit ist nicht hinreichend entwickelt, um im Regelfall wirksam zu sein. Auch eine teleologische Interpretation des Begriffs gewöhnlicher Aufenthalt mit dem Ziel, die Zuständigkeit für Sorgerechtsentscheidungen zunächst in dem Staat zu belassen, aus dem das Kind entführt wurde, vermag nicht immer zu helfen; denn wenn der entführende Elternteil in allen Instanzen erbittert um den Verbleib des Kindes im neuen Aufenthaltsstaat kämpft, vergeht leicht so viel Zeit, daß eine soziale Integration des Kindes in seiner neuen Umwelt erfolgt ist und die Begründung eines gewöhnlichen Aufenthalts nicht mehr verneint werden kann.

Um diese unbefriedigende Rechtslage zu verbessern, wurde im Jahre 1980 auf

---

[10] *Böhmer*, RabelsZ 46 (1982) 648.
[11] Siehe im einzelnen *Hüsstege*, Der Uniform Child Custody Jurisdiction Act – Rechtsvergleichende Betrachtungen zu internationalen Kindesentführungen (1982); ferner etwa *Balona*, Flor. Int. L. J. 2 (1986) 1ff.

der Haager Konferenz in Ergänzung zum Minderjährigenschutzabkommen ein spezielles Übereinkommen über die zivilrechtlichen Aspekte internationaler Kindesentführung geschlossen. Ferner hat der Europarat im gleichen Jahr ein Übereinkommen über die gegenseitige Vollstreckbarerklärung von Sorgerechtsentscheidungen zur Zeichnung aufgelegt, das die Schwierigkeiten bei der angemessenen Behandlung internationaler Kindesentführungen ebenfalls lindern soll. Beide Übereinkommen sind bereits für mehrere Staaten in Kraft getreten. Sie sollen auch von der Bundesrepublik Deutschland ratifiziert und durch ein deutsches Ausführungsgesetz ergänzt werden[12]. Die Beteiligung der Bundesrepublik an diesen Abkommen ist zu begrüßen; denn die Probleme der Kindesentführung kann kein Staat im Alleingang lösen, sondern immer nur in internationaler Zusammenarbeit.

Ziel beider Abkommen ist es, Kindesentführungen so schnell wie möglich rückgängig zu machen. Beide können nebeneinander zur Anwendung kommen. Es ist jeweils das Abkommen anzuwenden, das dem Ziel der Rückführung günstiger ist[13].

1. Das *Haager Kindesentführungsabkommen* vom 25.10. 1980[14], das gemäß seinem Art. 34 dem Minderjährigenschutzabkommen vorgeht, schreibt die Einrichtung *Zentraler Behörden* in jedem Vertragsstaat vor (Art. 6). Die Zentralen Behörden arbeiten untereinander zusammen und fördern die Zusammenarbeit der zuständigen Behörden ihrer Staaten, um die sofortige Rückgabe von Kindern sicherzustellen (Art. 7). Ist ein Kind unter Verletzung eines tatsächlich ausgeübten Sorgerechts in einen Vertragsstaat verbracht worden, so hat die zuständige Stelle dieses Staates die sofortige Rückführung anzuordnen, wenn zwischen dem Verbringen und dem Rückgabeantrag weniger als *ein Jahr* vergangen ist (Art. 12 I). Rückgabeanträge dürfen dann gemäß Art. 13 nur unter äußerst engen Voraussetzungen abgelehnt werden, so bei Einverständnis des Sorgeberechtigten mit der Aufenthaltsverlegung, bei schwerwiegender Gefahr einer Schädigung des Kindes durch die Rückführung oder bei einem beachtlichen Widerspruch des Kindes. Ist der Rückführungsantrag dagegen später als ein Jahr nach der Entführung eingegangen, so hat das ersuchte Gericht zwar grundsätzlich ebenfalls die Rückgabe des Kindes anzuordnen, kann gemäß Art. 12 II aber an-

---

[12] BR-Drucks. 378/89 und 379/89.

[13] Siehe zu beiden Abkommen *Böhmer*, IPRax 1984, 282 ff.; *Reymond*, ZSR 100 (1981 – I) 329 ff.; *Hüsstege* (oben N. 11) 196 ff.; *Deschenaux*, ZfJ 1987, 97 ff.; *Sturm*, in: Beiträge zum internationalen Verfahrensrecht und zur Schiedsgerichtsbarkeit, FS Nagel (1987) 457 ff.; *Jenard*, Rev. belge dr. int. 21 (1988) 35 ff.

[14] Aus dem Schrifttum siehe außer den in der vorigen Note Genannten: *Dyer*, Rec. des Cours 168 (1980 – III) 231 ff.; *Anton*, Int. Comp. L.Q. 30 (1981) 537 ff.; *Böhmer*, RabelsZ 46 (1982) 643 ff.; *Farquhar*, Can. J. Fam. L. 1 (1983) 5 ff.

ders entscheiden, sofern erwiesen ist, daß das Kind sich in seine neue Umgebung eingelebt hat.

Die Erfordernisse für den Rückführungsantrag sind gering. Er braucht im wesentlichen nur Angaben über die Identität der Beteiligten zu enthalten, dazu die Gründe für den Rückführungsanspruch sowie alle verfügbaren Angaben über den Aufenthaltsort des Kindes (Art. 8 II). Ein Sorgerechtstitel aus dem Staat des gewöhnlichen Aufenthalts des Kindes wird nicht in jedem Fall verlangt (vgl. Art. 15). Er kann aber zum Beweis der Widerrechtlichkeit des Verbringens oder des Zurückhaltens des Kindes nützlich sein (vgl. Art. 14).

Die Bedeutung von Sorgerechtsentscheidungen wird gegenüber dem Rückführungsanspruch erheblich eingeschränkt. Nach Eingang einer Mitteilung über das widerrechtliche Verbringen eines Kindes darf im ersuchten Staat eine neue Sorgerechtsentscheidung erst getroffen werden, wenn entschieden ist, daß das Kind aufgrund des Übereinkommens nicht zurückzugeben ist (Art. 16). Ist im ersuchten Staat bereits früher über das Sorgerecht entschieden worden oder liegt eine anerkennungsfähige ausländische Entscheidung vor, so stellt dies für sich genommen keinen Grund dar, die Rückgabe des Kindes abzulehnen (Art. 17).

Das Übereinkommen will nur den vor der Entführung bestehenden *tatsächlichen* Zustand auf schnellstem Wege wiederherstellen, indem es Voraussetzungen und Durchsetzung des Rückgabeanspruchs durch einheitliches Recht festlegt. Es ähnelt insofern den Verfahren des einstweiligen Rechtsschutzes. Eine aufgrund des Übereinkommens getroffene Rückgabeanordnung ist deshalb auch nicht als Entscheidung über das Sorgerecht anzusehen (Art. 19). In der Beschränkung auf das Ziel „Rückführung und Respektierung bestehender Sorgerechtsverhältnisse" (Art. 1) sowie in dem weitgehenden Verzicht auf förmliche Entscheidungsvoraussetzungen liegt die Stärke des Haager Entführungsabkommens.

2. Das *Europäische Sorgerechtsübereinkommen* vom 20.5.1980[15] ist – anders als das Haager Entführungsabkommen – wirklich ein Anerkennungs- und Vollstreckungsabkommen auf dem Gebiet des Sorgerechts. Es schließt die Lücke, die Art. 7 MSA hinterläßt, indem er die Vollstreckung der Schutzmaßnahmen vom Anwendungsbereich des Minderjährigenschutzabkommens ausnimmt. Das Abkommen erleichtert zwar die Anerkennung und Vollstreckung ausländischer Sorgerechtsregelungen, und es verlangt als Hilfe bei der praktischen Durchsetzung die Einrichtung Zentraler Behörden in allen Vertragsstaaten (Art. 2). Es vermag wegen seines vollstreckungsrechtlichen Ansatzes und der damit verbundenen Förmlichkeiten (vgl. Art. 13) die schnelle Rückführung

---

[15] Schrifttum (außer den oben N. 13 Genannten) etwa *Galbiati/Librando/Rovelli*, Riv. dir. eur. 20 (1980) 377ff.; *Jones*, Int. Comp. L.Q. 30 (1981) 467ff.; *Erauw*, R.W. 1985–86, 1973ff.

entführter Kinder aber nicht immer ebenso wirkungsvoll zu erreichen wie das Haager Abkommen.

Kernstück des Sorgerechtsübereinkommens sind die reduzierten Anforderungen an die Anerkennung und Vollstreckung. Das Übereinkommen unterscheidet drei Fallgruppen: (1) Gemäß Art. 8 ist eine Sorgerechtsentscheidung ohne Prüfung weiterer Versagungsgründe anzuerkennen, wenn sie in dem Staat ergangen ist, dessen Staatsangehörigkeit Eltern und Kind besitzen und in dem das Kind vor der Entführung seinen gewöhnlichen Aufenthalt hatte, und wenn außerdem der Antrag innerhalb von sechs Monaten nach der Entführung gestellt wird. (2) In allen anderen Fällen ist bei Antragstellung innerhalb von sechs Monaten gemäß Art. 9 I nur die Gewährung rechtlichen Gehörs und die internationale Zuständigkeit bei Versäumnisentscheidungen sowie das Vorliegen einer im ersuchten Staat vollstreckbaren widersprechenden Entscheidung nachzuprüfen. (3) Wird das Anerkennungs- und Vollstreckungsbegehren später als sechs Monate nach der Entführung gestellt, so treten nach Art. 10 I weitere Versagungsgründe hinzu, insbesondere der, daß infolge einer Änderung der Verhältnisse die Wirkungen der ursprünglichen Entscheidung offensichtlich nicht mehr dem Kindeswohl entsprechen (Art. 10 I lit. b).

Durch einen *Vorbehalt* gemäß Art. 17 I kann jeder Vertragsstaat einen oder mehrere der in Art. 10 genannten Versagungsgründe auf die von den Artikeln 8 und 9 erfaßten Fälle erstrecken. Die Staaten, die – wie möglicherweise die Bundesrepublik Deutschland[16] – durch einen entsprechenden Vorbehalt die Überprüfung des Kindeswohls gemäß Art. 10 I lit. b in allen Entführungsfällen ermöglichen, verringern indes den Wert des Abkommens; denn die Prüfung dieses Versagungsgrundes kann die Rückführung verzögern und schließlich infolge der Verzögerung sogar scheitern lassen. Außerdem hat die Einlegung des Vorbehalts den mißlichen Multiplikationseffekt, daß die anderen Vertragsstaaten gegenüber dem Vorbehaltsstaat den gleichen zusätzlichen Versagungsgrund geltend machen können (Art. 17 II).

III. Eheliche Abstammung

Das EGBGB beginnt seine Normierung des Internationalen Kindschaftsrechts mit einer Regelung der ehelichen Abstammung (Art. 19 I), also einer Form der Abstammung, die verschiedene ausländische Rechte wegen der Aufgabe der Unterscheidung zwischen ehelichen und nichtehelichen Kindern bereits nicht mehr kennen. Das deutsche IPR befindet sich damit auf dem gleichen Entwicklungsstand wie das materielle deutsche Kindschaftsrecht[17].

---

[16] Vgl. BR-Drucks. 378/89, 37.

[17] Rechtsvergleichende Kritik zum materiellen deutschen Recht *Kropholler*, Kritische Bestandsaufnahme im Nichtehelichenrecht: AcP 185 (1985) 244 (260 ff.). Anders beispielsweise

Besondere Kennzeichen der deutschen Kollisionsregelung sind die Anbindung der ehelichen Abstammung an das gesetzliche Ehewirkungsstatut des Art. 14 I und die in bestimmten Grenzen gewährte Begünstigung von Ehelichkeit und Ehelichkeitsanfechtung durch alternative Anknüpfungen (Art. 19 I 2 und 4).

1. Der *Begriff* eheliche Abstammung bezieht sich auf die Entstehung von Rechtsbeziehungen zwischen dem Kind und seiner Mutter sowie deren Ehemann, wenn das Kind während der Ehe oder innerhalb bestimmter Fristen nach deren Auflösung geboren wird. Art. 19 I erfaßt also die Fragen der Empfängniszeit, der Beiwohnungs- und Vaterschaftsvermutungen und der Ehelichkeitsanfechtung, wie sie in §§ 1591–1600 BGB geregelt sind. Ihm unterfallen auch die Auswirkungen, die das Vaterschaftsanerkenntnis durch einen Dritten auf die Ehelichkeit eines Kindes hat[18]. Dagegen entscheidet Art. 21, ob das Kind durch eine Legitimation oder einen ähnlichen Rechtsakt die Stellung eines ehelichen Kindes erlangt hat.

2. Zur *Anknüpfung* dient gemäß Art. 19 I 1 grundsätzlich die familienrechtliche Leiter des Ehewirkungsstatuts, das zum sog. Familienstatut ausgebaut wurde (Einzelheiten oben § 45 I). Soweit die Ehegatten ein gemeinsames Heimatrecht besitzen, ist dieses maßgebend (Art. 19 I i. V. m. Art. 14 I Nr. 1). Bei verschiedener Staatsangehörigkeit der Ehegatten entscheidet gemäß Art. 19 I i. V. m. Art. 14 I Nr. 2 grundsätzlich das Aufenthaltsrecht. Jedoch beruft Art. 19 I 2, um die Ehelichkeit zu fördern, alternativ auch jedes der beiden Heimatrechte der Ehegatten. Wenn eines von ihnen die Ehelichkeit bejaht, ist das Kind ehelich. Bei Doppelstaatern darf gemäß Art. 5 I nur die effektive bzw. die deutsche Staatsangehörigkeit berücksichtigt werden.

Maßgebender Zeitpunkt ist grundsätzlich die Geburt des Kindes. Nur wenn die Ehe der Mutter bei der Geburt nicht mehr besteht, erklärt Art. 19 I 3 den Zeitpunkt der Auflösung der Ehe für maßgebend, weil später nicht mehr auf das Ehewirkungsstatut verwiesen werden könnte. Das Abstammungsstatut ist also in jedem Falle unwandelbar.

Insgesamt erscheint das Anknüpfungssystem des Art. 19 I vor allem deshalb wenig überzeugend, weil es das am gewöhnlichen Aufenthalt, also am Lebensmittelpunkt der Familie, geltende Recht grundsätzlich nur bei verschiedener Staatsangehörigkeit der Ehegatten befragt.

---

das Schweizer Sach- und Kollisionsrecht (Artt. 66 ff. IPR-Gesetz); vgl. zu dem Unterschied *Siehr*, in: Lausanner Kolloquium über den deutschen und den schweizerischen Gesetzentwurf zur Neuregelung des IPR (1984) 160 ff.

[18] Vgl. BGH 15. 2. 1984, BGHZ 90, 129 = IPRspr. 1984 Nr. 96.

3. Speziell für die *Ehelichkeitsanfechtung* durch das Kind stellt Art. 19 I 4 alternativ auf das Recht des Staates ab, in dem das Kind seinen gewöhnlichen Aufenthalt hat. Die neben die Regeln des Art. 19 I 1 und 2 tretende zusätzliche Anknüpfung will die Interessen des Kindes an der Feststellung seiner tatsächlichen Abstammung fördern, und sie gilt daher nicht für die Ehelichkeitsanfechtung durch andere Personen. Beispielsweise kann für das Kind die Anwendung seines Aufenthaltsrechts günstig sein, wenn es in einer neuen Familie lebt und der Vater die Ehelichkeit nicht anficht oder nach dem gemäß Art. 19 I 1 anwendbaren Recht nicht anfechten kann. Maßgebend ist das Recht am *jeweiligen* gewöhnlichen Aufenthalt des Kindes; das nach Art. 19 I 4 ermittelte Statut der Ehelichkeitsanfechtung ist also wandelbar. Daß die Ehelichkeitsanfechtung nach dem von Art. 19 I 1 oder 2 bezeichneten Recht unzulässig ist, wird nicht vorausgesetzt.

Eine Anfechtung der Ehelichkeit nach einem von Art. 19 I 2 alternativ berufenen Recht ist zulässig, wenn sich die Ehelichkeit erst aus diesem Recht ergibt. Kommt dem Kind dagegen bereits nach dem gemäß Art. 19 I 1 anwendbaren Recht die Stellung eines ehelichen Kindes zu und ist eine Anfechtung der Ehelichkeit nach diesem Recht ausgeschlossen, so kann die Anfechtung nicht auf ein nach Art. 19 I 2 alternativ berufenes Recht gestützt werden[19]; denn diese Alternativanknüpfung hat nur den Zweck, die Ehelichkeit zu fördern, nicht aber, sie zu beseitigen. Allein dem Kind ist stets eine zusätzliche Möglichkeit der Ehelichkeitsanfechtung eröffnet, aber nicht durch Art. 19 I 2, sondern durch Art. 19 I 4.

4. Ein *Renvoi* ist im Rahmen des Art. 19 I gemäß Art. 4 I grundsätzlich zu beachten (vgl. auch oben § 24 II 3 d). Soweit Alternativanknüpfungen bestehen (Art. 19 I 2 und 4), ist ein Renvoi allerdings nur zugunsten des mit der Alternativität bezweckten Ergebnisses zu prüfen (vgl. oben § 24 II 3 c).

5. Die *Vorfrage* (Erstfrage), ob eine gültige Ehe der Mutter vorliegt, ist grundsätzlich selbständig anzuknüpfen; sie beurteilt sich also nach Art. 13[20]. Angesichts der vom deutschen IPR bezweckten Begünstigung der Ehelichkeit, die in der Alternativanknüpfung des Art. 19 I 2 zum Ausdruck kommt, darf die Vorfrage (Erstfrage) indes ausnahmsweise unselbständig angeknüpft werden, wenn die erstrebte Ehelichkeit des Kindes nur so bejaht werden kann[21].

---

[19] BegrRegE, BT-Drucks. 10/504, 65.
[20] BGH 22. 1. 1965, BGHZ 43, 213 (219) = IPRspr. 1964–65 Nr. 81 b S. 269.
[21] Vgl. zu der hier zulässigen sog. alternativen Anknüpfung der Vorfrage näher oben § 32 II.

IV. Nichteheliche Abstammung und Ansprüche der Mutter

Die in Art. 20 EGBGB enthaltenen Kollisionsregeln über die „nichteheliche Kindschaft" setzen die Nichtehelichkeit des Kindes voraus. Diese Vorfrage (Erstfrage) ist grundsätzlich selbständig anzuknüpfen und also nach Art. 19 I zu beurteilen[22].

1. Für die *Feststellung der Mutterschaft* gilt gemäß Art. 20 I 1 EGBGB unwandelbar das Heimatrecht der Mutter zur Zeit der Geburt des Kindes.

2. Die *Ansprüche der Mutter* gegen den Vater aufgrund der Schwangerschaft, also etwa auf Zahlung der Entbindungskosten und Ersatz weiterer Aufwendungen (vgl. § 1615 k BGB), richten sich gemäß Art. 20 I 2 ebenfalls nach dem Recht des Staates, dem die Mutter bei der Geburt des Kindes angehört.

3. Die *Feststellung der Vaterschaft*, sei es im gerichtlichen Verfahren oder durch Anerkennung, beurteilt sich gemäß Art. 20 I 1 und 3 alternativ nach dem Heimatrecht der Mutter oder des Vaters im Zeitpunkt der Geburt oder aber nach dem jeweiligen (insoweit Wandelbarkeit!) Aufenthaltsrecht des Kindes. Die Alternativität bezweckt eine Begünstigung des Kindes; in seinem Interesse werden mehrere Möglichkeiten gewährt, die Vaterschaft festzustellen. In der Praxis steht die Feststellung der Vaterschaft nach dem Aufenthaltsrecht des Kindes im Vordergrund, zumal sich bei dieser Anknüpfung in der Regel der wünschenswerte Gleichlauf mit dem Unterhaltsstatut verwirklichen läßt (vgl. dazu oben § 47 II 5 b).

Die *Beseitigung* einer Vaterschaftsfeststellung, insbesondere die Anfechtung eines Vaterschaftsanerkenntnisses, hat grundsätzlich nach dem Recht zu erfolgen, nach dem die Vaterschaft festgestellt wurde. Ist das Vaterschaftsanerkenntnis aber nach mehreren der in Art. 20 I alternativ berufenen Rechtsordnungen wirksam, so kann das Anerkenntnis nach dem Sinn des der Alternativität zugrundeliegenden Günstigkeitsprinzips nur dadurch beseitigt werden, daß es nach all den Rechtsordnungen angefochten wird, nach denen es wirksam ist[23].

Über die Erforderlichkeit und die Erteilung der *Zustimmung* des Kindes oder eines Dritten zur Abstammungserklärung entscheidet grundsätzlich ebenfalls das nach Art. 20 I ermittelte Abstammungsstatut. Gemäß Art. 23 ist aber zusätzlich das Heimatrecht des Kindes zu befragen. Durch die Kumulation soll insbesondere verhindert werden, daß dem Kind durch ein allein dem Heimat-

---
[22] Vgl. oben § 32 III. Anders *Hepting*, Nichtehelichkeit und Legitimation im Verhältnis zu Rechtsordnungen mit „einheitlicher Kindschaft": FS Ferid (1988) 163.
[23] Näher *Staudinger-Kropholler* Art. 20 Rz. 41.

recht des Vaters entsprechendes Vaterschaftsanerkenntnis ein unerwünschter Vater aufgedrängt werden kann. Näheres zu dieser Vorschrift unten § 49 IV.

V. Rechtsverhältnis zwischen den Eltern und ihrem Kind

Das Rechtsverhältnis zwischen den Eltern und ihrem Kind, das in Art. 19 II für eheliche Kinder und in Art. 20 II für nichteheliche Kinder jeweils unterschiedlich geregelt ist, umfaßt die elterliche Sorge – ihr Entstehen, ihren Inhalt und ihre Beendigung sowie die in ihrem Rahmen vorgesehenen gerichtlichen Schutzmaßnahmen für das Kind.

1. Die *Bedeutung* dieser Vorschriften des EGBGB ist in mehrfacher Weise eingeschränkt. Zum einen sind wichtige Wirkungen des Kindschaftsverhältnisses von Artt. 19 II und 20 II nicht erfaßt. Das gilt für die Unterhaltspflicht, die in Art. 18 (bzw. im Haager Unterhaltsübereinkommen von 1973) gesondert geregelt ist, und für den Namen, der in Art. 10 eine eigenständige Normierung erfahren hat. Zum anderen ist der Vorrang der Staatsverträge zu beachten. So sind Schutzmaßnahmen und das Bestehen elterlicher Sorge nach dem Haager Minderjährigenschutzabkommen (und nicht nach Artt. 19 II und 20 II) zu beurteilen, wenn der Minderjährige seinen gewöhnlichen Aufenthalt in der Bundesrepublik Deutschland oder in einem anderen Vertragsstaat des Abkommens hat (vgl. oben I). Bei Kindesentführungen durch einen Elternteil sind – nach Ratifikation durch die Bundesrepublik – vorrangig die (oben unter II) erwähnten Kindesentführungsabkommen anzuwenden.

2. *Im einzelnen* differenziert das EGBGB in seiner Normierung der Kindschaftswirkungen danach, ob eine Ehe der Eltern besteht oder nicht. Besteht sie, so gilt das Familienstatut (Art. 14 I); sonst ist der gewöhnliche Aufenthalt des Kindes maßgebend.

a) Bei *bestehender Ehe der Eltern* verweist Art. 19 II 1 – ebenso wie Art. 19 I 1 für die Beurteilung der Abstammung (vgl. oben III 2) – auf das gesetzliche Ehewirkungsstatut als Familienstatut (dazu näher oben § 45 I 2). Anzuwenden ist das jeweilige Ehewirkungsstatut; eine Änderung der Anknüpfungsmomente des Art. 14 I, etwa ein Wechsel der Staatsangehörigkeit der Ehegatten, ist also zu beachten. Die Regelung des Art. 19 II 1 erfaßt grundsätzlich auch legitimierte oder von Ehegatten adoptierte Kinder.

b) *Besteht keine Ehe der Eltern*, so beurteilen sich die Wirkungen des Kindschaftsverhältnisses nach dem Aufenthaltsrecht des Kindes. Das gilt gemäß Art. 19 II 2 für eheliche Kinder, wenn die Ehe der Eltern, etwa durch

Scheidung oder Tod, aufgelöst ist, und gemäß Art. 20 II auch für nichteheliche Kinder. Beide Gruppen von Kindern sieht der Gesetzgeber in einer vergleichbaren Situation, da sie nicht in einer vollständigen Familie aufwachsen, womit das Interesse des Kindes steige, sich in seine Umwelt zu integrieren[24].

Gewiß sprechen die Anpassungs- und Integrationsinteressen des Kindes für die Anwendung des Rechts seines gewöhnlichen Aufenthalts. M.E. sollten diese Interessen aber auch bei solchen Kindern durchschlagen, die in einer vollständigen Familie leben.

c) *Schutzmaßnahmen* können gemäß Art. 19 III bei Gefährdung des Kindeswohls auch nach dem Recht des Staates getroffen werden, in dem das Kind seinen gewöhnlichen Aufenthalt hat. Die Vorschrift will einen Rückgriff auf das Aufenthaltsrecht für Maßnahmen nach Art des § 1666 BGB auch in den Fällen ermöglichen, in denen wegen bestehender Ehe der Eltern gemäß Art. 19 II 1 sonst das Familienstatut maßgebend ist.

Solange das Haager Minderjährigenschutzabkommen gilt, ist Art. 19 III EGBGB freilich überflüssig. Denn das bei gewöhnlichem Aufenthalt des Kindes in Deutschland vorrangig anzuwendende Haager Minderjährigenschutzabkommen sieht gemäß seinen Artt. 1, 2 und 8 bereits eine Zuständigkeit der Gerichte im deutschen Aufenthaltsstaat und die Anwendung des Aufenthaltsrechts vor (näher oben I 3 und 4). Wenn dagegen ein eheliches Kind mit seinen deutschen Eltern in einem ausländischen Nichtvertragsstaat des Haager Minderjährigenschutzabkommens lebt, kann ein deutsches Gericht, wenn es denn eingeschaltet wird, zwar nach § 35 a I Nr. 1 FGG tätig werden; es wird seine Schutzmaßnahme dann aber in der Regel gemäß Art. 19 II 1 auf das deutsche Familienstatut und nicht gemäß Art. 19 III auf das fremde Aufenthaltsrecht stützen.

§ 49 Legitimation und Adoption

Bei den Rechtsinstituten der Legitimation und Adoption, die in den Artt. 21 und 22 EGBGB geregelt sind, setzt sich die im deutschen Internationalen Kindschaftsrecht eingeschlagene Richtung fort, an die Person der betroffenen Erwachsenen und nicht an die des Kindes anzuknüpfen. In dem Legitimierenden oder Adoptierenden wird die „primär beteiligte Person" erblickt; dem Interesse des Kindes trägt nach Ansicht des Gesetzgebers die ergänzende Regelung des Art. 23 „hinreichend Rechnung", die für die Zustimmungserfor-

---
[24] BegrRegE, BT-Drucks. 10/504, 66.

dernisse zusätzlich das Heimatrecht des Kindes beruft[1]. Damit bleibt unberücksichtigt, daß die Kindesinteressen nicht nur durch Zustimmungserfordernisse zu wahren sind, sondern daß die gesamte Rechtsinstitution der Legitimation wie der Adoption heute materiellrechtlich primär unter dem Blickwinkel des Kindeswohls gesehen wird. Für die Adoption hat sich in rechtsvergleichender Sicht dieser Wandel schon seit längerem vollzogen: Von den Interessen des Annehmenden und seiner Familie ist das Schwergewicht auf den Angenommenen übergegangen, so daß nicht mehr wie früher die Person des Annehmenden dem Adoptionsverhältnis das Gepräge gibt, sondern das Adoptivkind[2]. Die Umsetzung des materiellrechtlichen Wandels in das Kollisionsrecht steht noch aus.

I. Allgemeines

1. Der *Anwendungsbereich* der Artt. 21 und 22 erstreckt sich auf die Voraussetzungen von Legitimation und Adoption sowie – mit Einschränkungen – auch auf deren Wirkungen. Die wesentlichsten Einschränkungen sind folgende: Soweit das Legitimations- oder Adoptionsstatut für die kindschaftsrechtlichen Wirkungen keine Sonderregeln enthält, sondern allgemein auf die Regelungen über die eheliche Kindschaft verweist, gilt für diese Wirkungen das von Art. 19 II jeweils berufene Recht (Wandelbarkeit)[3]. Ob der Name des Kindes sich infolge einer Legitimation oder Adoption ändert, entscheidet gemäß Art. 10 I grundsätzlich sein Heimatrecht[4]. Auch für die Unterhaltspflicht gelten besondere Kollisionsnormen (vgl. oben § 47).

2. *Rück- und Weiterverweisungen* sind nach Maßgabe des Art. 4 I zu beachten (siehe auch unten II 1 und IV 2). Soweit die Artt. 21 I und 22 auf das gesetzliche Ehewirkungsstatut abstellen, ist bei Prüfung eines Renvoi die ausländische Kollisionsnorm für die Legitimation bzw. die Adoption zu befragen und nicht die für die Ehewirkungen (vgl. oben § 24 II 3 d).

3. Spezielle *Staatsverträge* für das Kollisionsrecht der Legitimation und Adoption bestehen zwar, sind aber nur für wenige europäische Staaten und nicht für die Bundesrepublik Deutschland in Kraft getreten.

---

[1] BegrRegE, BT-Drucks. 10/504, 71.
[2] Siehe bereits *Glässing*, Voraussetzungen der Adoption (1957) 44 f.; *Heinisch*, Beendigung und Nichtigkeit der Adoption (1960) 7, 14.
[3] Vgl. BegrRegE, BT-Drucks. 10/504, 69 bzw. 71 f.
[4] Zur Vorfragenproblematik in diesem Zusammenhang siehe oben § 32 IV 2 b.

a) Das *CIEC-Übereinkommen über die Legitimation durch nachfolgende Ehe* vom 10. 9. 1970[5], dessen Kollisionsnormen in den Vertragsstaaten auch gegenüber Nichtvertragsstaaten angewendet werden sollen (Art. 5), erklärt ein Kind für legitimiert, wenn entweder das Heimatrecht des Vaters oder der Mutter dies vorsieht (Art. 1 I). Die Vertragsstaaten können sich gemäß Art. 2 bestimmte Einwendungen gegen die Anerkennung der Legitimation vorbehalten, z.B. daß die Abstammung des Kindes von anderen Eltern bewiesen ist oder daß die Eheschließung der Eltern nicht anerkannt werden kann. Aus anderen als den vorbehaltenen Gründen darf die Wirksamkeit der Legitimation nicht verneint werden, auch nicht unter Berufung auf den ordre public (Art. 3).

b) Das *Haager Adoptionsabkommen* vom 15. 11. 1965 gilt nur für Österreich, die Schweiz und das Vereinigte Königreich[6]. Es schränkt seinen persönlichen Anwendungsbereich stark ein und will nur angewendet werden, wenn Annehmender und Kind einem Vertragsstaat angehören und sich auch in einem Vertragsstaat gewöhnlich aufhalten (Art. 1); es ist aber nicht anzuwenden, wenn Annehmender und Kind demselben Vertragsstaat angehören und sich in ihm auch gewöhnlich aufhalten (Art. 2 lit. b). Das Abkommen regelt nur das Zustandekommen und die Aufhebung der Adoption, nicht dagegen ihre Wirkungen, weil auf der Haager Konferenz insoweit keine Einigung erzielt werden konnte. International zuständig für die Entscheidung über die Adoption sind die Behörden im Staat des gewöhnlichen Aufenthalts und im Heimatstaat des Annehmenden (Art. 3). Sie wenden auf die Voraussetzungen der Adoption grundsätzlich ihr innerstaatliches Recht an (Art. 4 I); für die Zustimmungs- und Anhörungsrechte des Kindes und seiner Angehörigen ist aber das Heimatrecht des Kindes maßgebend (Art. 5 I). Das Abkommen legt in einer eigenen Sachnorm fest, daß die zuständigen Behörden die Adoption nur bewilligen dürfen, wenn sie dem Kindeswohl dient; bei seiner Ermittlung sollen die Behörden der Vertragsstaaten zusammenarbeiten (Art. 6).

c) Ein *neues Haager Adoptionsabkommen* soll auf der 17. Tagung im Jahr 1993 geschaffen werden. Der zweite Anlauf ist von der Hoffnung getragen, auch auf diesem wichtigen Rechtsgebiet endlich zu einer erfolgreichen Rechtsvereinheitlichung zu gelangen.

II. Legitimation

Jede Legitimation setzt die nichteheliche Abstammung des Kindes voraus. Die Vorfrage (Erstfrage), ob das Kind ehelicher oder nichtehelicher Abstammung ist, muß grundsätzlich selbständig angeknüpft und gemäß Art. 19 I EGBGB entschieden werden (vgl. oben § 48 IV vor 1). Auch die Vorfrage der Abstammung, also die Frage, ob es sich bei dem zu legitimierenden Kind

---

[5] Text und Vertragsstaaten bei *Jayme/Hausmann*. Schrifttum: *Böhmer*, StAZ 1971, 272 ff.; *Edlbacher*, ZfRV 17 (1976) 161 ff.

[6] Text: *Jayme/Hausmann*. Schrifttum: *Schwind*, StAZ 1965, 33 ff.; *Unger*, Mod. L. Rev. 28 (1965) 463 ff.; *de Winter*, W.P.N.R. 1965, 353 ff., 365 ff., 395 ff.

um ein leibliches Kind handelt, ist grundsätzlich selbständig anzuknüpfen und also nach Art. 20 I zu beurteilen[7].

Von Art. 21 erfaßt werden alle Arten der Legitimation. Die Vorschrift unterscheidet zwischen der Legitimation durch nachfolgende Ehe und sonstiger Legitimation.

1. Die *Legitimation durch nachfolgende Ehe* wird in Art. 21 I ähnlich geregelt wie die eheliche Abstammung in Art. 19 I. Das ist erklärlich; denn Ziel beider Kollisionsnormen ist es, dem Kind möglichst die Stellung eines ehelichen Kindes zu verschaffen. Es entscheidet das nach Art. 14 I zu ermittelnde Familienstatut; bei verschiedener Staatsangehörigkeit der Ehegatten kommt im Sinne eines „favor legitimationis" alternativ das Heimatrecht jedes der beiden Ehegatten zum Zuge. Maßgebender Zeitpunkt ist immer die Eheschließung[8]. Das Legitimationsstatut ist also im Interesse der Rechtsklarheit unwandelbar[9].

Die Vorfrage (Erstfrage) nach dem Bestehen der Ehe ist grundsätzlich selbständig anzuknüpfen, und eine Rückverweisung ist im Rahmen des Art. 21 I zu beachten, aber es gelten für Vorfrage und Renvoi dieselben aus dem „favor legitimationis" folgenden Modifikationen wie im Rahmen des Art. 19 I (vgl. oben § 48 III 4 und 5).

Im Ergebnis führt die in Art. 21 I festgelegte Alternativität der Anknüpfung dazu, daß der deutsche Richter den Eintritt der Legitimation in den meisten Fällen nach deutschem Recht prüfen kann. Denn deutsches Recht ist anwendbar, wenn im Zeitpunkt der Eheschließung auch nur ein Ehegatte Deutscher war oder wenn – bei verschiedener ausländischer Staatsangehörigkeit – der gewöhnliche Aufenthalt der Ehegatten in Deutschland lag (Art. 21 I 1 i. V. m. Art. 14 I Nr. 2).

2. Die *Legitimation in anderer Weise* als durch nachfolgende Ehe beurteilt sich gemäß Art. 21 II nach dem Heimatrecht des Legitimierenden zur Zeit der Legitimation (Unwandelbarkeit). Maßgebend ist der Zeitpunkt, in dem alle Tatbestandsvoraussetzungen der Legitimation erfüllt sind; dazu gehört im deutschen Recht auch die Bekanntmachung der vormundschaftsgerichtlichen Verfügung nach § 56a FGG.

Die Bestimmung betrifft die Legitimation durch staatlichen Akt, im deutschen Recht die Ehelicherklärung auf Antrag des Vaters (§§ 1723 ff. BGB) oder des Kindes (§§ 1740a ff. BGB). Sie gilt aber auch (zumindest analog) für sonsti-

---

[7] Str.; siehe zum Meinungsstand etwa *Staudinger-Henrich* Art. 21 Rz. 22 ff. und 72.

[8] Str.; anders z. B. *Ferid* Rz. 8–346: ein Statutenwechsel zugunsten der Legitimation des Kindes sei zu beachten. Ein solcher „favor" ist mit dem Wortlaut des Gesetzes m. E. aber nicht mehr vereinbar.

[9] Siehe für Einzelheiten der Auslegung des Art. 14 I oben § 45 I 2 und III 2.

ge, dem deutschen Recht unbekannte Legitimationsvorgänge, wie die Legitimanerkennung des islamischen Rechts[10].

III. Adoption

1. Die *Anknüpfungsgrundsätze* für die Adoption (und vergleichbare ausländische Rechtseinrichtungen, wie die Pflegekindschaft z.B. des italienischen Rechts) ähneln denen für die Legitimation. Nach Art. 22 Satz 1 unterliegt die Adoption dem Heimatrecht des Annehmenden im Zeitpunkt der Annahme. Bei Adoption durch einen oder beide Ehegatten ist das nach Art. 14 I zu ermittelnde gesetzliche Ehewirkungsstatut maßgebend (Art. 22 Satz 2). Das Adoptionsstatut ist also – wie das Legitimationsstatut – unwandelbar. Es entscheidet der Zeitpunkt, in dem der Gesamttatbestand der Adoption erfüllt ist, wozu auch verfahrensrechtliche Vorschriften (wie § 56 e FGG) zu rechnen sind.

2. Zum *Anwendungsbereich* des Adoptionsstatuts seien – im Anschluß an die Gesetzgebungsmaterialien[11] – noch folgende *Einzelheiten* erwähnt.

a) Das Adoptionsstatut bestimmt über die *Voraussetzungen* der Adoption, z.B. Altersgrenzen und Altersunterschiede zwischen Annehmendem und Kind, Kinderlosigkeit und Zustimmungserfordernisse (dazu unten IV) sowie die Frage, ob Ehegatten ein Kind grundsätzlich nur gemeinschaftlich annehmen können und welche Ausnahmen hiervon bestehen.

b) Die Vorschrift des Art. 22 erfaßt des weiteren die Art und Weise des *Zustandekommens* der Adoption. Hier stehen sich in rechtsvergleichender Sicht das Dekretsystem (wie in §§ 1741 ff. BGB) und das Vertragssystem (so vor 1977 auch das BGB) gegenüber. Bei einer Adoption im Inland und Maßgeblichkeit eines ausländischen Rechts, das dem Vertragssystem folgt, ist dieses von deutschen Gerichten zu respektieren und beispielsweise die vertragliche Adoption gerichtlich zu bestätigen. Gerichtliche Tätigkeiten, die das deutsche Recht früher selbst vorsah, dürfen nicht wenig später als „wesensfremd" (vgl. unten § 57 II) abgelehnt werden. Die Antragsbefugnis für eine derartige „Bestätigung" oder „Bewilligung" ergibt sich aus dem Adoptionsstatut[12].

c) Die *Wirkungen* der Adoption unterliegen – mit (den oben I 1 genannten) Einschränkungen – grundsätzlich ebenfalls dem Adoptionsstatut. Das gilt vor allem für die statusbegründenden Wirkungen im Verhältnis zum Annehmenden und die statuslösenden im Verhältnis zu den leiblichen Verwandten des

---
[10] Einzelheiten bei *Staudinger-Henrich* Art. 21 Rz. 87 ff.
[11] BegrRegE, BT-Drucks. 10/504, 71 f.
[12] Str.; vgl. *Staudinger-Henrich* Art. 22 Rz. 78.

Kindes. Auch die Begründung einer erbrechtlich relevanten Verwandtschaftsbeziehung entscheidet sich nach dem Adoptionsstatut (näher unten § 51 III 4 c).

Bei einer im Ausland erfolgten Adoption, die in Deutschland gemäß § 16 a FGG anzuerkennen ist, kommt es für die Adoptionswirkungen freilich nicht auf das Recht an, das aus deutscher Sicht (Art. 22) auf die Adoption anzuwenden wäre, sondern auf das Recht, nach dem die Adoption tatsächlich vorgenommen wurde. Denn Anerkennung bedeutet, daß die Adoption in der Gestalt als wirksam angesehen wird, in der sie erfolgt ist, also entweder als Volladoption, die das Kind aus seiner leiblichen Familie vollkommen herauslöst, oder als schwache Adoption, die verwandtschaftliche Beziehungen zur leiblichen Familie bestehen läßt (dazu unten V 3).

d) Schließlich entscheidet das Adoptionsstatut auch über die Bedeutung von *Mängeln* bei der Begründung der Adoption und über die Möglichkeiten der *Aufhebung* einer Adoption (auch aus Gründen, die erst später eingetreten sind). Bei einer nach § 16 a FGG anzuerkennenden ausländischen Adoption ist es nach dem (unter c) Gesagten gerechtfertigt und zur Vermeidung von Anpassungsschwierigkeiten auch zweckmäßig, auf das Recht abzustellen, nach dem das Annahmeverhältnis tatsächlich begründet wurde; zumindest muß dieses Recht für die Qualifikation der Adoption als Volladoption oder schwache Adoption in Rechnung gestellt werden[13].

Eine Einschränkung zugunsten der lex fori ergibt sich aus der verfahrensrechtlichen Vorschrift des § 56 f FGG, wonach das Annahmeverhältnis durch einen gerichtlichen Beschluß aufzuheben ist. Diese Vorschrift gelangt stets zur Anwendung, wenn die Adoption im Inland oder im Ausland durch ein Gericht ausgesprochen wurde und es sich also um eine Dekretadoption handelt.

IV. Zustimmungserfordernisse

Für die Zustimmung zu den statusverändernden Akten der Legitimation und Adoption (wie auch der Abstammungserklärung und Namenserteilung) enthält Art. 23 eine ergänzende Sonderregelung. Sie gilt naturgemäß ebenfalls für gleichzustellende ausländische Institutionen, etwa die dem Art. 21 zuzuordnende Legitimanerkennung des islamischen Rechts oder die einer Adoption vergleichbare Pflegekindschaft.

1. Der *Anwendungsbereich* des Art. 23 betrifft „die Erforderlichkeit und die Erteilung der Zustimmung" (Einwilligung, Genehmigung). Hierzu gehören die Wirksamkeitsvoraussetzungen (wobei freilich die Geschäftsfähigkeit nach Art. 7 und die Form nach Art. 11 I zu beurteilen ist), die gerichtliche oder

---

[13] Für letzteres *Staudinger-Henrich* Art. 22 Rz. 37.

behördliche Genehmigungsbedürftigkeit, die Ersetzbarkeit sowie die Folgen des Fehlens oder eines Mangels der Zustimmung.

Der Art. 23 umfaßt nicht nur die Zustimmung des Kindes selbst, sondern auch die „einer Person, zu der das Kind in einem familienrechtlichen Verhältnis steht", meist also der Eltern oder eines Elternteils. Ist das Bestehen eines familienrechtlichen Verhältnisses zweifelhaft, so ist diese Vorfrage (Erstfrage) grundsätzlich selbständig anzuknüpfen. Wenn das von Art. 23 bezeichnete Recht für die Zustimmung des Kindes die Mitwirkung seines gesetzlichen Vertreters verlangt, ist dessen Person ebenfalls selbständig zu ermitteln, nämlich nach dem Haager Minderjährigenschutzabkommen bzw. nach Artt. 19 II, 20 II, 24 I EGBGB (vgl. oben § 48 I und V).

2. Nach Art. 23 werden die Zustimmungserfordernisse *zusätzlich* – also in *Kumulation* zu dem jeweiligen Grundstatut, das die Legitimation oder Adoption (bzw. die Abstammungserklärung oder Namenserteilung) beherrscht – einem weiteren Recht unterworfen, und zwar grundsätzlich dem Heimatrecht des Kindes. Die Entstehungsgeschichte der Vorschrift (Erweiterung des nur auf das *deutsche* Sachrecht bezogenen Art. 22 II EGBGB a. F. durch das IPRNG von 1986) und der materiellrechtlich ausgerichtete Zusatz in Art. 23 Satz 2 EGBGB legen die Annahme nahe, daß hier keine Gesamtverweisung (i. S. d. Art. 4 I 1 EGBGB) auf das Heimatrecht des Kindes ausgesprochen und also nicht der Einklang mit dem IPR dieses Staates angestrebt werden soll, sondern daß unmittelbar auf sein Sachrecht zurückzugreifen ist. Da Art. 23 sich demnach auf einzelne Sacherfordernisse des Heimatrechts bezieht, dürfte ein *Renvoi* gemäß Art. 3 I 2 nicht zu beachten sein[14].

Die Bestimmung des Art. 23 geht davon aus, daß alle Statusveränderungen (und die eine solche nach außen hin ersetzende Einbenennung) für das Kind existentielle Bedeutung haben. Die erwachsenenbezogenen Anknüpfungen des Grundstatuts (vgl. Artt. 10 VI, 20 I, 21 und 22) sollen daher im Interesse des Kindes wenigstens in dem Teilbereich der Zustimmungserfordernisse durch eine kumulative Berücksichtigung *seines* Heimatrechts ergänzt werden. Damit werden zugleich die Chancen erhöht, daß der statusändernde Rechtsakt auch im Ausland, insbesondere im Heimatland des Kindes, anerkannt werden kann. Die in der Kumulation liegende Erschwerung der Rechtsanwendung hat der Gesetzgeber bewußt in Kauf genommen[15]. Sie ist ein Preis dafür, daß nicht bereits das Grundstatut auf das Kindesrecht abstellt.

---

[14] BayObLG 17. 2. 1988, FamRZ 1988, 868 = IPRax 1989, 172, 157 krit. Aufsatz *Jayme*; anders *Staudinger-Henrich* Art. 23 Rz. 6.
[15] Siehe BegrRegE, BT-Drucks. 10/504, 72 f. Allgemein zur Problematik einer Kumulation oben § 20 IV.

Ist das Kind beispielsweise deutsch oder staatenlos mit deutschem Personalstatut (vgl. Art. 5 II), so gelten für die Legitimation (und die Legitimanerkennung des islamischen Rechts[16]) neben dem Legitimationsstatut des Art. 21 auch die §§ 1726–1730 BGB, neben dem Adoptionsstatut des Art. 22 die §§ 1746–1748 BGB, neben dem Statut der Vaterschaftsanerkennung des Art. 20 I die §§ 1600c–1600f BGB und neben dem Einbenennungsstatut des Art. 10 I und VI auch § 1618 I 3, II und III BGB. Die vormundschaftsgerichtliche Genehmigung zur Einwilligung des Kindes in die Adoption, die § 1746 I 4 BGB fordert, ist freilich entbehrlich, wenn ein deutsches Kind im Ausland durch Dekret adoptiert wird und die dabei erfolgende gerichtliche Prüfung des Kindeswohls als Genehmigung angesehen und als solche anerkannt werden kann[17].

3. Die *ersatzweise Anwendung des deutschen Rechts* hängt gemäß Art. 23 Satz 2 davon ab, daß sie vom Kindeswohl gefordert wird. Da es sich um eine regelwidrige Anwendung deutschen Rechts handelt, ist Zurückhaltung geboten.

Die Vorschrift will vor allem Schwierigkeiten bei der Inlandsadoption von Ausländerkindern aus Entwicklungsländern vermeiden helfen, die beispielsweise auftauchen können, wenn eine rechtlich zweifelhafte Auslandsadoption solcher Kinder im Inland wiederholt werden soll. Insbesondere ermöglicht es Art. 23 Satz 2, die Einwilligung eines Elternteils gemäß § 1748 BGB zu ersetzen, wenn das Heimatrecht des Kindes eine Ersetzung nicht vorsieht, sie aber im Interesse des Kindes erforderlich ist, etwa um ihm die Eingliederung in seine neue Familie, in deren Obhut es sich bereits befindet, zu erleichtern[18].

Die Anwendung des Art. 23 Satz 2 ist auch dann statthaft, wenn das Heimatrecht des Kindes in casu mit dem Grundstatut zusammenfällt (vgl. dazu oben 2). Dagegen können Zustimmungserfordernisse eines vom Heimatrecht des Kindes verschiedenen Grundstatuts nicht gemäß Art. 23 Satz 2, sondern nur durch die Vorbehaltsklausel des ordre public (Art. 6) ausgeschaltet werden.

V. Verfahren

1. Die *internationale Zuständigkeit* für eine Ehelicherklärung oder eine Adoption ist in §§ 43a bzw. 43b FGG geregelt und durch detaillierte örtliche Zuständigkeitsvorschriften ergänzt. Die deutschen Gerichte sind danach international zuständig, wenn ein Beteiligter Deutscher ist oder seinen gewöhnlichen Aufenthalt im Inland hat. Diese Zuständigkeit ist nicht ausschließlich.

Sind in einem Adoptionsverfahren alle Beteiligten Ausländer und haben sie

---

[16] Siehe zu ihrer Gleichstellung BGH 30. 9. 1981, NJW 1982, 521 = IPRax 1982, 192, 179 Aufsatz *Jayme/Goussous* = IPRspr. 1981 Nr. 120; ferner *Staudinger-Henrich* Art. 23 Rz. 16 ff.

[17] Siehe BGH 14. 12. 1988, NJW 1989, 2197 (2198) = FamRZ 1989, 378 (380).

[18] Vgl. BegrRegE, BT-Drucks. 10/504, 73.

die Bundesrepublik Deutschland wieder verlassen, so ist ein *Fortbestand* der auf den gewöhnlichen Aufenthalt gestützten deutschen Zuständigkeit in der Regel zu verneinen. Denn das Kindeswohl kann dann meist besser im Ausland beurteilt werden, und die Anerkennung einer deutschen Entscheidung im Ausland wäre nicht mehr gesichert. Rechtsdogmatisch folgt die Ablehnung der Zuständigkeit aus einer Interessenabwägung, wie sie im Rahmen der Prüfung einer perpetuatio fori in der Freiwilligen Gerichtsbarkeit üblich ist[19], und nicht etwa aus einer Übernahme der Lehre vom „forum non conveniens" ins deutsche Recht[20].

2. Die *Anerkennung* einer ausländischen gerichtlich ausgesprochenen Legitimation oder Adoption richtet sich nach der für alle Akte der Freiwilligen Gerichtsbarkeit geltenden Anerkennungsvorschrift des § 16a FGG, die dem für das streitige Verfahren maßgebenden § 328 ZPO nachgebildet wurde. Danach kann die Anerkennung aus vier Gründen ausgeschlossen sein: wegen fehlender internationaler Zuständigkeit, wegen mangelnden rechtlichen Gehörs, wegen Unvereinbarkeit mit einer früheren Entscheidung (oder früherer inländischer Rechtshängigkeit) sowie wegen Verstoßes gegen den ordre public. (Näheres zu den Versagungsgründen unten § 60.) Ein förmliches Anerkennungsverfahren – wie gemäß Art. 7 FamRÄndG in Ehesachen (vgl. oben § 46 IV 3 b) – hat der Gesetzgeber für Adoptionssachen abgelehnt[21].

Das Fehlen einer gemäß Art. 23 erforderlichen *Zustimmung des Kindes* oder seiner Angehörigen zu einer Legitimation oder Adoption ist nicht in *jedem* Fall ein Grund, die Anerkennung zu versagen. In Übereinstimmung mit dem allgemeinen Verzicht darauf, die Einhaltung der deutschen Kollisionsnormen zur Anerkennungsvoraussetzung zu erklären, wurde für Legitimations- und Adoptionsentscheidungen bewußt keine besondere Vorschrift zur Sicherung der Anwendung des richtigen Rechts auf die Zustimmungserfordernisse vorgesehen[22]. Der Gesetzgeber meinte, bei groben Verstößen – wenn etwa die festgestellte deutsche leibliche Mutter übergangen wurde – reiche die Anwendung des ordre public. Es kommt also darauf an, ob die Anerkennung *im Einzelfall* zu einem Ergebnis führt, das mit wesentlichen Grundsätzen des deutschen Rechts

---

[19] Vgl. etwa BayObLG 25.7.1966, BayObLGZ 1966, 248 = NJW 1966, 2276 = IPRspr. 1966–67 Nr. 107 S. 359.

[20] Diese Lehre gilt nach überwiegender Meinung im deutschen Recht nicht; vgl. unten § 58 II 4. Anders für die Adoption etwa OLG Frankfurt 12.7.1973, StAZ 1975, 98, 91 Aufsatz *Jayme*. Zweifelnd („allenfalls") für den Fall, daß sich deutsche Staatsangehörige während des Verfahrens für dauernd ins Ausland begeben, BayObLG 11.2.1982, FamRZ 1982, 640 = IPRspr. 1982 Nr. 194; indes wäre eine Verneinung der Zuständigkeit in diesem Fall mit dem eindeutigen Wortlaut des § 43 b I FGG unvereinbar.

[21] Vgl. BegrRegE, BT-Drucks. 10/504, 93; kritisch dazu *Schurig*, IPRax 1984, 25f. und 1986, 221.

[22] BegrRegE, BT-Drucks. 10/504, 93. Anders noch *Kühne*, IPR-Gesetz-Entwurf (1980) 189, 194f.

offensichtlich unvereinbar ist (§ 16 a Nr. 4 FGG)[23]. Im übrigen kann eine fehlende Zustimmung oder deren gerichtliche Genehmigung auch nachgeholt werden[24].

3. Auch eine ausländische *schwache Adoption*, also eine Adoption, die das Kind nicht ganz in die Familie des Annehmenden eingliedert, sondern die verwandtschaftlichen Beziehungen zur leiblichen Familie wahrt, ist nach Maßgabe des § 16 a FGG anzuerkennen. Ein Verstoß gegen den ordre public (§ 16 a Nr. 4 FGG) ist in der Anerkennung einer solchen Adoption in der Regel schon deshalb nicht zu sehen, weil das BGB bis zum Adoptionsgesetz von 1976 selbst eine schwache Adoption vorsah und weil es dem Kindeswohl allemal besser entspricht, eine schwächere Bindung der Adoptiveltern zu bejahen als gar keine[25].

Eine andere Frage ist es, ob eine anzuerkennende schwache Auslandsadoption den *Erwerb der deutschen Staatsangehörigkeit* gemäß § 6 RuStAG zu begründen vermag. Wenn in dieser Vorschrift eine „nach den deutschen Gesetzen wirksame Annahme" vorausgesetzt wird, so dürfte damit die deutsche Volladoption oder eine „gleichwertige" ausländische Annahme gemeint sein[26]. Eine im Inland anzuerkennende schwache Auslandsadoption durch einen Deutschen führt deshalb nicht kraft Gesetzes zum Erwerb der deutschen Staatsangehörigkeit des Kindes.

4. Eine ausländische *Vertragsadoption* ist kein Akt der Freiwilligen Gerichtsbarkeit, und sie wird daher nicht nach § 16 a FGG, sondern nach Art. 22 EGBGB anerkannt. Die Wirksamkeitsvoraussetzungen des von Art. 22 bezeichneten Rechts müssen also erfüllt sein. Handelt es sich freilich nicht um eine reine Vertragsadoption, sondern wurde die Adoption von einem Gericht sachlich überprüft (und nicht etwa bloß ungeprüft registriert), so ist die gerichtliche Bestätigung und damit die Adoption nach Maßgabe des § 16 a FGG anzuerkennen. Die Beachtung des von Art. 22 bezeichneten Rechts ist dann keine Anerkennungsvoraussetzung.

5. Eine *Wiederholung der Auslandsadoption im Inland* ist möglich, um Zweifel über die Anerkennungsfähigkeit der ausländischen Adoption zu beseitigen oder um eine schwache Adoption in eine Volladoption umzuwandeln[27].

---

[23] Vgl. für Einzelheiten *Staudinger-Henrich* Art. 22 Rz. 90 ff.
[24] Siehe etwa OLG Celle 29. 7. 1964, NJW 1965, 44 Anm. *Lamberg* = IPRspr. 1964–65 Nr. 162.
[25] Ebenso im Ergebnis OLG Zweibrücken 8. 1. 1985, StAZ 1985, 132 = IPRspr. 1985 Nr. 201; *Hepting*, Anerkennung und Substitution schwacher Auslandsadoptionen: StAZ 1986, 305 (312 f.).
[26] Siehe *Staudinger-Henrich* Art. 22 Rz. 61. Zur Prüfung der „Gleichwertigkeit" siehe oben § 33 II 2.
[27] Vgl. zu dieser Praxis etwa *Magnus/Münzel*, Adoptionen von Kindern aus Übersee: StAZ 1977, 65 (70 ff.); *Palandt-Heldrich* Art. 22 Anm. 4 b cc.

Während man im ersteren Fall eine Fortwirkung der abgegebenen Zustimmungserklärungen auch für das neue Verfahren annehmen darf, müssen die Zustimmungen im zweiten Fall wegen der stärkeren Wirkung der Adoption erneut eingeholt werden, falls das Adoptionsstatut sie nicht für ausnahmsweise entbehrlich oder ersetzbar erklärt, wie in §§ 1747 IV, 1748 BGB[28].

§ 50 Vormundschaft und Pflegschaft

Das IPR der Vormundschaft und Pflegschaft für Minderjährige ist weitgehend in Staatsverträgen festgelegt. Die Regelung des autonomen deutschen Kollisionsrechts in Art. 24 EGBGB hat wegen des Vorrangs dieser Staatsverträge (vgl. Art. 3 II 1) fast nur noch im Bereich der Vormundschaft und Pflegschaft für *Volljährige* praktische Bedeutung.

I. Staatsverträge

1. Das *Haager Minderjährigenschutzabkommen* von 1961, in dessen sachlichen Anwendungsbereich auch die Vormundschaft und Pflegschaft fallen, muß dann angewendet werden, wenn ein Minderjähriger im Sinne des Abkommens (Art. 12) seinen gewöhnlichen Aufenthalt in einem Vertragsstaat hat (Art. 13 I); auf die Staatsangehörigkeit kommt es nicht an. Nach den oben (§ 48 I 3) dargestellten Regeln des Abkommens sind grundsätzlich die Behörden am gewöhnlichen Aufenthaltsort des Minderjährigen zuständig, eine Vormundschaft oder Pflegschaft nach eigenem Recht anzuordnen (Artt. 1 und 2), jedoch können gemäß Art. 4 auch die Heimatbehörden tätig werden, wenn sie der Auffassung sind, daß das Wohl des Minderjährigen ihr Eingreifen erfordert. Das Übereinkommen sieht eine Zusammenarbeit der Behörden der Vertragsstaaten vor (Artt. 10, 11) und eine Pflicht zur Anerkennung der getroffenen Maßnahmen (Art. 7). Es bietet damit ein vollständiges System verfahrensrechtlicher und kollisionsrechtlicher Regeln, das die entsprechenden Normen des autonomen deutschen Rechts namentlich dann verdrängt, wenn der Minderjährige seinen gewöhnlichen Aufenthalt im Vertragsstaat Bundesrepublik Deutschland hat.

2. Das ältere *Haager Vormundschaftsabkommen* von 1902, das die Vormundschaft über solche Minderjährige erfaßt, die Angehörige eines der Ver-

---

[28] Siehe *Lüderitz*, Hauptfragen internationalen Adoptionsrechts: FS Beitzke (1979) 589 (604).

tragsstaaten sind und gleichzeitig ihren gewöhnlichen Aufenthalt im Gebiet eines dieser Staaten haben (Art. 9 I), gilt heute nur noch im Verhältnis zu Belgien und Italien[1]. Denn das Haager Minderjährigenschutzabkommen ist im Verhältnis seiner Vertragsstaaten zueinander gemäß seinem Art. 18 I an die Stelle des Haager Vormundschaftsabkommens getreten.

Die Ablösung des früheren Abkommens war vor allem aus zwei Gründen notwendig geworden. Zum einen basiert das Vormundschaftsabkommen von 1902 auf dem Staatsangehörigkeitsprinzip (Art. 1); aber die Regel, eine Vormundschaft im fernen Heimatstaat zu führen, hat sich als schwer durchführbar erwiesen, so daß die Konvention schließlich in der Praxis kaum mehr angewandt wurde[2]. Zum anderen beschränkt das Abkommen seinen Anwendungsbereich auf die klassische Institution der Vormundschaft und bietet (auch wegen des Staatsangehörigkeitsprinzips) keine Möglichkeit, öffentlichrechtliche Schutzmaßnahmen, wie die Fürsorgeerziehung, in seinen Anwendungsbereich einzubeziehen[3]. Auch insoweit hat das Haager Minderjährigenschutzabkommen Abhilfe geschaffen.

3. Im Verhältnis zu *Österreich* ist das deutsch-österreichische Vormundschaftsabkommen von 1927[4] zu beachten, das vom Haager Minderjährigenschutzabkommen gemäß dessen Art. 18 II unberührt gelassen wurde. Nach diesem Abkommen wird ein Minderjähriger, der dem einen Staate angehört, sich aber gewöhnlich in dem anderen Staat aufhält, von den Behörden des Aufenthaltsstaates bevormundet; die Behörden des Heimatstaates können freilich jederzeit die Aufhebung der Vormundschaft verlangen (Art. 1). Beginn und Ende der Vormundschaft richten sich nach dem Heimatrecht; im übrigen ist nach Art. 4 II das Recht des Staates maßgebend, in dem die Vormundschaft geführt wird.

II. Autonomes deutsches Kollisionsrecht (Art. 24 EGBGB)

Im deutschen Kollisionsrecht gilt – wie im deutsch-österreichischen Vormundschaftsabkommen von 1927 – das Staatsangehörigkeitsprinzip für Entstehung, Änderung und Ende der Vormundschaft oder Pflegschaft, während

---

[1] Text RGBl. 1904, 240; auch bei *Jayme/Hausmann*. Zu den Vertragsstaaten siehe im einzelnen etwa *Staudinger-Kropholler* Vorbem. 13 zu Art. 24.

[2] Siehe *Kropholler*, Das Haager Abkommen über den Schutz Minderjähriger[2] (1977) 13.

[3] Das wurde in dem vom IGH entschiedenen Fall *Boll* deutlich, in dem es um die Zulässigkeit einer schwedischen Fürsorgeerziehung für ein niederländisches Kind ging; IGH 28. 11. 1958, I.C.J. Rep. 1958, 55.

[4] Text RGBl. 1927 II 511 sowie bei *Jayme/Hausmann*; Wiederanwendung BGBl. 1959 II 1250.

sich der Inhalt der angeordneten Vormundschaft oder Pflegschaft aus Praktikabilitätsgründen nach dem Recht der anordnenden Behörde bemißt (Art. 24); denn im Bereich der Durchführung einer Vormundschaft oder Pflegschaft sind materielles Recht und Verfahrensrecht so eng verwoben, daß die Maßgeblichkeit der lex fori für beide Bereiche naheliegt.

Eine Rück- oder Weiterverweisung des Heimatrechts ist grundsätzlich zu beachten (Art. 4 I). Für Mehrstaater und Staatenlose gilt Art. 5.

Im einzelnen sind die folgenden Arten der Vormundschaft und Pflegschaft zu unterscheiden:

1. Die *angeordnete Vormundschaft oder Pflegschaft*. Auf sie bezieht sich die geschilderte Zweiteilung zwischen Werdegang (Art. 24 I 1) und Inhalt (Art. 24 III). Zum Inhalt zählen Auswahl und Bestellung des Vormunds oder Pflegers, seine Vergütung und Beaufsichtigung sowie allgemein seine Rechte, namentlich der Umfang seiner Vertretungsmacht, und seine Pflichten gegenüber dem Mündel und gegenüber Dritten.

2. Die *gesetzliche Vormundschaft oder Pflegschaft*. Sie untersteht gemäß Art. 24 I 1 in vollem Umfang, also auch hinsichtlich ihres Inhalts, dem Heimatrecht.

Für den Eintritt der gesetzlichen Amtspflegschaft des Jugendamtes bei der Geburt eines *nichtehelichen Kindes* stellt § 40 JWG Sonderregelungen auf, die dem Art. 24 I 1 EGBGB vorgehen. Nach § 40 I JWG wird das Jugendamt kraft Gesetzes Pfleger, wenn das Kind seinen gewöhnlichen Aufenthalt im Geltungsbereich des JWG hat und nach § 1705 BGB unter der elterlichen Sorge der Mutter steht. Die Bezugnahme auf § 1705 BGB ergibt, daß die Amtspflegschaft für diejenigen ausländischen Kinder nicht eintreten soll, für die nach ihrem *Heimatrecht* ein gesetzliches Gewaltverhältnis besteht, das gemäß Art. 3 MSA anzuerkennen ist; denn Art. 3 MSA ist m. E. nicht nur dann zu beachten, wenn eine Schutzmaßnahme anzuordnen ist, und Art. 20 II EGBGB, der zu § 1705 BGB führen würde, kommt im Anwendungsbereich des Minderjährigenschutzabkommens nicht zum Zuge[5].

3. Die *Vormundschaft nach deutscher Entmündigung*. Sie richtet sich gemäß Art. 24 I 2 in allen Stadien ihrer Anordnung, Durchführung und Beendigung nach deutschem Recht. Ein Ausländer, der gemäß Art. 8 nach deutschem Recht entmündigt wurde, soll im Anschluß daran auch den Schutz einer deutschen Vormundschaft erhalten.

Anstelle der Entmündigung und Vormundschaft läßt Art. 24 I 2 HS 2 folgerichtig auch die mildere Maßnahme einer *Pflegschaft nach deutschem Recht* (§ 1910 BGB) zu. Voraussetzung ist – ebenso wie bei einer Entmündigung –,

---

[5] Die Frage ist umstritten; siehe oben § 48 I 2 e; ferner *Staudinger-Kropholler* Art. 24 Rz. 43. Abweichend *Palandt-Heldrich* Art. 20 Anm. 3 m. Nachw.

daß der Ausländer seinen gewöhnlichen Aufenthalt oder, mangels eines solchen, seinen Aufenthalt im Inland hat (Art. 8).

4. Die *Pflegschaft für unbekannte oder verhinderte Beteiligte*. Für sie ist gemäß Art. 24 II das in der Hauptsache maßgebende Statut berufen. Wenn also beispielsweise ein Erbe unbekannt ist, richtet sich die Anordnung der Pflegschaft (vgl. § 1913 BGB) nach dem Erbstatut. Die Sondervorschrift des Art. 24 II bezieht sich aber nur auf den Werdegang (Entstehung, Änderung, Ende) der Pflegschaft. Ihr Inhalt richtet sich dagegen nach dem Recht des anordnenden Staates (Art. 24 III). Der Grund, der die Maßgeblichkeit der lex fori rechtfertigt, nämlich die Verwobenheit mit dem Verfahren, trifft für eine Pflegschaft, die nach Art. 24 II angeordnet wird, ebenso zu wie für andere angeordnete Pflegschaften.

5. Für *vorläufige Maßregeln* ist gemäß Art. 24 III stets die lex fori maßgebend. Dies soll die Rechtsanwendung in Eilfällen erleichtern. Zu den vorläufigen Maßregeln zählen einzelne Sicherungsmaßnahmen für die Person oder das Vermögen, wie die Hinterlegung von Kostbarkeiten oder die Anlegung von Siegeln. Aber auch die Anordnung einer vorläufigen Vormundschaft oder Pflegschaft nach der lex fori erscheint zulässig[6]; nur muß gewährleistet sein, daß dadurch nicht faktisch eine endgültige Entscheidung herbeigeführt wird, damit die Maßnahme nicht auf eine Umgehung des Art. 24 I hinausläuft.

III. Verfahren

Für die Verfahren, die nicht nach dem Haager Minderjährigenschutzabkommen oder einem anderen Staatsvertrag abzuwickeln sind, enthält das FGG die einschlägigen Regeln.

1. Die *internationale Zuständigkeit* ist § 35a FGG zu entnehmen. Die Vorschrift, die für endgültige und für vorläufige Maßregeln gilt, begründet drei gleichrangige Zuständigkeiten: eine Heimatzuständigkeit, eine Aufenthaltszuständigkeit und eine Fürsorgebedürfniszuständigkeit. Praktisch steht die Aufenthaltszuständigkeit im Vordergrund. Für weitere Zuständigkeiten, etwa eine Statutszuständigkeit, die aus der Anwendbarkeit deutschen Rechts in der Sache herzuleiten wäre, ist neben § 35a FGG kein Raum.

Bei einer *fehlerhaften Beurteilung* der internationalen Zuständigkeit durch ein deutsches Gericht ist die Vormundschaft oder Pflegschaft im Interesse des

---

[6] Str.; vgl. *Staudinger-Kropholler* Art. 24 Rz. 56 f.

Rechtsverkehrs zunächst wirksam, aber aufzuheben[7]. Es ist etwa an Fälle zu denken, in denen das Gericht zu Unrecht von der deutschen Staatsangehörigkeit oder einem deutschen gewöhnlichen Aufenthalt des Betroffenen ausgegangen ist.

2. Eine *Koordination* der inländischen und der ausländischen Zuständigkeit ermöglicht § 47 FGG. Danach kann die Anordnung einer Vormundschaft oder Pflegschaft unterbleiben, wenn sie bereits bei einem zuständigen ausländischen Gericht anhängig ist und die Untätigkeit des deutschen Gerichts im Interesse des Mündels liegt. Nach § 47 FGG ist unter den dort genannten Voraussetzungen auch eine Abgabe der inländischen Vormundschaft oder Pflegschaft an den Staat möglich, dessen Gerichte nach deutscher Auffassung zuständig sind. Der umgekehrte Weg ist ebenfalls gangbar: Ein deutsches Gericht kann im Interesse des Mündels und im Einvernehmen mit der zuständigen ausländischen Behörde eine ausländische Vormundschaft übernehmen[8].

3. Die *Anerkennung* einer ausländischen Vormundschaft oder Pflegschaft richtet sich nach § 16a FGG. Eine Anerkennung ist danach insbesondere dann ausgeschlossen, wenn die Gerichte des anderen Staates nach deutschem Recht (§ 35a FGG) nicht zuständig waren, wobei zu beachten ist, daß die deutschen Gerichte keine ausschließliche Zuständigkeit beanspruchen (§ 35a III FGG).

Die Anerkennung einer fremden Vormundschaft, die regelmäßig inzidenter erfolgt, bedeutet grundsätzlich, daß die Vormundschaft in Deutschland so wirkt, wie es das Recht der anordnenden Behörde vorsieht. Der im Ausland bestellte Vormund hat also auch im Inland die Befugnisse, die das ausländische Recht ihm einräumt. Insbesondere richtet sich seine Vertretungsmacht nach diesem Recht.

§ 51 Erbrecht

Auf kaum einem Rechtsgebiet ist das deutsche IPR so wenig flexibel ausgestaltet wie im Erbrecht[1]. Für die gesetzliche Erbfolge ist nach der Grundsatznorm des Art. 25 I EGBGB stets das letzte Heimatrecht des Erblassers maßgeblich. Eine Rechtswahl wird nur für im Inland belegenes unbewegliches Vermö-

---

[7] Vgl. BGH 26. 10. 1967, BGHZ 49, 1 = NJW 1968, 353 = IPRspr. 1966–67 Nr. 303.
[8] Die Vorschrift des § 47 FGG ist – ebenso wie die Vorschriften des FGG über die internationale Zuständigkeit – zwar „einseitig formuliert, aber allseitig gemeint"; BegrRegE, BT-Drucks. 10/504, 92.
[1] Vgl. zur deutschen Normierung *Siehr*, Das internationale Erbrecht nach dem Gesetz zur Neuregelung des IPR: IPRax 1987, 4.

gen zugelassen (Art. 25 II). Weitere Differenzierungen sind – außerhalb der Sondervorschrift über Verfügungen von Todes wegen (Art. 26) – nicht vorgesehen.

I. Heimatrecht

1. Für die im EGBGB verankerte *Anknüpfung an die Staatsangehörigkeit* werden angeführt: die Rechtsklarheit, die Übereinstimmung mit den personenrechtlichen Anknüpfungen und die Beibehaltung eines „bewährten Rechtsgrundsatzes"; für eine Berücksichtigung des Rechts am gewöhnlichen Aufenthalt des Erblassers bestehe kein Bedürfnis[2]. Indes: Die Bindung des Erblassers an das Aufenthaltsland kann, insbesondere nach lebenslangem Aufenthalt (Gastarbeiter der zweiten oder dritten Generation), enger sein als an das Heimatland, und im Aufenthaltsstaat befinden sich häufig die nächsten Angehörigen, die Gläubiger und das Vermögen des Erblassers. Die strikte Anknüpfung an die Staatsangehörigkeit ist also schon unter dem Gesichtspunkt der kollisionsrechtlichen Gerechtigkeit zu starr (siehe auch oben § 38 III 3). Und ob angesichts von über 4 Millionen Ausländern, die in der Bundesrepublik Deutschland leben, nicht auch ein praktisches Bedürfnis besteht, vom Staatsangehörigkeitsprinzip im Erbrecht abzurücken, wird die Zukunft zeigen[3].

Das *Haager Erbrechtsübereinkommen* vom 1. 8. 1989 macht deutlich, daß im Ausland vielfach differenziertere Anknüpfungsregeln befürwortet werden, wobei man zugunsten des Prinzips der engsten Verbindung (oben § 4 II 1a) einen gewissen Einbruch in die Rechtssicherheit in Kauf nimmt[4]. Das Übereinkommen sieht gemäß seinem Art. 3 eine dreifach gestufte Anknüpfung vor: (1) Das Recht des gewöhnlichen Aufenthalts des Erblassers im Todeszeitpunkt gilt, wenn der Erblasser auch die Staatsangehörigkeit dieses Staates besaß; (2) hatte er seinen gewöhnlichen Aufenthalt in einem fremden Staat, so gilt grundsätzlich dessen Recht, wenn der Aufenthalt dort wenigstens fünf Jahre unmittelbar vor dem Tod bestanden hat; (3) in allen anderen Fällen ist das letzte Heimatrecht des Erblassers maßgebend, es sei denn, im Todeszeitpunkt hätten engere Verbindungen zu einem anderen Staat bestanden. Außerdem gewährt Art. 5 die Möglichkeit, das Recht des Heimatstaates oder des gewöhnlichen Aufenthalts für die Regelung der Erbfolge zu wählen. Zwar sucht dieses Übereinkommen einen Kompromiß zwischen den Ländern des Staatsangehörigkeits- und des Domizilprinzips. Aber die starke Berücksichtigung des gewöhnlichen Aufenthalts und die Möglichkeit, das Heimatrecht oder das Aufenthaltsrecht zu wählen, erscheinen doch zukunftsweisend.

---

[2] BegrRegE, BT-Drucks. 10/504, 74.

[3] Vgl. *Basedow*, NJW 1986, 2977: Wenn auch nur der größere Teil dieser Ausländer im Alter in Deutschland bleibt, droht den deutschen Nachlaßgerichten eine Lawine von aufwendigen Fremdrechtsnachlässen.

[4] Text im Acte final der 16. Tagung der Haager Konferenz vom 20. 10. 1988. Schrifttum: *Lagarde*, Rev. crit. 78 (1989) 249 ff.

Unter den *bilateralen Staatsverträgen*, die auch erbrechtliche Fragen behandeln[5], hat der *deutsch-türkische Konsularvertrag* von 1929 die größte praktische Bedeutung[6]. Er sieht eine Nachlaßspaltung vor. Gemäß § 14 der Anlage zu Art. 20 dieses Konsularvertrages gilt für beweglichen Nachlaß das Heimatrecht, für unbewegliches Vermögen das Recht des Lageortes.

2. Neben dem Staatsangehörigkeitsprinzip herrscht in den deutschen erbrechtlichen Kollisionsnormen der *Grundsatz der Nachlaßeinheit*. Das Heimatrecht des Erblassers gilt also grundsätzlich für den gesamten Nachlaß, und es wird nicht – wie in vielen ausländischen Rechten – für Grundstücke auf die lex rei sitae verwiesen (Nachlaßspaltung).

Ausnahmsweise kann aber auch nach deutschem IPR eine *Nachlaßspaltung* eintreten, und zwar auf dreifache Weise: (1) durch eine partielle Rückverweisung des ausländischen Heimatrechts, das eine Nachlaßspaltung vornimmt (Art. 4 I), (2) durch den Vorrang des Einzelstatuts (Art. 3 III) und (3) durch eine Wahl des deutschen Rechts für das im Inland belegene unbewegliche Vermögen (Art. 25 II).

Jeder durch die Spaltung entstandene Nachlaßteil ist grundsätzlich als *selbständig* anzusehen. Soweit ein Nachlaßteil deutschem Recht unterliegt, ist er demgemäß so zu behandeln, als ob er den gesamten Nachlaß bildete; das deutsche Recht ist dann nicht nur für die Frage der eigentlichen Erbfolge maßgebend, sondern beispielsweise auch für die Pflichtteilsansprüche[7].

II. Parteiautonomie

1. Die *Grundsatzfrage*, ob eine Rechtswahl im Erbrecht gestattet sein soll, ist in Deutschland seit einigen Jahrzehnten umstritten[8]. Der kollisionsrechtliche Streit wurzelt letztlich in unterschiedlichen materiellrechtlichen Auffassungen. Wer im materiellen Erbrecht die Testierfreiheit als grundlegend und das gesetzliche Erbrecht im wesentlichen als Ausdruck des vermuteten Erblasserwillens ansieht, wird auch zur möglichst weitgehenden Anerkennung der kollisionsrechtlichen Rechtswahl neigen. Wer dagegen die gesetzliche Erbfolge als das Normale und die testamentarische nur als be-

---

[5] Überblick bei *Staudinger-Firsching* Vorbem. 409 ff. zu Art. 24–26.
[6] RGBl. 1930 II 748; Erklärung über die Wiederanwendung seit 1. 3. 1952 BGBl. 1952 II 608.
[7] BGH 5. 6. 1957, BGHZ 24, 352 = NJW 1957, 1316 = IPRspr. 1956–57 Nr. 146.
[8] Für ihre Zulässigkeit im deutschen Schrifttum besonders *Dölle*, Die Rechtswahl im internationalen Erbrecht: RabelsZ 30 (1966) 205; ferner *Kühne*, Die Parteiautonomie im internationalen Erbrecht (1973), bespr. in RabelsZ 39 (1975) 599, sowie *Sturm*, Parteiautonomie als bestimmender Faktor im internationalen Familien- und Erbrecht, in: Recht und Rechtserkenntnis, FS Ernst Wolf (1985) 637 (651 ff.).

schränkte Ausnahme betrachtet, lehnt die Parteiautonomie im Erbrecht lieber ab.

Anläßlich der deutschen IPR-Reform wurde die Zulassung einer beschränkten Wahl meist empfohlen, namentlich zwischen den drei international verbreitetsten Anknüpfungen des Erbstatuts, nämlich zwischen der Staatsangehörigkeit, dem gewöhnlichen Aufenthalt und – speziell für Immobilien – dem Lageort[9]. Der Regierungsentwurf ließ für eine Parteiautonomie im Erbrecht dagegen keinerlei Raum, um eine Umgehung der Pflichtteilsvorschriften auszuschließen[10]. Erst aufgrund eines Vorschlags des Rechtsausschusses des Deutschen Bundestages gelangte die erbrechtliche Parteiautonomie ins EGBGB (Art. 25 II), allerdings im kleinstmöglichen Umfang.

Gemäß Art. 25 II kann für im Inland belegenes unbewegliches Vermögen das deutsche Recht gewählt werden. Von der so begrenzten Wahl weiß man, daß sie das deutsche Pflichtteilsrecht nicht aus-, sondern einschaltet, und man erhofft sich eine Vereinfachung in der Rechtsanwendung, insbesondere für die Grundbuchämter[11]. Diese gesetzgeberischen Motive schließen es de lege lata wohl aus, die einseitig nur zugunsten des deutschen Rechts zugelassene Rechtswahl nach dem Muster der in Art. 15 II Nr. 3 zugelassenen güterrechtlichen Wahlmöglichkeit zu verallgemeinern und die Wahl eines *ausländischen* Belegenheitsrechts ebenfalls anzuerkennen. De lege ferenda ist neben dieser ungerechtfertigten Einseitigkeit vor allem zu bedauern, daß die Wahl des Rechts am gewöhnlichen Aufenthaltsort des Erblassers nicht zugelassen wurde.

2. *Im einzelnen* wirft die Vorschrift des Art. 25 II über die erbrechtliche Parteiautonomie ähnliche *Auslegungsfragen* auf wie Art. 15 II Nr. 3 über die güterrechtliche[12]. Das gilt namentlich für die Fragen, was „unbewegliches Vermögen" ist und ob das Recht des Lageortes auch nur für einzelne Grundstücke innerhalb des deutschen Lagestaates wählbar ist. Insoweit kann auf die obigen Ausführungen (§ 45 III 3 c) verwiesen werden.

a) Hinsichtlich der *Form* verlangt Art. 25 II eine Verfügung von Todes wegen. Demgemäß genügt die Beachtung eines der in Art. 26 I genannten Rechte.

Die Rechtswahl muß nicht *ausdrücklich*, sondern sie kann auch konkludent erfolgen. Jedoch müssen sich hinreichende Anhaltspunkte für sie aus der

---

[9] Siehe Art. 24 II des Entwurfs *Neuhaus/Kropholler*, RabelsZ 44 (1980) 333; ähnlich *Kühne*, IPR-Gesetz-Entwurf (1980) 10 § 29 II; im Kreis der wählbaren Rechte noch erheblich weitergehend die Stellungnahme des MPI, RabelsZ 47 (1983) 656 ff. Im Deutschen Rat für IPR wollte man die Rechtswahl nur zugunsten des Rechts am gewöhnlichen Aufenthalt des Erblassers im Zeitpunkt der Rechtswahl zulassen; Vorschläge... (1981) 13, 67.

[10] BegrRegE, BT-Drucks. 10/504, 74 f.

[11] Bericht des Rechtsausschusses, BT-Drucks. 10/5632, 44.

[12] Siehe hierzu *Reinhart*, Zur Neuregelung des deutschen internationalen Erbrechts: BWNotZ 1987, 97; *Dörner*, Probleme des neuen Internationalen Erbrechts: DNotZ 1988, 67 (85 ff.).

Verfügung von Todes wegen ergeben. Selbst wenn in einem Testament Begriffe oder Institutionen des deutschen Erbrechts verwendet werden, die auf eine Wahl des deutschen Rechts hindeuten, kann doch zweifelhaft sein, ob der Erblasser damit gerade eine „beschränkte Rechtswahl" i. S. d. Art. 25 II, also eine Nachlaßspaltung, vornehmen wollte[13].

Um spätere Zweifel zu vermeiden, empfiehlt sich in jedem Falle eine ausdrückliche Rechtswahl, die im übrigen auch isoliert, also ohne jede materiellrechtliche Verfügung, erfolgen kann.

b) Die Frage der *Bindung* an eine gemäß Art. 25 II getroffene Rechtswahl findet im EGBGB keine ausdrückliche Antwort. Nach deutschem Recht, das über die Frage entscheidet (vgl. Art. 26 V 1), ist die Rechtswahl grundsätzlich jederzeit durch eine neue Verfügung von Todes wegen widerrufbar.

Zweifelhaft ist, ob dies auch gilt, wenn die Rechtswahl in einem Erbvertrag enthalten ist. Hier wird man die Rechtswahl jedenfalls insofern als bindend ansehen müssen, als sie sich auf sachrechtlich bindende Vereinbarungen in dem Erbvertrag bezieht[14].

III. Anwendungsbereich des Erbstatuts

Das Erbstatut regelt den erbrechtlichen Bereich in seiner ganzen Breite.

1. Der *Eintritt des Erbfalls* hängt in allen Rechtsordnungen vom Tod des Erblassers ab. Für Todeserklärungen oder Todesvermutungen gilt gemäß Art. 9 grundsätzlich das Personalstatut (näher oben § 42 III 1).

2. Der *Umfang des Nachlasses* richtet sich zwar nach dem Erbstatut. Aber bei verheirateten Erblassern ist zunächst das *Güterstatut* zu befragen, ob es durch Bildung eines Gesamtgutes den Nachlaß schmälert. Gehört der Anteil an einer Personengesellschaft zum Nachlaß, so bereitet das Ineinandergreifen von Erbstatut und *Gesellschaftsstatut* – wie im materiellen Recht – oft Schwierigkeiten[15].

3. Die *Erbfähigkeit* (z.B. des nasciturus oder einer Gesellschaft) sowie die *Erbunwürdigkeit* bestimmen sich nach dem Erbstatut.

---

[13] *Reinhart*, BWNotZ 1987, 103. Ist die Rechtswahl unwirksam, weil die Schranken des Art. 25 II nicht beachtet wurden, so tritt an die Stelle des vergeblich gewählten Rechts, das nach Art. 25 I objektiv ermittelte Erbstatut; vgl. BGH 29. 3. 1972, NJW 1972, 1001 = IPRspr. 1972 Nr. 124.

[14] *Siehr*, IPRax 1987, 7. Für Bindungswirkung einer *isolierten* Rechtswahl im Erbvertrag *Lichtenberger*, in: FS Ferid (1988) 286; dagegen z.B. *Palandt-Heldrich* Art. 25 Anm. 2 b.

[15] Siehe dazu MünchKomm-*Birk* Vor Art. 24–26 Rz. 130 ff.

4. Die *Berufung zur Erbschaft* unterliegt dem Erbstatut. Dieses legt also fest, wer gesetzlicher Erbe ist und welche Erbquote er erhält, ob jemand als Erbe oder Vermächtnisnehmer eingesetzt ist und wem ein obligatorisches Pflichtteilsrecht (wie etwa in Deutschland) oder ein dingliches Noterbrecht (wie etwa in Frankreich) zusteht.

Vorfragen, wie wirksame Eheschließung des Erblassers, eheliche oder nichteheliche Abstammung eines Kindes oder Gültigkeit einer Adoption, sind grundsätzlich selbständig anzuknüpfen (näher oben § 32 IV und V).

a) Beim Erbrecht des *Ehegatten* können Spannungen entstehen, wenn sich die güterrechtlichen Ansprüche gemäß Art. 15 nach einer anderen Rechtsordnung bemessen als die erbrechtlichen. Die Konflikte müssen mit dem Instrument der Anpassung bewältigt werden (siehe oben § 34 IV). Der für die deutsche IPR-Reform erarbeitete Vorschlag, Anknüpfungsgleichheit dadurch herzustellen, daß für die Beerbung eines verheirateten Erblassers das Güterrechtsstatut gilt[16], ist nicht Gesetz geworden[17]. Diese Anknüpfung ließe nämlich im Zeitpunkt einer Verfügung von Todes wegen das anwendbare Recht im Ungewissen, da nicht vorauszusehen ist, welcher Ehegatte zuerst stirbt, und die Beerbung des Überlebenden nicht dem vormaligen Güterrechtsstatut unterliegen darf.

b) Über das Erbrecht eines *nichtehelichen Kindes* entscheidet ebenfalls das Erbstatut. Die besondere Ausgestaltung der erbrechtlichen Stellung des nichtehelichen Kindes gegenüber seinem Vater im deutschen Recht – Erbersatzanspruch nach § 1934 a BGB und vorzeitiger Erbausgleich nach § 1934 d BGB – kommt also nur zum Zuge, wenn der Vater nach deutschem Recht beerbt wird. Für den vorzeitigen Erbausgleich (§ 1934 d BGB) wurde wegen seiner Ähnlichkeit mit einem familienrechtlichen Ausstattungsanspruch zwar auch eine unterhaltsrechtliche (Art. 18) und eine kindschaftsrechtliche (Art. 20 II) Einordnung vertreten; aber der BGH hat mit Recht zugunsten des Erbstatuts entschieden[18]. Für die erbrechtliche Qualifikation spricht die systematische Stellung des § 1934 d BGB im Gesetz, das Parteiinteresse des Vaters, der bei der Erbregelung freie Hand haben soll, sowie die Einsicht, daß sonst Anpassungsprobleme mit einem ausländischen Erbstatut auftreten könnten, welches das Kind auf andere Weise abfindet.

---

[16] So auf Anregung von *Müller-Freienfels* zuerst die Erbrechtskommission des Deutschen Rates für IPR; Vorschläge... (1969) 6; anders später Vorschläge... (1981) 66.

[17] Vgl. BegrRegE, BT-Drucks. 10/504, 74.

[18] BGH 19. 11. 1985, BGHZ 96, 262 = IPRax 1986, 241, 229 Aufsatz *Kegel* = IPRspr. 1985 Nr. 118.

c) Welches Statut die erbrechtlichen Wirkungen der *Adoption* im Verhältnis zur leiblichen Familie und zur Adoptivfamilie regelt, ist umstritten[19]. Nach richtiger Ansicht entscheidet hierüber weder das Erbstatut noch das Adoptionsstatut allein. Vielmehr ist grundsätzlich das Erbstatut berufen, das – hier wie sonst – die konkrete Ausgestaltung der erbrechtlichen Position, insbesondere die Erbquote und die Möglichkeit der Enterbung, festlegt. Dagegen untersteht dem Adoptionsstatut die Frage, ob zum Erblasser nach der Adoption eine so starke rechtliche Beziehung (Verwandtschaft) fortbesteht oder neu begründet ist, wie sie das für die Erbfolge maßgebende Recht für eine Beteiligung an der gesetzlichen Erbfolge voraussetzt[20]. Denn da die (schwächeren oder stärkeren) Voraussetzungen einer Adoption von den ihr zuerkannten Wirkungen abhängen, zu denen wesentlich auch die Veränderung der (erbrechtlich relevanten) Verwandtschaftsbeziehungen gehört, darf man diese Wirkungen grundsätzlich keinem anderen als dem Adoptionsstatut entnehmen. Bei einer im Ausland erfolgten Adoption, die bei uns gemäß § 16a FGG anzuerkennen ist, entscheidet das tatsächlich angewandte Recht (vgl. oben § 49 III 2c).

d) Das *Heimfall- oder Erbrecht des Fiskus* an Nachlässen, für die sonst kein Erbe da ist (bona vacantia), bemißt sich, da es in der Sache auch hier um die Ordnung des Nachlasses geht, grundsätzlich nach dem Erbstatut. Soweit diese Rechtsordnung die Berechtigung des Fiskus jedoch als hoheitliches Aneignungsrecht ausgestaltet hat, das sich – ohne Rücksicht auf das Erbstatut – auf das gesamte im eigenen Staatsgebiet befindliche erblose Vermögen erstreckt, lassen wir das Aneignungsrecht nicht wegen der erbrechtlichen Verweisung auch für in Deutschland belegenes Vermögen durchgreifen, sondern konstruieren ein entsprechendes Aneignungsrecht des deutschen Fiskus[21].

5. Über den *Erbgang* herrscht ebenfalls das Erbstatut.

Das gilt für den Erwerb der Erbenstellung (kraft Gesetzes, durch Annahmeerklärung oder gerichtliche Einweisung), für die mögliche Einschaltung von Zwischenpersonen (wie administrator oder executor im englisch-amerikanischen Recht) und für den Verlust der Erbenstellung durch Ausschlagung; für die Rechtsstellung des Nachlaßverwalters und des Testamentsvollstreckers; ferner für die Erbengemeinschaft, ihre Struktur (z.B.

---

[19] Siehe im einzelnen *Klaus Müller*, Erbrechtliche Konsequenzen der Adoption im IPR: NJW 1985, 2056; *Staudinger-Henrich* Art. 22 Rz. 64ff.
[20] BGH 14.12.1988, NJW 1989, 2197 = FamRZ 1989, 378; abweichend KG 23.9.1987, FamRZ 1988, 434 Anm. *Gottwald*, 881 Anm. *Lüderitz*.
[21] Siehe zu diesem Ergebnis und den verschiedenen Begründungsmöglichkeiten (Qualifikation als territorial gebundenes öffentliches Recht, versteckte Rückverweisung, Gegenseitigkeitsgedanke) KG 30.4.1985, OLGZ 1985, 280 = IPRax 1986, 41, 25 Aufsatz *Firsching* = IPRspr. 1985 Nr. 115; abweichend *Neuhaus* 130. Zur Konstruktion der deutschen materiellrechtlichen Norm über ein Aneignungsrecht des Fiskus siehe *Staudinger-Firsching* Vorbem. 254 zu Art. 24–26.

Gesamthands- oder Bruchteilsgemeinschaft) und die mit ihr verbundenen Rechte und Pflichten im Außen- und Innenverhältnis; sowie schließlich für den Erbschaftsanspruch und die Erbenhaftung.

Die Abwicklung des Nachlasses wird erleichtert, wenn eine Rückverweisung auf die lex fori angenommen werden kann[22]. Im übrigen müssen die Gerichte die im ausländischen Erbstatut vorgesehene Tätigkeit entfalten, solange sie ihnen nicht ganz wesensfremd ist (siehe auch unten V 3).

6. *Verfügungen von Todes wegen* fallen grundsätzlich unter das Erbstatut, jedoch gelten gemäß Art. 26 wichtige Sonderregeln. Hierauf ist im folgenden näher einzugehen.

IV. Verfügungen von Todes wegen

Die *Wirkungen* einer Verfügung von Todes wegen unterliegen dem Erbstatut, also gemäß Art. 25 I dem Recht des Staates, dem der Erblasser im Zeitpunkt seines Todes angehörte. Für die Gültigkeit und die Bindungswirkung kommt es dagegen auf den Zeitpunkt der Errichtung der Verfügung an, und eine einmal erlangte Testierfähigkeit bleibt stets erhalten (Art. 26 V). Speziell die Formgültigkeit wird durch eine Vielzahl alternativer Anknüpfungen gefördert (Art. 26 I–IV).

1. Die *Gültigkeit* der Errichtung und die *Bindungswirkung* einer Verfügung von Todes wegen beurteilen sich aus Gründen des Vertrauensschutzes gemäß Art. 26 V 1 nach dem Recht, das im Zeitpunkt der Verfügung auf die Erbfolge anzuwenden wäre (sog. Errichtungsstatut oder hypothetisches Erbstatut). Eine weitergehende Möglichkeit, die Gültigkeit nach Maßgabe des Günstigkeitsprinzips (favor negotii) alternativ nach dem Errichtungsstatut oder dem Erbstatut zu beurteilen, ist in Deutschland nicht Gesetz geworden[23].

Zur *Gültigkeit der Errichtung* gehören die Bereiche: Zulässigkeit einer Stellvertretung, Testierfähigkeit und Willensmängel[24]; ferner die Zulässigkeit von Erbverträgen und gemeinschaftlichen Testamenten, soweit es sich nicht um

---

[22] Dazu *Berenbrok*, Internationale Nachlaßabwicklung (1990) §§ 8D, 9B III 1. De lege ferenda empfiehlt die lex fori für den Erbgang *Ferid*, Le rattachement autonome de la transmission successorale en d. i. p.: Rec. des Cours 142 (1974 – II) 71; *ders.*, Der Erbgang als autonome Größe im Kollisionsrecht: FS Cohn (1975) 31; ablehnend etwa *Wiethölter*, Vorschläge... (1969) 167.

[23] Vgl. die auf das österreichische Vorbild (§ 30 I IPR-Gesetz) zurückgehenden Empfehlungen von *Neuhaus/Kropholler*, RabelsZ 44 (1980) 333, sowie die Stellungnahme des MPI, RabelsZ 47 (1983) 662; ablehnend *Kühne*, IPR-Gesetz-Entwurf (1980) 165.

[24] Letzteres ist str.; siehe etwa *Staudinger-Firsching* Vorbem. 90 ff. zu Art. 24–26.

Formfragen handelt (dazu unten 4). Dagegen beurteilt sich die *inhaltliche Gültigkeit*, insbesondere in Hinblick auf zwingende Ansprüche Hinterbliebener, nach dem Erbstatut im Todeszeitpunkt. Die *Bindungswirkung* erlangt bei gegenseitigen Testamenten und Erbverträgen Bedeutung. Die Maßgeblichkeit des Errichtungszeitpunkts verhindert das befremdliche Ergebnis, daß eine frei widerrufliche Verfügung durch Statutenwechsel bindend oder eine bindende frei widerruflich wird.

2. Auch die *Testierfähigkeit* richtet sich grundsätzlich nach dem Errichtungsstatut (Art. 26 V 1) und nicht nach dem Geschäftsfähigkeitsstatut[25]. Eine einmal erlangte Testierfähigkeit bleibt gemäß Art. 26 V 2 bei einem späteren Erwerb oder Verlust der deutschen Staatsangehörigkeit bestehen. Dadurch ist gewährleistet, daß eine vor dem Staatsangehörigkeitswechsel errichtete Verfügung später trotz dieses Wechsels wieder aufgehoben oder geändert werden kann. Die Vorschrift des Art. 26 V 2 enthält ebenso wie die entsprechende Norm über die Geschäftsfähigkeit (Art. 7 II) einen allgemeinen Rechtsgedanken und ist daher auf den späteren Erwerb oder Verlust einer ausländischen Staatsangehörigkeit oder eine sonstige Veränderung des Personalstatuts entsprechend anzuwenden (siehe oben § 42 I 2).

3. Die *Formgültigkeit* von letztwilligen Verfügungen (Testamenten) kann nach einem ganzen Katalog alternativer Anknüpfungen bejaht werden. Das IPR beschränkt sich in diesem Bereich, in dem mehr die Beweismöglichkeiten als inhaltliche Werte im Vordergrund stehen, nicht darauf, nur eine oder zwei Anknüpfungen für maßgebend zu erklären, sondern es läßt die Formgültigkeit nach nahezu jeder Rechtsordnung genügen, zu der Berührungspunkte bestehen, damit Testamente in Auslandsfällen möglichst nicht an den Klippen des IPR scheitern[26]. Ein formunwirksames Testament ist danach in Auslandsfällen seltener vorstellbar als in reinen Inlandsfällen.

Maßgebend ist das Haager Testamentsformübereinkommen von 1961, dessen Bestimmungen das EGBGB in Art. 26 I–III im Interesse der Übersichtlichkeit des IPR im wesentlichen wörtlich übernommen hat. Wer anstelle der unmittelbar anwendbaren Artikel des Haager Übereinkommens der Einfachheit halber auf Art. 26 I–III zurückgreift, wird in aller Regel zu identischen Ergebnissen gelangen, läuft aber Gefahr, die übernationale Herkunft dieser Normen und die Notwendigkeit ihrer einheitlichen Auslegung in den Vertragsstaaten zu übersehen.

---

[25] Vgl. BegrRegE, BT-Drucks. 10/504, 45. Anders *Venrooy*, Die Testierfähigkeit im IPR: JR 1988, 485.
[26] Kritisch *Batiffol*, Une succession de méthodes – La forme des testaments en d. i. p.: FS Beitzke (1979) 429.

Eine Ergänzung gegenüber dem Haager Übereinkommen enthält Art. 26 I Nr. 5 EGBGB, der sicherstellen soll, daß auch das im Wege einer Rück- oder Weiterverweisung auf die Rechtsnachfolge von Todes wegen anzuwendende Recht für die Formerfüllung ausreicht[27]. Damit wird zugleich deutlich, daß die Spezialvorschrift des Art. 26 die allgemeine Formvorschrift des Art. 11 vollständig verdrängt.

In Art. 26 IV wird die für die Testamentsform geltende Regelung auf andere Verfügungen von Todes wegen, also namentlich *Erbverträge*, für entsprechend anwendbar erklärt. Freilich muß der Geschäftstyp des Erbvertrages dem Errichtungsstatut bekannt sein; denn die Zulässigkeit der Errichtung eines Erbvertrages ist im allgemeinen keine Frage der Form. Treffen in einem Erbvertrag beide Vertragspartner Verfügungen von Todes wegen und besitzen sie eine verschiedene Staatsangehörigkeit, so muß das hypothetische Erbstatut beider Partner die Zulässigkeit bejahen.

Ein *Renvoi* ist in Formfragen ausgeschlossen. Das ergibt sich im Haager Testamentsformübereinkommen aus der Wendung „innerstaatliches Recht" (Art. 1 I), in Art. 26 EGBGB aus der Verweisung auf die „Formerfordernisse" der berührten Rechtsordnungen (Art. 3 I 2 EGBGB).

4. Für *gemeinschaftliche Testamente* bemißt sich die Formgültigkeit ebenfalls nach den Regeln des Haager Testamentsformübereinkommens (so ausdrücklich dessen Art. 4) bzw. nach Art. 26 EGBGB, der in Abs. 1 auch solche letztwillige Verfügungen anspricht, die von mehreren Personen in derselben Urkunde errichtet werden. Die Frage ist nur, ob das Verbot gemeinschaftlicher Testamente, das sich namentlich in vielen romanischen Rechten findet, der Form zuzurechnen ist oder der Gültigkeit der Errichtung (Art. 26 V 1).

Die Antwort ist aus dem Sinn und der Funktion der einzelnen Verbotsnorm zu gewinnen[28]. Steht bei dem Verbot eine Klarstellungsfunktion (richtige Ermittlung des Erblasserwillens) oder eine Schutzfunktion (Schutz vor unlauterer Beeinflussung des schwächeren Teils) im Vordergrund, so handelt es sich um eine typische Funktion der Form (siehe oben § 41 N. 32) und also um eine Formvorschrift; dies wird beispielsweise für das französische und das niederländische Recht angenommen[29]. Ist das Ziel der Verbotsnorm dagegen, wie in Italien, die Sicherung des freien Willensentschlusses und des freien Widerrufs auch für die Zeit nach dem Tode des Partners, so hat die Norm eine inhaltliche Funktion; sie gelangt zur Anwendung, wenn sie im hypothetischen Erbstatut

---

[27] Eingefügt auf Vorschlag des Rechtsausschusses; siehe BT-Drucks. 10/5632, 44.

[28] So bereits *M. Wolff* 230; ferner oben § 15 II 1. Abweichend noch *Neuhaus* 145 f., 148 und *Kropholler*, DNotZ 1967, 736 f.

[29] Siehe etwa *Staudinger-Firsching* Vorbem. 273 ff. zu Art. 24–26; MünchKomm-*Birk* Vor Art. 24–26 Rz. 289.

eines der Testierenden (Art. 26 V 1) enthalten ist[30]. Die Abgrenzung anhand von Sinn und Zweck der Verbotsnorm ist freilich naturgemäß meist unsicher.

5. Für *Rechtsgeschäfte unter Lebenden auf den Todesfall* ist das (hypothetische) Erbstatut bisweilen ebenfalls maßgebend.

a) Über die Zulässigkeit eines *Erbverzichts*, die nur in wenigen Rechtsordnungen bejaht wird, entscheidet das hypothetische Erbstatut, weil der Erbverzicht zur Ausschaltung eines gesetzlichen Erben führt[31]. Die Formgültigkeit bestimmt sich aber nach Art. 11 I und nicht nach Art. 26 IV, da es sich nicht um eine Verfügung von Todes wegen handelt.

b) *Schenkungen von Todes wegen* unterstellt man – entsprechend der materiellrechtlichen Unterscheidung in § 2301 BGB –, sofern sie im Todeszeitpunkt noch nicht vollzogen sind, grundsätzlich dem hypothetischen Erbstatut, sonst dem Schenkungsstatut[32]. Ob die Schenkung vollzogen ist, entscheidet das für den Vollzugsakt maßgebende Recht, also z. B. die lex rei sitae für einen Eigentumsübergang.

c) Der *Erbschaftskauf*, also der Verkauf der gesamten Erbschaft oder eines Erbteils, beurteilt sich jedenfalls hinsichtlich seiner erbrechtlichen Wirkungen nach dem Erbstatut; nach überwiegender Ansicht wird der Erbschaftskauf aus Praktikabilitätsgründen sogar insgesamt dem Erbstatut unterworfen, also auch hinsichtlich seiner schuldrechtlichen Wirkungen[33]. Für die Form gilt Art. 11 I, da es sich um ein Rechtsgeschäft unter Lebenden handelt.

V. Verfahren

Für die *streitige Gerichtsbarkeit*, also etwa für Erbschaftsklagen oder Klagen auf Rechnungslegung unter Miterben, gelten die allgemeinen prozeßrechtlichen Regeln über die internationale Zuständigkeit und die Anerkennung ausländischer Entscheidungen (siehe unten §§ 58 und 60). Das EuGVÜ ist gemäß seinem Art. 1 II Nr. 1 für Klagen auf dem Gebiet des Erbrechts nicht anwendbar; es gilt aber in solchen vermögensrechtlichen Streitigkeiten des Erben mit Dritten, in denen die Erbberechtigung nur als Vorfrage auftaucht.

---

[30] OLG Frankfurt 17. 5. 1985, IPRax 1986, 111, 94 Aufsatz *Grundmann* = IPRspr. 1985 Nr. 116.

[31] Siehe statt vieler *Staudinger-Firsching* Vorbem. 128 zu Art. 24–26.

[32] Siehe etwa *Staudinger-Firsching* Vorbem. 180 zu Art. 24–26; MünchKomm-*Birk* Vor Art. 24–26 Rz. 343. Stark differenzierend *Henrich*, Die Schenkung von Todes wegen in Fällen mit Auslandsberührung: FS Firsching (1985) 111.

[33] *Staudinger-Firsching* Vorbem. 182 zu Art. 24–26; MünchKomm-*Birk* Vor Art. 24–26 Rz. 351.

Für die *behördliche Mitwirkung* bei der Nachlaßabwicklung, die in Deutschland den Nachlaßgerichten im Rahmen der *Freiwilligen Gerichtsbarkeit* zukommt, bestehen demgegenüber besondere Verfahrensgrundsätze, auf die im folgenden näher einzugehen ist. Hier ist vor allem an die Erteilung eines Erbscheins oder eines Testamentsvollstreckerzeugnisses zu denken, aber auch an andere Tätigkeiten des Nachlaßgerichts, wie Mitwirkung bei der Annahme oder Ausschlagung der Erbschaft und bei der Anfechtung dieser Erklärungen, Sicherung des Nachlasses (vgl. § 1960 BGB) oder Anordnung einer Nachlaßverwaltung (§§ 1981 ff. BGB).

1. Eine allgemeine ausdrückliche Regelung der *internationalen Zuständigkeit* fehlt in Nachlaßsachen – im Unterschied zu anderen Bereichen der Freiwilligen Gerichtsbarkeit wie Vormundschaftssachen (§ 35a FGG) oder Adoptionssachen (§ 43b FGG)[34].

Die gerichtliche Praxis richtet sich in aller Regel nach der sog. *Gleichlauftheorie*. Danach folgt die internationale Zuständigkeit dem anwendbaren Recht (näher unten § 58 II 3). Demnach erklären sich die deutschen Nachlaßgerichte grundsätzlich nur dann für international zuständig, wenn deutsches materielles Erbrecht anwendbar ist, sei es auch nur infolge einer Rückverweisung oder einer Nachlaßspaltung[35]. Begründet wird dies vor allem mit der starken Verbindung zwischen materiellem Erbrecht und Verfahrensrecht, deren Auflösung zu unerwünschten Konflikten führen könne. Indes erscheint eine Trennung von Verfahrensrecht und materiellem Recht im Erbrecht – ebenso wie auf allen anderen zivilrechtlichen Gebieten – durchaus möglich, und der Gleichlauf wird im Schrifttum vielfach als ein zu enges Zuständigkeitskriterium abgelehnt, zumal die für den Gleichlauf sprechende internationale Entscheidungsgleichheit im Erbrecht als weniger essentiell empfunden wird als in Statussachen[36]. Statt dessen wird empfohlen, hier – wie im Zivilprozeßrecht – die internationale Zuständigkeit der Regelung der örtlichen Zuständigkeit (§ 73 FGG) zu entnehmen oder sie eigenständig zu normieren. Danach käme man zu einer inländischen Wohnsitz-, Staatsangehörigkeits- und Belegenheitszuständigkeit, die von der Maßgeblichkeit in- oder ausländischen Erbrechts grundsätzlich unabhängig wäre.

---

[34] Das IPRNG von 1986 verzichtete „mangels zwingenden Bedürfnisses" sowie wegen bestehender „Zweifel bei den Grundsatzfragen" auf eine Änderung des geltenden Rechts; BegrRegE, BT-Drucks. 10/504, 92. Dazu *Palandt-Heldrich* Art. 25 EGBGB Anm. 4: „Armutszeugnis". – Kodifikationsvorschläge finden sich in: Vorschläge... (1981) 14; *Kühne*, IPR-Gesetz-Entwurf (1980) 14 (§ 74a FGG), 201 f.; Stellungnahme des MPI, RabelsZ 47 (1983) 688 f.

[35] BGH 26.10.1967, BGHZ 49, 1 = NJW 1968, 353 = IPRspr. 1966–67 Nr. 303; *Staudinger-Firsching* Vorbem. 315 zu Art. 24–26.

[36] Siehe etwa *Kegel* § 21 IV 1; *Heldrich*, Internationale Zuständigkeit und anwendbares Recht (1969) 211 ff.; *Wiethölter*, in: Vorschläge... (1969) 141 ff.

Der Gegensatz zwischen der in der Praxis herrschenden Gleichlauftheorie und der im Schrifttum befürworteten Anlehnung an die örtliche Zuständigkeit wird freilich dadurch erheblich abgeschwächt, daß die Zuständigkeit der inländischen Gerichte trotz Maßgeblichkeit fremden Erbrechts in drei Bereichen anerkannt ist:

a) Gemäß § 2369 BGB kann ein *Erbschein* oder ein *Testamentsvollstreckerzeugnis* (§ 2368 III BGB) für die im Inland befindlichen Gegenstände auch bei Maßgeblichkeit fremden Erbrechts verlangt werden (näher sogleich unter 2). Diese internationale Zuständigkeit wird von den Gerichten auch auf Verrichtungen erstreckt, die mit der Erbscheinserteilung in engem Zusammenhang stehen, wie die Testamentseröffnung[37], die Entgegennahme der Annahmeerklärung[38] oder die Einziehung des Erbscheins[39].

b) *Sicherungsmaßnahmen* für den Nachlaß, etwa die Bestellung eines Nachlaßpflegers (vgl. §§ 1960, 1961 BGB), muß das deutsche Nachlaßgericht auch treffen, wenn ausländisches Erbstatut gilt. Die Pflicht, vorläufige sichernde Maßregeln zu ergreifen, entspricht internationaler Übung[40].

c) Eine *Fürsorgebedürfniszuständigkeit* der inländischen Gerichte wird zur Vermeidung einer Rechtsverweigerung bejaht. Beispielsweise können die deutschen Nachlaßgerichte, damit es nicht zu einer Verweigerung des Rechtsschutzes kommt, eine Inventarerrichtung durchführen, die das italienische Recht zugunsten der minderjährigen Erben verlangt[41], oder einen nach österreichischem Recht eingesetzten Testamentsvollstrecker entlassen[42].

2. Ein *Erbschein* kann in Auslandsfällen in zwei Formen ausgestellt werden: als allgemeiner Erbschein nach § 2353 BGB und als gegenständlich beschränkter Erbschein nach § 2369 BGB.

a) Ein *allgemeiner Erbschein* nach § 2353 BGB wird bei Anwendbarkeit *deutschen* Erbrechts erteilt. Man spricht deshalb auch von einem Eigenrechtserbschein. Ein solcher Erbschein kommt zum einen in Betracht, wenn das deutsche Recht die gesamte Erbfolge regelt, sei es auch nur durch eine Rückverweisung; zum anderen, wenn das deutsche Erbrecht infolge einer Nachlaßspaltung (in den Fällen einer partiellen Rückverweisung, des Art. 3 III oder des

---

[37] LG Lübeck 25. 3. 1958, IPRspr. 1958–59 Nr. 202.
[38] So BayObLG 2. 12. 1965, BayObLGZ 1965, 423 = NJW 1967, 447, 417 Aufsatz *Heldrich* und 1167 Aufsatz *Neuhaus* = IPRspr. 1964–65 Nr. 297.
[39] Siehe etwa BayObLG 15. 2. 1971, BayObLGZ 1971, 34 = NJW 1971, 991 = IPRspr. 1971 Nr. 51.
[40] BGH 26. 10. 1967 (oben N. 35).
[41] So bahnbrechend BayObLG 2. 12. 1965 (oben N. 38).
[42] So mit umfassenden Belegen OLG Frankfurt 30. 9. 1975, OLGZ 1977, 180 = IPRspr. 1975 Nr. 213 A.

§ 51 V   VII. Kapitel: Die einzelnen Rechtsgebiete

Art. 25 II) einen Teil des Nachlasses beherrscht. Bei einer Nachlaßspaltung ist im Erbschein seine eingeschränkte Geltung zu vermerken[43].

b) Ein *gegenständlich beschränkter Erbschein* nach § 2369 BGB wird bei Anwendbarkeit *ausländischen* Erbrechts für die im Inland befindlichen Gegenstände erteilt. Die deutsche internationale Zuständigkeit ergibt sich aus § 2369 I BGB. Man spricht hier auch von einem Fremdrechtserbschein.

Da der Erbschein dem inländischen Rechtsverkehr dient, kommt es weder darauf an, ob das fremde Erbstatut einen Erbschein kennt, was in der Regel nicht der Fall ist, noch ob es den deutschen anerkennt.

Die *Belegenheit* wird durch zwei Sonderregeln in § 2369 II BGB konkretisiert: Für im Inland registrierte Gegenstände, wie Grundstücke oder Schiffe, kommt es auf den Registrierungsort an (mag das Schiff auch in einem ausländischen Hafen liegen), und ein Anspruch, etwa ein obligatorischer oder dinglicher, gilt als im Inland befindlich, wenn für seine Einklagung ein deutsches Gericht (z. B. am Wohnsitz des Schuldners) zuständig ist, mag die zu vindizierende bewegliche Sache sich auch im Ausland befinden. Hier wird für die internationale Zuständigkeit aus Gründen der Zweckmäßigkeit auf den Ort der Registrierung bzw. auf den Ort der möglichen Prozeßführung (Zuständigkeit des Zusammenhangs) abgestellt und also eine zuständigkeitsrechtliche spezifische Definition der Belegenheit gegeben, die im eigentlichen IPR kein Gegenstück findet.

In dem Erbschein des § 2369 BGB sind zusätzlich zu den üblichen Angaben zu vermerken: die Beschränkung auf die im Inland befindlichen Nachlaßgegenstände (ohne daß diese im einzelnen bezeichnet werden müßten) und das anwendbare fremde Erbrecht, damit aus dem Erbschein nicht auf eine dem deutschen Recht entsprechende Verfügungsmacht des Erben geschlossen wird. Bei Anwendbarkeit englischen oder amerikanischen Erbrechts sind trotz Zwischenschaltung eines „administrator" (Erbschaftsverwalter) oder „executor" (Testamentsvollstrecker) die gesetzlich oder testamentarisch Begünstigten, also die „beneficiaries", als Erben aufzuführen[44].

Die Wirkungen des nach § 2369 BGB erteilten Erbscheins bemessen sich nach §§ 2365 ff. BGB – allerdings beschränkt auf die im Inland belegenen Nachlaßgegenstände.

c) Die *Anerkennung ausländischer Erbfolgezeugnisse* ist zwar grundsätzlich ebenso möglich wie die anderer Akte der Freiwilligen Gerichtsbarkeit. Jedoch

---

[43] BayObLG 27. 10. 1959, BayObLGZ 1959, 390 = NJW 1960, 775 = IPRspr. 1958–59 Nr. 150 S. 504 f.; vgl. den Erbschein in BayObLG 2. 6. 1982, BayObLGZ 1982, 236 = IPRax 1983, 187, 166 Aufsatz *Firsching* = IPRspr. 1982 Nr. 115 S. 265: „Dieser Erbschein gilt nicht für den in Österreich gelegenen Nachlaß."

[44] Problematisch ist, ob auch die „administration" oder „execution" in den Erbschein aufgenommen werden muß; bejahend für den „executor" mit Recht LG Hamburg 2. 9. 1977, IPRspr. 1977 Nr. 104; einschränkend dagegen BayObLG 1. 2. 1980, BayObLGZ 1980, 42 (48) = IPRax 1982, 111 (113), 98 Aufsatz *Firsching* = IPRspr. 1980 Nr. 124.

besagt das praktisch nicht viel. Denn zum einen ist fremden Rechtsordnungen ein dem deutschen Erbschein vergleichbares Zeugnis im allgemeinen nicht bekannt[45], und es ist daher oft fraglich, ob überhaupt eine „Entscheidung" im Sinne des § 16a FGG vorliegt[46]. Zum anderen kommt einem anzuerkennenden fremden Zeugnis nur die Wirkung zu, die ihm das fremde Recht beimißt, so daß die §§ 2365 ff. BGB nicht zur Anwendung gelangen. Außerdem schließt die Anerkennung eines ausländischen Zeugnisses die Maßgeblichkeit des deutschen IPR für den inländischen Rechtsverkehr jedenfalls insofern nicht aus, als jederzeit ein deutscher Erbschein erteilt werden kann, der dann, weil zuletzt ausgestellt, im Inland allein gilt[47]. Die deutschen Grundbuchämter verlangen zum Nachweis der Erbfolge (vgl. § 35 GBO) stets einen deutschen Erbschein und lassen ausländische Zeugnisse nicht genügen[48].

3. Insgesamt bereitet die *Nachlaßabwicklung* im Internationalen Erbrecht die meisten Schwierigkeiten. Insbesondere fordert das maßgebende Erbstatut (siehe oben III 5) nicht selten Maßnahmen, die der lex fori fremd sind, z. B. die „Einantwortung" des Nachlasses nach österreichischem Recht oder die Einsetzung eines „administrator" nach Common Law.

Wenn ein Fürsorgebedürfnis im Inland und damit eine internationale Zuständigkeit der inländischen Gerichte besteht (siehe oben 1 c), müssen die inländischen Gerichte auch Tätigkeiten ausführen, die das deutsche Erbrecht nicht vorsieht, soweit dies durch sinngemäße Anwendung der inländischen Verfahrensvorschriften möglich ist[49]. Zwar ist noch keine deutsche Entscheidung bekannt geworden, welche die Einantwortung eines Nachlasses oder die Einsetzung eines „administrator" vorgenommen hätte, und dies ist auch kaum zu erwarten; wohl aber findet sich – wie gezeigt wurde – eine vom italienischen Recht vorgesehene Inventarerrichtung oder die Entlassung eines nach österreichischem Recht eingesetzten Testamentsvollstreckers[50].

---

[45] Erbscheine des Staatlichen Notariats der DDR werden von den Gerichten grundsätzlich anerkannt; vgl. etwa BGH 20. 5. 1969, BGHZ 52, 123 (145 f. unter C III 8 a).
[46] Für Notariatsakte kann in bestimmten Fällen an eine entsprechende Anwendung der Vorschrift gedacht werden; so für die niederländische „Erbrechtserklärung" ein Institutsgutachten vom 27. 1. 1987 (G 85/86, zur Veröffentlichung in IPG 1987–88 vorgesehen).
[47] Siehe etwa KG 27. 4. 1973, IPRspr. 1973 Nr. 105; OLG Karlsruhe 28. 10. 1980, OLGZ 1981, 399 = IPRspr. 1980 Nr. 187b.
[48] Zustimmend etwa *Ferid* Rz. 9–102; *Staudinger-Firsching* Vorbem. 338f. zu Art. 24–26. Kritisch dagegen *Kegel* § 21 IV 3 a. E.; *Soergel-Kegel* Vor Art. 24 Rz. 88.
[49] Vgl. auch die Stellungnahme des MPI, RabelsZ 47 (1983) 688 f.; siehe zu der wachsenden Bereitschaft der deutschen Gerichte, ungewohnte Maßnahmen zu treffen, unten § 57 II 2.
[50] Siehe oben N. 41 und 42; vgl. ferner die Zusammenstellung in MünchKomm-*Birk* Vor Art. 24–26 Rz. 399.

4. Das nicht in Kraft getretene *Haager Nachlaßverwaltungsabkommen* vom 2. 10. 1973 will die Abwicklung von Nachlässen in internationalen Fällen erleichtern, indem es ein internationales Zeugnis vorsieht, das die zur Nachlaßvertretung berechtigte Person und deren Befugnisse aufführt und das grundsätzlich in allen Vertragsstaaten anerkannt werden muß[51].

Der Inhaber des Zertifikats hat den Vorteil, nach einer einzigen Rechtsordnung in allen Vertragsstaaten, in denen sich Nachlaßgegenstände befinden, handeln zu können; er kann in allen Vertragsstaaten den Nachlaß in Besitz nehmen, die Schulden begleichen und die Nachlaßwerte an die Berechtigten verteilen. Seine Befugnisse haben Vorrang vor denjenigen eines inländischen Nachlaßvertreters (Art. 20). Der Anerkennungsstaat kann ihn in der Ausübung seiner Befugnisse aber der gleichen lokalen Überwachung unterstellen wie einen inländischen Nachlaßvertreter (Art. 21). Der gute Glaube im Rechtsverkehr mit dem Zeugnisinhaber wird geschützt (Artt. 22, 23).

Das Hauptproblem, die für die Zeugnisausstellung zuständige Behörde und das anwendbare Recht zu bestimmen, ist folgendermaßen gelöst: Zuständig ist die Behörde im Staat des gewöhnlichen Aufenthalts des Erblassers (Art. 2). Sie wendet zur Bezeichnung des Inhabers des Zertifikats sowie zur Angabe seiner Befugnisse grundsätzlich ihr eigenes materielles Recht an. Das Heimatrecht des Erblassers kommt nur ausnahmsweise zum Zuge, nämlich wenn Aufenthalts- und Heimatstaat erklärt haben, das Heimatrecht solle maßgebend sein, oder wenn zwar nur der Heimatstaat dies erklärt hat, der Erblasser aber weniger als fünf Jahre vor seinem Tod in dem Staat der ausstellenden Behörde gelebt hat (Art. 3). Außerdem kann ein Vertragsstaat erklären, daß er entsprechend einer Rechtswahl des Erblassers sein Aufenthalts- oder Heimatrecht anwendet (Art. 4).

Das Übereinkommen ist wohl deshalb gescheitert[52], weil es gleichsam „das Pferd beim Schwanze aufzäumt". Man mag sich nicht auf die Nachlaßabwicklung nach einem bestimmten Recht festlegen, solange keine Einigkeit über das anwendbare Recht in der Kernfrage, nämlich der Erbfolge besteht. Es hieße, „den Bock zum Gärtner zu erheben"[53], wollte man jemanden, der nach den erbrechtlichen Kollisionsnormen gerade nicht als Erbe in Betracht kommt, als Nachlaßabwickler einsetzen oder anerkennen.

---

[51] Text des Übereinkommens mit deutscher Übersetzung bei *Staudinger-Firsching* Vorbem. 397 zu Art. 24–26. Siehe dazu *Lipstein*, Das Haager Abkommen über die internationale Abwicklung von Nachlässen: RabelsZ 39 (1975) 29.
[52] Es wurde bislang nur von Portugal und der Tschechoslowakei ratifiziert.
[53] So *Kegel* § 21 V 3 d.

§ 52 Vertragliche Schuldverhältnisse

I. Einheitsrecht

Das Vertragsrecht wird von internationalem Einheitsrecht beherrscht. Teilweise gilt materielles Einheitsrecht; es schmälert – neben der Schiedsgerichtsbarkeit – die Bedeutung des Kollisionsrechts. Außerdem ist auch das Kollisionsrecht in Europa auf dem Wege zum Einheitsrecht; die einschlägigen Artt. 27–37 EGBGB inkorporieren das EG-Schuldvertragsübereinkommen (EuSchVÜ) von 1980 in die deutsche Kodifikation[1]. Die Hauptregel dieses einheitlichen Kollisionsrechts kann auf den weltweit anerkannten Grundsatz der Parteiautonomie bauen (näher unten II), während für die objektive Anknüpfung des Vertragsstatuts (unten III) zwischen verschiedenen, im Grad ihrer Flexibilität differierenden Lösungsansätzen gewählt werden mußte[2].

1. *Materielles Einheitsrecht* erfaßt vor allem Transport- und Warenkaufverträge (zu letzteren unten IV). Dieses auf internationale Sachverhalte bezogene materielle Einheitsrecht bestimmt seinen sachlich-räumlichen Anwendungsbereich in der Regel selbst, indem es festlegt, welche internationalen Fälle erfaßt sein sollen. Eine entsprechende Abgrenzungsnorm findet sich meist gleich am Anfang des einheitsrechtlichen Textes.

Zahlreiche Beispiele bieten die transportrechtlichen Übereinkommen. So regelt im internationalen Straßentransport nach Art. 1 I CMR[3] diese Konvention „jeden Vertrag über die entgeltliche Beförderung von Gütern auf der Straße mittels Fahrzeugen, wenn der Ort der Übernahme des Gutes und der für die Ablieferung vorgesehene Ort, wie sie im Vertrage angegeben sind, in zwei verschiedenen Staaten liegen, von denen mindestens einer ein Vertragsstaat ist. Dies gilt ohne Rücksicht auf den Wohnsitz und die Staatsangehörigkeit der Parteien." Verwandte Normen enthalten Art. 1 des Warschauer Abkommens über die Beförderung im internationalen Luftverkehr[4] sowie die eisenbahnrechtliche Konvention von 1980[5].

---

[1] Übereinkommen über das auf vertragliche Schuldverhältnisse anzuwendende Recht vom 19. 6. 1980 (BGBl. 1986 II 810; Text auch bei *Jayme/Hausmann*). Das Übereinkommen als solches ist noch nicht in Kraft getreten.
Eine umfassende Erläuterung bietet *Reithmann/Martiny*. Vgl. aus dem neueren Schrifttum auch *Sandrock*, RIW 1986, 841 ff.; *Lando*, Com. Mark. L. Rev. 24 (1987) 159 ff.

[2] Rechtsvergleichender Überblick bei *Lando*, The Conflict of Laws of Contracts, General Principles: Rec. des Cours 189 (1984 – VI) 225.

[3] Übereinkommen über den Beförderungsvertrag im internationalen Straßengüterverkehr (CMR) vom 19. 5. 1956 (BGBl. 1961 II 1120).

[4] Warschauer Abkommen von 1929 in der Fassung von Den Haag 28. 9. 1955 (BGBl. 1958 II 312).

[5] Übereinkommen über den internationalen Eisenbahnverkehr vom 9. 5. 1980 (BGBl. 1985 II 130), Anhang A (CIV) Artt. 1 und 2 und Anhang B (CIM) Artt. 1 und 2.

Die Funktion dieser Abgrenzungsnormen ist im allgemeinen eine doppelte. (1) Vordergründig grenzen sie die internationalen, von der Konvention erfaßten Sachverhalte von den Binnensachverhalten ab, die weiterhin dem autonomen nationalen Recht unterliegen. (2) Versteckt enthalten sie darüber hinaus in der Regel die Aussage, daß in den bezeichneten internationalen Fällen die Konventionsregelung ohne Vorschaltung autonomen oder vereinheitlichten Kollisionsrechts zur Anwendung gelangen soll (vgl. oben § 11 I 1 a).

2. Als *einheitliches europäisches Kollisionsrecht*, das auf dem EG-Schuldvertragsübereinkommen von 1980 beruht, müssen die aus diesem Übereinkommen stammenden Vorschriften des EGBGB so ausgelegt und angewandt werden, daß die erstrebte Rechtseinheit mit den anderen europäischen Vertragsstaaten gewahrt bleibt. Darauf weist Art. 36 EGBGB ausdrücklich hin[6]. Solange eine Auslegungskompetenz des EuGH nicht besteht[7], liegt die schwierige Aufgabe, die Rechtseinheit zu wahren, allein bei den staatlichen Gerichten. Ihre Erfüllung setzt voraus, daß bei Auslegungszweifeln auf den mehrsprachigen Übereinkommenstext und den dazu verfaßten Bericht[8] zurückgegriffen und die einschlägige Rechtsprechung und Literatur in den anderen Vertragsstaaten beachtet wird.

3. Der *Anwendungsbereich* der auf dem EG-Schuldvertragsübereinkommen beruhenden Kollisionsnormen wird durch mehrere Vorschriften näher abgegrenzt.

a) Bereits das *Zustandekommen und die Wirksamkeit* des Vertrages beurteilen sich gemäß Art. 31 I EGBGB (Art. 8 I EuSchVÜ) grundsätzlich nach dem Vertragsstatut, nämlich nach dem Recht, das anzuwenden wäre, wenn der Vertrag wirksam wäre. Das entspricht dem Wunsch, eine einzige Rechtsordnung über das gesamte Rechtsgeschäft entscheiden zu lassen. Dem Vertragsstatut unterliegen damit insbesondere Angebot und Annahme, einschließlich der Einbeziehung und Wirksamkeit von Allgemeinen Geschäftsbedingungen, sowie Willensmängel.

---

[6] Freilich wäre der europäischen Rechtseinheit mehr damit gedient gewesen, wenn der deutsche Gesetzgeber das Übereinkommen nicht in das EGBGB inkorporiert, sondern – wie andere Staatsverträge – für unmittelbar anwendbar erklärt hätte. Näher *Kohler*, Kein Weg zur Rechtsvereinheitlichung: EuR 19 (1984) 155; *Siehr*, Multilaterale Staatsverträge *erga omnes* und deren Inkorporation in nationale IPR-Kodifikationen – Vor- und Nachteile einer solchen Rezeption: BerDGesVölkR 27 (1986) 45 ff. m.w.Nachw.

[7] Sie ist vorgesehen in zwei Protokollen vom 19.12. 1988 (ABl.EG 1989 Nr. L 48, 1, 17), die indes – anders als das Auslegungsprotokoll zum EuGVÜ (vgl. unten § 56 III 2 a) – noch nicht in Kraft getreten sind.

[8] *Giuliano/Lagarde*, Bericht über das Übereinkommen über das auf vertragliche Schuldverhältnisse anzuwendende Recht: BT-Drucks. 10/503, 33 ff. = ABl.EG 1980 Nr. C 282, 1 ff.

Eine vom Vertragsstatut wegführende Sonderanknüpfung für das Zustandekommen der Einigung, namentlich durch Schweigen auf ein kaufmännisches Bestätigungsschreiben, ermöglicht Art. 31 II EGBGB (Art. 8 II EuSchVÜ). Danach kann jede Partei die Behauptung, sie habe dem Vertrag nicht zugestimmt, auf das ihr vertraute Recht ihres gewöhnlichen Aufenthalts stützen, sofern es nach den Umständen nicht gerechtfertigt wäre, die Wirkung ihres Verhaltens (Schweigens) nach dem Vertragsstatut zu bestimmen. Nicht gerechtfertigt wäre die Anwendung des Vertragsstatuts, wenn es dem Verhalten der Partei weitergehende Wirkungen beimißt, als ihr nach den gesamten Umständen des Falles bekannt sein konnten. Dabei sind die von den Parteien befolgten Gepflogenheiten und ihre bisherigen Geschäftsbeziehungen zu berücksichtigen.

Voraussetzung der Sonderanknüpfung gemäß Art. 31 II EGBGB ist immer, daß die Einigung nach dem Vertragsstatut wirksam wäre. Nur dieses Ergebnis kann mit der Sonderanknüpfung korrigiert werden. Dagegen kann Art. 31 II EGBGB niemals zu der Entscheidung führen, daß ein Vertrag im Widerspruch zum Vertragsstatut wirksam zustandegekommen ist[9].

b) *Einzelne Aspekte* des Vertragsverhältnisses, für die das Vertragsstatut maßgebend ist, nennt beispielhaft („insbesondere") Art. 32 I EGBGB (Art. 10 EuSchVÜ). Im einzelnen sind fünf Bereiche angesprochen.

(1) Die *Auslegung*. Die Maßgeblichkeit des Schuldstatuts schließt freilich nicht aus, einzelne fremdsprachliche Ausdrücke in einem dem deutschen Recht unterliegenden Vertrag anhand des fremden Rechts zu interpretieren; z.B. kann die Bedeutung einzelner englischer Worte in einem deutschen seerechtlichen Vertrag dem englischen Recht zu entnehmen sein[10].

(2) Die *Erfüllung*. Das Vertragsstatut bestimmt Zeit und Ort der Erfüllung, Zulässigkeit von Teilleistungen und von Leistungen durch Dritte. – Für die *Art und Weise* der Erfüllung und die Maßnahmen, die bei mangelhafter Erfüllung vom Gläubiger zu treffen sind, ist freilich gemäß Art. 32 II EGBGB (Art. 10 II EuSchVÜ) das Recht am tatsächlichen Erfüllungsort zu „berücksichtigen" („regard shall be had"). Das grundsätzlich maßgebende Vertragsstatut ist also ggf. anhand der Vorschriften des Erfüllungsortes zu modifizieren; beispielsweise hinsichtlich der Auswirkungen von Feiertagsregelungen auf die Erfüllung, vor allem aber hinsichtlich der Untersuchungs- und Rügepflichten und der bei Ablehnung der Ware gebotenen Maßnahmen, wie etwa einer Aufbewahrung[11]. Dagegen betrifft Art. 32 II nicht die Erfüllungshindernisse, die sich aus Preis-, Devisen- und Bewirtschaftungsvorschriften ergeben können; insoweit gilt Art. 34 EGBGB.

(3) Die *Folgen der* vollständigen oder teilweisen *Nichterfüllung* der vertraglichen Verpflichtungen. Nach dem Vertragsstatut richten sich die Voraussetzungen der Leistungsstörungen sowie ihre Folgen, wie Rücktritt und Schadenersatz einschließlich der

---

[9] Bericht *Giuliano/Lagarde*, BT-Drucks. 10/503, 60.
[10] Vgl. *Staudinger-Firsching* Vorbem. 179 zu Art. 12 EGBGB mit älteren Rechtsprechungsnachweisen.
[11] BegrRegE, BT-Drucks. 10/504, 82.

Schadensbemessung, letzteres jedoch nur innerhalb der vom deutschen Verfahrensrecht als lex fori gezogenen Grenzen (vgl. § 287 ZPO).

(4) Die verschiedenen *Arten des Erlöschens* der Verpflichtungen, insbesondere durch Erfüllung und ihre Surrogate, vor allem durch Aufrechnung (vgl. zu ihr unten VI 5). Die *Verjährung* und die Rechtsverluste, die sich aus dem Ablauf einer Frist ergeben, sind als Teile des Vertragsstatuts ebenfalls genannt (vgl. dazu oben § 41 II).

(5) Die *Folgen der Nichtigkeit* des Vertrages, gleichgültig ob diese Folgen vertraglicher oder außervertraglicher Art sind[12]. Auch die Leistungskondiktion unterliegt also dem Vertragsstatut (näher unten § 53 III 1).

c) Für *gesetzliche Vermutungen* und die *Beweislast* ist gemäß Art. 32 III 1 EGBGB (Art. 14 I EuSchVÜ) das Vertragsstatut maßgebend. Allerdings betrifft diese Zuordnung nur materiellrechtliche Vorschriften, die das Vertragsstatut „für vertragliche Schuldverhältnisse" festsetzt; Beweisvorschriften dagegen, die keinen direkten Bezug zu materiellrechtlichen Normen des Vertragsrechts aufweisen, sondern die mit dem Verfahrensrecht verknüpft sind (wie die Regel, daß nichtbestrittenes Vorbringen als zugestanden gilt), unterliegen als Verfahrensrecht der lex fori[13].

Speziell für den *Beweis eines Rechtsgeschäfts* beruft Art. 32 III 2 EGBGB (Art. 14 II EuSchVÜ) alternativ die lex fori und – im Interesse der Erwartungen der Parteien – auch das Formstatut, sofern das Rechtsgeschäft nach diesem Recht formgültig ist und ein Beweis dieser Art vor dem angerufenen Gericht zulässig ist. Der Beweis kann also in keinem Fall mit einem Beweismittel geführt werden, das der lex fori grundsätzlich fremd ist (z.B. Vernehmung einer Partei als Zeuge vor einem deutschen Gericht) oder das in einer bestimmten Verfahrensart (wie dem Urkundenprozeß) unzulässig ist[14].

d) Für die Teilfragen der *Form* und der *Geschäftsfähigkeit* enthält das EuSchVÜ in Artt. 9 und 11 besondere Kollisionsregeln. Der Art. 9 EuSchVÜ über die Form ist hinsichtlich seiner Absätze 1 und 4 in Art. 11 I EGBGB aufgegangen und hinsichtlich seiner Absätze 2, 3 und 6 in Art. 11 Abs. 2 bis 4 EGBGB[15]. Aus dem Bereich der Geschäftsfähigkeit, die nach Art. 7 EGBGB zu beurteilen ist, regelt das EuSchVÜ in seinem Art. 11 nur den Schutz des anderen Vertragsteils, der eine aus dem Personalstatut folgende Geschäftsunfähigkeit nicht kannte und nicht kennen mußte, und der deutsche Gesetzgeber ist dem in Art. 12 Satz 1 EGBGB gefolgt (vgl. oben § 42 I 3). Auch für diese auf das EuSchVÜ zurückgehenden Normen gilt das Gebot einheitlicher europäischer Auslegung (Art. 36 EGBGB, Art. 18 EuSchVÜ), was infolge der „versteckten" Inkorporation leicht übersehen werden kann.

---

[12] BegrRegE, BT-Drucks. 10/504, 82.
[13] Bericht *Giuliano/Lagarde*, BT-Drucks. 10/503, 68.
[14] BegrRegE, BT-Drucks. 10/504, 82.
[15] Siehe zu den Formerfordernissen oben § 41 III 5. Die in Art. 9 V EuSchVÜ aufgestellte Sondervorschrift für die Form von Verbraucherverträgen findet sich in Art. 29 III EGBGB wieder.

§ 52 Vertragliche Schuldverhältnisse   § 52 I

e) Schließlich begrenzt eine *Ausschlußnorm*, wie sie für Staatsverträge, nicht aber für eine nationale Kodifikation typisch ist, den Anwendungsbereich des europäischen Vertragskollisionsrechts: In Art. 37 EGBGB, der den Art. 1 EuSchVÜ übernimmt, werden einzelne Materien vom Anwendungsbereich der Artt. 27 ff. EGBGB ausgeschlossen. Es sind dies bestimmte wertpapierrechtliche Verpflichtungen[16], gesellschaftsrechtliche Fragen, die Vertretungsmacht und solche Versicherungsverträge (mit Ausnahme der Rückversicherung), die im Geltungsbereich des EWG-Vertrages belegene Risiken decken (dazu unten III 3 h).

Der Ausschluß dieser Versicherungsverträge hat seinen Grund in der gesonderten Erarbeitung „binnenmarktspezifischer" vereinheitlichter Kollisionsnormen für Versicherungsverträge über in den Mitgliedstaaten belegene Risiken[17]. Soweit dieses *europäische Internationale Versicherungsvertragsrecht* Lücken läßt, die sinnvoll durch einen Rückgriff auf das allgemeine Internationale Vertragsrecht zu schließen sind, können die Artt. 27 ff. EGBGB freilich entsprechend angewandt werden[18].

4. Ein *Renvoi* ist im Schuldvertragsrecht gemäß Art. 35 I EGBGB (Art. 15 EuSchVÜ) nicht zu beachten. Dabei macht es in Abweichung von Art. 4 EGBGB grundsätzlich keinen Unterschied, ob das Vertragsstatut durch Rechtswahl oder durch objektive Anknüpfung bestimmt wird (vgl. aber unten II 3 a). Der Ausschluß des Renvoi durch die Spezialvorschrift des Art. 35 I entspricht nicht nur einer im kollisionsrechtlichen Einheitsrecht verbreiteten Übung, sondern ist auch in Hinblick auf den Inhalt der vertragsrechtlichen Kollisionsnormen – freie Rechtswahl (Art. 27 EGBGB) und auf die engste Verbindung zielende objektive Anknüpfung (Art. 28 EGBGB) – sachlich angemessen (vgl. oben § 24 II 7 b).

5. *Verweisungen auf Mehrrechtsstaaten* beziehen sich nach Art. 35 II EGBGB (Art. 19 I EuSchVÜ), der dem Art. 4 III EGBGB als Spezialvorschrift vorgeht, unmittelbar auf die betreffende Teilrechtsordnung. Ebensowenig wie gemäß Art. 35 I fremdes IPR (im Rahmen einer Rückverweisung) zu beachten ist, soll gemäß Art. 35 II fremdes interlokales Recht (bei einer Rechtsspaltung) herangezogen werden. Hat beispielsweise die Vertragspartei, welche die charakteristische Leistung erbringt (vgl. Art. 28 II 1 EGBGB), ihren gewöhnlichen Aufenthalt in Schottland, so wird davon ausgegangen, daß der Vertrag die engsten Verbindungen mit dem schottischen Recht hat[19].

---
[16] Auf diesem Gebiet greifen die Genfer Abkommen über das internationale Wechsel- und Scheckprivatrecht von 1930/31.
[17] Siehe Art. 7 der Zweiten Schadensversicherungsrichtlinie vom 22. 6. 1988 (ABl.EG 1988 Nr. L 172, 1); ferner Art. 4 im Kommissionsvorschlag für eine Zweite Lebensversicherungsrichtlinie (ABl.EG 1989 Nr. C 38, 7). Die Umsetzung in das deutsche Recht soll außerhalb des EGBGB erfolgen, möglicherweise im EGVVG.
[18] Vgl. Bericht *Giuliano/Lagarde*, BT-Drucks. 10/503, 45.
[19] Bericht *Giuliano/Lagarde*, BT-Drucks. 10/503, 71.

II. Parteiautonomie

Unter den Anknüpfungsregeln für Schuldverträge steht die Parteiautonomie an der Spitze[20]. Sie hat im Vertragsrecht ihr ureigenstes Anwendungsfeld. Der Grundsatz, daß die Parteien eines Schuldvertrages selbst bestimmen können, welchem Recht ihre Beziehungen unterliegen, findet sich in nahezu allen Rechten. Die in Art. 27 I 1 EGBGB (Art. 3 I 1 EuSchVÜ) enthaltene Regel, daß der Vertrag dem von den Parteien gewählten Recht unterliegt, bedeutet also lediglich die Bestätigung eines heute weithin anerkannten Grundsatzes.

Begriff, Rechtfertigung und mögliche Schranken der Parteiautonomie im IPR wurden bereits erörtert (vgl. oben § 40). Im folgenden wird daher nur die gesetzliche Ausgestaltung speziell für das Schuldvertragsrecht vorgestellt.

1. Die *Erklärung der Rechtswahl* muß nach Art. 27 I 2 EGBGB ausdrücklich erfolgen, oder sie muß sich mit hinreichender Sicherheit aus den Bestimmungen des Vertrages oder aus den Umständen des Falles ergeben. Das Gesetz läßt neben der ausdrücklichen also auch die stillschweigende Rechtswahl zu, freilich mit der berechtigten Einschränkung, daß sich aus der Gesamtheit der Umstände „hinreichende Sicherheit" über das Vorliegen einer Rechtswahl gewinnen läßt. Der Richter hat demgemäß die Anhaltspunkte für eine Rechtswahl sorgfältig zu prüfen, und sein natürliches Bestreben, zur lex fori zu gelangen, darf keinesfalls dazu führen, den Parteien eine Rechtswahl zu unterstellen, insbesondere nicht aufgrund der bloßen Äußerung einer Rechtsansicht im Prozeß (vgl. oben § 40 IV 4).

Indizien für eine stillschweigende Rechtswahl können – außer einem eindeutigen Prozeßverhalten – beispielsweise sein: Bezugnahme auf Vorschriften einer bestimmten Rechtsordnung; Benutzung von AGB oder Formularen, die auf einer Rechtsordnung aufbauen; Vereinbarung eines einheitlichen Gerichtsstandes oder Schiedsgerichts, von dem die Anwendung seines eigenen Rechts zu erwarten ist; Einigung auf einen gemeinsamen Erfüllungsort; bisherige Übung zwischen den Parteien, die ähnliche Verträge früher einem bestimmten Recht unterstellt haben; ferner – meist im Zusammenhang mit anderen Kriterien (wie gewöhnlicher Aufenthalt oder Niederlassung) – Ort des Vertragsschlusses, Vertragssprache und Währung[21].

Praktisch hat die stillschweigende Rechtswahl vor der ausdrücklichen den Vorteil, das Prestige des Partners zu schonen, dessen Recht auf diese Weise mittelbar von der Anwendung ausgeschlossen wird.

---

[20] Siehe aus jüngerer Zeit *E. Lorenz*, Die Rechtswahlfreiheit im internationalen Schuldvertragsrecht: RIW 1987, 569.
[21] Siehe etwa *Reithmann/Martiny* Rz. 46 ff. mit Rechtsprechungsnachweisen.

2. Für das *Zustandekommen und die Wirksamkeit* der Rechtswahlvereinbarung gilt nicht etwa die lex fori (die im Zeitpunkt der Rechtswahl auch noch gar nicht feststeht), sondern gemäß Art. 27 IV EGBGB das Recht des Hauptvertrages. Für den Verweisungsvertrag ist also grundsätzlich das Recht maßgebend, das anzuwenden wäre, wenn die Verweisung wirksam wäre (Art. 31 I EGBGB), freilich mit der Einschränkung, die Art. 31 II EGBGB namentlich für den Fall des Schweigens enthält (vgl. oben I 3 a).

Hinsichtlich der Form ist die Rechtswahlvereinbarung wegen der in Art. 27 I 2 EGBGB getroffenen besonderen Regelung – trotz der Verweisung auf Art. 11 in Art. 27 IV EGBGB – vom Hauptvertrag grundsätzlich unabhängig. Die Rechtswahlvereinbarung kann also gemäß Art. 27 I 2 wirksam zustandegekommen sein, auch wenn das danach maßgebende Recht den Hauptvertrag, etwa einen Grundstückskauf, formungültig sein läßt.

3. Als *Gegenstand der Rechtswahl* kommt grundsätzlich jede beliebige Rechtsordnung in Betracht (näher oben § 40 IV 3 a). Die Parteiautonomie erfaßt zwingende und dispositive Vorschriften in gleicher Weise, jedoch bleiben in den Fällen der Artt. 27 III, 29 I und 30 I EGBGB die zwingenden Vorschriften des objektiv ermittelten Vertragsstatuts unberührt (unten 4); außerdem können bestimmte Eingriffsnormen, insbesondere solche der lex fori (vgl. Art. 34), unabhängig vom Vertragsstatut zur Anwendung gelangen (unten VII).

a) Die *Kollisionsnormen* der gewählten Rechtsordnung sind in aller Regel nicht mitgewählt, sondern nur die Sachnormen. Doch steht Art. 35 EGBGB im Unterschied zu Art. 4 II EGBGB der Verweisung auf eine Rechtsordnung unter Einschluß des IPR nicht schlechthin entgegen (vgl. oben § 24 II 6).

Ob innerhalb der gewählten Rechtsordnung *einseitige Bestimmungen über den Anwendungsbereich eines Gesetzes* beachtlich sind, muß im Einzelfall durch Auslegung nach ihrem Sinn und Zweck entschieden werden. Sie sind grundsätzlich dann beachtlich, wenn es sich um Sachnormen und nicht um Kollisionsnormen handelt; dabei ist Kennzeichen einer Sachnorm, daß die Alternative der ausgesprochenen Abgrenzung eine andere Sachregelung *derselben* Rechtsordnung ist, während die Alternative bei einer Kollisionsnorm in der Sachregelung einer *anderen* nationalen Rechtsordnung liegt[22].

Beispielsweise ist in § 3 des tschechoslowakischen Gesetzes über den internationalen Handel vom 4. 12. 1963 die Wahl eines anderen inländischen Gesetzes ausgeschlossen: „Wenn nach IPR die tschechoslowakische Rechtsordnung anzuwenden ist, insbesondere wenn die beteiligten Personen das tschechoslowakische Recht wählen oder das tschechoslowakische bürgerliche Recht als für die Regelung des Rechtsverhältnisses maßgebend bezeichnen, wird ausschließlich dieses Gesetz angewandt, falls es sich um eine Beziehung im internationalen Handel im Sinne dieses Gesetzes (§ 2) handelt." Hier liegt

---

[22] *Schurig*, Kollisionsnorm und Sachrecht (1981) 61 f.

eine Sachnorm vor, die klarstellt, welche von mehreren tschechoslowakischen Regelungen angewandt werden soll. Formell richtet sich diese Norm an den tschechoslowakischen Richter; jedoch muß im Interesse der internationalen Entscheidungsgleichheit auch ein ausländischer Richter sie beachten, wenn tschechoslowakisches Recht anzuwenden ist.

b) Eine *teilweise Rechtswahl* ist nach Art. 27 I 3 EGBGB zulässig, aber in der Rechtswirklichkeit selten[23]. Denn die Parteien wollen ihr Vertragsverhältnis im allgemeinen nicht rechtlich zersplittern. Haben die Parteien sich also nur über die Wahl des Rechts für einen bestimmten Einzelpunkt geeinigt, so kann dennoch eine stillschweigende Rechtswahl für den ganzen Vertrag anzunehmen sein, sofern sich für einen entsprechenden Parteiwillen hinreichende Anhaltspunkte finden.

Eine Voraussetzung jeder Rechtsspaltung liegt in der „Abspaltbarkeit". Die Rechtsspaltung muß also sachgerecht durchführbar sein, d. h. sie muß sich auf Elemente des Vertrages beziehen, die verschiedenen Rechten unterworfen werden können, ohne daß dies zu widersprüchlichen Ergebnissen führt[24]. So kann beispielsweise eine „Indexklausel" einem abweichenden Recht zugewiesen werden, und ein komplexes Vertragswerk mit in sich geschlossenen abtrennbaren Teilen kann ebenfalls verschiedenen Rechten unterstellt werden; dagegen kann die Auflösung des Kaufvertrages wegen Nichterfüllung nicht für jede der beiden Parteien einem anderen Recht unterworfen werden. Sind von den Parteien zwei verschiedene Rechtsordnungen vorgesehen, so wird man im Interesse der Vermeidung spannungsträchtiger Rechtszersplitterung *im Zweifel* nur *eine* Rechtswahl und eine damit verbundene materiellrechtliche Verweisung (dazu oben § 40 I) annehmen.

Soweit für einen Teil des Vertrages eine (gültige) Rechtswahl nicht ausdrücklich oder stillschweigend getroffen wurde, wird das Vertragsstatut für diesen Teil aufgrund der objektiven Anknüpfung (Art. 28 EGBGB) bestimmt.

c) Eine *bedingte Rechtswahlklausel* („floating" choice of law clause), wie sie mitunter im Zusammenhang mit einer entsprechenden Gerichtsstandsklausel oder Schiedsabrede vereinbart wird, ist ebenfalls anzuerkennen[25]. Beispielsweise können die Parteien, um keine Seite zu bevorzugen, vereinbaren, daß in jedem der beiden Staaten, in denen die Vertragspartner ihren Sitz haben,

---

[23] Vgl. als Beispiel etwa LG Aurich 11. 7. 1973, AWD 1974, 282 = IPRspr. 1973 Nr. 10: Unterstellung nur des Vertragsabschlusses unter ein fremdes Recht.

[24] Bericht *Giuliano/Lagarde*, BT-Drucks. 10/503, 49.

[25] *Reithmann/Martiny* Rz. 27; *Siehr*, in: FS Keller (Zürich 1989) 500. Anders einige englische Entscheidungen; vgl. *Pierce*, Post-formation Choice of Law in Contract: Mod.L.Rev. 50 (1987) 176; *Andrew Beck*, Floating Choice of Law Clauses: Lloyd's Marit. Com. L. Q. 1987, 523; kritisch dazu aus amerikanischer Sicht *Danilowicz*, „Floating" Choice-of-Law Clauses and Their Enforceability: Int. Lawyer 20 (1986) 1005.

geklagt werden darf und daß das angerufene Gericht dann sein eigenes Sachrecht anwenden soll (womit Sicherheit und Einfachheit der Rechtsanwendung gefördert werden). Zwar läßt eine solche Klausel das anwendbare Recht bis zu einem späteren Verfahren unbestimmt, und es muß bis dahin das objektive Vertragsstatut (Art. 28 EGBGB) entscheiden, etwa wenn nicht näher umrissene Vertragspflichten rechtlich präzisiert oder eine vertragliche Forderung abgetreten werden soll (vgl. Art. 33 II EGBGB). Aber die Lage ist nicht anders, als wenn die Parteien zunächst gar keine Rechtswahl treffen und sich erst nachträglich im Prozeß auf die Maßgeblichkeit der lex fori einigen. Ob die durch die Anrufung des bezeichneten Gerichts feststehende Rechtswahl auf den Zeitpunkt des Vertragsschlusses zurückwirken soll, ist eine Auslegungsfrage, die nach dem Parteiwillen im Zweifel zu bejahen sein dürfte; freilich bleiben die Formgültigkeit des Vertrages und entstandene Rechte Dritter in jedem Falle unberührt (analog Art. 27 II 2 EGBGB).

d) Zweifelhaft ist, ob die *„Versteinerung"* einer Rechtsordnung auf ihren Zustand bei Vertragsschluß durch eine kollisionsrechtliche Rechtswahlvereinbarung anzuerkennen ist oder ob nur eine „lebende" Rechtsordnung gewählt werden darf, die bei Bedarf der Fortentwicklung durch Gesetzgebung und Rechtsprechung fähig ist[26]. In Verträgen zwischen Staaten und einer privaten Partei werden Einfrierungsklauseln meist als zulässig betrachtet[27]; sie können die private Partei vor einseitigen Rechtsänderungen des Staates schützen. Aber auch bei Verträgen zwischen Privaten kann ein Bedürfnis für eine Versteinerung bestehen, wenn die Parteien sicher gehen wollen, daß sich ihre bei Abschluß des Vertrages erkennbaren Rechte und Pflichten nicht während der Laufzeit des Vertrages durch Rechtsänderungen verschieben. Anderseits erscheint es bedenklich, wenn jede spätere Änderung der gewählten Rechtsordnung von vornherein ausgeschlossen werden kann, weil die Parteien sich auf diese Weise den (künftig geltenden) zwingenden Bestimmungen jeder Rechtsordnung entziehen könnten. Dies ist für Verträge mit erhöhtem Sozialbezug, wie Konsumenten-, Miet- oder Arbeitsverträge besonders deutlich[28]. Zweifelsfrei besteht bei allen Vertragsarten die Möglichkeit, eine bestimmte Regelung, die unveränderlich gelten soll, durch materiellrechtliche Verweisung (vgl. oben § 40 I) in das Rechtsgeschäft aufzunehmen; denn dann bleibt die Begrenzung erhalten, die durch die (künftigen) zwingenden Bestimmungen der maßgeblichen staatlichen Rechtsordnung gezogen wird. Im übrigen kann es das Prinzip

---

[26] Für letzteres etwa *Neuhaus* 261; *Rigaux*, Cah. dr. eur. 24 (1988) 320f. m.w.Nachw. Dagegen *Sandrock*, „Versteinerungsklauseln" in Rechtswahlvereinbarungen für internationale Handelsverträge, in: Ius inter nationes, FS Riesenfeld (1983) 211.

[27] Vgl. etwa Art. 3 der Athener Resolution des Institut de Droit international: Ann. 58 II (1979) 194.

[28] Vgl. *Vischer*, Veränderungen des Vertragsstatuts und ihre Folgen: FS Keller (Zürich 1989) 547 (552).

der bona fides verlangen, eine unvorhersehbare revolutionäre Umgestaltung der gewählten Rechtsordnung nicht zu berücksichtigen.

e) Der Vertrag der Parteien allein – unter *Ausschluß jeder objektiven Rechtsordnung* – kann nicht als Rechtsgrundlage ihrer Rechte und Pflichten anerkannt werden; denn „in absence of any ‚jus cogens' international trade would be ruled by jungle law"[29]. Es darf also keinen „rechtsordnungslosen Vertrag" geben. Auch der Möglichkeit einer Verweisung auf die „allgemeinen Rechtsgrundsätze" oder die „lex mercatoria" sind Grenzen gesetzt (vgl. oben § 11 I 3).

4. Eine *nachträgliche Rechtswahl* ist gemäß Art. 27 II EGBGB grundsätzlich zulässig, ohne Unterschied, ob sie eine frühere Vereinbarung ändert oder erstmalig erfolgt. Sie unterliegt den gleichen Anforderungen wie eine ursprüngliche Rechtswahl. Besonders häufig begegnet sie im Prozeß (vgl. dazu oben § 40 IV 4).

Die nachträgliche Rechtswahl kann – je nach dem Parteiwillen – ex nunc oder ex tunc wirken. Im allgemeinen wird es dem Willen der Parteien entsprechen, daß ihre Rechtswahl auf den Zeitpunkt des Vertragsschlusses zurückwirkt[30]; denn die Parteien werden in der Regel kein Interesse daran haben, daß auf den Vertrag nacheinander zwei verschiedene Rechte zur Anwendung kommen.

Freilich läßt – wie Art. 27 II 2 EGBGB klarstellt – eine nachträgliche Änderung des Vertragsstatuts sowohl die Formgültigkeit des Vertrages nach Art. 11 EGBGB als auch die Rechte Dritter unberührt. Der Vertrag kann durch die spätere Rechtswahl also nicht formnichtig werden, wohl aber formwirksam, wenn das vereinbarte Recht milder ist. Der Vorbehalt zugunsten der Rechte eines Dritten rechtfertigt sich aus der Überlegung, daß die von ihm erworbene Rechtsstellung, etwa in Gestalt eines direkten Forderungsrechtes aus einem Vertrag zugunsten Dritter, ohne seine Mitwirkung nicht verändert werden darf.

5. Besondere *Schranken der Rechtswahl* errichten Art. 27 III EGBGB für den „rein inländischen" Vertrag, also den Vertrag, der im Zeitpunkt der Rechtswahl nur mit einem einzigen Staat verbunden ist (vgl. dazu oben § 40 IV 3 a), sowie Artt. 29 I, 30 I EGBGB zum Schutz von Verbrauchern und Arbeitnehmern (näher unten V). Auch das europäische Internationale Versicherungsvertragsrecht (oben I 3 e) sieht detaillierte Regelungen zur Begrenzung der Rechtswahl vor.

---

[29] *Tallon*, J. Soc. P. T. L. 10 (1968/69) 271.
[30] So ausdrücklich Art. 116 III 2 schweiz. IPR-Gesetz; anders z. B. *Palandt-Heldrich* Art. 27 Anm. 2 e.

III. Objektive Anknüpfung

Mangels einer ausdrücklichen oder stillschweigenden Rechtswahl bestimmt sich das anwendbare Recht nach Art. 28 EGBGB (Art. 4 EuSchVÜ). Damit greift eine vom Parteiwillen losgelöste, objektive Anknüpfung ein, die in Deutschland vor dem Inkrafttreten des Art. 28 EGBGB meist (mißverständlich) als sog. „hypothetischer" oder „mutmaßlicher" Parteiwille bezeichnet wurde[31]. Für Verbraucher- und Arbeitsverträge gelten gemäß Artt. 29 II, 30 II EGBGB Sonderregeln (dazu unten V).

Auch eine *Aufspaltung* des Vertrages kann durch die objektive Anknüpfung erfolgen (Art. 28 I 2 EGBGB), wobei freilich – wie bei der teilweisen Rechtswahl – eine „Abspaltbarkeit" vorausgesetzt ist (vgl. oben II 3 b). Die Aufspaltung soll nach Art. 28 I 2 EGBGB mit Recht nur „ausnahmsweise" vorgenommen werden[32]. Am ehesten kann sie bei sehr komplexen Vertragswerken einmal sinnvoll sein.

Die objektive Anknüpfung ist in Art. 28 EGBGB dreistufig normiert: (1) Im *Grundsatz* ist gemäß Abs. 1 Satz 1 das Recht maßgebend, mit dem der Vertrag die engsten Verbindungen aufweist. (2) Verschiedene *Vermutungen* in Abs. 2–4 konkretisieren den Grundsatz für die wichtigsten Vertragstypen. (3) Nach der *Ausweichklausel* des Abs. 5 gelten die Vermutungen nicht, wenn sich aus der Gesamtheit der Umstände ergibt, daß der Vertrag engere Verbindungen mit einem anderen Staat aufweist. – Die Regelung verwirklicht das kollisionsrechtliche *Prinzip der engsten Verbindung* (oben § 4 II 1 a) in einer Form, die – durch den Einbau von Vermutungen – auch dem Bedürfnis nach Rechtssicherheit Rechnung trägt.

Für die praktische Rechtsanwendung ergeben sich zwei Möglichkeiten: Entweder (und dies ist die Regel) greift eine der Vermutungen ein; dann ist die objektive Anknüpfung mit Hilfe der Vermutung gefunden, und es bedarf keines Rückgriffs auf die Generalklausel der engsten Verbindung. Oder es ist keine Vermutung einschlägig bzw. sie ist durch die Ausweichklausel des Art. 28 V EGBGB außer Kraft gesetzt; dann ist anhand der Generalklausel des Art. 28 I 1 die engste Verbindung des Vertrages zu bestimmen. Am Anfang der richterlichen Prüfung stehen also in der Regel die Vermutungen der Abs. 2–4, während eine ausschließliche Anwendung des Grundsatzes der engsten Verbindung (Art. 28 I EGBGB) erst an letzter Stelle in Betracht kommt. Dieser Prüfungsfolge entspricht die folgende Darstellung.

---

[31] Siehe zu diesem Sprachgebrauch, der nach der Neuregelung aufgegeben werden sollte, *Neuhaus* 263 ff. Vgl. auch *W. Lorenz*, Vom alten zum neuen internationalen Schuldvertragsrecht: IPRax 1987, 269 (274).

[32] Vgl. Bericht *Giuliano/Lagarde*, BT-Drucks. 10/503, 55: „so selten wie möglich".

1. Die *Vermutungen in Art. 28 EGBGB* betreffen die Maßgeblichkeit der charakteristischen Leistung (Abs. 2), der Grundstücksbelegenheit (Abs. 3) und bei Güterbeförderungsverträgen der Hauptniederlassung des Beförderers (Abs. 4). Die Vermutungen sind gesetzliche Konkretisierungen der kollisionsrechtlich maßgebenden engsten Verbindung. Sie stellen keine Beweislastregeln dar. Vielmehr hat der Richter – hier wie sonst – das anwendbare Recht von Amts wegen zu ermitteln (vgl. unten § 59 I).

2. Die Maßgeblichkeit der *charakteristischen Leistung* gemäß Art. 28 II EGBGB bildet die Kernregel unter den Vermutungen, weil sie (im Unterschied zu den Vermutungen der Absätze 3 und 4) nicht auf bestimmte Vertragstypen beschränkt ist. Charakteristisch ist diejenige Leistung, die dem Vertrag sein rechtliches Gepräge gibt. Bei gegenseitigen Verträgen ist dies die Sach- oder Dienstleistung und nicht die Geldzahlung.

a) Zur *Begründung* läßt sich vor allem folgendes anführen: Zwar ist die Sach- oder Dienstleistung nicht immer die wirtschaftlich wichtigere. Aber sie ist die verwickeltere und bedarf besonders eingehender rechtlicher Regelung; nach ihr richtet sich der Vertragstypus. Das Kollisionsrecht folgt insofern der materiellrechtlichen Einordnung. Auch wird die charakteristische Leistung häufig berufsmäßig erbracht. Wer eine Leistung in seinem Beruf erbringt, ist existentiell meist stärker betroffen, und seine kollisionsrechtliche Bevorzugung läßt sich deshalb rechtfertigen.

Die Lehre von der Maßgeblichkeit der charakteristischen Leistung geht auf *Schnitzer* zurück[33]. Er sah in der charakteristischen Leistung nicht nur (wie seine Vorläufer) ein Mittel zur Bestimmung des Schuldnerwohnsitzes oder Erfüllungsortes (also zur Konkretisierung äußerlicher Anknüpfungen), sondern erklärte – über den Bereich des Schuldrechts hinaus – ganz allgemein den charakteristischen „Inhalt" des Rechtsverhältnisses zum unmittelbaren Anknüpfungsmoment, ja zum Kernpunkt der Theorie der Anknüpfung[34].

Ein wesentlicher Vorzug der auch im Schuldvertragsrecht keineswegs unumstrittenen Formel von der charakteristischen Leistung[35] gegenüber einer auf den Einzelfall abstellenden, individualisierenden Anknüpfung liegt – wie erwähnt – in dem Gewinn an Rechtssicherheit (Voraussehbarkeit).

---

[33] *Schnitzer* I 52–54, vgl. auch II 639–648; zuerst in der 2. Aufl. (1944) I 38f. bzw. II 513–521. Siehe auch *ders.*, Gegenentwurf für ein schweizerisches IPR-Gesetz: SchwJZ 1980, 309 (Art. 2): „Diese Sachverhalte unterstehen derjenigen Rechtsordnung, mit der sie nach ihrem charakteristischen Inhalt den engsten Zusammenhang haben."
[34] Vgl. zu dieser Lehre und ihren Vorläufern *Neuhaus* 188ff.
[35] Siehe etwa die Kritik von *Jessurun d'Oliveira*, Am. J. Comp. L. 25 (1977) 303ff.; positiver *Lipstein*, Northw. J. Int. L. Bus. 3 (1981) 402ff.

b) *Einschränkungen* sind freilich unvermeidlich. So läßt sich die charakteristische Leistung nicht für jeden Vertragstyp bestimmen (man denke etwa an den Tausch; vgl. Art. 28 II 3 EGBGB), ihre Maßgeblichkeit erscheint für Verbraucherverträge, bei denen der Schutz des Schwächeren im Vordergrund steht, unbillig (vgl. Art. 29 II EGBGB), und im Einzelfall können andere Umstände als die charakteristische Leistung eine engere Verbindung zu einer Rechtsordnung begründen (Art. 28 V EGBGB). All dies berücksichtigt das EGBGB (EuSchVÜ) und schraubt die grundsätzliche Bevorzugung der charakteristischen Leistung damit auf ein erträgliches Maß herab.

c) Die *Lokalisierung* der charakteristischen Leistung nimmt das Gesetz in Art. 28 II EGBGB (Art. 4 II EuSchVÜ) selbst vor. Dabei differenziert es danach, ob es sich um eine nichtgeschäftliche oder eine geschäftliche Tätigkeit handelt. Bei einer nichtgeschäftlichen Tätigkeit spricht die Vermutung des Art. 28 II 1 für den gewöhnlichen Aufenthalt des Leistenden im Zeitpunkt des Vertragsabschlusses[36]. An die Stelle des gewöhnlichen Aufenthalts tritt die Hauptverwaltung, wenn es sich um eine Gesellschaft, einen Verein oder eine juristische Person handelt. Bei einer beruflichen oder gewerblichen Tätigkeit ist für natürliche und juristische Personen gemäß Art. 28 II 2 grundsätzlich die Hauptniederlassung maßgeblich; ist die Leistung nach dem Vertrag jedoch von einer anderen als der Hauptniederlassung zu erbringen, so ist das Recht des Staates anzuwenden, in dem sich diese Niederlassung, die in der Regel eine Zweigniederlassung sein wird, befindet.

Für einen *Bauvertrag* bedeutet die Lokalisierung am Ort der Niederlassung beispielsweise, daß regelmäßig das Recht der Niederlassung des Bauunternehmers herrscht (wo meist auch die Fäden der Planung und Organisation zusammenlaufen) und nicht das Recht des Baustellenlandes, in dem die Leistung letztlich erbracht wird[37].

d) Nicht entscheidend ist der *Erfüllungsort* der charakteristischen Leistungen. Eine ältere, auf *Savigny* zurückgehende Lehre verwandte den Erfüllungsort sogar unabhängig von der charakteristischen Leistung als Anknüpfungs-

---

[36] Auch die Vermutung für die Maßgeblichkeit des Zeitpunkts des Vertragsschlusses kann gemäß Art. 28 V EGBGB in Ausnahmefällen als widerlegt gelten, etwa wenn der Schuldner der charakteristischen Leistung seinen gewöhnlichen Aufenthalt in das Land des Vertragspartners verlegt und kein betätigtes Vertrauen auf das ursprüngliche Vertragsstatut geschützt werden muß; siehe *Lüderitz*, Wechsel der Anknüpfung in bestehendem Schuldvertrag: FS Keller (Zürich 1989) 459 (462 ff.).

[37] Vgl. *Reithmann/Martiny* Rz. 489; *Wiegand*, Das anwendbare materielle Recht bei internationalen Bauverträgen – Zur internationalprivatrechtlichen Anknüpfung bei Bauexportverträgen, in: *Böckstiegel* (Hrsg.), Vertragsgestaltung und Streiterledigung in der Bauindustrie und im Anlagenbau (1984) 59 (80 N. 106 a).

merkmal im Vertragsrecht und spaltete damit das Vertragsstatut[38]. Diese Lehre ist heute überwunden[39].

3. Für die *einzelnen Vertragstypen* ergeben sich aus den Vermutungen in Art. 28 EGBGB die folgenden Regelanknüpfungen:

a) Für den *Warenkauf* führt Art. 28 II EGBGB auf das Recht des Verkäufers, weil er die charakteristische Leistung erbringt. Freilich ist ohne Vorschaltung des Kollisionsrechts das Wiener Einheitskaufrecht anzuwenden, wenn die Parteien ihre Niederlassung in verschiedenen Vertragsstaaten haben (näher unten IV). Für *Verbraucherverträge* gilt die Sonderregelung des Art. 29 EGBGB (unten V).

b) Für *Grundstücksverträge*, die ein dingliches Recht an einem Grundstück zum Gegenstand haben (wie Kauf- oder Schenkungsverträge) oder die ein Recht zur Nutzung des Grundstücks betreffen (wie Miet- oder Pachtverträge), weist die Vermutung des Art. 28 III EGBGB auf das Recht des Lageortes. Bauverträge fallen nicht unter diese Sonderregelung, weil bei ihnen nicht Grundstücks- oder Grundstücksnutzungsrechte, sondern die auszuführenden Bauleistungen Vertragsgegenstand sind[40].

c) Bei *Dienst- und Werkverträgen* erbringt der Dienstleistende bzw. der Unternehmer die charakteristische Leistung, auf die Art. 28 II abstellt. Für *Arbeitsverträge* enthält Art. 30 EGBGB eine Sondervorschrift (näher unten V).

d) Bei *Handelsvertreter- und Vertragshändlerverträgen*[41] weist Art. 28 II 2 EGBGB auf das Recht ihrer Niederlassung, weil sie die kennzeichnende Leistung erbringen. Das gleiche gilt für *Maklerverträge*.

e) Für *Beförderungsverträge* besteht meist materielles Einheitsrecht, das seinen Anwendungsbereich unabhängig von Art. 28 EGBGB selbst festlegt (oben I 1). Im übrigen stellt Art. 28 IV EGBGB speziell für *Güterbeförderungsverträge* eine besondere Vermutung auf, welche die allgemeine Vermutung nach Art. 28 II ausschließt[42]; auf letztere ist dagegen für *Personenbeförderungsverträge* zurückzugreifen, da diese von Art. 28 IV nicht erfaßt werden.

---

[38] *Savigny* 201 ff. Die Gefahr einer Zerreißung der gegenseitigen Schuldverhältnisse in zwei getrennte Obligationen beeindruckte ihn nicht, vielmehr sagte er (202 f. Fußnote b): „Es soll dabei nicht geleugnet werden, daß in manchen Fällen diese absondernde Behandlung beider Hälften einer zweiseitigen Obligation... Zweifel und Verwickelungen mit sich führen kann. Grundsätzlich aber ist sie darum nicht weniger richtig."

[39] Vgl. etwa *Schack*, Der Erfüllungsort im deutschen, ausländischen und internationalen Privat- und Zivilprozeßrecht (1985) 83 ff.

[40] BegrRegE, BT-Drucks. 10/504, 78.

[41] Zu ihnen *Kindler*, RIW 1987, 660 ff.

[42] Vgl. BegrRegE, BT-Drucks. 10/504, 79: Liegen die Voraussetzungen des Abs. 4 nicht

f) Für *Bürgschafts- und Garantieverträge* gilt nicht etwa das Recht der Hauptschuld bzw. der garantierten Verbindlichkeit, sondern es kommt auch hier gemäß Art. 28 II auf die charakteristische Leistung an. Diese erbringt der Bürge bzw. der Garant.

g) Für *Bankverträge* ist das Recht der Bank oft schon durch Parteivereinbarung (AGB) berufen; sonst gelangt es grundsätzlich gemäß Art. 28 II zur Anwendung, da die Bank gegenüber dem Kunden die charakteristische Leistung erbringt. Verträge mit Verbrauchern unterstehen freilich gemäß Art. 29 II EGBGB dem Recht am gewöhnlichen Aufenthalt des Verbrauchers, da auch Bankgeschäfte zu den „Dienstleistungen" zählen, von denen Art. 29 spricht. Für *Börsentermingeschäfte* enthält § 61 BörsG eine vom Vertragsstatut unabhängige, am deutschen Recht ausgerichtete Anspruchsbegrenzung.

h) Für *Versicherungsverträge* gelten die vorstehenden Ausführungen für Bankverträge grundsätzlich entsprechend[43]. Jedoch sind die wirtschaftlich bedeutsamsten Direktversicherungsverträge, nämlich diejenigen, die innerhalb der EG belegene Risiken decken, in Hinblick auf die für sie entstehende europäische Sonderregelung (oben I 3 e) vom Anwendungsbereich der Artt. 27 ff. EGBGB ausgenommen (vgl. Art. 37 Nr. 4 EGBGB). Für die Schadensversicherung statuiert Art. 7 I lit. a der Zweiten EG-Richtlinie vom 22. 6. 1988 eine objektive Anknüpfung an das Recht des EG-Staates, in dem das Risiko belegen ist, sofern der Versicherungsnehmer seinen gewöhnlichen Aufenthalt oder seine Hauptverwaltung im Gebiet dieses Staates hat. Nach lit. h untersteht der Versicherungsvertrag mangels gültiger Rechtswahl dem Recht des Staates, mit dem er die engsten Verbindungen aufweist; dabei wird vermutet, daß dies das Recht des Staates ist, in dem das Risiko belegen ist.

Die Belegenheit des Risikos legt Art. 2 lit. d der Richtlinie für die einzelnen Arten der Versicherung folgendermaßen fest: Bei der Versicherung von Gebäuden (und den darin befindlichen Sachen) ist es der Mitgliedstaat, in dem sich diese Gegenstände befinden; bei der Versicherung von zugelassenen Fahrzeugen der Zulassungsstaat; bei der Versicherung von Reise- und Ferienverträgen mit einer Zeit von höchstens vier Monaten der Mitgliedstaat, in dem der Versicherungsnehmer den Vertrag geschlossen (die ihn bindende Willenserklärung abgegeben) hat; in allen anderen Fällen der Mitgliedstaat, in dem der Versicherungsnehmer seinen gewöhnlichen Aufenthalt bzw. (bei juristischen Personen) seine Niederlassung hat.

---

vor, z. B. weil bei einer Beförderung durch eine Reederei aus einem Billigflaggenstaat weder der Verladeort noch der Entladeort noch die Hauptniederlassung des Absenders sich in diesem Staat befinden, so darf der Richter nicht Abs. 2 anwenden und auf die Niederlassung des Beförderers abstellen, sondern er muß das Vertragsstatut gemäß Art. 28 I EGBGB bestimmen. Siehe auch *Ebenroth/Fischer/Sorek*, Das Kollisionsrecht der Fracht-, Passage- und Arbeitsverträge im internationalen Seehandelsrecht: ZVglRWiss. 88 (1988) 124 (129).

[43] Eingehend zum IPR der Versicherungsverträge *W. H. Roth*, Internationales Versicherungsvertragsrecht (1985). Vgl. ferner *E. Lorenz*, Zum neuen internationalen Vertragsrecht

4. Die *Ausweichklausel* des Art. 28 V EGBGB setzt die Vermutungen des Art. 28 II–IV EGBGB außer Kraft und führt auf den Grundsatz des Art. 28 I zurück, wenn sich aus der Gesamtheit der Umstände ergibt, daß der Vertrag engere Verbindungen mit einem anderen Staat aufweist. Die Klausel ist als Korrekturmöglichkeit gedacht, die dem Richter den notwendigen Spielraum läßt, um im Einzelfall von den allgemein gehaltenen Vermutungen abweichen zu können[44].

Eine verstärkte Hinwendung der Praxis zur Ausweichklausel könnte die Vermutungen weit zurückdrängen. Dies entspräche jedoch nicht der Konzeption des Art. 28 EGBGB (Art. 4 EuSchVÜ). Da die Vermutungen ein gewisses Maß an Rechtssicherheit gewährleisten und die Rechtsanwendung erleichtern wollen, ist es vielmehr geboten, im Regelfall anhand der Vermutungen zu entscheiden und nur in wirklichen Ausnahmefällen auf Art. 28 V EGBGB zurückzugreifen. Letzteres kann insbesondere dann angezeigt sein, wenn ein atypischer Vertrag gegeben ist oder wenn die außerhalb des Vertrages liegenden Kriterien – wie gewöhnlicher Aufenthalt und Staatsangehörigkeit der Parteien – deutlich gegen eine Befolgung der Vermutung sprechen. Wenn beispielsweise zwei Deutsche mit gewöhnlichem Aufenthalt in Deutschland einen Mietvertrag über ein Ferienhaus in Italien schließen, darf die auf das italienische Recht weisende Vermutung des Art. 28 III als widerlegt betrachtet und gemäß Art. 28 I 1 deutsches Recht angewendet werden[45].

5. Soll allein der *Grundsatz der engsten Verbindung* gemäß Art. 28 I 1 EGBGB das anwendbare Recht bestimmen, wie bei Verträgen ohne charakteristische Leistung (Art. 28 II 3) oder bei Eingreifen der Ausweichklausel (Art. 28 V), so ist die engste Verbindung aus der Gesamtheit der Umstände (vgl. Art. 28 V) herauszufiltern. Für die objektive Bestimmung des Vertragsstatuts relevante Umstände sind außer den Kriterien, welche die Vermutungen des Art. 28 begründen, etwa folgende[46]: gewöhnlicher Aufenthalt, Niederlassung und Staatsangehörigkeit der Parteien, Währung und Abschlußort; hinzukommen die nur für einzelne Vertragstypen wesentlichen Umstände, wie etwa bei einem Lizenzvertrag das Land, in dem die Lizenz ausgeübt werden soll.

Die Grenze zu den Indizien für eine stillschweigende Rechtswahl (vgl. oben II 1) ist fließend. Letztere darf gemäß Art. 27 I 2 EGBGB nur dann angenommen werden, wenn sich aus den Umständen mit hinreichender Sicherheit ergibt, daß die Parteien tatsächlich den Willen hatten, eine Vereinbarung über das anwendbare Recht zu treffen.

---

aus versicherungsvertraglicher Sicht: FS Kegel (1987) 303. – Zu den Einwirkungen des Aufsichtsrechts auf die Anknüpfung *Schnyder,* Internationale Versicherungsaufsicht zwischen Kollisionsrecht und Wirtschaftsrecht (1989) 61 ff.

[44] Vgl. Bericht *Giuliano/Lagarde,* BT-Drucks. 10/503, 54 f.
[45] So auch der Bericht *Giuliano/Lagarde,* BT-Drucks. 10/503, 53.
[46] Vgl. im einzelnen etwa *Reithmann/Martiny* Rz. 94 ff.

IV. Warenkauf

Das Recht des internationalen Warenkaufs wird besonders stark von internationalem Einheitsrecht beherrscht[47].

1. *Einheitliches Kollisionsrecht* speziell für internationale Warenkäufe wurde auf der *Haager Konferenz* durch zwei Übereinkommen geschaffen, die freilich beide von der Bundesrepublik Deutschland nicht ratifiziert wurden.

a) Das *Haager Kaufvertragsübereinkommen vom 15. 6. 1955* ist für Belgien, Dänemark, Finnland, Frankreich, Italien, Niger, Norwegen, Schweden und die Schweiz in Kraft[48]. Das Übereinkommen stellte die Möglichkeit einer Rechtswahl durch die Parteien an die Spitze (Art. 2) und verhalf damit der Parteiautonomie im Schuldvertragsrecht auf internationaler Ebene endgültig zum Sieg. Freilich verlangt es in Art. 2 II, daß die Rechtswahl Gegenstand einer ausdrücklichen Abrede ist oder unzweifelhaft aus den Bestimmungen des Vertrages hervorgeht. Bei Fehlen einer Rechtswahl gilt gemäß Art. 3 I grundsätzlich das Recht am gewöhnlichen Aufenthalt oder der Geschäftsniederlassung des *Verkäufers*. Jedoch kommt gemäß Art. 3 II das Recht am gewöhnlichen Aufenthalt oder der Geschäftsniederlassung des *Käufers* zum Zuge, wenn die Bestellung dort vom Verkäufer oder seinem Vertreter entgegengenommen wurde.

In der deutschen Wirtschaft wurde diese Ausnahme vom Grundsatz des Verkäuferrechts als zu weitgehend und wenig sachgerecht kritisiert; denn es sei häufig Zufall, ob die Bestellung in diesem oder jenem Land entgegengenommen werde (z. B. ob sie an eine Zweigniederlassung oder die Hauptniederlassung des Verkäufers gerichtet werde). Auf Kritik stießen auch die strengen Anforderungen des Art. 2 II an die Erklärung der Rechtswahl, weil sie die Möglichkeit einer „dezenten" Rechtswahl in Form einer Gerichtsstandsvereinbarung oder Schiedsgerichtsabrede abschnitten[49].

b) Das *Haager Kaufvertragsübereinkommen vom 22. 12. 1986*, das unter den Vertragsstaaten an die Stelle des früheren Übereinkommens treten (Art. 28) und das sogleich (unter 2) zu erörternde Wiener Kaufrechtsübereinkommen ergänzen soll, ist bislang in keinem Staat in Kraft[50]. Das Übereinkommen, das wesentlich detaillierter ist als sein Vorgänger, läßt neben der ausdrücklichen auch die stillschweigende Rechtswahl

---

[47] Umfassend zu den verschiedenen Übereinkommen *Czerwenka*, Rechtsanwendungsprobleme im internationalen Kaufrecht – Das Kollisionsrecht bei grenzüberschreitenden Kaufverträgen und der Anwendungsbereich der internationalen Kaufrechtsübereinkommen (1988).
[48] Deutscher Text bei *Jayme/Hausmann* sowie im schweiz. BBl. 1971 II 1049; dazu *Piot*, Clunet 84 (1957) 948 ff.; *Droz*, Rev. crit. 53 (1964) 663 ff.; *Vischer*, Schw. Jb. Int. R. 21 (1964) 49 ff.; *Kahn*, Clunet 93 (1966) 301 ff.
[49] Siehe Stellungnahme des Deutschen Rates für IPR zu dem Entwurf von 1951 über internationales Kaufrecht: RabelsZ 24 (1959) 151 ff.
[50] Englischer und französischer Text: RabelsZ 51 (1987) 196; französischer Text auch Rev. crit. 74 (1985) 773. Dazu *Loussouarn*, Rev. crit. 75 (1986) 271 ff.; *Cohen/Ughetto*, D. S. 1986 Chron. 149 ff.; *Boschiero*, Riv. dir. int. priv. proc. 22 (1986) 507 ff.; *McLachlan*, L. Q. Rev. 102 (1986) 591 ff.; *Lando*, RabelsZ 51 (1987) 60 ff.; *Pelichet*, Rec. des Cours 201 (1987 – I) 9 ff.; *Lopez de Gonzalo*, Dir. com. int. 1988, 49 ff.

§ 52 IV   VII. Kapitel: Die einzelnen Rechtsgebiete

zu (Art. 7). Mangels einer Rechtswahl gilt grundsätzlich das Recht der Geschäftsniederlassung des *Verkäufers* (Art. 8 I), ausnahmsweise jedoch das Recht der Geschäftsniederlassung des *Käufers*, wenn ausdrücklich bestimmt ist, daß der Verkäufer dort liefern muß, oder der Kauf auf einer Ausschreibung des Käufers beruht (Art. 8 II). Außerdem ist in Art. 8 III eine Ausweichklausel (wie in Art. 28 V EGBGB) vorgesehen.

Nachdem das IPR der Schuldverträge in den EG-Staaten bereits durch das EuSchVÜ vereinheitlicht ist, läßt sich dort bislang kein Bedürfnis für eine Ratifikation des neueren Haager Kaufrechtsübereinkommens erkennen.

2. *Einheitliches Sachrecht* schafft das *Wiener Übereinkommen der Vereinten Nationen* vom 11. 4. 1980 über internationale Warenkaufverträge[51]. Das Übereinkommen soll demnächst in der Bundesrepublik Deutschland in Kraft treten. Es gilt weltweit bereits in zahlreichen Staaten[52]. Die auf *Rabel* zurückgehenden Bemühungen um die Vereinheitlichung des Kaufrechts haben damit nach mehr als fünfzig Jahren einen erfolgreichen Abschluß gefunden[53].

Die beiden *Haager Kaufrechtsübereinkommen von 1964*[54] werden durch das Wiener Kaufrechtsübereinkommen ersetzt, das in seinem Art. 99 III von jedem Vertragsstaat die Kündigung der älteren Übereinkommen verlangt[55]. Das Haager Kaufrecht enthielt ebenfalls einheitliches Sachrecht[56]; es ist auf einer von der niederländischen Regierung einberufenen Staatenkonferenz verabschiedet worden und nicht mit den Übereinkommen der Haager Konferenz für IPR zu verwechseln. Das Haager Einheitskaufrecht blieb mit einer geringen Zahl von Ratifikationen vor allem deshalb erfolglos, weil die westeuropäischen Staaten bei seiner Ausarbeitung eine beherrschende Stellung einnahmen,

---

[51] BGBl. 1989 II 588; Text auch bei *Jayme/Hausmann*. Siehe zu dem Übereinkommen etwa *Schlechtriem*, Einheitliches UN-Kaufrecht (1981) sowie die englische Fassung Uniform Sales Law (1986); *Honnold*, Uniform Law for International Sales Under the 1980 United Nations Convention (1982); *Bianca/Bonell*, Commentary on the International Sales Law (1987).

[52] Am 14.5. 1989 hatten folgende Staaten die Ratifikation bzw. den Beitritt erklärt: Ägypten, Argentinien, Australien, China, Dänemark, DDR, Finnland, Frankreich, Italien, Jugoslawien, Lesotho, Mexiko, Norwegen, Österreich, Sambia, Schweden, Syrien, Ungarn und die Vereinigten Staaten.

[53] Vgl. etwa die Mitteilungen in RabelsZ 3 (1929) 405 f. und 5 (1931) 207 sowie die Berichte zu den ersten Entwürfen von *Rabel*, RabelsZ 9 (1935) 1 ff., 339 ff. und 17 (1952) 212 ff. Ferner die rechtsvergleichenden Vorarbeiten in *Rabel*, Das Recht des Warenkaufs I (1936), II (1958).

[54] Übereinkommen zur Einführung eines Einheitlichen Gesetzes über den internationalen Kauf beweglicher Sachen (EKG) vom 1. 7. 1964 (BGBl. 1973 II 886) und Übereinkommen zur Einführung eines Einheitlichen Gesetzes über den Abschluß von internationalen Kaufverträgen über bewegliche Sachen (EAG) vom 1. 7. 1964 (BGBl. 1973 II 919).

[55] In der Bundesrepublik Deutschland, für welche die Haager Übereinkommen am 16. 4. 1974 in Kraft getreten waren (BGBl. 1974 II 146, 148), bleiben die Haager Kaufgesetze für die ihrem Anwendungsbereich unterfallenden internationalen Warenkaufverträge maßgebend, die vor dem Inkrafttreten des Wiener Kaufrechts in der Bundesrepublik liegen; siehe im einzelnen Art. 5 II des Zustimmungsgesetzes zum Wiener Kaufrecht (BGBl. 1989 II 586).

[56] Umfassend dazu etwa *Dölle* (Hrsg.), Kommentar zum Einheitlichen Kaufrecht (1976); *Mertens/Rehbinder*, Internationales Kaufrecht (1975).

während die Vereinigten Staaten, die sozialistischen Länder und die Entwicklungsländer ihre Vorstellungen nicht ausreichend berücksichtigt sahen[57]. Demgegenüber waren an der Formulierung des UN-Kaufrechts, das auf seinem Haager Vorläufer aufbauen konnte, die genannten Länder beteiligt, und die Rechtsvereinheitlichungsorganisation der Vereinten Nationen UNCITRAL, in deren Schoß das UN-Kaufrecht entstanden ist, fördert durch zahlreiche ständige Kontakte zu den Regierungen auch den Fluß der Ratifikationen.

Die das UN-Kaufrecht ergänzenden Übereinkommen über die *Verjährung* und über die *Stellvertretung* beim internationalen Warenkauf sind für die Bundesrepublik Deutschland bislang nicht in Kraft getreten (vgl. oben § 41 vor I). Für die Verjährung der dem Käufer wegen Vertragswidrigkeit der Ware gemäß Art. 45 des Wiener Kaufrechts zustehenden Ansprüche erklärt Art. 3 des deutschen Zustimmungsgesetzes grundsätzlich die §§ 477, 478 BGB für entsprechend anwendbar.

a) Im *Anwendungsbereich* des Wiener Übereinkommens liegen gemäß seinem Art. 1 I Warenkaufverträge zwischen Parteien, die ihre Niederlassung in verschiedenen Staaten haben, sofern dieses internationale Element für die Parteien erkennbar war (vgl. Art. 1 II). Erforderlich ist, daß die Niederlassungsstaaten Vertragsstaaten sind (Art. 1 I lit. a) oder daß die Kollisionsnormen, die für das angerufene Gericht eines Vertragsstaates gelten, auf das Recht eines Vertragsstaates verweisen (Art. 1 I lit. b). Auf die Staatsangehörigkeit der Parteien kommt es nicht an (Art. 1 III).

Hat eine Partei mehrere Niederlassungen, so ist nicht etwa die Hauptniederlassung maßgebend, sondern gemäß Art. 10 lit. a diejenige Niederlassung, die zu dem Vertrag und zu seiner Erfüllung die engste Beziehung hat. Hat eine Partei keine Niederlassung, so kommt es nach Art. 10 lit. b auf ihren gewöhnlichen Aufenthalt an.

Verbraucherverträge und einige andere Arten von Kaufverträgen sind gemäß Art. 2 vom Anwendungsbereich des Übereinkommens ausgenommen. Für die Anwendung des Übereinkommens wird aber nicht verlangt, daß die Parteien Kaufleute sind oder daß der Vertrag handelsrechtlicher Art ist (Art. 1 III).

b) Die *kollisionsrechtliche Vorschaltlösung* des Art. 1 I lit. b beruht auf der Erwägung, daß eine Anwendung des UN-Kaufrechts nicht nur dann gerechtfertigt ist, wenn beide Parteien in Vertragsstaaten ansässig sind, sondern auch wenn der kollisionsrechtliche Schwerpunkt des Kaufvertrages in einem Staat liegt, der das Übereinkommen ebenfalls ratifiziert hat und seine Anwendung also als angemessen betrachtet.

In Deutschland sind Artt. 27 und 28 EGBGB vorzuschalten. Das UN-Kaufrecht ist danach zum einen berufen, wenn die Parteien das Recht eines Vertragsstaates gewählt haben (Art. 27 EGBGB), zum anderen – mangels einer

---

[57] Siehe zu den politischen Defiziten des Haager Kaufrechts *Mertens*, Rechtsvereinheitlichung rechtspolitisch betrachtet, in: Recht und Wirtschaft in Geschichte und Gegenwart, FS Bärmann (1975) 651 (652 ff.).

Rechtswahl – wenn der Kaufvertrag die engsten Verbindungen zu einem Vertragsstaat aufweist (Art. 28 I EGBGB); dabei ist gemäß Art. 28 II EGBGB in der Regel entscheidend, ob der Verkäufer, der die charakteristische Leistung erbringt, seine Hauptniederlassung in einem Vertragsstaat besitzt (vgl. oben III 3 a).

Das Wiener Kaufrecht vermeidet mit dieser Regelung den Fehler des Haager Kaufrechts von 1964, das IPR ganz ausschließen zu wollen (Art. 2 EKG) und das Einheitliche Kaufgesetz grundsätzlich auch ohne Schwerpunkt des Kaufvertrages in einem Vertragsstaat für anwendbar zu erklären, sofern es sich nur um einen „internationalen" Kauf handelt (Art. 1 EKG)[58].

Gemäß Art. 95 des Wiener Übereinkommens kann jeder Vertragsstaat den *Vorbehalt* erklären, daß Art. 1 I lit. b für ihn nicht verbindlich ist, daß er also die kollisionsrechtliche Vorschaltlösung nicht übernimmt. Damit wird für die Gerichte des Vorbehaltsstaates die Schranke des Art. 1 I lit. a unüberwindlich: das UN-Kaufrecht ist für sie nur anwendbar, wenn beide Parteien ihre Niederlassung in verschiedenen Vertragsstaaten haben. Die Erklärung des Vorbehalts schränkt die Reichweite des UN-Kaufrechts also stark ein[59]. Eine überzeugende Begründung für diese Einschränkung gibt es nicht. Denn wenn ein Kaufvertrag die kollisionsrechtlich engste Verbindung zu einem Vertragsstaat aufweist, erscheint die Anwendbarkeit des Einheitsrechts in der Regel als sachgerecht: die Maßgeblichkeit des auf internationaler Ebene erarbeiteten UN-Kaufrechts ist dem internationalen Sachverhalt im Zweifel angemessener als die Anwendung eines nationalen Rechts. Die in dem Vorbehalt liegende Beschränkung des Einheitsrechts auf den Rechtsverkehr zwischen den Vertragsstaaten läßt sich auch nicht mit dem völkerrechtlichen Gegenseitigkeitsprinzip rechtfertigen; im Wiener Kaufrecht sollen nämlich nicht Leistungen und Gegenleistungen der Vertragsstaaten erbracht werden, sondern es soll die für internationale Warenkäufe geeignetste privatrechtliche Regelung zur Anwendung gebracht werden[60]. Bislang haben nur wenige Länder, darunter allerdings die Vereinigten Staaten, von der Vorbehaltsmöglichkeit des Art. 95 Gebrauch gemacht. Von der Bundesrepublik Deutschland soll der Vorbehalt nicht eingelegt werden[61].

---

[58] Vgl. zur Kritik näher *Kropholler*, Der „Ausschluß" des IPR im Einheitlichen Kaufgesetz: RabelsZ 38 (1974) 372 (375 ff.).

[59] Die Vorschrift des Art. 95 geht auf einen Vorschlag der tschechoslowakischen Delegation zurück, die es für vorzugswürdig hielt, in diesen Fällen statt des international einheitlichen Rechts die innerstaatlichen Spezialvorschriften für internationale Wirtschaftsverträge anzuwenden, wie sie in der Tschechoslowakei oder auch in der DDR bestehen; siehe die Denkschrift zu Art. 95, BT-Drucks. 11/3076, 63.

[60] Näher *Kropholler*, in: *Tomuschat/Neuhold/Kropholler*, Völkerrechtlicher Vertrag und Drittstaaten: BerDGesVölkR 28 (1988) 105 (112 f.).

[61] Siehe die Denkschrift, BT-Drucks. 11/3076, 63.

§ 52 Vertragliche Schuldverhältnisse § 52 IV

Wenn das deutsche IPR nach erfolgter Ratifikation des UN-Kaufrechts auf das Recht eines Staates verweist, der den Vorbehalt des Art. 95 erklärt hat, wenn also beispielsweise der Verkäufer seine Niederlassung in den Vereinigten Staaten hat (vgl. Art. 28 II EGBGB), während der Käufer in einem Nichtvertragsstaat niedergelassen ist, stellt sich die Frage, ob die deutschen Gerichte die ausländische Vorbehaltserklärung beachten und aus diesem Grund von einer Anwendung des UN-Kaufrechts absehen sollen. Der deutsche Gesetzgeber hat diese Auslegungsfrage im Interesse der Rechtsklarheit und Rechtssicherheit durch Art. 2 des deutschen Zustimmungsgesetzes zum UN-Kaufrecht selbst beantwortet, und zwar bejahend[62]. Die damit gesetzgeberisch vorgegebene Auslegung ist angesichts der im deutschen Forumstaat anerkannten Sachgerechtigkeit einer Entscheidung aufgrund des UN-Kaufrechts rechtspolitisch zweifelhaft, aber immerhin vertretbar; denn andernfalls würde in unserem Beispiel der Kaufvertrag von den Gerichten in den Vereinigten Staaten nicht dem UN-Kaufrecht unterworfen, wohl aber von den deutschen Gerichten; damit wäre die internationale Entscheidungsgleichheit preisgegeben, die ein wesentliches Ziel allen Einheitsrechts darstellt.

c) Einen *Ausschluß des UN-Kaufrechts durch Parteivereinbarung* läßt dessen Art. 6 ebenso zu wie seine teilweise Abbedingung oder seine Abänderung. Erforderlich ist eine entsprechende Einigung der Parteien. Auf den „hypothetischen" Parteiwillen darf nicht abgestellt werden, da es sich hierbei letztlich um eine objektive, vom subjektiven Parteiwillen gelöste Anknüpfung handelt, die überdies in dieser Form ohnehin nicht mehr verwendet werden sollte[63].

Wird das UN-Kaufrecht ausgeschlossen, aber kein nationales Recht an seiner Stelle gewählt, so ist das von Art. 28 EGBGB bezeichnete nationale Recht anzuwenden.

(1) Ein *stillschweigender* Ausschluß ist möglich und wirksam. Der Ausschluß muß also nicht ausdrücklich erfolgen. Das ergibt sich eindeutig aus der Entstehungsgeschichte des Art. 6[64]: Zwar wurde der stillschweigende Ausschluß – im Unterschied zu Art. 3 des EKG von 1964 – im Übereinkommenstext bewußt nicht erwähnt, dies aber nur, um die Gerichte nicht zu ermuntern, ohne Vorliegen eines wirklichen Parteiwillens vorschnell eine Abwahl anzunehmen.

Ein stillschweigender Ausschluß muß sich – ebenso wie eine Rechtswahl

---

[62] Vgl. dazu BT-Drucks. 11/3076, 6. Eine gegenteilige Auslegung befürworteten: *Herber*, RIW 1987, 342; *Czerwenka* (oben N. 47) 159; *Siehr*, Der internationale Anwendungsbereich des UN-Kaufrechts: RabelsZ 52 (1988) 587 (602); *Piltz*, Internationales Kaufrecht: NJW 1989, 615 (619). Dagegen *Vékás*, Zum persönlichen und räumlichen Anwendungsbereich des UN-Einheitskaufrechts: IPRax 1987, 342 (345 f.).

[63] Siehe oben N. 31. Vgl. auch bereits (zum Haager Kaufrecht) BGH 4.12.1985, BGHZ 96, 313 = JZ 1986, 347 und 646 Anm. *Rehbinder* und *F.A. Mann* = IPRax 1986, 298, 288 Aufsatz *Reinhardt* = IPRspr. 1985 Nr. 32.

[64] Vgl. die Denkschrift zu Art. 6, BT-Drucks. 11/3076, 41.

§ 52 IV   VII. Kapitel: Die einzelnen Rechtsgebiete

nach Art. 27 I 2 EGBGB – „mit hinreichender Sicherheit" aus den Bestimmungen des Vertrages oder aus den Umständen des Falles ergeben. Der bloße Umstand, daß die Parteien sich der Maßgeblichkeit des UN-Kaufrechts für das von ihnen abgeschlossene Rechtsgeschäft nicht bewußt gewesen sind, reicht für eine negative Rechtswahl nicht aus[65].

Im einzelnen bedeutet die bloße *Verweisung auf die Rechtsordnung* eines Vertragsstaates regelmäßig nicht bereits die stillschweigende Abbedingung des UN-Kaufrechts[66]; denn das UN-Kaufrecht ist Teil der gewählten Rechtsordnung und gerade für *internationale* Warenkäufe geschaffen. Vielmehr müssen weitere Anhaltspunkte gegeben sein, aus denen hinreichend deutlich wird, daß die Parteien das UN-Kaufrecht ausschließen wollten[67]. So kann sich ein Ausschlußwille beispielsweise daraus ergeben, daß die Parteien AGB verwendet haben, die nur im Zusammenhang mit dem unvereinheitlichten autonomen Recht eines Staates verständlich sind[68].

(2) Auch ein *nachträglicher* Ausschluß des UN-Kaufrechts ist zulässig; der Ausschluß muß also nicht bereits beim Abschluß des Kaufvertrages erfolgen[69]. Ebenso wie eine nachträgliche Rechtswahl gemäß Art. 27 II EGBGB grundsätzlich möglich ist (vgl. oben II 3), ist auch die nachträgliche Abwahl des UN-Kaufrechts durch die Kaufvertragsparteien anzuerkennen, soweit dadurch nicht Rechte Dritter berührt werden. Insbesondere kann diese Abwahl im Prozeß erfolgen, jedoch ist – hier wie sonst – streng darauf zu achten, daß den Parteien vom Gericht keine Wahl unterstellt wird, die sie gar nicht gewollt haben (vgl. oben § 40 IV 4).

d) *Lücken* im UN-Kaufrecht sind gemäß seinem Art. 7 II möglichst nach den „allgemeinen Grundsätzen" zu füllen, die dem Übereinkommen zugrunde liegen. Es soll also versucht werden, aus dem UN-Kaufrecht Grundsätze herauszuschälen, anhand derer eine Lücke innerhalb seines Regelungsbereichs geschlossen werden kann, wobei auch die Rechtsvergleichung zu Hilfe genommen werden kann. Freilich ist diese Lückenfüllung nicht immer möglich. Für die verbleibenden *Restfragen*, für die sich verläßliche allgemeine Grundsätze nicht finden lassen oder die, obwohl angrenzend, vom Regelungsbereich des

---

[65] Ebenso zum Haager Kaufrecht BGH 28. 3. 1979, BGHZ 74, 193 (197) = IPRspr. 1979 Nr. 14 S. 66.

[66] So auch die Denkschrift zu Art. 6 unter Hinweis auf die Entstehungsgeschichte, BT-Drucks. 11/3076, 41: „Ein Vorschlag Kanadas und Belgiens, Art. 6 dahingehend zu ergänzen, daß die Wahl des Rechts eines Vertragsstaats als Ausschluß des Übereinkommens zu verstehen sei, fand keine Mehrheit."

[67] Ebenso zum Haager Kaufrecht BGH 4. 12. 1985 (oben N. 63). Zum Wiener Kaufrecht siehe im einzelnen *Holthausen*, Vertraglicher Ausschluß des UN-Übereinkommens über internationale Warenkaufverträge: RIW 1989, 513.

[68] *Magnus*, RabelsZ 51 (1987) 126 m. w. Nachw.

[69] Wie hier aufgrund einer Würdigung der Entstehungsgeschichte *Czerwenka* (oben N. 47) 169.

§ 52 Vertragliche Schuldverhältnisse § 52 V

UN-Kaufrechts nicht mehr erfaßt werden, sind gemäß Art. 7 II des UN-Kaufrechts die Regeln des IPR anzuwenden, in Deutschland also namentlich Artt. 27 ff. EGBGB[70].

V. Verbraucher- und Arbeitsverträge

Für Verbraucher- und Arbeitsverträge enthält das EGBGB in Artt. 29 und 30 (im Anschluß an Artt. 5 und 6 EuSchVÜ) eine Sonderregelung. Diese dient vorwiegend dem kollisionsrechtlichen Schutz der schwächeren Vertragspartei, nämlich des Verbrauchers und des Arbeitnehmers[71]. Der besondere Schutz kommt zum einen in einer Einschränkung der von Art. 27 EGBGB gewährten Parteiautonomie zum Ausdruck; eine Rechtswahl darf nämlich nicht dazu führen, daß der schwächeren Partei der Schutz entzogen wird, der ihr von den zwingenden Vorschriften des objektiv ermittelten Vertragsstatuts gewährt wird (Artt. 29 I, 30 I EGBGB). Zum anderen weicht bei Verbraucherverträgen auch die objektive Anknüpfung von der in Art. 28 II 1 EGBGB festgelegten Vermutung zugunsten der charakteristischen Leistung ab; stattdessen beruft Art. 29 II EGBGB das Recht, das am gewöhnlichen Aufenthalt des Verbrauchers gilt. Die für Arbeitsverträge in Art. 30 II vorgesehene objektive Anknüpfung an den Arbeitsort läßt sich sowohl mit der vom Arbeitnehmer erbrachten „charakteristischen Leistung" erklären (vgl. Art. 28 II) als auch mit seiner besonderen Schutzbedürftigkeit.

1. *Verbraucherverträge* werden in Art. 29 I EGBGB (Art. 5 I EuSchVÜ) auf dreifache Weise näher eingegrenzt[72]: Eine Partei muß „Verbraucher" sein, es muß sich um einen bestimmten Kreis von Geschäften handeln, und der Vertrag muß unter bestimmten Umständen zustandegekommen sein.

---

[70] Siehe dazu *Stoll*, Internationalprivatrechtliche Fragen bei der landesrechtlichen Ergänzung des Einheitlichen Kaufrechts: FS Ferid (1988) 495.

[71] Vgl. zu diesem Gedanken bereits *Kropholler*, Das kollisionsrechtliche System des Schutzes der schwächeren Vertragspartei: RabelsZ 42 (1978) 634; ferner etwa *Keller*, Schutz des Schwächeren im Internationalen Vertragsrecht: FS Vischer (1983) 175; *Pocar*, La protection de la partie faible en d. i. p.: Rec. des Cours 188 (1984 – V) 339; *Kren*, Schutz der schwächeren Partei im schweizerischen internationalen Vertragsrecht unter Berücksichtigung der deutschen Rechtsordnung: ZVglRWiss. 88 (1989) 48.

[72] Die Umschreibung entspricht weitgehend dem Art. 13 I EuGVÜ. Das EuGVÜ enthält in seinen Artt. 13 ff. eine zuständigkeitsrechtliche Begünstigung des Verbrauchers. Vgl. aus dem Schrifttum etwa *Imhoff-Scheier*, Protection du consommateur et contrats internationaux (Genf 1981); *Lüderitz*, „Verbraucherschutz" im internationalen Vertragsrecht – ein Zuständigkeitsproblem, in: Ius inter nationes, FS Riesenfeld (1983) 147; *Kroeger*, Der Schutz der „marktschwächeren" Partei im Internationalen Vertragsrecht (1984); *Sauveplanne*, Consumer Protection in P. I. L.: N. I. L. R. 32 (1985) 100.

§ 52 v VII. Kapitel: Die einzelnen Rechtsgebiete

Eine Vertragspartei ist *Verbraucher*, wenn sie den Vertrag zu einem Zweck abgeschlossen hat, der nicht ihrer beruflichen oder gewerblichen Tätigkeit zugerechnet werden kann. Für die Zuordnung zur Privatsphäre ist nicht der innere Wille des Berechtigten maßgebend, sondern es kommt auf die objektiv erkennbaren Umstände des Geschäfts an; bei teilweiser Privatbezogenheit entscheidet der überwiegende Zweck[73].

Zu dem erfaßten *Kreis von Geschäften* gehören die *Lieferung von beweglichen Sachen*, also vor allem die in das UN-Kaufrecht gemäß seinem Art. 2 lit. a nicht einbezogenen Warenkäufe für den persönlichen Gebrauch oder für den Gebrauch in der Familie oder im Haushalt, ferner die *Erbringung von Dienstleistungen*, wie Sprachkurse, sowie die *Finanzierung* der genannten Geschäfte. Gemäß Art. 29 IV sind jedoch *ausgenommen* Beförderungsverträge und Verträge über Dienstleistungen, die außerhalb des Aufenthaltsstaats des Berechtigten erbracht werden müssen, wie Ski- oder Segelunterricht. Auch die Wohnraummiete gehört nicht zu den Verbraucherverträgen.

Bestimmte *Umstände des Vertragsschlusses* müssen gemäß Art. 29 I Nrn. 1–3 EGBGB zusätzlich auf den Staat weisen, in dem der Verbraucher seinen gewöhnlichen Aufenthalt hat. Im einzelnen werden genannt: Dem Vertragsschluß ist ein ausdrückliches Angebot oder eine Werbung (z. B. Zeitungsanzeige) in diesem Staat vorausgegangen, und der Verbraucher hat dort die erforderlichen Rechtshandlungen vorgenommen, also z. B. eine Bestellung aufgegeben oder ein Angebot angenommen (Nr. 1), der Vertragspartner des Verbrauchers oder sein Vertreter haben die Bestellung dort entgegengenommen (Nr. 2), oder eine vom Verkäufer zum Zwecke der Bestellung veranlaßte Reise des Verbrauchers (Kaffeefahrt) nahm dort (und nicht etwa in einem Drittstaat) ihren Ausgang (Nr. 3). In jedem der drei Fälle ist der Vertragspartner des Verbrauchers in dessen Aufenthaltsstaat tätig geworden, und der Verbraucher durfte aufgrund der bestehenden Verbindung des Sachverhalts zum Aufenthaltsstaat damit rechnen, den Schutz der dortigen Rechtsordnung nicht zu verlieren. Wenn dagegen ein Verbraucher im Ausland Waren einkauft oder Dienstleistungen in Anspruch nimmt, ohne daß einer der in Art. 29 I bezeichneten Umstände zutrifft, kann er im allgemeinen nicht erwarten, daß ihn das Verbraucherrecht seines Wohnsitzstaates auch dort schützt. Freilich sind – außer den in Nrn. 1–3 festgelegten Umständen des Vertragsschlusses – auch andere Konstellationen möglich, bei denen ein Verbraucherschutz nach dem Recht des gewöhnlichen Aufenthalts angemessen erschiene, so wenn deutsche Urlauber in Spanien in deutscher Sprache zur Bestellung deutscher Waren veranlaßt werden und der formularmäßig dem spanischen Recht unterstellte Kaufvertrag in Deutschland zu erfüllen ist[74]; hier zeigt sich die Problematik der detaillierten Gesetzeskasuistik, die für Erweiterungen durch Analogieschlüsse wenig Raum läßt.

a) Eine *Rechtswahl*, die grundsätzlich auch bei Verbraucherverträgen nach Maßgabe des Art. 27 zulässig ist, schränkt Art. 29 I EGBGB in der Weise ein, daß dem Verbraucher der Schutz nicht entzogen werden darf, den ihm die zwingenden Bestimmungen des Rechts seines Aufenthaltsstaates, also des objektiven Vertragsstatuts (Art. 29 II), gewähren.

Die Regelung ist nach ihrem Wortlaut und Zweck, die schwächere Partei zu

---

[73] BegrRegE, BT-Drucks. 10/504, 79.
[74] Vgl. OLG Hamm 1. 12. 1988, NJW-RR 1989, 496.

schützen, so aufzufassen, daß das objektive Vertragsstatut mit seinen zwingenden Bestimmungen[75] einen *Mindeststandard des sozialen Schutzes* darstellt, hinter dem das gewählte Recht nicht zurückbleiben darf. Die Ergebnisse, zu denen die beiden Rechtsordnungen führen, sind miteinander zu vergleichen, und es ist die für den Verbraucher günstigere Regelung anzuwenden. Es gilt also das *Günstigkeitsprinzip*.

Dies bedeutet im einzelnen folgendes[76]: Da die Rechtswahl grundsätzlich wirksam bleibt, finden auch die Vorschriften des gewählten Rechts Anwendung, die den Verbraucher in solchen Bereichen schützen, in denen die abbedungene Rechtsordnung keinen zwingenden Schutz vorsieht. Auf der anderen Seite sind trotz der Rechtswahl diejenigen Schutzvorschriften des abbedungenen Rechts anzuwenden, die im gewählten Recht kein oder kein gleichwertiges Gegenstück haben. Schwierig kann sich die Rechtsanwendung gestalten, wenn beide Rechtsordnungen denselben Gegenstand in unterschiedlicher Weise zwingend regeln. Dann stellt sich die Aufgabe zu entscheiden, welche der beiden Rechtsordnungen die schwächere Partei besser schützt[77]. Der höhere Standard setzt sich durch.

Außerhalb der Reichweite des Art. 29 I EGBGB, also etwa für die gemäß Art. 29 IV ausgenommenen Verträge, kann in Deutschland § 12 AGBG Bedeutung erlangen, wonach die Vorschriften des AGBG unter bestimmten Voraussetzungen auch bei ausländischem Vertragsstatut „zu berücksichtigen" sind[78].

b) Als *objektives Anknüpfungsmoment* dient gemäß Art. 29 II der gewöhnliche Aufenthalt des Verbrauchers. Dadurch wird erreicht, daß sein Schutz bei Auslandsgeschäften nicht geringer ist als bei Inlandsgeschäften, und es gelangt das Recht zur Anwendung, das dem Verbraucher am ehesten vertraut ist. Die Sonderregelung, die den Art. 28 II 1 verdrängt, greift nur für solche Verbraucherverträge ein, die unter den in Art. 29 I Nrn. 1–3 bezeichneten Umständen zustandegekommen sind und die dadurch eine besonders enge Verbindung zum Aufenthaltsstaat des Verbrauchers aufweisen.

c) Die *Form* der von Art. 29 erfaßten Verbraucherverträge richtet sich gemäß Abs. 3 allein nach dem Recht am gewöhnlichen Aufenthalt des Verbrauchers. Dies gilt auch für die Form einer Rechtswahlvereinbarung (vgl. Art. 27 IV).

---

[75] Vgl. zu diesem Begriff Art. 27 III EGBGB. Einzelheiten bei *Kroeger* (oben N. 72) 76 ff.

[76] Ebenso ausdrücklich zu der Parallelvorschrift des Art. 30 I (Arbeitnehmerschutz) BegrRegE, BT-Drucks. 10/504, 81.

[77] Vgl. etwa zum Kündigungsschutz im Arbeitsrecht *Däubler*, Das neue Internationale Arbeitsrecht: RIW 1987, 249 (253): Was ist für den Arbeitnehmer günstiger – großzügig bemessene Abfindung oder Erfordernis einer staatlichen Genehmigung der Kündigung?

[78] Siehe dazu im einzelnen *Reithmann/Martiny* Rz. 454 ff.

2. Die für *Arbeitsverträge* und Arbeitsverhältnisse in Art. 30 EGBGB (Art. 6 EuSchVÜ) getroffene Regelung stellt nur einen Ausschnitt aus dem komplexen Bereich des Internationalen Arbeitsrechts dar[79]. Sie zielt darauf ab, dem Arbeitnehmer, für den sein Arbeitsverhältnis in der Regel die Existenzgrundlage bildet, mit den (beschränkten) Mitteln des Kollisionsrechts einen angemessenen Schutz zu gewähren.

a) Eine *Rechtswahl* ist nach Maßgabe des Art. 27 zwar grundsätzlich zulässig, aber sie darf gemäß Art. 30 I nicht dazu führen, daß dem Arbeitnehmer der Schutz entzogen wird, der ihm durch die zwingenden Bestimmungen des objektiven Vertragsstatuts, das nach Art. 30 II zu ermitteln ist, gewährt wird. Die Einschränkung der Parteiautonomie entspricht wörtlich derjenigen für Verbraucherverträge in Art. 29 I, und sie ist auch – ebenso wie jene – in dem Sinne auszulegen, daß die zwingenden Bestimmungen des objektiven Vertragsstatuts einen *Mindeststandard* des sozialen Schutzes darstellen (näher oben 1 a). Es gelangt also diejenige zwingende Regelung zur Anwendung, die für das Begehren des Arbeitnehmers im Ergebnis günstiger ist. Dies zu ermitteln, kann im Einzelfall erhebliche Schwierigkeiten verursachen.

Zwingende Bestimmungen, also Bestimmungen, von denen internrechtlich durch Vertrag nicht abgewichen werden kann (Art. 27 III), können privatrechtlicher oder öffentlichrechtlicher Natur und auch in einem Tarifvertrag enthalten sein[80]. Es muß sich aber um solche zwingenden Regelungen handeln, die noch zum Arbeitsvertragsstatut gerechnet werden können. Für andere zwingende Vorschriften, die ohne Rücksicht auf das Vertragsstatut angewandt sein wollen, die sog. Eingriffsnormen, gelten besondere Grundsätze (näher unten VII und VIII)[81].

Um zwingende Vorschriften im Sinne des Art. 30 I handelt es sich beispielsweise beim Kündigungsschutz nach dem Kündigungsschutzgesetz, während die h. M. die Kündigungsvorschriften des Mutterschutzgesetzes und des Schwerbeschädigtengesetzes vom Anwendungsbereich des Arbeitsvertragsstatuts ausnimmt[82], so daß Art. 34 zur Anwendung gelangt[83]. Das Beispiel zeigt die Unsicherheit der Abgrenzung zwischen zwingenden Vorschriften im Sinne der Artt. 30 I und 34. Im Zweifel ist nur das von Art. 30 bezeichnete zwingende Recht anzuwenden (vgl. oben § 3 II 3). Überschneidungen mit

---

[79] Grundlegend zum Ganzen *Gamillscheg,* Internationales Arbeitsrecht (1959); zur Regelung im EGBGB eingehend *ders.,* Ein Gesetz über das internationale Arbeitsrecht: ZfA 14 (1983) 307; einen Überblick über den heutigen Meinungsstand gibt *Reithmann/Martiny* Rz. 704 ff. m. w. Nachw.

[80] Bericht *Giuliano/Lagarde,* BT-Drucks. 10/503, 57. Im übrigen erfaßt Art. 30 EGBGB eindeutig nur den Einzelarbeitsvertrag, nicht den Tarifvertrag.

[81] Zur Abgrenzung der verschiedenen Arten „zwingender Bestimmungen" siehe *Junker,* Die „zwingenden Bestimmungen" im neuen internationalen Arbeitsrecht: IPRax 1989, 69.

[82] Vgl. *Reithmann/Martiny* Rz. 741.

[83] Anders *Palandt-Heldrich* Art. 30 Anm. 3 c: Art. 30 sei anzuwenden.

Art. 34 sind freilich nicht gänzlich ausgeschlossen, und der Arbeitnehmer kann durch eine Kumulation zusätzlich begünstigt werden.

b) Die *objektive Anknüpfung* gemäß Art. 30 II führt – unter dem Vorbehalt der Ausweichklausel in Art. 30 II a. E. – grundsätzlich auf das *Recht des Arbeitsortes*, die lex loci laboris (Nr. 1). Entscheidend ist, wo der Arbeitnehmer seine Arbeit gewöhnlich verrichtet, weil das Arbeitsverhältnis in die dortige Arbeitsumwelt eingebettet ist. Wenn der Arbeitnehmer also gewöhnlich in einem inländischen Betriebsteil (Filiale, Zweigstelle oder dergl.) eines ausländischen Unternehmens beschäftigt ist, gilt – mangels Rechtswahl – inländisches Recht, selbst wenn ihn die ausländische Zentrale eingestellt hat.

Das Recht des gewöhnlichen Arbeitsortes gilt gemäß Nr. 1 auch bei *vorübergehender Entsendung* (z. B. eines Monteurs) in einen anderen Staat. Es kommt darauf an, daß die Entsendung infolge der Eigenart der Beschäftigung oder vertraglich im voraus auf einen überschaubaren Zeitraum begrenzt ist (vgl. auch § 4 I SGB IV). Man spricht hier von einer „Ausstrahlung" des Rechts am gewöhnlichen Arbeitsort.

Das *Recht der Niederlassung*, die den Arbeitnehmer eingestellt hat, ist gemäß Nr. 2 berufen, sofern er seine Arbeit gewöhnlich nicht in ein und demselben Staat verrichtet. Bei solchen Arbeitnehmern würde eine Anknüpfung an den Arbeitsort zu einem häufigen Wechsel der anwendbaren Rechtsordnung führen.

Für die nötige *Flexibilität* der objektiven Anknüpfung sorgt die *Ausweichklausel* in Art. 30 II a. E. Sie entspricht der Ausweichklausel in Art. 27 V und ist wie jene grundsätzlich zurückhaltend anzuwenden (vgl. oben III 4).

In welcher Weise Art. 30 II die Arbeitsverhältnisse der *Seeleute* und des *Personals von Flugzeugen* betrifft, ist eine offene Frage[84]. Die Vorschrift ist zwar primär an Arbeitsverhältnissen zu Lande ausgerichtet, erfaßt aber auch diese besonderen Arbeitsverträge. Zweifelhaft ist, ob die Nr. 1 oder die Nr. 2 anzuwenden ist. Der Grundgedanke der Nr. 1, im Regelfall die Einbettung in die Arbeitsumwelt eines bestimmten Staates entscheiden zu lassen, legt es nahe, statt auf das im Gesetz genannte staatliche Territorium auf die (für die Ausübung staatlicher Hoheitsgewalt gleichgestellte) Flagge des Transportmittels abzustellen und die Nr. 1 in dieser Form anzuwenden. Zusätzlich ermöglicht die Ausweichklausel des Art. 30 II a. E. ein Abwägen sämtlicher Umstände, und dies ist bei den genannten Arbeitsverträgen, die sich einer starren kollisionsrechtlichen Zuweisung entziehen, besonders sinnvoll. Die Flagge darf also nicht in jedem Falle als das entscheidende Anknüpfungsmoment angesehen werden. In diesem Sinne bestimmt § 21 IV 1 FlRG – der freilich den völkerrechtlichen Art. 6 EuSchVÜ (Art. 30 EGBGB) nicht abändern, sondern nur interpretieren kann –, daß Arbeitsverhältnisse von Besatzungsmitgliedern eines im Internationalen Seeschiffsregister eingetragenen Kauffahr-

---

[84] Siehe zum Seearbeitsrecht die Referate von *Drobnig* und *Basedow* sowie die Diskussion auf der 21. Tagung der Deutschen Gesellschaft für Völkerrecht in Hamburg 1989 (demnächst in BerDGesVölkR); ferner *Ebenroth/Fischer/Sorek* (oben N. 42) 137 ff.; *Mankowski*, Arbeitsverträge von Seeleuten im deutschen IPR: RabelsZ 53 (1989) 487.

teischiffes, die im Inland keinen Wohnsitz haben, bei der Anwendung des Art. 30 EGBGB nicht schon deshalb dem deutschen Recht unterliegen, weil das Schiff die Bundesflagge führt. Ebensowenig darf aber umgekehrt der ausländischen Flagge eines Schiffes, insbesondere einer Billigflagge, stets ausschlaggebende Bedeutung zukommen.

VI. Veränderung und Erlöschen von Schuldverhältnissen

Forderungsabtretung und gesetzlicher Forderungsübergang als die wichtigsten Formen der Veränderung eines Schuldverhältnisses normiert das EGBGB im Rahmen der vertraglichen Schuldverhältnisse (Art. 33)[85]. Das Erlöschen vertraglicher Verpflichtungen, das Art. 32 I Nr. 4 dem Vertragsstatut unterstellt, umfaßt auch die Aufrechnung, die aber näher nicht geregelt ist. Der Standort dieser Normen im Vertragsrecht des EGBGB erklärt sich aus der Inkorporation des für Schuldverträge geschaffenen EuSchVÜ. In der Sache geht es um Rechtsfragen, die bei Forderungen aller Art auftreten können.

Systematisch richtiger regelt diese Fragen das Schweizer IPR-Gesetz in „gemeinsamen Bestimmungen" für alle Obligationen (Artt. 143 ff.).

1. Der *Abtretung* widmet sich Art. 33 I und II EGBGB (Art. 12 EuSchVÜ). Gemäß Art. 33 I unterliegen die Verpflichtungen zwischen dem bisherigen und dem neuen Gläubiger aus dem der Abtretung zugrundeliegenden Kausalgeschäft dem Vertragsstatut. Dies erscheint fast selbstverständlich. Die bei einer Abtretung im Vordergrund stehenden Fragen, welche die Verpflichtung des Schuldners betreffen, regelt Art. 33 II. Er unterwirft sie derjenigen Rechtsordnung, die für die abgetretene Forderung gilt. Die Abtretung einer Kaufpreisforderung richtet sich also beispielsweise nach dem Kaufvertragsstatut. Damit wird dem im Zessionsrecht herrschenden Gedanken, daß die Rechtsstellung des Schuldners durch einen Wechsel des Gläubigers nicht zu seinem Nachteil verändert werden darf, kollisionsrechtlich Rechnung getragen. Im Verhältnis zum Schuldner bleibt das Recht maßgebend, dem die übertragene Forderung auch vor der Abtretung unterstand (Forderungsstatut).

Im einzelnen entscheidet sich nach dem Forderungsstatut: ob die Forderung übertragbar ist, wie die Übertragung zu geschehen hat, ob der Schuldner zu benachrichtigen ist und ob die Übertragung kausal ist (wie im französischen Recht) oder abstrakt (wie im deutschen Recht). Auch die Wirkungen der Zession unterliegen dem von Art. 33 II bezeichneten Recht, insbesondere ob der Schuldner sich noch durch Leistung an den Zedenten befreien kann und welche Einreden ihm gegenüber dem Zessionar zustehen.

Die geschilderten Regeln gelten für die Abtretung vertraglicher und gesetzlicher (etwa deliktischer) Forderungen gleichermaßen.

---

[85] Dazu im einzelnen *von Bar*, Abtretung und Legalzession im neuen deutschen IPR: RabelsZ 53 (1989) 462.

2. Den *gesetzlichen Forderungsübergang* (cessio legis) regelt Art. 33 III EGBGB[86]. Die Bestimmung beruht auf Art. 13 EuSchVÜ, der sich freilich nur auf den Übergang vertraglicher Forderungen bezieht. Diese Beschränkung wurde in Art. 33 III EGBGB bewußt weggelassen, so daß die Vorschrift auch für den Übergang nichtvertraglicher, insbesondere deliktischer Forderungen gilt[87].

Für die Berechtigung des zahlenden Dritten, die Forderung gegen den Schuldner geltend zu machen, wird in Art. 33 III 1 auf die Rechtsordnung verwiesen, aus der sich die Zahlungsverpflichtung des Dritten gegenüber dem alten Gläubiger ergibt. Zahlt also beispielsweise die Versicherung nach einem Schadensfall an den Versicherten, so richtet sich der Übergang der Forderung des Versicherten gegen den Schädiger auf die Versicherung nach dem Statut des Versicherungsvertrages (dem sog. Zessionsgrundstatut) und nicht – wie bei einer rechtsgeschäftlichen Forderungsabtretung – nach dem Statut der Schadenersatzforderung. Dies läßt sich damit begründen, daß die Legalzession regelmäßig wesentlicher Teil des Interessenausgleichs zwischen altem und neuem Gläubiger ist und daher von diesem Rechtsverhältnis grundsätzlich nicht abgekoppelt werden sollte.

Freilich darf – hier wie bei einer rechtsgeschäftlichen Forderungsabtretung und wie im Unterhaltsrecht gemäß Art. 18 VI Nr. 3 EGBGB – die Rechtsstellung des Schuldners durch den Forderungsübergang nicht verschlechtert werden. Nicht nur der Inhalt der Forderung und ihre Verjährung folgen daher nach der cessio legis weiterhin dem Forderungsstatut, sondern auch die Schuldnerschutzbestimmungen (wie z.B. über befreiende Leistung an den alten Gläubiger, Erhaltung von Einreden). Dies wird beispielsweise in Art. 146 II schweiz. IPR-Gesetz ausdrücklich gesagt, während Art. 33 III 1 EGBGB, der nur von der „Berechtigung" des neuen Gläubigers spricht, insoweit schweigt.

3. Für die *Schuldnermehrheit* enthält das EGBGB in Art. 33 III 2 (Art. 13 II EuSchVÜ) nur eine unvollständige Regelung[88]. Nach dieser Bestimmung soll die für den gesetzlichen Forderungsübergang angeordnete Lösung auch gelten, wenn mehrere Personen dieselbe Forderung zu erfüllen haben (Gesamtschuldner[89]) und der Gläubiger von einer dieser Personen befriedigt worden ist. Die Befugnis des Schuldners, der an den Gläubiger leistet, auf seine Mitschuldner zurückzugreifen, insbesondere der Eintritt einer cessio legis, richtet sich also grundsätzlich nach dem Schuldstatut des Leistenden. Gelten für die Verpflich-

---

[86] Für den Übergang des Unterhaltsanspruchs auf ersatzweise zahlende öffentliche Einrichtungen enthält Art. 9 HUntÜ eine Sondervorschrift; vgl. oben § 47 II 6. Umfassend zu allen Fragen des Regresses *Wandt*, Zum Rückgriff im IPR: ZVglRWiss. 86 (1987) 272.

[87] BegrRegE, BT-Drucks. 10/504, 83.

[88] Umfassend *Stoll*, Rechtskollisionen bei Schuldnermehrheit: FS Müller-Freienfels (1986) 631.

[89] Bericht *Giuliano/Lagarde*, BT-Drucks. 10/503, 68.

tungen der Schuldner gegenüber dem Gläubiger verschiedene Rechte, so läßt sich die Bevorzugung des Schuldstatuts gerade des leistenden Schuldners als Ausgleich dafür betrachten, daß er die Leistung bereits erbracht hat.

Die gesetzlichen Ausgleichsansprüche unter Mitschuldnern sind also im allgemeinen dem Recht unterworfen, das im Außenverhältnis zwischen dem leistenden Schuldner und dem Gläubiger gilt. Sofern freilich die Mitschuldner durch ein spezielles Rechtsverhältnis, wie einen Gesellschaftsvertrag, miteinander verbunden sind, aus welchem sich eine spezielle Ausgleichsregelung ergibt, untersteht der Schuldnerausgleich dem für dieses Rechtsverhältnis maßgeblichen Recht[90].

4. Die *Schuldübernahme* ist im EuSchVÜ und dementsprechend auch im EGBGB nicht geregelt[91]. Da indes für die Abtretung gemäß Art. 33 II EGBGB das Recht der abgetretenen Forderung gilt, erscheint es folgerichtig, für ihr Gegenstück, die privative Schuldübernahme, das Recht der übernommenen Schuld gelten zu lassen. Dieses Recht entscheidet also darüber, ob und unter welchen Voraussetzungen die Schuldübernahme befreiend wirkt. Eine der Schuldübernahme zugrundeliegende kausale Vereinbarung zwischen dem Übernehmer und dem Altschuldner oder zwischen dem Übernehmer und dem Gläubiger folgt ihrem eigenen Vertragsstatut, das nach Artt. 27 und 28 EGBGB zu bestimmen ist.

5. Die *Aufrechnung* unterliegt dem Vertragsstatut, wenn die Forderung, gegen die aufgerechnet wird, die sog. Hauptforderung, und die Forderung, mit der aufgerechnet wird, die sog. Gegenforderung, dem Vertrag entspringen und also demselben Recht unterstehen. Denn zu den „verschiedenen Arten des Erlöschens der Verpflichtungen" (Art. 32 I Nr. 4 EGBGB) zählt auch die Aufrechnung[92]. Sie bringt beide Forderungen zum Erlöschen.

Wie aber ist zu entscheiden, wenn Gegenforderung und Hauptforderung verschiedenem Recht unterstehen[93]? Hier läßt man das Recht der Hauptforderung über die materiellrechtliche Zulässigkeit der Aufrechnung entscheiden. Denn der Gläubiger der Forderung, gegen die aufgerechnet wird, ist der schutzwürdigere Teil, weil er die Tilgung seiner Forderung im Wege der Aufrechnung hinnehmen soll. Bei der Maßgeblichkeit des Rechts der Hauptforderung ver-

---

[90] Siehe etwa *Stoll* (vorletzte Note) 643.
[91] Näher zur Problematik *Girsberger*, Übernahme und Übergang von Schulden im schweizerischen und deutschen IPR: ZVglRWiss. 88 (1989) 31.
[92] BegrRegE, BT-Drucks. 10/504, 82.
[93] Vgl. etwa BGH 22.11.1962, BGHZ 38, 254 = IPRspr. 1962–63 Nr. 35; in dieser Entscheidung folgte der BGH der Rechtsprechung des Schweizer Bundesgerichts, das sich seinerseits fast ausschließlich auf deutsche Literatur stützte – ein erfreuliches Beispiel richterlicher Kollisionsrechts-Vergleichung. Heute beruft Art. 148 II schweiz. IPR-Gesetz ausdrücklich das Recht der Forderung, deren Tilgung mit der Verrechnung bezweckt ist.

§ 52 Vertragliche Schuldverhältnisse

bleibt es auch dann, wenn dieses Recht, wie etwa das anglo-amerikanische, die Aufrechnung prozeßrechtlich einordnet und die lex fori für anwendbar erklärt[94].

VII. Inländische Eingriffsnormen

Jeder Staat ist – in den Grenzen des Völkerrechts (vgl. oben § 8 I 1) – frei, bestimmte Normen für international zwingend zu erklären. Es handelt sich um die sog. Eingriffsnormen (meist wirtschafts- oder sozialpolitischer Art), auf deren Eigenheit bereits eingegangen wurde (oben § 3 II sowie § 12 V). Diese Normen werden unabhängig vom Vertragsstatut zur Anwendung gebracht. Dabei macht es keinen Unterschied, ob das Vertragsstatut durch Rechtswahl (Art. 27 EGBGB) oder durch objektive Anknüpfung (Art. 28 EGBGB) festgelegt ist.

1. Eine *gesetzliche Regelung* enthält Art. 34 EGBGB (Art. 7 II EuSchVÜ). Die Vorschrift bestätigt lediglich den allgemein anerkannten Grundsatz, daß die vertragsrechtlichen Kollisionsnormen nicht die Anwendung jener Bestimmungen des deutschen Rechts berühren, die ohne Rücksicht auf das für den Vertrag maßgebende Recht den Sachverhalt zwingend regeln. Welche Bestimmungen das sind, ist aus den betreffenden deutschen Gesetzen zu entnehmen, wobei – mangels ausdrücklicher Regelung – der Zweck des Gesetzes seinen vom Vertragsstatut unabhängigen Charakter ergeben kann[95].

Die deutschen Eingriffsnormen können auch eine genauere Aussage darüber enthalten, bei welchen In- und Auslandsbezügen sie – unabhängig vom Vertragsstatut – angewandt sein wollen. In Art. 34 EGBGB wird nur der Grundsatz ausgesprochen, daß inländische Eingriffsnormen durchgesetzt werden; die Ausfüllung dieses Rahmens mit differenzierten Anwendungsvoraussetzungen für einzelne Bereiche von Eingriffsnormen bleibt möglich und erwünscht[96].

2. *Beispiele* für deutsche Eingriffsnormen finden sich in verschiedenen Rechtsbereichen.

---

[94] Vgl. zum Ausschluß der Rückverweisung kraft abweichender Qualifikation in diesen Fällen oben § 24 II 1.
[95] Deutlich in diesem Sinne Art. 18 schweiz. IPR-Gesetz, wonach die Schweizer Bestimmungen vorbehalten bleiben, die *wegen ihres besonderen Zweckes* international zwingend anzuwenden sind. Zu den Schwierigkeiten einer Grenzziehung nach dem Zweck der Norm siehe oben § 3 II 3.
[96] MünchKomm-*Martiny* 2. Aufl. (1990) Art. 34 Rz. 91. Meinem Institutskollegen *Dieter Martiny* danke ich, daß er mir die Druckfahnen seiner Kommentierung des Art. 34 überlassen hat.

a) Das deutsche *Außenwirtschaftsrecht* geht zwar grundsätzlich von der Freiheit des Außenhandels aus. Soweit aber im AußenwirtschaftsG[97] oder in der AußenwirtschaftsVO[98] eine Beschränkung vorgesehen ist, muß diese auch bei ausländischem Schuldstatut angewendet werden.

Wenn also beispielsweise die AußenwirtschaftsVO für die Aufnahme von Darlehen durch Gebietsansässige bei Gebietsfremden die Genehmigung der Deutschen Bundesbank vorschreibt und bei deren Fehlen schwebende Unwirksamkeit des Vertrages eintreten läßt, trifft dies auch einen Darlehensvertrag, den ein Deutscher mit einer Schweizer Bank schließt und für den Schweizer Recht vereinbart wurde[99].

b) Deutsches *Kartellrecht* findet gemäß § 98 II 1 GWB auf alle Wettbewerbsbeschränkungen Anwendung, die sich im Geltungsbereich des GWB auswirken, auch wenn sie außerhalb des Geltungsbereichs dieses Gesetzes veranlaßt wurden. Entscheidendes Kriterium ist also die Auswirkung auf den inländischen Markt[100]; freilich gibt das sog. Auswirkungsprinzip nur den Rahmen ab, innerhalb dessen sich differenziertere Anknüpfungsregeln für einzelne Arten von Wettbewerbsverstößen entwickelt haben[101]. Auch ausländische Kartellgesetze stellen häufig auf den betroffenen Markt ab. Auf das Vertragsstatut kommt es nicht an, weil die Parteien das Kartellrecht sonst allzu leicht unterlaufen könnten, indem sie ihren Vertrag ausländischem Recht unterstellen.

c) Schließlich ist für die zwingenden Vorschriften des deutschen *Wohnraummietrechts* anzunehmen, daß sie für allen Wohnraum gelten sollen, der in der Bundesrepublik Deutschland belegen ist[102]. Die deutschen Gerichte haben also, wenn es etwa um den Kündigungsschutz für eine inländische Wohnung geht, die Schutzvorschriften des deutschen Mietrechts selbst dann anzuwenden, wenn die ausländischen Vertragsparteien auf den Gedanken gekommen sein sollten, den Mietvertrag ihrem ausländischen Heimatrecht zu unterstellen.

---

[97] BGBl. 1961 I 481.
[98] BGBl. 1986 I 2671.
[99] BGH 23. 10. 1980, RIW 1981, 194.
[100] Siehe zum Begriff der Inlandsauswirkung im einzelnen etwa *Immenga/Mestmäcker (-Rehbinder)*, GWB (1981) § 98 Abs. 2 Rz. 55 ff. – Zu der umstrittenen Frage, inwieweit der Regel des § 98 II 1 GWB auch etwas über die Anwendbarkeit *ausländischen* Kartellrechts entnommen werden kann, siehe oben § 12 V.
[101] Siehe den Überblick bei *Basedow*, Entwicklungslinien des internationalen Kartellrechts: NJW 1989, 627 (628 ff.).
[102] BegrRegE, BT-Drucks. 10/504, 83 f.

VIII. Ausländische Eingriffsnormen

Ausländische Eingriffsnormen sind den inländischen zwar nicht gleichzustellen (oben § 3 II 2); auch sie müssen aber von inländischen Zivilgerichten unter Umständen beachtet werden. Der Einwand, es handele sich hier um öffentliches Recht, das nur territoriale Wirkung entfalte und außerhalb seines Ursprungslandes nicht angewandt werden könne, schlägt nicht durch, da nicht die unmittelbare Durchsetzung des ausländischen Eingriffsgesetzes mit hoheitlichem Zwang in Rede steht, sondern lediglich die Beachtung der privatrechtlichen Reflexwirkungen dieses Gesetzes bei der Prüfung eines zivilrechtlichen Anspruchs (vgl. oben § 22 II 2). Freilich herrscht beträchtliche Unsicherheit, wann eine solche „Anwendung" ausländischen Einheitsrechts in Betracht kommt[103]. Eine gesetzliche Regelung im EGBGB fehlt (näher unten 3).

1. Die sog. *Schuldstatutstheorie* sieht die Eingriffsnormen als von der vertragsrechtlichen Verweisung mit erfaßt an *(Einheitsanknüpfung)*[104]. Ist ausländisches Recht kraft Rechtswahl oder objektiver Anknüpfung Vertragsstatut, so sollen auch dessen Eingriffsnormen anzuwenden sein, soweit sie nicht gegen den ordre public verstoßen. Die Schuldstatutstheorie vermeidet die mitunter schwierige Unterscheidung zwischen zwingendem Schuldvertragsrecht, auf das sich die vertragsrechtliche Verweisung zweifellos erstreckt, und Eingriffsnormen, die definitionsgemäß nicht bereits als Vertragsrecht berufen sind, aber auf den Sachverhalt angewandt sein wollen (vgl. oben § 3 II 1). Diese Unterscheidung erscheint aber doch sinnvoll. Denn die an Parteiinteressen ausgerichteten Kollisionsnormen der Artt. 27 ff. EGBGB taugen nicht unbedingt auch dazu, über die Anwendung solcher Normen zu entscheiden, die überwiegend im öffentlichen (staats- oder wirtschaftspolitischen) Interesse erlassen wurden[105]. Wenn für inländische Eingriffsnormen die allgemeinen vertragsrechtlichen Kollisionsnormen (durch Art. 34 EGBGB) als ungeeignet ausgeschaltet werden, sollte für ausländische Eingriffsnormen nichts anderes gelten.

---

[103] Vgl. aus dem jüngeren Schrifttum etwa *Erne*, Vertragsgültigkeit und drittstaatliche Eingriffsnormen (Zürich 1985); *Kreuzer*, Ausländisches Wirtschaftsrecht vor deutschen Gerichten (1986); *Kratz*, Ausländische Eingriffsnormen und IPR (1986); *Rolf Lehmann*, Zwingendes Recht dritter Staaten im internationalen Vertragsrecht (1986); *Mathias Schubert*, Internationale Verträge und Eingriffsrecht – ein Beitrag zur Methode des Wirtschaftskollisionsrechts: RIW 1987, 729; *Siehr*, Ausländische Eingriffsnormen im inländischen Wirtschaftskollisionsrecht: RabelsZ 52 (1988) 41 (ebd. weitere Beiträge zum Symposium „Extraterritoriale Anwendung von Wirtschaftsrecht").
[104] Die Einheitsanknüpfung war bis zur Mitte des Jahrhunderts international herrschend. In Deutschland vertritt sie heute noch z. B. *Palandt-Heldrich* Art. 34 Anm. 3.
[105] Siehe *Kreuzer* (vorletzte Note) 81 ff.

§ 52 VIII VII. Kapitel: Die einzelnen Rechtsgebiete

2. Zu einer *materiellrechtlichen Berücksichtigung* ausländischen Eingriffsrechts gelangt die deutsche höchstrichterliche Rechtsprechung in mehreren Entscheidungen. Innerhalb eines deutschen Vertragsstatuts werden die ausländischen wirtschaftsrechtlichen Regelungen wie Tatsachen berücksichtigt. Offen ist, ob die Gerichte die materiellrechtliche Lösung auch befolgen würden, wenn ausländisches Recht als Vertragsstatut berufen ist.

a) Ein *Verstoß gegen die guten Sitten* (§ 138 BGB) kann in der Umgehung ausländischer Eingriffsnormen liegen, wenn diese einem gemeinsamen übernationalen Interesse dienen. Bekannt sind die Entscheidungen des BGH zur Umgehung amerikanischer Embargobestimmungen sowie zur Ausfuhr nigerianischen Kulturguts.

Ein *amerikanisches Embargo* führte gemäß § 138 BGB zur Nichtigkeit des Kaufvertrages zwischen zwei deutschen Kaufleuten, der die Lieferung von rüstungstechnisch wichtigem Material (Borax) aus den Vereinigten Staaten nach Rostock bezweckte. Die Embargo-Bestimmungen sollten nämlich verhindern, daß mit westlichen Wirtschaftsgütern das Rüstungspotential des Ostens vermehrt würde; sie sollten daher „der Aufrechterhaltung des Friedens und der freiheitlichen Ordnung des Westens dienen. Die Maßnahmen lagen daher nicht nur im amerikanischen Interesse, sondern im Interesse des gesamten freiheitlichen Westens und damit auch im Interesse der Bundesrepublik Deutschland." Wer aus eigennützigen Interessen durch Täuschung der zur Sicherung dieser Belange tätig werdenden Stellen die Wahrung dieser Belange vereitelt, handelt sittenwidrig, auch wenn die amerikanischen Vorschriften von Deutschland nicht übernommen wurden[106].

Im Fall des *nigerianischen Kulturgutes* gelangten wertvolle afrikanische Masken und Bronzefiguren unter Verletzung eines nigerianischen Ausfuhrverbotes zum Schutze des nationalen Kulturbesitzes zur Verschiffung von Nigeria nach Hamburg. Der Transport war bei einer deutschen Versicherungsgesellschaft versichert, jedoch wurde für den Verlust einiger Figuren kein Ersatz aus dem Versicherungsvertrag zugesprochen, weil wegen der Sittenwidrigkeit des Kaufvertrages ein versicherbares Interesse verneint wurde. In Rede stand hier zwar kein Ausfuhrverbot, durch das mittelbar auch deutsche Interessen geschützt wurden und das schon deshalb zur Anwendung des § 138 BGB führen mußte (wie in den amerikanischen Embargo-Fällen), sondern ein Verbot, das die Erhaltung des künstlerischen Erbes im Ursprungsland und den Schutz des Landes vor einer Ausplünderung durch ausländische Kunstliebhaber und Händler bezweckte. Aber auch „die Umgehung eines solchen Schutzgesetzes muß, da sie dem nach heutiger Auffassung allgemein zu achtenden Interesse aller Völker an der Erhaltung von Kulturwerten an Ort und Stelle zuwiderhandelt, als verwerflich betrachtet werden"[107].

---

[106] BGH 21. 12. 1960, BGHZ 34, 169 (177), und 24. 5. 1962, NJW 1962, 1436.

[107] BGH 22. 6. 1972, BGHZ 59, 82 (86): „Die Beratungen der UNESCO und die Annahme des Übereinkommens [zur Bekämpfung der unerlaubten Ausfuhr von Kulturgütern vom 14. 11. 1970] durch die Generalkonferenz ergeben... deutlich, daß die für die internationale kulturelle Zusammenarbeit zuständige Organisation die Ausfuhr von Kulturgut entgegen den Verboten eines Staates seit langem als ein gemeinschädliches und die Verständigung zwischen

b) Ein *Verstoß gegen ein gesetzliches Verbot*, der gemäß § 134 BGB zur Nichtigkeit des Vertrages führen müßte, wird in der Verletzung ausländischer Eingriffsnormen nicht gesehen, weil diese Normen im Inland unmittelbar keine Verbindlichkeit besitzen[108]. Vielmehr beschränkt sich die deutsche Rechtsprechung auf die mittelbare Berücksichtigung der Eingriffsnormen im Rahmen des § 138 BGB.

c) Als *Leistungshindernis* kann eine ausländische Eingriffsnorm im Rahmen des Vertragsstatuts gewertet werden, wenn sie die vereinbarte Vertragsabwicklung tatsächlich verhindert. So kann ein ausländisches Leistungsverbot, das der ausländische Staat durchsetzen kann, zu anfänglicher oder nachträglicher *Unmöglichkeit* der Leistung führen[109]. Auch eine Anpassung des Vertrages nach den Grundsätzen über den *Wegfall der Geschäftsgrundlage* kann in Betracht kommen[110].

3. Eine *kollisionsrechtliche Sonderanknüpfung* ausländischer Eingriffsnormen als Alternative zu der geschilderten materiellrechtlichen Berücksichtigung befindet sich in Westeuropa im Vordringen[111]. In der Wissenschaft wird zur Eingrenzung des Anwendungsbereichs fremder Eingriffsnormen, die nach dem Recht des Ursprungsstaates *angewandt sein wollen*, seit langem das kollisions-

---

den Nationen hinderndes Verhalten auffaßt... Die Ausfuhr von Kulturgut entgegen einem Verbot des Ursprungslandes verdient daher im Interesse der Wahrung der Anständigkeit im internationalen Verkehr mit Kunstgegenständen keinen bürgerlich-rechtlichen Schutz, auch nicht durch die Versicherung einer Beförderung, durch die Kulturgut aus dem von der ausländischen Rechtsordnung beherrschten Gebiet dem seiner Sicherung dienenden Ausfuhrverbot zuwider ausgeführt werden soll." Näher zum internationalen Kulturgüterschutz *Reichelt*, La protection internationale des biens culturels: Rev. dr. un. 1985 I 42; *dies.*, Kulturgüterschutz und IPR: IPRax 1986, 73; *Hanisch*, Internationalprivatrechtliche Fragen im Kunsthandel: FS Müller-Freienfels (1986) 193; *Lalive* (Hrsg.), International Sales of Works of Art, Geneva Workshop 1985 (Genf o. J.).

[108] So ausdrücklich BGH 22. 6. 1972 (vorige Note); BGH 29. 9. 1977, BGHZ 69, 295 (296) betr. DDR-Gesetz.

[109] Siehe etwa RG 28. 6. 1918, RGZ 93, 182 (184); dazu näher *Zweigert*, Nichterfüllung auf Grund ausländischer Leistungsverbote: RabelsZ 14 (1942) 283.

[110] Siehe BGH 8. 2. 1984, NJW 1984, 1746 = IPRax 1986, 154, 140 Aufsatz *Mülbert* = RabelsZ 53 (1989) 146 Anm. *Baum*; dazu auch *Wieling*, Wegfall der Geschäftsgrundlage bei Revolutionen: JuS 1986, 272. Angepaßt wurde ein dem deutschen Recht unterliegender Vergleich, der über Schadenersatzansprüche eines iranischen Bierimporteurs gegen einen deutschen Lieferanten vor der islamischen Revolution geschlossen worden war und der infolge des später erlassenen iranischen Alkoholimportverbotes nicht mehr vollständig durchgeführt werden konnte.

[111] Der BGH hat sich den kollisionsrechtlichen Lösungsweg mit dem Satz verbaut, daß deutsche Gerichte ausländisches öffentliches Recht grundsätzlich nicht anzuwenden hätten; siehe etwa BGH 17. 12. 1959, BGHZ 31, 367 (371); kritisch dazu *Drobnig*, Die Beachtung von ausländischen Eingriffsgesetzen – eine Interessenanalyse: FS Neumayer (1985) 159 (160 f.). Vgl. auch oben § 22 II 2.

rechtliche Kriterium der *„engen Verbindung"* zum Sachverhalt empfohlen[112]. Einen Anhaltspunkt dafür, ob die Verbindung eng genug ist, können die in entsprechenden deutschen Eingriffsgesetzen verwendeten Anwendungsvoraussetzungen ergeben[113]. Unverzichtbar ist ferner ein gewisser *Interessen- oder Wertegleichklang* („shared values"[114]).

In diesem Sinne bestimmt Art. 19 I schweiz. IPR-Gesetz: Anstelle des Vertragsstatuts „kann die Bestimmung eines andern Rechts, die zwingend angewandt sein will, berücksichtigt werden, wenn nach schweizerischer Rechtsauffassung schützenswerte und offensichtlich überwiegende Interessen einer Partei[115] es gebieten und der Sachverhalt mit jenem Recht einen engen Zusammenhang aufweist"[116].

Auch das EG-Schuldvertragsübereinkommen, das die Schweizer Lösung beeinflußt hat, sieht in seinem Art. 7 I 1 ausdrücklich vor, daß den anwendungswilligen Eingriffsnormen eines Drittstaates, „mit dem der Sachverhalt eine enge Verbindung aufweist, Wirkung verliehen werden" kann. Den damit gewährten weiten richterlichen Ermessensspielraum versucht Art. 7 I 2 EuSchVÜ etwas einzugrenzen, indem ergänzend gesagt wird: „Bei der Entscheidung, ob diesen zwingenden Bestimmungen Wirkung zu verleihen ist, sind ihre Natur und ihr Gegenstand sowie die Folgen zu berücksichtigen, die sich aus ihrer Anwendung oder Nichtanwendung ergeben würden."

Jedoch hat die Bundesrepublik Deutschland gegen Art. 7 I EuSchVÜ einen gemäß Art. 22 I lit. a EuSchVÜ zulässigen Vorbehalt eingelegt, und eine dem Art. 7 I EuSchVÜ entsprechende Regelung fehlt demgemäß in Art. 34 EGBGB.

Gegen eine Übernahme des Art. 7 I EuSchVÜ in das EGBGB, die der Regierungsentwurf zunächst vorsah, wurde vom Bundesrat vor allem der Einwand erhoben, die Bestimmung hätte „eine nicht vertretbare Rechtsunsicherheit" zur Folge[117]. In der deutschen Literatur sind die Meinungen geteilt[118].

---

[112] Siehe bereits *Wengler*, Die Anknüpfung des zwingenden Schuldrechts im IPR: ZVglRWiss. 54 (1941) 168 (185 ff.): „enge Beziehung". Einen Überblick über weitere, in der Wissenschaft vertretene Ansätze gibt MünchKomm-*Martiny* Vor Art. 12 Rz. 332 ff.

[113] Siehe *von Bar* I Rz. 266. Zu einzelnen Kriterien siehe MünchKomm-*Martiny* Vor Art. 12 Rz. 362 ff.

[114] Vgl. zu diesem Begriff *Großfeld/Rogers*, Int. Comp. L.Q. 32 (1983) 931 ff.; auch *Hentzen*, RIW 1988, 510.

[115] Der gleichberechtigte französische Wortlaut enthält den Zusatz „einer Partei" nicht; vgl. zur Problematik *Vischer*, Zwingendes Recht und Eingriffsgesetze nach dem schweizerischen IPR-Gesetz: RabelsZ 53 (1989) 438 (452 ff.); *von Overbeck*, IPRax 1988, 334. In bestimmten Fällen sollen offenbar auch als schützenswert erachtete Interessen des ausländischen Staates, die den Interessen beider Parteien zuwiderlaufen, eine Berücksichtigung der Norm gebieten.

[116] In Art. 19 II heißt es ergänzend: „Ob eine solche Bestimmung zu berücksichtigen ist, beurteilt sich nach ihrem Zweck und den daraus sich ergebenden Folgen für eine nach schweizerischer Rechtsauffassung sachgerechte Entscheidung."

[117] BT-Drucks. 10/504, 100. Dem stimmte die Bundesregierung in ihrer Gegenäußerung

Die fehlende Bereitschaft des deutschen Gesetzgebers, sich auf die vage Formulierung des Art. 7 I EuSchVÜ festzulegen, bedeutet aber nicht, daß damit jeder kollisionsrechtlichen Sonderanknüpfung ausländischen Eingriffsrechts eine Absage erteilt wäre. Vielmehr bleibt es der deutschen Rechtsprechung unbenommen, in geeigneten Fällen statt des bisher bevorzugten Rückgriffs auf die „Generalklauseln" des deutschen materiellen Rechts die als sachgerecht erkannte Berücksichtigung einer ausländischen Eingriffsnorm mit den Erwägungen zu stützen, die dem Art. 19 schweiz. IPR-Gesetz und dem Art. 7 I EuSchVÜ zugrunde liegen[119].

Speziell im *Devisenrecht* besteht in der Bundesrepublik eine (im einzelnen wenig klare) staatsvertragliche Verpflichtung zur Berücksichtigung fremden Devisenrechts durch Art. VIII 2 (b) des Abkommens von Bretton Woods aus dem Jahre 1944. Danach kann aus Verträgen „nicht geklagt werden", welche die Währung eines Mitgliedstaates berühren und gegen dessen durch den „Monetary Fund" gebilligte Devisengesetze verstoßen.

Fraglich ist, ob es für die kollisionsrechtliche Heranziehung fremden Eingriffsrechts einen Unterschied macht, ob drittstaatliche Eingriffsnormen oder Eingriffsnormen des ausländischen Schuldstatuts in Rede stehen.

Im Rahmen des Art. 7 EuSchVÜ herrscht eine gewisse Unsicherheit, da Art. 7 I EuSchVÜ sich nur auf drittstaatliche Eingriffsnormen bezieht. Zwar sind die Verfasser des Übereinkommens für Eingriffsnormen des ausländischen Vertragsstatuts offenbar von einer Einheitsanknüpfung, also von der Anwendung der Eingriffsnormen des Vertragsstatuts, ausgegangen[120]; da sie dies im Text des Übereinkommens aber nicht festgelegt haben, ist der Weg nicht versperrt, die Lücke durch eine Analogie zu Art. 7 I EuSchVÜ sachgerecht zu schließen[121].

Eingriffsnormen des fremden Staates, dessen Recht für den Schuldvertrag gilt, sind, da eine Einheitsanknüpfung abzulehnen ist (oben 1), in konsequenter Anwendung der Lehre von der Sonderanknüpfung grundsätzlich unter denselben Voraussetzungen zu berücksichtigen wie drittstaatliche Eingriffsnormen[122]. Freilich ist ein maßgebliches Kriterium, nämlich das der engen Verbin-

---

zu; BT-Drucks. 10/504, 106. Auch der Rechtsausschuß des Deutschen Bundestages machte sich die Bedenken des Bundesrates zu eigen; siehe BT-Drucks. 10/5632, 45.

[118] Dem Bundesrat folgen z.B. *Kegel* § 6 I 4a; *Palandt-Heldrich* Art. 34 Anm. 1a. Ablehnend dagegen etwa Stellungnahme des MPI, RabelsZ 47 (1983) 668ff.; *Kreuzer*, IPRax 1984, 293ff.; *Rolf Lehmann*, ZRP 1987, 319ff.

[119] Näher zur Schließung der durch den deutschen Vorbehalt zu Art. 7 I EuSchVÜ entstandenen Lücke *Martiny*, IPRax 1987, 277ff.; anders *Piehl*, RIW 1988, 841ff.

[120] Siehe *Kreuzer* (oben N. 103) 69f.

[121] Vgl. *Kleinschmidt*, Zur Anwendbarkeit zwingenden Rechts im internationalen Vertragsrecht unter besonderer Berücksichtigung von Absatzmittlungsverträgen (1985) 288f.

[122] Vgl. auch *Radtke*, Schuldstatut und Eingriffsrecht: ZVglRWiss. 84 (1985) 325 (332f.).

dung zum Sachverhalt, hier immer erfüllt, und die Bereitschaft, das Interesse des ausländischen Staates anzuerkennen und der Eingriffsnorm Wirkung zu verleihen, mag sich durch den Konnex der Norm zum Vertragsstatut erhöhen.

4. Die *Abwägung* zwischen der (oben 2) geschilderten materiellrechtlichen Berücksichtigung ausländischen Eingriffsrechts und der kollisionsrechtlichen Sonderanknüpfung, wie sie in Art. 7 EuSchVÜ vorläufigen Ausdruck gefunden hat, ist nicht einfach, weil über eine materiellrechtliche ebenso wie über eine kollisionsrechtliche „Generalklausel" häufig angemessene und vergleichbare Ergebnisse zu erzielen sind. Eine Interessenanalyse ist bei beiden Lösungswegen erforderlich, und die Rechtsfolgen einer Berücksichtigung des fremden Eingriffsrechts wird man selbst bei einer Sonderanknüpfung grundsätzlich dem Vertragsstatut entnehmen[123].

Dogmatisch vorzugswürdig erscheint es, primär den kollisionsrechtlichen Lösungsweg in Betracht zu ziehen. Wenn dieser nicht gangbar ist – etwa weil das ausländische Eingriffsrecht nicht auf schützenswerten Interessen beruht oder gar einen Verstoß gegen Völkerrecht oder den ordre public enthält –, ist es freilich nicht ausgeschlossen, die tatsächliche Auswirkung der fremden Eingriffsnorm auf das Rechtsverhältnis zwischen den Parteien, insbesondere das Entstehen einer Zwangslage, im Interesse eines sachgerechten Ergebnisses materiellrechtlich zu berücksichtigen[124]. Gegen eine *generelle* Lösung anhand der materiellrechtlichen Sätze über Sittenwidrigkeit und Leistungsstörungen spricht, daß diese Rechtssätze nur dem zivilrechtlichen Interessenausgleich dienen und keine Hinweise auf weitere Wertungen enthalten, die in Auslandsfällen angezeigt sind (wie Feststellung einer genügend engen Verbindung der Eingriffsnorm zum Sachverhalt oder im Inland anerkennenswerte öffentliche Interessen). Auch bringt ein kollisionsrechtlicher Ansatz, wie ihn Art. 7 I EuSchVÜ enthält, die Bereitschaft zu zwischenstaatlicher Rücksichtnahme und das Bemühen um internationale Entscheidungsharmonie zum Ausdruck. Gewiß ist die Vorschrift des Art. 7 I EuSchVÜ noch konkretisierungsbedürftig und verbesserungsfähig. Außerdem ist eine derartige „Generalklausel" durch (staatsvertragliche oder einzelstaatliche) genauere Regeln für einzelne Teile des Eingriffsrechts zu ergänzen, etwa für Ein- und Ausfuhrverbote, Devisen-, Währungs- oder Kapitalmarktrecht[125]. Namentlich in diesem „besonderen Teil" des Wirtschaftskollisionsrechts stellt sich die Aufgabe, zu differenzierteren Regeln darüber zu gelangen,

---

[123] Vgl. *Kreuzer* (oben N. 103) 95; näher MünchKomm-*Martiny* 2. Aufl. (1990) Art. 34 Rz. 54 ff.

[124] Vgl. zu diesem Aspekt *Baum*, RabelsZ 53 (1989) 161 f.

[125] Siehe den Überblick zu diesen und anderen Spezialgebieten bei *Kreuzer* (oben N. 103) 13 ff. sowie MünchKomm-*Martiny* (vorletzte Note) Rz. 62 ff.

wann das betreffende ausländische Eingriffsrecht im Interesse einer internationalen wirtschaftlichen Zusammenarbeit auch im Inland Wirkungen entfalten kann.

Ein hohes Maß an Unsicherheit wird freilich bleiben. Denn die Frage, wann bestimmte ausländische wirtschafts- oder staatspolitische Eingriffsnormen zu berücksichtigen sind, liegt an der Grenze des vor staatlichen Gerichten justiziablen Bereichs. Auch der Wissenschaft sind in diesem Grenzbereich verläßliche Aussagen nur in beschränktem Umfang möglich.

Einen Ausweg aus den Konflikten, die aus dem Anwendungswillen fremder Eingriffsnormen entstehen können, böte eine stärkere zwischenstaatliche Kooperation. Dabei ist nicht nur an rechtliche Vereinbarungen, sondern auch an außerrechtliche Wege der Verständigung zu denken[126]. Jedoch ist auch dieser Weg einer rechtlichen oder außerrechtlichen Kooperation meist außerordentlich steinig, sobald divergierende politische Interessen auf dem Spiele stehen.

§ 53 Außervertragliche Schuldverhältnisse

I. Allgemeines

Das Recht der außervertraglichen Schuldverhältnisse, namentlich Geschäftsführung ohne Auftrag, ungerechtfertigte Bereicherung und deliktische Haftung, ist im EGBGB bislang nicht kodifiziert. Das Gesetz enthält nur bruchstückhafte Regelungen – in Art. 32 I Nr. 5 zum Bereicherungsrecht und in Art. 38 (Art. 12 EGBGB a. F.) zum Deliktsrecht. Eine Kodifikation des gesamten Gebiets der außervertraglichen Schuldverhältnisse sieht ein im Bundesjustizministerium erarbeiteter Referentenentwurf eines Gesetzes zur Ergänzung des IPR vor (EGBGB-Entwurf), dessen Bestimmungen im folgenden mit herangezogen werden[1].

1. Die unsere Epoche der IPR-Geschichte kennzeichnende *Abkehr von starren Kollisionsnormen* zeigt sich besonders deutlich im Bereich der außervertraglichen Schuldverhältnisse, und hier namentlich im Deliktsrecht. In

---

[126] Über Ansätze berichtet *Immenga*, Extraterritoriale Rechtsanwendung zwischen Recht und Politik: FS Neumayer (1985) 323 (333 ff.).

[1] Der Entwurf datiert vom 15. 5. 1984 und baut inhaltlich auf Vorschlägen des Deutschen Rates für IPR auf; vgl. Vorschläge... (1972) und (1983). Nach erneuter Beratung des Internationalen Sachenrechts im Deutschen Rat und nach Anhörung der Länder soll in Kürze ein verbesserter Referentenentwurf vorgelegt werden. Der vorläufige Entwurf von 1984 ist im Anhang abgedruckt.

den Vereinigten Staaten entzündete sich die sog. Revolution im IPR vor allem an deliktsrechtlichen Fällen (vgl. oben § 10 IV). Während man in den Vereinigten Staaten die Starrheit früherer Regeln teilweise dadurch zu vermeiden sucht, daß man auf Anknüpfungsregeln überhaupt verzichtet und sich auf eine bloße Methodik fallrechtlicher Argumentation zur Erzielung rationaler Ergebnisse verläßt, geht man in Kontinentaleuropa den Weg einer Verfeinerung der Kollisionsnormen: Die herkömmlichen Grundregeln werden durch zusätzliche allgemeine Regeln aufgelockert und einzelne Abweichungen für besondere Tatbestandstypen zugelassen. Für atypische Fälle wird eine Ausweichklausel erwogen (vgl. unten V 4).

2. Die Beachtung eines *Renvoi* kann die eigenen verfeinerten Kollisionsregeln aushebeln. Trotzdem wurde der Renvoi vom Gesetzgeber nur für das vertragliche Schuldrecht ausgeschlossen (Art. 35 I EGBGB), während er für das außervertragliche Schuldrecht nach der Regel des Art. 4 EGBGB grundsätzlich zu beachten ist (vgl. dazu oben § 24 II 7 c). Unberücksichtigt bleibt ein Renvoi aber jedenfalls dann, wenn die Parteien das anwendbare Recht (nachträglich) gewählt haben (Art. 4 II EGBGB) oder wenn der außervertragliche Anspruch akzessorisch dem renvoifeindlichen Vertragsstatut folgt (dazu unten II 3 b, III 1 und V 3). Der EGBGB-Entwurf (Art. 42 II) will den Renvoi gänzlich ausschließen.

II. Geschäftsführung ohne Auftrag

Die Geschäftsführung ohne Auftrag begegnet uns im IPR verhältnismäßig selten[2].

1. Als *Grundregel* gilt nach herrschender Meinung und Art. 39 I EGBGB-Entwurf, daß die beiderseitigen Ansprüche dem Recht des Staates unterliegen, in dem das Geschäft vorgenommen worden ist. Diese Regel hat den Vorteil der Einfachheit und der Neutralität: Eine Anknüpfung an den gewöhnlichen Aufenthalt des Geschäftsführers oder des Geschäftsherrn würde jeweils eine Partei kollisionsrechtlich bevorzugen[3]. Bei einer Einwirkung auf fremde Sachen liegt

---

[2] Vgl. zu ihr *von Hoffmann*, Das auf die Geschäftsführung ohne Auftrag anzuwendende Recht, in: Vorschläge... (1983) 80; *Degner*, Kollisionsrechtliche Anknüpfung der Geschäftsführung ohne Auftrag, des Bereicherungsrechts und der culpa in contrahendo: RIW 1983, 825; *ders.*, Kollisionsrechtliche Probleme zum Quasikontrakt (1984); besonders eingehend *Wandt*, Die Geschäftsführung ohne Auftrag im IPR (1989).

[3] Für Anknüpfung an den Wohnsitz des Geschäftsherrn aber z. B. *Palandt-Heldrich* Art. 28 Anm. 4 i.

eine Anknüpfung an das Belegenheitsrecht nahe[4], das freilich in der Regel mit dem Recht am Vornahmeort zusammenfällt.

Ohnehin gelten von der Anknüpfung an den Ort der Geschäftsführung verschiedene Abweichungen, die durch den jeweiligen Typus der Geschäftsführung ohne Auftrag oder durch allgemeine Auflockerungsgrundsätze für außervertragliche Schuldverhältnisse veranlaßt sein können.

2. Unter den einzelnen *Typen* der Geschäftsführung ohne Auftrag verlangt die *Hilfeleistung auf hoher See* schon deshalb eine Abweichung von der Grundregel der Maßgeblichkeit des Vornahmeortes, weil dieser in staatsfreiem Gebiet liegt. Die somit notwendige Entscheidung zwischen dem Heimatrecht des rettenden und des geretteten Schiffes wird zugunsten des geretteten Schiffes getroffen (Art. 39 II EGBGB-Entwurf) – nicht zuletzt deshalb, weil im Heimatstaat des geretteten Schiffes geklagt werden kann, so daß sich ein zweckmäßiger Gleichlauf zwischen forum und ius ergibt[5]. Diese Lösung ist zwar insofern nicht unbedenklich, als der Rettende die charakteristische Leistung erbringt, so daß bei Vorliegen eines Auftrags sein Recht zur Anwendung käme (vgl. oben § 52 III 2). Einen Unterschied zum Vertragsrecht kann man aber darin sehen, daß die Hilfeleistung dem Geretteten möglicherweise aufgedrängt wurde.

Die praktische Bedeutung der Frage wird dadurch gemindert, daß bei Beteiligung eines Schiffes aus einem Vertragsstaat das Übereinkommen zur einheitlichen Feststellung von Regeln über die Hilfsleistung und Bergung in Seenot von 1910 eingreift, das für die Bundesrepublik Deutschland in Kraft steht. Außerdem wird in der Praxis meist ein Bergungsvertrag mit Schiedsklausel geschlossen, so daß weder die Regeln über eine Geschäftsführung ohne Auftrag noch die staatlichen Gerichte berufen sind.

Liegt die Geschäftsführung in der *Tilgung einer fremden Verbindlichkeit*, so gilt für den Regreßanspruch des Zahlenden das Recht, das auf die Verbindlichkeit anzuwenden ist. Dies will Art. 39 III EGBGB-Entwurf ausdrücklich festlegen. Die Akzessorietät ist durch den sachlichen Zusammenhang mit der getilgten Schuld gerechtfertigt: Wie im materiellen Recht der Regreß des Geschäftsführers die Befreiung von der ursprünglichen Schuld voraussetzt, so soll auch im IPR die Rechtsordnung, die an die Zahlung durch einen Dritten die Tilgungswirkung knüpft, über den Ausgleich zwischen dem zahlenden Geschäftsführer und dem Schuldner befinden[6]. Infolgedessen richtet sich beispielsweise der Ausgleichsanspruch des Geschäftsführers für die Zahlung einer fremden Kaufpreisschuld nach dem Kaufvertragsstatut.

---

[4] Siehe z. B. *Wandt* (vorletzte Note) 119 ff. (141) m. w. Nachw.
[5] Zum geltenden Recht näher *Reithmann/Martiny* Rz. 267.
[6] Treffend *von Hoffmann* (oben N. 2) 93.

3. Eine *Auflockerung* der Regelanknüpfung an den Vornahmeort und der Sonderanknüpfungen für besondere Typen der Geschäftsführung ohne Auftrag ist nach den für alle außervertraglichen Schuldverhältnisse geltenden Grundsätzen möglich (näher unten V). Hier sei nur folgendes kurz bemerkt.

a) Die *Parteiautonomie* ermöglicht es den Parteien, nach der Geschäftsführung, etwa im Prozeß, eine Vereinbarung über das anwendbare Recht zu treffen (bei einer Vereinbarung vor der Geschäftsführung wird ein Auftrag anzunehmen sein). Der EGBGB-Entwurf (Art. 42 I) erkennt die Möglichkeit einer nachträglichen Rechtswahl an.

b) Eine *akzessorische Anknüpfung* an das Vertragsstatut ist angezeigt, wenn die Geschäftsführung ohne Auftrag durch eine zwischen Geschäftsführer und Geschäftsherrn bestehende vertragliche Beziehung veranlaßt wird, etwa indem ein erteilter Auftrag überschritten wird[7]. In diesen Fällen ist die Anknüpfung an das von den Parteien gewählte oder objektiv bestimmte Vertragsstatut sachgerecht, weil ein innerer Zusammenhang zwischen der Geschäftsführung und dem Vertrag besteht (vgl. § 47 öst. IPR-Gesetz), und auch praktisch, weil Abgrenzungsprobleme zwischen zwei verschiedenen Statuten vermieden werden. Der EGBGB-Entwurf läßt die akzessorische Anknüpfung gemäß Art. 41 II zu.

c) Schließlich kann auch das *gemeinsame Personalstatut* der Parteien zu einer Auflockerung führen. Jedoch entscheidet – hier wie sonst im Schuldrecht – nicht die gemeinsame Staatsangehörigkeit[8], sondern in der Regel der gemeinsame gewöhnliche Aufenthalt[9].

III. Ungerechtfertigte Bereicherung

Bei Ansprüchen aus ungerechtfertigter Bereicherung sind ebenfalls verschiedene Typen zu unterscheiden und zusätzlich die für alle außervertraglichen Schuldverhältnisse bestehenden Auflockerungsgrundsätze zu beachten[10]. Der EGBGB-Entwurf bringt keine wesentlichen Neuerungen, verdeutlicht aber die geltende Rechtslage.

1. Die *Leistungskondiktion* unterliegt der Rechtsordnung, die auf das Rechtsverhältnis anzuwenden ist, auf das die Leistung bezogen ist (Art. 38 I EGBGB-Entwurf). Für die wichtigste Fallgruppe, die Rückabwicklung nichtiger

---

[7] So überwiegend das deutsche Schrifttum; siehe etwa *Kegel* § 18 II; *Ferid* Rz. 6–202.
[8] Anders *Kegel* (vorige Note).
[9] So auch Art. 41 II EGBGB-Entwurf.
[10] Siehe *Schlechtriem*, Bereicherungsansprüche im IPR, in: Vorschläge... (1983) 29.

Verträge, ergibt sich diese Regel bereits aus Art. 32 I Nr. 5 EGBGB. Sie entspricht im übrigen der herrschenden Auffassung in der Literatur sowie der ständigen Rechtsprechung[11] und der in vielen ausländischen Rechtsordnungen geltenden Lösung[12].

Der innere Grund für die Anknüpfung liegt in der Funktion der Leistungskondiktion, eine gescheiterte Schuldbeziehung abzuwickeln; mit dieser besteht ein enger Zusammenhang, den das Kollisionsrecht berücksichtigt. Es erscheint auch zweckmäßig, die Leistungskondiktion demselben Recht zu unterstellen wie andere Rechtsbehelfe zur Rückabwicklung gescheiterter Schuldbeziehungen (z. B. Rücktritts- oder Schadenersatzansprüche), um eine Anwendung verschiedener Rechtsordnungen auf die Rückabwicklung und daraus resultierende Spannungen zu vermeiden.

2. Die *Eingriffskondiktion* soll sich gemäß Art. 38 II EGBGB-Entwurf nach dem Recht des Staates richten, in dem der Eingriff geschehen ist. Diese Grundregel ermöglicht einen Gleichlauf mit der Anknüpfung deliktsrechtlicher Ansprüche (vgl. unten IV 1), die mit den Bereicherungsansprüchen konkurrieren können. Demgegenüber hat man bisher bereicherungsrechtliche Ansprüche aus Eingriffen in Sachenrechte, z. B. Ansprüche aus Eigentumsverlust durch Verbindung, Vermischung oder Verarbeitung oder durch Verfügung eines Nichtberechtigten, meist dem Belegenheitsrecht unterworfen[13]. Indes dürfte dies im allgemeinen nur ein Unterschied in der Formulierung und nicht im Ergebnis sein, da ein Auseinanderfallen von Eingriffsort und Belegenheitsort nur in seltenen Fällen denkbar ist[14].

3. *Sonstige Bereicherungsansprüche*, also Ansprüche außerhalb der Leistungs- und Eingriffskondiktion, unterstellt Art. 38 III EGBGB-Entwurf in Übereinstimmung mit der derzeitigen Rechtslage dem Recht des Staates, in dem die Bereicherung eingetreten ist. Zu denken ist etwa an die – seltenen – Fälle der abgeirrten Leistung[15] oder rechtsgrundlosen Verwendung. Das österreichische und das schweizerische IPR berufen für alle Nichtleistungskondik-

---

[11] Vgl. etwa BGH 9.3.1979, BGHZ 73, 391 (393) = IPRspr. 1979 Nr. 7 S. 34; *Reithmann/Martiny* Rz. 244 m. w. Nachw.
[12] Siehe etwa § 46 Satz 2 öst. IPR-Gesetz; Art. 128 I schweiz. IPR-Gesetz; ferner *W. Lorenz*, Der Bereicherungsausgleich im deutschen IPR und in rechtsvergleichender Sicht: FS Zweigert (1981) 199; *Hay*, Ungerechtfertigte Bereicherung im IPR (1978) 18 ff.
[13] Vgl. etwa *W. Lorenz*, IPRax 1985, 328; *Reithmann/Martiny* Rz. 257 ff.
[14] *Schlechtriem* (oben N. 10) 50 nennt als Beispiel die Verfügung über fremde Sachen vermittels Traditionspapier.
[15] Zweifelhaft BGH 25. 9. 1986, NJW 1987, 185 = IPRspr. 1986 Nr. 35 b: die irrtümlich in zehnfacher Höhe ausgeführte grenzüberschreitende Überweisung sei keinem (vermeintlichen) Schuldverhältnis, an das angeknüpft werden könnte, zuzurechnen; siehe dazu auch *Jayme*, IPRax 1987, 186 f.; *Schlechtriem*, JZ 1988, 864.

tionen einschließlich der Eingriffskondiktion grundsätzlich das Recht am Ort des Bereicherungseintritts[16].

4. Für eine *Auflockerung* der geschilderten Anknüpfungsregeln bestehen – wie bei der Geschäftsführung ohne Auftrag (vgl. oben II 3) – die für alle außervertraglichen Schuldverhältnisse gegebenen Möglichkeiten (näher unten V): Die Parteien können sich über das anwendbare Recht nachträglich einigen[17]. Der Bereicherungsanspruch kann (auch bei Nichtleistungskondiktionen) akzessorisch dem Vertragsstatut folgen, mit dem die Bereicherung einen inneren Zusammenhang aufweist (vgl. Art. 41 II EGBGB-Entwurf); so ist beispielsweise die Verwendungskondiktion dann dem Vertragsstatut zu unterstellen, wenn die Verwendung im Vertrauen auf die Gültigkeit eines in Wahrheit nichtigen Vertrages erfolgte. Schließlich kann sich bei allen Kondiktionsarten – außer der Leistungskondiktion – die engste Verbindung aus dem gemeinsamen gewöhnlichen Aufenthalt von Bereichertem und Entreichertem ergeben (vgl. Art. 41 II EGBGB-Entwurf). Für die Leistungskondiktion ist eine Auflockerung durch das gemeinsame Personalstatut in Art. 32 I Nr. 5 EGBGB mit Recht nicht vorgesehen, da bei dieser Kondiktionsart die Verbindung zu dem gescheiterten Vertrag in jedem Fall überwiegt.

IV. Delikt

Der praktisch bedeutsamste, aber auch der vielschichtigste und umstrittenste Teil der außervertraglichen Schuldverhältnisse ist die deliktische Haftung. Hier hat sich – wie eingangs erwähnt – namentlich in den Vereinigten Staaten eine dramatische Weiterentwicklung des Kollisionsrechts vollzogen, und in Europa ist die Auflockerung des Deliktsstatuts ebenfalls, wenn auch in geordneteren Bahnen, deutlich vorangeschritten[18].

Das EGBGB enthält zum Deliktsrecht bislang einzig die Inländerschutzklausel des Art. 38 EGBGB (Art. 12 EGBGB a. F.), aus der man nur mit Mühe die Grundregel herauslesen kann, daß deliktische Ansprüche nach dem Recht des Begehungsortes zu beurteilen sind (vgl. oben § 12 IV 3). Der EGBGB-Entwurf will die Grundregel deutlicher formulieren und die Auflockerungsmöglichkei-

---

[16] Siehe § 46 Satz 1 öst. IPR-Gesetz; Art. 128 II schweiz. IPR-Gesetz.
[17] So auch Art. 42 I EGBGB-Entwurf. In Art. 128 II schweiz. IPR-Gesetz wird nur die Wahl des Rechts am Gerichtsort zugelassen, die praktisch ohnehin im Vordergrund steht.
[18] Rechtsvergleichend etwa *Trutmann*, Das IPR der Deliktsobligationen (1973), bespr. in AcP 177 (1977) 382; *Hohloch*, Das Deliktsstatut (1984), bespr. in AcP 186 (1986) 321; *de Boer*, Beyond Lex Loci Delicti: Conflicts Methodology and Multistate Torts in American Case Law (1987), bespr. durch *Reese*, Am. J. Comp. L. 36 (1988) 583.

§ 53 Außervertragliche Schuldverhältnisse § 53 IV

ten festlegen[19]. Er verzichtet aber – mit Ausnahme des unlauteren Wettbewerbs (Art. 40 II Nr. 2 EGBGB-Entwurf) – auf Sonderregeln für einzelne Deliktstypen, obgleich diese vielfältig und von unterschiedlichstem Charakter sind (vgl. unten V).

1. Die Anknüpfung an den *Begehungsort* (Tatort) steht traditionell im Vordergrund. Bei der Bestimmung des Begehungsortes sind drei mögliche Deutungen dieses Begriffs zu unterscheiden: Handlungsort (im engeren Sinne), Verletzungsort und Schadensort.

a) *Handlungsort* ist der Ort, an dem der Täter sich bei Begehung der Tat befindet (wenn er schießt, einen Brief schreibt oder absendet, eine erforderliche Kontrolle unterläßt), wobei die Tat sich auch aus mehreren Akten zusammensetzen kann, während bloße Vorbereitungshandlungen grundsätzlich nicht entscheidend sind. Diese Art der Lokalisierung stellt in der Hauptsache auf die Person des Täters ab und ist historisch wohl ein Relikt moralischer Beurteilung: der Täter soll durch die Schadenersatzpflicht bestraft, abgeschreckt, erzogen werden. Praktisch führt die Anknüpfung an den Handlungsort dazu, daß riskante Unternehmen durch Haftungsausschlußgesetze dieses Ortes übermäßig begünstigt werden können.

b) *Verletzungs- oder Erfolgsort* (place of injury) ist derjenige Ort, an dem das unmittelbar betroffene Rechtsgut (Interesse) zur Zeit der Verletzung sich befindet bzw. lokalisiert wird (wo die Kugel trifft, der Brief gelesen wird, mangels Kontrolle des Fahrzeugs sich ein Unfall ereignet). Dieser Ort bietet sich aus zivilrechtlicher Sicht an, wenn wir neben der alten Verschuldenshaftung auch die Gefährdungshaftung berücksichtigen: Nicht der Unwert der Handlung, sondern die Verletzung eines schützenswerten Rechtsgutes erscheint als bestimmend für die Haftung. Allerdings kann der Verletzungsort vom Standpunkt des Schädigers wie des Geschädigten zufällig sein (die Kugel ist nur als Querschläger über die Grenze geflogen, der Brief wurde ins Ausland nachgesandt, das fehlerhafte Fahrzeug verunglückte auf der Durchreise durch ein fremdes Land). Immerhin ist er gegenüber dem Interesse jeder Partei, das ihr am ehesten bekannte eigene Recht angewandt zu sehen, eine typisch neutrale Anknüpfung.

c) *Schadensort* ist der Platz, wo ein weiterer Schaden eintritt (der Angeschossene im Krankenhaus einen Rückfall erleidet, der Briefempfänger ruinöse Dispositionen trifft, das verunglückte Fahrzeug vollends zusammenbricht).

---

[19] Zu den Grundfragen der Reform siehe *W. Lorenz*, Einige Überlegungen zur Reform des deutschen internationalen Deliktsrechts, in: Europäisches Rechtsdenken in Geschichte und Gegenwart, FS Coing II (1982) 257; *ders.*, Die allgemeine Grundregel betreffend das auf die außervertragliche Schadenshaftung anzuwendende Recht, in: Vorschläge... (1983) 97.

Diese Anknüpfung kommt dem Entschädigungszweck der Haftung in der Regel am nächsten, kann aber bei mehrfachem Schaden zu einer Zersplitterung des Anspruchs führen und zu völlig unabsehbaren Folgen für den Haftenden. Außerdem paßt sie nicht für deliktische Unterlassungsklagen, die keinen wirklich entstandenen Schaden voraussetzen. Es besteht deshalb Einigkeit, daß der Ort des Eintritts weiterer Schäden als Anknüpfungspunkt ausscheidet.

d) Schwierigkeiten bereitet eine grundsätzliche *Entscheidung zwischen Handlungs- und Erfolgsort*. Meist ist sie entbehrlich, weil beide Orte zusammenfallen. Aber bei den sog. *Distanzdelikten* (dem Schuß über die Grenze, der falschen brieflichen Kreditauskunft im internationalen Handel, dem fehlerhaften, auf einer Auslandsreise verunglückenden Fahrzeug) muß eine Entscheidung getroffen werden.

Manche Rechte wählen im Grundsatz den Handlungsort (so z. B. § 48 I 1 öst. IPR-Gesetz), andere den Erfolgsort (so z. B. Art. 133 II 2 schweiz. IPR-Gesetz). In Deutschland wendet die Rechtsprechung schon seit 1888[20] zugunsten des Verletzten alternativ das Recht des Handlungs- oder des Erfolgsortes an (Günstigkeitsprinzip; vgl. oben § 20 II). Der Richter muß das günstigere Recht grundsätzlich von Amts wegen ermitteln[21]; der Geschädigte kann sich nach der Rechtsprechung aber auch eine der beiden Rechtsordnungen für die Begründung seiner Ansprüche selbst aussuchen[22]. Der EGBGB-Entwurf will die sog. *Ubiquitätslehre* bei Auseinanderfallen von Handlungs- und Verletzungsort in Art. 40 I zum Gesetz erheben.

Die *Begründung* für die Alternativität war in der zitierten Entscheidung des Reichsgerichts rein begriffsjuristisch: Bei einem Delikt, „dessen Thatbestand sich örtlich an zwei verschiedene Punkte knüpft, ...sind daher beide Orte als Orte der Begehung des Deliktes anzusehen, und daraus ergibt sich, daß letzteres mit seinen hier streitigen Folgen von dem an dem einen *und* dem anderen Orte bestehenden Rechte beherrscht wird"[23]. Ob dabei ein favor laesi im Spiele war oder einfach das Vorbild der Rechtsprechung zum forum delicti im Straf- und Zivilprozeß[24], ist ungewiß. In der Literatur wird als Rechtfertigung mitunter ausdrücklich „die Sympathie mit dem Opfer" genannt[25]. Der EGBGB-Entwurf beruft sich auf die entsprechende Auslegung der Zuständigkeitsnormen (Art. 5 Nr. 3 EuGVÜ, § 32 ZPO; dazu unten § 58 II 2 a. E.), auf das Interesse des Geschädigten sowie auf den Vorteil, daß die Gerichte aufgrund der Alternativität Schadensfälle vielfach nach der ihnen vertrauten eigenen Rechtsordnung beurteilen

---

[20] RG 20.11.1888, RGZ 23, 305: falsche briefliche Kreditauskunft.
[21] BGH 23.6.1964, NJW 1964, 2012 = IPRspr. 1964–65 Nr. 51; 17.3.1981, BGHZ 80, 199 = IPRspr. 1981 Nr. 25.
[22] BGH 6.11.1973, NJW 1974, 410 = IPRspr. 1973 Nr. 137; 9.10.1986, NJW 1987, 1323 = IPRspr. 1986 Nr. 116. Anders *Kegel* § 18 IV 1 a aa.
[23] RG (oben N. 20) 306.
[24] Vgl. die Bezugnahme auf die entsprechenden Entscheidungen in RG 15.5.1891, RGZ 27, 418 (420).
[25] *Kegel* § 18 IV 1 a aa.

können. Die Möglichkeit, öfter nach der lex fori entscheiden zu können, hat zum Erfolg der Ubiquitätslehre in Deutschland sicher entscheidend beigetragen[26].

Insgesamt vermag eine auf das gesamte Deliktsrecht erstreckte Alternativität zwischen Handlungs- und Erfolgsort nicht zu überzeugen, so daß es kaum überrascht, daß diese Lösung in ausländischen Kollisionsrechten nur selten anzutreffen ist[27]. Es gibt nämlich weder einen Grund, den Verletzten bei jedem internationalen Delikt besser zu stellen als bei einem rein nationalen Sachverhalt, und es ist auch keine internationale Tendenz im materiellen Deliktsrecht feststellbar, den Geschädigten bei jeder Art von Deliktstyp zu begünstigen[28]. Die für alle Deliktstypen vorgesehene Alternativität vermittelt daher den Eindruck einer Verlegenheitslösung, bei der sich der Gesetzgeber bzw. die Rechtsprechung nicht zwischen zwei ungefähr gleich naheliegenden Anknüpfungen entscheiden mag. Überzeugender erscheint der Ansatz, den beispielsweise der Schweizer Gesetzgeber gewählt hat, nämlich grundsätzlich auf den Verletzungsort abzustellen, weil im modernen Haftungsrecht der Rechtsgüterschutz gegenüber dem Handlungsunrecht im Vordergrund steht, während eine Alternativität nur bei bestimmten Deliktstypen in Frage kommt, bei denen besondere rechtspolitische Gründe für einen verstärkten Schutz des Geschädigten sprechen, wie etwa bei grenzüberschreitenden Umweltbeeinträchtigungen (vgl. Art. 138 schweiz. IPR-Gesetz)[29] oder bei der Produkthaftung (näher unten VI 3).

2. Der *Anwendungsbereich* des Deliktsstatuts umfaßt die Voraussetzungen und die Folgen der Haftung, gleichgültig ob es sich um Verschuldens- oder Gefährdungshaftung handelt. Zu den Haftungsvoraussetzungen zählen etwa der Kreis der geschützten Rechtsgüter, Rechtswidrigkeit, Kausalität und Verschulden sowie die Deliktsfähigkeit und die Haftung für Dritte, beispielsweise Verrichtungsgehilfen. Unter die Folgen der Haftung fällt vor allem die Bestimmung von Art, Umfang und Höhe des Schadenersatzes (z. B. Naturalrestitution oder Geldersatz, Schmerzensgeld).

a) Im Unfallrecht sind *Sicherheits- und Verhaltensvorschriften* grundsätzlich dem Recht des Handlungsortes zu entnehmen, auch wenn auf die deliktische Haftung, etwa infolge einer Auflockerung des Deliktsstatuts (unten V), ein anderes Recht anzuwenden ist[30].

---

[26] Vgl. auch *von Bar*, Grundfragen des Internationalen Deliktsrechts: JZ 1985, 961 (963f.).
[27] Die Lösung übernehmen § 32 II ung. GesetzesVO 13/1979 und Art. 28 I jug. IPR-Gesetz 1982.
[28] Vgl. zu den Anforderungen an eine berechtigte Alternativität oben § 20 II 3.
[29] Vgl. etwa *Rest*, Die Wahl des günstigeren Rechts im grenzüberschreitenden Umweltschutz (1980); *Sturm*, Immissionen und Grenzdelikte, in: Vorschläge... (1983) 338.
[30] Siehe aus der deutschen Rechtsprechung BGH 23. 11. 1971, BGHZ 57, 265 = IPRspr. 1971 Nr. 18; 8. 3. 1983, BGHZ 87, 95 (97) = IPRspr. 1983 Nr. 31 S. 92. Umfassend *Stoll*, Die

§ 53 IV   VII. Kapitel: Die einzelnen Rechtsgebiete

b) Die Frage, ob dem Verletzten ein *Direktanspruch gegen die Haftpflichtversicherung* des Schädigers zusteht, beantwortet die Rechtsprechung bislang nach dem Deliktsstatut und nicht nach dem Statut des Versicherungsvertrages, da es sich nicht um einen vertraglichen, sondern um einen gesetzlichen Anspruch handelt, durch den die deliktsrechtliche Stellung des Verletzten gestärkt werden soll[31]. Um dem im materiellen Recht enthaltenen Gedanken des Opferschutzes auch kollisionsrechtlich zum Durchbruch zu verhelfen, sieht demgegenüber Art. 40 III EGBGB-Entwurf die alternative Maßgeblichkeit von Deliktsstatut und Versicherungsvertragsstatut vor; der Direktanspruch steht dem Verletzten danach auch dann zu, wenn nur das Recht, dem der Versicherungsvertrag unterliegt, den Anspruch gewährt[32].

c) Die deliktische Haftung von *Staaten* und ihren Bediensteten gegenüber Privaten[33] richtet sich im Bereich *hoheitlichen Handelns* nicht nach dem Deliktsstatut, sondern nach dem Recht des Amtsstaates[34]. Hier wird das Ordnungsinteresse des Staates anerkannt, mit der Organisation der Verwaltung zugleich die Rechtsfolgen von Fehlern, die ihr unterlaufen, festzulegen, selbst wenn die Rechtsgutverletzung ausnahmsweise im Ausland eintritt[35]. Auch eine hilfsweise eintretende persönliche Haftung des Amtsträgers wird man im allgemeinen zweckmäßigerweise dem Recht des Amtsstaates entnehmen. Da die Amtshaftung nach deutschem Recht trotz ihrer historisch bedingten Ausgestaltung – Eigenhaftung des Beamten nach § 839 BGB, gekoppelt mit privativer Schuldübernahme des Staates nach Art. 34 GG – als einheitlicher Anspruch gegen den Staat zu verstehen ist, sollte man sie schon deshalb einheitlich anknüpfen und nicht etwa kollisionsrechtlich in eine dem allgemeinen Deliktsstatut unterliegende Eigenhaftung des Beamten und eine davon zu trennende Haftungsübernahme des Staates aufspalten. Für die Geltendmachung von Ansprüchen gegen ausländische Staaten fehlt im übrigen regelmäßig die Gerichtsbarkeit (vgl. unten § 57 I 3), so daß deutsche Gerichte meist nur bei Inzident-

---

Behandlung von Verhaltensnormen und Sicherheitsvorschriften, in: Vorschläge... (1983) 160.

[31] Grundlegend BGH 23. 11. 1971 (vorige Note); siehe zur Problematik auch *Mansel*, Direktansprüche gegen den Haftpflichtversicherer (1986).

[32] Ebenso z.B. Art. 141 schweiz. IPR-Gesetz; im Schrifttum etwa *Hübner*, Der Direktanspruch gegen den Kraftfahrzeughaftpflichtversicherer im IPR: VersR 1977, 1069 (1075).

[33] Die Haftung von Staaten untereinander bestimmt sich nach den Regeln des Völkerrechts; dazu grundlegend *von Münch*, Das völkerrechtliche Delikt in der modernen Entwicklung der Völkerrechtsgemeinschaft (1963); siehe im übrigen etwa *Verdross/Simma*, Universelles Völkerrecht³ (1984) Kap. 10 m. w. Nachw.

[34] Vgl. etwa *Palandt-Heldrich* Art. 38 Anm. 3 a; *Soergel-Lüderitz* Art. 12 Rz. 23 m. w. Nachw.

[35] *Schurig*, Internationalrechtliches zum Staatshaftungsgesetz: JZ 1982, 385 (387 f.).

prüfungen vor der Aufgabe stehen, ausländisches Staats- oder Amtshaftungsrecht anzuwenden[36].

Für die Haftung des Staates und seiner Bediensteten im Bereich *privatrechtlichen Handelns* gilt – wie sonst – das Deliktsstatut.

3. Eine *Begrenzung* des Schadenersatzes, den inländische Gerichte zuerkennen können, kann aus dem deutschen *ordre public* folgen. So wird der deutsche Richter davon absehen, in Anwendung eines ausländischen Rechts, das die Institute des Straf- und Mehrfachschadenersatzes kennt (punitive and treble damages), einen Schadenersatz in mehrfacher Höhe des wirklich erlittenen Schadens zuzusprechen[37]. Der Schweizer Gesetzgeber hat durch spezielle Vorbehaltsklauseln für in der Schweiz geltend gemachte Ansprüche aus Produkthaftung und Wettbewerbsbehinderung ausdrücklich festgelegt, daß keine weitergehenden Leistungen zugesprochen werden dürfen, als nach schweizerischem Recht begründet wären (Artt. 135 II, 137 II IPR-Gesetz).

Demgegenüber hat eine Inländerschutzklausel wie Art. 38 EGBGB (Art. 12 EGBGB a.F.), die allein auf die deutsche Staatsangehörigkeit des Schädigers abstellt und ihn vor allen über das deutsche Recht hinausgehenden Ansprüchen schützt, keine Berechtigung; denn nicht die Begünstigung der eigenen Staatsangehörigen ist Ziel des IPR, sondern die Schaffung einer gerechten Ordnung, die internationalen Entscheidungseinklang ermöglicht. Die Vorschrift sollte deshalb gestrichen werden[38].

V. Auflockerung

Das Bedürfnis nach einer Auflockerung der Grundregel ist im Deliktsrecht besonders ausgeprägt, da der Begehungsort nicht selten als zufällig erscheint. Es ist deshalb nicht immer von der Tatortregel, sondern vielmehr von einem differenzierten Anknüpfungssystem auszugehen[39]. Diese Differenzierung schließt die Notwendigkeit ein, bei Beteiligung mehrerer Personen an einer unerlaubten Handlung das anwendbare Recht für jede von ihnen gesondert zu bestimmen[40].

---

[36] Siehe etwa OLG Stuttgart 25.11.1970, IPRspr. 1970 Nr. 89: Schweizer Recht bedeutsam im Rahmen des Verweisungsprivilegs nach § 839 I 2 BGB.

[37] Vgl. zur Problematik auch *Stiefel/Stürner*, Die Vollstreckbarkeit US-amerikanischer Schadensersatzurteile excessiver Höhe: VersR 1987, 829.

[38] So die ganz überwiegende Meinung in der deutschen Wissenschaft; vgl. Vorschläge... (1983) 28. Zurückhaltend BegrRegE, BT-Drucks. 10/504, 34: „verbesserungsfähig".

[39] Grundlegend *Morris*, The Proper Law of a Tort: Harv. L. Rev. 64 (1950/51) 881, bespr. in RabelsZ 16 (1951) 651; *Binder*, Zur Auflockerung des Deliktsstatuts: RabelsZ 20 (1955) 401; *Kropholler*, Ein Anknüpfungssystem für das Deliktsstatut: RabelsZ 33 (1969) 602.

[40] So ausdrücklich Art. 140 schweiz. IPR-Gesetz. Siehe zur Spaltung des Deliktsstatuts und

§ 53 V VII. Kapitel: Die einzelnen Rechtsgebiete

1. Die *Parteiautonomie* ermöglicht es den Beteiligten, das für die unerlaubte Handlung maßgebende Recht zu wählen (näher zur Parteiautonomie oben § 40). Das ist für das Deliktsrecht von der Rechtsprechung bereits anerkannt[41]. In Art. 42 I EGBGB-Entwurf wird die praktisch im Vordergrund stehende nachträgliche Rechtswahl ebenfalls zugelassen.

2. Ein *gemeinsames Personalstatut* stellt ein dauerhaftes verbindendes Element zwischen Schädiger und Verletztem dar, dem gegenüber der Begehungsort als flüchtigeres Kriterium zurückzutreten hat. Wenn etwa zwei deutsche Urlauber im Ausland mit ihren Fahrzeugen zusammenstoßen, wird die Schadenersatzfrage weniger durch den ausländischen Tatort geprägt als durch die gemeinsame Rechtsumwelt, der die Parteien entstammen. Es ist deshalb deutsches Recht maßgebend.

Eine gesetzliche Grundlage für die Maßgeblichkeit des gemeinsamen Personalstatuts besteht in Deutschland seit dem kriegsbedingten Erlaß der Verordnung über die Rechtsanwendung bei Schädigungen deutscher Staatsangehöriger außerhalb des Reichsgebiets von 1942[42]. Diese Verordnung, deren Fortgeltung von der Praxis bejaht wird, schreibt bei Schädigung eines Deutschen durch einen anderen Deutschen im Ausland die Anwendung deutschen Rechts für sämtliche außervertraglichen Ansprüche auf Schadenersatz vor. Die Verordnung wird einerseits eingeschränkt, indem außer der gemeinsamen deutschen Staatsangehörigkeit ein gemeinsamer gewöhnlicher Aufenthalt im Inland verlangt wird[43]; denn die Staatsangehörigkeit allein kann heute im Schuldrecht als entscheidendes Anknüpfungsmoment nicht mehr überzeugen. Anderseits wird der so gewonnene Rechtssatz auch auf Ausländer angewandt: bei gemeinsamer ausländischer Staatsangehörigkeit und gemeinsamem gewöhnlichen Aufenthalt im Heimatland gilt ebenfalls das gemeinsame Personalstatut von Schädiger und Verletztem[44].

Die deutsche Rechtsprechung hält sich bislang nicht für befugt, den gemeinsamen gewöhnlichen Aufenthalt allein als ausreichendes Auflockerungskriterium anzuerkennen[45]. Vielmehr ist der BGH in mehreren Entscheidungen zu Verkehrsunfällen den steinigen Weg gegangen, verschiedene Fallgruppen zu bilden und dabei gemeinsame Staatsangehörigkeit, gemeinsamen gewöhnlichen Aufenthalt (und Zulassung der Fahrzeuge) sowie den Tatort jeweils zu

---

zum Ausgleich unter mehreren Tätern *Stoll*, Rechtskollisionen bei Schuldnermehrheit, in: FS Müller-Freienfels (1986) 631 (643 ff., 648 ff.).

[41] Vgl. etwa BGH 6. 11. 1973, NJW 1974, 410 = IPRspr. 1973 Nr. 137; 24. 9. 1986, BGHZ 98, 263 (274) = IPRspr. 1986 Nr. 144 S. 344.

[42] RGBl. 1942 I 706.

[43] Vgl. BGH 8. 3. 1983, BGHZ 87, 95 (100 ff.) = IPRspr. 1983 Nr. 31 S. 93 ff.

[44] Vgl. etwa *Palandt-Heldrich* Art. 38 Anm. 2 b cc m. Nachw.

[45] Deutlich BGH 5. 10. 1976, NJW 1977, 496 (497) = IPRspr. 1976 Nr. 17 S. 68: „Das muß dem Gesetzgeber überlassen bleiben."

gewichten. Das Ergebnis ist etwa folgendes: Weisen von den drei Anknüpfungspunkten mindestens zwei auf dasselbe Recht, so entscheidet dieses; bezeichnet jeder der Anknüpfungspunkte ein anderes Recht, so gilt das Recht des gemeinsamen gewöhnlichen Aufenthalts[46]. Eine befreiende Klärung der unübersichtlichen Rechtslage sucht der EGBGB-Entwurf (Art. 40 II Nr. 1), indem er – freilich unter dem Vorbehalt einer Ausweichklausel (Art. 41) – schlicht auf den gemeinsamen gewöhnlichen Aufenthalt zur Zeit des Schadensereignisses abstellt[47].

Weicht der gewöhnliche Aufenthalt im Zeitpunkt der gerichtlichen Entscheidung von dem zur Zeit des Schadensereignisses ab, so ist dies de lege lata und de lege ferenda für das auf die Haftungsvoraussetzungen und Haftungsfolgen anzuwendende Recht unerheblich[48]. Eine Abspaltung der Haftungsfolgen und ihre Unterstellung unter das gemeinsame Aufenthaltsrecht im Zeitpunkt der Entscheidung[49] widerspräche dem Bedürfnis nach klarer Rechtszuweisung; keine Partei darf darauf rechnen, daß ein Aufenthaltswechsel geeignet ist, die Ansprüche aus einem zurückliegenden Delikt zu beeinflussen.

3. Die *akzessorische Anknüpfung* des Deliktsstatuts unterstellt die unerlaubte Handlung, wenn durch sie zugleich ein zwischen Schädiger und Geschädigtem bereits bestehendes Rechtsverhältnis verletzt wird, dem Recht, das für dieses Rechtsverhältnis gilt. Zu denken ist in erster Linie an Delikte, die zugleich ein Vertragsverhältnis verletzen, etwa einen Transport-, Arbeits-, Kauf- oder Arztvertrag. Die Schadenersatzansprüche sind nach dem Statut dieser Verträge zu beurteilen, gleichgültig ob sie auf Vertragsverletzung oder auf Delikt gestützt werden. Das gleiche gilt etwa im Familienrecht, wo Delikte unter Ehegatten dem Ehewirkungsstatut, unerlaubte Handlungen der Eltern gegenüber ihren Kindern dem Kindschaftsstatut zuzuordnen sind.

Wenn beispielsweise ein spanischer Gastarbeiter für einen Landsmann mit dessen Wagen einen entgeltlichen Transport nach Spanien durchführt und auf der Rückfahrt durch Frankreich den Wagen seines Kollegen schuldhaft beschädigt, so wäre es ungereimt, auf den Schadenersatzanspruch aus Vertragsverletzung das spanische Recht als Vertragsstatut anzuwenden, die deliktische Forderung dagegen nach dem französischen

---

[46] Siehe *von Bar*, JZ 1984, 672, der versucht, die Rechtsprechung mit dieser Formel zusammenzufassen; vgl. auch *Weick*, NJW 1984, 1993 ff.; *Dörner*, VersR 1989, 537 ff.
[47] Der Entwurf folgt damit einer in der deutschen Wissenschaft vertretenen Meinung; vgl. etwa *Kropholler*, RabelsZ 33 (1969) 616 ff.; *Ahrens*, NJW 1978, 467 ff.; siehe auch Vorschläge... (1983) 2 f. (Art. 4 I: gemeinsamer gewöhnlicher Aufenthalt; Art. 6 II gemeinsamer Zulassungsstaat bei Verkehrsunfällen); siehe ferner Art. 133 I schweiz. IPR-Gesetz.
[48] Siehe de lege lata BGH 8.3.1983, BGHZ 87, 95 (103) = IPRspr. 1983 Nr. 31 S. 95, de lege ferenda die ausdrückliche Erwähnung des Zeitpunkts des Schadensereignisses in Art. 40 II Nr. 1 EGBGB-Entwurf.
[49] Dafür *Erwin Wagner*, Statutenwechsel und dépeçage im internationalen Deliktsrecht (1988) 66, 172 ff.

Ortsrecht zu beurteilen[50]. Ebensowenig dürfen Schadenersatzansprüche gegen einen Ehepartner, die auf einer gemeinsamen Urlaubsfahrt entstehen, je nachdem, ob die eine oder andere Staatsgrenze bereits überschritten ist, verschiedenem Recht unterliegen.

Die akzessorische Anknüpfung ist gerechtfertigt, weil angesichts der zwischen Schädiger und Geschädigtem schon bestehenden rechtlichen Beziehung nicht der Begehungsort und auch nicht das möglicherweise bestehende gemeinsame Personalstatut das stärkste Charakteristikum des Sachverhalts bildet. Vielmehr muß die unerlaubte Handlung dann im Rahmen des Rechtsverhältnisses gesehen werden, das die Parteien bereits verbindet und mit dem das Delikt in einem sachlichen Zusammenhang steht.

Die akzessorische Anknüpfung entspricht nicht nur der kollisionsrechtlichen Gerechtigkeit, sondern auch dem Vertrauensprinzip und der Rechtssicherheit. Die Parteien dürfen mit der Anwendung der das Sonderverhältnis beherrschenden Rechtsordnung rechnen, und es kommt keine unvorhersehbare, sondern eine aus einem anderen Rechtsgebiet bereits bekannte Anknüpfung zum Zuge; Qualifikationsfragen und schwierige Fragen der Anspruchskonkurrenz, die bei einem Nebeneinander verschiedener Rechtsordnungen entstehen können, werden vermieden.

Aus all diesen Gründen wird die akzessorische Anknüpfung in der Wissenschaft bereits seit längerem empfohlen[51]. Der Schweizer Gesetzgeber ist dem gefolgt (Art. 133 III schweiz. IPR-Gesetz)[52]. Die deutsche Rechtsprechung hat die Notwendigkeit der gekoppelten Anknüpfung bislang nicht erkannt[53]. Der EGBGB-Entwurf sieht sie im Rahmen der für alle außervertraglichen Schuldverhältnisse formulierten Ausnahmeklausel ausdrücklich vor (Art. 41 II).

4. Die *Ausweichklausel* des EGBGB-Entwurfs (Art. 41 I) hat gegenüber den bereits geschilderten Auflockerungsregeln den Nachteil der Unbestimmtheit. Denn das Bestehen einer wesentlich engeren Verbindung zu einer anderen Rechtsordnung ist in Art. 41 II nur für wenige Sonderfälle (akzessorische Anknüpfung, gemeinsamer gewöhnlicher Aufenthalt) deutlich konkretisiert. Dennoch ist die Einführung einer Ausweichklausel, wie wir sie auch im Schuldvertragsrecht haben (Art. 28 V EGBGB), eine Notwendigkeit, weil immer wieder Fälle auftauchen, die mit wenigen festen Regeln nicht befriedigend gelöst werden können. Das zeigt insbesondere das reiche amerikanische Fallmaterial im Deliktsrecht. Doch müssen wir im Interesse der Rechtssicherheit bei

---

[50] Siehe IPG 1967–68 Nr. 9 (Hamburg).
[51] Grundlegend *Kropholler*, RabelsZ 33 (1969) 629 ff.; in jüngerer Zeit etwa *Klaus Müller*, Delikte mit Auslandsberührung: JZ 1986, 212 (214 ff.); *Mansel*, Kollisions- und zuständigkeitsrechtlicher Gleichlauf der vertraglichen und deliktischen Haftung: ZVglRWiss. 86 (1987) 1 (15 ff.); *Peter Fischer*, Die akzessorische Anknüpfung des Deliktsstatuts (Diss. Berlin 1989).
[52] Eingehend *Gonzenbach*, Die akzessorische Anknüpfung (Zürich 1986).
[53] Vgl. etwa BGH 28. 3. 1961, VersR 1961, 518; 4. 5. 1976, WM 1976, 792 = JR 1977, 19 Anm. *Berg* = IPRspr. 1976 Nr. 16.

jeder Fallösung von den festen Anknüpfungsregeln ausgehen und dürfen – auch nach Einführung einer Ausweichklausel – nur in besonders gelagerten Ausnahmefällen auf das Kriterium der wesentlich engeren Verbindung zurückgreifen.

5. Die geschilderte Auflockerung reduziert die Tatortregel in systematischer Sicht auf eine *Subsidiarregel*. Nur wenn keine Rechtswahl getroffen wurde, das Delikt nicht mit einem anderen Rechtsverhältnis in Zusammenhang steht, die Parteien kein gemeinsames Personalstatut besitzen und (gemäß Art. 41 I EGBGB-Entwurf) keine wesentlich engere Verbindung zu einem anderen Recht besteht, ist das Tatortrecht berufen. Faktisch dürfte die Maßgeblichkeit des Ortsrechts allerdings am häufigsten sein, und insofern kann weiterhin von der „Grundregel" der Anknüpfung an den Tatort gesprochen werden, der gegenüber die übrigen Anknüpfungssätze Ausnahmen darstellen.

VI. Einzelne Deliktstypen

Für einzelne Deliktstypen bieten sich aufgrund ihres besonderen Charakters Modifikationen der deliktsrechtlichen Anknüpfungsregeln an.

1. Für die in der gerichtlichen Praxis im Vordergrund stehenden *Straßenverkehrsunfälle* kann daran gedacht werden, den *Zulassungsort* (Registrierungsort) des oder der beteiligten Fahrzeuge mitzuberücksichtigen. Dieses Anknüpfungsmerkmal hätte den Vorteil der Rechtsklarheit, weil der Zulassungsstaat leicht bestimmt werden kann, und der Vereinfachung, weil im Zulassungsstaat regelmäßig der für die Haftpflichtversicherung maßgebliche Sitz des Versicherers liegt. Anderseits ist es nicht leicht, den Anwendungsbereich einer auf den Zulassungsort abstellenden Regelung sinnvoll und unkompliziert einzugrenzen, da das Anknüpfungskriterium für die Haftung solcher Personen nicht paßt, die mit der Betriebsgefahr des Fahrzeugs nichts zu tun haben (Fußgänger, Fahrgäste)[54]. Will man aber eine Sonderanknüpfung an den Zulassungsort auf die wechselseitigen Ansprüche aus einem Unfall beschränken, an dem zwei oder mehr Fahrzeuge mit gemeinsamem Registrierungsort beteiligt sind[55], erscheint sie neben einer allgemeinen Anknüpfungsregel, die auf den gemeinsamen gewöhnlichen Aufenthalt abstellt (oben V 2), kaum lohnend. Der EGBGB-Entwurf verzichtet deshalb auf eine solche Sonderregel für Verkehrsunfälle. Die deutsche Rechtsprechung mißt dem gemeinsamen Zulassungsort der Kraftfahrzeuge ebenfalls keine entscheidende Bedeutung

---

[54] Siehe *Stoll*, Anknüpfungsgrundsätze bei der Haftung für Straßenverkehrsunfälle und der Produktenhaftung nach der neueren Entwicklung des internationalen Deliktsrechts, in: IPR und Rechtsvergleichung im Ausgang des 20. Jahrhunderts, FS Kegel (1977) 113 (124 ff.).

[55] So Vorschläge... (1983) 3, 16 ff. (Art. 6 II).

bei[56], sondern zieht ihn nur neben einem gemeinsamen gewöhnlichen Aufenthalt der Beteiligten unterstützend heran[57].

Das *Haager Übereinkommen über das auf Straßenverkehrsunfälle anzuwendende Recht* vom 4. 5. 1971 erklärt in Art. 3 zwar grundsätzlich den Unfallort für maßgebend, aber abweichend hiervon wird in Art. 4 für verschiedene Fallgruppen das Recht des Zulassungsstaates berufen[58]. Das Übereinkommen ist für die meisten unserer europäischen Nachbarstaaten in Kraft getreten[59]. In der Bundesrepublik Deutschland ist an eine Ratifikation nicht gedacht, weil die Kasuistik des Abkommens kompliziert und nicht immer überzeugend ist und weil das Abkommen sich durch seine Beschränkung auf die außervertragliche Haftung (Art. 1) der sinnvollen Möglichkeit einer akzessorischen Anknüpfung verschließt[60]. Die im EGBGB-Entwurf vorgesehene Auflockerung erscheint deshalb vorzugswürdig. Solange freilich der Renvoi im deutschen Internationalen Deliktsrecht nicht ausgeschlossen wird, kann das Übereinkommen, das unabhängig vom Erfordernis der Gegenseitigkeit angewandt sein will (Art. 11), im Rahmen der Prüfung eines Renvoi auch von deutschen Gerichten zu beachten sein (vgl. oben § 24 II 1 a. E.).

2. Für *Schiffs- und Flugzeugunfälle* enthält das EGBGB ebenfalls keine Sondervorschrift[61]. Das anwendbare Recht ist daher grundsätzlich nach den allgemeinen, aufgelockerten Anknüpfungsregeln für das Deliktsstatut zu bestimmen; dabei kann sich freilich die Notwendigkeit ergeben, diese Regeln den Besonderheiten der Materie anzupassen. Insbesondere kann sich die Frage stellen, ob die engste Verbindung des Sachverhalts bei Schiffen auf das Recht ihrer Flagge führt, mit anderen Worten, ob das Recht des Registrierungsstaates anzuwenden ist.

a) Deliktische Ansprüche der *Reisenden oder Ladungsbeteiligten* gegen das Schiffs- oder Luftfahrtunternehmen richten sich, soweit nicht materielles Ein-

---

[56] Siehe BGH 5. 10. 1976, NJW 1977, 496 = IPRspr. 1976 Nr. 17 S. 69.

[57] BGH 8. 1. 1985, BGHZ 93, 214 = IPRax 1986, 108, 90 Aufsatz *von Hoffmann* = JZ 1985, 441 Anm. W. *Lorenz* = JR 1985, 371 Anm. *Hohloch* = IPRspr. 1985 Nr. 37: Anwendung deutschen Aufenthalts- und Registrierungsrechts auf die Schadenersatzansprüche aus einem Zusammenstoß in Portugal zwischen einem deutschen Ferienreisenden und einem spanischen Gastarbeiter.

[58] Text bei *Jayme/Hausmann*; Schrifttum: *Beitzke*, RabelsZ 33 (1969) 204 ff.; *Loussouarn*, Clunet 96 (1969) 5 ff.; *Lépine*, Can. B. Rev. 47 (1969) 509 ff.; *Schwimann* 155 m. w. Nachw.

[59] Vertragsstaaten sind Belgien, Frankreich, Jugoslawien, Luxemburg, Niederlande, Österreich, Schweiz, Spanien und die Tschechoslowakei.

[60] Siehe *Deutsch*, Internationales Unfallrecht, in: Vorschläge... (1983) 202 (214).

[61] Vgl. zu den vielfach umstrittenen Einzelfragen etwa *E. Lorenz*, Das anwendbare Recht bei Schiffs- und Flugzeugunfällen, in: Vorschläge... (1983) 440; *Roth/Plett*, Schiffszusammenstöße im deutschen IPR: RabelsZ 42 (1978) 662; *Lukoschek*, Das anwendbare Deliktsrecht bei Flugzeugunglücken (1984); *Urwantschky*, Flugzeugunfälle mit Auslandsberührung und Auflockerung des Deliktsstatuts (1986); *Bogdan*, Aircraft Accidents in the Conflict of Laws: Rec. des Cours 208 (1988 – I) 9; *ders.*, J. Air L. 54 (1988/89) 303 ff.

heitsrecht eingreift[62], im Wege der akzessorischen Anknüpfung (oben V 3) nach dem Vertragsstatut[63]. Für an Bord begangene Delikte zwischen den Reisenden gilt, sofern es an einer rechtlichen oder tatsächlichen Sonderbeziehung (vgl. Art. 41 II EGBGB-Entwurf) oder einem gemeinsamen Personalstatut (oben V 2) zwischen ihnen fehlt, grundsätzlich die Tatortregel, die indes bisweilen versagt; so ist bei Delikten in staatsfreiem Gebiet auf das Recht zurückzugreifen, dessen Flagge oder Hoheitszeichen das Schiff oder Flugzeug führt, und das gleiche empfiehlt sich, wenn das überflogene Staatsgebiet auf internationalen Strecken mehrmals wechselt, so daß die Reisenden keine Beziehung zu ihm haben.

b) *Unerlaubte Handlungen durch Schiffe oder Flugzeuge* – wie Schäden durch Ölverschmutzung, Zerstörungen durch Flugzeugabsturz, Lärmbelästigungen – unterliegen, sofern keine internationalen Übereinkommen bestehen[64], der Tatortregel.

c) Ansprüche aus *Schiffs- und Flugzeugzusammenstößen* gewährt teilweise das materielle Einheitsrecht[65]. Sonst sollte das Recht der gemeinsamen Flagge oder – bei Flugzeugen – des gemeinsamen Hoheitszeichens gelten[66].

Im übrigen ist zu unterscheiden, ob sich der Unfall in (oder über) fremdem Hoheitsgebiet oder aber in (oder über) staatsfreiem Gebiet (hohe See, Polareis) ereignet hat. Im erstgenannten Fall kann grundsätzlich auf die Tatortregel zurückgegriffen werden. Bei einem Zusammenstoß außerhalb eines nationalen Hoheitsgebietes dagegen herrscht Anknüpfungsverlegenheit, und es läßt sich vieles vertreten: Flaggen- oder Hoheitszeichenrecht des Geschädigten, weil hier der Verletzungsort liegt[67], des Schädigers, weil dort der Handlungsort gesehen werden und der Schädiger sich im allgemeinen nur auf dies Recht einstellen kann[68], alternative Anwendung beider Rechte nach Maßgabe des für die Tatortregel geltenden Günstigkeitsprinzips[69] oder schließlich Anwendung

---

[62] Beispielsweise geht die materiellrechtliche Regelung des Warschauer Luftbeförderungsabkommens von 1929 auch deliktischen Ansprüchen vor (Art. 24 I).

[63] Ebenso z.B. *Palandt-Heldrich* Art. 38 Anm. 2 c ee. Anders *E. Lorenz* (oben N. 61) 442, 446 f.: Recht der Flagge bzw. des Hoheitszeichens.

[64] Vgl. etwa *Soergel-Lüderitz* Art. 12 Rz. 41.

[65] Siehe das Übereinkommen zur einheitlichen Feststellung von Regeln über den Zusammenstoß von Schiffen vom 23. 9. 1910 (RGBl. 1913, 49). Gemäß Art. 12 II Nr. 2 findet das Übereinkommen keine Anwendung, wenn alle Beteiligten demselben Staat angehören wie das mit der Sache befaßte Gericht.

[66] Das entspricht der Geltung des gemeinsamen Personalstatuts; vgl. oben V 2. Die bisherige Praxis macht von dem Grundsatz eine Ausnahme, wenn zwei ausländische Schiffe gleicher Flagge in inländischen Gewässern zusammenstoßen; siehe *Soergel-Lüderitz* Art. 12 Rz. 39.

[67] So etwa *Neuhaus* 250.

[68] So mit der wohl überwiegenden Meinung im deutschen Schrifttum etwa *Kegel* § 18 IV 1 d; mit Einschränkungen auch *E. Lorenz* (oben N. 61) 452 ff.

[69] Vgl. oben IV 1 d; für das Günstigkeitsprinzip namentlich das Casablanca-Urteil RG

der lex fori mangels eindeutigen Auslandsbezugs[70]. Der letztgenannte Vorschlag überzeugt am wenigsten, weil das Forum, etwa bei einer Arrest- oder Vermögenszuständigkeit, mit dem Sachverhalt möglicherweise in gar keiner Beziehung steht.

3. Für die *Produkthaftung* eine angemessene kollisionsrechtliche Lösung zu finden, ist schwierig[71]. Die deutschen Gerichte werden damit aber nur selten beschäftigt[72], und die kollisionsrechtliche Frage hat durch die materielle Rechtsangleichung innerhalb der EG[73] etwas an Bedeutung verloren. Eine gesetzliche Regelung im EGBGB wird deshalb nicht sonderlich vermißt.

Das *Haager Übereinkommen über das auf die Produkthaftung anzuwendende Recht* vom 2. 10. 1973 ist nur für wenige Staaten in Kraft getreten (Frankreich, Jugoslawien, Luxemburg, die Niederlande, Norwegen und Spanien) und von der Bundesrepublik Deutschland nicht gezeichnet worden[74]. Dem Übereinkommen fehlt die klare Linie. Anstatt sich für einige Anknüpfungspunkte zu entscheiden, läßt es eine Vielzahl von Kombinationen zu. Die Hauptanknüpfungen sind: Der Verletzungsort, sofern er mit dem gewöhnlichen Aufenthalt des Verletzten, der Hauptniederlassung des Haftpflichtigen oder dem Erwerbsort durch den Verletzten zusammenfällt (Art. 4), und der gewöhnliche Aufenthalt des Verletzten, sofern in diesem Staat auch die Hauptniederlassung des Haftpflichtigen oder der Erwerbsort liegt (Art. 5). Sind weder die Voraussetzungen des Art. 4 noch die des Art. 5 gegeben, dann gilt gemäß Art. 6 das Recht am Hauptgeschäftssitz des Haftpflichtigen, es sei denn, daß der Kläger seinen Anspruch auf das Recht des Verletzungsortes stützt.

Will man sich für einen primären Anknüpfungspunkt entscheiden, so spricht viel für den Erwerbsort (Absatzort)[75]. Er liegt gleichsam in der Mitte zwischen Hersteller und Benutzer und deckt sich oft mit dem gewöhnlichen Aufenthalt des Benutzers; das Recht dieses Ortes ist für den Hersteller meist nicht unvorhersehbar, und es beherrscht gemäß Art. 29 II EGBGB auch den Verbrauchervertrag, so daß Qualifikationsfragen vermieden werden. Das Recht des Erwerbsorts paßt freilich nicht für Schäden, die Dritte („bystander") durch das

---

12. 11. 1932, RGZ 138, 243 = IPRspr. 1932 Nr. 60; OLG Hamburg 14. 11. 1974, VersR 1975, 761 = IPRspr. 1974 Nr. 40.

[70] So etwa *Ruth/Plett* (oben N. 61) 691 ff.; mit Einschränkungen auch *Lüderitz* Rz. 304: Bei „Zufallszuständigkeit (§ 23 ZPO)" sei auf das Recht am Sitz des Beklagten auszuweichen.

[71] Vgl. etwa *Drobnig*, Produktehaftung, in: Vorschläge... (1983) 298; *Prager*, Die Produkte-Haftpflicht im IPR (Zürich 1975).

[72] Siehe etwa BGH 17. 3. 1981, BGHZ 80, 199 = IPRax 1982, 13, 1 Aufsatz *Kreuzer* = IPRspr. 1981 Nr. 25; OLG Düsseldorf 28. 4. 1978, NJW 1980, 533 Anm. *Kropholler* = IPRspr. 1978 Nr. 24.

[73] Richtlinie des Rates vom 25. 7. 1985, ABl.EG 1985 Nr. L 210, 29.

[74] Text (englisch und französisch): RabelsZ 37 (1973) 594; dazu *W. Lorenz*, RabelsZ 37 (1973) 317 ff.; *Stoll* (oben N. 54) 124 ff.; siehe auch *Kegel* § 18 IV 3 b m. w. Nachw.

[75] Dieser Ort wird im deutschen Schrifttum vielfach empfohlen; vgl. etwa *Soergel-Lüderitz* Art. 12 Rz. 21 m. w. Nachw.

Produkt erleiden; für Ansprüche Dritter müßte es also grundsätzlich bei der Tatortregel bleiben[76].

Nach geltendem deutschen Recht sind die Tatortregel und die allgemeinen Auflockerungsmöglichkeiten des Deliktsstatuts (oben V) grundsätzlich auch für die Produkthaftung maßgebend. Die im Sinne der Ubiquitätslehre aufgefaßte Tatortregel (oben IV 1 d) hat im Bereich der Produkthaftung sogar eher Berechtigung als in anderen Zweigen des Deliktsrechts, weil die kollisionsrechtliche Bevorzugung des Geschädigten einer international verbreiteten Begünstigungstendenz im materiellen Recht (Verschuldensvermutung, strikte Haftung) entspricht. Tatort ist zum einen der Verletzungsort, also der Ort, an dem das Rechtsgut des Benutzers oder des Dritten verletzt wird, zum anderen der Handlungsort, wobei es der Rechtsprechung überlassen ist, sich in einem geeigneten Fall zwischen Sitz des Herstellers, Ort der Herstellung, des Inverkehrbringens oder des Erwerbs des Produkts durch den Geschädigten zu entscheiden[77]. Sofern ausnahmsweise eine vertragliche Beziehung zwischen dem Geschädigten und dem Hersteller besteht, folgt der Produkthaftungsanspruch im Wege der akzessorischen Anknüpfung (oben V 3) dem Vertragsstatut[78].

4. *Persönlichkeitsverletzungen* beurteilen sich grundsätzlich nach dem Deliktsstatut[79]. Das danach maßgebende Recht ist nicht nur für Schadenersatz-, sondern im Grundsatz auch für Beseitigungs-, Widerrufs-, Gegendarstellungs- und Unterlassungsansprüche heranzuziehen; der Erwerb eines als Persönlichkeitsrecht geschützten Namens ist als Vorfrage selbständig nach Art. 10 EGBGB anzuknüpfen[80].

Der EGBGB-Entwurf verzichtet auf eine besondere Regelung für Persönlichkeitsverletzungen, insbesondere auf eine Konkretisierung des für die Anknüpfung maßgebenden Handlungs- oder Verletzungsortes, obgleich insoweit

---

[76] So etwa *Palandt-Heldrich* Art. 38 Anm. 2 c cc. Gegen die mitunter schwierige Differenzierung zwischen Benutzern und Dritten und deshalb grundsätzlich gegen eine Anknüpfung an den Erwerbsort z. B. *Drobnig* (oben N. 71) 332 f.; MünchKomm-*Kreuzer* Art. 12 Rz. 203.

[77] Das schweiz. IPR-Gesetz enthält in einer Sondervorschrift für Produktmängel ebenfalls das Günstigkeitsprinzip (Art. 135): der Geschädigte kann wählen zwischen dem Recht der Niederlassung des Schädigers und dem Recht des Staates, in dem das Produkt erworben worden ist, sofern der Schädiger nicht nachweist, daß es in diesem Staat ohne sein Einverständnis in den Handel gelangt ist. Vgl. dazu *Vischer*, in: Beiträge zum neuen IPR des Sachen-, Schuld- und Gesellschaftsrechts, FS Moser (1987) 119 ff.

[78] Ebenso für das öst. IPR OGH 29. 10. 1987, IPRax 1988, 363, 373 Aufsatz *W. Lorenz*, wo – mangels bestehender Vertragsbeziehungen – das Recht des Vertriebsortes der Ware, an dem sie der Verbraucher erworben hat, angewandt wurde.

[79] Näher *Heldrich*, Persönlichkeitsverletzungen im IPR: FS Zajtay (1982) 215 = Vorschläge... (1983) 361 (dort 377 ff. ein Kodifikationsvorschlag); *Rolf Wagner*, Das deutsche IPR bei Persönlichkeitsrechtsverletzungen (1986).

[80] Siehe Vorschläge... (1983) 23.

vor allem bei einer durch Massenmedien begangenen Persönlichkeitsverletzung manche Zweifelsfragen auftreten[81].

Handlungsort ist bei Pressedelikten der Verlagsort, bei Rundfunk- und Fernsehsendungen der Sitz der sendenden Anstalt, während der alternativ heranzuziehende Erfolgsort in vielen Staaten liegen kann. Um die in der Alternativität liegende Begünstigung des Verletzten auf ein vernünftiges Maß zurückzuführen, sollte von mehreren Erfolgsorten nur derjenige berücksichtigt werden, mit dem der Verletzte durch gewöhnlichen Aufenthalt oder andere Gründe am engsten verbunden ist[82]. Eine derartige Beschränkung erscheint jedenfalls dann sinnvoll, wenn nach dem Recht des Verletzungsortes sämtliche Schäden reguliert werden sollen, die in den verschiedenen Staaten entstanden sind.

Es bleibt abzuwarten, ob die notwendigen Eingrenzungen mit Hilfe der allgemeinen Auflockerungsmöglichkeiten (gemeinsames Personalstatut, akzessorische Anknüpfung und Ausweichklausel; vgl. oben V) sachgerecht erfolgen können.

VII. Unlauterer Wettbewerb und Immaterialgüterrechte

1. Das *Recht des unlauteren Wettbewerbs* nimmt gegenüber dem Deliktsrecht eine Sonderstellung ein. Denn es dient nach heutiger Auffassung nicht nur dem Schutz der Individualinteressen eines Mitbewerbers, sondern auch dem Schutz der anderen Marktbeteiligten, insbesondere der Verbraucher, und dem Allgemeininteresse, namentlich dem Schutz des Wettbewerbs als Institution. Den Besonderheiten des materiellen Rechts entsprechend geht es im Internationalen Wettbewerbsrecht typischerweise nicht darum, die nächstliegende Rechtsordnung zur Regelung des Schadenersatzes nach einer individuellen Rechtsgutverletzung zu bestimmen. Die typische Frage ist vielmehr, welche Rechtsordnung berufen ist, um unter Berücksichtigung der Interessen aller Marktbeteiligten und der Allgemeinheit darüber zu entscheiden, ob eine Wettbewerbsmaßnahme zu untersagen ist.

Das Kollisionsrecht des unlauteren Wettbewerbs entfernt sich deshalb zunehmend vom Internationalen Deliktsrecht[83]. Zum zentralen Anknüpfungs-

---

[81] Präziser z. B. Art. 139 I schweiz. IPR-Gesetz, wonach der Geschädigte bei einer Persönlichkeitsverletzung durch Medien zwischen drei Rechten wählen darf: (1) dem Recht seines gewöhnlichen Aufenthalts, sofern der Schädiger mit dem Eintritt des Erfolges in diesem Staat rechnen mußte, (2) dem Recht der Niederlassung des Schädigers und (3) dem Recht des Erfolgsortes, sofern der Schädiger mit dem Eintritt des Erfolges in diesem Staat rechnen mußte. – Das Gegendarstellungsrecht richtet sich demgegenüber gemäß Art. 139 II ausschließlich nach dem Recht des Staates, in dem das Druckerzeugnis erschienen ist oder von dem aus die Radio- oder Fernsehsendung verbreitet wurde.

[82] Siehe *Heldrich* (oben N. 79) 232 bzw. 377.

[83] Darin sind sich die unterschiedlichen Vorschläge des jüngeren Schrifttums weitgehend

punkt entwickelt sich – dem Recht gegen Wettbewerbsbeschränkungen (§ 98 II GWB) vergleichbar – der betroffene Markt.

Die deutsche Rechtsprechung knüpft zwar wie im Deliktsrecht an den Tatort (Begehungsort) an. Der Tatort einer Wettbewerbshandlung darf aber nur dort angenommen werden, wo wettbewerbsrechtliche Interessen der Mitbewerber aufeinanderstoßen[84]. Der Wettbewerb zwischen inländischen Unternehmen auf einem ausländischen Markt beurteilt sich also grundsätzlich nach dem Recht des ausländischen Marktes. Richtet sich jedoch eine im Ausland begangene Wettbewerbshandlung eines Inländers ausschließlich oder überwiegend gegen die Interessen eines inländischen Mitbewerbers, so soll wegen dieser besonderen Inlandsbeziehung ausnahmsweise das gemeinsame deutsche Heimatrecht gelten[85].

Der EGBGB-Entwurf will diese Grundsätze im Rahmen der deliktsrechtlichen Kollisionsnorm (Art. 40 II Nr. 2 EGBGB-Entwurf) kodifizieren, indem er Ansprüche aus unlauterem Wettbewerb dem Recht des Staates unterstellt, auf dessen Markt die Wettbewerbsmaßnahme einwirkt, es sei denn, daß allein oder überwiegend die Geschäftsinteressen eines bestimmten Mitbewerbers betroffen sind[86]. Eine ähnliche Regelung enthält Art. 136 schweiz. IPR-Gesetz, während § 48 II öst. IPR-Gesetz ohne jede Einschränkung das Recht des Staates für maßgebend erklärt, auf dessen Markt sich der Wettbewerb auswirkt. Eine Auflockerung der Marktortregel nach den deliktsrechtlichen Grundsätzen (oben V), etwa wegen eines gemeinsamen Personalstatuts der Parteien, kommt nicht in Betracht. Auch sollte die Parteiautonomie als ausgeschlossen gelten, weil im Rahmen des unlauteren Wettbewerbs in der Regel auch Belange Dritter und der Allgemeinheit auf dem Spiele stehen[87].

---

einig; siehe etwa *Sandrock*, in: Rechtsvergleichung, Europarecht und Staatenintegration, Gedächtnisschrift Constantinesco (1983) 619 ff. und GRUR Int. 1985, 507 ff.; *Müller-Graff*, RabelsZ 48 (1984) 289 ff.; *Sack*, GRUR Int. 1988, 320 ff.

[84] Grundlegend BGH 30.6.1961, BGHZ 35, 329 = IPRspr. 1960–61 Nr. 155 („Kindersaugflaschen").

[85] BGH 20.12.1963, BGHZ 40, 391 = IPRspr. 1962–63 Nr. 161 („Stahlexport"); eingrenzend BGH 11.3.1982, IPRax 1983, 118, 103 Aufsatz *Schricker* = IPRspr. 1982 Nr. 121 b („Domgarten-Brand").

[86] Vgl. zur Kodifikation eingehend *Kreuzer*, Wettbewerbsverstöße und Beeinträchtigung geschäftlicher Interessen (einschl. der Verletzung kartellrechtlicher Schutzvorschriften), in: Vorschläge... (1983) 232. Kritisch zum EGBGB-Entwurf (in der Fassung von 1984) *Beier/Schricker/Ulmer*, Stellungnahme des Max-Planck-Instituts: GRUR Int. 1985, 104 (107): „führt... in anachronistischer Weise auf die praktisch überwundenen deliktsrechtlichen Anfänge zurück."

[87] Vgl. *Reichert-Facilides*, Parteiautonomie im IPR des unlauteren Wettbewerbs?, in: Wettbewerbsordnung im Spannungsfeld von Wirtschafts- und Rechtswissenschaft, FS G. Hartmann (1976) 205 (211 f.).

2. Verletzungen von *Immaterialgüterrechten*, also von gewerblichen Schutzrechten und Urheberrechten, unterliegen nicht den deliktsrechtlichen Kollisionsnormen, sondern – ebenso wie Entstehung, Inhalt, Untergang dieser Rechte – dem Recht des Staates, für den ihr Schutz in Anspruch genommen wird. Die Maßgeblichkeit des Rechts des Schutzlandes für ihren Bestand und Schutz wird in den für diese Rechte universal geltenden Übereinkommen offenbar vorausgesetzt[88]; sie ist auch im ausländischen IPR anerkannt[89]. Der EGBGB-Entwurf könnte eine entsprechende Regel aufnehmen[90].

Die geltende Rechtslage versteht sich vor dem Hintergrund des im Immaterialgüterrecht herrschenden Territorialitätsprinzips, wonach Immaterialgüterrechte grundsätzlich national begrenzt sind und nicht wie andere Rechte universale Geltung beanspruchen. Diese Sonderstellung des Immaterialgüterrechts ist zwar nicht denknotwendig (vgl. oben § 22 N. 8), aber aufgrund der historischen Entwicklung und der tatsächlichen Gegebenheiten jedenfalls im Bereich des gewerblichen Rechtsschutzes praktisch wohl unvermeidlich. Immerhin besteht die Aussicht, daß sich die Rechtsvereinheitlichung weiterentwickelt und daß die nationalen Räume zu regionalen erweitert werden, wie in Europa durch das Gemeinschaftspatentübereinkommen von 1975[91].

---

[88] Die Konventionen verankern den Gleichbehandlungsgrundsatz und gehen damit von einer nationalen Begrenzung der Rechte aus; siehe die zuletzt in Stockholm am 14. 7. 1967 revidierte Pariser Verbandsübereinkunft zum Schutz des gewerblichen Eigentums vom 20. 3. 1883 (BGBl. 1970 II 391) und die zuletzt in Paris am 24. 7. 1971 revidierte Berner Übereinkunft zum Schutz von Werken der Literatur und Kunst vom 9. 9. 1886 (BGBl. 1973 II 1071); dazu etwa *Eugen Ulmer*, Die Immaterialgüterrechte im IPR (1975); MünchKomm-*Kreuzer* Nach Art. 12 Anh. II Rz. 3 m. Nachw. zum Streitstand.

[89] Siehe etwa Art. 110 I schweiz. IPR-Gesetz; vgl. auch § 34 I öst. IPR-Gesetz.

[90] Siehe zur Kodifikation *Sandrock*, Die kollisionsrechtliche Behandlung der Deliktshaftung bei der Verletzung von gewerblichen Schutzrechten und Urheberrechten, in: Vorschläge... (1983) 380; siehe dort (24 f.) auch den Vorschlag der Kommission des Deutschen Rates. Zum EGBGB-Entwurf von 1984, der die Verletzung von Immaterialgüterrechten in die deliktische Kollisionsregelung integrieren möchte, kritisch *Beier/Schricker/Ulmer* (oben N. 86); befürwortend dagegen *Schack*, Urheberrechtsverletzung im IPR – Aus der Sicht des Kollisionsrechts: GRUR Int. 1985, 523.

[91] Übereinkommen über das europäische Patent für den Gemeinsamen Markt vom 15. 12. 1975 (BGBl. 1979 II 834). Gemäß Art. 36 I dieses Übereinkommens entscheidet über die Verletzung eines Gemeinschaftspatents, soweit sich in dem Übereinkommen selbst keine Regelung findet, grundsätzlich das nationale Recht, das auf die Verletzung eines nationalen Patents im Staat des Forums anzuwenden ist. Dies bedeutet wiederum eine Anwendung des Rechts des Schutzlandes, also des Landes, für dessen Gebiet der Schutz in Anspruch genommen wird: siehe etwa *Sandrock* (vorige Note) 397.

§ 54 Sachenrecht

Das Internationale Sachenrecht ist in der deutschen Kodifikation des EGBGB bislang nicht enthalten. Die Lücke soll durch ein Gesetz zur Ergänzung des IPR geschlossen werden[1].

Bemühungen um Rechtsvereinheitlichung im Sachenrecht hatten auf universaler oder europäischer Ebene wenig Erfolg. Insbesondere ist das Haager Übereinkommen über das auf den Eigentumserwerb bei internationalen Käufen beweglicher Sachen anzuwendende Recht vom 15. 4. 1958 nie in Kraft getreten[2].

I. Lex rei sitae

1. Die *Grundregel* lautet, daß Rechte an einer Sache dem am Lageort der Sache geltenden Recht (der lex rei sitae) unterstehen (vgl. auch Art. 43 I 1 EGBGB-Entwurf)[3]. Die Situs-Regel wird mit seltener Einmütigkeit auch von nahezu allen ausländischen Rechtsordnungen befolgt. Das fördert den internationalen Entscheidungseinklang. Freilich geht die Entwicklung allenthalben dahin, den Grundsatz aufzulockern und in Teilbereichen zu differenzierteren Anknüpfungen zu gelangen.

Für *Grundstücke* ist das Prinzip seit der mittelalterlichen Statutentheorie bekannt (vgl. oben § 2 II). Für *bewegliche Sachen* hat es sich in Deutschland im 19. Jahrhundert durchgesetzt.

Die ältere Auffassung, die bei beweglichen Sachen das Personalstatut des Eigentümers entscheiden ließ („mobilia ossibus inhaerent" oder „mobilia personam sequuntur"), war noch im Preuß. ALR (Einleitung § 28) verankert, wo auf den Wohnsitz verwiesen wurde. Sie wurde durch *Savigny* überwunden[4]. Auch im Ausland wird sie nur noch vereinzelt und für Ausnahmefälle vertreten[5].

Die Anwendung der lex rei sitae rechtfertigt sich in erster Linie aus Gründen des *Verkehrsschutzes*. Sachenrechte wirken gegenüber jedermann, und Dritte (Gläubiger) brauchen Klarheit. Dem entspricht im materiellen Recht das Publizitätsprinzip. Im IPR hat die Maßgeblichkeit des Lageorts der Sache den

---

[1] Siehe den unten im Anhang abgedruckten Referentenentwurf vom 15. 5. 1984. Auf die Bestimmungen dieses EGBGB-Entwurfs (Artt. 43–45) wird im folgenden bisweilen Bezug genommen.

[2] Französischer Text: RabelsZ 24 (1959) 145.

[3] Der BGH spricht von „Gewohnheitsrecht"; vgl. etwa BGH 8. 4. 1987, BGHZ 100, 321 (324) = IPRspr. 1987 Nr. 40.

[4] *Savigny* 169ff.

[5] Siehe z.B. Art. 11 argent. Zivilgesetzbuch von 1869 und Art. 8 § 1 bras. Einführungsgesetz von 1942, wo u.a. für Mobilien, die der Eigentümer bei sich trägt, auf den Wohnsitz abgestellt wird.

Vorzug, daß die anwendbare Rechtsordnung in der Regel leicht festzustellen ist. Freilich gilt dieser Vorzug uneingeschränkt nur für Grundstücke, deren Lage unveränderlich ist; im Liegenschaftsrecht spricht für die Maßgeblichkeit der lex rei sitae zusätzlich, daß sie die Führung des Grundbuchs oder der Register vereinfacht. Bei beweglichen Sachen herrscht mehr Unsicherheit, da sie von einem Rechtsbereich in den anderen wandern können. Hier entstehen die Kernprobleme des Internationalen Sachenrechts (siehe unten III).

Zur Begründung der Situs-Regel wird oft auch darauf verwiesen, daß die Entscheidung am Ort der belegenen Sache durchgesetzt werden muß. Aber dieses *Effektivitätsargument* vermag jedenfalls bei beweglichen Sachen, bei denen sich Lageort und Zugriffsmöglichkeit ändern können, nicht unbedingt zu überzeugen.

2. Der *Anwendungsbereich* des Lageortsrechts umfaßt alle sachenrechtlichen Tatbestände und somit Entstehung, Inhalt, Änderung, Übergang und Untergang von Rechten an einer Sache. Daß die Regel gleichermaßen für Mobilien und Immobilien gilt, wurde bereits deutlich.

Ansprüche aus *Immissionen*, die von einem Grundstück ausgehen, sollten jedoch vom Sachstatut ausgenommen werden; da der deliktsrechtliche Schutz auf diesem Feld im Vordergrund steht und eine unterschiedliche Anknüpfung von deliktischen und sachenrechtlichen Ansprüchen in Widersprüche führen kann, empfiehlt es sich, die Ansprüche einheitlich dem Deliktsstatut zu unterstellen[6].

Nicht zum Sachstatut gehört der durch eine *Gesamtnachfolge* (also etwa erbrechtlich, güterrechtlich oder gesellschaftsrechtlich) eintretende Erwerb dinglicher Rechte. Da sich der Erwerb in diesen Fällen nicht aus einer Verfügung über die einzelne Sache, sondern aus ihrer Zugehörigkeit zu einem Vermögenskomplex ergibt, erfolgt er – unabhängig von der lex rei sitae – nach dem für die Gesamtnachfolge maßgebenden Recht. Ist nach einem ausländischen Gesamtstatut also bereits gemeinschaftliches Eigentum eingetreten, so ist dies im Inland anzuerkennen, und es bedarf keiner entsprechenden Verfügung nach deutschem Recht. Der Maßgeblichkeit des sog. Gesamt- oder Vermögensstatuts setzt das Recht am Lageort freilich die Grenze, daß keine unerträglichen Widersprüche zur Sachenrechtsordnung entstehen dürfen. So darf der „numerus clausus der dinglichen Rechte" im deutschen Belegenheitsstaat nicht durch fremdartige sachenrechtliche Typen, wie ein gesetzliches Generalpfandrecht am Mündelvermögen oder ein dinglich wirkendes Vermächtnis, gesprengt werden. Geringfügige Abweichungen kann das Belegenheitsrecht im Interesse des internationalen Rechtsverkehrs dulden, schwere Widersprüche zwischen Vermögens- und Sachstatut sind durch Angleichung zu beseitigen[7].

---

[6] So etwa Art. 99 II schweiz. IPR-Gesetz. Zum bisherigen deutschen Recht *Staudinger-Stoll* IntSachenR Rz. 162.

[7] Näher zur Problematik *Staudinger-Stoll* IntSachenR Rz. 111 ff.

Die lex rei sitae beantwortet unter anderem die Frage, ob eine dingliche Verfügung *abstrakt oder kausal* ist. Viele Rechte kennen das Abstraktionsprinzip nicht und setzen für den dinglichen Rechtsübergang, etwa den Eigentumserwerb, ein gültiges Kausalgeschäft voraus; dann ist das Kausalgeschäft als solches gleichwohl gesondert anzuknüpfen, also etwa der Kaufvertrag dem Kaufvertragsstatut zu unterstellen[8].

Die lex rei sitae sagt ferner, ob und unter welchen Voraussetzungen *gutgläubiger Erwerb* möglich ist. Bei abhanden gekommenen Sachen wird bisweilen vorgeschlagen, im Interesse des Eigentümerschutzes statt auf den Lageort im Zeitpunkt des Erwerbstatbestandes auf den im Zeitpunkt des Abhandenkommens abzustellen[9]; indes ist eine solche Durchbrechung des maßgebenden Anknüpfungszeitpunktes wegen der überwiegenden Verkehrsinteressen abzulehnen.

Für die *Form* aller sachenrechtlichen Geschäfte gilt gemäß Art. 11 V EGBGB ausschließlich die lex rei sitae; die Ortsform genügt also nicht (dazu näher oben § 41 III 6 b).

3. Ein *Renvoi* wird im Sachenrecht nach in Deutschland herrschender Meinung beachtet (vgl. oben § 24 II 7 c).

II. Parteiautonomie

Die Möglichkeit einer Wahl des maßgebenden Sachstatuts durch die Parteien wird überwiegend abgelehnt, obwohl sie für den zugrundeliegenden schuldrechtlichen Vertrag anerkannt ist (vgl. Art. 27 I 1 EGBGB). Denn während der schuldrechtliche Vertrag nur zwischen den Parteien wirkt, regelt das Sachenrecht auch die Beziehungen zu Dritten, wie sich insbesondere in Zwangsvollstreckung und Konkurs zeigt. Die im Sachenrecht involvierten Verkehrsinteressen und das Publizitätsprinzip lassen nach traditioneller Auffassung für die Parteiautonomie keinen Raum[10].

Indes schießt der völlige Ausschluß der Parteiautonomie im Sachenrecht m. E. über das Ziel hinaus. Zwar wäre es sinnlos, den Parteien für Immobilien zu gestatten, das weltweit für maßgebend gehaltene Lageortsrecht abzuwählen; dies wäre für deutsche Grundstücke nicht akzeptabel und für ausländische nicht durchsetzbar. Dagegen gibt es gute Gründe, die Parteiautonomie für den

---

[8] Vgl. zu dem möglichen Auseinanderfallen von Sachstatut und Schuldstatut etwa BGH 4. 7. 1969, BGHZ 52, 239 = NJW 1969, 1760, 2237 Anm. *Wengler* und NJW 1970, 378 Anm. *Samtleben* = IPRspr. 1968–69 Nr. 24.

[9] Vgl. *Mansel*, IPRax 1988, 271.

[10] Vgl. etwa *Kegel* § 19 I; *Ferid* Rz. 7–7; grundsätzlich auch MünchKomm-*Kreuzer* Nach Art. 12 Anh. I Rz. 74.

Bereich des Mobiliarsachenrechts in einem beschränkten Umfang zuzulassen, soweit dabei die schutzwürdigen Belange Dritter gewahrt bleiben[11]. So kann eine beschränkte Parteiautonomie bei einem voraussehbaren Gebietswechsel der Sache den Statutenwechsel mit seinen Schwierigkeiten vermeiden und Rechtsklarheit zwischen den Parteien schaffen; außerdem kann die Parteiautonomie Übereinstimmung von Schuldstatut und Sachstatut herbeiführen und damit die Rechtslage vereinfachen. Deshalb sieht Art. 104 I schweiz. IPR-Gesetz vor, daß die Parteien für den Erwerb dinglicher Rechte an beweglichen Sachen das Recht des Abgangs- oder des Bestimmungsstaates wählen können oder daß sie das dingliche Geschäft dem Recht unterstellen können, dem das zugrundeliegende schuldrechtliche Rechtsgeschäft untersteht. Die Rechtswahl kann aber gemäß Art. 104 II Dritten nicht entgegengehalten werden; sie wirkt also nur inter partes. Man könnte sogar erwägen, noch einen Schritt weiter zu gehen und die Wirkungen der Rechtswahl nur gegenüber *gutgläubigen* Dritten zu beschränken. Das letzte Wort über die Möglichkeit einer beschränkten Parteiautonomie im Sachenrecht ist jedenfalls noch nicht gesprochen.

III. Statutenwechsel

Sachenrechtliche Tatbestände werden nach dem Statut beurteilt, in dessen räumlichem Geltungsbereich sich die Sache zum Zeitpunkt des Eintritts des betreffenden Tatbestandes befindet. Durch den Gebietswechsel einer beweglichen Sache entsteht also ein Statutenwechsel (vgl. oben § 27).

Im einzelnen ist zu unterscheiden, ob der sachenrechtliche Tatbestand unter der Herrschaft des alten Statuts schon abgeschlossen oder ob er nur teilweise verwirklicht war, ob also beispielsweise die Ersitzungsfrist bereits ganz oder erst teilweise abgelaufen war, ob sämtliche oder nur einzelne Tatbestandselemente der Bestellung eines Sicherungsrechts erfüllt waren.

1. Ein sog. *schlichter Statutenwechsel* liegt in dem erstgenannten Fall vor, daß der sachenrechtliche Tatbestand nach Auffassung des alten Statuts bereits vollendet war. Dann bleibt es bei der vom alten Statut getroffenen Entscheidung.

War beispielsweise die Ersitzungsfrist nach dem früheren Belegenheitsstatut bereits abgelaufen, so ist die Ersitzung auch im neuen Belegenheitsstaat anzuerkennen, selbst wenn dort eine längere Ersitzungsfrist vorgesehen ist. Ebenso bleibt ein Nein des alten Statuts Nein[12]: Erkennt also das Belegenheitsrecht den gutgläubigen Erwerb in casu

---
[11] Siehe etwa *Rolf H. Weber*, Parteiautonomie im internationalen Sachenrecht?: RabelsZ 44 (1980) 510; *Staudinger-Stoll* IntSachenR Rz. 216 ff. m.w. Nachw.
[12] Vgl. *Raape* 596.

nicht an, so kann sich der Erwerber nicht auf § 932 BGB berufen, wenn die Sache nach Abschluß des Erwerbsvorgangs nach Deutschland gelangt ist.

a) Das neue Belegenheitsrecht übernimmt die Sache grundsätzlich in *der sachenrechtlichen Prägung*, die ihr das bisherige Statut verliehen hat, es sei denn, daß dies mit der Sachenrechtsordnung des Empfangsstaates *völlig unverträglich* wäre. Von diesem Grundsatz ausgehend, erkennt die deutsche Rechtsprechung im Ausland entstandene Sachenrechte großzügig an, wenn die Sache später nach Deutschland gelangt.

Ein in Frankreich an einem LKW begründetes *besitzloses Registerpfandrecht* bleibt trotz des Faustpfandprinzips des BGB wirksam, wenn der LKW nach Deutschland gebracht und hier gewerblich genutzt wird; denn die deutsche Sachenrechtsordnung läßt durch die Sicherungsübereignung mittels Besitzkonstituts ein Sicherungsrecht ohne Publizität zu und gibt damit zu erkennen, daß dem Besitz des Gläubigers für die Entstehung eines Sicherungsrechtes keine entscheidende Bedeutung zukommt[13]. – Auch ein nur *relativ wirkender Eigentumsvorbehalt*, der in Italien begründet wurde, kann in Deutschland fortbestehen; das deutsche Recht kennt zwar keinen nur relativ wirksamen Eigentumsvorbehalt, wohl aber relativ unwirksame Rechtsgeschäfte (vgl. z. B. §§ 135, 136, 883 II BGB), und es würde keine unüberwindlichen Schwierigkeiten bereiten, im Verhältnis zwischen dem Käufer und seinen Gläubigern jenen als Eigentümer anzusehen[14]. – Ferner geht ein im Ausland entstandenes *Lösungsrecht*, durch das ein gutgläubiger Erwerber so gestellt wird, daß er zwar kein Eigentum erwirbt, die Sache aber nur gegen Erstattung des verauslagten Kaufpreises herausgeben muß, durch die Verbringung der Sache nach Deutschland nicht wieder unter[15]; denn die deutsche Sachenrechtsordnung, der dingliche Zurückbehaltungsrechte bekannt sind (vgl. etwa § 1000 BGB), wird durch die Anerkennung des vergleichbaren Lösungsrechts nicht in unerträglicher Weise gestört.

Wenn eine Sache nach *Österreich* kommt, wird ein in Deutschland wirksam begründetes Sicherungseigentum dagegen nicht anerkannt, weil das österreichische Sachenrecht zur Bestellung von Sicherungseigentum im Publizitätsinteresse eine Änderung der Besitzverhältnisse verlangt[16]. – In der *Schweiz* hat sich der Gesetzgeber beim Eigentumsvorbehalt, der dort zu seiner Gültigkeit einer Registereintragung bedarf, für eine vermittelnde Lösung entschieden: Gelangt eine Sache in die Schweiz und ist an ihr im Ausland ein Eigentumsvorbehalt formfrei begründet worden, so bleibt dieser in der Schweiz noch drei Monate gültig (Art. 102 II schweiz. IPR-Gesetz). Innerhalb dieser Zeit müssen die zum Weiterbestand des Eigentumsvorbehalts nach Schweizer Recht notwendigen Maßnahmen vorgenommen werden. Erst wenn dies nicht geschieht, erlischt das Sicherungsrecht für die Schweiz. Gutgläubigen Dritten kann der nach ausländischem Recht begrün-

---
13 BGH 20. 3. 1963, BGHZ 39, 173 = IPRspr. 1962–63 Nr. 60.
14 So BGH 2. 2. 1966, BGHZ 45, 95 (97) = IPRspr. 1965–66 Nr. 54 S. 183.
15 So zum Lösungsrecht des Art. 934 II schweiz. ZGB BGH 8. 4. 1987 (oben N. 3).
16 OGH 14. 12. 1983, JBl. 1984, 550 Anm. *Schwimann* = IPRax 1985, 165, 168 Aufsatz *Martiny*. Kritisch dazu *Rauscher*, Sicherungsübereignung im deutsch-österreichischen Rechtsverkehr: RIW 1985, 265 = JBl. 1985, 321; *Schwind*, „Hinkendes Eigentum" im österreichisch-deutschen Rechtsverkehr – Ein juristischer Alptraum: FS Kegel (1987) 599.

dete Eigentumsvorbehalt freilich nicht entgegengehalten werden (Art. 102 III IPR-Gesetz).

b) Über den *Inhalt der Rechte und Pflichten,* die sich nach einem Statutenwechsel aus der dinglichen Rechtslage ergeben, entscheidet grundsätzlich das neue Statut. Im Ausland wirksam entstandene Rechte an beweglichen Sachen, die ins Inland gelangen, können also nach Maßgabe der im deutschen Sachenrecht möglichen Berechtigungen ausgeübt werden[17].

Vor allem der Inhalt von Eigentum und Besitz, die den Grundstock der Sachenrechtsordnung bilden, richtet sich nach dem Recht des neuen Belegenheitsstaates. Gelangt etwa eine Sache aus Frankreich nach Deutschland, so kann sich der Eigentümer vom Grenzübertritt an auf § 985 BGB berufen, auch wenn in Frankreich eine vergleichbare Vorschrift fehlt.

Freilich ist eine *Umsetzung* oder *Transposition* des im Ausland wirksam begründeten dinglichen Rechts in den entsprechenden inländischen Sachenrechtstypus nicht in jedem Fall erforderlich[18]. Insbesondere muß ein dem deutschen Recht unbekanntes, aber mit der deutschen Sachenrechtsordnung verträgliches fremdes dingliches Recht nicht gleich bei Eintreffen der Sache in Deutschland als in ein ähnliches deutsches Recht verwandelt betrachtet werden.

Beispielsweise kann das im Ausland erworbene *Lösungsrecht* nach Grenzübertritt der Sache in Deutschland zunächst als solches bestehen bleiben. Der Geltendmachung des Lösungsrechts vor einem deutschen Gericht stehen keine Bedenken entgegen, so daß sein Inhaber nur gegen Erstattung des gezahlten Kaufpreises zur Herausgabe der Sache verurteilt werden kann. Veräußert freilich der Inhaber des Lösungsrechts die Sache im Inland an einen Dritten, so untersteht dieser Veräußerungsvorgang allein der deutschen lex rei sitae, und das Lösungsrecht erlischt, weil es unter der Herrschaft der deutschen Sachenrechtsordnung, die das Rechtsinstitut nicht kennt, in der Person des Dritten nicht neu entstehen kann[19].

c) Bei *Rückkehr* der Sache in den alten Belegenheitsstaat lebt ein dort wirksam begründetes Sachenrecht wieder auf, das der Staat der zwischenzeitlichen Belegenheit wegen Unverträglichkeit mit seiner Sachenrechtsordnung nicht anerkannt hatte. Manche meinen zwar, dieses Recht sei im Verkehrsinteresse als endgültig untergegangen anzusehen; das vormalige Belegenheitsrecht habe insoweit einen „Reinigungseffekt" ausgeübt[20]. Indes wird damit dem vormaligen Belegenheitsrecht zu viel Macht eingeräumt; es genügt, wenn die unter jenem Statut neu erworbenen Rechte vorgehen. Mit dieser Einschrän-

---

[17] Vgl. auch Art. 43 II EGBGB-Entwurf.
[18] Vgl. zu den im einzelnen umstrittenen Grenzen der Transpositionslehre einerseits *Staudinger-Stoll* IntSachenR Rz. 296 ff., anderseits MünchKomm-*Kreuzer* Nach Art. 12 Anh. I Rz. 62 f.
[19] BGH 8. 4. 1987 (oben N. 3).
[20] So etwa *Kegel* § 19 III.

kung ist der überwiegend vertretenen „Wiedererweckungslehre" der Vorzug zu geben[21].

2. Ein sog. *qualifizierter Statutenwechsel* ist gegeben, wenn der sachenrechtliche Tatbestand unter der Herrschaft des alten Statuts erst teilweise verwirklicht wurde, wenn also ein sog. „gestreckter" Tatbestand vorliegt. Hier ist für den gesamten Erwerbsvorgang grundsätzlich das neue Statut maßgebend. Für das deutsche Recht empfiehlt sich außer dieser Kollisionsregel die Anerkennung einer (materiellrechtlichen) Anrechnungsregel für den Fall, daß die bewegliche Sache in das Inland gelangt: die im Ausland zum Erwerb des dinglichen Rechts bereits eingetretenen Vorgänge können danach als im Inland erfolgt gelten und also mitberücksichtigt werden[22].

Ist beispielsweise die Ersitzungsfrist an einer ins Inland geschafften Sache weder nach dem alten Belegenheitsstatut noch nach deutschem Recht abgelaufen, so bemißt sie sich nunmehr nach deutschem Recht, wobei die im Ausland abgelaufene Zeitdauer anzurechnen ist.

Die genannten Grundsätze werden vor allem für sog. *internationale Verkehrsgeschäfte* bedeutsam, also für Veräußerungsgeschäfte, die Beziehungen zu mehreren Rechtsgebieten haben. Hauptbeispiel ist der internationale Versendungskauf, in dessen Rahmen sich der Eigentumsübergang oder das Entstehen eines Sicherungsrechts als unvollendeter gestreckter sachenrechtlicher Erwerbsvorgang darstellen kann.

a) Der *Eigentumsübergang*, der bei Absendung der Sache nach dem Recht im Absendestaat noch nicht vollzogen war, wird bei Eintreffen der Sache im Bestimmungsland wirksam, wenn die Übereignungsvoraussetzungen nach dessen Recht schon erfüllt sind.

So geht z. B. das Eigentum an einer von Deutschland nach Frankreich verkauften Sache, das in Deutschland mangels Übergabe oder Übergabesurrogats beim Veräußerer blieb, mit Überschreiten der Grenze auf den Erwerber über, da nach französischem Recht der Übereignungswille genügt.

b) Ein *Sicherungsrecht* unterliegt bis zum Eintreffen der Sache im Bestimmungsstaat dem Recht des Absendestaats, ab Eintreffen im Bestimmungsstaat dem Recht dieses Staates (vgl. Art. 44 EGBGB-Entwurf). Das Sicherungsrecht kann also durch den Grenzübertritt wirksam werden, wenn seine Entstehungsvoraussetzungen nach dem Recht des Absendestaates noch nicht vollständig erfüllt waren. Es kann ab Grenzübertritt aber auch seine Wirkungen verändern, da es sich in die Sachenrechtsordnung des Bestimmungslandes einfügen muß.

---

[21] Siehe etwa *von Caemmerer*, Zum internationalen Sachenrecht, in: Xenion Zepos II (1973) 25 (33 f.); *Staudinger-Stoll* IntSachenR Rz. 297.
[22] So ausdrücklich etwa Art. 102 I schweiz. IPR-Gesetz; vgl. auch Art. 44 EGBGB-Entwurf.

Bei der Bewertung eines Sicherungsrechts im Zusammenhang mit einem internationalen Versendungskauf ist zu berücksichtigen, daß das Sicherungsrecht seine Wirkungen hauptsächlich im Bestimmungsland entfalten soll. Es muß sich nämlich wirtschaftlich gerade dann bewähren, wenn die Kaufsache in den Bereich des Käufers gelangt ist.

Ein viel erörtertes Beispiel bietet der *Strickmaschinenfall*[23]. Ein Italiener verkaufte Strickmaschinen nach Deutschland und vereinbarte mündlich einen Eigentumsvorbehalt. Das italienische Recht läßt diesen Eigentumsvorbehalt nur relativ, zwischen den Parteien wirken. Ein solcher Eigentumsvorbehalt hat für den Verkäufer aber nur einen geringen Wert, weil er ihn nicht bevorrechtigt, wenn andere Gläubiger des Käufers, sei es in der Einzelvollstreckung, sei es im Konkurs, auf die Vorbehaltssache zurückgreifen. Der Wille der Parteien ging nach der Interessenlage deshalb gewiß dahin, im Bestimmungsstaat Deutschland einen absolut wirkenden Eigentumsvorbehalt deutschen Rechts zu begründen. Da ein solcher Eigentumsvorbehalt nach deutschem Recht formlos vereinbart werden kann, ist man sich im Ergebnis weitgehend einig, daß der Italiener im Konkurs des deutschen Käufers als Eigentümer der Strickmaschinen betrachtet werden mußte. Der BGH begründete dies mit der Konstruktion einer von den Parteien gewollten Sicherungsrückübereignung an den Verkäufer gemäß § 930 BGB, die anzunehmen sei, sobald die Maschinen in den Besitz des Käufers gelangt seien. Andere wollen mit der Parteiautonomie im Internationalen Sachenrecht helfen und befürworten die Zulässigkeit einer stillschweigenden Wahl des deutschen Sachenrechts, die bei Eintreffen der Ware in Deutschland vom deutschen Recht honoriert wird[24]. Eine zwanglose Lösung ergibt sich auch, wenn man einen gestreckten Erwerbstatbestand annimmt, so daß deutsches Recht ab Eintritt der Kaufsache in deutsches Gebiet den gesamten Erwerbsvorgang beherrscht[25]. Diese Konstruktion, die der BGH noch verworfen hatte, findet in Art. 44 EGBGB-Entwurf eine Stütze.

IV. Sachen auf dem Transport

Für den rechtsgeschäftlichen Erwerb und Verlust dinglicher Rechte an Sachen, die sich auf dem Transport befinden, namentlich solchen, die durch ein Transitland oder über die hohe See befördert werden, den sog. „res in transitu", ist die Anknüpfung an den Lageort entweder nicht möglich, weil er nicht feststellbar ist, oder jedenfalls nicht sinnvoll, weil er als zufällig erscheint.

---

[23] BGH 2. 2. 1966, BGHZ 45, 95 = IPRspr. 1966–67 Nr. 54; dazu *Kegel*, JuS 1968, 162 ff.; *Siehr*, AWD 1971, 10ff.

[24] So namentlich *Stoll*, Rechtskollisionen beim Gebietswechsel beweglicher Sachen: RabelsZ 38 (1974) 450 (456 f.); Ausdrücklichkeit der Rechtswahl verlangt *Drobnig*, Eigentumsvorbehalte bei Importlieferungen nach Deutschland: RabelsZ 32 (1968) 450 (460ff.); vgl. auch *Drobnig/Kronke*, Die Anerkennung ausländischer Mobiliarsicherungsrechte nach deutschem IPR, in: Deutsche zivil-, kollisions- und wirtschaftsrechtliche Beiträge zum X. Internationalen Kongreß für Rechtsvergleichung in Budapest 1978 (1978) 91 (102).

[25] So z. B. *Lüderitz* Rz. 325.

Dagegen kann das jeweilige Lageortsrecht für Dritte, welche die Sache in einem Transitstaat pfänden oder denen nach dem Recht eines Durchgangsstaates ein gesetzliches Sicherungsrecht zukommt, hier wie sonst maßgebend bleiben.

Teilweise wird der *Begriff der res in transitu* auf Sachen in einem Transitland oder in hoheitsfreiem Gebiet beschränkt; diese Einschränkung ist jedoch nicht notwendig, solange Einigkeit besteht, daß die mit einem internationalen Versendungskauf zusammenhängenden sachenrechtlichen Fragen aus dem Problembereich der res in transitu ausscheiden, weil beim Versendungskauf nicht erst während des Transports über die auf dem Wege befindliche Ware verfügt wird[26].

Als Anknüpfungspunkt für Verfügungen über Waren auf dem Transport ist bisweilen der Absendeort vorgesehen[27]; indes ist dies keine überzeugende Lösung, weil die Beziehungen zum Absendestaat bereits abgebrochen sind. Überwiegend wird daher (zukunftsorientiert) auf den Bestimmungsstaat abgestellt[28]. Da dingliche Rechte Dritter und damit Verkehrsinteressen bei Sachen im Transit im allgemeinen nicht in Rede stehen – ein im Transitstaat entstandenes Pfändungspfandrecht oder ein nach dortigem Recht erworbenes und ausgeübtes gesetzliches Pfandrecht bleibt ohnehin unberührt –, kann man die Parteien auch zwischen dem Recht des Abgangs- oder des Bestimmungsstaates sowie dem Schuldvertragsstatut wählen lassen[29].

Der EGBGB-Entwurf will, weil sachenrechtliche Probleme mit res in transitu in der bisherigen Gerichtspraxis nicht aufgetreten sind, von einer besonderen Norm absehen und die Lösung weiterhin der Rechtsprechung und Lehre überlassen.

V. Transportmittel

Transportmittel sind wegen ihrer Mobilität den Waren auf dem Transport vergleichbar. Dementsprechend herrscht im In- und Ausland weithin Übereinstimmung, daß für Transportmittel ebenfalls eine andere Anknüpfung als die an den jeweiligen (flüchtigen oder gar staatsfreien) Lageort gewählt werden muß. Nur für Kraftfahrzeuge wird überwiegend noch an der Belegenheitsregel festgehalten[30].

Anders als die res in transitu besitzen Transportmittel aber einen heimatli-

---

[26] Zutreffend *Staudinger-Stoll* IntSachenR Rz. 307.
[27] So z. B. in Art. 6 des Haager Übereinkommens über den Eigentumserwerb von 1958.
[28] So ausdrücklich z. B. Art. 101 schweiz. IPR-Gesetz; zum Meinungsstand in Deutschland siehe etwa MünchKomm-*Kreuzer* Nach Art. 12 Anh. I Rz. 127.
[29] Vgl. oben II; ferner etwa *Staudinger-Stoll* IntSachenR Rz. 309.
[30] Vgl. etwa MünchKomm-*Kreuzer* Nach Art. 12 Anh. I Rz. 133 f. Anders beispielsweise *Drobnig*, Entwicklungstendenzen des deutschen internationalen Sachenrechts, in: IPR und Rechtsvergleichung im Ausgang des 20. Jahrhunderts, FS Kegel (1977) 141 (144 f.). Eine vermittelnde Meinung will nur solche Kraftfahrzeuge den anderen Transportmitteln gleich

chen *Standort*, an dem sie regelmäßig auch registriert oder zugelassen sind und zu dem also die für das IPR maßgebende enge Verbindung besteht. Man ist sich deshalb im Grundsatz einig, daß für Transportmittel das Recht des Herkunftsstaates maßgebend sein muß, die sog. lex stabuli. Die Einzelheiten sind teilweise in Sondergesetzen geregelt und bislang schwer zu überschauen[31]. Der EGBGB-Entwurf, der sich in seiner jetzigen Fassung auf eine negative Formulierung beschränkt (vgl. Art. 45 I), könnte mehr Klarheit bringen.

§ 55 Gesellschaftsrecht

I. Die Anknüpfung des Gesellschaftsstatuts

Die Kernfrage des Internationalen Gesellschaftsrechts geht dahin, ob grundsätzlich von dem parteiautonom bezeichneten oder von einem durch objektive Anknüpfung bestimmten Recht auszugehen ist. Die *Gründungs- oder Inkorporationstheorie*, die in den Staaten des Common Law gilt, aber auch etwa in den Niederlanden, der Schweiz (Art. 154 I IPR-Gesetz) und in den sozialistischen Ländern, stellt auf das Recht ab, nach dem die Gesellschafter die Gesellschaft errichtet haben. Die *Sitztheorie*, die beispielsweise in der Bundesrepublik Deutschland und in mehreren anderen westeuropäischen Staaten befolgt wird, knüpft dagegen an den objektiv bestimmten tatsächlichen Sitz der Hauptverwaltung an[1]. Beide Theorien bieten freilich nur einen Grundsatz, der Einschränkungen erfahren muß, und dadurch nähern sie sich einander. Außerdem ist der Streit nur entscheidungserheblich, wenn Gründungs- und Sitzstaat auseinanderfallen. In der Regel aber wird eine Gesellschaft nach dem Recht des Staates gegründet, in dem auch der Schwerpunkt ihrer tatsächlichen geschäftlichen Tätigkeit liegt, und dann herrscht Einigkeit über die Maßgeblichkeit dieses Rechts.

1. *Geschriebene Normen*, welche die Grundsatzfrage generell entscheiden, bestehen in Deutschland nicht. Das EGBGB enthält keine einschlägige Vorschrift, und auch eine umfassende staatsvertragliche Regelung ist bislang nicht in Kraft getreten.

---

stellen, die auf Dauer dem Verkehr mit dem Ausland dienen (so z. B. *Kegel* § 19 V); doch ist dies Kriterium für das Sachenrecht zu unsicher.

[31] Vgl. etwa *Staudinger-Stoll* IntSachenR Rz. 316 f.; MünchKomm-*Kreuzer* Nach Art. 12 Anh. I Rz. 131 ff.

[1] Rechtsvergleichender Überblick bei *Staudinger-Großfeld* IntGesR Rz. 118 ff. Zur Geschichte der Theorien siehe *Großfeld*, RabelsZ 38 (1974) 344 ff. und in FS Westermann (1974) 199 ff.

Das *Haager Abkommen* über die Anerkennung ausländischer Gesellschaften vom 1. 6. 1956 ist mangels der erforderlichen Anzahl von fünf Ratifikationen obsolet geworden[2]. Es ging vom Gründungsrecht aus (Art. 1), erlaubte aber den Staaten, deren IPR auf den tatsächlichen Sitz abstellt, in vielen Fällen eine Versagung der Anerkennung nach Maßgabe des Sitzrechts (Art. 2). Der Nutzen des Abkommens wäre gering gewesen, da es den Gegensatz zwischen den Staaten, die der Gründungstheorie folgen, und denen, die den Sitz entscheiden lassen, weitgehend bestehen ließ.

Das *Haager trust-Übereinkommen* vom 1. 7. 1985, in dem Statut und Anerkennung der anglo-amerikanischen Rechtsfigur festgelegt werden, ist bislang nicht in Kraft getreten und von der Bundesrepublik Deutschland auch nicht gezeichnet worden[3].

Das *EG-Übereinkommen* über die gegenseitige Anerkennung von Gesellschaften und juristischen Personen vom 29. 2. 1968, das in Ausführung von Art. 220 EWGV geschlossen wurde, ist gescheitert[4]. Denn es wurde von den Niederlanden nicht ratifiziert und deshalb für keinen EG-Staat wirksam. Das Übereinkommen wählt – wie das Haager Abkommen von 1956 – das Gründungsrecht als Ausgangspunkt. Gemäß Art. 1 sollen Gesellschaften anerkannt werden, die nach dem Recht eines Vertragsstaates gültig gegründet worden sind und ihren satzungsmäßigen (nicht: tatsächlichen) Sitz innerhalb der EG haben. Als Zugeständnis an die Staaten, die der Sitztheorie folgen, ist u. a. der von der Bundesrepublik Deutschland genutzte Vorbehalt des Art. 4 vorgesehen. Danach kann jeder Vertragsstaat erklären, daß er die von ihm als zwingend angesehenen Vorschriften seines eigenen Rechts auf solche Gesellschaften anwendet, die zwar nach dem Recht eines anderen Vertragsstaates gegründet worden sind, ihren tatsächlichen Sitz aber in seinem Hoheitsgebiet haben. Hier liegt eine Schwäche des Abkommens. Denn der Kreis der gemeinten zwingenden Vorschriften ist nicht klar abgesteckt, und die Anwendung von zwei verschiedenen Rechtsordnungen auf dieselbe Gesellschaft muß zu schwer lösbaren Angleichungsschwierigkeiten führen.

Die *bilateralen Handels- und Niederlassungsabkommen*, die für die Bundesrepublik Deutschland wirksam sind, enthalten häufig Regelungen über die Rechtsstellung juristischer Personen[5]. Die Anknüpfung ist nicht einheitlich; teils wird auf den Sitz, teils auf das Gründungsrecht abgestellt, und bisweilen findet sich auch eine Kombination beider Momente. Der Gründungstheorie folgen der Freundschafts-, Handels- und Schiffahrtsvertrag mit den Vereinigten Staaten von 1954 (Art. XXV Abs. 5) und der Niederlassungsvertrag mit Spanien von 1970 (Art. XV Abs. 2)[6].

---

[2] Text: RabelsZ 17 (1952) 270; dazu *Dölle* ebd. 185 ff.

[3] Text: RabelsZ 50 (1986) 698 (französisch und englisch); IPRax 1987, 55 (deutsch). Schrifttum: *Gaillard/Trautmann*, Rev. crit. 75 (1986) 1 ff. und Am. J. Comp. L. 35 (1987) 307 ff.; *Kötz*, RabelsZ 50 (1986) 564 ff.; *Steinebach*, RIW 1986, 1 ff.; *Pirrung*, IPRax 1987, 52 ff. – Allgemein zum trust im deutschen IPR *Wittuhn*, Das IPR des trust (1987); *Czermak*, Der express trust im IPR (1986) 90 ff.

[4] Text: BGBl. 1972 II 370; auch bei *Jayme/Hausmann*. Schrifttum: *Drobnig*, Die AG 1973, 90, 125 m. w. Nachw. Zum Scheitern des Abkommens siehe *Timmermans*, RabelsZ 48 (1984) 39 f.

[5] Vgl. zu ihnen *Beitzke*, in: FS M. Luther (1976) 1 ff.

[6] BGBl. 1956 II 487 und BGBl. 1972 II 1042. Siehe zu diesen Verträgen *Ebenroth/Bippus*, Die staatsvertragliche Anerkennung ausländischer Gesellschaften in Abkehr von der Sitztheorie: DB 1988, 842.

2. Die *deutsche Rechtsprechung* steht auf dem Boden der *Sitztheorie*. Personalstatut juristischer Personen ist danach das Recht an ihrem tatsächlichen Verwaltungssitz[7]. Maßgebend ist der Ort der Geschäftsleitung, an dem die grundlegenden Entscheidungen der Unternehmensführung getroffen werden; dagegen ist der Ort weisungsgebundener Betriebsstätten unerheblich[8].

Eine ausländische, nach dem Recht des Sitzstaates mit Rechtsfähigkeit ausgestattete Organisation wird auch im Inland als juristische Person anerkannt; eines besonderen Aktes der „Anerkennung" bedarf es hierfür nicht[9].

a) Entsprechendes gilt für handelsrechtliche *Gesellschaften ohne Rechtsfähigkeit*. Auch bei ihnen besteht das Bedürfnis nach einem Personalstatut, das die Personenvereinigung beherrscht. Die Maßgeblichkeit des Sitzrechts wird hierfür als angemessen betrachtet, weil am Schwerpunkt der gewerblichen Tätigkeit der Gesellschaft regelmäßig zwingende Vorschriften für Rechts- und Parteifähigkeit, Organisation, Haftung, Gläubigerschutz und weitere Innen- und Außenwirkungen vorhanden sind, denen sich die Gesellschafter „notwendigerweise" unterwerfen und anpassen müssen, wenn sie als Personenvereinigung in den Rechtsverkehr eintreten und eine gewerbliche Tätigkeit entfalten wollen[10].

b) Für die *Sitzverlegung* einer juristischen Person bedeutet eine konsequente Anwendung der Sitztheorie folgendes: Da die Sitzverlegung nach dieser Theorie einen Statutenwechsel mit sich bringt, kann sich die erworbene Rechtsfähigkeit nicht einfach im neuen Sitzstaat fortsetzen. Vielmehr ist in zwei Schritten zu prüfen, ob das alte und das neue Gesellschaftsrecht die juristische Person fortbestehen lassen[11]. Das bisherige Sitzrecht ist zu befragen, weil es aus der Sitzverlegung möglicherweise einen Auflösungsbeschluß folgert, das neue, weil es eine Identität der Rechtsfähigkeit verneinen und in jedem Falle eine Neugründung fordern kann. Eine verbreitete Meinung sieht in der Verlegung des tatsächlichen Verwaltungssitzes von Deutschland ins Ausland einen zwingenden Grund zur Auflösung und Abwicklung der Gesellschaft[12]; bei einer Verlegung vom Ausland ins Inland verlangt sie grundsätzlich eine Neugrün-

---

[7] Ständige Rechtsprechung; vgl. etwa BGH 21. 3. 1986, BGHZ 97, 269 = IPRspr. 1986 Nr. 19.

[8] Siehe etwa BayObLG 18. 7. 1985, BayObLGZ 1985, 272 = IPRax 1986, 161, 145 Aufsatz *Großfeld* = IPRspr. 1985 Nr. 214 S. 578.

[9] BGH 11. 7. 1957, BGHZ 25, 134 = IPRspr. 1956–57 Nr. 21 S. 81. Zum Anerkennungsbegriff *Ebenroth/Sura*, RabelsZ 43 (1979) 315 ff. m. w. Nachw.

[10] So BGH 26. 9. 1966, NJW 1967, 36 = IPRspr. 1966–67 Nr. 14 S. 51.

[11] BGH 21. 3. 1986, BGHZ 97, 269 = IPRspr. 1986 Nr. 19.

[12] Eine Ausnahme von diesem Grundsatz ist denkbar, wenn der Verwaltungssitz in einen der Gründungstheorie folgenden Staat verlegt, der statutarische Sitz in Deutschland aber beibehalten wird, weil dann wegen der Rückverweisung durch das IPR des neuen Sitzstaates (vgl. unten 3 d) das Gesellschaftsstatut unverändert bleibt.

dung und damit einen Neuerwerb der Rechtsfähigkeit im Inland, auch wenn das alte Recht die juristische Person als weiterbestehend betrachtet[13]. Freilich ist auch nach der Sitztheorie eine identitätswahrende Sitzverlegung anzuerkennen, sofern das Gesellschaftsrecht des Wegzugstaates nicht zur Auflösung zwingt und der Zuzugstaat keine Neugründung verlangt, sondern eine Anpassung der fremden Gesellschaft an das eigene Gesellschaftsrecht ermöglicht; bei einem Zuzug nach Deutschland bietet sich hierfür eine analoge Anwendung der Vorschriften über eine formwechselnde Umwandlung (§§ 362 ff. AktG) an[14].

Den *Schutz der Gläubiger* wahrt bei einem Verlust der Rechtsfähigkeit durch Sitzverlegung ein Rückgriff auf die Rechtsscheinsgrundsätze, so daß die als nicht existent geltende Gesellschaft dennoch in Anspruch genommen werden kann[15]. Außerdem ist ein Durchgriff gegen die Gesellschafter und gegen den Handelnden möglich[16].

3. Im übrigen bestehen verschiedene *Einschränkungen der Sitztheorie*.

a) Zunächst einmal wird die *Gründung* der Gesellschaft nach dem Recht des Sitzstaates von der Sitztheorie vorausgesetzt. Eine nach ausländischem Recht gegründete Gesellschaft mit inländischem Verwaltungssitz ist nämlich nicht etwa nach inländischem Recht rechtsfähig; beispielsweise lebt eine hier ansässige, nach ausländischem Recht gegründete GmbH nicht nach deutschem Recht, sondern sie gilt als nicht bestehend[17]. Das Sitzrecht wirkt insofern also nur negativ, indem es die Anerkennung der nach einem anderen Recht gegründeten Gesellschaft verweigert. Die Anknüpfung an den Sitz bringt, so gesehen, nur ein zusätzliches Erfordernis der Anerkennung neben der Gründung nach dem Recht des betreffenden Staates[18].

---

[13] Siehe etwa *Staudinger-Großfeld* IntGesR Rz. 351 ff. und 371 ff.
[14] Siehe im einzelnen *Behrens*, Identitätswahrende Sitzverlegung einer Kapitalgesellschaft von Luxemburg in die Bundesrepublik Deutschland: RIW 1986, 590; zustimmend – freilich nur für die Sitzverlegung aus einem Mitgliedstaat der EG, in deren Rahmen das materielle Gesellschaftsrecht teilweise harmonisiert ist, *Großfeld/Jasper*, Identitätswahrende Sitzverlegung und Fusion von Kapitalgesellschaften in die Bundesrepublik Deutschland: RabelsZ 53 (1989) 52.
[15] Siehe etwa *Rehbinder*, IPRax 1985, 324.
[16] Dazu *von Falkenhausen*, RIW 1987, 818.
[17] Siehe *Hachenburg-Behrens*, GmbHG⁷ I (1975) Einl. Rz. 75, 77.
[18] Vgl. bereits *Rabel*, The Conflict of Laws² II (1960) 38: „The requirement of domicil is additional to that of incorporation and does not by any means replace it." Zustimmend *Neuhaus*, FamRZ 1973, 82.

b) Teilweise wird eine widerlegbare *Vermutung* aufgestellt, daß sich der tatsächliche Sitz in dem Staat befindet, nach dessen Recht die Gesellschaft erkennbar organisiert ist[19]. Jedenfalls wird der tatsächliche Verwaltungssitz von den Gerichten oft nicht eigens ermittelt, sondern man begnügt sich mit der Feststellung, daß die Gesellschaft unter einem bestimmten Recht auftritt, z. B. durch Angabe des Sitzes in London in Verbindung mit der Bezeichnung „Ltd."[20].

c) Im *Internationalen Konzernrecht* ist anerkannt, daß abhängige Tochtergesellschaften ihren eigenen Sitz haben, auch wenn das entscheidende Wort in der Geschäftsführung von der Muttergesellschaft gesprochen wird[21]. Die sonst verwandte Definition des tatsächlichen Verwaltungssitzes (oben bei N. 8) ist hier also nicht gültig. Im Unterordnungskonzern richten sich die Beziehungen zum herrschenden Unternehmen grundsätzlich nach dem Gesellschaftsstatut der abhängigen Tochter.

d) Schließlich kann ein *Renvoi*, der gemäß Art. 4 I EGBGB zu beachten ist, dem Gründungsrecht zur Anwendung verhelfen[22]. Hat beispielsweise eine nach deutschem Recht gegründete Gesellschaft ihren effektiven Verwaltungssitz in einem ausländischen Staat, der die Gründungstheorie befolgt, so ist – wenn nicht im konkreten Fall eine Einschränkung der Gründungstheorie eingreift – das deutsche Recht kraft Rückverweisung maßgebend[23]. Auch eine beachtliche Weiterverweisung auf das Gründungsrecht kommt in Frage; beispielsweise wenn eine Gesellschaft, die nach dem Recht des Staates A gegründet wurde, ihren Sitz in einem Staat B hat, in dem die Gründungstheorie herrscht[24].

4. Starke theoretische *Argumente* sprechen für die Gründungstheorie[25]. Die Sitztheorie dient zwar einem anerkennenswerten Kontrollbedürfnis des Staates, dem die Gesellschaft durch ihren tatsächlichen Verwaltungssitz am engsten

---

[19] So OLG München 6. 5. 1986, NJW 1986, 2197 = IPRspr. 1986 Nr. 21, im Anschluß an *Soergel-Lüderitz* Vor Art. 7 Rz. 204. Kritisch z. B. *Kegel* § 17 II 1.
[20] Siehe *Soergel-Lüderitz* Vor Art. 7 Rz. 203 m. Nachw.
[21] Siehe zum Internationalen Konzernrecht etwa *Staudinger-Großfeld* IntGesR Rz. 389 ff.; *Neumayer*, Betrachtungen zum internationalen Konzernrecht: ZVglRWiss. 83 (1984) 129. Vgl. auch oben § 3 II 3.
[22] Siehe dazu im einzelnen *Ebenroth/Eyles*, Der Renvoi nach der Novellierung des deutschen IPR: IPRax 1989, 1 (9).
[23] Vgl. – in anderem Zusammenhang – BGH 6. 3. 1969, WM 1969, 671 = IPRspr. 1968 – 69 Nr. 256 S. 657, 659.
[24] Als Möglichkeit erwähnt von OLG Stuttgart 18. 3. 1974, NJW 1974, 1627 = IPRspr. 1974 Nr. 7: Liberia, Kanada.
[25] Siehe im einzelnen etwa *Beitzke*, Kollisionsrecht von Gesellschaften und juristischen Personen, in: Vorschläge... (1972) 94 (112 ff.); *Neumayer* (oben N. 21) 132 ff.

verbunden ist. Die Frage ist aber, ob die Sitztheorie nicht über ihr Ziel hinausschießt, indem sie aus dem Kontrollbedürfnis die Grundregel und nicht bloße Ausnahmen ableitet. Näherliegend erscheint es, die Rechtsstellung einer Gesellschaft unter Einschränkungen nach dem Recht zu beurteilen, das nach dem Willen der Gründer maßgebend sein soll, und diesem Recht zunächst einmal die Kontrolle zu überlassen. Für diesen liberalen Ansatz spricht nicht nur das Interesse der Gründer, sondern auch das Interesse von Dritten jedenfalls insofern, als der Satzungssitz für sie in der Regel leichter feststellbar ist als der tatsächliche Verwaltungssitz. Die Gründungstheorie fördert überdies den Fortbestand der Rechtspersönlichkeit, namentlich bei Sitzverlegungen, und begünstigt damit den internationalen Handelsverkehr. Freilich ist nicht zu verkennen, daß für die Gründungstheorie Schwierigkeiten auf der zweiten Stufe entstehen, auf der es gilt, notwendige Einschränkungen zugunsten des Sitzrechts vorzunehmen.

Auf *internationaler Ebene* wird im allgemeinen die Gründungstheorie als Ausgangspunkt bevorzugt, so im Haager Abkommen von 1956 (oben N. 2) und im EG-Übereinkommen von 1968 (oben N. 4), aber auch in einem Konventionsentwurf der International Law Association von 1960[26] und in einer Entschließung des Institut de Droit international aus dem Jahre 1965[27].

Versuche in der *deutschen Wissenschaft*, von der Gründungstheorie ausgehend neue Anknüpfungssysteme für das Gesellschaftsstatut zu entwickeln, haben sich bislang nicht durchsetzen können[28]. Das gilt etwa für den Vorschlag, zwischen Innen- und Außenverhältnis der Gesellschaft zu unterscheiden und für das Innenstatut das Gründungsrecht entscheiden zu lassen, für das Außenstatut dagegen nach Maßgabe des Verkehrsinteresses verschiedene andere Anknüpfungspunkte zu wählen[29]. Gegen diese *Differenzierungstheorie* spricht, daß gesellschaftsrechtliche Regeln häufig gleichzeitig das Innen- und Außenverhältnis betreffen und eine klare Zuweisung der einzelnen Rechtsfragen zum Innen- oder zum Außenstatut daher nicht möglich ist. – Nach einer anderen vermittelnden Auffassung soll das Gründungsrecht zwar grundsätzlich für die Wirksamkeit der Gründung und die Rechtsfähigkeit gelten, im übrigen aber von den zwingenden Vorschriften des Sitzrechts verdrängt werden[30]. Gegen diese sog. *Überlagerungstheorie* wird eingewandt, die Anwendung zweier Gesellschaftsrechte sei zwar in Ausnahmefällen möglich, als Regel aber zu schwerfällig in der Handhabung und zu unsicher in den Ergebnissen[31].

---

[26] Report of the 49th Conference (Hamburg 1960) 62ff., 93 (Art. 2).
[27] Ann. Inst. Dr. int. 51 II (1965) 263ff.
[28] Vgl. zu ihnen etwa *Wiedemann*, Gesellschaftsrecht I (1980) § 14 II 1 b.
[29] So *Grasmann*, System des internationalen Gesellschaftsrechts (1970).
[30] So – im Anschluß an amerikanische Lehren – *Sandrock*, BerDGesVölkR 16 (1978) 169ff.; *ders.*, RabelsZ 42 (1978) 227ff. und in FS Beitzke (1979) 669ff.
[31] *Kegel* § 17 II 1; *Ebenroth*, Neuere Entwicklungen im deutschen internationalen Gesellschaftsrecht: JZ 1988, 18 (21).

Ein entscheidender Grund für die fortbestehende Herrschaft der Sitztheorie in Deutschland dürfte sein, daß die deutsche Wirtschaft die Maßgeblichkeit des Sitzrechts als ihren Bedürfnissen entsprechend akzeptiert. Deutsche Unternehmen wählen für ihre Betätigung im Ausland das Gesellschaftsrecht des Sitzstaates, nicht aber das deutsche oder ein drittes Recht; denn sie wollen sich dem jeweiligen Markt anpassen und Komplizierungen vermeiden[32]. Für den inländischen Markt besteht die Sorge, daß unser Land bei einer Anerkennung der Gründungstheorie mit ausländischem Gesellschaftsrecht „überflutet" wird und daß namentlich die Mitbestimmung dem Belieben der Gründer anheimgestellt sein könnte; man möchte „Herr im eigenen Hause bleiben" und meint, sich einen liberalen Ansatz im Privatrecht nicht leisten zu können, weil öffentlich-rechtliche oder auch außerrechtliche Steuerungselemente bei uns weniger ausgeprägt sind als in anderen Staaten[33]. Freilich wird zunehmend erkannt, daß jedenfalls innerhalb des einheitlichen Wirtschaftsgebietes der EG andere Maßstäbe gelten sollten.

5. *Innerhalb der EG* verliert der Schutzgedanke der Sitztheorie mit zunehmender Angleichung des Gesellschaftsrechts, die Art. 54 III lit. g EWGV vorsieht, seine Berechtigung. Freilich ist das sachrechtliche Harmonisierungsgebot bislang nicht voll erfüllt, und der Versuch, gemäß Art. 220 EWGV ein kollisionsrechtliches Übereinkommen über die gegenseitige Anerkennung von Gesellschaften in Kraft zu setzen, ist gescheitert.

Zweifelhaft ist, wieweit aus der in Artt. 52, 58 EWGV auch für Gesellschaften garantierten *Niederlassungsfreiheit* bereits Folgerungen für die Ausgestaltung des Internationalen Gesellschaftsrechts zu ziehen sind. Die Niederlassungsfreiheit gebührt nach Art. 58 I EWGV allen „nach den Rechtsvorschriften eines Mitgliedstaates gegründeten Gesellschaften, die ihren satzungsmäßigen Sitz, ihre Hauptverwaltung oder ihre Hauptniederlassung innerhalb der Gemeinschaft haben". Es wird die Ansicht vertreten, der EWGV führe mit diesen Regeln grundsätzlich zu einer Anerkennung aller Gesellschaften, die nach dem Recht eines EG-Staates gegründet wurden, wenn entweder der Satzungssitz oder der tatsächliche Verwaltungssitz in irgendeinem Staat der Gemeinschaft liege; es werde nicht vorausgesetzt, daß Gründungsrecht und tatsächlicher Verwaltungssitz übereinstimmen[34]. Der EuGH hat es indes – unter Hinweis auf die in Artt.

---

[32] Siehe *Junge*, Welche Gründe wirtschaftlicher und rechtlicher Art können für die Wahl eines anderen Rechts als desjenigen des Sitzstaates sprechen?, in: Vorschläge... (1972) 137.

[33] Siehe *Großfeld*, Internationales Unternehmensrecht (1986) 40f. (mit Hinweisen auf England und Japan); *Ebenroth/Einsele*, Gründungstheorie und Sitztheorie in der Praxis – zwei vergleichbare Theorien?: ZVglRWiss. 87 (1988) 217 (zu den Einschränkungen der Gründungstheorie in den Vereinigten Staaten).

[34] Siehe etwa *von Bar* I Rz. 170; *Behrens*, Niederlassungsfreiheit und Internationales Gesellschaftsrecht: RabelsZ 52 (1988) 498 (517 ff.). Offengelassen von BayObLG 21. 3. 1986, BayObLGZ 1986, 61 = IPRax 1986, 368, 351 Aufsatz *Großfeld* = IPRspr. 1986 Nr. 20; dazu *Ebke*, ZGR 1987, 245 ff. Die Entscheidung betrifft die Anerkennung der Rechtsfähigkeit einer

54 III lit. g und 220 EWGV eröffneten legislativen Möglichkeiten – abgelehnt, die Artt. 52 und 58 EWGV dahin auszulegen, daß sie einer Gesellschaft, die nach den Rechtsvorschriften eines Mitgliedstaates errichtet wurde und dort ihren satzungsmäßigen Sitz hat, bereits das Recht verleihen, ihren Verwaltungssitz in einen anderen Mitgliedstaat zu verlegen und gleichzeitig ihren Status als Gesellschaft nach dem Errichtungsstatut beizubehalten[35].

II. Der Anwendungsbereich des Gesellschaftsstatuts

Das Gesellschaftsstatut bestimmt, nach welchen Regeln eine Gesellschaft entsteht, lebt und wieder untergeht[36].

1. Die *Rechts-, Partei- und Prozeßfähigkeit* richtet sich grundsätzlich nach dem Gesellschaftsstatut. Ob bei Beschränkungen der Rechts- oder Parteifähigkeit ein Verkehrsschutz durch analoge Anwendung von Art. 12 EGBGB erreicht werden sollte, ist zweifelhaft[37].

Zweigniederlassungen sind im allgemeinen nicht rechtsfähig. Für die Eintragung von Zweigniederlassungen ausländischer Unternehmen enthalten §§ 13 b HGB, 44 AktG besondere Vorschriften.

2. Die *Organisation* der Gesellschaft folgt ebenfalls dem Gesellschaftsstatut. Dazu gehören die Bestimmungen über die Satzung und deren Abänderung, ferner die Regeln über die Rechte und Pflichten der Organe und der Mitglieder. Das Gesellschaftsstatut beherrscht die Haftung aus Verletzung gesellschaftsrechtlicher Vorschriften und für die Schulden der Gesellschaft; insbesondere sagt es, ob nur das Gesellschaftsvermögen als Haftungssubstrat dient oder ob eine persönliche Haftung der Gesellschafter gegenüber den Gläubigern besteht. Ferner regelt das Personalstatut der Gesellschaft die Vertretungsmacht der Organe. Bei Beschränkungen der Vertretungsmacht fragt sich (wie bei Beschränkungen der Rechtsfähigkeit), ob der Verkehr durch analoge Anwendung des Art. 12 EGBGB oder auf andere Weise zu schützen ist[38].

---

englischen „private limited company" und die umstrittene Frage, ob eine solche Gesellschaft Komplementärin einer KG deutschen Rechts sein kann („Ltd. & Co. KG").

[35] EuGH 27. 9. 1988 – 81/87, The Queen/Daily Mail, NJW 1989, 2186 = JZ 1989, 384 Anm. *Großfeld/Luttermann* = RIW 1989, 304, 249 Aufsatz *Sandrock/Austmann*, 505 Aufsatz *Sandrock* = DB 1989, 269, 363, 413 Aufsatz *Ebenroth/Eyles*.

[36] Vgl. die Aufzählung in Art. 155 schweiz. IPR-Gesetz. Zum deutschen Recht siehe im einzelnen etwa *Staudinger-Großfeld* IntGesR Rz. 180 ff.

[37] Siehe zum Streitstand *Soergel-Lüderitz* Vor Art. 7 Rz. 214 f., 223 ff.

[38] Zum Streitstand *Soergel-Lüderitz* Vor Art. 7 Rz. 234.

Auch die sog. unternehmerische *Mitbestimmung* – im Unterschied zur betrieblichen Mitbestimmung nach dem BetrVerfG, die sich als Teil des Arbeitsrechts nach der Betriebsstätte richtet – wird in ihrer in Deutschland bekannten Form dem Gesellschaftsstatut zugeordnet. Das deutsche Mitbestimmungsrecht findet demgemäß grundsätzlich auf Gesellschaften mit tatsächlichem Verwaltungssitz in der Bundesrepublik Deutschland Anwendung, nicht aber bei ausländischem Gesellschaftsstatut und also insbesondere nicht auf unselbständige inländische Zweigniederlassungen ausländischer Unternehmen[39].

3. Das Personalstatut der Gesellschaft entscheidet grundsätzlich über die *Auflösung, Abwicklung und Beendigung* der Gesellschaft. Besonderheiten ergeben sich bei ausländischen Enteignungsmaßnahmen. Hierauf ist im folgenden kurz einzugehen.

III. Rest- und Spaltgesellschaften

1. Für eine *Enteignung* gilt, gleichgültig ob sie natürliche Personen oder Gesellschaften betrifft, das Territorialitätsprinzip (zu ihm oben § 22). Enteignende Maßnahmen wirken jedenfalls im Gebiet des Staates, in dem sie getroffen wurden (positive Wirkung des Territorialitätsprinzips).

Da die Zwangsgewalt jedes Staates an seinen Grenzen endet, können Enteignungen und Beschlagnahmen aber grundsätzlich auch nur die Vermögensgegenstände ergreifen, die in dem Gebiet des betreffenden Staates belegen sind, selbst wenn dessen Absicht dahin geht, seinem Zugriff eine weiterreichende Wirkung beizulegen. Kraft der inländischen Territorialgewalt und des Prinzips der lex rei sitae bestimmt das inländische Recht über die Rechtszuständigkeit an solchen Vermögenswerten, die in der Bundesrepublik belegen sind. Jedenfalls eine entschädigungslose ausländische Enteignung greift nicht, soweit sie sich auf im Inland belegene Gegenstände bezieht (negative Wirkung des Territorialitätsprinzips).

Diese Rechtssätze entsprechen ständiger höchstrichterlicher Rechtsprechung in internationalen und innerdeutschen Fällen[40].

---

[39] Vgl. im einzelnen etwa *Staudinger-Großfeld* IntGesR Rz. 313 ff.; ferner *Mathias Schubert*, Unternehmensmitbestimmung und internationale Wirtschaftsverflechtung (1984).

[40] Siehe etwa BGH 18. 2. 1957, BGHZ 23, 333 = IzRspr. 1954–57 Nr. 231; 11. 7. 1957, BGHZ 25, 134 = IPRspr. 1956–57 Nr. 21; 29. 11. 1965, AWD 1966, 102 = IPRspr. 1964–65 Nr. 189. Diese Rechtsprechung geht zurück auf RG 7. 6. 1921, RGZ 102, 251. Zur Beschränkung der Nichtanerkennung auf entschädigungslose Enteignungen und zur Notwendigkeit einer Ergänzung des Territorialitätsprinzips durch andere Kriterien *Behrens*, Multinationale Unternehmen im Internationalen Enteignungsrecht der Bundesrepublik Deutschland (1980) 92 f.; siehe auch *Coing*, Zur Nationalisierung in Frankreich: WM 1982, 378.

2. Aus Enteignungen des Heimatstaats gegenüber *Gesellschaften* mit Vermögen außerhalb des enteignenden Staates ergeben sich besondere Probleme, wenn die Enteignung zum Untergang der Gesellschaft im enteignenden Staat führt oder wenn die Gesellschaft zwar als solche bestehen bleibt, aber – weil die Enteignung alle oder fast alle Mitgliedschaftsrechte erfaßt – mit anderem Mitgliederbestand. Für beide Fälle gilt nach der Rechtsprechung und herrschenden Lehre die sog. *Spaltungstheorie*. Danach wirkt die Enteignung – dem Territorialitätsgrundsatz entsprechend – nur für das im enteignenden Staat belegene Gesellschaftsvermögen, nicht aber für das enteignungsfrei gebliebene Auslandsvermögen der Gesellschaft. Wem das von der Enteignung nicht erfaßte Vermögen zuzurechnen ist, beantwortet die Spaltungstheorie mit Hilfe der Rechtsfiguren der Rest- und Spaltgesellschaft.

a) Eine *Restgesellschaft* wird in Hinblick auf das enteignungsfreie Vermögen angenommen, wenn die ursprüngliche Gesellschaft im Enteignungsstaat aufgelöst wird[41]. Der Grundsatz, daß sich der Fortbestand einer juristischen Person nach ihrem Personalstatut richtet, wird hier durch das enteignungsrechtliche Territorialitätsprinzip überlagert. Die Restgesellschaft gilt als Eigentümerin des verbliebenen Vermögens.

b) Eine *Spaltgesellschaft* entsteht hinsichtlich des außerhalb des Enteignungsstaates liegenden Vermögens, wenn der Heimatstaat nicht die Gesellschaft als solche enteignet und auflöst, sondern statt dessen alle oder fast alle Anteile der Gesellschafter. Das Entstehen der Spaltgesellschaft, die neben die im Heimatstaat weiter existierende ursprüngliche Gesellschaft tritt und sich aus den bisherigen Gesellschaftern zusammensetzt, folgt – ebenso wie das Entstehen einer Restgesellschaft – aus dem Territorialitätsprinzip. Nach diesem darf es keinen Unterschied machen, ob der Heimatstaat die Gesellschaft als solche enteignet oder ob er sich an die Mitgliedschaftsrechte hält. Auch im letztgenannten Fall müssen die Wirkungen der Enteignung auf das Gebiet des enteignenden Staates beschränkt bleiben; denn andernfalls könnte jeder konfiszierende Staat die Schranke des Territorialitätsprinzips durch den Kunstgriff beseitigen, statt des Vermögens der Gesellschaft die Gesellschafteranteile zu beschlagnahmen[42]. Allerdings setzt das Entstehen einer Spaltgesellschaft voraus, daß sich der Staat so viele Mitgliedschaftsrechte angeeignet hat, daß er das Unternehmen vermögens- und verwaltungsmäßig ähnlich wie bei einer Enteignung der Gesellschaft beherrscht[43].

---

[41] Siehe etwa BGH 11. 7. 1957, BGHZ 25, 134 = IPRspr. 1956–57 Nr. 21.
[42] Siehe etwa BGH 5. 5. 1960, BGHZ 32, 256 = IPRspr. 1960–61 Nr. 75 S. 256 f.; 21. 5. 1974, BGHZ 62, 340 = IPRspr. 1974 Nr. 136 S. 358.
[43] BGH 21. 10. 1971, WM 1971, 1502 (1506). Verneinend, wenn nahezu die Hälfte der Anteile in Privatbesitz bleiben, BGH 18. 10. 1976, RIW 1977, 779 = IPRspr. 1976 Nr. 4; dazu kritisch *Teich*, RIW 1978, 11 ff. Für eine Feststellung der staatlichen Beherrschung nach den

c) Für die *Rechtsstellung* von Rest- und Spaltgesellschaften gelten im allgemeinen dieselben Grundsätze. Zwar mag es naheliegend erscheinen, als Personalstatut dieser Gesellschaften zunächst (also bis zu einer Sitzverlegung) weiterhin ihr Heimatrecht zu betrachten und die Enteignung durch den Heimatstaat also auch insoweit unberücksichtigt zu lassen[44]. Anderseits wäre es seltsam, die Gesellschaft einem Recht zu unterstellen, nach dem sie gar nicht oder mit dem gegebenen Mitgliederbestand nicht mehr existiert. Deshalb neigt die Praxis dazu, die Gesellschaft bei inländischem Vermögen zunächst einmal dem inländischen Recht zu unterstellen[45].

Der Sitz von Rest- und Spaltgesellschaften ist nicht im enteignenden Staat zu sehen, aber auch nicht ohne weiteres – in Hinblick auf das hier belegene Vermögen – im Inland. Vielmehr muß durch konstitutiven Akt ein neuer Sitz begründet werden[46].

Ob die Rest- bzw. Spaltgesellschaft als werbende oder nur als Liquidationsgesellschaft fortbesteht, ist Tatfrage; ihre Beantwortung hängt davon ab, ob das Unternehmen mit dem verbliebenen Vermögen fortgeführt wird oder ob dies wegen der erfolgten Enteignung nicht sinnvoll ist[47]. In der Regel ist letzteres der Fall[48].

Kriterien des § 17 AktG *Wiedemann*, Entwicklung und Ergebnisse der Rechtsprechung zu den Spaltgesellschaften: FS Beitzke (1979) 811 (818).

[44] Dafür etwa *Soergel-Kegel* Vor Art. 7 Rz. 839, 844.
[45] Siehe BGH 31. 10. 1962, WM 1963, 81 = IPRspr. 1962–63 Nr. 59 S. 163. Dies impliziert wohl die Annahme einer eigenen Gesellschaft nur für das deutsche Gesellschaftsvermögen (und nicht einer Rest- oder Spaltgesellschaft für sämtliches Auslandsvermögen außerhalb des Enteignungsstaates).
[46] BGH 6. 10. 1960, BGHZ 33, 195 (203) = IPRspr. 1960–61 Nr. 76 S. 266; 20. 9. 1962, BGHZ 38, 36 = IPRspr. 1962–63 Nr. 58.
[47] BGH 29. 11. 1965, WM 1966, 221 = IPRspr. 1964–65 Nr. 189.
[48] Vgl. *Staudinger-Großfeld* IntGesR Rz. 488.

VIII. Kapitel: Verfahren

§ 56 Internationales Zivilverfahrensrecht

I. Name

Der Name „Internationales Zivilverfahrensrecht" ist dem Ausdruck „Internationales Privatrecht" nachgebildet und kann demgemäß dreierlei bezeichnen (wobei in diesem Werk mit „Zivilverfahren" in der Regel Zivilprozeß und Freiwillige Gerichtsbarkeit gemeint sind unter Ausschluß von Schiedsgerichtsbarkeit, Zwangsvollstreckung und Konkurs):

1. Internationales Zivilverfahrensrecht *im Wortsinn* ist international geltendes Recht, sei es internationales Einheitsrecht für die Gerichte mehrerer Staaten, sei es das Recht internationaler Zivilgerichte. Solches Einheitsrecht besteht bislang nur in beschränktem Umfang, ist aber namentlich zwischen den westeuropäischen Staaten zunehmend bedeutsam (vgl. unten III 2).

2. Internationales Zivilverfahrensrecht *im weiteren Sinne* (im folgenden: IZVR) sind alle diejenigen Normen des Zivilverfahrensrechts, welche „internationale" Sachverhalte betreffen, also Normen über Gerichtsbarkeit und internationale Zuständigkeit, Stellung der Ausländer im Prozeß, Besonderheiten des eigentlichen Verfahrens in Fällen mit Auslandsbeziehung (darunter die Behandlung ausländischen Rechts im Prozeß), Anerkennung ausländischer Entscheidungen und internationale Rechtshilfe.

Das IZVR im weiteren Sinne wird weniger durch das Nebeneinander der verschiedenen nationalen (Verfahrens-)Rechtsordnungen als der nationalen Gerichtsorganisationen bestimmt. Hieraus ergeben sich die Fragen der Gerichtsbarkeit, der internationalen Zuständigkeit und der Anerkennung, die in den folgenden Paragraphen behandelt werden.

3. Als Internationales Zivilverfahrensrecht *im engeren Sinne* könnte man – in Entsprechung zum IPR im technischen Sinne – die Regeln über die Anwendbarkeit dieser oder jener nationalen Verfahrensordnung bezeichnen (dazu unten IV).

II. Bedeutung

Der ständig wachsende internationale Rechtsverkehr hat die Bedeutung des IZVR – wie die des IPR (vgl. oben § 1 II 1) – ganz beträchtlich erhöht; denn er hat die Zahl von Zivilverfahren mit Auslandsbeziehungen und Ausländerbeteiligung deutlich ansteigen lassen. Dementsprechend wird dem IZVR nicht nur in den meisten Darstellungen des deutschen IPR verstärkte Aufmerksamkeit gewidmet, sondern es haben sich auch mehrere Spezialwerke der Materie angenommen[1].

Im Verhältnis zum IPR nimmt die Bedeutung des IZVR in dem Maße zu, in dem die internationale Zuständigkeit und die Anerkennung ausländischer Entscheidungen unabhängig von dem nach dem IPR maßgebenden Recht geregelt wird. Die bestehende Tendenz, auch in Statussachen die internationale Zuständigkeit nicht dem in der Sache anwendbaren Recht folgen zu lassen (unten § 58 II 3) und die Anerkennung fremder Entscheidungen nicht nach Maßgabe der lex causae zu gewähren (unten § 60 IV 3 e), stärkt die Eigenständigkeit des Internationalen Verfahrensrechts. Gleichzeitig mindert die „Emanzipation" des IZVR vom IPR das Gewicht des Kollisionsrechts[2]; denn sie bedeutet der Sache nach für jeden Staat die Anerkennung eines zweiten Kollisionsrechts (bestehend aus den Kollisionsregeln aller anderen Staaten), das in den Fällen einer nicht ausschließlichen Zuständigkeit der inländischen Gerichte zur Anwendung kommen kann[3].

III. Quellen

Ebenso wie das IPR ist das IZVR zum Teil autonomes nationales Recht, zum Teil staatsvertraglich vereinbartes Einheitsrecht. Bei einem Nebeneinander staatsvertraglicher und autonom gesetzter Normen gebührt ersteren grundsätzlich als lex specialis Vorrang. (Der Vorrang ergibt sich nicht aus Art. 3 II 1 EGBGB, weil diese Norm nur die Nachrangigkeit des EGBGB betrifft.) Freilich sind Anerkennungs- und Vollstreckungsübereinkommen entsprechend ihrer Intention, die Anerkennung zu erleichtern, in der Regel so zu verstehen, daß sie eine anerkennungsfreundlichere Regelung des autonomen staatlichen Rechts nicht ausschließen.

---

[1] Vgl. aus neuerer Zeit das Handbuch des IZVR, von dem Band I 1982 und Band III/1 und III/2 1984 erschienen sind; ferner etwa *Geimer/Schütze*, Internationale Urteilsanerkennung I/1 (1983), I/2 (1984), II (1971); *Nagel*, IZPR² (1984); *Schütze*, Deutsches IZPR (1985); *Geimer*, IZPR (1987). Eine Einführung in die internationalverfahrensrechtliche Fallbearbeitung gibt *Busl*, JuS 1988, 542 ff., 961 ff. und 1989, 40 f.

[2] Kritisch zur „Aushöhlung" des IPR durch das IZVR *Neuhaus* 426 ff., 438 f.

[3] *Wengler* I 395; siehe dazu die Besprechung durch *Neuhaus*, RabelsZ 45 (1981) 627 (642 ff.). Vgl. auch unten § 60 III 1 b.

§ 56 Internationales Zivilverfahrensrecht §56 III

1. Das *autonome deutsche Recht* regelt das IZVR nicht – wie etwa das Schweizer IPR-Gesetz von 1987 – im Zusammenhang mit dem IPR, sondern es enthält nur verstreute Normen innerhalb der einzelnen Verfahrensgesetze, namentlich in der ZPO und im FGG. So folgt die internationale Zuständigkeit in vermögensrechtlichen Streitigkeiten aus §§ 12 ff. ZPO, in Ehesachen aus § 606 a ZPO, in Vormundschaftssachen aus § 35 a FGG und in Adoptionssachen aus § 43 b FGG; die Pflicht zur Ermittlung fremden Rechts ist in § 293 ZPO normiert; für die Anerkennung ausländischer Urteile und ausländischer Entscheidungen der Freiwilligen Gerichtsbarkeit bestehen in §§ 328 ZPO, 16 a FGG weithin parallele Regelungen. Einzelne Bestimmungen erscheinen reformbedürftig, wie etwa der zu weit reichende § 23 ZPO über den Vermögensgerichtsstand (vgl. unten § 58 II 1b), der undeutlich formulierte § 293 ZPO über die Ermittlung ausländischen Rechts (vgl. unten § 59 I 2) oder der § 328 I Nr. 5 ZPO mit seinem Gegenseitigkeitserfordernis (vgl. unten § 60 III 6). Der weitergehende Wunsch nach einer zusammenhängenden, in sich geschlossenen Neukodifikation des deutschen IZVR ist gegenwärtig nicht vordringlich.

2. Multilaterale und bilaterale *Staatsverträge* auf dem Gebiete des IZVR gibt es massenhaft. Die meisten betreffen – außer der Schiedsgerichtsbarkeit – die Rechtshilfe oder die Anerkennung und Vollstreckung von Entscheidungen[4].

a) Am bedeutsamsten ist das *EG-Gerichtsstands- und Vollstreckungsübereinkommen (EuGVÜ)* von 1968, das aufgrund eines in Art. 220 EWGV enthaltenen Auftrages zwischen den EG-Staaten geschlossen wurde[5]. Mit diesem Übereinkommen ist – erstmals in einem Staatsvertrag – eine umfassende Regelung der internationalen Zuständigkeit in (vermögensrechtlichen) Zivil- und Handelssachen (Art. 1) gelungen, deren Anwendbarkeit grundsätzlich nur vom Wohnsitz des Beklagten in einem Vertragsstaat abhängt (Art. 2; vgl. im einzelnen unten § 58 I 4). Außerdem wird durch das Übereinkommen die Anerkennung und Vollstreckung der in den Vertragsstaaten erlassenen gerichtlichen Entscheidungen erheblich erleichtert und beschleunigt, unabhängig davon, ob die Zuständigkeit des erkennenden Gerichts aus einer Vorschrift des Übereinkommens oder des autonomen staatlichen Rechts folgte. Zur Auslegung des EuGVÜ ist aufgrund des Auslegungsprotokolls von 1971 der EuGH befugt, der bereits zahlreiche Fragen entschieden hat.

---

[4] Die wichtigsten Staatsverträge sind abgedruckt und teilweise auch erläutert in der Quellensammlung *Bülow/Böckstiegel*, Der Internationale Rechtsverkehr in Zivil- und Handelssachen[3] (1985ff.).

[5] BGBl. 1972 II 774; dazu Bericht *Jenard*, BT-Drucks. VI/1973, 52 ff. = ABl.EG 1979 Nr. C 59, 1 ff. Geändert durch das Beitrittsübereinkommen mit Dänemark, Großbritannien und Irland von 1978 (BGBl. 1983 II 803); dazu Bericht *Schlosser*, ABl.EG 1979 Nr. C 59, 71 ff.; weitere Änderungen durch das Beitrittsübereinkommen mit Griechenland von 1982 (BGBl. 1988 II 453). Neuere Kommentierung *Kropholler*, Europäisches Zivilprozeßrecht[2] (1987).

§ 56 IV   VIII. Kapitel: Verfahren

Ein *Parallelübereinkommen zum EuGVÜ* unterzeichneten am 16. 9. 1988 in Lugano die Mitgliedstaaten der EG und der Europäischen Freihandelsassoziation (EFTA), der die nordischen Länder sowie Österreich und die Schweiz angehören. Dieses Übereinkommen, das die Grundsätze des EuGVÜ i. d. F. von 1978 auf die Vertragsstaaten des Parallelübereinkommens ausdehnt und den Text des EuGVÜ mit geringfügigen Modifikationen wörtlich übernimmt, tritt gemäß seinem Art. 61 für die ratifizierenden Staaten in Kraft, sobald sich unter ihnen wenigstens ein Staat der EG und einer der EFTA befindet. Die Bundesrepublik Deutschland hat das Übereinkommen bislang nicht ratifiziert.

Das auf die Kernbereiche des IZVR zielende *„europäische Zivilprozeßrecht"* wird durch zwei die Gerichtsbarkeit und die Ermittlung fremden Rechts betreffende Europarats-Übereinkommen ergänzt, nämlich das über die Staatenimmunität von 1972 (vgl. unten § 57 I 3 d) und über Auskünfte über ausländisches Recht von 1968 (vgl. unten § 59 III 2 b).

b) Die *Haager Konferenz für IPR* (vgl. oben § 9 I), die im IZVR nicht weniger aktiv und erfolgreich ist als im IPR, hat prozessuale Übereinkommen vor allem auf dem Gebiet der Rechtshilfe hervorgebracht.

Zu nennen sind insbesondere die Haager Zivilprozeßkonventionen von 1905 und 1954, die durch zahlreiche bilaterale Abkommen ergänzt werden, ferner das Haager Zustellungs- und das Beweisübereinkommen von 1965 bzw. 1970[6].

Bedeutsam sind ferner die Unterhaltsvollstreckungsübereinkommen von 1958 und 1973[7].

IV. Anwendbares Verfahrensrecht

Die kollisionsrechtliche Frage nach dem anwendbaren Verfahrensrecht ist lange kaum als Problem angesehen worden. Vielmehr ist man fast allgemein davon ausgegangen, daß jedes Gericht in der Regel nur sein eigenes Verfahrensrecht anwendet. Dem ist jedoch entgegenzuhalten:

1. Im Wege der *funktionellen Qualifikation* lassen sich die traditionellen Grenzen zwischen Verfahrens- und materiellem Recht so verschieben, daß Vorschriften, die bisher als prozessuale angesehen wurden, wegen ihres engen

---

[6] Erläuterungen und Text bei *Nagel* (oben N. 1) 189 ff. bzw. 467 ff. Zu den Schwierigkeiten der Anwendung des Beweisübereinkommens im Verhältnis zu den USA siehe etwa die Beiträge von *Stürner, D. G. Lange* und *Taniguchi* in: *Habscheid* (Hrsg.), Der Justizkonflikt mit den Vereinigten Staaten von Amerika (1986); *Pfeil/Kammerer,* Deutsch-amerikanischer Rechtshilfeverkehr in Zivilsachen (1987); *Junker,* Discovery im deutsch-amerikanischen Rechtsverkehr (1987); *Leipold,* Lex fori, Souveränität, Discovery (1989).

[7] Text mit Erläuterungen *Staudinger-Kropholler* Vorbem. 43 ff. zu Art. 20 EGBGB.

Zusammenhangs mit dem materiellen Recht diesem zugeschlagen und daher nach Maßgabe des IPR angewandt werden (vgl. oben § 17 I). Die gleiche Wirkung hat die Unterscheidung zwischen formellem (nur den Gang des Verfahrens betreffendem) und materiellem (den Inhalt der Entscheidung beeinflussendem) Prozeßrecht, wenn man letzteres (z. B. Beweisverbote) im Interesse des Entscheidungseinklangs wie sonstiges materielles Recht anknüpft[8]. Ebenso gehört hierhin die Anwendung einzelner „sachrechtsergänzender Verfahrensnormen" eines fremden Rechts (z. B. über die Nachlaßabwicklung), sooft dieses Recht in der Sache anwendbar ist[9].

Der anstelle dieser Abgrenzungsversuche unterbreitete Vorschlag[10], die lex fori nur noch eingreifen zu lassen, soweit es für die ausländische Partei möglich und zumutbar ist, ihr prozessuales Verhalten am Recht des Forums auszurichten, erscheint demgegenüber zu weitgehend und zu unbestimmt.

2. Die *Beurteilung ausländischer prozessualer Akte* – wie Zustellung, Klageerhebung, Beweiserhebung, Entscheidung – einschließlich ausländischer Akte der Freiwilligen Gerichtsbarkeit erfolgt jedenfalls hinsichtlich ihrer Gültigkeit vielfach nach dem ausländischen Verfahrensrecht (hinsichtlich ihrer Wirkungen siehe unten § 60 Anerkennung). Diese Anknüpfung wird z. B. in § 369 ZPO für ausländische Beweiserhebungen als Regel vorausgesetzt.

3. Eine *Mitberücksichtigung ausländischen Verfahrensrechts bei inländischer Gerichtstätigkeit* schreibt etwa § 606a I Nr. 4 ZPO vor, der die Zuständigkeit bei offensichtlicher Nichtanerkennung der Entscheidung im Ausland verneint.

4. Eine *unmittelbare Anwendung fremden Verfahrensrechts* kannte bereits das erste Haager Zivilprozeßabkommen von 1896 in seinem Art. 10 II für Akte der Rechtshilfe, allerdings nur in der Art, daß der ersuchende Staat um Einhaltung einer „besonderen Form" bitten kann (die er selbst genau bezeichnen muß).

5. Reine *Rechtsanwendungsnormen des Zivilverfahrensrechts* hat zuerst *Pagenstecher* für die Partei- und die Prozeßfähigkeit aus § 55 ZPO („Ein Ausländer, welchem nach dem Recht seines Landes die Prozeßfähigkeit man-

---

[8] *Niederländer*, Materielles Recht und Verfahrensrecht im IPR: RabelsZ 20 (1955) 1 (19, 43): „Keine streitentscheidende Frage darf in den Anwendungsbereich der lex fori fallen… Eine Frage untergeordneter Bedeutung ist die terminologische."

[9] Siehe *von Craushaar*, Die internationalrechtliche Anwendbarkeit deutscher Prozeßnormen, Österreichisches Erbrecht im deutschen Verfahren (1961) 57; *Berenbrok*, Internationale Nachlaßabwicklung (1990) § 7 B.

[10] *Grunsky*, Lex fori und Verfahrensrecht: ZZP 89 (1976) 241 (254).

gelt ...") und aus der Analogie zu Art. 7 EGBGB (über die Geschäftsfähigkeit) entwickelt: Beide Fähigkeiten bestimmen sich gemäß dem Heimatrecht (und zwar unabhängig davon, wie dieses die Rechts- bzw. Geschäftsfähigkeit beurteilt)[11]. Weitergehend hat *Szászy* den Grundsatz aufgestellt, es sei jeweils dasjenige Prozeßrecht anzuwenden, das mit dem Verfahren, dem in Rede stehenden prozessualen Akt bzw. dem fraglichen Prozeßverhältnis am engsten verbunden ist[12]; als wirklich neue Rechtsanwendungsnormen nennt er allerdings nur die Geltung der lex processus situs für die Pflicht zur Vorlage einer Beweisurkunde[13], und über diese Regel mag man streiten.

Im ganzen ist jedoch kaum bestritten, daß die Anwendung fremden Verfahrensrechts immer nur eine Randerscheinung sein kann, während der Kern des Verfahrens, das richterliche Procedere, schon aus Gründen der Praktikabilität und Übersichtlichkeit im wesentlichen der lex fori unterstehen muß. (Zur Anpassung der lex fori an etwaige besondere Erfordernisse der Anwendung fremden materiellen Rechts siehe unten § 57 II: Wesenseigene Zuständigkeit.)

§ 57 Gerichtsbarkeit – Wesenseigene Zuständigkeit

I. Gerichtsbarkeit

1. Das *Wort* „Gerichtsbarkeit" wird im deutschen Sprachgebrauch nicht einheitlich verwendet. So bezeichnet es in dem Ausdruck „Freiwillige Gerichtsbarkeit" eine gerichtliche *Tätigkeit.* Dagegen steht z. B. in Art. 1 I EuGVÜ „Gerichtsbarkeit" einfach für das *Gericht,* das in einer bestimmten Sache tätig wird[1]. Meistens aber, besonders im entsprechenden Titel des GVG (siehe §§ 12, 18 bis 20), meint das Wort eine bestimmte *Befugnis,* kraft deren eine Tätigkeit ausgeübt wird, nämlich die Befugnis, Recht zu sprechen, notfalls unter Zuhilfenahme der staatlichen Zwangsgewalt. In diesem Sinne – als „facultas iurisdic-

---

[11] *Pagenstecher,* Werden die Partei- und Prozeßfähigkeit eines Ausländers nach seinem Personalstatut oder nach den Sachnormen der lex fori beurteilt? Ein Beitrag zur Lehre von den zivilprozessualen Kollisionsnormen: ZZP 64 (1950/51) 249 (= Scritti giuridici in onore ... Carnelutti II [Padua 1950] 455 bzw. FS Raape [1948] 249).

[12] *Szászy,* International Civil Procedure (Leiden 1967) 255.

[13] *Szászy* aaO 227.

[1] Teilweise deutlicher in diese Richtung die fremdsprachigen Texte; englisch „court or tribunal", französisch „juridiction", italienisch „organo giurisdizionale" und niederländisch „gerecht". – Derselbe Sprachgebrauch findet sich bereits in der amtlichen Übersetzung des Haager Ehescheidungsabkommens von 1902 (Artt. 5 und 6): „vor der zuständigen Gerichtsbarkeit des Ortes".

tionis", auch „Gerichtshoheit" genannt – sei „Gerichtsbarkeit" hier verwendet.

2. Im Grundsatz verfügt jeder Staat aufgrund des Prinzips der absoluten Territorialität, das sich insoweit im Laufe der letzten Jahrhunderte allenthalben durchgesetzt hat, innerhalb seines Staatsgebietes über eine unbeschränkte und ausschließliche Gerichtshoheit. Sie findet ihre Grenze in den allgemeinen und den vertraglich niedergelegten *Regeln des Völkerrechts*; auf sie wird in §§ 18–20 GVG Bezug genommen. Diese Regeln führen unter Einschränkung des Territorialitätsprinzips zur *Befreiung von der Gerichtsbarkeit* (prozessuale Immunität, internationale Exemtion oder Exterritorialität)[2]. Sie wird fremden Staaten (jedenfalls für ihre Hoheitsakte), Staatsoberhäuptern, diplomatischen und zum Teil auch konsularischen Vertretern samt ihrem Anhang, den meisten internationalen Organisationen und ihren Vertretern sowie ausländischen Truppenkörpern, Kriegsschiffen, Militärflugzeugen und bestimmten Grundstücken (z. B. Militärarealen und Botschaftsgrundstücken) gewährt – teils durch allgemeines oder vertragliches Völkerrecht, teils im Wege freiwilligen Verzichts auf die Gerichtsbarkeit von seiten des betreffenden Staates.

Die Befreiung von der Gerichtsbarkeit ist vom Gericht in jeder Lage des Verfahrens *von Amts wegen* zu beachten[3]. Eine Klage muß bei fehlender Gerichtsbarkeit als unzulässig abgewiesen werden. Auf die Immunität kann jedoch verzichtet werden, sei es durch Vertrag (etwa eine Gerichtsstandsvereinbarung), sei es durch Klageerhebung seitens des Befreiten, rügelose Einlassung zur Hauptsache oder Erhebung einer Widerklage.

3. Die Gewährung von *Staatenimmunität* ist ein allgemein anerkanntes Gebot des Völkergewohnheitsrechts. Es geht zurück auf den mittelalterlichen Satz „par in parem non habet iurisdictionem" und beruht also auf der Gleichheit aller souveränen Staaten.

Nach der Theorie der *absoluten Immunität* kann ein ausländischer Staat, wie immer er handelt, nicht gegen seinen Willen vor die inländischen Gerichte gezogen werden (mit Ausnahme von dinglichen Klagen, die sich auf Grundstücke beziehen[4]). Diese Theorie herrschte in Deutschland – und in den meisten anderen Ländern – vor dem zweiten Weltkrieg.

Hernach hat sich, bedingt durch die zunehmende wirtschaftliche Betätigung

---

[2] Zur begrifflichen Unterscheidung zwischen Immunität der Staaten, Exemtion ihrer Vertreter usw. sowie Exterritorialität von Grundstücken siehe *Habscheid*, FamRZ 1972, 214; die Begriffsbildung ist im übrigen nicht ganz einheitlich.

[3] Vgl. nur BVerfG 13. 12. 1977, BVerfGE 46, 342 (359) = IPRspr. 1977 Nr. 117 S. 340.

[4] Bei ihnen sind die Verbindung zum Belegenheitsstaat und das öffentliche Interesse besonders stark; vgl. bereits RG 12. 12. 1905, RGZ 62, 165 (167); RG 7. 6. 1921, RGZ 102, 251.

der Staaten und die sich rasch entwickelnde Verflechtung der nationalen Märkte, vor allem in den westlichen Staaten ein Wandel vollzogen[5]. Soweit sich der Staat wie ein Privatmann oder ein Unternehmen am Rechts- und Wirtschaftsverkehr beteiligt, erscheint uns seine Befreiung von der Gerichtsbarkeit heute nicht mehr gerechtfertigt. So ist die Entwicklung in den letzten Jahrzehnten durch das Bemühen der Staaten geprägt, den Schutzbereich der Immunität zurückzudrängen.

Die heute vorherrschende Theorie der *relativen oder beschränkten Immunität* ausländischer Staaten und ihrer Organe geht davon aus, daß ein Staat Immunität nur bei hoheitlichem Handeln („acta iure imperii") genießt, nicht aber bei nichthoheitlichen Tätigkeiten („acta iure gestionis"). Freilich ist eine international einheitliche Abgrenzung der beiden Bereiche bislang nicht gelungen; sie ist deshalb – in den durch das Völkerrecht gezogenen Grenzen – nach dem Recht des Gerichtsstaates vorzunehmen, in Deutschland also nach deutschem Recht. Dabei ist zwischen dem Erkenntnis- und dem Vollstreckungsverfahren zu unterscheiden.

a) Im *Erkenntnisverfahren* ist für die Abgrenzung zwischen hoheitlicher und nichthoheitlicher Tätigkeit grundsätzlich auf die *Natur der staatlichen Handlung* oder des entscheidenden Rechtsverhältnisses abzustellen, nicht aber auf das Motiv oder den Zweck der Staatstätigkeit, da letztlich nahezu jede staatliche Tätigkeit mit hoheitlichen Zwecken oder Aufgaben in Zusammenhang steht[6].

Die Abgrenzung im Einzelfall ist nicht immer einfach. Als nichthoheitlich wurde in der deutschen Rechtsprechung etwa eingeordnet: der Maklervertrag über Waffenlieferungen[7], der Werkvertrag zur Reparatur einer Heizungsanlage im Botschaftsgebäude[8] und der Kauf eines Gesandtschaftsgrundstücks[9]. Dagegen erfolgt die Benutzung einer Pionierfähre der französischen Streitkräfte auf dem Rhein und die Einstellung von Zivilpersonen für die britischen Streitkräfte in Deutschland in Ausübung hoheitlicher Tätigkeit; aber in beiden Fällen kann die deutsche Gerichtsbarkeit nach dem NATO-Truppenstatut gegeben sein[10].

---

[5] Siehe im einzelnen *Damian*, Staatenimmunität und Gerichtszwang (1985); *von Schönfeld*, Die Immunität ausländischer Staaten vor deutschen Gerichten: NJW 1986, 2980; *Schreuer*, State Immunity: Some Recent Developments (1988).
[6] So grundlegend BVerfG 30. 4. 1963, BVerfGE 16, 27 (61) = IPRspr. 1962–63 Nr. 171 S. 567.
[7] BGH 13. 11. 1974, IPRspr. 1974 Nr. 1 b.
[8] BVerfG 30. 4. 1963 (vorletzte Note).
[9] BVerfG 30. 10. 1962, BVerfGE 15, 25 = NJW 1963, 435 krit. Anm. *Wengler* = IPRspr. 1962–63 Nr. 170.
[10] Siehe BGH 7. 11. 1974, BGHZ 63, 228 = IPRspr. 1974 Nr. 145: Schadenersatz aus Schiffszusammenstoß; BAG 12. 2. 1985, BAGE 48, 82 = IPRspr. 1985 Nr. 128: Mitwirkungsrechte der Betriebsvertretung.

b) Im *Vollstreckungsverfahren* verlaufen die Schranken der Immunität nicht vollkommen parallel zu denen im Erkenntnisverfahren. Dies erklärt sich daraus, daß die Auswirkungen einer Zwangsvollstreckung den ausländischen Staat faktisch erheblich stärker treffen als ein Urteil im Erkenntnisverfahren, womit auch die Gefahr von politischen Verwicklungen wächst. Die Zulässigkeit eines Zivilprozesses gegen einen ausländischen Staat zieht also nicht ohne weiteres auch die Zulässigkeit der Vollstreckung in alle Vermögenswerte dieses Staates nach sich, die im Inland belegen sind.

Nach einer allgemeinen Regel des Völkerrechts ist die Zwangsvollstreckung ohne Zustimmung des fremden Staates unzulässig, soweit die Gegenstände im Zeitpunkt des Beginns der Vollstreckungsmaßnahme *hoheitlichen Zwecken* des fremden Staates *dienen*[11].

c) Ausländische *Staatsunternehmen* und *Staatsbanken* genießen, sofern sie mit eigener Rechtspersönlichkeit ausgestattet sind, grundsätzlich weder im Erkenntnis- noch im Vollstreckungsverfahren Immunität[12]. Indes ist zu erwägen, sie ausnahmsweise an der Immunität des fremden Staats teilhaben zu lassen, soweit sie hoheitliche Aufgaben wahrgenommen haben oder ihr Vermögen, in das vollstreckt werden soll, hoheitlichen Zwecken des fremden Staates dient[13].

d) Das *Europäische Übereinkommen über Staatenimmunität* vom 16.5.1972, das im Rahmen des Europarats erarbeitet wurde und für einige Mitgliedstaaten bereits in Kraft getreten ist, strebt eine einheitsrechtliche Lösung auf der Grundlage einer relativen Staatenimmunität an. Eine Ratifikation des Übereinkommens durch die Bundesrepublik Deutschland wird erwogen[14].

Das Übereinkommen legt in seinen Artt. 1–13 zunächst die Fälle fest, in denen ein Staat im *Erkenntnisverfahren* keine Immunität beanspruchen kann, so wenn er als Kläger auftritt (Art. 1), sich der Gerichtsbarkeit unterworfen oder sich zur Hauptsache eingelassen hat (Artt. 2, 3), ferner grundsätzlich, wenn bei einer Vertragsklage die eingeklagte Verpflichtung im Gerichtsstaat zu erfüllen ist (Art. 4) oder bei der Klage aus einem Arbeitsvertrag die Arbeit im Gerichtsstaat zu leisten ist (Art. 5). Des weiteren

---

[11] BVerfG 13.12.1977, BVerfGE 46, 342 = IPRspr. 1977 Nr. 117: Immunität bejaht hinsichtlich der Forderungen aus einem laufenden, allgemeinen Bankkonto der Botschaft eines fremden Staates; offengelassen für Forderungen aus anderen Konten des fremden Staates, etwa Konten im Zusammenhang mit Beschaffungskäufen oder Anleihebegebungen oder Konten ohne besondere Zweckbestimmung.

[12] Vgl. etwa BGH 7.6.1955, BGHZ 18, 1 = IPRspr. 1954–55 Nr. 155: Prozeß gegen Staatsunternehmen; BVerfG 12.4.1983, BVerfGE 64, 1 = IPRspr. 1983 Nr. 127: Vollstreckung in Forderungen aus Konten der Nationalen Iranischen Ölgesellschaft.

[13] Offengelassen von LG Frankfurt 2.12.1975, NJW 1976, 1044 = Die AG 1976, 47 Anm. *Mertens* = IPRspr. 1975 Nr. 133: Central Bank of Nigeria. Vgl. zur Problematik *Schütze* 26 ff.; *Esser*, Zur Immunität rechtlich selbständiger Staatsunternehmen: RIW 1984, 577 ff.

[14] Vgl. den Gesetzentwurf der Bundesregierung, BT-Drucks. 10/4631 sowie 11/4307.

wird die Immunität ausgeschlossen bei bestimmten gesellschaftsrechtlichen Klagen (Art. 6), bei Verfahren, welche sich auf die Tätigkeit einer gewerblichen Niederlassung oder ein gewerbliches Schutzrecht des Staates beziehen (Artt. 7, 8), ferner bei gewissen Grundstücks-, Erbschafts- und Deliktsklagen (Artt. 9–11) sowie bei Klagen, welche die Durchführung einer von dem Staat eingegangenen Schiedsvereinbarung betreffen (Artt. 12, 13).

Aus Art. 15 ergibt sich, daß ein Staat grundsätzlich Immunität genießt, wenn keiner der in Artt. 1–13 genannten Fälle vorliegt. Freilich schafft Art. 24 für jeden Vertragsstaat die Möglichkeit, durch eine einseitige Erklärung seine Gerichte in die Lage zu versetzen, über die Fälle der Artt. 1–13 hinaus Verfahren gegen Vertragsstaaten in gleicher Weise wie gegen Nichtvertragsstaaten durchzuführen. Die Bundesrepublik Deutschland würde im Falle einer Ratifikation des Übereinkommens eine solche Erklärung abgeben wollen[15]. Denn dadurch ließe sich der Vorzug des Übereinkommens, die Rechtsstellung von Privatpersonen in ihren Beziehungen zu ausländischen Staaten zu verbessern, indem die Artt. 1–13 eindeutig festlegen, für welche Handlungen Staaten keine Immunität beanspruchen können, mit der Möglichkeit verbinden, die bisherige Rechtsprechung zur relativen Staatenimmunität fortzuentwickeln.

Ergäbe sich somit aus der Ratifikation des Übereinkommens für die Handhabung der Staatenimmunität im Prozeß keine einschneidende Änderung der Rechtslage, so läßt sich Gleiches für das *Vollstreckungsverfahren* nicht sagen. Denn das Übereinkommen schließt – mit gewissen Ausnahmen in Art. 26 – die Durchführung der Zwangsvollstreckung gegen einen fremden Staat grundsätzlich aus (Art. 23). Statt dessen sieht Art. 20 eine Verpflichtung jedes Vertragsstaates vor, die gegen ihn ergangenen Entscheidungen zu erfüllen; tut er dies nicht, so hat gemäß Art. 21 die Partei, die sich auf die Entscheidung beruft, nur die Möglichkeit, vor dem von diesem Staat als zuständig erklärten staatlichen Gericht auf Feststellung zu klagen, daß die Entscheidung erfüllt werden muß[16]. Man geht aufgrund der engen Beziehungen zwischen den Mitgliedstaaten des Europarats davon aus, daß sich die Vertragsstaaten einem gegen sie ergangenen Gerichtsurteil unterwerfen werden[17]. Dennoch ist der weitgehende Ausschluß der Vollstreckungsmöglichkeiten nicht unproblematisch.

4. Die *Immunität von Diplomaten und Konsuln* ist in den Wiener Übereinkommen über diplomatische Beziehungen von 1961[18] und über konsularische Beziehungen von 1963 eingehend geregelt, und §§ 18, 19 GVG erstrecken den Anwendungsbereich dieser in über hundert Staaten geltenden vertraglichen

---

[15] Siehe die Denkschrift, BT-Drucks. 10/4631, 37 bzw. 11/4307, 36f.

[16] Nach dem Zusatzprotokoll zum Übereinkommen, das von den meisten Vertragsstaaten ratifiziert worden ist, während die Bundesrepublik Deutschland ihm fernbleiben möchte (vgl. die Denkschrift, BT-Drucks. 10/4631, 31 bzw. 11/4307, 31), kann die Feststellungsklage wahlweise auch vor dem „Europäischen Gericht für Staatenimmunität" erhoben werden (Art. 1 I des Zusatzprotokolls); diesem Gericht gehören die Mitglieder des Europäischen Gerichtshofs für Menschenrechte an (Art. 4 II des Zusatzprotokolls).

[17] Siehe die Denkschrift, BT-Drucks. 10/4631, 36 bzw. 11/4307, 36.

[18] Dazu *Jonathan Brown*, Diplomatic Immunity – State Practice under the Vienna Convention on Diplomatic Relations: Int. Comp. L. Q. 37 (1988) 53.

Regeln auch auf die Fälle, in denen der Entsendestaat nicht Vertragspartei des Übereinkommens ist.

Diplomaten genießen nach dem *Wiener Übereinkommen vom 18. 4. 1961* in allen Lebensbereichen volle Immunität; ausgenommen sind nur dingliche Klagen in bezug auf private Grundstücke, Nachlaßsachen, in denen der Diplomat in privater Eigenschaft beteiligt ist, und Klagen im Zusammenhang mit einem freien Beruf oder einer gewerblichen Tätigkeit, die der Diplomat im Empfangsstaat neben seiner amtlichen Tätigkeit ausübt (Art. 31 I). In gleichem Umfang sind die zum Haushalt eines Diplomaten gehörenden Familienmitglieder immun (Art. 37 I). Dagegen ist die Immunität für Mitglieder des Verwaltungs- und technischen Personals einschließlich der zu ihrem Haushalt gehörenden Familienangehörigen und für Mitglieder des Hauspersonals der Mission beschränkt auf die in Ausübung ihres Dienstes vorgenommenen Handlungen (Art. 37 II, III).

Konsularbeamte und Bedienstete des Verwaltungs- oder technischen Personals genießen nach dem *Wiener Übereinkommen vom 24. 4. 1963* Immunität nur für die Handlungen, die in Wahrnehmung konsularischer Aufgaben vorgenommen wurden (Art. 43). Keine Immunität besteht bei Zivilklagen aus Verträgen, die nicht ausdrücklich oder erkennbar im Auftrag des Entsendestaats geschlossen wurden, und aus Straßenverkehrsunfällen.

5. Die *Immunität internationaler Organisationen* ist in zahlreichen völkerrechtlichen Abkommen (Gründungsverträgen, speziellen Immunitätsabkommen oder Sitzstaats-Vereinbarungen) geregelt; auf sie weist § 20 II GVG hin[19]. Diese Texte unterscheiden regelmäßig nicht zwischen acta iure imperii und iure gestionis und gewähren meist eine – für die Unabhängigkeit der internationalen Organisation von ihrem Sitzstaat wichtige – umfassende Immunität[20]. Die weitgehende Gleichförmigkeit der Immunitätsbestimmungen ist möglicherweise ein Anzeichen dafür, daß hier ein Völkergewohnheitsrecht entsteht.

II. Wesenseigene Zuständigkeit

1. Das *Problem* der sog. „wesenseigenen Zuständigkeit" („compétence institutionelle") betrifft eine weitere spezifische Schranke der inländischen Gerichtstätigkeit in Auslandsfällen. Hierbei geht es um die Grenzen, die der Tätigkeit inländischer Instanzen dadurch gesetzt sein können, daß das vom IPR berufene ausländische Sachrecht eine Verrichtung verlangt, die im inländi-

---

[19] Eine – freilich nicht vollständige – Übersicht über die Immunitätstexte enthält der Fundstellennachweis A zum BGBl. unter Nr. 180–1 ff.

[20] Näher dazu *Jenks*, International Immunities (1961); *Dominicé*, L'immunité de juridiction et d'exécution des organisations internationales: Rec. des Cours 187 (1984–IV) 145; *Seidl-Hohenveldern*, Das Recht der Internationalen Organisationen einschließlich der Supranationalen Gemeinschaften[4] (1984) Rz. 1901 ff.; *Wenckstern*, Verfassungsrechtliche Fragen der Immunität internationaler Organisationen: NJW 1987, 1113.

§ 57 II VIII. Kapitel: Verfahren

schen Verfahrensrecht nicht vorgesehen ist. Der deutsche Richter muß „wesensfremde", mit seiner Rechtsprechungsfunktion nicht zu vereinbarende Tätigkeiten ablehnen können.

Im Jahre 1922 hat das Kammergericht[21] entschieden, die in § 66 FGG a. F. begründete Zuständigkeit deutscher Gerichte für die Bestätigung auch ausländischer Adoptionsverträge gelte nur für die im deutschen materiellen Recht bezeichnete Tätigkeit der Gerichte und nicht für eine Tätigkeit, „die über den Rahmen des dem deutschen Gerichte zugewiesenen Geschäftsbereichs hinausgeht" (in casu: eine Feststellung gemäß rumänischem Recht, ob sich der Annehmende eines guten Rufes erfreue). *Raape*[22] erklärte hiergegen: „Worauf es allein ankommt, ist, ob nicht den deutschen Gerichten eine Aufgabe zugemutet wird, die aus ihrem Aufgabenkreis im ganzen, also nicht bloß aus diesem einzelnen, herausfällt." Für zulässig hielt er daher eine Tätigkeit, die „weder übermäßig schwierig, noch zeitraubend, noch beispiellos" sei. Er betonte dabei, „daß das nationale Prozeßrecht das IPR nicht zuschanden machen darf". *Reu* prägte daraufhin und unter dem Eindruck der Institutionenlehre von *Hauriou* den Begriff der „institutionellen" oder „wesenseigenen" Zuständigkeit der Behörden: „Die wesenseigene Zuständigkeit... betrachtet die Gesamtheit der der Behörde zugeteilten einzelnen Tätigkeiten und entwirft hieraus ein Gesamtbild."[23]

Der Ausdruck „wesenseigene Zuständigkeit" ist freilich wenig anschaulich und sogar irreführend. Denn mit der Zuständigkeit im üblichen Sinne (unten § 58) hat die Erscheinung nichts zu tun; vielmehr handelt es sich um eine Verfahrensvoraussetzung eigener Art[24].

Das Rechtsinstitut der „wesenseigenen Zuständigkeit" markiert bei der Anwendung ausländischen Rechts die Grenze der Anpassung, jenseits derer eine Tätigkeit als unzumutbar verweigert werden darf[25]. Das Problem besteht nicht bei der bloßen Rechtserkenntnis, sondern bei Gestaltungsakten und gewissen Ermittlungen. Anderseits stellt sich die Frage nach den Grenzen der internationalen Fungibilität – des Eintretens inländischer Instanzen in die Aufgaben ausländischer, wenn deren materielles Recht anzuwenden ist – auch für andere Behörden als die Gerichte.

---

[21] KG 30. 6. 1922, OLGRspr. 42, 188 (189 f.).
[22] *Staudinger-Raape*⁹ (1931) Art. 22 EGBGB Anm. D IV 2 b (S. 598).
[23] *Reu*, Die Staatliche Zuständigkeit im IPR (1938) 171 ff. (173).
[24] Str.; siehe zum Meinungsstand etwa *Heldrich*, Internationale Zuständigkeit und anwendbares Recht (1969) 265; die dort (89) herausgearbeitete „Gerichtsbarkeit im innerstaatlichen Sinn" (im Unterschied zu der oben I behandelten Gerichtsbarkeit im völkerrechtlichen Sinn), nämlich die Frage, welche Aufgaben ein Staat seinen Gerichten übertragen hat, wird als Oberbegriff für den Problemkreis der wesenseigenen Zuständigkeit empfohlen von *Neuhaus* 403.
[25] Vgl. zum Erbrecht etwa *Schlechtriem*, Ausländisches Erbrecht im deutschen Verfahren, dargestellt am Falle der Maßgeblichkeit französischen Erbrechts (1966) 14–16 unter a; *Berenbrok*, Internationale Nachlaßabwicklung (1990) § 7 C.

Ist es z. B. Sache des deutschen Staatsanwaltes, als defensor vinculi nach salvadorianischem Recht tätig zu werden? Muß bei Begründung einer italienischen affiliazione in Deutschland das Jugendamt die Begutachtungsfunktion des italienischen „istituto di pubblica assistenza" übernehmen[26]? Verpflichtet also das deutsche IPR, wenn es die Maßgeblichkeit ausländischen Privatrechts vorschreibt, damit deutsche außergerichtliche Behörden zu einer ihnen sonst nicht zwingend obliegenden Tätigkeit?

2. Die *Grenzen des Funktionsvermögens* der Gerichte und sonstigen Organe der Rechtspflege sind vor allem durch äußere Umstände bedingt: durch Gerichtsverfassungs- und Verfahrensrecht, organisatorische Gegebenheiten sowie Ausbildung und Erfahrungsbereich der Richter und Beamten. Zum Teil prägen sich hier aber auch inländische Vorstellungen über die Aufgaben der Rechtspflegeorgane aus. Dabei darf man nicht zu eng sein; mit Recht sagt *Kegel*, die Anwendung fremden Rechts erfordere „bisweilen gewisse Abwandlungen der gewohnten richterlichen Tätigkeit, die in Kauf genommen werden müssen"[27].

Beispielsweise läßt der Bundesgerichtshof jetzt entgegen einer älteren deutschen Rechtsprechung[28] zu, daß inländische Gerichte die im deutschen Recht unbekannte Trennung von Tisch und Bett nach ausländischen Gesetzen aussprechen[29]. Im Erbrecht haben die deutschen Gerichte eine vom italienischen Recht geforderte Inventarerrichtung durchgeführt und einen nach österreichischem Recht eingesetzten Testamentsvollstrecker entlassen (vgl. oben § 51 V 3). – Dagegen wird ein deutscher Richter im Scheidungsverfahren nicht von Amts wegen einen Arzt, Psychologen oder Sozialarbeiter zum Sühneversuch heranziehen, auch wenn das Scheidungsstatut dies verlangt.

3. Vom Eingreifen des *ordre public* ist das Fehlen der wesenseigenen Zuständigkeit zu unterscheiden: denn nicht jede das Funktionsvermögen der inländischen Gerichte übersteigende Tätigkeit muß zu einem Ergebnis führen, das mit wesentlichen Grundsätzen des deutschen Rechts offensichtlich unvereinbar ist (Art. 6 EGBGB). Vielmehr stellt sich die Frage der wesenseigenen Zuständigkeit erst, wenn das ausländische Recht die Hürde des ordre public bereits genommen hat.

Aber ebenso wie bei einem Eingreifen des ordre public in bestimmten Fällen auf Ersatzlösungen für das unanwendbare fremde Recht ausgewichen werden muß (vgl. oben § 36 V), ist auch im Bereich des Rechtsinstituts der wesenseigenen Zuständigkeit nach Abhilfe zu suchen, um unbefriedigende Ergebnisse, insbesondere eine Rechtsverweigerung, zu vermeiden. Bisweilen kann durch

---

[26] Beide Fragen bejaht *Dierk Booss*, Fragen der „wesenseigenen Zuständigkeit" im internationalen Familienrecht (Diss. Bonn 1965, bespr. in RabelsZ 31 [1967] 359) 88f. bzw. 104.
[27] *Kegel* § 22 III.
[28] Seit der Entscheidung RG 12. 10. 1903, RGZ 55, 345.
[29] BGH 22. 3. 1967, BGHZ 47, 324 = RabelsZ 32 (1968) 313 Anm. *Jayme* = IPRspr. 1966–67 Nr. 90.

§ 58 I   VIII. Kapitel: Verfahren

eine analoge Anwendung der für eine ähnliche Verrichtung geschaffenen *inländischen* Verfahrensregelung geholfen werden, oder es kann eine der ausländischen verwandte Maßnahme des inländischen Rechts getroffen werden[30]; in anderen Fällen bietet sich die Anwendung des sachrechtsbezogenen *ausländischen* Verfahrensrechts an[31]. Nach Prüfung dieser Möglichkeiten bleiben nur seltene Ausnahmefälle, in denen die inländischen Gerichte ihr Tätigwerden wegen Fehlens der wesenseigenen Zuständigkeit ablehnen dürfen.

4. Aus einer *abstrakten Regel* eine genaue Abgrenzung herzuleiten, welche Tätigkeit einem Gericht oder einer sonstigen Behörde bei der Anwendung fremden Rechts im Einzelfall noch zugemutet werden kann und welche nicht, erscheint kaum möglich. Denn auch das Rechtsschutzbedürfnis der Beteiligten fällt ins Gewicht[32]: Eine Ablehnung der Zuständigkeit ist eher zu verantworten, wenn dem Kläger oder Antragsteller die Anrufung eines ausländischen Gerichts leicht möglich ist, als wenn die Ablehnung auf eine Rechtsverweigerung hinausläuft; und ein bloß nützlicher Akt kann eher unterbleiben als eine lebensnotwendige Maßnahme.

§ 58 Internationale Zuständigkeit

I. Begriff, Quellen, Bedeutung

1. Bei dem Wort „Zuständigkeit" denkt man zumeist nur an die *innerstaatliche Zuständigkeit*. Hier sind zu unterscheiden:

a) Zuständigkeit überhaupt der bürgerlichen (ordentlichen wie besonderen) Gerichte im Gegensatz zur „Zuständigkeit von Verwaltungsbehörden oder Verwaltungsgerichten" (§ 13 GVG) – im deutschen Recht *„Zulässigkeit des ordentlichen Rechtsweges"* genannt.

b) Zuständigkeit einer bestimmten Art von bürgerlichen Gerichten – sog. *sachliche Zuständigkeit* (je nach der Art oder dem Streitwert der Angelegenheit) und *funktionelle oder geschäftliche Zuständigkeit* (je nach der in Frage

---

[30] Vgl. beispielsweise zur Äquivalenz eines deutschen Erbscheinverfahrens mit einem Nachlaßverfahren nach österreichischem ABGB oben § 33 N. 10.
[31] Vgl. oben § 56 IV 1; ferner etwa *Heldrich* (oben N. 24) 270 f.
[32] Schon *Neumeyer*, Internationales Verwaltungsrecht IV (1936) 114, nennt als nützlichen Satz, „der in den meisten Staaten gewohnheitsrechtliche Geltung haben dürfte: daß die zur Rechtsgestaltung berufene Behörde in Fällen, in denen sie materiellrechtlich fremde Gesetze anzuwenden hat, von ihrer Zuständigkeit nicht Gebrauch machen soll, wenn ihrer Tätigkeit privatrechtlich keine Wirkung zukommen kann."

kommenden Tätigkeit des Gerichts: Erkenntnis in erster, zweiter oder dritter Instanz, Vollstreckung, Rechtshilfe), unter Umständen auch *persönliche Zuständigkeit* (je nach den Prozeßparteien; im GVG und in der ZPO allerdings unbekannt).

Dabei kann man unterscheiden, ob die im gleichen Gebiet bestehenden verschiedenartigen Gerichte Teile einer einheitlichen Gerichtsorganisation sind (so nach dem deutschen GVG) oder verschiedenen Gerichtssystemen angehören; man denke an die Trennung zwischen Europäer- und Eingeborenen-Gerichten, wie sie früher in Kolonialgebieten üblich war, zwischen den religiösen, mit bürgerlicher Wirkung entscheidenden Gerichten verschiedener Bekenntnisse in orientalischen und einzelnen europäischen Ländern oder zwischen einzelstaatlichen und Bundesgerichten in den Vereinigten Staaten.

c) Zuständigkeit der Gerichte eines bestimmten räumlichen Bezirks – *örtliche Zuständigkeit*. Diese bedarf nur dort der Regelung, wo mehrere erstinstanzliche Gerichte der gleichen Art in einem Staate nebeneinander bestehen, dagegen nicht bei einem singulären Gericht, wie es für England und Wales der High Court ist.

2. Die *internationale Zuständigkeit* ist neben den verschiedenen Arten der innerstaatlichen Zuständigkeit ein eigener Begriff, und zwar im Sinne der Zuständigkeit der Gerichte oder überhaupt der Behörden eines bestimmten Staates.

Der *Ausdruck* „internationale Zuständigkeit" ist mißverständlich, insofern er an eine Zuständigkeit nach internationalem Recht (Völkerrecht) denken läßt, also an die oben (§ 57 I) erörterte Gerichtsbarkeit.

Aber das Surrogat „staatliche Zuständigkeit"[1] kann ebenso falsch als eine Zuständigkeit nach staatlichem Recht verstanden werden; davor bewahrt auch nicht der Vergleich mit der örtlichen, sachlichen und funktionellen Zuständigkeit, die eine Zuständigkeit je *nach* dem Ort, der Sache bzw. der Funktion bezeichnen, während hier eine Zuständigkeit *kraft* staatlicher Zugehörigkeit des Gerichts gemeint ist. Im übrigen bildet das Wort „staatlich" keinen deutlichen Gegensatz zu „innerstaatlich", sondern wird meist nur zur Unterscheidung von privat, gesellschaftlich, kirchlich oder kommunal gebraucht.

Mangels eines besseren Namens sei die eingebürgerte Bezeichnung „internationale Zuständigkeit" beibehalten. Wenn ausschließlich die Zuständigkeit des Inlands oder die des Auslands gemeint ist, kann man kurz von inländischer bzw. ausländischer Zuständigkeit reden.

3. Eine Unterscheidung zwischen *direkter und indirekter Zuständigkeit* ergibt sich daraus, daß die internationale Zuständigkeit zum einen als Entscheidungsvoraussetzung für die eigenen Gerichte, zum anderen als Anerkennungs-

---

[1] So zuerst wohl *Reu,* Die Staatliche Zuständigkeit im IPR (1938) passim (6, 23).

voraussetzung für ausländische Entscheidungen (vgl. §§ 328 I Nr. 1 ZPO, 16 a Nr. 1 FGG) bedeutsam ist.

a) Die *autonomen* staatlichen Zuständigkeitsnormen können unmittelbar nur die Zuständigkeit der inländischen Gerichte bestimmen (compétence directe, Befolgungsregeln[2]).

Hierin liegt ein wesentlicher Unterschied des IZVR als eines Rechts über Gerichten vom IPR als einem Recht über Rechtsordnungen. Denn eine Rechtsordnung kann von jedem beliebigen Gesetz zur Anwendung auf einen Fall berufen werden; demgemäß kennt das IPR zweiseitige Kollisionsnormen, die nicht nur die Anwendung des inländischen, sondern auch diejenige fremden Rechts regeln und dadurch für jeden Rechtsfall eine anwendbare Rechtsordnung bestimmen. Ein Gericht dagegen ist ein handelndes Subjekt und kann deshalb unmittelbar nur von demjenigen Recht mit der Entscheidung eines Sachverhalts befaßt werden, das für seine Willensbildung maßgebend ist, d. h. vom Prozeßrecht des eigenen Landes. Es gibt daher im IZVR keine Verweisung eines Verfahrens durch das zunächst angerufene Gericht an ein ausländisches Gericht, sondern im Falle der eigenen Unzuständigkeit regelmäßig – vorbehaltlich einer staatsvertraglich vereinbarten „Abgabe des Verfahrens" – nur die Prozeßabweisung.

Mittelbar kann jedoch das IZVR eines Staates auch die Zuständigkeit fremder Gerichte bejahen oder verneinen, indem es dem Verfahren einer ausländischen Instanz, die sich nach ihrem eigenen Recht für zuständig erklärt, die Anerkennung im Inland gewährt oder versagt (compétence indirecte, Beurteilungsregeln[3]).

Die *Auslegung* der nationalen Zuständigkeitsnormen erfolgt selbstverständlich nach inländischem Recht. Das gilt auch für das Anknüpfungsmoment des „ausländischen Wohnsitzes"[4]. Eine Ausnahme macht wiederum die Feststellung einer ausländischen Staatsangehörigkeit (vgl. oben § 1 VI 1).

b) In *Staatsverträgen* wird meistens nur bestimmt, in welchen Fällen ein Vertragsstaat die internationale Zuständigkeit anderer Vertragsstaaten anzuerkennen hat; sie enthalten also nur Beurteilungsregeln (sog. conventions simples). Dagegen ist die Festlegung zugleich der eigenen internationalen Zuständigkeit der Vertragsstaaten, also die Aufnahme von Befolgungsregeln, wie im EuGVÜ, die Ausnahme (conventions doubles).

---

[2] Vgl. zur Terminologie *Jellinek*, Die zweiseitigen Staatsverträge über Anerkennung ausländischer Zivilurteile I (1953) 26 f.

[3] Vgl. die vorige Note; Näheres unten § 60 III 2. – In Italien wird nur die compétence indirecte als „competenza internazionale" bezeichnet, dagegen die compétence directe als „competenza giurisdizionale".

[4] Ausdrücklich abweichend sec. 3 (2) (a) des britischen Recognition of Divorces and Legal Separations Act 1971 (ch. 53): „domicile within the meaning of that law".

4. *Rechtsquelle* der (direkten) internationalen Zuständigkeit ist teils das autonome staatliche Recht (ZPO, FGG), das die internationale Zuständigkeit entweder zusammen mit der örtlichen oder getrennt von dieser regeln kann (näher unten II 1), teils staatsvertraglich gesetztes Recht, das dann als Spezialregelung Vorrang hat. Hier ist – wie erwähnt – die europäische Zuständigkeitsordnung der Artt. 2 ff. EuGVÜ zu nennen. Ihre Anwendbarkeit setzt zunächst voraus, daß es sich bei der Streitigkeit um eine vermögensrechtliche Zivil- oder Handelssache im Sinne des Art. 1 EuGVÜ handelt. Der Begriff der Zivil- und Handelssache ist – ebenso wie die meisten anderen Begriffe des EuGVÜ (z.B. „Vertrag" in Art. 5 Nr. 1 oder „unerlaubte Handlung" in Art. 5 Nr. 3) – im Interesse der Rechtseinheit vertragsautonom, rechtsvergleichend zu bestimmen und nicht nach dem nationalen Recht irgendeines der beteiligten Staaten[5].

Die weiteren, speziellen Anwendungsvoraussetzungen der Zuständigkeitsvorschriften des EuGVÜ lassen sich nur ungenau in dem Satz zusammenfassen, daß eine Partei oder der Streitgegenstand eine Beziehung zu einem Mitgliedstaat haben muß. Im einzelnen sind die verschiedenen Zuständigkeitskomplexe innerhalb des EuGVÜ nämlich nuancenreich abgeschottet[6]: Der allgemeine Gerichtsstand und die besonderen Zuständigkeiten sind dann dem EuGVÜ zu entnehmen, wenn der Beklagte seinen Wohnsitz in einem Vertragsstaat hat (Artt. 2, 5 ff. EuGVÜ); dagegen sind die ausschließlichen Zuständigkeiten gemäß Art. 16 EuGVÜ unabhängig von einem Wohnsitz des Beklagten in der EG; für die Beurteilung einer Zuständigkeitsvereinbarung nach Art. 17 EuGVÜ (statt nach § 38 ZPO) kommt es darauf an, daß eine der Parteien (also nicht notwendig der Beklagte) ihren Wohnsitz in einem Vertragsstaat hat (näher unten III 3). Die Anwendungsvoraussetzungen variieren innerhalb des Zuständigkeitsteils des EuGVÜ also von Abschnitt zu Abschnitt.

5. Die eminente *Bedeutung*, die der internationalen Zuständigkeit zweifelsohne zukommt, erklärt sich aus den mannigfaltigen Unterschieden, die ein Verfahren in einem oder in einem anderen Staat in der Regel mit sich bringt. Als besonders gravierend haben sich erwiesen der räumliche Unterschied, der Unterschied in den Entscheidungswirkungen und der Unterschied im anzuwendenden Recht[7]. Der räumliche Unterschied ist entscheidend etwa für den Zugang zum Gericht oder zu den Beweismitteln. Man denke an die Entfernungen und die Kosten sowie auch an die meist fremde Sprache und das andersarti-

---

[5] Siehe unten § 60 II 4a; grundlegend EuGH 14. 10. 1976 – 29/76, LTU/Eurocontrol, Slg. 1976, 1541 = NJW 1977, 489 Anm. *Geimer* = RIW 1977, 40 Anm. *Linke*.

[6] Kritisch zu der variantenreichen Abgrenzung der europäischen Zuständigkeitsordnung gegenüber den verbleibenden Fällen *Kropholler*, Problematische Schranken der europäischen Zuständigkeitsordnung gegenüber Drittstaaten: FS Ferid (1988) 239.

[7] Vgl. im einzelnen *Neuhaus* 418–423 und ausführlicher *ders.*, RabelsZ 20 (1955) 229–246.

ge soziale Umfeld. Der Unterschied in den Entscheidungswirkungen wird namentlich bei der Vollstreckbarkeit spürbar; diese ist im Entscheidungsstaat grundsätzlich gesichert, dagegen in einem anderen Staat nur nach Maßgabe seiner Anerkennungs- und Vollstreckungsregeln für ausländische Entscheidungen. Die Unterschiede des Rechts haben – neben den Schwierigkeiten für die Gerichte bei der Anwendung eines ausländischen materiellen Rechts – die Folge, daß von der internationalen Zuständigkeit das anwendbare Verfahrensrecht und – mangels Rechtsvereinheitlichung – auch das maßgebliche Kollisionsrecht abhängen, so daß die Entscheidung über die internationale Zuständigkeit schon die sachliche Entscheidung des Prozesses vorwegnehmen kann[8].

II. Grundlagen und Systematik der Zuständigkeitsregeln

Woran ist die internationale Zuständigkeit auszurichten: an eigenen verfahrensrechtlichen Erwägungen (wie bei der örtlichen Zuständigkeit) oder am IPR? Soll mit anderen Worten das Gericht mit der engsten Beziehung zum Sachverhalt oder zu einer Partei zuständig sein, oder aber ein Gericht, dessen lex fori das materiell maßgebende Recht ist?

1. Das deutsche Recht geht von einer *Eigenständigkeit der Zuständigkeitsregelung* aus. Die internationale Zuständigkeit ist im allgemeinen den deutschen Verfahrensgesetzen (oder – vorrangig – dem EuGVÜ) zu entnehmen, ohne daß hierfür nach dem in der Sache anwendbaren Recht zu fragen wäre. Im einzelnen sind – was meist nicht klar erkannt wird – innerhalb der Zuständigkeitsvorschriften von ZPO und FGG drei Normengruppen zu unterscheiden (siehe sogleich a–c).

a) Die meisten Vorschriften der ZPO nehmen in ihrem Wortlaut *nicht ausdrücklich auf Auslandsfälle Bezug*, z.B. § 13 ZPO über den allgemeinen Gerichtsstand, § 29 ZPO über den Vertragsgerichtsstand oder § 32 ZPO über den Gerichtsstand der unerlaubten Handlung. In diesen Normen steht die örtliche Zuständigkeit im Vordergrund. Aber die internationale Zuständigkeit ist mitgeregelt.

Diese *Doppelfunktion* der Gerichtsstandsnormen der ZPO ergibt sich bereits aus der Entstehungsgeschichte des Gesetzes und ist in Rechtsprechung und Schrifttum seit langem nahezu unbestritten[9]. Im deutschen Recht besteht hinsichtlich der internationalen Zuständigkeit im allgemeinen keine „Gesetzeslücke". Die Vorschriften der ZPO über den Gerichtsstand und über die Zuständigkeitsvereinbarung sind nicht „entspre-

---

[8] Siehe statt aller BGH (Großer Zivilsenat) 14. 6. 1965, BGHZ 44, 46 = JZ 1966, 237 Anm. *Neuhaus* = IPRspr. 1964–65 Nr. 224.

[9] Näher *Kropholler*, in: Hdb.IZVR I Kap. III Rz. 30ff.

chend" oder „analog" anzuwenden. In diesen Bestimmungen ist die internationale Zuständigkeit zwar nicht unmittelbar, sondern nur mittelbar geregelt (mitgeregelt); internationale und örtliche Zuständigkeit sind miteinander „verknüpft" oder „verwoben". Aber das reicht aus, um bei der Beurteilung des Einzelfalles davon zu sprechen, daß die Vorschriften unmittelbar oder direkt anzuwenden sind.

b) Andere Vorschriften enthalten eine ausdrückliche *Regelung speziell für Auslandsfälle,* so etwa § 23 ZPO über den Gerichtsstand des Vermögens, § 23 a ZPO über den Gerichtsstand für Unterhaltsklagen oder § 27 II ZPO über den Gerichtsstand bei Erbfolge. Diese Normen regeln primär die internationale Zuständigkeit. Aber sie betreffen auch die örtliche Zuständigkeit; denn es werden nicht etwa nur die deutschen Gerichte schlechthin, sondern die konkret zuständigen Gerichte bezeichnet.

Im einzelnen verfolgt § 23 a ZPO, der für *Unterhaltsklagen* gegen eine Person, die im Inland keinen Gerichtsstand hat, einen Klägergerichtsstand eröffnet, das rechtspolitisch einleuchtende Ziel, dem sozial schwachen Unterhaltsberechtigten die Rechtsverfolgung in Auslandsfällen zu erleichtern. Die Vorschrift wurde durch § 12 des Ausführungsgesetzes von 1961 zum Haager Unterhaltsvollstreckungsübereinkommen von 1958 in die ZPO eingefügt[10]. Das Übereinkommen verpflichtet die Vertragsstaaten zwar nicht, eine derartige Vorschrift in ihr innerstaatliches Recht einzuführen; der deutsche Gesetzgeber wollte aber im Interesse des Unterhaltsbedürftigen die Chance nutzen, die das Übereinkommen dadurch bietet, daß gemäß seinem Art. 3 Nr. 2 entsprechende Unterhaltsentscheidungen in den anderen Vertragsstaaten anerkannt werden müssen[11]. Aus den gleichen Erwägungen sieht auch Art. 5 Nr. 2 EuGVÜ einen Klägergerichtsstand für Unterhaltsklagen vor.

Rechtspolitisch nicht zu überzeugen vermag der *Vermögensgerichtsstand* des § 23 ZPO. Nach dieser Vorschrift ist für Klagen wegen vermögensrechtlicher Ansprüche gegen eine Person, die im Inland keinen Wohnsitz hat, das Gericht zuständig, in dessen Bezirk sie Vermögen besitzt. Die Vorschrift steht für internationales „Catch-as-catch-can", aber nicht für „Fair play" gegenüber dem Beklagten, und verstößt damit gegen den Grundgedanken des § 13 ZPO, der den allgemeinen Gerichtsstand am Wohnsitz des Beklagten begründet. Denn auch wenn nur geringes oder für die Vollstreckung ganz wertloses oder ungeeignetes Vermögen im Inland belegen ist, muß der Beklagte nach § 23 ZPO sich hier gegen eine vermögensrechtliche Klage in beliebiger Höhe verteidigen. Der in einem Hamburger Hotel liegengebliebene Mantel eines durchreisenden Amerikaners begründet die Zuständigkeit des LG Hamburg für eine Millionenklage. Die Zuständigkeit ist weder durch Nähe zur Partei noch durch Nähe zum Sachverhalt gerechtfertigt. Denn der Beklagte darf – das sagt § 23 ZPO ausdrücklich – seinen Wohnsitz nicht im Inland haben, und ein inländischer Wohnsitz des Klägers wird (nach dem Wortlaut der Vorschrift mit Recht) ganz überwiegend nicht verlangt. Die Nähe zum Sachverhalt ist – im Unterschied zum Gerichtsstand des Streitgegenstandes (§ 23 Satz 1 Alt. 2 ZPO) – ebenfalls nicht gegeben, da eine Bezie-

---
[10] BGBl. 1961 I 1033; siehe dazu BT-Drucks. 3/2584, 11 f.
[11] Ebenso Art. 7 Nr. 1 des Haager Unterhaltsvollstreckungsabkommens von 1973.

hung zwischen dem Gegenstand der Klage und dem Vermögensstück nicht bestehen muß.

Der übermäßig weitreichende, sog. exorbitante Gerichtsstand des Vermögens ist zwar innerhalb der europäischen Zuständigkeitsordnung des EuGVÜ ausgeschlossen für Beklagte, die ihren Wohnsitz in einem Vertragsstaat des Übereinkommens haben (Art. 3 II EuGVÜ). Wohnt der Beklagte aber in einem Drittstaat, so bleibt es nach den Regeln des EG-Übereinkommens (Art. 4 I) bei dem autonomen Zuständigkeitsrecht eines jeden Staates und also auch bei der Regelung des § 23 ZPO. Die Wirkung dieser Norm wird dann sogar noch verstärkt, weil sämtliche Vertragsstaaten des EuGVÜ alle Urteile – also auch solche, die in exorbitanten Gerichtsständen ergangen sind – grundsätzlich anerkennen und vollstrecken müssen[12].

Der Vermögensgerichtsstand sollte – durch den deutschen Gesetzgeber oder durch ein das Verhältnis zu Drittstaatenbewohnern regelndes EG-Übereinkommen – eingeschränkt werden, etwa in der Weise, daß der Wert des geltend gemachten Anspruchs den Wert des im Gerichtsstaat (oder im EG-Bereich) belegenen Vermögens nicht übersteigen darf[13].

c) *Ausschließlich auf die internationale Zuständigkeit* beziehen sich die durch das IPRNG von 1986 eingeführten besonderen Zuständigkeitsvorschriften in Familien- und Entmündigungssachen, so für Ehesachen § 606a ZPO, für Kindschaftssachen § 640a II ZPO, für Entmündigungssachen § 648a ZPO, für die Vormundschaft und Pflegschaft § 35a FGG, für die Ehelicherklärung § 43a I FGG und für die Adoption § 43b I FGG. Anknüpfungspunkte in diesen Normen bilden stets sowohl die deutsche Staatsangehörigkeit als auch der inländische gewöhnliche Aufenthalt; Heimat- und Aufenthaltszuständigkeit werden also gleichrangig gewährt. Die Einzelheiten sind im VII. Kapitel über die einzelnen Rechtsgebiete erläutert.

Die Trennung der internationalen von der örtlichen Zuständigkeit wird zum einen damit begründet, daß sie die Verständlichkeit der Vorschriften erhöht. Zum anderen beruht diese Gesetzestechnik auf der Erwägung, daß die für beide Bereiche ausschlaggebenden Interessen nicht in jedem Fall identisch sind[14]. So ist die örtliche Zuständigkeit im Interesse einer sachnahen Entscheidung teilweise als ausschließliche normiert (z. B. für Ehesachen in § 606 ZPO

---

[12] Das Übereinkommen wird deshalb namentlich in den Vereinigten Staaten heftig angegriffen; besonders empört *von Mehren*, Recognition and Enforcement of Sister-State Judgments – Reflections on General Theory and Current Practice in the European Economic Community and the United States: Colum. L.Rev. 81 (1981) 1044 (1059): „Shock becomes outrage..."; siehe ferner etwa *Juenger*, La Convention de Bruxelles du 27 septembre 1968 et la courtoisie internationale: Rev. crit. 72 (1983) 37.

[13] Vgl. im einzelnen die Reformüberlegungen bei *Kropholler*, in: Hdb.IZVR I Kap. III Rz. 337 ff. (Beschränkung der Zuständigkeit auf den Wert des inländischen Vermögens). Teilweise abweichend *Schack*, Vermögensbelegenheit als Zuständigkeitsgrund: ZZP 97 (1984) 46 (Beschränkung der Vollstreckbarkeit auf den Wert des inländischen Vermögens). Zur Reform des EG-Übereinkommens näher *Kropholler*, in: FS Ferid (1988) 247.

[14] BegrRegE, BT-Drucks. 10/504, 89.

und in Entmündigungssachen in § 648 I ZPO), während die internationale Zuständigkeit im Interesse der Rechtsschutzgewährung in den genannten Bereichen durchweg eine konkurrierende ist.

Dagegen besteht für die Zuständigkeitsvorschriften in vermögensrechtlichen Angelegenheiten im allgemeinen kein Anlaß, die internationale von der örtlichen Zuständigkeit zu trennen. Selbst die besonderen Zuständigkeiten des EuGVÜ (Artt. 5–6a) beziehen sich nicht nur auf die internationale, sondern zugleich auf die örtliche Zuständigkeit; nur bei der Regelung der allgemeinen Zuständigkeit (Art. 2 I) und der ausschließlichen Zuständigkeiten (Art. 16) ist dies anders. Der Unterschied wird schon am Wortlaut des Übereinkommens deutlich[15].

d) Für eine *Notzuständigkeit* besteht in Deutschland angesichts der weitreichenden festen Zuständigkeitsregeln nur höchst selten ein Bedürfnis.

Die Notzuständigkeit läßt sich aufteilen in provisorische Eilzuständigkeit (besonders für sichernde Maßnahmen, etwa in Nachlaßsachen), ordre-public-Zuständigkeit (z.B. wegen Unerträglichkeit des Inhalts einer ausländischen Maßnahme, so daß sie durch eine inländische ersetzt werden muß) und subsidiäre Notzuständigkeit im Sinne der Vermeidung einer Justizverweigerung. Die letztere Notzuständigkeit sollte immer dann angenommen werden, wenn ein zuständiges ausländisches Gericht nicht ersichtlich oder (z.B. im Kriege) nicht erreichbar ist: Wo sonst kein Land zuständig ist, soll jedes Land zuständig sein. Freilich mag es nicht unbedenklich scheinen, auf diese Weise die Wahl des Gerichtsstandes dem Belieben des Klägers anheimzugeben. Doch bleibt als Sicherung – besonders zugunsten des Beklagten – das Erfordernis des Rechtsschutzinteresses, welches der Kläger in jedem Fall für die Klage gerade in diesem Lande nachweisen muß.

e) Die *interlokale Zuständigkeit*, also die Zuständigkeit im Verhältnis zur DDR, richtet sich im Grundsatz ebenfalls nach den für die internationale Zuständigkeit bestehenden Regeln.

Einige Zuständigkeitsvorschriften erweitern die Kompetenz der deutschen Gerichte für den Fall, daß „*im Inland*" ein Gerichtsstand fehlt (z.B. §§ 16, 23, 23a ZPO). Die DDR ist nicht „Inland" im Sinne dieser Vorschriften[16]; das folgt nicht aus staatsrechtlichen Erwägungen, sondern einfach aus der tatsächlichen Rechtsverschiedenheit in den beiden Staaten: Da in der DDR ein anderes materielles und Prozeßrecht gilt als in der Bundesrepublik Deutschland und ein Prozeß in der DDR schon deshalb ein anderes Ergebnis haben kann, ist in der Bundesrepublik die interlokale Zuständigkeit – ebenso wie die internationale – zu eröffnen. – Die tatsächliche Rechtsverschiedenheit spricht auch dagegen, die für „*Deutsche*" eröffnete Heimatzuständigkeit (vgl. etwa §§ 606a I Nr. 1, 640a II Nr. 1, 648 I Nr. 1 ZPO) auf DDR-Bürger zu erstrecken, die keine weiteren Verbindungen zur Bundesrepublik Deutschland aufweisen[17].

---

[15] Vgl. einerseits Art. 5: „Gericht des Ortes", andererseits Art. 2 bzw. Art. 16: „Gerichte dieses Staates" bzw. „Gerichte des Vertragsstaats".

[16] Siehe zu § 23 ZPO etwa BGH 24. 11. 1951, BGHZ 4, 62 = IzRspr. 1945–53 Nr. 467.

[17] Vgl. *Kropholler*, in: Hdb.IZVR I Kap. III Rz. 77f. Anders *Geimer* Rz. 1328.

§ 58 II   VIII. Kapitel: Verfahren

2. Eine gewisse *Parallelität* der Anknüpfungen für die internationale Zuständigkeit und für das IPR wird durch eine eigenständige Normierung der internationalen Zuständigkeit nicht ausgeschlossen (vgl. bereits oben § 7 III 1). Im geltenden Recht ist die Parallelität meist Ausdruck der für das IZVR wie für das IPR ähnlich bedeutsamen Nähe zum Sachverhalt. Bisweilen ist für die Regelung der internationalen Zuständigkeit erkennbar auch die Nähe zum anwendbaren Recht ein wesentlicher Faktor.

Die Bedeutung der Nähe zum Sachverhalt für das IZVR und das IPR wird beispielsweise im Recht der unerlaubten Handlung sichtbar, wo der Tatort ein Anknüpfungsmerkmal für den Gerichtsstand (§ 32 ZPO) und für die ungeschriebene Kollisionsnorm (vgl. Art. 38 EGBGB) abgibt. Die Bedeutung der Nähe zum anwendbaren Recht zeigt sich – neben dem Wunsch nach Gewährung einer „Heimatzuflucht" – in der familienrechtlichen Staatsangehörigkeitszuständigkeit, da im Familienrecht auch das IPR vielfach auf die Staatsangehörigkeit abstellt.

In mehreren Einzelheiten ist freilich eine *unterschiedliche Bedeutung des Sachverhalts* für die Zuständigkeits- und für die Rechtsanwendungsregelung festzustellen. Am wichtigsten ist der Unterschied, daß die internationale Zuständigkeitsordnung in der Regel mehrere Gerichtsstände zulassen kann und damit dem Interesse des Klägers dient, Gerichtsschutz an einem passenden Ort zu erhalten, während die Rechtsanwendungsnorm meist nur eine einzige Rechtsordnung als die dem Sachverhalt nächste (angemessenste) für maßgebend erklärt.

Ergänzend sei zu der unterschiedlichen Bedeutung des Sachverhalts für die Zuständigkeits- und für die Rechtsanwendungsregelung noch folgendes bemerkt. *Zeitlich* tritt das Gericht erst mit dem Prozeß in eine Beziehung zum Sachverhalt, während das für die Sache maßgebende Gesetz schon vor dem Prozeß maßgebend ist. Daher kann sich die Zuständigkeit nach den Verhältnissen bei Klageerhebung richten, insbesondere nach der Verteilung der Prozeßrollen zwischen Kläger und Beklagtem; die Rechtsanwendung aber muß von den Umständen zur Zeit des fraglichen Geschehens ausgehen. Man wird z. B. die Gültigkeit eines Vertrages, den Einwanderer früher in ihrer alten Heimat geschlossen haben, im allgemeinen von einem inländischen Gericht beurteilen lassen, während als Entscheidungsgrundlage das Recht jenes fremden Staates dienen sollte.

Gegenständlich behandelt das Gericht den Sachverhalt meist unter dem Gesichtspunkt *eines einzelnen Anspruchs*, und über diesen wird in der Regel allein mit Wirkung für die Prozeßparteien entschieden (§§ 325 bis 327 ZPO). Das Gesetz aber bietet für das gesamte Rechtsverhältnis, dem jene Ansprüche entspringen, die umfassende und für alle Beteiligten gültige Regelung.

Anderseits muß das Gericht den zu beurteilenden Sachverhalt *zunächst ermitteln*, und diese Tätigkeit nimmt nicht nur meist einen breiteren Raum ein als die rechtliche Bewertung, sondern in der Mehrzahl der Fälle ist die Feststellung der Tatsachen auch der eigentlich umstrittene Teil des Prozesses und damit für die Entscheidung ausschlaggebend. Bei Regelung der Zuständigkeit ist deshalb in erster Linie darauf zu achten, daß das

Gericht den Sachverhalt in seiner tatsächlichen Gegebenheit möglichst leicht und frei von Tatirrtum feststellen kann. Das Gesetz hingegen entscheidet über Sachverhalte rein hypothetisch („wenn..., dann..."), es trifft also keine Feststellung, sondern wertet nur, und zwar unter der stillschweigenden Voraussetzung gewisser natürlicher und kultureller Verhältnisse, eines bestimmten geographischen, ethnischen, wirtschaftlichen und sozialen Milieus. Für die Bestimmung des anzuwendenden Gesetzes muß deshalb grundsätzlich ausschlaggebend sein, welches Gesetz dem Sachverhalt in seiner für die Bewertung wichtigen Umweltbedingtheit am besten gerecht wird.

Schließlich streben verschiedene Gerichte zu *demselben Ziel*, nämlich zur wahrheitsgemäßen Ermittlung und richtigen gesetzlichen Einordnung (Subsumtion) des bestimmten Sachverhalts; sie unterscheiden sich von Land zu Land bei der Erreichung dieses Ziels nur durch den unterschiedlichen Aufwand, der nach Erlaß des Urteils keine Rolle mehr spielt, und durch den verschiedenen Grad von Sicherheit des Ergebnisses. Verschiedene Rechtsordnungen aber bestimmen nicht selten für einen völlig gleichen Tatbestand bewußt und absichtlich unterschiedliche Rechtsfolgen. Dies dürfte der Grund dafür sein, daß das IPR meist strenger ist als das Internationale Prozeßrecht, indem es (mit Recht) seltener als dieses dem Belieben des Klägers Spielraum läßt.

Aus all diesen Gründen kommt keine strenge, sondern allenfalls eine lockere Parallelität von Zuständigkeits- und Kollisionsnormen in Betracht. Jedenfalls aber bestehen Berührungspunkte zwischen beiden Bereichen; denn bei der Interpretation der Zuständigkeitsnormen stellen sich bisweilen kollisionsrechtliche oder dem Kollisionsrecht verwandte Fragen.

a) Beispielsweise fragt sich, ob der *Erfüllungsort* der streitigen Verpflichtung, den § 29 ZPO für Vertragsklagen als Zuständigkeitskriterium nennt, nach der lex fori zu bestimmen ist oder nach derjenigen Rechtsordnung, die nach dem Kollisionsrecht für die streitige Verpflichtung maßgebend ist, also nach der sog. lex causae. Für die Maßgeblichkeit der lex causae spricht die dem materiellen Recht dienende Funktion des Prozeßrechts, die bei diesem Anknüpfungsmoment besonders ausgeprägt ist: Die Zuständigkeit am Erfüllungsort wird eben gerade zur Durchsetzung des materiellrechtlich gebotenen Verhaltens gewährt. Für die Maßgeblichkeit der lex causae spricht ferner, daß bei der Parallelnorm des Art. 5 Nr. 1 EuGVÜ nach der Rechtsprechung des EuGH ebenfalls auf die lex causae abzustellen ist[18]. Schließlich eröffnet diese Anknüpfung die Aussicht, daß die Gerichte der EG-Staaten nach dem Inkrafttreten des EG-Schuldvertragsübereinkommens von 1980 in allen Auslandsfällen den Erfüllungsort nach derselben Rechtsordnung und damit einheitlich bestimmen. Eine von Art. 5 Nr. 1 EuGVÜ abweichende Interpretation des Inhalts, daß in § 29 ZPO der Erfüllungsort stets nach der materiellen deutschen lex fori zu

---

[18] EuGH 6. 10. 1976 – 12/76, Tessili/Dunlop, Slg. 1976, 1473 = NJW 1977, 491 Anm. *Geimer* = RIW 1977, 40 Anm. *Linke*; kritisch *Lüderitz*, Fremdbestimmte internationale Zuständigkeit? – Versuch einer Neubestimmung von § 29 ZPO, Art. 5 Nr. 1 EuGVÜ: FS Zweigert (1981) 233.

ermitteln sei, würde demgegenüber provinziell erscheinen. Zu erwägen ist freilich eine gewisse, zumindest punktuelle Verselbständigung der prozessualen Anknüpfung gegenüber dem materiellrechtlichen Erfüllungsort, indem etwa auch dem tatsächlichen Erfüllungsort zuständigkeitsbegründende Wirkung beigelegt wird (so ausdrücklich Art. 5 Nr. 1 EuGVÜ)[19]. – Ein signifikanter Unterschied in der Bestimmung des Vertragsgerichtsstandes und des Vertragsstatuts ergibt sich daraus, daß im IPR nach der charakteristischen Leistung gefragt wird (vgl. Art. 28 II 1 EGBGB), während der Gerichtsstand des Erfüllungsortes im Interesse der Rechtsklarheit und der Sachnähe des Gerichts dort angenommen wird, wo diejenige Verpflichtung zu erfüllen ist, die den Gegenstand der Klage bildet[20]. Der Meinung, daß es auch für das IZVR (Art. 5 Nr. 1 EuGVÜ) richtiger sei, als Erfüllungsort stets nur den Ort zu betrachten, an dem die das ganze Vertragsverhältnis prägende, charakteristische Leistung zu erbringen sei, ist der EuGH nur für den Fall gefolgt, daß die Erfüllung mehrerer Verpflichtungen aus einem Arbeitsverhältnis eingeklagt wurde. Bei Arbeitsverträgen wird das Gericht am Ort der charakteristischen Leistung, also am Arbeitsort, als besonders geeignet zur Entscheidung aller auf den Vertrag gestützten Klagen angesehen, weil diese Verträge die Besonderheiten aufweisen, daß der Arbeitnehmer in den Betrieb des Arbeitgebers eingegliedert ist und daß der Tätigkeitsort auch für die Anwendung von Vorschriften zwingenden Rechts und von Tarifverträgen maßgeblich ist[21]. Bei der zuständigkeitsrechtlichen Maßgeblichkeit des Arbeitsortes soll es auch dann bleiben, wenn der Arbeitnehmer seine Arbeit gewöhnlich nicht in ein und demselben Staat verrichtet (vgl. demgegenüber Art. 30 II Nr. 2 EGBGB)[22].

b) Für *Deliktsklagen* stellt sich in § 32 ZPO und in der Parallelnorm des Art. 5 Nr. 3 EuGVÜ die Frage, wo der Gerichtsstand der unerlaubten Handlung begründet ist, wenn *Handlungs- und Erfolgsort* – etwa bei grenzüberschreitender Luft- oder Wasserverschmutzung – in verschiedenen Staaten liegen; die Frage begegnet uns im IPR, wenn das anwendbare Recht bestimmt werden muß, in ähnlicher Weise (vgl. oben § 53 IV 1 d). Hier wie dort wird jeder der beiden Orte für maßgebend gehalten; im Zuständigkeitsrecht wird dem Kläger ein Wahlrecht eingeräumt, weil an beiden Orten wesentliche Tatbestandsmerk-

---

[19] Für eine völlige Verselbständigung *Schack*, Der Erfüllungsort im deutschen, ausländischen und internationalen Privat- und Zivilprozeßrecht (1985) 143 ff., 239 ff.

[20] So zu Art. 5 Nr. 1 EuGVÜ EuGH 6. 10. 1976 (vorletzte Note); ferner etwa 15. 1. 1987 – 266/85, Shenavai/Kreischer, Slg. 1987, 239 = NJW 1987, 1131 Anm. *Geimer* = IPRax 1987, 366, 346 Aufsatz *Mezger*, mit dem Hinweis, daß bei einer auf mehrere Verpflichtungen aus einem einzigen Vertrag gestützten Klage die Hauptpflicht entscheiden muß, um eine Zuständigkeitszersplitterung zu vermeiden.

[21] EuGH 26. 5. 1982 – 133/81, Ivenel/Schwab, Slg. 1982, 1981 = IPRax 1983, 173, 153 Aufsatz *Mezger* = RIW 1982, 908.

[22] EuGH 15. 2. 1989 – 32/88, Société Six Constructions/Humbert, DB 1989, 735.

male verwirklicht worden sind und die zuständigkeitsbegründende Sachnähe des Gerichts also gegeben ist[23].

3. Ein sog. *Gleichlauf* zwischen Zuständigkeit und anwendbarem Recht geht über die soeben angesprochene Parallelität erheblich hinaus; denn es handelt sich hierbei um eine Abhängigkeit der Zuständigkeit von dem in der Sache anwendbaren Recht[24]. Man spricht von einem „forum legis" oder von einer „Statutszuständigkeit".

Ein *strenger Gleichlauf*, nach dem ausschließlich das forum legis zuständig wäre, wird in Deutschland heute nicht mehr vertreten. Die einzige zivilrechtliche Materie, in der die deutsche Gerichtspraxis noch von einem Gleichlauf ausgeht, und zwar in dem Sinne, daß *grundsätzlich* das anwendbare Recht auch die internationale Zuständigkeit nach sich zieht, so daß die deutschen Gerichte in der Regel nur bei Maßgeblichkeit inländischen Rechts zuständig sind, ist das Nachlaßverfahrensrecht; denn die Verflechtung zwischen materiellem Erbrecht und Verfahrensrecht gilt als besonders schwer auflösbar. Aber auch hier wird im Schrifttum zunehmend und mit guten Gründen gefordert, vom Gleichlauf abzurücken und die internationale Zuständigkeit – wie auf allen anderen Rechtsgebieten – unabhängig vom anwendbaren Recht zu sehen (vgl. oben § 51 V 1).

Empfohlen wird bisweilen ein *gemäßigter Gleichlauf*, und zwar in zweierlei Gestalt, nämlich als *positiver* und als *negativer* Gleichlauf[25]:

a) Bei Maßgeblichkeit *inländischen* Rechts soll wenigstens eine subsidiäre inländische Zuständigkeit bestehen: Soweit ein Staat seine Rechtsordnung für anwendbar erklärt, müsse er notfalls auch seine Gerichte zur Verfügung stellen (positiver Gleichlauf).

Indes ist für den *positiven* Gleichlauf (außerhalb der erwähnten Nachlaßsachen) in Deutschland bislang kein praktisches Bedürfnis spürbar geworden. Denn die Lösung der deutschen Verfahrensgesetze, die internationale Zuständigkeit entweder mit der örtlichen zu verknüpfen oder sie unabhängig vom anwendbaren Recht eigenständig festzulegen, hat bislang in der Regel faktisch zu dem Ergebnis geführt, daß bei Anwendbarkeit inländischen Rechts auch eine inländische Zuständigkeit gegeben war, und diese Lösung hat den Vorzug, daß die Zuständigkeit (insbesondere in Renvoi-Fällen) klarer erkennbar ist als bei einer Abhängigkeit vom anwendbaren Recht; auch erhöht eine eigenständi-

---

[23] So zu Art. 5 Nr. 3 EuGVÜ – in Übereinstimmung mit der in Deutschland herrschenden Meinung zu § 32 ZPO – EuGH 30. 11. 1976 – 21/76, Bier/Mines de Potasse d'Alsace, Slg. 1976, 1735 = RIW 1977, 356 Anm. *Linke*.

[24] Zum sog. umgekehrten Gleichlauf, bei dem das anwendbare materielle Recht von der Zuständigkeit abhängt, so daß die lex fori infolge einer gegebenen Zuständigkeit zur Anwendung gelangt, vgl. oben § 7 II und III.

[25] In diesem Sinne *Neuhaus* 428 ff.

§ 58 II VIII. Kapitel: Verfahren

ge, international gebräuchliche Zuständigkeitsregel die Chancen für eine Anerkennung der ergangenen Entscheidung in ausländischen Staaten[26]. Im Rahmen des EuGVÜ ist der positive Gleichlauf ohnehin nicht vertretbar, weil die Zuständigkeiten in dem Übereinkommen abschließend aufgezählt sind[27].

b) Bei Anwendbarkeit *ausländischen* Rechts soll die inländische Zuständigkeit nicht schlechthin ausgeschlossen sein, sondern es wird nur in gewissem Umfang die Zustimmung der lex causae gefordert, damit ein inländisches Gericht tätig werden kann. Im einzelnen lassen sich verschiedene Gestaltungsformen für die Abhängigkeit von der lex causae unterscheiden; so kann es sein, daß die inländische Zuständigkeit nur dann bejaht wird, wenn der ausländische Staat die Entscheidung anerkennt (so in Ehesachen früher § 606b Nr. 1 ZPO a.F.), oder die inländische Zuständigkeit kann ausnahmsweise verneint werden, wenn der ausländische Staat die Entscheidung offensichtlich nicht anerkennt (vgl. in Ehesachen jetzt § 606a I Nr. 4 ZPO)[28].

Seine theoretische Rechtfertigung findet der *negative* Gleichlauf in dem Streben nach internationaler Entscheidungsgleichheit. Diese ist besonders in Statussachen wichtig, damit hinkende Rechtsverhältnisse (vgl. oben § 35) vermieden werden. Zwar kann die Entscheidungsgleichheit ohne Staatsvertrag nicht mit allen Staaten erzielt werden, die für die Parteien später bedeutsam werden können. Aber es erscheint konsequent, sich im Rahmen der eigenen nationalen Lösungen wenigstens um Harmonie mit dem Staat zu bemühen, dessen Rechtsordnung unser IPR für anwendbar erklärt; denn nach der Entscheidung unseres IPR weist der Sachverhalt gerade zu diesem Staat besonders enge Beziehungen auf. Freilich dürfen im Streben nach Entscheidungsharmonie die inländischen Rechtsschutzmöglichkeiten nicht über Gebühr verkürzt werden[29].

Das positive deutsche Recht enthält einen negativen Gleichlauf in dem erwähnten § 606a I Nr. 4 ZPO nur noch als Schranke für den Fall, daß sich die inländische Zuständigkeit in Ehesachen lediglich auf den inländischen gewöhnlichen Aufenthalt eines Ehegatten gründet. Es handelt sich bei dem negativen

---

[26] Siehe auch *von Mehren*, Adjudicatory Jurisdiction – General Theories Compared and Evaluated: Boston U.L.Rev. 63 (1983) 279 (328): „Tying jurisdiction to choice of law... would, therefore, conduce to a less cooperative and more disorderly international order."

[27] Eine partielle Parallelität zu den im IPR gebräuchlichen Anknüpfungen (vgl. oben unter 2) findet sich freilich auch in diesem Übereinkommen; siehe *Kohler*, in: *Angeli* (Hrsg.), La Convenzione giudiziaria di Bruxelles del 1968 e la riforma del processo civile italiano (1985) 92.

[28] Für weitere Gestaltungsformen siehe *Heldrich*, Internationale Zuständigkeit und anwendbares Recht (1969) 223 ff. mit Beispielen.

[29] Ein Lösungsversuch, die Gebote einerseits der Vermeidung hinkender Entscheidungen und anderseits des angemessenen Rechtsschutzes in Statussachen miteinander in Einklang zu bringen, findet sich in § 37a II des IPR-Entwurfes von *Neuhaus/Kropholler*, RabelsZ 44 (1980) 338; kritisch dazu *Gottwald*, ZZP 95 (1982) 4f.

Gleichlauf also keinesfalls um ein allgemeines Prinzip der ZPO. Das Gesetz bewertet das Interesse an inländischem Rechtsschutz und an Rechtsklarheit höher als die internationale Entscheidungsgleichheit. Wenn mit einer Anerkennung der inländischen Entscheidung nicht zu rechnen ist (etwa weil eine besonders weitreichende, international mißbilligte deutsche Zuständigkeit besteht), ist es somit in der Regel allein der Einsicht des Klägers oder Antragstellers – u. U. nach einem entsprechenden Hinweis des Richters – überlassen, ob er im Inland eine hinkende Entscheidung herbeiführen oder das zuständige ausländische Gericht anrufen will.

4. Die Verneinung der inländischen Zuständigkeit, indem sich das Gericht zum *„forum non conveniens"* erklärt, bietet eine weitere, de lege lata freilich m. E. nicht gangbare Möglichkeit, die internationale Entscheidungsgleichheit zu fördern[30]. Die aus dem schottischen Recht stammende Lehre vom forum non conveniens besagt, daß ein an sich international zuständiges Gericht seine Zuständigkeit ablehnen kann, wenn der Fall so enge Beziehungen zu einem anderen Land aufweist, daß er besser dort entschieden werden sollte. Die Lehre gilt heute u. a. in den Vereinigten Staaten und (mit Modifikationen) in England, wo sie einen Ausgleich zu der weiten, auf die bloße Anwesenheit des Beklagten gegründeten „transient jurisdiction" bildet.

Für eine Übernahme des Rechtsinstituts in das deutsche Verfahrensrecht finden sich vereinzelte Ansätze in der älteren deutschen Rechtsprechung, und zwar namentlich bei der Prüfung einer Zuständigkeitsfortdauer in Adoptionssachen[31]; auch die Literatur hat eine Rezeption des Rechtsinstituts gelegentlich empfohlen[32]. Anläßlich der deutschen IPR-Reform wurde für den Bereich der Freiwilligen Gerichtsbarkeit (nicht für den Zivilprozeß) die These formuliert, ein international zuständiges deutsches Gericht könne „sein Tätigwerden ablehnen, wenn ausländische Gerichte oder Behörden eine wesentlich engere Beziehung zum Sachverhalt haben und für die Entscheidung über den Sachver-

---

[30] Ein anderer Vorschlag zielt dahin, das Verfahren (in Erweiterung des § 148 ZPO) zunächst auszusetzen; vgl. de lege ferenda den Vorschlag von *Neuhaus/Kropholler*, RabelsZ 44 (1980) 340, dem § 148 ZPO folgenden Absatz anzufügen: „Das Gericht kann das Verfahren aussetzen, wenn hinreichende Aussicht besteht, daß innerhalb angemessener Zeit eine ausländische Entscheidung über den Streitgegenstand ergehen wird, die im Inland anerkannt werden kann." De lege lata zielen in diese Richtung § 648 a II ZPO und § 47 I FGG, wonach die Anordnung einer Entmündigung bzw. Vormundschaft unterbleiben kann, wenn vor dem zuständigen Gericht eines fremden Staates ein entsprechendes Verfahren anhängig ist.

[31] KG 4. 6. 1959, EJF B II Nr. 31 = IPRspr. 1958–59 Nr. 209 im Anschluß an *Wengler*, NJW 1959, 130; OLG Zweibrücken 30. 11. 1972, FamRZ 1973, 479 = IPRspr. 1972 Nr. 180, sowie 13. 12. 1974, IPRspr. 1975 Nr. 203 b.

[32] Vgl. etwa *Jochen Schröder*, Internationale Zuständigkeit (1971) 486 ff.; *Ulrich Wahl*, Die verfehlte internationale Zuständigkeit, Forum non conveniens und internationales Rechtsschutzbedürfnis (1974); zustimmend bespr. durch *Jayme*, StAZ 1975, 91, ablehnend durch *Cohn*, AcP 175 (1975) 372.

halt nach ihrem Recht zuständig sind"[33]. Diese Zuständigkeitsbeschränkung ist aber nicht Gesetz geworden. Vielmehr ist die inländische Zuständigkeit für die verschiedenen Bereiche der Freiwilligen Gerichtsbarkeit, insbesondere auch für Adoptionssachen, ohne diese Einschränkung normiert (vgl. §§ 35a, 43a I, 43b I FGG).

Tatsächlich bestehen gegen eine Übernahme der Lehre vom forum non conveniens in das deutsche Internationale Verfahrensrecht durchgreifende Bedenken, die durch den Vorzug dieser Doktrin, im Einzelfall zur internationalen Entscheidungsgleichheit beizutragen, nicht aufgewogen werden. Die wichtigsten Einwände sind folgende[34]:

a) Das *deutsche Zuständigkeitssystem* mit seinen festen Anknüpfungsmomenten, die in der Regel (sofern nicht eine zu beseitigende exorbitante Zuständigkeit vorliegt) aus Sachverhalts- oder Parteinähe gewonnen werden, ist für die unbestimmte Lehre, die häufige Abweichungen von den vorgesehenen Anknüpfungspunkten zuläßt, weniger geeignet als das anglo-amerikanische System, das mit seinem Ausgangspunkt, die nur vorübergehende Anwesenheit des Beklagten im Inland zur Begründung der internationalen Zuständigkeit ausreichen zu lassen, geradezu nach einer weitreichenden Einschränkung verlangt. Zwar sind auch im deutschen Recht Mißgriffe bei der Zuständigkeitswahl durch den Kläger möglich, indem er unter mehreren konkurrienden Gerichtsständen (beabsichtigt oder unbeabsichtigt) gerade denjenigen mit dem schwächsten Bezugspunkt auswählt. Aber der deutsche Gesetzgeber nimmt das – außer in Fällen des eindeutigen Rechtsmißbrauchs, etwa durch bloße Vorspiegelung eines gewöhnlichen Aufenthalts[35] – offenbar in Kauf. Die nach der Lehre vom forum non conveniens beachtlichen Interessen und Gesichtspunkte liegen zumindest teilweise auch den Zutändigkeitsbestimmungen der ZPO und des FGG zugrunde, doch sind sie „vertypt" und in eine an den durchschnittlichen Verhältnissen ausgerichtete feste Form gegossen. Die forum-non-conveniens-Lehre wäre hier ein Fremdkörper.

b) Die im deutschen Zuständigkeitssystem zum Ausdruck kommende Wertentscheidung zugunsten der *Rechtssicherheit* würde durch die forum-non-conveniens-Lehre zugunsten einer schwer berechenbaren Interessenabwägung im Einzelfall korrigiert. Die für die Bejahung des forum non conveniens entscheidende Frage, ob im Einzelfall der inländische Gerichtsstand noch als geeignet anzusehen ist, Verfahrensökonomie, Verfahrensgerechtigkeit und

---

[33] Thesen aus dem MPI zur Reform des IPR: RabelsZ 44 (1980) 353, 365.
[34] Näher *Kropholler*, in: Hdb.IZVR I Kap. III Rz. 207 ff.; vgl. speziell für Nachlaßsachen auch *Berenbrok*, Internationale Nachlaßabwicklung (1990) § 5 B IV.
[35] Die deutsche Praxis ist in der Annahme einer Zuständigkeitserschleichung mit Recht äußerst zurückhaltend; auf das Motiv für die Verwirklichung eines Anknüpfungsmoments kommt es grundsätzlich nicht an; näher *Kropholler* (vorige Note) Rz. 176 ff.

richtige Beurteilung des Sachverhalts zu gewährleisten, kann Anlaß zu endlosem Streit geben. Die Interessen, die abgewogen werden müßten, sind vielfältig; z.B. kann der Kläger sich ein „unpassend" erscheinendes Gericht ausgesucht haben, weil er gerade in dem Gerichtsstaat vollstrecken will.

Die Befürwortung der Lehre vom forum non conveniens bedeutet eine „Wertentscheidung zugunsten der Rechtsunsicherheit"[36]. Diese sollte indes nicht getroffen werden; denn die Gefahr einer in seltenen Einzelfällen nicht sachgerechten Zuständigkeit erscheint gering im Vergleich zu der eingehandelten allgemeinen Rechtsunsicherheit. Angesichts der Bedeutung der internationalen Zuständigkeit auch für das anwendbare Recht ist es für den einzelnen besonders wichtig, im vorhinein zu wissen, welche Gerichte für eine Streitentscheidung in Betracht kommen.

c) Schließlich ist mit der forum-non-conveniens-Lehre die *Gefahr eines negativen Kompetenzkonflikts* und die *Gefahr des Mißbrauchs* verbunden. Die Gefahr des negativen Kompetenzkonflikts entsteht, weil es eine bindende Verweisung an das als forum conveniens betrachtete ausländische Gericht nicht gibt, so daß dieses trotz der inländischen Entscheidung sich ebenfalls für unzuständig erklären kann. Die Gefahr des Mißbrauchs ist gegeben, weil vielen Instanzgerichten schwierige Auslandsfälle lästig sind und das Rechtsinstitut des forum non conveniens als bequemer Weg betrachtet werden könnte, solche Sachen abzuschieben.

III. Zuständigkeitsvereinbarungen

1. Der *Wille der Parteien* kann die internationale Zuständigkeit positiv und negativ beeinflussen: positiv durch einverständliche prorogatio fori oder durch Einlassung des Beklagten zur Hauptsache (vgl. Artt. 17, 18 EuGVÜ, §§ 38ff. ZPO); negativ durch derogatio, d.h. durch Vereinbarung der ausschließlichen Zuständigkeit eines ausländischen Gerichts oder einfach durch Abbedingung der inländischen Zuständigkeit (sog. isolierte Derogation). Diese Möglichkeiten bestehen aber nur für vermögensrechtliche Streitigkeiten; in nichtvermögensrechtlichen Streitigkeiten sowie bei ausschließlichen Zuständigkeiten sind sie ausgeschlossen, da hier regelmäßig auch öffentliche Interessen berührt sind (vgl. Artt. 1, 17 III EuGVÜ, § 40 II ZPO).

2. Die *Bedeutung* von Zuständigkeitsvereinbarungen im internationalen Wirtschaftsverkehr ist erheblich. Verträge grenzüberschreitenden Charakters enthalten meist eine Gerichtsstandsvereinbarung. Sie dient der *Rechtsklarheit*, indem durch Festlegung eines ausschließlichen Gerichtsstands die konkurrie-

---

[36] *Wahl* (oben N. 32) 111.

rende Zuständigkeit der Gerichte mehrerer Staaten und damit die Unsicherheit auch über das materiell anwendbare Recht beseitigt wird. Weitere Sicherheit wird dadurch erzielt, daß die Zuständigkeit von späteren Veränderungen, wie etwa einem Wohnsitzwechsel, unabhängig wird. Außerdem erlangt derjenige Geschäftspartner, der eine ihm genehme Gerichtsstandsvereinbarung durchsetzt, dadurch einen *Vorteil*, etwa indem „sein" Staat, dessen Gerichtsorganisation und Funktionsweise er kennt, dessen Sprache er spricht und dem er auch sonst auf mannigfache Weise verbunden ist, sich seiner Rechtssache annimmt oder indem ein Staat mit günstiger Rechtsordnung oder Vollstreckungsmöglichkeit zuständig wird.

3. Die *Anwendungsvoraussetzungen* des Art. 17 EuGVÜ, der die nachrangigen Vorschriften des autonomen deutschen Rechts (§§ 38, 40, ZPO) verdrängt, sind nur zu einem Teil eindeutig normiert. Der Wortlaut des Art. 17 I EuGVÜ fordert zweierlei: Erstens muß mindestens *eine* der Parteien ihren Wohnsitz in einem Vertragsstaat haben, und zweitens muß die Zuständigkeit eines Gerichts oder der Gerichte eines *Vertragsstaats* vereinbart worden sein. Auf den Wohnsitz des Beklagten wird hier – anders als in den Grundregeln der Artt. 2 ff. EuGVÜ – nicht abgestellt, weil sich die Parteirolle bei Abschluß der Zuständigkeitsvereinbarung nicht voraussehen läßt.

Seit langem umstritten und vom EuGH noch nicht geklärt ist die Frage, ob das Vorliegen dieser beiden in Art. 17 I EuGVÜ genannten Voraussetzungen für die Anwendbarkeit des EuGVÜ und den Ausschluß des nationalen Zuständigkeitsrechts ausreicht[37]. Viele sehen die Zielsetzung des Übereinkommens nur darin, den Rechtsverkehr zwischen den EG-Staaten (und nicht den mit Drittstaaten) zu erleichtern, und folgern daraus, europäisches Recht sei nur maßgebend, wenn die Gerichtsstandsabrede Berührungspunkte zu mehreren Vertragsstaaten habe. Eine dritte, ungeschriebene Anwendungsvoraussetzung sei deshalb der Ausschluß einer aufgrund des Übereinkommens gegebenen Zuständigkeit in einem anderen Vertragsstaat.

Indes ergibt es durchaus einen Sinn, über die beiden geschriebenen Anwendungsvoraussetzungen des Art. 17 I EuGVÜ nicht hinauszugehen: Wenn die EG es (mit Recht) als ihre Aufgabe ansieht, durch das EG-Schuldvertragsübereinkommen von 1980 einheitliche Kollisionsnormen für Schuldverträge mit allseitigem Anwendungsbereich einzuführen (Art. 2 EuSchVÜ), dann erscheint die Aufstellung einer einheitlichen europäischen Normierung für internationale Gerichtsstandsvereinbarungen bei Vorliegen des in Art. 17 I EuGVÜ genannten Bezuges zur EG keineswegs unvertretbar weitreichend. Demnach wäre Art. 17 I EuGVÜ anzuwenden, wenn nur eine Partei in einem Vertragsstaat wohnt (z. B. in Hamburg), die andere aber in einem Drittstaat (z. B. in New

---

[37] Siehe zum Streitstand *Kropholler* Art. 17 Rz. 1–9.

York) und die Zuständigkeit eines Gerichts des Vertragsstaats vereinbart wird. Fehlt es hingegen an einer der beiden in Art. 17 I EuGVÜ genannten Bedingungen, wohnen also etwa beide Parteien in Drittstaaten, so ist eine Zuständigkeitsvereinbarung eindeutig nicht nach dem EuGVÜ, sondern nach dem autonomen Prozeßrecht (§ 38 ZPO) zu beurteilen.

4. Das für die Beurteilung einer Gerichtsstandsvereinbarung *anzuwendende Recht* ist in weitem Umfang den am Gerichtsort geltenden Verfahrensnormen zu entnehmen. Das entspricht der grundsätzlichen Maßgeblichkeit der lex fori für Verfahrensfragen. Das Recht der Gerichtsstandsvereinbarungen ist Teil der internationalen Zuständigkeitsordnung, die jeder Staat für seine Gerichte aufstellt. Demgemäß entscheidet über Zulässigkeit und Wirkung einer Gerichtsstandsvereinbarung in Deutschland Art. 17 EuGVÜ bzw. die ZPO (§§ 38, 40). Zur Zulässigkeit zählen auch die Formerfordernisse, die also nicht etwa dem von Art. 11 EGBGB bezeichneten Recht zu entnehmen sind; denn andernfalls liefen die in Art. 17 I 2 EuGVÜ und § 38 II 2 ZPO speziell für internationale Zuständigkeitsvereinbarungen aufgestellten Anforderungen häufig leer.

Dagegen gilt für das *Zustandekommen* einer Gerichtsstandsvereinbarung, die in einem Hauptvertrag enthalten ist, wie bei einer Schiedsabrede, grundsätzlich das für das Zustandekommen des Hauptvertrages maßgebende Recht[38]. Eine Anwendung verschiedener Rechtsordnungen für den Hauptvertrag und die Gerichtsstandsvereinbarung, die typischerweise als dessen Bestandteil klauselartig vereinbart wird, erscheint als wenig sachgerecht und als gekünstelt, zumal die lex fori, bis auf Formvorschriften, im allgemeinen keine Sonderregeln für das Zustandekommen einer Gerichtsstandsvereinbarung enthält[39]. Freilich bilden die Formerfordernisse des Art. 17 I 2 EuGVÜ und des § 38 II ZPO, deren Zweck gerade darin besteht, das Vorliegen einer wirklichen Einigung zu gewährleisten, mit den materiellrechtlichen Konsenserfordernissen weitgehend eine Einheit, und insoweit muß das Zustandekommen der Gerichtsstandsvereinbarung also nach diesen speziellen Normen der deutschen lex fori beurteilt werden. Alle übrigen in Art. 17 EuGVÜ (bzw. § 38 ZPO) nicht erwähnten Voraussetzungen für das wirksame Zustandekommen einer Zuständigkeitsvereinbarung, wie z.B. Geschäftsfähigkeit, Fehlen von Willensmängeln, wirksame Stellvertretung etc., richten sich dagegen nach demjenigen nationalen Recht, das vom IPR des Forums für anwendbar erklärt wird.

---

[38] Grundlegend BGH 29.2.1968, BGHZ 49, 384 = IPRspr. 1968–69 Nr. 199, unter Aufgabe der Rechtsprechung des RG, das die lex fori anwandte. Seither ständige Rechtsprechung; vgl. etwa BGH 24.11.1988, RIW 1989, 136 = MDR 1989, 335.

[39] In diesem Sinne BGH 17.5.1972, BGHZ 59, 23 (27) = IPRspr. 1972 Nr. 140 S. 379.

§ 58 III VIII. Kapitel: Verfahren

5. Die *einzelnen Anforderungen* an die Gültigkeit einer Gerichtsstandsvereinbarung sind in Art. 17 EuGVÜ und in §§ 38 ff. ZPO weitgehend übereinstimmend normiert.

a) Für das *EuGVÜ* gilt gemäß Art. 17 I 1 der *Bestimmtheitsgrundsatz.* Danach muß sich die Zuständigkeitsvereinbarung auf eine bereits entstandene oder auf eine künftige, aus einem bestimmten Rechtsverhältnis entspringende Streitigkeit beziehen. Durch diese Regelung soll verhindert werden, daß ein wirtschaftlich überlegener Vertragspartner der schwächeren Seite mit einer einzigen umfassenden Klausel auch für Streitigkeiten aus noch nicht vorherzusehenden künftigen Vertragsverhältnissen einen Gerichtsstand aufnötigt. Außerdem muß sich das zuständige Gericht aus der Klausel als bestimmt ergeben oder wenigstens bei Klageerhebung aus den Umständen zu bestimmen sein; diesem Erfordernis genügt auch eine Vereinbarung, nach der jede von zwei in verschiedenen Staaten wohnenden Vertragsparteien nur vor den Gerichten ihres Heimatstaates verklagt werden darf[40].

Hinsichtlich der *Formgültigkeit* eröffnet Art. 17 I 2 EuGVÜ drei Möglichkeiten: die Gerichtsstandsvereinbarung muß beiderseits schriftlich oder aber mündlich mit schriftlicher Bestätigung durch eine der beiden Parteien geschlossen werden (sog. halbe Schriftlichkeit), oder sie muß im internationalen Handelsverkehr einer Form genügen, die den internationalen Handelsbräuchen entspricht, die den Parteien bekannt sind oder bekannt sein müssen. Die Formvorschrift, die im einzelnen manche Zweifelsfrage aufwirft[41], will angesichts der weitreichenden Folgen einer Zuständigkeitsvereinbarung sicherstellen, daß niemand an eine Zuständigkeitsklausel (namentlich in Allgemeinen Geschäftsbedingungen) gebunden ist, der er nicht zugestimmt hat und die auch nicht gemäß internationalem Handelsbrauch als vereinbart gelten muß.

b) Die *deutsche ZPO* läßt Gerichtsstandsvereinbarungen in Hinblick auf den Schutz der schwächeren Partei nur in beschränktem Umfang zu. Dabei ist die Freiheit für internationale Zuständigkeitsvereinbarungen in weiterem Umfang gegeben als für rein innerstaatliche Gerichtsstandsvereinbarungen (vgl. § 38 II und III Nr. 2 ZPO).

Im Anwendungsbereich der ZPO gilt – wie im EuGVÜ – der *Bestimmtheitsgrundsatz* (vgl. § 40 I ZPO). Im übrigen ist nach der ZPO zu unterscheiden: Zuständigkeitsvereinbarungen unter *Kaufleuten* sind gemäß § 38 I ZPO formlos und ohne jede weitere Einschränkung möglich. Für *Nichtkaufleute* sind dagegen internationale Zuständigkeitsvereinbarungen nur unter den Voraussetzungen des § 38 II oder III ZPO zulässig. Dabei ist die Formvorschrift des § 38 II 2 ZPO mit ihrem Erfordernis der Schriftlichkeit oder „halben Schriftlich-

---

[40] EuGH 9. 11. 1978 – 23/78, Meeth/Glacetal, Slg. 1978, 2133 = RIW 1978, 814.
[41] Dazu näher *Kropholler* Art. 17 Rz. 24 ff.

keit" dem Art. 17 I 2 EuGVÜ bewußt nachgebildet, um eine möglichst einheitliche Form für alle internationalen Zuständigkeitsvereinbarungen (auch außerhalb des Anwendungsbereichs des EuGVÜ) zu schaffen. Im Interesse dieser Parallelität ist § 38 II 2 ZPO im Einklang mit Art. 17 I 2 EuGVÜ auszulegen.

6. Die *Wirkung* einer Zuständigkeitsvereinbarung legt Art. 17 I 1 EuGVÜ ausdrücklich fest: Das prorogierte Gericht ist ausschließlich zuständig. Im autonomen deutschen Recht, wo eine entsprechende Regelung fehlt, läßt man die Auslegung anhand der näheren Umstände und der Interessenlage darüber entscheiden, ob die vereinbarte Zuständigkeit als ausschließliche gemeint ist[42]. Während nämlich im Rahmen des EuGVÜ die Vollstreckung des vor dem vereinbarten Gericht erstrittenen Urteils wenigstens in allen Vertragsstaaten in der Regel gesichert ist (Artt. 25 ff. EuGVÜ) und die Festlegung einer ausschließlichen Zuständigkeit des vereinbarten Gerichts deshalb vertretbar erscheint, kann es außerhalb dieses Übereinkommens für den Kläger öfter wesentlich sein, den Prozeß vor einem nicht vereinbarten, aber gesetzlich zuständigen Gericht führen zu dürfen, um sich ein Anerkennungs- und Vollstreckungsverfahren mit ungewissem Ausgang zu ersparen.

Eine Gerichtsstandsvereinbarung, die *nur zugunsten einer Partei* getroffen wurde, beläßt dieser Partei gemäß Art. 17 IV EuGVÜ das Recht, jedes andere nach dem Übereinkommen zuständige Gericht anzurufen. Haben die Parteien in ihrem Vertrag nicht ausdrücklich festgelegt, daß die Gerichtsstandsvereinbarung nur zugunsten einer von ihnen getroffen wird, so ist durch Auslegung zu ermitteln, ob der gemeinsame Wille der Parteien auf eine einseitige Begünstigung gerichtet war. Angesichts des Ausnahmecharakters des Art. 17 IV gegenüber der Grundregel des Art. 17 I EuGVÜ (Bindung beider Parteien an die vereinbarte Zuständigkeit als ausschließliche) ist es erforderlich, daß ein entsprechender Wille beider Parteien deutlich zum Ausdruck gekommen ist.

Nach der Rechtsprechung des EuGH[43] ist dies bei solchen Gerichtsstandsvereinbarungen der Fall, welche die Partei, zu deren Gunsten sie getroffen wurden, ausdrücklich nennen; ferner bei solchen, die zwar angeben, vor welchen Gerichten jede Partei die andere verklagen muß, die aber einer von ihnen insoweit eine größere Wahlmöglichkeit einräumen. Dagegen genügt die Benennung des Gerichts eines Vertragsstaates, in dem eine der Parteien ihren Wohnsitz hat, trotz des äußeren Anscheins einer Begünstigung dieser Partei in Anbetracht der Vielzahl von Beweggründen, die eine derartige

---

[42] Vgl. etwa BGH 5. 7. 1972, BGHZ 59, 116 = NJW 1972, 1671 Anm. *Geimer* = AWD 1972, 519, 571 Aufsatz *von Hoffmann* = IPRspr. 1972 Nr. 160: Ergibt die Auslegung, daß dem prorogierten Gericht keine ausschließliche Zuständigkeit zukommen soll, so ist damit auch der Gerichtsstand der Widerklage (§ 33 ZPO) nicht ausgeschlossen.

[43] EuGH 24. 6. 1986 – 22/85, Anterist/Crédit Lyonnais, Slg. 1986, 1951 = IPRax 1987, 105, 81 Aufsatz *Gottwald* = RIW 1986, 636.

Klausel veranlaßt haben können, für sich allein nicht, um den Schluß zuzulassen, es habe dem gemeinsamen Willen entsprochen, diese Partei zu begünstigen.

IV. Forum shopping

Von der gemeinsamen Wahl des zuständigen Gerichts durch eine Zuständigkeitsvereinbarung ist die einseitige Wahl des Klägers unter mehreren international zuständigen Gerichten zu unterscheiden.

1. Der *Ausdruck* „forum shopping" hat sich im Anschluß an einen englischen und amerikanischen Sprachgebrauch eingebürgert. Er steht für das Verhalten eines Klägers, der das Forum für einen Rechtsstreit unter mehreren zuständigen Gerichten berechnend auswählt. Dafür gibt es gerade in internationalen Fällen eine Vielzahl von Gründen. Sie liegen teils im verfahrensrechtlichen Feld oder Umfeld des Rechtsstreits, teils im materiellrechtlichen Bereich. So können etwa folgende Punkte entscheidend sein: Bequemer Zugang zum Gericht, Besetzung des Gerichts mit Berufsrichtern oder mit Laienrichtern, Schnelligkeit, Qualität und Kosten des Verfahrens, günstige Beweismöglichkeiten und Beweisregeln sowie last not least die Aussichten für die Zwangsvollstreckung. Auf der materiellrechtlichen Ebene ist bedeutsam, daß das Kollisionsrecht häufig von Staat zu Staat differiert, so daß vor den Gerichten des Staates A ein anderes Sachrecht zur Entscheidung des Falles berufen sein kann als vor den Gerichten des Staates B. Deshalb kann eine Klage im Staat A aussichtsreich sein, die im Staat B aussichtslos erscheint.

2. Im *Vergleich zu rein innerstaatlichen Fällen*, in denen der Kläger unter mehreren örtlich zuständigen Gerichten ebenfalls die Wahl hat (§ 35 ZPO), kommt dem Wahlrecht des Klägers in internationalen Fällen eine weitaus stärkere Bedeutung zu. Denn während der Kläger bei einem Auslandssachverhalt durch seine Klageerhebung in dem einen oder anderen Staat die erwähnten prozessualen und materiellrechtlichen Faktoren ausnutzen kann, hat die Anrufung des einen oder anderen örtlich zuständigen Gerichts auf die Mehrzahl dieser Faktoren keinen oder nur weit geringeren Einfluß.

Die in internationalen Fällen bestehende Begünstigung des Klägers wird zwar dadurch abgeschwächt, daß sich die Chancen einer Prozeßführung im Ausland häufig schwerer abschätzen lassen. Aber gerade der wirtschaftlich potente Kläger wird die Möglichkeiten fachkundiger Beratung in lohnenden Fällen zu nutzen wissen. Der Beklagte, der sich einem berechnenden Kläger gegenübersieht, ist also in einem Verfahren mit internationalem Einschlag in einer ungünstigeren Lage als bei einer rein innerstaatlichen Konstellation.

3. Das *Bestreben des Klägers bzw. seines Rechtsanwalts*, die ihnen zu Gebote stehenden rechtlichen Möglichkeiten voll auszunutzen, ist nicht zu tadeln. Der Anwalt des Klägers hat nicht nur das Recht, sondern sogar die Pflicht, das für seinen Mandanten günstigste Gericht auszusuchen. Das forum shopping ist also nicht illegal und nicht standesrechtlich illegitim[44].

4. Das dennoch verbleibende *Unbehagen am forum shopping* rührt vor allem daher, daß den weitreichenden Auswahlmöglichkeiten des Prätendenten keine entsprechenden Rechte des Anspruchsgegners gegenüberstehen[45]. Gesetzliche Abhilfe böte bis zu einem gewissen Grade die rechtspolitisch ohnehin erwünschte Reduzierung der konkurrierenden internationalen Zuständigkeiten auf ein vernünftiges Maß, und zwar vor allem die Beseitigung exorbitanter Gerichtsstände. Der als besonders problematisch empfundene Vorteil des Klägers, mit der Wahl des Gerichts zugleich das in der Sache anwendbare Recht bestimmen zu können, liefert ein Antriebsmoment für die Rechtsvereinheitlichung.

V. Die internationale Zuständigkeit im Verfahren

Die Behandlung der internationalen Zuständigkeit im Verfahren ist in den deutschen Verfahrensgesetzen nicht gesondert geregelt. Die Vorschriften der ZPO beziehen sich allgemein auf „die Zuständigkeit" oder auf die örtliche bzw. die sachliche Zuständigkeit. Dadurch entsteht mitunter eine Unsicherheit, ob die internationale Zuständigkeit wie die innerstaatliche zu behandeln ist, insbesondere wie die örtliche Zuständigkeit, oder ob für sie besondere Regeln gelten.

Die ZPO hat die internationale Zuständigkeit nur in ihren *Voraussetzungen* in §§ 12 ff. ZPO mit der örtlichen Zuständigkeit verknüpft. Trotz dieser Verknüpfung bleiben internationale Zuständigkeit und örtliche Zuständigkeit etwas Verschiedenes: „Die örtliche Zuständigkeit verteilt die Streitsachen unter die deutschen erstinstanzlichen Gerichte, die internationale Zuständigkeit dagegen regelt, ob eine Streitsache mit Auslandsbeziehungen von deutschen oder von ausländischen Gerichten entschieden werden soll."[46] Wegen dieser funktionellen Verschiedenheit und wegen ihrer weiterreichenden Bedeutung (vgl. oben I 5) bildet die internationale Zuständigkeit eine *selbständige* Prozeßvoraussetzung[47]. Die Vorschriften der ZPO über die Behandlung der örtlichen

---

[44] Dazu *Siehr*, „Forum shopping" im internationalen Rechtsverkehr: ZfRV 25 (1984) 124.
[45] Näher *Kropholler*, Das Unbehagen am forum shopping: FS Firsching (1985) 165.
[46] So der Große Zivilsenat des BGH 14. 6. 1965 (oben N. 8).
[47] Der Große Zivilsenat des BGH (vorige Note) hat diese Frage ausdrücklich offen gelassen. Wie hier nahezu einmütig das Schrifttum.

Zuständigkeit im Prozeß sind also nicht ohne weiteres auf die internationale Zuständigkeit anzuwenden, sondern es ist jeweils wertend abzuwägen, ob ihre Anwendung auf die internationale Zuständigkeit gerechtfertigt erscheint.

1. Die internationale Zuständigkeit ist unbestritten in jeder Lage des Verfahrens *von Amts wegen* zu prüfen (in diesem Sinne auch Artt. 19, 20 EuGVÜ). Der Grund für die Amtsprüfung liegt darin, daß andernfalls die inländischen Gerichte mangels einer Rüge des Beklagten auch in Fällen tätig werden müßten, in denen keine hinreichende Beziehung zum Inland besteht.

Die Bedeutung der Regel wird dadurch abgeschwächt, daß in vermögensrechtlichen Streitigkeiten eine rügelose Einlassung des Beklagten zur Hauptsache die internationale Zuständigkeit begründen kann (vgl. Art. 18 EuGVÜ, §§ 39, 40 II 2 ZPO). Insoweit hat das Parteiverhalten Vorrang. Der Beklagte hat die Rüge der internationalen Unzuständigkeit ebenso wie andere Rügen, die die Zulässigkeit der Klage betreffen, vor seiner Verhandlung zur Hauptsache vorzubringen (§ 282 III ZPO).

Die Prüfung von Amts wegen besagt bei der internationalen Zuständigkeit, daß der Richter in der Tatsachenfeststellung an Wahrunterstellungen wegen Nichtbestreitens (§ 138 III ZPO), Geständnis (§ 288 ZPO) oder Säumnis (§ 331 I ZPO) nicht gebunden ist. Die vom Kläger vorgetragenen Tatsachen, aus denen sich die Zuständigkeit ergeben soll, dürfen also nicht als zugestanden angesehen werden. Vielmehr muß das Gericht von ihrer Wahrheit überzeugt sein (§ 286 ZPO) und ggf. von Amts wegen den Beweis der internationalen Zuständigkeit verlangen.

Im einzelnen können im Rahmen der Zuständigkeitsprüfung zu beweisende Umstände etwa sein: Staatsangehörigkeit, Wohnsitz, gewöhnlicher Aufenthalt, Sitz der juristischen Person, Vermögen, Erfüllungsort oder eine Gerichtsstandsvereinbarung. Dagegen wird man, um die Zuständigkeitsprüfung nicht mit einer weitgehenden Sachprüfung zu belasten und das Verfahren praktikabel ablaufen zu lassen, im EuGVÜ und im autonomen deutschen Recht im allgemeinen die Schlüssigkeit des Klägervortrags genügen lassen und keine Beweiserhebung fordern bei solchen Tatsachen, die gleichzeitig notwendige Tatbestandsmerkmale des erhobenen Anspruchs darstellen, also für sog. *doppelrelevante Tatsachen*, wie z. B. die Begehung einer unerlaubten Handlung.

2. Eine feste *Reihenfolge* für die Prüfung der Prozeßvoraussetzungen – insbesondere von örtlicher und internationaler Zuständigkeit – besteht nicht. Die Gegenmeinung, daß nur ein örtlich zuständiges Gericht die internationale Zuständigkeit prüfen könne, überzeugt nicht; denn es gibt keine Prozeßvoraussetzung für die Entscheidung über Prozeßvoraussetzungen, sondern alle Prozeßvoraussetzungen sind Voraussetzungen der Sachentscheidung. Die Prüfungsreihenfolge ist auch keine Frage der „Logik", sondern eine der Prozeßökonomie. Das Gericht wird daher, wenn mehrere Prozeßvoraussetzungen

zweifelhaft sind, zuerst diejenige prüfen, deren Vorliegen mit dem geringsten Aufwand geklärt werden kann[48].

3. Eine *Nachprüfung* der internationalen Zuständigkeit *in der Rechtsmittelinstanz* ist möglich. Zwar können nach §§ 512a, 549 II ZPO in Rechtsstreitigkeiten über vermögensrechtliche Ansprüche Berufung und Revision nicht darauf gestützt werden, daß das Gericht des ersten Rechtszuges seine „örtliche Zuständigkeit" zu Unrecht angenommen hat. Das Reichsgericht wandte diese Vorschriften in ständiger Rechtsprechung auch dann an, wenn die internationale Zuständigkeit in Frage stand, und der Bundesgerichtshof hatte sich dieser Rechtsprechung zunächst angeschlossen. In der Literatur war diese Rechtsprechung seit einem Aufsatz von *Pagenstecher* aus dem Jahre 1937[49] zunehmend auf Ablehnung gestoßen. Schließlich hat der Große Senat für Zivilsachen in seiner mehrfach erwähnten Entscheidung aus dem Jahre 1965 aber die frühere gerichtliche Praxis revidiert und entschieden, daß in Rechtsstreitigkeiten über vermögensrechtliche Ansprüche Berufung und Revision auch darauf gestützt werden können, daß das Gericht zu Unrecht seine internationale Zuständigkeit angenommen hat; denn trotz der in §§ 12ff. ZPO anzutreffenden Verknüpfung in den Voraussetzungen „bleiben örtliche Zuständigkeit und internationale Zuständigkeit etwas Verschiedenes"[50]. Diese Entscheidung hat einmütige Gefolgschaft gefunden, und die internationale Zuständigkeit wird heute in der höheren Instanz – wie in der ersten Instanz – von Amts wegen geprüft.

Freilich besteht bei dieser Rechtsprechung die Gefahr, daß nach einer Ablehnung der internationalen Zuständigkeit, die erst in der Rechtsmittelinstanz erfolgt, die Frist für eine dadurch notwendig werdende Klageerhebung im Ausland verstrichen ist. In diesem Fall wird man unter Umständen eine inländische Notzuständigkeit (vgl. oben II 1d) annehmen müssen.

4. Hinsichtlich des *maßgebenden Zeitpunkts* für das Vorliegen der Merkmale, welche die internationale Zuständigkeit begründen, ist zu unterscheiden:

a) *Treten die Zuständigkeitsvoraussetzungen während des Prozesses ein*, verlegt also beispielsweise der Beklagte vor Schluß der mündlichen Verhandlung in der letzten Tatsacheninstanz seinen Wohnsitz nach Deutschland, so wird die vorher nicht gegebene internationale Zuständigkeit der deutschen Gerichte (vgl. Art. 2 I EuGVÜ, § 13 ZPO) damit begründet. Denn sonst müßte eine Klage abgewiesen werden, die sofort wieder erhoben werden kann.

---

[48] So eine im Vordringen befindliche Auffassung; vgl. bereits *Kralik*, Die internationale Zuständigkeit: ZZP 74 (1961) 2 (36); weitere Nachweise bei *Kropholler*, in: Hdb.IZVR I Kap. III Rz. 235ff.

[49] *Pagenstecher*, Gerichtsbarkeit und internationale Zuständigkeit als selbständige Prozeßvoraussetzungen: RabelsZ 11 (1937) 337.

[50] BGH 14. 6. 1965 (oben N. 8).

b) *Entfallen die Zuständigkeitsvoraussetzungen während des Prozesses*, z.B. weil der Beklagte seinen Wohnsitz während des Prozesses im Ausland nimmt, so ist für die internationale Zuständigkeit *als Regel* von einer *Zuständigkeitsfortdauer (perpetuatio fori)* auszugehen. Denn die Gesichtspunkte, die der gesetzlichen Anordnung der Zuständigkeitsfortdauer in § 261 III Nr. 2 ZPO zugrunde liegen, treffen grundsätzlich auch für die internationale Zuständigkeit zu: Es entspricht dem Grundsatz der Prozeßökonomie, ein einmal begonnenes Verfahren vor demselben Gericht weiterzuführen, weil andernfalls die bisherige Tätigkeit des Gerichts vergebens wäre und eine Verzögerung einträte; auch soll der Kläger nicht gezwungen werden, „hinter dem Beklagten herzulaufen"[51]. Während man also im Zivilprozeß nach überwiegender Ansicht als Grundregel von einer Zuständigkeitsfortdauer ausgehen kann, herrscht in der Freiwilligen Gerichtsbarkeit die Ansicht vor, daß eine Interessenabwägung im Einzelfall zu entscheiden habe, bei der es u.a. auf die Art der in Aussicht genommenen Maßnahme, den Stand des Verfahrens, die Chancen einer Anerkennung im Ausland und auf die Ursachen des Wegfalls der Zuständigkeitsvoraussetzungen ankommen kann[52].

5. Bei *fehlender internationaler Zuständigkeit* ist das Verfahren unzulässig; die Klage ist durch sog. Prozeßurteil abzuweisen. Die *Verweisung* an ein ausländisches Gericht ist nach allgemeiner Meinung unzulässig. Die Vorschrift des § 281 ZPO bleibt also auf „die örtliche oder sachliche Zuständigkeit" beschränkt.

Entscheidet ein deutsches Gericht trotz fehlender internationaler Zuständigkeit in der Sache, so ist das erlassene Sachurteil nicht etwa nichtig, sondern nur anfechtbar. Der Mangel wird jedoch durch den Eintritt der Rechtskraft geheilt. Alle deutschen Gerichte und Verwaltungsbehörden sind folglich an das Urteil gebunden, wie wenn es zulässigerweise ergangen wäre.

§ 59 Fremdes Recht im Verfahren

I. Anwendung, Ermittlung und Revisibilität fremden Rechts

Ausländisches Recht ist nach dem zum Wesen und Ziel der Anwendung fremden Rechts bereits Gesagten (oben § 31 I) keine Tatsache, sondern Recht, aber doch kein inländisches Recht und daher im Verfahren nicht unbedingt wie dieses zu behandeln. Immerhin spricht schon der Gesichtspunkt der internatio-

---

[51] *Grunsky*, ZZP 91 (1978) 85.
[52] Vgl. zum Meinungsstand etwa *Kropholler*, in: Hdb.IZVR I Kap. III Rz. 228 ff.

nalen Entscheidungsgleichheit (oben § 6) für die möglichst weitgehende Gleichstellung des ausländischen Rechts mit der lex fori. Das schließt nicht aus, daß angesichts der notorischen Unkenntnis fast aller Parteien (einschließlich der meisten Anwälte) von IPR und Auslandsrecht der Richter auf die betreffenden Probleme hinweist[1]. Unterläßt er dies, so kann der Anspruch der Parteien auf rechtliches Gehör (§ 139 ZPO, Art. 103 I GG) verletzt sein[2]. Im einzelnen seien folgende Besonderheiten hervorgehoben.

1. In vielen Ländern besteht eine *Antragslast* der an der Anwendung fremden Rechts interessierten Partei, d.h. solches Recht wird nur auf Verlangen angewandt[3]. Das ist verständlich in Sachen, die der Parteidisposition unterstehen, aber bedenklich in Fragen zwingenden Rechts; außerdem ist diese Praxis unbillig, wenn die betreffende Partei sich über das in Frage kommende Recht nur schwer orientieren kann[4]. Grundsätzlich muß deshalb ein deutsches Gericht seine Kollisionsnormen selbst kennen und die Maßgeblichkeit ausländischen Rechts von Amts wegen feststellen[5].

2. Der *Nachweis* ausländischen Rechts, also die Feststellung seines Inhalts, wird in ausländischen Rechten vielfach dem Beweis von Tatsachen gleichgestellt und demgemäß ganz den Parteien aufgebürdet. Sicherlich kann der Grundsatz „iura novit curia" nicht ohne weiteres auf fremdes Recht erstreckt werden. Anderseits fällt die Ermittlung des fremden Rechts oft dem Gericht leichter als rechtsunkundigen und armen Parteien, besonders in Verfahren ohne Anwaltszwang. Jedenfalls kann das Gericht eine allgemein bekannte Rechtslage (etwa die Erlaubtheit des Roulettespiels in Monaco) vernünftigerweise nicht mangels formellen Beweisantritts ignorieren[6]. Die richtige Mittellösung enthält wohl der in seinem undeutlichen Wortlaut verbesserungsfähige § 293 ZPO[7], wie er seit langem ausgelegt wird: Grundsätzlich ist es Recht und

---

[1] Vgl. *Luther*, Kollisions- und Fremdrechtsanwendung in der Gerichtspraxis: RabelsZ 37 (1973) 660 (673f.), über die Auslandskammer des LG Hamburg.

[2] So wenn das Berufungsgericht ausländisches Recht anwendet, während sowohl der erstinstanzliche Richter als auch die Parteien stets von der Anwendung inländischen Rechts ausgegangen sind; BGH 19.12.1975, NJW 1976, 474 = IPRspr. 1975 Nr. 3.

[3] In Frankreich wurde dieser Grundsatz zunächst dahin abgeschwächt, daß es dem Gericht „gestattet" ist, fremdes Recht von sich aus anzuwenden: Cass. 2.3.1960, Rev. crit. 49 (1960) 97. Später wurde sogar eine entsprechende Pflicht angenommen: Cass. 11. und 18.10.1988, Rev. crit. 78 (1989) 368, 277 Aufsatz *Lequette*.

[4] Nach *Schlesinger*, Cornell L. Rev. 59 (1973/74) 2f., unterbleibt die Berufung auf ausländisches Recht bald aus Unfähigkeit des Anwalts, bald aus Berechnung, bald aus Kostengründen.

[5] Zum Gedanken eines bewußt nur fakultativ anwendbaren Kollisionsrechts siehe oben § 7 II 2.

[6] Vgl. *Bray*, J., in *Saxby* v. *Fulton*, [1909] 2. K.B. 208 (211), und dazu *Furmston*, Mod. L. Rev. 22 (1959) 317f.

[7] Vgl. den Vorschlag einer deutlicheren Formulierung in RabelsZ 44 (1980) 340.

Pflicht des Instanzrichters, den Inhalt des anwendbaren ausländischen Rechts von Amts wegen zu erforschen, und zwar ohne Beschränkung auf die für Tatsachen geltenden formellen Beweisregeln; jedoch kann er die Unterstützung der Parteien in der Weise in Anspruch nehmen, daß er sie zu Nachweisen auffordert – auch in Verfahren mit Untersuchungsmaxime. Beispielsweise kann er den Parteien aufgeben, eine Übersetzung des Gesetzestextes oder ein auslandsrechtliches Gutachten beizubringen[8]. Freilich besteht keine „Beweislast" der zur Unterstützung aufgeforderten Partei[9]. Die Folgen der *Nichtfeststellbarkeit* ausländischen Rechts wurden – ebenso wie die Ermittlung ausländischen Rechts im *Eilverfahren* – bereits erörtert (oben § 31 III).

Im einzelnen liegt es im pflichtgemäßen Ermessen des Richters, in welcher Weise er seiner Verpflichtung nachkommen will, das ausländische Recht zu ermitteln[10]. Er hat die Möglichkeit des *Freibeweises*, bei dem er Erkenntnisquellen aller Art benutzen kann und die Regeln des förmlichen Beweisverfahrens (§§ 355 ff. ZPO) nicht einhalten muß. In der Praxis wird aber häufig durch Beweisbeschluß[11] ein *förmliches Beweisverfahren* eingeleitet. Hat das Gericht dieses Beweisverfahren gewählt, so muß es – obgleich das fremde Recht keine Tatsache ist – die Regeln der §§ 355 ff. ZPO einhalten und kann kein freies Ermessen walten lassen[12]. Zu den Hilfen, die dem deutschen Richter bei der Ermittlung ausländischen Rechts zur Verfügung stehen, namentlich zur Möglichkeit der Einholung von Rechtsgutachten, näher unten III 2.

3. Die *Revisibilität* der Anwendung ausländischen Rechts ist in vielen Ländern grundsätzlich ausgeschlossen[13]; so implizit auch im deutschen § 549 I ZPO[14]. Man kann dieses Verbot nach dem (oben § 31 I 1) Gesagten nicht einfach mit der Bezeichnung ausländischen Rechts als bloße Tatsache rechtfertigen. Aber ebensowenig darf man argumentieren, jede falsche Anwendung ausländischen Rechts bedeute eine Verletzung des inländischen Kollisions-

---

[8] Vgl. etwa BGH 23. 6. 1964, NJW 1964, 2012 = IPRspr. 1964–65 Nr. 51; OLG Frankfurt 13. 12. 1982, MDR 1983, 410.
[9] Siehe etwa BGH 24. 11. 1960, NJW 1961, 410 = IPRspr. 1960–61 Nr. 5.
[10] Vgl. etwa BGH 30. 3. 1976, NJW 1976, 1581 = IPRspr. 1976 Nr. 2 S. 8.
[11] Siehe zu dessen Abfassung *Bendref*, Gerichtliche Beweisbeschlüsse zum ausländischen und internationalen Privatrecht: MDR 1983, 892.
[12] BGH 10. 7. 1975, NJW 1975, 2142 = IPRspr. 1975 Nr. 1: Ladung eines Gutachters zur mündlichen Verhandlung.
[13] Anders seit langem das italienische und österreichische Recht; ferner Art. 559 Nr. 1 der griechischen ZPO aus dem Jahre 1967. Der durch das Schweizer IPR-Gesetz von 1987 eingefügte Art. 43 a II OG gestattet es jedenfalls in nichtvermögensrechtlichen Zivilstreitigkeiten, die fehlerhafte Anwendung ausländischen Rechts zu rügen. Rechtsvergleichender Überblick bei *Schnyder*, Die Anwendung des zuständigen fremden Sachrechts im IPR (Zürich 1981) 245 ff.; *Kerameus*, Revisibilität ausländischen Rechts: ZZP 99 (1986) 166.
[14] Parallel dazu wird auch die Vorlegungspflicht in Fällen der beabsichtigten Abweichung von einer anderen obergerichtlichen Entscheidung (vgl. § 28 II FGG) dann verneint, wenn die Abweichung ausschließlich die Anwendung ausländischen Rechts betrifft; BGH 28. 3. 1979, NJW 1980, 532 = IPRspr. 1979 Nr. 1.

rechts, das ja nicht nur die Anwendung des richtigen Rechts, sondern auch dessen richtige Anwendung vorschreibe. Dann müßte nämlich auch jede Feststellung tatsächlicher Art revisibel sein, weil ein Irrtum des Richters die Pflicht zur richtigen Feststellung der Tatsachen verletzt.

Mit einer gewissen Berechtigung wird die Revisibilität ausländischen Rechts vielfach deshalb abgelehnt, weil das Revisionsgericht nicht für die richtige Entscheidung jedes Einzelfalles, sondern nur für die Sicherung der inländischen Rechtseinheit da sei. Anderseits darf man darauf hinweisen, daß den Untergerichten gerade bei der Anwendung ausländischen Rechts die Anleitung, Überwachung und Koordinierung durch ein zentrales Obergericht mit seinen besseren Informationsmöglichkeiten sehr zugute kommen würde und daß Urteile über ausländisches Recht gern in späteren Fällen als Präjudizien benutzt werden, weil man die selbständige Ermittlung des fremden Rechts sparen möchte[15].

Der bloße Prestigegesichtspunkt, daß die unvermeidlichen Irrtümer bei der Anwendung ausländischen Rechts dem Ansehen des obersten Gerichts schaden könnten, ist der Justiz unwürdig und auch unzutreffend, da kein ernsthaft Urteilender die besonderen Schwierigkeiten der Anwendung fremden Rechts verkennen wird. Überdies wird in Deutschland seit langem die Anwendung ausländischen Kollisionsrechts in der Revisionsinstanz nachgeprüft, wenn von dem fremden Kollisionsrecht die Anwendbarkeit materiellen inländischen Rechts abhängt[16], und auch andere Ausnahmen vom Grundsatz der Irrevisibilität ausländischen Rechts werden von der Rechtsprechung anerkannt (z.B. bei der Gegenseitigkeitsprüfung gemäß § 328 I Nr. 5 ZPO oder bei ausländischen Gesetzen, die erst nach Verkündung des Berufungsurteils ergangen sind)[17]. Man kann nicht sagen, daß das Ansehen des Reichsgerichts oder des Bundesgerichtshofs durch diese Entscheidungen über ausländisches Recht Schaden gelitten habe.

Übrigens ist im deutschen arbeitsgerichtlichen Verfahren ausländisches Recht unbeschränkt revisibel[18], und im Verfahren der weiteren Beschwerde nach dem FGG wird es ebenfalls nachgeprüft[19], „was der herrschenden Lehre zu § 549 ZPO viel von ihrer Glaubwürdigkeit nimmt"[20]. Das praktische Argument einer drohenden oder bereits ohnehin bestehenden Überlastung des

---

[15] Der englische Civil Evidence Act 1972 (ch. 30) läßt in sec. 4 (2) ausdrücklich die Feststellungen englischer Urteile über ausländisches Recht als (widerleglichen) Beweis des ausländischen Rechts gelten. Daß diese Tendenz zu begrüßen und durch möglichst weitgehende Publizität einschlägiger Urteile zu fördern sei, muß allerdings bezweifelt werden.

[16] Siehe etwa BGH 28. 3. 1979 (vorletzte Note) m. w. Nachw.

[17] Siehe zu der in rechtssystematischer Sicht wenig befriedigenden Kasuistik im einzelnen etwa *Geimer* Rz. 2152 ff.; *Schütze* 125 f.

[18] So unter Berufung auf den von § 549 ZPO abweichenden Wortlaut des § 73 I ArbGG BAG 10. 4. 1975, MDR 1975, 874 = IPRspr. 1975 Nr. 30 b S. 59.

[19] Siehe für den Fall einer zulässigen Vorlage BGH 28. 3. 1979 (oben N. 14); für die Rechtsbeschwerde zum Oberlandesgericht siehe etwa OLG Stuttgart 18. 12. 1981, OLGZ 1982, 257 = IPRspr. 1981 Nr. 12.

[20] *Gamillscheg*, RabelsZ 24 (1959) 354.

Revisionsgerichts schließlich wäre nur dann überzeugend, wenn die befürchtete Mehrbelastung dieses Gerichts stärker ins Gewicht fiele.

Das *Verfahren der Ermittlung* des ausländischen Rechts kann – im Unterschied zu seiner fehlerhaften Anwendung – mit der Revision gerügt werden[21]. So kann geltend gemacht werden, das Gericht habe das ihm im Rahmen des § 293 ZPO eingeräumte pflichtgemäße Ermessen nicht ausgeübt und seine Ermittlungspflicht verletzt, etwa indem es nicht alle ihm zugänglichen Erkenntnisquellen benutzt oder es versäumt habe, neben dem Gesetz auch die ausländische Rechtsprechung zu berücksichtigen. Freilich achtet der BGH darauf, daß nicht über den Umweg der Verfahrensrüge nach § 293 ZPO die Nachprüfung des irrevisiblen ausländischen Rechts erreicht wird: Die Rügen, das Berufungsgericht habe das (richtig ermittelte) fremde Recht falsch ausgelegt oder nicht erschöpfend erörtert, bleiben unberücksichtigt[22].

4. Das Gericht darf die Frage *dahingestellt sein lassen*, welches Recht anzuwenden ist, sofern die in Betracht kommenden Rechtsordnungen zu dem gleichen materiellen Ergebnis führen. Das gilt jedenfalls für die Revisionsinstanz[23] sowie für andere unanfechtbare Entscheidungen[24]; ferner für die erste Instanz, deren Entscheidung in vollem Umfang nachprüfbar ist. Dagegen wurde es dem Berufungsgericht vom Reichsgericht und Bundesgerichtshof wegen der fehlenden Revisibilität ausländischen Rechts untersagt, die Entscheidung zwischen deutschem und ausländischem Recht offenzulassen[25]. Aber diese Begründung zielt eindeutig nur auf eigene Arbeitsersparnis (nämlich Vermeidung von Revisionsverfahren wegen falscher Auslegung deutschen Rechts, wenn in Wirklichkeit ausländisches Recht maßgebend ist) und ist keineswegs zwingend[26]; für die Rechtspflege im ganzen wäre das Offenlassen der Rechtsanwendungsfrage auch in diesen Fällen ökonomischer.

Nur im deutschen Erbscheinsverfahren ist die Feststellung der Maßgeblichkeit deutschen oder ausländischen Rechts für das im Ausland befindliche Nachlaßvermögen nicht zu vermeiden, weil nach herrschender Auslegung der §§ 2353, 2369 BGB die Erstrek-

---

[21] Siehe etwa BGH 23. 10. 1980, IPRspr. 1980 Nr. 3 S. 6 f.; 10. 3. 1984, NJW 1984, 2763 = IPRspr. 1984 Nr. 196. Ferner *Fastrich*, Revisibilität der Ermittlung ausländischen Rechts: ZZP 97 (1984) 423.

[22] BGH 29. 6. 1987, NJW 1988, 647 = IPRax 1988, 228, 210 Aufsatz *Gottwald* = IPRspr. 1987 Nr. 2.

[23] Siehe etwa BGH 5. 11. 1980, BGHZ 78, 318 (321) = IPRspr. 1980 Nr. 41 S. 127.

[24] OLG Düsseldorf 27. 7. 1976, IPRspr. 1976 Nr. 180 S. 509.

[25] BGH 11. 5. 1956, NJW 1956, 1155 = ZZP 69 (1956) 296 = IPRspr. 1956–57 Nr. 1 (m. Nachw. der Rechtsprechung des RG) und öfter. Zu dem besonderen Fall, daß das Berufungsurteil nicht erkennen läßt, ob deutsches oder ausländisches Recht angewandt wurde, so daß nicht ausgeschlossen werden kann, daß das Berufungsgericht bei sorgfältiger Anwendung des ausländischen Rechts zu einem anderen Ergebnis gekommen wäre, siehe BGH 3. 5. 1988, NJW 1988, 3097 = IPRax 1989, 231, 213 Aufsatz *Roth*: Absoluter Revisionsgrund des § 551 Nr. 7 ZPO.

[26] Vgl. die detaillierte Kritik bei *Soergel-Kegel* Vor Art. 7 Rz. 116 ff.

kung des Erbscheins auf den gesamten oder nur auf den inländischen Nachlaß davon abhängt (vgl. oben § 51 V 2).

II. Konzentrierung internationalrechtlicher Verfahren

Die Schwierigkeiten bei der Anwendung und Ermittlung ausländischen Rechts könnten durch eine Konzentrierung internationalrechtlicher Verfahren bei einzelnen Stellen erheblich gemildert werden[27]. An solchen Stellen kann sich eine gewisse Erfahrung sammeln, während heute die internationalrechtlichen Sachen über alle Gerichte und meistens deren Abteilungen verstreut sind und daher vom Richter, wenn er nicht unmäßig viel Zeit auf sie verwenden will, kaum sachgemäß behandelt werden können[28]. Auch eine bessere Ausstattung mit auslandsrechtlicher Literatur und die Zusammenarbeit mit den Anwälten sowie mit Übersetzern und Dolmetschern wird durch die Konzentrierung erleichtert.

Anderseits darf eine Konzentrierung aber nicht zu Lasten der Sachkunde des Gerichts in speziellen Bereichen des materiellen Rechts gehen. Wenn innerhalb eines Gerichts bereits eine Spezialisierung nach Sachgebieten besteht (wie etwa beim BGH), erscheint diese Spezialisierung meist wichtiger als eine Zusammenfassung der internationalen Sachen[29].

Im einzelnen kann man drei Formen der Konzentrierung internationalrechtlicher Verfahren unterscheiden: die Zuweisung an Spezialgerichte, die Zusammenfassung bei wenigen Gerichten durch Änderung der örtlichen Zuständigkeit[30] und bloße Maßnahmen der Geschäftsverteilung innerhalb eines Ge-

---

[27] Vgl. die beiden Denkschriften des Deutschen Rates für IPR „Zur Verbesserung der Zivilrechtsprechung in internationalen Sachen": RabelsZ 35 (1971) 323 und 46 (1982) 743. Beide Vorstöße blieben erfolglos; vgl. die Antwort des Bundesjustizministeriums in RabelsZ 38 (1974) 759.

[28] Aus der deutschen Praxis wird berichtet, daß etliche Richter „in Erkenntnis ihrer Unvollkommenheit" ohne nähere Begründung contra legem einfach deutsches Recht auf Auslandsfälle anwenden, wenn keine der Parteien die Anwendung ausländischen Rechts angesprochen hat; siehe *Otto*, Die gerichtliche Praxis und ihre Erfahrungen mit dem Europäischen Übereinkommen vom 7. 6. 1968 betr. Auskünfte über ausländisches Recht: FS Firsching (1985) 209 (211).

[29] Beim BGH sollte darauf geachtet werden, daß jedem Senat wenigstens ein Kenner des internationalen Rechts angehört; so bereits *Müller-Gindullis*, Das IPR in der Rechtsprechung des Bundesgerichtshofs (1971) 56.

[30] Zu denken wäre in Deutschland etwa an eine Zusammenfassung jeweils bei dem AG und dem LG, in deren Bezirk das OLG seinen Sitz hat. Derartige gesetzliche Regelungen gibt es bereits für eine Reihe von Spezialmaterien, und zwar in der Form bundesrechtlicher Ermächtigungen an die Länder; vgl. etwa für Kartellsachen §§ 89, 93 GWB, für Urheberrechtsstreitigkeiten § 105 UrheberG, für Familien- und Vormundschaftssachen § 23 c GVG. Einer solchen Ermächtigung bedürfte es auch für internationale Sachen.

richts³¹. Ansätze zur Konzentrierung durch Änderung der örtlichen Zuständigkeit sind vorhanden³²; ferner finden sich an einzelnen Gerichten in größeren Städten bisweilen entsprechende Maßnahmen der Geschäftsverteilung³³. Ein weiterer Ausbau dieser Ansätze wäre zu begrüßen.

III. Hilfen bei der Ermittlung fremden Rechts

Mangels einer Konzentrierung internationalrechtlicher Verfahren ist der Richter bei der Ermittlung fremden Rechts häufig auf fremde Hilfe angewiesen. Die Unterstützung kann unterschiedlicher Art sein³⁴.

1. Im *Ausland* finden sich verschiedene Modelle, die in Deutschland keine oder nur eine untergeordnete Bedeutung haben.

a) Die englisch-amerikanische Methode, *von den Parteien benannte Sachverständige des fremden Rechts* vorzuladen und sie einem Kreuzverhör im Prozeß zu unterwerfen, ist in ihrem Wert umstritten. Sie ist kostspielig und zudem wenig verläßlich, weil der von einer Partei beauftragte Experte immer in der Gefahr schwebt, parteilich statt objektiv auszusagen³⁵.

b) Die Zuziehung eines besonderen Kenners des internationalen und ausländischen Rechts als „*juge ad hoc*" oder „stellvertretender Richter"³⁶ dürfte in vielen Ländern nach der Gerichtsverfassung unzulässig sein.

---

³¹ Näher zu den Formen der Konzentration und ihren spezifischen Vor- und Nachteilen *Neuhaus* 326 ff.; ferner die oben N. 27 genannten Denkschriften.

³² Siehe die bundesgesetzliche Regelung in §§ 31 II, 50 I 1 PStG: „Kommt für die Legitimation die Anwendung ausländischen Rechts in Betracht, so... sind [für die Entscheidung, ob die Legitimation im Standesregister einzutragen ist] ausschließlich die Amtsgerichte zuständig, die ihren Sitz am Ort eines Landgerichts haben." – Über die Bewährung dieser Regelung siehe *Ferid*, Überlegungen, wie der Misere bei der Behandlung von Auslandsrechtsfällen in der deutschen Rechtspraxis abgeholfen werden kann: FS O. Möhring (1973) 1 (14) – Auszug bei *Ansay/Gessner*, Gastarbeiter in Gesellschaft und Recht (1974) 144 ff. (153).

³³ Siehe zu seinen positiven Erfahrungen in einer Hamburger Zivilkammer mit allgemeiner Auslandszuständigkeit *Luther* (oben N. 1) 671 ff.; ergänzend *Siehr*, Am. J. Comp. L. 25 (1977) 673 ff.

³⁴ Ausführlich dazu *Kegel*, Zur Organisation der Ermittlung ausländischen Privatrechts: FS Nipperdey I (1965) 453.

³⁵ Siehe im Rahmen eines Symposiums über „Pleading and Proof of Foreign Law" *Merryman*, Foreign Law as a Problem: Stan. J. Int. L. 19 (1983) 151 (156 ff., 162 ff.). Er empfiehlt, daß die Gerichte in den USA – in Anlehnung an das deutsche Vorbild – den Sachverständigen öfter selbst benennen.

³⁶ Zu dieser Institution in den Niederlanden siehe *Jessurun d'Oliveira*, RabelsZ 39 (1975) 230 f.

c) Bei der Einholung von *Auskünften der vorgesetzten Justizbehörde* – wie beispielsweise in Österreich vom Bundesministerium für Justiz oder in Baden-Württemberg vom dortigen Justizministerium[37] – bestehen mindestens psychologische Hemmnisse auf beiden Seiten: Der Richter fürchtet leicht, sich durch seine Fragestellung eine Blöße zu geben, und die Behörde will den Verdacht einer Beeinflussung der Justiz vermeiden und beschränkt sich schon deshalb in der Regel auf die nötigsten Hinweise[38]. Wenn außer dem Gesetzeswortlaut auch die einschlägige Rechtsprechung und Lehre mitgeteilt werden soll, kann das Verfahren dadurch zeitraubend werden, daß die Unterlagen erst aus dem Ausland beschafft werden müssen.

2. In *Deutschland* werden in der Reihenfolge ihrer praktischen Bedeutung meist folgende Erkenntnisquellen benutzt:

a) Die vom Gericht erbetene *Erstattung wissenschaftlicher Gutachten durch inländische Institute* ist am gebräuchlichsten. Hat der Richter im förmlichen Beweisverfahren (siehe oben I 2) die Einholung eines Gutachtens beschlossen, so ist der Sachverständige auf rechtzeitig gestellten Antrag einer Partei zur mündlichen Verhandlung zu laden und über die Fragen des ausländischen Rechts zu hören (vgl. §§ 411 III, 402, 397 ZPO)[39]. In der Regel genügt jedoch die schriftliche Rechtsauskunft als Informationsquelle und hat es mit ihr sein Bewenden.

Die Einholung eines inländischen Gutachtens dürfte das relativ beste Mittel sein, den Richter bei der Ermittlung ausländischen Rechts zu unterstützen[40]. Er darf dieses Mittel aber nicht benutzen, wenn er das ausländische Recht einfacher, schneller und billiger selbst ermitteln kann[41]. Ohnedies ist die Gutachteneinholung keineswegs bedenkenfrei.

Allgemein wird heute die übermäßige *Abhängigkeit der Gerichte von Gut-*

---

[37] Vgl. § 4 I Erste Verwaltungsvorschrift zur Ausführung des Landesgesetzes über die freiwillige Gerichtsbarkeit (Die Justiz 1975, 201). – Auf Bundesebene wurde in Deutschland dem Bundesverwaltungsamt die Aufgabe der „Auskunftserteilung über ausländisches Recht (insbesondere auf dem Gebiet des Familien-, Erb-, Staatsangehörigkeits-, Personenstands-, Aufenthalts- und Fremdenrechts)" übertragen gemäß einer Anordnung des Bundesministers des Auswärtigen vom 21. 2. 1969 (BAnz. Nr. 95 vom 24. 5. 1969, S. 1).
[38] Siehe für Österreich *Schwimann* 53.
[39] BGH 13. 11. 1974, IPRspr. 1974 Nr. 1 b S. 14 f.; 10. 7. 1975, NJW 1975, 2142 = IPRspr. 1975 Nr. 1. Anders, aber nicht überzeugend *Geisler*, Zur Ermittlung ausländischen Rechts durch ‚Beweis' im Prozeß: ZZP 91 (1978) 176.
[40] Eine Auswahl der erstatteten Gutachten erscheint seit 1965 in der Sammlung „Gutachten zum internationalen und ausländischen Privatrecht" (IPG).
[41] Siehe LG Oldenburg 27. 3. 1984, StAZ 1984, 344 = IPRspr. 1984 Nr. 2: Besitzt das AG nur einen veralteten ausländischen Gesetzestext, während das LG über eine neue Textsammlung verfügt, so ist der Amtsrichter verpflichtet, diese zu konsultieren, bevor er sich an das Max-Planck-Institut wendet.

achtern beklagt. In den Bereichen der immer komplizierter werdenden Technik und Medizin ist diese wohl unvermeidlich. Aber ausländisches Recht ist in der Regel nicht so verschieden vom inländischen, daß ein Richter es nicht anwenden könnte, wenn er sich etwas eingearbeitet hat.

Hinzu kommen *Bedenken speziell gegen Rechtsgutachten,* sofern diese nicht als bloße Privatgutachten von den Parteien vorgelegt werden und damit die Rechtsausführungen der Anwälte ergänzen, sondern vom Gericht selbst angefordert werden. Schon vor etwa hundert Jahren hat das Reichsgericht erklärt, daß „es der Stellung des Richters nicht entspricht, bezüglich der zu treffenden Entscheidung eine Rechtsbelehrung von Sachverständigen einzuholen"[42]. Praktisch geht aber die bloße Mitteilung ausländischer Gesetze, Entscheidungen und Lehrmeinungen oft unmittelbar in eine Stellungnahme über, und zwar nicht nur im Bereich des ausländischen Rechts (Entscheidung von Streitfragen, Anwendung von Generalklauseln, Lückenfüllung), sondern auch auf dem Gebiete des inländischen Rechts. Denn bei dem vielfachen Ineinandergreifen in- und ausländischer Normen (des IPR, des intertemporalen und materiellen Privatrechts, über die internationale Zuständigkeit und über die Staatsangehörigkeit) kann der Richter den Gutachter häufig nicht auf die Beantwortung dieser oder einer Einzelfrage nach ausländischem Recht beschränken. Vielmehr wird der Gutachter, wenn man ihn einmal ruft, dem Richter auch auf dem Gebiet des inländischen Rechts voranschreiten, sooft der Weg der rechtlichen Kognition vom inländischen Recht ausgeht oder streckenweise wieder ins inländische Recht führt oder durch die Grenzzone der Rechtsvergleichung verläuft. Was zunächst als schlichte Informationshilfe aussah, verwandelt sich auf diese Weise leicht in die Entscheidungsgrundlage[43].

Die *Ausarbeitung der Gutachten* über ausländisches Recht – auch das muß klar gesehen werden – liegt keineswegs immer bei alterfahrenen Spezialisten des betreffenden Rechts. Nicht nur die Universitätsinstitute, sondern auch die Max-Planck-Institute arbeiten überwiegend mit relativ jungen Leuten, die diese Tätigkeit nur für einige Jahre ausüben, um sich auf eine akademische Laufbahn oder für die Praxis vorzubereiten. Der das Gutachten unterzeichnende Institutsdirektor oder ältere Mitarbeiter kann daher nicht selten nur für die Schlüssigkeit und Plausibilität des Gutachtens im ganzen bürgen.

Von der *Zweckbestimmung der wissenschaftlichen Institute* her gesehen, ist die starke Belastung mit Gutachten höchst bedenklich. Eine gewisse Verbindung mit den Problemen der Praxis ist zwar erwünscht, jedoch muß für ein Institut die wissenschaftliche Arbeit und nicht die Erstattung von Gutachten eindeutig im Vordergrund stehen.

b) Das *Europäische Übereinkommen* betreffend Auskünfte über ausländisches Recht vom 7. 6. 1968 hat in der deutschen Gerichtspraxis offenbar etwas an Bedeutung gewonnen[44]. Es gilt für alle Mitgliedstaaten des Europarats mit Ausnahme Irlands und überdies für Costa Rica. Soweit die deutschen Gerichte

---

[42] RG 18. 1. 1893, RGZ 30, 79 (80).

[43] *Simitis,* Die Informationskrise des internationalen Rechts...: ZfRV 10 (1969) 276 (285); *ders.,* Über die Entscheidungsfindung im IPR: StAZ 1976, 6 (10); dazu *Jayme* ebd. 358ff.

[44] Text BGBl. 1974 II 938; deutsches Ausführungsgesetz BGBl. 1974 I 1433. Texte nebst Hinweisen auch bei *Bülow/Böckstiegel/Pirrung,* Der Internationale Rechtsverkehr in Zivil- und Handelssachen³ (1985ff.) unter A I 4. Siehe ferner *Wolf,* NJW 1975, 1583ff.

von ihm Gebrauch machen, erzielen sie offenbar insgesamt recht ordentliche Ergebnisse[45].

Im einzelnen sieht das Abkommen vor, daß gerichtliche Ersuchen um Auskunft über das Recht eines anderen Staates von einer zentralen Stelle dieses Staates – unmittelbar oder mit Hilfe anderer – beantwortet werden. „Empfangsstelle" für alle Ersuchen aus dem Ausland und „Übermittlungsstelle" für Anfragen der Bundesgerichte an das Ausland ist in Deutschland der Bundesminister der Justiz; für die Gerichte der Länder dient der Justizminister des Landes als Übermittlungsstelle (vgl. § 9 AusfG).

Die *Anfrage* muß von einem Gericht ausgehen und darf nur für ein bereits anhängiges Verfahren gestellt werden (Art. 3 I). Sie muß in der Sprache des um Auskunft ersuchten Staates abgefaßt werden (Art. 14 I 1) und soll die Art der Rechtssache und die Fragen möglichst genau angeben (Art. 4 I). „Das Ersuchen hat eine Darstellung des Sachverhalts mit den Angaben zu enthalten, die zum Verständnis des Ersuchens und zu seiner richtigen und genauen Beantwortung erforderlich sind" (Art. 4 II).

Die *Antwort*, die in der eigenen Sprache erteilt wird (Art. 14 I 2), ist im allgemeinen kostenlos (Art. 15 I). Sie „hat, je nach den Umständen des Falles, in der Mitteilung des Wortlauts der einschlägigen Gesetze und Verordnungen sowie in der Mitteilung von einschlägigen Gerichtsentscheidungen zu bestehen", bei Bedarf sind „ergänzende Unterlagen wie Auszüge aus dem Schrifttum und aus den Gesetzesmaterialien anzuschließen" und „können der Antwort erläuternde Bemerkungen beigefügt werden" (Art. 7 Satz 2–4). Das deutsche Ausführungsgesetz bestimmt dazu in § 4: „Die Vernehmung einer Person, die ein Auskunftsersuchen in einem anderen Vertragsstaat bearbeitet hat, ist zum Zwecke der Erläuterung oder Ergänzung der Antwort unzulässig." Die Antwort ist für das anfragende Gericht nicht bindend (Art. 8), und der Richter ist gut beraten, wenn er sie im Rahmen seiner Möglichkeiten kritisch überprüft[46].

Ein Nachteil des Übereinkommens liegt darin, daß das Gericht kein vollständiges Gutachten, sondern nur eine punktuelle Auskunft erhält. Hinzu kommt – wie bei allen schriftlichen Auskünften aus dem Ausland – die Gefahr von Mißverständnissen.

Sie können aus unzureichender Aktenkunde, aus Fehlern der Übersetzung oder einfach aus dem anderen juristischen „background" des Fragenden und des Antwortenden entstehen[47]. Um Mißverständnissen möglichst vorzubeugen, ist eine sorgfältige und ausführliche Darstellung des Sachverhalts in der Regel unerläßlich.

---

[45] Siehe *Jessel*, StAZ 1983, 358; *Otto* (oben N. 28) 218 f.
[46] Bemerkenswert Ministerialrat *Wolf*, NJW 1975, 1586: ein Richter werde kaum annehmen, eine Rechtsauskunft sei schon deshalb richtig, weil sie von einem Justizministerium oder einem Außenministerium gegeben worden ist. – Ein krasses Beispiel amtlicher Fehlinterpretation bringt StAZ 1974, 60, 78 f.: Türkisches Außenministerium gibt eine bloße Sollvorschrift des eigenen Landes als Mußvorschrift aus.
[47] Nach den Erfahrungen der deutschen Praxis liegt die Hauptfehlerquelle in unzureichenden Übersetzungen; siehe dazu *Otto* (oben N. 28) 224 f.

c) *Auskunftsersuchen* an *deutsche oder ausländische diplomatische Vertretungen* führen erfahrungsgemäß nur in wenigen Fällen zu befriedigenden Ergebnissen; denn es hängt allzusehr vom Zufall ab, ob bei den Botschaften oder Konsulaten, die ja von Haus aus andere Aufgaben haben, ein geeigneter und auch interessierter Jurist angetroffen wird.

d) Bei *privaten Auskünften* von Juristen des betreffenden Landes bleiben die Sachkunde und die Unabhängigkeit des Befragten oft im Dunkeln[48]. Solche Auskünfte werden auch in Deutschland bisweilen von den Parteien beigebracht, aber selten vom Gericht angefordert.

3. *Insgesamt* ist die Justiz angesichts der Nachteile jeder von außen kommenden Unterstützung dazu aufgerufen, sich stärker selbst zu helfen, sei es durch bessere Aus- und Fortbildung der Richter, sei es durch die erwähnte Konzentrierung internationaler Sachen.

§ 60 Anerkennung und Vollstreckung

I. Anerkennung fremder Verfahren

Nach dem Gegenstand der Anerkennung kann man drei Arten der „Anerkennung fremder Verfahren" (in einem weiten Sinne) unterscheiden:

1. Die Anerkennung einer ausländischen *Zuständigkeit* kann bereits im vorhinein erfolgen, also schon vor Eröffnung eines ausländischen Verfahrens, indem die inländische Zuständigkeit im Hinblick auf eine vorrangige ausländische verweigert wird.

So kann mit Rücksicht auf eine *ausschließliche* Zuständigkeit des Auslands die regelmäßige inländische Zuständigkeit (etwa im allgemeinen Gerichtsstand des Beklagten) versagt werden; dies geschieht z. B. dann, wenn die Parteien wirksam die ausschließliche Zuständigkeit eines ausländischen Gerichts vereinbart haben. Ferner kann nach der amerikanischen Lehre vom forum non conveniens (oben § 58 II 4) die inländische Zuständigkeit deshalb verweigert werden, weil die eines ausländischen Gerichts im konkreten Fall besser begründet erscheint. Schließlich kommt eine bloß subsidiäre inländische Zuständigkeit nicht zum Zuge, wenn irgendein ausländisches Gericht zuständig ist; so begründet § 16 ZPO einen allgemeinen Gerichtsstand des inländischen Aufenthalts nur für Personen, welche keinen Wohnsitz und daher vermutlich keinen ausländischen allgemeinen Gerichtsstand haben.

---

[48] Vgl. insbes. zu dem in Frankreich üblichen sog. „certificat de coutume" *Kegel* (oben N. 34) 463.

Eine ausländische Zuständigkeit kann auch nach Eröffnung oder gar nach Abschluß eines ausländischen Verfahrens anerkannt werden, wenn von der ausländischen Zuständigkeit eine der beiden folgenden Arten der Anerkennung abhängt.

2. Die Anerkennung eines ausländischen *Verfahrens im engeren Sinne* erfolgt in zwei Formen: durch Gewährung von Rechtshilfe für das Verfahren und durch Anerkennung der Einrede der ausländischen Rechtshängigkeit.

a) Zur *Rechtshilfe* gehört die Zustellung eines Schriftstücks, insbesondere die Ladung, soweit die Zustellung weder unmittelbar noch auf konsularischem Wege erfolgen kann, vor allem aber die Vornahme einer richterlichen Handlung wie Beweissicherung, Beweiserhebung und Entgegennahme von mündlichen Parteierklärungen. Eine Nachprüfung der internationalen Zuständigkeit des ersuchenden Gerichts findet in all diesen Fällen regelmäßig nicht statt, selbst wenn das ausländische Verfahren ersichtlich inländische Interessen berührt[1]. Dabei mag neben der Prozeßökonomie – lohnt so viel Aufhebens um eine einzelne Hilfeleistung? – auch der Gedanke mitspielen, daß die Verweigerung der Rechtshilfe vielfach doch die Durchführung des ausländischen Verfahrens nicht verhindern, sondern eher zu einer Benachteiligung inländischer Beteiligter führen würde. Immerhin bleibt allgemein die Ablehnung der Rechtshilfe wegen Unvereinbarkeit mit dem inländischen ordre public vorbehalten[2]. – Insgesamt bedeutet also die Gewährung von Rechtshilfe weniger die positive Anerkennung eines ausländischen Verfahrens als das Unterlassen einer Nichtanerkennung.

b) Die Einrede der *Rechtshängigkeit* (vgl. § 261 III Nr. 1 ZPO) vor einem ausländischen Gericht wird – bei Identität des Streitgegenstandes – vernünftigerweise nur dann zugelassen, wenn mit der Anerkennung der vom ausländischen Gericht zu treffenden Entscheidung zu rechnen ist[3]. Die ratio des § 261 III Nr. 1 ZPO trifft auch hier zu. Es soll verhindert werden, daß der Beklagte

---

[1] So ausdrücklich das Haager Zustellungsabkommen von 1965 in Art. 13 II bzw. das Beweisabkommen von 1970 in Art. 12 II. Ausnahmen erwähnt *Nagel*, Nationale und internationale Rechtshilfe im Zivilprozeß (1971) 96 N. 190 und 127 N. 280: keine Zustellung ausländischer Klagen in Ehesachen eigener Staatsangehöriger in verschiedenen sozialistischen Staaten.

[2] Vgl. Haager Zivilprozeß-Abkommen von 1954, Artt. 4 und 11 III Nr. 3 für Zustellungen bzw. für Rechtshilfe: „...wenn der Staat, in dessen Hoheitsgebiet sie bewirkt werden [bzw.: die Erledigung stattfinden] soll, sie für geeignet hält, seine Hoheitsrechte oder seine Sicherheit zu gefährden"; jetzt Zustellungsabkommen Art. 13 I bzw. Beweisabkommen Art. 12 I lit. b.

[3] So auch die ständige Rechtsprechung; siehe BGH 10.10.1985, NJW 1986, 2195 = IPRspr. 1985 Nr. 167 m. w. Nachw. Ob und wann Rechtshängigkeit im Ausland eingetreten ist, beantwortet grundsätzlich die lex fori des ausländischen Gerichts; siehe BGH 18.3.1987, NJW 1987, 3083 Anm. *Geimer* = IPRax 1989, 104, 93 Aufsatz *Siehr* = IPRspr. 1987 Nr. 145.

§ 60 I VIII. Kapitel: Verfahren

genötigt wird, sich in derselben Sache in mehreren Verfahren zu verteidigen, und daß widersprechende Urteile ergehen. Ausnahmen werden nur in seltenen Fällen anerkannt, so wenn das ausländische Verfahren – z. B. wegen Stillstands der Rechtspflege – nicht fortgeführt werden kann[4]; eine lange Verfahrensdauer allein reicht in der Regel nicht aus[5].

Auch im Rahmen des EuGVÜ hat sich gemäß Art. 21 I, wenn bei Gerichten verschiedener Vertragsstaaten Klagen wegen desselben Anspruchs zwischen denselben Parteien anhängig gemacht werden, das später angerufene Gericht zugunsten des zuerst angerufenen von Amts wegen für unzuständig zu erklären; auf eine Anerkennungsprognose kommt es dabei angesichts der erleichterten Anerkennung, die das Übereinkommen gewährt, im Unterschied zum autonomen deutschen Recht nicht an. Der Begriff der „Anhängigkeit", von dem die Vorschrift ausgeht, ist entsprechend dem in Staatsverträgen üblichen Sprachgebrauch im Sinne von Rechtshängigkeit zu verstehen[6]. Die zur Umschreibung der Rechtshängigkeit in Art. 21 EuGVÜ verwendeten Ausdrücke sind grundsätzlich vertragsautonom zu deuten[7]. Danach umfaßt der Begriff der Rechtshängigkeit z. B. den Fall, daß eine Partei vor dem Gericht eines Vertragsstaates die Feststellung der Unwirksamkeit eines Kaufvertrages begehrt, während eine Klage der anderen Partei auf Erfüllung desselben Vertrages vor dem Gericht eines anderen Vertragsstaates anhängig ist; denn Kernpunkt beider Rechtsstreitigkeiten ist die Wirksamkeit des Kaufvertrages, und die Partei, die eine Erfüllungsklage bereits anhängig gemacht hat, soll sich nach dem Sinn des Art. 21 EuGVÜ nicht der Gefahr ausgesetzt sehen, daß ihr wegen des später anhängig gemachten weiteren Verfahrens die Anerkennung einer zu ihren Gunsten ergangenen Entscheidung gemäß Art. 27 Nr. 3 EuGVÜ verweigert wird[8].

3. Die Anerkennung einer ausländischen *Entscheidung* – von der im folgenden die Rede sein soll – bedeutet eine Einwirkung auf das Rechtswesen des Inlandes, die nicht ohne reifliche Erwägung zugelassen werden kann. Keinesfalls vermag ein Urteil aus eigener Kraft über die Grenzen des erkennenden Landes hinaus hoheitliche Wirkung zu entfalten – ebenso wie im materiellen Recht ein ausländisches Gesetz nicht aufgrund des ausländischen Gesetzesbefehls angewandt wird; vielmehr kommt beidemal nur ein neuer Befehl der inländischen Rechtsordnung in Frage. Dabei spricht neben dem Interesse der durch die erste Entscheidung begünstigten Partei besonders die internationale Rechtssicherheit für eine möglichst weitgehende Anerkennung des einmal

---

[4] BGH 17. 1. 1952, BGHZ 4, 314 (322) = IzRspr. 1945–53 Nr. 541 S. 400.

[5] Näher BGH 10. 10. 1985 (vorletzte Note).

[6] BGH 9. 10. 1985, NJW 1986, 662 = IPRax 1987, 314, 295 Aufsatz *Jayme* = IPRspr. 1985 Nr. 166.

[7] Nur die Frage, in welchem Zeitpunkt ein Verfahren rechtshängig ist, muß für jedes der betroffenen Gerichte nach seinem jeweiligen nationalen Verfahrensrecht beurteilt werden, weil die entsprechenden Verfahrensformalien durch das EuGVÜ nicht vereinheitlicht wurden; siehe EuGH 7. 6. 1984 – 129/83, Zelger/Salinitri, Slg. 1984, 2397 = NJW 1984, 2759 = RIW 1984, 737 Anm. *Linke* = IPRax 1985, 336, 317 Aufsatz *Rauscher*.

[8] EuGH 8. 12. 1987 – 144/86, Gubisch/Palumbo, NJW 1989, 665 = RIW 1988, 818 Anm. *Linke* = IPRax 1989, 157, 139 Aufsatz *Schack*.

erlassenen und formell gültigen ausländischen Aktes. Anderseits erscheint im Interesse der nationalen Vorstellungen von Gerechtigkeit wie im Interesse der benachteiligten Partei im Einzelfall eine beschränkte Nachprüfung der ausländischen Entscheidung als ratsam, insbesondere darauf, ob die Belange des Beklagten und des anerkennenden Staates gewahrt sind.

a) *Rechtsquelle* des deutschen Anerkennungsrechts ist für Urteile § 328 ZPO und für Entscheidungen der Freiwilligen Gerichtsbarkeit § 16a FGG; letztere Vorschrift wurde durch das IPRNG von 1986 neu geschaffen, sie lehnt sich weitgehend wörtlich an § 328 ZPO an[9]. Hinzutreten zahlreiche multilaterale und bilaterale Abkommen[10]. Die wichtigsten multilateralen Übereinkommen sind das EuGVÜ (Artt. 25 ff.) und die Haager Unterhaltsvollstreckungsübereinkommen von 1958 und 1973[11]. Die für die Bundesrepublik Deutschland geltenden bilateralen Anerkennungs- und Vollstreckungsverträge mit Vertragsstaaten des EuGVÜ haben einen Teil ihrer Bedeutung verloren, weil das EuGVÜ in seinem Anwendungsbereich diese Verträge gemäß Art. 55 EuGVÜ ersetzt. Wichtiger sind daher die Anerkennungs- und Vollstreckungsverträge mit der Schweiz von 1929[12], Österreich von 1959[13], Tunesien von 1966[14], Israel und Norwegen von 1977[15] sowie Spanien von 1983[16].

Sämtliche Staatsverträge gehen dem autonomen deutschen Anerkennungsrecht zwar als Spezialvorschriften vor; da ihr Zweck aber darin liegt, die Anerkennung zu erleichtern (und nicht etwa zu erschweren), schließen sie das autonome Recht dann nicht aus, wenn dies im Einzelfall anerkennungsfreundlicher ist[17]. In der Praxis dominiert in vermögensrechtlichen Streitigkeiten die Anerkennung und Vollstreckung aufgrund der Staatsverträge[18]; das autonome deutsche Recht ist demgegenüber vor allem in Statussachen bedeutsam.

b) Ein besonderes *Anerkennungsverfahren* ist in Deutschland grundsätzlich nicht vorgesehen. Die Prüfung der Anerkennungsfähigkeit erfolgt im allgemeinen incidenter. Nur für die Anerkennung ausländischer Entscheidungen in

---

[9] Siehe hierzu *Geimer*, Anerkennung ausländischer Entscheidungen auf dem Gebiet der freiwilligen Gerichtsbarkeit: FS Ferid (1988) 89.
[10] Siehe die Erläuterungen durch *Martiny* bzw. *Waehler*, in: Hdb.IZVR III/2 Kap. II bzw. III.
[11] Text mit Erläuterungen *Staudinger-Kropholler* Vorbem. 43 ff. zu Art. 20.
[12] RGBl. 1930 II 1066.
[13] BGBl. 1960 II 1246.
[14] BGBl. 1969 II 890.
[15] BGBl. 1980 II 926 und 1981 II 342. Dazu *Pirrung*, IPRax 1982, 130 ff.
[16] BGBl. 1987 II 34. Dazu *Löber*, RIW 1987, 429 ff.; *Böhmer*, IPRax 1988, 334 ff.
[17] So ausdrücklich einige bilaterale Abkommen, z.B. Art. 23 II des deutsch-spanischen Vertrages; zum EuGVÜ siehe *Kropholler* Art. 25 Rz. 8.
[18] Siehe *Martiny*, in: Hdb.IZVR III/1 Rz. 72: 96,8% der Verfahren zur Vollstreckbarerklärung ausländischer vermögensrechtlicher Entscheidungen wurden aufgrund eines Abkommens durchgeführt.

Ehesachen schreibt Art. 7 § 1 FamRÄndG ein Verwaltungsverfahren vor (vgl. oben § 46 IV 3 b).

In rechtsvergleichender Sicht ist der Grundsatz der formlosen Anerkennung keineswegs selbstverständlich. Beispielsweise wird in Italien zur Geltendmachung von ausländischen Entscheidungen – unabhängig von ihrer Vollstreckbarkeit – eine sog. Delibation verlangt (Artt. 796–801 C. p. c.).

c) Für die *Vollstreckung* ausländischer Entscheidungen sehen alle Rechtsordnungen einen eigenen inländischen Akt vor, der die Vollstreckbarkeit auf das Inland erstreckt (näher unten V).

II. Anerkennungsfähige Entscheidungen

Der Kreis der anerkennungsfähigen Entscheidungen ist in mehrfacher Hinsicht näher einzugrenzen.

1. Alle gerichtlichen *Sachentscheidungen* sind anerkennungsfähig. Dazu zählen im Zivilprozeß nicht nur Leistungs- und Unterlassungs-, sondern auch Gestaltungs- und Feststellungsurteile; ob der Klage stattgegeben oder ob sie als unbegründet abgewiesen wird, macht keinen Unterschied.

Auf die *Bezeichnung* der ausländischen Entscheidung kommt es nicht an (vgl. Art. 25 EuGVÜ). Das gilt auch im Rahmen von § 328 ZPO, obwohl die Vorschrift in ihrem (insoweit veralteten) Wortlaut nur von „Urteilen" spricht.

2. Die Anerkennung und Vollstreckung von *Anerkennungsentscheidungen* ist grundsätzlich nicht möglich.

a) Ein sog. *Doppelexequatur*[19] wird im In- und Ausland überwiegend abgelehnt: „exequatur sur exequatur ne vaut"[20]. Das eigene Anerkennungsrecht soll über die Anerkennung entscheiden und nicht das eines anderen Staates. Auch wenn ein Staatsvertrag eine erleichterte Anerkennung und Vollstreckung vorsieht, gilt dies traditionell nur für die Sachentscheidungen der Vertragsstaaten, nicht aber für ihre Anerkennungsentscheidungen.

Wenn sich beispielsweise die Bundesrepublik Deutschland durch das EuGVÜ zur erleichterten Anerkennung französischer Entscheidungen verpflichtet hat und Frankreich seinerseits aufgrund eines Anerkennungs- und Vollstreckungsabkommens mit Algerien[21] algerische Gerichtsentscheidungen großzügig anerkennt, dann würde dies

---

[19] Befürwortet von *Schütze*, Die Doppelexequierung ausländischer Zivilurteile: ZZP 77 (1964) 287.

[20] Siehe dazu *Kegel*, in: FS Müller-Freienfels (1986) 377 ff. Der Satz stammt von *Gavalda*, Clunet 62 (1935) 113.

[21] Abkommen über Exequatur und Auslieferung vom 27. 8. 1964, J. O. 17. 8. 1965 S. 7269.

nach der Lehre vom Doppelexequatur im Ergebnis bedeuten, daß auch wir algerische Entscheidungen erleichtert anzuerkennen haben. Die Wohltaten, die das EuGVÜ gewährt, kämen nach dieser Lehre nicht nur einem französischen Sachurteil zugute, sondern auch einer französischen Anerkennungsentscheidung gegenüber Algerien. Der algerisch-französische Vertrag könnte danach über die Drehscheibe des Europäischen Übereinkommens auch im Drittstaat Deutschland Wirkungen entfalten. Dies ist indes nicht der Sinn des EG-Übereinkommens. Erleichterungen in zivilprozessualen Abkommen sind nach der Konzeption dieser Abkommen von der Gegenseitigkeit und von einem gewissen Vertrauen in das fremde Privatrechts- und Justizsystem abhängig. Dieses Vertrauen setzt man nur in ausgewählte Staaten. „Man vertraut seinen Freunden, aber nicht den Freunden seiner Freunde."[22]

b) Eine *Ausnahme* vom Verbot des Doppelexequatur macht die Rechtsprechung bei ausländischen *Schiedsspruchbestätigungen*, allerdings mit einer wesentlichen Einschränkung: Soweit von deutschen Gerichten über die Vollstreckbarerklärung nach einem selbständig anzusetzenden Maßstab zu entscheiden ist (etwa nach § 1044 II Nrn. 2, 4 ZPO), ist diese Kontrolle durch die ausländische Gerichtsentscheidung nicht präkludiert[23]. Wer das Exequatur im Heimatstaat des Schiedsspruchs erwirkt hat, kann wählen, ob er den Schiedsspruch oder die staatliche Exequaturentscheidung im Inland anerkennen und für vollstreckbar erklären lassen will[24].

3. *Endgültigkeit* (formelle Rechtskraft) der fremden Entscheidung wird nicht mehr in allen Bereichen gefordert. Nach § 723 II 1 ZPO darf ein Vollstreckungsurteil allerdings erst erlassen werden, wenn das Urteil des ausländischen Gerichts nach dem für dieses Gericht geltenden Recht die Rechtskraft erlangt hat, also formell rechtskräftig geworden ist. Die Vorschrift entspricht den Schutzinteressen des Schuldners gegenüber einer Vollstreckung, die ungerechtfertigt wäre, wenn die für vollstreckbar erklärte Entscheidung im Ursprungsstaat noch aufgehoben wird. Das Erfordernis der formellen Rechtskraft wird von § 723 II 1 ZPO überwiegend auf § 328 ZPO übertragen, da auch für die Anerkennung ein gewisses Maß an Rechtsbeständigkeit angezeigt sei[25]. Freilich ist die Gleichstellung von Anerkennung und Vollstreckbarerklärung insoweit keinesfalls zwingend; denn wenn man die Anerkennung als Wirkungserstreckung begreift (siehe unten IV), ist es konsequent, auch diejenigen Wirkungen im Inland anzuerkennen,

---
[22] *Kegel* (vorletzte Note) 392.
[23] So im Anschluß an *Schlosser*, Das Recht der internationalen privaten Schiedsgerichtsbarkeit I (1975) Rz. 782: BGH 27. 3. 1984, RIW 1984, 557, 734 Anm. *Dielmann* und *Schütze* = IPRax 1985, 157, 141 Aufsatz *Schlosser* = IPRspr. 1984 Nr. 174.
[24] BGH 10. 5. 1984, RIW 1984, 644 Anm. *Mezger* = IPRax 1985, 158, 141 Aufsatz *Schlosser* = IPRspr. 1984 Nr. 196.
[25] Vgl. *Martiny*, in: Hdb.IZVR III/1 Rz. 487 und 450 (rechtsvergleichend); kritisch etwa *Geimer/Schütze*, Internationale Urteilsanerkennung I/2 (1984) § 224 III.

die der ausländischen Entscheidung nach dortigem Recht schon vor dem Eintritt der formellen Rechtskraft zukommen.

Im staatsvertraglichen Recht zeichnet sich eine Tendenz ab, vom Endgültigkeitserfordernis auch für die Vollstreckung abzusehen und also den Schuldnerschutz zugunsten der Interessen des Gläubigers, der einen raschen Zugriff erstrebt, abzubauen.

So eröffnet Art. 4 II des Haager Unterhaltsvollstreckungsabkommens von 1973 die Möglichkeit, auch vorläufig vollstreckbare Entscheidungen und einstweilige Maßnahmen anzuerkennen oder für vollstreckbar zu erklären, wenn im Anerkennungsstaat gleichartige Entscheidungen erlassen und vollstreckt werden können. Gerade ein Unterhaltsgläubiger ist nämlich besonders schutzbedürftig, so daß die Bevorzugung seiner Interessen gerechtfertigt erscheint. Er soll nicht auf seinen Unterhalt warten müssen.

Auch der Anerkennungs- und Vollstreckungsteil des EuGVÜ erfaßt – der neueren Tendenz folgend – einen Teil der provisorischen Entscheidungen. *Vorläufig vollstreckbare Entscheidungen* können im allgemeinen aufgrund des europäischen Zivilprozeßrechts anerkannt und vollstreckt werden; die besonderen Vorschriften der Artt. 30, 38, 39 EuGVÜ sollen dabei einen angemessenen Ausgleich zwischen den Belangen von Gläubiger und Schuldner herbeiführen. *Einstweilige Maßnahmen*, einschließlich solcher, die auf eine Sicherung gerichtet sind (vgl. Art. 24 EuGVÜ), können dagegen in den anderen Vertragsstaaten dann nicht aufgrund der Artt. 25 ff. EuGVÜ anerkannt und vollstreckt werden, wenn sie ohne Ladung der Gegenpartei ergangen sind (vgl. Artt. 27 Nr. 2, 46 Nr. 2 EuGVÜ) oder wenn die Vollstreckung ohne vorherige Zustellung an diese Partei erfolgen soll (Art. 47 Nr. 1 EuGVÜ); denn die erleichterten Anerkennungs- und Vollstreckungsmöglichkeiten der Artt. 25 ff. EuGVÜ sind auf solche Entscheidungen zugeschnitten, denen im Urteilsstaat ein kontradiktorisches Verfahren vorangegangen ist oder – im Falle der Säumnis des Beklagten – hätte vorangehen können, so daß die Gewährung rechtlichen Gehörs für den Schuldner sichergestellt ist[26].

4. Die Entscheidung muß eine *Zivil- und Handelssache* zum Gegenstand haben. Das wird im EuGVÜ (Art. 1) und in den bilateralen Anerkennungs- und Vollstreckungsverträgen ausdrücklich gesagt, gilt aber ebenso für § 328 ZPO. Auch § 16a FGG erfaßt nur zivilrechtliche Verfahrensgegenstände. Öffentlich-rechtliche Streitigkeiten sind ausgeschlossen.

a) Der Begriff der Zivil- und Handelssachen ist *im Rahmen des EuGVÜ* vertragsautonom zu bestimmen. Für die Auslegung ist also nicht das Recht irgendeines der beteiligten Staaten maßgebend, sondern es müssen die Zielsetzungen und die Systematik des Übereinkommens sowie die allgemeinen Rechtsgrundsätze, die sich aus der Gesamtheit der innerstaatlichen Rechtsordnungen der Vertragsstaaten ergeben, herangezogen werden[27]. Der Begriff hat

---

[26] EuGH 21. 5. 1980 – 125/79, Denilauler/Couchet Frères, Slg. 1980, 1553 = RIW 1980, 510 = IPRax 1981, 95, 79 Aufsatz *Hausmann*.

[27] EuGH 14. 10. 1976 – 29/76, LTU/Eurocontrol, Slg. 1976, 1541 = NJW 1977, 489 Anm. *Geimer* = RIW 1977, 40 Anm. *Linke*.

grundlegende Bedeutung, weil er den gesamten Anwendungsbereich des EuGVÜ umreißt. Durch die einheitliche, europäische Auslegung soll sichergestellt werden, daß sich aus dem Übereinkommen für die Vertragsstaaten und die betroffenen Personen soweit wie möglich gleiche Rechte und Pflichten ergeben.

b) Bei der Anwendung der *bilateralen Anerkennungs- und Vollstreckungsverträge* scheut die deutsche Praxis bislang die naheliegende, aber schwierige rechtsvergleichende Interpretation des Begriffs Zivil- und Handelsachen, bei der die Rechtsordnungen beider Vertragsstaaten herangezogen werden müßten. Unter den verbleibenden Möglichkeiten – das Recht des Urteilsstaates, das des Vollstreckungsstaates oder aber das Recht beider Staaten im Wege der Doppel- oder Alternativqualifikation zu befragen[28] – hat sich die Rechtsprechung für die erstgenannte entschieden[29]. Hat also ein Gericht des Urteilsstaates das Vorliegen einer Zivil- oder Handelssache bejaht, so ist dies von den deutschen Gerichten im Vollstreckungsverfahren zu übernehmen. Damit wird zwar keine allgemeingültige einheitliche Festlegung des Anwendungsbereichs des jeweiligen Abkommens erreicht (wie bei einer vertragsautonomen Auslegung oder einer Alternativ- bzw. Doppelqualifikation), aber es wird doch wenigstens ausgeschlossen, daß *im konkreten Fall* eine unterschiedliche Auslegung zwischen dem Urteilsstaat und dem Vollstreckungsstaat die Anwendung des Abkommens erschwert.

c) Für das *autonome deutsche Anerkennungsrecht* bestimmt das deutsche Recht, was unter Zivilsachen zu verstehen ist. Das Argument der Entscheidungsgleichheit, daß also der Zweitrichter der Qualifikation im Urteilsstaat folgen sollte, wird hier nicht als durchschlagend angesehen, weil mangels eines Staatsvertrages eine Bindung an den Urteilsstaat fehlt[30]. Das deutsche Recht ist frei, selbst zu entscheiden, welche Entscheidungen anerkennungsfähig sein sollen. Dies sind jedenfalls alle Entscheidungen in „bürgerlich-rechtlichen Streitigkeiten", die § 13 GVG den ordentlichen Gerichten zuweist.

5. Im Zivilprozeßrecht (Art. 25 EuGVÜ, § 328 ZPO) wird im allgemeinen verlangt, daß die Entscheidung von einem staatlichen *Gericht* erlassen wurde. Der Begriff ist – ebenso wie der der Zivil- und Handelssache – im Zweifel weit zu fassen, um die Anerkennungsfähigkeit fremder Entscheidungen nicht ohne zwingenden Grund von vornherein auszuschließen.

Demgegenüber setzt § 16a FGG nicht voraus, daß die Entscheidung von

---

[28] Für eine alternative Qualifikation, die im Unterschied zur kumulativen Doppelqualifikation den Anwendungsbereich der Verträge erweitert statt ihn einzuschränken, *Cramer-Frank*, Auslegung und Qualifikation bilateraler Anerkennungs- und Vollstreckungsverträge mit Nicht-EG-Staaten (1987) 39ff.
[29] So im Eurocontrol-Fall (vorletzte Note) BGH 26. 11. 1975, BGHZ 65, 291 = IPRspr. 1975 Nr. 170, und 10. 10. 1977, NJW 1978, 113 = IPRspr. 1977 Nr. 153.
[30] *Martiny*, in: Hdb.IZVR III/I Rz. 500.

§ 60 II   VIII. Kapitel: Verfahren

einem Gericht erlassen wurde. Nach § 16 a FGG können also auch Entscheidungen von Verwaltungsbehörden anerkannt werden, wenn sie auf dem Gebiet der Freiwilligen Gerichtsbarkeit ergangen sind[31].

6. Die *Abgrenzung zwischen Zivilprozeß (§ 328 ZPO) und Freiwilliger Gerichtsbarkeit (§ 16 a FGG)*, die bedeutsam sein kann, weil § 16 a FGG das Gegenseitigkeitserfordernis des § 328 I Nr. 5 ZPO nicht aufstellt und weil für die Vollstreckbarerklärung ein anderes Verfahren vorgesehen ist, erfolgt nach den Vorstellungen im deutschen Anerkennungsstaat. Dies ist sachlich gerechtfertigt, da es um die Anerkennung in Deutschland geht, und es ist auch zweckmäßig, weil ausländische Rechtsordnungen die Abgrenzung zwischen streitiger und freiwilliger Gerichtsbarkeit häufig nicht kennen oder nach anderen Kriterien vornehmen als das deutsche Recht.

Es ist also nicht entscheidend, ob nach dem ausländischen Recht des Entscheidungsstaates ein „Rechtsstreit" stattgefunden hat oder nicht. Vielmehr kommt es darauf an, ob der ausländische Rechtsakt auf einem Rechtsgebiet ergangen ist, das nach unseren Vorstellungen der Freiwilligen Gerichtsbarkeit zuzurechnen ist.

Zur Freiwilligen Gerichtsbarkeit zählen grundsätzlich die Sachen, die das deutsche positive Recht dieser Verfahrensart zuweist. Beispielsweise unterliegt eine Sorgerechtsentscheidung dem § 16 a FGG, auch wenn sie zusammen mit einem Scheidungsurteil erlassen wurde (vgl. §§ 621 I Nr. 1, 621 a I 1 ZPO).

Unabhängig von der positivrechtlichen Einordnung im deutschen Recht sind aber auch solche Akte zur Freiwilligen Gerichtsbarkeit zu rechnen, die inhaltlich eine fürsorgende und keine streitentscheidende Tätigkeit darstellen, wie etwa die Entmündigung. Für diese Auffassung läßt sich nicht zuletzt der rechtspolitische Gesichtspunkt anführen, den Anwendungsbereich des verfehlten Gegenseitigkeitserfordernisses in § 328 I Nr. 5 ZPO (dazu unten III 6) möglichst einzuschränken.

7. Auf *Entscheidungen von DDR-Gerichten* sind § 328 ZPO und § 16 a FGG nicht unmittelbar anwendbar, da es sich nicht um „ausländische" Entscheidungen handelt. Auf der anderen Seite sind diese Entscheidungen aber doch – wie ausländische – Ausfluß einer anderen Staatsgewalt und einer anderen Rechtsordnung. Sie werden deshalb nicht – wie Entscheidungen der Gerichte aus der Bundesrepublik – als ohne weiteres wirksam betrachtet, sondern bedürfen einer Anerkennung, für die § 328 ZPO und § 16 a FGG grundsätzlich entsprechend heranzuziehen sind. Freilich wird auf das Gegenseitigkeitserfordernis des § 328 I Nr. 5 ZPO im Verhältnis zur DDR nach allgemeiner Meinung

---

[31] Zu eng BegrRegE, BT-Drucks. 10/504, 93: „Die analoge (!) Anwendung der Vorschrift auf Entscheidungen ausländischer Behörden wird nur in Betracht kommen, wenn diese in ihrer Stellung deutschen Gerichten entsprechen."

verzichtet, da niemand ein Interesse daran hat, den Rechtsverkehr zwischen beiden deutschen Staaten durch diese wenig sinnvolle Vorschrift zu erschweren. Auch für die Vollstreckung gelten Erleichterungen (vgl. unten V 1).

III. Anerkennungsvoraussetzungen und -hindernisse

1. *Grundsätzlich* ist die Anerkennung ausländischer Entscheidungen nur bei Vorliegen bestimmter Versagungsgründe ausgeschlossen (vgl. §§ 328 ZPO, 16a FGG, Artt. 27, 28 EuGVÜ)[32]. Über die in diesen Vorschriften genannten Gründe hinaus sind zwei weitere Anerkennungshindernisse allgemein anerkannt: Die Entscheidung darf erstens nach dem Recht des Erststaates nicht *unwirksam* sein; denn nichtige oder unwirksame Entscheidungen können naturgemäß auch nicht durch Anerkennung Wirkungen entfalten[33]. Zweitens darf die *Gerichtsbarkeit* (vgl. oben § 57 I) im Erststaat nicht gefehlt haben; denn kein Staat darf völkerrechtswidrige Entscheidungen eines anderen Staates anerkennen.

a) Einer allgemeinen *Nachprüfung auf ihre Gesetzmäßigkeit* wird die ausländische Entscheidung nicht unterworfen. In der ZPO ist das sog. *Verbot der révision au fond* nur in einer Vorschrift zur Vollstreckbarkeit niedergelegt (§ 723 I ZPO), es gilt aber unstreitig auch für die Anerkennung. Ohne dieses Verbot wäre die Anerkennung von geringem Wert, und man könnte fast ebensogut ein neues Verfahren im Inland verlangen.

Staatsverträge gehen seit jeher von dem anerkennungsfreundlichen Verbot der révision au fond aus. Andernfalls brächten sie keinen Nutzen. So ist es geradezu selbstverständlich, daß das auf eine besondere Erleichterung der Freizügigkeit von Entscheidungen innerhalb der EG zielende EuGVÜ in seinem Art. 29 das Verbot ebenfalls ausspricht.

b) Am *inländischen Kollisionsrecht* wird gemäß §§ 328 ZPO, 16a FGG die ausländische Entscheidung nicht gemessen[34]. Eine Abweichung von der grundsätzlich ausgeschlossenen sachlichen Nachprüfung der fremden Entscheidung hielt der Gesetzgeber insoweit nicht für angezeigt. Denn sonst würde das Kollisionsrecht bei der Anerkennung fremder Entscheidungen zu sehr in den

---

[32] Rechtsvergleichend *Juenger*, The Recognition of Money Judgments in Civil and Commercial Matters: Am. J. Comp. L. 36 (1988) 1.

[33] Für Schiedssprüche wird das Erfordernis der Rechtswirksamkeit in § 1044 II Nr. 1 ZPO ausdrücklich genannt.

[34] Durch das IPRNG von 1986 wurde der frühere § 328 I Nr. 3 ZPO gestrichen, der ein einseitiges Anerkennungshindernis für den Fall aufgestellt hatte, daß in der Entscheidung „zum Nachteil einer deutschen Partei" von bestimmten deutschen Kollisionsnormen in Statussachen abgewichen war.

Vordergrund gestellt[35] oder, besser gesagt, die Anerkennung zu sehr behindert; sie darf also nicht deshalb verweigert werden, weil das Erstgericht in der Sache ein anderes Recht angewandt hat, als nach deutschem IPR anzuwenden gewesen wäre. Vielmehr können – hier wie sonst – nur unerträgliche Ergebnisse einer Anerkennung abgewendet werden, und zwar mit Hilfe der Schranke des ordre public, die in jedem Anerkennungssystem enthalten ist.

Auch in den Staatsverträgen ist die Anwendung des „richtigen" Rechts durch das Gericht des Erststaates grundsätzlich keine Anerkennungsvoraussetzung. Eine Ausnahme gilt jedoch nach Art. 27 I Nr. 4 EuGVÜ und den meisten bilateralen Anerkennungs- und Vollstreckungsverträgen, wenn von bestimmten Kollisionsnormen des Anerkennungsstaates auf dem Gebiet des Personen-, Familien- und Erbrechts abgewichen wurde und die Entscheidung deshalb zu einem anderen Ergebnis gelangt ist. Die Bedeutung dieses Anerkennungshindernisses im EuGVÜ ist dadurch zusätzlich eingeschränkt, daß der in Art. 27 I Nr. 4 EuGVÜ bezeichnete kollisionsrechtliche Widerspruch in dem vermögensrechtlich ausgerichteten Anwendungsbereich des Übereinkommens (vgl. Art. 1 II EuGVÜ) nur bei Vorfragen auftreten kann.

Die großzügige Anerkennung von ausländischen Entscheidungen, die nicht im Lande des nach inländischem IPR anwendbaren Rechts und ohne Rücksicht auf dieses Recht ergangen sind, hat freilich auch Schattenseiten: Sie nimmt dem IPR einen Teil seiner Wirkungsmöglichkeiten und läßt (indirekt) ein zweites Kollisionsrecht zu (vgl. auch oben § 56 II a. E.). Damit ermuntern die Anerkennungsregeln zur Umgehung des für inländische Gerichte maßgebenden Rechts durch „forum shopping"[36]. Doch ist dies, solange die Anerkennung kein unerträgliches Ergebnis hervorbringt, als das geringere Übel gegenüber einer Nichtanerkennung ausländischer Entscheidungen in Kauf zu nehmen. Kein Staat sollte – angesichts der international bestehenden Unsicherheit über die „richtige" kollisionsrechtliche Anknüpfung – sein nationales IPR zum Maßstab aller Entscheidungen setzen[37].

c) Ob *Voraussetzungen* oder aber *Hindernisse* der Anerkennung normiert sind, macht in der Sache im allgemeinen keinen Unterschied. Das autonome deutsche Recht nennt Hindernisse (§§ 328 ZPO, 16a FGG). Ebenso verfährt beispielsweise Art. 27 EuGVÜ. Dagegen listet das Haager Unterhaltsvollstreckungsübereinkommen von 1958 nur positive Voraussetzungen der Anerkennung auf (Art. 2), während die Neufassung von 1973 teils positiv und teils negativ formuliert (Artt. 4 und 5). Auch die bilateralen Anerkennungs- und Vollstreckungsverträge differieren, ohne daß an die jeweilige Einordnung als

---

[35] So BegrRegE, BT-Drucks. 10/504, 88.

[36] *Neuhaus*, RabelsZ 43 (1979) 280.

[37] Ein adäquates Mittel gegen das „forum shopping" bietet die Vereinheitlichung des Kollisionsrechts, die freilich immer nur Teilbereiche abzudecken vermag; näher zum „forum shopping" oben § 58 IV.

§ 60 Anerkennung und Vollstreckung § 60 III

Anerkennungsvoraussetzung oder -hindernis unterschiedliche Rechtsfolgen geknüpft wären[38].

d) Die Anerkennungshindernisse sind im autonomen deutschen Recht und im Rahmen des EuGVÜ grundsätzlich *von Amts wegen* zu prüfen, wovon aber § 328 I Nr. 2 ZPO (wie auch § 16a Nr. 2 FGG) eine Ausnahme vorsieht[39]. Im folgenden sei auf die einzelnen Versagungsgründe als dem Kernstück des Anerkennungsrechts näher eingegangen.

2. Das Fehlen der *internationalen Zuständigkeit* des Erstgerichts wird in nahezu allen Rechten als Anerkennungshindernis gesehen. Da viele Rechte immer noch exorbitante Zuständigkeiten kennen (vgl. etwa die Aufzählung in Art. 3 II EuGVÜ), erscheint eine Zuständigkeitskontrolle notwendig. Sie kann die Anerkennung von Entscheidungen solcher Gerichte verhindern, die keine hinreichende Beziehung zur Sache oder den Parteien hatten, und sie kann bisweilen auch eigene Interessen des Zweitstaates wahren, namentlich wenn dieser Staat eine ausschließliche Zuständigkeit für seine Gerichte beansprucht.

In rechtsvergleichender Sicht lassen sich verschiedene Systeme der Zuständigkeitsprüfung unterscheiden. Teilweise wird nur eine eigene ausschließliche Zuständigkeit als Grenze gesetzt; so versagt das Recht der DDR die Anerkennung lediglich, wenn eine ausschließliche Zuständigkeit in der DDR bestand (§ 193 II Nr. 1 ZPO). Meist findet indes eine weiterreichende Nachprüfung statt, sei es anhand der allgemeinen Zuständigkeitsregeln des Anerkennungsstaates, sei es anhand besonderer Zuständigkeitsnormen oder -kriterien gerade für die Anerkennung ausländischer Entscheidungen.

a) Das deutsche Recht folgt in § 328 I Nr. 1 ZPO und § 16a Nr. 1 FGG dem sog. *Spiegelbildprinzip*. Danach ist die Zuständigkeit der ausländischen Gerichte oder Behörden dann zu bejahen, wenn sie bei entsprechender Anwendung der inländischen Regeln zuständig waren. Das deutsche Recht enthält also kein besonderes Normensystem für die indirekte Zuständigkeit, sondern mißt die ausländische Zuständigkeit für die Zwecke der Anerkennung an den deutschen Regeln über die direkte internationale Zuständigkeit. Es wird somit gleichsam unterstellt, daß die deutschen Zuständigkeitsnormen in dem fremden Verfahren anwendbar gewesen wären.

Auf welche Grundlage das ausländische Gericht seine Zuständigkeit gestützt hat, ist unerheblich. Wenn also beispielsweise ein amerikanisches Gericht seine Zuständigkeit aus der Klagezustellung im Gerichtsstaat hergeleitet hat, ist das

---
[38] Vgl. *Waehler*, in: Hdb.IZVR III/2 Kap. III Rz. 139 ff.
[39] Ob und in welchem Umfang weitere Ausnahmen zuzulassen sind, ist umstritten; für eine über die bisherige Praxis weit hinausreichende Einschränkung der Prüfung von Amts wegen *Zöller/Geimer*, ZPO[15] (1987) § 328 Rz. 180 ff. Zum EuGVÜ siehe *Kropholler* vor Art. 26 Rz. 6 ff.

525

Urteil, obwohl dieser Zuständigkeitsgrund aus deutscher Sicht fremdartig und wenig überzeugend ist, doch anzuerkennen, wenn beispielsweise der Erfüllungsort für die Klageforderung in dem amerikanischen Staat lag (§ 29 ZPO). Ob das ausländische Gericht nach seinem eigenen Recht international zuständig war, wird ebenfalls nicht nachgeprüft. Auch die Beachtung der Regeln über die örtliche, sachliche und funktionelle Zuständigkeit kümmert uns nicht. Hinsichtlich des gesamten fremden Zuständigkeitssystems bleibt es bei dem Grundsatz, daß die Gesetzmäßigkeit der Entscheidung nicht nachgeprüft wird.

Eine Auflockerung des Spiegelbildprinzips enthält für Ehesachen § 606a II ZPO. Nach dieser Vorschrift wird die ausländische indirekte Zuständigkeit großzügiger beurteilt als die inländische direkte (vgl. oben § 46 IV 3a). Insgesamt sind die Zuständigkeitsgründe, die das deutsche Recht bereitstellt, so zahlreich, daß die Anerkennung kaum einmal an § 328 I Nr. 1 ZPO scheitert. Eine ausschließliche Zuständigkeit, die eine Anerkennung verhindern würde (vgl. z. B. § 24 ZPO bei Grundstücken), ist den deutschen Gerichten nur selten eingeräumt, und das Bestehen einer konkurrierenden inländischen Zuständigkeit hindert die Anerkennung der ausländischen Entscheidung nicht.

Im einzelnen kann die Anerkennungszuständigkeit nach den Zuständigkeitsvorschriften der §§ 12 ff. ZPO begründet sein, aber auch nach den besonderen Vorschriften für die internationale Zuständigkeit, wie sie namentlich im Bereich des Familienrechts bestehen (vgl. etwa §§ 606a, 640a II ZPO, §§ 35a, 43a I, 43b I FGG). Auch aus einer Zuständigkeitsvereinbarung oder einer rügelosen Einlassung des Beklagten kann die indirekte Zuständigkeit folgen, sofern den Erfordernissen der §§ 38 ff. ZPO genügt ist. Umgekehrt ist die Anerkennung ausgeschlossen, wenn eine ausschließliche Zuständigkeit der inländischen Gerichte wirksam vereinbart war.

b) Der *maßgebende Zeitpunkt*, in dem die internationale Zuständigkeit bestanden haben muß, ist die ausländische Klageerhebung bzw. Antragstellung, wobei die deutschen Grundsätze über den Eintritt oder den Wegfall der Zuständigkeitsvoraussetzungen während des Verfahrens (vgl. oben § 58 V 4) entsprechend anwendbar sind. Es ist also nicht etwa auf den Zeitpunkt der Anerkennung abzustellen, wofür das Wort „sind" in § 328 I Nr. 1 ZPO zu sprechen scheint. Vielmehr muß es nach dem Sinn der Zuständigkeitsprüfung auf den Verfahrenszeitpunkt ankommen, da das fremde Gericht während der Durchführung des Verfahrens und nicht erst später die geforderte Sach- oder Parteinähe besessen haben muß.

c) *Rechtspolitisch* erscheint das Spiegelbildprinzip auf den ersten Blick fair gegenüber dem Ausland, weil den dortigen Gerichten und Behörden die gleichen Kompetenzen zugestanden werden wie den deutschen. Bei näherem Zusehen ist das Prinzip aber doch angreifbar: Weil die deutsche Zuständigkeitsordnung zum alleinigen Maßstab erhoben wird, erweist sich die Spiegelbildlichkeit nämlich als teils zu weit und teils zu eng.

Zu *weit* führt die Spiegelbildlichkeit, indem auch ein exorbitanter Gerichtsstand, wie der des Vermögens (§ 23 ZPO), die indirekte Zuständigkeit begründet[40]. Nachdem die mangelnde Sachgerechtigkeit dieses Gerichtsstandes offenkundig und auf europäischer Ebene in Art. 3 II EuGVÜ bereits festgehalten ist, wäre es denkbar, die Spiegelbildlichkeit hier einzuschränken und das Bestehen einer indirekten Zuständigkeit zu verneinen; richtiger ist es indes, auch die direkte Zuständigkeit der deutschen Gerichte auf ein sachgerechtes Maß zurückzuführen (vgl. oben § 58 II 1 b). – Zu *eng* ist die Spiegelbildlichkeit, indem sie auch solche Zuständigkeiten ausschließt, die durchaus vernünftig, dem deutschen Verfahrensrecht aber unbekannt sind, wie beispielsweise der Gerichtsstand der Streitgenossenschaft[41].

Das Spiegelbildprinzip erscheint nach alledem hauptsächlich deshalb reformbedürftig, weil angesichts der Vielfalt möglicher Zuständigkeitssysteme die indirekte Zuständigkeit weiter gefaßt sein müßte als die direkte. Wenn man aus Gründen der Rechtssicherheit eine bloße Generalklausel zur Abwehr exzessiver Zuständigkeiten ablehnt, muß man Spezialnormen schaffen, in denen die Anerkennungszuständigkeit gegenüber der eigenen direkten Zuständigkeit detailliert erweitert wird. Diesen Weg ist das Schweizer IPR-Gesetz konsequent gegangen[42], während sich in Deutschland erst ein bescheidener Ansatz in § 606 a II ZPO findet.

d) Im *EuGVÜ* ist gemäß seinem Art. 28 III eine Nachprüfung der internationalen Zuständigkeit grundsätzlich untersagt. Das ist eine bedeutsame Erleichterung gegenüber den sonstigen Anerkennungs- und Vollstreckungsverträgen, die sämtlich eine Überprüfung vorsehen und die indirekte Zuständigkeit zu diesem Zweck eigens normieren. Das EuGVÜ konnte hierauf verzichten, weil es die direkte Zuständigkeit ebenfalls vereinheitlicht hat, also eine sog. „convention double" bildet (vgl. oben § 58 I 3 b).

Bedenken kann Art. 28 EuGVÜ freilich in den Fällen auslösen, in denen das Erstgericht bei einer Klage gegen den Bewohner eines Nichtvertragsstaates seine Zuständigkeit dem autonomen staatlichen Zivilprozeßrecht entnommen hat. Solange die europäischen Staaten in ihrem autonomen Recht noch exorbitante Zuständigkeiten bereitstellen, geht die Aussage des Art. 28 III EuGVÜ, daß die Zuständigkeitsvorschriften nicht zur öffentlichen Ordnung im Sinne des Art. 27 Nr. 1 EuGVÜ gehören, zu weit[43].

---

[40] Die spiegelbildliche Anwendung des § 23 ZPO wird de lege lata überwiegend bejaht; sie ist für den deutschen Beklagten in der Regel ungefährlich, weil das Ausland den Vermögensgerichtsstand meist nicht kennt; vgl. *Martiny*, in: Hdb.IZVR III/1 Rz. 673 mit Nachw.
[41] Da dieser Gerichtsstand von Deutschland auf europäischer Ebene bereits anerkannt wurde (vgl. Art. 6 Nr. 1 EuGVÜ), sollte er für die Annahme der indirekten Zuständigkeit eines ausländischen Gerichts m. E. in jedem Fall genügen.
[42] Vgl. etwa *Keller/Siehr* § 49 II 3.
[43] Näher *Kropholler* Art. 28 Rz. 3.

3. Die *Verletzung des rechtlichen Gehörs bei der Verfahrenseinleitung* ist ein weltweit bekanntes Anerkennungshindernis. Die Ausgestaltung im einzelnen differiert.

Das deutsche Recht, das früher einseitig nur den *deutschen* Beklagten vor einer Überraschung durch das ausländische Verfahren schützte, hat in der Neufassung des § 328 I Nr. 2 ZPO aus dem Jahre 1986 mit Recht die allseitige Formulierung des Art. 27 Nr. 2 EuGVÜ weitgehend wörtlich übernommen. Nach Art. 27 Nr. 2 EuGVÜ, der den Beklagten namentlich vor der Anerkennung von solchen Versäumnisurteilen bewahren will, die er nicht vermeiden konnte, wird die Anerkennung unter zwei Voraussetzungen versagt: (1) Das verfahrenseinleitende Schriftstück (Klage, Antrag) ist dem Beklagten nicht ordnungsgemäß und nicht so rechtzeitig zugestellt worden, daß er sich verteidigen konnte. (2) Der Beklagte hat sich auf das Verfahren nicht eingelassen, d. h. er hat weder zur Hauptsache noch zu prozessualen Fragen verhandelt[44].

Die Zustellung ist ordnungsgemäß, wenn sie einem im Urteilsstaat geltenden Abkommen oder dem autonomen Recht des Urteilsstaates entspricht. Sie ist rechtzeitig, wenn dem Beklagten ein ausreichender Zeitraum zur Verfügung steht, um seine Verteidigung vorzubereiten oder die zur Vermeidung einer Säumnisentscheidung erforderlichen Schritte einzuleiten; entscheidend sind hier Wertungen tatsächlicher Art und nicht die einschlägigen verfahrensrechtlichen Normen des Urteilsstaates. Die Anerkennung ist m. E. grundsätzlich schon dann zu versagen, wenn entweder nicht ordnungsgemäß oder nicht rechtzeitig zugestellt wurde[45].

Während das EuGVÜ für dieses – wie für die anderen Anerkennungshindernisse – grundsätzlich eine Prüfung von Amts wegen vorsieht, weicht das deutsche Recht hiervon in § 328 I Nr. 2 ZPO und § 16 a Nr. 2 FGG bewußt ab. Das Anerkennungshindernis ist nach diesen Vorschriften nur zu beachten, wenn der Beklagte oder Beteiligte *sich darauf beruft*, daß er sich auf das Verfahren nicht eingelassen bzw. sich zur Hauptsache nicht geäußert hat. Da das Hindernis seinem Schutz dient, erscheint eine Verzichtsmöglichkeit sinnvoll; der Beklagte oder Beteiligte, dessen rechtliches Gehör verletzt worden ist, kann nämlich, insbesondere in nichtvermögensrechtlichen Angelegenheiten, ein Interesse daran haben, daß die fremde Entscheidung trotz des Mangels anerkannt wird[46].

---

[44] Die Rüge der Verletzung des rechtlichen Gehörs bei der Verfahrenseinleitung bedeutet nach dem Zweck des Art. 27 Nr. 2 EuGVÜ freilich keine Einlassung; siehe OLG Stuttgart 3. 2. 1983, IPRspr. 1983 Nr. 173.

[45] Über diese Frage und die Möglichkeit einer Heilung von Zustellungsmängeln soll der EuGH entscheiden; siehe den Vorlagebeschluß des BGH vom 22. 9. 1988, WM 1988, 1617.

[46] So BegrRegE, BT-Drucks. 10/504, 88. Die Regelung soll nach diesen Materialien die Möglichkeit nicht ausschließen, jedenfalls bei arglistigem Verhalten des Klägers die ordre-public-Klausel von Amts wegen heranzuziehen und auf diesem Wege die Anerkennung scheitern zu lassen.

4. Die *Unvereinbarkeit* mit einer anderen *Entscheidung* oder mit früherer inländischer *Rechtshängigkeit* ist ein weiteres universal gebräuchliches Anerkennungshindernis. Teilweise wird auf eine ausdrückliche Normierung verzichtet und nur der ordre-public-Vorbehalt eingesetzt; so früher das deutsche Recht und die älteren bilateralen Anerkennungs- und Vollstreckungsabkommen[47]. In neuerer Zeit wird im Interesse der Rechtssicherheit in der Regel durch eine gesonderte Klausel genauer festgelegt, in welchem Umfang das Anerkennungshindernis bestehen soll; so nach dem IPRNG von 1986 auch das deutsche Recht in § 328 I Nr. 3 ZPO und § 16a Nr. 3 FGG, wo die Regelung übernommen wird, die für widersprechende Entscheidungen in Art. 27 Nrn. 3 und 5 EuGVÜ enthalten ist.

Inhaltlich kann der Konflikt zwischen mehreren Entscheidungen nach zwei gegensätzlichen Prinzipien entschieden werden. Man kann nach dem Prioritätsprinzip der älteren Entscheidung den Vorrang einräumen; dies ist in Hinblick auf die bereits eingetretene Rechtskraftwirkung dieser Entscheidung konsequent und entspricht der in Europa vorherrschenden Ansicht. Man kann aber auch, wie dies teilweise in den USA geschieht, die jüngere Entscheidung vorziehen, weil der letzte Stand der beste ist[48]. Dies kann den Unterlegenen freilich zu dem Versuch ermuntern, eine rechtskräftige Entscheidung in einem anderen Staat auszuhebeln.

Das deutsche Recht (§ 328 I Nr. 3 ZPO, § 16a Nr. 3 FGG) folgt grundsätzlich dem Prioritätsprinzip: Eine Entscheidung ist nicht anzuerkennen, wenn sie mit einer anzuerkennenden früheren *ausländischen* Entscheidung in derselben Sache unvereinbar ist. Bei der Kollision von zwei ausländischen Entscheidungen folgt auch das EuGVÜ dem Prioritätsprinzip; das ist in Art. 27 Nr. 5 nur für eine anzuerkennende frühere Entscheidung aus einem *Nichtvertragsstaat* festgelegt, muß aber ebenso für eine anzuerkennende frühere Entscheidung aus einem *Vertragsstaat* gelten.

Eine rechtspolitisch problematische Ausnahme vom Prioritätsprinzip gilt nach § 328 I Nr. 3 ZPO und § 16a Nr. 3 FGG bei Unvereinbarkeit mit einer *inländischen* Entscheidung. Die inländische Entscheidung soll stets vorgehen, auch wenn sie später erlassen wurde als die anzuerkennende ausländische; ebenso entscheidet Art. 27 Nr. 3 EuGVÜ. Freilich dürfte der spätere Erlaß einer inländischen Entscheidung in derselben Sache und zwischen denselben Parteien selten sein, da die ausländische Rechtshängigkeit ein Verfahrenshindernis bildet (oben I 2 b).

Nach § 328 I Nr. 3 ZPO und § 16a Nr. 3 FGG führt die frühere *Rechtshängigkeit* eines inländischen Verfahrens ebenfalls zur Versagung der Anerkennung. Bei der Normierung des EuGVÜ sah man für diesen Versagungsgrund ange-

---

[47] Überblick bei *Waehler*, in: Hdb.IZVR III/2 Kap. III Rz. 252 ff.
[48] So *Kegel* § 22 V 1e.

sichts der direkten Regelung mehrfacher Rechtshängigkeit in Artt. 21 ff. EuGVÜ kein Bedürfnis.

5. Der *Vorbehalt des ordre public* bei der Anerkennung ausländischer Entscheidungen (§ 328 I Nr. 4 ZPO, § 16 a Nr. 4 FGG) entspricht in Deutschland auch nach dem IPRNG von 1986 bis in die Formulierung hinein der internationalprivatrechtlichen Vorbehaltsklausel (Art. 6 EGBGB). Die Anerkennung ist danach ausgeschlossen, wenn sie „zu einem Ergebnis führt, das mit wesentlichen Grundsätzen des deutschen Rechts offensichtlich unvereinbar ist, insbesondere wenn die Anerkennung mit den Grundrechten unvereinbar ist"[49]. Dennoch bleibt ein Unterschied in der Sache: Bei der „Anwendung der Rechtsnorm eines anderen Staates" steht nur das materielle Recht in Rede, bei der „Anerkennung des Urteils eines ausländischen Gerichts" auch das ausländische *Verfahren* – unabhängig davon, ob das ausländische Verfahrensrecht eingehalten oder verletzt wurde[50]. Dabei gilt wiederum die Relativität des ordre public: Wie es innerstaatlich keine absolute Unabhängigkeit der Gerichte, kein unbeschränktes rechtliches Gehör und keine unbedingte Pflicht der Parteien zur Redlichkeit gibt, so haben wir auch für ausländische Verfahren keine festen Mindeststandards, deren unbedingte Einhaltung vor jeder Anerkennung eines ausländischen Urteils nachgewiesen werden müßte. – Mit einem ungewöhnlichen *sachlichen Ergebnis* als Folge der Anwendung ausländischen Rechts kann man sich, wenn ein ausländisches Gericht bereits rechtskräftig entschieden hat, eher abfinden, als wenn ein deutscher Richter in direkter Anwendung der ausländischen Norm entsprechend judizieren sollte. Insofern spricht man von einer im Vergleich zum IPR (Art. 6 EGBGB) abgeschwächten Wirkung des ordre public (effet atténué de l'ordre public).

6. Das Anerkennungshindernis der mangelnden Verbürgung der *Gegenseitigkeit*, das § 328 I Nr. 5 ZPO (aber nicht § 16 a FGG) enthält, ist in seinem Anwendungsbereich zwar eingeschränkt; denn es gilt nach § 328 II ZPO nicht, wenn das Urteil einen nichtvermögensrechtlichen Anspruch betrifft und nach den deutschen Gesetzen ein Gerichtsstand im Inland nicht begründet war oder

---

[49] Vgl. im einzelnen oben § 36. In Art. 27 Nr. 1 EuGVÜ heißt es schlichter: „wenn die Anerkennung der öffentlichen Ordnung ... widersprechen würde".

[50] Näher zum Unterschied zwischen materiellem und prozessualem ordre public *Martiny*, in: Hdb.IZVR III/1 Rz. 1016 ff.; zum EuGVÜ *Kropholler* Art. 27 Rz. 8 ff. – Vgl. aus der deutschen Rechtsprechung etwa BGH 18. 10. 1967, BGHZ 48, 327 = JZ 1968, 594 mit Anm. *Wengler* = IPRspr. 1966–67 Nr. 251, zu der Frage, ob die englische Ausschließung des Beklagten vom weiteren Verfahren wegen Nichterfüllung einer einstweiligen Verfügung („contempt of court") den Anspruch auf rechtliches Gehör verletzt, der „als tragender Grundsatz des deutschen Verfahrens zum deutschen ordre public gehört"; ferner BGH 15. 11. 1967, BGHZ 49, 50 (55) = IPRspr. 1966–67 Nr. 252 S. 777, wo ausdrücklich gesagt ist, daß § 328 I Nr. 4 ZPO „auch die Wahrung grundlegender Verfahrensvorschriften umfaßt".

wenn es sich um eine Kindschaftssache oder eine Ehesache (Art. 7 § 1 I 2 FamRÄndG) handelt; auch gegenüber Entscheidungen aus der DDR wird es nicht angewandt (vgl. oben II 7). Der Gesetzgeber hat sich aber – entgegen den übereinstimmenden Vorschlägen der deutschen Wissenschaft[51] – nicht entschließen können, den Versagungsgrund durch das IPRNG von 1986 gänzlich zu beseitigen und damit die Anerkennung ausländischer vermögensrechtlicher Urteile zu erleichtern[52]. Man erhofft sich, dadurch andere Staaten zur Anerkennung deutscher Entscheidungen oder zum Abschluß günstiger Anerkennungs- und Vollstreckungsabkommen zu bewegen[53].

Indes ist der Gedanke, einen fremden Staat durch ein Reziprozitätserfordernis im IZVR oder im IPR zu Gegenleistungen zu bewegen, nicht nur in aller Regel illusionär, sondern auch unsachgemäß. Im IPR hat das Erfordernis der Gegenseitigkeit – daß der andere Staat „Gegenrecht hält", wie die Schweizer sagen – keinen rechten Sinn, da die Anwendung fremden Rechts ja nicht als Wohltat gegenüber dem Ausland, sondern um der Gerechtigkeit willen erfolgt. Deshalb hat das IPRNG von 1986 das praktisch ohnehin bedeutungslose Relikt von Gegenseitigkeit und Vergeltung in Art. 31 EGBGB a. F. ersatzlos entfallen lassen[54]. Ebenso werden ausländische Entscheidungen aber nicht aus Entgegenkommen gegenüber dem fremden Staat anerkannt und vollstreckt, sondern um den Geboten der Gerechtigkeit und Fairness gegenüber den Beteiligten zu genügen. Wie die Nichtanwendung fremden Rechts wegen mangelnder Gegenseitigkeit eigene Bürger treffen könnte, die bei ihren Handlungen auf die Maßgeblichkeit des ausländischen Rechts vertraut haben, so kann sich auch die Nichtanerkennung einer fremden Entscheidung wegen fehlender Reziprozität gegen Deutsche wenden, wenn sie in dem ausländischen Verfahren erfolgreich waren und nun im Inland vollstrecken möchten. Die Gründe, die gegen ein Reziprozitätserfordernis im IPR sprechen, gelten in ähnlicher Form also auch im IZVR[55].

Wenn der Gesetzgeber schon nicht ganz vom Gegenseitigkeitserfordernis

---

[51] Vgl. *Basedow* in: *Dopffel/Drobnig/Siehr,* Reform des deutschen IPR (1980) 101.

[52] Wenig überzeugend BegrRegE, BT-Drucks. 10/504, 88: Eine Änderung sei „verfrüht", die Auswirkungen einer Streichung seien „bislang nicht ausreichend geprüft", andere, vermittelnde Lösungen „bisher nicht versucht" worden. Kritisch dazu die Stellungnahme des MPI, RabelsZ 47 (1983) 674 ff.; *Martiny,* in: Hdb.IZVR III/1 Rz. 1294 ff.

[53] Plastisch *Raape* 137: Die Vorschrift „ordnet eine Art Vergeltung an und will ein Druckmittel gegenüber dem fremden Staaten sein. Wir wollen unsere Anerkennung nicht verschenken."

[54] Zu den verbleibenden gesetzlich (vgl. etwa § 24 EGZPO) oder völkerrechtlich legitimierten Möglichkeiten, Vergeltung zu üben, siehe *Blumenwitz,* Das Vergeltungsrecht nach der Streichung von Art. 31 EGBGB a. F.: FS Ferid (1988) 39; ferner *Staudinger-Blumenwitz* Anh. zu Art. 6 n. F.

[55] Anders BegrRegE, BT-Drucks. 10/504, 35: „Ausgangslage... nicht ohne weiteres vergleichbar".

glaubt absehen zu können, soll man wenigstens in der Rechtsanwendung Zurückhaltung üben und insbesondere nicht die *vorherige* Verbürgung der Gegenseitigkeit verlangen; denn das heißt mangels Staatsvertrages, daß jeder Staat vom anderen den ersten Schritt erwartet und daß infolgedessen trotz beiderseitiger Bereitschaft zur Anerkennung diese womöglich nie erfolgt[56]. Noch besser ist, man verzichtet im Zweifel schlechthin auf die „Verbürgung" der Gegenseitigkeit und anerkennt fremde Urteile, solange nicht die Verweigerung der Gegenseitigkeit feststeht. Ein gutes Mittel zur Abschwächung des unerwünschten Erfordernisses ist schließlich die Annahme einer *„partiellen"* Gegenseitigkeit für immer mehr spezielle Urteilstypen[57]. Es ist also nur zu fordern, daß das beiderseitige Anerkennungsrecht bei einer Gesamtwürdigung im wesentlichen gleichwertige Bedingungen für die Anerkennung und Vollstreckung eines Urteils gleicher Art schafft, wobei einzelne Erschwerungen durch Erleichterungen in anderen Punkten ausgeglichen werden können.

IV. Wirkungen der Anerkennung

Die Wirkungen der Anerkennung ausländischer Entscheidungen sind umstritten: Bedeutet Anerkennung, daß dem fraglichen Akt im Inland die gleiche rechtliche Wirkung zugeschrieben wird wie im Entscheidungsstaat[58], oder wird dieser Akt einem entsprechenden inländischen gleichgestellt[59]? Mit anderen Worten: „Wirkungserstreckung" oder „Wirkungsgleichstellung"? Je nachdem bestimmen sich die Wirkungen nach dem Recht des Ursprungsstaates (Erststaates) oder nach dem des anerkennenden Staates (Zweitstaates).

1. Im *staatsvertraglichen Anerkennungsrecht* ist, auch wenn die Frage meist nicht ausdrücklich geregelt ist, im allgemeinen vom Grundsatz der

---

[56] So Zivilgericht Basel-Stadt 13. 1. 1965, Basler jur. Mitt. 1966, 253 (254): „Um diesen circulus vitiosus zu durchbrechen, muß für die Vollstreckbarkeit... die Tatsache genügen, daß jeder der beiden Staaten bereit ist, die im anderen Staat ergangenen Urteile zu vollstrecken, wenn dieser Gegenrecht hält."
[57] Grundlegend BGH 30. 9. 1964, BGHZ 42, 194 (196) = IPRspr. 1964–65 Nr. 259.
[58] So zuerst anscheinend *Savigny* 260 (nach *Walter Jellinek*, Eine unbewußte Begegnung Savignys mit Feuerbach, in: Rechtsprobleme in Staat und Kirche, Festgabe Smend [1952] 163, 164).
[59] So etwa *Matscher*, Zur Theorie der Anerkennung ausländischer Entscheidungen nach österreichischem Recht: FS Schima (1969) 265 (277 ff.); ders., ZZP 86 (1973) 408 f. Auch der BGH spricht – freilich ohne Erörterung der Problematik – von Gleichstellung; BGH 1. 6. 1983, NJW 1983, 1976 = IPRax 1984, 320, 304 krit. Aufsatz *Spellenberg* = IPRspr. 1983 Nr. 95. Vgl. auch *Habscheid*, FamRZ 1970, 559 („nostrifiziert").

Wirkungserstreckung auszugehen. Es sind in der Regel also auch solche Urteilswirkungen nach dem Recht des Erststaates anzuerkennen, die im Zweitstaat unbekannt sind.

So muß eine aufgrund von Art. 26 EuGVÜ anerkannte ausländische Entscheidung grundsätzlich im Anerkennungsstaat dieselben Wirkungen entfalten wie im Urteilsstaat[60]. Dies ergibt sich schon aus dem Bericht zum EuGVÜ, der nicht nur das Ziel erwähnt, soweit wie möglich eine Freizügigkeit der Urteile herzustellen und das Übereinkommen in diesem Sinne auszulegen, sondern der auch direkt ausspricht: „Durch die Anerkennung sollen den Entscheidungen die Wirkungen beigelegt werden, die ihnen in dem Staat zukommen, in dessen Hoheitsgebiet sie ergangen sind."[61] Auch der Bericht zum Haager Unterhaltsvollstreckungsübereinkommen von 1973 geht für dieses Übereinkommen von einer Wirkungserstreckung aus[62]. Unter den bilateralen Anerkennungs- und Vollstreckungsverträgen erklären der mit Belgien von 1958 (Art. 1 I 3) und der mit den Niederlanden von 1962 (Art. 1 I 2) ausdrücklich, die Anerkennung habe zur Folge, daß den Entscheidungen die Wirkung beigelegt wird, die ihnen im Ursprungsstaat zukommt. Für die anderen bilateralen Verträge, die in dieser Frage schweigen, muß dasselbe gelten.

2. Im *autonomen deutschen Anerkennungsrecht* ist mit der überwiegenden Literatur ebenfalls grundsätzlich der Wirkungserstreckungs- und nicht der Gleichstellungslehre zu folgen[63]. Da die ausländische Entscheidung aus der erststaatlichen Rechtsordnung stammt und das dortige Verfahren auf die Wirkungen der zu erlassenden Entscheidung abgestimmt ist, wäre es ungereimt, ihr später nach Maßgabe des zweitstaatlichen Rechts andere Wirkungen beizulegen, an die bei Durchführung des Verfahrens niemand denken konnte. Auch hat die Gleichstellungslehre den Nachteil, eine internationale Ungleichheit hervorzurufen; denn nach dieser Lehre kann einer Auslandsentscheidung in jedem Anerkennungsstaat eine andere Wirkung beigelegt werden.

Es ist nach dem Gesagten namentlich nicht zu rechtfertigen, einer ausländischen Entscheidung durch Gleichstellung mit einer inländischen mehr Wirkungen zuzugestehen, als das Recht des Ursprungsstaates vorsieht. Dagegen ist ein Weniger an Wirkungen denkbar; es kann dem Anerkennungsstaat nämlich

---

[60] EuGH 4. 2. 1988 – 145/86, Hoffmann/Krieg, NJW 1989, 663 = IPRax 1989, 159, 139 Aufsatz *Schack* = RIW 1988, 820 Anm. *Linke*. Freilich gilt nach diesem Urteil folgende Einschränkung: Eine im Urteilsstaat trotz neuer Tatsachen weiterhin vollstreckbare Entscheidung muß im Zweitstaat nicht mehr vollstreckt werden, wenn die Vollstreckung nach dessen Recht aus Gründen, die außerhalb des Anwendungsbereichs des EuGVÜ liegen, nicht mehr zulässig ist (hier: Entscheidung im Erststaat über Unterhaltszahlungen aufgrund einer Ehe, die später im Zweitstaat geschieden worden war).
[61] Bericht *Jenard*, ABl.EG 1979 Nr. C 59, 42 f.
[62] Bericht *Verwilghen* Nrn. 10, 78, BT-Drucks. 10/258, 33 = Actes et Doc. 12 IV (1975) 388. Ebenso für das Haager Unterhaltsvollstreckungsübereinkommen von 1958 IPG 1971 Nr. 37 (Hamburg).
[63] Siehe *Martiny*, in: Hdb.IZVR III/1 Rz. 367 mit Nachw.

nicht verwehrt sein, der grundsätzlich bejahten Wirkungserstreckung eine obere Grenze zu setzen, deren Verlauf freilich umstritten ist. Häufig will man einer ausländischen Entscheidung keine weitergehende Wirkung beimessen als einer entsprechenden inländischen[64]. Dies ist eine für die Praxis bequeme Lösung, bei der sich die Prüfung weiterreichender ausländischer Entscheidungswirkungen erübrigt; indes vermag der anerkennungsfeindliche Ansatz nicht zu überzeugen, weil er partiell auf die abzulehnende Gleichstellungslehre hinausläuft. Richtiger erscheint es, nur solche fremden Urteilswirkungen auszuschließen, die dem deutschen Recht ihrer Art nach unbekannt sind, weil sie aus prinzipiellen Erwägungen abgelehnt werden[65]. Die Grenze der Anerkennung bildet damit eine ordre-public-Erwägung (vgl. § 328 I Nr. 4 ZPO), die hier freilich nicht die Anerkennung der gesamten Entscheidung verhindert, sondern nur die Erstreckung einer einzelnen Urteilswirkung. Wenn beispielsweise nach dem Recht des Ursprungsstaates die Rechtskraftwirkung auch die im Urteil festgestellten Tatsachen erfaßt, ist eine solche dem deutschen Recht fremde und von uns als übermäßig empfundene Bindung nicht anzuerkennen[66].

3. Im einzelnen können *verschiedene Entscheidungswirkungen* durch Anerkennung auf den Zweitstaat erstreckt werden.

a) Die *materielle Rechtskraft* ist an erster Stelle zu nennen. Sie entfaltet eine Bindungswirkung, und zwar eine positive und eine negative. Die positive Wirkung besagt, daß sich die Parteien nach der Entscheidung richten müssen, die negative, daß über den Streitgegenstand nicht abweichend entschieden werden darf. Im Rahmen des EuGVÜ wird aus der Rechtskrafterstreckung mit Recht gefolgert, daß eine erneute Klage im Zweitstaat als unzulässig abzuweisen ist; zur Durchsetzung seines Anspruchs steht dem Gläubiger nur das Verfahren der Vollstreckbarerklärung nach Artt. 31 ff. EuGVÜ offen[67]. Außerhalb des EuGVÜ läßt die deutsche Rechtsprechung eine neue, inhaltlich gleiche Sachentscheidung im Zweitstaat zu, die freilich ohne erneute Prüfung der Sache ergehen muß. Anders als bei Vorliegen einer inländischen rechtskräftigen Entscheidung, die zur Abweisung der zweiten Klage als unzulässig führt, wird bei einer anzuerkennenden ausländischen Entscheidung das Rechtsschutzbedürfnis für eine weitere Klage bejaht[68]; denn der bei ausländischen Entscheidungen sonst vorgesehene Weg, ein Vollstreckungsurteil nach § 722

---

[64] Vgl. etwa *Nagel*, IZPR² (1984) Rz. 638; OLG Frankfurt 12. 11. 1985, NJW 1986, 1443 = IPRax 1986, 297, 282 Aufsatz *Nagel*, 283 Aufsatz *Löber* = IPRspr. 1985 Nr. 168.

[65] Siehe etwa *Martiny*, in: Hdb.IZVR III/1 Rz. 369.

[66] Zweifelhaft ist die Rechtslage, wenn der Entscheidungsstaat die Rechtskraft auf rechtliche Vorfragen erstreckt; vgl. etwa *Martiny*, in: Hdb.IZVR III/I Rz. 382; *Geimer* Rz. 2195.

[67] EuGH 30. 11. 1976 – 42/76, De Wolf/Cox, Slg. 1976, 1831 = NJW 1977, 494.

[68] BGH 20. 3. 1964, NJW 1964, 1626 = IPRspr. 1964–65 Nr. 245; *Martiny*, in: Hdb.IZVR III/1 Rz. 1613 ff. mit Nachw.

ZPO oder eine Vollstreckbarerklärung nach einem Staatsvertrag zu erlangen, sei weder einfacher noch billiger[69].

b) Die sog. *Präklusionswirkung* wird ebenfalls anerkannt. Sie bedeutet, daß die Parteien bei Identität des Streitgegenstandes oder Präjudizialität der Vorentscheidung mit jedem tatsächlichen Vorbringen ausgeschlossen sind, das sie bereits im Erstverfahren geltend gemacht haben oder hätten geltend machen können.

c) Auch die *Interventions- und Streitverkündungswirkungen* sind in einer Anerkennung inbegriffen.

d) Ob eine *Tatbestandswirkung* im materiellen Recht statt von der dort regelmäßig gemeinten inländischen Entscheidung auch von einer ausländischen hervorgerufen werden kann (z.B. die Verlängerung der Verjährungsfrist; vgl. § 218 I 1 BGB), ist keine Frage des IZVR, sondern des materiellen Rechts. Es handelt sich um das Problem der sog. Substitution (vgl. oben § 33). Über den Eintritt der Tatbestandswirkung hat das von unserem Kollisionsrecht berufene Sachrecht zu befinden.

e) Speziell bei rechtsgestaltenden ausländischen Entscheidungen bewirkt die Anerkennung, daß die *Gestaltungswirkung* sich auf den Zweitstaat erstreckt. Im autonomen deutschen Recht wird freilich bisweilen die Meinung vertreten, die Gestaltungswirkung, etwa bei einer Ehescheidung, beruhe nicht auf dem Verfahrensrecht, sondern – ebenso wie die Tatbestandswirkung – auf einem Satz des materiellen Rechts[70]. Deshalb sollten Gestaltungsakte nach dieser Meinung nicht in jedem Falle gemäß der deutschen Verfahrensnorm des § 328 ZPO anerkannt werden, sondern nach Maßgabe der im IPR berufenen lex causae, so daß die Anerkennungsregeln des § 328 ZPO nur dann zum Zuge kämen, wenn nach deutschem IPR das deutsche Recht als lex causae gelte[71].

Problematisch sind vor allem die Entscheidungen eines *Drittstaates*, wenn z.B. Angehörige der Vereinigten Staaten oder Argentiniens in Mexiko geschieden worden sind. Für derartige Fälle wollte schon vor dem zweiten Weltkrieg *Jonas* den § 328 ZPO unter Hinweis auf die Gesetzesgeschichte ausschalten und allein das Scheidungsstatut des Art. 17 EGBGB maßgebend sein lassen[72].

---

[69] Vgl. *Luther*, FamRZ 1975, 260. Kritisch zu den geringen Anforderungen an das besondere Rechtsschutzbedürfnis für eine erneute Klage *Geimer* Rz. 2207; *Schütze* 133 f.
[70] Vgl. für die Scheidung § 1564 Satz 2 BGB.
[71] So *Neuhaus* 438 f. Vgl. auch *Hausmann*, Kollisionsrechtliche Schranken von Scheidungsurteilen (1980) 186 ff.; bespr. in RabelsZ 44 (1980) 597.
[72] *Jonas*, JW 1934, 2556 und 1936, 283: Man habe die Problematik weder anläßlich der ZPO-Novelle von 1898 noch bei der Schaffung des EGBGB durchdacht; dagegen wollte ein ZPO-Entwurf von 1931 die Ausschaltung des § 328 ZPO ausdrücklich festlegen.

§ 60 v   VIII. Kapitel: Verfahren

Nach der Reform des § 328 ZPO durch das IPRNG von 1986 sind indes kaum mehr Zweifel daran möglich, daß es nur auf das deutsche verfahrensrechtliche Anerkennungsrecht ankommen soll und nicht auf die Haltung der vom deutschen IPR berufenen lex causae. Denn § 328 I Nr. 3 ZPO a. F., wonach die Anerkennung von Statusentscheidungen bei Abweichung vom anwendbaren fremden Recht ausgeschlossen war, wurde vom Gesetzgeber mit der Begründung gestrichen, daß dies das Kollisionsrecht bei der Anerkennung fremder Entscheidungen zu sehr in den Vordergrund stellt (vgl. oben III 1b). Das IPRNG unterstreicht damit die Trennung des Anerkennungsrechts vom IPR. Sie wurde im übrigen schon vor dem Erlaß dieses Gesetzes überwiegend befürwortet, weil man es für angemessener hält, über die Anerkennungsvoraussetzungen in jedem Falle selbst zu entscheiden und nicht die Stellungnahme einer fremden Rechtsordnung einzuholen[73].

Ist eine rechtsgestaltende Entscheidung, etwa eine Gesellschaftsauflösung, *aufgrund der Vorschriften des EuGVÜ* anzuerkennen, so ist eindeutig, daß sich die Anerkennung auch auf die Gestaltungswirkung erstreckt. Denn nach dem System des EuGVÜ ist das IPR des Zweitstaates bei der Anerkennung nur in den engen Grenzen des Art. 27 Nr. 4 EuGVÜ zu berücksichtigen. Ansonsten ist die Anerkennung des Urteils aus einem anderen Vertragsstaat nicht davon abhängig, ob es mit der Rechtsordnung des Landes in Einklang steht, die vom IPR des Zweitstaates als maßgebend bezeichnet wird, und ob das Urteil auch von diesem Land anerkannt wird.

f) Die nach dem Recht des Erststaates eintretende *Vollstreckungswirkung* ist nicht anerkennungsfähig und wird mit der Anerkennung also nicht auf den Zweitstaat erstreckt. Vielmehr muß die Vollstreckbarkeit neu verliehen werden. Hierauf ist abschließend noch kurz einzugehen.

V. Vollstreckung

Um die Vollstreckbarkeit ausländischer Entscheidungen zu erreichen, ist im Vollstreckungsstaat stets ein besonderer Akt erforderlich, sei es ein Vollstreckungsurteil, wie etwa im deutschen oder französischen autonomen Zivilprozeßrecht (§§ 722, 723 ZPO bzw. Art. 509 N. C. p. c.: Exequatur), sei es eine Registrierung, wie im Vereinigten Königreich, sei es ein sonstiger gerichtlicher Akt, der die fremde Entscheidung zur Vollstreckung im Inland zuläßt.

1. Nach *autonomem deutschen Recht* bedarf es für die Vollstreckung eines ausländischen Urteils eines deutschen *Vollstreckungsurteils* (§ 722 ZPO). Es ergeht in einem oft langwierigen und kostspieligen kontradiktorischen Verfahren auf Klage des Gläubigers gegen den Schuldner und erklärt den ausländi-

---
[73] Siehe etwa *Martiny*, in: Hdb.IZVR III/1 Rz. 403 ff. mit Nachw.

schen Titel im Inland für vollstreckbar (Gestaltungsurteil). Voraussetzung ist gemäß § 723 II ZPO, daß die ausländische Entscheidung bereits formell rechtskräftig geworden ist (vgl. dazu oben II 3) und daß ihre Anerkennung nicht nach § 328 ZPO ausgeschlossen ist.

Auf *Entscheidungen von DDR-Gerichten* werden §§ 722, 723 ZPO von der Rechtsprechung nicht angewandt, weil es sich nicht um „ausländische" Gerichte handelt. Zwar wäre eine analoge Anwendung durchaus möglich, doch wird sie überwiegend abgelehnt, weil das umständliche Verfahren der §§ 722, 723 ZPO, das im Verhältnis zu vielen europäischen Staaten durch Staatsverträge abbedungen ist, für Urteile aus dem uns besonders nahestehenden zweiten deutschen Staat nicht passend erscheint[74]. DDR-Entscheidungen sind also ohne weiteren gerichtlichen Akt zu vollstrecken; Einwendungen gegen ihre Anerkennungsfähigkeit sind mit einer Erinnerung gegen die Zwangsvollstreckung nach § 766 ZPO geltend zu machen. Für Einwendungen, die erst nach Erlaß des DDR-Titels entstanden sind und also den materiellen Anspruch betreffen, steht die Vollstreckungsgegenklage (§ 767 ZPO) offen[75].

Entscheidungen, die der *Freiwilligen Gerichtsbarkeit* zuzurechnen sind (vgl. oben II 6), sind meist Gestaltungsakte, bei denen eine Vollstreckung ausscheidet. Sofern einmal eine Vollstreckung in Betracht kommt, wie etwa bei der Durchsetzung einer Kindesherausgabeanordnung, ist anerkannt, daß die ausländische Entscheidung trotz fehlender Regelung im FGG einer Vollstreckbarerklärung bedarf, damit sie im Inland vollzogen werden kann[76]. Während die Rechtsprechung hierfür früher ein Vollstreckungsurteil nach § 722 ZPO verlangte, werden anerkennungsfähige Titel der Freiwilligen Gerichtsbarkeit heute grundsätzlich im Verfahren der Freiwilligen Gerichtsbarkeit für vollstreckbar erklärt (§ 33 FGG)[77], und zwar in der Verfahrensart, die für das Verfahren in der Sache selbst gegeben wäre[78]. Die Vollstreckung nach § 33 FGG setzt die Anerkennung der ausländischen Entscheidung voraus, die sich nach § 16a FGG bemißt.

Aus einem *Schiedsspruch* kann nur vollstreckt werden, wenn er von einem staatlichen Gericht für vollstreckbar erklärt wurde (§ 1042 I ZPO). Das gilt schon für inländische Schiedssprüche und erst recht für ausländische, also

---

[74] Siehe *Wolff*, in: Hdb.IZVR III/2 Kap. IV Rz. 185 ff.

[75] BGH 5.5.1982, BGHZ 84, 17 = IPRax 1983, 33, 17 Aufsatz *Beitzke* = IPRspr. 1982 Nr. 136.

[76] Siehe im einzelnen *Herbert Roth*, Zwangsvollstreckung aus ausländischen Entscheidungen der Freiwilligen Gerichtsbarkeit: IPRax 1988, 75.

[77] BGH 25.10.1976, BGHZ 67, 255 = IPRspr. 1976 Nr. 193b. Eine Anwendung von §§ 722, 723 ZPO auf Geldleistungstitel, die der Freiwilligen Gerichtsbarkeit zuzuordnen sind, empfiehlt *Geimer*, in: FS Ferid (1988) 112.

[78] Siehe BGH 13.7.1983, BGHZ 88, 113 = IPRax 1984, 323, 309 Aufsatz *Siehr* = IPRspr. 1983 Nr. 198b: Kindesherausgabe als Familiensache gemäß § 621 I Nr. 3 ZPO.

solche, die nach ausländischem Verfahrensrecht ergangen sind[79]. Gemäß § 1044 ZPO werden ausländische Schiedssprüche, sofern nicht einer der zahlreichen Staatsverträge etwas anderes bestimmt, in dem für inländische Schiedssprüche vorgeschriebenen Verfahren (§§ 1042 ff. ZPO) für vollstreckbar erklärt.

2. Die *Staatsverträge* suchen eine Vereinfachung des Verfahrens der Vollstreckbarerklärung. Es sind zwei Gruppen von Verträgen zu unterscheiden:

a) Die *älteren Abkommen*, die vor der Unterzeichnung des EuGVÜ im Jahre 1968 erarbeitet wurden, also namentlich das Haager Unterhaltsvollstreckungsübereinkommen von 1958 und die früheren bilateralen Verträge regeln die Vollstreckbarerklärung nur lückenhaft und überlassen das Verfahren im wesentlichen dem Recht des Vollstreckungsstaates. In Deutschland ist zu jedem dieser älteren Verträge ein eigenes Ausführungsgesetz ergangen. Diese Ausführungsgesetze verweisen jeweils auf das Verfahren der Vollstreckbarerklärung von Schiedssprüchen (§§ 1042a ff. ZPO). Nach § 1042a I ZPO kann über den Antrag auf Vollstreckbarerklärung ohne mündliche Verhandlung durch *Beschluß* entschieden werden (fakultatives Beschlußverfahren), der Schuldner kann jedoch gemäß § 1042 c II ZPO die Überleitung in ein kontradiktorisches Urteilsverfahren erzwingen, das dem der §§ 722, 723 ZPO entspricht. Die von den Staatsverträgen erstrebte Vereinfachung der Vollstreckung geht damit noch nicht weit genug.

b) Das *EuGVÜ* hat ein obligatorisches Beschlußverfahren, das in Artt. 31 ff. EuGVÜ detailliert geregelt ist, an die Stelle des schwerfälligen kontradiktorischen Exequaturverfahrens gesetzt und damit die Vollstreckung aller in den Vertragsstaaten erlassenen gerichtlichen Entscheidungen erheblich erleichtert und beschleunigt. Die Urteile eines Vertragsstaates werden in einem zunächst einseitigen Verfahren auf Antrag eines Berechtigten, der bestimmte Urkunden vorzulegen hat, mit der Vollstreckungsklausel versehen (vgl. Artt. 31, 46 ff. EuGVÜ), ohne daß der Schuldner in diesem Verfahrensabschnitt gehört würde (Art. 34 I EuGVÜ); er wird auf die Beschwerde verwiesen (Art. 36 EuGVÜ). Der Antrag auf Vollstreckbarerklärung kann nur abgelehnt werden, wenn die Anerkennung der Entscheidung aus einem der in Artt. 27, 28 EuGVÜ genannten Gründe zu versagen ist (Art. 34 II EuGVÜ).

Dem Vorbild des EuGVÜ folgen das Haager Unterhaltsvollstreckungsübereinkommen von 1973 und die neuen bilateralen Abkommen mit Israel, Norwegen und Spanien.

Der deutsche Gesetzgeber hat sich mit Recht entschlossen, zum EuGVÜ und

---

[79] Zur Nationalität des Schiedspruchs siehe BGH 3. 10. 1956, BGHZ 21, 365 = JZ 1957, 26 Anm. *Habscheid* = IPRspr. 1956–57 Nr. 197; *Schütze* 218.

den genannten anderen Verträgen ein einheitliches Ausführungsgesetz zu schaffen, in dem die dem nationalen Recht überlassenen Einzelheiten des Verfahrens der Vollstreckbarerklärung ergänzend geregelt sind[80]. In dieses Anerkennungs- und Vollstreckungsausführungsgesetz (AVAG) werden sich auch künftige Anerkennungs- und Vollstreckungsverträge integrieren lassen.

---

[80] Gesetz zur Ausführung zwischenstaatlicher Anerkennungs- und Vollstreckungsverträge in Zivil- und Handelssachen vom 30. 5. 1988, BGBl. 1988 I 662. Siehe dazu BegrRegE, BT-Drucks. 11/351, 15 ff.; ferner *Geimer*, NJW 1988, 2157 ff.

Anhang

Referentenentwurf eines Gesetzes zur Ergänzung des Internationalen Privatrechts (außervertragliche Schuldverhältnisse und Sachen) vom 15. 5. 1984

„Nach dem Artikel 37 werden unter Ersetzung des Artikels 38 die folgenden Überschriften und Vorschriften eingefügt[1]:

Zweiter Unterabschnitt
Außervertragliche Schuldverhältnisse

Artikel 38
Ungerechtfertigte Bereicherung

(1) Bereicherungsansprüche wegen erbrachter Leistung unterliegen dem Recht, das auf das Rechtsverhältnis anzuwenden ist, auf das die Leistung bezogen ist.

(2) Ansprüche wegen Bereicherung durch Eingriff in einen fremden Gegenstand unterliegen dem Recht des Staates, in dem der Eingriff geschehen ist.

(3) In sonstigen Fällen unterliegen Ansprüche aus ungerechtfertigter Bereicherung dem Recht des Staates, in dem die Bereicherung eingetreten ist.

Artikel 39
Geschäftsführung ohne Auftrag

(1) Gesetzliche Ansprüche aus der Besorgung eines fremden Geschäfts unterliegen dem Recht des Staates, in dem das Geschäft vorgenommen worden ist.

(2) Auf Ansprüche wegen Hilfeleistung auf hoher See ist das Heimatrecht des hilfsbedürftigen Schiffes anzuwenden.

(3) Ansprüche aus der Tilgung einer fremden Verbindlichkeit unterliegen dem Recht, das auf die Verbindlichkeit anzuwenden ist.

---

[1] Der Referentenentwurf sieht außerdem die Aufhebung der VO über die Rechtsanwendung bei Schädigungen deutscher Staatsangehöriger außerhalb des Reichsgebiets vom 7. 12. 1942 (RGBl. 1942 I 706) vor.

Referentenentwurf

Artikel 40
Haftung

(1) Die außervertragliche Haftung unterliegt je nachdem, welches Recht für den Verletzten günstiger ist, entweder dem Recht des Staates, in dem das der Haftung zugrunde liegende Ereignis eingetreten ist, oder dem Recht des Staates, in dem das geschützte Interesse verletzt worden ist.

(2) An die Stelle des nach Absatz 1 maßgebenden Rechts tritt
1. Das Recht des Staates, in dem sowohl der Ersatzpflichtige wie der Geschädigte zur Zeit des Schadensereignisses ihren gewöhnlichen Aufenthalt hatten;
2. bei Ansprüchen aus unlauterem Wettbewerb das Recht des Staates, auf dessen Markt die Wettbewerbsmaßnahme einwirkt, es sei denn, daß allein oder überwiegend die Geschäftsinteressen eines bestimmten Mitbewerbers betroffen sind.

(3) Der Geschädigte kann seinen Anspruch unmittelbar gegen einen Versicherer des Haftpflichtigen geltend machen, wenn das auf die Haftung anzuwendende Recht oder anderenfalls das Recht, dem der Versicherungsvertrag unterliegt, dies vorsieht.

Artikel 41
Wesentlich engere Verbindung

(1) Besteht mit dem Recht eines Staates eine wesentlich engere Verbindung als mit dem Recht, das nach dem Artikel 38 Abs. 2 und 3 oder den Artikeln 39 oder 40 maßgebend wäre, so ist jenes Recht anzuwenden.

(2) Eine wesentlich engere Verbindung kann sich vor allem aus einer besonderen rechtlichen oder tatsächlichen Beziehung zwischen den Beteiligten oder in den Fällen des Artikels 38 Abs. 2, 3 und des Artikels 39 aus ihrem gewöhnlichen Aufenthalt in demselben Staat im Zeitpunkt des rechtserheblichen Geschehens ergeben.

Artikel 42
Gemeinsame Vorschriften

(1) Nach Eintritt des Ereignisses, durch das ein außervertragliches Schuldverhältnis entstanden ist, können die Parteien das Recht wählen, dem es unterliegen soll. Rechte Dritter bleiben unberührt.

(2) Die Artikel 35 und 37 Nr. 2 gelten entsprechend.

(3) Artikel 40 Abs. 2 Nr. 1 und Artikel 41 sind bei Eingriffen in Immaterialgüterrechte nicht anzuwenden.

Anhang

Sechster Abschnitt

Sachenrecht

Artikel 43
Rechte an einer Sache

(1) Entstehung, Änderung, Übergang und Untergang von Rechten an einer Sache unterliegen dem Recht des Staates, in dem sich die Sache befindet. Die sachenrechtlichen Vorschriften dieses Staates sind auch dann anzuwenden, wenn nach einer anderen Verweisungsvorschrift dieses Gesetzes das Recht eines anderen Staates maßgeblich wäre.
(2) Gelangt eine Sache, an der Rechte begründet sind, in einen anderen Staat, so unterliegen die Wirkungen dieser Rechte dem Recht des Staates, in den sie gelangt ist.

Artikel 44
Sicherungsrechte

Vereinbarte Sicherungsrechte des Veräußerers oder Dritter unterliegen bis zum Eintreffen der Sache im Bestimmungsstaat dem Recht des Absendestaats, ab Eintreffen im Bestimmungsstaat dem Recht dieses Staates, auch wenn das Sicherungsrecht vor Eintritt in diesen Staat begründet worden ist.

Artikel 45
Gemeinsame Vorschriften

(1) Die Artikel 43 und 44 gelten nicht für Schiffe, Luftfahrzeuge und Eisenbahnfahrzeuge.
(2) Die Artikel 35 und 37 Nr. 2 gelten entsprechend."

Gesetzesregister

Die Zahlen beziehen sich auf die Paragraphen des Buches, die hochgestellten Zahlen auf die Fußnoten.

I. Bundesrepublik Deutschland

EGBGB

Art. 3 I: 1 I 3, IV; 12 I; 24 I vor 1, II 2; 41 III 4; 47 I 5; 49 IV 2; 51 IV 3
- II: 1 III 2; 9 vor I; 24 I vor 1; 39 II 7; 42 II 1; 44 I 1; 46 II 3c; 48 I vor 1; 50 vor I; 56 III vor 1
- III: 12 I; 26 II; 38 IV 1; 45 III vor 1, 3c; 51 I 2, V 2a

Art. 4: 24 II vor 1, 7 vor a, a, c; 40 IV 3b; 52 I 4; 53 I 2
- I: 24 I vor 1, II 1, 3 vor a, c, 4, 5; 29 II 1a, b, 2; 38 IV 1; 41 I 4; 42 vor I, III 1; 43 I 1, 2, II 2a; 44 IV vor 1; 45 II 3b, III vor 1; 46 I 3, III 1 vor a, a; 48 III 4; 49 I 2, IV 2; 50 II vor 1; 51 I 2; 55 I 3d
- II: 24 II 2, 3d, 6, 7c; 40 I; 43 I 2; 45 II vor 1, III vor 1, 2 vor a; 52 II 3a; 53 I 2
- III: 4[6]; 24 II 3a; 29 II, III 2c; 30 IV; 40 IV 3b; 52 I 5

Art. 5: 37 I 1, 2c; 50 II vor 1
- I: 4 II 1a; 7[11]; 29[11]; 37 II 1; 38 II 2; 40 IV 3b; 42 vor I; 43 II 1a, c, 2c; 44 II 1b; 45 I 3a, II 3a, III 3a; 45[15]; 46 III 1a; 47 II 2a; 48 III 2
- II: 19 III; 20 III; 29 II 2; 31 III 2b; 37[30]; 38 II 2; 39 II 6b; 42 I 2; 46 III 1a; 49 IV 2
- III: 39 II 7; 39[26]

Art. 6: 8 I 2; 12 I; 20 II 3; 23 II 2; 24 II 3a, b; 26 II 4; 36 vor I, I, II 1, III, IV 1, 3, VI; 38 IV 1; 42 vor I; 44 I 3; 46 I 5; 49 IV 3; 60 III 5

Artt. 7 ff.: 42 vor I

Art. 7: 12 II 1; 14 I 2, 3; 16 I; 18 I 3; 18[4]; 39 II 7; 42 I 1, 3c, f, II 2, 3; 44 I 1; 49 IV 1; 52 I 3d; 56 IV 5
- I: 15 I 2; 16 II 2; 42 I vor 1, 1, 2, II 2, III1
- II: 27[12]; 28 II; 42 I 2; 51 IV 2

Art. 8: 7[21]; 39 II 6b, III 1; 42 II 2, 3; 50 II 3

Artt. 9 f.: 36 VIII

Art. 9: 7[21]; 36 VIII; 42 III 1, 2; 51 III 1

Art. 10: 24 II 6; 32 IV 2b; 37 II 1a; 38 IV 1; 39 II 1; 40 II; 43 vor I, I 1, II 3; 44 III 3; 45 I 1; 48 V 1; 53 VI 4
- I: 43 I 1–4, II vor 1, 2a, 3, III 1, 3a; 46 II 3a; 49 I 1, IV 2
- II: 20 I 2b; 36 VIII; 37 II 1a; 43 I 2, II 1 vor a, a, b, 2a, III 3a; 45 III 3a
- III: 12 V; 43 I 2, II 2a–d
- IV: 36 VIII; 43 II 2b
- V: 36 VIII; 37 II 1a; 43 III 2, 3 vor a, a, 4
- VI: 37 II 1a; 43 III 2,4; 49 IV 2

Art. 11: 12 II 1; 14 I 2; 18 I 3; 18[4]; 24 II 2; 29 II 2; 41 vor I, III vor 1, 4, 5c, 7; 44 III 2; 51 IV 3; 52 II 2, 4; 58 III 4
- I–IV: 41 III vor 1
- I: 5[4]; 12 I; 20 II 2; 23 II 3; 29 II 2; 30 II; 35 IV 2; 41 I 3, III 5 vor a, b, 6a, 7; 44 II 1a, 2, 3, III 2, IV 2; 49 IV 1; 51 IV 5 a, c; 52 I 3d
- II–IV: 52 I 3d
- II: 5[4]; 41 III 5b; 44 II 2
- III: 41 III 5b; 44[22]
- IV: 41 III 6 vor a, a
- V: 12 I; 41 III 6 vor a, b, 7; 54 I 2

Art. 12: 5[4]; 12 I; 24 II 2; 38 IV 1; 41 I 2a, b, 4; 42 I 3, II 2; 52 I 3d; 55 II 2

Artt. 13 ff.: 16 II 2; 36 VIII

Art. 13: 12 II 1; 14 I 2; 15 I 2; 32 III; 44 III 3; 44[4]; 45 vor I; 46 vor I, I 4, II 1; 48 III 5

Gesetzesregister

- I: 12 II 2; 18[4]; 20 V; 27 II 3c; 41 III 5a; 44 I 1, 4, II 3, III 1, IV 1
- II: 5[8]; 20 I 2c; 32 V; 36 VIII; 38 IV 1; 44 I 3, 4; 44[5]
- III: 27 II 3c; 36 VIII; 41 III vor 1; 44 II 1, 3, III 2, IV 2

Art. 14: 18 II; 31 III 3b; 35 IV 2; 37 II 1a; 43 II 2b; 44 IV 3; 45 vor I, I 1, II vor 1, 1, III vor 1, 2 vor a, 3 vor a, IV 2; 46 I 1
- I: 4[6, 9]; 15 I 2; 19 III; 20 I 1, III; 24 II 3a, d; 29 II 1c, 2; 31 III 2b; 35[7]; 38 III 1, IV 1; 39 II 5, III 1; 44 IV 3; 45 I, II vor 1, 2, 3, III 2 vor a; 46 III 1a, 2c, V; 48 III vor 1, 2, V 2 vor a, a; 49 II 1, III 1
- II–IV: 45 II vor 1; 46 I 1
- II: 24 II 3d; 37 II 1a; 39 III 1; 40 II, IV 3b; 45 II 3a, III 3a; 45[15, 16]
- III: 38 IV 1; 39 III 1; 40 II; 45 II 3b
- IV: 7 II 2; 40[24]; 45 II 4, 5, III 3e

Art. 15: 18 II; 24 II 6; 34 I 2, III 1; 35 IV 2; 37 II 1a; 45 vor I, I 1, III vor 1, 1, 4b, c, IV 2; 46 II 3b; 51 III 4a
- I: 15 I 2; 20 III; 24 II 3d; 28 I, II; 29 II 2; 40 IV 3b; 45 vor I, I 2, II 2, 5, III vor 1, 2 vor a, a, 3d, 4b
- II: 16[2]; 24 II 3d; 29 II 2; 37 II 1a; 38 IV 1; 39 III 1; 40 IV 3b; 45 vor I, III vor 1, 2a, 3, 4a, b; 51 II 1, 2 vor a
- III: 40 II; 40[24]; 45 III 3e, 4b, c
- IV: 45 III 2b

Art. 16: 5[4]; 36 VIII; 38 IV 1; 40[17]; 42 I 3e; 45 IV vor 1, 2; 45[4]
- I: 39 III 1; 45 IV 1
- II: 20 I 2c, II 1; 45 IV 2

Art. 17: 18 II; 46 vor I, IV 4 vor a, a
- I: 20 I 2c, III; 24 II 3d; 27 II 3b; 36 VIII; 39 II 5; 44 IV 3; 45 I 2, II 2; 46 I 1, 2, 5, II vor 1, 2, III 1 vor a, a, V; 47[10]
- II: 36 VIII; 45 II 2; 46 IV 2, 4a
- III: 12 V; 20 IV; 36 VIII; 38 IV 1; 46 II 3d, III

Art. 18: 1 III 2; 5 II 2; 15[8]; 24 II 2; 39 III 1; 44 III 3; 45 I 1; 46 V; 47 I 1, 4, II 5a, b, 7; 48 V 1; 51 III 4b
- I: 5 II 2; 15 I 2; 20 I 2c, II 1; 37 II 1b; 38 IV 1; 46 III 2a; 47 I 2, 5, II 1, 2b
- II: 5 II 2; 20 I 2c, II 1; 36 VIII; 47 I 2, II 2c
- III: 20 IV; 47 II 3
- IV: 44 III 3; 46 II 2, V; 47 I 1, 5, II 4
- V: 47 II 2a
- VI: 47 II 5 vor a, b, c, 6; 52 VI 2
- VII: 12 V; 47 II 7

Artt. 19 ff.: 18 II

Art. 19: 44 III 3; 48 vor I, I vor 1
- I: 15 I 2; 17 I; 20 II 3, III; 20[11]; 24 II 3c; 31 III 3b; 32 II, III, IV 2b; 38 IV 1; 39 III 1; 43 III 2; 45 I 2, II 2; 48 III, IV vor 1, V 2a; 49 II vor 1, 1
- II: 20 III; 32 III; 38 IV 1; 39 II 7, III 1; 42 I 1; 43 III 3 vor a; 45 I 2, II 2; 46 II 3c; 47 II 5c; 48 V; 49 I 1, IV 1
- III: 12 V; 39 III 1; 48 V 2c

Art. 20: 48 vor I, I vor 1, IV vor 1
- I: 5 II 2; 20[11]; 38 IV 1; 39 III 1; 47 II 5b; 48 IV 1–3; 49 II vor 1, IV 2
- II: 15 I 2; 32 III; 38 IV 1; 39 II 7, III 1; 42 I 1; 43 III 4; 47 II 5c; 48 V vor 1, 1, 2b; 49 IV 1; 50 II 2; 51 III 4b

Art. 21: 20 IV; 32 III; 48 III 1; 49 vor I, I 1, II vor 1, IV vor 1, 2
- I: 20 III; 20[11]; 32 II, III; 45 I 2, II 2; 49 I 2, II 1
- II: 27 II 3b; 32 III; 49 II 2

Art. 22: 15 I 2; 20 III, IV; 27 II 3 b; 28 I; 32 III; 45 I 2, II 2; 49 vor I, I 1, 2, III 1, 2b, c, IV 2, V 4

Art. 23: 12 V; 20 I 2c, IV; 24 II 2; 36 VIII; 38 IV 1; 43 III 4; 48 IV 3; 49 vor I, IV, V 2

Art. 24: 50 vor I, II vor 1
- I: 42 II 2; 49 IV 1; 50 II 1–3, 5
- II: 50 II 4
- III: 31 III 3a; 50 II 1, 4, 5

Art. 25: 31 III 2b; 34 I 2, III 1
- I: 15 I 2; 24 II 4a, b; 27 II 3b; 29 II

1a; 32 III, IV 2a; 51 vor I, IV vor 1; 51[13]
- II: 20 I 2b; 38 IV 1; 40 II; 40[24]; 45 III 3c; 51 vor I, I 2, II, V 2a

Art. 26: 1 III 2; 12 IV 2; 24 II 2; 41 III vor 1; 51 vor I, III 6, IV 3
- I–III: 51 IV 3
- I–IV: 51 IV vor 1
- I: 19[3]; 20 II 2; 29 II 2; 30 II; 37 II 1b; 51 II 2a, IV 3, 4
- IV: 51 IV 3, 5a
- V: 14 I 3; 27 II 3a; 27[12]; 42 I 2; 51 II 2b, IV vor 1, 1, 2, 4

Artt. 27 ff.: 1 III 2; 9 II 1; 52 I vor 1, 3e, III 3h, IV 2d, VIII 1

Art. 27: 41 III 5a; 52 I 4, IV 2b, V vor 1, 1a, 2a, VI 4, VII vor 1
- I: 7 II 2; 40 II; 40[24, 25]; 52 II vor 1, 1, 2, 3b, III 5, IV 2c; 54 II
- II: 52 II 3c, 4, IV 2c
- III: 3 II 1; 40 IV 3a; 52 II 3 vor a, 5, V 2a; 52[75]
- IV: 40 III 1; 52 II 2, V 1c
- V: 52 V 2b

Art. 28: 4 II 1a; 18[6]; 24 II 7b; 31 III 2b; 41 III 5a; 52 I 4, II 3b, c, III vor 1, 3 vor a, e, 4, 5, IV 2b, c, VI 4, VII vor 1
- I: 4 II 1a; 4[9]; 24 II 7b; 52 III vor 1, 4, 5, IV 2b; 52[42]
- II–IV: 52 III vor 1, 4
- II: 4 II 1a; 41 I 1b; 52 I 5, III 1–3, 5, IV 2b, V vor 1, 1b; 58 II 2a
- III: 52 III 1, 2 vor a, 3b, 4
- IV: 52 III 1, 2 vor a, 3e
- V: 4 II 1a; 4[12]; 7[11]; 52 III vor 1, 2b, 4, 5, IV 1b; 52[36]; 53 V 4

Art. 29: 3 II 3; 5 II 2; 52 III 3a, g, V vor 1
- I: 3 II 1; 7 II 2; 36 VIII; 40[14]; 52 II 3 vor a, 5, V vor 1, 1 vor a, a, b, 2a
- II: 52 III vor 1, 2b, 3g, V vor 1, 1a, b; 53 VI 3
- III: 41 III vor 1; 52 V 1c; 52[15]
- IV: 52 V 1a

Art. 30: 3 II 3; 5 II 2; 52 III 3c, V vor 1, 2
- I: 3 II 1; 7 II 2; 36 VIII; 40[14]; 52 II 3 vor a, 5, V vor 1, 2a; 52[76]
- II: 4[12]; 52 III vor 1, V vor 1, 2a, b; 58 II 2a

Art. 31: 40 III 1; 41 vor I
- I: 52 I 3a, b, II 2
- II: 40 III 1; 52 I 3a, II 2

Art. 32 I: 24 II 1; 41 II 1; 41[30]; 52 I 3b, VI vor 1, 5; 53 I vor 1, III 1, 4
- II: 52 I 3b
- III: 52 I 3c

Art. 33: 52 VI vor 1
- I: 52 VI 1
- II: 52 II 3c, VI 1, 4
- III: 52 VI 2, 3

Art. 34: 3 II 1, 2; 36 I; 52 I 3b, II 3 vor a, V 2a, VII 1, VIII 1, 3

Art. 35: 24 II 6, 7b; 52 II 3a
- I: 24 II 1, 2; 41 I 4, III 4; 52 I 4, 5; 53 I 2
- II: 8[18]; 52 I 5

Art. 36: 41 III vor 1; 52 I 2, 3d

Art. 37: 9 II 1; 41 I 1b; 52 I 3e, III 3h

Art. 38: 12 IV 3; 20 IV; 36 VIII; 53 I vor 1, IV vor 1, 3; 58 II 2 vor a

Artt. 153 ff.: 27 I 2

Art. 220: 27 I 2, III vor 1; 43 II 1c
- I: 1 III 1; 27 III vor 1, 1
- II: 27 III vor 1, 2
- III: 27 III vor 1; 45 III 4
- IV: 27 III vor 1; 43 vor I, II 1c, 2d
- V: 27 III vor 1; 43 vor I, III 2–4

EGBGB a. F.

1 III 1; 12 III 1, 2; 27 III 1

Artt. 7 ff.: 1[9]

Art. 11 I: 29 II 2; 41 III 6a
- II: 41 III 6 b, 7

Art. 12: 53 I vor 1, IV vor 1, 3

Art. 15: 45 III 4a, b; 45[41]
- I: 5[8]
- II: 5[8]

Art. 17: 60 IV 3e

Art. 18: 32 IV 2b

Art. 21: 47 I 1

Art. 22 II: 49 IV 2

Art. 27: 24 I vor 1

Art. 28: 26 II vor 1; 26[11]

Art. 29: 37²⁸; 39 III 1
Art. 30: 36 III 1
Art. 31: 60 III 6

BGB
§ 1: 3 I
§ 129: 33 II 1; 41 III 5b
§ 134: 52 VIII 2b
§ 135: 54 III 1a
§ 136: 54 III 1a
§ 138: 52 VIII 2a, b
§ 195: 36 V
§ 209: 33 II 2
§ 218: 60 IV 3d
§ 244: 12 IV 2
§ 313: 41 III 6a
§ 477: 52 IV 2 vor a
§ 478: 52 IV 2 vor a
§ 766: 41 III 3b
§ 825: 44 IV 3
§ 826: 44 IV 3
§ 839: 53 IV 2c
§ 844: 47 II 5a
§ 883: 54 III 1a
§ 925: 33 II 1; 41 III 6b
§ 930: 54 III 2b
§ 932: 54 III 1 vor a
§ 985: 54 III 1b
§ 1000: 54 III 1a
§§ 1298 ff.: 44 IV 3
§ 1300: 36⁶
§ 1320 a. F.: 39⁶
§§ 1353 ff.: 45 I 1
§ 1355: 43 II vor 1, 1c, 2a, b
§ 1357: 45 IV 2
§ 1362: 45 IV 2
§ 1371: 14¹²; 45 III 1
§ 1410: 45 II 5
§ 1412: 45 IV 1
§ 1431: 45 IV 2
§ 1456: 45 IV 2
§ 1558: 45 IV 1
§ 1564: 46 IV 4a; 60⁷⁰
§ 1587b: 46 III 3a
§ 1587c: 46 III 2d
§§ 1591 ff.: 48 III 1

§§ 1600c ff.: 49 IV 2
§ 1615k: 48 IV 2
§ 1616: 43 III 3a
§ 1618: 43 III 4; 49 IV 2
§§ 1628–1632: 48 I 1
§ 1634: 48 I 1
§ 1640: 48 I 1
§ 1666: 48 I 1, V 2 c
§ 1667: 48 I 1
§ 1671: 48 I 1
§ 1672: 48 I 1
§§ 1674 ff.: 48 I 1
§ 1681: 48 I 1
§ 1685: 48 I 1
§ 1693: 48 I 1
§ 1696: 48 I 1
§ 1705: 48 I 2a, 4; 50 II 2
§ 1709: 48 I 2a
§ 1711: 48 I 1
§§ 1723 ff.: 49 II 2
§§ 1726 ff.: 49 IV 2
§§ 1740a ff.: 49 II 2
§§ 1741 ff.: 49 III 2b
§§ 1746 ff.: 49 IV 2
§ 1746: 49 IV 2
§ 1747: 49 V 5
§ 1748: 49 IV 3, V 5
§ 1910: 42 II 2; 50 II 3
§ 1913: 50 II 4
§ 1931: 45 III 1
§ 1934 a: 51 III 4b
§ 1934d: 14¹²; 51 III 4b
§ 1944: 11 II; 12 IV 2
§ 1945: 41 III 5b
§ 1954: 11 II; 12 IV 2
§ 1960: 51 V vor 1, 1b
§ 1961: 51 I 1b
§§ 1981 ff.: 51 V vor 1
§ 2247: 41 III 3b
§ 2251: 12 IV 2; 22¹
§ 2301: 51 IV 5b
§ 2353: 51 V 2 vor a, a; 59 I 4
§§ 2365 ff.: 51 V 2b, c
§§ 2366 f.: 33¹⁰
§ 2368: 51 V 1a
§ 2369: 51 V 1a, 2 vor a, b; 59 I 4

Gesetzesregister

AGBG
§ 12: 52 V 1a

AktG
§ 17: 55[43]
§ 44: 55 II 1
§§ 293 ff.: 3 II 3
§§ 362 ff.: 55 I 2b

AO
§ 9: 39[13]

ArbGG
§ 73: 59[18]

AUG
47 III 2

AusfG zum AuskunftsÜ
§ 4: 59 III 2b
§ 9: 59 III 2b

AußenwirtschaftsG
52 VII 2a

AußenwirtschaftsVO
52 VII 2a

AVAG
60 V 2b

BetrVerfG
55 II 2

BeurkG
§ 17: 33 II 2

BörsG
§ 61: 52 III 3g

EGGVG
§ 23: 44 I 4

EGZPO
§ 24: 60[54]

EheG
§ 5: 44 I 1
§ 8: 44 I 1
§ 10: 44 I 4
§ 13a: 43 II 2b
— 1. DVO zum EheG
§ 15: 44 I 4

EKG
Art. 1: 52 IV 2b
Art. 2: 52 IV 2b
Art. 3: 52 IV 2c

FamRÄndG
Art. 7: 44 I 3; 46 IV 3, 4 vor a, b; 49 V 2; 60 I 3b, III 6
Art. 9: 37 I 2b

FGG
§ 16a: 36 III 1; 42 II 4, III 3; 49 III 2c, d, V 2–4; 50 III 3; 51 III 4c, V 2c; 56 III 1; 58 I 3 vor a; 60 I 3a, II 4 vor a, 5–7, III 1, 2a, 3–6, V 1
§ 28: 59[14]
§ 33: 60 V 1
§ 35a: 44 I 1; 48 V 2c; 50 III 1, 3; 51 V 1 vor a; 56 III 1; 58 II 1c, 4 vor a; 60 III 2a
§ 43: 44 I 1
§ 43a: 49 V 1; 58 II 1c, 4 vor a; 60 III 2a
§ 43b: 49 V 1; 49[20]; 51 V 1 vor a; 56 III 1; 58 II 1c, 4 vor a; 60 III 2a
§ 47: 33[4]; 50 III 2; 58[30]
§ 56a: 49 II 2
§ 56e: 49 III 1
§ 56 f: 49 III 2d
§ 66 a. F.: 57 II 1
§ 73: 51 V 1 vor a

FlRG
§ 21: 52 V 2b

GBO
§ 35: 51 V 2c

Gesetz über Anerkennung freier Ehen
27[9]

Gesetz über den Güterstand von Vertriebenen
45 III 2b

GG
36 IV 2
Art. 1: 36 IV 1
Art. 3: 5 III; 36 IV 1; 45 vor I, I 3 vor a, III 4a, b
Art. 6: 32[4]
Art. 14: 36 IV 1
Art. 25: 8 I 2; 36 III 2a; 36[13]
Art. 34: 53 IV 2c
Art. 92: 46 IV 3b
Art. 103: 59 I vor 1
Art. 116: 29 III 2 vor a; 37 I 2b; 45 III 2b
Art. 117: 45 III 4a; 45[41]
Art. 144: 22[4]

GmbHG
§ 53: 41 III 7
§ 54: 41 III 7

GVG
§ 12: 57 I 1
§ 13: 58 I 1a; 60 II 4c
§§ 18 ff.: 57 I 1, 2
§ 18: 57 I 4
§ 19: 57 I 4
§ 20: 57 I 5
§ 23c: 59[30]

GWB
§ 89: 59[30]
§ 93: 59[30]
§ 98: 12 V; 52 VII 2b; 53 VII 1

Hannoversche Processordnung
§ 2: 39[6]

HGB
§ 13b: 55 II 1
§ 89b: 36[5]

§ 92c: 12 IV 2
§ 346: 11 I 2
§ 350: 41 III 3b

Höfeordnung der ehem. Brit. Zone
26[5]

IPRNG
1 III 1; 6 III 1; 27 III vor 1; 38 IV 1; 39 III 1

JWG
48 I 1
§ 40: 50 II 2

KonsularG
§ 8: 44 II 2
§ 10: 45 II 5

NÄG
43 I 5
§ 3a: 43[8]

PatG
§ 25: 1 VI 2

Preuß. ALR
39[6]
Einl. § 28: 54 I 1

PStG
§ 5a: 44 I 4
§ 25 a.F.: 39[6]
§ 31: 59[32]
§ 41: 43 III 3b
§ 42 a.F.: 39[6]
§ 50: 59[32]

RuStAG
§ 6: 49 V 3

ScheckG
Art. 60: 5[4]

SGB
– I
§ 30: 39^{13}
§ 34: 33^4
– IV
§§ 3ff.: 3^7
§ 4: 52 V 2b

SteueranpassungsG
§ 14: 39^{13}

UnterstützungswohnsitzG
§ 10: 39^6

UrheberG
§ 105: 59^{30}

UWG
§ 1: 11^{21}

VerschG
§ 9: 42 III vor 1
§ 12 a.F.: 42 II 1
§ 12: 7^{21}; 42 III 2
§§ 13ff.: 42 III 1
§§ 39ff.: 42 III 1

VO über die Schädigung Deutscher im Ausland
53 V 2

WG
Art. 31: 11^9
Art. 91: 5^4; 42 I vor 1

WZG
§ 35: 1 VI 2

ZPO
§§ 12ff.: 56 III 1; 58 V vor 1, 3; 60 III 2a
§ 12: 6 I; 47 III 1
§ 13: 47 III 1; 58 II 1a, b, V 4a
§ 16: 58 II 1e; 60 I 1
§ 23: 6 I; 56 III 1; 58 II 1b, e; 60 III 2c
§ 23a: 47 III 1; 58 II 1b, e
§ 24: 60 III 2a

§ 27: 58 II 1b
§ 29: 58 II 1a, 2a; 60 III 2a
§ 32: 6 I; 53 IV 1d; 58 II 1a, 2 vor a, b
§ 33: 58^{42}
§ 35: 58 IV 2
§§ 38ff.: 58 III 1, 5 vor a; 60 III 2a
§ 38: 58 I 4, III 3, 4, 5b
§ 39: 58 V 1
§ 40: 58 III 1, 3, 4, 5b, V 1
§ 55: 42 I vor 1; 56 IV 5
§ 89: 17^6
§§ 91ff.: 17^6
§ 138: 58 V 1
§ 139: 40 IV 4; 59 I vor 1
§ 148: 58^{30}
§ 253: 46 I 2
§ 261: 58 V 4b; 60 I 2b
§ 281: 58 V 5
§ 282: 58 V 1
§ 286: 58 V 1
§ 287: 52 I 3b
§ 288: 58 V 1
§ 293: 7 II 2, 4; 31 III vor 1, 3c; 56 III 1; 59 I 2, 3
§ 302: 17^6
§ 313: 46 II 1
§§ 325ff.: 58 II 2 vor a
§ 328 a.F.: 25 II 2; 60 IV 3e
§ 328: 36 III 1; 42 II 4, III 3; 44 I 3; 46 IV 3, 4 vor a; 49 V 2; 56 III 1; 58 I 3 vor a; 59 I 3; 60 I 3a, II 1, 3, 4 vor a, 5–7, III 1, 2a, b, 3–6, IV 3e, V 1
§ 331: 58 V 1
§§ 355ff.: 59 I 2
§ 369: 56 IV 2
§ 397: 59 III 2a
§ 402: 59 III 2a
§ 411: 59 III 2a
§ 512a: 58 V 3
§ 549: 58 V 3; 59 I 3
§ 551: 59^{25}
§ 600: 17^6
§ 606: 58 II 1c
§ 606a: 39 II 5; 46 IV 1, 3a; 56 III 1, IV 3; 58 II 1 c, e, 3b; 60 III 2a, c
§ 606b a.F.: 58 II 3b

§ 620: 31 III 3b, c
§ 621: 46 IV 1; 60 II 6; 60[78]
§ 621a: 60 II 6
§ 622: 46 I 2
§ 623: 46 IV 1
§ 640a: 58 II 1c, e; 60 III 2a
§ 646: 42 II 2
§ 648: 42[12]; 58 II 1c
§ 648a: 7[21]; 39 II 6b; 42 II 3; 42[12]; 58 II 1c, e; 58[30]
§ 676: 42[12]
§ 717: 17[6]
§ 722: 60 IV 3a, V vor 1, 1, 2a
§ 723: 60 II 3, III 1a, V vor 1, 1, 2a
§ 766: 60 V 1
§ 767: 60 V 1
§§ 850 ff.: 17 I
§ 894: 39 II 6c

§ 926: 31 III 3c
§ 935: 31 III 3c
§ 945: 17[6]
§ 1041: 36 III 1
§§ 1042 ff.: 60 V 1
§ 1042: 60 V 1
§§ 1042a ff.: 60 V 2a
§ 1042a: 60 V 2a
§ 1042c: 60 V 2a
§ 1044: 36 III 1; 60 II 2b, V 1; 60[33]

ZustG zum EuSchVÜ
Art. 1: 1[18]

ZustG zum Wiener KaufrechtsÜ
Art. 2: 52 IV 2b
Art. 3: 52 IV 2 vor a
Art. 5: 52[55]

II. DDR

GIW
11[20]

RechtsanwendungsG
1[24]; 10 II 4
§ 3: 24[13, 30]
§ 19: 38[14]
§ 20: 38[14]
§ 21: 19[4]

StaatsbürgerschaftsG
29[17]
§ 4: 19[4]

ZPO
§ 193: 60 III 2 vor a

III. Ausländische Staaten

Ägypten
ZGB: 6 III 1

Albanien
IPR-Gesetz: 10 III 5 vor a

Argentinien
Código civil
  Art. 11: 54[5]
  Art. 1208: 23[7]

Brasilien
EinführungsG
  Art. 8 § 1: 54[5]

Dänemark
WechselG
  Art. 79: 20[2]

Frankreich

Code civil
Art. 2: 27[11]
Art. 3: 10 III 3; 15 II 2; 36 I
Art. 6: 36 I
Art. 311–14: 20[5]
Art. 311–15: 20[3]
Art. 311–16: 20[11]
Art. 1134: 40[2]

Loi prévenant et réglant les conflits entre la loi française et la loi locale d'Alsace et Lorraine: 1[23]

N.C.p.c.
Art. 509: 60 V vor 1

Griechenland

ZGB
Art. 16: 16 II 2
Art. 32: 24 I vor 1

ZPO
Art. 559: 59[13]

Großbritannien

Civil Evidence Act 1972
sec. 4: 59[15]

Recognition of Divorces and Legal Separations Act 1971
sec. 3: 58[4]

Italien

Codice civile, Disp. prel.
Art. 7 a.F.: 37 I 1
Artt. 24 ff.: 37 I 1
Art. 27: 25[5]
Art. 30: 21[6]; 24 I vor 1

Codice di procedura civile
Artt. 796 ff.: 60 I 3b

Japan

IPR-Gesetz 1898: 10 II 5

Jugoslawien

ILR-Gesetz: 29 I 2
Art. 34: 29 II 1a

IPR-Gesetz: 10 III 5 vor a; 29 I 2
Art. 5: 23[8]
Art. 28: 53[27]
Art. 30: 29 II 1a

Liechtenstein

Sachenrecht
Art. 13: 23[8]

Österreich

IPR-Gesetz: 10 III 1
§ 1: 4 II 1a; 4[8]
§ 4: 31[20]
§ 5: 24 I vor 1, II 5; 24[30]
§ 6: 36[10, 36]
§ 7: 27[8]
§ 9: 10 III 1; 37 I 1
§ 13: 43 I 1
§ 16: 44 II 1a
§ 17: 32[20]
§ 18: 38[14]
§ 19: 40[21]
§ 20: 46[8, 9]
§ 30: 51[23]
§ 34: 53[89]
§ 45: 12 II 1
§ 46: 53[12, 16]
§ 47: 53 II 3b
§ 48: 53 IV 1d, VII 1

JN
§ 66: 39[12]

Polen

ILR-Gesetz 1926: 16 II 2; 29 I 2
Art. 2: 39[3]

IPR-Gesetz 1926: 16 II 2; 29 I 2

IPR-Gesetz 1965: 10 III 5 vor a; 29[3]

Portugal

Código civil (Buch I – Titel I): 10 III 5 vor a
Art. 15: 14[6]
Art. 16: 24[22]
Art. 18: 24[25]
Art. 19: 24[22]

Art. 21: 23[8]
Art. 23: 31 III 2b

Schweiz

IPR-Gesetz: 10 III 2; 29 I 2; 60 III 2c
Art. 13: 22[7]
Art. 14: 24 I vor 1
Art. 15: 4 II 1b
Art. 17: 36 III 1
Art. 18: 52[95]
Art. 19: 52 VIII 3
Art. 20: 39 II vor 1
Art. 23: 37[17]
Art. 37: 43 I 1
Art. 43: 32[20]
Art. 44: 7 III 2b
Art. 46: 7 III 2b
Art. 47: 7 III 2b
Art. 48: 7 III 2b
Art. 52: 40[22]
Art. 57: 40[17]
Art. 60: 7 III 2b
Art. 61: 7 III 2 b
Artt. 66 ff.: 48[17]
Art. 67: 7 III 2b
Art. 76: 7 III 2b
Art. 77: 7 III 2b
Art. 79: 7 III 2b
Art. 82: 7 III 2b
Art. 90: 40[22]
Art. 99: 54[6]
Art. 101: 54[28]
Art. 102: 54 III 1a; 54[22]
Art. 104: 54 II
Art. 110: 53[89]
Art. 116: 52[30]
Art. 117: 4 II 1a
Art. 126: 41 I 2b, c; 41[23]
Art. 128: 53[12, 16, 17]
Art. 133: 53 IV 1d, V 3; 53[47]
Art. 135: 53 IV 3; 53[77]
Art. 136: 53 VII 1
Art. 137: 53 IV 3
Art. 138: 53 IV 1d
Art. 139: 53[81]
Art. 140: 53[40]

Art. 141: 53[32]
Artt. 143 ff.: 52 VI vor 1
Art. 146: 52 VI 2
Art. 148: 52[93]
Art. 154: 55 I vor 1
Art. 155: 55[36]

NAG: 16 II 2
Art. 32: 29 I 2

OG
Art. 43a: 59[13]

OR
Art. 127: 36 V

SchKG
Art. 149: 36 V

ZGB
Art. 1: 13 II
Art. 570: 41 III 5b
Art. 934: 54[15]

Sowjetunion

Grundlagen der Gesetzgebung über die Ehe und Familie
Art. 8: 29 I 2

Grundlagen der Zivilgesetzgebung
Art. 18: 29 I 2

Spanien

Código civil (Einleitungstitel): 10 III 5 vor a
Art. 9: 29 II 1a, 2
Art. 12: 24[13]
Artt. 14 f.: 29 II 1a
Art. 16: 29 I 2, II 1a, 2

Thailand

IPR-Gesetz
§ 18: 25[6]
§ 27: 25[6]
§ 33: 25[6]

Gesetzesregister

Tschechoslowakei
Gesetzbuch des internationalen Handels: 11[20]
§ 3: 52 II 3a

IPR-Gesetz: 6 III 1; 10 III 5 vor a

Türkei
IPR-Gesetz: 10 III 5 vor a

Tunesien
Dekret vom 12.7.1956/24.6.1957
Art. 1: 16[10]
Art. 4: 16 II 2

Ungarn
IPR-Gesetz: 10 III 5 vor a
§ 25: 5[2]
§ 29: 5[2]
§ 32: 53[27]

Vereinigte Staaten
Uniform Child Custody Jurisdiction Act: 48 II vor 1

Verfassung
Art. IV: 29[7]

IV. Staatsverträge

Übereinkunft zwischen Deutschland und Frankreich wegen Bewilligung des Armenrechts vom 20.2.1880 (RGBl. 1881, 81)
Art. 2: 39[9]

Pariser Verbandsübereinkunft zum Schutz des gewerblichen Eigentums vom 20.3.1883 (Fassung Stockholm 1967, BGBl. 1970 II 391): 53[88]

Berner Übereinkunft zum Schutz von Werken der Literatur und Kunst vom 9.9.1886 (Fassung Paris 1971, BGBl. 1973 II 1071): 53[88]

Montevideo-Verträge von 1889/1940: 9 III 2a

Madrider Abkommen über die internationale Registrierung von Marken vom 14.4.1891 (Fassung Stockholm 1967, BGBl. 1970 II 418): 22 II 3

(Haager) Abkommen zur Regelung von Fragen des internationalen Privatrechts vom 14.11.1896 (RGBl. 1899, 285)
Art. 10: 56 IV 4
Art. 15: 39[9]

(Haager) Abkommen zur Regelung des Geltungsbereichs der Gesetze und der Gerichtsbarkeit auf dem Gebiete der Ehescheidung und der Trennung von Tisch und Bett vom 12.6.1902 (RGBl. 1904, 231): 9 I; 36 VI
Art. 5: 57[1]
Art. 6: 57[1]
Art. 9: 9[32]

(Haager) Abkommen zur Regelung des Geltungsbereichs der Gesetze auf dem Gebiete der Eheschließung vom 12.6.1902 (RGBl. 1904, 221): 9 I
Art. 1: 24[34]; 44 I 1
Art. 2: 36[40]
Art. 3: 36[40]
Art. 8: 44 I 1

(Haager) Abkommen zur Regelung der Vormundschaft über Minderjährige vom 12.6.1902 (RGBl. 1904, 240): 9 I, V 1; 36 VI; 36[42]; 41[31]
Art. 1: 50 I 2
Art. 9: 50 I 2

(Haager) Abkommen über die Entmündigung und gleichartige Fürsorgemaßregeln vom 17.7.1905 (RGBl. 1912, 463): 9 I; 36 VI
Artt. 1–8: 42 II 1
Art. 14: 42 II 1

(Haager) Abkommen betr. den Geltungsbereich der Gesetze in Ansehung der Wirkungen der Ehe auf die Rechte und Pflichten der Ehegatten

553

in ihren persönlichen Beziehungen und auf das Vermögen der Ehegatten vom 17.7.1905 (RGBl. 1912, 453): 9 I; 36 VI
Art. 1: 45 vor I
Art. 2: 5⁹; 45 vor I; 45³⁷
Art. 5: 45 vor I
(Haager) Abkommen über den Zivilprozeß vom 17.7.1905 (RGBl. 1909, 410): 9 I; 56 III 2b
Übereinkommen zur einheitlichen Feststellung von Regeln über die Hilfsleistung und Bergung in Seenot vom 23.9.1910 (RGBl. 1913, 66): 53 II 2
Übereinkommen zur einheitlichen Feststellung von Regeln über den Zusammenstoß von Schiffen vom 23.9. 1910 (RGBl. 1913, 49)
Art. 12: 53⁶⁵
Vormundschaftsabkommen zwischen dem Deutchen Reiche und der Republik Österreich vom 5.2.1927 (RGBl. 1927 II 511)
Art. 1: 50 I 3
Art. 4: 50 I 3
Código Bustamante vom 13.2.1928 (LNTS 86, 111): 9 III 2b
Art. 7: 9 III 2b; 39 I vor 1
Art. 68: 8⁶
Niederlassungsabkommen zwischen dem Deutschen Reich und dem Kaiserreich Persien vom 17.2.1929 (RGBl. 1930 II 1006)
Art. 10: 37¹
Schlußprotokoll zu Art. 8: 37¹
Konsularvertrag zwischen dem Deutschen Reiche und der Türkischen Republik vom 28.5.1929 (RGBl. 1930 II 748)
Anlage zu Art. 20
§ 14: 51 I 1
(Warschauer) Abkommen zur Vereinheitlichung von Regeln über die Beförderung im internationalen Luftverkehr vom 12.10.1929 (RGBl. 1933 II 1040; Fassung Den Haag vom 28.9.1955, BGBl. 1958 II 312)
Art. 1: 52 I 1
Art. 24: 53⁶²
Deutsch-schweizerisches Anerkennungs- und Vollstreckungsabkommen vom 2.11.1929 (RGBl. 1930 II 1066): 60 I 3a
(Genfer) Abkommen über das einheitliche Wechselgesetz vom 7.6.1930 (RGBl. 1933 II 378): 1 I 1
(Genfer) Abkommen über Bestimmungen auf dem Gebiete des internationalen Wechselprivatrechts vom 7.6. 1930 (RGBl. 1933 II 444): 11⁷
Art. 2: 24³⁴
(Nordisches) Abkommen enthaltend gewisse Bestimmungen des IPR über Ehe, Adoption und Vormundschaft vom 6.2.1931 (LNTS 126, 121): 9 III 1
Art. 1: 39³
(Nordisches) Abkommen über die Beitreibung von Unterhaltsleistungen vom 10.2.1931 (LNTS 126, 41): 9 III 1
(Genfer) Abkommen über das Einheitliche Scheckgesetz vom 19.3.1931 (RGBl. 1933 II 538): 1 I 1
(Genfer) Abkommen über Bestimmungen auf dem Gebiete des internationalen Scheckprivatrechts vom 19.3. 1931 (RGBl. 1933 II 594): 11⁷
Art. 2: 24³⁴
(Nordisches) Abkommen über die Ancrkennung und Vollstreckung von Zivilurteilen vom 16.3.1932 (LNTS 139, 165): 9 III 1
(Nordisches) Abkommen über den Konkurs vom 7.11.1933 (LNTS 155, 115): 9 III 1
(Nordisches) Abkommen über Erbschaft und Nachlaßteilung vom 19.11.1934 (LNTS 164, 243): 9 III 1
Art. 1: 39³

(Bretton Woods) Abkommen über den Internationalen Währungsfonds vom 22.7.1944 (BGBl.1952 II 638; Neufassung von 1976, BGBl.1978 II 13)
Art. VIII: 52 VIII 3
(Europäische) Konvention zum Schutze der Menschenrechte und Grundfreiheiten vom 4.11.1950 (BGBl.1952 II 686): 36 IV 2
(Genfer) Abkommen über die Rechtsstellung der Flüchtlinge vom 28.7.1951 (BGBl.1953 II 560)
Art. 12: 37 II 2; 37[1]
(Haager) Übereinkommen über den Zivilprozeß vom 1.3.1954 (BGBl.1958 II 577): 9 I; 56 III 2b
Art. 4: 60[2]
Art. 11: 60[2]
(New Yorker) Übereinkommen über die Rechtsstellung der Staatenlosen vom 28.9.1954 (BGBl.1976 II 473)
Art. 12: 37 II 2
Freundschafts-, Handels- und Schiffahrtsvertrag mit den Vereinigten Staaten vom 29.10.1954 (BGBl.1956 II 487)
Art. XXV: 55 I 1
(Haager) Übereinkommen betr. das auf internationale Kaufverträge über bewegliche körperliche Sachen anzuwendende Recht vom 15.6.1955 (schweiz. BBl.1971 II 1049): 9 I
Art. 1: 40[20]
Art. 2: 40[20]; 52 IV 1a
Art. 3: 52 IV 1a
(Haager) Übereinkommen zur Regelung der Konflikte zwischen dem Heimatrecht und dem Wohnsitzrecht vom 15.6.1955: 24 I 2
Europäisches Niederlassungsabkommen vom 13.12.1955 (BGBl.1959 II 998)
Art. 4: 38 IV 2
Protokoll: 39[11]
Übereinkommen über den Beförderungsvertrag im internationalen Straßengüterverkehr (CMR) vom 19.5.1956 (BGBl.1961 II 1120)
Art. 1: 52 I 1
(Haager) Übereinkommen über die Anerkennung der Rechtspersönlichkeit von ausländischen Gesellschaften, anderen Personenverbindungen und Stiftungen vom 1.6.1956: 55 I 4
Art. 1: 55 I 1
Art. 2: 55 I 1
(UN-)Übereinkommen über die Geltendmachung von Unterhaltsansprüchen im Ausland vom 20.6.1956 (BGBl.1959 II 150): 47 III 2
(Haager) Übereinkommen über das auf Unterhaltsverpflichtungen gegenüber Kindern anzuwendende Recht vom 24.10.1956 (BGBl.1961 II 1013): 9 I; 36 VI; 36[43]; 38 IV 2; 39 III 1; 47[17]
Art. 1: 47 I 3a
Art. 2: 47[5]
Art. 6: 9[32]; 47 I 3a
Vertrag zur Gründung der Europäischen Wirtschaftsgemeinschaft vom 25.3.1957 (BGBl.1957 II 766)
Art. 7: 38 IV 2
Art. 52: 55 I 5
Art. 54: 55 I 5
Art. 58: 55 I 5
Art. 220: 55 I 1, 5; 56 III 2a
(Haager) Übereinkommen über das auf den Eigentumserwerb bei internationalen Käufen beweglicher Sachen anzuwendende Recht vom 15.4.1958: 54 vor I
Art. 6: 54[27]
(Haager) Übereinkommen über die Anerkennung und Vollstreckung von Entscheidungen auf dem Gebiet der Unterhaltspflicht gegenüber Kindern vom 15.4.1958 (BGBl.1961 II 1006): 9 I; 47 III 2; 56 III 2b; 60 I 3a, V 2a; 60[62]
Art. 2: 60 III 1c
Art. 3: 58 II 1b

Deutsch-belgisches Anerkennungs- und
Vollstreckungsabkommen vom 30. 6.
1958 (BGBl. 1959 II 766): 46[38]
Art. 1: 60 IV 1
Deutsch-österreichischer Anerken-
nungs- und Vollstreckungsvertrag
vom 6. 6. 1959 (BGBl. 1960 II 1246):
60 I 3a
Wiener (UN-)Übereinkommen über diplomatische Beziehungen vom 18. 4.
1961 (BGBl. 1964 II 958)
Art. 31: 57 I 4
Art. 37: 57 I 4
Europäisches Übereinkommen über die
internationale Handelsschiedsgerichtsbarkeit vom 21. 4. 1961
(BGBl. 1964 II 426)
Art. VII: 7 vor I; 11[11]
(Haager) Übereinkommen zur Befreiung ausländischer öffentlicher Urkunden von der Legalisation vom
5. 10. 1961 (BGBl. 1965 II 876): 9[15]
(Haager) Übereinkommen über die Zu-
ständigkeit der Behörden und das an-
zuwendende Recht auf dem Gebiet
des Schutzes von Minderjährigen
vom 5. 10. 1961 (BGBl. 1971 II 219):
7 III 2a; 9 I; 12 II 1; 39 II 6d, 7, III 1;
47 II 5c; 48 vor I, II vor 1, V 1; 49 IV 1
Art. 1: 48 I 3, 4, V 2c; 50 I 1
Art. 2: 31 III 3a; 48 I 3, 4, V 2c; 50 I 1
Art. 3: 15 II 3; 42 I 1; 43 III 3 vor a, 4;
48 I vor 1, 2–4; 50 II 2
Art. 4: 31 III 3a; 37[27]; 48 I 3–5; 50 I 1
Art. 5: 48 I 3, 5
Art. 6: 48 I 3
Art. 7: 48 I 6, II 2; 50 I 1
Art. 8: 48 I 3–5, V 2c
Art. 9: 31 III 3a; 48 I 3–5
Art. 10: 48 I 5; 50 I 1
Art. 11: 48 I 5; 50 I 1
Art. 12: 32 VI 1; 48 I vor 1; 50 I 1
Art. 13: 48 I vor 1, 2b, 3; 50 I 1
Art. 15: 48 I 3
Art. 16: 36[41]
Art. 18: 50 I 2, 3

Art. 21: 15 II 3
(Haager) Übereinkommen über das auf
die Form letztwilliger Verfügungen
anzuwendende Recht vom 5. 10.
1961 (BGBl. 1965 II 1145): 1 III 2;
9[15]; 41 III vor 1; 51 IV 3
Art. 1: 19[3]; 20 II 2; 24[17]; 37 II 1b
Art. 4: 51 IV 4
Art. 5: 15 II 3
Art. 16: 15 II 3
(Nordisches) Abkommen über die Beitreibung von Unterhaltsleistungen
vom 23. 3. 1962 (UNTS 470, 44):
9 III 1
Deutsch-niederländischer Anerken-
nungs- und Vollstreckungsvertrag
vom 30. 8. 1962 (BGBl. 1965 II 27)
Art. 1: 60 IV 1
Wiener (UN-)Übereinkommen über
konsularische Beziehungen vom
24. 4. 1963 (BGBl. 1969 II 1587)
Art. 43: 57 I 4
(Haager) Übereinkommen zur Einführung eines Einheitlichen Gesetzes
über den Abschluß von internationalen Kaufverträgen vom 1. 7. 1964
(BGBl. 1973 II 919): 52 IV 2 vor a
(Haager) Übereinkommen zur Einführung eines Einheitlichen Gesetzes
über den internationalen Kauf beweglicher Sachen vom 1. 7. 1964
(BGBl. 1973 II 886): 52 IV 2 vor a
Algerisch-französisches Abkommen
über Exequatur und Auslieferung
vom 27. 8. 1964 (J.O. 17. 8. 1965
S. 7269): 60 II 2a
(CIEC-) Übereinkommen zur Erleichterung der Eheschließung im Ausland
vom 10. 9. 1964 (BGBl. 1969 II 451):
9 II 3
(Haager) Übereinkommen über die behördliche Zuständigkeit, das anzuwendende Recht und die Anerkennung von Entscheidungen auf dem
Gebiet der Annahme an Kindesstatt
vom 15. 11. 1965 (öst. BGBl. 1978

Nr. 581): 7 III 2a; 12 V
Artt. 1–6: 49 I 3b
Art. 15: 36⁴¹
(Haager) Übereinkommen über die Zustellung gerichtlicher und außergerichtlicher Schriftstücke im Ausland in Zivil- und Handelssachen vom 15.11.1965 (BGBl. 1977 II 1453): 56 III 2b
Art. 13: 60¹, ²
Deutsch-tunesischer Anerkennungs- und Vollstreckungsvertrag vom 19.7.1966 (BGBl. 1969 II 890): 46³⁸; 60 I 3a
(CIEC-) Übereinkommen über die Anerkennung von Entscheidungen in Ehesachen vom 8.9.1967 (öst. BGBl. 1978 Nr. 43): 9 II 3; 46 IV 3a
Art. 1: 36⁴⁴
(EG-) Übereinkommen über die gegenseitige Anerkennung von Gesellschaften und juristischen Personen vom 29.2.1968 (BGBl. 1972 II 370): 55 I 4
Art. 1: 55 I 1
Art. 4: 55 I 1
Europäisches Übereinkommen betr. Auskünfte über ausländisches Recht vom 7.6.1968 (BGBl. 1974 II 938): 9 II 2; 56 III 2a
Art. 3: 59 III 2b
Art. 4: 59 III 2b
Art. 7: 59 III 2b
Art. 8: 59 III 2b
Art. 14: 59 III 2b
Art. 15: 59 III 2b
(EG-) Übereinkommen über die gerichtliche Zuständigkeit und die Vollstreckung gerichtlicher Entscheidungen in Zivil- und Handelssachen vom 27.9.1968 (BGBl. 1972 II 774) i. d. F. vom 9.10.1978 (BGBl. 1983 II 803): 9 II 1, V 1b; 10 III 4; 56 III 2a; 58 II 3a
Art. 1: 51 V vor 1; 56 III 2a; 57 I 1; 58 I 4, III 1; 60 II 4, III 1b
Artt. 2ff.: 58 I 4, III 3

Art. 2: 56 III 2a; 58 I 4, II 1c, V 4a
Art. 3: 58 II 1b; 60 III 2 vor a, c
Art. 4: 58 II 1b
Artt. 5ff.: 58 I 4, II 1c
Art. 5: 47 III 1; 53 IV 1d; 58 I 4, II 1b, 2a, b
Art. 6: 60⁴¹
Artt. 13ff.: 52⁷²
Art. 13: 52⁷²
Art. 16: 58 I 4, II 1c
Art. 17: 58 I 4, III 1, 3–6
Art. 18: 58 III 1, V 1
Art. 19: 58 V 1
Art. 20: 58 V 1
Artt. 21ff.: 60 III 4
Art. 21: 60 I 2b
Art. 24: 60 II 3
Artt. 25ff.: 58 III 6; 60 I 3a, II 3
Art. 25: 60 II 1, 5
Art. 26: 60 IV 1
Art. 27: 60 I 2b, II 3, III 1, 2d, 3, 4, IV 3e, V 2b; 60⁴⁹
Art. 28: 60 III 1 vor a, 2d, V 2b
Art. 29: 60 III 1a
Art. 30: 60 II 3
Artt. 31ff.: 60 IV 3a, V 2b
Art. 31: 60 V 2b
Art. 34: 60 V 2b
Art. 36: 60 V 2b
Art. 38: 60 II 3
Art. 39: 60 II 3
Artt. 46ff.: 60 V 2b
Art. 46: 60 II 3
Art. 47: 60 II 3
Art. 52: 19³
Art. 55: 60 I 3a
Wiener Übereinkommen über das Recht der Verträge vom 23.5.1969 (BGBl. 1985 II 927): 9 I
Art. 53: 8¹²
Benelux-Vertrag über das Einheitliche IPR-Gesetz vom 3.7.1969 (Trb. 1969 Nr. 167)
Anlage, Art. 21: 21⁵
(Haager) Übereinkommen über die Anerkennung von Ehescheidungen und

Ehetrennungen vom 1.6.1970 (AS 1976, 1546): 46 IV 3a
Art. 11: 32[20]
(Haager) Übereinkommen über die Beweisaufnahme im Ausland in Zivil- und Handelssachen vom 18.3.1970 (BGBl. 1977 II 1472): 56 III 2b
Art. 12: 60[1, 2]
Niederlassungsvertrag zwischen der Bundesrepublik Deutschland und dem Spanischen Staat vom 23.4.1970 (BGBl. 1972 II 1042)
Art. XV: 55 I 1
(CIEC-) Übereinkommen über die Legitimation durch nachfolgende Ehe vom 10.9.1970 (öst. BGBl. 1976 Nr. 102): 9 II 3; 20[11]
Art. 1: 32 VI 2; 49 I 3a
Art. 2: 32 VI 2; 49 I 3a
Art. 3: 49 I 3a
Art. 5: 49 I 3a
(UNESCO-) Übereinkommen zur Bekämpfung der unerlaubten Ausfuhr von Kulturgütern vom 14.11.1970: 52[107]
(Haager) Übereinkommen über die Anerkennung und Vollstreckung ausländischer Urteile in Zivil- und Handelssachen vom 1.2.1971: 9 IV 1
(Haager) Übereinkommen über das auf Straßenverkehrsunfälle anzuwendende Recht vom 4.5.1971 (öst. BGBl. 1975 Nr. 387): 9 I
Art. 1: 53 VI 1
Art. 3: 53 VI 1
Art. 4: 53 VI 1
Art. 11: 53 VI 1
Protokoll betr. die Auslegung des EuGVÜ durch den Gerichtshof vom 3.6.1971 (BGBl. 1972 II 846) i. d. F. vom 9.10.1978 (BGBl. 1983 II 819): 56 III 2a
Europäisches Übereinkommen über Staatenimmunität vom 16.5.1972 (öst. BGBl. 1976 Nr. 432): 9 II 2; 56 III 2a

Artt. 1-13: 57 I 3d
Art. 15: 57 I 3d
Art. 20: 57 I 3d
Art. 21: 57 I 3d
Art. 23: 57 I 3d
Art. 24: 57 I 3d
Art. 26: 57 I 3d
Zusatzprotokoll
Art. 1: 57[16]
Art. 4: 57[16]
Vertrag über die Grundlagen der Beziehungen zwischen der Bundesrepublik Deutschland und der Deutschen Demokratischen Republik vom 21.12.1972 (BGBl. 1973 II 423): 29 III 2
(Haager) Übereinkommen über die internationale Nachlaßverwaltung vom 2.10.1973: 7 III 2a
Artt. 2-4: 51 V 4
Artt. 20-23: 51 V 4
(Haager) Übereinkommen über das auf die Produkthaftung anzuwendende Recht vom 2.10.1973
Artt. 4-6: 53 VI 3
(Haager) Übereinkommen über das auf Unterhaltspflichten anzuwendende Recht vom 2.10.1973 (BGBl. 1986 II 837): 1 III 2; 9 I; 32 VI 1; 39 III 1
Art. 1: 47 II 5a
Art. 3: 47 I 3b
Artt. 4ff.: 47[8]
Art. 4: 47 I 5, II 1
Art. 5: 37 II 1b; 47 II 2b
Art. 6: 36 VIII; 47 II 2c
Art. 7: 47 II 3
Art. 8: 47 II 4
Art. 9: 47 II 6; 52[86]
Art. 10: 47 II 5b, c, 6
Art. 11: 47 II 7
Art. 15: 47 II 2a
(Haager) Übereinkommen über die Anerkennung und Vollstreckung von Unterhaltsentscheidungen vom 2.10.1973 (BGBl. 1986 II 826): 9 I; 47 III 2; 56 III 2b; 60 I 3a, V 2b

Art. 4: 60 II 3, III 1c
Art. 5: 60 III 1c
Art. 7: 58[11]
(UN-) Übereinkommen über die Verjährung beim internationalen Warenkauf vom 14.6.1974 i.d.F. vom 11.4.1980: 41 vor I; 52 IV 2 vor a
(Nordisches) Abkommen über die gegenseitige Rechtshilfe vom 26.4. 1974: 9 III 1
Übereinkommen über das europäische Patent für den Gemeinsamen Markt vom 15.12.1975 (BGBl. 1979 II 834): 53 VII 2
Art. 36: 53[91]
Deutsch-norwegischer Anerkennungs- und Vollstreckungsvertrag vom 17.6.1977 (BGBl. 1981 II 342): 60 I 3a, V 2b
Deutsch-israelischer Anerkennungs- und Vollstreckungsvertrag vom 20.7.1977 (BGBl. 1980 II 926): 60 I 3a, V 2b
(Nordisches) Abkommen über die Anerkennung und Vollstreckung von Zivilurteilen vom 11.10.1977: 9 III 1
(Haager) Übereinkommen über das auf Ehegüterstände anzuwendende Recht vom 14.3.1978
Artt. 2–5: 45 vor I
Art. 7: 45 vor I
(Haager) Übereinkommen über die Eheschließung und die Anerkennung der Gültigkeit von Ehen vom 14.3.1978
Artt. 1–15: 44 I 1
(Haager) Übereinkommen über das auf die Stellvertretung anzuwendende Recht vom 14.3.1978
Art. 5: 41 I 1c
Art. 6: 41 I 1c
Art. 11: 41 I 1c; 41[16]
Art. 12: 41 I 2c
Art. 13: 41 I 2a
Art. 14: 41 I 2e
Art. 15: 41 I 1c, 3

Übereinkommen über den Beitritt des Königreichs Dänemark, Irlands und des Vereinigten Königreichs Großbritannien und Nordirland zum EuGVÜ vom 9.10.1978 (BGBl. 1983 II 803): 56[5]
Übereinkommen von Montevideo über Allgemeine Regeln des IPR vom 8.5. 1979: 9 III 2c
Wiener(UN-)Übereinkommen über den internationalen Kauf beweglicher Sachen vom 11.4.1980 (BGBl. 1989 II 588): 1 I 1, 2
Art. 1: 11[8]; 52 IV 2a, b
Art. 2: 52 IV 2a, V 1 vor a
Art. 6: 52 IV 2c
Art. 7: 52 IV 2d
Art. 9: 11[11]
Art. 10: 52 IV 2a
Art. 29: 52 V 1 vor a
Art. 45: 52 IV 2 vor a
Art. 95: 52 IV 2b
Art. 99: 52 IV 2 vor a
Annex II: 41[2]
Übereinkommen über den internationalen Eisenbahnverkehr vom 9.5. 1980 (BGBl. 1985 II 130): 52 I 1
Anhang A (CIV)
Art. 1: 52[5]
Art. 2: 52[5]
Anhang B (CIM)
Art. 1: 52[5]
Art. 2: 52[5]
Europäisches Übereinkommen über die Anerkennung und Vollstreckung von Entscheidungen über das Sorgerecht für Kinder und die Wiederherstellung des Sorgerechts vom 20.5.1980: 9 II 2; 48 II vor 1, V 1
Art. 2: 48 II 2
Artt. 8–10: 48 II 2
Art. 13: 48 II 2
Art. 17: 48 II 2
(EG-) Übereinkommen über das auf vertragliche Schuldverhältnisse anzuwendende Recht vom 19.6.1980

(BGBl. 1986 II 810): 1 III 2; 9 II 1,
IV 3, V 1b, VI; 10 III 4; 52 I vor 1;
58 II 2a
Art. 1: 1 IV; 52 I 3e
Art. 2: 58 III 3
Art. 3: 52 II vor 1
Art. 4: 52 III vor 1, 2c, 4
Art. 5: 52 V vor 1, 1 vor a
Art. 6: 52 V vor 1, 2 vor a, b
Art. 7: 52 VII 1, VIII 3, 4
Art. 8: 52 I 3a
Art. 9: 24[17]; 41 III vor 1, 6a; 41[38]; 52 I 3d
Art. 10: 52 I 3b
Art. 11: 42 I 3 vor a, c; 52 I 3d
Art. 12: 52 VI 1
Art. 13: 52 VI 2, 3
Art. 14: 52 I 3c
Art. 15: 24 II 7b; 41[27]; 52 I 4
Art. 16: 36[44]
Art. 18: 52 I 3d
Art. 19: 8[18]; 52 I 5
Art. 22: 52 VIII 3
(Haager) Übereinkommen über die Erleichterung des internationalen Zugangs zu den Gerichten vom 25.10. 1980: 9 I
(Haager) Übereinkommen über die zivilrechtlichen Aspekte internationaler Kindesentführung vom 25.10. 1980 (AS 1983, 1694): 9 I; 48 II vor 1, V 1
Art. 1: 48 II 1
Artt. 6–8: 48 II 1
Artt. 12–17: 48 II 1
Art. 19: 48 II 1
Art. 34: 48 II 1
Übereinkommen über den Beitritt der Republik Griechenland zum EuGVÜ vom 25.10.1982 (BGBl. 1988 II 453): 56[5]
(Unidroit-) Übereinkommen über die Stellvertretung beim internationalen Warenkauf vom 17.2.1983: 41 vor I; 52 IV 2 vor a
Französisch-portugiesisches Minderjährigenschutzabkommen vom 20.7.

1983 (J.O. 14.10.1984 S. 3222)
Art. 8: 37[25]
Deutsch-spanischer Anerkennungs- und Vollstreckungsvertrag vom 14.11.1983 (BGBl. 1987 II 35): 46[38]; 60 I 3a, V 2b
Art. 23: 60[17]
(Haager) Übereinkommen über das auf trusts anzuwendende Recht und über ihre Anerkennung vom 1.7.1985: 9 I; 55 I 1
(Haager) Übereinkommen über das auf internationale Warenkaufverträge anzuwendende Recht vom 22.12. 1986
Art. 7: 52 IV 1b
Art. 8: 52 IV 1b
Art. 28: 52 IV 1b
(Luganer) Übereinkommen über die gerichtliche Zuständigkeit und die Vollstreckung gerichtlicher Entscheidungen in Zivil- und Handelssachen vom 16.9.1988 (ABl.EG 1988 Nr. L 319, 9)
Art. 61: 56 III 2a
Erstes Protokoll betr. die Auslegung des EuSchVÜ durch den Gerichtshof der Europäischen Gemeinschaften vom 19.12.1988 (ABl.EG 1989 Nr. L 48, 1): 52[7]
Zweites Protokoll zur Übertragung bestimmter Zuständigkeiten für die Auslegung des EuSchVÜ auf den Gerichtshof der Europäischen Gemeinschaften vom 19.12.1988 (ABl.EG 1989 Nr. L 48, 17): 52[7]
(Haager) Übereinkommen über das auf die Rechtsnachfolge von Todes wegen anzuwendende Recht vom 1.8. 1989: 9 I
Art. 3: 51 I 1
Art. 4: 24[37]
Art. 5: 51 I 1
Art. 6: 40[16]
Art. 12: 40[16]
Art. 17: 24[37]

V. Recht der Europäischen Gemeinschaften

Richtlinie des Rates zur Angleichung der Rechts- und Verwaltungsvorschriften der Mitgliedstaaten über die Haftung für fehlerhafte Produkte vom 25.7.1985 (ABl.EG 1985 Nr. L 210, 29): 53[73]

Zweite Richtlinie des Rates zur Koordinierung der Rechts- und Verwaltungsvorschriften für die Direktversicherung (mit Ausnahme der Lebensversicherung) vom 22.6.1988 (ABl.EG 1988 Nr. L 172, 1)
Art. 2: 52 III 3h
Art. 7: 52 III 3h; 52[17]

Sachregister

Die Zahlen bedeuten die Paragraphen, die hochgestellten Zahlen die Fußnoten.

abgeschlossene Vorgänge 1 III 1; 27 III 1
 s. a. Sachverhalt
Abgrenzungsnorm 12 III 1
 – im materiellen Einheitsrecht 11 I 1a; 12 I; 52 I 1, IV 2b
Abkommen 9[25]
 s. a. Staatsverträge
Absicht der Umgehung 23 II 1
absolut internationaler Sachverhalt 11 vor I
Abstammung, eheliche 20 II 2, 3; 24 II 3c; 48 III
 – nichteheliche 48 IV
Abstraktheit des IPR 1 II 2; 14 I 2
Abstraktionsprinzip 54 I 2
Abtretung 52 VI 1
adaptation 34 I
 s. a. Anpassung
Adatrecht 30 II
Adel 43 I 3
administrator 51 III 5, V 2b, 3
Adoption 49 I, III, IV
 – Anerkennung 49 III 2c, V 2–4
 – Aufhebung 49 III 2d
 – Dekretsystem 49 III 2b
 – Erbrecht 49 III 2c; 51 III 4c
 – Haager Abkommen 49 I 3b, c
 – Kindeswohl 6 III 3; 49 IV 3
 – Name 49 I 1
 – Renvoi 49 I 2, IV 2
 – Sorgerecht 48 V 2a
 – Vertragssystem 49 III 2b, V 4
 – Volladoption oder schwache 49 III 2c, d, V 3
 – Wiederholung 49 IV 3, V 5
 – Wirkungen 49 III 2c
 – Zuständigkeit 49 V 1; 58 II 4
 – Zustimmung 49 IV, V 2, 5
Änderung ausländischer Akte, Entscheidungen 42 II 4
affiliazione 57 II 1

Akzessorietät 20 V; 53 II 3b, III 4, V 3, VI 3
 – und Rückverweisung 24 II 3d
Allgemeine Geschäftsbedingungen 40 IV 1; 52 I 3a, V 1a
allgemeine Rechtsgrundsätze 7 vor I; 11 I 3; 52 II 3e
 – als Ersatzrecht 31 III 2c
Alternativanknüpfung 4 II 2; 5 II 2; 20 II; 24 II 3c; 32 II
 – Delikt 20 II 2, 3; 53 IV 1d, VI 2c, 3, 4
 – Doppelstaater 37 II 1a
 – eheliche Abstammung 20 II 2; 48 III 2, 3, 5
 – Form 20 II 2; 41 III 5; 51 IV 3
 – Legitimation 20 II 2; 49 II 1
 – Vaterschaftsfeststellung 20 II 2; 48 IV 3
Alternativqualifikation 60 II 4b
Amtsermittlung ausländischen Rechts
 s. Ermittlung
Amtshaftung 53 IV 2c
Amtspflegschaft 50 II 2
Amtsprüfung der Anerkennungshindernisse 60 III 1d, 3
 – des Kollisionsrechts 7 II 2; 59 I 1
 – der Zuständigkeit 58 V 1–3
 s. a. Ermittlung
analytische Methode des IPR 34 II
 s. a. Zersplitterung
Aneignungsrecht des Fiskus 51 III 4d
Anerkennung ausländischer Entscheidungen 60 I 3–IV
 – Amtsprüfung von Hindernissen 60 III 1d, 3
 – Arten anerkennungsfähiger Entscheidungen 60 II
 – DDR-Entscheidungen 60 II 7
 – in Ehesachen 46 IV 3, 4; 60 IV 3e
 – einstweilige Maßnahmen, Verfügungen 60 II 3

Sachregister

- Entmündigung 42 II 4; 60 II 6
- der Freiwilligen Gerichtsbarkeit 60 I 3a, II 5, 6
- Gegenseitigkeit s. d.
- Gerichtsbarkeit 60 III 1
- Gestaltungsakt 60 IV 3e
- Hindernisse 60 III
- und Kollisionsrecht 6 I; 60 III 1b, IV 3e
- Nachprüfung der Gesetzmäßigkeit 60 III 1a
- ordre public 60 III 5, IV 2
- rechtliches Gehör bei Verfahrenseinleitung 60 III 3
- und Rechtshängigkeit im Inland 60 III 4
- Rechtsquellen 60 I 3a
- Sorgerecht 48 I 6, II 1, 2
- Todeserklärung 42 III 3
- Unterhalt 47 III 2; 60 II 2
- Unvereinbarkeit mit anderer Entscheidung 60 III 4
- unwirksame Entscheidung 60 III 1
- völkerrechtliche Anerkennung des Urteilsstaates 8 II 2
- Voraussetzungen 60 III 1c
- vorläufige Entscheidungen 60 II 3
- Vorrang der Staatsverträge 56 III vor 1; 60 I 3a
- Wirkungen 60 IV
- Zuständigkeit des Erstgerichts 60 III 2

Anerkennung von Gesellschaften 55 I 2
- eines Verfahrens im Ausland 60 I
- völkerrechtliche 8 II 1, 2; 31 II 2
- der Zuständigkeit 58 I 3a; 60 I 1, 2a, III 2

Anerkennungsverfahren, besonderes 46 IV 3b, 4b; 49 V 2; 60 I 3b

Angleichung 34 I
s. a. Anpassung

anglo-amerikanischer, englischer Rechtskreis, Common Law 10 II 2, III 4, IV

Anhängigkeit in verschiedenen Staaten 60 I 2b

animus manendi 39 I 4, II 4b

Anknüpfung 19 I
- akzessorische 20 V; 24 II 3d; 53 II 3b, III 4, V 3, VI 3
- alternative s. Alternativanknüpfung
- distributive 20 V
- fakultative 20 I 2b, II 1
- gekoppelte 20 V
- gemischte 22 I 1
- kombinierte 20 I 1
- Konkretisierung 29 II; 30 IV
- korrigierende 20 I 2c, II 1
- kumulative 20 IV; 49 IV 2
- mechanische s. d.
- örtliche, räumliche, territoriale 22 I 1, II 2; 29 II 2; 30 IV
- persönliche, personale 22 I 1, II 2; 29 II 1; 30 IV
- sinnvolle 8 I 1
- starre 4 IV; 13 I, II

Anknüpfungen, Kombinationen 20 I–V
- Kaskade 20 III
- Konkretisierung s. d.
- Kumulation 20 IV
- Leiter 20 III; 45 I 3
- Rangfolge, Rangordnung 16 II 1; 17 I; 18 I 4

Anknüpfungsbegriff 12[6]
- gegenstand 12 II 1
- grund, -merkmal, -tatsache 12 II 2
- moment 12 II 2; 19 I–III; 20 I–V
- – mobiles 23 I
- zeitpunkt s. Zeitpunkt

Anknüpfungsleiter 20 III
- familienrechtliche 45 I 3

Anpassung 4 III 2, 3; 34 I–IV
- im Minderjährigenschutzabkommen 48 I 4

Anscheinsvollmacht 41 I 3

Antike 2 I 1

Anwendung ausländischen, fremden Rechts 7 I; 24 I 1, II 4b; 31 I–III; 59 I
- falsche 31[4]; 59 I 3
- fiktive 35 IV 2
- Offenlassen 36 II 4; 59 I 4
- Rechtfertigung 21 I 1

563

Sachregister

- Reduzierung 7 II 1
Anwendungsbereich 22 I 2
approaches 2 III 3; 10 IV 4; 13[9]
Arbeitnehmerschutz 3 II 3; 5 II 2; 52 V 2
Arbeitserlaubnis 1 VI 2
Arbeitsvertrag 52 V 2
- Gerichtsstand 58 II 2a
Asylberechtigte 37 II 2
Aufenthalt, gewöhnlicher s. d.
- schlichter, einfacher 39 II 3a, 6b
Aufgebot (zur Eheschließung) 16 II 2; 44 II vor 1
Aufhebung ausländischer Akte, Entscheidungen 42 II 4
Auflassung 33 II 1; 41 III 6b
Auflockerung, Delikt 13 I; 18 I 2; 53 V
- Geschäftsführung ohne Auftrag 53 II 3
- Sachenrecht 54 I
- ungerechtfertigte Bereicherung 53 III 4
Aufrechnung 52 VI 5
- Qualifikation 24 II 1
Aufspaltung s. Spaltung
Auftrag 53 II 2
Ausflaggen 23 II vor 1
Ausfuhrverbot 3 II vor 1; 52 VIII 4
s. a. Embargo
Ausgangsstatutenwechsel 27 I 3
Auskunft über ausländisches Recht 59 III
- über Nachlaßgegenstände 17 II
ausländisches, fremdes Recht s. Anwendung, Auslegung, Ermittlung, Gleichbehandlung, Gültigkeit, Revisibilität
Auslandssachverhalt 1 I 2, IV; 11 II
Auslegung 5 II vor 1
- und Anpassung 34 II 2
- ausländischen, fremden Rechts 16 I; 19 III; 31 I
- divergierende im Einheitsrecht 11 I 1b
- einheitliche 9 V; 52 I 2
- durch den EuGH 52 I 2; 56 III 2a
- bei Sachverhalten mit Außenbeziehung 11 II

- von Staatsverträgen 9 V 1; 16 II 3; 52 I 2
- des Tatbestands einer Kollisionsnorm 14 I 3
- teleologische 9 V 1e; 17 I; 39 II 3–6, III 2
Ausnahmeklausel s. Ausweichklausel
Außenbeziehung, Sachverhalt mit 1 I 2, IV; 11 II
Außenwirtschaftsrecht 52 VII 2a
außerstaatliches Recht des Handels 11 I 2, 3
außervertragliche Schuldverhältnisse 53 I–VII
Aussetzung des Verfahrens 58[30]
Austauschbarkeit s. Fungibilität
Ausweichklausel 4 II 1b, c; 13 II
- und außervertragliches Schuldrecht 53 V 4
- bei Bestimmung des Personalstatuts 38 III 2; 39 III 2
- und Vertrag 52 III 4, IV 1b, V 2b
Auswirkungsprinzip 12 V; 52 VII 2b
Autonomie s. Eigenständigkeit
autonomie de la volonté 40 I

Bankvertrag 52 III 3g
Bauvertrag 52 III 2c, 3b
Beförderungsvertrag 52 I 1, III 3e
Befolgungsregel 58 I 3a, b
Begehungsort 6 I; 53 IV 1, V 5, VII 1
Beglaubigung 33 II 1
Begriffsverweisung 16 II 1
Begünstigung s. favor, Günstigkeitsprinzip
Belegenheit 16 II 1; 51 V 2b; 52 III 3h; 54 I, III
Belegenheitsstatut (gegen Gesamtstatut) 26 I, II
Berechenbarkeit 21 II 1,2
s. a. Voraussehbarkeit
Besatzungsrecht 8 II 2
besondere Vorschriften 26 II 2
better law approach 10 IV 3, 6
Beurkundung 33 II 2; 41 III 7; 45 II 5
Beurteilungsregel 58 I 3a, b

Sachregister

bewegliches Vermögen 54 I–V
- Abgrenzung 16 II 1
- Statutenwechsel 54 III
  s. a. dingliche Rechte, Sachenrecht

Beweisaufnahme, -erhebung 56 IV 2; 60 I 2a
- last 17 I; 31 III vor 1; 52 I 3c; 59 I 2
- sicherung 60 I 2a
- verbot 56 IV 1
- verfahren, förmliches 59 I 2
  s. a. Ermittlung

Bilateralisation von multilateralen Verträgen 9 IV 1

Billigkeit im Einzelfall 4 IV; 13 I, II
  s. a. Ergebnis

Bindung an das Gesetz 10 IV 6c; 13 II

Börsengeschäft, Vollmacht 41 I 2d

Börsentermingeschäft 52 III 3g

Boll 9 V 1; 50^3

bürgerlich-rechtliche Streitigkeit 60 II 4c

Bürgschaft 41 III 3b; 52 III 3f

Bundesverfassungsgericht 5 III; 36 IV 1

center of gravity 13 I

certificat de coutume 59^{48}

cessio legis 52 VI 2

characterization 14 I 1

charakteristische Leistung 52 III 2

Chauvinismus, juristischer 7 I

China, IPR 10 II 5

choice of law 1 V 2; 40 I
- principles 10 IV 4

CIEC, Staatsverträge 9 II 3

circulus vitiosus, inextricabilis 19 III; 21 I 2a; 24 I vor 1; 39 II 6d

classification 14 I 1

Código Bustamante 9 III 2b

comitas, comity 2 II 4; 29^7

Common Law s. anglo-amerikanischer Rechtskreis

compétence directe – indirecte 58 I 3

competenza giurisdizionale – internazionale 58^3

condictio indebiti 18 II; 52 I 3b

conflict of laws, conflicts law 1^{22}

conflit colonial 30 II
- mobile 27 I 3
- transitoire 27 I 5

consideration 41 III 3a

contact s. grouping

convention double, triple 9 IV 1; 58 I 3b
- simple 58 I 3b

coordination des systèmes 2 III 3; 6^{14}

coutumes 2 II vor 1

culpa in contrahendo 14 II

Darlehen 5 I 1
  s. a. Bankvertrag

datum 6^{16}

Dauer des gewöhnlichen Aufenthalts 39 I 4, II 3–5

Dauerrechtsverhältnis 27 II 2

Dauerschuldverhältnis 27 III 1

DDR 29 III; 58 II 1e; 60 II 7, V 1

defensor vinculi 57 II 1

Delibation 60 I 3b

Delikt 53 IV–VII
- akzessorische Anknüpfung 53 V 3, VI 3
- alternative Anknüpfung 20 II 2, 3; 53 IV 1d, VI 2c, 3, 4
- Auflockerung 13 I; 18 I 2; 53 V
- Ausweichklausel 53 V 4
- England 13 I
- Flugzeug 53 VI 2
- gemeinsames Personalstatut 53 V 2
- Kumulation 20 IV
- lex fori 7 II 1; 8 I 1; 53 VI 2c
- ordre public 53 IV 3
- Parteiautonomie 53 V 1, VII 1
- Renvoi 24 II 7c; 53 VI 1
- Schiff 53 VI 2
- Sicherheitsvorschriften 53 IV 2a
- Staatshaftung 53 IV 2c
- Vereinigte Staaten 10 IV; 13 II; 53 I 1, IV vor 1
- Verhaltensnormen 53 IV 2a
- und Verlöbnisbruch 44 IV 3
- Zuständigkeit 58 II 2b

Deliktsfähigkeit 32 II; 42 I vor 1; 53 IV 2

565

dépeçage 18 I vor 1; 18⁹
derecho común 29 II 1a; 31 III 2a
Derogation 58 III 1
Deutscher Rat für IPR 1 III 1
Devisenrecht, Internationales 3 II vor 1;
  12 V; 20 I 1; 22 II 1, 2; 52 VIII 3, 4
Dienstanweisung für Standesbeamte 44
  I 4
Dienstvertrag 52 III 3c
Differenzierung im IPR 2 III 1, 3; 4 IV; 6
  III 1; 13 II; 18 I 2; 53 I 1
– und Entscheidungseinklang 6 II 2
– und Renvoi 24 I vor 1, III 2; 53 I 2
  s. a Auflockerung
Differenzierungstheorie bei Vorkriegs-
  Staatsverträgen 9⁷
dingliche Rechte 54 I–V
– Erwerb durch Gesamtnachfolge 54
  I 2
– numerus clausus 34 IV 2c; 54 I 2
– unbekannte 34 III 3, IV 2; 54 I 2, III 1
  s. a. Sachenrecht
Diplomaten, Immunität 57 I 2, 4
diplomatische Vertretung, Rechtsauskunft 59 III 2c
Direktanspruch gegen Haftpflichtversicherung 53 IV 2b
Diskriminierung 38 IV 2
Distanzdelikt 53 IV 1d
divisible divorce 18⁵
Dogmatik, IPR und zivilrechtliche 14 II
domestic law 12 I
domicile – domicil 37 I 2a
– of choice 37 I 2a
– of origin 37 I 2a
Domizilbegriff 37 I 2a; 39 I 4
– prinzip 37 I 2c; 39 I, III; 40 IV 3b; 51
  I 1
Doppelbeanspruchung des Schuldners
  18 I 1
– exequatur 60 II 2
– funktion der Gerichtsstandsnormen
  58 II 1a
– qualifikation, -qualifizierung 15 II 1;
  60 II 4b

– staater, Mehrstaater 29 III 2a; 37 II;
  45 I 3a
doppelrelevante Tatsachen 58 V 1
double renvoi 24 vor I
Dritte s. Schutz
„dritte Schule" im IPR 2¹⁴
Drittstaaten, Staatsverträge 9 IV 3
droit acquis 21 I vor 1; 27¹¹
  s. a. wohlerworbene Rechte
droit international 12 I
– – privé 1 V 1
– – public 1 V 1
– interne 12 I
– (loi) local Elsaß-Lothringens 1²³; 38⁴
Duldungsvollmacht 41 I 3
Durchgriff 55 I 2b
Durchsetzbarkeit 22 vor I, II; 26 I, II 2b;
  54 I 1

effet atténué de l'ordre public 60 III 5
– immédiat 27¹¹
Ehe 16 II 2
– anfechtbare, aufhebbare 44 III 1
– hinkende s. d.
– nichtige 44 III
eheähnliches Verhältnis 46 V
Ehefähigkeitszeugnis 44 I 4
Ehegatte, überlebender s. Witwe
Ehegüterrecht s. Güterrecht
Ehehindernis 20 V; 44 I 1, 4
ehelich – nichtehelich (Unterscheidung)
  20 II 3; 48 vor I
  s. a. Abstammung
Ehelicherklärung 49 II 2, V 1
Ehelichkeit 48 III
– Anfechtung 48 III 3
– Günstigkeitsprinzip 20 II 2, 3; 24 II
  3c; 48 III 2, 3
– Vorfrage nach der Ehegültigkeit 48
  III 5
Ehemündigkeit 42 I vor 1; 44 I 1
Ehename 43 II
Ehesachen, Anerkennungsverfahren 46
  IV 3b, 4b
– ausländische indirekte Zuständigkeit
  60 III 2a

Sachregister

- einstweilige Anordnungen 31 III 3b
Ehescheidung 46 I, II
- Anerkennung 46 IV 3, 4; 60 IV 3e
- als Vorfrage 32 V
- nach deutschem Recht 46 I 5
- erschlichene 23 II 3; 23^1
- Erstfrage nach dem Bestehen der Ehe 46 I 4
- Folgen 29^{26}; 46 II
- Heilung 27 II 3c
- bei hinkender Ehe 35 IV
- Monopol der Gerichte 46 IV 2
- Name 43 II 3; 46 II 3a
- private 36 II 2; 46 IV 2, 4
- Renvoi 46 I 1, 3
- Schuldausspruch 46 II 1
- Sorgerecht 48 V 2b
- Unterhalt 46 II 2; 47 II 4
- Verschulden 46 I 1, II 1
- Versorgungsausgleich s. d.
- versteckte Rückverweisung 25 I
- Zeitpunkt der Rechtshängigkeit 46 I 2
- Zuständigkeit 46 IV 1
- – Folgesachen 46 IV 1
Eheschließung 20 V; 44 I–III
- erschlichene 23 I; 23^{16}
- fehlerhafte 44 III
- Form 16 II 2; 41 III 5a; 44 II, III 2
- formlose 16 II 2
- Haager Abkommen 44 I 1
- Heilung von Mängeln 27 II 3c; 44 III 4
- kirchliche, religiöse 41 III 3c; 44 II
- konsularische 44 II 1b
- Minderjähriger 17 II; 20 V; 21 I 2a
- standesamtliche 44 II 1a
- durch Stellvertreter 44 II 3
  s. a. Wiederheirat
Eheschließungsfreiheit 44 I 3
- Wiedererlangung 46 I 5
Ehevertrag 45 II 5
- Verkehrsschutz 42 I 3f
Ehewirkungen 45 I–IV
Ehewohnung 45 I; 46 II 2
Eigen-Anknüpfung 32^2
Eigenrechtserbschein 51 V 2a

Eigenständigkeit des IPR 2^{14}; 16 I, II 2, 3
- des IZVR 56 II; 58 II 1; 60 III 1b, IV 3e
Eigentumsübergang 54 III 2a
  s. a. dingliche Rechte, Sachenrecht
Eigentumsvermutungen bei Ehegatten 45 I 1, IV 2
Eigentumsvorbehalt 54 III 1a, 2b
Eilverfahren 7 II 4; 31 III 3; 58 II 1d
Einantwortung 33^{10}; 51 V 3
Einbenennung 43 III 4
- Zustimmung 49 IV
Einfuhrverbot 3 II vor 1; 52 VIII 4
Eingangsstatutenwechsel 27 I 3
Eingeborenenrecht 30 I–IV
Eingriffskondiktion 53 III 2
Eingriffsnorm 3 II; 12 V; 15 II 2; 22 II 2; 52 VII, VIII
- Abspaltung vom Vertragsrecht 18 I 3; 40 IV 2; 52 VII 1, 2b, VIII 1
- ausländische 52 VIII
- Ersatzrecht 31 III vor 1
- Häufung von Anknüpfungsmomenten 20 I 1
- inländische 52 VII
- und ordre public 36 I, V
Einheitslösung für IPR-Fälle 13 I
Einheitsrecht, internationales 1 I 1; 11 I; 52 I, IV
- allseitiges 9 IV 3
- Auslegung 9 V 1
- ergänzende Kollisionsnormen 11 I 1b
- als Ersatzrecht 31 III 2c
- kollisionsrechtliche Abgrenzungsnormen 11 I 1a; 12 I; 52 I 1, IV 2b
- Lückenfüllung 11 I 1b; 52 IV 2d
- und ordre public 36 III 2b
Einigung über das anzuwendende Recht 40 III 1; 52 I 3a, II 2
  s. a. Parteiautonomie
Einordnung 14 I 1
einstweilige Anordnungen, Maßregeln, Verfügungen 31 III 3
- Anerkennung und Vollstreckung 60 II 3

567

s. a. Eilverfahren
Einwanderer 5 I 1
Einzelstatut (gegen Gesamtstatut) 26 I, II
Eisenbahntransport 52 I 1
elterliche Sorge s. Sorgerecht
Emanzipation des Kollisionsrechts
s. Autonomie
Embargo 22 II 2; 52 VIII 2a
Endgültigkeit als Anerkennungsvoraussetzung 60 II 3
England, IPR 10 III 4
– Vertragsrecht, internationales 13 I
s. a. anglo-amerikanischer Rechtskreis
engste Verbindung, Beziehung 4 II 1b, c
– als Ausweichklausel 4 II 1b, c; 52 III 4, V 2b
– und Familienstatut 20 III; 45 I 3c
– im interlokalen (und innerdeutschen) Recht 29 II 1b, c, III 2c
– als Prinzip 2 III 3; 4 II
– und Rückverweisung 24 II 3a
– und Vertrag 52 III vor 1, 4, 5, V 2b
engster (räumlicher) Zusammenhang 4 II 1a; 4[4]
Entbindungskosten 48 IV 2
Enteignung 22 II, III; 55 III
– von Gesellschaften 55 III 2
Entführung s. Kindesentführung
Entmündigung 42 I 1, II
– Anerkennung 42 II 4; 60 II 6
– Aufhebung 42 II 4
– Haager Abkommen 42 II 1
– Zuständigkeit 42 II 1, 3
Entscheidung, widersprechende 60 III 4
Entscheidungseinklang (-gleichheit, -harmonie) 6 I–III; 13 II; 18 I 3; 51 V 1; 58 II 3b, 4
– äußerer 6 vor I; 32 IV
– innerer, interner 6 vor I; 32 IV 2
– und lex fori als Ersatzrecht 31 III 1
– und ordre public 36 II 4, VII
– und Rückverweisung 24 I vor 1, 2, II 4, III; 25 V
– und Vorfragenanknüpfung 32 IV, VI

– und Weiterverweisung 24 II 5
Entscheidungsrecht 11 vor I
équivalence ausländischer Erscheinungen 33 II 2
Erbausgleich, vorzeitiger 51 III 4b
Erbausschlagung 12 IV 2
– Form 41 III 5b
Erbersatzanspruch 51 III 4b
Erbfolge in Sondervermögen 26 II 2a
erbloser Nachlaß 22 III; 51 III 4d
Erbrecht 51 I–IV
– bei Adoption 49 III 2c; 51 III 4c
– des Ehegatten 32 IV 1, 2a; 34 III 1, 2, IV 2a, b; 45 III 1; 51 III 2, 4a
– Erbfähigkeit, -unwürdigkeit 51 III 3
– Erbgang 51 III 5
– des Fiskus 22 III; 51 III 4d
– von Geschwistern 34 II 1
– und Gesellschaftsrecht 51 III 2
– Haager Abkommen 51 I 1
– Kommorientenvermutung 42 III 1
– des nichtehelichen Kindes 51 III 4b
– Parteiautonomie 40 II; 51 II
– Staatsangehörigkeitsprinzip 51 I 1
– Verfahren 51 V
– Verkehrsschutz 42 I 3f
– Vorfrage 51 III 4
– Vorrang des Einzelstatuts 26 II
– Zuständigkeit 51 V vor 1, 1
s. a. Testament, Verfügung von Todes wegen
Erbschaftskauf 51 IV 5c
Erbschein 51 V 1a, 2
Erbvertrag 42 I 3f; 51 II 2b, IV 1, 3
Erbverzicht 51 IV 5a
Erfolgsort 53 IV 1 b, d, VI 4; 58 II 2b
Erfüllungsort, Gerichtsstand 58 II 2a
– im Vertragsrecht 4 II 1a; 13 I; 52 III 2d
Ergebnis, angemessenes materielles 4 II 1, 2, III, IV; 17 I; 20 II 1, 3; 21 II 2; 36 II
Ermittlung ausländischen, fremden Rechts 7 II 2–5; 56 III 1; 59 I–III
– im Eilverfahren 31 III 3
s. a. Ersatzrecht

Sachregister

Errichtungsstatut 51 IV 1
Ersatzanknüpfung 20 III; 25 V; 29 II 1c; 31 III 2; 49 IV 3
  s. a. Hilfsanknüpfung, Korrektivanknüpfung
Ersatzrecht 7 II 5
 – bei hinkenden Rechtsverhältnissen 35 IV 2
 – bei Nichtfeststellbarkeit fremden Rechts 31 III
 – bei Normwidersprüchen 34 IV 1
 – bei ordre-public-Verstößen 36 V
 – statt versteckter Rückverweisung 25 V
Erschleichung günstigeren Rechts 23 I, II
  s. a. Gesetzesumgehung
Ersitzung 54 III 1, 2
Erstfrage 18 II; 32 I, III
Erststaat 60 IV vor 1
Erwartungen der Parteien s. Vertrauensschutz
état et capacité 37 I 1
Europa, IPR 10 III, IV 6
 – Staatsverträge 9 I, II, III 1
Europäische Gemeinschaft, Staatsverträge 9 II 1
europäische Zuständigkeitsordnung 56 III 2a; 58 I 4
Europäischer Gerichtshof 11 I 3; 52 I 2; 56 III 2a
Europäischer Gerichtshof für Menschenrechte 36 IV 2
europäisches Gemeingut 36 III 2b
Europäisches Gericht für Staatenimmunität 57[16]
europäisches Zivilprozeßrecht 56 III 2a
Europarat, Resolution zum gewöhnlichen Aufenthalt 39 II 1b
 – Staatsverträge 9 II 2
executor 51 III 5, V 2b
Exemtion 57 I 2
Exequatur 60 V vor 1
 – Doppelexequatur 60 II 2
Exklusivnorm 36 VIII

ex-lege-Gewaltverhältnis 15 II 3; 48 I 2, 3
ex-nunc-Wirkung 27 II 3
Exterritorialität 22 vor I; 57 I 2
Extraterritorialität 22 vor I

facultas iurisdictionis 57 I 1
fait accompli (vollendete Tatsache) 23 II vor 1; 35 III; 36 II 2
fakultative Anwendbarkeit mehrerer Rechtsordnungen 20 I 2b, II 1
Fallgerechtigkeit 4 IV; 13 I, II
  s. a. Billigkeit, Ergebnis, Individualisierung
false conflict 10 IV 2
falsus procurator, Haftung 14 II; 41 I 3
Familieneinheit 5 I 3; 45 I 2
Familienstatut 20 III; 45 I 2
 – Rückverweisung 24 II 3d
favor (Begünstigung) 20 II; 24 II 3c; 52 V 1a
 – conventionis 5 III
  s. a. Alternativanknüpfung
Feindhandelsverbot 3 II vor 1
Ferienhaus-Miete 52 III 4
Feststellungsmonopol der Landesjustizverwaltung 46 IV 3b, 4b
Fideikommiß 26 II 2a
Fiskus, Erbrecht 22 III; 51 III 4d
Flagge 13 I; 52 V 2b; 53 VI 2
 – billige 23 II vor 1; 52 V 2b
floating choice of law clause 52 II 3c
Flüchtlinge 6 I; 37 II 2; 38 III 2; 45 III 2b
Flugzeug s. Luftrecht
Foralrecht 29 I 2; 31 III 2a; 38[4]
  s. a. vecindad
Forderungsübergang 52 VI 1, 2
foreign-court-Theorie 24 I vor 1, 2, II 4b
Forgo 2 III 2; 24 I 1
Form 18 I 3; 41 III
 – Abgrenzung 41 III 2
 – Alternativität 20 II 2; 41 III 5; 51 IV 3
 – der Eheschließung 16 II 2; 41 III 5a; 44 II, III 2
 – erschlichene 23 II 3; 41 III 5b
 – Rechtswahl 40 IV 4; 45 II 5; 51 II 2a

569

- Renvoi 41 III 4
- im Sachenrecht 41 III 6; 54 I 2
- des Testaments 15 II 3; 41 III 3b; 51 IV 3
- des Vertrages 41 III 5b, 6; 52 I 3d
- der Zuständigkeitsvereinbarung 58 III 4, 5
- Zwecke 41 III 2c

Formalismus 4 I; 23 I; 36 II 4
forum legis 58 II 3
- non conveniens 49 V 1; 58 II 4; 60 I 1
- shopping 6 I; 58 IV; 60 III 1b
s. a. Gerichtsstand, Zuständigkeit
Fragestellung des IPR 3 I, II; 4 III; 15 II 2
Fragmente verschiedener Rechtsordnungen 18 I 1; 34 II 1
s. a. Zersplitterung
Frankreich, IPR 2 II 1–3; 10 III 3
fraudulös, fraus legis s. Gesetzesumgehung
Freibeweis 59 I 2
Freiwillige Gerichtsbarkeit, Abgrenzung zum Zivilprozeß 60 II 6
- Anerkennung von Entscheidungen 60 I 3a, II 5, 6
- Vollstreckung 60 V 1
Freizeichnung, Haftungsausschluß 3 II 3
Fremd-Anknüpfung 32[2]
Fremdenrecht 1 VI 2; 38 IV 2
fremdes Recht s. ausländisches
Fremdrechtserbschein 51 V 2b
Fremdwährungsschuld 12 IV 2
Fürsorgebedürfniszuständigkeit 51 V 1c
Fürsorgeerziehung 50 I 2
Full-Faith-and-Credit Clause 29[7]
Fungibilität von Behörden und Gerichten 57 II 1
- von Normen 3 II vor 1
Funktionalität 17[2]
Funktionsbegriff 12 II 1; 17 I

Garantievertrag 52 III 3f
Gastarbeiter 1 II 1
Gebietshoheit, Territorialhoheit 2 III 3; 57 I 2
Gebietszugehörigkeit 27 I 4; 28 I

Gebrauchsort der Vollmacht 41 I 2
Gebrechlichkeitspfleger 42 II 2
Gefährdungshaftung 53 IV 1b, 2
Gegendarstellungsrecht 53 VI 4
Gegenseitigkeit 5 I 1; 52 IV 2b; 60 II 2a, III 6
- partielle 60 III 6
- Verbürgung 42 II 4; 46 IV 3a; 56 III 1; 60 II 6, 7, III 6
Gehör, rechtliches s. d.
geistiges Eigentum 22 II 2; 53 VII 2
Geltungsbereich 22 I 2
gemeines Recht 31 III 2a
gemischt ausländisch-inländischer Fall 4 I; 27 II 3; 36 III vor 1
- intertemporaler Fall 27 II 3
Generalklausel (sachrechtliche) und IPR 6 III 3; 11 II
Gerechtigkeit 1 II 2; 4 I–IV; 5 II 3; 13 I, II
s. a. materiellrechtliche Wertungen
Gericht – Verwaltungsbehörde 60 II 5
Gerichtsbarkeit 57 I; 60 III 1
Gerichtsgebrauch, internationaler 11 I 3
Gerichtshoheit 57 I 1, 2
Gerichtsstand am Arbeitsort 58 II 2a
- beziehungsarmer 6 I; 8 I 1
- am Erfüllungsort 58 II 2a
- exorbitanter 6 I; 8 I 1; 58 II 1b, IV 4; 60 III 2c, d
- der Klagezustellung 6 I
- und Recht 6 I; 7 III 1; 58 II 2, 3
- der Streitgenossenschaft 60 III 2c
- der unerlaubten Handlung 58 II 2b
- für Unterhaltsklagen 47 III 1; 58 II 1b
- des Vermögens 6 I; 56 III 1; 58 II 1b; 60 III 2c
- Wahlmöglichkeit 58 II 2b, IV
s. a. Zuständigkeit
Gerichtsstandsvereinbarung s. Zuständigkeitsvereinbarung
Gerichtssysteme 58 I 1b
Gesamtnachfolge und dinglicher Erwerb 54 I 2
Gesamtschuldner 52 VI 3

Sachregister

Gesamtstatut (gegen Einzelstatut) 26 I, II
– und dinglicher Rechtserwerb 54 I 2
Gesamtverweisung 24 I vor 1, II 1, 4b
Geschäftsfähigkeit 18 I 3; 20 V; 42 I
– nach Heirat 16 II 2; 42 I 1
– Statutenwechsel 42 I 2
– Unwandelbarkeit 28 II
– Verkehrsschutz 42 I 3
Geschäftsführung ohne Auftrag 53 II
Geschäftsstatut und Form 41 III 5a
– und Vollmacht 41 I 1
Geschäftsverteilung, Konzentrierung internationalrechtlicher Verfahren 59 II
Geschichte s. Rechtsgeschichte
Geschwister 34 II 1; 47 II 3
Gesellschaft, Anerkennung 55 I 2
– Anteilsabtretung 41 III 7
– Auflösung, Beendigung 55 II 3
– Durchgriff 55 I 2b
– zwischen Ehegatten 15 II 1
– Enteignung 55 III 2
– Gründung 55 I
– Haftung 55 II 2
– Innen- und Außenverhältnis 55 I 4
– Organisation 55 I 2
– Rechtsfähigkeit 55 II 1
– Satzungsänderung 41 III 7; 55 II 2
– Sitz 55 I 2, 3b, c
– Verfassungsakte 41 III 7
– Vertretungsmacht 55 II 2
Gesellschaftsrecht 55 I–III
– bilaterale Abkommen 55 I 1
– EG-Abkommen 55 I 1, 5
– und Erbrecht 51 III 2
– Formerfordernisse 41 III 7
– Haager Abkommen 55 I 1
– und Niederlassungsfreiheit 55 I 5
– Parteiautonomie 55 I vor 1, 4
– Renvoi 55 I 3d
– Verkehrsschutz 55 II 1, 2
s. a. Konzernrecht
Gesetz, Fragestellung vom – her 3 I, II; 4 III vor 1; 15 II 2

Gesetzesharmonie 6 vor I
s. a. Entscheidungseinklang
Gesetzesumgehung 21 I 2a; 23 I, II; 28 II; 35 III; 39 I 3
– und Formvorschriften 41 III 5b
– und Zuständigkeit 58 II 4a
gesetzlicher Vertreter 42 I 1
– fehlende Vertretungsmacht 42 I 3d
Gestaltungswirkung 60 IV 3e
Getrenntleben, Recht zum 45 I 1
gewerbliches Schutzrecht 22 I 1, II 2, 3; 53 VII 2
gewöhnlicher Aufenthalt 29 III 2b, c; 37 I 2a, II 2; 38 IV 2; 39 I–III
– abgeleiteter 39 II 6d
– im außervertraglichen Schuldrecht 53 II 3c, III 4, V 2
– Begriff 39 II
– Dauer 39 I 4, II 3–5
– fehlender 39 II 6b
– Freiwilligkeit 39 II 6c
– mehrfacher 39 II 6a
– wachsende Bedeutung 39 III
Gläubigeranfechtung 23 II 3
Gleichbehandlung, -berechtigung, -stellung von Ausländern 38 IV 2
– ausländischen, fremden Rechts 2 III 1; 3 I, II vor 1; 4 II 1; 7 I; 12 V; 59 I vor 1
s. a. Ungleichbehandlung
Gleichberechtigung der Frau 1 III 1; 5 I 2, II, III; 20 III; 28 IV; 45 I 3
Gleichheitssatz 4 I; 6 I; 13 II; 36 III vor 1
Gleichlauf 48 I 4; 51 V 1; 58 II 3
Gleichwertigkeit als Substitutionsvoraussetzung 33 II 2
Glossatoren 2 II 1
GmbH 41 III 7
Goldklausel 3 II vor 1; 11 II
governmental interest analysis 10 IV 2, 6
Grenzrecht 1 V 2
Gretna-Green-Ehe 21[4]
grouping of contacts 13 I; 20 I 1
Gründungstheorie 55 I

571

Sachregister

Grundrechte 5 III
- und ordre public 36 III vor 1, IV
 s. a. Menschenrechte
Grundstück 54 I
- Auflassung 33 II 1; 41 III 6b
- Form 41 III 6
- Rechtswahl im Güter- und Erbrecht 45 III 3c; 51 II
- Verkehrsschutz 42 I 3f
- Vertrag 52 III 3b
- Vollmacht 41 I 2d
- Vorrang des Belegenheitsstatuts 26 I, II
- Zubehör 16 II 1
 s. a. unbewegliches Vermögen
Gültigkeit ausländischen Rechts 31 II
- ausländischer Entscheidungen 60 III 1
Günstigkeitsprinzip 20 II; 52 V 1a
 s. a. Alternativanknüpfung, favor
Güterbeförderungsvertrag 52 I 1, III 3e
Güterrecht 45 III
- Einheit des Statuts 45 III vor 1
- und Erbrecht 34 III 1, 2, IV 2a, b; 45 III 1; 51 III 2, 4a
- Haager Abkommen 45 vor I
- intertemporale Regelung 45 III 4
- Rechtswahl 45 III 3
- - Doppelstaater 37 II 1a
- Unwandelbarkeit 28 I–IV; 45 III 2, 4
- Verkehrsschutz 42 I 3e, f; 45 IV 1
- Vorrang des Einzelstatuts 26 II
Gutachten über ausländisches Recht 59 I 2, III 2a
gute Sitten 6 III 3; 11 II; 52 VIII 2a, 4
gutgläubiger Erwerb 54 I 2, III 1

Haager Konferenz, Konventionen 9 I, VI
- gewöhnlicher Aufenthalt 38 IV 2, 39 II 1a, III
- Zivilverfahrensrecht 56 III 2b
Haftpflichtversicherung, Direktanspruch 53 IV 2b
Haftung, Ausschluß 10 IV 3
- im Gesellschaftsrecht 55 I 2b, II 2

 s. a. Delikt
Handelsbrauch 11 I 2
Handelsmarke 22 II 3
Handelsvertretervertrag 12 IV 2; 52 III 3d
Handlungsort 53 IV 1a, d, VI 4; 58 II 2b
Handlungsunfähigkeit 42 I 3c
Handschuhehe 44 II 3
Hauptfrage, Teil der 18 II
Hauptstadt, Recht der 29 II 1c
Hausrat 45 I 1; 46 II 2
Heilung von Rechtsakten 27 II 3c
Heimatrecht 38 I
- prinzip 38 I 1
- Zuständigkeit, Doppelstaater 37 II 1c
 s. a. Staatsangehörigkeitsprinzip
Heimfallrecht 22 III; 51 III 4d
Heimwärtsstreben 7 I; 13 II
Heirat macht mündig 16 II 2; 42 I 1
Hilfeleistung auf hoher See 53 II 2
Hilfsanknüpfung, -kollisionsnorm 4 II 1b; 19 III; 31 III 2b
 s. a. Ersatzanknüpfung
Hindurecht, Legitimation 34 II 1
hinkende Ehe 6 I; 22 II 4; 35 I–IV
hinkendes Rechtsverhältnis 6 I; 35 I–IV, 58 II 3b
hoheitliche – nichthoheitliche Tätigkeit 57 I 3a
Hoheitszeichen s. Flagge
hohe See 53 VI 2; 54 IV

Immaterialgüterrechte 22 I 1, II 2, 3; 53 VI 4, VII 2
Immissionen 54 I 2
Immobilien s. Grundstücke
Immunität 57 I 2–5
- Diplomat 57 I 2, 4
- Europäisches Übereinkommen 57 I 3d
- internationale Organisationen 57 I 5
- Konsul 57 I 2, 4
- Staat 57 I 3
- Staatsbank 57 I 3c
- Staatsunternehmen 57 I 3c
incidental question 18 II; 32 I

Incoterms 11 I 2
Individualisierung 4 IV; 13 I, II
Information über ausländisches Recht 59 III
Inkorporationstheorie s. Gründungstheorie
Inländerschutz 36 VIII
– Delikt 20 IV; 53 IV 3
Inland (Verhältnis zur DDR) 58 II 1e; 60 V 1
Inlandsfall 1 IV; 40 IV 3a
Inlandsvertreter 1 VI 2
innerdeutsches Kollisionsrecht 29 III
 s. a. DDR
innerstaatliches Recht 24 I vor 1, III vor 1
Institut, wissenschaftliches 59 III 2a
 s. a. Max-Planck-Institut
Integration 39 II 5, III 2
interamerikanische Staatsverträge 9 III 2c
Interessen 5 I; 10 IV 2
intergentiles Recht 30 I–IV
interkantonales Recht 29 I 2
interkonfessionelles Recht 30 I–IV
interlokales Recht 29 I–III; 58 II 1e; 60 II 7, V 1
international conflict 29[7]
International Law Association 11 I 2
Internationale Handelskammer 11 I 2
internationale Organisation, Immunität 57 I 5
Internationaler Gerichtshof 9 V 1; 11 I 3
internationaler ordre public 36 III 2c
Internationales Privatrecht, Bedeutung 1 II 1
– Begriff 1 I
– Eigenart 1 II 2
– gesetzliche Definition 1 I 3
– Kompliziertheit 1 II 2
– materielles 12 V
– Nachbargebiete 1 VI
– Name 1 V
– Quellen 1 III
– Rang 1 I 3
– Reichweite 1 IV

– Schreibweise 1[21]
 s. a. Kollisionsrecht
Internationales Zivilverfahrensrecht 56–60
– anwendbares Recht 56 IV; 57 II 3
– Bedeutung 1 VI 3; 56 II
– Eigenständigkeit 56 II; 58 II 1; 60 III 1b, IV 3e
– Kodifikation 56 III 1
– Name 56 I
– Quellen 56 III
internationalisierungsfähige Kollisionsnormen 6 II 2, III 1
Internationalismus 2 III 3
interpersonales Recht 30 I–IV
Interpretation s. Auslegung
interregional 29 I 1
interreligiöses Recht 30 I–IV
interstate law 29 I 2
intertemporales Recht 27 I 2, 5
– für das deutsche IPR 27 III; 45 III 4
– und Unwandelbarkeit 28 IV
interterritoriales Recht 29 I 1
Interventionswirkung 60 IV 3c
interzonales Recht 29 III
Inventarerrichtung 51 V 1c, 3; 57 II 2
IPR (Abkürzung) 1 I 3
islamisches Recht 30 I, III
issue-splitting 18[9]
Italien, IPR 2 II, III 2; 12 III 2; 37 I 1, 2b
iura novit curia 59 I 2
ius cogens 8 I 2

Japan, IPR 10 II 5
– Haager Konferenz für IPR 9[6]
juge ad hoc 59 III 1b
Jugoslawien, interlokales Recht 29 I 2, II 1a
jurisdiction 40 I
juristische Person s. Gesellschaft, Gesellschaftsrecht
Justizbehörde, Auskunft über ausländisches Recht 59 III 1c
– verwaltung s. Landesjustizverwaltung
– verweigerung s. Rechtsverweigerung

573

kanonisches Recht 30 I
Kartellrecht 3 II vor 1; 8 I 1; 12 V; 52 VII 2b
Kaskade von Anknüpfungen 20 III
kategorischer Imperativ 6 II 2
kaufmännisches Bestätigungsschreiben 52 I 3a
Kaufmannseigenschaft 32 II
Kaufvertrag s. Warenkauf
– Grundstück 52 III 3b
Kind, als Anknüpfungsperson 45 I 2; 48 vor I; 49 vor I
– Name 43 III
– Zustimmung 48 IV 3; 49 IV
s. a. Minderjähriger
Kindesentführung 23 II vor 1; 48 II
– Europäisches Übereinkommen 48 II 2
– gewöhnlicher Aufenthalt 39 II 6d, 7; 48 II vor 1
– Haager Abkommen 48 II 1
Kindeswohl 5 II; 6 III 3; 36 VIII; 49 IV 3
Kindschaft, eheliche 48 III, V
– – Familienstatut 45 I 2, II 2
– nichteheliche 48 IV, V
– – Erbrecht 51 III 4b
Kirchenrecht s. religiöses Recht
Klagausschlußfrist 17 I
Klagbarkeit 17 I
Klageerhebung, ausländische 33 II 2; 56 IV 2
klassisches IPR 2 III 3; 3 II 4; 4 II 1, III 3; 10 III 1; 20 II 3
Klauselrecht 11 I 2
Kodifikation des IPR in Deutschland 1 III 1
– in den europäischen Staaten 2 III 2, 3; 6 III 1; 10 III
– und Staatsverträge 1 III 2; 9 VI; 10 III 5a; 47 I 4
Kollisionsnorm 1 V 2; 12 I–V
– allseitige 12 III 1, 2, V
– Differenzierung s. d.
– einseitige 12 III 1, 2, V; 36 I; s. a. System
– gesetzesbezogene 12 V

– internationalisierungsfähige 6 II 2, III 1
– mehrseitige 12 III 1
– negativ einseitige 12 III 1
– starre 2 III 3; 10 IV 1, 4; 13 I; 53 I 1
– unselbständige 12 I
– versteckte 12 IV, V
– zweiseitige 12 III 1
Kollisionsnormenwechsel 27 I 1, 2
Kollisionsnormverweisung 24 I vor 1
Kollisionsrecht 1 I 3, V 2; 12 I
– Amtsprüfung 7 II 2; 59 I 1
– und Anerkennung ausländischer Entscheidungen 6 I; 60 III 1b, IV 3e
– fakultatives 7 II 2
– innerdeutsches 29 III
– und internationale Zuständigkeit 58 II 2, 3
– für die Verfassung 36 IV 3
– der zweiten Potenz (Überkollisionsrecht) 1 II 2; 6 III 2
s. a. Internationales Privatrecht
Kommentatoren 2 II 2
Kommorientenvermutung 42 III 1
Kompetenzkonflikt, negativer 3 II 2b, d; 16 II 1; 17 I; 26 I; 58 II 4c; s. a. Normenmangel
– positiver 3 II 2b, d; 16 II 1; 17 I; 21 I 2a; 26 I; s. a. Normenhäufung
Kompliziertheit des IPR 1 II 2
Konfiskation s. Enteignung
Konfliktsminimum 6 vor I
Konfliktsrecht 1 V 2
Konkretisierung von Anknüpfungen 14 I 3; 29 II; 30 IV
Konsul, Beurkundung durch 45 II 5
– Eheschließung vor 44 II 1, 2
– Immunität 57 I 2, 4
Konventionenkonflikte 9 IV 1
s. a. Staatsverträge
Konzentrierung internationalrechtlicher Verfahren 59 II
Konzernrecht 3 II 3; 55 I 3c
kopernikanische Wende im IPR 2 III 1

574

Korrektivanknüpfung 20 I 2c, II 1
- zugunsten des Unterhaltsberechtigten 5 II 2; 47 I 2, II 2b, c
Kraftfahrzeuge 54 V
s. a. Straßenverkehrsunfälle
Kranzgeld 36⁶
Krieg und IPR-Verträge 9⁷
Kündigungsfrist 3 II 5
Kündigungsschutz, Arbeitsrecht 52 V 2a
- Wohnraummietrecht 52 VII 2c
Kulturgüterschutz 52 VIII 2a
Kumulation von Anknüpfungen, Rechtsordnungen 20 IV
Kunsthandel 52 VIII 2a

Ladung 60 I 2a
Lageort s. Belegenheit, lex rei sitae
Landesjustizverwaltung 46 IV 3b, 4b
Lateinamerika, Staatsverträge 9 III 2
Lebensverhältnis als Gegenstand des IPR 15 I 2; 18 I vor 1, 2; 20 IV
Legalhypothek 45 I 1
Legitimanerkennung, islamische 17 I; 49 II 2, IV vor 1, 2
Legitimation 49 I, II, IV
- Anerkennung 49 V 2
- Günstigkeitsprinzip 20 II 2, 3; 49 II 1
- Hindurecht 34 II 1
- Name 49 I 1
- Renvoi 49 I 2, II 1, IV 2
- Vorfragen 49 II vor 1, 1
- Zuständigkeit 49 V 1
- Zustimmung 49 IV, V 2
legitime (eheliche) – illegitime (nichteheliche) Kinder 20 II 3; 48 vor I
Lehnsrecht 2 II 3
Leistungshindernis durch Eingriffsnormen 52 VIII 2c, 4
Leistungskondiktion 18 II; 52 I 3b; 53 III 1
Leistungsverbot 3 II; 15 II 2; 18 I 3
s. a. Embargo
Leiter von Anknüpfungen 20 III; 45 I 3
letztwillige Verfügung s. Verfügung von Todes wegen

lex causae 15 I 3
- Qualifikation nach der 16 II 1
lex fori 7 I–III
- als anwendbares Verfahrensrecht 56 IV
- Begriff 7 vor I
- bevorzugte Anwendung 2 II 5; 4 III 3; 7 I, II; 10 IV 6c; 39 I 2
- als Ersatzrecht 7 II 5; 25 V; 31 III; 34 IV 1; 36 V
- in foro proprio 7 III
- als Grundregel 7 II 1
- Qualifikation 16 I, II 2; 17 I
- Rückverweisung auf die 24 I 1; 25 II
- eines Schiedsgerichts 7 vor I
- eines völkerrechtlich begründeten Gerichts 7 vor I
lex loci actus 8 vor I
s. a. Form
lex loci celebrationis 17 II
lex mercatoria 11 I 3; 52 II 3e
lex processus situs 56 IV 5
lex rei sitae 8 vor I; 54 I, III; 55 III 1
lex stabuli 54 V
lex territorii (für den Wohnsitz) 19 III
local law theory 21¹
locus regit actum 23 II 3; 41 III vor 1, 1, 5
s. a. Form
Lösungsrecht 54 III 1a, b
Lohnpfändungsgrenze 17 I
loi d'application immédiate s. règle
loi interne 24 I vor 1, III vor 1
- d'ordre public 36 I
- personnelle 37 I 1
- de police 36 I
- uniforme 9 IV 3
Lückenfüllung 5 II vor 1; 16 II 3
- und Anpassung 34 II 2
- im internationalen Einheitsrecht 11 I 1b; 52 IV 2d
s. a. Rechtsfindung, -fortbildung
Luftrecht 52 I 1
- Flugzeugunfälle 53 VI 2
- Personal 52 V 2b

575

Mahnbescheid und Verjährung 33 II 2
Maklervertrag 52 III 3d
Marktort 53 VII 1
materielles IPR 12 V
materielles Recht 12 I
- im IPR 12 V
- und Verfahrensrecht (Unterscheidung) 17 I; 56 IV 1
materiellrechtliche Wertungen 4 I; 5 II; 20 II 3; 40 III 2
s. a. Gerechtigkeit, Parallelismus
Max-Planck-Institut für ausländisches und internationales Privatrecht 1 III 1
mechanische Anknüpfung, Kollisionsnorm 4 IV; 21 II 2
s. a. Formalismus
Medien, Persönlichkeitsverletzung 53 VI 4
Mehrfachqualifikation 15 II 1; 60 II 4b
Mehrrechtsstaat 27 I 4; 29 I, II; 38 II 3; 52 I 5
- Rechtswahl 40 IV 3b
Mehrstaater, Doppelstaater 29 III 2a; 37 II; 45 I 3a
mehrstaatliches Privatrecht 1 I 1
Menschenrechte 36 III 2b, IV 2;
s. a. Grundrechte
Methode statt Normen 10 IV
Mieterschutz 3 II 3
Mietvertrag, Grundstück 52 III 3b
- Wohnraum 52 VII 2c
Minderjähriger, Eheschließung 17 II; 20 V; 21 I 2a
- ex-lege-Gewaltverhältnis 15 II 3; 48 I 2, 3
- im Rechtsverkehr 18 I 4
- Schutz 48 I
- Schutzmaßnahme 15 II 3; 48 I, V 2c
s. a. Kind
Mindeststandard des sozialen Schutzes 52 V 1a, 2a
- völkerrechtlicher 8 I 2
Mischrecht, richterliches 11 II
Mitbestimmung 55 I 4, II 2
Mittelalter 2 I 2, II
Mobilien s. bewegliches Vermögen

Modifizierung des materiellen Rechts 31 III vor 1; 34 IV; 36 V
s. a. Anpassung
Morgengabe 17[4]
most real connection 4 II 1a
most significant relationship 4 II 1a
municipal law 12 I
Mutterschaftsfeststellung 48 IV 1

nachgeformtes Rechtsgeschäft 23[10]
Nachlaßabwicklung 51 III 5, V; 56 IV 1
- Haager Abkommen 51 V 4
Nachlaßeinheit, -spaltung 26 II 2b, 4; 51 I 2, II 2a, V 2a
Nachlaßpfleger 51 V 1b
Nachlaßsachen 51 V; 58 II 3
Nachlaßverwalter 51 III 5
Nachweis ausländischen Rechts 59 I 2
s. a. Ermittlung
nächstverwandte Rechtsordnung 31 III 2a
Näherberechtigung 26 I
Name 20 IV; 43 I–III
- Adoption 49 I 1
- Änderung 43 I 5
- Ehegatte 43 II
- nach Ehescheidung 43 II 3; 46 II 3a
- Funktion 43 I 1
- Kind 43 III
- Renvoi 43 I 1, 2
- Statutenwechsel 43 I 4
- Vorfragen 32 IV 2b; 43 I 1, III 1, 2
- Wahlrechte 43 I 2, II, III
- - Doppelstaater 37 II 1a
Namensschutz 43 vor I
Nationalisierung von Sachverhalten 11 vor I; 20 I vor 1
Nationalisten im IPR 2 III 2
Nationalitätsprinzip s. Staatsangehörigkeitsprinzip
nazione 37 I 2b
Nebenfrau 36 II 2
s. a. Polygamie
Neuregelung s. Reform
neutrales Recht 40 IV 3a
Nichtehe 44 III

nichteheliche Lebensgemeinschaft 46 V
nichteheliches Kind s. Kindschaft
Niederländisch-Indien, intergentiles Recht 30 II, IV
Niederlande, IPR 2 II 4
Niederlassungsfreiheit und Gesellschaftsrecht 55 I 5
nordische Staaten, IPR 10 II 3
– Staatsverträge 9 III 1
norme interne di d.i.p. 12 I
Normendiskrepanz 34 III 3, IV 2c
Normenhäufung 3 II 2b, d; 17 I; 34 III 2, IV 2b
Normenmangel 3 II 2b, d; 17 I; 20 I 1; 34 III 1, IV 2a
Normwidersprüche s. Anpassung
notaire 33 II 1
Notar, ausländischer 33 II; 41 III 7
notary public 33 II
Noterbrecht 51 III 4
Nottebohm 8 II 3
Notzuständigkeit 58 II 1d
Novation 18 I 4
numerus clausus der dinglichen Rechte 34 IV 2c; 54 I 2

öffentliche Ordnung s. ordre public
öffentliches Recht 3 II 4
– Nichtanwendung im Ausland 22 II 2; 52[111]
öffentlichrechtliche Ansprüche 16 II 1
Österreich, IPR 10 III 1
offene Verweisung 3 II 2a
Offenlassen der IPR-Frage 36 II 4; 59 I 4
ordre public 36 I–VIII
– als Anerkennungshindernis 60 III 5, IV 2
– ausländischer 36 VII
– und ausländisches Kollisionsrecht 24 II 3b
– und Deliktsrecht 53 IV 3
– effet atténué 60 III 5
– und Eingriffsnormen 18 I 3; 22 II 2; 36 I, V
– Einschränkung 2 III 3
– Ergebniskorrektur 4 III 2, 3; 36 II 1

– Ersatzrecht 36 V
– europäischer 36 III 2b
– und Gesetzesumgehung 23 II 2
– und Grundrechte 36 III vor 1, 2b, IV
– Inlandsbeziehung 36 II 2
– international – interne 36 I
– internationaler 36 III 2
– Konkretisierung 36 III
– und Menschenrechte 36 III 2b, IV
– negative Funktion 36 I
– offensichtlich (manifestement) 36 II 3, VI
– positive Funktion 36 I
– und Rechtshilfe 60 I 2a
– Relativität 36 II 2, III 1; 60 III 5
– spezielle Vorbehaltsklauseln 36 VIII; 53 IV 3
– in Staatsverträgen 36 VI
– Standards 36 III 2b
– Verhaltenskodizes 36 III 2b
– völkerrechtlicher 8 I 2; 31 II 3
– völkerrechtsbezogener 36 III 2a
– und vorrangiges Einzelstatut 26 II 4
– und wesenseigene Zuständigkeit 57 II 3
– Wirkung 36 V
– wohlerworbene Rechte 21 I 3
ordre-public-Zuständigkeit 58 II 1d
Organisation der Amerikanischen Staaten, Staatsverträge 9 III 2c

Parallelismus von kollisions- und materiellrechtlichen Wertungen 4 I; 5 II; 20 II 3; 40 III 2
– von Zuständigkeit und IPR 6 I; 7 III 1; 58 II 2
Parteiautonomie 40 I–IV
– beschränkte 20 I 2b; 40 IV
– und fakultatives Kollisionsrecht 7 II 2
– und Gerechtigkeit 4 II 3, IV; 5 II 1, 2; 40 III 2
– Geschichte 2 II 3
– und Renvoi 24 II 6; 52 II 3a
– als Völkergewohnheitsrecht 8 vor I
s. a. Rechtswahl
Parteifähigkeit 55 II 1; 56 IV 5

Parteiwille, hypothetischer, mutmaßlicher 52 III vor 1, IV 2c
party autonomy 40 I
perpetuatio fori 49 V 1; 58 V 4
persönliche Rechte, Grundsatz, System 2 I 2; 30 II
Persönlichkeitsverletzung 53 VI 4
personale Rechtsordnungen 30 I–IV
Personalhoheit 2 III 3
Personalität (der Gesetze) 2 II 3, III 2; 22 vor I, I 1, III
personal status 37 I 1
Personalstatut 37 I, II; 38 I–IV; 39 I–III
– Ausweichklausel 38 III 2; 39 III 2
– gemeinsames im außervertraglichen Schuldrecht 53 II 3c, III 4, V 2
– von Gesellschaften 55 I
– Rechtswahl 40 IV 3b
Pflegekindschaft 49 III 1, IV vor 1
s. a. affiliazione
Pflegschaft 48 I 1; 50 I, II
– Anerkennung 50 III 3
– statt Entmündigung 42 II 2; 50 II 3
– vorläufige Maßregeln 31 III 3a; 50 II 5
– Zuständigkeit 50 III 1, 2
Pflichtenkollision 4 III vor 1; 6 I; 21 II 2
Pflichtteil 51 III 4
s. a. Erbrecht
place of injury 53 IV 1b
Politisierung des Privatrechts 3 II
Polygamie 14 II; 27 II 2
s. a. Nebenfrau
possession d'état 20 I 1
Postglossatoren 2 II 2
Präklusionswirkung 60 IV 3b
Preisstopp 3 II vor 1
Pressedelikt 53 VI 4
principe de proximité 4[5]
Prinzip der engsten Verbindung s. engste Verbindung
Prioritätsprinzip 60 III 4
Privatautonomie 40 I
private international law 1 V 1
Privatscheidung 36 II 2; 46 IV 2
– Anerkennung 46 IV 4

Produkthaftung 53 IV 1d, VI 3
– Haager Abkommen 53 VI 3
professio iuris 2 I 2
proper law 13 I
– of the contract 13 I
– of a tort 13[6]
Prorogation s. Zuständigkeitsvereinbarung
Prozeßfähigkeit 42 I vor 1; 55 II 1; 56 IV 5
– handlung, Schadenersatz für 17 I
– kosten, Tragung, Sicherheitsleistung, Vorschuß 15 II 1; 17 I
– gegen Staaten 57 I 3a
– verhalten und Rechtswahl 40 IV 4
– vollmacht 41 I 2d
Prozeßrecht, materielles 56 IV 1
s. a. Internationales Zivilverfahrensrecht
Prüfung der Anerkennungshindernisse 60 III 1d
– der Rechtmäßigkeit fremden Rechts 31 II
– der Zuständigkeit 58 V 1–3
public policy 36 vor I
punitive and treble damages 53 IV 3

Qualifikation 14–17
– funktionelle 17 I, II; 41 III 3; 56 IV 1
– Gegenstand der 15 I, II
– nach der lex causae 16 II 1
– nach der lex fori 16 I, II 2; 17 I
– mehrfache 15 II 1; 60 II 4b
– von Normen (Rechtssätzen) 15 I 3, II
– prozessuale 7 I; 17 I; 24 II 1; 36[8]; 56 IV 1
– rechtsvergleichende 2 III 3; 16 II 2, 3
– und Rückverweisung 16 I; 24 II 1; 41 II 1
– im staatsvertraglichen IPR 15 II 3; 16 II 3
– Stufen- 17 II
– teleologische 17 I
– unredliche 4 II 1c; 36 II 4
– zweiten Grades 14 I 4; 17 II
Qualifikationsproblem 2 III 2; 14 I 2

Sachregister

Qualifikationsstatut 16 I, II
Quellen 1 III
question préliminaire 18 II; 32 I

Rahmenbegriff 12 II 1; 16 II 2, 3
  s. a. Systembegriff
Rangfolge der Anknüpfungen 16 II 1; 17 I; 18 I 4
Realstatut 2 II 3
recezione negoziale 40 I
Recht über Gerichten 58 I 3a
– über Rechten 1 I 3; 58 I 3a
– des Welthandels 11 I 2, 3
rechtliches Gehör 59 I vor 1; 60 III 3
Rechtmäßigkeit ausländischer Normen 31 II
Rechtsanwendungsrecht 1 I 3, V 2
Rechtsauskunft s. Auskunft, Gutachten
Rechtsfähigkeit 3 I; 22 II 3; 42 I; 55 II 1
– Statutenwechsel 42 I 2
– Verkehrsschutz 42 I 3; 55 II 1
Rechtsfindung, -fortbildung, im ausländischen, fremden Recht 31 I 2
– im IPR 1 III vor 1; 14 II
  s. a. Auslegung
Rechtsfolge der Kollisionsnorm 12 II 2
Rechtsfrage 15 I 3
  s. a. Fragestellung
Rechtsgeschichte 2 I–III
– erzieherische Aufgabe 1 II 2
Rechtsgutachten s. Gutachten
Rechtshängigkeit 60 I 2b
– inländische als Anerkennungshindernis 60 III 4
Rechtshilfe 56 III 2b, IV 4; 60 I 2a
Rechtshilfeabkommen der sozialistischen Länder 9 IV 1
Rechtskraft als Anerkennungs- und Vollstreckungsvoraussetzung 60 II 3
– Relativität 32[18]
– Wirkung 60 IV 3a
Rechtskreise 10 II
Rechtsschutzbedürfnis, -interesse 57 II 4; 58 II 1d, 3b

Rechtssicherheit 4 IV; 13 II; 21 II 1, 2
– und forum-non-conveniens-Lehre 58 II 4b
– und Gesetzesumgehung 23 II
– durch Kodifikation 1 III 1
Rechtsspaltung 27 I 4; 29 I, II; 38 II 3; 52 I 5
– und Rechtswahl 40 IV 3b
– und Unwandelbarkeit 28 I
Rechtsvereinheitlichung und IPR 3 I; 6 III 1; 9 I–VI; 16 II 3
– Rechtsverbesserung 9 VI
  s. a. Einheitsrecht, Staatsverträge
Rechtsvergleichung 10 I–IV
– Aufgaben der Wissenschaft 10 I; 11 I 3
– bei Auslegung von Staatsverträgen 9 V 1d
– erzieherische Aufgabe 1 II 2
– und IPR 2 III 3; 10 I–IV; 12 II 1
– und Rechtsprechung 2 III 3; 16 II 3
– und Rechtsvereinheitlichung 10 I 2; 16 II 3
Rechtsverweigerung 2 I 1; 51 V 1c, 57 II 3, 4; 58 II 1d
Rechtswahl 40 I–IV
– Änderung, Aufhebung 45 II 4, III 3d; 51 II 2b
– Begriff 1 V 2; 40 I
– Delikt 53 V 1
– Ehewirkungen 40 IV 3b; 45 II, III 3
– Erbrecht 40 II; 51 II
– Erklärung der 40 IV 4; 52 II 1
– Form 40 IV 4; 45 II 5; 51 II 2a; 52 II 2
– Gesellschaftsrecht 55 I vor 1, 4
– Güterrecht 45 III 3
– Inlandsfall 40 IV 3a
– Kindschaftsrecht 45 II 2
– bei Mehrrechtsstaat 40 IV 3b
– nachträgliche (bei außervertraglichen Schuldverhältnissen) 53 II 3a, III 4, V 1
– Name 43 I 2, II, III
– durch Prozeßverhalten 40 IV 4
– und Renvoi 24 I 6; 52 II 3a
– Sachenrecht 54 II, III 2b, IV

579

Sachregister

- Schutz der Schwachen 52 V 1a, 2a
- stillschweigende 52 II 1, III 5
- unlauterer Wettbewerb 53 VII 1
- versteckte (durch fraudulöses Handeln) 23 I
- Vertrag s. d.
- Vollmacht 41 I 2e
  s. a. Parteiautonomie

Rechtsweg, Zulässigkeit 58 I 1a
Reflex(wirkung) 21 I 2b; 22 II 2
Reform des IPR durch das IPRNG 1 III 1; 5 III; 6 III 1; 10 IV 6b
Regelbildung 4 IV; 13 I, II
Regierungsentwurf 1 III 1
Registerpfandrecht 54 III 1a
Registrierungsort 53 VI 1
règle d'application immédiate 12 V; 36 I
- de conflit 12 I
- de d.i.p. matériel 12 V

Regreß 52 VI 2, 3
- bei Tilgung fremder Verbindlichkeit 53 II 2

Relativität der Rechtskraft 32[18]
religiöses Recht 10 II 6; 30 I–IV
- Ersatzrecht 31 III 2a

Renvoi s. Rückverweisung
renvoi au premier, au second degré 24 vor I
résidence habituelle 38 IV 2; 39 II 1a
  s. a. gewöhnlicher Aufenthalt
res in transitu 54 IV
Restatement, Conflict of Laws 4 II 1a; 10 IV 1, 4
- Foreign Relations Law 8[11]

Restgesellschaft 55 III 2
Revisibilität ausländischen Rechts 59 I 3
révision au fond 60 III 1a
Revolution des IPR 10 IV 5, 6; 13 II; 53 I 1
Rezeption 6 III 1; 10 III 3
- Anwendung fremden Rechts als 31 I 1

Richter und ausländisches Recht 7 I; 59 II, III

römisches Recht 2 I, II 1, 2; 23[10]; 31 III 2a
Rückgriff 52 VI 2, 3
- bei Tilgung fremder Verbindlichkeit 53 II 2

Rückverweisung 2 III 2, 3; 24 I–III
- Abbrechen der Verweisung 24 II 4
- und akzessorische Anknüpfung 24 II 3d
- und alternative Anknüpfung 24 II 3c
- durch ausländische Staatsverträge 24 II 1
- doppelte 24 vor I, II 4b
- bei Mehrrechtsstaaten 29 II 1, 2
- Nichtfeststellbarkeit des fremden IPR 31 III vor 1
- und ordre public 24 II 3b
- und Parteiautonomie 24 II 6; 52 II 3a
- und Qualifikation 16 I; 24 II 1; 41 II 1
- Sinn der Verweisung 24 II 3
- bei unwandelbarer Anknüpfung 28 IV
- versteckte 25 I–V

Rückwirkung, echte 27 II 3b
- und ordre public 21 I 3; 27 II 2
- eines Statutenwechsels 27 II
- uneigentliche 27 II 3a

Sachbegriff 12 II 1
Sachen auf dem Transport 54 IV
Sachenrecht 54 I–V
- Form 41 III 6; 54 I 2
- Parteiautonomie 54 II, III 2b, IV
- Renvoi 24 II 7c; 54 I 3
- Statutenwechsel 54 III
  s. a. dingliche Rechte

Sachnorm – Kollisionsnorm 12 I, V; 52 II 3a
- als Gegenstand der Qualifikation 15 I 3, II
- als Gegenstand der Rechtswahl 24 II 6; 52 II 3a
- im IPR 12 V
- selbstbegrenzte 12 IV 2, V
- selbstgerechte 12[13]
- in Staatsverträgen über IPR 12 V

Sachregister

Sachnormverweisung 24 I vor 1, II 2
Sachverhalt, abgeschlossener 1 III 1; 21 I 4; 27 II 1, III 1
– absolut internationaler 11 vor I
– mit Außenbeziehung s. d.
– Ermittlung 58 II 2
– Fragestellung vom – her 2 III 1; 3 I; 4 III; 15 II 2
– gemischter 4 I; 27 II 3; 36 III vor 1
– internationaler 1 IV
– – Nationalisierung 11 vor I; 20 I vor 1
– Nähe zum 58 II 2
– offener 27 II 2
– relativ internationaler 11 vor I
Sachverständiger im Prozeß 59 III 1a, 2a
Sachvorschrift s. Sachnorm
Sammelbegriff 12 II 1; 17 II
s. a. Rahmenbegriff, Systembegriff
Satzungsänderung, Form 41 III 7
Schadensort 53 IV 1
Scheidebrief 46 IV 2
Scheidung s. Ehescheidung
Scheingeschäft 23[4]
Schenkung 41 III 3a
– unter Ehegatten 45 I 1
– – Widerruf 46 II 2
– von Todes wegen 51 IV 5b
Schiedsgericht, Gemischtes 11 I 3
– privates 11 I 2, 3
– Recht der -e 7 vor I; 40 III 1
Schiedsspruch, Anerkennung und Vollstreckung 60 II 2b, V 1
Schiff, Delikt 53 VI 2
– Rettung 53 II 2
s. a. Flagge
Schlüsselgewalt 45 I 1, IV 2
Schuldnermehrheit 52 VI 3; 53[40]
Schuldstatutstheorie 52 VIII 1
Schuldübernahme 52 VI 4
Schuldvertragsrecht s. Vertragsrecht
Schutz Dritter 40 IV 2; 41 I 2, 4; 42 I 3; 45 IV; 52 III 4, VI 2; 54 I 1, II; 55 II 1, 2
– der Ehe 36 III vor 1

– von Inländern s. d.
– des Kindes bei Statusänderungen 20 IV
– des Mieters 52 VII 2c
– der Schwachen 3 II 3; 5 II 2; 40 IV 1; 52 V; 58 III 5
Schutzmaßnahme für Minderjährige 15 II 3; 48 I, V 2c
Schutzrecht, gewerbliches s. d.
schwächeres Recht 20 IV
Schwangerschaftskosten 48 IV 2
Schweigen 40 III 1; 52 I 3a
Schweiz, interkantonales Recht 29 I 2
– IPR 10 III 2
– lex fori in foro proprio 7 III 2b
Seeleute 52 V 2b
Seerecht s. Flagge, Hilfeleistung, Schiff
Selbstbeschränkung 22 I 1, II 2; 26 I; 36 IV 1
semel major, semper major 42 I 2
shared values 52 VIII 3
Sicherheitsvorschriften 53 IV 2a
Sicherungsmaßnahmen 51 V 1b
Sicherungsrecht 54 III 1, 2b
Sittenwidrigkeit s. gute Sitten
Sitz einer juristischen Person 55 I 2, 3
– eines Rechtsverhältnisses 2 III 1; 3 I; 4 II 1a; 13 I
Sitztheorie 55 I
Sitzverlegung 55 I 2b
Skandinavien s. nordische Staaten
Sonderanknüpfung 18 I 3; 36 I; 52 VII 1, VIII 3, 4
s. a. Eingriffsnorm, Teilfrage
Sonderrecht (materielles) 11 I, II; 12 I
– nationales 11 II
s. a. Einheitsrecht
Sondervermögen 26 II
Sorgerecht(sregelung) 48 I, V
– Anerkennung und Vollstreckung 48 I 6, II 1, 2; 60 V 1
Souveränität 2 II 4; 3 I; 21 I 1
Souveränitätswechsel, Annexion, Staatensukzession 27 I 4, II 1b; 28 I
Sowjetunion, interlokales Recht 29 I 2
soziale Eingliederung 39 II 5, III 2

581

soziale Werte 5 II 2; 47 I 2
s. a. Schutz der Schwachen
Sozialisierung des Privatrechts 3 II vor 1, 3, 5
sozialistische Länder, IPR 10 II 4
– Staatsverträge 9 IV 1
Sozialrecht 3 II vor 1
Sozialversicherungsrecht 32 II
Spaltgesellschaft 55 III 2
Spaltung gegenseitiger Rechtsbeziehungen 18 I 1
– eines Rechtskomplexes 18 I; 20 I 2a
– einer Rechtsordnung 27 I 4; 28 I; 29 I, II; 38 II 3; 52 I 5
– des Vermögens 26 II 4
– des Vertrages s. d.
s. a. Nachlaßeinheit
Spaltungstheorie 55 III 2
Spanien, interlokales Recht 29 I 2, II 1a, 2
Spanierentscheidung 5[8]
Spezialgericht 59 II
Spezialisierung der Richter 59 II
Spiegelbildprinzip 60 III 2a, c
Staat und Gesellschaft (Trennung) 3 I
– völkerrechtliche Anerkennung 8 II 1, 2
Staatenimmunität 57 I 3
– Europäisches Übereinkommen 57 I 3d
Staatenlose 37 II 2
Staatensukzession s. Souveränitätswechsel
Staatsangehörigkeit, Begriff 1 VI 1; 8 II 3
– Bestehen, Besitz 1 VI 1; 19 III; 38 I 2
– deutsche (Verhältnis zur DDR) 29 III 1, 2; 58 II 1e
– – Erwerb nach Auslandsadoption 49 V 3
– effektive 8 II 3; 37 II 1a
– Ermittlung 3 II 2a; 38 II 1
– funktionelle 38 II 2
– ineffektive 38 III 2
– letzte gemeinsame 45 I 3b
– mehrfache 29 III 2a; 37 II; 45 I 3a

– unbekannte, ungeklärte 37 II 2; 38 II 1
– völkerrechtliche Anforderungen 8 II 3
Staatsangehörigkeitsprinzip 37 I 2c; 38 I–IV
– und Domizilprinzip 37 I 2; 38 IV; 39 I, III; 40 IV 3b; 51 I 1
– Durchbrechung, Korrektur 4 II 1a; 38 III, IV; 42 vor I
– im Erbrecht 51 I 1
– Geschichte 2 III 1
– Kritik 38 I–IV
– und Mehrrechtsstaat 27 I 4; 38 II 3
– Rückgang 38 IV
Staatsangehörigkeitsrecht 1 VI 1
– privatrechtliche Vorfragen 1 VI 1; 32 IV 2b; 38 I 2
Staatsbank, -unternehmen, Immunität 57 I 3c
Staatserbrecht s. Erbrecht des Fiskus
staatsfreies Gebiet 53 VI 2; 54 IV
Staatshaftung 53 IV 2c
Staatsverträge über IPR 1 III 2; 9 I–VI
– Auslegung 9 V; 16 II 3; 52 I 2
– Ausschluß der direkten Anwendbarkeit 1 III 2
– Beitritt 9 IV 2
– bilaterale 9 IV 1
– Doppelstaater 37 II 1b
– Einarbeitung in die nationale Kodifikation 1 III 2; 47 I 4
– Funktionsbegriffe 12 II 1
– Gegenseitigkeit 9 IV 3
– Konflikte 9 IV 1
– in und nach dem Kriege 9[7]
– lex fori in foro proprio 7 III 2a
– multilaterale 9 IV 1
– ordre public 36 VI
– Qualifikation 15 II 3; 16 II 3
– Rechtsverbesserung durch 9 VI
– Renvoi 24 III
– Typen 9 IV
– Verfassungsverstöße 5 III
– Vorbehalte 9 VI
– Vorfragen 32 VI

Sachregister

– Vorrang 1 III 2; 9 vor I
Staatsverträge über IZVR 56 III 2
– Vollstreckungsregeln 60 V 2
– Vorrang 56 III vor 1; 60 I 3a
Staatsverträge über materielles Recht 11 I 1
stärkere Rechtsordnung 26 I
stärkste Beziehung 4 II 1a; 10 III 1
  s. a. engste Verbindung
Stammesrecht 2 I 2; 30 I–III
Standards, internationale 36 III 2b
Statut 2 III 1
statut personnel 37 I 1
statuta 2 II vor 1
Statutentheorie 2 II; 22 I 1
Statutenwechsel 27 I–III; 34 I 1; 54 III
– Geschäftsfähigkeit 42 I 2
– Gesellschaftsrecht 55 I 2b
– qualifizierter 54 III 2
– Sachenrecht 54 III
– schlichter 54 III 1
Statutszuständigkeit 58 II 3
Stellvertretung 41 I
– bei Eheschließung 44 II 3
– gesetzlicher Vertreter s. d.
– Haager Abkommen 41 I 1c
– Renvoi 41 I 4
– beim Warenkauf 41 vor I
  s. a. Vollmacht
Steuern 3 II 2b
Steuerrecht, Internationales 12 V
Strafandrohung, -sanktion 3 II 3; 23 II vor 1
Straßentransport 52 I 1
Straßenverkehrsunfall 53 V 2, 3; VI 1
– Haager Abkommen 53 VI 1
Streitverkündungswirkung 60 IV 3c
Stufenqualifikation 17 II
subjektive Rechte s. wohlerworbene Rechte
substantive law 12 I
Substitution 33 I–IV; 60 IV 3d
Subsumtion 14 I
System einseitiger Kollisionsnormen 12 III 2; 16 II 1; 21 I 2a; 26 I; 34 II 1
– der persönlichen Rechte 2 I 2; 30 II

Systembegriff 12 II 1; 17 I, II; 23 I

talaq 46 IV 2
Tatbestand, gestreckter 54 III 2
Tatbestandselemente der Kollisionsnorm 12 II 1, 2; 15 I 3
Tatbestandsmerkmal, ausländisches 12 I
Tatbestandswirkung 60 IV 3d
Tatort 6 I; 53 IV 1, V 5, VII 1
Tatsache, doppelrelevante 58 V 1
– fremdes Recht als 31 I 1; 59 I vor 1
Tausch 52 III 2b
Teil der Hauptfrage 18 II
Teilfrage 18 I; 20 I 2a
Teilrechtsordnung s. Rechtsspaltung
Teilung von Staaten 28 I
  s. a. Spaltung
teleologische Auslegung 9 V 1e; 39 II 3–6, III 2
– Qualifikation 17 I
– Rechtsanwendung 23 II 3
Territorialhoheit 2 III 3; 57 I 2
Territorialität 22 I–III
– absolute 22 II 1, 4, III; 57 I 2
– Geschichte 2 II 3, III 2
– des öffentlichen Rechts 22 II 2
– relative 22 II 2, 4, III; 53 VII 2
Territorialitätsprinzip 2[6]; 53 VII 2; 55 III
territorialité judiciaire – juridique 22 vor I
Testament 51 IV
– Form 15 II 3; 41 III 3b; 51 IV 3
– – Doppelstaater 37 II 1b
– gemeinschaftliches 15 II 1; 51 IV 4
– – Bindungswirkung 51 IV 1
– hinkendes 35 IV 2
– Seetestament 12 IV 2
  s. a. Verfügung von Todes wegen
Testamentsvollstrecker 51 III 5
– Entlassung 51 V 1c, 3; 57 II 2
– zeugnis 51 V 1a
Testierfähigkeit 14 I 3; 16 I; 42 I vor 1, 2; 51 IV 1, 2
Tochtergesellschaft 55 I 3c

583

Todeserklärung, -feststellung, -vermutung 42 III
— Anerkennung 42 III 3
— Zuständigkeit 42 III 2
Transitland 54 IV
Transportmittel 54 V
Transportrecht 52 I 1
Transposition von Sachenrechten 54 III 1b
Trennung von Tisch und Bett 16 II 2; 17[4]; 46 vor I; 57 II 2
Tricks, Manöver im IPR 4 II 1c; 7 I; 38 IV 1
true conflict 10 IV 2
trust 55 I 1
— an kontinentalem Grundstück 34 III 3, IV 2c
Typenbildung 13 I, II

Ubiquitätslehre 53 IV 1d, VI 3
Übereinkommen 9[25]
s. a. Staatsverträge
Übergangsrecht s. intertemporales Recht
Überlagerungstheorie 55 I 4
Umgehung s. Gesetzesumgehung
Umpolung des Personalstatuts 39 III 2
Umschalten der Anknüpfung 30 IV
Umsetzung von Sachenrechten 54 III 1b
Umweltbeeinträchtigung 53 IV 1d, VI 2b
— Zuständigkeit 58 II 2b
unbewegliches Vermögen, Abgrenzung 16 II 1; 45 III 3c
s. a. Grundstück
unerlaubte Handlung s. Delikt
ungerechtfertigte Bereicherung 52 I 3b; 53 III
Ungleichbehandlung, hypothetische 34 II 1
Universalität 2 III 2; 22 vor I, II 3, 4, III
UN-Kaufrecht s. Wiener Kaufrecht
unlauterer Wettbewerb 53 VII 1
Unmöglichkeit 52 VIII 2c, 4

Unterhalt 38 IV 2; 47 I, II
— Anerkennung ausländischer Entscheidungen 47 III 2; 60 II 3
— Aufenthaltswechsel 47 II 1
— und Delikt 47 II 5a
— Doppelstaater 37 II 1b; 47 II 2a
— Durchsetzung 47 III 2
— nach Ehescheidung, -trennung, -nichtigkeit 46 II 2; 47 II 4
— Erstattungsanspruch 47 II 6
— Gerichtsstand 47 III 1; 58 II 1b
— Geschwister 34 II 1; 47 II 3
— Haager Abkommen 47 I 3–5
— Klageberechtigung 47 II 5c
— lex fori 8 I 1; 47 II 2c
— Pfändungsgrenze 17 I
— Renvoi 47 I 5
— soziale Komponente 5 II 2; 47 I 2; 58 II 1b
— Vaterschaftsfeststellung 47 II 5b
— Verjährung 47 II 5c
— Verschwägerte 47 II 3
— vertragliche Ansprüche 47 II 5a
— Vertretung 47 II 5c
— Vorfragen 47 II 5b
— Zuständigkeit 47 III 1; 58 II 1b
Unterlassungsklage, Zulässigkeit 17 I
Unterwerfung 40 II
Unverjährbarkeit 36 V
Unwandelbarkeit 28 I–IV; 45 III 2; 49 II 1, III 1
— und intertemporales Recht 28 IV
— und Renvoi 28 IV
Urheberrecht 53 VII 2
s. a. geistiges Eigentum
Urteilswirkungen 60 IV

Vaterschaftsanerkenntnis s. Vaterschaftsfeststellung
Vaterschaftsfeststellung 48 IV 3
— und Unterhalt 47 II 5b
— Zustimmung des Kindes 48 IV 3; 49 IV
vecindad 29 I 2, II 1a, 2

Sachregister

Verbotsgesetz 52 VIII 2b
Verbraucherschutz 3 II 3; 5 II 2
Verbrauchervertrag 52 III 2b, V 1
Vereinheitlichung s. Rechtsvereinheitlichung
Vereinigte Staaten, Delikt 10 IV; 13 II; 53 I 1, IV vor 1
– interlokales Recht 29 I 2
– IPR 2 III 3; 10 IV
– Kindesentführung 48 II vor 1
– Rechtshilfeverkehr 56 III 2b
– Vertrag 13 I
– Wirtschaftskollisionsrecht 8 I 1
  s. a. anglo-amerikanischer Rechtskreis, Restatement
verfahrenseinleitendes Schriftstück 60 III 3
Verfahrensrecht, anwendbares 56 IV; 57 II 3
  s. a. Internationales Zivilverfahrensrecht
Verfassung und IPR 5 III; 36 III vor 1, 2b, IV
Verfassungsmäßigkeit ausländischer Gesetze 31 I 1, II 1
Verfeinerung s. Differenzierung
Verfügung von Todes wegen 51 IV
– Bindungswirkung 51 IV 1
– Form 15 II 3; 41 III 3b; 51 IV 3
– Gültigkeit 51 IV 1
  s. a. Testament
Vergeltung 60 III 6
Verhaltenskodizes 36 III 2b
Verjährung 41 II 1; 52 I 3b
– Qualifikation 17 I; 24 II 1; 41 II 1
– Unterbrechung 33 II 2
– Verlängerung der Frist 60 IV 3d
– beim Warenkauf 41 vor I
  s. a. Unverjährbarkeit
Verkehrserleichterung 41 III 1
Verkehrsgeschäfte 54 III 2
Verkehrsschutz 40 IV 2; 41 I 2, 4; 42 I 3; 45 IV; 54 I 1, II; 55 II 1, 2
Verkehrsunfall s. Straßenverkehrsunfall
Verlassenschaftsabhandlung 33 III

Verlegenheitslösung, -anknüpfung 40 III 2; 53 IV 1d
Verletzungsort 53 IV 1b, d
verliehene Rechte 22 II 4
Verlöbnis 44 IV
Vermögensgerichtsstand 6 I; 56 III 1; 58 II 1b; 60 III 2c
Vermutungen im Vertragsrecht 52 III
Versäumnisurteil, Anerkennung 60 III 3
Verschollenheitserklärung 42 III vor 1; 42[15]
Versendungskauf und dingliche Rechte 54 III 2
Versicherungsvertrag 52 I 3e, III 3h
– Direktanspruch 53 IV 2b
Versorgungsausgleich 46 III
– ausländische Anwartschaften 46 III 3
– Kumulation 20 IV
– Nachholung nach Auslandsscheidung 46 III 4
– Rückverweisung 25 IV; 46 III 1
Versteigerung, Vollmacht 41 I 2d
versteinertes Recht 28 IV; 45 III 2c; 52 II 3d
Verstoßung 46 IV 2
Vertrag 1 III 2; 4 II 1a; 52 I – VIII
– Auslegung 52 I 3b
– Ausweichklausel 52 III 4, IV 1b, V 2b
– Beweislast 52 I 3c
– charakteristische Leistung 52 III 2
– EG-Schuldvertragsübereinkommen 1 III 2; 52 I 2
– Einigung 52 I 3a
– England 13 I, II
– engste Verbindung 52 III vor 1, 4, 5, V 2b
– Erfüllung 52 I 3b
– Form 41 III 5b, 6; 52 I 3d
– Mehrrechtsstaat 52 I 5
– objektive Anknüpfung 52 III, V 1b, 2b
– Parteiautonomie 40 II, IV; 52 II, IV 1a, V 1a, 2a
– rechtsordnungsloser 52 II 3e
– Rechtswahl 40 II, IV; 52 II, IV 1a, V 1a, 2a

585

- Renvoi 24 II 6, 7b; 52 I 4, II 3a
- Schutz der Schwachen 52 V
- Spaltung 18 I vor 1; 52 III vor 1, 2d
- Staat als Partner 11 I 3
- Vereinigte Staaten 13 I, II
- Verkehrsschutz bei Geschäftsunfähigkeit 42 I 3
- Wirksamkeit 52 I 3a, II 2
- Zustandekommen 52 I 3a

Vertragsgerichtsstand 58 II 2a
Vertragshändlervertrag 52 III 3d
Vertrauensschutz 5 I 2; 21 I 2a, 4, II
- und Statutenwechsel 27 II 3c
- beim Versorgungsausgleich 46 III 1a
- und Vorfrageanknüpfung 32 IV 2a
  s. a. Verkehrsschutz

Vertreter ohne Vertretungsmacht 14 II; 41 I 3; 42 I 3d
Vertriebene s. Flüchtlinge
Verwaltungssitz 55 I 2, 3b, c
Verweisung, kanalisierte 17 II
- materiellrechtliche 40 I
- offene 3 II 2a; 16 II 1; 17 II; 26 I
- des Rechtsstreits 58 I 3a, V 5
- Sinn der 24 II 3
- Umfang der 17 II

Verweisungsbegriff 12 II 1; 16 II 2, 3; 17 II
- gegenstand 12 II 1
- recht 1 I 3, V 2; 11 vor I

Verwendungskondiktion 53 III 3, 4
Verwirkung 41 II 2
vested right 21 I 1
Völkerrecht 8 I, II
- allgemeine Rechtsgrundsätze s. d.
- und Gerichtsbarkeit 57 I
- und internationale Zuständigkeit 8 I
- und IPR 2 III 3; 8 I, II
- als lex fori 7 vor I
- zwingendes 8 I 2; 31 II 3
  s. a. ordre public

völkerrechtliche Abkommen s. Staatsverträge
- Anerkennung 8 II 1, 2; 31 II 2
- Gemeinschaft 2^6; 3^2; 6^2
- Legitimität 31 II 2

völkerrechtswidrige Norm 31 II 3; 36 III 2a
Volksdeutsche 37 I 2b
Volkszugehörigkeit 37 I 2b
vollendete Tatsache (fait accompli) 23 II vor 1; 35 III; 36 II 2
Volljährigkeit s. Geschäftsfähigkeit
Vollmacht 41 I
- Anscheinsvollmacht 41 I 3
- Außen- und Innenverhältnis 41 I
- Duldungsvollmacht 41 I 3
- Haftung des Vertreters ohne Vertretungsmacht 14 II; 41 I 3
- und Hauptgeschäft 41 I 1
- Parteiautonomie 41 I 2e
- Renvoi 41 I 4

Vollständigkeit, Lückenlosigkeit der Rechtsordnung 2 I 1; 3 II 2b
Vollstreckung 60 I 3c, IV 3f, V
- DDR-Entscheidung 60 V 1
- Entscheidung der Freiwilligen Gerichtsbarkeit 60 V 1
- Schiedsspruch s. d.
- Sorgerechtsentscheidung 48 I 6, II 2; 60 V 1
- gegen Staaten 57 I 3b, d
- staatsvertragliche Vereinfachungen 60 V 2
- Urteil 60 V 1
- vorläufige Entscheidung 60 II 3

Voraussehbarkeit 4 IV; 13 II; 21 II 1, 2; 40 III 2
Vorbehaltsklausel des ordre public s. d.
- spezielle 20 I 2c; 36 VIII; 42 III 1; 44 I 3

Vorfrage 2 III 2, 3; 18 II; 32 I–VI
- alternative Anknüpfung 32 II; 48 III 5
- im ausländischen Kollisionsrecht 19^2; 32 I
- kollisionsrechtliche 18 II; 32 I, III
- materiellrechtliche 32 I
- im öffentlichen Recht 32 II
- selbständige Anknüpfung 7 I; 32 II, IV 2, VI
- im Staatsangehörigkeitsrecht 1 VI 1; 32 IV 2b

– im staatsvertraglichen IPR 32 VI
– unselbständige Anknüpfung 32 II, IV 1, VI
– der Verbindlichkeit einer Statusentscheidung 32 V
s. a. Erstfrage
vorläufige Entscheidung, Anerkennung und Vollstreckung 60 II 3
– Anwendung fremden Rechts 7 II 4; 31 III
– Entmündigung 42 II 1
– Vormundschaft und Pflegschaft 31 III 3a; 50 II 5
Vorlegungspflicht in der Freiwilligen Gerichtsbarkeit 59[14]
Vormundschaft 41 III 2a; 48 I 1; 50 I, II
– Anerkennung 50 III 3
– bei Entmündigung 42 II 2; 50 II 3
– Haager Abkommen 50 I 2
– vorläufige Maßregeln 31 III 3a; 50 II 5
– Zuständigkeit 50 III 1, 2
Vornahmeort 41 III 5b; 53 II 1
Vortäuschung von Anknüpfungsmomenten 23 I
vorzeitiger Erbausgleich 51 III 4b

Währungsrecht 12 IV 2; 52 VIII 4
Wahl des anwendbaren Rechts
s. Rechtswahl
Wahl des Gerichtsstands 58 II 2b, IV
s. a. Zuständigkeitsvereinbarung
Wandelbarkeit s. Unwandelbarkeit
Waren auf dem Transport 54 IV
Warenkauf 52 III 3a
– Haager Einheitskaufrecht 52 IV 2
– Haager IPR-Abkommen 52 IV 1
– lex fori als Grundregel 7 II 1
– Stellvertretung 41 vor I
– Verjährung 41 vor I
– Wiener Kaufrecht s. d.
s. a. Verbrauchervertrag
Wechselfähigkeit 42 I vor 1
– Dänemark 20 I 1
Wegfall der Geschäftsgrundlage 52 VIII 2c

Weiterverweisung 21 I 2a; 24 I–III
– Abbrechen der Verweisungskette 24 II 5
Welthandelsrecht 11 I 2, 3
Werkvertrag 52 III 3c
Wertegleichklang 52 VIII 3
Wertungen im IPR 4 I–III; 5 II, III
s. a. Gerechtigkeit
wesenseigene Zuständigkeit 57 II
Wettbewerbsrecht s. Kartellrecht, unlauterer Wettbewerb
Wiederheirat 18[5]; 32 V
s. a. Eheschließungsfreiheit
Wiener Kaufrecht 52 IV 2
Wirkungen familienrechtlicher Rechtsverhältnisse (Übergangsrecht) 27 III 2
Wirkungserstreckung 60 IV
Wirkungsstatut 15 I 3
– Vollmacht 41 I vor 1, I 2
Wirtschaftskollisionsrecht 3 II; 6 III 1; 10 IV 6; 52 VII, VIII
– und Völkerrecht 8 I 1
s. a. Eingriffsnorm
Wissenschaft, Aufgaben im IPR 1 III vor 1; 12 V; 16 II 3; 59 III 2a
s. a. Rechtsvergleichung
wissenschaftliches Institut 59 III 2a
Witwe 32 II
– Versorgung 34 III 1, 2, IV 2a, b
wohlerworbene Rechte, Rechtspositionen 18 I 2; 21 I; 26 I; 28 II
Wohnraummietrecht 52 VII 2c
Wohnsitz, Begriff 37 I 2a; 39 I 4
– Feststellung 19 III; 58 I 3a
– sozialer 39[21]
– in Staatsverträgen 19 III; 37 II 2
s. a. Domizil

York-Antwerp-Rules 11 I 2

Zeitdauer s. Dauer
Zeitpunkt der Anknüpfung 19 II; 58 II 2
s. a. Unwandelbarkeit

Sachregister

Zeitpunkt der internationalen Zuständigkeit 58 V 4; 60 III 2b
s. a. perpetuatio fori
Zerreißung s. Spaltung
Zersplitterung durch das IPR 18 I 2, 3; 26 I; 32 IV 1; 34 II 1
Zession 52 VI 1, 2
Zessionsgrundstatut 52 VI 2
Zinshöchstsatz 3 II 3, 5
Zirkelschluß s. circulus
Zirkelverweisung 24 vor I, II 4b
Zivilprozeß – Freiwillige Gerichtsbarkeit 60 II 6
Zivil- und Handelssache 58 I 4; 60 II 4
Zivilverfahrensrecht s. Internationales Zivilverfahrensrecht
Zubehör eines Grundstücks 16 II 1
Zugehörigkeit zu einer Rechtsordnung 37 I 2c; 38 I; 39 II 5
– zu einem Teilrechtsgebiet 28 I; 29 II 1
Zugewinnausgleich 45 III 1
Zulassungsort 53 VI 1
Zusammenstoß von Schiffen, Flugzeugen 53 VI 2c
Zuständigkeit, internationale 58 I–V
– ausschließliche 58 II 1c, III 6
– Begriff 58 I 2
– direkte – indirekte 58 I 3; 60 III 2
– Eigenständigkeit gegenüber dem IPR 58 II 1
– fakultative, konkurrierende 25 III; 58 II 1c
– – und Renvoi 12 IV 1; 25 I–III
– fehlende 58 V 5

– und innerstaatliche 58 I 1
– interlokale 58 II 1e
– und Kollisionsrecht 6 I; 7 III 1; 58 II 2, 3
– Nachprüfung im Zweitstaat 60 I 2a, III 2
– und örtliche 51 V 1; 58 I 1c, II 1, V vor 1, 2, 3; 59 II
– Prüfung 58 V 1–3
– rügelose Einlassung 58 V 1
– subsidiäre 58 II 3a; 60 I 1
– wesenseigene 57 II
s. a. Gerichtsstand, Gleichlauf, Parallelismus
Zuständigkeitserschleichung 58[35]
Zuständigkeitsfortdauer s. perpetuatio fori
Zuständigkeitsvereinbarung 58 III
Zuständigkeitswechsel 27 I 1, II 1, 3c
Zustellung 56 III 2b, IV 2; 60 I 2a
– des verfahrenseinleitenden Schriftstücks 60 III 3
Zustimmung des Kindes 48 IV 3; 49 IV
Zuweisungsrecht 1 V 2
Zwangsvollstreckung s. Vollstreckung
Zweigniederlassung 55 II 1
Zweipoligkeit des IPR 3 II 5
Zweitstaat 60 IV vor 1
zwingendes Recht, zwingende Bestimmungen 3 II 1; 52 V 1a, 2a
s. a. Eingriffsnorm
Zwischenprivatrecht 1 V 2
zwischenstaatliches Privatrecht 1 V 2